W0188158

Ein Jahrtausend Mecklenburg und Vorpommern

# Ein Jahrtausend

## Mecklenburg und Vorpommern

BIOGRAPHIE EINER NORDDEUTSCHEN REGION
IN EINZELDARSTELLUNGEN

Herausgegeben von
Wolf Karge, Peter-Joachim Rakow
und Ralf Wendt

HINSTORFF

Einbandfoto von Egon Fischer: Detail am Fuß des Taufsteins
in der Kirche von Groß Eichsen, 1. Hälfte des 13. Jahrhunderts

CIP-Titelaufnahme der Deutschen Bibliothek

**Ein Jahrtausend Mecklenburg und Vorpommern** : Biographie einer norddeutschen Region
in Einzeldarstellungen / hrsg. von Wolf Karge... – 1. Aufl. – Rostock : Hinstorff, 1995
 ISBN 3-356-00623-1
NE: Karge, Wolf [Hrsg.]

© Hinstorff Verlag GmbH, Rostock 1995
1. Auflage 1995
Printed in Germany
ISBN 3-356-00623-1

# Inhalt

# VORWORT

Eine auf dem neuesten Forschungsstand beruhende, ausgewogene Geschichte Mecklenburgs und Vorpommerns, damit auch Mecklenburg-Vorpommerns, von den Anfängen bis zur Gegenwart kann noch nicht geschrieben werden. Das liegt weniger an den „weißen Flecken", die es immer wieder geben wird, als an den neuen Fragen, die an alte Antworten zu stellen sind und noch ihre Zeit brauchen, um sie in den geistigen Spannungen unserer Zeit gründlich und unvoreingenommen zu klären.

Die Herausgeber haben deshalb den Weg gewählt, aus der über tausendjährigen Geschichte unserer Region Einzelbeiträge vorzustellen und diese thematisch und chronologisch so zusammenzufügen, daß in Umrissen ein Gesamtbild erkennbar wird. Sie sind dabei auf viel Bereitschaft zur Mitarbeit gestoßen; andererseits haben sie nicht bei allen angeschriebenen potentiellen Autoren das gewünschte Interesse gefunden. Thematische Lücken waren deshalb unvermeidbar.

Alle in diesem Band vertretenen Autorinnen und Autoren sind durch profunde Kenntnisse auf ihrem Forschungsgebiet ausgewiesen und haben mit ihrer wissenschaftlichen Kompetenz, aus ihrer individuellen Sicht und auf ihre persönliche Art ihren Gegenstand betrachtet, beschrieben und gewertet. Dadurch ist eine Vielfalt entstanden, die auch gegensätzliche Ansichten einschließt und weder von den Herausgebern noch vom großzügig fördernden Kultusministerium in irgendeiner Form beeinflußt wurde.

Die Ergebnisse der Untersuchungen und Betrachtungen – in Archiven, Bibliotheken, Museen oder im Gelände recherchiert und von Archäologen, Historikern, Archivaren, Kunstwissenschaftlern, Volkskundlern offeriert – sind ein Spiegelbild der gegenwärtigen Geschichtslandschaft im neuen Bundesland Mecklenburg-Vorpommern – und auch schon deswegen nicht ohne Reiz.
Die Beiträge wurden so geschrieben, daß sie über die enge Fachzunft hinaus das Interesse aller finden können, die sich der Landesgeschichte Mecklenburgs und Vorpommerns verbunden fühlen.

Allen Beteiligten und Förderern sei gedankt.


Die Herausgeber

## Peter Donat

# DIE MECKLENBURG VOR 1000 JAHREN

Zur historischen Situation in der Mecklenburg und bei den Obodriten während der 2. Hälfte des 10. Jahrhunderts

Am 10. September 995 fertigte Kaiser Otto III. eine Schenkungsurkunde aus, die die Ortsangabe *Mickelenburg* trägt (MUB Nr. 22). Damit bietet diese älteste aus Mecklenburg-Vorpommern überlieferte Urkunde den Nachweis, daß sich der Kaiser zu jenem Zeitpunkt im Gebiet der Obodriten aufgehalten hatte. Nur 30 Jahre älter ist die erste Erwähnung der Mecklenburg selbst. Der aus Spanien kommende Kaufmann Ibrahim Ibn Jakub hatte sich ebenfalls dort aufgehalten und geschrieben, die Burg Nakons, des Fürsten der Obodriten, werde *grad* genannt, was in der Übersetzung Große Burg bedeute, nichts anderes also als der mittelhochdeutsche Name Mecklenburg (Jakob 1927, 11; Warnke 1965 397 f.).

Noch heute hebt sich die Mecklenburg als eine mächtige Wallanlage am Südrand des gleichnamigen Dorfes und direkt an der Bahnlinie Schwerin–Wismar aus der umgebenden Niederung heraus. Die Wälle tragen einen prächtigen Buchenwald und der Innenraum der Burg dient seit langem als Friedhof. Bereits in den 30er Jahren des 19. Jahrhunderts sind hier erstmals slawische Scherben geborgen worden und seither steht die Mecklenburg im Blickpunkt der Forschung. Systematische Ausgrabungen fanden in den Jahren 1967–1971 statt (Donat 1984). Sie konzentrierten sich auf einen 52 m langen Schnitt an der Südseite des noch 8 m aus der Niederung emporragenden Walles.

Das wohl wichtigste Ergebnis der Grabungen bestand in der Erkenntnis, daß die Mecklenburg bereits im 7. Jahrhundert errichtet worden ist, daß bereits diese älteste Burg die später nie übertroffene Größe von 1,4 ha besaß und von einem fast 13 m breiten und mehr als 6 m hohen Holz-Erde-Wall umgeben war. Die Wallkonstruktion bestand aus fünf Reihen hintereinander angeordneter und 2–3 m breiter Holzkästen, für deren Bau mehr als 20.000 Eichenbohlen und insgesamt mindestens 9.400 Festmeter Holz eingeschlagen werden mußten. Einschließlich der in diese Holzkästen eingefüllten Erde betrug die Gesamtmasse des Walles etwa 34.000 m³ (Donat 1984 13 ff.). An der Frontseite des Walles hatte man statt der Holzbohlen dicke Packungen aus Rasensoden aufgeschichtet und so erreicht, daß Feinde die Befestigung nicht in Brand setzen konnten.

Damit war die Mecklenburg im 7./8. Jahrhundert eine der größten slawischen Burgen und verfügte über ein äußerst massives und sorgfältig konstruiertes Befestigungssystem. Dieses war so stabil, daß der ursprüngliche Wall ungeachtet mehrerer, später notwendiger Erhöhungen und Erneuerungen bis in das hohe Mittelalter hinein die Außenfront der Burg gebildet hat. Der ungewöhnliche Bauaufwand und die Größe dieser ältesten Burg erwiesen sich als deutliche Hinweise, daß die Mecklenburg von Beginn an die Hauptburg des obodritischen Stammesverbandes und zugleich Sitz der Stammesfürsten gewesen ist (Donat 1984 104 ff.). Große, hölzerne Palastbauten der Art, wie sie neuerdings in der Oldenburg, dem Sitz des Fürsten der Wagrier, eines Teilstammes der Obodriten, ausgegraben werden konnten (Gabriel/Kempke 1991 154 ff.), haben zweifellos auch hier gestanden. Da bei den Ausgrabungen nur an der Rückseite des Walles ein kleiner Ausschnitt des Burginnenraums erfaßt wurde, sind lediglich kleinere, z.T. von Handwerkern bewohnte Block- und Flechtwandhäuser aufgedeckt worden.

Die schriftliche Überlieferung zu den Obodriten setzt mit dem Jahre 789 ein. In den von Einhard, dem Biographen Karls d. Gr., verfaßten Reichsannalen (Ann. Fulda a. a. 789) wird ausführlich über einen von Karl

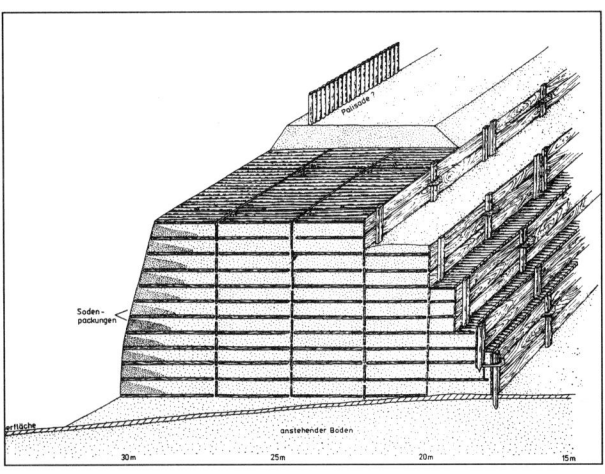

*Mecklenburg – Rekonstruktion des ältesten Walles*

d. Gr. geführten Feldzug gegen die Wilzen berichtet. Zum Heeresaufgebot gehörten neben anderen Verbündeten die Obodriten unter ihrem Fürsten Witzan. Diese und Nachrichten der Folgejahre beweisen, daß der Kaiser die Obodriten in seinen Kämpfen zur Unterwerfung der Sachsen als Bündnispartner gewonnen hatte und sie folgerichtig seinerseits unterstützte, wenn diese durch die Sachsen oder die mit diesen verbündeten Dänen und Wilzen angegriffen wurden. Das galt auch für das Jahr 808, als es zu einem gemeinsamen Kriegszug der Dänen und Wilzen gegen die Obodriten kam. Wie der verhältnismäßig ausführliche Bericht (Ann. Fuld. a.a. 808) zu diesen Vorgängen erkennen läßt, landeten die Dänen an der obodritischen Küste und konnten in kurzer Zeit mehrere Burgen erobern (*et manu captis aliquod Sclavorum castellis*). Der obodritische Fürst Drazko zog sich zurück, weil er sich offenbar nicht auf die Unterstützung aller seiner Teilstämme verlassen konnte. Für König Göttric blieb das Unternehmen jedoch letztlich erfolglos, da die Dänen bei der Belagerung einer weiteren Burg (*in obpugnatione cuiusdam oppidi*) schwere Verluste erlitten. Daß Einhard in einem Satz *castelli* und *oppidum* gegenüberstellte, könnte stilistische Gründe haben, wahrscheinlicher ist aber, daß er ausdrücklich hervorheben wollte, letzteres sei eine besonders große und mächtige Burg gewesen. Weil die Dänen zwar kleinere Burgen (*castelli*), aber eben nicht jenes oppidum erobern konnten, muß es besser befestigt und zugleich mit einer wehrhaften Besatzung versehen gewesen sein. Diese stand offenbar unter dem Befehl Drazkos, da es zwischen ihm und dem Dänenkönig zu direkten Verhandlungen kam, in de-

ren Ergebnis der Obodritenfürst seinen Sohn als Geisel stellte. Daraufhin zogen sich die Dänen an die Küste zurück, *„zerstörten"* den Handelsort Rerik und führten die Kaufleute auf ihren Schiffen nach Haithabu.

Funde aus neuen Grabungen bei Groß Strömkendorf (Wietrzichowski 1993) erlauben wohl endgültig, Rerik zu lokalisieren und geben Gewißheit, daß sich dieser bedeutende Handelsplatz in der Nähe der Mecklenburg befunden hat. Und da sich die eher unbestimmte Beschreibung Einhards (*cuiusdam oppidi*) auch so lesen läßt: jene gewisse (d.h. allgemein bekannte) große und volkreiche Burg, ist es mehr als wahrscheinlich, daß es die Mecklenburg war, der jener erfolglose Belagerungsversuch der Dänen gegolten hatte.

Für den Zeitraum zwischen 789 und 826 bietet eine dichte Überlieferung die Namen von vier obodritischen Stammesfürsten, mindestens drei von ihnen nachweislich in genealogischer Abfolge. Spätestens im ausgehenden 8. Jahrhundert war die Fürstenwürde demnach bei den Obodriten erblich. Ob sich davon ausgehend eine stabile, für lange Zeiträume herrschende Dynastie herausbilden konnte, läßt sich allerdings nicht beurteilen, denn vom zweiten Viertel des 9. Jahrhunderts bis in die Mitte des 10. Jahrhunderts liegen nur wenige und spärliche Nachrichten über die Obodriten vor.

Fast schlagartig änderte sich dies im Jahre 955, als Kaiser Otto I. alle verfügbaren Kräfte des Reiches in Süddeutschland zusammengezogen hatte, um die seit längerem von den Ungarn ausgehende Gefährdung in einer entscheidenden Schlacht abzuwenden. *„Während dessen eröffneten die Slawen unter der Führung Nakons und seines Bruders Stoignev einen furchtbaren Krieg. Auf Hilfeersuchen Herrmann Billungs (des Markgrafen von Sachsen) drang Otto in das obodritische Gebiet ein, nahm Stoignev gefangen und ließ ihn enthaupten"*, schreibt Thietmar von Merseburg zu diesen Vorgängen (Thietmar II 12).

In anderer Überlieferung (Widukind III 53-55) werden Ablauf und Hintergründe der Ereignisse zwar ausführlicher geschildert, lassen sich in ihrem ganzen Zusammenhang jedoch nur auf dem Hintergrund der durch die Ottonen eingeleiteten neuen Slawenpolitik verstehen (Slawen 1985 335 ff.). Heinrich I. und sein

*Mecklenburg – Blick auf die teilweise freigelegten Blockhäuser 4 und 5*

Sohn hatten bis zum Jahre 939 Sorben und Heveller unterworfen und begonnen, in den slawischen Gebieten Kirchen zu errichten und Burgen zu bauen. Als Otto I. im Jahre 948 die Bistümer Havelberg und Brandenburg begründete, mußte für Wilzen und Obodriten die Gefahr unübersehbar werden, nun ebenfalls in Bälde unterworfen, christianisiert und zur Zahlung des Zehnten verpflichtet zu werden. Gegen diese Politik der Ottonen regte sich wachsender Widerstand. So blieben deutsche Vorstöße in den Jahren 954 und am Beginn des Jahres 955 so gut wie erfolglos. Vielmehr nutzten die Obodriten im Bündnis mit den Wilzen jenen Moment, da der Kaiser in großer Bedrängnis schien, zu einem umfassenden Aufstand. Unmittelbar nachdem Otto I. am 10. August 955 auf dem Lechfeld einen glänzenden Sieg über die Ungarn errungen hatte, wandte er sich mit großer Heeresmacht gegen die aufständischen Slawen. Am 16./17. Oktober kam es an der Recknitz zur Schlacht, die die Truppen des Kaisers dank überlegener militärischer Führungskunst für sich entscheiden konnten. Obodritenfürst Stoignev wurde auf der Flucht erschlagen, woraufhin sein Bruder Nakon umgehend die Unterwerfung anbot.

Ungeachtet dieses Sieges blieb jedoch die Unabhängigkeit der Wilzen und Obodriten erhalten. Offenbar war sich der Kaiser bewußt, daß seine Kräfte zu diesem Zeitpunkt nicht ausreichten, um beide Stämme dauerhaft zu unterwerfen und deren Gebiete fest in das Reich zu integrieren. So konnte Nakon, der nunmehr allein regierte, nur wenige Jahre später von Ibrahim Ibn Jakub als einer der mächtigsten Slawenherrscher bezeichnet werden (Jakub 1927 11).

Wahrscheinlich haben den Kaiser aber auch interne Schwierigkeiten zu größerer Zurückhaltung bewogen. Am Tage vor der Schlacht auf dem Lechfeld hatte er nämlich den schon länger gehegten Plan verkündet, Magdeburg zum Erzbistum zu erheben (Thietmar II 10). Die Missionierung der Slawen sollte künftig allein diesem unterstehen. Der einflußreiche Erzbischof Adaldag von Hamburg-Bremen, dem vom Papst das Recht auf die Slawenmission zugebilligt worden war, hat den Plänen des Kaisers erbitterten Widerstand entgegengesetzt. Erst im Jahre 968 kam es zu einem Kompromiß, in dem der Kaiser die Missionsansprüche Hamburgs anerkannte, wobei diese allerdings zugleich auf das Gebiet der Obodriten begrenzt wurden (Beumann 1972 62 ff.).

Der obodritische Fürst Nakon scheint in diesen Auseinandersetzungen eine eigenständige Rolle gespielt zu haben. Spätestens nach 955 sind in der wagrischen Oldenburg und in der Mecklenburg Kirchen errichtet worden (Petersohn 1979 20 f., 34 ff.). Unter Berücksichtigung der stratigraphischen Befunde und der Datierung der ältesten Gräber läßt sich sogar ver-

muten, daß der erste Kirchenbau der Oldenburg noch in die erste Hälfte des 10. Jahrhunderts zu datieren ist (Gabriel 1991 165 ff.). Da Nakon nach dem indirekten, aber zweifelsfreien Zeugnis des Ibrahim Ibn Jakub die uneingeschränkte Oberherrschaft über die Wagrier ausübte, läßt sich voraussetzen, daß beide Kirchengründungen nur mit Wissen und Billigung des Obodritenherrschers erfolgen konnten. In bzw. bei dieser Oldenburger Kirche sind nach christlichem Ritus angelegte Bestattungen aus der Mitte 10. Jh. aufgedeckt worden (Gabriel 1991 166 ff.), bei denen es sich um Familienmitglieder des wagrischen Teilkönigs und diesem nahestehenden Persönlichkeiten gehandelt haben muß. Mindestens Teile der wagrischen Oberschicht, darunter der Fürst selbst, waren demnach noch vor der Mitte des 10. Jahrhunderts zum Christentum übergetreten. Auch wenn entsprechende Funde aus der Mecklenburg noch fehlen, ist sicher, daß Gleiches für Nakon und seine nähere Umgebung galt. Anders wäre nicht zu erklären, warum der Fürst in seiner eigenen Burg eine Kirche bauen ließ.

Insbesondere die Oldenburger Befunde deuten also darauf hin, daß Teile der obodritischen Oberschicht das Christentum bereits vor der obodritischen Niederlage des Jahres 955 angenommen hatten. Diesen Vorgängen dürfte daher eine eigenständige politische Konzeption zu Grunde gelegen haben. Daß Otto I. die Kirche für die Stärkung seiner weltlichen Macht zu nutzen verstand, zugleich aber Teile der Kirchenhierarchie, und unter dieser vor allem die Erzbischöfe von Halberstadt und Hamburg-Bremen den weitgesteckten Zielen des Kaisers hinhaltenden und teils erfolgreichen Widerstand entgegensetzten, konnte dem obodritischen Herrscher nicht verborgen bleiben. Aus einer Annäherung an den hamburgischen Erzbischof mußten sich für ihn daher Möglichkeiten eines Interessenausgleichs ergeben. Die durch Nakon und Adaldag einvernehmlich geförderten Kirchengründungen in der Oldenburg und der Mecklenburg festigten auf der einen Seite den Anspruch des Bischofs auf die Mission in den Gebieten der Obodriten und stärkten dessen Position in der Auseinandersetzung mit dem Kaiser. Zugleich lassen sie sich aber auch als Schritt einer aktiven Kirchenpolitik des Slawenfürsten verstehen, der danach trachtete, seine Herrschaft über die Obodriten im Bündnis mit der Kirche und gestützt auf diese weiter auszubauen (Petersohn 1979 21 f.). Die schriftliche Überlieferung läßt dies deutlich erkennen, als es im Jahre 967, unmittelbar nach dem Tode Nakons, zu einem Aufstand der Wagrier kam, der sich gegen dessen Sohn und Nachfolger Mstivoj und gegen den wachsenden Einfluß der Kirche richtete und nur mit deutscher Hilfe niedergeschlagen werden konnte (Widukind III 68, vgl. auch Struve 1991 89 f.). Die aufständischen Wagrier hatten die Kirche in Oldenburg zerstört und an ihrer Stelle ein Standbild des heidnischen Gottes Prove errichtet. Zum ersten Mal verknüpfte sich hier der Widerstand des niederen Adels und wohl auch weiterer Volksteile gegen die wachsenden Ansprüche und die Ausweitung der Macht des obodritischen Herrschers mit einer Demonstration gegen das Christentum und für den traditionellen, heidnischen Glauben.

Vorsichtig, doch offenbar zielstrebig setzte Mstivoj die Politik seines Vaters fort. Zeitgleich mit der Errichtung des Erzbistums Magdeburg (968), also nur ein Jahr nach diesem Aufstand, wurde das Bistum Oldenburg geschaffen, die Kirche in der Burg erneuert, und in der Folgezeit entstanden weitere Kirchen in den Siedlungsbebieten der Obodriten (Petersohn 1979 22; vgl. Helmold I, 12).

Völlig anders gestalteten sich währenddessen die politischen Verhältnisse bei dem östlich benachbarten Stammesverband der Wilzen, dessen wichtigste Stämme die Redarier, Tollenser, Kessiner und Zirzipanen waren. Im Laufe des 9. Jahrhunderts hatte sich der niedere Adel, d.h. die Herren der einzelnen Burgbezirke im Bündnis mit der Priesterschaft und den Dorfältesten gegen die Stammesfürsten durchsetzen können. In der Folgezeit bildete sich eine eigene, politische Organisation heraus, die allerdings erst in Quellen des späten 10. Jahrhunderts faßbar wird und dort als *Lutizenbund* bezeichnet wird. Das politische und kulturelle Zentrum des Lutizenbundes war die Burg Rethra, in der sich der Tempel des bei den Wilzen besonders verehrten Gottes Svarozic befand. Hier trafen sich Vertreter aller Teilstämme zu regelmäßigen Versammlungen, um über wichtige, innere wie äußere Angelegenheiten des Stammesverbandes zu entscheiden. Großen Einfluß auf den Ausgang solcher Versammlungen übten die Priester des Svarozic-Tempels aus, da sie durch Orakel und Loswurf den göttlichen Willen verkündeten und insbesondere Kriege nur auf ihre Anregung oder mit ihrer Billigung begonnen werden konnten.

Die einflußreiche Stellung der Priester machte den Lutizenbund zum Zentrum des heidnischen und damit zugleich des slawischen Widerstandes gegen die Missions- und Expansionspolitik der Ottonen. Deutlich reflektierte sich dies in der Politik Otto I., die gegenüber den Obodriten vorsichtig und auf Ausgleich bedacht blieb, während der Kaiser gegen die Lutizen und insbesondere gegen ihren Hauptstamm, die Redarier, nach 955 mehrere Kriegszüge durchführen ließ. Und 968 forderte er in einem Brief an die Versammlung der sächsischen Markgrafen und Großen auf der Pfalz Werla, einen neuen Heereszug gegen die Redarier mit dem Ziel vorzubereiten, *„daß sie keinen Frieden von Euch erhalten sollen... und trachtet mit allen Kräften danach, daß Ihr durch deren Vernichtung Euer*

*Werk vollendet"* (Widukind III 70, Brüske 1955 33).

Wie sich aus dem Ablauf der späteren Ereignisse ablesen läßt, haben die Lutizen nach dem Tode Otto I. mit Vorbereitungen für einen umfassenden Aufstand begonnen. Ein wohl teils legendenhafter Bericht (Adam II, 43, Schol. 27; Helmold I, 16) zu den Ereignissen des Jahre 982/983 zeigt, daß die Obodriten, mindestens aber ihr Fürst Mstivoj, daran zunächst nicht beteiligt wurden.

Dieser hatte vielmehr dem sächsischen Herzog ein beachtliches Truppenkontingent für den Italienzug des Kaisers Otto II. gestellt und zugleich die Heirat seines Sohnes mit einer herzoglichen Nichte vereinbart. Der Kaiser erlitt jedoch am 13. Juli 982 bei Cotrone in Süditalien eine vernichtende Niederlage, bei der auch der größte Teil des obodritischen Kontingents sein Leben verlor.

Nach Rückkehr der verbliebenen Krieger soll Mstivoj vom Sachsenherzog gefordert haben, jetzt die versprochene Ehe zu vollziehen. Markgraf Dietrich von Haldensleben stimmte diesen jedoch mit den Worten um, *„die Blutsverwandte des Herzogs dürfe nicht einem Hunde gegeben werden".* Mstivoj verließ umgehend den sächsischen Hof und erklärte nachgesandten Boten, die ein erneuertes Heiratsangebot überbringen sollten: *„Großer Dank widerfährt uns für unsere Dienstleistung, daß wir wie Hunde, nicht wie Menschen beurteilt werden. Wenn der Hund nun stark sein sollte, wird er kräftig beißen".* Umgehend begab sich Mstivoj nach Rethra, wo ihm die versammelten Anführer der Lutizen allerdings erklärten: *„Recht geschieht Dir das, der Du, deine Stammesbrüder mißachtend, die Sachsen verehrt hast, das treulose und habgierige Volk. Schwöre uns darum, daß du von Ihnen lassen willst und wir werden zu Dir stehen".*

Fragt man nach den Hintergründen dieser Überlieferung, so hatten die Lutizen offenbar ihre Aufstandsvorbereitungen abgeschlossen, als die Nachricht von der Niederlage des Kaisers eintraf und sie erkannten, daß der günstigste Zeitpunkt für einen umfassenden Aufstand gekommen war. In dieser Situation mußte sich der Obodritenfürst entscheiden. Die Vorgänge am sächsischen Hof dürfte er daher wohl als Vorwand genutzt haben, um den Lutizen sein verspätetes Bündnisangebot unterbreiten zu können. Und weil diese ihm seine Kollaboration mit den Sachsen vorhielten, sollte sich Mstivoj durch einen Schwur verpflichten, unwiderruflich auf die Seite der Aufständischen überzugehen. Daß er dies tat, zeigt, für wie aussichtsreich der Fürst die Sache der Lutizen hielt und daher überzeugt war, seine Herrschaft über die Obodriten nur durch die direkte Teilnahme am Aufstand erhalten zu können.

Am 29. Juni 983 erschienen die Lutizen überraschend vor Havelberg, stürmten die Burg und zerstörten den

Bischofssitz. Gleiches erreichten sie nur drei Tage später in Brandenburg. Damit war der Erfolg des Aufstands besiegelt und die obodritischen Beiträge blieben auf einen Einfall in Nordalbingien sowie auf die Zerstörung des Laurentiusklosters bei Kalbe beschränkt (Thietmar III, 18). Bemerkenswerterweise nahm an dem Zug nach Kalbe auch Avico, der Kaplan des Obodritenfürsten, teil und in der Mecklenburg schonte der Fürst weiterhin die kirchlichen Einrichtungen. Dies mußte Mstivoj in Gegensatz zur lutizischen wie der eigenen Priesterschaft bringen und begünstigte oppositionelle Gruppen innerhalb des obodritischen Adels. So konnte er nicht verhindern, daß die Wagrier den Bischof von Oldenburg vertrieben, zahlreiche Geistliche töteten und die Kirche erneut zerstörten (Gabriel/Kemke 1991  169). Aber gerade weil der erfolgreiche Aufstand des Jahres 983 die obodritische Adelsopposition und die mit ihr verbündete Priesterschaft stärkten, schien es dem Fürsten offenbar geraten, die traditionellen Bindungen zur Kirche und zum Reich nicht gänzlich zu unterbrechen. Wie weit bei dieser Entscheidung auch seine persönlichen Glaubensvorstellungen eine Rolle gespielt haben, läßt sich den Quellen leider nicht entnehmen.

Da sowohl bei Adam wie bei Helmold die historischen Ereignisse der Jahre 983 und 1018 vermischt worden sind, läßt sich nicht mehr klären, ob Mstislav seinem Vater Mstivoj in den Jahren 992/993 oder erst nach 995 in der Regentschaft folgte. Sicher ist aber, daß auch dieser die Politik seiner Vorgänger fortführte. So hat er wie sein Vater die kirchlichen Einrichtungen auf der Mecklenburg nicht nur fortbestehen lassen, sondern offenbar sogar versucht, diese auszubauen. Der Hamburger Erzbischof, der auch nach der Zerstörung des Oldenburger Bischofssitzes an seinen Ansprüchen auf dieses Bistum festhielt, hat dies durch die fortlaufende Ernennung von Oldenburger Bischöfen demonstriert (Adam II 46-49, 64). Unter diesen führten die Bischöfe Reginbert (992) und Bernhard (1013/14 ernannt) die Bezeichnung Bischof von Mecklenburg (Ann. Quedl. a.a. 992 und a.a. 1023). Wenigstens letzterer hat sein Amt auch nachweislich auf der Mecklenburg selbst ausgeübt, da berichtet wird, daß *„seine Verkündigung bei dem Slawenvolk reiche Früchte trug"* (Adam II 49; Petersohn 1979 24). Auch die ottonischen Herrscher reagierten anscheinend auf diese Politik Mstislaws, denn sie führten in den Jahren 985 bis 991 zwar eine Reihe von Feldzügen gegen die Lutizen und Heveller, wogegen Berichte über Angriffe gegen die Obodriten fehlen.

995 jedoch sei Kaiser Otto III. mit einem großen Heer in die Gebiete der Obodriten und Wilzen eingefallen und habe große Zerstörungen angerichtet, die Slawen allerdings nicht unterdrücken können, berichten die Quedlinburger Annalen (MGH SS III  92). Wie das Itinerar – 16. August: Magdeburg (MGH DO III, 170); 18. August: Leitzkau /MGH DO III, 171); 10. September Mecklenburg (MGH DO III, 172); 3. Oktober: in pago Tholensane (MGH DO III, 173); 6. Oktober: Havelberg (MGH FO III, 174); 8. Oktober Quedlinburg (MGH DO III, 175) – erkennen läßt, sind auf diesem Heereszug in den slawischen Landen zwei Urkunden ausgefertigt worden: Am 10. September in der Mecklenburg und am 3. Oktober *„in pago Tholensane"*, d.h. im Gebiet der Lutizischen Tollenser. Aus der unbestimmten Ortsangabe läßt sich entnehmen, daß sich der Kaiser dort im offenen Feldlager aufgehalten hat. Drei Wochen vorher jedoch hatte er offenbar in der obodritischen Burg Aufnahme gefunden. Kombiniert man das mit der Mitteilung, daß der Feldzug letztlich erfolglos geblieben sei, liegt die Vermutung nahe, daß Otto III. im ersten Jahre seiner Regentschaft vor allem beabsichtigt hatte, den Slawen Stärke und Präsenz zu demonstrieren. Dies richtete sich wohl weniger gegen die Obodriten, die ihm vermutlich ihre Burg ohne Widerstand öffneten, sondern vor allem gegen die Lutizen.

In dem fortdauernden Konflikt, der sich aus den Expansionsbestrebungen des Reiches und dem konsequenten Widerstand der Slawen unter Führung der Lutizen ergab, konnte es dem obodritischen Herrscher nicht gelingen, das Kräfteverhältnis innerhalb der obodritischen Adelsschichten nachhaltig zu seinen Gunsten zu verändern und mit Hilfe einer eigenen Kirchenorganisation größere Selbständigkeit zu erlangen. Vor allem seine Förderung der christlichen Kirche boten im Jahre 1018 der obodritischen, adligen Opposition im Bündnis mit den Lutizen die Begründung, einen Aufstand gegen den Fürsten zu organisieren. Auch nach dem Sturz des letzten Nakoniden haben spätere Fürsten, namentlich Gottschalk und Heinrich an der Idee eines eigenständigen, obodritischen Staates festgehalten, dies aber nur mit wachsender Anlehnung an das Reich verwirklichen können. Letztlich führte dies auch dazu, daß die Mecklenburg zeitweilig ihre Stellung als fürstliche Residenz verlor, die sie erst unter den völlig veränderten Verhältnissen des späten 12. Jahrhunderts wiedererlangen sollte.

*Mecklenburg – Plan des Burgwalles und der nördlich anschließenden Vorburgsiedlung*

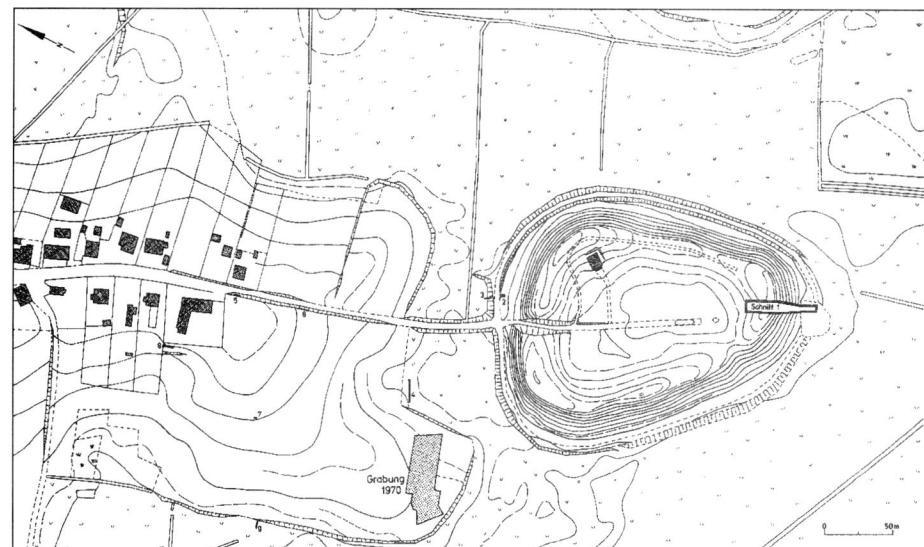

Literatur

Beumann 1972     H. Beumann, Die Gründung des Bistums Oldenburg und die Missionspolitik Otto d. Gr., in: Aus Reichsgeschichte und Nordischer Geschichte – Festschrift K. Jordan. (Stuttgart).

Bremen 1961     Adam von Bremen, Hamburgische Geschichte. Ausgewählte Quellen zur deutschen Geschichte des Mittelalters 11 (Berlin 1961).

Brüske 1955     W. Brüske, Untersuchungen zur Geschichte des Lutizenbundes. Köln 1955.

Donat 1984     Peter Donat, Die Mecklenburg – eine Hauptburg der Obodriten. Berlin 1984.

Gabriel 1991     I. Gabriel, Hofkultur, Heerwesn, Burghandwerk, Hauswirtschaft, in: Starigard/Oldenburg. Ein slawischer Herrensitz des frühen Mittelalters in Ostholstein. Neumünster 1991.

Gabriel/Kempke 1991     I. Gabriel, T. Kempke, Baubefunde, in: Starigard/Oldenburg. Ein slawischer Herrensitz des frühen Mittelalters in Ostholstein. Neumünster 1991.

Helmold 1973     Helmold, Chronica Slavorum. Ausgewählte Quellen zur deutschen Geschichte des Mittelalters 19 (Berln 1973).

Herrmann 1985     Joachim Herrmann, Hrsg., Die Slawen in Deutschland. Ein Handbuch. Berlin 1985.

Jacob 1927     G. Jacob, Arabische Berichte von Gesandten an germanischen Fürstenhöfe aus dem 9. und 10. Jahrhundert. Berlin 1927.

Petersohn 1979     Jürgen Petersohn, Der südliche Ostseeraum im kirchlich-politischen Kräftespiel des Reiches, Polens und Dänemarks vom 10. bis 13. Jahrhundert. Köln 1979.

Struve 1991     K.W. Struwe, Zur Geschichte von Starigard/Oldenburg, in: Starigard/Oldenburg. Ein slawischer Herrensitz des frühen Mittelalters in Ostholstein. Neumünster 1991.

Thietmar o.J.     Thietmar von Merseburg, Chronik. Ausgewählte Quellen zur deutschen Geschichte des Mittelalters 9 (Berlin o.J.).

Warnke 1965     Ch. Warnke, Bemerkungen zur Reise Ibrahim Ibn Jakubs durch die Slawenländer im 10. Jahrhundert, in: Agrar-, Wirtschafts- und Sozialprobleme Mittel- und Osteuropas in Geschichte und Gegenwart. Wiesbaden 1965.

Widukind 1977     Widukinds Sachsengeschichte. Ausgewählte Quellen zur Geschichte des deutschen Mittelalters 8 (Darmstadt 1977.

Wietrzichowski 1993     F. Wietrzichowski, Untersuchungen zu den Anfängen des frühmittelalterlichen Seehandels im südlichen Ostseeraum unter besonderer Berücksichtigung der Grabungsergebnisse von Groß Strömkendorf, Kreis Wismar. Wismar 1993.

## *Ulrich Schoknecht*
# WIKINGER UND SLAWEN

Seit über 100 Jahren ist die Erforschung der slawischen Geschichte und Kultur in Mecklenburg und Vorpommern Bestandteil der archäologischen und historischen Wissenschaftsdiziplinen. Sowohl innerhalb des Landes als auch aus überregionalen Bereichen bestand immer wieder Interesse an der Entwicklung des Raumes zwischen Elbe und Oder im 7.-13. Jahrhundert, wenn auch mit sehr unterschiedlichen Vorzeichen und Fragestellungen. Germanen-Slawen-Deutsche waren Eckpunkte der Erörterung zur Genese der mecklenburgischen und pommerschen Bevölkerungsstruktur.

Im gesamten Ostseegebiet, wobei sich die Ostsee in den ersten Jahrhunderten unserer Zeitrechnung zu einem völkerverbindenen Binnenmeer entwickelt, kommt es zu Wanderungen und ethnischen Umschichtungen. Bis zum 6. Jahrhundert verließen die meisten germanischen Stämme Mecklenburg und Vorpommern, Restgruppen blieben jedoch im Lande. Auf diese mögen die spätestens seit dem 7. Jahrhundert einwandernden Slawen gestoßen sein. Darauf deuten Siedlungsinseln hin, wo wir spätgermanische Funde des späten 5. und 6. Jahrhunderts finden, aber auch die ältesten slawischen Hinterlassenschaften aus der Einwanderungszeit. Offenbar war hier die Kulturlandschaft noch nicht wieder von Wäldern überzogen, sondern es zeigten sich noch offene Gefilde mit Möglichkeiten des Ackerbaus. Verwiesen sei auf den Raum Teterow mit einem germanischen Grabfund des 6. Jahrhunderts, aber auch mit dem für die älteste slawische Keramik namengebenden Burgwall von Sukow. Weitere derartige Gebiete finden sich bei Anklam, Demmin, Friedland und Pasewalk. Auch die Übernahme germanischer Namen, vorwiegend für Flüsse und Seen, gebieten einen germanisch-slawischen Kontext.

Die einwandernden Slawen konsolidierten sich zu Stämmen und Stammesverbänden. Als Synonyme seien die Obodriten in Westmecklenburg und die Wilzen/Lutizen in Ostmecklenburg und Vorpommern genannt. Beide Stammesgruppen nehmen eine unterschiedliche historische Entwicklung im Wechselspiel der Auseinandersetzung der Nachbarstaaten. Auch dort vollzogen sich Umschichtungen, die zur Herausbildung großer Territorialstaaten führten, wie das Deutsche Reich, Dänemark, Schweden oder Polen. Somit gerieten die slawischen Stämme in Mecklenburg und Vorpommern zwischen die aufblühenden feudalen Großmächte, wobei in unterschiedlicher Intensität und zu verschiedenen Zeiten besonders Polen, Dänen und Deutsche mit differenzierter Zielstellung auf das Land einwirkten. Durch den Slawenaufstand von 983 vermochten die Slawen für etwa 100 Jahre sich aus diesen Bedrängnissen zu befreien.

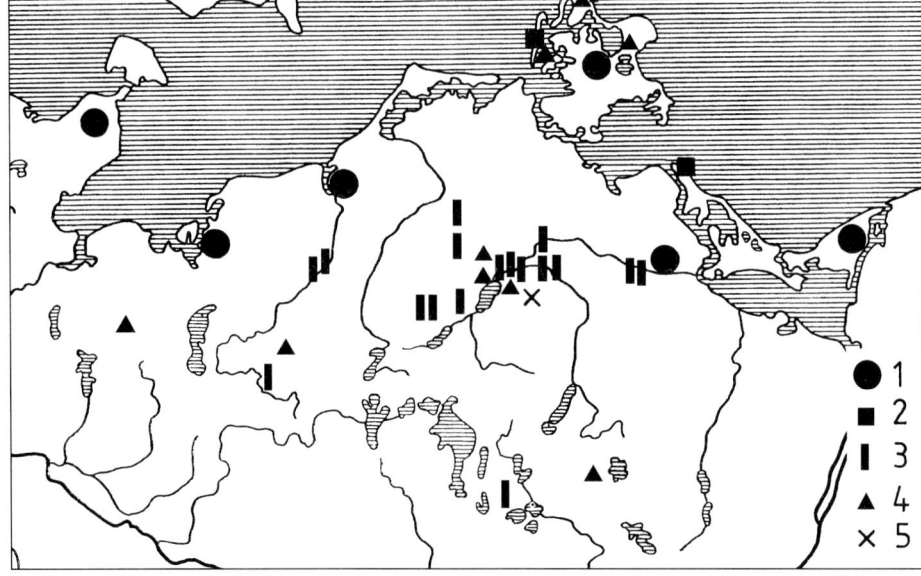

*Wikingischer Einfluß auf Mecklenburg-Vorpommern*
*1 Seehandelsplätze,*
*2 Goldfunde,*
*3 Schwerter (in Auswahl),*
*4 Schmuck (in Auswahl),*
*5 Götteridol Gatschow*
*(Foto: Landesamt für Bodendenkmalpflege)*

Abgesehen von den hier nur angedeuteten politischen Verhältnissen gab es unterschiedliche Kontakte zu den Nachbarvölkern. Diese spiegeln sich unter anderem in den Importfunden auf slawischen Siedlungsplätzen, in Burgen und in Schatzfunden, aber auch auf Gräberfeldern wider.

So zeigen derartige Hinweise auf weitreichende Handelsverbindungen bis weit nach Westeuropa, nach Süden ins Großmährische Reich oder nach Osten in den finn-ugrischen Raum, aber auch in arabische Gebiete. Bei der Betrachtung dieser vorwiegend auf friedlichem Handel und Austausch beruhenden Beziehungen ergibt sich immer wieder die Frage nach Verbindungen zu den nördlichen Nachbarn in Dänemark und Schweden, also zu den Wikingern.

Die Wikingerforschung konzentrierte sich in der Vergangenheit vorwiegend auf die Einflüsse der dänischen und norwegischen Wikinger auf Westeuropa mit den weiten Seefahrten nach Schottland, England, Irland, Frankreich und Island, sowie die schwedischen Wikinger mit erschlossenen Fahrtrouten über die großen russischen Ströme bis zum Schwarzen Meer und nach Byzanz.

Hinweise auf Beziehungen zum südlichen Ostseegebiet gab es lediglich durch einzelne Importfunde, wobei Schwertfunde aus Flüssen dominieren. Dazu waren einige Schmuckstücke, wie Reste von Fibeln, bekannt. Diese Betrachtungsweise änderte sich grundlegend, als auf einem bereits durch Oberflächenfunde auch wikingischer Provenienz bekannten Siedlungsplatz bei Menzlin unweit Anklam bemerkenswerte Funde bei Ausgrabungen gemacht wurden. Dies war in den 1960er Jahren. Kurze Zeit darauf folgten wichtige Beobachtungen in Ralswieck auf Rügen, es folgten Ausgrabungen in Dierkow bei Rostock und Groß Strömkendorf bei Wismar. Diese vier an der Küste liegenden Orte weisen bestimmte Gemeinsamkeiten auf. Sie verteilen sich entlang der Ostsee in regelmäßigen Etappen, die sich in ein Handelsnetz einfügen, das westlich durch Lübeck und Oldenburg bis Haitabu fortgeführt wird, im Osten unter anderem durch Wolin. Allen Orten gemeinsam ist der Kontakt zwischen Slawen und Wikingern an diesen Plätzen. Es fällt dabei auf, daß zu den einzelnen Orten jeweils bedeutende mittelalterliche Nachfolgestädte gehören. Als Paar zeigen sich Groß Strömkendorf-Wismar, Dierkow-Rostock, Ralswiek-Bergen und Menzlin-Anklam. Auch außerhalb unseres Landes kann dieser Dualismus beobachtet werden, wie die Verbindung Haitabu-Schleswig zeigt. Plätze wie Menzlin oder Dierkow, werden als Seehandelsplätze bezeichnet. Sie weisen alle bestimmte Gemeinsamkeiten auf, wobei die verkehrsgeografisch günstige Lage an erster Stelle zu nennen ist. Sie liegen in der Regel tief im Binnenland, doch mit bequemer Verbindung zum Meer. So hat Dierkow über den Breitling die Verbindung zur Ostsee, Ralswiek liegt am Jasmunder Bodden, Groß Strömkendorf in der Wismarer Bucht, Menzlin war über die Peene gut zu erreichen.

Ein weiteres gemeinsames Merkmal ist die beträchtliche Größe der Siedlungen, die bis zu 10 ha erreichen kann. Gleichzeitige slawische "Normalsiedlungen" sind in der Regel kleiner. Weiterhin ist wichtig, daß die Seehandelsplätze polyethnisch sind, daß also unterschiedliche Bevölkerungskomponenten friedlich nebeneinander wohnten. So konnte Ansgar im berühmten Birka im Mälarsee bei Stockholm missionieren und eine Kirche errichten. In diesen Handelszentren war man tolerant. Zeitgenössische Quellen heben gerade den Umstand hervor, daß sich Vertreter vieler Völker an solchen Plätzen treffen. So wird es z.B. über Wolin berichtet, eine wichtige frühstädtische Siedlung an der südlichen Ostseeküste.

Innerhalb der Seehandelsplätze waren für die einzelnen Landsmannschaften bestimmte Räume reserviert. Nachgewiesen ist es für Novgorod und Haitabu, wo Heinrich I. 994 die „colonia Saxorum" errichtete. Hier sei auf eine Traditionslinie zur Hansezeit verwiesen, wo wir derartige Gliederungen unter anderem aus Bergen in Norwegen kennen. Diesem Prinzip ist ein weiteres gemeinsames Merkmal anzuschließen, die Anlage ethnisch gegliederter, räumlich getrennter Bestattungsplätze. Ende der dreißiger Jahre konnte erstmals Birger Nermann in Grobin im baltischen Bereich drei zu einer Siedlung gehörende Friedhöfe nachweisen. Einer repräsentierte die einheimische Bevölkerung, ein anderer die gotländische und ein weiterer upländische Einwohnergruppen.

Wesentlich für diese Frühstädte war der Handel, der oft mit lokaler Produktion verbunden war. Es dominierte der Fernhandel mit Luxusgütern, die in einem gut erschließbaren Hinterland abgesetzt wurden. Für Menzlin sei auf die via regia, die Königsstraße verwiesen, die von Hamburg über Lübeck und Dargun nach Wolin verlief, wobei zahlreiche Abzweigungen anzunehmen sind. Für einen Seehandelsplatz waren aber die Flußläufe von Bedeutung. Von Menzlin aus konnte man über die Peene ein weites Hinterland erschließen, das sich durch Trebel und Tollense noch wesentlich erweiterte. Zahlreiche skandinavische Importfunde und Silberschätze belegen, daß diese Wasserstraßen tatsächlich genutzt wurden. Neben dem Fernhandel gab es natürlich einen Markthandel am Ort und einen Transithandel.

Den Seehandelsplätzen vom Typ Menzlin ist weiterhin gemein, daß sie ihren Höhepunkt im 9. Jahrhundert hatten und in der Regel im 10. Jahrhundert aufgelassen wurden. Die jetzt anstehenden Flächenstaaten zogen den Handel an die Fürstenhöfe, neue Strukturen bildeten sich heraus.

*Menzlin*

Betrachten wir uns die Situation in Menzlin etwas näher. "Die Peeneberge" am "Alten Lager" südlich Menzlin an der Peeneniederung sind schon lange als Fundplatz bekannt. Waren es zunächst slawische Tonscherben, die erstmals 1905 erwähnt werden, so fiel ein völlig anderes Licht auf den Siedlungsplatz, als der Gymnasiast Becker aus Anklam 1932 das Bruchstück einer Wikingerfibel fand. Derartige Funde gehören noch heute zu den ausgesprochenen Seltenheiten in unserem Bereich, und so ist ein verstärktes Interesse der Wissenschaftler am Gelände zu bemerken. 1938 wurden erste Ausgrabungen mit der Freilegung eines bronzezeitlichen Grabes vorgenommen. Im Mantel des Hügels fanden sich jedoch auch Urnenreste mit Beigaben, die der wikingischen Kultur zugewiesen werden konnten. Nach dem letzten Krieg wurde der Siedlungsplatz mehrfach abgesucht, wobei vorwiegend slawische Keramik aufgelesen werden konnte. Interessant wurde es, als bei einer Buddelei am Rande eines Schützengrabens zwei slawische Urnen entdeckt wurden. Durch die Forschungen E. Schuldts ließ sich die Keramik inzwischen einwandfrei bestimmen: es waren Gefäße der altslawischen Feldberger Gruppe aus dem 9. Jahrhundert. Da Gräber aus dieser Zeit in Mecklenburg-Vorpommern kaum bekannt waren, begannen 1965 erste Ausgrabungen, die zunächst bis 1969 fortgeführt wurden. Dabei wurden zwei Schwerpunkte erfaßt, die Siedlung und das Gräberfeld.

In natürlicher Schutzlage, von der Peeneniederung und weiteren Wiesensenken zu dreiviertel umgeben, zeigt sich ein sandiger Rücken, der von dem Menzliner Weg durchschnitten und halbiert wird. Es ist der fast 9 ha große Siedlungsplatz, von dem jedoch nur geringe Teile untersucht werden konnten. Dabei wurde eine Gruppe von vier Hausverfärbungen freigelegt, die alle auf handwerkliche Tätigkeiten schließen lassen. In großer Menge wurde Eisenschlacke verstreut im Grabungsgebiet, aber konzentriert in Gruben erfaßt, ein wichtiger Hinweis für die Eisenverarbeitung. Wie die Funde zeigen, stellten die Menzliner Schmiede vorwiegend Messer und Pfeilspitzen her. Ein zweiter Produktionszweig war die Anfertigung von Kämmen aus Hirschgeweih. Durch umfangreiche Fundkomplexe lassen sich alle Phasen der Herstellung nachweisen. Aus starken Hirschgeweihabwurfstangen wurden die Kammplatten geschnitten, durch Deckleisten miteinander verbunden und schließlich gezähnt. Abschließend wurde die Deckleiste verziert, oft mit Kreisornamenten. Aus Geweihresten fertigte der Kammacher aber auch Spinnwirtel. Die Bernsteinverarbeitung erfolgte ebenfalls in seiner Werkstatt. Hier waren es vorwiegend Perlen, daneben aber auch Spielfiguren für ein Brettspiel, die kunstvoll gefertigt

wurden. Neben diesen auffälligen handwerklichen Tätigkeiten wurde in Menzlin auch getöpfert, gedrechselt, es wurden sogar Glasperlen aus zerbrochenen Glasgefäßen erzeugt, sogenannte Schleuderperlen.

Nun befinden sich unter dem Menzliner Fundmaterial aber auch Gegenstände, die nicht örtlich hergestellt wurden.

Es ist vorwiegend Schmuck, wie eine Rechteckfibel vom Niederrhein, skandinavische Schalenfibeln, Thorshammerreste, Bergkristall- und Karneolperlen aus dem Kaukasus, um nur einige Funde zu nennen. Hier dokumentiert sich der Handel, der Menzlin das besondere Gepräge gibt. Sicher sind viele Luxusstücke auf den oben beschriebenen Wegen über Menzlin ins Slawenland gelangt. Es ergibt sich spätestens an dieser Stelle die Frage, wer die Händler waren, die diese Kostbarkeiten ins Land brachten. Die Antwort fand sich nur 100 m von der Siedlung entfernt.

Auf der die Siedlungsfläche überragenden bewaldeten Höhe wurde nämlich ein zugehöriges Gräberfeld entdeckt, auf dem bisher rund 30 Bestattungen freigelegt werden konnten. Für den südlichen Ostseebereich einmalige Grabformen bildeten eine archäologische Sensation und riefen ein lebhaftes Echo besonders in der skandinavischen Forschung hervor. Bei mehreren Gräbern war die Urne von Steinen umstellt. So zeigen sich schöne Steinkreise, wie wir sie aus slawischen Gebieten nicht kennen. Noch überraschter waren die Ausgräber aber, als sie ovale Steinsetzungen freilegten, Findlinge, die Boote markierten. Solche Gräber gibt es nur in Skandinavien, im Ursprungsgebiet der Wikinger. Dabei war eine Antwort auf die Herkunft der Händler gefunden. Die Gräber belegen aber auch, daß die Handelsleute hier in Menzlin einen festen Stützpunkt hatten, daß sie hier wohnten. Darauf deuten u.a. die Beigaben in den Urnen, die mehrfach aus wertvollem Frauenschmuck bestanden. Es wohnten also ganze wikingische Familien in Menzlin. Zu diesen besonderen Funden gehörten Reste skandinavischer Fibeln, viele zerschmolzene Glasperlen, aber auch eine baltische Ringfibel und eine prachtvolle Schnallengarnitur aus Goldbronze, die dem Stil der Verzierung nach aus Irland stammt.

Handel und Schiffahrt spielten im frühstädtischen Zentrum Menzlin im 9. Jahrhundert eine große Rolle. Es muß also auch ein Hafen vorhanden gewesen sein. Während der Grabungen in den 1960er Jahren wurde an der Peene der Deich ausgebessert. Dazu hob man das nötige Erdreich z.T. direkt neben dem Deich aus und traf dabei offenbar den Hafen, denn große Vierkanthölzer, angespitzte Pfähle, Feldsteine und Findlinge sowie zahlreiche Tonscherben und Gefäßreste der Feldberger Gruppe kamen zu Tage. Danach lag der Hafen über 100 m von der Siedlung entfernt im Bereich des heutigen Peenelaufs. Dazwischen liegen weite Niederungen, ein schwer passierbares Moor. Wir wissen natürlich, daß in slawischer Zeit solche Strecken leicht durch Brücken überquert werden konnten, doch fehlten in Menzlin dazu die Anzeichen (Schoknecht 1977).

Erste Hinweise auf eine andere Möglichkeit erhielten die Bodendenkmalpfleger, als parallel zur Peene bei Meliorationsarbeiten mehrere Gräben gezogen wurden. In den frischen Böschungen zeigte sich jeweils an einer Stelle gegenüberliegend eine Sandlinse, gepaart mit hier ausgebaggerten Feldsteinen. Das deutete auf einen Weg, einen Damm durch die Niederung. Wieder waren es Tonscherben der Feldberger Gruppe, die uns zeigten, daß der Damm zeitlich zu der Siedlung gehören mußte. Einige besondere Funde, wie ein seltener Anhänger mit Tierdarstellung und ein äußerst prachtvoll verzierter Schlüssel, fügen sich in diesen Rahmen.

Neue Erkenntnisse sammelten die Archäologen, als in einem weiteren Graben im Bodenaushub Glasperlen, Bernstein, viele Tierknochen und natürlich Keramik der Feldberger Gruppe geborgen wurden. Da hier ein Holzpfahl mit der Spitze aus dem Boden schaute, ein Ergebnis der Moorsackung durch die Melioration, sollte eine Holzprobe zur genauen dendrochronologischen Datierung genommen werden. Dabei fand sich direkt neben dem Pfahl eine prachtvolle Wikingerfibel, eine Brosche seltener Form aus Bronze. Das war Anlaß zu weiteren Ausgrabungen, die in drei Etappen mit vielen freiwilligen Helfern erfolgte.

Nach und nach wurde eine gepflasterte Straße ausgegraben, wie sie für unseren Raum einmalig ist. Dabei weist diese Straße schon in den freigelegten 23 m konstruktive Unterschiede auf. An einem Ende besteht sie aus drei Lagen Findlingen übereinander, am anderen Ende ist sie einlagig, hier jedoch von dicken Eichenbohlen unterlegt. Die Straße selbst ist 3,50 m breit. Am Rande befinden sich als seitliche Begrenzung größere Findlinge gleich an der Bordsteinkante. Durch kleine Sondierungen konnte diese Brücke auf einer Länge von 75 m nachgewiesen werden.

Der Bau dieser ältesten Steinstraße in Mecklenburg-Vorpommern erfolgte in zwei Etappen. Zunächst wurde der Steindamm an beiden Seiten von einem Graben begleitet, wie wir es heute noch an jeder Überlandstraße kennen. Offenbar bewährte sich dieser Graben jedoch nicht, Seitensteine rutschten bei dem weichen Untergrund, der zudem durch Wasserspiegelschwankungen beeinflußt war, in den Graben ab und beschädigten das Bauwerk. Deshalb verfüllte man den Graben. Dazu nahm man Siedlungsschutt, Abfälle aus den Werkstätten und aus den Haushalten. Damit war die Gleichzeitigkeit der Straße mit der Siedlung dokumentiert, denn es fanden sich all die Produkti-

onshinweise, wie sie oben aus der Siedlung beschrieben wurden: Abfälle der Kammherstellung, Bersteinbruch, Eisenschlacke, in Mengen Tierknochen und natürlich wieder Scherben zerschlagener Töpfe. Hinzu kamen fertige Gegenstände: Knochennadeln, Glasperlen, Spielsteine aus Knochen u.a.

Weiteren Halt erhielt die Straße nun durch Faschinenzäune. Es sind regelrechte Flechtwerkbefestigungen, die durch Bohlen und Balken verstärkt wurden, teilweise auch durch starke Eichenpfähle. Diesen Hölzern wurden Proben zur Dendrodatierung entnommen. Sie ergaben, daß unsere Straße um 770 durch diese Befestigung geschützt wurde.

Und noch eine Überraschung bot die Straße. Es wurden zu der oben genannten Wikingerfibel zwei weitere gefunden. Diese lagen jedoch nicht in den zugeschütteten Straßengräben, sondern seitwärts im Bereich von Nebenbauten. Noch ist der Schnitt zu klein, um endgültige Schlüsse zu ziehen, doch deutet alles darauf hin, daß es neben dem großen Handels- und Handwerksplatz auch noch eine Straßensiedlung in der Niederung gab, die sich beidseitig des Dammes hinzog.

Hinweise auf den Bau von Brücken und Straßen, die die Moore und Niederungen überqueren, begegnen uns als besonders hervorzuhebende Ruhmestaten auf skandinavischen Runensteinen. Diese Steine wurden in der Regel zur Erinnerung an verstorbene Familienmitglieder gesetzt, oftmals auf Wikingerfahrt verschollene Händler und Krieger. Dort wurden dann ihre Taten aufgezählt, wobei solche, die der Gemeinschaft nützen, besonders hervorgehoben und geachtet wurden. Dadurch wissen wir, daß es zu den ehrenhaftesten Arbeiten gehörte, Dämme und Brücken zu bauen, beide gleichermaßen im Schwedischen *Bro* geheißen. So heißt es auf einem Runenstein in Arby/Lena *„Nase und sein Bruder errichteten diesen Stein zur Erinnerung an Jarl, ihren guten Vater, und sie bauten die Brücke Gott zu gefallen.”* Auf einem 3 m hohen Stein bei Sälna/Skärnela steht in einer langen Inschrift: *„Immer soll liegen/während die Zeiten vergehen/die kräftige und breite Brücke/zu dem Guten/die Svenner bauten sie/zu ihrem Vater./Es kann kein besserer/Brückenbau betrieben werden.”*

So schließt sich hier ein Kreis: Siedlung, Gräberfeld, Hafen und Straße sind vorhanden. Wikinger siedelten, arbeiteten und handelten in Menzlin. Es ist ein Beispiel friedlicher Integration verschiedener Völker, unterschiedlicher Religionen, ein Zeichen der Toleranz, der Menschenachtung. Ein Vorbild für den Weg, auf dem wir uns erst befinden.

Wenn Menzlin hier etwas ausführlicher vorgestellt wurde, so sollten daran allgemeine Wesenszüge frühstädtischer Siedlungen dargestellt werden, die sich leicht verallgemeinern und auch auf die anderen erwähnten Plätze von Ralswiek, Dierkow und Groß Strömkendorf übertragen lassen. Alle Städte geben Hinweise auf intensiven Handel, an dem Wikinger und Slawen gleichermaßen beteiligt waren. Es wäre ein Irrtum, den Kommerz alleine den Wikingern zuzuschreiben. Denn viele Importfunde, ganz abgesehen von den Schatzfunden, gibt es auch im Landesinnern. So schälen sich regelrechte Handelszentren heraus, wie Russow bei Pasewalk, Wustrow bei Wesenberg, Vipperow bei Röbel, der Raum des südlichen Tollensesees, Kastorf zwischen Stavenhagen und Altentreptow, ein befestigter Platz am Löddigsee bei Parchim, um nur einige zu nennen. Natürlich gehören auch die jungslawischen Burgen zu wichtigen Umschlagplätzen des Handels. Hier seien Demmin, Behren-Lübchin, Teterow, Groß Raden, Drense u.a. genannt.

*Wikingerschwert aus Wesenberg (Foto: Landesamt für Bodendenkmalpflege)*

Es folgen nun einige Bemerkungen zu den drei Seehandelsplätzen:

*Groß Strömkendorf*
Geschützt durch die Insel Poel liegt in der Wismarer Bucht der Seehandelsplatz bei Groß Strömkendorf. Es sind zwar erst sehr begrenzte Untersuchungen durchgeführt worden, doch bieten die Funde und Befunde überraschende Ergebnisse. So ließ sich, wie in Menzlin, eine Werkstätte der Geweihverarbeitung in einem Grubenhaus erschließen. Daneben gibt es weitere Hausformen, so auch einen Pfostenständerbau. Das archäologische Fundmaterial nimmt ein breites Spektrum ein. Neben skandinavischen Gegenständen (u.a. eine Ringfibel) fallen besonders Importe aus dem karolingischen Reich auf. Dazu zählt spezielle Keramik, die wohl als Emballage anzusprechen ist, vor allem aber seltene Gläser in Bruchstücken, Glasmosaiksteine, Mosaikaugenperlen und andere Schmuckstücke. Diese Gegenstände deuten auf eine Teilnahme am Friesenhandel im 8. und 9. Jahrhundert. Daß die

Hauptmasse der Funde, vor allem in der Keramik, slawisch geprägt ist, bedarf aufgrund der Lage im westslawischen Siedlungsraum keiner näheren Erörterung. Offen bleibt die Frage, ob ständig fremde Siedler in Groß Strömkendorf wohnten, wie in Menzlin anhand der Gräber nachgewiesen werden konnte. Eine besondere Rolle spielt Groß Strömkendorf in der Diskussion um das historisch überlieferte *Emporium Reric*. 808 überfällt der Dänenkönig Göttrik den Handelsplatz Reric und siedelt die Bewohner nach Haitabu um. Viele Orte an der obodritischen Küste und deren Hinterland wurden schon für diesen Ort in Anspruch genommen, was nicht zuletzt in der Namensänderung von Alt Gaarz in Rerik sichtbar wird. Auch die Burg Mecklenburg wurde als Möglichkeit herangezogen. Diese Orte bieten jedoch nicht die jetzt erschlossenen Hinweise auf einen Seehandelsplatz, so daß unbeschadet weiterer dringend erforderlicher Grabungen Groß Strömkendorf an Wahrscheinlichkeit gewinnt, das historische Reric zu sein. (Wietrzichowski 1993)

*Dierkow*
Am Breitling liegt nördlich Rostocks der Seehandelsplatz von Dierkow. Auch hier war es nur möglich, einen Teil der Siedlung zu untersuchen, da die größte Fläche durch Straßenbau und andere Eingriffe bereits zerstört ist. Die älteste slawische Keramik in Mecklenburg-Vorpommern vom Sukower Typ belegt den frü-

*Wikingerfibel aus Dierkow in Form eines Vogels (Zeichnung G. Eitner, Berlin. Aus: Das Altertum, Bd. 33, 1987, Heft 4, S. 229)*

hen Beginn dieses Platzes, wovon auch eine Brandbestattung in einer Sukower Urne zeugt (Warnke 1992). Zahlreiche bemerkenswerte Funde belegen die Teilnahme am Fernhandel. Hierzu zählen eine gleicharmige Wikingerfibel, eine prachtvolle Vogelfibel aus Skandinavien, Reste einer Tatinger Kanne und in einem Brunnen verborgen ein Hortfund mit Goldbeschlägen von Wikingerschwertern (Warnke 1991). Auch in Dierkow fällt unter der örtlichen Produktion die Bersteinverarbeitung auf, ergänzt durch die Kammherstellung und die Umarbeitung von Glasbruch zu Perlen (Herrmann 1988 273f.).

*Ralswiek*

Auf der Insel Rügen gelegen liegt Ralswiek am Südende des Großen Jasmunder Boddens. Der Seehandelsplatz ist somit gut von der offenen See erreichbar und bietet, fast im Zentrum Rügens liegend, ausgezeichnete Bedingungen für den Handel auf der Insel. Einst lag die Siedlung auf einem Strandwall, der westlich von einem jetzt verlandeten See begrenzt war. Dort ließ sich der Hafen mit Anlegeplätzen für Boote erschließen samt der zugehörigen Gehöfte der Kaufleute.

Reiches Fundmaterial aus der Siedlung belegt für diesen Ort weitreichende Austauschbeziehungen bis in den arabischen Raum. Verwiesen sei auf einen in einem Weidenkorb im Innern eines Hauses vergrabenen Silberschatz mit über 2.000 arabischen Münzen, deren jüngste 842 geprägt wurde. Reste skandinavischer Fibeln schlagen auch hier wieder die Brücke in den skandinavischen Raum.

Ganz am Südende des Jasmunder Boddens lag die sogenannte Südsiedlung, durch eine Niederung von der Hauptsiedlung getrennt. Neben verschiedenen Importfunden, wie Glasperlen, ist hier der Fund slawischer seetüchtiger Boote von besonderer Bedeutung. Sie belegen die Beteiligung der Slawen am Ostseehandel. Zwischen den teilweise abgewrackten Booten fanden sich zahlreiche Hinweise auf kultische Handlungen, vorwiegend ausgewählte menschliche Skelettelemente mit Schnittspuren. Gegenüber dieses Kultstrandes, auf der Nordseite des beide Flächen trennenden Jägerbaches lag ein weiterer Kultplatz (Herrmann 1989 584ff.).

Zu dem Siedlungskomplex und den Kultstellen gehört in Ralswiek ein Gräberfeld mit über 400 Grabhügeln. Hier zeigt sich Menzlin gegenüber eine völlig andere Bestattungssitte. Zwar sind es auch Brandgräber, in der Spätphase auch Körpergräber, doch kommen praktisch für die Zeit des Seehandelsplatzes keine Beisetzungen in Urnen vor. Vielmehr wurden die Reste der Toten vom Scheiterhaufen samt ihrer Trachtenbestandteile aufgelesen und im Bereich des geplanten Hügels auf der Erdoberfläche verstreut und dann anschließend überhügelt. In einige Gräber

kamen qualitativ wertvolle Stücke, wie ein goldenes Scharnier, ein Trinkhorn, Bronzeschalen, vergoldete Perlen, Anhänger aus Bronze und Silber sowie in geringen Mengen Waffen. Auch hier deuten etliche Gräber skandinavische Herkunft an, so daß es sich wohl um wikingische Händler handelt, die hier ihre letzte Ruhestätte fanden. Dazu gehört auch ein Grab, wo als Brennmaterial Teile eines genieteten skandinavischen Bootes benutzt worden waren und die aufgelesenen Nieten mit ins Grab gelangten. Die typischen slawischen Grabbeigaben, wie Schläfenringe, Gürtelschließen, Fingerringe u.a. fehlen in Ralswiek (Warnke 1989 588ff.).

*Einzelfunde*

Neben den skandinavischen Funden in den Seehandelsplätzen gibt es zahlreiche Einzelstücke im Binnenland. Hier ist eine starke Bindung an die Flußläufe zu erkennen, vielleicht durch die Schwerter aus Baggerungen überrepräsentiert. Neben diesen auffälligen Funden gibt es aber auch zahlreiche andere Importe, vorwiegend Schmuck. Am bekanntesten sind die prächtigen Goldfunde, wie die Schätze von Hiddensee und Peenemünde auf Usedom, aber auch Fibeln und Ringschmuck wurden gefunden.

Ein besonderer Fund gelang ehrenamtlichen Bodendenkmalpflegern 1986 bei Gatschow unweit Demmin. Es ist eine kleine Bronzeplastik, die als hockende Figur dargestellt ist. Die linke Hand liegt auf dem Knie, die rechte Hand umfaßt den Bart. Dieser ist zweigeteilt als Kinn-Spitzbart und Knebelbart. Das Berühren des Bartes kommt verschiedentlich bei Göt-

*Götterfigur aus Gatschow (Höhe 6,5 cm) (Foto: Landesamt für Bodendenkmalpflege)*

teridolen vor, hauptsächlich bei sitzenden Figuren. Auf diesen Umstand hat Gjaerder (1964) aufmerksam gemacht. Unser Idol schließt sich einer Gruppe ähnlicher, jedoch nicht identischer Kleinplastiken an.

Alle bekannten hockenden wie stehenden Figuren sind Unikate und individuell gestaltet. Wir kennen derartige Stücke vorwiegend im Norden, so in Island und Skandinavien.

Verbindungen unterschiedlicher Formen weisen aber auch nach Osteuropa. Nach den Götterplastiken von der Fischerinsel im Tollensesee (Gringmuth-Dallmer und Hollnagel 1971), den Brettidolen aus Groß Raden (Schuldt 1985 38ff.), Parchim (Keiling 1985 158) und Ralswiek (Warnke 1983 46) sowie den Bildsteinen von Grüttow, Bergen, Wolgast und Altenkirchen ist dies das erste Idol dieser Form aus Mecklenburg-Vorpommern. Da die Figur auf einem Untersatz mit einer Tülle hockt, mag sie einst auf einem Sieb getragen worden sein (Schoknecht 1994). So zeigt sich ein vielschichtiges Bild der Kontakte zwischen Wikingern und Slawen über mehrere Jahrhunderte in der Frühgeschichte Mecklenburgs und Vorpommerns.

Literatur

Gjaerder 1964 — P. Gjaerder, The beard as an iconographical feature in the Viking period and the early Middle Ages, in: Acta Archaeologica 35, 1964, 94ff.

Gringmuth-Dallmer und Hollnagel 1971 — Eike Gringmuth Dallmer und Adolf Hollnagel, Jungslawische Siedlung mit Kultfiguren auf der Fischerinsel bei Neubrandenburg, in: Zeitschrift für Archäologie 5, 1971 102-133.

Herrmann 1988 — Joachim Herrmann, Archäologische Feldforschungen und Ausgrabungen des Zentralinstituts für Alte Geschichte und Archäologie in der Mitte und zweiten Hälfte der 80er Jahre, in: Ausgrabungen und Funde 33, 1988 265-276.

Herrmann 1989 — Joachim Herrmann, Stichwort Ralswiek F7, in: Archäologie in der Deutschen Demokratischen Republik. Denkmale und Funde 2. Berlin 1989 584-658.

Keiling 1989 — Horst Keiling, Ein jungslawischer Siedlungsplatz mit Flußübergang und Kultbau bei Parchim im Bezirk Schwerin, in: Society and trade in the Baltic during the Viking Age. Acta Visbyensia VII. Visby 1985 149-164.

Schoknecht 1977 — Ulrich Schoknecht, Menzlin – Ein frühgeschichtlicher Handelsplatz an der Peene. Beiträge zur Ur- und Frühgeschichte der Bezirke Rostock, Schwerin und Neubrandenburg 10. Berlin 1977.

Schoknecht 1993 — Ulrich Schoknecht, Eine Wikingerstraße an der Peene, in: Stier und Greif, Blätter zur Kultur und Landesgeschichte in Mecklenburg-Vorpommern 1993 55-58.

Schoknecht 1994 — Ulrich Schoknecht, Eine slawische Götterfigur aus Gatschow, Kr. Demmin, und ein Kästchenbeschlag aus Pasewalk, in: Ausgrabungen und Funde 39 1994 129-136.

Schuldt 1985 — Ewald Schuldt, Groß Raden. Ein Slawischer Tempelort des 9./10. Jahrhunderts in Mecklenburg. Schriften zur Ur- und Frühgeschichte 39. Berlin 1985.

Warnke 1983 — Dieter Warnke, Tempel und Götterbilder bei den Lutizen, in: Das Altertum 29 1983 38-40.

Warnke 1987 — Dieter Warnke, Skandinavische Einflüsse im nordwestslawischen Siedlungsgebiet vor dem 10. Jh.u.Z., in: Das Altertum 33 1987 222-229.

Warnke 1989 — Dieter Warnke, Stichwort Ralswiek F8, in: Archäologie in der Deutschen Demokratischen Republik. Denkmale und Funde 2. Berlin 1989 588-591.

Warnke 1991 — Dieter Warnke, Ein Brunnen mit Hortfund eines Goldschmiedes aus der 1. Hälfte des 9. Jh. vom Handwerkerplatz Rostock-Dierkow. Vorbericht, in: Ausgrabungen und Funde 36 1991 294-295.

Warnke 1992 — Dieter Warnke, Eine Urne der Sukower Gruppe aus der frühstädtischen Siedlung Rostock-Dierkow, in: Ausgrabungen und Funde 37 1992 156-161.

Wietrzichowski 1993 — Frank Wietrzichowski, Untersuchungen zu den Anfängen des frühmittelalterlichen Seehandels im südlichen Ostseeraum unter besonderer Berücksichtigung der Grabungsergebnisse von Groß Strömkendorf. Wismarer Studien zur Archäologie und Geschichte 3 1993.

*Volker Schmidt*

# SLAWEN UND DEUTSCHE – ZUR EROBERUNG, BESIED- LUNG UND CHRISTIANISIERUNG MECKLENBURGS IM 11. UND 12. JAHRHUNDERT

Im Gebiet des heutigen Mecklenburgs siedelten seit der slawischen Landnahme zwei Stammesverbände, die schon bei der Einwanderung untereinander verfeindet waren. Es handelte sich dabei um die im westlichen Mecklenburg und Ostholstein ansässigen *Obodriten* sowie um die östlich davon siedelnden Wilzen, die von deutschen Chronisten seit dem späten 10. Jahrhundert auch als Lutizen bezeichnet wurden. Der Stammesverband der Obodriten setzte sich zusammen aus den *Wagriern* in Ostholstein, *Polaben* im Gebiet zwischen Trave und Elbe, *Warnowern* im Bereich der oberen Warnow und der Mildenitz und dem namengebenden Stamm der *Obodriten* aus dem Raum

zwischen der Wismarer Bucht bis unterhalb des Schweriner Sees. Ihr politisches Zentrum stellte die Burg Mecklenburg dar. Hier residierten mit kurzzeitigen Unterbrechungen die obodritischen und später mecklenburgischen Fürsten bis zum Jahre 1256.
Den Stammesverband der *Lutizen* bildeten im 10./11. Jahrhundert die *Ukranen* aus dem Gebiet der späteren Uckermark, *Redarier* östlich vom Tollensefluß/Tollensesee bis zu den Helpter Bergen, *Tollenser* westlich des Tollenseflusses/Tollensesees, *Zirzipanen* im Raum der Mecklenburgischen Schweiz bis mittleren Verlauf der Recknitz und den *Kessinern* an der unteren Warnow. Im Lutizenbund stellten die Redarier den mäch-

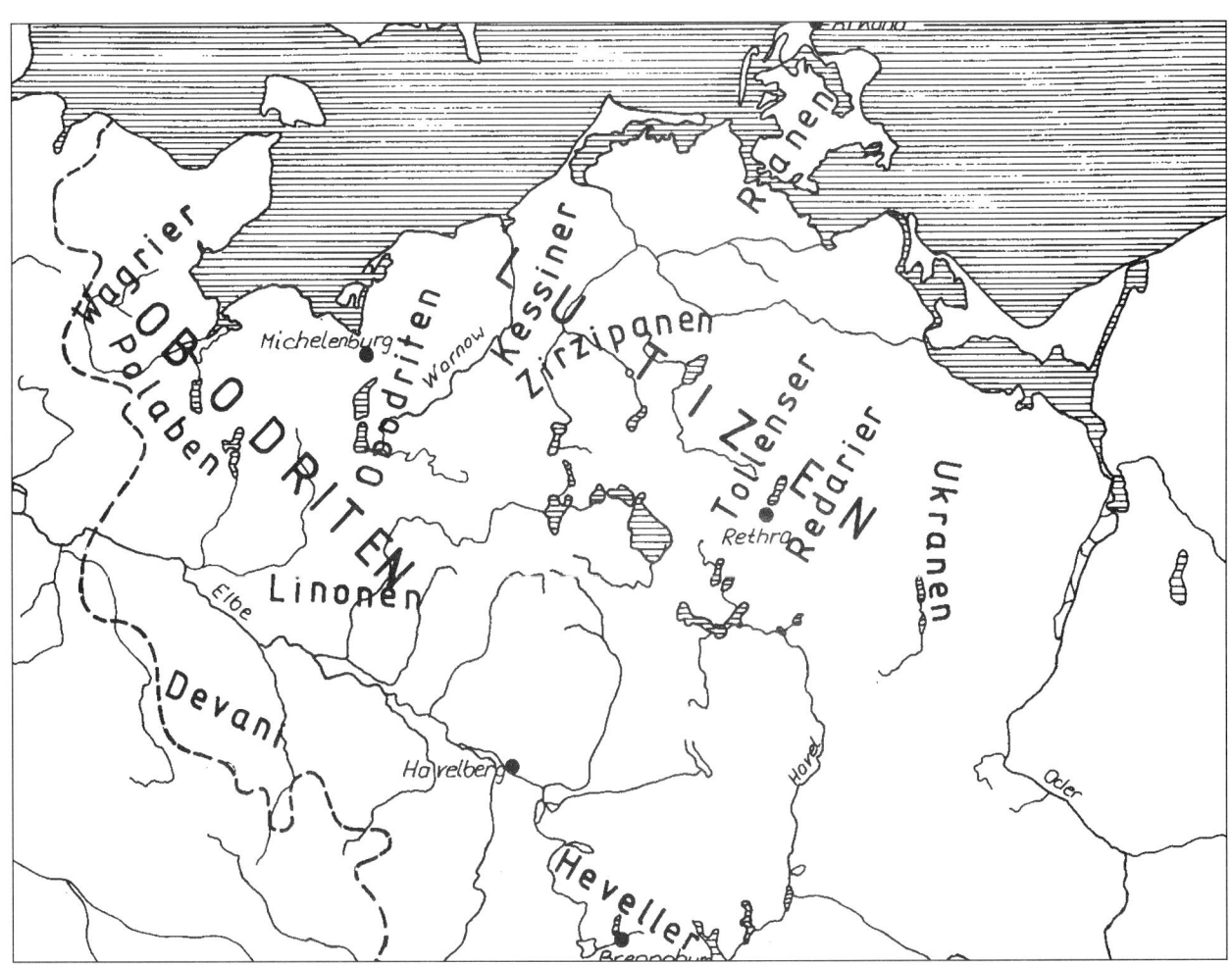

*Verbreitungskarte der slawischen Stämme des 11./12. Jahrhunderts in Nordostdeutschland*

tigsten Stamm dar. Die Redarier besaßen eine zentralisierte Machtausübung, die in ihrem gesellschaftlichen und kultischen Hauptort Rethra lag. Diese Frühstadt war gleichzeitig das politische Zentrum des Lutizenbundes.

Im Verlaufe des 8. bis 10. Jahrhunderts gab es zahlreiche Feldzüge mit dem Ziel, die slawischen Stämme in Nordostdeutschland militärisch zu unterwerfen und sie in eine Abhängigkeit zu bringen. In der ersten Phase war es das Frankenreich, das seit der zweiten Hälfte des 8. Jahrhunderts unter *Karl dem Großen* und den folgenden Herrschern eine Eroberungspolitik verfolgte, die sich gegen Sachsen, Italien, gegen die Awaren im Donaugebiet richtete und später auch die Dänen und die slawischen Stämme erfaßte.

Nach der Herausbildung des deutschen Reiches strebten *Heinrich I.* (919–936) und *Otto I.* (936–973) danach, die Slawen zwischen Elbe und Oder zu unterwerfen und zu christianisieren. König Heinrich I. führte in seiner 17jährigen Herrschaft mit einer hohen militärischen Schlagkraft allein sieben Jahre Krieg gegen die benachbarten slawischen Stämme, um sie tributabhängig zu machen. Otto I. setzte die Politik seines Vaters fort, ging dabei aber einen entscheidenden Schritt weiter. Er gab sich nicht mit der Abhängigkeit zufrieden, sondern wollte seinen politischen und militärischen Einfluß in den slawischen Gebieten östlich der Elbe durch Eingliederung dieser Territorien in das Deutsche Reich festigen. Dazu teilte er 936/937 die slawischen Siedlungsräume westlich der Oder in Marken auf.

Die Gebiete des obodritischen Stammesverbandes gehörten zur Mark der Billunger, der größte Teil des Lutizenbundes lag in der Nordmark. Energisch verfolgten die eingesetzten Markgrafen von deutschem Gebiet aus ihre Positionen zu festigen und auszubauen. Mit der Stiftung der Missionsbistümer Brandenburg und Havelberg im Jahre 948 wurden die bisherigen Schritte bei der Eingliederung der slawischen Stammesverbände in den deutschen Staat legitimiert und vorangetrieben.

Otto I. sah nach seiner Krönung zum Kaiser, am 2. 2. 962 in Rom, seine politische Herrschaft so gefestigt, daß er mit Unterstützung des Papstes zur weiteren Festigung der Kirchenorganisation in Magdeburg ein neues Erzbistum gründete. Von hier aus sollten die Bistümer Brandenburg und Havelberg bei ihrer Missionstätigkeit der Slawen gefördert und straffer organisiert werden. Mit der Schaffung eines weiteren Bistums in Oldenburg, wahrscheinlich im Jahre 972, schuf Otto I. eine günstige Voraussetzung, die Obodriten besser in die deutsche Kirchenorganisation einzubeziehen. Die slawischen Stammesverbände im Raum zwischen unterer Elbe und Oder wurden aber nicht nur von deutscher Seite bedrängt. Für den Lutizenbund entstand im Osten eine zweite Front. Der polnische Fürst Mieszko I. war 966 zum Christentum übergetreten und baute eine eigenständige kirchliche Organisation auf. In diesem Zusammenhang entstand das Bistum Posen.

Die schrittweise Eingliederung der slawischen Stämme in das deutsche Reich war von deutscher Seite mit viel Geschick und großer Gründlichkeit vorangetrieben. Mit der Niederwerfung der großen Aufstände von 939 und 955 schien der Widerstand der Obodriten und weitestgehend auch der Lutizen gebrochen zu sein.

Der mächtigste Stamm des Lutizenbundes, die Redarier, hatten sich aber nicht unterworfen. Daher forderte Kaiser Otto I. in einem Brief vom 18. Januar 968 aus Italien einen permanenten Krieg gegen sie. Annähernd 40 Jahre stand dieser Stamm im Krieg und erwiderte die ständigen Angriffe mit zum Teil ausgedehnten Kriegszügen, die bis in die Altmark reichten. Die zahlreichen kriegerischen Auseinandersetzungen des 9. und 10. Jahrhunderts verursachten bei den Slawen in Nordostdeutschland im starken Maße eine Stagnation in der Wirtschaft und Kultur. Im archäologischen Fundmaterial schlägt sich der Vorgang deutlich nieder. Bei den Ausgrabungen sind in den Burgen für diesen Zeitabschnitt besonders häufig Zerstörungen und Brandhorizonte und daraus resultierende Erneuerungen der Befestigungsanlagen nachgewiesen (Schmidt 1989 10).

Unter dem äußeren Druck auf die Slawen im Raum des östlichen Mecklenburg-Vorpommern kam es zu einem engeren inneren Zusammenschluß der Kessiner, Zirzipanen, Tollenser und Redarier im Lutizenbund. Völlig anders vollzog sich die Entwicklung bei den Obodriten. Hier bestanden anfänglich gute persönliche Verbindungen zum deutschen Fürstenhaus. So war sogar an eine eheliche Verbindung des Sohnes vom obodritischen Fürsten Mstivoj mit der Nichte des Markgrafen Hermann Billung gedacht, die dann aber doch nicht zustande kam. Die verpflichtenden Beziehungen gingen soweit, daß der Sohn von Mstivoj mit cirka 1.000 Reitern Kaiser Otto II. bei seinem Feldzug nach Italien unterstützte. Große Teile des deutschen Heeres waren hier konzentriert. Otto II. erlitt im Juli 982 in Süditalien am Kap Colonne eine entschiedene Niederlage. Diese Situation nutzten kurzerhand die Lutizen aus, indem sie im Juni 983 einen gut vorbereiteten Aufstand entfachten.

Das lutizische Heer nahm am 29. Juni 983 Havelberg ein und zerstörte den Bischofssitz. Drei Tage später erstürmten sie Brandenburg und vernichteten auch dort den Bischofssitz. Ihr Marsch auf Magdeburg, an dem sich auch die Obodriten beteiligten, wurde durch den Erzbischof Gisiler und die Markgrafen Thiedrich, Hodo sowie Rihdag in einer Schlacht am Tanger abgewehrt. Der Bischofssitz in Oldenburg fiel ebenfalls dem Aufstand zum Opfer. Auch die Dänen sahen den Frühsommer des Jahres 983 als einen günstigen Zeitpunkt an, um dem Deutschen Reich einen wirkungsvollen Schlag zu versetzen. Ziel des dänischen Angriffs war die Zerstörung der ottonischen Brückenköpfe in ihrem Grenzbereich.

Wie aus den schriftlichen Quellen eindeutig hervorgeht, nahm der Stamm der Redarier eine Vorrangstellung im Lutizenbund ein. Er hatte im Widerstand gegen die deutsche Eroberungspolitik die Führung übernommen. Das Machtzentrum lag in der Stadt Rethra. Allgemein gab es bei den slawischen Stämmen der Lutizen und Obodriten einen weit verzweigten burggessenen Adel als militärische und administrative Stützpunkte einer zentralen Fürstenherrschaft. Völlig anders hatte sich die gesellschaftliche Struktur bei den Redariern entwickelt. In der zweiten Hälfte des 9. Jahrhunderts kam es zur Aufgabe aller Burganlagen. Es entstanden auch in der jungslawischen Zeit (11.–12. Jahrhundert) keine neuen Befestigungen. Alle Macht lag in Rethra konzentriert und wurde von einer Priesterherrschaft ausgeübt.[1]

Offensichtlich liefen hier die Fäden für die Vorbereitung und Durchführung des Aufstandes von 983 zusammen. Dazu mußten Absprachen mit den einzelnen lutizischen und obodritischen Stämmen getroffen werden. Viel Geschick war notwendig, um die „althergebrachte Feindschaft" zwischen den Wilzen (Lutizen) und Obodriten, die durch militärische Auseinandersetzungen selbst im 10. Jahrhundert noch weiter geschürt wurden, zu überbrücken. Der dänische Gegenschlag ist das Ergebnis einer gut vorbereiteten Bündnispolitik.

Durch den erfolgreichen Ausgang konnten die Lutizen ihren Einfluß nach Süden erheblich ausweiten, indem sie die Gebiete der Heveller zeitweilig mit in ihren Machtbereich einbezogen. Rethra gewinnt mit diesem Sieg über die deutsche Außenpolitik plötzlich erheblich an Bedeutung. Es wird dadurch das politische und kultische Zentrum des Lutizenbundes.

Aus Berichten deutscher Chronisten sind wir über die Bedeutung und den Aufbau des Hauptortes Rethra genau unterrichtet. So schreibt der Bischof Thietmar von Merseburg im Jahr 1005 über Rethra:

*„Im Redariergau liegt die dreieckige und dreitorige Burg Riedegost (Rethra) rings umgeben von einem großen, für die Einwohner unverletzlich heiligen Walde. Zwei ihrer Tore sind dem Zutritt aller geöffnet. Das dritte und kleinste Osttor mündet in einen Pfad, der zu einem nahe gelegenen, sehr düsteren See führt. In der Burg befindet sich nur ein kunstfertig errichtetes, hölzernes Heiligtum, das auf einem Fundament aus Hörnern verschiedenartiger Tiere steht. Außen schmücken seine Wände, soviel man sehen kann, ver-*

*schiedene, prächtig geschnitzte Bilder von Göttern und Göttinnen. Innen aber stehen von Menschenhänden gemachte Götter, jeder mit eingeschnitztem Namen; furchterregend sind sie mit Helmen und Panzern bekleidet; der höchste heißt Swarošyc, und alle Heiden achten und verehren ihnen besonders. Auch dürfen ihre Feldzeichen nur im Falle eines Krieges, und zwar durch Krieger zu Fuß, von dort weggenommen werden. Für die sorgfältige Wartung dieses Heiligtums haben die Eingeborenen besondere Priester eingesetzt. Jeder Gau dieses Landes hat seinen Tempel und sein besonderes, von den Ungläubigen verehrtes Götzenbild; doch genießt jene Burg (Stadt) einen besonderen Vorrang. Von ihr nehmen sie Abschied, wenn sie in den Krieg ziehen; sie wird geehrt mit gebührenden Geschenken bei der glücklichen Heimkehr; und sorgfältig erforscht man, wie ich berichtet habe, durch die Lose und das Roß, was die Priester den Göttern als genehmes Opfer darbringen müssen. Ihr unsagbarer Zorn aber wird durch Menschen- und Tierblut besänftigt"* (Trillmich 1966 267).

Von Rethra aus griff man in der ersten Hälfte des 11. Jahrhunderts je nach politischer Interessenlage mit viel Geschick in die mitteleuropäische Politik ein. Aus dem Jahre 1068 ist eine Zerstörung des Heiligtums durch den Bischof Burkhardt II. aus Halberstadt bekannt. König Lothar I. führte seinen Kriegszug von 1125 ebenfalls über Rethra und erstürmte es. Doch

*Doppelköpfiges Götzenbild vom Handelsplatz auf der Fischerinsel im Tollensesee, Zeit um 1200 (Regionalmuseum Neubrandenburg/Gabriele Hahn)*

war mit diesen militärischen Attacken nicht der Untergang des Hauptortes vom noch bestehenden Lutizenbund verbunden. Seit 1378 versucht die Geschichtsforschung Rethra zu lokalisieren. Jüngste Forschungsergebnisse unterstreichen nachhaltig, daß es sich bei der archäologisch nachgewiesen slawischen Frühstadt in der Lieps, am Südende des Tollensesees, um das legendäre gesellschaftliche Zentrum der Lutizen handelt (Schmidt 1984; –1992).

Nach dem Aufstand von 983 erhoben sich die Obodriten unter ihren Fürsten Mstivoj zwischen 990 und 995 erneut gegen das Bistum Oldenburg, zerstörten den Sitz des Erzbischofs in Hamburg, führten mehrere Einfälle in Nordalbingien und Dänemark durch. Das Deutsche Reich versuchte die erlittenen Niederlagen in den folgenden zwei Jahrzehnten wettzumachen und vor allem die Lutizen erneut zu unterwerfen. In die Auseinandersetzungen griffen auch Polen und Böhmen ein. Schwerpunkt der militärischen Unternehmungen stellte die Wiedereingliederung des slawischen Hauptortes der Heveller, Brandenburg, in das Deutsche Reich dar. Die Brandenburg wechselte nach

ihrer Einnahme durch die Lutizen seit 983 achtmal ihren Besitzer, bis sie 1157 endgültig in deutschen Besitz geriet. Der positive Ausgang des Lutizenaufstandes von 983 und des Obodritenaufstandes von 990 hatten zur Folge, daß die Stammesverbände der Lutizen, Obodriten und Heveller für annähernd 150 Jahre ihre politische Selbständigkeit behaupten konnten. Das Deutsche Reich gab seine Ansprüche auf die slawischen Siedlungsgebiete im Raum zwischen unterer Elbe und Oder nicht auf. So wurden für die ehemaligen Bistümer Brandenburg, Havelberg und Oldenburg auch weiterhin regelmäßig Bischöfe geweiht. Auch die für die Nordmark amtierend eingesetzten Markgrafen besaßen im 11. Jahrhundert keinerlei politische Macht.

Aus den archäologischen Forschungen in Mecklenburg-Vorpommern zeichnen sich für den Zeitraum um 1000 deutliche Veränderungen in der gesellschaftlichen Struktur der Obodriten und Lutizen ab. Allgemein wurden die kleinen Burganlagen, deren Innendurchmesser durchschnittlich 40 bis 50 m betrugen, aufgegeben und neue große Burgen, häufig in insulä-

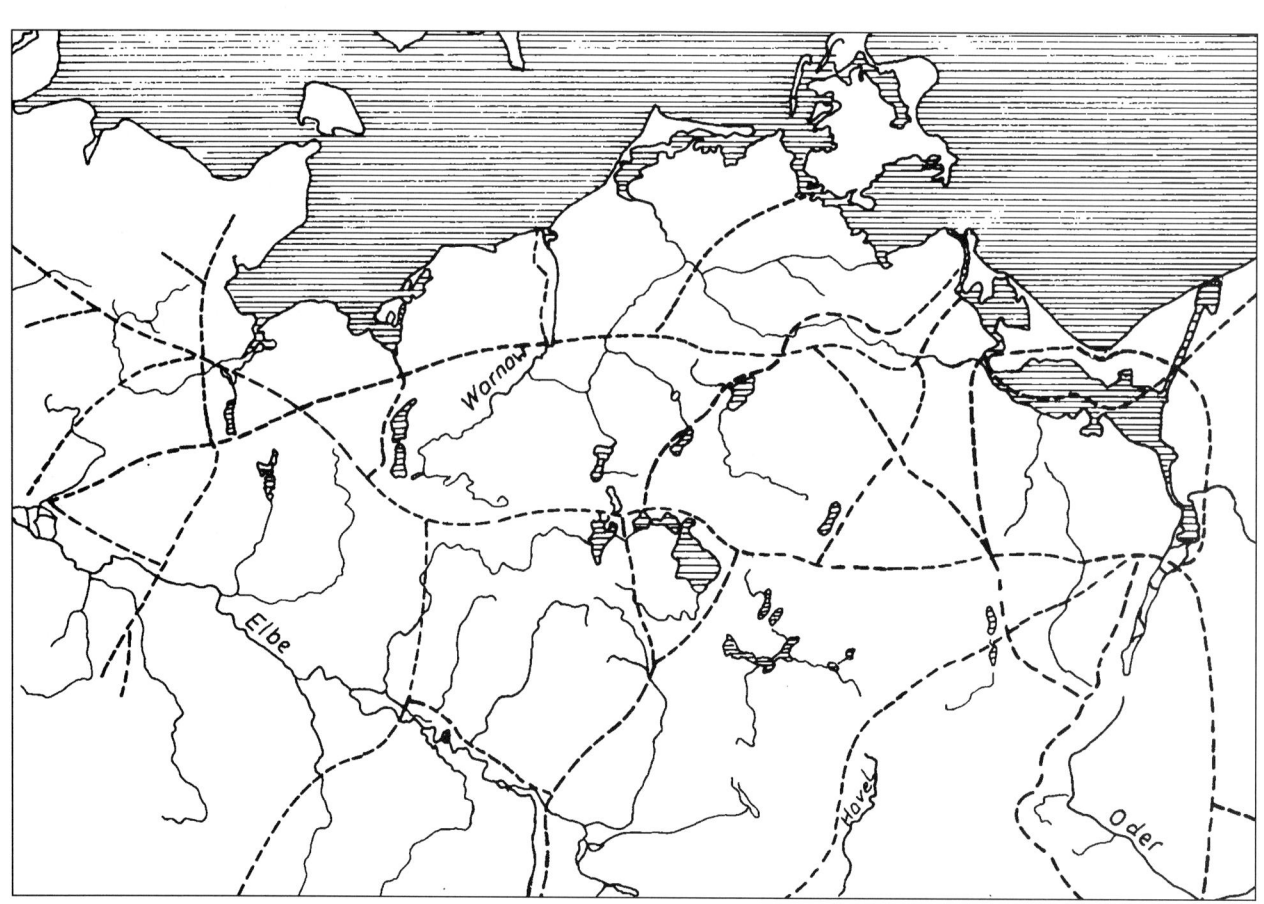

*Verlauf der Handelswege in Nordostdeutschland im 11./12. Jahrhundert*

rer Lage, errichtet. Es entstanden ausgesprochene Kaufmannssiedlungen, die stets befestigt waren und sich in Abhängigkeit zu bedeutenden Fürstenburgen befanden. Derartige Marktorte enthielten in der Regel einen Kultplatz, wo die fremden Kaufleute vor der Eröffnung des Marktes dem Hauptgott dieses Platzes Opfer bringen mußten. In diesem Zusammenhang ist die doppelköpfige Kultfigur vom Handelsplatz auf der Fischerinsel im Tollensesee zu sehen. Weitere solche Marktorte sind archäologisch nachgewiesen in Neuburg bei Parchim (Becker 1990 147; Keiling 1983 149), Kastorf bei Altentreptow (Schmidt 1991 42) und Ralswiek auf Rügen, der als Seehandelsplatz seine Blütezeit schon im 8./9. Jahrhundert hatte (Herrmann 1989 584). Wir kennen aber auch jungslawische Handelsplätze mit überregionaler Bedeutung aus mittelalterlichen Schriftquellen, beispielsweise in Demmin und Usedom.

Darüber hinaus gab es einige lokale Märkte. Benutzte man bis ins 9. Jahrhundert als Handelswege verstärkt die Wasserstraßen, so erfolgte mit Entstehung der neuen Handelsplätze der Transport überwiegend auf dem Festland. Zwei große Fernhandelsstraßen verliefen West-Ost ausgerichtet von Hamburg nach Wollin und Stettin (Herrmann 1985 136). Von diesen gab es Abzweigungen, die in die angrenzenden Gebiete reichten.

Eine weitere Veränderung zeichnete sich im Bestattungswesen ab. Fand bis ins 10. Jahrhundert ausschließlich die Brandbestattung Anwendung, begann man etwa ab 1000 Körpergräber anzulegen. Darin schlägt sich nicht unmittelbar der Einfluß des Christentums nieder, es ist vielmehr eine allgemeine Erscheinung, die ohne religiösen Hintergrund übernommen wurde.

Bessere Produktionsinstrumente in der Landwirtschaft (eiserner Pflugschar, Sensen) führten zu höheren Erträgen, was schließlich eine Verbesserung der Lebensverhältnisse bewirkte. Im 11./12. Jahrhundert verdreifacht sich etwa die Anzahl der Bevölkerung. Es ist also ein spürbarer Aufschwung zu verzeichnen, der sich auch in den archäologischen Quellen niederschlägt.

Ausgelöst durch die Politik des polnischen Staates unter Boleslaw dem Kühnen, der im Osten bis nach Kiew, im Süden bis nach Prag expandierte und im Westen die Gebiete bis zur Elbe und Saale anstrebte, kam es zu einem Bündnis zwischen dem Deutschen Reich und den Lutizen. Am 28. März 1003 empfing *Heinrich II.* in Quedlinburg die Gesandten der Lutizen und Redarier und *„beruhigte die bisher Aufsässigen durch äußerst freundliche Geschenke und gefällige Zusicherungen und gewann dadurch alte Feinde zu engen Bundesgenossen"*, wie es der Chronist Thietmar von Merseburg zu berichten weiß (Trillmich 1977

227). Im Jahre 1004 vertreibt Heinrich II. mit den Lutizen Boleslaw aus Böhmen. Zwischen 1005 und 1013 folgten drei gemeinsame, meist mehrjährige Feldzüge gegen Polen. Durch die Bündnispolitik mit dem deutschen König erscheinen Lutizen im Jahre 1009 sogar in Metz.

Als 1018 die Lutizen gegen die Obodriten ins Feld zogen, weil diese keine Hilfstruppen beim letzten Polenkrieg gestellt hatten, brach die *„althergebrachte Feindschaft"* wieder auf. Dieser Übergriff löste bei der obodritischen Bevölkerung eine umfassende Erhebung gegen die Christianisierung aus, bei der die Kirchen in Schutt und Asche fielen.

Der polnische König Mieszko II. überfiel 1028 das östliche Sachsen und drang mit seinem Heer bis zur Saale vor. Im Zuge dieses Krieges wurden große Gebiete der südlichen Lutizen stark in Mitleidenschaft gezogen. Die Niederlage Mieszko II. im Jahre 1033, durch das Deutsche Reich im Bündnis mit Dänemark und der Kiewer Rus führte zur beträchtlichen Schwächung des polnischen Staates. Damit war eine neue politische Situation geschaffen, die keine Notwendigkeit mehr für den Zusammenschluß der Deutschen mit den Lutizen erforderte. So ist es dann auch nicht verwunderlich, daß Kaiser *Konrad II.* 1035 und 1036 erneut Kriegszüge gegen die Lutizen unternahm und sie zur Zahlung hoher Tribute verpflichtete.

Dem Obodritenfürsten *Gottschalk,* einem eifrigen Verfechter des Christentums, gelang es, die obodritischen Stämme in einem Großreich zu vereinigen. Bei Auseinandersetzungen um die Gleichstellung der Zirzipanen mit den Redariern kam es 1057 im Lutizenbund zu Kämpfen, die in die Geschichte als *„lutizischer Bruderkrieg"* eingingen. Nach anfänglichen Erfolgen der Zirzipanen und Kessiner riefen die Redarier den Obodritenfürsten Gottschalk, den sächsischen Herzog Bernhard und den dänischen König Sven Estridson zu Hilfe.

In Ausgang des Krieges wurden die beiden nördlichen Stämme (Zirzipanen und Kessiner) in den obodritischen Machtbereich eingegliedert. Fürst Gottschalk ließ an verschiedenen Burgorten Kirchen bauen. Jedoch konnte das Christentum zu diesem Zeitpunkt weder beim Volk noch im slawischen Adel festen Fuß fassen. Am 7. Juni 1066 kommt es zu einem weiteren großen Slawenaufstand, der vom obodritischen Adel im Bündnis mit den Lutizen angeführt wurde. Bei dieser Erhebung wird Gottschalk in Lenzen erschlagen. Das aufgebrachte Volk steinigte am 15. Juli in Ratzeburg Christen. Adam von Bremen, der am Hof des Hamburger Erzbischofs Adalbert als Geschichtsschreiber tätig war, berichtet von Johannes Scotus, das heißt dem Irländer, der Bischof von Mecklenburg war, daß *„der greise Bischof Johannes ward in der Stadt Magnopolis (Mecklenburg) mit anderen Christen* *als Gefangener zum Triumphe aufbewahrt. Derselbe nun war, weil er sich zum Christentum bekannte, mit Schlägen mißhandelt, darauf durch die einzelnen Städte der Slawen zur Verhöhnung umhergeführt und weil er vom Namen Christi nicht abwendig zu machen war, so wurden ihm Hände und Füße abgehauen und der Körper auf die Straße hinausgeworfen, das Haupt aber ward ihm abgeschnitten und die Heiden pflanzten es wie ein Siegeszeichen auf einen Spieß und opferten es ihrem Gotte Redigast. Dies geschah in der Hauptstadt der Slawen, Rethra, am 10. November 1066"* (Wattenbach 1886 167f.).

Budivoj, Sohn des Obodritenfürsten Gottschalk, konnte mit Unterstützung der Sachsen in den westlichen Teilgebieten des obodritischen Reiches seine Position noch kurze Zeit halten. Als aber 1072 eine weitere Erhebung unter Leitung des Wagrierfürsten Kruto ausbrach, zerfiel das Obodritenreich vollständig.

Dem bereits erwähnten Feldzug Bischof Burkhardt II. aus Halberstadt gegen Rethra im Jahre 1068 folgte im Winter 1069 unter König Heinrich IV. eine nächste militärische Maßnahme gegen die Lutizen. Trotz dieser partiellen Niederlagen und dem Ausgang des sogenannten Bruderkriegs blieben die Lutizen auch in der zweiten Hälfte des 11. Jahrhunderts ein politischer Machtfaktor. Es gab verschiedene Bemühungen von sächsischer und polnischer Seite, sogar vom Deutschen Reich, die Lutizen als Bündnispartner zu gewinnen.

Fürst *Heinrich,* Sohn des Obodritenfürsten Gottschalk, lebte bis etwa 1090 in Dänemark im Exil. Mit dänischer und sächsischer Hilfe kehrte er in seine Heimat zurück, ließ bei einem Gastmahl den Wagrierfürsten Kruto, der sich noch immer nicht dem Christentum angeschlossen hatte, hinterlistig ermorden und versuchte zielstrebig seinen Herrschaftsbereich auszudehnen.

Die obodritische Bevölkerung fand jedoch kein Wohlgefallen an Heinrichs christlicher Missionstätigkeit. Weil man befürchtete, *„man müsse sich den Gesetzen des Christentums unterwerfen und den Fürsten Zins zahlen",* so berichtete der mittelalterliche Chronist Helmold von Bosau in seiner Slawenchronik (Buchner 1963 144f.), kam es 1093 zu einem großen Aufstand. Heinrich gelang es mit sächsischer und dänischer Hilfe in einer Schlacht bei Schmilau, unweit von Ratzeburg, das gut ausgerüstete slawische Heer zu schlagen. Mit weiteren erfolgreichen Feldzügen baute er seinen Machtbereich in Nordostdeutschland planmäßig aus und brachte die Ranen, Kessiner, Zirzipanen, Lutizen, Pomeranen und Heveller in eine Tributabhängigkeit. Zur Durchsetzung dieser großräumigen Tributherrschaft machten sich ständig Feldzüge notwendig, für die er von den sächsischen Herzögen volle militärische Unterstützung erhielt. Heinrich

baute Alt Lübeck zu seiner Residenz aus, schuf ein Heer- und Gefolgschaftswesen, Burgen in den verschiedenen Stammesgebieten als militärische sowie administrative Stützpunkte seiner zentralen Machtausübung und eine eigene Münzprägung. Er unterstützte das Christentum bei der Missionierung der slawischen Bevölkerung. Dieses Obodritenreich stand in großer Abhängigkeit zum sächsischen Herzog *Lothar,* der 1125 deutscher König und 1128 deutscher Kaiser wurde. Lothar setzte schon als sächsischer Herzog, entgegen der Entscheidung Kaisers Heinrich V. und unter militärischer Gewalt, den askanischen Grafen Albrecht von Ballenstedt 1123 als Markgraf in der Lausitz ein.

Im April 1134 belehnte Lothar, nun als Kaiser, Albrecht, genannt der Bär, mit der Nordmark. Damit war der Grundstein für die Askanier zur Eroberung und Erschließung der slawischen Gebiete sowie zur Herausbildung der Mark Brandenburg gelegt, die in der Folgezeit ihre Macht bis zur Ostsee und östlich über die Oder hinaus ausdehnten.

Im Jahre 1127 starb der Obodritenkönig Heinrich und nur ein Jahr später waren seine beiden Söhne Knud und Sventipolk sowie der Enkel Swinike erschlagen. Hier liegt der Verdacht nahe, daß politische Kräfte die Ausrottung des obodritischen Herrschergeschlechts bewirkten, um ein nicht unbedeutendes slawisches Staatswesen zwischen Elbe und Oder zu verhindern. Kaiser Lothar belehnte gegen 1129 den dänischen Prinzen Knud Laward mit dem *„Königreich der Obodriten"* (Buchner 1963 189). Am 7. Januar 1131 fiel auch Knud einem Anschlag zum Opfer. Die Herrschaft wurde für die Stammesgebiete der Wagrier sowie Polaben auf *Pribislaw* und für die mecklenburgischen Gebiete bis zur Peene auf den obodritischen Stammesfürsten *Niklot* übertragen.

Als sich der deutsche König Konrad II. im Jahre 1147 mit einigen süddeutschen Dynastien dem vom französischen Abt Bernhard von Clairvaux aufgerufenen Orientkreuzzug zur Befreiung des Heiligen Grabes anschloß, lehnten die sächsischen Fürsten eine Teilnahme unter dem Blickwinkel ab, daß sie selber noch *„Völker zu Nachbar haben, die dem schändlichen Götzendienst huldigten".* Sie verstanden es, der Kreuzzugbewegung eine neue regionale Ausrichtung zu geben mit der Zielstellung, die slawischen Stämme zwischen Elbe und Oder, *„entweder dem Christentum zu unterwerfen oder mit Gottes Hilfe vollständig zu vernichten",* wie es ein Magdeburger Chronist als Zeitzeuge berichtete (Herrmann 1985 388). An dem *Wendenkreuzzug* von 1147 beteiligten sich Albrecht der Bär, Heinrich der Löwe, Adolf II. von Holstein, Konrad von Meißen, die Erzbischöfe von Magdeburg und Bremen, Bischof Wigger von Brandenburg, Bischof Anselm von Havelberg, der das päpstliche Legat für diesen Kreuzzug ausübte, Abt Wibald von Corvey sowie dänische, böhmische und polnische Heere. Die Zusammensetzung spiegelt deutlich die Interessenlage der Verbündeten an dem slawischen Siedlungsraum zwischen Elbe und Oder wider.

Der Angriff erfolgte in zwei Kriegszügen. Im Norden sollte es gegen die Obodriten gehen, im Süden zog man von Magdeburg gegen die Lutizen und Pommern. Jedoch hatte der obodritische Fürst Niklot die Vorbereitungen rechtzeitig bemerkt und kam mit einem Präventivschlag ins Wagrierland dem sächsischen Anliegen zuvor. Das südliche Heer eroberte Havelberg endgültig zurück, so daß der schon 1129 eingesetzte Bischof Anselm von seinem Bistum Besitz ergreifen konnte. Im weiteren Verlauf wurden Burg und Tempel von Malchow zerstört, Demmin erfolglos belagert und gegen die bereits seit den zwanziger Jahren des 12. Jahrhunderts christianisierte Stadt Stettin gekämpft.

Der Pfarrer Helmold von Bosau schreibt als Chronist dieser Zeit, daß bei den Kriegszügen Heinrich des Löwen *„war keine Rede vom Christentum, sondern nur vom Gelde"* (Buchner 1963 241). Im Ergebnis des Wendenkreuzzuges entstanden erneut die Bistümer Oldenburg und Mecklenburg im Jahre 1149 sowie Ratzeburg 1154. Auf Betreiben des Magdeburger Erzbistums kam es im gleichen Zeitraum bei den Pommern zu den Klostergründungen in Stolpe, Grobe und Gramzow. Die Verwüstungen durch diesen Krieg waren erheblich, wodurch die Widerstandskraft bei den Obodriten und Lutizen nachhaltig eingeschränkt wurde.

Im Jahre 1151 erhoben sich die ursprünglich lutizischen Stämme der Kessiner und Zirzipanen gegen den Obodritenfürsten Niklot und verweigerten ihm die Zinszahlung. Unterstützt durch ein holsteinisches Heer konnte Niklot den Aufstand niederschlagen. *Heinrich der Löwe* konzentrierte in den folgenden Jahren seine militärischen Angriffe auf den Obodritenstaat mit der Zielstellung, diesen in sein Herzogtum fest einzuordnen. 1160 überfiel er mit Unterstützung des Dänenkönigs Waldemar I. das Gebiet der Obodriten und verwüstete es. Niklot hatte sich mit seinen Söhnen Pribislaw und Wertislaw in der Burg von Werle verschanzt, kam aber bei einem Ausfall aus der Befestigung ums Leben. Nach der Unterwerfung des Landes setzte Heinrich den obodritischen Fürstenburgen sächsische Ministerialen ein und schuf eine politische Neuorganisation. Nahtlos folgte die deutsche Aufsiedlung und die kirchliche Organisation. Das Bistum Mecklenburg wurde zum gleichen Zeitpunkt nach Schwerin verlegt, als dieser Ort das deutsche Stadtrecht im Jahre 1160 erhielt und somit die älteste deutsch-rechtliche Stadt in Mecklenburg wurde.

Die Fremdverwaltung des Obodritenreiches löste 1163 einen großen Aufstand aus, der unter der Führung von Niklots Söhnen stand. Fürst Wertislaw geriet mit mehreren slawischen Adligen bei der Belagerung der Burg von Werle in Gefangenschaft und wurde durch Heinrich bei Malchow erhängt. Nach anhaltenden Kämpfen kam es am 6. Juli 1164 bei Verchen, unweit von Demmin, zur Entscheidungsschlacht. Auf der Seite Heinrich des Löwen standen Heere aus Sachsen, Holstein, Dithmarschen, Friesland und Teile der dänischen Flotte. Mit diesem Übergewicht war der Sieg Heinrichs nicht aufzuhalten. Auf der slawischen Seite, die unter der Führung vom Obodritenfürsten Pribislaw und dem Pommernfürsten Bogislaw I. und Kasimir I. kämpften, sollen die Verluste 2.500 Mann betragen haben. Dieser niedergeschlagene Aufstand führte zu großen Verwüstungen und zu einer starken Dezimierung der slawischen Bevölkerung im Land.

Aus politisch relevanten Erwägungen gab Heinrich im Jahre 1167 den größten Teil des eroberten obodritischen Landes als Lehen an Pribislaw zurück. Der jetzt zum Christentum übergetretene Obodritenfürst gründete 1171 das Kloster Doberan, dotierte das Bistum Schwerin und trat zusammen mit Heinrich dem Löwen 1172 eine Pilgerfahrt nach Jerusalem an.

Heinrichs heftige Auseinandersetzung mit der sächsischen Fürstenopposition und dem deutschen Kaiser führten schließlich zu seiner gerichtlichen Verfolgung, Aberkennung der Reichslehen und zu seinem Sturz im Jahre 1180. Daraus resultierte, daß Kaiser Friedrich I. das Obodritenland an Fürst Niklot von Rostock, Sohn des Wertislaw, im Jahre 1181 als Lehen überließ.

Die Aufsiedlung mit deutschen Bauern, Handwerkern und Kaufleuten setzte ab der Mitte des 12. Jahrhunderts in den obodritischen Gebieten intensiv ein. So warb Graf Adolf II. von Holstein Bürger aus Niederlanden, Friesland und Westfalen zur Ansiedlung in Wagrien an (Buchner 1963 211).

Die deutsche Siedlungstätigkeit begann in den östlichen Gebieten Mecklenburgs teilweise wesentlich später. Sie spiegelt sich auch in den Privilegien der Klöster wider. So wird beispielsweise dem Zisterzienserkloster Dargun 1174 erlaubt, Deutsche, Slawen und Dänen anzusiedeln (MUB I 114).

Das Kerngebiet des Lutizenbundes wird am Beginn der zweiten Hälfte des 12. Jahrhunderts dem pommerschen Staat zugeordnet. Erst nach dem Vertrag von Kremmen aus dem Jahre 1236, mit dem die Übergabe der Länder Beseritz, Wustrow und Stargard an Brandenburg erfolgte, setzte die Zuwanderung deutscher Siedler in die genannten Gebiete ein. Slawische frühstädtische Zentren mit überregionaler Bedeutung finden ihre Fortsetzung in deutsch-rechtlichen Städten. Dabei ist häufig keine Platzkontinuität im engen siedlungsgeographischen Sinne zu verstehen. In der Regel erbaute man die funktionelle Nachfolgeeinrichtung in einiger Entfernung zur slawischen Frühstadt, wodurch gewährleistet war, daß beide Zentren noch eine gewisse Zeit gleichzeitig bestanden und ein allmählicher Übergang erfolgte. Slawische Bevölkerung ist sowohl archäologisch als auch in den Schriftquellen in den deutsch-rechtlichen Städten und den neuangelegten deutschen Dörfern nachgewiesen. Es erfolgte eine allmähliche Assimilation der slawischen Bevölkerung und der deutschen Zuwanderer, die jedoch vielschichtig und nicht immer unkompliziert verlief. Schätzungen zu Folge lebten in Mecklenburg im 14. Jahrhundert noch etwa 30.000 Slawen (Witte 1905 114).

## Anmerkung

1 Das Regionalmuseum Neubrandenburg führte im Rahmen eines 22jährigen Forschungsprojektes breit angelegte archäologische Untersuchungen in der Großregion Neubrandenburg durch, mit dem Ziel der Herausarbeitung des Stammesgebietes der Redarier. Im gleichen Zeitraum liefen auf zwölf slawischen Fundstellen am Südende des Tollensesees und in der Lieps Ausgrabungen, die umfangreiches, zum Teil einmaliges Fundmaterial und fundierte Befunde zum Aufbau und zur Bedeutung eines slawischen Hauptortes erbrachten.

## Literatur

Becker 1990        Diethelm Becker, Zur Befestigung der slawischen Siedlung Scarzyn, Gemarkung Parchim, in: Bodendenkmalpflege in Mecklenburg, Jahrbuch 1990, 147-155.

Buchner 1963       Rudolf Buchner, Helmold von Bosau Slawenchronik. Neu übertragen und erläutert von Heinz Stoob. Ausgewählte Quellen zur deutschen Geschichte des Mittelalters, Band XIX. Berlin 1963.

Herrmann 1985      Joachim Herrmann, Die Slawen in Deutschland. Berlin 1985.

Herrmann 1989      Joachim Herrmann, Ralswiek. Archäologe in der Deutschen Demokratischen Republik, Denkmale und Funde Band 2, Leipzig. Jena. Berlin 1989 584-588.

Keiling 1983       Horst Keiling. Ein jungslawischer Siedlungsplatz mit Flußübergang und Kultbau bei Parchim im Bezirk Schwerin, in: Acta Visbyensia VII, 1983 149-164.

Schmidt 1984       Volker Schmidt, Lieps. Eine slawische Siedlungskammer am Südende des Tollensesees. Beiträge zur Ur- und Frühgeschichte der Bezirke Rostock, Schwerin und Neubrandenburg 16, Berlin 1984.

Schmidt 1989       Volker Schmidt, Drense. Eine Hauptburg der Ucrane. Beiträge zur Ur- und Frühgeschichte der Bezirke Rostock, Schwerin und Neubrandenburg 22, Berlin 1989.

Schmidt 1991       Volker Schmidt, Vorbericht zum Forschungsprojekt Kastorfer See, in: Mitteilungen zur Ur- und Frühgeschichte für Ostmecklenburg und Vorpommern 38, 1991, 42-45.

Schmidt 1992       Volker Schmidt, Lieps. die slawischen Gräberfelder und Kultbauten am Südende des Tollensesees. Beiträge zur Ur- und Frühgeschichte Mecklenburg-Vorpommerns 26. Lübstorf 1992.

Wattenbach 1886    Wilhelm Wattenbach, Adams von Bremen Hamburgische Kirchengeschichte. Nach der Ausgabe der Monumenta Germaniae übersetzt von Dr. I. C. M. Laurent, zweite Auflage, Leipzig 1886.

Witte 1905         Hans Witte, Wendische Bevölkerungsreste in Mecklenburg. Stuttgart 1905.

## Rolf Voß
# DAS ARCHÄOLOGISCHE FREILICHTMUSEUM
# GROSS RADEN

Ausgewählte Forschungsergebnisse zur frühmittelalterlichen slawischen Lebensweise,

Anfang der 70er Jahre sahen die Mitarbeiter des Museums für Ur- und Frühgeschichte Schwerin in der slawischen Siedlungskammer im Sternberger Seengebiet ein lohnendes Forschungsobjekt. Hier sind drei Befestigungen auf engem Raum konzentriert. Hinzu kommt eine slawische Inselsiedlung im Trenntsee (Schuldt 1985 5f.). In den Jahren 1973 bis 1982 sind auf allen vier Fundplätzen umfangreiche archäologische Grabungen durchgeführt worden. Schwerpunkt der Forschungen war die Ausgrabung der Halbinsel im sog. Binnensee bei Groß Raden. Bevor die Untersuchungen begannen, waren nur wenige Informationen vorhanden. Erstmalig erwähnt wurde der Burgwall 1842 (Lisch 1842B, 57). Sondierungen im Burgwallvorgelände durch F. Just im Oktober 1955 ergaben nicht die erwarteten Befunde (Hollnagel 1955 225). Als 1973 die Untersuchungen begannen, ahnte

niemand, welche außergewöhnlichen Ergebnisse diese bis zu ihrem Abschluß 1980 bringen würden (Schuldt 1987 8).

Auf dem Siedlungsgelände von Groß Raden wurde insgesamt eine Fläche von fast 7.000 m² untersucht und dabei sind neben baulichen Resten große Mengen an Einzelfunden geborgen worden (Schuldt 1985 14). Die geomorphologischen Gegebenheiten heute unterscheiden sich stark von denen in slawischer Zeit. Die Halbinsel war kleiner und dieser war eine Insel vorgelagert. Der Grabungsplan zeigt, daß die Untersuchungen auf der ehemaligen Halbinsel und der Insel großflächig erfolgten und nahezu die Hälfte des gesamten Siedlungsgeländes umfaßten. Unter den slawischen Fundstellen gibt es keine, die ihm gleichkäme, und manche Elemente dieses Komplexes (z.B. die Kulthalle, die Wohnbauten der ersten Phase und ihre

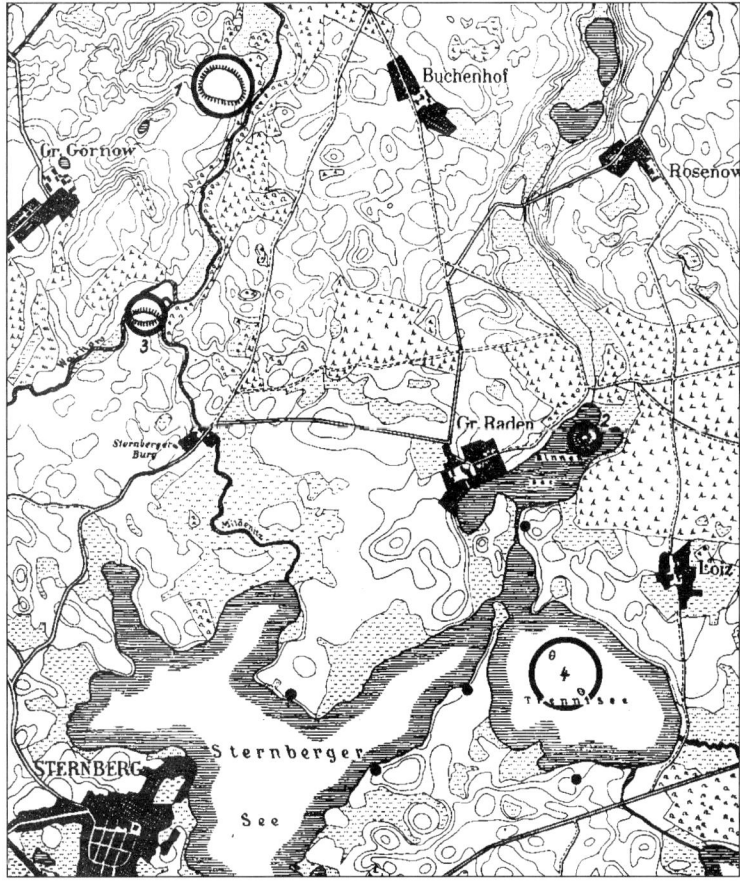

*Meßtischblattausschnitt mit den Forschungsobjekten zur slawischen Besiedlung im Sternberger Seengebiet. Nr. 1 _ Höhenburg Groß Görnow, Nr. 2 – Niederungsburg Groß Raden, Nr. 3 – Sternberger Burg, Nr. 4 – Inselsiedlung im Trenntsee (Schuldt 1985)*

Anordnung) haben überhaupt keine Analogien (Zoll-Adamikowa 1989 259ff.). E. Schuldt unterschied für den gesamten Siedlungskomplex im wesentlichen zwei verschiedene Siedlungsphasen. Im 9. Jahrhundert war der Siedlungskomplex zum Festland durch Sohlgraben, anschließender Palisadenwand und kammerartigem Tor geschützt. Auf der Halbinsel standen Flechtwandhäuser beidseitig eines befestigten Bohlenweges. Von diesem führte ein gesonderter Steig zum Tempel. Eine Brücke ermöglichte den Zugang zur Insel, auf der ebenfalls Flechtwandhäuser standen. Im 10. Jahrhundert errichteten die Slawen auf der Halbinsel Blockbauten. Der Tempel und die starken Befestigungen zum Festland verschwanden. Die Brücke besaß in dieser Phase auf halber Länge ein Brückenhaus. Auf der Insel wurde eine Wallanlage errichtet. Sehr wahrscheinlich verlagerte sich die Kultstätte vom Tempel, auf der Halbinsel gelegen, in den Burgwall.

Um das Jahr 1000 wurde die Siedlung von Groß Raden verlassen. Es ist durchaus möglich, daß Otto III. im Jahre 995 nach seinem Aufenthalt auf der Mecklenburg während seines Zuges in das Tollenser und Redarier-Gebiet den Tempelort zerstörte. Neueste dendrochronologische Untersuchungsergebnisse unterstützen diese These (Herrmann, Heußner 1991 271f.). „Ganz sicher ist der slawische Fundplatz Groß Raden der erste Tempelort, welcher mit archäologischen Methoden gründlich untersucht wurde und der insgesamt gesehen ausgezeichnete Befunde geliefert hat, die nicht nur den kultischen Bereich betreffen, sondern das ganze gesellschaftliche Ensemble umfassen" (Schuldt 1985 216). Die bewohnte Fläche von ca. 1,5 ha bereits in der älteren Siedlungsphase und die vage Schätzung der Bevölkerung der Siedlung auf ca. ständige 200 Bewohner unterstreichen die Bedeu-

tung des Ortes. An ihm wurden wohl Traditionen eines Stammesheiligtums, dem der Warnower, fortgesetzt (ebenda, 215; Herrmann 1985 315).

Ausgehend von den Forschungsergebnissen im nordwestslawischen Siedlungsgebiet vom 7.-12. Jahrhundert und auf Grundlage der Beobachtungen in Groß Raden erarbeitete E. Schuldt (o.J.) eine Konzeption für das zu schaffende Freilichtmuseum. Die Konzeption – Bauprojekt Freilichtmuseum Groß Raden – ist in wesentlichen Grundzügen einer gesonderten Monographie (Schuldt 1988) zum Holzbau bei den nordwestslawischen Stämmen erschlossen. Darin sind auch bauliche Details vorgestellt. In das Konzept für das Freilichtmuseum sind beide Siedlungsphasen einbezogen worden, u.a. um die Kultstätte des 9. Jahrhunderts und der Ringwall des 10. Jahrhunderts zu zeigen. Hieraus ergibt sich der Nachteil, daß dem Besucher nicht ein Zeithorizont dargestellt wird, sondern eine Siedlungsstruktur, wie sie im frühen Mittelalter nicht gleichzeitig existierte.

Um die vormaligen geomorphologischen Verhältnisse anzudeuten, wird heute der ehemalige Uferverlauf der Halbinsel mit Hilfe eines Grabensystems gekennzeichnet. Die Brücke zur Insel ist bewußt in einen Graben gebaut worden, damit beim Besucher zumindest der Eindruck entsteht, er gehe über Wasser zu einer Burgwallinsel. Im Eingangsbereich zur Siedlungsfläche ist die gesamte Befundsituation am originalen Standort rekonstruiert worden. Der Sohlgraben wurde vollständig ausgehoben und erhielt eine Randbefestigung aus Eichenfaschinen, wie sie durch die Archäologen nachweisbar war. Die Grabenlänge beträgt ca. 50 m. Er ist bis zu 4 m breit und 1 m tief. Die anschließende Palisade wurde in ursprünglicher Form wiedererrichtet, auch der vermutete Wehrgang fand

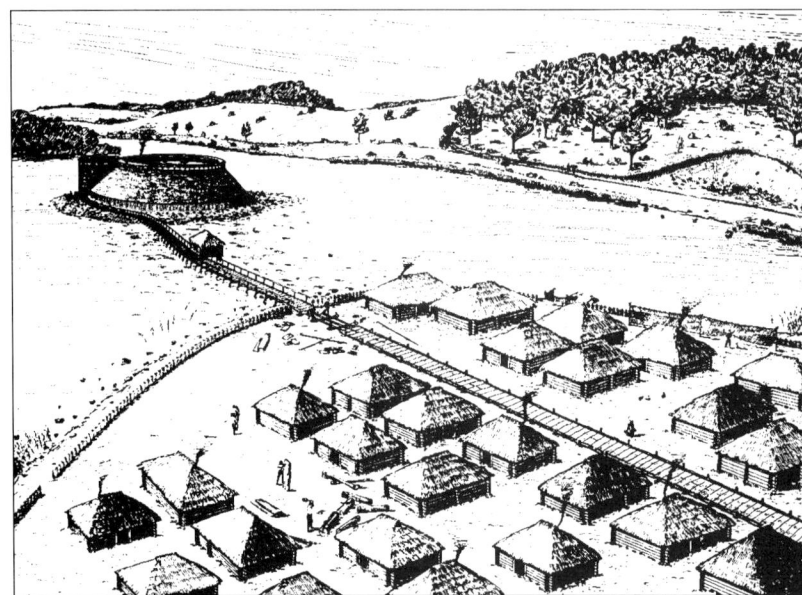

*Zeichnerische Rekonstruktion des Tempelortes (Südteil) im 10. Jahrhundert (Schuldt 1985)*

Berücksichtigung. Von diesem waren allerdings lediglich Pfostenstümpfe erhalten. Das kammerartige Tor wurde aufgebaut. Die ca. 6 m tiefen Torwangen bestehen aus dichtstehenden Rundhölzern, ähnlich der Palisade. Der vermutete Turmaufbau ruht auf 4 Ständern (ebenso lediglich Pfostenstümpfe ausgegraben), die die Toreinfahrt einengen. Der Besucher gelangt in das Freilichtmuseum auf einer fast 10 m langen und 3,5 m breiten Brücke via Sohlgraben durch das Tor und erhält sofort einen interessanten Einblick in die Kombination verschiedener Elemente von Befestigungsmaßnahmen. Ermittelte technische Einrichtungen der Siedlung berücksichtigte E. Schuldt im Konzept. Zwei Backofenrekonstruktionen mit unterschiedlich ausgeführter Außenwand wurden aufgebaut. Es handelt sich dabei um einfache Kuppelöfen, die ursprünglich aus Weidengeflecht mit Lehmbewurf bestanden. Durch langsames Austrocknen bzw. vorsichtiges Trockenheizen verbrennt die Weide und der Lehm verziegelt, die Kuppel bleibt erhalten. Am originalen Standort stehen heute eine Werkstatt, die als Schmiede eingerichtet wurde und das Mahlhaus mit funktionstüchtiger Rundmühle und Hirsestampfen. Vom ursprünglichen Standort versetzt wurden exemplarisch zwei Blockhäuser errichtet, je ein ein- und zweiräumiges Haus mit unterschiedlicher Dachkonstruktion. Festgestellt wurden Grundflächen der Blockhäuser bis zu 45 m². Insgesamt acht Flechtwandhäuser, deren Grundflächen max. 20 m² betragen, mit verschiedenem Dachaufbau entstanden. Sieben dieser Häuser gehören zu den Bauten östlich des Hauptweges durch die Siedlung. Alle weiteren der insgesamt 29 archäologisch ermittelten Flechtwandhausgrundrisse wurden durch Betonfundamente am originalen Standort kenntlich gemacht. Nachgebaut wurde die gesamte Befundbeobachtung der vormaligen Kultstätte, einschließlich gesondertem Zu- und Tempelumgang. In der Rekonstruktion entstand eine Kulthalle von 7 x 11 m. Der

tragenden Wand ist eine Zierwand aus Bohlen mit kopfartigen oberen Enden vorgesetzt, die durch Ankerbalken und Querriegeln gehalten wird. Umstritten ist das Tempeldach. Denkbar ist auch eine Kultstätte ohne Dach in Form eines Haines. Nicht berücksichtigt wurden beim Neubau die Hallendiele und ein Rost aus Rundhölzern neben dem Umgang. Im Kultstättenbereich sind einige wenige Funde geborgen worden, die mit religiösen Handlungen in Zusammenhang stehen können. Drei Pferdeschädel und ein Rinderschädel gehörten vielleicht zu Opfergaben. Ein tönerner Pokal kann durchaus mit Orakeln in Verbindung stehen, wie sie durch Saxo Grammaticus zu Arkona beschrieben wurden (Saxo, p. 824). Um die gesamte Halbinsel wurde ein schützender Flechtwerkzaun gezogen. In Abschnitten zeigte sich dieser während der Ausgrabungen mit einer Höhe bis zu 2 m. Der Bohlenweg durch die Siedlung wurde in einer Länge von 60 m und einer Breite von 3 m rekonstruiert. Für die ca. 100 m lange Brückenkonstruktion wurden die Ergebnisse archäologischer Beobachtungen in Teterow zugrunde gelegt. Das durch die Grabungen nachgewiesene Brückenhaus in Blockbauweise wurde in die Rekonstruktion einbezogen.

Die Bastion im Zugangsbereich des Burgwalles ist in voller Länge und Breite rekonstruiert worden (ca. 20 x 10 m). Im Wiederaufbau verzichtete man auf Erdaufschüttungen und kann damit die Verankerungen der Bastionsfront sichtbar machen. Die heutige Wallaufschüttung basiert ausschließlich auf Erdmaterial ohne Holz- oder sonstige Verstärkung. Der ursprünglich fast kreisrunde Burgwall nahm die gesamte vormalige Inselfläche ein und besaß eine Holz-Erde-Mauer. Der Innenhof war mit seinen 25 m Durchmesser sehr klein. Die Wallbasisbreite betrug bis zu 12 m. Offensichtlich schlossen sich im Wallinneren unmittelbar an die Wallfront kasemattenartige Bauten an. Im Zentrum des Innenhofes vermutet E. Schuldt (Schuldt 1985 80) den Standort einer hölzernen Götterfigur. Die Wallhöhe entspricht jetzt der der ersten Bauperiode und war in slawischer Zeit wohl 8 m hoch. Zum wiedererrichteten Eingangsbereich des Burgwalles gehören die Fortsetzung der Wegführung von der Brücke zum Tor als Bohlenweg und das Tor selbst. Auf der Wallkrone befindet sich ein umlaufender Wehrgang, welcher begehbar ist. Das vormals sicher vorhandene Tunneltor kann zu einem späteren Zeitpunkt geschaffen werden. In freier künstlerischer Umsetzung wurde eine Holzfigur gestaltet, die heute im Burgwallzentrum steht und auf den religiösen Hintergrund der Burg in der jüngeren Siedlungsphase aufmerksam macht.

In der Rekonstruktion entstand auch ein Bohlenweg, der die ehemalige Anlegestelle für Boote andeutet. An der Wallfuß-Außenfront sind die archäologisch nach-

*Kulthalle*
*(Foto: Rolf Voß)*

gewiesenen Uferbefestigungen, z.T. Belegung mit großen Steinblöcken, um ein Ausspülen durch Wellenschlag zu verhindern, sichtbar hervorgehoben und daneben vollständig einschließlich Eichenbewehrung rekonstruiert worden.

Mit der Eröffnung des Freilichtmuseums ist 1987 in einem eigens dafür gebauten Museumsgebäude eine Ausstellung zur frühmittelalterlichen slawischen Geschichte im Nordosten Deutschlands vom 7. bis 12. Jahrhundert der Öffentlichkeit übergeben worden. Das Gebäude befindet sich auf dem dem Freigelände gegenüberliegenden Hang und bietet von der Terrasse einen ersten übergreifenden Blick auf den rekonstruierten Museumskomplex. Die Ausstellung erfaßt zwei inhaltliche Schwerpunkte. Zum einen werden die Ergebnisse der archäologischen Untersuchungen in Teterow, Behren-Lübchin, Sukow und Walkendorf-Neu Nieköhr, heute alle Kr. Güstrow, (Unverzagt, Schuldt 1963; Schuldt 1965; ders. 1963 217ff.) im vormaligen Siedlungsgebiet der Zirzipanen vorgestellt. Hinzu kommen Informationen zum Seehandelsplatz Menzlin bei Anklam an der Peene (Schoknecht 1977) und zur Siedlungsagglomeration am Südende des Tollensesees bei Neubrandenburg (Schmidt 1984). Schließlich werden die Forschungen zum Sternberger Seengebiet (s.o.) und erste Grabungsergebnisse von Parchim (Neuburg) (Keiling 1982 117ff., Keiling 1984 135ff.) im ehemaligen Siedlungsgebiet der Warnower beschrieben. Zum anderen wird der archäologische Befund und das reichhaltige Fundmaterial von Groß Raden detailliert und ausführlich vorgestellt. Die wichtigsten und interessantesten archäologischen Fundstücke von Groß Raden sind zu besichtigen. Darunter befinden sich u.a. sehr seltene Gegenstände aus Holz: eine Egge, Schlittenreste und Wagenteile, Löffel aus Obstbaumholz und ein Schildbuckel. Besondere Funde aus Eisen sind Teller und Platten sowie eine fragmentarisch erhaltene Säge.

Mit der Ausstellung sind Möglichkeiten gegeben, auf Besonderheiten der Rekonstruktionen aufmerksam zu machen, bzw. auf Kompromißlösungen hinzuweisen, die im Freilichtteil des Museums unumgänglich waren. Entscheidend ist, daß die Ausstellung in bisher einmaligem Umfang Primärquellen zur frühmittelalterlichen slawischen Geschichte präsentiert, die nicht im Gegensatz zu den Rekonstruktionen stehen, sondern u.a. auf den Entwicklungsstand einzelner Handwerkszweige aufmerksam machen. Das originale Fundmaterial zeigt dem Besucher, daß die Rekonstruktionen im wesentlichen nicht freien Phantasien entstammen, sondern weitestgehend auf wissenschaftlich begründeten Überlegungen bzw. archäologischen Beobachtungen basieren (Voß 1992). "Belebung" archäologischer Freilichtmuseen ist in den letzten Jahren zur Normalität geworden. Unabhängig davon, ob die Tätigkeiten Experimenten zur Archäologie nahe kommen, reine Demonstrationen sind oder den Besucher zum Mittun bewegen, ob sie vordergründig Lernziele verfolgen oder frei angeboten werden, tragen sie wesentlich zur inhaltlichen Erweiterung der musealen Präsentation bei. Sie erschließen neue Möglichkeiten, die mit herkömmlichen ur- und frühgeschichtlichen Ausstellungen kaum erreicht werden können. Die rein formale Ausstellung von Objekten mit auf sie bezogener Beschriftung besagt häufig lediglich, woher das Objekt stammt und welcher Zeit es zugehört. Eventuell kann der Besucher erahnen, mit welcher Akribie und Sorgfalt das Objekt hergestellt wurde. Funktionale Zusammenhänge fehlen weitestgehend und können nur mit Hilfe szenischer Bilder oder aktiver Beteiligung aufgezeigt werden (Tunn 1988 224 ff.). Im Freilichtmuseum Groß Raden wird versucht, funktionale Zusammenhänge herzustellen, um dem Besucher das frühmittelalterliche Leben besser zu illustrieren. Lebensgrundlagen wie Tierhaltung und Feldbau sind dabei in nur bescheidenem Umfang in Form einer Schafherde (urwüchsige Rauhwollige Pommersche Landschafe) und eines kleinen Museumsgartens mit alten Getreide- und Gemüsearten möglich. Einfache Arbeiten wie Spinnen und Weben aber auch Töpfern und die Fertigung von Messerscheiden aus Leder sind Bestandteil museumspädagogischer Aktivitäten. Kompliziertere Handlungsabläufe zum Bronzeguß und Eisenschmelzen, zur Schuhherstellung oder zum Teersieden werden während der alljährlichen Museumswochen (Ferienbeginn in Mecklenburg-Vorpommern) vorgeführt und sind häufig Resultat wissenschaftlich betriebener experimenteller Archäologie. Alte handwerkliche Traditionen z.B. zum Keramikbrand und zur Korbflechterei sowie die Brotbäckerei sind fester Bestandteil von regelmäßigen Veranstaltungen an Wochenenden.

Das Archäologische Freilichtmuseum Groß Raden ist Teil des Archäologischen Landesmuseums Mecklenburg-Vorpommern und besitzt einmaligen Charakter unter den musealen Einrichtungen in Mecklenburg. Es ermöglicht einen umfassenden Einblick in die Geschichte und Kultur sowie die religiöse Welt der nordwestslawischen Stämme vom 7. bis 12. Jahrhundert. In ihm sind wesentliche Informationen aus der Anfangszeit 1000jähriger Mecklenburger Geschichte zusammengefaßt.

Literatur

Hollnagel 1955        Adolf Hollnagel, Kurze Fundberichte. Bodendenkmalpflege in Mecklenburg, Jahrbuch 1955 (1957), 225-232.

Herrmann 1985        Joachim Herrmann, Religion und Kult. Die Slawen in Deutschland. Ein Handbuch. Berlin 1985 309-325.

Herrmann, Heußner 1991        Joachim Herrmann, Karl-Uwe Heußner, Dendrochronologie, Archäologie und Frühgeschichte vom 6. bis 12. Jahrhundert in den Gebieten zwischen Saale, Elbe und Oder. Ausgrabungen und Funde 36, 1991, 255-290.

Keiling 1982        Horst Keiling, Ein jungslawisches Dorf an einem Eldeübergang bei Parchim. Ausgrabungen und Funde 27, 1982 117-124.

Keiling 1984        Horst Keiling, Ein jungslawisches Bauwerk aus Spaltbohlen bei Parchim. Ausgrabungen und Funde 29, 1984 135-144.

Lisch 1842 B        G.C.F. Lisch, Der Burgwall von Groß Raden bei Sternberg. Jahrbücher des Vereins für mecklenburgische Geschichte und Altertumskunde 7 B. Schwerin 1842 B, 57.

Saxo        Saxo, Gesta Danorum. Hrsg. J. Olrik, H. Raeder. Kopenhagen 1931.

Schmidt 1984        Volker Schmidt, Lieps. Eine slawische Siedlungslammer am Südende des Tollense- Sees. Beiträge zur Ur- und Frühgeschichte der Bezirke Rostock, Schwerin und Neubrandenburg 16. Berlin 1984.

Schoknecht 1977        Ulrich Schoknecht, Menzlin. Ein frühgeschichtlicher Handelsplatz an der Peene. Beiträge zur Ur- und Frühgeschichte der Bezirke Rostock, Schwerin und Neubrandenburg 10, Berlin 1977.

Schuldt o.J.        Ewald Schuldt, Freilichtmuseum Groß Raden. Ungedr. Baukonzeption, o.J.

Schuldt 1963        Ewald Schuldt, Die Ausgrabungen im Gebiet der „Alten Burg" von Sukow, Kr. Teterow. Bodendenkmalpflege in Mecklenburg, Jahrbuch 1963, 1964 217-238.

Schuldt 1965        Ewald Schuldt, Behren-Lübchin. Eine spätslawische Burganlage in Mecklenburg. Schriften der Sektion für Vor- und Frühgeschichte 19, Berlin 1965.

Schuldt 1985        Ewald Schuldt, Groß Raden. Ein slawischer Tempelort des 9./10. Jh. in Mecklenburg. Schriften zur Ur- und Frühgeschichte 38, Berlin 1985.

Schuldt 1987        Ewald Schuldt, Der eintausendjährige Tempelort Groß Raden. (Bildkatalog 24) Schwerin 1987.

Schuldt 1988        Ewald Schuldt, Der Holzbau bei den nordwestslawischen Stämmen vom 8. bis 12. Jahrhundert. Beiträge zur Ur- und Frühgeschichte der Bezirke Rostock, Schwerin und Neubrandenburg 21, Berlin 1988.

Tunn 1988        Manfred Tunn, Exemplarische Erschließung ausgewählter Objekte und Ensembles der gegenständlichen Umwelt für und durch den Geschichtsunterricht und die außerunterrichtliche Tätigkeit der Schüler. Ungedr. Diss. B, Berlin 1988.

Voß 1992        Rolf Voß, Möglichkeiten und Grenzen der Darstellung frühmittelalterlicher slawischer Lebensweise unter besonderer Berücksichtigung einer Fallstudie für archäologische Freilichtmuseen (Groß Raden, Westmecklenburg), Ungedr. Diss. A, Berlin 1992.

Unverzagt, Schuldt 1963        Wilhelm Unverzagt, Ewald Schuldt, Teterow. Ein slawischer Burgwall in Mecklenburg. Schriften der Sektion für Vor- und Frühgeschichte 13, Berlin 1963.

Zoll-Adamikowa 1989        Zoll-Adamikowa, Besprechung zu Schuldt 1985, Germania 67, 1989 259-266.

# Ortwin Pelc
# HEINRICH DER LÖWE UND MECKLENBURG

Bereits im 10. und 11. Jahrhundert gab es von Seiten der Kirche und der weltlichen Herrscher in Sachsen Bestrebungen, ihren Einflußbereich auf das Stammesgebiet der Obotriten an der südlichen Ostseeküste auszudehnen. Dieser Einfluß blieb jedoch nicht von Dauer, immer wieder gelang es den Slawen, ihre Unabhängikeit zu bewahren. Erst unter dem Sachsenherzog Heinrich dem Löwen (um 1129–1195) gelang in der Mitte des 12. Jahrhunderts die endgültige Unterwerfung der Obotriten und die Eingliederung ihres Landes in das Herzogtum Sachsen und damit in das Deutsche Reich (Herrmann 1974 328–332). Bauern, Handwerker, Kaufleute, Adlige und Geistliche kamen aus Sachsen, Westfalen, Holland und anderen Regionen, es wurden Städte gegründet, Kirchen gebaut, neue Rechts-, Verwaltungs- und Religionsnormen fanden ihren Eingang.

Die Voraussetzungen für diesen einschneidenden Wandel in Mecklenburg wurden bereits unter dem sächsischen Herzog und späteren deutschen König und Kaiser Lothar von Süpplingenburg (gest. 1137) geschaffen. Nach dem Tod des letzten Herzogs aus dem Geschlecht der Billunger 1106 erlangte Lothar die sächsische Herzogsgewalt und baute sie u.a. durch die Expansion in den östlichen Grenzgebieten erfolgreich aus (Vogt 1959; Hildebrand 1986; Pettke 1990). Eine seiner frühesten und wichtigsten Maßnahmen war die Belehnung Adolfs I. von Schauenburg mit der Grenzgrafschaft Holstein-Stormarn im Jahr 1111, sie bildete die Grundlage für die spätere Missionierung und deutsche Besiedlung des südlichen Ostseeraumes (Hofmeister 1913). Die zunehmenden Interessen in den Grenzgebieten zu den slawischen Völkern in der Regierungszeit Lothars drückt sich auch in der Expansion des Magdeburger Erzbistums und der Askanier an der mittleren Elbe sowie der Belehnung Albrechts des Bären mit der Nordmark 1134 und Konrads von Wettin, der bereits 1123 die Mark Meißen erhalten hatte, mit der Mark Lausitz 1136 aus.

Im Nordosten hatte seit 1093 der Slawenfürst Heinrich zunächst mit dänischer und sächsischer Unterstützung seine Herrschaft über die Obotriten ausgebaut. Sein Reich mit dem Hauptsitz Alt Lübeck erstreckte sich von Ostholstein bis fast an die Oder, von der Ostseeküste bis zur mittleren Havel. Lothar scheint Heinrich die Stellung eines lehnsabhängigen

Fürsten in der ehemaligen Billungermark zugedacht zu haben (Hamann 1968 65), führte aber auch selbst Kriegszüge an die südliche Ostseeküste, so 1114 und 1121 gegen die Kessiner an der unteren Warnow. Die Herrschaft Heinrichs war durchaus nicht unumstritten. Obwohl selbst getauft, hat er die christliche Mission im Obotritenland nicht aktiv gefördert; in seinem Herrschaftsbereich gab es nur in Alt Lübeck eine Kirche. Heinrich mußte auf die oppositionellen obotritischen Fürsten und die mit ihnen eng verbündeten slawischen Priester Rücksicht nehmen, die durch die Einführung des Christentums ihre Machtposition verloren hätten. Sein gewaltsamer Tod 1127 ist vielleicht darauf zurückzuführen, daß er ein Jahr zuvor die Missionierung der Slawen durch den Bremer Kanoniker Vizelin von Alt Lübeck aus zugelassen hatte. Da alle Versuche Lothars, die politischen Verhältnisse im Norden des Reiches zu stabilisieren, mißlangen, griff er zu Beginn der 1130er Jahre selbst ein. Gleichzeitig galt es, die langanhaltenden dänischen Thronkämpfe zu klären und die Lehnshoheit des Deutschen Reiches gegenüber den dänischen Herrschern durchzusetzen. Unmittelbar an der Grenze zum slawischen Wagrien ließ er 1134 die ihm direkt unterstellte Burg Segeberg errichten. Daß diese nicht der Verteidigung, sondern der Expansion in das slawische Siedlungsgebiet dienen sollte, ließ der wichtigste Chronist dieser Zeit, Helmold von Bosau, einen slawischen Fürsten zu einem anderen sagen, die beide beim Bau der Burg anwesend waren: *"Laß dir vorhersagen, das wird ein Joch für das ganze Land! Von hier werden sie ausrücken, erst Plön brechen dann Oldenburg und Lübeck, endlich die Trave überschreiten und Ratzeburg mit ganz Polabien erobern. Doch auch das Land der Obotriten wird ihren Händen nicht entgehen!"* (Helmold 53; Stoob 1977 549).

Zur militärischen Eroberung Ostholsteins kam es dann aber erst durch zwei Kriegszüge Graf Heinrich von Badwides sowie der Holsten und Stormarn 1138/39 (Lammers 1981 287–291). Dies geschah bereits nach Kaiser Lothars Tod, als im Deutschen Reich und im Herzogtum Sachsen – und somit auch an der Nordostgrenze – für einige Jahre der Machtkampf zwischen Staufern und Welfen die Politik beeinflußte. Erst die Übernahme der Regierung durch Heinrich den Löwen 1142 – damals noch zusammen mit seiner

Mutter und ab 1143 allein – führte zu einer Neuordnung und Neuorientierung der Verhältnisse im sächsisch-slawischen Grenzraum.

Eine der ersten Maßnahmen Heinrichs war der Ausgleich zwischen den rivalisierenden Grafen in Nordelbingen: Adolf II. von Schauenburg erhielt Wagrien, Heinrich von Badwide Polabien, das spätere Land Lauenburg, mit Ratzeburg als Sitz. Nur der Südwesten Polabiens, die Sadelbande, blieb direkt dem Herzog unterstellt (Jordan 1979 30). Der politischen Konsolidierung folgte die Christianisierung und Besiedlung der beiden Grafschaften im Slawenland durch Einwanderer aus Sachsen, Westfalen, Friesland, Holland und Flandern. Um den Handel zu beleben, gründete Adolf II. traveaufwärts vom slawischen Handelsplatz Alt Lübeck die Stadt Lübeck, die einen raschen Aufschwung verzeichnen konnte. Mit dem Fürsten der Obotriten, Niklot, schloß Adolf II. einen Freundschaftsvertrag, um die friedliche Entwicklung der neuen Siedlungen zu sichern (Helmold 57).

Herzog Heinrich der Löwe konzentrierte sich in den Jahren nach 1143 auf den Ausbau seiner Herrschaft in Sachsen; die Einverleibung der Grafschaft Stade ohne Rücksicht auf damals geltendes Recht zeigt seine rigide Machtpolitik bereits in jungen Jahren. Erst mit dem Wendenkreuzzug von 1147 wandten sich seine Interessen wieder dem Nordosten zu.

Einem Aufruf Papst Eugens III. folgend entschlossen sich König Konrad sowie zahlreiche deutsche Fürsten zur Teilnahme an einem Kreuzzug in das Heilige Land und versammelten sich im März 1147 auf einem Reichstag in Frankfurt zu weiteren Planungen. Die sächsischen Fürsten wollten die Kreuzzugsidee jedoch ihren eigenen Interessen nutzbar machen und schlugen einen Kreuzzug gegen die heidnischen Slawen an der östlichen Reichsgrenze vor. Der Reichstag stimmte zu und Abt Bernhard von Clairvaux, der im Deutschen Reich vehement für die Kreuzzugsidee warb, sicherte – mit Zustimmung des Papstes – allen Kreuzfahrern den gleichen Ablaß zu, forderte die Taufe oder rücksichtslose Bekämpfung der Heiden und verbot alle Verträge mit den Slawen, welche ihnen weiterhin die Ausübung ihres Glaubens erlauben würden (MUB I 43, 44). Die Christianisierung der Slawen war bereits vorher wiederholt von sächsischen Geistlichen gefordert worden. Dabei wurde unter der groben Formel „Tod oder Taufe" nicht allein die Drohung mit physischer Vernichtung verstanden, sondern auch die gewaltsame Unterwerfung unter die christliche Herrschaft und die Auslöschung der politisch-ethnischen Identität der Slawen (Lotter 1980 12; ders. 1977).

Den slawischen Stämmen blieben diese Kriegsvorbereitungen nicht verborgen, Niklot bat Adolf II. mit Hinweis auf ihren Freundschaftsvertrag um Vermittlung (Helmold 62). Da Adolf die Teilnahme an diesem Kreuzzug aber zugesagt hatte, konnte er auf diese Bitte nicht eingehen und bat stattdessen Niklot um Friedenswahrung und um Vorwarnung bei einem slawischen Angriff. Der Obotritenfürst entschloß sich, den Kreuzfahrern zuvorzukommen, fuhr mit einer Flotte die Trave aufwärts, sandte Boten mit einer Warnung nach Segeberg und zerstörte dann mit seinen Truppen Lübeck sowie zahlreiche Siedlungen in Ostholstein (Helmold 63).

Die Kreuzfahrer sammelten sich Ende Juni 1147 in Magdeburg und zogen mit zwei Heeren gegen die Slawen (Helmold 62-65). Das größere Heer unter der Führung von Albrecht dem Bären und Konrad von Meißen wandte sich nach Vorpommern, wo das Christentum bereits seit den Missionsreisen Ottos von Bamberg in den 1120er Jahren Fuß gefaßt hatte. Vor Demmin und Stettin stockte das Unternehmen jedoch und das Heer löste sich schließlich auf. Das zweite Heer unter Führung Heinrichs des Löwen, Konrads von Zähringen, Konrads von Wettin und Erzbischof Adalberos von Bremen zog gegen die Obotriten. Vor der Burg Dobin am Schweriner See, die Niklot hatte ausbauen lassen, vereinigte es sich mit dänischen Kreuzfahrern, denn trotz der Thronstreitigkeiten in Dänemark hatte der Aufruf zum Kreuzzug auch dort einen breiten Widerhall gefunden und zur Ausrüstung einer Flotte geführt. Die Dänen erlitten jedoch vor Dobin schwere Verluste, einige ihrer Schiffe wurden in der Wismarer Bucht von den Ranen aus Rügen zerstört, die den Obotriten zur Hilfe kamen. Ein Teil der Kreuzfahrer erkannte, daß ihm durch die rücksichtslose Kriegsführung Verluste entstehen würden, da aus dem zerstörten Land und von getöteten Bewohnern keine Tribute mehr gefordert werden konnten. Helmold läßt diese Kreuzfahrer sagen: "Ist es nicht unser Land, das wir verheeren, und unser Volk, das wir bekämpfen? Warum benehmen wir uns denn wie unsere eigenen Feinde und vernichten unsere eigenen Einkünfte?" (Helmold 65). Als sich die Obotriten bereit erklärten, sich taufen zu lassen, wurde die Belagerung Dobins abgebrochen. Mit dieser bereits von Helmold erkannten Scheintaufe war das vordergründige Ziel des Kreuzzuges zwar erreicht, letzlich waren seine Absichten aber gescheitert (Kahl 1963). Obwohl Helmold durchaus nicht den gewalttätigen Unterwerfungsmethoden widersprach, kritisierte er doch den fehlenden Christianisierungswillen und die rein materiellen Interessen der Kreuzfahrer. Über Heinrich den Löwen urteilte er: "Denn sooft ihm die Slawen widerstrebten, überzog er sie mit Kriegsmacht, und sie gaben ihm, um Leben und Land zu retten, was er nur forderte. Aber auf allen Feldzügen, die der noch junge Mann ins Slawenland hinein unternahm, war keine Rede vom Christentum sondern nur vom Gelde" (Helmold 68; Lotter 1980, 17).

In den folgenden Jahren war Heinrich der Löwe jedoch überwiegend mit der Sicherung seiner Macht in Sachsen und in Bayern sowie der Reichspolitik im Süden befaßt; einen Kriegszug in das Land der Obotriten unternahm er erst wieder 1158. Bis dahin kam es sogar mehrfach zu einem engen Zusammenwirken und gegenseitiger Unterstützung zwischen Sachsen und Obotriten. Während 1151 Heinrich außerhalb Sachsens weilte und seine Frau Clemetia zusammen mit Graf Adolf II. die Regierungsgeschäfte führte, bat Niklot um Unterstützung gegen die aufständischen Kessiner und Zirzipanen. Adolf und Niklot zogen mit einem Heer aus Slawen, Holsten und Stormarn in das östliche Mecklenburg, zerstörten ein slawisches Heiligtum und zwangen die beiden Stämme, die geforderten Abgaben zu zahlen. "Seitdem war die Freundschaft zwischen dem Grafen und Niklot geschlossen und sie berieten häufig in Lübeck oder Travemünde über das Wohl ihrer Länder" (Helmold 71). Während der dänischen Thronstreitigkeiten zwischen Sven, Knut und Waldemar zog Heinrich der Löwe 1156 auf der Seite Svens mit einem Heer – bei dem sich auch slawische Truppen befanden – nach Jütland. Auch im darauffolgenden Jahr unterstützte er Sven: Als dieser mit einer slawischen Flotte Dänemark erobern wollte, befahl Heinrich den Slawen in Wagrien und Mecklenburg, ihn dabei zu unterstützen. Die langjährigen Kämpfe um den dänischen Thron wurden schließlich 1157 durch den Sieg und die Anerkennung Waldemars I. als König entschieden (Helmold 85).

In eine andere Auseinandersetzung, die den Einfluß im slawischen Siedlungsgebiet maßgeblich betraf, war Heinrich der Löwe mit Erzbischof Hartwig von Bremen in der ersten Hälfte der 1150er Jahre verwickelt: Die Investitur der Bischöfe in den Bistümern Oldenburg, Ratzeburg und Mecklenburg (Jordan 1939). Um die seit der Mitte des 11. Jahrhunderts verlorengegangene Bedeutung des Erzbistums Bremen wiederzuerlangen, versuchte Erzbischof Hartwig seit 1149, den kirchlichen Einfluß im Slawenland durch die Neugründung der seit 1066 unbesetzten drei Bistümer zu erreichen. Ihm stand dieses Recht auch zu, nur geriet er damit in einen Interessenkonflikt mit dem Sachsenherzog, der die Entstehung eines geistlichen Herrschaftsgebietes im Nordosten seines Herzogtums befürchten mußte (Jordan 1979 40). Ohne Rücksprache mit dem Herzog weihte Hartwig 1149 Vizelin zum Bischof von Oldenburg und einen Mönch Emmehard, über den fast nichts bekannt ist, zum Bischof für Mecklenburg. Für die Existenz- und Arbeitsfähigkeit eines Bistums war aber auch die Investitur durch den König und die Ausstattung mit Grundbesitz und Rechten durch den weltlichen Herrscher notwendig, diese verweigerte Heinrich jedoch, da er – entgegen den gültigen Rechtsnormen – für sich selbst das Recht der

Bischofsinvestitur beanspruchte. Er begründete dies damit, daß das Land von seinen Vorfahren erobert worden sei und ihm deshalb dort alle Rechte zustünden (Helmold 69). Faktisch konnten Vizelin und Emmehard ihre Arbeit also nicht aufnehmen. Nach längerer Weigerung und trotz eines Verbots des Erzbischofs nahm Vizelin dann doch – vermutlich im Dezember 1150 – in Lüneburg vom Herzog den Bischofsstab entgegen, um endlich mit der Kirchenarbeit beginnen zu können. Der Herzog und Graf Adolf II. statteten das Bistum mit Grundbesitz und Zehntrechten aus (Prange 1972). Emmehard scheint sich den Ansprüchen Heinrichs des Löwen aber weiterhin widersetzt zu haben, er hat das Bistum Mecklenburg vermutlich gar nicht betreten. Erst auf dem Reichstag in Goslar im Juni 1154 wurde der Streit zwischen dem Herzog und dem Erzbischof entschieden: König Friedrich verlieh Heinrich dem Löwen das Privileg, in den Gebieten östlich der Elbe Bistümer und Kirchen zu errichten und diese auszustatten sowie Bischöfe einzusetzen. Friedrich stellte ausdrücklich fest, daß es sich dabei um königliches Recht handle, das nur an den Herzog delegiert sei, Heinrich wurde damit aber zum Vertreter der Reichsgewalt im Obotritenland, wodurch seine Stellung gegenüber den sächsischen und slawischen Fürsten gestärkt wurde (MUB I, 56). Den persönlichen Ausgleich zwischen dem Herzog und dem Erzbischof erreichte Friedrich erst im Sommer 1158 dies war eine wichtige Voraussetzung für Heinrichs Expansionsinteressen nach Nordosten, unbehindert durch Auseinandersetzungen mit der Kirche (Jordan 1979 52,76,83).

Heinrich der Löwe veranlaßte noch 1154 die Wiederbesetzung des Bistums Ratzeburg durch den Probst des Bistums Magdeburg, Evermod. Eine Insel im Ratzeburger See wurde als Bauplatz für den neuen Dom vorgesehen, die dem Bistum zugewiesenen 300 Hufen umfaßten vor allem das spätere Land Boitin östlich des Ratzeburger Sees. Über die kirchliche Arbeit im Bistum Mecklenburg in den 1150er Jahren ist fast nichts bekannt. Nach dem Tod Bischof Emmehards 1154 versuchte der Zisterziensermönch Berno aus dem Kloster Amelungsborn mit Erlaubnis Papst Hadrians IV. das Christentum bei den Obotriten zu verbreiten. Heinrich der Löwe hat ihn wahrscheinlich zum Bischof ernannt, wegen der ablehnenden Haltung nicht zuletzt Niklots hatte er aber keinen Erfolg in seiner kirchlichen Arbeit (Jordan 1979 87). Als der Oldenburger Bischof die in Lübeck versammelten Slawen zu Anfang des Jahres 1156 aufforderte, zum Christentum überzutreten, beklagte sich der Wagrierfürst Pribislaw über die Unterdrückung und Not seines Volkes sowie über die hohen Abgaben, die sie an den Herzog und den Grafen zahlen mußten. Wenn den Slawen die gleichen Rechte zugebilligt würden wie den Sachsen, dann würden sie Christen werden, so aber müßten sie von der Seeräuberei leben. „*Doch gehen wir über die Trave, so herrscht dort gleiches Elend und kommen wir an die Peene, so steht es da ebenso.*" Bald darauf forderte auch Heinrich der Löwe auf einem Landtag in der Ertheneburg (bei Lauenburg) die ebenfalls geladenen Slawenfürsten zur Annahme des Christentums auf. Niklot antwortete ihm, wie Helmold berichtet: „*Der Gott im Himmel möge dein Gott sein, du selbst sei unser Gott, das genügt uns. Verehre du ihn, wir werden dich verehren.*" (Helmold 84).

Am Ende der 1150er Jahre scheint ein Wandel in der Politik Heinrichs des Löwen gegenüber dem Nordosten seines Herrschaftsbereichs stattgefunden zu haben. Hatte er sich bis dahin mit der formellen Oberhoheit über die Obotriten, Tributzahlungen, der militärischen Unterstützung und der Bischofsinvestitur begnügt, so setzte nun eine aktive Expansionspolitik ein, die die militärische Eroberung des Obotritenlandes bis an die Peene und seine Einverleibung in das Herzogtum Sachsen vorsah. Eine wichtige Voraussetzung hierfür war die Beilegung des Konfliktes mit Erzbischof Hartwig 1158. Darüber hinaus spielte auch eine Rolle, daß seit 1157 die dänischen Thronwirren beendet waren und König Waldemar Interesse an einer Expansion an die südliche Ostseeküste zeigte. Mehr den wirtschaftlichen Interessen diente Heinrichs Druck auf Graf Adolf II., bis dieser dem Herzog 1159 seinen Handelsplatz Lübeck abtrat, der sich durch den Zuzug von Fernhändlern aus Westfalen und dem Rheinland rasch zum hoch- und spätmittelalterlichen Handelszentrum Nordeuropas entwickelte (Hoffmann 1988 79-96).

Im Sommer 1158 unternahm Heinrich der Löwe einen Feldzug gegen die Obotriten, von dem nur wenig bekannt ist. Er führte durch die Grafschaft Ratzeburg nach Mecklenburg, vermutlich wurde sogar Niklot dabei vorübergehend gefangengenommen. Als der Herzog im folgenden Jahr mit Kaiser Friedrich nach Italien ziehen mußte, wollte er zuvor für eine Sicherung des Grenzgebietes sorgen. Mit König Waldemar von Dänemark schloß er einen Freundschaftsvertrag und verpflichtete sich gegen eine Zahlung von 1000 Mark Silber, die wiederholten Überfälle der Slawen auf Dänemark zukünftig zu verhindern. Niklot nahm er anschließend das Versprechen ab, bis zu seiner Rückkehr mit Sachsen und Dänen Frieden zu halten (Helmold 87). Die Obotriten griffen jedoch weiterhin die dänischen Küsten an, was zwei Vergeltungszüge Waldemars nach Vorpommern zur Folge hatte. Nach seiner Rückkehr aus Italien traf sich der Herzog im August 1160 mit Waldemar auf der Ertheneburg; der dänische König beklagte sich über den Wortbruch der Slawen und da deren Fürsten auch nicht der Ladung des Herzogs gefolgt waren, sprach dieser über sie die Acht aus und beschloß mit Waldemar einen Feldzug gegen die Obotriten (Jordan 1979 85).

Während der Erntezeit 1160 zog Heinrich der Löwe mit einem großen Heer in das Obotritenland während gleichzeitig König Waldemar und Bischof Absalon von Roskilde mit einem Heer auf der Insel Poel landeten und von dort aus die mecklenburgischen Küstengegenden verwüsteten. Diesem Angriff von zwei Seiten waren die Obotriten nicht gewachsen, sie setzten bei ihrem Rückzug die Burgen Ilow bei Wismar, Mecklenburg, Dobin und Schwerin in Brand. Niklot zog sich in die Burg Werle bei Schwaan zurück, um von hier aus einen Kleinkrieg gegen die feindlichen Truppen zu führen. Als seine beiden Söhne Pribislaw und Wartislaw bei Wismar in ein Gefecht gerieten und fliehen mußten, legte Niklot selbst dort einen Hinterhalt wurde jedoch von verkleideten sächsischen Rittern überrascht und getötet (Helmold 88).

Karl Jordan bewertet das Wirken dieses letzten bedeutenden Obotritenfürsten wie folgt: "*Er versuchte, die politische Selbständigkeit des Obotritenlandes östlich der Lübecker Bucht zu wahren und dabei am alten Glauben festzuhalten. Dieses Ziel glaubte er durch ein Einvernehmen mit Graf Adolf von Holstein, an dem er auch nach dem Wendenkreuzzug festhielt, erreichen zu können. Als dieser Wille der Selbstbehauptung mit dem Herrschaftsanspruch des sächsischen Herzogs zusammenstieß, war er dessen militärischer Überlegenheit nicht gewachsen.*" (Jordan 1979 85-86).

Mit dem Tod Niklots brach der Widerstand der Obotriten bald zusammen. Seine Söhne zerstörten zwar noch die Burg Werle, mußten aber noch 1160 das ganze eroberte Land an Heinrich den Löwen abtreten. Sie behielten nur die nicht besetzten Länder Kessin und Zirzipanien mit der Burg Werle, welche sie zu Lehen erhielten. Inzwischen war das dänische Heer in die Warnowmündung eingefahren und hatte die von den Bewohnern verlassene Burg Rostock – die hier erstmals erwähnt wird – zerstört. Der Sachsenherzog traf sich in der Nähe von Rostock mit Waldemar und Absalon; vermutlich stellten letztere Gebietsforderungen, Heinrich konnte aber die Festsetzung der Dänen in Mecklenburg verhindern. Diese zogen stattdessen weiter nach Rügen, wo sie ihre langjährige Oberherrschaft begründeten (Eggert 1927 1928).

Zur militärischen Sicherung aber auch zur Verwaltung des eroberten Landes setzte der Herzog von Sachsen Lehnsmänner ein, die ihren Sitz in den wiederaufgebauten slawischen Burgen hatten. Er übernahm damit weitgehend die slawische Verwaltungsgliederung des Landes. Der herzogliche Vogt in Braunschweig Liudolf erhielt die Burg Quetzin am Plauer See, Liudolf von Peine die Burg Malchow im Müritzgau. Der niederländische Adlige Heinrich von Schooten organisierte von der Burg Mecklenburg aus die Besiedlung der Umgebung mit flämischen Einwanderern. Gunzelin von Hagen aus der Nähe von Helmstedt erhielt die Burgen Schwerin und Ilow und damit das größte Gebiet (Helmold 88; Jordan 1979 86-87). Bei der Burg Schwerin hatten sich bereits in spätslawischer Zeit sächsische Kaufleute angesiedelt, Heinrich der Löwe verlieh dieser Siedlung nun 1160 das Stadtrecht; Schwerin war damit die erste deutsche Stadtgründung im Siedlungsgebiet der Obotriten. Eine entsprechende Urkunde ist zwar nicht erhalten, das dem Reitersiegel Heinrichs sehr ähnliche erste Stadtsiegel Schwerins weist aber auf diese Initiative des Herzogs hin (MUB I 71).

Die friedliche Entwicklung dieser Siedlungen war jedoch nicht gesichert, da die Söhne Niklots den Kampf gegen die Eroberer noch nicht aufgaben. Als Heinrich der Löwe von einem geplanten Angriff erfuhr, zog er

*Reitersiegel Heinrichs des Löwen 1160*

Anfang 1163 mit einem Heer vor die Burg Werle, eroberte sie mit Hilfe von Belagerungsmaschinen, die er aus Italien kannte, und nahm Wartislaw gefangen (Helmold 93). Anschließend zog der sächsische Herzog weiter nach Vorpommern bis in die Nähe von Wolgast, da Niklots Söhne hier immer wieder Unterstützung fanden. Er zwang die Fürsten von Rügen, seine Oberhoheit anzuerkennen.

Die Wirksamkeit dieser Maßnahmen war aber nicht von langer Dauer. Mit Unterstützung der Pommernfürsten und – laut Helmold – von seinem in Braun-

schweig gefangenen Bruder Wartislaw aufgefordert, überfiel Pribislaw im Februar 1164 überraschend die Burg Mecklenburg mit einem Heer, tötete die Besatzung und die flämischen Siedler der Umgebung und nahm die Frauen und Kinder gefangen. Auch die Burgen Quetzin und Malchow konnten die Slawen erobern, nur Ilow und Schwerin verteidigten sich erfolgreich (Helmold 98, 99). Heinrich der Löwe organisierte wie bereits 1160 zusammen mit König Waldemar von Dänemark im Sommer 1164 einen Gegenangriff. Die Härte, mit der er seine Feldzüge führte, zeigte sich erneut, als er während des Vormarsches den gefangenen Wartislaw bei Malchow hängen ließ (Helmold 100). Am 1. Juli 1164 kam es bei Verchen am Kummerower See westlich von Demmin zur Schlacht zwischen dem sächsischen und dem slawischen Heer, die schließlich nach schweren Verlusten auf beiden Seiten von den Sachsen gewonnen wurde. Auf sächsischer Seite starb u.a. Graf Adolf II., der langjährige Berater und Mitstreiter Heinrichs. Die Dänen hatten inzwischen, von See kommend, das Gebiet von Wolgast besetzt. Waldemar traf sich in Stolp an der Peene mit Heinrich dem Löwen, wo sie mit den Slawen Frieden schlossen. Ein Teil Vorpommerns blieb unter dänischer Oberhoheit, die Fürsten von Demmin und Stettin mußten die Lehnshoheit des sächsischen Herzogs anerkennen (Jordan 1979 94).

Heinrich der Löwe setzte seine Expansionspolitik in Vorpommern nicht fort, da er seine Herrschaft im inneren Sachsens gegen die Fürstenopposition sichern mußte. Seine ursprünglichen Pläne, das eroberte Land mit Hilfe sächsischer Ministerialen unmittelbar zu verwalten, wurden weitgehend zugunsten einer nur lehnrechtlichen Oberhoheit aufgegeben. Somit bildet das Jahr 1167 wiederum einen grundlegenden Einschnitt in seiner Slawenpolitik. Er überließ Pribislaw den größten Teil des Obotritenlandes zu Lehen, mit Ausnahme des Gebietes um Schwerin, mit welchem Graf Gunzelin belehnt wurde (Helmold 104). Pribislaw nahm seinen Hauptsitz in Werle; seine Nachkommen bildeten bis 1918 das mecklenburgische Fürstenhaus. Sein Ausgleich mit Heinrich dem Löwen ging so weit, daß er wohl sogar das Christentum annahm, 1171 das Kloster Althof/Doberan stiftete (MUB I 98), mit dem Herzog 1172 auf Pilgerfahrt in das Heilige Land zog und seinen Sohn Heinrich Borwin mit einer Tochter des Sachsenherzogs verheiratete (Hamann 1968 89; Lotter 1980 43).

Da Heinrich 1168 nicht an dem Feldzug Waldemars nach Rügen teilnehmen konnte, sandte er Pribislaw zu Unterstützung dorthin (Helmold 108). Nach der Unterwerfung Rügens wurde die Insel dem Bistum Roskilde unterstellt. Diese zunehmende dänische Dominanz in Vorpommern führte zum Bruch zwischen Waldemar und Heinrich und in der Folge zu slawischen Überfällen – im Auftrag des sächsischen Herzogs – auf Dänemark und umgekehrt dänischen Raubzügen in Wagrien, Mecklenburg und Vorpommern. Erst drei Jahre später, im Juni 1171, erfolgte der Ausgleich zwischen den beiden Kontrahenten, wiederum gefestigt durch die Heirat einer Tochter Heinrichs des Löwen mit einem dänischen Königssohn (Helmold 109, 110).

Die nun folgende mehrjährige Friedenszeit, in der Heinrich der Löwe nur noch selten nach Mecklenburg kam, ermöglichte vielfältige Fortschritte im Landesausbau sowie in der Christianisierung des Landes (Higounet 1986 135-146).

Neue Dörfer wurden angelegt, Kirchen gebaut und im September 1171 erfolgte in Anwesenheit Herzog Heinrichs die Weihe des Domes in Schwerin, wohin Heinrich 1160 den Bistumssitz von Mecklenburg verlegt hatte. Zugleich wurden dem Bistum von Heinrich 300 Hufen – vor allem bei Bützow und Ilow – als Ausstattung zugewiesen (MUB I 91, 100).

Die Politik Heinrichs des Löwen im nordöstlichen Grenzgebiet des sächsischen Herzogtums wurde stark durch sein Engagement und die Auseinandersetzungen mit seinen Gegnern in Sachsen und im Deutschen Reich bestimmt. Durch eine rigorose Machtpolitik gelang es dem Herzog, das Stammesgebiet der Obotriten – das zum großen Teil mit Mecklenburg identisch ist – innerhalb von 30 Jahren fest in seinen Herrschaftsbereich einzugliedern.

Literatur

Eggert 1927  Oskar Eggert, Die Wendenzüge Waldemars I. und Knuts VI. von Dänemark nach Pommern und Mecklenburg, in: Baltische Studien 29, 1927, 1-149.

Eggert 1928  Oskar Eggert, Dänisch-wendische Kämpfe in Pommern und Mecklenburg (1157-1200), in: Baltische Studien 30, 1928, 1-74.

Hamann 1968  Manfred Hamann, Mecklenburgische Geschichte. Von den Anfängen bis zur Landständischen Union von 1523, Köln/Graz 1968.

Helmold  Helmold von Bosau, Slawenchronik, hg. von Heinz Stoob, Darmstadt 1973.

Herrmann 1974  Joachim Herrmann (Hrsg.), Die Slawen in Deutschland, Berlin 1974.

Hildebrand 1986  Ruth Hildebrand, Herzog Lothar von Sachsen, Hildesheim 1986.

Higounet 1986  Charles Higounet, Die deutsche Ostsiedlung im Mittelalter, Berlin 1986.

Hoffmann 1988  Erich Hoffmann, Lübeck im Hoch- und Spätmittelalter: Die große Zeit Lübecks, in: Lübeckische Geschichte, hrsg. von Antjekathrin Graßmann, Lübeck 1988 79-340.

Hofmeister 1913  Adolf Hofmeister, Kaiser Lothar und die große Kolonisationsbewegung des 12. Jahrhunderts, in: Zeitschrift der Gesellschaft für Schleswig-Holsteinische Geschichte 43, 1913 353-371.

Jordan 1939  Karl Jordan, Die Bistumsgründungen Heinrichs des Löwen, München 1939.

Jordan 1979  Karl Jordan, Heinrich der Löwe. Eine Biographie, München 1979.

Kahl 1963  Hans-Dietrich Kahl, Zum Ergebnis des Wendenkreuzzugs von 1147, in: Heidenmission und Kreuzzugsgedanke in der deutschen Ostpolitik des Mittelalters, hrsg. von Helmut Beumann, Darmstadt 1963, 275-316.

Lammers 1981  Walther Lammers, Das Hochmittelalter bis zur Schlacht von Bornhöved, in: Geschichte Schleswig-Holsteins IV, 1, Neumünster 1961- 1981.

Lotter 1977  Friedrich Lotter, Die Konzeption des Wendenkreuzzugs, Siegmaringen 1977.

Lotter 1980          Friedrich Lotter, Die Vorstellungen von Heidenkrieg und Wendenmission bei Heinrich dem Löwen, in: Mohrmann 1980 11-43.

Mohrmann 1980          Heinrich der Löwe, hg. von Wolf-Dieter Mohrmann, Göttingen 1980.

MUB          Mecklenburgisches Urkundenbuch, Bd. I, Schwerin 1863.

Petke 1990          Wolfgang Petke, Die Herzogserhebung Lothars von Süpplingenburg im Jahre 1106, in: Deutsches Archiv für die Erforschung des Mittelalters 46, 1990 60-84.

Prange 1972          Wolfgang Prange, Die 300 Hufen des Bischofs von Lübeck, in: Aus Reichsgeschichte und Nordischer Geschichte, hrsg. von Horst Fuhrmann u.a. (Kieler Historische Studien 16), Kiel 1972 244-259.

Stoob 1977          Heinz Stoob, Gedanken zur Ostseepolitik Lothars III., in: Festschrift für Friedrich Hausmann, Graz 1977 531-551.

Vogt 1959          Herbert W. Vogt, Das Herzogtum Lothars von Süpplingenburg 1106-1125, Hildesheim 1959.

## Ernst Münch

# HERRSCHAFTSBILDUNG UND STAATSWERDUNG IN MECKLENBURG UND VORPOMMERN IM 13. UND 14. JAHRHUNDERT

Im ausgehenden 10. Jahrhundert entstanden zwar nicht die Länder Mecklenburg und Pommern, es bildeten sich aber wichtige Grundlagen und Grundkonstellationen heraus, die zwei Jahrhunderte später, im Verlaufe des 12. Jahrhunderts, zur Territorialstaatsbildung in Mecklenburg und Pommern maßgeblich beitragen sollten. So kam es – nicht zuletzt durch die Auseinandersetzung mit weiterentwickelten Reichsbildungen in Gestalt des Ottonenreiches einerseits und des piastischen Polenreiches andererseits und zeitweilig auch des dänischen Reiches – zur inneren Konsolidierung slawischer fürstlicher Gewalt bei den Obotriten[1] im späteren Mecklenburg und bei den Pomoranen[2] im späteren Pommern. Für die Pomoranen bedeutete dies überhaupt erst die Entstehung dieser slawischen Fremdbezeichnung für die "Meeresanwohner" als Gesamtbegriff für mehrere slawische Teilstämme in diesem Zeitraum. Demgegenüber wurden die zwischen Obotriten im Westen und Pomoranen im Osten siedelnden Wilzen bzw. (seit dem 10. Jahrhundert so genannt) Lutizen zwischen den slawischen Herrschaftsbildungen der westlichen bzw. östlichen Nachbarn allmählich immer stärker in beide Herrschaftsbereiche einbezogen und somit ihre eigenständige Herrschaftsbildung perspektivisch vereitelt.[3] Im Unterschied hierzu konnte das Gebiet der Rügenslawen oder Ranen – ähnlich wie bei den Obotriten und Pomoranen – zum Ausgangspunkt einer Herrschaftsbildung mit einheimischer slawischer fürstlicher Dynastie werden.[4] Die Perspektiven und die Dauerhaftigkeit dieser Herrschaftsbildungen hingen von ihrer – erzwungenen bzw. freiwilligen – Christianisierung ab. Erst als dieses erzwungene oder freiwillige, der Not gehorchende und/oder aus innerer Überzeugung erwachsende positive Verhältnis des jeweiligen slawischen Fürstenhauses bzw. seiner jeweiligen Repräsentanten dem Christentum gegenüber gegeben war, wurde der Weg frei für die Entwicklung hochmittelalterlicher Territorialstaaten mit slawischen Fürstendynastien im Verbande des römisch-deutschen Reiches.

So geschehen[5] 1124 bzw. 1128 in Pommern im Gefolge der Missionsreisen Bischof Ottos von Bamberg und die Annahme des Christentums durch den Pommernfürsten Wartislaw I., 1160 bzw. 1167 durch den Tod des Obotritenfürsten Niklot bzw. die Wiedereinsetzung des zum Christentum bekehrten Niklotsohnes Pribislaw in großen Teilen Mecklenburgs und 1168 auf Rügen nach dem Fall Arkonas durch den Übertritt des Rügenfürsten Jaromar zum Christentum.

Die Lage der entsprechenden Bistumssitze an den Rändern bzw. außerhalb des heutigen Gebietes Mecklenburg–Vorpommerns (Oldenburg-Lübeck, Ratzeburg, Mecklenburg-Schwerin, Kolberg, Wollin-Kammin, Roskilde, Brandenburg und Havelberg) zeigt dabei deutlich die Schwerpunkte bzw. den Gang der von außen kommenden Einflußnahme auf den Christianisierungsprozeß.[6] Bezeichenderweise wurde an die letzten Bastionen des slawischen "heidnischen" Glaubens, die Tempel in Arkona und Rethra, sowohl bezüglich der Kirchen- als auch der Herrschaftsorganisation nicht angeknüpft, so daß das lutizische Haupheiligtum von Rethra bis in unsere Tage in seiner Lokalisierung umstritten geblieben ist.[7] Neben die Grafschaften Holstein, Ratzeburg (später verkleinert und mit der Sadelbande vereint das Herzogtum Sachsen-Lauenburg), Schwerin und Dannenberg, das dänische und polnische Reich, trat mit der Mark Brandenburg im Süden des werdenden Mecklenburg und Pommern seit 1150/57 ein Territorium als Nachbar, das kein einheimisches slawisches Fürstengeschlecht mehr regierte und das zukünftig sowohl für Mecklenburg als auch – und in ganz besonderer Weise – für Pommern von entscheidender Bedeutung werden sollte.[8]

Öffneten sich große Teile des späteren Mecklenburg durch den hartnäckigen Widerstand Niklots und seiner Söhne gegen den Sachsenherzog Heinrich den Löwen im Vergleich zu Pommern erst später der Christianisierung und den sie begleitenden Vorgängen, so kehrten sich nach der Brechung des Widerstandes Niklots und nach der Wiedereinsetzung seines Sohnes Pribislaw die Verhältnisse um: Durch die Nähe zum Westen, die Entwicklung und Ausstrahlung deutscher Grafschaften in Westmecklenburg bzw. seinen westlichen Grenzgebieten und die beginnende, aus Westen kommende Siedlungstätigkeit holte Mecklenburg den diesbezüglichen Vorsprung des östlich angrenzenden pommerschen Raumes relativ rasch auf und gewann seinerseits hinsichtlich der zeitlichen Phasenverschiebung der grundlegenden Veränderungen dieses Zeitraumes teilweise eine führende Position gegenüber Pommern. Zunächst aber zeigte sich der Vorsprung der Herrschafts- und Staatsbildung bei den Pommern gegenüber Mecklenburg und auch Rügen im 12. Jahrhundert in Gestalt der Herzogswürde und der „Begründung" des pommerschen Territorial„staates" durch Wartislaw I.[9], einer Würde, die die rügenschen Fürsten und ethnische Linien des mecklenburgischen Fürstenhauses nie oder nie dauerhaft erlangen sollten bzw. die Teilherrschaft Mecklenburg erst 1348. Von einer königgleichen Stellung[10] der Obotritenfürsten war nach dem Tode Heinrichs 1127 nicht mehr oder noch nicht wieder die Rede. Immerhin erreichte Pribislaw 1170 nach seiner Einsetzung als durch Heinrich den Löwen Belehnter die Anerkennung seitens Kaiser Friedrich Barbarossas als Reichsfürst. Als solcher ließ sich auch der Pommernherzog Bogislaw I. 1181 durch Barbarossa bestätigen, um der polnischen Lehnshoheit zu entgehen.

Dann gerieten die Fürsten Mecklenburgs und Pommerns nach der Katastrophe Heinrichs des Löwen unter die dänische Lehnshoheit, der die Rügenfürsten schon seit 1168 unterworfen waren. Falls der Vorgang von 1181 für Pommern eine reichsunmittelbare Position bedeutet hatte[11], war letztere dadurch wieder verloren.

Für Mecklenburg brachte die dänische Vormachtstellung Ende des 12., Anfang des 13. Jahrhunderts die günstige Gelegenheit, daß die Nachfolger des Pribislaw unter den Fittichen der skandinavischen Macht Vorteile gegenüber den deutschen Grafschaften in Westmecklenburg bzw. seinen Grenzregionen erzielen konnten. Fürst Heinrich Borwin I. sammelte hierbei die Früchte der im Jahre 1200 für die Dänen und ihre mecklenburgischen Verbündeten siegreich endenden Schlacht bei Waschow ein: Er erwarb nicht nur Teile der 1203 zerschlagenen Grafschaft Ratzeburg, nämlich das *Land Gadebusch*[12], sondern verlor mit dem Tod seines Cousins Nikolaus in der besagten Schlacht einen lange Zeit hartnäckig gegen ihn streitenden Mitregenten.

Nach den „Begründern" der Territorialstaaten in Pommern, Mecklenburg und Rügen im 12. Jahrhundert, Wartislaw I., Pribislaw I. sowie Jaromar I., folgte im 13. Jahrhundert eine Fürstengeneration, die den inneren Ausbau ihrer Landesherrschaften durch die bewußte Öffnung gegenüber der Siedlung aus dem Westen sowie den sonstigen Einflüssen auf den Gebieten des kirchlichen und kulturellen Lebens, der Administration, des Lehnswesens, der Entwicklung der agrarischen und urbanen Verhältnisse förderte. Ungeachtet dieser Analogien in der inneren Politik kam es zwischen den Territorien immer wieder zu erbitterten Kämpfen, da auch die äußere Erweiterung der Landesherrschaften ein wichtiges Ziel dieser Landesherren blieb. Zu dieser Generation besonders des beginnenden 13. Jahrhunderts zählten neben Heinrich Borwin I. in Mecklenburg Bogislaw II., Kasimir II. und –

später – Barnim I. in Pommern sowie Wizlaw I. von Rügen. Daß sich der westliche Einfluß nunmehr wieder stärker aus dem römisch-deutschen Reich herleitete, korrespondierte auch mit der Beseitigung der dänischen Lehnshoheit über Mecklenburg und Pommern im Ergebnis der Schlacht von Bornhöved 1227. Nur im Fürstentum Rügen konnte Dänemark diese Position noch behaupten.[13] Die Folgezeit wurde zum Höhepunkt der Umgestaltungen der werdenden nordostdeutschen Territorialstaaten: Der Reigen der Kloster- und Städtegründungen begann bzw. setzte sich fort, das Kirchspielnetz erfaßte alle Teile unseres Raumes, die Hufenverfassung setzte sich nahezu flächendeckend durch. Vor diesem Hintergrund trat die Entwicklung der „Neustämme"[14] der Mecklenburger und Pommern in ihr entscheidendes Stadium. Hieran hatten auch die slawischen Fürstendynastien Mecklenburgs, Pommerns und Rügens maßgeblichen Anteil, insbesondere auch hinsichtlich einer deutschslawischen Symbiose.

Zunächst gelang es ihnen erfolgreich, ihre Landesherrschaften zu festigen und zu konsolidieren. Seit der zweiten Hälfte des 13. Jahrhunderts traten aber – ähnlich wie in anderen Territorialstaaten des Reiches – erneut innere und äußere Hemmnisse und Probleme für die Pribisliden, die Greifenherzöge und die Rügenfürsten auf.

Auch perspektivisch als besonders verhängnisvoll sollten sich die ständigen Streitigkeiten innerhalb der fürstlichen Dynastien um die Machtbeteiligung an der Landesherrschaft und die dazu zumeist üblichen Landesteilungen erweisen. Schon in der zweiten Hälfte bzw. gegen Ende des 12. Jahrhunderts war es sowohl in Mecklenburg als auch in Pommern bereits in der Generation, die auf die „Begründer" der jeweiligen Territorialherrschaften (Pribislaw I. und Wartislaw I.) folgte, zu faktischen Teilungen gekommen, die in beiden Fällen einen westlichen und einen östlichen Schwerpunkt aufwiesen und sich miteinander in Streitigkeiten befanden. In Mecklenburg herrschten Heinrich Borwin I. in Westmecklenburg (um *Mecklenburg*) und im Osten (um *Rostock*) sein Vetter Nikolaus, im westlichen Pommern (um *Demmin*) Kasimir I. und weiter östlich (um *Stettin*) dessen Bruder Bogislaw I.

Gab der Zufall der dynastischen Folge dann zeitweilig einem einzigen Fürsten die Landesherrschaft in die Hand und handelte es sich dabei bei diesem um einen befähigten Fürsten, so kam es alsbald zu einer inneren Konsolidierung der Landesentwicklung, etwa unter Heinrich Borwin I. nach dem Tode Nikolaus I. in Mecklenburg oder unter Barnim I., dem berühmten Städtegründer[15] unter den pommerschen Herzögen, nach dem Tode Wartislaw III. Dennoch dominierten im 13. Jahrhundert die Landesteilungen mit weitreichenden Folgen über Jahrhunderte hinweg. Nach dem

Tode Heinrich Borwins I. 1227 und dem seines schon vor ihm gestorbenen Sohnes Heinrich Borwins II. gliederte sich das mecklenburgische Pribislidenhaus 1229/35 in der sogenannten ersten mecklenburgischen Hauptlandesteilung[16] in vier Linien mit separaten Teilherrschaften auf, die letztlich erst zwei Jahrhunderte später nach langanhaltenden Kriegen, Fehden und Streitigkeiten wieder zusammenfanden. Als Hauptlinie sollte sich der Nordwesten des Landes um die Mecklenburg und das nunmehr aufstrebende Wismar erweisen. Die ehemalige obotritische Hauptburg *Mecklenburg* gab dieser Teilherrschaft und damit später dem gesamten wiedervereinigten Land den Namen. Der Nordosten des Landes um *Rostock* bildete die zweite der Linien, deren Repräsentanten sich do-

*Reitersiegel des Fürsten von Rostock Nicolaus I.*

minus oder princeps (Herr oder Fürst) nannten. Die dritte Linie (im Südosten) nannte sich ebenfalls nach einer wichtigen slawischen Burg, *Werle,* zwischen Schwaan und Güstrow belegen. Mehr und mehr wurde hier *Güstrow* zum zentralen Herrschaftsort. Nur episodenhafte Bedeutung erlangte die vierte Teilherrschaft um *Parchim-Richenberg* im Südwesten des Landes. Sie fiel noch im 13. Jahrhundert den Kämpfen zwischen den Teilherrschaften zum Opfer. Diese vier Teilherrschaften des pribislidischen Hauses umfaßten aber bei weitem noch nicht das gesamte Territorium des späteren Mecklenburg. Im ersten Drittel des 13. Jahrhunderts befanden sich noch wichtige ehemals lutizische Gebiete um Dargun, Stavenhagen und Stargard in pommerscher Hand. Im Westen hatten die *Grafen von Schwerin und Dannenberg* noch große Teile später mecklenburgischen Territoriums in ihrer landesherrlichen Gewalt. Zu eigenständigen Landesherrschaften entwickelten sich auch die Stiftsländer der *Bistümer Schwerin* und *Ratzeburg* um *Bützow-Warin* bzw. *Schönberg-Stove*. Im Süden hatten es die Mecklenburger mit dem Aufstieg der askanischen Macht in der Mark Brandenburg zu tun. Noch stärker beeinflußte letztere im Verlaufe des 13. Jahrhunderts die Entwicklung in Pommern. Denn kaum, nach dem Scheitern der dänischen Großmachtpolitik 1227, von der

dänischen Oberlehnshoheit befreit, geriet Pommern 1231 in die perspektivisch überaus bedeutungsvolle brandenburgische Lehnsabhängigkeit. Es schlossen sich empfindliche Gebietsverluste gegenüber Mecklenburg und Brandenburg an (um *Dargun* und *Stavenhagen* an Mecklenburg; *Stargard, Uckermark*[17], *Barnim* und *Teltow* an Brandenburg). Zeitweilige Rückschläge ergaben sich auch in Auseinandersetzungen mit den Rügenfürsten und insbesondere deren Festlandbesitzungen. Am Ende des Jahrhunderts stand auch hier – ähnlich wie 1229/35 in Mecklenburg – eine Landesteilung mit weitreichenden Folgen, die erst im 15. Jahrhundert – wiederum ähnlich wie in Mecklenburg – zumindest zeitweilig überwunden werden konnte: 1295[18] löste die Teilung in die Herzogtümer *Pommern-Wolgast* und *Pommern-Stettin* die bis dahin übliche West-Ost-Schwerpunktsetzung durch eine eher nördlich - südlich orientierte Teilung ab.

Das Mitwirken der Stände an dieser Landesteilung, das seine Parallelen in ähnlichen Aktivitäten bei den mecklenburgischen Nachbarn am Ende des 13. Jahrhunderts aus Anlässen von Vormundschaftsregelungen und anderen zentralen Fragen der Landesherrschaft fand, gibt Gelegenheit, kurz die innere Entwicklung der Herrschafts- und Staatsbildung im Verlaufe des 13. Jahrhunderts zu charakterisieren.

Die sich in den Landständen auch Mecklenburgs und Pommerns seit dem Ende des 13. Jahrhunderts formierenden drei Stände der Prälaten, des ländlichen Adels und der Städte erwarben in der Folgezeit nicht nur in Opposition zur Landesherrschaft Teilhabe an der Macht, sondern waren bereits vorher – in unterschiedlicher Weise – nicht nur Konkurrenten, sondern auch Stützen der fürstlichen Gewalt.

Beim Aufbau der staatlichen und Herrschaftsverhältnisse konnten die mecklenburgischen, pommerschen und rügenschen Landesherren sowohl an die diesbezüglichen Resultate der Slawenzeit als auch an aus dem christlichen Westen importierte Verhältnisse anknüpfen. Bezüglich der landesherrlichen Position war die schon in slawischer Zeit ausgebildete Stellung der Fürsten als Obereigentümer an Grund und Boden[19] von wesentlicher Bedeutung, die mit der Würde nunmehr von Fürsten des römisch-deutschen Reiches, wenn auch noch nicht reichsunmittelbarem Rang, und der Übernahme des Lehnswesens und damit der lehnsherrlichen Stellung der Landesherren verbunden wurde.

Als Lehnsleute bzw. Vasallen bildete sich der zumeist auf dem Lande, aber durchaus auch in den sich entwickelnden Städten beheimatete Adel zunächst unterschiedlicher ethnischer (slawischer wie deutscher) Provenienz und unterschiedlicher rechtlicher Stellung (Hochadlige, Ministerialen etc.) heraus. Seit den 30er und 40er Jahren des 13. Jahrhunderts traten mit der

Intensivierung der aus Westen kommenden Siedlung neben den slawischen Adligen mehr und mehr deutsche Adlige im Umfeld der Landesherren unseres Raumes auf. Ähnlich wie offenbar in der bäuerlichen Bevölkerung wurde die Unterscheidung in ursprünglich deutsche und slawische Bevölkerungsteile rasch sekundär, und es entwickelte sich – besonders in Mecklenburg – ein relativ einheitlicher Adelsstand von Rittern (milites) und Knappen (famuli). Demgegenüber hatten es die pommerschen Herzöge und rügenschen Fürsten mit einer differenzierteren Situation zu tun, insbesondere einer adligen Oberschicht der Dynasten bzw. Schloßgesessenen mit zum Teil landes- und lehnsherrlichen Kompetenzen, wie die Herren von Loitz, die Grafen von Gützkow und von Eberstein, die Putbus und Dewitz.[20]

*Wappen des Grafen von Puttbus*

Die Funktionen des Adels im Auftrag der Landesherren im Militärwesen, der Administration, dem Finanz- und Gerichtswesen, der siedlungsmäßigen Erschließung des Landes bargen überdies die Tendenz in sich, sich auch selbst in der Stellung als Lehnsmann oder Vasall zu emanzipieren und zumindest auf den Gebieten der Grund- und Gerichtsherrschaft gegenüber der Landbevölkerung mit den Landesherren all-

mählich zu konkurrieren. In ähnliche Richtung konnte die Entwicklung im Bereich der geistlichen Institutionen und der Städte verlaufen, nachdem sie zunächst durchaus unter den Fittichen der Landesherrschaft und in deren eigenen Interessen auf materiellem und geistig-geistlichem Gebiet konstituiert worden waren. Allerdings wurden hier noch eher und weitergehend als im Bereich des ländlichen Adels frühzeitig Autonomie- und Immunitätsbestrebungen und -erfolge erkennbar.

Seit dem Beginn des 14. Jahrhunderts fand auch in unserem Raum die durch die Verknüpfung von Siedlung und Herrschaft gekennzeichnete hochmittelalterliche Hochkonjunktur[21] allmählich ihren Abschluß.

Für die Landesherrschaften bedeutete dieses neue Jahrhundert einerseits eine Stärkung ihrer entscheidenden Träger (Herrschaft, später Herzogtum *Mecklenburg;* Herzogtümer *Pommern-Wolgast* und *Pommern-Stettin*) nicht zuletzt durch das Ende einer Reihe bis dahin eigenständiger bzw. relativ eigenständiger Landesherrschaften (*Fürstentum Rügen, Grafschaften Schwerin, Dannenberg* und *Gützkow*). Andererseits dauerten die Landesteilungen an, wurden sogar erneuert und vermehrt. Außerdem kam es zu außenpolitischen Kraftanstrengungen einzelner mecklenburgischer und pommerscher Herzöge, die der eigenen Landesherrschaft letztlich eher schadeten als nützten.

Äußerlich eindrucksvoll verlief der sogenannte Aufstieg des Hauses Mecklenburg unter den Fürsten Heinrich II. (dem Mecklenburger Löwen) und seinem Sohn Albrecht II. Letzterer war sicherlich nicht nur einer der bedeutendsten mecklenburgischen Fürsten überhaupt, sondern auch von Gewicht für die nordostdeutsche und nordeuropäische Geschichte des 14. Jahrhunderts.

Grundlagen seines Wirkens schuf schon sein Vater Heinrich II. Durch unermüdliche Tatkraft und Kombination von Ehepolitik, geschicktem Taktieren auf diplomatischem Gebiet und militärische Energie brachte er zu Beginn des 14. Jahrhunderts die Teilherrschaft Rostock und das seit 1236 den Pommern durch die Brandenburger abgenommene Land Stargard an das aufsteigende Haus Mecklenburg. Die beiden wichtigsten Städte Mecklenburgs, die zum Kern der Hanse, dem Wendischen Quartier, zählenden Seestädte Rostock und Wismar, spielten seitdem eine große Rolle in der Geschichte des mecklenburgischen Hauses. Weniger erfolgreich war Heinrich II. in seinen Kämpfen um das Erbe der 1319/20 bzw. 1325 erloschener Askanier in Brandenburg bzw. Rügenfürsten.

Nach dem Tode des mecklenburgischen Löwen 1329 und Jahren der Regentschaft für dessen minderjährigen Sohn Albrecht II. (den Großen)[22] knüpfte letzterer an die Errungenschaften seines Vaters an und führte das Haus Mecklenburg auf den glanzvollen Höhepunkt seiner Macht. Durch kluge Diplomatie im Verein mit Karl IV.[23] gegen die Wittelsbacher in der Mark Brandenburg erlangte er für sich und seinen Bruder Johann *1348* die *Herzogswürde* sowie die Position als reichsunmittelbarer Fürst. 1358 gewann er die *Grafschaft Schwerin* und 1363 verschaffte er seinem Sohn, Albrecht III., die Krone des schwedischen Reiches. Doch diese, neben der ebenfalls angestrebten dänischen Krone, als Schlußstein der schwindelerregend hochfahrenden „nordischen Politik" vorgesehene Erwerbung brachte letztlich den Bau Albrechts II. zum Einsturz: Sein ihm in keiner Weise ebenbürtiger Nachfolger Albrecht III.[24] geriet ein Jahrzehnt nach des Vaters Tod in die Gefangenschaft der kraftvollen Dänenkönigin Margarete.

Für die Landesherrschaft der mecklenburgischen Herzöge war nicht so sehr das Scheitern ihrer nordischen Politik das Gefahrvolle, sondern vielmehr die innere Schwächung ihrer Position gegenüber den aufstrebenden Landständen, insbesondere der Ritterschaft. Das Ende Albrechts III. konnte daher zum Menetekel für die spätere mecklenburgische Geschichte werden. Überdies war die territorial immens vergrößerte Herrschaft Mecklenburg schon seit 1352 erneut geteilt worden, in *Mecklenburg* (später: *-Schwerin)* und *Mecklenburg-Stargard.*

Von den Teilherrschaften des Pribislidenhauses überlebte neben der Hauptlinie *Mecklenburg* als selbständige Herrschaft nur die Linie *Werle* das 14. Jahrhundert. Im Ergebnis eines Vatermordes am Ende des 13. Jahrhunderts und endloser Streitigkeiten mit mehrfachen Teilungen (1316 *Werle-Güstrow* und *Werle-Goldberg*, 1337 *Werle-Güstrow* und *Werle-Waren*) wurde diese Teilherrschaft aber immer mehr zum Spielball zwischen den benachbarten Herrschaften in Mecklenburg und Brandenburg, auch wenn die Herren von Werle noch kurz vor ihrem Ausgang (1436) den prätentiösen Titel *„Fürsten von Wenden"* annahmen (1418). In Pommern brachte die erste Hälfte des 14. Jahrhunderts – ähnlich wie für die Hauptlinie Mecklenburg – einen zumindest äußerlich bedeutenden Aufstieg der *Herzogtümer Wolgast* und *Stettin.* Das Erlöschen des Askanierhauses in Brandenburg 1319/20 sowie des rügenschen Fürstenhauses 1325 und die durch die Greifenherzöge daraufhin geltend gemachten Ansprüche lösten einerseits zwar langwierige Kämpfe mit den Nachbarn aus, mündeten aber schließlich in den Anfall des Fürstentums Rügen an *Pommern-Wolgast* 1328 und die Anerkennung der Reichsunmittelbarkeit durch die Wittelsbacher für *Pommern-Stettin* 1338 und durch die Luxemburger 1348 für die beiden Herzogtümer.[25]

In Ostpommern gelang die Wiedergewinnung von Territorien (*Land Stolp*), während als Ausgleich für den Verzicht des mecklenburgischen Fürsten Heinrich II.

auf Rügen 1328 die *Städte* und *Länder Barth, Grimmen* und *Tribsees* nur pfandweise an Mecklenburg abgetreten wurden.

Durch den Übergang der bedeutenden Hansestadt Stralsund an die pommerschen Herzöge wurde die pommersche Städtelandschaft wesentlich befördert; mit Greifswald, Anklam und Demmin bildete Stralsund den Kern des vorpommerschen Städtewesens, das im Unterschied zu Hinterpommern einen deutlich höheren Grad an Autonomie aufwies.[26]

In der zweiten Hälfte des 14. Jahrhunderts konnten die Pommernherzöge noch zwei Höhepunkte ihres gestiegenen Ansehens verbuchen. Karl IV., der nicht zuletzt wegen der Befestigung seiner Positionen im Nordosten des Reiches deutliches Interesse an engeren Beziehungen zu Pommern, Mecklenburg, Lübeck und der Hanse zeigte[27], ehelichte 1363 eine pommersche Prinzessin, Tochter des Herzogs Bogislaw V. Aus dieser pommerschen Herzogslinie stammte dann auch der designierte König der Kalmarer Union von 1397, als Königin Magarete mit eiserner Hand die drei Königreiche Dänemark, Norwegen und Schweden einte und ihren Neffen, Erich den Pommern[28], als Nachfolger bestimmte. Es war dies ohne Zweifel äußerlich die höchste Position, die das pommersche Herzoghaus in den Jahrhunderten seiner Existenz erreicht hat. Erich der Pommer stand aber als Unionskönig auf ebenso schwankendem Grund wie vorher sein mecklenburgischer Verwandter Albrecht III. als König von Schweden. Denn die innere Situation der pommerschen Landesherrschaften entsprach am Ende des 14. Jahrhunderts keineswegs der äußerlich glanzvollen Stellung einiger Angehöriger des pommerschen Herzoghauses in Norddeutschland und Skandinavien. Während nämlich im benachbarten Mecklenburg im Verlaufe des 14. Jahrhunderts unter der Ägide der Hauptlinie Mecklenburg sich allmählich die Überwindung der weitgehenden Zersplitterung des Landes abzuzeichnen begann, die sich im 13. Jahrhundert ja als noch weitergehend dargestellt hatte als in Pommern, verschlimmerte sich die schwache innere Position der Pommernherzöge im 14. Jahrhundert durch neue Landesteilungen, so daß an der Wende zum 15. Jahrhundert kurzzeitig sogar fünf Teilherrschaften existierten. Zwar blieb die grundlegende Zweiteilung Pommerns in die *Herzogtümer Wolgast* und *Stettin* bestehen, doch wurde das Herzogtum Wolgast seinerseits nochmals mehrfach geteilt. 1372 entstanden die Herzogtümer *Wolgast-Rügen* (Vorpommern) und *Wolgast-Stolp* (Hinterpommern). Bereits 1376 wurde der vorpommersche Teil nochmals aufgesplittet in eine nördlichere Herrschaft (*Barth-Stralsund-Rügen*) und eine südlichere Herrschaft (*Wolgast-Greifswald-Usedom*). 1402 schließlich teilte sich für kurze Zeit auch noch das Herzogtum Stolp in zwei Bereiche.

Hinzu kamen als Probleme für die pommerschen Herzöge die Unabhängigkeitsbestrebungen der Bischöfe von Kammin in ihrem Stiftsland, der (insbesondere vor-)pommerschen größeren Städte sowie des Adels besonders in Hinterpommern.

So gelangte Pommern – ähnlich wie das benachbarte Mecklenburg – mit einer schweren Bürde in das letzte Jahrhundert des europäischen Mittelalters, auch wenn zwei seiner mächtigen Nachbarn, die Mark Brandenburg und der Staat des Deutschen Ordens, zeitweilig durch eigene Probleme beschäftigt waren.

Größere Chancen für eine erneute Einigung und innere Festigung Mecklenburgs wie Pommerns ergaben sich erst am Ende des 15. Jahrhunderts unter der Herrschaft ihrer befähigten Herzöge Magnus II.[29] und Bogislaw X.[30].

## Literatur

1 Vgl. Wolfgang H. Fritze, Probleme der abodritischen Stammes- und Reichsverfassung und ihrer Entwicklung vom Stammesstaat zum Herrschaftsstaat, in: Siedlung und Verfassung der Slaven zwischen Elbe, Saale und Oder. Hrsg. von Herbert Ludat, Gießen 1960, S. 141 ff.; Bernhard Friedmann, Untersuchungen zur Geschichte des abodritischen Fürstentums bis zum Ende des 10. Jahrhunderts, Berlin 1986.

2 Vgl. Udo Arnold, Neun Jahrhunderte pommerscher Geschichte, in: Ostdeutsche Geschichts- und Kulturlandschaften. T. III: Pommern. Hrsg. von Hans Rothe, Köln-Wien 1988, S. 1 ff.

3 Vgl. Wolfgang Brüske, Untersuchungen zur Geschichte des Lutizenbundes, Deutsch-wendische Beziehungen des 10. – 12. Jahrhunderts, Münster – Köln 1955.

4 Vgl. Die Slawen in Deutschland. Ein Handbuch. Hrsg. von Joachim Herrmann, Berlin 1985, S. 394 ff.

5 Ebenda, S. 384 ff.

6 Vgl. Jürgen Petersohn, Der südliche Ostseeraum im kirchlich-politischen Kräftespiel des Reichs, Polens und Dänemarks vom 10. bis 13. Jahrhundert. Mission, Kirchenorganisation, Kultpolitik, Köln – Wien 1979; derselbe, Christianisierung, Kulturwechsel und Raumtradition im südlichen Ostseeraum. Forschungsergebnisse und Forschungsaufgaben, in: Pommern. Geschichte – Kultur – Wissenschaft, Greifswald 1991, S. 52 ff.; Klaus Wriedt, Die drei Missionsbistümer Lübeck – Ratzeburg – Schwerin, in: Die Kirche im Herzogtum Lauenburg. Beiträge zu ihrer Geschichte und Gegenwart. Hrsg. von Kurt Jürgensen, Neumünster 1994, S. 12 ff.

7 Zusammenfassend Volker Schmidt, Die Lieps. Eine slawische Siedlungskammer am Tollensesee, Berlin 1984.

8 Vgl. Hans – D. Kahl, Slawen und Deutsche in der brandenburgischen Geschichte des zwölften Jahrhunderts. Die letzten Jahrzehnte des Landes Stodor, Köln – Graz 1964.

9 Über ihn Roderich Schmidt, Pommern im Spiegel bedeutender Persönlichkeiten, in: Ostdeutsche Geschichts- und Kulturlandschaften, S. 219 ff.

10 Vgl. derselbe, Zur mecklenburgischen Reimchronik des Ernst von Kirchberg, in: Gedenkschrift für Reinhold Olesch. Hrsg. von Hans Rothe, Roderich Schmidt, Dieter Stellmacher, Köln – Wien 1990, S. 71 ff.

11 Vgl. dazu Horst Wernicke, 1348 – Karl IV., Pommern und Mecklenburg – Reichspolitik und Nachbarschaft im Konflikt, in: Agrargeschichte, H. 23, Rostock 1990, S. 31; Udo Arnold, Neun Jahrhunderte, S. 3 f.; Jürgen Petersohn, Pommerns staatsrechtliches Verhältnis zu den Nachbarmächten im Mittelalter, in: Die Rolle Schlesiens und Pommerns in der Geschichte der deutsch-polnischen Beziehungen im Mittelalter, Braunschweig 1980, S. 98 ff.

12 Vgl. Wolfgang Prange, Die Entwicklung der Grenzen zwischen Lauenburg und Mecklenburg vom 12.. bis ins 19. Jahrhundert, in: Die Grenz- und Territorialentwicklung im Raume Lauenburg – Mecklenburg – Lübeck. Hrsg. von Kurt Jürgensen, Neumünster 1992, S. 20.

13 Vgl. Oskar Kossmann, Rügen im hohen Mittelalter, in: Zeitschrift für Ostforschung, 32. Jg., H. 2/1983, S. 173 ff.

14 Vgl. Jürgen Petersohn, Kolonisationj und Neustammbildung – Das Beispiel Pommern, in: Ostdeutsche Geschichts- und Kulturlandschaften, S. 59 ff., Köln Wien 1988

15 Vgl. Walter Kuhn, Westslawische Landesherren als Organisatoren der mittelalterlichen Ostsiedlung, in: Die deutsche Ostsiedlung des Mittelalters als Problem der europäischen Geschichte. Hrsg. von Walter Schlesinger, Sigmaringen 1975, S. 225 ff.

16  Vgl. Manfred Hamann, Das staatliche Werden Mecklenburgs, Köln – Graz 1962, S. 11 ff.; derselbe, Mecklenburgische Geschichte, Köln – Graz 1968, S. 106 ff.

17  Vgl. Lieselott Enders, Die Uckermark. Geschichte einer kurmärkischen Landschaft vom 12. bis zum 18. Jahrhundert, Weimar 1992, S. 42.

18  Vgl. Martin Wehrmann, Geschichte von Pommern, Bd. 1, Gotha 1919, S. 123 ff.

19  Vgl. Rudolf Benl, Die Gestaltung der Bodenrechtsverhältnisse in Pommern vom 12. bis zum 14. Jahrhundert, Köln – Wien 1986, S. 92 ff.

20  Vgl. Horst Wernicke, Rügisch-pommerscher Adel im Spannungsfeld von Herzogtum und Stadt während des Spätmittelalters, in: Pommern, S. 60 ff.; Busso von der Dollen, Wehr- und Wohnbauten des niederen Adels in Mecklenburg-Vorpommern – Zur bau- und siedlungsgeschichtlichen Wirksamkeit eines sozialen Standes, in: Burgen, Schlösser, Gutshäuser in Mecklenburg-Vorpommern. Hrsg. von Bruno J. Sobotka, Stuttgart 1993, S. 29.21)     Zum Vergleich: Lieselott Enders, Die Uckermark.

22  Vgl. Werner Strecker, Die äußere Politik Albrechts II. von Mecklenburg, in: Jahrbücher des Vereins für mecklenburgische Geschichte und Altertumskunde, 78. Jg., Schwerin 1913, S. 1 ff.

23  Vgl. Wolf-D. Mohrmann, Karl. IV. und Herzog Albrecht II. von Mecklenburg, in: Blätter für deutsche Landesgeschichte, 114. Jg./1978, S.253 ff.

24  Dazu auch Ralf-G. Werlich, Rostocks Stellung in den Auseinandersetzungen um die Herrschaft in den nordischen Ländern insbesondere in den Kämpfen um die Krone Schwedens im letzten Viertel des 14. Jahrhunderts, in: Rostock im Ostseeraum in Mittelalter und früher Neuzeit, Rostock 1994, S. 31 ff.

25  Vgl. Horst Wernicke, 1348.

26  Vgl. derselbe, Rügisch-pommerscher Adel.

27  Vgl. dazu Erich Hoffmann, Der Besuch Kaiser Karls IV. in Lübeck im Jahre 1375, in: Nord und Süd in der deutschen Geschichte des Mittelalters. Hrsg. von Werner Paravicini, Sigmaringen 1990, S. 73 ff.

28  Vgl. Roderich Schmidt, Pommern im Spiegel, S. 222 f.

29  Vgl. Paul Steinmann, Finanz-, Verwaltungs-, Wirtschafts- und Regierungspolitik der mecklenburgischen Herzöge im Übergange vom Mittelalter zur Neuzeit, in: Jahrbücher des Vereins für mecklenburgische Geschichte und Altertumskunde, 86. Jg, Schwerin 1922, S. 91 ff.

30  Vgl. Roderich Schmidt, Pommern im Spiegel, S. 226 f.

## Anna-Therese Grabkowsky

# DIE ERRICHTUNG VON BISTÜMERN UND DIE GRÜNDUNG GEISTLICHER GEMEINSCHAFTEN IM 12. UND 13. JAHRHUNDERT IN MECKLENBURG UND VORPOMMERN

Nach der Eroberung und Eingliederung Sachsens in das fränkische Reich wurde das Land in Bistumssprengel gegliedert, im Norden Sachsens wurden die *Bistümer Bremen* (789), Verden (810/14), *Hildesheim* (815) und *Hamburg* (831) gegründet, an deren östlichen Grenzen heidnische Slawen wohnten. Der zum Erzbischof von Hamburg-Bremen ernannte Ansgar wurde 834 zum apostolischen Legaten für die Dänen, Schweden und Slawen bestimmt. Über seine Missionsreisen nach Dänemark und Schweden gibt es Berichte. Die slawisch besiedelten Gebiete im Osten seines Sprengels wurden von ihm wohl nicht aufgesucht. Die seit dem 12. Jahrhundert überlieferte Behauptung, der Kaiser habe im Jahr 844 Rügen dem Kloster Corvey geschenkt und die Insel sei erstmalig durch das Weserkloster christianisiert worden, hält einer historischen Überprüfung nicht stand (Krüger 1988), auch wenn Corvey bis in die frühe Neuzeit hinein immer wieder auf diesen Anspruch hingewiesen hat (Buske 1987 56f.).

Seit der ersten Hälfte des 10. Jahrhunderts gab es verstärkte Anstrengungen, den Einfluß des Reichs auf die Gebiete nördlich und östlich der Elbe auszudehnen. In der Mitte dieses Jahrhunderts wurden im Norden – außerhalb des Reiches – die *Bistümer Schleswig, Ripen* und *Arhus* gegründet, im Osten die Bistümer *Oldenburg, Havelberg, Brandenburg, Merseburg, Meißen, Zeitz* und das *Erzbistum Magdeburg.* Dem Erzbistum Hamburg-Bremen wurden die drei nördlichen Bistümer und Oldenburg unterstellt, dem 968 gegründeten Erzbistum Magdeburg die anderen Bistümer. Nachdem im Jahr 968 die polnischen Fürsten das Christentum angenommen hatten, wurde zunächst das *Bistum Posen* gegründet und im Jahr 1000, unter Beteiligung des deutschen Kaisers, das *Erzbistum Gnesen* mit den Suffraganen Kolberg, Krakau und Breslau. Damit schien eine zügige Verbreitung des Christentums im nördlichen und nordöstlichen Mitteleuropa gewährleistet zu sein.

Als Standorte der Bistumssitze wurden östlich der Elbe Herrschaftsmittelpunkte (Burgwardorte) gewählt; das entsprach einerseits dem Kirchenrecht, das nur eine Stadt als Sitz zuließ, und gewährte andererseits den Vertretern der neuen Religion Schutz und Unterstützung durch die weltlichen Herrscher. Erst wenn diese selbst schon Christen geworden waren und die politischen Machtverhältnisse ihnen die offene Religionsausübung gestatteten, war eine Missionierung möglich. Mit der Errichtung von Bistümern gleich zu Beginn der verstärkten Missionsbemühungen sollten wohl organisatorische Zentren für die Verbreitung der neuen Religion geschaffen werden. Die bei der Errichtung von Kirchen und Altären notwendigen Weihen konnten nur von einem Bischof vorgenommen werden, ebenso wie die Weihe der Geistlichen und der heiligen Öle. Der Bischof war geistlicher Gesetzgeber, Richter und Verwalter seines Sprengels. Erst nachdem ein gewisser Ausbau der Bistumsorganisation erreicht worden war, delegierten auch hier die Bischöfe zahlreiche dieser Aufgaben.

Die Grenzen der Diözesen unterlagen Veränderungen und erreichten im Gebiet des heutigen Mecklenburg-Vorpommern erst in der Mitte des 13. Jahrhunderts den bis zur Reformation gültigen Verlauf. Der Sprengel des Erzbistums Hamburg-Bremen reichte im Osten zunächst bis zur Peene, ohne daß wir von erfolgreichen Missionsversuchen erfahren. Dies ändert sich mit der Errichtung der Bistümer Havelberg, Brandenburg und Oldenburg (Kurze 1990/91 14). Der Oldenburger Sprengel erstreckte sich vom slawisch besiedelten Ostholstein entlang der Ostseeküste bis an die Peene, im Südwesten bildeten Elbe und Elde die Grenze (Series episcoporum 1984 55). Neben der Errichtung der Bischofskirche in Oldenburg kam es hier und am Hauptsitz der Abodritenfürsten, der Burg Mecklenburg, zu Klostergründungen. Stolz berichtet der Bremer Domherr Adam in seiner Chronik, daß von den 18 Gauen des zur Erzdiözese Hamburg-Bremen gehörenden Slawenlandes nur drei nicht zum Christentum bekehrt worden seien (Adam II 24).

Nachdem der Slawenaufstand des Jahres 983 u.a. zur Vertreibung der Bischöfe von Oldenburg, Havelberg und Brandenburg geführt hatte, residierten die Bischöfe von Oldenburg in *Mecklenburg,* wo sich das Christentum zunächst bis 1018 halten konnte. Erst 1044/45 kam mit Gottschalk, der in seiner Jugend im Lüneburger Michaelskloster erzogen worden war, ein abodritischer Fürst an die Macht, der die Verbreitung des Christentums nicht nur duldete, sondern aktiv unterstützte. So ist überliefert, daß er persönlich in der Kirche dolmetschte (Adam III 19). Unter seiner Regierung wurden in Mecklenburg angeblich drei, in Oldenburg und Ratzeburg je ein Kloster gegründet. Auch im zum Bistum Havelberg – von Hamburg kommissarisch verwaltet – gehörenden Lenzen a. d. Elbe soll eine klösterliche Niederlassung entstanden sein. Da die zunehmenden Aktivitäten für das Großbistum Oldenburg offensichtlich zu umfangreich wurden, wurde es nach dem Tod Bischof Abelinus/Stephan – wahrscheinlich 1062 oder kurz danach – geteilt (Hlawitschka 1928 177–179). Neben Oldenburg wurden *Mecklenburg* und *Ratzeburg* Bistumssitze, beides Orte, die herrschaftliche Mittelpunkte waren und bereits durch ihre Klöster über eine gewisse Anzahl von Geistlichen verfügten. Geistliche für die Mission der Elbslawen zu finden, scheint nicht einfach gewesen zu sein; einer Bemerkung Adams von Bremen können wir entnehmen, daß in alle Richtungen Boten gesandt wurden, um Geistliche zu gewinnen (Adam III 19). Unterstützt wurde der Abodritenfürst Gottschalk von dem mächtigen und ehrgeizigen *Erzbischof Adalbert von Hamburg-Bremen*. Nach dessen politischer Entmachtung kam es 1066 zu einem Aufstand gegen Gottschalk und das von ihm geförderte Christentum. Die drei Bischöfe von Oldenburg, Ratzeburg und Mecklenburg wurden ermordet oder vertrieben, ebenso die Geistlichen und Mönche. Die heidnische Reaktion war so stark, daß auch diejenigen Westslawenfürsten, die sich in der Folgezeit zum Christentum bekannten, keinerlei Missionierung oder Christianisierung versuchten. Die drei Bistümer blieben jahrzehntelang unbesetzt.

Pommern war von Bekehrungsversuchen bis in das 12. Jahrhundert hinein unberührt geblieben. Zwar sollte bei der Errichtung des Erzbistums Gnesen im Jahre 1000 für die Pomoranen das Missionsbistum Kolberg gegründet werden, doch scheint dieser Plan nicht zur Ausführung gekommen zu sein (Petersohn 1979 42). Erst als das Land im ersten Viertel des 12. Jahrhunderts unter die – vorübergehende – Herrschaft Polens kam, begann die planmäßige Christianisierung des Landes. Der Pommernfürst Wartislaw I. mußte nicht nur die polnische Oberhoheit anerkennen, sondern sein Land missionieren lassen. Die Initiative zur Missionierung ging vom Polenherzog Boleslaw I. aus. Allerdings standen ihm für diese Aufgabe nach eigener Aussage keine Bischöfe oder Priester zur Verfügung (Willoweit 1966 207). Der erste von ihm 1121 beauftragte Missionar, Bernhard, ein vorher in Italien tätiger Spanier, scheiterte gleich zu Beginn seiner Aufgabe in Wollin und kam wohl nur mit dem Leben davon, weil die Einheimischen die Vergeltung des polnischen Fürsten fürchteten. Dieser wandte sich nun an den ihm bekannten Bamberger Bischof Otto, der mit päpstlicher Genehmigung 1124 die Missionsaufgabe übernahm. Als Begleitung erhielt er von Boleslaw neben Weltlichen drei polnische Priester, die ihm dolmetschen konnten. An der Grenze nach Pommern wurde die Gruppe vom Pommernherzog Wartislaw empfangen, der selbst in seiner Jugend in sächsischer Gefangenschaft getauft worden und mit einer Christin verheiratet war. Jedoch hatten er und andere in Pommern bereits lebende Christen keinerlei Versuche unternommen, ihre Umgebung zu missionieren. Wartislaw stattete den Bischof mit einer weiteren Schutzmannschaft und Geleitbriefen aus. Unter diesem doppelten Schutz von polnischer und pommerscher Seite konnten *Otto von Bamberg* und seine Begleiter verhältnismäßig unbehindert heidnische Kultstätten zerstören, christliche Altäre aufstellen und weihen, Kirchen gründen, predigen und taufen; Zwangstaufen wurden nicht vorgenommen (Guth 1989 152). Die Erfolge dieser knapp einjährigen Reise waren recht ansehnlich, so wurden neun oder sogar elf Kirchen in dieser Zeit – überwiegend im Odermündungsbereich – errichtet. Jedoch zeigte sich nach der Abreise Ottos, daß die in Pommern zurückgebliebenen Geistlichen, trotz Unterstützung aus Bamberg, das Werk nicht halten konnten. Eine erneute Missionsreise war erforderlich. In der Zwischenzeit hatte der pommersche Herzog seinen Machtbereich über die Oder hinweg in das Peenegebiet, wahrscheinlich unter Billigung des deutschen Königs, ausgedehnt. Dieses Gebiet unterstand, gemäß der ottonischen Diözesangliederung des 10. Jahrhunderts, dem Erzbischof von Magdeburg bzw. dessen Suffraganbischöfen von Havelberg und Brandenburg, die seit dem Slawenaufstand von 983 jedoch nicht in ihren Bistümern residieren oder missionieren konnten. Bischof Otto ließ sich durch den Papst von den Ansprüchen der zuständigen Ortsbischöfe befreien. Er reiste 1128 mit Genehmigung des deutschen Königs über Magdeburg, wo er Erzbischof Norbert von Xanten traf. In Havelberg wurde er aufgefordert zu taufen, was er aber unter Hinweis auf den zuständigen Bischof unterließ. Über Demmin, wo er mit dem Pommernherzog zusammentraf, begab er sich nach Usedom, wohin die Großen des Landes vom Herzog zu einer Versammlung berufen worden waren. Sie erklärten sich hier gegen den Widerstand der heidnischen Priester und wahrscheinlich unter einem gewissen Druck des Pommernherzogs zur Annahme und Förderung des Christentums bereit. Inzwischen drohte es zu kriegerischen Auseinandersetzungen zwischen Pommern und Polen zu kommen, die u.a. auch Ottos Missionserfolge infrage gestellt hätten. Er vermittelte, konnte den Krieg abwenden und so seine Arbeit fortführen. Pommern mußte allerdings nochmals die Oberherrschaft Polens anerkennen.

Durch diese beiden Missionsreisen war Pommern nicht nur offiziell zum Christentum bekehrt, sondern ein Fundament für die eigentliche Christianisierung gelegt worden. Der Erfolg war durch mehrere günstige Voraussetzungen zustande gekommen: der Polenherzog initiierte die Mission nicht nur, sondern unterstützte sie personell und organisatorisch; der Pommernherzog gewährte ebenfalls starke Hilfe und setzte seinen Einfluß unter den Großen seines Landes durch; neben ihm lebten darüber hinaus auch schon vereinzelt weitere Christen im Lande – vor allem wohl in den Orten, die von fremden Kaufleuten besucht wurden. Diese Voraussetzungen allein führten jedoch nicht zum Erfolg, wie der fehlgeschlagene Versuch von 1121 gezeigt hatte. Auch in der Person des Missionars selbst ist er zu suchen. Verwandt wohl mit den Staufern, bereits 1088 als Kaplan am polnischen Hof tätig, verfügte er über hervorragende organisatorische Fähigkeiten – er gründete bzw. reformierte ca. 30 Kirchen und Klöster zwischen Kärnten und Sachsen – und großes diplomatisches Geschick, das er bei der Beilegung des Investiturstreits bzw. der Aushandlung des Wormser Konkordats unter Beweis gestellt hatte. Die im Vorfeld gut vorbereiteten Reisen unternahm er nicht, wie vorher Bernhard, in apostolischer Armseligkeit, sondern als Kirchenfürst, der mit ansehnlichem Gefolge und ausgestattet mit Altargeräten, Büchern und zahlreichen Gastgeschenken zu beeindrucken wußte.

Herzog Boleslaw I. von Polen hatte sich wegen der Missionierung Pommerns mit dem Papst direkt in Verbindung gesetzt, nicht mit den Erzbischöfen von Magdeburg oder Gnesen. Die polnischen Geistlichen, die er zur Begleitung Bischof Ottos freistellte, stammten aus seiner Umgebung und nicht aus der des Gnesener Erzbischofs (Willoweit 1966 208). Er scheint in Verbindung mit dem Papst eine Diözesaneinteilung der von ihm in Abhängigkeit geratenen Gebiete geplant zu haben. So wurden 1123/24 die Bistümer Leslau und Lebus errichtet. Die Gründung eines pommerschen Bistums 1124 ist evtl. dagegen an innerpolitischen Gegensätzen zwischen Herzog und Episkopat gescheitert. Die Ausdehnung des Missionsbereichs auf die Gebiete westlich des Unterlaufs der Oder und damit in den Bereich der von Havelberg und Brandenburg beanspruchten Gebiete erschwerte die Gründung eines pommerschen Bistums zusätzlich (Petersohn 1979 262-277). Mit Norbert von Xanten war 1126 zudem ein Mann in Magdeburg Erzbischof geworden, der die alten Rechte seiner Diözese wiederzubeleben versuchte. Das vakante Bistum Havelberg, das durch die zweite Missionsreise Ottos 1128 direkt betroffen worden war, wurde von ihm 1129 besetzt und damit der Magdeburger Anspruch demonstriert (Horstkötter 1989 274). Zu Lebzeiten Bischof Ottos wurde die Frage einer pommerschen Bistumsgründung nicht geklärt, und auch nach dessen Tod 1139 wurde zunächst sein Nachfolger in Bamberg mit der

geistlichen Betreuung Pommerns vom Papst beauftragt. Der von Bischof Otto und den beiden Herzögen favorisierte Kandidat für ein einzurichtendes pommersches Bistum war Adalbert, über dessen Herkunft nichts bekannt ist. 1124 war er Hofkaplan des polnischen Herzogs, in dessen Auftrag er Bischof Otto als Dolmetscher begleitete. Erst 1140 wurde er vom Papst zum Bischof von Pommern mit Sitz in Wollin ernannt. Daß die angesprochenen Schwierigkeiten auch zu diesem Zeitpunkt noch nicht aus dem Weg geräumt worden waren, zeigt das päpstliche Privileg, das weder die Metropolitanzugehörigkeit, noch die Grenzen, noch das Verhältnis zu den slawischen Fürsten regelte (PUB I 30).

So wenig wir Genaues über die Hintergründe der pommerschen Bistumsgründung wissen, so wenig sind wir auch über dessen Geschichte während der ersten Jahrzehnte seines Bestehens näher informiert. Mit der Errichtung des Bistums war nicht die Gründung eines Domkapitels verbunden, so daß der Bischof auf die Hilfe eines Gremiums der an einer Bischofskirche tätigen Geistlichen verzichten mußte. Seit der Mitte der 50er Jahre existierten im Bistum allerdings zwei geistliche Männerkongregationen, das 1153 gegründete Benediktinerkloster Stolpe a.d. Peene und ein vor 1155 beim herzoglichen Residenzort Usedom gegründetes Prämonstratenserstift (Grobe). Aus unbekannten Gründen, wahrscheinlich wegen kriegerischer Bedrohung durch die Dänen, nahm der Bischof während der 70er Jahre des 12. Jahrhunderts Residenz im Usedomer Stift. Dessen Kirche scheint als Bischofskirche genutzt worden zu sein, während die Stiftsgeistlichen wohl die Funktion von Domherren übernommen hatten. Da sie aus Magdeburg gekommen und in vielem von dort abhängig waren, mögen Bischof und Herzog von Pommern jedoch auf Dauer einen zu großen Einfluß Magdeburgs befürchtet haben (Petersohn 1979 311–314 u.ö.). So wurde der Bischofssitz um 1175 nach Kammin verlegt und gleichzeitig dort ein Domkapitel gegründet. Es gelang dem Bistum, seine Unterstellung unter die Erzdiözese Magdeburg oder Gnesen zu verhindern und es erreichte 1188 die Exemtion, d.h. die direkte Unterstellung unter den Papst, die es gegen alle Widerstände auf Dauer verteidigen konnte.

Während in Pommern in den 20er Jahren des 12. Jahrhunderts das Christentum Fuß faßte, blieb das sich westlich anschließende Land bis zur Elbe hin von dieser Entwicklung noch ausgenommen. Der Aufstand, der 1066 den Abodritenfürsten Gottschalk das Leben gekostet und das Christentum in dessen Herrschaftsbereich vernichtet hatte, führte zwar nicht zu einer dauerhaften Entmachtung der Familie Gottschalks – der Nakoniden –, bedeutete aber das Ende der Christianisierung durch die einheimische Fürstenfamilie.

Heinrich, ein jüngerer Sohn Gottschalks, dessen Machtbereich von Ostholstein zeitweilig bis an die Peene reichte, war praktizierender Christ. Seine Kapelle ist in Alt-Lübeck ergraben worden (Hammel 1988 33), aber er unternahm keinerlei Missionierungsversuche. Solche wurden auch nicht von seiten der Erzdiözese Hamburg-Bremen oder der Sachsenherzöge begonnen. Die ersten Versuche kurz vor Heinrichs Tod (1127) scheiterten am Widerstand der Bevölkerung. Erst die Eroberung Ostholsteins (Wagriens) 1138/39 und die Einverleibung in die Grafschaft Holstein-Stormarn leitete die Veränderungen im gesamten abodritischen Raum ein. Im Jahr 1149 wurden vom zuständigen Erzbischof die Geistlichen Vizelin und Emmehard zu Bischöfen geweiht. *Vizelin* hatte seit den 20er Jahren, allerdings ziemlich erfolglos, in Ostholstein gewirkt, er wurde zum Bischof von Oldenburg geweiht. Bischof von Mecklenburg wurde *Emmehard,* ein nicht näher bekannter Mönch. Vielleicht weil seit 1147 das Bistum Verden auf Teile des Bistums Ratzeburg Ansprüche erhob und diese durch Kirchengründungen zu untermauern suchte, wurde für Ratzeburg noch kein Bischof gewählt. Ob der Erzbischof die beiden Bischofsweihen vollzog, um seine geistlichen Hoheitsansprüche zu dokumentieren, entzieht sich unserer Kenntnis, ist aber zu vermuten. Denn im selben Jahr verhandelten ein päpstlicher Kardinallegat und der sächsische Herzog Heinrich der Löwe über die Einsetzung von Bischöfen im abodritischen Raum. Die geweihten Bischöfe konnten ihre Arbeit aufgrund der politischen Rahmenbedingungen nicht aufnehmen. Das änderte sich erst grundlegend, als Herzog und Erzbischof 1158 zu einer politischen Einigung kamen, nachdem Heinrich der Löwe bereits 1154 vom deutschen Kaiser mit der Einsetzung (Investitur) der wendischen Bischöfe privilegiert worden war und er

schließlich 1160 Mecklenburg erobert hatte. Im Gegensatz zu Pommern war die Einführung des Christentums im abodritisch-lutizischen Herrschaftsbereich mit einer politischen Neuordnung und Umstrukturierung verbunden.

Während sich der Oldenburger Bischof den Forderungen Heinrichs des Löwen unterwarf und sein Bistum betreten konnte, widersetzte sich der Mecklenburger Bischof weiterhin den herzoglichen Investituransprüchen und starb 1155, wohl ohne je sein Bistum betreten zu haben. Wahrscheinlich schon zu dessen Lebzeiten hat der Benediktinermönch *Berno* aus Amelungsborn mit päpstlicher Genehmigung unter den Abodriten missioniert. Er wurde von Heinrich dem Löwen nach dem Tod Emmehards 1155 zum Bischof von Mecklenburg ernannt. Im selben Jahr wurde das ebenfalls durch Tod freigewordene Bistum Oldenburg mit dem herzoglichen Kaplan *Gerold* aus Braunschweig besetzt. Bereits im Jahr zuvor hatte Heinrich der Löwe das vakante Bistum Ratzeburg dem Propst des Magdeburger Prämonstratenserstifts, Evermod, übertragen. Die Weihe der Bischöfe ist in keinem der drei Fälle vom zuständigen Erzbischof gespendet worden.

Ernennung und Weihe von Bischöfen waren jedoch nur erste Schritte auf dem Weg der Organisation der Bistümer. Die Probleme der wirtschaftlichen Ausstattung, der Grenzen und der Bischofssitze sowie die Einrichtung von Domkapiteln bedurften noch der Regelung. Sie wurden innerhalb weniger Jahre in erster Linie durch Heinrich den Löwen gelöst, in der Diözese Mecklenburg etwas später als in den anderen beiden Bistümern. Hier war die Herrschaft Heinrichs des Löwen erst ab 1164/66 gesichert, und 1167 belehnte er den Abodritenfürsten Pribislaw mit dessen väterlichem Erbe, allerdings ohne die 1160 eingerichtete Grafschaft Schwerin. Die alten Hauptorte Mecklenburg und Oldenburg hatten ihre Bedeutung verloren. Folgerichtig wurden bei der Neuorganisation die Bistumssitze 1160 verlegt, Oldenburg nach *Lübeck* und Mecklenburg nach *Schwerin.* Alle drei Bistümer erhielten eine wirtschaftliche Ausstattung von 300 Hufen Landes, die zum überwiegenden Teil aus größeren, zusammenhängenden Besitzkomplexen bestanden und aus denen im Laufe der Zeit die sog. Stiftsländer wurden: im Bistum Lübeck *Eutin,* im Bistum Ratzeburg *Boitin* und im Bistum Schwerin *Bützow.* In keiner der drei Diözesen lag der Bischofssitz innerhalb des Stiftslandes. 1239 verlegte der Bischof von Schwerin seine Residenz in das Stiftsland nach *Bützow,* um 1330 verlegte der Bischof von Ratzeburg seine Residenz ins Stiftsland nach *Schönberg* und um 1350 wurde *Eutin* Residenz der Bischöfe von Lübeck. An den Bischofssitzen wurden Domkapitel gegründet und ausgestattet, 1158 *Ratzeburg,* 1163 *Lübeck* und

*Bischof Berno von Mecklenburg (gest. 1191)*

1171 *Schwerin* (Friederici 1988, Kaluza-Baumruker 1987). Damit war die eigentliche Bistumsorganisation abgeschlossen. Nur die Abgrenzung der Sprengel unterlagen in der Folgezeit noch Veränderungen.

Unstritig waren allein die Grenzen des Bistums Lübeck. Zwischen den Bistümern Ratzeburg und Verden wurde 1162 eine Einigung erzielt. Die Grenzen des Bistums Schwerin waren dagegen lange Zeit umstritten. Im Osten reichte das Bistum entsprechend den Eroberungen Heinrichs des Löwen bis weit in das heutige Vorpommern hinein, wobei eine genauere Abgrenzung wohl nicht festgelegt wurde. So waren Streitigkeiten mit dem Bistum Kammin vorprogrammiert. Im Süden kollidierten die Ansprüche Schwerins mit denen Havelbergs und die Ansprüche Kammins mit denen Havelsbergs und Brandenburgs. In der ersten Hälfte des 13. Jahrhunderts mußte Schwerin im Osten seines Sprengels die keilförmige Expansion Kammins von Tribsees bis Güstrow anerkennen. Kammin mußte seinerseits zu dieser Zeit Verluste an Havelberg und Brandenburg hinnehmen. Bis zum Ende des Mittelalters lagen nunmehr die Grenzen fest. Das heutige Mecklenburg-Vorpommern unterstand kirchlich sieben Bischöfen, im Westen dem Bischof von Ratzeburg, im Süden den Bischöfen von Havelberg und Brandenburg, im Osten dem Bischof von Kammin. Der Kernbereich Mecklenburgs und das nördliche Vorpommern gehörten zum Bistum Schwerin. Die Insel Poel unterstand dem Bistum Lübeck, und die Inseln Rügen und Hiddensee dem dänischen Bistum Roskilde. Die Dänen hatten in der Mitte des 12. Jahrhunderts endgültig das Fürstentum Rügen, zu dem die Inseln Rügen und Hiddensee sowie der Norden Vorpommerns, das sog. Festlandrügen, gehörten, lehnsabhängig gemacht. Im Jahr 1168 hatten sie die bedeutende Tempelburg Arkona auf Rügen zerstört und das Christentum offiziell eingeführt. Während Festlandrügen aufgrund der starken Machtstellung Heinrichs des Löwen beim Bistum Schwerin blieb, wurden die Inseln 1169 vom Papst dem Bistum Roskilde unterstellt. Nach dem Sturz Heinrichs des Löwen nutzte nicht nur Dänemark das entstandene Machtvakuum und unterwarf Nordelbien und Mecklenburg; auch die drei Bischöfe von Lübeck, Ratzeburg und Schwerin versuchten, sich aus ihrer Lehnsabhängigkeit vom jeweiligen Landesherrn zu lösen. Dieses gelang ihnen endgültig erst, nachdem die dänische Herrschaft über Norddeutschland durch die Schlacht bei Bornhöved 1227 beendet worden war. Im Laufe des 13. Jahrhunderts konnten die Bischöfe ihre Reichsunmittelbarkeit durchsetzen und hatten damit die Möglichkeit, in ihren Stiftsländern eine eigene Landesherrschaft aufzubauen. Auch die Bischöfe von Kammin erstrebten eine eigene Landesherrschaft. Sie hatten 1248 das Land Kolberg mit dem gleichnamigen Ort, den sie als Residenzort wählten, erworben und bauten hier ihre Landesherrschaft auf. Eine Unterstellung unter das Reich konnten sie ebenso verhindern wie vorher schon die Unterstellung unter ein Erzbistum. Ende des 13. Jahrhunderts war in den Stiftsländern der genannten Bistümer der jeweilige Ausbau zur Landesherrschaft weitgehend geschlossen.

So wie die Etablierung sowohl der Bischöfe als auch der Bistümer entscheidend von der kräftigen Unterstützung oder gar Initiierung der Landesherrn abhing, war auch die Verbreitung des Christentums und der verhältnismäßig zügige kirchliche Ausbau des Landes nur mit Hilfe der Landesherrn möglich gewesen. Während wir über diese Anfänge in Pommern und in Ostholstein durch die Lebensbeschreibungen Bischof Ottos von Bamberg und die Slawenchronik des ostholsteinischen Pfarrers von Bosau, Helmold, verhältnismäßig gut unterrichtet sind, haben wir nur spärliche Kenntnisse über den Beginn in Mecklenburg und den Gang der weiteren Entwicklung. Einen zeitgenössischen Chronisten hat es nicht gegeben. Nur wenige Urkunden sind überliefert, viele Rechtsgeschäfte schriftlich nicht fixiert worden. Die Urkunden berichten zudem nicht, wie die heidnischen Slawen missioniert wurden und wie sie diesen Prozeß selbst empfanden. Wir werden davon auszugehen haben, daß zunächst Fremde das Christentum verbreiteten, wobei gerade in der Anfangszeit die fremde Sprache eine zusätzliche Barriere gewesen sein wird. Erst am Ende des 12. Jahrhunderts erfahren wir aus dem Bereich des Bistums Kammin von einigen Priestern mit slawischen Namen. Da bei der Taufe zunächst ein christlicher Name angenommen wurde, können wir aus nichtslawischen Namen keine Rückschlüsse auf die Herkunft der Namensträger ziehen. Die Ausbildung des Klerus „vor Ort" sollte eine der Aufgabe des vom Schweriner Bischof 1226 gegründeten *Kollegiatstifts in Güstrow* sein.

Ausgangspunkte für Mission und Christianisierung waren einerseits die politisch vorgegebenen Mittelpunkte, andererseits die christlichen Konvente. Deren Bedeutung für die Christianisierung war allerdings sehr unterschiedlich und bedarf auch noch weiterer Untersuchungen. Während für Kanoniker und die Stiftsherren der Prämonstratenser die Übernahme von Predigt- und Seelsorgearbeiten zu den regelmäßigen Aufgaben gehören konnte, hatte deren Ausübung durch Angehörige der Mönchsorden noch im 12. Jahrhundert zu Diskussionen geführt (Guth 1989 152). Von den Bischöfen Otto von Bamberg, Evermod von Ratzeburg und Berno von Schwerin wissen wir, daß sie selbst predigend und missionierend durch das Land zogen. Ganz selbstverständlich ist das nicht gewesen, und bezeichnend ist die Feststellung des pommerschen Bischofs Adalbert 1147, die am sog. Wendenkreuzzug beteiligten Bischöfe könnten die Christianisierung besser durch Predigen als durch Waffengewalt fortführen (Wigger 1863 64). Im Wendenkreuzzug von 1147, einem Teilunternehmen des 2. Kreuzzuges, zogen neben weltlichen die geistlichen Fürsten, d. h. Bischöfe und Erzbischöfe Sachsens über die Elbe bis nach Vorpommern und Stettin, einem Gebiet, das offiziell seit der Mission Bischof Ottos von Bamberg als christlich galt und das zum 1140 eingerichteten *Bistum Wollin* gehörte. Die politischen Hintergründe, Interessen und Ziele der an dem Kreuzzug Beteiligten sind nicht klar erkennbar. Der Erfolg des Unternehmens ist in der Forschung umstritten (Kahl 1963). Während in Mecklenburg keine missionspolitischen Ergebnisse erzielt wurden – der Chronist Helmold berichtet nur von Scheintaufen der Abodriten –, sind in Vorpommern Erfolge zu vermuten. Der pommersche Fürst, der sich erneut zum Christentum bekannte, wurde 1148 zur Unterstützung der kirchlichen Aufbauarbeit verpflichtet. In seinem Herrschaftsbereich wurde 1153 in *Stolpe a.d. Peene* ein erstes Kloster gegründet. Schon zwei Jahre später wurde im Bereich seiner Burg auf Usedom das Prämonstratenserstift *Grobe* errichtet.[1] Beide Institutionen erhielten ihre wirtschaftliche Ausstattung durch den Landesherrn. Stolpe, ein Benediktinerkloster, gilt als Gründung des pommerschen Bischofs, dessen eigene Zugehörigkeit zum Benediktinerorden in der Forschung nicht geklärt ist. Die Initiative zur Errichtung des Prämonstratenserstifts Grobe scheint dagegen vom Landesherrn ausgegangen zu sein. Die Angehörigen beider Konvente sind wohl aus Magdeburg gekommen, woher auch 1154 die ersten Domherren des ebenfalls vom Landesherrn eingerichteten Domstifts sowie der Bischof von Ratzeburg kam. Auch hierin zeigt sich ganz deutlich die expansive Kraft des Erzbistums Magdeburg dieser Jahre, worauf besonderts Petersohn (1979 342–409) hingewiesen hat. Wäre Grobe nicht nur in den 1170er Jahren zeitweilig, sondern dauerhaft Sitz des pommerschen Bistums geworden, hätte der Prämonstratenserorden neben den Domstiften Ratzeburg, Havelberg und Brandenburg auch das pommersche Domkapitel gestellt.

Fast 20 Jahre vergingen bis es zu weiteren Konventsgründungen kam. Diese erfolgten jetzt in Mecklenburg, im Bereich des Schweriner Bistums. 1171 wurden das ordensfreie *Domstift Schwerin* durch Heinrich den Löwen und Doberan durch den mecklenburgischen Fürsten ausgestattet. *Kloster Doberan* wurde mit Zisterziensermönchen aus Amelungsborn besetzt, woher auch Bischof Berno kam. Ein Jahr später gründete der Bischof im Grenzbereich zu Vorpommern und der Kamminer Diözese ein weiteres Kloster dieses Ordens, *Dargun.* Die wirtschaftliche Ausstattung erfolgte durch nicht näher bekannte wendische Edle

auf Veranlassung des Dänenkönigs Waldemar, der hier Fuß gefaßt hatte. Die ersten Mönche kamen aus dem dänischen Kloster Esrom. Die Gründungen in Grobe, Doberan und Dargun hatten aber noch keinen Bestand. Wieweit heidnische Reaktionen, Machtkämpfe rivalisierender Angehöriger der Landesherren oder die zahlreichen Kriegszüge der Dänen zur Zerstörung und zum Verlassen der Konvente geführt haben, läßt sich nicht mehr im einzelnen feststellen. Interessant ist, daß der pommersche Fürst dem Domkapitel Havelberg im Süden seines Herrschaftsbereichs bei Broda 1170 Besitz zur Einrichtung eines Stifts überließ. Dieser Plan wurde jedoch erst um 1244 unter ganz anderen politischen Bedingungen in die Tat umgesetzt. Im Jahr 1177 wurden Grobe von Havelberg – nicht mehr von Magdeburg aus –, 1186 Doberan wiederum von Amelungsborn und 1209 Dargun von Doberan aus wiederbesetzt. Kurz vor der Jahrhundertwende folgten weitere Klosterneugründungen, die nunmehr alle Bestand hatten. Im Fürstentum Rügen wurde um 1193 im Hauptort an der Burg des Landesherrn in *Bergen* ein erstes Nonnenkloster gegründet, die Zisterzienserinnen des Gründungskonventes kamen aus Roskilde in Dänemark. Zur gleichen Zeit schenkte der Landesherr den aus Dargun vertriebenen Zisterziensern umfangreichen Besitz bei *Eldena* – im Mittelalter meistens *Hilda* genannt – zur Niederlassung. Kurz vor dem Jahr 1200 wurde ein weiteres Nonnenkloster im heutigen Vorpommern in *Treptow a.d. Tollense* von zwei nicht näher bekannten slawischen Edelherren gegründet. Die Herkunft der ersten Benediktinerinnen dieses Kloster ist unbekannt.[2] Es vergingen wiederum 20 Jahre ehe es zu weiteren Klosterneugründungen – vor allem in Mecklenburg – kam, die jetzt aber ohne größere Zeitsprünge erfolgten. Als Benediktinerinnenkloster wurde 1219 *Neukloster/Sonnenkamp* gegründet, 1222 kamen Antoniter nach *Tempzin,* vor 1225 Benediktiner nach *Dobbertin,* 1226 wurde in *Güstrow* ein Kollegiatsstift errichtet, Benediktinerinnen ließen sich um 1230 in *Eldena a.d. Elde* und in *Rehna* nieder. Im Fürstentum Rügen wurden 1231 in *Neuenkamp* Zisterzienser aus Kamp im Rheinland eingeführt, und 1233 zogen Benediktinerinnen in *Rühn* ein. Mit dem Erscheinen von Angehörigen der Bettelorden – vor allem Franziskaner und Dominikaner – seit den 30er Jahren des 13. Jahrhunderts traten Gründungen von Feldklöstern und hier speziell den Männerkonventen, deutlich in den Hintergrund.[3] Um 1244 wurde die langgeplante Gründung *Brodas* realisiert, um 1246 zog in *Zarrentin* ein Zisterzienserinnenkonvent ein. 1248 gründete der Bischof von Schwerin ein Kollegiatsstift in *Bützow,* nachdem das 1226 gegründete Kollegiatsstift Güstrow an das Bistum Kammin gefallen war. In *Ivenack* wurden 1252 Zisterzienserinnen angesiedelt. Vor 1260 ließen sich

Augustiner-Chorherren in *Ueckermünde* nieder, die jedoch schon 1276 nach *Gobelenhagen* und 1328 nach *Jasenitz* übersiedelten. Ebenfalls städtische Niederlassungen waren die der Zisterzienserinnen seit ca. 1270 in *Rostock* und die der Magdalenerinnen in *Röbel*, die später nach *Malchow* zogen. Vor 1290 wurde vom Landesherrn, dem Markgrafen von Brandenburg, in *Wanzka* eine Niederlassung für Zisterzienserinnen gegründet. Möglicherweise kamen die ersten Konventsangehörigen unter Änderung ihrer Ordenszugehörigkeit aus Broda. Dieses Prämonstratenserstift wäre dann, wie viele der frühen Gründungen des Ordens, um 1244 als Doppelkonvent eingerichtet und im Zuge der zunehmenden Ablehnung von Doppelkonventen getrennt worden. Der Landesherr initiierte die Klostergründung von *Hiddensee*, wo 1296 Zisterzienser aus Neuenkamp einzogen, deren Aufgabe auch die Betreuung Schiffbrüchiger war; für 1302 ist der Bau eines Leuchtturms nachgewiesen. Die 1302 und 1323 vom jeweiligen Landesherrn gegründeten Frauenklöster in *Krummin*, Zisterzienserinnen, und *Ribnitz*, Klarissen, waren als reine Versorgungsanstalten für weibliche Angehörige der Fürstenfamilien gegründet worden. Mit ihrer Errichtung ist der Ausbau des Landes mit Klöstern und Stiften im wesentlichen abgeschlossen.

Welche Gründe, abgesehen von geistlich-religiösen, haben wen bewogen, Konvente zu gründen, und wer verfügte über die entsprechenden Möglichkeiten? Überblicksartig soll hier diesen Fragen nachgegangen und Auffälligkeiten dargestellt werden. Ebenso wie bei der Errichtung der Bistümer waren auch an den Konventsgründungen die Landesherren ausschlaggebend beteiligt, sie besaßen die erforderlichen Mittel und Rechte. Während im deutschen Reich eine große Vielzahl hochadliger und adliger Geschlechter über allodialen Grundbesitz frei verfügen konnten, hatten im ostelbischen Bereich in erster Linie die Landesherren die Verfügungsgewalt über Grund und Boden. Bei ihnen lag das Recht, Fremde ins Land zu rufen und deren Rechtsstellung zu bestimmen (Kuhn 1975 227–229). Ob die Initiative zur Gründung der einzelnen Stifte und Klöster vom Bischof oder Landesherrn ausging, läßt sich nicht immer feststellen. Die Umsetzung des Planes aber lag durch die notwendige wirtschaftliche Ausstattung bis in die 30er Jahre des 13. Jahrhunderts bis auf zwei Ausnahmen, Dargun und Treptow, in den Händen des jeweiligen Landesherrn. In der Folgezeit verfügten dann auch schon die Bischöfe und einige Angehörige der führenden Familien über die wirtschaftlichen Grundlagen zur Ausstattung einer geistlichen Gemeinschaft. Mit dem Auftreten der Bettelorden in Mecklenburg und Pommern verlagerte sich das Interesse auf diese Orden, deren Konvente ihre Gründung auch durchweg der Ausstattung durch

die Landesherrn verdankten (Ulpts 1993). Die Konvente von Broda, Doberan, Eldena/Hilda, Neukloster, Rehna und Neuenkamp hatten vom Landesherrn über die Ausstattung hinaus die ausdrückliche Genehmigung erhalten, Fremde anzusiedeln. Hier zeigt sich das Interesse der Landesherrn am Landesausbau. Auch die Vergabe von Grundbesitz an landfremde Klöster durch die Landesherrn macht dieses Interesse deutlich. Umfangreichen Grundbesitz hatten u.a. die Klöster Altenkamp, Amelungsborn, Arendsee, Dünamünde, Reinfeld und auch die Ritterorden teils durch Schenkungen, teils durch Kauf erworben.

Die Bischöfe erhofften sich vom Zuzug fremder Gläubiger eine schnellere Christianisierung des Landes (MUB I 255), von den deutschen Siedlern konnten sie zudem den Zehnt fordern (MUB I 278). Sie legten aber auch Wert darauf, daß nicht nur Krieger und Bauern, sondern auch Geistliche einwanderten (MUB I 234). Diese Geistlichen wurden nicht nur für die Christianisierung der heidnischen und die Versorgung der bereits getauften Bevölkerung benötigt, sondern auch für die Unterstützung des Bischofs. Die Größe der Bistümer und die wachsende Zahl von Kirchspielen erschwerten eine einheitliche Verwaltung und eine einheitliche kirchliche Rechtsprechung immer mehr. Unter *Bischof Brunward von Schwerin* (1195–1238) wurde der Sprengel nach und nach in Archidiakonatsbezirke gegliedert. Den Archidiakonen wurden zahlreiche bischöfliche Aufgaben wie Weihe und Einsetzung der Priester, Ausübung der Disziplinargewalt über den Klerus und die Abhaltung des Sendgerichts übertragen.

Zu Archidiakonen wurden die Pröpste von Dom- und Stiftskapiteln sowie die Pröpste oder Äbte von Klöstern ernannt. Die im Bistum Schwerin im Bereich Mecklenburgs bis 1248 gegründeten Klöster und Stifte sind – bis auf Tempzin – alle mit Archidiakonatsrechten durch den Bischof ausgestattet worden. Anders lagen die Verhältnisse im Fürstentum Pommern. Hier sind erst zu Beginn des 14. Jahrhunderts die Bischöfe zu einer ihnen genehmen Regelung gekommen. Wie stark hier der Landesherr seine Interessen auch auf diesen mehr geistlichen Bereich richtete, zeigt das von ihm 1215 eingerichtete Archidiakonat von *Demmin*. Auch östlich der Oder wurden von ihm Archidiakonate gegründet. Das verhältnismäßig kleine Bistum Ratzeburg wurde in den 1230er Jahren ebenfalls in Archidiakonate eingeteilt. Hier erhielten die Pröpste der Klöster von *Eldena* und *Rehna* die Archidiakonatsgewalt. Abgesehen von *Broda* und *Bützow* wurden nach den 1230er Jahren keine Archidiakonate mehr an geistliche Konvente vergeben, wobei Broda seine Privilegien bereits seit den 1170er Jahren besaß, und Bützow als Kollegiatstift speziell zur Unterstützung des Bischofs gegründet worden war.

Bei der Betrachtung der vertretenen Orden fällt auf, daß nur zwei der Männerkonvente bei ihrer Gründung dem Benediktinerorden angehörten, Stolpe (1153) und Dobbertin (1225). Mit Ausnahme des um 1193 gegründeten Frauenklosters *Bergen* gehörten jedoch alle zwischen 1193 und 1233 gegründeten Frauenklöster dem Benediktinerorden an. Von diesen insgesamt sieben Benediktinerklöstern erfuhren fünf eine Veränderung. Stolpe, Eldena und Neukloster wechselten zum Zisterzienserorden, Rehna wurde Prämonstratenserinnenstift und Dobbertin nicht mehr von Männern sondern von Frauen des Ordens bewohnt. Keine der anderen Ordensniederlassungen wurde dagegen von einem Wechsel betroffen. Diese Entwicklung zeigt die Schwäche des Benediktinerordens dieser Zeit, deren Nutznießer in erster Linie der Zisterzienserorden war und der dadurch in dieser Region besonders stark vertreten war (Chlopocka/Schich 1980). Ab spätestens 1319 gab es im heutigen Mecklenburg-Vorpommern nur noch drei Konvente des Benediktinerordens, darunter kein Männerkloster.

Bis ca. 1200 wurden in Rügen/Vorpommern fünf Konvente gegründet, im kleinräumigen Ostholstein neben dem Domkapitel zwei und in ganz Mecklenburg neben dem Domkapitel auch nur zwei. Die sowohl von Westen als auch von Osten aus betriebene Christianisierung Mecklenburgs spiegelt sich damit auch in der Frühphase der Ordensniederlassungen wider. Das Bild der räumlichen Verteilung änderte sich aber und am Ende des 13. Jahrhunderts war der Raum Schwerin-Rostock der der größten Konventsdichte. Südlich von Schwerin lag nur Kloster Eldena. Zwischen Eldena und Röbel wurde überhaupt kein Konvent angesiedelt; der ganze südliche Bereich zeigt eine verhältnismäßig große Klosterarmut. Diese Erscheinung entspricht einer anderen Beobachtung. Im Norden des Landes lagen überwiegend räumlich große Kirchspiele landesherrlichen Patronats, während nach Süden die Kirchspiele kleiner wurden und zunehmend adlige Patronatsherren auftauchten. Die kirchlich-organisatorische Erschließung lief von Nord nach Süd. Als sie den südlicheren Raum erreichte, war einerseits die Gründungsphase von Feldklöstern abgeschlossen, und andererseits verfügte der Adel noch nicht über so große Ressourcen, daß er Grund und Boden in größerem Umfang zur Stiftung geistlicher Gemeinschaften zur Verfügung stellen konnte.

Bei der Betrachtung der Konventsgründungen im Hinblick auf ihre kirchenrechtliche Zugehörigkeit fällt auf, daß es in der Diözese Ratzeburg außer dem Domkapitel keinen Männerkonvent gab und das erste Kloster auch erst 1230 gegründet wurde. Die Erklärung kann in der Stärke des ordensgebundenen Domstofts liegen, aber auch in der geringen Größe des Bistums, für dessen Erschließung Bischof und Dompropst nicht auf zusätzliche geistliche Gemeinschaften angewiesen waren. Zudem unterstand das Gebiet des Bistums verschiedenen kleineren Landesherrn, den Grafen von Ratzeburg, die bereits 1198 ausstarben, sowie den Grafen von Dannenberg und Schwerin. Beide Grafenfamilien waren auch an jeweils einer Klostergründung im Bistum Ratzeburg beteiligt (Eldena – Dannenberg, Zarrentin – Schwerin). Die Herzöge von Sachsen-Lauenburg, als Nachfolger der Ratzeburger Grafen, traten als Klostergründer nicht in Erscheinung. Die zum Bistum Havelberg gehörenden Ordensniederlassungen (Broda um 1244), Röbel (vor 1274) und Wanzka (um 1290) entstanden in der Spätphase der Klostergründungen unter maßgeblicher Beteiligung der Landesherren. Ein Einfluß des Bischofs ist nicht erkennbar.

*Bischof Philipp von Ratzeburg*
*(gest. 1215)*

Jedoch hatte das Domkapitel erheblichen Einfluß, da der Propst von Broda bis 1331 Havelberger Domherr sein mußte. Die Konventsgründungen korrespondieren mit dem späten kirchlichen Ausbau dieses Landesteils. Das mehr als 40 Jahre umfassende Episkopat *Brunwards von Schwerin* fiel in die Zeit der Ausformung der Diözesangliederung. Unter seiner Regierung wurden zahlreiche Konvente angesiedelt: 1219 Benediktinerinnen in Neukloster mit Archidiakonatsrechten für den Propst, 1222 Antoniter bei Tempzin, vor 1225 Benediktiner mit Archidiakonatsrechten in Dobbertin, 1226 das Kollegiatstift Güstrow mit Archidiakonatsrechten, 1231 Zisterzienser in Neuenkamp und 1233 Benediktinerinnen in Rühn mit Archidiakonatsrechten für den Propst. Das letztgenannte Kloster wurde von ihm im Stiftsland Bützow gegründet, womit er ein Versprechen seines mehr als 40 Jahre zuvor verstorbenen Vorgängers einlöste. Während sein Vorgänger Berno mehr die Mission in den Vordergrund gestellt zu haben scheint, ist Brunward offensichtlich mehr Organisator gewesen, dessen erste Amtsjahre durch den Streit um seine Wahl überschattet und die späteren durch die Auseinandersetzungen mit dem Bistum Kammin um den Verlauf der gemeinsamen Sprengelgrenze gekennzeichnet waren.

Der frühe Einfluß der Bistümer Bamberg und Roskilde war nur von kurzer Dauer gewesen. Während Kloster Amelungsborn bei der Wiederbesetzung des verlassenen Klosters Doberan 1186 erneut Konventsmitglieder entsandte, erfolgte die Wiederbesetzung Darguns 1209 nicht durch Esrom, sondern durch das nun schon fest etablierte Doberan. Das Interesse Dänemarks erstreckte sich zu dieser Zeit nicht nur auf die Südküste der Ostsee, sondern auch auf den baltischen Bereich. Wieweit die dänische Kirche in der Lage und bereit war, beide Gebiete personell zu unterstützen, ist bisher nicht geklärt. So ist z. B. auch nicht die dänische Herkunft der Bischöfe Siegfried (1186–1191) und Sigewin (1191–1219) von Kammin nachweisbar. Aus Bamberg kamen 1187 Benediktiner nach Stettin. In Vorpommern haben sich keine Konventualen des Bamberger Bistums niedergelassen. Hierbei muß allerdings bedacht werden, daß wir nicht die Herkunft aller Gründungskonvente kennen.

Die zeitliche Verteilung der Gründung von Frauen- und Männerkonventen (ohne Dom- und Kollegiatsstifte sowie Bettelordenskloster) veranschaulicht, daß zunächst Bedarf an Institutionen bestand, deren Mitglieder seelsorgliche Aufgaben (Predigen, Spenden von Sakramenten usw.) übernehmen konnten. Erst 40 Jahre nach Gründung des ersten Männerkonventes (Stolpe) wurde der erste Frauenkonvent (Bergen) gestiftet. Nach dem Abebben der Gründungswelle im ländlichen Bereich in den 40er Jahren des 13. Jahrhunderts wurden noch sechs Frauen- aber nur noch drei Männerkonvente gegründet, von denen Broda zudem nur die Ausführung des Planes von 1170 darstellte. Am Ende des hier behandelten Zeitraumes (1. Viertel des 14. Jahrhunderts) standen – ohne Niederlassung der Bettelorden – 14 Männerkonvente, einschließlich vier Dom- und Kollegiatsstiften, 13 Frauenkonvente gegenüber.

Bei einer Zuordnung dieser Frauenkonvente zu einzelnen Herrschaftsbereichen, zeigt sich eine auffällige Verteilung im Land. Im Herzogtum Pommern lag im südlichen Bereich das vor 1220 gegründete *Treptow/Verchen* und im Norden auf Usedom das 1302 – zunächst zur Versorgung der eigenen Tochter – vom Landesherrn gegründete Kloster *Krummin*. Im Fürstentum Rügen lag *Bergen*. In Circipanien, von 1236 bis 1298/99 zu Bran-

### Geistliche Gemeinschaften in Mecklenburg-Vorpommern bis zum Anfang des 14. Jahrhunderts [1]

| Jahr | Kanoniker | reguläre Chorherren | Zisterzienser | Benediktiner | Frauen[2] | Kammin | Schwerin | Ratzeburg | Havelberg | Roskilde | Archidiakonat | Ansiedlungsprivileg | Name |
|---|---|---|---|---|---|---|---|---|---|---|---|---|---|
| 1153 | | | | / | / | | | | | / | | | Stolpe |
| 1154 | | / | | | | | | / | | | / | | Domkapitel Ratzeburg |
| 1155 | | / | | | / | | | | | | | | Grobe |
| *1170[3]* | | / | | | | | | | | | | | *Broda* |
| 1171 | / | | | | | | / | | | | / | | Domkapitel Schwerin |
| " | | / | | | | | / | | | | / | / | Doberan |
| 1172 | | / | | | | | / | | | | / | / | Dargun |
| *1177[4]* | | / | | | | | | | | | | | *Grobe* |
| *1186[4]* | | / | | | | | | | | | | | *Doberan* |
| um 1193 | | | | | Z | | | | | / | | | Bergen |
| " " | | / | | | | / | | | | | /? | | Eldena/Hilda |
| vor 1200 | | | | | B | / | | | | | | | Treptow |
| *1209* | | / | | | | | | | | | | | *Dargun* |
| 1219 | | | | | B | | / | | | | / | / | Neukloster/Sonnenkamp |
| 1222 | | / | | | | | / | | | | | | Antoniter Tempzin |
| vor 1225 | | | | | | | / | | | | / | | Dobbertin |
| 1226 | / | | | | | | / | | | | / | | Kollegiatstift Güstrow |
| um 1230 | | | | | B | | | / | | | | | Eldena |
| " " | | | | | B | | | / | | | / | / | Rehna |
| 1231 | | / | | | | | / | | | | | / | Neuenkamp |
| 1233 | | | | | B | | | | | | / | | Rühn |
| *Auftreten der Bettelorden* | | | | | | | | | | | | | |
| *1234[5]* | | | | | *B* | | | | | | | | *Dobbertin* |
| *vor 1241[5]* | | | | | *Z* | | | | | | | | *Eldena* |
| um 1244 | | / | | | | | | / | | | / | / | Broda |
| um 1246 | | | | | Z | | / | | | | | | Zarrentin |
| 1248 | / | | | | | | / | | | | / | / | Kollegiatstift Bützow |
| 1252 | | | | | Z | / | | | | | | | Ivenack |
| vor 1260 | | / | | | / | | | | | | | | Ueckermünde |
| 1267 | | | | | Z | | | | | | | | Neukloster |
| um 1270 | | | | / | Z | | / | | | | | | Hlg. Kreuz-Kl. Rostock |
| vor 1274 | | | | | h | | | | / | | | | Röbel |
| um 1290 | | | | | Z | | | | / | | | | Wanzka |
| 1295 | | / | | | | | | | | / | | | Hiddensee |
| 1302 | | | | | Z | / | | | | | | | Krummin |
| *1304[5]* | | / | | | | | | | | | | | *Stolpe* |
| *1319[5]* | | | | | *P* | | | | | | | | *Rehna* |

[1] ohne Bettelordenskonvente
[2] B = Benediktinerinnen
M = Magdalenerinnen
P = Prämonstratenserinnen
Z = Zisterzienserinnen
[3] Gründungsplan
[4] Wiederbesetzung
[5] Umwandlung

denburg gehörig, gründete der Landesherr 1290 *Wanzka.* Im Herzogtum Mecklenburg wurde vor der Landesteilung *Neukloster/Sonnenkamp* gegründet, nach der Hauptlandesteilung im Bereich Mecklenburg *Rehna,* im Bereich Parchim *Dobbertin,* im Bereich Werle *Ivenack* sowie *Röbel* (städtisch) und in der Herrschaft Rostock das *Hlg.-Kreuz-Kloster* in der Stadt Rostock selbst. In der Grafschaft Schwerin entstand *Zarrentin,* in der Grafschaft Dannenberg *Eldena* und im Schweriner Stiftsland Bützow *Rühn.* Im Ratzeburger Stiftsland wurde keine Ordensniederlassung gegründet. Bei der starken Beteiligung der Landesherren am kirchlichen Ausbau, worauf schon 1938 H. F. Schmid aufmerksam gemacht hat, kann vermutet werden, daß auch die Errichtung von nur jeweils einem weiblichen Feldkloster innerhalb einer Herrschaft kein Zufall ist. Die einzige Ausnahme in Pommern deutet in der räumlichen und zeitlichen Distanz der beiden Frauenklöster ebenfalls in diese Richtung.

Die Frage nach der Bedeutung der Klöster und Konvente für die Christianisierung und den Landesausbau kann nicht pauschal beantwortet werden und ist im Einzelfall auch noch näher zu untersuchen. Die Quellenlage für diesen Fragekomplex ist auch nur für das Bistum Ratzeburg als verhältnismäßig günstig zu bezeichnen, für das das Zehntregister von 1230 überliefert ist (Wurms 1983). Ordensniederlassungen wie Grobe, Stolpe, Dargun, Doberan, Eldena/Hilda, Neuenkamp, Doberan und Neukloster waren am Landesausbau und der Gründung von Kirchen beteiligt. Daß etliche der Niederlassungen gut florierten, ist auch daran ablesbar, daß die Gründungen Greifswalds vom Kloster Eldena/Hilda und Franzburgs von Neuenkamp ausgingen. Auch die nachweisbare Entsendung von Tochterkonventen – und hier sind die Quellen keineswegs lückenlos, wie schon die häufig unbekannte Herkunft der ersten Konvente im Untersuchungsgebiet selbst zeigt – verdeutlicht die Vitalität einiger der Konvente im 13. Jahrhundert. So besetzte Doberan 1186 Dargun und 1260 Bukow (Hinterpommern), Dargun 1261 Pogutken/Pelplin (Pommerellen), Rühn 1277 Kolberg und Neuenkamp 1296 Hiddensee.

Anmerkungen

1 Ab 1307/09 hatte es seine endgültige Niederlassung in Pudagla bezogen.

2 Sie zogen später über Klatzow (vor 1239) nach Verchen (vor 1296).

3 Die Bettelordensklöster, die an den Ausbau der Städte gebunden waren, werden hier nicht behandelt; für Pommern sei verwiesen auf Hermann Hoogeweg (1925) und für Mecklenburg auf Ingo Ulpts (1993), dem ich für die gewährte Einsichtnahme in seine Dissertation danke. Es sei noch darauf hingewiesen, daß mit Ausnahme des Heilig-Kreuz-Klosters in Rostock, des Chorherrenstifts in Ueckermünde und des Magdalenerinnenkonvents in Röbel/Malchow in den Städten bis zum Ende des 13. Jahrhunderts nur noch Bettelordensklöster gegründet worden sind.

Literatur

Adam — Adam Bremensis, Gesta Hammaburgensics ecclesiae pontificum. Ed. Bernhard Schmeidler. 3. Aufl. Hannover 1917 (Monumenta Germaniae Historica. Scriptores rerum Germanicarum in usum scholarum).

Buske 1987 — Norbert Buske, Rügen im Spannungsfeld dänischer, slawischer und deutscher Interessen, in: Bistum Roskilde und Rügen. med dansk resumé. Hrsg. Bertil Wiberg. Roskilde 1987 35-69.

Chlopocka/Schich 1980 — Helena Chlopocka, Winfried Schich, Die Ausbreitung des Zisterzienserordens östlich von Elbe und Sale, in: Die Ausbreitung der Zisterzienser. Ordensleben zwischen Ideal und Wirklichkeit. Bonn 1980 93-104.

Creutz 1989 — Ursula Creutz, Bibliographie der ehemaligen Klöster und Stifte im Bereich des Bistums Berlin, des Bischöflichen Amtes Schwerin und angrenzender Gebiete. Nachdr. d. Ausg. 1983. Köln 1989 (Mitteldeutsche Forschungen. Sonderr. 9).

Friederici 1988 — Adolf Friederici, Das Lübecker Domkapital im Mittelalter 1160–1400. Neumünster 1988 (Quellen und Forschungen zur Geschichte Schleswig-Holsteins 91).

Guth 1989          Klaus Guth, Kreuzzug, Heidenfahrt, Missionsreise. Die Pommern-Mission Bischof Ottos I. von Bamberg im Horizont der Kreuzzugsbewegung des 11./12. Jahrhunderts, in: Bischof Otto I. von Bamberg. Reformer, Apostel der Pommern, Heiliger, 1139 gestorben, 1189 heiliggesprochen. Gedenkschrift zum Otto-Jubiläum 1989. Bamberg 1989 (Historischer Verein für die Pflege der Geschichte des ehemaligen Fürstbistums Bamberg. 125. Bericht) 146-158.

Hammel 1988        Rolf Hammel, die Anfänge Lübecks: Von der abodritischen Landnahme bis zur Eingliederung in die Grafschaft Holstein-Stormarn, in: Lübeckische Geschichte. Hrsg. Antjekathrin Graßmann. Lübeck 1988, 1.76.

Helmold           Helmold von Bosau, Slawenchronik. Neu übertr. u. erl. v. Heinz Stoob. 2. verb. Aufl. Darmstadt 1973. (Ausgewählte Quellen zur deutschen Geschichte des Mittelalters. Freiherr-vom-Stein-Gedächtnisausg. 19).

Hlawitschka 1982   Hermann Hoogeweg, Die Stifter und Klöster der Provinz Pommern. 1.2. Stettin 1924–1925.

Horstkötter 1989   Ludger Horstkötter, Die Beurteilung des Magdeburger Erzbischofs Norbert von Xanten in den Otto-Viten, in: Bischof Otto I. von Bamberg. Reformer, Apostel, der Pommern, Heiliger, 1139 gestorben, 1189 heiliggesprochen. Gedenkschrift zum Otto-Jubiläum 1989. Bamberg 1989 (Historischer Verein für die Pflege der Geschichte des ehemaligen Fürstbistums Bamberg. 125. Bericht) 261-291.

Kahl 1963          Hans-Dietrich Kahl, Zum Ergebnis des Wendenkreuzzuges von 1147. Zugleich ein Beitrag zur Geschichte des sächsischen Frühchristentums, in: Heidenmission und Kreuzzugsgedanke in der deutschen Ostpolitik des Mittelalters. Hrsg. Helmut Beumann. Darmstadt 1963 (Wege der Forschung 7) 275-316.

Kaluza-Baumruker   Margit Kaluza-Baumruker, Das Schweriner Domkapitel,1987 1171–1400. Köln 1987 (Mitteldeutsche Forschungen 96).

Krüger 1988        Karl-Heinrich Krüger, Corveys Anspruch auf Rügen im 12. Jahrhundert, in: Fälschungen im Mittelalter. Internationaler Kongreß der Monumenta Germaniae Historica München, 16.-19. September 1986. T. 3. Hannover 1988 (Monumenta Germaniae Historica, Schriften 33,3) 373-396.

Kuhn 1975          Walter Kuhn, Westslawische Landesherren als Organisatoren der mittelalterlichen Ostsiedlung, in: Die deutsche Ostsiedlung des Mittelalters als Problem der europäischen Geschichte. Reichenau-Vorträge 1970–1972. Hrsg. Walter Schlesinger. Sigmaringen 1975 (Vorträge und Forschungen 18) 225-261.

Kurze 1990/91      Dietrich Kurze, Christianisierung und Kirchenorganisation zwischen Elbe und Oder, in: Wichmann-Jahrbuch des Diözesangeschichtsvereins im Bistum Berlin. N. F. 30/31, 1990/91, 11-30.

MUB I              Mecklenburgisches Urkundenbuch. 1. Schwerin 1863.

Petersohn 1979     Jürgen Petersohn, Der südliche Ostseeraum im kirchlich-politischen Kräftespiel des Reichs, Polens und Dänemarks vom 10. bis 13. Jahrhundert. Mission – Kirchenorganisation – Kulturpolitik. Köln 1979 (Ostmitteleuropa in Vergangenheit und Gegenwart 17).

Piskorski 1991     Jan Piskorski, Die deutsche Ostsiedlung des Mittelalters in der Entwicklung des östlichen Mitteleuropa. Zum Stand der Forschung aus polnischer Sicht, in: Jahrbuch für die Geschichte Mittel- und Ostdeutschlands 40, 1991, 27-86.

PUB I              Pommersches Urkundenbuch. 1. 2. Aufl. Hrsg. Klaus Konrad. Köln 1970.

Schmid 1938        Heinrich Felix Schmid, Die rechtlichen Grundlagen der Pfarreiorganisation auf westslawischem Boden und ihre Entwicklung während des Mittelalters. Weimar 1938.

Series episcoporum Series episcoporum ecclesiae catholicae occidentalis ab initio1984 usque ad annum MCXCVIII. Ser. V, T.2: Archiepiscopatus Hammaburgensis sive Bremensis. Hrsg. Stefan Weinfurter u.a. Stuttgart 1984.

Ulpts 1993         Ingo Ulpts, Die Bettelorden in Mecklenburg während des Mittelalters. Diss. phil. Münster 1993. (Ersch. 1995 in Saxonia Franciscana 7).

Wigger 1863        Friedrich Wigger, Berno, der erste Bischof von Schwerin und Mecklenburg in dessen Zeit, in: Jahrbücher des Vereins für Mecklenburgische Geschichte 28, 1863, 3-278.

Willoweit 1966     Dietmar Willoweit, Die Entstehung exemter Bistümer im deutschen Reichsverband unter rechtsvergleichender Berücksichtigung ausländischer Parallelen, in: Zeitschrift der Savignystiftung für Rechtsgeschichte. Kanonistische Abt. 52, 1966, 176-298.

Wurms 1983         Hans Wurms, Das Ratzeburger Zehntregister von 1230, in: Hans-Georg Kaack, Hans Wurms, Slawen und Deutsche im Lande Lauenburg. Ratzeburg 1983 137-206.

Wriedt 1993        Klaus Wriedt, Die drei Missionsbistümer Lübeck – Ratzeburg – Schwerin, in: Die Kirche im Herzogtum Lauenburg. Beiträge zu ihrer Geschichte und Gegenwart. Hrsg. Kurt Jürgensen. Neumünster 1993 12-24.

## Peter-Joachim Rakow
# STAMMBURG–RESIDENZ–HAUPTSTADT

### Zu den Grundlagen und Bedingungen territorialstaatlicher Mittelpunktbildung in Mecklenburg

Am 10. September 995 schenkte König Otto III. seinem Kämmerer Tiezo das Dorf Poztrigami im Magdeburgischen, ein für diesen Beitrag an sich bedeutungsloser Vorgang, wenn nicht der Ausstellungsort der Schenkungsurkunde wäre: Actum Michelenburg (MUB 22). Damit tritt die Mecklenburg – in diesem Jahr 1995 sind es tausend Jahre her – erstmals expressis verbis in das Licht der Geschichte.

Der deutsche König befand sich wieder einmal auf einem Kriegszug gegen die nordwestslawischen Stämme der Liutizen, die sich seit ihrem großen Aufstand von 983 im Bündnis mit den Obodriten fast Jahr für Jahr gegen die deutsche Oberherrschaft erhoben hatten. Er hatte offenbar den Aufenthalt auf der Burg genutzt, um notwendige Kanzleigeschäfte erledigen zu lassen.

Die *Michelenburg, Mecklenburg* (althochdeutsch: Große Burg), war der Stammesvorort der Obodriten, Hauptburg ihrer Fürsten und Herrschaftszentrum eines frühfeudalen Staates, der sich um die Wende des 11./12. Jahrhunderts von Ostholstein bis zur Oder erstreckte. Sie hat den Rang eines bedeutenden staatlichen Herrschaftszentrums zwischen Elbe und Oder, das zeitweise im Wechsel mit Alt-Lübeck auch schon einen Bischofssitz einschloß, bis zu ihrer Eroberung durch den Sachsenherzog Heinrich den Löwen 1160 behaupten können. Die Grabungen der Akademie der Wissenschaften in den Jahren 1967 bis 1971 haben ihre „hervorgehobene und einmalige Position" anschaulich bestätigen können. Keine der umliegenden Burgen reichte in der Größe und Stärke ihrer Befestigungsanlagen an die Mecklenburg heran (Donat 1984 104f.).

Für unser Thema ist die Mecklenburg von Bedeutung, weil sie als Fürstenburg der Herren zu Mecklenburg, der Nachfahren der Obodritenfürsten, dann im 12. und 13. Jahrhundert zu e i n e r Keimzelle feudaler Herrschafts- und Staatsbildung auf d e m Territorium wurde, das als Herrschaft, Herzogtum, Land Mecklenburg mutatis mutandis bis 1945/1952 bestand. Analog ist sie, die Mecklenburg, auch an den Anfang der Genesis politisch-administrativer Mittelpunkte in Mecklenburg zu stellen.

Bisher nicht Gegenstand spezieller Untersuchungen, soll versucht werden, die H a u p t l i n i e n territorialstaatlicher Mittelpunktbildung in Mecklenburg in d r e i   E n t w i c k l u n g s s t u f e n aufzuzeigen. Dabei kann es sich nur um einen Überblick handeln, der Lücken lassen muß und im Rahmen neu angeregter Landesgeschichtsforschung vertiefender Betrachtung bedarf.[1]

Wir müssen dazu die Mecklenburg vorerst verlassen und uns dem zweiten wichtigen Ausgangspunkt für unser Thema zuwenden: der *Burg* und *Stadt Schwerin.* Schwerin erhält Namen und Gestalt durch die Chronik Thietmars von Merseburg, der zum Jahre 1018 berichtet, daß die zum Schlimmen immer einigen Liutizen mit ihrer ganzen Macht Herrn Mistislaw angriffen und den Obodritenfürsten mit seinen besten Kriegern zur Flucht in den Schutz seiner Burg „*Zuarin*" zwangen (Thietmar 1962 444f.).

Diese und spätere Nachrichten lassen vermuten, daß auch die Burg Schwerin zu den exponierten slawischen Fürstenburgen gehörte und als voll ausgebildeter Burg-Siedlungs-Komplex möglicherweise – wie die Mecklenburg – auch schon frühstädtische Züge aufwies. Wir wissen bis heute wenig über den vorstädtischen Entwicklungsstand dieser obodritischen Burg-Siedlung. Vieles bleibt spekulativ. Anders als bei der Mecklenburg deutet jedoch noch wenig auf eine potentielle Rolle als bedeutendes Herrschaftszentrum im Prozeß der Territorialstaatsbildung hin.

Diese Entwicklungen werden tatsächlich erst durch die Stadtgründung im Gefolge der deutschen Eroberung eingeleitet. Helmold von Bosau überliefert uns, daß Herzog *Heinrich der Löwe* die vom Obodritenfürsten *Niklot* verlassene und vorher niedergebrannte Burg Schwerin 1160 eroberte und an dieser Stelle eine Stadt zu bauen begann (Helmold 1963 311).

Seit den Anfängen der Stadtgeschichtsschreibung ist nun immer wieder die Frage aufgeworfen worden, was den Sachsenherzog zur Stadtgründung bewogen hat. Sie ist von K. Hoffmann (Hoffmann 1930 18f.) bis H.H. Leopoldi (Leopoldi 1960 10) dahingehend beantwortet worden, daß Heinrich in Schwerin schon eine deutsche Kaufmannssiedlung vorfand, der er – wie er es auch anderswo tat – nur noch das Stadtrecht zu verleihen brauchte. An dieser Version sind jedoch – sowohl aus dem quellenmäßigen Befund als auch aus der konkreten historischen Situation im Gründungsjahr – Zweifel anzumelden. Die Existenz einer solchen Kaufmannssiedlung ist ebensowenig beweisbar wie nach den bisherigen archäologischen Erkenntnissen ausgeschlossen werden kann, daß sich auch schon Kaufleute – welcher Provenienz auch immer – in Schwerin angesetzt hatten.

Vieles deutet jedoch darauf hin, daß Heinrich zunächst und vor allem die günstige strategische Lage des Ortes gesehen hat. Nicht gerade weit entfernt von seinem sicheren Hinterland, mit Nachschub schnell erreichbar, durch seine natürliche Lage inmitten von Seen und Sümpfen geschützt, bot sich der Ort besser als die noch unsicheren Burg-Siedlungs-Komplexe weiter östlich als militärischer Stützpunkt und als ein erstes Herrschaftszentrum an.

Eine wesentliche Voraussetzung für diese Funktion aber war seine Befestigung. Nichts konnte dem Herzog schneller zu Wall und Wehr verhelfen als eine städtische Kommune, deren Bürgerschaft zur Verteidigung und Befestigung nicht nur verpflichtet, sondern durch angemessene Privilegien auch ausreichend motiviert war. Dazu traten sicher auch andere Gründe wie z.B. die Anknüpfung an einen existenten Burg-Siedlungs-Komplex und auch die Ausnutzung einer schon entwickelten Marktfunktion.

Welche Erwägungen auch den Vorrang gehabt haben mögen: sie ordnen sich letztlich alle in den Zusammenhang der Stadtgründung mit der Sicherung und Fortsetzung der militärisch-politischen Eroberung, der Missionierung und Besiedlung des Slawenlandes ein. Davon zeugen auch die ersten Maßnahmen des Stadtgründers. Heinrich legte seinen Gefolgsmann *Gunzelin von Hagen* mit einer Besatzung in die wiederbefestigte Burg und bestellte ihn zu seinem Statthalter (prefectus) für das ganze Obodritenland. Weiterhin verlegte er den Bistumssitz aus der noch unsicheren, ebenfalls von Niklot niedergebrannten Mecklenburg nach Schwerin. Damit waren die beiden mächtigsten, das deutsche Siedlungs- und Christianisierungswerk tragenden und treibenden Kräfte, der weltliche Hochadel und die Kirche, mit ihren Herrschaftsinstitutionen in Schwerin seßhaft geworden.

Sich den rechtlichen und ökonomischen Erfordernissen zuwendend, stattete Heinrich Schwerin mit einem besonderen Stadtrecht aus, das dann als Schweriner Recht zu einem Musterrecht für eine ganze Reihe kleinerer mecklenburgischer Städte entwickelt wurde. Schwerin wurde die erste Stadt auf dem Gebiet des späteren Landes Mecklenburg und blieb noch über ein halbes Jahrhundert die einzige.

In der frühen Bestimmung der Stadt Schwerin zu einem politischen, militärischen und kurialen Mittelpunkt finden sich wichtige Ansätze für die Erklärung einer spezifischen Stadtentwicklung, die durch eine starke und dauerhafte Dominanz fürstlicher Stadtherrschaft einerseits und eine kümmernde städtische Autonomie mit bald auftretender ökonomischer Stagnati-

on andererseits gekennzeichnet war, Faktoren, die schon in den Anfängen die spätere Profilierung zu einer Residenzstadt begünstigten.

Die Burg Schwerin war von 1167 bis 1358 politischer und militärischer Mittelpunkt der Grafschaft Schwerin, die Heinrich der Löwe aus dem Kernland des Obodritenstaates gebildet und Gunzelin von Hagen zu erblichem Lehen gegeben hatte. Die Grafen waren die Stadtherren von Schwerin. Sie ließen ihre Stadtherrschaft durch Vögte wahrnehmen.

Stadtgründung und Mittelpunktbildung waren Teil des Prozesses, der als eine e r s t e   E n t w i c k l u n g s - s t u f e   territorialstaatlicher Residenzbildung in Mecklenburg angesehen werden kann. Ihre Triebkräfte waren die Ausbildung von Landesherrschaften, der innere Landesausbau und die Stadtgründungen; ihre Kennzeichen die Bildung städtischer Herrschaftszentren und die wachsende Tendenz zu bevorzugten Fürstensitzen.

Nach der Grafschaft Schwerin, als der noch lange entwickeltsten Landesherrschaft im Territorium, formte sich – von der Mecklenburg ausgehend – ein weit größerer Herrschaftskomplex aus den Restgebieten des Obodritenstaates und großen Teilen des Liutizengebietes. Der Sachsenherzog hatte *Pribislaw*, dem Sohn Niklots, dieses Land wohlüberlegt als Lehen zurückgegeben und damit einen wichtigen Schritt zur dauerhaften Eingliederung des eroberten Slawenlandes in den Lehnsverband des Heiligen Römischen Reiches getan.

Die Ausbildung einer starken, ganz Mecklenburg außer der Grafschaft Schwerin umfassenden Landesherrschaft wurde allerdings immer wieder empfindlich durch Erbteilungen gestört. Die erste einschneidende Erbteilung, die als *erste Hauptlandesteilung* in die Landesgeschichte eingegangen ist, trat bereits *1229* ein. Nach einer vorübergehenden Zweiteilung in einen mecklenburgischen und einen Rostocker Landesteil teilten sich die vier Söhne Heinrich Borwins II., Herr zu Rostock, den Staat Pribislaws in die *Herrschaften Mecklenburg, Rostock, Werle* und *Parchim*. Sie nannten sich nach ihren Stammsitzen: Herr zu Mecklenburg, Herr zu Rostock, Herr zu Werle, Herr zu Parchim.

Schwerin blieb nun als Stadt nicht mehr allein. Zu den eifrigsten Städtegründern gehörten bald die mecklenburgischen Fürsten aus dem Stamme Niklots. Von den rund 60 Städten in den Grenzen des späteren Landes Mecklenburg entstanden allein 37 im 13. Jahrhundert. Nach Schwerin wird *Rostock* 1218 von Heinrich Borwin II. mit dem lübischen Stadtrecht bewidmet, allerdings im Unterschied zu Schwerin als Abschluß der Stadtwerdung. An einer frühstädtischen Marktsiedlung im Schutz der Hauptburg der Kessiner anknüpfend, hatten sich hier schon seit Ende des 12. Jahrhunderts deutsche Kaufleute und Handwerker angesiedelt und eine relativ kräftige Stadtkommune ausgebildet. An der Bezeugung der Stadtrechtsverleihung waren bereits zehn Ratsherren beteiligt. Offenbar sind dann auch bald die Stadtherren, die Herren von Rostock, aus den Sumpfwiesen vor dem Petritor in ihre neue Stadt gezogen (Lisch/Mann 1856 49). Im Gründungsjahrhundert sind mindestens zwei Burganlagen in der Stadt nachweisbar.

Tatsächlich haben auch in Rostock zunächst noch die fürstlichen Stadtherren das Sagen, der Machtanteil des Rates tritt noch deutlich hinter dem der Stadtherren zurück, eine Erscheinung, die sich dann auch bei den meisten anderen Stadtgründungen zeigen sollte und die sicher auch eine Ursache in der aktiven Stadtförderungspolitik der mecklenburgischen Fürsten und ihrem bestimmenden Anteil an der Mehrzahl der Stadtgründungen hat. Sie begünstigten dann auch deren Ansetzung in den Städten.

Aus der Landesteilung nach 1229 hatten sich weitere städtische Mittelpunkte herauskristallisiert. Neben Schwerin wurden jetzt die Burgen in *Rostock, Güstrow* und *Wismar* bevorzugte fürstliche „Amtssitze". Ihre Vorzüge konnten sich aus dem Schutz, den sich Burg und Stadt wechselseitig gewährten, aus der Dominanz feudaler Stadtherrschaft, aus der Präsenz von Kirche und Kurie in Verbindung mit ökonomischen Vorteilen, möglicherweise auch schon aus kulturellen Faktoren ergeben.

Die Fürsten zog es in die Stadt. Sie suchten die Stadtanbindung ihrer Burgsitze. Wo die Bedingungen dafür nicht gegeben waren, wurden Burgsitze kurzerhand an für die Stadtanbindung günstigere Stellen oder in schon bestehende Städte verlegt. So zog Heinrich Borwin II. von seiner Stammburg Werle um 1219 in den Burg-Siedlungs-Komplex Güstrow, den er sich für seine Zwecke regelrecht einrichtete. Er ließ eine neue Burg bauen, gründete 1226 ein Kollegiatsstift und verlieh dem Ort das Schweriner Stadtrecht.

Das Schicksal des Verlassenwerdens ereilte schließlich auch die den Ansprüchen offenbar nicht mehr genügende Mecklenburg. Fürst Johann von Mecklenburg gab sie um 1255/56 auf und ließ sich in der damals noch nicht ummauerten Handelsstadt Wismar ein festes Haus errichten.

Es wiederholte sich nun auch in Mecklenburg der bekannte Vorgang, daß die Fürsten mit ihrem Trend zur Stadt unvermeidbar in das Spannungsfeld von bürgerlich-kommunalen Autonomiebestrebungen und feudal-stadtherrlicher Machtbehauptung gerieten, ein Kampf, der in Abhängigkeit von dem sozialökonomischen Entwicklungsstand der Bürgerstadt unterschiedlich ausging.

Rostock und Wismar – aufblühende Hansestädte mit wachsender Eigenmacht – gelang es, bis zum Anfang des 14. Jahrhunderts durch Abkauf fürstlicher Hoheitsrechte, Steuern und Liegenschaften oder mit Anwendung von Gewalt ihre Stadtherren ganz zu verdrängen oder deren Präsenz in der Stadt zumindest zu „entschärfen".

Auch für Parchim ist ein ähnlicher Vorgang zu beobachten. Selbst den Güstrowern gelang es allmählich, den fürstlichen Einfluß auf die Stadtkommune einzudämmen, wenn auch keineswegs aufzuheben. Die Fürsten von Werle blieben in der Stadt, wenn sie schließlich auch nicht mehr in der Lage waren, ihre Stammburg fürstlich zu unterhalten und mit einem kleinen Hof neben der Domgeistlichkeit Vorlieb nehmen mußten. 1436 starb die Linie Werle-Güstrow aus. Sieht man von mehreren Ansätzen zu weiteren Mittelpunktbildungen, die durch immer neue Erbteilungen initiiert wurden, und von den Bischofssitzen Schönberg und Bützow ab, bleiben um die Mitte des 14. Jahrhunderts Schwerin und Güstrow als mehr oder weniger ausgebildete, im ganzen durch Einfachheit und Beschränkung gekennzeichnete Herrschaftszentren übrig. Dazu gesellte sich noch die *Burg Stargard* als Mittelpunkt des gleichnamigen Landes, das 1298/99 an die Mecklenburger gefallen war und als Nebenlinie hier außer Betracht bleiben kann.

Von diesen Zentren sollte vorerst aber nur Schwerin zu politischer Bedeutung und einem bescheidenen höfischen Glanz gelangen. Die Impulse dazu kamen vor allem von der mecklenburgischen Herrschaft, die sich von allen Teilherrschaften als die entwicklungsfähigste erwiesen hatte und durch eine dynamische Territorialpolitik aus den Vormachtkämpfen des 14. Jahrhunderts gestärkt hervorgegangen war. Nach dem Tode des letzten Rostocker Fürsten Nikolaus, das Kind genannt, war den Mecklenburgern auch die Herrschaft Rostock zugefallen. König Karl IV. hatte ihren Machtzuwachs 1348 mit der Erhebung in den Reichsfürstenstand honoriert. Es konnte nicht ausbleiben, daß die mecklenburgischen Fürsten ihre Hände nun auch nach der Grafschaft Schwerin ausstreckten. Mit allen Mitteln versuchte *Herzog Albrecht II.* Anfang der vierziger Jahre des 14. Jahrhunderts das Kernland seiner obodritischen Vorfahren zurückzugewinnen. Als Erbverträge und Heiratspolitik nicht an das Ziel zu führen schienen, scheute er auch nicht vor kriegerischen Einfällen in die Grafschaft zurück. Dabei lag ihm vor allem daran, Burg und Stadt Schwerin in seine Gewalt zu bekommen. Nach langer Belagerung kam es 1358 zu Friedensverhandlungen, in deren Gefolge die Grafen zu einer Erbverbrüderung und die Stadt zu einer Eventualhuldigung Albrechts genötigt wurden. Doch schon nach wenigen Tagen wurde an Stelle des Erbvertrags ein Kaufvertrag ausgehandelt. Albrecht erwarb Stadt und Grafschaft für 20.000 Mark lötigen Silbers. Zweihundert Jahre nachdem Niklot die brennende Burg hinter sich gelassen hatte, zogen seine Nachfahren im Frühjahr 1359 wieder in Schwerin ein. Seinem Titel „Herthog to Mekelenborch, to Stargarde unde to Rostock here" fügte Albrecht II. das „Greve to Zwerin", seinem Wappen den quergestellten Grafenschild hinzu (Jesse 1913 21).

Unter den Herzögen Albrecht II. und Albrecht III. wurde Schwerin zum Angelpunkt übersteigerter außen- und machtpolitischer Ambitionen, die auf die Schaffung eines großen nordischen Reiches auf mecklenburgischer Basis hinausliefen (Jesse 1913 21), aber schließlich an der beschränkten Hausmacht der Mecklenburger scheitern mußte.

Im Ringen um die Behauptung des schwedischen Königthrons, den Herzog Albrecht III. 1363 bestiegen hatte, wurde die Schweriner Burg Schauplatz wichtiger Verhandlungen. Dynastisches Machtbewußtsein und Repräsentationsbedürfnis der Albrechts führten in Schwerin zu einem Aufblühen höfischer Kultur und Lebensart. Die Quellen wissen von großen Hoflagern in Schwerin. Obwohl Albrecht III. sich nach dem Verlust der Schwedenkrone am liebsten in Gadebusch aufhielt, führten ihn Politik und Repräsentation immer wieder auf seine Burg Schwerin, die er als seine wirkliche „Residenz" betrachtete.

Die Stadt selbst hatte jedoch noch wenig davon. Sie blieb in einem doch auffälligen Kontrast zur gehobenen Stellung, ja königlichen Würde seiner Stadtherren eine mittelgroße Landstadt, in der die handwerklich-zünftlerische Warenproduktion, der Nahhandel und der Ackerbau vor den Toren die Haupterwerbsquellen der Bürger waren. Die Entwicklungsmöglichkeiten der Stadt blieben auch im 15. Jahrhundert beschränkt.

Ende des 15. Jahrhunderts wird die erste Entwicklungsstufe im wesentlichen abgeschlossen. Noch kann man nicht von Residenzen sprechen. Dazu fehlten wesentliche Kriterien. Fürstenburg und Stadt bestanden noch ziemlich nebeneinander. Die Herrschaftszentren waren noch nicht ständige Aufenthaltsorte. Die Fürsten zogen mit ihren Höfen in der Regel noch „von Burg zu Burg, von Vogtei zu Vogtei, von einem Kloster zum anderen" (Hamann 1962 18). Die Verwaltungsorganisation war entsprechend noch sehr einfach und undifferenziert. Sie bestand wie anderswo aus Hofämtern, Kanzlei und landesfürstlichem Rat. Doch waren nun – das gilt besonders für Schwerin – die elementaren Grundlagen und wichtigsten Voraussetzungen für die Residenzbildung geschaffen.

Die zweite Entwicklungsstufe wird auch in Mecklenburg – noch ganz im Einklang mit der allgemeinen Tendenz – durch Bestrebungen eingeleitet, die fürstliche Landeshoheit gegenüber den widerstrebenden Kräften des ritterschaftlichen Adels und der großen Städte auszubauen und einen möglichst einheitlichen Territorialstaat zu schaffen. Sie wurden

durch den Umstand begünstigt, daß es den Herzögen zu Mecklenburg im 15. Jahrhundert gelungen war, durch Gewalt und Kauf, Erb- und Heimfall alle weltlichen Teilherrschaften wieder zu vereinen. Als 1471 der letzte Stargarder Herzog starb, erhielt das Land in etwa die äußeren Konturen, wie sie bis 1945 bestanden.

Charakteristisch für den Übergang zum Territorialfürstentum waren allgemein energische Maßnahmen zur Sanierung der Landesfinanzen und durchgreifende Reformen auf dem Gebiet der Landesverwaltung. Sie richteten sich auf eine völlige Neuordnung des Kassen- und Rechnungswesens, die Schaffung einer etablierten und in sich weiter differenzierten Zentralverwaltung und die weitere Ausbildung der Ämterverfassung.

Alle diese Bestrebungen knüpften sich in Mecklenburg vor allem an die Person des Herzogs Magnus II., der 1477 mit seinen Brüdern zur Regierung kam und bei aller Widersprüchlichkeit seiner Reformpolitik zu den überragenden Fürstenpersönlichkeiten in der mecklenburgischen Landesgeschichte gehört.

Magnus erreichte sein Ziel „durch eine geradezu geniale Finanz-, Verwaltungs-, Wirtschafts- und Regierungspolitik" (Steinmann 1922 100). Er machte der Zersplitterung der Landesverwaltung ein Ende, indem er sie aus den Vogteien herauslöste, in seiner Kanzlei zentralisierte, damit den Grund für den Hofrat des 16. Jahrhunderts legend. Er bildete eine Zentralkasse und bestellte erstmals einen besonderen Rentmeister für die Verwaltung der Einkünfte aus den Ämtern. Als erstes Zeichen erwachenden Staatsbewußtseins sind Ansätze zu einer Scheidung von Hof- und Landeshaushalt zu werten. Anfang der 1490er Jahre tritt ein besonderer Hofmeister auf, der den Hofhaushalt beaufsichtigte, die Hofordnung überwachte, dem Hofgesinde und den Hofjunkern vorstand.

Magnus leitete auch den Prozeß der Reglementierung und Disziplinierung der Städte ein, der mit dem Erlaß der ersten mecklenburgischen Polizeiordnung 1516 im wesentlichen zum Abschluß kam. Dabei stieß er auf den erbitterten Widerstand der reichen, unabhängigen und mit vielen teuer erkauften Privilegien ausgestatteten Hansestadt Rostock, der in der bekannten Auseinandersetzung um die Errichtung eines Domstifts in der Stadt 1487–1491 seinen Höhepunkt fand. Schon Albert Krantz, Lübecker Syndikus, Zeitzeuge und bedeutender Geschichtsschreiber, vermutete, daß es dem Fürsten nicht um die Kirche ging, sondern um „die vollenkommene Gewalt ober die Stadt, damit sie ihnen einen Knoten in ihre Freyheit schlügen: Man suchte nicht ein Stifft, sondern heut oder Morgen ein Schloß in die Stadt zu legen und den Bischöflichen Sitz von Schwerin dahin zu transferiren" (Krantz 1600 487). Die Domfehde, in der sich städtischer Widerstand gegen Fürstengewalt mit innerstädtischer Volksbewegung mischten, endete schließlich mit der Erbhuldigung und der kniefälligen Bitte um Verzeihung, aber die Stadt behielt ihre Privilegien und ihre Sonderstellung. Es war Magnus nicht gelungen, seinen Fuß in die Stadt zu setzen und damit der Stadtgeschichte möglichweise eine andere Richtung zu geben, obwohl der landesherrliche Anspruch auf eine Residenz in der Stadt bis zum Ende des 18. Jahrhunderts aufrechterhalten und gelegentlich auch durchgesetzt wurde (Rakow 1990 2).

Als Magnus II. 1503 starb, hinterließ er seinen Nachfolgern ein im wesentlichen geordnetes, auf jeden Fall modernisiertes, den Zeiterfordernissen besser angepaßtes Staatswesen. Er hatte die Einheit des Landes bewahren können und vorgesorgt, daß sich Bruder und Söhne im *Hausvertrag vom 21. Mai 1504* zu ungeteilter Regierung und gemeinsamer Hofhaltung verpflichteten. Obwohl die Fürsten noch „*an dreyen enden ... steten hoff zu halten vor daß best angesehen haben, nemlich zu Swerin, Güstrow und Stargard*" (MLHA Hausverträge 152), also das Wandern der Höfe noch nicht ganz aufgegeben hatten, konzentrierten sich Hofhaltung und Regierung in gesamter Hand jetzt mehr und mehr in Schwerin, denn „*ein wandernder Hof kann nicht viele Rechnungssachen mitschleppen*" (Schulte 1921 14). Nimmt man die Seßhaftwerdung des Hofes und die Zentralisierung der landesfürstlichen Verwaltung als konstitutive Merkmale spätmittelalterlicher bzw. frühneuzeitlicher Residenzen an, so waren unter Magnus die wichtigsten Bedingungen für ihre volle Entfaltung auch in Mecklenburg geschaffen worden.

Allerdings wurde diese Entwicklung vorerst noch dadurch gestört, daß, wie schon vom Vater befürchtet, die beschworene Gemeinschaftsregierung und gemeinsame Hofhaltung von den Söhnen schon bald in Frage gestellt und im Verlauf des Jahrhunderts Stück für Stück demontiert wurden. Schon in dem zitierten Hausvertrag von 1504 hatten sich die Herzöge – mit Garantien für ein friedliches Nebeneinander – jeweils die Unterhaltung eines eigenen Hofstaats und eigener niederer Diener eingeräumt. Die nach dem Tode ihres Onkels *Balthasar* (1507) und Bruders *Erich* (1508) zurückbleibenden Brüder *Heinrich V.* (der Friedfertige) und *Albrecht VIII.* (der Schöne) sonderten sich mit eigenen Kanzleien an die Höfe von Schwerin und Güstrow ab, obwohl der ältere Heinrich gegenüber dem auf Totalteilung drängenden Albrecht zäh an der Gemeinschaftsregierung festhielt und auch auf die Gemeinsamkeit beider Residenzen bestand.

Die Folge waren immer wieder Kompromisse in Form von Nutzungsteilungen, die auch noch die Nachfolger Heinrichs und Albrechts beschäftigten und erst durch die Realteilung des Landes in die Herzogtümer Mecklenburg-Schwerin und Mecklenburg-Güstrow als der *zweiten Hauptlandesteilung* im Jahre *1621* ihr Ende fanden. De facto hatten sie jedoch schon 1534 bewirkt, daß Heinrich von Schwerin aus vorwiegend den westlichen, Albrecht von Güstrow aus den östlichen Landesteil regierte.

In den sogenannten Voneinandersetzungen, die die Nutzungsteilungen zwangsläufig begleiteten, wurden die landesfürstlichen Einkünfte und Liegenschaften bis zur kleinsten Zolleinnahme geteilt. Sie ließen auch die Residenzschlösser nicht aus, was zu kurios anmutenden Festlegungen führte, wie die im Neubrandenburger Hausvertrag vom 7. Mai 1520: Jedes der beiden Hauptschlösser solle in zwei Teile „zerschlagen" werden, wobei jeder Herzog seine besonderen Wohn- und Wirtschaftsräume, Keller, Bodenräume, Ställe und Scheunen erhalten sollte. „*Da aber auf keiner Burg zwei Küchen, Fleisch-, Back- und Brauhäuser sind, bestimmten die Voneinandersetzer, wo und für welchen Teil solche Gebäude zu errichten sind*" (Sachsse 1900 96). Erst der *Ruppiner Machtspruch* vom 1. August 1556 machte der Sache ein Ende. Er bestimmte, daß „*nun hinfüro Herzog Johann Albrecht das Haus und Amt Schwerin allein bleiben, und derowegen Herzog Ulrich das Haus und Amt Güstrow ... auch allein, und ohne einige Vergleichung der Nützung derselben beider Häuser, behalten solle ...*", aber mit der bemerkenswerten Ergänzung, daß die Residenzstädte selbst, also Schwerin und Güstrow, im Sinne der weiter behaupteten Gemeinschaftsregierung beiden Fürsten gemeinsam sein sollten (Sachsse 1900 242ff.).

Die Städte erscheinen nun in der zweiten Hälfte des 16. Jahrhunderts schon fest in den Residenzbegriff integriert. Man ist sich ihrer besonderen und herausgehobenen Stellung im Territorialstaat bewußt.

An beiden Höfen werden jetzt als Ausdruck gesteigerten fürstlichen Selbstbewußtseins und unter dem Einfluß der geistigen und kulturellen Impulse aus Reformation und Humanismus die Merkmale eines gereiften Residenzverständnisses und einer gehobenen Residenzkultur spürbar, die zunehmend auch die Städte einbeziehen. Die Höfe bedurften zu ihrer Entfaltung die Stadt. Aus den Residenzen waren Residenzstädte geworden.

Schwerin wurde unter *Herzog Johann Albrecht I.* (gest. 1576) Stätte einer glänzenden Hofhaltung. Der Herzog ließ das Schloß im Stil der italienischen Frührenaissance umbauen, gründete eine Fürstenschule (nach dem Muster der sächsischen Fürstenschule St. Afra in Meißen), erwarb eine kostbare Bibliothek und zog bedeutende Gelehrte, Künstler, Baumeister an den Hof. Er hörte es gern, wenn man seine Stadt das „Nordische Florenz" nannte.

Die Stadt – zweimal durch Stadtbrände verwüstet (1531/1558) – warf ihr mittelalterliches Gewand ab.

*Prospekt von der Residenzstadt Schwerin, Anfang 18. Jahrhundert (Repro Mecklenburgisches Landeshauptarchiv)*

Steinhäuser mit hohen Giebeln entstanden. Hofleute, Beamte, wohlhabende Bürger wetteiferten um den günstigsten Bauplatz an der Schloßfreiheit und um höchsten Wohnkomfort.

Auch Güstrow erhielt unter *Herzog Ulrich* und seinen Nachfolgern ein prächtiges neues Renaissanceschloß in ganz eigenwilliger Manier, das als Schöpfung der Baumeister Franz Parr und Philipp Brandin nach umfänglicher Restaurierung jedem Besucher – unverfälschter als das im 19. Jahrhundert noch einmal umgebaute Schweriner Schloß – einen in diesem Landstrich unerwarteten Eindruck von hohem Rang fürstlicher Residenzkultur im Zeitalter der Renaissance vermittelt.

Der Blick auf die weitere Entwicklung wäre jedoch einseitig, wenn man die Rolle der mecklenburgischen Landstände außer acht lassen würde. Schon zu den Teilungsverhandlungen waren von den streitenden Fürsten selbst zunehmend Vertreter der Landstände, Prälaten und Mannen, hinzugezogen worden. Sie wur-

den als Vermittler und Schiedsrichter gebraucht und allmählich „*zur entscheidendsten Instanz in dieser großen, schon weit über das Land hinausgreifenden, die benachbarten Fürsten in Atem haltenden und die Reichsgewalt in Bewegung setzenden Angelegenheit*" (Witte 1913 31). Im sogenannten Nürnberger Kompromiß (April 1522) übertrugen die deutschen Fürsten 13 Angehörigen der mecklenburgischen Landstände das Schiedsrichteramt. Ohne die Stände ging schließlich gar nichts mehr. Dabei unterstützten diese vor allem Herzog Heinrichs Bestrebungen nach Wahrung territorialstaatlicher Einheit. Sie versprachen sich „*mer wolfart*" aus einer Gesamtregierung beider Herzöge und rieten dem störrischen Albrecht mit Verweis auf den Neubrandenburger Hausvertrag, „*das er brive und sigel halte*" (Sachsse 1900 115).

Der Teilungsstreit der Herzöge, der die Stände um ihre Privilegien fürchten ließ, hatte diese veranlaßt, sich selbst am 1. August 1523 in Rostock zur „*Landständischen Union*" zusammenzuschließen, sich für

*Prospekt von der Residenzstadt Güstrow, um 1650 (Repro Mecklenburgisches Landeshauptarchiv)*

einig und unteilbar zu erklären – und damit schon früh ihre Klammer über die auseinanderdriftenden Landesteile zu legen.

Man kann in der Haltung der Landstände zu den fürstlichen Teilungsstreitigkeiten in der ersten Hälfte des 16. Jahrhunderts durchaus konstitutive Elemente für die weitere Konsolidierung des mecklenburgischen Territorialstaates finden. Andererseits muß klar gesehen werden, daß die Bewahrung ständischer Einheit gegenüber einer sich durch Zersplitterung und Verschuldung ständig weiter schwächenden Landesherrschaft den Grund für den unverhältnismäßigen Machtzuwachs der Stände, insbesondere der adligen Ritterschaft, legte, der diesen Territorialstaat mit seinem Dualismus von Landesherrschaft und Ständemacht und der Dreiteilung des Landes in die Gebiete des Domaniums, der Ritterschaft und der Städte nur noch in verbildeter Form bestehen ließ. Durch den *Landesgrundgesetzlichen Erbvergleich* (LGGEV) von 1755 festgeschrieben, waren die Landesherren zwar noch die Träger der Landeshoheit, aber in der Ausübung des Landesregiments durch die *„wohlerworbenen Rechte und Befugnisse"* der Stände beschränkt und mit Ausnahme des Domaniums, in dem sie unbeschränkt regierten, an die sogenannte ständische Konkurrenz, d.h. an das Mitregiment der Stände gebunden.

In Mecklenburg mischte sich also zur Neuzeit hin der Trend zur weiteren Zentralisierung und Verdichtung landesherrlicher Staatsmacht in dem ihr verbliebenen Umfang mit der Erscheinung von Machtteilung und Machtkonkurrenz. Das wirkte sich nicht nur qualitativ auf die Stellung und den Rang der Residenzen/Residenzstädte aus, sondern führte auch zur Bildung weiterer politisch-administrativer Mittelpunkte – eine Entwicklung, die hier als d r i t t e   E n t w i c k l u n g s - s t u f e   nur noch angedeutet werden kann.

Als „Regierungsorgan" der Stände entwickelte sich seit 1620 der Engere Ausschuß von Ritter- und Landschaft aus einer Kommission zu einer von den Landtagen abgetrennten permanenten Institution, die ihren Sitz in *Rostock* nahm. Versammlungsorte der Stände wurden alternierend *Sternberg* und *Malchin*. Bei der Wahl der Landtagsorte hat man in stillschweigendem Einverständnis sorgsam die Residenzstädte vermieden. *„Man nahm den Nachteil dieser Ortswahl, daß nämlich sämtliche Akten und Unterlagen aus den Hauptstädten bzw. aus dem landständischen Archiv in Rostock per Fuhrwerk oder Eisenbahn erst herbeigeschafft werden mußten, als geheiligtes Herkommen in Kauf"* (Hamann 1962 60f.).

Als sogenannte Vorderstädte der Landstädte oder Direktorium der Landschaft kristallisierten sich bis zum 18. Jahrhundert endgültig *Parchim* (für den mecklenburgischen Kreis), *Güstrow* (für den wendischen Kreis), und *Neubrandenburg* (für den stagardischen Kreis) heraus. Die Verbindung zwischen den Städten und den ständischen Instanzen in ihren Mauern war jedoch locker; deren Präsenz blieb ohne prägende Auswirkung auf den Charakter der Stadt. Das galt insbesondere für die Stadt Rostock, die sich ihre angestammten Privilegien im LGGEV (§519) ausdrücklich noch einmal bestätigen ließ. Sie konnte sich ihre Unabhängigkeit von beiden Machtfaktoren (Landesherrschaft und Stände) weitestgehend bewahren und auf den Landtagen *„wie ein eigener dritter Stand"* handeln (Schultz 1974 112). Zeitweise kokettierte sie sogar mit dem Status einer Reichsstadt. Rostock fungierte als volkreichste St t, Universitätsstadt und bedeutendstes Wirtschafts- u  Handelszentrum Mecklenburgs sozusagen als eine  auptstadt *„außer Konkurrenz"*.

Und die Land sresidenzen? Nach dem Heimfall des Herzogtums M ecklenburg-Güstrow 1695 und der im *Hamburger V ergleich von 1701* erfolgten *dritten Hauptlandesteilung* in die Herzogtümer Mecklenburg-Schwerin und Mecklenburg-Strelitz war Güstrow als Residenzstadt ausgeschieden und *Neustrelitz* (1726–31 Schloßbau, 1733ff. barocke Stadtanlage) als zweite Landesresidenz(stadt) neben Schwerin getreten. Er habe, ließ Herzog Adolf Friedrich II. von Mecklenburg-Strelitz in seiner Bekanntmachung vom 20. Mai 1733 verlauten, *„unter dem Namen Neu-Strelitz ... nicht nur bereits ein ansehnliches fürstliches Haus daselbst bauen lassen, sondern auch ... sämtliche fürstlicher Collegia dahin zu transportiren und eine neue Stadt alda anzulegen intentioniret"* (Endler 1933 9).

Deutlich wurden Schwerin und Neustrelitz im 18. Jahrhundert und darüber hinaus noch als reine Residenzstädte verstanden und es kann die Frage gestellt werden, ob sie es nicht bis zum Ende von Monarchie und Ständestaat 1918 blieben, weil sie aufgrund der geschilderten staatsrechtlichen Situation nicht zu Hauptstädten im Sinne von Konzentrationspunkten absolutistischer Herrschaft werden konnten (Schultz 1987 501). Der Frage liegen auch die noch nicht beendeten Diskussionen über den Hauptstadtbegriff zugrunde. Diese knüpfen die Hauptstadtfunktion vor allem an die dauerhafte Festsetzung einer Zentralverwaltung, *„die sich aus dem unmittelbaren Zugriff und aus der persönlichen Geschäftsführung des Fürsten gelöst hat"* (Neitmann 1990 31).[2] Sie stellen also den „Regierungssitz", der nun auch nicht mehr notwendig mit der Residenz des Landesherrn identisch zu sein braucht, in den Vordergrund einer Betrachtung, die von dem „Normalfall" eines zunehmend zentralistisch regierten Staatswesens ausgeht. Da liegt allerdings die weitere Frage nahe, ob diese Prämissen für den Hauptstadtbegriff nicht erst vollgültig mit dem Übergang zum bürgerlichen Staat (mit oder ohne Konstitution) mit seinem hohen Grad an Verselbständigung und Bürokratisierung erfüllt werden und der entsprechende Umbau der Zentralverwaltung (Ablösung der Kollegialverfassung der obersten Staatsbehörden durch die monokratische Ministerialorganisation) als wichtige Begleiterscheinung der Herausbildung einer modernen Hauptstadtfunktion zu nennen ist.

Schwerin und Neustrelitz – noch Residenz oder schon Hauptstädte? Man könnte sich zur Not mit dem Begriffspaar „Residenz- und Hauptstadt" helfen. Immerhin ist festzustellen, daß auch im Mecklenburg des 19. Jahrhunderts trotz des Festhaltens an der überlebten ständisch-monarchischen Staatsform solche qualitativen Veränderungen, wenn auch noch unfertig und verzögert, wirksam werden. Auf die oberste Staatsverwaltung bezogen, machen sie sich in Schwerin z.B. bemerkbar in der schärferen Scheidung der Funktionen von Regierung und Geheimem (Staats-)Ministerium (inclusive Schaffung eines eigenen Finanzressorts im Geheimen Ministerium 1832), im Übergang zur

Ministerialorganisation der obersten Staatsbehörden 1849, in der Bildung einer vom Staatshaushalt getrennten obersten Verwaltungsbehörde des Großherzoglichen Haushalts und nicht zuletzt – wenn auch nicht von langer Dauer – in der Existenz einer Abgeordnetenversammlung (1848-50). Wie die Prioritäten gesehen wurden, läßt übrigens auch schon der Entwurf des Verfassungsausschusses der Abgeordnetenversammlung für ein mecklenburgisches Staatsgrundgesetz mit der Forderung erkennen, daß *„der Groß- herzog seinen wesentlichen Aufenthalt am Sitz der Staatsregierung"* haben soll. (MLHA Abgeordnetenversammlung 65)

Von 1764 bis 1837 hatten die Herzöge bzw. (ab 1815) Großherzöge von Mecklenburg-Schwerin ihre Residenz von Schwerin nach Ludwigslust verlegt. Schwerin blieb Sitz von Ministerium und Regierung – und letztlich Hauptstadt, in der alle Fäden der Landespolitik – wie auch immer – endlich doch zusammenliefen.

*Prospekt des Residenzschlosses Neustrelitz, 2. Hälfte 18. Jahrhundert (Repro Mecklenburgisches Landeshauptarchiv)*

Anmerkungen

1 Dem Beitrag liegen Teile eines Vortrags des Verfassers auf der 32. Jahrestagung der Hansischen Arbeitsgemeinschaft und der 9. Konferenz der Fachkommission Stadtgeschichte zum Thema „Residenz-Hauptstadt-Metropole" vom 29.9.-1.10.1987 in Berlin zugrunde. (Vgl. Wissenschaftliche Mitteilungen der Historiker-Gesellschaft der DDR 1988/II-III). Zur Stadtgeschichte Schwerins vgl. auch Kapitel 2 des Verfassers in „Schwerin – Geschichte der Stadt in Wort und Bild", Berlin 1985. Wertvolle Anregungen zum Thema ergaben sich aus dem Aufsatz von K. Neitmann „Was ist eine Residenz? Methodische Überlegungen zur Erforschung der spätmittelalterlichen Residenzbildung", in: Vorträge und Forschungen zur Residenzfrage. Hrsg. von P. Johanek (Residenzforschung. Hrsg. von der Residenzen-Kommission der Göttinger Akademie der Wissenschaften, Bd. 1) Sigmaringen 1990. Vgl. dort auch die zahlreichen Literaturhinweise.

2 Neitmann warnt jedoch a.a.O., S. 39, davor, die Kriterien für die entstehende Hauptstadt allzusehr auf den Sitz der Zentralbehörde zu verengen. Er erörtert in methodisch beeindruckender Weise das bisherige Spektrum, Residenz bzw. Hauptstadt zu definieren, betont den Anspruch auf Individualität einer jeden Residenz bzw. Hauptstadt. „Das bedeutet zugleich, daß Hauptstadt nicht gleich Hauptstadt ist, daß eine jede ein individuelles Gebilde ist, deren Wesen sich nicht in den Merkmalen einer allgemein gültigen Definition erschöpft ..." (S. 11)

Literatur

| Donat 1984 | Peter Donat, Die Mecklenburg – eine Hauptburg der Obotriten (Schriften zur Ur- und Frühgeschichte der Akademie der Wissenschaften der DDR, Zentralinstitut für Alte Geschichte und Archäologie, Bd. 37. Berlin 1984.) |
|---|---|
| Endler 1933 | Carl August Endler, Die Geschichte der Landeshauptstadt Neustrelitz. Rostock 1933. |
| Hamann 1962 | Manfred Hamann, Das staatliche Werden Mecklenburgs (Mitteldeutsche Forschungen, Bd. 24. Köln/Graz 1962) |
| Helmold 1963 | Helmold von Bosau, Slawenchronik ( = Ausgewählte Quellen zur deutschen Geschichte des Mittelalters, Bd. XIX. Berlin 1963.) |
| Hoffmann 1930 | Karl Hoffmann, Die Stadtgründungen Mecklenburg-Schwerins in der Kolonisationszeit vom 12. bis zum 14. Jahrhundert, in: Jahrbücher des Vereins für mecklenburgischen Geschichte und Altertumskunde. Schwerin 1930. |
| Jesse 1913 | Wilhelm Jesse, Geschichte der Stadt Schwerin, Bd. 1. Schwerin 1913. |
| Krantz 1600 | Albert Krantz, Wandalia oder Beschreibung wendischer Geschichte. Übersetzt durch Stephan Macropum. Lübeck 1600. |
| Leopoldi 1960 | Hans-Heinrich Leopoldi, Schwerin 1160-1960. Schwerin 1960. |
| Lisch 1840 | Friedrich Lisch, Geschichte der fürstlichen Residenzschlösser zu Wismar, Schwerin und Gadebusch, in: Jahrbücher des Vereins für mecklenburgischen Geschichte und Altertumskunde. Schwerin 1840. |
| Lisch/Mann 1856 | Friedrich Lisch, Vincent Heinrich Mann, Beiträge zur älteren Geschichte Rostocks, namentlich über die alte fürstliche Burg zu Rostock, in: Jahrbücher des Vereins für mecklenburgischen Geschichte und Altertumskunde. Schwerin 1856. |
| MUB | Mecklenburgisches Urkundenbuch. Bd. 1. Schwerin 1863. |
| Neitmann 1990 | Klaus Neitmann, Was ist eine Residenz? Methodische Überlegungen zur Erforschung der spätmittelalterlichen Residenzbildung, in: Vorträge und Forschungen zur Residenzfrage. Hrsg. von Peter Johanek (Residenzforschung. Hrsg. von der Residenzen-Kommission der Göttinger Akademie der Wissenschaften, Bd. 1). Sigmaringen 1990. |
| Rakow 1990 | Peter-Joachim Rakow, Rostock oder Schwerin – Die „Residenzsorgen" des Herzogs Friedrich Wilhelm anno 1702, in: Mecklenburg-Magazin (Regionalbeilage der Schweriner Volkszeitung Nr. 10/1990.) |
| Sachsse 1900 | Hugo Sachsse, Mecklenburgische Urkunden und Daten – Ausgewählt. Rostock 1900. |
| Schulte 1921 | Aloys Schulte, Fürstentum und Einheitsstaat in der deutschen Geschichte ( = Öff. rechtl. Abh., hrsg. von Triepel u.a. I.) 1921. |
| Schultz 1974 | Helga Schultz, Soziale und politische Auseinandersetzungen in Rostock im 18. Jahrhundert (Abhandlungen zur Handels- und Sozialgeschichte. Hrsg. von der Hansischen Arbeitsgemeinschaft der Historiker-Gesellschaft der DDR, Bd. XIII. Weimar 1974.) |
| Schultz 1987 | Helga Schultz, Berlin als Hauptstadt zur Zeit des Absolutismus, in: Zeitschrift für Geschichtswissenschaft 1987, Heft 6. |
| Steinmann 1922 | Paul Steinmann, Finanz-, Wirtschafts- und Regierungspolitik der mecklenburgischen Herzöge im Übergang vom Mittelalter zur Neuzeit, in: Jahrbücher des Vereins für mecklenburgischen Geschichte und Altertumskunde. Schwerin 1922. |
| Thietmar 1962 | Thietmar von Merseburg, Chronik ( = Ausgewählte Quellen zur deutschen Geschichte des Mittelalters, Bd. IX. Berlin 1962.) |
| Witte 1913 | Hans Witte, Mecklenburgische Geschichte, Bd. 2. Wismar 1913. |

## *Matthias Puhle*
# VITALIENBRÜDER, LIKEDEELER, SEERÄUBER

Eine Episode, die auch in die mecklenburgische Landesgeschichte einzuordnen ist, hat eine besondere Berühmtheit erfahren und ist in der heutigen Bevölkerung fest im historischen Bewußtsein verankert, auch wenn hierfür weniger die tatsächlichen historischen Ereignisse verantwortlich zu machen sind, als vielmehr die spätere Mythen- und Legendenbildung. Die Rede ist von den Vitalienbrüdern, vereinzelt auch genannt Likedeeler, die am Ende des 14. Jahrhunderts aufkamen, als zwischen Dänemark und dem mecklenburgischen Herzogshaus ein heftiger Krieg entbrannt war. An diesem Krieg nahmen die Vitalienbrüder meist auf der Seite der Mecklenburger teil. Ihre berühmtesten Exponenten waren Klaus Störtebeker und Godeke Michels. Ohne diese beiden hätten die Vitalienbrüder „posthum" niemals diesen Bekanntheitsgrad erreicht, den sie heute haben.

Die Seeräuberei an sich ist so alt wie die Schiffahrt selbst. Sie hat es lange vor den Vitalienbrüdern und lange danach gegeben. Was die Vitalienbrüder auszeichnete, war die Anbindung an eine bestimmte Landherrschaft in einer bestimmten historischen Situation sowie ihr zu beobachtender Zusammenhalt, der ihnen die Existenz als Gruppe, die in sich allerdings wieder differenziert war, etwa ein halbes Jahrhundert lang sicherte.

Der Ausgangspunkt für das Aufkommen der Vitalienbrüder ist im Jahr 1375 zu sehen. In diesem Jahr starb der große dänische König Waldemar IV. Atterdag. Er hatte 35 Jahre lang regiert und trotz vieler Konflikte und Krisen das dänische Reich zusammengehalten und darüber hinaus sich erfolgreich bemüht, das alte dänische Reich im ganzen Umfang wieder herzustellen (Skyum-Nielsen 20). Das Problem nach Waldemars Tod bestand vor allem in der ungeregelten Nachfolgefrage. Beide Töchter Waldemars reklamierten für ihre Söhne die Nachfolge. Ingeborg, die ältere Tochter, war mit Herzog Heinrich III. von Mecklenburg verheiratet, Margarete mit dem norwegischen König Hakon VI. Margarete setzte sich schließlich durch. Ihr Sohn Olaf VI. wurde am 3. Mai 1376 mit dem Einverständnis der Hanse zum dänischen König gewählt. Die Hanse hatte sich im Frieden von Stralsund, der den neunjährigen Krieg zwischen dem dänischen König und der Hanse zugunsten der Hanse beendet hatte, ein Mitbestimmungsrecht bei der Rege-

lung der Nachfolge auf dem dänischen Thron gesichert. Das mecklenburgische Herzogshaus mußte zusehen, wie sich die politische Konstellation zuungunsten Albrechts IV. entwickelte, Sohn Ingeborgs und Heinrichs III. Widerstandslos nahmen die Mecklenburger diese Entwicklung, die ihre machtpolitischen Interessen in Skandinavien durchkreuzte, nicht hin. Sie begannen vielmehr einen Kaperkrieg gegen Dänemark und warben dabei offenbar auch auf der Ostsee kreuzende Seeräuber an. Wie die Seeräuber in diesen Jahren sich am Kaperkrieg der Mecklenburger beteiligten, läßt sich nicht genau feststellen. Aber es scheint zu einer Organisierung der an sich willkürlich und offensichtlich unorganisiert operierenden Seeräubertruppen gekommen zu sein. Mecklenburgische Adlige nahmen diese Truppen wohl unter ihre Führung und machten sie so zu regulären Verbänden. Zwischen 1376 und 1379 kam es auf diese Weise im Ostseeraum zu erheblichen Behinderungen der Handelsschiffahrt, unter denen nicht nur die kriegsführenden Parteien, sondern auch die am Konflikt eigentlich unbeteiligte Hanse litt. Im August 1379 schloß Albrecht III., König von Schweden, einen Waffenstillstand mit Dänemark, womit dieser Konflikt einstweilen beigelegt war. Die Seeräuberverbände, die sich in diesen Jahren verstärkt gebildet hatten, lösten sich allerdings nicht einfach auf, sondern verlegten sich auf einen Kaperkrieg auf eigenes Risiko gegen Handelsschiffe jedweder Art in der Ostsee. In den Jahren nach 1380 hatte vor allem die Hanse erheblich mit dem Problem

*Königin Margarete von Dänemark, Alabastermodell von Johannes Junge, um 1420. (Foto: Museum für Kunst- und Kulturgeschichte der Hansestadt Lübeck)*

der Seeräuberei auf der Ostsee zu kämpfen. Aber auch der Kampf um die Macht in Skandinavien war mit dem Waffenstillstand von 1379 noch lange nicht beendet. Margarete, die nach dem Tode ihres Gemahls, Hakon VI., 1380 und ihres Sohnes Olaf 1387 Königin von Norwegen und Dänemark geworden war, verfolgte ganz offensichtlich das Ziel, Schweden auch noch hinzuzugewinnen und die drei Reiche später unter eine Krone zu stellen. Der schwedische Adel fiel nach Geheimverhandlungen mit Königin Margarete im März 1388 von ihrem König, Albrecht III. von Mecklenburg, ab. Albrecht konnte darauf nur mit der Rüstung zum Krieg antworten. Seiner Suche nach Bündnispartnern war allerdings wenig Erfolg beschieden. Lediglich Graf Albrecht von Holstein und Markgraf Jobst von Brandenburg stellten sich auf die Seite des Mecklenburgers. Die Hanse verhielt sich neutral und bot ihre Vermittlung zwischen Dänemark und Mecklenburg an. Dennoch suchte König Albrecht die militärische Auseinandersetzung. Am 24. Februar 1389 kam es bei Falköping zum Aufeinandertreffen der beiden gegnerischen Heere. Albrecht erlitt eine vernichtende Niederlage, fiel zusammen mit seinem Sohn Erich den Dänen in die Hände und mußte seine Gefangenschaft auf dem schonischen Schloß Lindholm antreten. In kurzer Zeit hatte Margarete ganz Schweden unter ihre Herrschaft gebracht. Nur die Festung Stockholm mit zahlreicher deutscher Bevölkerung hielt zu Albrecht und konnte von Margarete, zumindest vorerst, militärisch nicht erobert werden.

Damit war die Grundlage für einen langen, zermürbenden Krieg gelegt, in dem die Gruppe der Vitalienbrüder entstehen konnte. Das mecklenburgische Herzogshaus mußte auf die Niederlage von Falköping und damit den Verlust Schwedens natürlich reagieren: Erst war jedoch noch die Fehde mit Brandenburg zu beenden, dann konnte man sich der dänischen Angelegenheit zuwenden. Es begann mit der Erhebung von Kriegssteuern Ende 1389, Anfang 1390. Bereits im Frühjahr 1390 trat Mecklenburg in einen Kaperkrieg gegen Dänemark ein, der aber bereits im Sommer sich auch gegen unbeteiligte Schiffe richtete. Die Legitimität für ihr Vorgehen begründeten die Mecklenburger mit einer vorsorglichen Bestimmung Albrechts III., nach der für den Fall, daß ihm im bevorstehenden Kampf etwas zustieße, sein Neffe Johann IV. von Mecklenburg zum schwedischen Regenten ernannt wurde (Teichmann 1931 35). Der Fall war nun eingetreten, und anstelle des unmündigen Johann IV. bestimmte das Haus Mecklenburg Herzog Johann I. von Stargard zum Verwalter der Interessen Albrechts und beauftragte ihn vor allem damit, alles zur Befreiung König Albrechts Mögliche zu tun. Nach der Lübecker Detmar-Chronik segelte Johann I. auch noch im Jahr 1390 mit einer kleinen Flotte nach Stockholm, um

dem letzten Stützpunkt der Mecklenburger in Schweden zu Hilfe zu kommen (Kock 1829 38f.). Diese Aktion scheint völlig fehlgeschlagen zu sein, im Sturm ging mindestens eine Kogge unter, ein anderes Schiff segelte vor Kalmar genau den Feinden in die Hände. Mehr Erfolg hatten die Mecklenburger bei ihren Einfällen in das Innere Schwedens. Trotzdem waren sie in einer sehr schwierigen Lage, zumal sich Margarete energisch anschickte, Stockholm zu erobern. Der einzige Weg, den Dänen wirklich Schaden zuzufügen, schien den Mecklenburgern in einer konsequenten Ausweitung des Kaperkrieges auf der Ostsee zu liegen. Sie bedienten sich nun der seit 1376 verstärkt auftretenden Seeräuberhaufen und gaben ihnen eine Operationsbasis, indem sie die Häfen Wismar und Rostock „...*für alle, die das Reich Dänemark schädigen wollen...*" (HR I 4, 11f.) öffneten. Ähnlich wurde mit den Häfen Ribnitz und Gollwitz verfahren. In der Chronik des Lübecker Geistlichen Reimar Kock aus der Mitte des 16. Jahrhunderts findet sich folgende Notiz zu diesem Vorgang: „*Es ist nicht zu beschreiben, was an losem und bösem Volke zusammenlief aus allen Ländern von Bauern und Bürgern, von Amtsknechten und anderem losen Volke, die alle nicht arbeiten wollten, sie ließen sich dingen, sie wollten alle von den armen dänischen und norwegischen Bauern reich werden. Dies ließ sich am Anfang wohl als eine profitable Sache an, wodurch den Feinden großer Abbruch getan wurde. Wenn man dem losen Haufen (erst einmal) freie Hand ließ, so konnte man ihn doch mit aller Macht kaum mehr daran hindern, Böses zu tun, selbst wenn man ihn unter großem Zwange hielt. Diese Gesellen, die sich so versammelten, die keinen Sold erhielten, sondern auf eigene Rechnung fuhren, nannten sich V i t a l i e n b r ü d e r. Als sie zur Seefahrt kamen, vergaßen sie sehr bald ihre eigentliche Bestimmung und sahen als Feind alle an, die ihnen auf See in die Quere kamen, was man zu Hause in Wismar und Rostock nicht hörte, davon werden wir hiernach noch vieles hören*" (Kock, 494). Da waren sie also, die Vitalienbrüder. Erwähnt wurden sie bereits 1390 an einer allerdings recht versteckten Stelle, und zwar in den Hamburger Kämmereibüchern, in denen die Finanzverwaltung der Stadt festgehalten wurde. Es erscheinen die Kosten für eine Aktion der Hamburger „*contra Vitalienses*" auf der Weser (Hamburger Kämmereirechnungen 1. Bd., 474).

Der Name „Vitalienbrüder" wird meistens damit erklärt, daß er von der Unterstützung Stockholms mit Lebensmitteln käme. Diese Erklärung läßt sich aber mit der frühen Hamburger Notiz nicht vereinbaren, die noch v o r den Unterstützungsaktionen der Vitalienbrüder für Stockholm datiert. Wahrscheinlicher ist die Erklärung, nach der dieser Name damit in Zusammenhang gebracht wird, daß die Vitalienbrüder keine

Sölder zur See waren, sondern auf eigene Rechnung über See fuhren und sich auch selbst versorgten. Der Namensbestandteil „Vitalie" deutet dann also auf die Selbstversorgung der Vitalienbrüder hin. Wahrscheinlich war der Name „Vitalienbrüder" im 14. Jahrhundert ein häufig benutzter Name für ein verbreitetes Phänomen und wurde später auf die sehr konzentriert auftretenden Kaper der neunziger Jahre des 14. Jahrhunderts übertragen.

Die Vitalienbrüder erhielten von der mecklenburgischen Landesherrschaft sogenannte „Kaperbriefe", von denen sich leider keiner erhalten hat. Wer einen solchen Kaperbrief besaß, konnte sich als Teil der regulären Flotte eines Landesherren ausweisen. Was allerdings im Einzelfall wenig nutzte. Als ein Beispiel, wie mit gefangenen Vitalienbrüdern verfahren wurde, die von der Hanse schlicht als „serovere" angesehen wurden, sei ein Fall, der sich in der schon erwähnten Chronik des Reimar Kock findet, zitiert: *Es begab sich aber in diesem Jahr (1391), daß etliche von diesen Vitalienbrüdern ein sundisches Schiff (Schiff aus Stralsund) anfielen und es mit Gewalt nehmen wollten, obwohl sie hörten und sahen, daß es nicht Dänen, sondern Deutsche waren. Aber die von dem Stralsunder Schiff wehrten sich und überwanden die Vitalienbrüder und brachten mehr als hundert in ihre Gewalt. Da aber Ketten und hölzerne und eiserne Fußfesseln nicht genügend vorhanden waren, wurde beratschlagt, ob man sie unter ein Gelübde stellen sollte; sie hätten diejenigen, die sie gefangen hatten, vielleicht im Schlafe erwürgt. Deshalb erdachten sie eine neue Art, die Vitalienbrüder zu verwahren: sie nahmen Tonnen, von denen sie viele geladen hatten, schlugen einen Boden heraus und in den anderen Boden ein so großes Loch, daß der Boden den Hals eines Menschen umschloß und steckten einem nach den anderen Vitalienbrüdern in die Tonnen, so daß der Kopf aus der Tonne herausguckte, und schlugen die Tonne wieder zu. Sie stapelten die Vitalienbrüder auf einem Haufen, wie man Tonnen zu stapen pflegt, und fuhren sie also nach Stralsund. Die Vitalienbrüder blieben auch in den Tonnen so lange, bis man sie mit Wagen an die Stätte fuhr, wo man ihnen die Köpfe abschlagen würde. Diese Art, die Gefangenen zu behandeln, hatten die Stralsunder von den Vitalienbrüdern gelernt, die hatten manchen armen Dänen genauso geschunden und gemartert* (Kock 1829 494f.).

Der Krieg zwischen Dänemark und Mecklenburg wogte in den Jahren 1391 bis 1393 hin und her, er begann sich in die Länge zu ziehen, da keine der beiden Parteien der anderen militärisch klar überlegen war. Die Leidtragenden waren vor allem diejenigen, die vom Wirtschaftsraum Ostsee lebten. So war der Seehandel der Hansestädte über die Ostsee in diesen Jahren nahezu lahmgelegt. Die Fischer konnten ihre Fänge nicht mehr über den lokalen Handel hinaus verkaufen, die Heringmessen lagen brach. Aber nicht nur rund um die Ostsee zeigte der Krieg Folgen. Die Auswirkungen waren bis weit in das Binnenland hinein spürbar. So berichtet die Magdeburger Schöppenchronik zu der Situation in Magdeburg in diesen Jahren: *In diesem Jahr (1395) starben viele Leute und vor allem unzählige Kinder. Das Sterben währte nun schon vier Jahre. Ohne Unterlaß starben in dieser Stadt die Leute. In diesen vier Jahren gab es einen großen Mangel an Korn, Nahrung, an Heringen und vielen Arten von Waren; das lag am großen Krieg, der zwischen den Königen von Dänemark und Schweden herrschte* (Schöppenchronik, 291).

Die Mecklenburger konnten den Krieg besonders wegen der Unterstützung durch die Verbände der Vitalienbrüder auf intensive Weise führen. Die Schnelligkeit, mit der diese Verbände nach dem neuerlichen Ausbruch des Konfliktes 1389 aktiviert werden konnten, läßt darauf schließen, daß hier noch viel Potential aus den Jahren zuvor vorhanden war. Über die Mannschaften der Vitalienbrüder wissen wir so gut wie nichts, dagegen einiges über die Hauptleute. An der Spitze der in vielen kleinen Einheiten operierenden Vitalienbrüder standen bis 1395 vor allem Mitglieder des niederen mecklenburgischen Adels. Es gibt Beispiele dafür, wie landbesitzende Adlige in Mecklenburg ihr letztes Stück Land verkauften, um ein Schiff erwerben zu können und am Kaperkrieg teilnehmen zu können. Dieser Krieg bot die Möglichkeit, sich in kurzer Zeit erheblich zu bereichern. Die von der Landwirtschaft lebenden Adligen nicht nur in Mecklenburg waren während der langanhaltenden Agrarkrise des späten Mittelalters oftmals von einer *„infausta paupertas"*, einer unglücklichen Armut, bedroht (Rösener 1982 470).

Es ist schwer, in diesen Jahren zwischen regulären mecklenburgischen Truppen und den Vitalienbrüdern zu unterscheiden. Wahrscheinlich gab es diesen Unterschied auch gar nicht. Alles, was unter mecklenburgischer Flagge fuhr, diente der Landesherrschaft in ihrem Krieg. Es gibt einige Anzeichen dafür, daß die Vitalienbrüder während der Kriegsjahre zunehmend schwerer kontrollierbar waren durch ihre Auftraggeber. Möglicherweise haben sich hier auch bereits Ansätze einer genossenschaftlichen Organisation gebildet. Die historische Basis für eine solche Interpretation ist allerdings äußerst schmal, sie gründet fast ausschließlich in den Begriffen „Vitalienbrüder" und „Likedeeler" (Gleichteiler). Der Begriff „Likedeeler" kommt erst gegen Ende des 14. Jahrhunders auf.

Einige abenteuerliche Unternehmungen fallen in diese Zeit, wie der Überfall auf die norwegische Stadt Bergen am 22. April 1393 (Cordsen 1899 27ff.) oder die Flottenfahrt mit acht wismarschen Schiffen mitten im

Winter 1393/94, um dem bedrängten Stockholm mit Nahrung und Waffen sowie Männern zu Hilfe zu kommen (Puhle 1992 68ff.). Diese Abenteuer wurden in den späteren Chroniken breit dargestellt und halfen mit, den Mythos der Vitalienbrüder in den Augen der Nachwelt zu steigern.

*Seekrieg auf Koggen. Illustration in einer englischen Handschrift des frühen 14. Jahrhunderts (Foto: The British Library, London)*

Die Hilfe für Stockholm war vor dem Hintergrund der schweren Belagerung durch Margarete dringend notwendig. Sie kam auch noch rechtzeitig, so daß es der dänischen Königin nicht mehr möglich war, die Stadt, wie von ihr beabsichtigt, im Winter 1393/94 durch Aushungerung einzunehmen. Nach der Rettungsaktion der Vitalienbrüder für Stockholm wurden die bereits 1393 begonnenen Friedensgespräche zwischen Dänemark und Mecklenburg wieder aufgenommen. Bereits im Herbst 1393 waren Gespräche in Gang gekommen, da sich die Einsicht bei den kriegführenden Parteien durchgesetzt hatte, daß auf militärischem Wege der Konflikt nicht zu beenden war. Der wirtschaftliche Schaden des Krieges wurde für alle Seiten immer unerträglicher. Auch Margarete traf der Krieg finanziell hart. Seit 1393 fanden die schonischen Messen, auf denen 200.000 bis 300.000 Tonnen jährlich umgesetzt wurden, nicht mehr statt. Damit blieben erhebliche Zolleinnahmen für die dänische Königin aus, die dem dänischen Herrscher traditionell für die Gewährleistung von Schutz und Ordnung auf den Messen zuflossen und gerade am Ende des 14. Jahrhunderts von beträchtlicher Höhe waren. Die Belagerung Stockholms war weniger ein Zeichen für den mangelnden Friedenswillen der dänischen Herrscherin als vielmehr ein Zeichen für ihre taktische Klugheit. Sie wollte mit der Eroberung Stockholms lediglich ihre Verhandlungsposition stärken. Nachdem sich die kriegsführenden Parteien im Herbst 1394 in den Ver-

handlungen schon weit angenähert hatten, kam es im Frühjahr 1395 tatsächlich zum Friedensschluß von Skanör und Falsterbo.

Die Vitalienbrüder werden dieser Entwicklung mit eher zwiespältigen Gefühlen gefolgt sein. Denn letzten Endes würde ein Frieden ihnen mehr oder weniger die Existenzgrundlage rauben. Wollten sie weiterhin der Kaperei nachgehen, würde es in Zukunft sehr viel gefahrvoller für sie werden. Sie würden keinen Rückhalt mehr bei einer starken Landesherrschaft haben, die mecklenburgischen „Heimathäfen" würden für sie geschlossen werden. Ihr Tun wäre vom Moment des Friedensschlusses an völlig illegal und wäre für alle Mächte rund um die Ostsee bloße Seeräuberei, die sie mit allen Mitteln bekämpfen würden. Alle Befürchtungen der Vitalienbrüder traten ein. Der Friede von Skanör und Falsterbo sah ausdrücklich die Räumung der Ostsee durch die Vitalienbrüder zum 25. Juli 1395 vor. Sollten sie den Frieden brechen, drohte ihnen Bestrafung (HR I 4, 259). Aus Verbündeten war gleichsam über Nacht ein Ärgernis geworden, das den Friedensprozeß störte. Insbesondere die Städte Wismar und Rostock werden den Friedensschluß mit großer Erleichterung aufgenommen haben, da sie während des gesamten Krieges zwischen den Interessen der auf ungestörten Handel angewiesenen Hanse, zu der sie ja auch gehörten, hin- und hergerissen waren.

Wie reagierten nun die Vitalienbrüder? Die Hauptleute, die sich vorrangig aus dem niederen norddeutschen Adel rekrutierten, gaben bis auf wenige Ausnahmen nach 1395 das Geschäft der Kaperei auf. Zu einer Auflösung und einem Verschwinden der Vitalienbrüder kam es aber dennoch nicht.

Offensichtlich traten Männer aus der zweiten Linie an die Spitze der rund 200 Mann umfassenden Vitalienbrüderhaufen. Zu ihnen gehörten auch Klaus Störtebeker und Godeke Michels. Die Vitalienbrüder zogen sich in mehreren Haufen an verschiedene Küstenstriche an der Ostsee zurück, sammelten sich aber in den Jahren 1395 bis 1398 mehr und mehr auf der Insel Gotland, die in der Zwischenzeit unter der Führung Sven Stures zu einer regelrechten Seeräuberkolonie geworden war. Sture war bis 1397 Statthalter Königin Margaretes auf Gotland. Im Frühjahr 1397 war Erich, der mit seinem Vater Albrecht aus der dänischen Haft entlassen worden war, auf Gotland gelandet und hatte Sven Sture besiegt und die Insel eingenommen. In den folgenden Monaten, so berichtet ein hansischer Gesandtschaftsbericht aus Danzig vom 23. Juni 1397, sammelte Erich „... *alle Gesellen, die zu ihm kommen, gute und schlechte, und viele Schiffe dazu...*" (HR I 4, 391). Ein letzter, verzweifelter Versuch der Mecklenburger, die bevorstehende Vereinigung der drei Reiche Norwegen, Dänemark und Schweden zu verhindern, scheiterte, als Erich von einer großen Flottenfahrt nach Stockholm im Grunde mit leeren Händen wieder nach Gotland zurückkehrte (HR I 4, 392f.). Die Kalmarer Union wurde 1397 vollzogen, Margarete Herrscherin über drei Reiche.

Kurze Zeit später starb Erich. Seine Witwe, Margarete von Pommern-Wolgast, machte Sven Sture zum Oberbefehlshaber über Gotland, was in der Folgezeit endgültig aus der Insel eine Seeräuberkolonie werden ließ. Margarete ließ verkünden, „... *daß derjenige, der rauben wollte, für die Hälfte seiner Beute, die der Herzogin und Sven Sture zu entrichten war, freier Aufenthalt auf dem Land und auf den Schlössern von Gotland ... gewährt würde*" (HR I 4, 416). Die Lage auf Gotland war Dänemark und Mecklenburg völlig entglitten. Die Seeräuber hatten unter der Führung der Witwe Erichs und Sven Stures einen umfangreichen Kaperkrieg gegen die Kaufleute in der Ostsee aufgenommen, unabhängig davon, woher sie stammten. Damit machten sich die Vitalienbrüder alle Mächte zu Feinden. Besonders litten die preußischen und livländischen Kaufleute unter den Kaperungen von Gotland aus. Um den Kaufleuten seiner Städte zu helfen, beschloß der Hochmeister des Deutschen Ordens Konrad von Jungingen, dem Seeräubertreiben auf Gotland ein Ende zu bereiten. In aller Stille zog er bis Ende Februar 1398 eine große Flotte in Danzig zusammen, die dann Mitte März nach Gotland aufbrach. Das Unternehmen stand unter einem guten Stern. In kürzester Zeit erreichte die Flotte die Westküste der Insel. Nach Verhandlungen, möglicherweise auch einer kurzen Belagerung Visbys ergaben sich Sven Sture und die Vitalienbrüder der Übermacht der Ordensflotte. Drei Schlösser mußten geschleift, die Insel in kürzester Zeit von den Vitalienbrüdern geräumt werden. Diese hatten nun in der Ostsee überhaupt keinen Stützpunkt und auch keine Möglichkeit mehr, ihre geraubten Waren abzusetzen. Im Laufe des Jahres 1398 verschwanden die Vitalienbrüder daher nahezu vollständig aus der Ostsee bis auf einzelne Seeräuber, die vor allem bei dänischen Adligen Aufnahme fanden. Sie segelten – auf etwa 400 Mann zusammengeschmolzen – in die Nordsee und suchten bei den ostfriesischen Häuptlingen um Aufnahme, die ihnen gerne gewährt wurde. In Ostfriesland herrschte in dieser Zeit so etwas wie eine Dauerfehde. Die vielen Häuptlinge führten teils untereinander, teils gegen den Grafen von Holland unaufhörlich Fehden. Da kamen die kampferprobten und mit Schiffen ausgestatteten Vitalienbrüder als Verbündete gerade recht. Sie ließen sich hauptsächlich bei Hisko von Emden, Witzel tom Brok, Edo Wiemken d. Älteren und Graf Konrad von Oldenburg nieder (Puhle 1992 103 ff.). In die „große Politik" mischten sich die Vitalienbrüder, anders als in der Ostsee, als sie den dortigen kriegführenden Großmächten jahrelang als „Hilfstruppen" zur Verfügung

standen, zunächst nicht ein. Sie nahmen nun Anteil an den kleinen regionalen, internen ostfriesischen Fehden und auch an der Auseinandersetzung der Ostfriesen mit dem Grafen von Holland. Einen größeren Zusammenschluß der Vitalienbrüder wie auf Gotland hat es in Ostfriesland nicht gegeben. Aber die Seeräuberei, die sich gegen alle und jeden richtete, nahm bald so einen großen Umfang an, daß die Hanse nicht mehr untätig bleiben konnte. Im Frühjahr 1400 unternahmen die Hansestädte, allen voran Hamburg, eine Strafexpedition nach Ostfriesland, die teilweise erfolgreich war. Zwar fielen den Hansestädten einige Vitalienbrüder in die Hände, die sofort hingerichtet wurden. Aber zwei Seeräuberhaufen konnten doch entkommen. Der eine Haufen wandte sich unter der Führung Godeke Michels' mit zwei Schiffen nach Norwegen, der andere unter der Führung des Johann Störtebeker, unter dem man sich den bekannten Klaus Störtebeker vorstellen muß, nach Holland. Hier wurde Störtebeker mit 114 Mann vom Grafen von Holland in den Dienst genommen. Im Auftrag des holländischen Grafen nistete er sich auf Helgoland ein, von wo aus er die Englandlinie der Hamburger störte. Dem Grafen von Holland half das in seiner Auseinandersetzung mit Hamburg, und die Vitalienbrüder machten reiche Beute. Lange sahen sich die Hamburger dieses Treiben offensichtlich nicht an. In den Hamburger Kämmereirechnungen findet sich folgende Eintragung zum Jahr 1401: „*Die Reise der Her-*

*Seeräuberschädel, gefunden auf der Hamburger Hinrichtungsstätte, dem Grasbrook. (Foto: Museum für Hamburgische Geschichte)*

*ren Hermann Lange und Nikolaus Schoken nach Helgoland im vergangenen Jahr gegen die Vitalienbrüder: Zusammen 57 Pfund*" (Hamburger Kämmereirechnungen 2. Bd. 2). D. h. im Jahr 1400 hatte es eine Aktion der Hamburger gegen die auf Helgoland sitzenden Seeräuber gegeben. Der Schaden, den Störtebeker mit seinen Leuten von Helgoland aus dem Hamburger Englandfahrerhandel zufügte, muß so groß gewesen sein, daß sich der Hamburger Rat entschloß, gleich im Anschluß an die Expedition nach Ostfriesland im Frühjahr 1400 eine weitere nach Helgoland zu schikken. Nach dem 15. August muß diese Flotte losgefahren sein, da zu diesem Zeitpunkt der Graf von Holland über das Bündnis mit Störtebeker und seinen Leuten urkundet. Über den Kampf vor Helgoland kennen wir nichts außer der Hamburger Kämmereinotiz. Der Kampf ist aber offensichtlich erfolgreich für die Hamburger verlaufen. Sie machten 70 Gefangene, von denen einige an ihren Verwundungen und andere an Mißhandlungen gestorben sind, so daß dreißig Vitalienbrüder mit ihren Anführern Störtebeker und Wichmann am 21. Oktober 1400 auf dem Grasbrook, der Hinrichtungsstätte Hamburgs, mit dem Schwert hingerichtet wurden. Nicht besser erging es im Jahr darauf Godeke Michels, der im Frühjahr 1401 aus Norwegen zurückkehrte. Er wurde mit seinem großen Holk und seiner gesamten Mannschaft überwältigt und ebenfalls auf dem Grasbrook in Hamburg hingerichtet. Die Geschichte der Vitalienbrüder ist damit noch nicht beendet gewesen. Ihre Existenz läßt sich bis 1435 verfolgen. In dem Jahr zerstörten die Hamburger mit der Sibetsburg ihren letzten Zufluchtsort (Wanke 1910 94). Die Vitalienbrüder haben aber besonders in den beiden Anführern Klaus Störtebeker und Godeke Michels ein reges „Nachleben" in Sage und Legende entwickelt. Im Nord- und Ostseeraum sowie auch in einigen Gegenden im Binnenland gibt es Legenden und Fetzen von Legenden, die sich nicht in ein großes Sagenepos einfügen wollen, da sie sich teilweise gegenseitig widersprechen. In diesen Legenden geht es vorzugsweise um die Herkunft, die Schlupfwinkel, die Schätze und die Hinrichtung der Vitalienbrüder. Ein bis heute sehr beliebter Topos macht aus den Vitalienbrüdern Rebellen, die gegen die herrschende Ordnung der hansischen Welt vorgingen und als „Robin Hoods der Meere" für eine soziale Umverteilung sorgten, indem sie die reichen Kaufleute beraubten und die Beute unter den Armen verteilten. Eine solche Interpretation wird durch die feststellbaren historischen Daten in keiner Weise unterstützt.

Lediglich aus den Bezeichnungen Vitalienbrüder und Likedeeler kann ein Hinweis dafür gewonnen werden, daß es in dieser Gruppe Organisationsformen gab, die der hierarchisch gegliederten Welt des 14. Jahrhunderts widersprachen, allenfalls bedingt mit den genossenschaftlichen Zusammenschlüssen der Handwerker und Kaufleute jener Zeit zu vergleichen sind (Ehbrecht 1983 70). Sollte die patrizisch beherrschte hansische Welt die innere Struktur der Vitalienbrüder als bewußten Gegenentwurf zu ihrer hergebrachten Ordnung und damit als eine Bedrohung für ihr Gesellschaftssystem empfunden haben, dann gab es für sie mehr als einen Grund, die Vitalienbrüder bis zu ihrem Verschwinden gnadenlos zu bekämpfen. Aber dies muß eine Vermutung bleiben, da die verfügbaren historischen Quellen zu dieser Frage keine Auskunft geben.

## Literatur

Cordsen 1899   Hans Chr. Cordsen, Beiträge zur Geschichte der Vitalienbrüder, halle 1907. Detmar-Chronik, in: Die Chroniken der deutschen Städte. 19, Lübeck/Leipzig 1899.

Ehbrecht 1983   Wilfried Ehbrecht, Hansen, Friesen und Vitalienbrüder an der Wende zum 15. jahrhundert, in: Ders./Heinz Schilling (Hg.): Niederlande und Nordwestdeutschland, Festschrift für Franz Petri. Köln/Wien 1983, 61-98.

HR I 4   Hanserecesse Abt. 1, Bd. 4, bearb. v. Karl Koppmann, Leipzig 1877.

Kämmereirechnungen   Kämmereirechnungen der Stadt Hamburg 1350–1470, Bd. 1 u. 2, bearb. v. Karl Koppmann. Hamburg 1869 u. 1873.

Kock 1829   Reimar Kock, Chronik des Franziskaner Lesemeisters Detmar nach der Urschrift und mit Ergänzungen aus anderen Chroniken, Hrsg. v. F. H. Grau toff, 1. Teil, Hamburg 1829.

Schöppenchronik   Magdeburger Schöppenchronik, bearb. v. Karl Janicke, in: Die Chroniken der deutsche Städte Bd. 7, Leipzig 1869.

Puhle 1992   Matthias Puhle, Die Vitalienbrüder. Klaus Störtebeker und die Seeräuber der Hansezeit. Frankfurt/M./New York 1992.

Rösener 1982   Werner Rösener, Zur Problematik des spätmittelalterlichen Raubrittertums, in: Helmut Maurer/Hans Patze (Hg.): Festschrift für Berent Schwineköper, Sigmaringen 1982 469-488.

Skyum-Nielsen   Niels Skyum-Nielsen, König Waldemar IV. Atterdag von Dänemark. Persönlichkeit und Politik, in: Hansische Geschichtsblätter 102. Jg. 1984 5-20.

Teichmann 1931   Fritz Teichmann, Die Stellung und Politik der hansischen Seestädte gegenüber den Vitalienbrüdern in den nordischen Thronwirren 1389–1400. Berlin 1931.

Wanke 1910   Josef Wanke, Die Vitalienbrüder in Oldenburg (1395–1433). Oldenburg 1910.

## Manfred Gläser

# DAS ALLTAGSLEBEN IN DEN MECKLENBURGISCHEN HANSESTÄDTEN NACH ARCHÄOLOGISCHEN QUELLEN

Der Forschungsstand zum Alltag des mittelalterlichen Mecklenburgs, vor allem zu den Angehörigen der mittleren und unteren Gesellschaftsschichten, ist immer noch relativ dürftig. Als Ursache mag angeführt werden, daß die schriftlichen Quellen nur sehr wenige Informationen zum Alltag enthalten. Dies ist sicherlich richtig, doch muß auch festgestellt werden, daß man es in den letzten Jahrzehnten versäumte, zumindest diese wenigen Informationen zusammenzutragen, im Gegensatz etwa zu Forschungen in anderen Bundesländern. Es schmerzt besonders, daß nicht nur die schriftlichen, sondern auch die archäologischen Quellen weitgehend unbeachtet blieben. Während schriftliche Quellen in der Regel erhalten bleiben und von folgenden Forschergenerationen ausgewertet werden können, gehen bei Bodeneingriffen zerstörte archäologische Quellen unwiederbringlich verloren.

Auch in den westlichen Bundesländern ist die Stadtkernarchäologie lange vernachlässig worden. Noch heute fallen den Baumaßnahmen in den Innenstädten tonnenweise historische Befunde zum Opfer, weil man sich ihrer Bedeutung nicht bewußt ist oder weil Ausgrabungen schlicht zu teuer sind oder zu lange dauern. Immerhin fanden aber bereits in den fünfziger Jahren im Zuge des Wiederaufbaus der zerbombten Innenstädte zuweilen umfangreiche Ausgrabungen statt, so etwa in Frankfurt/Oder (Huth 1975), in Magdeburg (Nickel 1964), in Hamburg (Schindler 1957) oder in Lübeck (Neugebauer 1968). In einigen westlichen Hansestädten, u.a. in Lübeck (Neugebauer 1993), Göttingen (Schütte 1981), Braunschweig (Rötting 1985) und Lüneburg, ist es zudem gelungen, diese Aktivitäten dauerhaft abzusichern (vgl. auch Fehring 1990, Falk 1992). Seit einigen Jahren sind aber auch für unsere Hansestädte an der mecklenburgischen Ostseeküste entsprechende erfreuliche Entwicklungen zu verzeichnen. Den vielen, häufig ganze Baublöcke übergreifenden Baumaßnahmen gehen großflächige archäologische Untersuchungen voran, die entweder vom Archäologischen Landesamt in Schwerin oder aber von den lokalen Einrichtungen in Wismar, Rostock (Mulsow 1993, Steppuhn 1994), Stralsund und Greifswald initiiert und betreut werden (Gläser 1993).

Eine regelmäßige Berichterstattung über diese Ausgrabungen liegt bislang aber nur für Wismar vor (vgl. Wis-

marer Studien zur Archäologie und Geschichte 1ff., 1990 ff.), ansonsten beschränkt es sich auf vereinzelte Publikationen geringeren Umfangs (Mangelsdorf 1993). Somit sind in den letzten Jahren zwar viele Befunde ausgegraben und Unmengen von Funden geborgen worden, doch fehlen bislang die entsprechenden Auswertungen. Dies führt zwangsläufig dazu, daß für die Bearbeitung unseres Themas weitere Publikationen aus den benachbarten Regionen, vor allem aus Lübeck, herangezogen werden müssen, ein auf den ersten Blick fragwürdiges Unterfangen. Ein Vergleich der mittelalterlichen Sachkultur zeigt aber eindeutig auf, daß die Unterschiede zwischen Lübecker Fundkomplexen einerseits und jenen etwa aus Wismar oder Rostock außerordentlich gering sind (Gläser 1993). Die Spektren der Keramikfunde oder der Glasgefäße, der Holz- oder Metallfunde, ähneln sich frappierend, entsprechende Aussagen sind für einen Vergleich etwa der Holz- und Steingebäude, der Kloaken oder der Brunnen, also der Befunde, zu formulieren. Es bleibt abzuwarten, ob diese Vergleichbarkeit auch für Fragen der Datierung, der Relationen untereinander usw., gegeben ist.

Kommen wir zum Thema. Für welche Aspekte des mittelalterlichen Alltagslebens vermag nun die Archäologie Ergebnisse beizusteuern? Zunächst muß einschränkend betont werden, daß archäologische Befunde und Funde, entgegen den Hoffnungen vieler Historiker, durchaus vielseitig interpretierbar sind. Zudem spiegelt dieses durch die Interpretation gewonnene Bild auch nur selten die historische Wirklichkeit wider, weil die Zufälligkeit der Überlieferungen unserer Quellen immer zu Verzerrungen führen muß. Es ist nämlich nur selten möglich, ganze Grundstücke auszugraben. Häufig müssen die Mosaiksteine der Ergebnisse von mehreren Abschnitten kombiniert werden, so daß zumeist erst aus Teilergebnissen ein Gesamtbild entsteht. Es kommt hinzu, daß viele ehemals in den Boden geratene Funde auch durch spätere Baumaßnahmen und Bodeneingriffe wieder zerstört oder entfernt wurden.

Das uns heute vorliegende Fundspektrum ist somit nicht unbedingt repräsentativ für die Sachkultur des Mittelalters. Während zerbrochene Keramik deutlich überrepräsentiert ist, haben Gegenstände aus Holz häufig zum Anfeuern gedient, Gegenstände aus Metall wurden wieder eingeschmolzen, Textilien oder Leder wie auch andere organische Substanzen erhalten sich im Erdreich nur bei günstigen Lagerungsbedingungen. Noch immer fehlen der Archäologie Methoden, diese Fehlerquellen auszuschalten oder gar quantifizierende Hochrechnungen anzustellen. Dennoch soll in diesem Beitrag auf die bisherigen Ergebnisse der Archäologen eingegangen werden, weil nur diese historische Hilfswissenschaft in der Lage ist, die Anzahl der Quellen fast beliebig zu vermehren und faszinierende neue Erkenntnisse zu liefern.

Zunächst muß auf den *Hausbau,* auf die Wohnverhältnisse und auf den Haushalt eingegangen werden, also auf die elementaren Voraussetzungen für das Leben in unseren klimatischen Bedingungen und für die Gestaltung der unmittelbaren Umgebung. Das Straßenbild unserer Hansestädte wird immer noch geprägt durch die giebelständigen Dielenhäuser, hinter deren häufig dem Zeitgeschmack angepaßten Fassaden sich zumeist noch mittelalterliche Kerne verbergen. Die Archäologen haben für die Steinbauten nur in Ausnahmefällen neue Erkenntnisse zu Vorgängerbauten, zu ehemaligen Binnengliederungen, zur Periodisierung der Gebäudeteile u.ä. beigetragen. Hier muß eindeutig den Kunsthistorikern und Bauforschern der Vortritt gelassen werden.

Anders verhält es sich mit den *mittelalterlichen Holzhäusern,* von denen aufrechtstehend keine mehr erhalten sind. In den letzten Jahren sind die Überreste eines runden Dutzends dieser Holzhäuser freigelegt

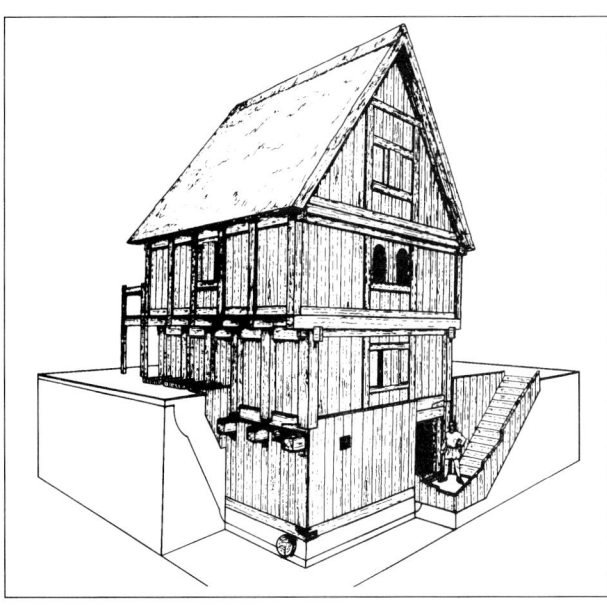

*Hansestadt Lübeck. Grabung Alfstraße/Fischstraße. Rekonstruktion der unterkellerten Ständerbauten aus der zweiten Hälfte des 12. Jahrhunderts nach Legant-Karau 1994, Abb. 23.*

worden (Mangelsdorf 1992, 1993, Schmitt 1994, Schäfer 1994). Sie stammen fast alle aus dem 13. Jahrhundert. Es handelt sich, abgesehen von wenigen Beispielen für Pfostenbauten, um Ständerbauten auf Schwellen. Die ältesten Bauten weisen einen annähernd quadratischen Grundriß mit Seitenlängen bis zu 6,5 Meter auf und sind einräumig, während für die jüngeren Häuser auch längsrechteckige Grundrisse und eine Mehrschiffigkeit belegt sind. Bei den älteren Bauten stehen die Wandbohlen senkrecht auf einem Kantenfalz; später wurden Schwellen und Ständer mit Nuten für die Wandbohlen versehen. Einige dieser Bauten waren unterkellert, einige vermutlich mehrgeschossig (zu den Befunden in den Nachbarregionen vgl. Scheftel 1990).

Kellergeschosse und Dächer dieser Holzhäuser dienten zur Speicherung der Waren, während sich für das ebenerdige Geschoß eine Wohnfunktion andeutet. Entsprechende Bauten aus Stein sind aus dem westfälischen Raum und von Gotland hinlänglich bekannt, dort auch aus dem noch erhaltenen Baubestand. Archäologisch sind sie vor allem für Lübeck belegt. Sie werden allgemein als Steinwerke oder, wenn beheizbar, als Kemenaten, bezeichnet und gelten als Frühformen der städtischen Wohnbauten (Fehring 1989). Von den Inneneinrichtungen der Holzhäuser sind nur wenige Überreste geborgen worden. Der Fußbodenbelag scheint stets aus Bohlen bestanden zu haben, die auf Unterleghölzern und einer Sandbettung ruhten. Belegt sind auch Feuerstellen, in mehreren Bauten aus einem Backstein-Pflaster bestehend. Außerdem sind Überreste von Kachelöfen gefunden worden, in wenigen Fällen auch Möbelteile.

Unsere Kenntnisse über *mittelalterliche Haushaltsgegenstände* sind durch zahlreiche Funde, vor allem aus den Kloaken, außergewöhnlich gut. Sie können hier nicht alle aufgeführt werden, erwähnt seien nur Löffel, Gabeln, Kellen, Körbe, Schachteln, Fässer, Bottiche, Spiegel etc. (Vgl. u.a. Schäfer/Paasch 1989; Gralow 1990). Die meisten Geräte für Küche und Tisch bestanden aus Holz oder Keramik. Gedrechselte Teller oder flache Schalen sowie aus einzelnen Dauben zusammengesetzte Becher und Schüsseln werden bei jeder größeren Grabung zu hunderten geborgen. Neben Holz war Ton der bevorzugte Werkstoff des Mittelalters. Ton war reichlich vorhanden, leicht abbaubar, beliebig formbar und nach dem Brand wasserundurchlässig, hart und langlebig. Die Palette aus Ton gefertigter Gegenstände ist reichhaltig: Abgesehen vom Geschirr, auf das noch einzugehen sein wird, umfaßt die Palette zunächst die Baukeramik, also Backsteine, Dachziegel, Terrakotten oder Fußbodenplatten, aber auch Kleinmöbel, Feuerstülpen oder Bratspießhalter, außerdem kleine Gegenstände wie Murmeln, Spinnwirtel oder Plastiken.

Hansestadt Wismar. Keramikfunde. Harte Grauware des späten Mittelalters. Nach Hoppe 1990, Abb. 36.

Die wichtigste Fundgattung für die Mittelalter-Archäologie stellt aber nach wie vor das *Haushaltsgeschirr* dar. Bei jeder größeren Grabung werden zehntausende, in Einzelfällen sogar hunderttausende von Scherben geborgen, die von Glas- oder Keramikgefäßen stammen. Mit Hilfe der Keramik lassen sich die zugehörigen Befunde wie Mauern, Brunnen, Kloaken o.ä. zeitlich zuordnen. Mittlerweile ist es möglich, die hochmittelalterlichen Keramikkomplexe in relativ enge Zeiträume von wenigen Jahrzehnten zu datieren. Im mittelalterlichen Haushalt dominierte eindeutig der Kugeltopf, ein klassischer Kochtopf ohne Standvorrichtung oder Bodenfläche, der zuweilen mit Stielen oder Henkeln ausgestattet war. Das Spektrum an Funktionstypen erweiterte sich aber noch in der Mitte des 13. Jahrhunderts. So kamen jetzt die sogenannten Grapen auf, dreibeinige Kugeltöpfe mit einem Stiel, die bereits eine ebene Herdfläche voraussetzen. Daneben gab es jetzt aber auch Kannen und Krüge, Becher, Pfannen und Schalen. Zumeist handelt es sich bei der lokalproduzierten Keramik, der Harten Grauware, um kurzlebige Massenware ohne aufwendiges Dekor. Eine Ausnahme stellt das Trink- und Schenkgeschirr dar, das entweder aus roter Irdenware oder aus Steinzeug besteht. Die Rote Irdenware ist zumeist glasiert, häufig mehrfarbig, und mit Applikationen wie Rosetten, Blüten, Noppen u.ä. verziert, bis hin zu relieffartigen Darstellungen von Gesichtern oder Figuren von Nonnen oder Rittern. Die Funde von Töpfereiabfällen belegen, daß glasierte Keramik auch vor Ort hergestellt wurde. Für die aufwendig dekorierten Krüge und Kannen wird aber ein Import aus Skandinavien angenommen (vgl. auch Schäfer 1991, Hoppe 1990).

Zu den elementaren Bedürfnissen des Alltags zählt auch die *Kleidung,* doch war diese stärker als etwa der Hausbau gelegentlichen Modeerscheinungen unterworfen. Abgesehen von Bildquellen und spätmittel-

alterlichen Kleiderordnungen ergeben sich auch durch archäologische Untersuchungen mannigfache Aufschlüsse, vor allem durch die Kloakenfunde. In die Abfallschächte gelangten mitunter tausende von viereckigen Kleidungsresten, offenbar das mittelalterliche Toilettenpapier. Wesentlich seltener sind gänzlich erhaltene Kleidungsstücke. Die Funde geben vor allem Auskunft zu Produktionstechniken wie Gewebebindungen, seltener aber zu kostümgeschichtlichen Fragestellungen. Immerhin lassen sich Fragen nach der Verbreitung bestimmter Materialien wie Seide oder nach dem erstmaligen Auftreten von Wollgestricken oder Filzen beantworten (Jaacks 1993, Tidow 1993).

*Leder* wurde im Gegensatz zu den Kleidungsstücken vor der Deponierung in den Kloaken in aller Regel nicht zerschnitten, so daß häufig gänzlich oder zum großen Teil erhaltene Schuhe oder Stiefel geborgen werden. In einer Rostocker Kloake fanden sich zudem 16 Schuhleisten (Schäfer/Patzelt 1992). Mittlerweile ist es spezialisierten Archäologen gelungen, zuverlässige Chronologien des Schuhwerks zu entwickeln (Groenman van Waateringe 1993).

Unter dem Sammelbegriff „*Trachtzubehör*" werden alle zur Kleidung gehörenden oder am Körper getragenen Gegenstände zusammengefaßt, also die „Accessoires" im heutigen Sinne. Es handelt sich um Schmuck, etwa Fingerringe, Schmucknadeln oder Halsketten, häufig aus Edelmetall bestehend oder mit Edelsteinen besetzt, zumeist aber aus Bronze oder Kupfer, in Einzelfällen auch nur aus Holz, Eisen oder poliertem Knochen. Edelmetallfunde sind insgesamt außerordentlich selten. Sie wurden sorgsam gehütet und gingen kaum verloren; unbrauchbar gewordene Schmuckstücke wurden wohl auch wieder eingeschmolzen. Zum Trachtzubehör zählen auch Knöpfe, Gürtel und Riemen sowie die bronzenen Schnallen und Gürtelbeschläge. Überraschend häufig sind Gegenstände, die der Hygiene oder Körperpflege dienten, so etwa aufwendig dekorierte Kämme aus Bein oder Horn, aber auch Pinzetten aus Eisen und Bronze oder gar solche mit einem Goldüberzug. Auch Messer gehörten zum Trachtzubehör, im Einzelfall auch Dolche (u.a. Schoknecht 1993). Abgesehen von den Klingen finden sich häufig die Messergriffe aus Holz oder Bein oder die Messerscheiden. Im weitesten Sinne müssen wir auch Pilgerabzeichen oder auch Pilgermuscheln zu dieser Gruppe des Trachtzubehörs rechnen.

Nach Wohnung und Kleidung sei mit der *Ernährung* auf ein drittes elementares Bedürfnis eingegangen. Auch hier muß betont werden, daß die schriftlichen und bildlichen Quellen überraschend viele Hinweise auf Festbankette zu herausragenden Ereignissen, zu Menü-Abfolgen oder gar zu Rezepten enthalten, uns aber nicht über die alltägliche Ernährung des Bürgers informieren. Diese Lücken vermag die Stadtkernarchäologie zum gewissen Teil zu schließen. Bei jeder größeren Grabung werden tausende von Speiseabfällen geborgen. Je nach Gründlichkeit der Bergung handelt es sich um Kleinfunde wie Obstkerne, Getreidekörner oder Fischgräten und um die größeren, kaum zu übersehenden Tierknochen oder Muschelschalen. Abgesehen von verschiedenen Getreidesorten sind u.a. Zwiebeln, Lauch, Bohnen und Erbsen oder Obstsorten wie Pflaume, Kirsche und Apfel belegt. Unter den Tierknochen dominieren bei allen Grabungen eindeutig jene von Haus- gegenüber jenen von Jagdtieren. Knochen von Hirsch, Reh, Wildschwein, Hase, Kaninchen oder Seehund sind zwar vertreten, in Einzelfällen auch einmal der im frühen 13. Jahrhundert noch heimische Braunbär, dürften aber nur selten auf den Tisch gekommen sein. Zu über 90 Prozent handelt es sich um Knochen von Schweinen, Rindern oder Ziegen/Schafen; hinzu kommen die Knochen von Enten, Gänsen oder Hühnern. Relativ selten sind Hunde, Katzen, Pferde und Ratten vertreten – diese Tiere sind wohl nur in Notzeiten verzehrt worden. Neben den Artenanteilen lassen sich auch Rückschlüsse auf die Größe der Tiere, auf das Schlachtalter oder auf das Geschlechterverhältnis ziehen. Fischgräten lassen sich schwieriger finden, doch sind durch die Ausgrabungen inzwischen zahlreiche Speisefische wie Barsch, Hecht, Scholle oder Hering belegt, durch ihre Schalen außerdem die Auster und die Miesmuschel (Reichstein 1993).

Mit wachsender Anzahl der Bevölkerung und mit zunehmend dichterer Bebauung vergrößerten sich in jeder Stadt die Probleme der Wasserversorgung und auch der Abfallbeseitigung (vgl. auch Hoppe 1990). Bei den Ausgrabungen sind immer wieder *Brunnen* erfaßt worden, zuweilen sogar mehrere, zeitlich aufeinander folgende. Zumeist bestanden sie aus Holz. Standen die wasserführenden Schichten bereits in ge-

ringer Tiefe an, genügten oftmals eingegrabene Fässer oder ausgehöhlte Baumstämme. Ansonsten sind vor allem zwei Konstruktionsweisen zu unterscheiden: Der Brunnen in Blockbauweise, zumeist quadratischen Grundrisses, aus horizontalen, mächtigen, einander an den Ecken überlappenden Balken errichtet, und der Brunnen aus senkrechten, ineinander verspundeten Bohlen. Die Größe der Brunnen war unterschiedlich, in aller Regel betrugen die Durchmesser zwischen einem und zwei Metern. Die Sohle pflasterte man mit kleinen Findlingssteinen, um einer Versandung vorzubeugen. Leider fanden sich selten Überreste des oberirdischen Aufbaus der Brunnenanlagen. Aus Gründen der Sicherheit und Bequemlichkeit müssen etwa hüfthohe Brüstungen vorhanden gewesen sein, zuweilen war wohl auch die gesamte Anlage mit einem Brunnenhaus überbaut. Seit dem späten 13. Jahrhundert setzen sich dann Brunnen aus Stein durch. Zunächst aus Feldsteinen, später vor allem aus Backsteinen errichtet (u.a. Hoppe 1993).

Im späten Mittelalter reichten aber auch diese Anlagen nicht mehr aus, um den ständigen Bedarf an Trinkwasser oder gar den gewerblichen Bedarf etwa der Brauer oder Gerber decken zu können. Die zahlreichen Baumaßnahmen und Bodeneingriffe innerhalb der Stadt, die Aufstauungen sowie Klimaschwankungen hatten die Grundwasserverhältnisse verändert. Viele Brunnen versiegten, bei nachlässiger Wartung versandeten sie auch oft, so daß über neue Formen der Wasserversorgung nachgedacht wurde. Es entstanden *Wasserkünste,* die älteste bereits 1272 in Breslau, jene in Lübeck um 1294 und schließlich seit 1354 die Wasserkunst in Wismar.

Bei den Ausgrabungen finden sich immer wieder hervorragend erhaltene Wasserleitungen, runde oder vierkantig zugebeilte Baumstämme von 6 bis 8 Meter Länge, zuweilen auch rinnenförmig zugerichtete Hölzer mit flacher Abdeckung. Probleme gab es wohl mit der Verbindung der Leitungen untereinander: Sie wurden, mit entsprechendem Wasserverlust, direkt aneinander gelegt oder auch ineinander gesteckt. Später ging man dazu über, die Hölzer mit Muffen aus Bronze, Messing oder Blei zu verbinden. Von den Hauptleitungen unter den Straßen zweigten Nebenleitungen in die einzelnen Häuser ab, die entweder in Brunnen mündeten, in sogenannten Soden, gemauerten Schächten oder Holzkästen, oder in hohlen Pfosten (Steigrohre). Beide Möglichkeiten sind durch Ausgrabungen belegt, auch finden sich häufig noch die bronzenen Wasserhähne, mit denen die Bohrungen in den Steigrohren verschlossen oder geöffnet werden konnten. Mit diesen Wasserleitungen wurden aber nicht nur die privaten Haushalte versorgt, sondern auch öffentliche Brunnen auf den Straßen oder auf den Marktplätzen, so etwa auch die Wasserkunst auf dem Marktplatz in

Wismar. Insgesamt versorgten diese Wasserkünste einen großen Teil der Bevölkerung mit Frischwasser. Auf einem Plan des 18. Jahrhunderts ist das Wasserleitungsnetz der Stadt Wismar wiedergegeben. Es ist deutlich nachvollziehbar, daß doch der weitaus größte Teil der Stadt mit Kunstwasser versorgt wurde, wenn dieses auch nicht unbedingt für jeden einzelnen Haushalt zutreffen mochte.

Mit wachsender Bevölkerung ergaben sich auch immer größere Probleme mit der Abfallbeseitigung. In der Frühphase der Städte bis zur Mitte des 13. Jahrhunderts scheint man dieses Problem auf schlichte Weise gelöst zu haben. Die ungewöhnlich dicken und außergewöhnlich fundreichen Schichten der Frühzeit belegen, daß man die Abfälle einfach auf die Hinterhöfe oder auf die Straßen schmiß, ja, selbst in den Kellern bildeten sich dicke, fundreiche Nutzungshorizonte. Viele Abfälle wurden anscheinend auch entsorgt, indem man sie als Befestigungsmaterial in den flußnahen, versumpften Bereichen an den Flüssen verwendete. Diese Bereiche wurden durch Holzroste und -kästen erschlossen, deren Zwischenräume mit Abfällen jeglicher Art verfüllt wurden (u.a. Schäfer 1993 349).

Mit zunehmender Pflasterung der Straßen und Höfe und mit Verlegung backsteinerner Fußböden in den Kellern ging man dazu über, in den hinteren Teilen der langen, handtuchartigen Grundstücke große Kloaken einzurichten. Diese Abfallschächte sind im Prinzip wie Brunnen konstruiert, in aller Regel aber größer und tiefer. Auch bei den Kloaken dominierten in der Frühzeit hölzerne Konstruktionen, bis sich im 14. Jahrhundert Backsteinanlagen durchsetzten. Die gewaltigen Schächte mit Durchmessern bis zu sechs und Tiefen um acht Meter, in Einzelfällen bis zu 14 Metern (Schäfer/Paasch 1989), wurde im geschilderten Absenkverfahren errichtet. Man hat ausgerechnet, daß ein solcher Schacht etwa 30 bis 50 Jahre genutzt werden konnte, bis er voll war und geleert werden mußte.

In die Kloaken gelangten nicht nur die menschlichen und tierischen Exkremente, sondern jegliche Abfälle der Haushalte, also vor allem zerbrochenes oder unmodisch gewordenes Geschirr, zum Teil ganze Kücheninventare aus Holz, Keramik oder Glas, untauglich gewordenes Gerät, daneben aber auch mißlungene Produkte der Handwerker oder jene Abfälle, die bei den Arbeiten der Drechsler, Bernsteindreher oder Kammhersteller anfallen. Somit stellen gerade Kloaken eine der gewichtigsten Befundgruppen der archäologischen Forschung dar. Die Bergung der Verfüllungen stellt zwar hohe Anforderungen an Physis und Psyche der Mitarbeiter, doch entschädigt zumeist der außergewöhnliche Fundreichtum, der häufig einen Querschnitt durch die Sachkultur eines spätmittelalterlichen Haushalts darstellt.

Wenden wir uns den angenehmeren Seiten mittelalterlichen Lebens zu, nämlich dem Spielen und der Freizeit. Zahlreiche archäologische Funde widerlegen ebenso wie Bildquellen und schriftliche Überlieferungen die Behauptung, die mittelalterliche Gesellschaft sei kinderfeindlich gewesen. Bei Spielzeugfunden läßt sich allerdings im Einzelfall zuweilen nicht entscheiden, ob es sich um Spielzeug von Kindern oder von Erwachsenen handelte. So finden sich außerordentlich häufig kleine Tonkugeln mit Durchmessern zwischen 1,3 und 2,2 cm, die sicherlich als Murmeln verwendet wurden. Das Murmelspiel war im Mittelalter außerordentlich beliebt, davon zeugen zahlreiche Ratsverordnungen, in denen das Spiel verboten wurde – offensichtlich ohne viel Erfolg. Noch eindeutiger scheint es bei den Würfeln zu sein. Auch dieses Spiel war sehr beliebt, wie Verordnungen und Verbote sowie Einschränkungen auf bestimmte Personengruppen oder Spielorte belegen. Nach unserem heutigen Verständnis möchte man die Würfel der Erwachsenenwelt zuordnen, gleiches gilt für die hölzernen Kegelkugeln und die Spielsteine aus Holz oder Knochen. Kommen wir zu jenem Spielzeug, das wir uns nur in den Händen von Kindern vorstellen können: So finden sich kleine Rasseln aus Ton, mit Steinchen gefüllte Hohlkörper, und Miniaturgefäße wie kleine Krüge, Kannen, Töpfe oder Grapen. Diese Gefäße sind ihren größeren Vorbildern exakt nachgeformt, einschließlich winziger Henkel, Ausgüsse, Glasuren oder Grapenbeine. Es dürfte sich um Puppengeschirr gehandelt haben. Sehr eindrucksvoll sind die kleinen Tonfiguren. Funde von Töpfereiabfällen bezeugen, daß diese Puppen und auch Tiere wie Pferd, Hirsch, Hund oder Vogel in erstaunlich großen Stückzahlen angefertigt wurden. Spielzeug aus Metall oder gar aus Edelmetall war selten; Spielzeug aus Holz hingegen war relativ billig herzustellen und dürfte sehr verbreitet gewesen sein, hat sich aber im Erdreich nur bei feuchten Lagerungsbedingungen erhalten. Immerhin liegen mehrere geschnitzte Holzpuppen mit plastisch herausgeformten Armen und Gesichtern, außerdem zahlreiche Kreisel, ähnlich jenen, die bis vor wenigen Jahren in Gebrauch waren, und mehrere Bälle. Weiter fanden sich der Rumpf eines kleinen Schiffchens und einige Miniaturwaffen, eine Armbrust, eine Axt oder ein Bogen, außerdem ein hölzerner Pflug. Wir dürfen wohl vermuten, daß selbstverständlich, wie noch heute, Waffen und andere Geräte der Erwachsenen aus Holz nachgebildet wurden. Spielen war eben auch im Mittelalter nicht immer zweckfrei, sondern diente auch der Vorbereitung für das zukünftige Leben als Erwachsener (Buchholz 1990, Gläser 1989).

Literatur

Buchholz 1990          Rita Buchholz, Mittelalterlich-frühneuzeitliche Spielzeugfunde aus Wismar, in: Wismarer Studien zur Ar-
                       chäologie und Geschichte 1, 1990 56-61.

Falk 1992              Alfred Falk, Stadtarchäologie und Sachkulturforschung in: Wismarer Studien zur Archäologie und Ge-
                       schichte 2, 1992 31-47.

Falk u.a. 1989         Alfred Falk, Manfred Gläser und Cornelia Moeck-Schlömer, Wasserversorgung und Abfallbeseitigung
                       in: Jörgen Bracker Hrsg.), Die Hanse. Lebenswirklichkeit und Mythos 1. Hamburg 1989 409-413.

Fehring 1989           Günter P. Fehring, „Domus lignea cum caminata" – hölzerne turmartige Kemenaten des späten 12.
                       Jahrhunderts in Lübeck und ihre Stellung in der Architekturgeschichte in: Festschrift für Wolfgang Hü-
                       bener ( = Hammaburg N.F. 9) 1989 271-283.

Fehring 1990           Günter P. Fehring, Stadtarchäologie in der Hansestadt Lübeck, in: Wismarer Studien zur Archäologie
                       und Geschichte 1, 1990 71-90.

Gläser 1989            Manfred Gläser, Mittelalterliche Spielzeugfunde, in: Jörgen Bracker (Hrsg.), Die Hanse. Lebenswirklich-
                       keit und Mythos 1. Hamburg 1989 441 f.

Gläser 1993            Manfred Gläser, Stadtkernarchäologie in den Hansestädten an der Ostsee. Stand, Aufgaben und Per-
                       spektiven, in: Ders. Archäologie des Mittelalters und Bauforschung im Hanseraum ( = Schriften des
                       Kulturhistorischen Museums in Rostock 1). Rostock 1993 53-60.

Gralow 1990            Klaus-Dieter Gralow, Hölzerner Hausrat aus Wismarer Schwindgruben, in: Wismarer Studien zur Ar-
                       chäologie und Geschichte 1, 1990 49-55.

Groenman van           Willi Groenman-van Waateringe, Organische Funde aus Lübeck. Ein Spiegelbild der wirtschaftlichen
Waateringe 1993        und sozialen Entwicklung der Hansestadt? In: Manfred Gläser (Hrsg.), Archäologie des Mittelalters und
                       Bauforschung im Hanseraum ( = Schriften des Kulturhistorischen Museums in Rostock 1). Rostock
                       1993 505-510.

Hoppe 1990             Klaus-Dieter Hoppe, Aufgaben und erste Ergebnisse der Stadtarchäologie in Wismar, in: Wismarer Stu-
                       dien zur Archäologie und Geschichte 1, 1990 20-48.

Hoppe 1990             Klaus-Dieter Hoppe, Untersuchung eines mittelalterlichen Brunnens im Wismarer Rathauskeller, in:
                       Manfred Gläser (Hrsg.), Archäologie des Mittelalters und Bauforschung im Hanseraum ( = Schriften
                       des Kulturhistorischen Museums in Rostock 1), Rostock 1993 341-346.

Huth 1975              Ernst-Walter Huth, Die Entstehung und Entwicklung der Stadt Frankfurt (Oder) und ihr Kulturbild vom
                       13. bis zum frühen 17. Jahrhundert aufgrund archäologischer Befunde. Berlin 1975.

Jaacks 1993            Gisela Jaacks, Kostümgeschichtliche Untersuchungen an den Gewebefunden aus den Grabungen Hun-
                       destraße, Schrangen und Königstraße zu Lübeck, in: Lübecker Schriften zur Archäologie und Kulturge-
                       schichte 23, 1993 283-293.

Legant-Karau 1983      Gabriele Legant-Karau, Vom Großgrundstück zur Kleinparzelle. Ein Beitrag der Archäologie zur Grund-
                       stück- und Bauentwicklung Lübecks um 1200, in: Gläser (Hrsg.), Archäologie des Mittelalters und Bau-
                       forschung im Hanseraum ( = Schriften des Kulturhistorischen Museums in Rostock 1). Rostock 1993
                       207-215.

Legant-Karau 1994      Gabriele Legant-Karau, Mittelalterlicher Holzbau in Lübeck an der Schwelle vom ländlichen zum städti-
                       schen Siedlungsgefüge, in: Archäologisches Korrespondenzblatt 24, 1994 333-345.

Mangelsdorf 1992       Günter Mangelsdorf, Ergebnisse archäologischer Stadtkernforschung in Greifswald, in: Lübecker
                       Schriften zur Archäologie und Kulturgeschichte 22, 1992 273-287.

Mangelsdorf 1993       Günter Mangelsdorf, Erste Dendrodaten zur Frühgeschichte des Greifswalds, in: Manfred Gläser
                       (Hrsg.), Archäologie des Mittelalters und Bauforschung im Hanseraum ( = Schriften des Kulturhistori-
                       schen Museums in Rostock 1). Rostock 1993 107-11.

Mulsow 1993            Ralf Mulsow, Stadtarchäologie in Rostock. Ein Überblick, in: Manfred Gläser (Hrsg.), Archäologie des
                       Mittelalters und Bauforschung im Hanseraum (Schriften des Kulturhistorischen Museums in Rostock 1).
                       Rostock 1993 47-52.

Neugebauer 1968        Werner Neugebauer, Ausgrabungen in der Altstadt Lübecks, in: Rotterdam papers 1, 1968 93-113.

Neugebauer 1993   Werner Neugebauer, Die Anfänge der Mittelalterarchäologie in Lübeck, in: Manfred Glöser (Hrsg.), Archäologie des Mittelalters und Bauforschung im Hanseraum (Schriften des Kulturhistorischen Museum in Rostock 1). Rostock 1993 35-42.

Nickel   Ernst Nickel, Der „Alte Markt" in Magdeburg ( = Deutsche Akademie der Wissenschaften zu Berlin). Schriften der Sektion für Vor- und Frühgeschichte 18 ( = Ergebnisse der archäologischen Stadtkernforschung in Magdeburg, hrsg. v. Wilhelm Unverzagt, Tl. 2). Berlin 1964.

Reichstein 1993   Hans Reichstein, Tierknochen aus acht Jahrhunderten aus der Hansestadt Lübeck in: Manfred Gläser (Hrsg.), Archäologie des Mittelalters und Bauforschung im Hanseraum ( = Schriften des Kulturhistorischen Museums in Rostock 1). Rostock 1993 511-515.

Rötting 1985   Hartmut Rötting, Stadtarchäologie in Braunschweig – fachübergreifender Arbeitsbericht zu den Grabungen 1976 – 1984 ( = Forschungen der Denkmalpflege in Niedersachsen 3). Hameln 1985.

Schäfer 1991   Heiko Schäfer, Faststeinzeuge und Steinzeuge des 13. bis 16. Jahrhunderts aus der Hansestadt Rostock. Eine Studie zu Chronologie, Handel, Lebensweise und Terminologie, Diplomarbeit Berlin 1991.

Schäfer 1993   Heiko Schäfer, Das archäologische und bauhistorische Forschungsprojekt Katharinenkloster zu Rostock, in: Manfred Gläser (Hrsg.), Archäologie des Mittelalters und Bauforschung im Hanseraum ( = Schriften des Kulturhistorischen Museums in Rostock 1). Rostock 1993 347-352.

Schäfer 1994   Heiko Schöfer, Älteste Holzhäuser Greifswalds entdeckt, in: Archäologie in Deutschland 1/1994, 46 f.

Schäfer/Paasch 1989   Heiko Schöfer und Andreas Paasch, Ein spätmittelalterlicher Feldsteinbrunnen mit reichem frühneuzeitlichen Fundmaterial aus Rostock, Wokrenterstraße 41, in: Ausgrabungen und Funde 34, 1989 145-154.

Schäfer/Patzelt 1992   Heiko Schäfer und Cathrin Patzelt, Schuhleisten und andere Funde aus einem Rostocker Schacht des 14./15. Jahrhunderts, in: Wismarer Studien zur Archäologie und Geschichte, 1992 58-65.

Scheftel 1990   Michael Scheftel, Mittelalterlicher Hausbau in Städten des niederdeutschen Raumes und der angrenzenden Küstengebiete, in: Lübecker Schriften zur Archäologie und Kulturgeschichte 20, 1990 7-100.

Schindler 1957   Reinhard Schindler, Ausgrabungen in Alt-Hamburg. Neue Ergebnisse zur Frühgeschichte der Hansestadt. Hamburg 1957.

Schoknecht 1993   Ulrich Schoknecht, Ein neuer Nierendolch aus Wismar, in: Manfred Gläser (Hrsg.), Archäologie des Mittelalters und Bauforschung im Hanseraum ( = Schriften des Kulturhistorischen Museums in Rostock 1). Rostock 1993 467-469.

Schmitt 1994   Georg Schmitt, Gründungszeitliches aus Rostock, in: Archäologie in Deutschland 2/1994, 49.

Schütte 1981   Sven Schütte, Stadtarchäologie 1981, Städtisches Museum Göttingen.

Steppuhn 1994   Peter Steppuhn, Mittelalterliche Kloaken in Rostock, in: Archäologie in Deutschland 3/1994, 46 f.

Tiedow 1993   Klaus Tiedow, Spätmittelalterliche und frühneuzeitliche Wollgewebe aus Lübeck, London und Oslo, in: Manfred Gläser (Hrsg.), Archäologie des Mittelalters und Bauforschung im Hanseraum ( = Schriften des Kulturhistorischen Museums in Rostock 1). Rostock 1993 517-523.

*Kristina Hegner*

# MITTELALTERLICHE KLEINBILDWERKE IN DEN FRAUENKLÖSTERN DES BISTUMS SCHWERIN

## vornehmlich im Zisterzienserinnen-Kloster Zum Heiligen Kreuz in Rostock und im Klarissenkloster Ribnitz

Zwei Fragenkomplexe waren bei der Untersuchung zu bedenken. Der eine betrifft den archivalisch und real überlieferten Bestand in vorreformatorischer Zeit, die Fragen nach Schenkung, Nonnenarbeit und Auftragswerk für den Konvent mit dem nach selbständigen ikonographischen Lösungen und erwerbsmäßiger Betätigung der Klosterfrauen sowie der in den Kleinbildwerken sichtbaren Verbindungen mit niedersächsischen Konventen, der andere das Verhältnis der evangelischen Konventualinnen zu diesem Erbe.

Um einen Einblick in den einstigen Besitz an Kleinbildwerken zu bekommen, standen zur Verfügung die 1909 veröffentlichte Ribnitzer Klosterchronik des Beichtvaters Lambert Slaggert sowie ungedruckte Kirchenvisitationsprotokolle und Inventurverzeichnisse des Rostocker Klosters von 1593/95 und 1625, wobei hier einzeln aufgeführt sind nur die Stücke aus kostbarem oder ungewöhnlichem Material (Techen 1909, Pettke 1982, AHR Rat 162). In den 60er Jahren des 19. Jahrhunderts konnte Friedrich Schlie die damals noch auf dem Nonnenchor aufbewahrten Kleinbildwerke erstmals sehen, bevor er sie vollständig und knapp im Band 1 seiner „Kunst- und Geschichtsdenkmäler des Großherzogthums Mecklenburg-Schwerin", Schwerin 1986, veröffentlichte, auszugsweise bereits ein Jahr zuvor in der Zeitschrift für christliche Kunst. Nach Aufhebung des evangelischen Damenstifts (1920) wurden sie in das Mecklenburgische Landesmuseum überwiesen, wie auch später die Ribnitzer Kleinbildwerke.

Die sechs mittelalterlichen Frauenklöster im Bistum Schwerin sind außer dem nachmaligen Zisterzienserinnen-Kloster Malchow fürstliche bzw. landesherrliche Gründungen: die Klöster der Zisterzienserinnen in Neukloster und Rostock, die der Benediktinerinnen in Dobbertin und Rühn und das der Klarissen in Ribnitz. Dabei nehmen Ribnitz und Rostock, die beide innerhalb der jeweiligen Städte lagen, eine Sonderstellung ein, das erste als bevorzugte Stiftung des mecklenburgischen Fürstenhauses und eine unter seelsorgerischer Betreuung der Franziskaner stehende selbständige Abtei, das zweite als ein den Töchtern des Rostocker Patriziats vorbehaltener Konvent. Während in nachreformatorischer Zeit Dobbertin, Malchow und Ribnitz zu vorwiegend vom Adel genutzten evangelischen Landesklöstern und Rühn

auf bischöflichem Territorium zum Adelsstift umgewandelt wurden, erfolgte seine Umwandlung in ein städtisches evangelisches Jungfrauenkloster, zu dem aber auch weitere inländische Landestöchter Zugang hatten. Es unterstand dem Rat der Stadt.

Das Rostocker Zisterzienserinnen-Kloster Zum Heiligen Kreuz beruft sich auf seine Gründung durch die dänische Königin Margarethe im letzten Drittel des 13. Jahrhunderts, die dem Kloster einen Span vom heiligen Kreuz vermachte. Dazu gab sie wahrscheinlich noch eine elfenbeinerne Lade, wohl einst mit Heiltum gefüllt, und zwei kostbar verzierte Schürzen. Die frühesten erhaltenen Stücke sind die Giebelseite eines Email-Reliquienschreinchens (Staatliches Museum Schwerin – SMS G 2577), ca. 100 Jahre vor der Klostergründung entstanden, und ein hölzernes Statuettenreliquiar (SMS Pl. 34) in Gestalt eines Gnadenstuhls aus dem Ende des 13. Jahrhunderts. Denkt man bereits hier an Niedersachsen, so ist ein erster Ansatzpunkt für die Beziehungen zwischen den mecklenburgischen und niedersächsischen Klöstern mit einer kleinen Sitzmadonna (SMS Pl. 28) der Zeit um 1300 gegeben, die einen Vergleich mit dem Wienhäuser Gnadenbild gestattet. Nach Lüneburg als Werkstattsitz weisen auch die den Rostocker Hinterglasmalereien verwandten Werke (SMS G 2627). Vermittlerin kann Mechthild von Braunschweig-Lüneburg gewesen sein, die zweite Gemahlin des mecklenburgischen Fürsten Heinrich Werle I., die später als Witwe in Kloster Wienhausen lebte. Für das weitere 14. Jahrhundert, besonders für die erste Hälfte desselben, sind vor allem Arbeiten aus dem kölnisch-rheinischen Raum zu verzeichnen. Zwei Nußbaumstatuetten (SMS Pl.29, Pl. 31) mögen persönliches Geschenk oder testamentarisches Vermächtnis gewesen sein. Eine Bestellung vielleicht war ein hölzernes Ursulahaupt (MLHA Eccl. spec. 9657/1, 9656), wie dergleichen in Köln serienweise hergestellt und meist bereits mit den Reliquien der Heiligen und ihrer Gefährtinnen exportiert wurden. Gegen 1400 scheint es erste Direktbeziehungen zwischen dem Rostocker und den Heideklöstern zu geben. Die Kontakte zwischen den Konventen erklären sich aus den verwandtschaftlichen Beziehungen des mecklenburgischen Fürstenhauses in all seinen Gliedern mit dem von Braunschweig-Lüneburg und aus der historischen Verbin-

---

83

dung zwischen Niedersachsen und Mecklenburg, das von Herzog Heinrich dem Löwen im 12. Jahrhundert erobert worden war. Seine Tochter Mechthild wurde die zweite Frau von Fürst Heinrich Borwin I., des Gründers von Neukloster und Dobbertin. Wenig später gründete Agnes von Meißen, die Schwiegertochter des Löwen, die Klöster Wienhausen und Isenhagen, die in der Folgezeit dem Zisterzienserorden inkorporiert wurden. Tochter, Witwe, Schwägerin und Enkelin mecklenburgischer Fürsten traten in das Kloster Wienhausen und waren in drei Fällen sogar Äbtissinnen. Andere Töchter regierten im Klarissenkloster Ribnitz. Nach Isenhagen weisen zwei kleine, leider verlorene Altärchen in Lüstertechnik und die besondere Art, die Muschel des Hl. Jacobus blütenartig mit einem Band an dem Pilgerstab zu befestigen. Bis zur Mitte des 15. Jahrhunderts entstehen im Heiligenkreuz-Kloster und in einer Rostocker Werkstatt weitere gemalte Flügelaltärchen zur privaten Andacht in den Nonnenzellen, von denen 14 bis 1945 erhalten blieben. Kleine Vera-Icon-Darstellungen können aus Wienhausen nach Rostock vergabt worden sein und wurden dort zum Vorbild eines gerahmten Heiligen Antlitzes (SMS G 2625). Anscheinend erhielten die Rostocker Nonnen aus diesen Klöstern auch Holzschnitte, von denen wohl einer als Vorlage für ein gemaltes Altärchen (SMS G 829) diente. Aus der Folgezeit bis zur Reformation können neben typischen Klosterarbeiten nur Statuetten nachgewiesen werden, von denen wahrscheinlich vier in den Niederlanden bzw. in England gefertigt wurden (SMS Pl. 221, 600, 152) und als Gabe über Dritte an den Konvent oder einzelne Nonnen kamen. Um das Jahr 1500 beginnt eine intensive handwerkliche Betätigung im Konvent, wohl im Gefolge der von Bischof Konrad Loste angeordneten Reform. Reliefs oder Model werden in Papiermasse und Wachs abgeformt, Reliquien in Stoff und Draht gefaßt, mit Pailetten benäht und aus seidenumwickeltem Draht künstliche Blumen gebogen (SMS MK 38). Damit werden Reliquiare ausgestattet oder in gleicher Technik mit diversen Perlen, Naturmaterialien und Flinderln Heiligenkronen gefertigt, von denen eine die Zeiten überdauert hat (SMS Pl. 28). Allein 16 Flitter- und Perlenkronen, klein und groß, waren 1593/95 noch vorhanden und zwei Fürbindel. Hinzu kommen noch mindestens zwei Krönlein. Um die Heiligenfiguren zu schmücken, wurden auch diverse Mäntel, Röcke und Schürzen genäht und bestickt. In den Schränken lagen Ende des 16. Jahrhunderts drei Marien- und acht Heiligenmäntel, davon sechs ausdrücklich als klein bezeichnet, ein Marienrock, zwei große Marienschürzeltücher und ein kleines Heiligenbrusttuch. Zwei Bündel mit allerlei *„getuch, darmitt die heiligen auffgeschmücket wordenn"* kamen noch hinzu. Sechs kleine Statuetten wurden wie Puppen bekleidet und geziert. Auch für das ältere Marienbild (SMS Pl. 28) der Zeit

um 1300 fertigten die Nonnen Mäntelchen und für das Kind ein Schlupfkleidchen. Dazu mußten sie die rückseitige Thronlehne verändern und die Neigung des Marienhauptes.

Die Rostocker Schwestern nutzten ihre Fertigkeiten auch zur Herstellung einer Brautkrone mit dem passenden Schapel, wie sie *„zu den hochzeiten vorheuert wirdt"* (AHR Rat 162). Vielleicht fertigten sie Brautkronen auf Bestellung, um ihre Einkünfte zu verbessern. Um sie auszuleihen, besaßen die Kirchen häufig Brautkronen. Wahrscheinlich arbeiteten die Nonnen und Konventualinnen auch Stickereien auf Bestellung. Das Inventarverzeichnis erwähnt *„Zwey Ney ramen, der eine gros der andere klein, darinnen Leinen wand gespannen, und bildwerk mit gold und seide zunehen Artlich angefangen"* (AHR Rat 162). Zwei einander ähnliche Kaselkreuze aus der Rostocker Marienkirche (seit 1636 in Weitendorf) und im Kloster Dobbertin werden wohl im Rostocker Konvent gestickt und dann verkauft bzw. verschenkt worden sein.

Typische Klosterarbeiten sind auch zwei Kastenaltärchen mit Wachsreliefs (SMS MK 40,41). Ein Flügel mit heiligem Bischof in gleichem Format und gleicher Technik wurde im Zisterzienserinnen-Kloster Isenhagen gefunden. Vielleicht war das zugehörige Altärchen ein Geschenk des Rostocker Konvents. Damals, nach der katholischen Reform, kam es offenbar zu einem weiteren Austausch mit den Heideklöstern. Große Gemeinsamkeiten weisen zwei gepreßte Zinnreliefs in Rostock (SMS MK 42) und Wienhausen auf, die wohl in Niedersachsen (Lüneburg?) entstanden sind. Lüneburger Schmuckbleche, wie sie in den niedersächsischen Konventen auf die Paramente genäht wurden, blieben auch im Ribnitzer Klarissenkloster erhalten.

*Mecheln um 1500. Christkind aus dem Kloster Zum Heiligen Kreuz in Rostock (Staatliches Museum Schwerin Inv. Nr. Pl. 600)*

In der Gesamtheit der privaten Andachtsbilder des Rostocker Klosters können wir unterscheiden zwischen jenen, die bekannte Schemata wiederholen, sei es durch Bestellung in zünftiger Werkstatt oder durch Abformung von Reliefs, und jenen, die neue bzw. klosterspezifische ikonografische Lösungen bringen. Ein hölzernes Devotionskreuz (SMS MK 43) aus dem Anfang des 14. Jahrhunderts erweist sich als gemaltes Reliquienkreuz, das bezugnehmend auf die Hauptreliquie des Klosters Reliquienverehrung und Kreuzesandacht miteinander verbindet. Im frühen 15. Jahrhundert entstehen im Kloster eine Reihe von gemalten Altärchen, in deren Zentrum Maria und Johannes das Kreuz Christi zur Verehrung vorweisen (SMS G 827, KK 23, G 2618), in der Tradition der von Engeln getragenen Heiligen Kreuze, wie man sie v.a. auf Reliquientafeln des 12. Jahrhunderts fand. Das Kreuz beherrscht die Komposition auch anderer Darstellungen. Die zweite Hauptreliquie des Klosters, ein Dorn aus Christi Dornenkrone, gefaßt in einen Bergkristall auf der Spitze eines dreiarmigen Ostensoriums, prägt die ungewöhnliche Darstellung eines Christus im Elend (SMS Pl. 154) aus dem 1. Drittel des 16. Jahrhunderts. Das kleine Rostocker Andachtsbild unterscheidet sich nicht nur von dem Typus des gefesselten Christus im Elend, sondern auch von dem des trauernden Christus. Üblicherweise stützt der von seinen Leiden erschöpfte Gottessohn die Wange in die Hand. Hier aber greift er in die spitze Dornenkrone. Diese Skulptur kann nur auf Wunsch der Nonnen derart angefertigt worden sein.

Im allgemeinen dominieren diejenigen Heiligen, die mit dem Christuskind, der Hochaltarweihe oder den Reliquien des Klosters in Verbindung stehen. Thematisch überwiegen eindeutig die christozentrischen Themen, namentlich die Passion Christi. Während die Gottesmutter isoliert oder im Zentrum eines Altärchens nur sechsmal erscheint, und zwar neben zwei Werken des frühen 14. Jahrhunderts erst wieder seit etwa 1500 im

*Niederdeutsch (Rostocker Werkstatt?)*
*1. Drittel 16. Jahrhundert*
*Christus im Elend aus dem Kloster Zum Heiligen Kreuz in Rostock (Staatliches Museum Schwerin Inv. Nr. Pl. 154)*

Zuge der gesteigerten Marienverehrung, steht allein zwanzigmal das Kreuz Christi im Mittelpunkt: an erster Stelle (13) Christus am Kreuz zwischen Maria und Johannes im Zentrum eines Altärchens oder als plastische Gruppe, gefolgt von vier Gnadenstuhl-Darstellungen. Das frühe Statuettenreliquiar (SMS Pl. 34) aus dem Ende des 13. Jahrhunderts fügt sich ein in die allgemeine Verehrung der Hl. Dreifaltigkeit, wie sie in den Nonnenviten und -visionen zum Ausdruck kommt, und in die des Klosters. Sein Hauptaltar ist an erster Stelle der

*Kloster Zum Heiligen Kreuz. Anfang 15. Jahrhundert. Flügelaltärchen mit Christus am Kreuz zwischen Maria und Johannes aus dem Kloster Zum Heiligen Kreuz in Rostock (Staatliches Museum Schwerin Inv. Nr. G 827)*

Trinität geweiht. Es betont das Bildwerk mit dem jugendlichen Gottvater die mystische Sicht, bei der Gottvater und Christus in einer Gestalt verschmelzen. Das Rot des Thrones weist auf die hohe Gottheit und das Grün des Kreuzes auf die Menschheit des Herrn. Zugleich wird das Kreuz zur Verehrung vorgewiesen. Das Bildwerk beeinflußt noch die zentrale Darstellung eines zweiten, jüngeren Flügelaltärchens (SMS G 829). Auch hier wird Christus in der Gestalt Gottvaters gesehen. Dazu kommen riesige, den Gewürznäglein ähnelnde Kreuzesnägel. Sie erinnern an die Vorstellung vom Baum, der süße Näglein trägt, die wohl auch einst Gertrud von Helfta dazu bewogen hatte, die eisernen Nägel ihres kleinen Kruzifixes durch Gewürznelken zu ersetzen. So ist das Altärchen Zeugnis weiterlebender Nonnenmystik wie volkstümlicher Kreuzes- und Kreuzesnagelverehrung.

Außer den privaten Bildern zur täglichen Andacht in den Zellen besaß das Kloster auch mehrere Kleinbildwerke, die in Liturgie und Brauchtum des Konvents einbezogen wurden: mindestens ein bekleidetes und geschmücktes Jesuskind, zwei Christkindwiegen und ein Paar Leuchterengel (SMS PL. 160), vielleicht Teil einer Weihnachtsgruppe. Dazu kommt ein kleinplastisches Bildwerk (SMS PL. 30), das Heiliges Grab und Auferstehungsgruppe in einem ist. Der Auferstandene läßt sich herausnehmen und durch die Hostie ersetzen. Somit konnten die Nonnen auf dem Schwesternchor im Kleinen das nachvollziehen, was ähnlich möglicherweise „benedden im Chor" in der Osterliturgie mit einer lebensgroßen Grabfigur geschah.

Die Gesamtheit der seinerzeit in das Mecklenburgische Landesmuseum überwiesenen Kleinbildwerke aus dem Rostocker Zisterzienserinnen-Kloster Zum Heiligen Kreuz läßt sich in seiner Vielfalt nur mit dem Besitz der Benediktinerinnen-Abtei Nonnberg (Tietze 1911) vergleichen. Gleichwohl dort in Salzburg neben einer Vielzahl an Klappaltärchen, Täfelchen und hölzernen Statuetten kostbare Reliquiare und hier in Rostock solche in Klosterarbeit erhalten sind. So gab es damals noch u.a. 9 bis 10 unterschiedliche Reliquiare bzw. deren Fragmente, 17 weitere Statuetten und 24 weitere Flügelaltärchen, Tafeln und Täfelchen, gemalt, abgeformt und gepreßt. Erst der zweite Weltkrieg dezimierte diese Anzahl um ein Viertel. Ein Blick auf die in evangelische Damenstifte umgewandelten Lüneburger Klöster zeigt, daß zwar Leinen- und Wollstickereien in reicher Zahl noch heute vorhanden sind, aber nur vereinzelte, wenn auch spezifisch klösterliche Kleinbildwerke und Zeugnisse des Reliquienkultes. In Wienhausen, dem bevorzugten Kloster des Hauses Braunschweig-Lüneburg sind Kleinbildwerke ebensowenig erhalten wie Klosterarbeiten aus künstlichen Blumen, der vorauszusetzende Reichtum an Silberarbeiten ist verloren. Die aufsehenerregenden Funde auf dem Nonnenchor (Appuhn 1965) sind wie in Isenhagen Devotionalien und Gegenstände des Alltags, von denen sich die Nonnen getrennt, die sie „begraben" hatten an geweihtem Ort.

Der zweite Fragenkomplex betrifft das Verhältnis der protestantischen Konventualinnen zu dem überlieferten Erbe unter besonderer Berücksichtigung eines Vergleichs des bürgerlich-städtischen Rostocker und des adligen, vom Herzogshaus bevorzugten Ribnitzer Klosters. Welche Rolle spielten hierbei Bestimmung und Unterstellung der Klöster in katholischer und nachreformatorischer Zeit?

Seit 1531 war der Rat der Stadt Rostock die Obrigkeit des Klosters, das gegen 1562 in ein evangelisches Damenstift umgewandelt wurde. Damals war Anna Sassen Unterpriorin, seit 1566 Domina. Wirtschaftliche Schwierigkeiten zwingen sie mehrmals, etliches Silberwerk zu verkaufen oder zu verpfänden, darunter „1 Schale mit einem vorgulden bilde Gott des Vaters und Marien inwendig" und eine kleine Schale mit der Hl. Anna Selbdritt (AHR Rat 162). Gesuche der Königin Elisabeth von Frankreich und ihres Bruders Ernst von Österreich 1592 an das Kloster um Überlassung „der Particule des Heiligen Creutzes und andren heiligthumbs" werden nicht erhört. Auch das Gesuch des anderen erzherzoglichen Bruders Matthias 1593 an den Rat der Stadt, die genannten Reliquien (AHR Rat 133) nun, nach der gewiß stattgefundenen Wahl einer neuen „Abbtissin", zu überweisen, bleiben erfolglos. Die evangelischen Damen und Ratsherren trennen sich nicht von ihren Reliquienschreinen und kupfernen Monstranzen mit einem Dorn von Christi Dornenkrone und jener mit der namengebenden Kreuzreliquie. Die Kreuzesreliquie, die Königin Margarethe von Dänemark vom Papst empfangen hatte, befand sich noch ausgangs des 16. Jahrhunderts in einem Wandschrank des Vorchores. Hier wurde hinter drei Schlössern verwahrt „eine kleine Monstrantz mit einem runden Christallinen glase darauff auch ein Creutz hierin de Ligno crucis Christi" (AHR Rat 162). Das im 16. Jahrhundert geschaffene, mehrfach übermalte und noch heute im Kloster vorhandene Historienbild konnte sich folglich nicht nur auf die Reliquie, sondern auch auf das Reliquiar berufen. 1593/95, nach dem Tode der langjährigen Domina, erfolgte eine Bestandsaufnahme des gesamten Klosterinventars. Eine Sachgruppe lautet: „Etliche steinen und hultzern ausgeschnittene bilder, geschmück, und zubehor". Damals besaß das evangelische Damenstift noch 32 genauer bzw. zahlenmäßig erfaßte Statuetten, darunter sechs mit Kleidung und Schmuck gezierte kleine Figuren, und gemalte Tafeln sowie zweimal „etlich alte Heilig", dazu zwei Christkindwiegen, zwei Spielpüppchen, sechs Kleinodien aus Silber, Perlmutt und Bernstein, die beiden Reliquienmonstranzen und zwei Reliquienantependien, ebenso zwei größere Reliquientriptychen, Straußeneier und Rosen von Jericho, erst 1625 verzeichnet. Holzschnitte und Miniaturen wurden nicht aufgeschrieben, wohl aber wird es sie gegeben haben.

Bis zur Aufhebung des evangelischen Damenstiftes bleiben mindestens 90 % des am Ende des 16. Jahrhunderts aufgenommenen Besitzes an Kleinbildwerken erhalten, auch der zerbrochene alabasterne Antonius. Weitgehend verloren hingegen ist der Besitz an Paramenten, wohl völlig der spärliche Besitz an Silberwerk. Über dessen Umfang läßt sich jedoch wenig sagen, da man nicht weiß, inwieweit das Kloster 1534/35 von der städtischen Beschlagnahmung des Kirchensilbers und der Kleinodien, von Kupfer und Meßgewändern betroffen worden ist. Schon der bei der landesherrlichen Kirchenvisitation 1566 erfaßte Besitz an Silberwerk war auffallend gering. Er wird sich mit den ebenfalls aufgenommenen Heiltumsbehältnissen wohl in der zugänglichen Sakristei befunden haben und scheint requiriert worden zu sein. Nicht die Zeiten überdauert hat die Monstranz mit dem Splitter des Hl. Kreuzes.

Waren ausgangs des 16. Jahrhunderts noch fast alle Kleinbildwerke in den Gemächern der Domina bzw.

auf dem Chor im Stuhlschrank der Priorin (oder Unterpriorin) untergebracht, so fanden sich 1625, bei Inventur nach dem Tode der neuen Domina, die Kleinbildwerke in einem Schrank auf dem Nonnenchor vereint, wo auch beiderseits des Altares die Reliquienschreine aufgestellt waren. Die kleinen bekleideten und geschmückten Statuetten wurden nun von einer Konventualin in ihrem Schrank verwahrt, die begehrten Reliquienmonstranzen waren in die Küsterei gegeben. In der Folgezeit haben die Konventualinnen einige Kunstwerke neu geschaffen, indem sie mehrere mittelalterliche Stücke zusammenfügten zu einem neuen Ganzen. So stellten sie nachträglich zwei der bekleideten und geschmückten Statuetten, ein Mechelner Christkind und eine Hl. Anna Selbdritt, in die größeren Reliquienschreine und nähten vier Kästen für Korporale und Palla zu zwei Gebilden zusammen und die Reliquienkissen darauf (SMS MK 36, 37, KK 8, 9). Die Einzelteile wurden so bewahrt und gewissermaßen museal im Nonnenchor aufgestellt, während im Hauptchor sich das Bild mit der Gründungslegende befand (Schröder 1741), das Margarethe von Dänemark mit dem in einer Monstranz verschlossenen Kreuzesspan zeigt. Wohl ebenfalls erst in nachreformatorischer Zeit hat eine Domina die Bergung und Einsetzung einer der im Kloster vorhandenen Kreuzreliquien in die Brust des spätgotischen Gekreuzigten veranlaßt, wahrscheinlich diejenige, die dem Mechelner Christkind weichen mußte. Bürgerstolz, Traditionsbewußtsein und Gemeinschaftsdenken prägten das Handeln von Domina, Konventualinnen und Ratsherren. Sie achteten die Dinge, die Generationen von Rostocker Bürgerstöchtern in das Kloster brachten, mit denen sie gelebt und die sie oft selbst geschaffen hatten.

Anders sah es in den vorwiegend vom Landadel belegten evangelischen Landesklöstern Dobbertin, Malchow und Ribnitz sowie im Adelsstift Rühn aus. Nur das eine oder andere Stück ist bekannt bzw. urkundlich überliefert, dabei wurde lediglich Neukloster nach der Reformation aufgehoben. Einen Eindruck von den verlorenen Kleinbildwerken Neuklosters vermag die sog. Predella zu geben, ein kleines, etwa 60 cm hohes breitgelagertes Flügelaltärchen, dessen Schrein in späterer Zeit verändert wurde. Es entstand zu Anfang des 15. Jahrhunderts in der Wismarer Werkstatt des Henning Leptzow und enthielt in dem durchgehenden Sockelgeschoß wahrscheinlich Reliquien. Bestimmt befand es sich einst innerhalb der Klausur, dafür sprechen die noch erhaltenen, der Andacht dienenden Darstellungen aus der Passion Christi, die das Mitleiden ansprechen und auch als isolierte Gruppe bzw. Andachtbilder bekannt sind: der Gebetskampf Christi am Ölberg, der nackte Christus an der Geißelsäule mit seinen Peinigern, die Dornenkrönung und die Kreuztragung mit vier Begleitfiguren, wobei Christus zurückblickt und

die mächtigen Kreuzesnägel gut zu sehen sind. Ikonographisch außergewöhnlich aber ist die Dornenkrönung, denn Christus sitzt nackt auf dem Felsen und legt die Hände im Schoß übereinander. Hier wird das Andachtsbild des „gefesselten" Christus im Elend erweitert um zwei Folterknechte und in szenischen Zusammenhang gesetzt. Auf den Flügeln sind die Schutzpatrone bzw. Heilige, von denen das Kloster Reliquien besaß, untergebracht. Mag man auch bei Dobbertin und Rühn in Betracht ziehen, daß es in Zeiten des 30jährigen Krieges der schützenden Stadtmauern entbehrte, so trifft dies nicht für Ribnitz zu.

Das Klarissenkloster Ribnitz ist 1323, über 100 Jahre später als Neukloster und Dobbertin, gegründet worden als Stiftung von Fürst Heinrich dem Löwen von Mecklenburg auf dem Gelände seiner Burg. Als selbständige Abtei gehörte es zur Lübecker Kustodie der sächsischen Franziskaner-Ordensprovinz „zum Heiligen Kreuz". Die ersten Nonnen kamen aus Weißenfels, späterhin vor allem aus dem mecklenburgischen und pommerschen Adel sowie dem Lübecker Patriziat. In der Tradition der Nonnenviten stehende Legenden betonen den hohen Rang des Klosters, das die bevorzugte Stiftung des mecklenburgischen Fürstenhauses in all seinen Zweigen blieb. Seine Töchter wurden hier in zartem Alter eingekleidet und meist später zur Äbtissin gewählt. 1343 nahmen Priorin und Konvent des Rostocker Zisterzienserinnen-Klosters Zum Heiligen Kreuz die Äbtissin und den Konvent des Ribnitzer Klosters in ihre Schwesternschaft auf.

Schon Wentzel brachte eine im Schweriner Museum befindliche hölzerne Reliquienbüste (Wentzel 1931, SMS Pl. 107) und die Statue der Ordenspatronin Clara in Verbindung mit Klosterstiftung und -weihe. Die Auswertung der Ablaßurkunde des Erzbischofs Otto von Magdeburg aus dem Jahre 1331 ergibt überdies, daß damals zwei Kopf- bzw. Büstenreliquiare vorhanden waren mit Schädelreliquien der Heiligen Georg und Dorothea. Zeitstil und jugendlich schöne Erscheinung der Büste sprechen dafür, daß sich mit ihr jenes „Haupt" des Ritterheiligen erhalten hat. Die Statue der Hl. Clarea, in der Aussage vergleichbar der des Klosterpatrons St. Mauritius in Abstorf, besaß, wie nicht anders zu erwarten, textile Gewänder, deren eines Slaggert schriftlich überliefert (Techen 1909  203). Seine höchste Blüte erlebte das Kloster unter des Gründers Tochter Beatrix, die von 1349 bis 1398 als Äbtissin regierte – fast zeitgleich wie die Enkelin ihres Vaters aus erster Ehe im Kloster Wienhausen. Sie ließ bemerkenswerte Bildwerke anfertigen, von denen die meisten im Zusammenhang stehen mit der unter maßgeblichem Einfluß Meister Bertrams stehenden Lettneraltar-Werkstatt des Zisterzienserklosters Doberan. Ausgesprochene Kleinbildwerke jedoch sind nicht erhalten bis hin in das erste Drittel des 16. Jahrhunderts wie auch keine Klosterarbeiten aus künstlichen Blumen. Stattdessen zwei kupfervergoldete Reliquienmonstranzen und ein hölzernes Herz mit dem Wundmal (SMS MK 44), verwendet als Leuchter. Hier verschmilzt hochmittelalterliche Herz-Jesu-Mystik mit christlichem Votivbrauchtum. Erhalten haben sich Stickereien und noch zwei Reliefs mit der Kreuzigung Christi (SMS Pl. 261, 288), beide einst gefaßt und in einem Rahmen mit seitlichen Scharnieren, eines aus gebranntem Ton und Utrechter Herkunft, eines aus Gips geformt. Letzteres mit seinem bemalten Rahmen in leuchtendem Gold, Rot und Grün weist auf die reiche handwerklich künstlerische Tätigkeit zur Zeit der Äbtissin Dorothea und des seit 1522 im Kloster weilenden Beichtvaters Lambert Slaggert. Es kann angenommen werden, daß er neben den erhaltenen Meditationstafeln allein oder mit Hilfe begabter Nonnen auch Hausaltärchen anfertigte für die Klosterzellen. Dabei scheint er im Kloster vorhandene Tonreliefs Utrechter und gegebenenfalls westfälischer Herkunft in Gips abgeformt, gerahmt, mit Flügeln versehen und bemalt zu haben (750 Jahre 1985). Auch mögen die älteren Tonreliefs damals zu Triptychen mit bemalten Flügeln erweitert worden sein. Die neuen Reliefs wurden anscheinend auch von Konvent zu Konvent vergabt, so nach Rostock, wo ein gleiches Gipsrelief von Schlie unter Nr. 24 inventarisiert wurde. Noch Ende des 16. Jahrhunderts hatte es dort „Drey ingefaste Kreitbilder" gegeben (AHR Rat 162).

Das Klarissenkloster Ribnitz stand hoch in der Gunst der Landesherren, der Ritterschaft und dem Patriziat der Städte Lübeck, Wismar, Ribnitz, Stralsund und Greifswald, so daß man auch hier silberne Bildwerke erwarten muß, gab es doch diese vielerorts in mecklenburgischen Kirchen. Man darf folglich mindestens ein silbernes Marienbild und eines der Hl. Clara vor-

aussetzen. Doch mögen diese im Laufe der Zeit in bare Münze umgesetzt worden sein, wie es schon 1509/10 mit den silbernen Kleinodien geschah. Vieles kam folglich bereits während der katholischen Reform abhanden, wie es auch im Kloster Wienhausen geschah. Ein Inventarverzeichnis der Ribnitzer Klosterkirche aus dem Jahre 1694 weist lediglich den Besitz an Kirchengerät und Paramenten auf. Bei der Visitation von 1649 waren die Kleinodien in der Sakristei verschlossen und konnten nicht aufgenommen werden. Nicht viel anders wird es zu Lebzeiten der fürstlichen Äbtissinnen Dorothea und Ursula gewesen sein. Die rabiate Entfernung der Reliquien und Altertümer aus dem Nonnenchor, wie in Wienhausen nach der Reformation im Auftrage Herzog Ernst des Bekenners geschehen, verhinderte in Ribnitz die herzogliche Würde der letzten Äbtissin. Doch folgte nach ihrem Tode 1586 eine Vakanz, bis das Schicksal des nunmehrigen protestantischen Konvents endgültig entschieden und das Kloster 1599 den Ständen als vornehmlich dem Adel vorbehaltenes evangelisches Landeskloster übergeben wurde. Verkäufe weiteren Silbers und Achtlosigkeit gegenüber den einfachen Altärchen und Statuetten ließen den einstigen Besitz an Kleinbildwerken schrumpfen. Dabei muß es hölzerne Statuetten und Altartäfelchen auch in Ribnitz gegeben haben, sind doch selbst in der reichen Salzburger Benediktinerinnen-Abtei Nonnberg solche neben kostbaren Reliquiaren noch heute erhalten. Den vornehmlich aus dem mecklenburgischen und pommerschen Adel und ehemals auch aus dem Lübecker Patriziat stammenden Nonnen und Konventualinnen fehlte zwangsläufig jener Traditionsbezug zu der künstlerischen Hinterlassenschaft aus katholischer Zeit, der im Kloster der Hansestadt Rostock nie erlosch.

Literatur

Appuhn 1965        Horst Appuhn, Christian von Heusinger, Der Fund kleiner Andachtsbilder des 13. bis 17. Jahrhunderts in Kloster Wienhausen, in: Niederdeutsche Beiträge zur Kunstgeschichte 4, 1965 157-238.

750 Jahre          750 Jahre Dominikanerinnenkloster Heilig Kreuz Regensburg. Kat. Diözesanmuseum Regensburg. München/Zürich 1983.

Hegner 1994        Kristina Hegner, Kleinbildwerke in den Frauenklöstern des Bistums Schwerin, vornehmlich im Zisterzienserinnen-Kloster zum Heiligen Kreuz in Rostock und im Klarissenkloster Ribnitz. Phil. Diss. Leipzig 1994.

Pettke 1982        Sabine Pettke, Kirchen- und staatsrechtliche Auseinandersetzung um das Kloster zum Heiligen Kreuz in Rostock im Rahmen der mecklenburgischen Verfassungsfrage (16. – 20. Jh.), Phil. Diss. B. Rostock 1982 (1985).

Schröder 1741      Dietrich Schröder, Mecklenburgische Kirchenhistorie des Papistischen Mecklenburgs. Bd. 1 Wismar 1741.

Techen 1909        Friedrich Techen, die Chroniken des Klosters Ribnitz ( = Mecklenburgische Geschichtsquellen 1). Schwerin 1909.

Tietze 1911        Hans Tietze, Die Denkmale des Stiftes Nonnberg in Salzburg ( = Österreichische Kunsttopographie VII). Wien 1911.

Wentzel 1938       Hans Wentzel, Lübecker Plastik bis zur Mitte des 14. Jahrhunderts. Berlin 1938.

*Gisbert Wolf*

# DIE FRÜHEN MITTELALTERLICHEN KIRCHBAUTEN IN MECKLENBURG

In der schönen, fast unverfälscht erhaltenen Landschaft Mecklenburgs stehen eingebunden und dazugehörig zahlreiche prächtige Klöster, Dorf- und Stadtkirchen aus dem 13. bis 15. Jahrhundert.

Es ist bemerkenswert, daß sich so viele Kirchbauten seit der Besiedlung des Landes in ihrer ursprünglichen Form erhalten haben. So selbstverständlich wie sie in die Landschaft eingebunden sind, so einfach, klar und bis ins Detail gut ausgewogen stellen sie sich dem Betrachter dar.

Dieser Reichtum an den vielen bis in die heutige Zeit erhaltenen Sakralbauten resultiert aus dem Landesausbau von Mecklenburg und Vorpommern, gleichsam als östliche Fortsetzung der Besiedlung Holsteins, die sich hauptsächlich im Lauf des 13. Jahrhunderts vollzog (Higounet 1986 139). In den Gebieten Gadebusch und Wittenburg, Schwerin bzw. westlich von Wismar sind die älteren Kirchbauten anzutreffen. Noch im ersten Viertel des 13. Jahrhunderts werden Gebiete westlich von Wismar, Güstrow, Goldberg, das Land Parchim mit Plau besiedelt (Vitense 1920 73). „An der Ostsee, von Mecklenburg bis Vor-

pommern, breitete sich die bäuerliche Besiedlung zwischen 1160 und 1275 aus" (Higounet 1986 248). Mit dem Strom der Siedler und dem damit verbundenen wirtschaftlichen Aufschwung setzt gleichzeitig der mächtige Kirchenbaubetrieb ein (Schmaltz 1927 7).

Bis zur Mitte des 16. Jahrhunderts werden trotz Krieg und Zerstörung, wirtschaftlichem Niedergang noch zahlreiche Kirchen gebaut. Besonders Kirchtürme vervollständigen das Bild der Landschaft. Je nach Bedeutung der einzelnen Kirchspiele und der baulichen Situation wurden Kirchen vollendet, erweitert, sowie Chöre oder Schiffe neu errichtet.

Gleiches trifft auf die Kirchbauten der Städte im Lande zu, bis 1300 waren 40 Städte in Mecklenburg gegründet worden (Bei der Wieden 1986 6).

Eine etwas andere Entwicklung nahmen Rostock und Wismar, die als Hansestädte durch See- und Fernhandel schnell zu Reichtum kamen. Zunächst beeinflußt durch die Einwanderer aus Westfalen entstanden auch unter dem Eindruck der frühgotischen Hallenkirche St. Marien Lübeck (Rauterberg 1978 111-112) in Rostock, St. Marien und St. Nikolai, sowie in St. Mari-

*Die Kirche in Frauenmark/Bistum Schwerin. Ein Beispiel der in Mecklenburg seltenen vollständigen romanischen Anlagen (2. Viertel des 13. Jh.) (Foto: Egon Fischer)*

en Wismar die ersten großen Backsteinkirchen. Die Ratsmänner waren gleichzeitig die Baumeister der Stadtpfarrkirchen und erneuerten bzw. ersetzten bis in das 16. Jahrhundert ständig einzelne Baukörper. Es entwickelten sich die heute noch bestaunten, extrem hochstrebenden Bauten, „Dome" von Lübeck bis über Greifswald hinaus.

So prägen nicht nur die Kathedralen und Stiftskirchen das Landschaftsbild in Mecklenburg und Vorpommern.

Nach 500jähriger Herrschaft der Obotriten, Polaben, Kyciner, Circipaner war das Christentum eingeführt und das Wendenland von Deutschen kolonisiert. In der politischen und wirtschaftlichen Hochblüte des Reiches in den Jahren vor und kurz nach 1200 gelang es, nach zweimaligem Scheitern 983 und 1066 das Christentum zum Siege zu führen.

Über erste Kirchbauten schreibt Beltz: *„Als nach Niklots Tod und Pribislavs Wiedereinsetzung bis 1200 der Landteil westlich des Schweriner Sees ziemlich schnell mit deutscher Bauernbevölkerung aus Westfalen und Holland sich anfüllte, bauten die Siedler wohl überall nur Notkirchen, vielleicht in heimischer Bauart Holz und Lehm, vielleicht in der mitgebrachten Art: Steinbau, aber in leichter provisorischer Ausführung; erhalten ist nichts von diesen Bauten"* (Beltz 1928 668). Bis auf wenige Ausnahmen, die es nachfolgend noch zu beschreiben gibt, muß man dem Autor wohl zustimmen.

Wenn es auch noch vieles zu den frühen mecklenburgischen Kirchbauten zu erforschen gibt und besonders aus dieser Zeit die Nachrichten, Urkunden sehr spärlich uns hinterlassen sind, so wird man vergebens auf Mecklenburger Gebiet nach Kirchbauten aus salischer oder gar ottonischer Zeit suchen.

Die große, in verhältnismäßig kurzer Zeit erfolgte Kolonisation ermöglichte nicht sofort steinerne Kirchbauten. *„Noch bescheidener als die Baulichkeiten einer Zisterzienserneusiedlung, wohl nur aus Baumstämmen, Zweigen und Lehm errichtet, mögen die Kirchlein gewesen sein, die den ersten Missionsreisen des Zisterziensermönchs Berno in Mecklenburg und schon denen des Bischofes Otto von Bamberg in Pommern ihre Entstehung verdankten, mehr als Kirchenstationen gedacht, um heidnischen Wenden zum Gottesdienst einzuladen und die bekehrten ständig zu versammeln"* (Reifferscheid 1910 65).

Bei der Christianisierung der Nordslawen, der Wenden, ist Rom kaum eingeschaltet gewesen, *„...so war die Missionsarbeit im heidnischen Nordosten doch fast ausschließlich das Werk des deutschen Klerus. Die Bischöfe im Grenzgebiet, die Missionare, Benediktinermönche, später die Zisterzienser und Prämonstratenser, Prediger der älteren Orden und der Bettelmönche .."* (Higounet 1986 65) brachten aus dem alten Reich

Erfahrungen und Regeln für den Kirchbau mit.

Die Zisterzienserklöster Doberan, 1186 neu besiedelt, und Dargun, 1209 neu besetzt, sowie die Prämonstratenser im Kloster Broda, 1230 erneut bestätigt und der Konvent in Ratzeburg, 1154 von Magdeburg besetzt, (Traeger 1980 261) werden vor bzw. nach 1200 bereits aus Backsteinen errichtet. Gleiches trifft in der Folgezeit auf zahlreiche andere Mönchs-und Frauenklöster in Mecklenburg und Vorpommern zu.

Handwerker und Bauhütten, in der Ziegeltechnik geübt, fanden im Lande, am Bauort die notwendigen Naturbaustoffe: Lehm und Holz, aus den Wäldern,

*Dorfkirche Vietlübbe von Süden*
*(Foto: W. Karge)*

zum Brennen der Ziegel. In den meisten Fällen war auch der Baustoff Kalk vorhanden. So sind aus den Anfängen des Backsteinbaues neben dem Ratzeburger Dom, die Stadtkirche in Gadebusch und die Dorf-kirchen in Vietlübbe und Lübow heute noch vorhanden.

Die eigentlich mecklenburgische Bauweise des frühen Mittelalters ist die mit behauenen Feldsteinen.

Eindrücklich wird in „Kirchen auf dem Lande" das Bauen geschildert: *„Nachdem die Steine aus dem Erdboden gehoben und zusammengetragen waren, wurden sie zu Quadern behauen, die in Mecklenburg die Größe von 30-35 cm im Geviert aufzuweisen pflegen, oder gespalten, so daß sie nur eine glatte Fläche empfingen. Sie wurden dann reihenweise im Mörtelbett geschichtet, wobei in erheblichem Abstand voneinander die Außenwand und die Innenwand aufgeführt wurden – die Mauerstärke schwankt zwischen 1 und 3 Metern –, während der Zwischenraum ähnlich wie in der modernen Stampfbauweise mit unbehauenen Steinen, Geröll, Splitt und Mörtel ausgefüllt ward. So wuchsen trotzige Bauwerke empor, die dann, wenn sie mit einem Turm wie dem in Kavelstorf versehen wurden, einen zyklopenhaften Eindruck hinterlassen mußten"* (Holtz 1953 15).

Die Feldsteine aus Granit wurden sowohl in unbehandeltem Zustand als Fundament, in der beschriebenen Schalenbauweise, aber auch im Gußverfahren hergestelltem Füllmauerwerk, wie die Mauern des Schleswiger Domes aus dem 12. Jahrhundert belegen, sowie auch in zu Quadern behauenen Formen verwandt. Die Kunst, den harten Granit zu bearbeiten, war in Jütland und Schleswig schon vorher hochentwickelt (Rauterberg 1978 75, 79).

Eine 1973 an der 1151 begonnenen Kirche in Bosau/Holstein, dem provisorischen Bischofssitz Vicelins, durchgeführten Grabung bestätigte unter anderem, daß das in Gleitschalung hergestellte Mauerwerk eine ebene Oberfläche besaß und der Kirchbau leuchtend in Marmor erinnerndem Weiß erstrahlte (Rauterberg 1978 89).

In Dänemark ist heute noch, auch bei den Backsteinkirchen, ein Kalküberzug üblich. Auch in Mecklenburg und Vorpommern sind die Spuren solcher Weißfärbungen, zusätzlich mit eingeritzten Quaderungen an den älteren Kirchen zu finden. Behauptungen, daß die Außenflächen steinsichtig gewesen sein sollen, können nicht bewiesen werden. *„Die Mörteleinfassung brachte viel Weiß in das Mauerbild, außerdem wurden noch mit der Maurerkelle in den Mörtel quadratisch verlaufende Ritzfugen eingekratzt, die mit Farbe, meist Rot, ausgestrichen wurden; auch zwischen dem Mauerabschluß unter dem Dach und der oberen Fensterlinie zog sich oft eine bemalte Fläche entlang, so daß das Gesamtbild in vielen Farben geleuchtet haben muß, wenn der Glanz der Sonne auf den Mauern lag. Die größte technische Vollkommenheit erreicht die Bauweise um 1250"* (Holtz 1953 16).

Die aus Granitquadern im frühen 13. Jahrhundert erbauten mecklenburgischen Kirchen sind besonders sorgfältig gearbeitet. Der Granitquaderbau erreichte zu jener Zeit durch deutsche Kolonisten über die Uckermark aus der Altmark das Land Stargard. Im Gegensatz zum Nordwesten Mecklenburgs entstand in jedem Ort eine Kirche. Die eingewanderten Handwerker nahmen das Baumaterial aus der Gegend und errichteten die Feldsteinkirchen. Sie stehen dort wo der Lehmboden und durch die Endmoränen Granitfindlinge vorhanden waren.

Eine Vorstellung von der ungeheuren Arbeitsleistung erhält man, wenn man weiß, daß für die Verblendung einer mittelgroßen Landkirche 1.000-2.000 Granitfeldsteine zugehauen werden mußten (Mackeprang 1944 28). Technische Voraussetzung war die Herstellung vorzüglichen, stahlharten Schmiedeeisens aus schwedischem Erz für die Meißel der Steinmetze (Mackeprang 1944 24).

Eigentümlicherweise wiederholt sich die geologische Zweiteilung des Landes in Sand und Lehmgebiet in der Bauart der Kirchen. Im Sandgebiet waren und sind immer wieder Fachwerkkirchen errichtet worden (Krüger 1921 I 1 VII).

Aus der frühen mittelalterlichen Zeit konnten bisher keine Reste nachgewiesen werden. Allerdings fehlen bisher systematische archäologische Forschungen.

Die seit 948 bestehenden 3 Bistümer: Oldenburg in Holstein zum Erzbistum Bremen – Hamburg, sowie Havelberg und Brandenburg zum entfernten Mainz gehörig, sind bald darauf für die Bistümer Havelberg und Brandenburg durch das im Jahre 968 gegründete Erzbistum Magdeburg neu geordnet worden.

Dank des Einflusses von Erzbischof Adalbert I. von Hamburg-Bremen bahnten sich mit den Obotriten gute nachbarliche Beziehungen an. Die Slawenchronik des Helmold von Bosau berichtete über diese Ereignisse. *„Deren Fürst Gottschalk (um 1043-1066) hatte die Taufe empfangen und die Gründung zweier neuer Bistümer in Mecklenburg und Ratzeburg gestattet"* (Higounet 1986 63).

Adolf II., Albrecht der Bär und als Dritter Heinrich der Löwe waren die großen Vorkämpfer deutscher Ostsiedlung. *„Kaiser Friedrich Barbarossa ließ den Herzog von Sachsen in den neuen Bistümern im Nordosten – Oldenburg, Ratzeburg und Mecklenburg – nach Belieben schalten und walten und verlieh ihm das Recht, die Bischofsstühle zu besetzen und mit Einkünften zu versehen (1154)"* (Higounet 1986 80).

Heinrich der Löwe förderte den Kirchbau an den Domen in Ratzeburg, Lübeck und Schwerin. Gleichzeitig verlegte er die Bischofsitze von Oldenburg/Holstein nach Lübeck, sowie von Mecklenburg nach Schwerin und gründete die Bistümer neu. In Ratzeburg setzte man den Magdeburger Prämonstratenserprobst Evermod zum Bischof ein.

Noch vor dem Lübecker Dombau begann zwischen 1160 und 1170 Evermod mit dem Dombau in Ratzeburg. *„Vorbild war für die Chorhaupt und Querarme in den unteren Bereichen umfassende erste Bauperiode, die Stiftskirche, die Heinrichs Großvater, Kaiser Lothar von Supplinburg, 1135 in Königslutter begann. In Erinnerung an die Anlagen der Hirsauer Reformbewegung sind dem Chorquadrum Nebenchöre beigegeben, die wie der Hauptchor ursprünglich mit Halbkreisapsiden schlossen"* (Rauterberg 1978 98). In der Höhe der Fenster setzt jedoch, ausgelöst durch den 1173 begonnenen Braunschweiger „Dom", eine Planänderung ein. 1180-1200 wurden die Ostteile vollendet, das Langhaus im Ostjoch und Grundmauern errichtet. Im 4. und 5. Bauabschnitt entstanden der Unterbau einer zweitürmigen Westfront und die Vorhalle, das Paradies.

Während am Dom zu Schwerin keine Spuren aus der Zeit der ersten und zweiten Ratzeburger Bauperiode vor 1200 sichtbar sind, in der Stiftskirche zu Segeberg der romanische Innenraum noch einigermaßen ursprünglich erhalten blieb, der romanische Lübecker Dom im Mittelschiff höchstens erlebbar noch ist, so bietet der Dom zu Ratzeburg den Eindruck einer innen wie außen erhaltenen, einheitlichen Backsteinkathedrale. Dabei ist das eindrucksvolle Bauwerk keineswegs in einem Zug entstanden.

In den Jahren 1960-1966 hat eine sorgfältige Restaurierung dem Dom sein ursprüngliches Farbgewand wiedergegeben.

*"Über einem Fußboden, der zur Hauptsache aus gelblich-rötlichen Backsteinplatten bestanden haben dürfte, erheben sich Pfeiler, Bögen und Wände in der Naturfarbe ihres gelben bis roten Backsteinmaterials und mit dem hellen, vermutlich schwach gelblich getönten Mörtelfugennetz, das infolge von Korrekturen durch Pinsel und Farbe noch regelmäßiger erschien, als es die Bautechnik schon ohnehin darbot. Die Bogenunterseiten und die Gewölbekappen waren weißgrundig verputzt und die Bogenzonen der Apsis und Langhausobergadenfenster durch gemalten rotweißen Keilsteinwechsel bzw. Schachbrettmuster hervorgehoben"* (Ellger 1969 21).

Ellger weist nach, daß in ähnlicher Weise romanische und frühgotische Großbauten den Backstein auch im Inneren zeigten, *„das Bild des Mauerwerks jedoch mit Hilfe des Pinsels nach gestalterischen Vorstellungen ohne Materialgerechtigkeitsvorstellungen unserer Zeit korrigiert wurde".*

Die im zweiten Bauabschnitt ab 1180 an den Querhausgiebeln aufkommenden Zierformen verbreiten sich bis um 1200 nach Schleswig. Reichgestaltete Kreuzbogen-, Rauten- und Strombandfriese haben ihr unmittelbares Vorbild in der Mark Brandenburg. Der

*Nordportal der Stadtkirche Gadebusch*
*(Foto: W. Karge)*

zweite Bischof, Isfried, war Prämonstratenser an der ersten bedeutenden Backsteinbasilika Jerichow.

Bekanntlich gehen letztlich die Ziegelformen und Techniken auf die Lombardei zurück. Heinrich der Löwe hatte im Gefolge Kaiser Friedrich Barbarossa die Ziegelbauten Norditaliens kennengelernt und für „seine Dome" Anregungen aufgenommen.

Erwähnt werden muß noch das um 1220 erbaute „Paradies", das dem Südportal vorgelagert wurde. Habich bezeichnet die Ratzeburger Südvorhalle als „eins der schönsten Beispiele zierfreudiger Architektur der Stauferzeit im Norddeutschen Backsteingebiet" (Dehio 1971 534).

Bis 1160 waren die Burgen in Gadebusch und Wittenburg die letzten vorgeschobenen Posten des Deutschtums im Ratzeburger Land, das später zur Grafschaft bzw. Bistum Schwerin gehörte. Die Gadebuscher Stadtkirche ist im Schiff und unteren Westwerk die älteste erhaltene romanische Stadtkirche. Leider mußte der romanische Chor, sicher mit Chorquadrat und Apsis, an den Seitenschiffen sind im Nordosten und Südosten die Apsiden noch erkennbar, einem gotischen Bau aus dem frühen 15. Jahrhundert weichen. Aus der gleichen Zeit stammen die Kapellenanbauten an der Nordseite des Langhauses (Dehio 1980 89-92).

Nach dem Dom zu Ratzeburg gehört die Stadtkirche Gadebusch zu den wohlerhaltenen, frühen Backsteinkirchen im norddeutschen Raum. „Die ersten Hallenkirchen im holsteinisch-mecklenburgischen Grenzraum entstanden allerdings so früh, daß höchstens die Idee des Hallenraumes, nicht jedoch seine Durchformung auf Westfalen zurückgehen konnte. Sie müssen daher als eigenständiger Beitrag zur romanischen Hallenkirche angesehen werden. Es sind die um 1220/30 entstandene Pfarrkirche in Gadebusch und der Erstbau von St. Petri in Lübeck (1220/40), dessen enge Verwandtschaft mit Gadebusch W.Teuchert nachgewiesen hat. Beide Kirchen haben bzw. hatten vierjochige Langhäuser, in denen die Seitenschiffe nicht nur die gleiche Höhe, sondern auch fast die gleiche Breite wie das Mittelschiff zeigen. Hoch ansteigende Kreuzgratgewölbe ruhen auf Pfeilern, deren durch Ecklisenen bereicherter Vierpaßquerschnitt von der Südvorhalle des Ratzeburger Domes herkommt. St. Petri in Lübeck begrenzte die Halle nach Westen durch einen zweigeschossigen Querriegel, dessen Räume sich in beiden Ebenen zum Schiff öffneten und über dessen Mitte sich der noch erhaltene Turm bereits in frühgotischer Gliederung erhebt" (Rauterberg 1978 109).

Von den älteren im Ratzeburger Bistum schon 1194 genannten Kirchspielen wird die spätere Stadt Wittenburg, 1230 als civitas erstmals erwähnt (Schmaltz 1908 131). Die Stadtkirche St. Bartholomäus ist ein einheitlicher stattlicher Backsteinbau, dreischiffig mit schmaleren Seitenschiffen und drei Jochen, sowie einem zweijochigen Chor mit zwei Gewölben. St. Bartholomäus wird um 1240 als Hallenkirche begonnen und zwischen 1257 und 1284 geweiht.

Erst im vorigen Jahrhundert fielen die Chöre von Boizenburg und Grevesmühlen dem neugotischen Erneuerungswillen zum Opfer. Die Stadtkirche St. Nikolai Grevesmühlen, ein beachtlicher Backsteinbau und dreischiffige Hallenkirche von westfälischem Charakter, wird in die Mitte bis ins dritte Viertel des 13. Jahrhunderts datiert (Dehio 1980 123).

Auch die ehemalige Klosterkirche Rehna wird 1230 als Kirchspiel im Zehntenregister des Bistums Ratzeburg genannt. Wenn auch beträchtliche Teile des einschiffigen Backsteinbaues um die Mitte des 15. Jahr-

hunderts entstanden, so wurden doch Teile des ursprünglichen schon vor 1236 als Dorfkirche errichteten Baues mit einbezogen. Der untere Teil des Turmes, die Südwand des Langhauses und Teile der Nordwand zählen zu den frühesten Zeugnissen der Backsteinarchitektur im westlichen Mecklenburg. Beachtliche Details aus dem frühen 13. Jahrhundert: Friese, Blenden und deren Putzflächen mit vielfältig eingeritzten Motiven sind bemerkenswert (Dehio 1980 302).

*"Daß der mecklenburgische Bischofsstuhl nach Schwerin verlegt wurde, dort eine Kathedrale emporwuchs und Bischof Berno (1160-1191) auch im Land missionierte, gab der Stadt zusätzliche Bedeutung"* (Higounet 1986 144). Vom romanischen Bau sind in Nähe der Vierung wenige Reste festgestellt.

Beim Dom St. Marien und Johannes Evangelist des Bistums Schwerin gibt es nur die Vermutung, daß auf Grund der oben geschilderten Umstände der Vorgängerbau, dessen Weihe 1248 überliefert ist, wohl ähnlich den Domen von Ratzeburg und Lübeck gewesen sei (Dehio 1980 356-359). Wie die Darlegungen beim Ratzeburger Dom aufzeigen, kann es sich nur um eine grobe Orientierung bei den 5 Baustufen und großen Zeiträumen handeln. Archäologische Befunde und wissenschaftliche Auswertungen könnten letztlich eine Klärung herbeiführen. Über den vor 1270 begonnenen und noch vor 1327 vollendeten Chor soll hier nicht weiter gesprochen werden.

Mehr Beweise zur älteren Baugeschichte liefert uns die ehemalige Kollegiatsstiftskirche St. Maria, St. Johannes und St. Elisabeth zu Bützow. Das Stift 1248 durch Bischof Wilhelm von Schwerin gegründet, gehörte zusammen mit der Burg zum Territorium des Bischofs, der seit 1239 seine Hauptresidenz in Bützow hatte. Der frühgotische Backsteinbau war nach der Mitte des 13. Jahrhunderts als dreischiffige Basilika begonnen. Erhebliche Reste des früheren Chores sind in den schönen Bündelpfeilern mit Knospen-Kapitellen und im Dachstuhl oberhalb des Chores zu erkennen. Auch ein frühgotisches Portal mit stilisierten Blumen aus Formsteinen besetzt gehört zu dieser Bauperiode. Der ursprüngliche Bauplan wird bald aufgegeben und bis gegen Anfang des 14. Jahrhunderts zur dreischiffigen Halle umgebaut (Schlie 1901 IV 48-69).

Gleichzeitig mit der deutschen Stadt Güstrow wird das Kollegiatsstift im Jahre 1226 begründet. *"Wohl bald nach 1226 als Hauptkirche für ein größeres Gebiet nach aufwendigem Plan als Basilika gebundenen Systems mit Querschiff und Langchor für das Kollegium der Domherrn begonnen, gelangte sie doch erst langsam zur Vollendung. Chor und Querschiff im Übergangsstil werden um die Mitte des Jahrhunderts unter Dach gekommen sein. Dann geriet der Kirchbau ins Stocken. Das Schiff und das noch ein wenig jüngere Untergeschoß des Turmes sind erst ein Werk des 14.*

Jahrhunderts, ebenso die Verlängerung des Chors. Um 1335 konnte das Ganze geweiht werden. Die reiche und prächtige Gliederung der älteren, dem Übergangsstil angehörigen Teile weicht im Schiff einer überaus strengen und einfachen Gotik" (Schmaltz 1927 26).

In die Gruppe der Backsteinbauten mit basilikalem Langhaus und einem ebenfalls quadratischen Chorjoch gehört die Kirche zu Marlow, die bald um oder kurz nach 1225 gebaut wurde. Ein Ziegel in der Hochwand des Schiffes trägt die Zahl 1244. Es könnte sich um das Abschlußjahr der Erbauung handeln. Wie im nahen Sülze, die Stadtkirche entstand ein wenig später, sind die ursprünglichen Wölbungen: achtrippige Kuppelgewölbe erhalten.

Die Parchimer altstädtische Pfarrkirche St.Georgen war als Hallenkirche nach Brand einer vorangegangenen Basilika 1289 begonnen. „Vom ältesten, 1229 erstmals genannten Bau haben sich Teile der Westfassade, in die bestehende Westfront einbezogen, sowie die Wände des westlichen Mittelschiffjoches erhalten. Diese auch bereits in Backstein ausgeführten Reste sind für die mecklenburgische Kunstgeschichte sehr aufschlußreich. Deutlich erkennbar die Stirnwand des Seitenschiffes mit Ecklisenen, Rundbogenfries und leicht spitzbogigem, abgetrepptem Fenster. Nach diesen Resten war der erste Bau von St. Georgen eine sehr sorgfältig ausgeführte Basilika gebundenen Systems mit Gewölben im Mittelschiff und in den Seitenschiffen." (Dehio 1980 257)

Von den stattlichen Dreischiffigen Backsteinhallen mit eingezogenem rechteckigem Chor muß die Stadtkirche zu Plau erwähnt werden. Für den leider bei der Restaurierung von 1877-79 ungünstig veränderten Bau wird der Baubeginn um die Mitte des 13. Jahrhunderts angenommen. In den Details der westfälisch beeinflußten Stadtkirche erkennt man Ähnlichkeiten mit dem Ratzeburger Dom. Da Plau zur damaligen Zeit zum Bistum Schwerin gehörte, wäre vergleichbar auch an den romanischen Schweriner Dom zu denken.

Zu den ältesten Zeugnissen des Kirchbaus in Mecklenburg zählt die Ruine der alten Feldsteinkirche des untergegangenen Kirchdorfes Domherrenhagen oder Papenhagen. Das Kirchspiel lag im Bistum Kammin, dessen Bischofssitz 1174 von Wollin nach Kammin verlegt wurde (Higounet 1986 73). Domherrenhagen war direkt dem Kollegiatsstift Güstrow zugeordnet, wie die Urkunden ab 1226 bestätigen. Der Grundriß stellt eine Saalapsis in den Abmessungen 11,50 x 19,50 m dar. Dieser sonst in unseren Regionen nicht gebräuchliche Kirchengrundriß könnte von einem Ritter beeinflußt sein, der als Domherr die Kreuzzüge ins Morgenland miterlebte. Derartige Kirchgebäude sind in großer Zahl im Mittelmeerraum anzutreffen.

Sehr zu beklagen ist der erst 1881 erfolgte Abriß der Vellahner romanischen Basilika. Eine Urkunde von 1194 berichtete vom Kirchspiel Vellahn, das mit 14 Dörfern zu den größten Pfarren des Bistums Ratzeburg gehörte (Schmaltz 1908 131). Nach dem Aufmaß und den Beschreibungen waren die 6 Pfeiler und Bögen, die Gesimse und das übrige Mauerwerk im Kern als verhältnismäßig unbearbeiteter Felsenbau ausgeführt. Man kann so unmittelbar Parallelen zum nach 1156 begonnenen Bau des alten Bischofssitzes Oldenburg in Holstein ziehen, wenn auch dort, wie in Vellahn ein Chorquadrat mit Apsis nicht mehr nachzuweisen ist (Rauterberg 1978 92).

Zu den schönen und ältesten Dorfkirchen zählt Vietlübbe. Beim Betrachten der Schmuckformen und des sorgfältig gemauerten Baues sind Einflüsse vom Ratzeburger Dom nicht zu übersehen. Am Westgiebel fehlen die sonst so qualitätvollen Friese und Öffnungen. Die südlichen und nördlichen Pfeilervorlagen sind an dieser Stelle außen ohne zusammenhängenden Mauerverband. Zusätzliche starke vertikale Risse durchgehend bis in das Fundament, unterstreichen die Vermutung, daß das Schiff nach Westen länger geplant war. Das nicht vollendete Bauwerk wurde so durch dieses Provisorium zu einem einzigartigen Kirchbau.

„Von Gadebusch aus wurde seit 1210 auch die Besiedlung Ostmecklenburgs betrieben, wo als Erstlingsbauten die romanischen Kirchen zu Benthen, Körchow und Dambeck und die nicht mehr romanischen Bauten von Behren-Lübchin, Kölzow, Levin u.a. entstanden. Den Übergangsstil stellt dann jene Baugruppe mit den achtrippigen Hängekuppeln nach Westfälischem Muster (Kavelstorf u.a.) dar…" (Baalk 1924 58).

Zu den Kirchen mit achtrippigen Hängekuppeln, die alle im 13. Jahrhundert entstanden sind, gehört zunächst die Gruppe der „vollständigen Anlage" (Bachmann 1941 159): Bellin, Behren-Lübchin, Benthen und Frauenmark. Alle diese Kirchen haben im 13. Jahrhundert nur einen Turmunterbau erhalten. Am häufigsten in Mecklenburg, Vorpommern, Braunschweig und Hannover, also in Niedersachsen, ist die Chorquadratkirche turmlos oder auch mit Westturm anzutreffen (Bachmann 1941 165-166). Mit Turmgewölben müssen Kavelstorf, Neukirchen, Hohen Sprenz, Sanitz genannt werden.

Zahlreich ist die Gruppe der Chorquadratkirchen ohne Turm: Cammin, Gägelow, Lüssow, Marlow, Sülze, Petschow, Ruchow, Satow, Sanitz und die Kirchen, die nur im Chor achtrippige Hängekuppeln besitzen: Kölzow, Mestlin, Parkentin und Recknitz.

Ein für Mecklenburg bedeutender romanischer Backsteinbau steht in der Nähe des alten Fürstensitzes, der Mecklenburg. Im letzten Jahrzehnt des 12. Jahrhunderts existierte in Lübow ein sehr großes Kirchspiel. (Schlie 1898, II. 266).

Nach ihrer Größe und Erscheinung ist der edle, gut durchgebildete Backsteinbau wohl mehr als eine Dorfkirche gewesen. Die nahegelegene Burg des Landes-herren läßt vermuten, daß die Lübower Kirche auch als Burg- und Hofkirche genutzt wurde. Dabei könnte auch die Verlegung des Bistums nach Schwerin eine Rolle gespielt haben.

Durch restauratorische Untersuchungen 1992-1993 (M. Zahn) konnte die Geschichte des Bauwerkes wesentlich geklärt werden.

Demnach wurde in einer ersten romanischen Bauphase die Apsis, der Chor, der Triumphbogen sowie die ersten beiden Arkadenbögen im Schiff und weitere Bauteile errichtet. Neu ist die Erkenntnis, daß mit Si-

cherheit eine größere Basilika geplant, aber dann nicht ausgeführt wurde. Bei der Länge wäre an die sechs Arkadenbögen wie bei der romanischen Basilika in Vellahn zu denken. In der ersten Hälfte des 13. Jahrhunderts wird dieser Plan verworfen, einschiffig verkürzt zu Ende gebaut und wenige Zeit darauf der untere Teil des Turmes errichtet. In der gotischen Bauzeit werden die Apsis, deren Fenster und der Turm erhöht.

Die Kirchen in Mecklenburg zu erforschen, zu erhalten und zu pflegen sollte uns Verpflichtung auch nach einer 1000jährigen Geschichte sein.

Literatur

Baalk 1924          Arthur Baalk, Die Mecklenburgische Dorfkirche in Mecklenburg, in Zeitschrift des Heimatbundes Mecklenburg 19. Jahrgang, 1924 50-57.

Bachmann 1942       Erich Bachmann, Kunstlandschaften im romanischen Kleinkirchenbau Deutschlands, in: Zeitschrift des deutschen Vereins für Kunstwissenschaften 9, 1942 159-172.

Bei der Wieden 1986 Bei der Wieden, Mecklenburgische Geschichte im Überblick, in: Lüneburger Vorträge zur Geschichte Ostdeutschlands und der Deutschen in Osteuropa Heft 10, 1986 1-19.

Beltz 1928          Hans Beltz, Die beiden ältesten Landkirchen Mecklenburgs, in: Mecklenburgische Monatshefte 4, 1928 668-675.

Dehio 1922          Georg Dehio, Handbuch der deutschen Kunstdenkmäler, 1922 Nordostdeutschland, 2.

Dehio 1969          Georg Dehio, Dorothea Kluge, Wilfried Hansmann, Handbuch der deutschen Kunstdenkmäler: Westfalen 1969.

Dehio 1971          Georg Dehio, Johannes Habich, Hamburg Schleswig-Holstein, Handbuch der deutschen Kunstdenkmäler 1971.

Dehio 1980          Georg Dehio, Handbuch der deutschen Kunstdenkmäler: Die Bezirke Neubrandenburg, Rostock, Schwerin 1980.

Ellger 1969         Dietrich Ellger, Der Ratzeburger Dom und die Frage nach der Farbigkeit romanischer Backsteinkirchen zwischen Niedersachsen und Seeland, in: Nordelbingen 38, 1969 9-34.

Higounet 1986       Charles Higounet. Die deutsche Ostsiedlung im Mittelalter 1986.

Holtz 1953          Gottfried Holtz, Kirchen auf dem Lande – Die Dorfkirchen von Mecklenburg 1953.

Hooetz 1959         Reinhard Hootz, Deutsche Kunstdenkmäler – Ein Bildhandbuch: Westfalen 1959.

Hootz 1961          Reinhard Hootz, Deutsche Kunstdenkmäler – Ein Bildhandbuch: Hamburg, Schleswig-Holstein 1961.

Krüger 1921/34      Georg Krüger, Kunst- und Geschichts-Denkmäler des Freistaates Mecklenburg-Strelitz, I 1-3,  II 1921/34.

Mackeprang 1944     M. Mackeprang, Vore Landsbykirker. En Overzigt. 1944.

Rauterberg 1978     Claus Rauterberg, Der Kirchenbau des Mittelalters in Schleswig-Holstein, in: Schleswig-Holsteinische Kirchengeschichte, 2, 1978 71-135.

Reifferscheid 1910          Der Kirchenbau in Mecklenburg und Neuvorpommern zur Zeit der deutschen Kolonisation, in: Pommersche Jahrbücher-Ergänzungsband 2, 1910.

Schlie 1892/1902            Friedrich Schlie, Kunst- und Geschichts-Denkmäler des Großherzogthums Mecklenburg-Schwerin I-V, 1892-1902.

Schmaltz 1907/1908         Karl Schmaltz, Die Begründung und Entwicklung der kirchlichen Organisation Mecklenburgs im Mittelalter, in: Jahrbücher des Vereins für Mecklenburgische Geschichte und Altertumskunde, 72/1907 85-270, 73/1909 31-176.

Schmaltz 1927              Karl Schmaltz, Die Kirchbauten Mecklenburgs 1927.

Traeger 1980               Josef Traeger, Die Bischöfe des mittelalterlichen Bistums Schwerin 1980.

Vitense 1920               Otto Vitense, Geschichte von Mecklenburg 1920.

Wiggers 1863               F. Wiggers, Berno, der erste Bischof von Schwerin, und Meklenburg zu dessen Zeit, in: Jahrbücher des Vereins für mecklenburgische Geschichte und Alterthumskunde, 28/1863 3-296.

# *Martin Guntau*

# DIE FRÜHEN NORDDEUTSCHEN UNIVERSITÄTSGRÜNDUNGEN: ROSTOCK UND GREIFSWALD

Über viele Jahrhunderte spielten im kulturellen Leben von Mecklenburg und Vorpommern die beiden Landesuniversitäten eine prägende Rolle. Ihre Geschichte war wechselvoll, zeigte Phasen der Blüte und der Stagnation, zeichnete sich aber vor allem durch eine ungebrochene Kontinuität bis in unsere Tage aus. Die Entwicklung dieser beiden Hohen Schulen zeigte bei allen Unterschieden aber auch eine Reihe von Gemeinsamkeiten, die sich aus ihrer Funktion und ihrer geographischen Lage ergaben.

Die mittelalterlichen Universitätsgründungen im norddeutschen Raum konzentrierten sich auf Küstenstädte an der Ostsee. Dazu gehören die Universitäten Rostock und Greifswald, die in der Geschichte dieser Region als Zentren der wissenschaftlichen Ausbildung und Forschung wichtige Impulse für die Entwicklung ihrer unmittelbaren und weiteren Umgebung gaben.

Rostock und Greifswald waren Hafen- und Handelsstädte, die zur Hanse gehörten. In dieser Vereinigung hatten sich Städte zusammen geschlossen, in denen Handel und Handwerk stark entwickelt waren und die Bürger das Leben in ihren Gemeinden weitgehend selbst bestimmten. Das sich entwickelnde Bürgertum artikulierte neue geistige Interessen, die mit seiner wirtschaftlich gewachsenen Position, dem Zusammenleben einer größeren Zahl von Menschen in den Städten und auch den Handelsbeziehungen zu anderen Regionen im Zusammenhang standen. So ergaben sich für Rostock und wenig später auch für Greifswald erfolgreiche Initiativen zur Gründung eines „Studium generale", wie man die Universitäten damals nannte. Das Ziel bestand vor allem darin, die Ausbildung von Theologen, Advokaten und Medizinern zur Erfüllung kirchlicher und weltlicher Aufgaben zu gewährleisten.

Freilich waren die Städte im Ostseeraum politisch nicht unabhängig genug, um die Gründung von Universitäten allein vornehmen zu können. Ihre jeweiligen Landesfürsten und Bischöfe hatten die Stiftung einer Universität beim Papst in Rom zu erwirken, unter Beteiligung des Bürgertums der Städte, durch deren finanzielle Leistungen der Unterhalt von Hohen Schulen überhaupt erst ermöglicht wurde. Landesherrn, geistliche Würdenträger und Städte waren so bei der Verwirklichung dieser aktuellen Interessen eng miteinander verbunden, um den geistigen Erfordernissen ihrer Zeit erfolgreich entsprechen zu können.

Die ersten Schritte zur Gründung der Universität Rostock wurden im Herbst 1418 unternommen. Die mecklenburgischen Herzöge Albrecht V. und Johann IV. richteten, unterstützt durch die Stadt Rostock, ein Gesuch an Papst Martin V. mit der Bitte um Genehmigung zur Gründung eines Studium generale. In einem weiteren Schreiben an den Papst unterstützte der Bi-

*Das große Siegel der 1419 gegründeten Universität Rostock (Presse- und Informationsstelle der Universität Rostock)*

schof von Schwerin, Heinrich II. von Nauen, diesen Antrag, wodurch die einvernehmliche Interessenlage im Lande nachdrücklich bekundet wurde. Mit der Ausstellung einer Bulle am 13. Februar 1419 in Ferrara zur Universitätsgründung in Rostock entsprach der Papst den Anträgen, untersagte aber ausdrücklich die sofortige Einrichtung einer Theologischen Fakultät, die erst 1432 ins Leben trat. Auch forderte der Papst klare Bürgschaften zur materiellen Absicherung für das Wirken der zu gründenden Universität, die von der Stadt Rostock übernommen wurden. Mit der Verlesung der päpstlichen Stiftungsurkunde durch den Bischof und der feierlichen Einführung ihres ersten Rektors, Petrus Stenbeke aus Erfurt, am 12. November 1419 in der St.Marienkirche zu Rostock wurde die „Alma mater Rostochiensis" gegründet. Der Bischof von Schwerin war als Kanzler der Universität bestellt worden, bei dem die Oberaufsicht für die Hohe Schule lag und worin, ganz den Bedingungen der Zeit entsprechend, der kirchliche Charakter dieser geistigen Institution zum Ausdruck kam.

Die Gründung in Greifswald verlief einige Jahrzehnte später auf ähnliche Weise. Allerdings hatte die Stadt zwischenzeitlich von 1437 bis 1443 die Universität Rostock zu Gast, weil Unruhen 1432 in Rostock für diese Stadt zu Interdikt und Kirchenbann geführt hatten, weshalb die Hohe Schule auf entsprechenden Druck nach Greifswald ausziehen mußte. Offenbar

*Siegel der 1456 gegründeten Universität Greifswald (Archiv der Ernst-Moritz-Arndt-Universität Greifswald)*

auch durch den Aufenthalt der Rostocker Professoren und Studenten angeregt, wuchs in Greifswald der Wunsch nach einer eigenen Universität. Eine besonders aktive Rolle bei der Vorbereitung der Universitätsgründung spielte der Greifswalder Bürgermeister Heinrich Rubenow, der selbst in Rostock und Erfurt studiert hatte. Die entscheidende formale Initiative ging von dem pommerschen Herzog Wartislaw IX. aus, der 1455 vom Papst das Privileg erbat, in Greifswald ein Generalstudium errichten zu dürfen. Nach einem gründlichen Prüfungsverfahren erteilte Papst Calixt III. am 29. Mai 1456 in Rom seine Zustimmung.

Die Eröffnung der „Alma mater Gryphiswaldensis" erfolgte am 17. Oktober 1456 mit der feierlichen Übergabe der päpstlichen Stiftungsbulle durch den Bischof Henning Iven von Cammin in der Nikolaikirche in Greifswald im Beisein des Herzogs und des Bürgermeisters Heinrich Rubenow, der zum ersten Rektor gewählt wurde. Die vom Papst erteilten Auflagen zur Ausstattung der Universität erfüllten der Landesherr, die Kirche und die Stadt Greifswald durch verschiedene Zahlungen.

Mit den Universitätsgründungen in Rostock und Greifswald waren an der Ostseeküste zwei Bildungseinrichtungen entstanden, die nicht nur die ersten ihrer Art in dieser Region waren sondern sich auch rasch zu geistigen Zentren im Hanseraum und für den Norden Europas entwickelten.

Universitätsgründungen im Ostseeraum:

| | |
|---|---|
| Rostock | 1419 |
| Greifswald | 1456 |
| Uppsala | 1477 |
| Kopenhagen | 1478 |
| Königsberg Pr. | 1544 |
| Dorpat | 1632 |
| Kiel | 1665 |

Die Struktur der Universitäten war bis in das 20. Jahrhundert durch die Existenz der Theologischen, Juristischen, Medizinischen und Artisten-Fakultät bestimmt. In letzterer erfolgte zunächst vor allem die Vorbereitung der Studenten auf die Vorlesungen und Disputationen in den drei höheren Fakultäten durch den Unterricht in den „sieben freien Künsten": Grammatik, Rhetorik, Dialektik, Arithmetik, Geometrie, Astronomie und Musik – anfänglich in lateinischer Sprache. Die ersten Universitätslehrer kamen von anderen Universitäten wie Erfurt und Leipzig oder hatten dort studiert.

Die Hohen Schulen in Rostock und Greifswald waren ihrem Charakter nach Landesuniversitäten, hatten aber für alle Mitglieder der Christenheit offen zu sein, woher sie auch immer kamen. Natürlich machten Mecklenburger und Pommern die überwiegende Zahl der Studenten aus. Daneben kamen aber auch viele Studenten aus Lübeck, Bremen, Hamburg, Danzig und weiteren Hansestädten, nicht wenige aber auch aus Küstenländern der Ostsee wie Dänemark, Schweden, Polen und dem Baltikum. Im Rahmen der Hanse waren die Universitäten in Rostock und Greifswald Zentren der Bildung, und maßgeblich daran beteiligt, die westeuropäische städtebürgerliche Kultur über den Ostseeraum in Nordeuropa zu verbreiten.

Mit den beiden Universitäten verbinden sich Namen bedeutender Gelehrtenpersönlichkeiten. Johann Bugenhagen, in der Zeit der Reformation ein enger Vertrauter von Martin Luther, wurde 1502 in Greifswald immatrikuliert und promovierte auch dort. Der Humanist Ulrich von Hutten war 1509 hier für einige Zeit Student, wie auch Christian Pedersen, der später die Bibel ins Dänische übersetzte.

Während der letzten Jahrzehnte des 15. Jahrhunderts wirkte an der Universität Rostock der Theologe Albert Krantz, der sich als Diplomat der Hanse sehr verdient gemacht hat und eine Reihe bedeutender historischer Darstellungen verfaßte.

Die Reformation berührte das Leben an den Universitäten im 16. Jahrhundert tiefgreifend und führte zu wesentlichen Neuerungen. Die von Martin Luther 1517 in Wittenberg ausgelöste Bewegung der Reformation erreichte rasch die niederdeutschen Hansestädte, wurde aber an den Theologischen Fakultäten zunächst reserviert aufgenommen. Erst in der zweiten Hälfte des Jahrhunderts entfaltete sich die wissenschaftliche Ausstrahlungskraft der Universitäten in einem neuen Geist spürbar. Die zeitweise stark zurückgegangenen Studentenzahlen wuchsen wieder an und das Wirken verschiedener Gelehrter fand eine große Aufmerksamkeit über die Landesgrenzen hinaus.

Auf Initiative von Herzog Heinrich waren bereits 1532 Conrad Pegel und Arnold Burenius nach Rostock berufen worden, die erste Schritte zu einer Reform der Universität im Sinne der Ideen von Melanchthon unternahmen. In den folgenden Jahrzehnten trugen ganz in diesem Geist Gelehrte wie die Theologen Paul Tarnow und Johann Quistorp, die Mediziner Johannes Fabricius und Simon Pauli sowie die Juristen Heinrich Camerarius und Johann Georg Godelmann zum guten Ruf der Alma mater Rostochiensis bei. Zu ihnen gehörte auch der weit bekannte Theologe, Kirchenpolitiker und Historiker David Chyträus, der zwischen 1551 und 1600 maßgeblich an der modernen Gestaltung des gesamten Lehrbetriebes der Universität beteiligt war.

Auf Initiative seines Bruders Nathan Chyträus begann 1569 die Philosophische Fakultät mit dem Sammeln von Büchern und ihrer freien Nutzung, woraus sich später die Universitätsbibliothek entwickelte. Zu den einflußreichsten Gelehrten gehörte in dieser Zeit auch Joachim Jungius, der 1622 in Rostock mit der „Societas Ereunetica sive Zetetica" die erste wissenschaftliche Gesellschaft in Deutschland gründete, um vor allem Naturstudien unter praktischen Zielsetzungen zu verfolgen. Bis weit in den Dreißigjährigen Krieg hinein war Rostock mit jährlich 200 bis 300 Studenten eine mittelgroße Universität in Deutschland mit überregionaler Bedeutung.

Im gleichen Zeitraum veränderten sich auch die Bedingungen an der Greifswalder Universität unter dem Einfluß der reformatorischen Auffassungen von Melanchthon. Bereits während der 1520er Jahre wirkten hier Peter Suave und Hermann Bonnus im Sinne der humanistischen Tradition und der neuen Ideen der Reformation, wenn sie sich zunächst auch nicht durchzusetzen vermochten. Erst nach der unter maßgeblichem Einfluß von Johannes Bugenhagen erfolgten Erneuerung der Universität ab 1539, standen der Theologe Johann Knipstro sowie später die Mediziner Ezechias Reich und Franz Joel mit ihren Leistungen für ein neues wissenschaftliches Antlitz der Universität Greifswald.

Seit 1558 wurde die finanzielle Sicherstellung der Universität durch die pommerschen Herzöge und feudalen Grundherren gewährleistet, wodurch ihr Wirken eine festere Grundlage fand. Insgesamt hatte die Universität durch die breite Einbeziehung von Mitgliedern der Theologischen und Juristischen Fakultät in das kirchliche Leben und auch in Rechtsangelegenheiten des Landes vor allem als Vertreter der herzoglichen Interessen eine starke Position in Pommern. Ähnlich wie in Rostock, befand sich während der ersten Jahrzehnte des 17. Jahrhunderts auch die Universität in Greifswald in einer Zeit der Blüte. Die Zahl der Studenten hatte sich erhöht und der pommersche Herzog Bogislav XIV. bemühte sich, durch umfangreiche Schenkungen die schwierige Finanzlage der Universität zu verbessern. Nach dem 1630 erfolgten Eintritt Schwedens in den Dreißigjährigen Krieg brachte König Gustav II. Adolf sehr rasch Pommern in seinen Besitz und nach einjähriger Belagerung auch Greifswald, wo er durch die Bürger begeistert begrüßt wurde. Als 1637 mit dem Tod von Bogislav XIV. die Linie der pommerschen Herzöge erlosch, übernahmen die Schweden das Land und setzten einen Generalgouverneur ein. Die schwedische Regierung war um die Universität in Greifswald sehr bemüht und zahlte zunächst sogar die Professorengehälter aus ihrer Staatskasse. Nach dem Westfälischen Frieden von 1648 fiel Vorpommern an Schweden und wurde bis 1806 auf der Grundlage einer schwedisch-pommerschen Verfassung regiert.

Im Gefolge des Dreißigjährigen Krieges und des Zerfalls der Hanse sank die Bedeutung der Universitäten Rostock und Greifswald, wenn die historischen Umstände im einzelnen auch unterschiedlich waren. Obwohl einige Gelehrte auch noch im 17. Jahrhundert, wie der Begründer der deutschen Literaturgeschichte Daniel Morhof in Rostock oder der Naturrechtler Johann Philipp Palthen in Greifswald mit ihrem wissenschaftlichen Wirken begannen, blieb die Rolle beider Universitäten nur noch auf ihre jeweiligen Länder beschränkt. Das änderte sich auch im 18. Jahrhundert nicht grundlegend, zumal in Mecklenburg 1760 durch die Eröffnung der Universität in Bützow (bis 1789) die

Leistungsmöglichkeiten der Hohen Schule in Rostock gravierend beschränkt wurden.

Erst am Ende des Jahrhunderts erholte sich das wissenschaftliche Leben sowohl in Mecklenburg als auch in Vorpommern. In Rostock kam es zur Gründung verschiedener wissenschaftlicher Einrichtungen, wie eines Anatomischen Instituts 1790 durch Wilhelm Josephi oder der Landwirtschaftlichen Lehr- und Versuchsanstalt 1793 durch Franz Christian Lorenz Karsten. An der Universität Greifswald studierte und lehrte Ernst Moritz Arndt, dessen Namen heute die Universität trägt. Er lehrte vor allem Geschichte und gab in dieser Zeit seine Schrift „Versuch einer Geschichte der Leibeigenschaft in Pommern und Rügen" heraus, die den Geist der Freiheit atmete. In der Zeit der Aufklärung entwickelten sich auch in diesen norddeutschen Landen neue wissenschaftliche Ideen und Ansätze.

Von dem „Universitätssterben" am Anfang des 19. Jahrhunderts in Deutschland waren die Universitäten in Rostock und Greifswald nicht betroffen, obwohl sie zu den kleineren und weniger berühmten Einrichtungen ihrer Art gehörten. Unter den durch Wilhelm von Humboldt vertretenen Reformvorstellungen zur höheren Bildung gewannen dann aber auch an diesen Universitäten die Gedankenwelt der klassischen deutschen Philosophie, Ideen des Neuhumanismus, neue Konzepte pädagogischer Art, klinisch orientierte medizinische Disziplinen und vor allem die Naturwissenschaften zunehmend an Einfluß. Die Theologie verlor ihre bestimmende Rolle an den Universitäten. Dafür bildete die Philosophie mehr und mehr das geistige Fundament der Hohen Schulen, wodurch den zahlreichen neu entstandenen Disziplinen ein gewisser geistiger Zusammenhalt gegeben wurde.

Bestimmend für das wissenschaftliche Wirken an den deutschen Universitäten war im 19. Jahrhundert die wachsende Verflechtung von Lehre und Forschung mit herausragenden Resultaten auf den verschiedenen Gebieten der Natur- und Geisteswissenschaften sowie der Medizin, die auch im Ausland als orientierend empfunden wurden. An dieser Entwicklung hatten die Universitäten in Mecklenburg und im preußischen Vorpommern ebenfalls Anteil. An der Universität Rostock entstand 1858 auf Initiative von Karl Bartsch das erste Germanistische Seminar an einer Universität, dem bis zum Ende des Jahrhunderts viele weitere Gründungen deutsch-philologischer Institutionen an fast allen Universitäten Deutschlands folgten. Der Rostocker Professor Hermann Roesler erhielt 1878 eine Berufung durch den japanischen Kaiser. Im Verlauf seiner 15jährigen Tätigkeit in Japan war er an der Erarbeitung einer neuen Verfassung nach europäischem Muster und der Erneuerung der Gesetzgebung des Landes maßgeblich beteiligt. 1898 entdeckte an der Greifswalder Universität der Professor für Hygiene Friedrich Loeffler den Erreger der Maul- und Klauenseuche, womit eine großartiger Beitrag zur Veterinärmedizin geleistet worden war. Weitere derartige Arbeiten wurden bis in das 20. Jahrhundert hinein auf den verschiedensten Gebieten vollbracht, die zum wissenschaftlichen Erkenntnisfortschritt maßgeblich beitrugen und das Ansehen dieser norddeutschen Universitäten stärkten.

*Das 1870 eingeweihte Hauptgebäude der Universität Rostock (Presse- und Informationsstelle der Universität Rostock)*

Deutliche Zeichen politischer Aktivität setzten am Beginn des 19. Jahrhunderts zunächst studentische Verbindungen auch an den Universitäten Rostock und Greifswald, die sich gegen die napoleonische Fremdherrschaft wandten, Träger nationaler deutscher Ideen waren und sich für eine konstitutionelle Monarchie, demokratische Rechte, Gleichheit und Freiheit einsetzten. Nach der Unterdrückung dieser politischen Forderungen traten dann erst bei der Revolution von 1848 vor allem Professoren wieder stärker in das Rampenlicht politischer Auseinandersetzungen. Zu ihnen gehörten an der Universität Rostock Carl Türk und Carl Hegel, in Greifswald neben anderen Friedrich Wilhelm Barthold und Eduard Baumstark, die freilich teilweise sehr verschiedene Positionen einnahmen. Nach dem Scheitern der 48er Revolution entwickelten sich die Universitäten zu sicheren Stützen des stabilisierten gesellschaftlichen Systems bei einer konservativen politischen Geisteshaltung.

Auch im 20. Jahrhundert blieben die Universitäten trotz tiefer Einbrüche in den Zeiten der Weltkriege und großer Schwierigkeiten unter den Bedingungen diametral entgegengesetzter politischer Systeme wissenschaftlich leistungsfähig. Gleich zum Beginn der Jahrhunderts wirkte der berühmte Chirurg Ferdinand Sauerbruch für einige Jahre in Greifswald und beschäftigte sich dort mit der Entwicklung der pneumatischen Unterdruckkammer, mit der dann Operationen am geöffneten Brustkorb möglich wurden. 1919 erhielt der Greifswalder Physiker Johannes Stark für seine Arbeiten über den Dopplereffekt bei Lichtwellen den Nobelpreis. In Rostock erkannte der Physiker-Philosoph Moritz Schlick sehr früh die Konsequenzen der Allgemeinen Relativitätstheorie von Albert Einstein für das Raum-Zeit-Denken und wurde später zum Begründer des „Wiener Kreises", der die naturphilosophischen Vorstellungen im 20. Jahrhundert stark beeinflußte. Sowohl an der Rostocker als auch an der Greifswalder Universität waren jährlich am Ende der zwanziger Jahre des 20. Jahrhunderts jeweils etwa 2.000 Studierende immatrikuliert, wobei um die Jahrhundertwende das Frauenstudium zugelassen worden war.

Bereits in der Zeit der Weimarer Republik waren monarchistische, völkische und rassistische Auffassungen an den Universitäten Rostock und Greifswald weit verbreitet und bestimmten das politische Klima maßgeblich. Bei ihrem Machtantritt 1933 konnten sich die Nationalsozialisten auf diese politischen Haltungen stützen, obwohl zu diesem Zeitpunkt in Greifswald keiner der ordentlichen Universitätsprofessoren der NSDAP angehörte. Die faschistischen Kräfte organisierten aber gegen jüdische Studenten und Hochschullehrer sowie gegen demokratische und liberale Wissenschaftler regelrechte Kesseltreiben, um sie aus der Universität zu entlassen, in die Emigration oder den Tod zu treiben. Einen antifaschistischen Widerstand – wie etwa an den Universitäten Berlin oder München – gab es in Rostock und Greifswald nicht. Bei spürbar sinkenden Studentenzahlen verlief der akademische Betrieb in vielen Bereichen zunächst in herkömmlichen Bahnen. Bis in den Krieg hinein traten dann aber Arbeiten in Lehre und Forschung zu erbbiologischen, rassistischen, politisch-propagandistischen, kriegswichtigen und weiteren Themen in den Vordergrund, die nazistischen Bildungszielen entsprachen. Mit der Zerschlagung des faschistischen Staates durch die Alliierten Mächte und dem Ende des Krieges waren auch die Universitäten in Rostock und Greifswald in einem desolaten Zustand und wurden von der sowjetischen Besatzungsmacht geschlossen.

Nach der Entnazifizierung des Lehrkörpers und der Neukonzipierung von Lehre und Forschung erfolgte der Neubeginn des Universitätsbetriebes in Greifswald und Rostock am 15. bzw. 25. Februar 1946. Auf die anfängliche Proklamation von Grundsätzen für ein antifaschistisches und demokratisches politisches Leben an den Universitäten folgte in der Zeit des beginnenden Kalten Krieges und der Spaltung Deutschlands eine starke Indoktrination durch die kommunistische Ideologie, die Widerstand hervorrief. Vor allem die sowjetische Besatzungsmacht versuchte durch Verhaftungen, Freiheitsstrafen und vollstreckte Todesurteile, andersdenkende Universitätsangehörige mundtot zu machen. So wurde der Rostocker Jurastudent Arno Esch aufgrund seiner politischen Überzeugungen am 24. Juli 1951 in der UdSSR hingerichtet. Die Wissenschaftspolitik der SED war mit der Gründung der DDR 1949 darauf gerichtet, Lehre und Forschung mit dem Ziel zu entwickeln, gewonnene Erkenntnisse dem sozialistischen Gesellschaftssystem nutzbar zu machen. Im Verlauf der vier Jahrzehnte bis zur politischen Wende 1989 lehrten und forschten Tausende von Wissenschaftlern an den beiden Universitäten im Norden der DDR und zehntausende Studierende wurden erfolgreich ausgebildet. Auch unter den Bedingungen einer zentralistischen Politik der SED und der herrschenden marxistischen Ideologie kam es auf den verschiedenen Gebieten wissenschaftlicher Arbeit zu beachtlichen Leistungen, wie beispielsweise 1950 mit der Gründung einer Technischen Fakultät an der Universität Rostock, der erfolgreichen wissenschaftlichen Schule des Mediziners Gerhardt Katsch zur Diabetis-Forschung an der Universität Greifswald oder den erfolgreichen Arbeiten zur Nierentransplantation und dem künstlichen Organersatz unter der Leitung von Horst Klinkmann während der 70er und 80er Jahre in Rostock.

Mit dem Zusammenbruch der DDR und ihrem Wissenschaftssystem erfolgte ein weiterer tiefer Einschnitt im Leben der Universitäten in Mecklenburg-Vorpommern. Im Gefolge der politischen Wende wurden in Rostock und Greifswald alle Gremien der Selbstverwaltung an den Universitäten neu gewählt, Lehre und Forschung überwiegend nach Vorbildern der alten Bundesrepublik neu konzipiert, dabei aber auch Tausende von Wissenschaftlern aus politischen, strukturellen und finanziellen Gründen für die weitere Arbeit nicht übernommen.

Die Durchsetzung des Prinzips der Freiheit von Lehre und Forschung, neue Möglichkeiten der wissenschaftlichen Kommunikation sowie eine spürbare Verbesserung der Nutzungsmöglichkeiten von wissenschaftlicher Literatur und anderer technischer Hilfsmittel bieten gute Voraussetzungen für eine qualifizierte Ausbildung von Studenten und eine erfolgreiche Forschung an den Universitäten in Mecklenburg-Vorpommern in der Zukunft.

Literatur

Ammer 1969 — Thomas Ammer, Universität zwischen Demokratie und Diktatur. Ein Beitrag zur Nachkriegsgeschichte der Universität Rostock. Köln 1969.

Festschrift — zur 5OO-Jahrfeier der Universität Greifswald, hg. von W.Braun, E.Köhler, W.Rothmaler, J.Schildhauer, H.Schwarz, O.Wegener 2 Bände. Greifswald 1956.

Geschichte der Universität Rostock 1419-1969. Festschrift zur Fünfhundertfünfzig-Jahr-Feier der Universität, i.A. des Rektors verf. u.hg. von G.Heidorn, G.Heitz, J.Kalisch, K.-F.Olechnowitz, U.Seemann, 2 Bände. Berlin 1969.

Mögen viele Lehrmeinungen um die eine Wahrheit ringen. 575 Jahre Universität Rostock, hg. vom Rektor der Universität Rostock. Rostock 1994.

Schmidt 1981 — Roderich Schmidt, Kräfte, Personen und Motive bei der Gründung der Universitäten Rostock (1419) und Greifswald (1456), in: Beiträge zur Pommerschen und Mecklenburgischen Geschichte (Tagungsberichte des Johann-Gottfried-Herder- Forschungsrates 6), hg. von R. Schmidt. Marburg/Lahn 1981 1-33.

Schnitzler 1974 — Elisabeth Schnitzler, Die Gründung der Universität Rostock. Köln/Wien 1974.

Seth 1956 — Ivar Seth, Die Universität Greifswald und ihre Stellung in der schwedischen Kulturpolitik 1637-1815. Berlin 1956.

525 Jahre — Universität Greifswald 525 Jahre, i.A. des Rektors verfaßt von W.Wilhelmus, R.Buchführer, G.Langer, D.Szöllösi. Berlin 1982.

Wandt 1994 — Bernhard Wandt, Die Universität der Hansestadt Rostock. Gründung und Entwicklung 1419-1827. Rostock 1994.

## Karl-Heinz Jügelt

# BUCHDRUCK UND BIBLIOTHEKEN IM ALTEN MECKLEN-BURG UND VORPOMMERN

*Die Geschichte des Buchdrucks*

Die ersten zusammenfassenden Darstellungen der Geschichte des Buchdrucks in Mecklenburg bzw. in Pommern verdanken wir dem Schweriner Archivrat Georg Christian Friedrich Lisch (1801-1882) bzw. dem Stralsunder Theologen und Literaturhistoriker Gottlieb Christian Friedrich Mohnicke (1781-1841) (ADB XXII,62), die beide zur vierten „Säcular-Feier der Erfindung der Typographie" im Jahre 1840 eine „Geschichte der Buchdruckerkunst in Meklenburg bis zum Jahre 1540" (Lisch 1839) bzw. eine „Geschichte der Buchdruckerkunst in Pommern" (Mohnicke 1840) veröffentlicht haben.

Lisch hat mit seiner allgemeinen Darstellung der Druckertätigkeit, des Wesens und des Wirkens der Erstdrucker Rostocks, der Brüder vom gemeinsamen Leben zu St. Michael in Rostock, auch die erste Bibliographie mit 20 ihrer Drucke aus den Jahren 1476 bis 1531 geliefert. Im Anhang seiner Schrift finden wir den Abdruck von 31 der 60 Urkunden des Rostocker Stadtarchivs, die die Michaelisbrüder betreffen, wie die Fraterherren nach ihrem Rostocker Kloster auch genannt wurden.

Außerdem hat er noch die Rostocker Druckereien des Ratssekretärs Hermann Barckhusen (1505-1512) und seines Druckers und Nachfolgers Ludwig Dietz (1509-1559) sowie des Professors Nikolaus Marschalk Thurius (1514-1522) und die ihm bekannten Werke dieser Offizinen beschrieben.

Neue Forschungsergebnisse mit 27 Michaelisbrüderdrucken stellte der Sammler und Heimatgeschichtsforscher Karl Michael Wiechmann (1828-1881) im Jahre 1857 zusammen (Wiechmann 1857); weitere 7 Drucke wurden in einer Nachlese von dem Kustos der Rostocker Universitätsbibliothek, Adolf Hofmeister (1848-1904), beschrieben (Hofmeister 1879; Hofmeister 1889). 1894 hat Wilhelm Stieda umfangreiches Material über „Das erste Jahrhundert der Buchdruckerei" und „Rostocker Buchdrucker im 17. Jahrhundert" in seinen „Studien zur Geschichte des Buchdrucks und Buchhandels in Mecklenburg" vorgelegt. Die letzte zusammenfassende Darstellung „Die Drucke der Michaelisbrüder zu Rostock 1476 bis 1530" von Carl Meltz, wissenschaftlicher Bibliothekar, Leiter der Katalogabteilung und Leiter der Handschriften- und Inkunabelabteilung der Universitätsbibliothek Rostock

(Meltz 1955/56) umfaßt 60 Drucke. Er verzeichnet 23 Inkunabeln für die Jahre 1476 bis 1500, von denen viele ohne genauere Datierung erschienen sind. Für die Zeit ab 1501 nennt er 33 Titel und fügt weitere 12 Titel an, die nach den damaligen Forschungsergebnissen nicht mehr der Presse der Michaelisbrüder zugeschrieben wurden und geht davon aus, daß die Fraterherren nach 1530 nicht mehr gedruckt haben.

Übereinstimmung besteht unter allen Forschern, daß die erste Periode des Buchdrucks mit der Einrichtung der ersten Druckerei in Mecklenburg durch die aus Münster in Westfalen nach Rostock gekommenen Brüdern vom gemeinsamen Leben zu St. Michael vermutlich im Jahre 1475 beginnt. Diese Druckerei war nach Lübeck, wo 1474 erstmalig gedruckt wurde, die zweite in Norddeutschland. Im Gegensatz zu den klösterlich gebundenen Augustinern waren die Fraterherren eine jener freien Vereinigungen von Weltpriestern und Laien, die nach eigener Regel lebten, ohne sich auf die Gelübde zu verpflichten. Aus ihrem Hauptziel: der sittlichen Erneuerung des Volkes vermittels des Buches „fratres non verbo, sed scripto praedicantes" resultierte die Wertschätzung des Buches, der Eifer für seine Vervielfältigung, die ihnen außerdem noch den Lebensunterhalt garantierte, da ihre Statuten das Betteln untersagten. Brüder von der Penne war deshalb auch aus unserer heutigen Sicht ein Ehrenname für die Fraterherren (Handbuch 1940 252), obwohl keine Beispiele für die Vervielfältigung von Handschriften durch sie erhalten geblieben sind.

Der erste Markstein in der Geschichte des Buchdrucks in Mecklenburg ist der 9. April 1476. Genau an diesem Tage wurde der Druck des ersten mit einem Datum versehenen Buches beendet. Es enthält die „Opera" des spätantiken Rhetors und Kirchschriftstellers Firmianus Lactantius, der um das Jahr 300 lebte.

Ursula Altmann, Berliner Inkunabelforscherin und ehemalige Mitarbeiterin der Rostocker Universitätsbibliothek, stellte dieses Datum 1976 in den Mittelpunkt ihres Vortrages aus Anlaß des 500jährigen Jubiläums der Einführung des Buchdruckes in Rostock (Altmann 1976). Eingehend beschreibt sie die Bewegung der Brüder vom gemeinsamen Leben und charakterisiert ihr Verhältnis zum Humanismus. Sie betonte dabei, daß bei den durch Druck vervielfältigten Werken „nicht in erster Linie ökonomische Gründe für ihre

*Nikolaus Marschalk Thurius, Rostock 1516*
*(Universitätsbibliothek Rostock)*

Herstellung maßgebend waren, sondern Gesichtspunkte bewußtseinsbildender Art". Wie sie hervorhob, haben die Michaelisbrüder vor allem mit den von ihnen 1476 und 1477 gedruckten Werken, also lange vor den nach Rostock gekommenen namhaften Humanisten – wie Hermann von dem Busche, Magister Thielmann Heverling und Ulrich von Hutten –, humanistisches Gedankengut nach Rostock gebracht und mit den von ihnen gedruckten Büchern zur Wiederbelebung der klassischen Studien nicht nur an der Rostocker Universität beigetragen.

Die Besonderheit der Rostocker Lactantius-Ausgabe besteht darin, daß sie als einzige von insgesamt 12 Inkunabel-Ausgaben nördlich der Alpen gedruckt wurde. Neue Erkenntnisse betreffen u.a. die Beziehungen der Michaelisbrüder zu Lübeck, insbesondere in bezug auf die Ausbildung des ersten Rostocker Druckers, und die Periodisierung ihrer umfangreichen Druckproduktion anhand der Bestimmung der verwendeten Typen und Holzschnitt-Initialen. Sehr einleuchtend weist sie auf die Besonderheiten der Lactantius-Type als Abbild der relativ einheitlichen Buchschrift in den Skriptorien der Brüder vom gemeinsamen Leben hin und äußert sich auch zu Fragen des Buchhandels und des Bucheinbandes durch die Michaelisbrüder unter Berücksichtigung der Bücherpreise und des potentiellen Abnehmerkreises in Rostock. Daß auch die Michaelisbrüder eine Buchbinderwerkstatt betrieben, belegt Altmann durch die Beschreibung von Einbänden aus der Werkstatt des „Universitätsbuchbinders", bei denen das von ihr schon früher beschriebene „Schließen-Exlibris" (Altmann 1972) erhalten geblieben ist. Es handelt sich dabei um die Eigentumskennzeichnung durch das Eingravieren des Namens des Besitzers auf den Schließen, die die hölzernen Buchdeckel zusammenhalten. Diese besondere Art des Supralibros ist bisher außer in Rostock nirgends sonst beobachtet worden.

Hinsichtlich der Beendigung der Drucktätigkeit der Michaelisbrüder geht allerdings auch sie davon aus, daß diese durch das Verbot des Druckes der Übersetzung des Neuen Testaments durch Hieronymus Emser im Jahre 1529 zum Erliegen kam.

Daß die Forschungen auch in unseren Tagen durch neue Archivfunde bereichert werden können, beweist „Eine vergessene Urkunde der Brüder vom gemeinsamen Leben in Rostock" mit Regesten zu 33 Urkunden der Brüder vom gemeinsamen Leben und Hinweisen auf weitere Funde im Rostocker Kirchenökonomiearchiv, die von Sabine Pettke untersucht wurde (Pettke 1988). Überzeugend konnte sie dabei nachweisen, daß entgegen den Annahmen von Borchling/Claussen und nach ihnen von Meltz (1955/56 247) und Altmann vier Drucke aus den Jahren 1531 und 1533 nicht nur mit den „Typen der Fratres Domus Viridi

Horti" sondern von den Fratres selbst gedruckt wurden. Allerdings bleibt das Schicksal der Druckerei in den folgenden Jahren bis zur Aufhebung der Bruderschaft im Jahre 1559 noch immer ungewiß.

Die Drucktätigkeit der Michaelisbrüder umfaßt demzufolge einen Zeitraum von mehr als 60 Jahren. Sie druckten in drei Sprachen: Latein, Niederdeutsch und Dänisch. Allerdings konnten aus den Jahren 1501-1518, 1520 und 1523-1525 auch durch neuere Forschungen keine Drucke nachgewiesen werden.

Zur Geschichte der schon erwähnten Rostocker Drukker der ersten Hälfte des 16. Jahrhunderts gibt es kaum neue Erkenntnisse. Bedauernd muß festgestellt werden, daß von den mehr als 50 Exemplaren des Rostocker Erstdruckes einige durch die Auslagerungen im Zweiten Weltkrieg verloren gingen. Das gleiche trifft auch für den bedeutendsten Druck der Barckhusenschen Offizin zu, das sog. lübische Recht aus dem Jahre 1509, von dem bisher nur ein einziges Exemplar ohne Titelblatt in der Stadtbibliothek Lübeck bekannt war. Immerhin konnte man im Vorwort zum ersten Male den Namen des Buchdruckers Ludwig Dietz lesen, der „diese Ausgabe...gedruckt hat, oder vielmehr hat sie sein Herr, der gelehrte Stadt-Secretair Hermann Barckhusen zu Rostock durch ihn drucken lassen", und der ab 25. April 1558 der erste Rostocker Universitätsbuchdrucker war.

Durch die Ergebnisse der laufenden Provenienzforschungen können die Angaben von Meltz zur Provenienz der drei Exemplare des Lactantius von 1476 in der Universitätsbibliothek Rostock korrigiert werden. Diese stammen weder aus der Marienbibliothek noch aus der Landesbibliothek Neustrelitz. Zwei Exemplare waren bereits vorhanden, als durch die Angliederung der Bibliothek der Mecklenburgischen Ritter- und Landschaft im Jahre 1924 ein drittes Exemplar hinzukam, das 1843 von der Universitätsbibliothek Leiden als Dublette verkauft worden war. Weiter konnte im Rahmen der Forschungen zur Geschichte der Bibliothek nachgewiesen werden, daß der erste „bibliothecarius perpetuus" der Akademischen Bibliothek ab 1750, Professor eloquentiae Angelius Johann Daniel Aepinus (1718-1784), das erste Exemplar des Lactantius 1758/59 für nur 7 Schilling erworben hat (Rationes 1719 68).

Nach dem Tode von Ludwig Dietz im Jahre 1559 – des „ersten öffentlichen Buchdruckers in Mecklenburg, der aus der Buchdruckerei ein künstlerisches Gewerbe gemacht hatte" (Stieda 1894 4) – haben Universitätsbuchdrucker wie Jakob Lucius aus Siebenbürgen, der auch ein tüchtiger Formenschneider aus der sächsischen Werkstatt Cranachs war (Wiechmann 1858; Zimmermann 1929), und der Mecklenburger Stephan Möllemann, auch Müllmann oder Mylander, von 1565 bis 1579 bzw. von 1580 bis 1610 durch typographisch schön gestaltete und mit künstlerischen Holzschnitten ausgestattete Druckwerke das Profil des Rostocker Buchdrucks bestimmt.

Im Jahre 1597 wird durch die Einrichtung einer Ratsbuchdruckerei und die Bestallung von Christoph Reusner aus Neustadt im Vogtland als ersten Ratsbuchdrucker die Tradition von zwei Buchdruckereien in Rostock begründet, die bis ins 19. Jahrhundert bestehen blieb.

Erwähnenswert ist noch Parchim als zweiter Druckort in Mecklenburg in den Jahren 1547-1548; vermutlich wurde auch in Neubrandenburg zwischen 1556 und 1565 gedruckt. Im Jahre 1582 wurde die herzogliche Druckerei in Barth durch den Pommernherzog Bogislaw XIII. gegründet, deren bedeutendster Druck die 1588 fertiggestellte „Barther Bibel" in der niederdeutschen Übersetzung des pommerschen Reformators Johannes Bugenhagen (Mohnicke 1840 65-71; Bake 1931 19-25) war. Am 21. November 1581 hatte der Rektor der fürstlichen Schule in Güstrow, Magister Franz Omichius, ein Druckprivileg für Mecklenburg erhalten und mit dem Rostocker Drucker Augustin Ferber d. Ä. den Buchdruck in Güstrow begründet. Schon im folgenden Jahr 1582 wechselte dieser als Universitätsbuchdrucker nach Greifswald und führte dort den Buchdruck ein. Im Jahre 1628 folgte dann die Einrichtung einer Ratsdruckerei in Stralsund und mit der Vereidigung des Rostockers Peter Schröder am 8. November 1683 als Hofbuchdrucker wurde der Buchdruck in Schwerin eingeführt (Benzing 1982).

*Die Geschichte der Bibliotheken*

Es gibt noch keine Geschichte der Bibliotheken in Mecklenburg-Vorpommern; auch für die wichtigsten heute existierenden Bibliotheken gab es bisher meist nur Darstellungen einzelner Entwicklungsetappen oder Kurzfassungen der Entwicklungsgeschichte sowie die Beschreibung von wertvollen Beständen, Bestandsgruppen oder bedeutender Erwerbungen.

Deshalb stößt auch der Versuch, die historische Bibliothekslandschaft Mecklenburg-Vorpommerns in ihrer Entwicklung darzustellen, auf erhebliche Schwierigkeiten.

Die bedeutendsten Bibliotheken in Mecklenburg-Vorpommern sind heute die Universitätsbibliothek in Rostock (gegründet 1569) und die Mecklenburgische Landesbibliothek in Schwerin (gegründet 1779) sowie in Vorpommern die Universitätsbibliothek Greifswald (gegründet 1604), die Archivbibliothek Stralsund (1577 neu gegründet) und die Kirchenbibliothek der Sankt Marienkirche in Barth (gegründet im 16.Jahrhundert). Alle sind also Gründungen. So wurde die Universitätsbibliothek Rostock 1569 durch Nathan Chytraeus als „collectio bibliothecae facultatis philosophicae" (Jügelt 1991), die Archivbibliothek

Stralsund 1577 vom Stralsunder Rat als Ratsbibliothek neu gegründet und mit der Bibliothek des ersten evangelischen Predigers von Barth, Johannes Block, nahm die Kirchenbibliothek der Sankt Marienkirche in Barth ihren Anfang (Katalog 1882). Die Universitätsbibliothek Greifswald war 1604 eine Gründung der Universität und die Mecklenburgische Landesbibliothek in Schwerin wurde 1779 als herzogliche Regierungsbibliothek gegründet.

Von vorreformatorischen Bibliotheken (Milde 1987) wissen wir bisher nur soviel, daß es an den Universitäten Rostock (gegründet 1419) und Greifswald (gegründet 1456) schon vor oder um das Jahr 1500 Fakultätsbibliotheken gegeben hat. Für Rostock läßt sich das aus einigen wenigen Eintragungen über Legate oder Schenkungen an die Universität oder die Artistenfakultät schließen, für Greifswald gibt es u. a. eine Bücherliste der Juristischen Fakultät aus dem Jahre 1483.

Eine wichtige Rolle spielten in der zweiten Hälfte des 16. Jahrhunderts die Bibliothek des Geistlichen Ministeriums in Rostock, die bereits vor der Reformation bestanden haben soll und sich im Johanniskloster befand (Grapius 1707 523), sowie die Bibliothek der St.-Petri-Kirche in Wolgast. Als reformierte Bibliotheken konnten sie die Reste der vorreformatorischen Bibliotheken der säkularisierten Klöster in und um Rostock sowie in Pommern aufnehmen, von denen wir bisher nur wenig wissen, weil nur wenige Reste bzw. Spuren erhalten geblieben sind. Auch für Mecklenburg-Vorpommern dürfte gelten, was Martin Luther in seiner „Ratsherrenschrift" von 1524 geschrieben hat: „Dem exempel nach haben auch die stiffte und klöster vor zeytten librareyen angericht, wie wol mit wenig guten büchern". Die Mönche „samleten nur des drecks und mistes yhrer unfletigen gifftigen bücher alle klöster...voll". Wenn er weiter von „tollen unnützen schädlichen Müniche bücher Catholicon, Florista, Grecista, Labyrinthus, Dormi secure und der gleychen esels mist vom Teuffel eyngefurt" (Luther 1899) spricht, dann war das nicht zuletzt eine Aufforderung, im Zuge der Aufhebung der Klöster – auch in Mecklenburg-Vorpommern – die Klosterbibliotheken aufzulösen. Nicht zu Unrecht hat Kohfeld (1879 278-279) darauf verwiesen, „dass Unverstand oder blinder Eifer gegen alles 'Papistische' im 16. und 17. Jahrhundert mindestens ebenso viel unersetzliche Verluste an alten Handschriften u. dergl. verschuldet haben, wie andere, zufällige Ereignisse".

Nach Aufhebung der geistlichen Orden in und um Rostock waren die Überreste der Klosterbibliotheken im Gebäude des Dominikanerklosters St. Johannis zusammengebracht und bei der Kirchenvisitation 1566 in den Protokollen verzeichnet worden. Was beim Abriß des Klosters durch Herzog Johann Albrecht in seinem Streite mit der Stadt in diesem Jahr gerettet werden konnte, wurde mit den Büchern des Geistlichen Ministeriums vereinigt und in der Marienkirche aufgestellt. Etwa zur gleichen Zeit wurden 138 Bücher der säkularisierten pommerschen Klosterbibliotheken der Zisterzienser in Eldena bei Greifswald und der Augustiner in Jasenitz bei Stettin zum Grundstock der St.-Petri-Kirchenbibliothek in Wolgast. Deshalb kennt die „Uebersicht der bedeutenderen Bibliotheken Deutschlands im Mittelalter" auch keine Fürsten-, Kloster- oder Kirchenbibliothek unseres nördlichen Territoriums (Koner 1848 1084-1085). Vieles ging verloren oder wurde in alle Winde verstreut. Was übrig geblieben war, kam 1830 durch den Kauf der Bestände der Wolgaster Kirchenbibliothek in die Universitätsbibliothek Greifswald bzw. 1842 durch den Kauf der sog. Marienbibliothek in die Universitätsbibliothek Rostock. Bereits 1738 wurde ein Buch der Universität Greifswald mit der Eintragung: „Spectat ad carthusiam legis marie prope Rostock" erwähnt (etwas 1738 478-479). In einem Band mit drei Inkunabeln, der sich seit Ende des 17. Jahrhunderts in der Universitätsbibliothek Uppsala befindet, wurde die Eintragung: „liber domus fratrum presbyterorum et clericorum viridis horti in Rostock apud Sanctum Michaelem portamque cygneam" entdeckt (Collijn 1907 94-95). Gustav Kohfeld hatte schon im Jahre 1903 bei seinen Untersuchungen der Inkunabeln und Frühdrucke bis 1520 in der Rostocker Universitätsbibliothek vergeblich nach Eintragungen gesucht, die auf die Bibliothek der Rostocker Fraterherren hinweisen (Kohfeld 1903).

Aus der zweiten Hälfte des 16. Jahrhunderts stammt die Bibliothek des Herzogs Johann Albrecht I. (1525-1576), von deren Umfang und Inhalt wir nur deshalb Kenntnis haben, weil von ihr 1599 ein Katalog angefertigt wurde. Das gleiche gilt für nur wenige der zahlreichen damals in der Universitätsstadt Rostock existierenden Professoren-, Bürger- und Predigerbibliotheken dieser Zeit. Nur von einigen Büchersammlungen, die legiert, geschenkt, verpfändet oder verkauft wurden, haben sich Inventare bzw. Titellisten erhalten. Ein Beispiel dafür ist das Inventar, das 1657 von einer Büchersammlung aufgestellt wurde, die in der Regentie Rubri Leonis entdeckt worden war. Auf der Grundlage dieses Inventars konnte eine Sammlung rekonstruiert und als Bibliothek des Predigers der Rostocker St.-Nikolai-Kirche, Magister Georg Reiche (1495-1565), identifiziert werden (Jügelt 1994).

Bedeutsame Bibliotheksgründungen nach der Gründung der Universitätsbibliothek Greifswald 1604, deren Entwicklung in den Jahren 1648-1815 durch die schwedische Herrschaft geprägt war, fanden mit Ausnahme der bedeutenden Vermehrung der herzoglichen Bibliotheken in Schwerin, insbesondere durch die Herzöge Adolph Friedrich I. (1588-1658) und Christian Ludwig I. (1623-1692), sowie in Güstrow durch den Herzog Gustav Adolph (1633-1695) erst wieder im 18. Jahrhundert statt.

Durch ein Vermächtnis der Büchersammlung des Obristen Adolph Friedrich von Bassewitz auf Neuhof wurde 1740 die Bibliothek der Mecklenburgischen Ritter- und Landschaft zu Rostock begründet und durch den Ankauf privater Sammlungen sowie durch Mittel der Ritterschaft ständig vermehrt. Sie entwickelte sich bis zum Ende des 19. Jahrhunderts zu einer der bedeutendsten mecklenburgischen Bibliotheken mit umfangreichen geschichtlichen, rechts- und staatswissenschaftlichen sowie heimatkundlichen Beständen. Da sie nach dem Ersten Weltkrieg in Staatsbesitz gelangt war, wurde sie durch Ministerial-Verfügung mit Wirkung vom 1. April 1924 der Universitätsbibliothek angegliedert und ihre Mecklenburgica-Sammlung dort geschlossen aufgestellt.

An der Universität Bützow hat sich ab 1769 der Orientalist Oluf Gerhard Tychsen (1734-1815) erfolgreich um den Aufbau einer Akademischen Bibliothek bemüht, die am 2. November 1772 eröffnet wurde. Den Grundstock der Bützower Sammlung bildeten die schon erwähnten alten herzoglichen Bibliotheken, die aus Schwerin nach Bützow gegeben wurden (Tychsen 1790 21-29). Dank des Sammeleifers Tychsens, insbesondere auch durch die Einwerbung von Geschenken (Tychsen 1793), besaß die Bützowsche Bibliothek im Jahre 1789 mehr als 14.000 Bände, die bei der Restauration der Universität Rostock mit den fast 5.000 Bänden der Rostocker Akademische Bibliothek zur Universitätsbibliothek vereinigt wurden, die sich im folgenden Jahrhundert zur führenden Bibliothek in Mecklenburg entwickelte.

Im Jahre 1779 wurde – wie oben schon erwähnt – die Regierungsbibliothek zu Schwerin gegründet, die ebenfalls aus angekauften privaten Sammlungen hervorgegangen ist und von Anfang an die Aufgabe hatte, vor allem Schriften über Mecklenburg zu sammeln. Sie besitzt durch den Ankauf von wertvollen Privatbibliotheken, aber auch durch zahlreiche Vermächtnisse und Schenkungen die umfangreichste Mecklenburgica-Sammlung.

Nach 1950 wurden ihr die Mecklenburgica-Dubletten der ehemaligen Landesbibliothek Neustrelitz einverleibt, die nach der Übernahme der Regierung durch Herzog Karl II. (1741-1816) im Jahre 1794 als Herzogliche Bibliothek aus den einzelnen herzoglichen Büchersammlungen entstanden und schon 1795 durch die Bibliothek des verschuldeten Kammerherrn Graf August Christian Friedrich Schulenburg vermehrt worden war (Bock 1951).

Die spätere Großherzogliche Bibliothek, nach 1918 Mecklenburg-Strelitzsche Landesbücherei, wurde trotz ihrer hervorragenden Bestände – insbesondere der berühmten Bibelsammlung – von der Auflösung des Freistaates Mecklenburg-Strelitz und der Schaffung eines einheitlichen Landes Mecklenburg durch Gesetz vom 1.1.1934 existentiell betroffen. Über die bereits 1936 eingeleitete Liquidierung wurde im August 1950 durch Ministerratsbeschluß endgültig entschieden und noch im gleichen Jahr wurden die Bestände auf die neuen Standorte in Greifswald, Schwerin, Berlin und Rostock verteilt.

Erwähnt werden sollen noch die zahlreichen, teilweise bis ins 17. Jahrhundert zurückreichenden Gymnasialbibliotheken sowie die bereits am Ende des 18. Jahrhunderts gegründeten Bibliotheken von Lesegesellschaften. Eine große Anzahl von Auktionskatalogen ist der Beweis für die endliche Existenz zahlreicher privater Bibliotheken auch im 18. Jahrhundert.

Im Sommer 1994 konnten für die Bibliotheken im Bundesland Mecklenburg-Vorpommern mit entsprechenden historischen Beständen erstmals wissenschaftliche Bestandsgeschichten und wissenschaftliche Bestandsbeschreibungen für das „Handbuch der historischen Bibliotheksbestände" vorgelegt werden.

Im Ergebnis dieser Forschungen kann mit Fug und Recht behauptet werden, daß das Bundesland Mecklenburg-Vorpommern über historisch gewachsene reiche und vielgestaltige Bibliotheksbestände verfügt und die Mecklenburgica-Sammlungen in Rostock und Schwerin bzw. die Pomeranica-Sammlung in Greifswald viele ehrwürdige Zeugen aus der Geschichte Mecklenburgs und Vorpommerns bewahren.

## Literatur

| | |
|---|---|
| Altmann 1972 | Ursula Altmann, Bucheinbände mit Schließen-Exlibris aus Rostock, in: Einbandstudien. Ilse Schunke zum 80. Geburtstag gewidmet. Berlin 1972 21 – 37. |
| Altmann 1976 | Ursula Altmann, Buchdruck in Rostock 1476: Rede gehalten ...in Rostock...1976. Rostock 1976. |
| Bake 1931 | Werner Bake, Das Druckprivileg der Barther Bibel v. J. 1584, in: D. Dr. Joh. Luthers Leben und Werk. Greifswald 1931. |
| Bock 1951 | Gerhard Bock, Die Geschichte der Landesbibliothek Neustrelitz, in: Zentralblatt für Bibliothekswesen. Leipzig 65(1951) 28-37. |
| Borchling/Claussen | Conrad Borchling u. Bruno Claussen, Niederdeutsche Bibliographie. Gesamtverzeichnis der niederdeutschen Drucke bis zum Jahre 1800. Bd. 1.2; 3.1, Nachträge, Ergänzungen und Verbesserungen. Neumünster 1931-1936; 1957. |
| Brüssow 1835 | Friedrich Brüssow, Literarische Statistik der Großherzogtümer Mecklenburg, in: Freimüthiges Abendblatt. Schwerin 17. 1835 Nr. 880-883. |
| Collijn 1907 | Isak Collijn, Rostochiana in der Kgl. Universitätsbibliothek Uppsala. 2. Inkunabeln aus Rostocker Klosterbibliotheken, in: Beiträge zur Geschichte der Stadt Rostock 4(1907) 94-95. Etwas 1737...1742 Etwas von Rostockschen gelehrten Sachen. Rostock 1737-1742. |
| Grapius 1707 | Zacharias Grapius, Das evangelische Rostock. Rostock 1707. |
| Hofmeister 1879 | Adolf Hofmeister, Beiträge zur Geschichte der Buchdruckerkunst in Meklenburg. – 1.2. – Schwerin 1879-1889. |
| Jügelt 1991 | Karl-Heinz Jügelt, Chytraeus Nathan Chytraeus, der Begründer der Universitätsbibliothek Rostock, in: Nathan Chytraeus: 1543-1598; Ein Humanist in Rostock und Bremen; Quellen und Studien; [hrsg. von Thomas Elsmann...]. Bremen 1991 13-26. |
| Jügelt 1994 | Karl-Heinz Jügelt, Bibliotheca Philosophica – Bibliotheca Academica – Universitätsbibliothek: Bücher, Bibliothekare und Ereignisse in der 425jährigen Geschichte der Universitätsbibliothek Rostock, in: Mögen viele Lehrmeinungen um die eine Wahrheit ringen: 575 Jahre Universität Rostock. Rostock 1994 40-69. |
| Jügelt 1995 | Karl-Heinz Jügelt, Magister Georg Reiche (1495-1565), Prediger der Nikolaikirche, und die Universität Rostock, in: Universität und Stadt: wiss. Kolloquium anläßlich des 575. Jubiläums der Universität Rostock, 24./25. November 1994. Im Druck. |

Kohfeldt 1903

Gustav Kohfeld, Kleine Notizen zur spätmittelalterlichen Gelehrten- und Bücher-Geschichte, in: Beiträge zur Geschichte der Stadt Rostock 3(1903) 75-83.

Kohfeld 1924

Gustav Kohfeld, [Landesbibliothek Rostock kommt zur Universitätsbibliothek], in: Zentralblatt für Bibliothekswesen. Leipzig 38(1924) 307.

Katalog 1882

Katalog der Kirchenbibliothek zu Barth. 1882.

Lisch 1839

Georg Christian Friedrich Lisch, Geschichte der Buchdruckerkunst in Meklenburg bis zum Jahre 1540. Schwerin, 1839. SA aus: Jahrbücher des Vereins für meklenburgische Geschichte und Alterthumskunde 4(1839).

Luther 1899

Martin Luther, An die Ratherren aller Städte deutschen Landes. - Wittenberg 1524, in: Martin Luthers Werke. Krit. Gesamtausgabe (WA). Bd.15. Weimar 1899 9-53.

Mantzel 1805/06

Christian Gottfried Mantzel, Literarische Statistik der Herzogtümer Mecklenburg, in: Mecklenburgisches Journal. Schwerin u. Wismar 1805-1806.

Meltz 1955/56

Carl Meltz, Die Drucke der Michaelisbrüder zu Rostock 1476-1530, in: Wissenschaftliche Zeitschrift der Universität Rostock 5(1955/56) Sonderh. 229-262.

Meltz 1957

Carl Meltz, Die Missaldrucke der Michaelisbrüder zu Rostock, in: Gutenberg-Jahrbuch (1957) 66-71.

Milde 1987

Wolfgang Milde, Mittelalterliche Bibliotheken in der neueren Bibliotheksgeschichtsschreibung, in: Die Erforschung der Buch- und Bibliotheksgeschichte in Deutschland / hrsg. von Werner Arnold... - Wiesbaden 1987.

Mohnicke 1840

Gottlieb Mohnicke, Geschichte der Buchdruckerkunst in Pommern. Stettin 1840.

Rationes 1719

Rationes Bibliothecae Universitatis Rostochiensis. [1719-1759; Ms.] Universitätsbibliothek Rostock, Handschriftensammlung.

Stieda 1894

Wilhelm Stieda, Studien zur Geschichte des Buchdrucks und Buchhandels in Mecklenburg. SA aus Archiv zur Geschichte des Deutschen Buchhandels 17(1894) 225-229 (mit eigener Zählung 1-207).

Tychsen 1790

Oluf Gerhard Tychsen, Geschichte der öffentlichen UniversitätsBibliothek und des Museums zu Rostock. Rostock 1790.

Tychsen 1793

Oluf Gerhard Tychsen, Der Geschichte der öffentlichen UniversitätsBibliothek und des Museums zu Rostock Erste Fortsetzung, welche die freywilligen Geschenke enthält. Rostock 1793.

Wiechmann 1857

Karl Michael Wiechmann, Beiträge zur ältern Buchdruckergeschichte Meklenburgs nebst einer Zusammenstellung der bisher beschriebenen meklenburgischen Druckmerkmale. Schwerin 1857.

Wiechmann 1858

Karl Michael Wiechmann, Die meklenburgischen Formschneider des sechzehnten Jahrhunderts. Schwerin 1858.

Wiechmann 1864

Karl Michael Wiechmann, Meklenburgs altniedersächsische Literatur. Ein bibliogr. Repertorium der seit der Erfindung der Buchdruckerkunst bis zum 30j. Kriege in Meklenburg gedrukten niedersächs. oder plattdten Bücher, Verordnungen u. Flugschriften. Th. 1-3. Schwerin 1864-1865.

Zimmermann 1929

Hildegard Zimmermann, Jakob Lucius d. Ä., in: Allgemeines Lexikon der bildenden Künstler von der Antike bis zur Gegenwart. Bd. 23. Leipzig 1929 439.

## Hans Joachim Gernentz

# DIE SPRACHENTWICKLUNG IN MECKLENBURG UND VORPOMMERN IM MITTELALTER UND IN DER FRÜHEN NEUZEIT

In das vorher von slawischen Stämmen bewohnte Gebiet ostwärts der Elbe und der Saale wanderten seit dem 12. Jahrhundert Bauern und Bürger des deutschen Altlandes ein.[1] Mit den dabei neu gegründeten Territorien entstanden so auch neue Sprachlandschaften beziehungsweise Siedlungsmundarten, und zwar sowohl eine neue hochdeutsche, speziell ostmitteldeutsch genannte Mundart, die später zur wichtigsten Keimzelle unserer heutigen Hoch- und Schriftsprache sich entwickelte, als auch im niederdeutschen Bereich, wo es zur Ausbildung von niederdeutschen Mundarten in Mecklenburg, Pommern und Brandenburg kam. Dieser Bildungsprozeß war recht kompliziert, da sich ja nicht die Bevölkerung eines Gebietes des Altlandes geschlossen im Neuland ansiedelte und somit die alte Mundart gewissermaßen in die neue Umwelt mitbrachte, sondern da sich neue Gemeinschaften bildeten, die erst unter den politischen, ökonomischen und kulturellen Bedingungen der sich ausbildenden Territorien eine relativ einheitliche Sprachlandschaft bilden konnten.

Dennoch kann man an der Mundartsituation, wie sie um 1900, als man die Mundart noch häufig verwendete, aufgezeichnet wurde, noch viel über die Art und Weise der Siedelbewegung erkennen. So sind die Gemeinsamkeiten des Mecklenburgischen und des Vorpommerschen derart auffallend, daß man eine gemeinsame Besiedlung zwischen den Mündungen der Trave und der Oder annehmen muß. Dennoch gibt es – besonders deutlich im Wortschatz – Unterschiede zwischen dem Norden und dem Süden des Dialektgebietes. So heißt die Leitersprosse im Norden *Tram,* im Süden jedoch *Sprat* (siehe Karte). Der gleiche Gegensatz zeigt sich in folgenden Wortpaaren, von denen die erste Bezeichnung im Norden und die zweite im Süden gebraucht wird.

*Abendbrot/Vesper* „vorletzte Mahlzeit des Tages",
*Kütik/Harrick* „Ackerunkraut" (sinapis arvensis),
*Trad/Leus* „Geleise, Wagenspur",
*Meßsaal/Meßhoff* „Dungplatz auf dem Hofe",
*Band/Seil* „Strohseil zum Binden des Bundes gedroschenen Strohs".

Dieser Gegensatz ist sicherlich durch die verschiedenen Besiedlungswellen zu erklären (Teuchert 1957/58 197f.). Im Norden finden wir vorwiegend Lehmböden und Buchenwälder, während im Süden Sandboden und Moore vorherrschen. Da der Lehmboden fruchtbarer ist und Buchenwälder leichter zu roden sind als Moore trockenzulegen, dürften die ersten Bauern bis Rügen und Usedom weitergewandert sein und so den sprachlichen Unterschied zu dem etwas später besiedelten Süden bewirkt haben. Weiter dürften die Siedler häufig aus dem benachbarten Holstein gekommen sein, aber diese sind offenbar nicht weit nach Osten vorgestoßen, denn die von ihnen mitgebrachten Wörter (*Falg* 'brachliegender Acker' gegenüber östlichem *Brak* u.a.) finden sich nur westlich des Schweriner Sees, der so zur Mundartgrenze wird. Der Großteil der Siedler ist jedoch wahrscheinlich über Lauenburg an der Elbe aus Westfalen gekommen. Dafür spricht – neben anderen heute kaum noch realisierten Lautentwicklungen *veir* 'vier' aus *veer* in Westfalen und Mecklenburg – die allerdings erst nach der Besiedlungszeit nachweisbare Entwicklung der alten mittelniederdeutschen Vokale ô, ô, ê zu den Diphthongen (Zwielauten) *au, äu, ei* in *kôken, sôte, bên* 'Kuchen, süß, Bein' zu kauken, säut, bein (siehe Karte). Diese Entwicklung, die im Norden und Osten Westfalens Parallelen hat, finden wir in dem – wie gesagt – gemeinsam besiedelten Mecklenburg-Schwerin (außer in den Stadtmundarten von Rostock, Schwerin und Güstrow) und in Vorpommern. Sie fehlt im ehemaligen Mecklenburg-Strelitz (Land Stargard), das zusammen mit dem sogenannten „mittelpommerschen Keil" (westlich der Oder von Brandenburg bis zur Linie Landgraben-Zarow im Raum Ueckermünde) von Brandenburg aus mit einem größeren Anteil von Niederländern besiedelt wurde, dann aber seit der Angliederung an Mecklenburg sich in der Mundart seit etwa 1300 in das sich konsolidierende Mecklenburg-Vorpommersche integrierte.

Eine weitere Übergangszone zwischen dem Mecklenburgischen und dem Brandenburgischen (speziell dem Prignitzschen) bildete sich auch südlich der Elbe aus, da die Landesgrenze hier bis in die zweite Hälfte des 14. Jahrhunderts umstritten war. So verläuft die Südgrenze der für Mecklenburg charakteristischen Diphthongierung von ô zu *au* in *kôken* zu *Kauken* usw. durch brandenburgisches Gebiet, während die ebenfalls für Mecklenburg kennzeichnende Vokalhebung vor r in *Ohren* zu *Uhren, Perd* zu *Pierd* im meck-

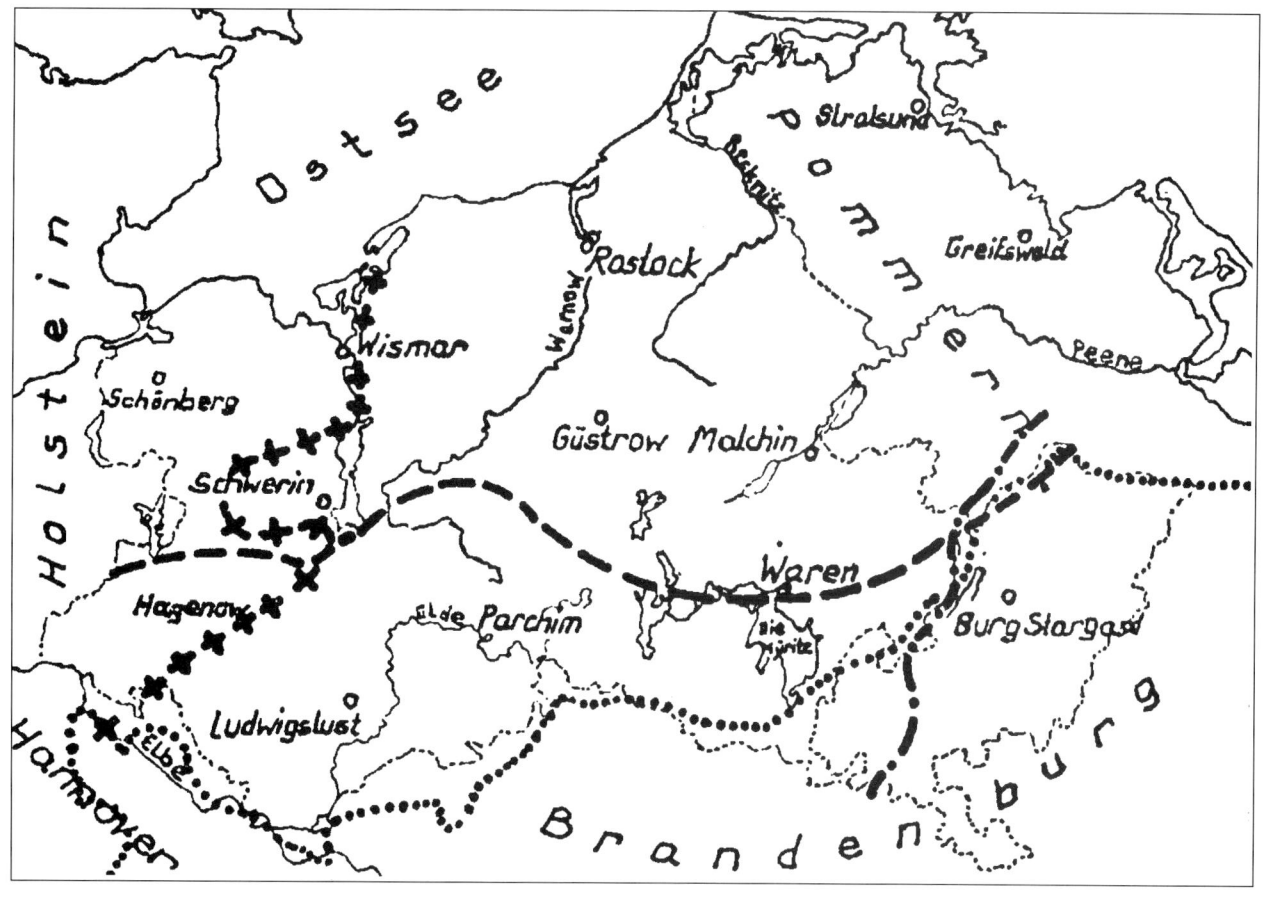

—————— Tram – Sprat = Leitersprosse
+ + + + Falg' – Brak = Brache
.............. Kauken – Koken = Kuchen
— · — · — Sod – Pütten = Brunnen

*(Karte H. J. Gernentz)*

lenburgischen Eldebogen fehlt.

Während dieser Konsolidierungszeit der mecklenburgisch-vorpommerschen Siedlungsmundart haben slawische Sprachformen noch längere Zeit fortgelebt. Ihr letztes Rückzugsgebiet in Mecklenburg war die Jabelheide, wo das Wendische noch für das Jahr 1521 belegt ist. Spuren hinterlassen hat das Slawische vor allem in Familien- und Ortsnamen. So sind die zahlreichen Ortsnamen auf *-in, -itz, -ow* (z.B. *Schwerin, Strelitz, Güstrow*) aber auch andere, z.B. *Rostock, Doberan,* slawischer Herkunft. Weiterhin sind in den Wortschatz der Mundart solche Wörter eingedrungen, die auf hochsprachlicher Ebene aus slawischen Sprachen übernommen und dann in die Mundarten (zum Teil lautlich assimiliert) integriert wurden, z.B. *Grenze, Gurke, Jauche, Peitsche, Kutsche.* Direkte Übernahmen slawischer Elemente in das Mecklenburgische und Vorpommersche sind dagegen kaum nachweisbar, und zwar im fachsprachlichen Wortschatz der Fischer, so *Zeese* 'Netz' in Mecklenburg, Vorpommern

und Brandenburg und *Jonicke* 'Fischereinetz' in Vorpommern und Rügen.

Als sich so voneinander gechiedene Territorialmundarten in Norddeutschland ausbildeten, gab es zugleich eine überlandschaftliche Entwicklung, die nicht nur historisch-gesellschaftlich, sondern auch sprachlich von großer Bedeutung ist. Mit der wachsenden Bedeutung der Kanzleien in den Territorien, mit dem Aufkommen der Städte, mit dem sich entwickelnden Fernhandel und dem Austausch von Kultur und Literatur verstärkte sich der Einfluß der geschriebenen Sprache. So wurde es besonders mit dem Aufkommen der Hanse erforderlich, daß sich in ihrem großen Handelsraum der Anlieger der Ost- und der Nordsee einheitliche Sprachformen durchsetzten, die – zumindest im schriftlichen Bereich – eine allseitige Kommunikation ermöglichte. So entwickelte sich – weitgehend auf der Basis des Niederdeutschen von Lübeck, dem Zentrum der Hanse – eine überregionale niederdeutsche Schreibsprache, die sich von der zweiten Hälfte des

14. Jahrhunderts an auch in den Hansestädten Mecklenburgs und Vorpommerns durchsetzte und vor allem im Kanzleischrifttum, in Rechtsordnungen und Handelsbüchern verwendet wurde. Ihr bedeutendstes literarisches Denkmal ist das „Redentiner Osterspiel", das ein Doberaner Mönch in der zweiten Hälfte des 15. Jahrhunderts auf dem Hof Redentin bei Wismar verfaßte. Es ist verhältnismäßig kurz, gehört aber zu den bedeutendsten Schöpfungen des mittelalterlichen Dramas ganz Deutschlands und fesselt uns noch heute, nicht zuletzt durch seinen Spott auf die damaligen Ritter und einige bürgerliche Berufe.

Im Gegensatz zu dieser hansisch-bürgerlichen „mittelniederdeutschen Schriftsprache"[2] bevorzugten die Fürsten und der Adel mehr das Hochdeutsche (Steinmann 1936 und 1937). Zwar mußten sie bei der Ausbildung der staatlichen Gewalt auch das Niederdeutsche zunächst in ihren Kanzleien einführen und verwendeten es auch im mündlichen Verkehr. Aber vorbildlich blieb für sie die Glanzzeit der (mittel-)hochdeutschen feudalhöfischen Kultur der Zeit um 1200. So dichtete der einzige Minnesänger im deutschen Norden, Wizlaw von Rügen (geb. zwischen 1265 und 1268, gest. 1325), in Stralsund seine Lieder auf hochdeutsch, beherrschte es aber offenbar nicht voll, da er mehrfach niederdeutsche Ausdrücke und Reimwörter einflocht. Im reinen Hochdeutsch wurde dagegen von 1378 bis 1379 die „Mecklenburgische Reimchronik" des Ernst von Kirchberg (wahrscheinlich in Doberan) verfaßt, eines Adligen aus Niederhessen, der wohl als Kanzleibeamter des Herzogs Albrecht II. von Mecklenburg-Schwerin (1329-1379) stand. Auch sonst wird die Bevorzugung des Hochdeutschen bei Fürsten und Adligen deutlich. So lebten und wirkten fahrende hochdeutsche Hofsänger seit dem 13. Jahrhundert an mecklenburgischen und vorpommerschen Fürstenhöfen. Hinzu kam einerseits, daß 1415 die aus dem hochdeutschen Sprachgebiet stammenden Hohenzollern Kurfürsten im benachbarten Brandenburg wurden und energisch, aber auch erfolgreich daran gingen, das Hochdeutsche in ihrem Bereich als Amtssprache durchzusetzen. Andererseits drang das Hochdeutsche aber auch im Handel und in der Wirtschaft vor. So richteten Süd-Kaufleute im Norden Niederlassungen ein, und besonders nach der Erfindung des Buchdrucks drang das Hochdeutsche nach Norden vor, wurden doch zwischen 1492 und 1499 drei Buchhändler aus dem Süden und Südwesten in die Rostocker Bruderschaft reisender Kaufleute aufgenommen.

Die Sprachsituation um die Wende zum 16. Jahrhundert beleuchtet eine an sich unwesentliche Verhandlung in Wismar im Jahre 1495. Dabei ging es um eine Klage des Schweriner Herzogs gegen die Stadt Rostock. In Anwesenheit des Herzogs trug sein Kanzler Anthonius Grunwald diese Klage den Rostocker Ratsherren vor, und zwar auf hochdeutsch, denn er stammte aus Nürnberg und war vom Herzog wohl deshalb herangeholt, weil er auf süddeutschen Universitäten das für die Festigung der Staatsmacht geeignete römische Recht studiert hatte und als Landesfremder ein gefügiges Werkzeug gegen den heimischen Adel sein mußte. Die Rostocker protestierten jedoch gegen diese hochdeutsche Darlegung und verlangten eine schriftliche Vorlage, die Grunwald jedoch nicht hatte. So blieb dem Herzog, der ja das Niederdeutsche beherrschte, nichts anderes übrig, als die Verhandlung selbst zu führen, die dann auf niederdeutsch zum Abschluß gebracht werden konnte. Damit war gewissermaßen ein erster Versuch von herzoglicher Seite, das Hochdeutsche als Staatssprache durchzusetzen, am Widerstand der Hansestadt gescheitert. Zwar wurden seit dieser Zeit Urkunden der Schweriner Herzogskanzlei hochdeutsch (oft mit niederdeutschem Einschlag, da die Kanzleischreiber nur niederdeutsch sprachen) ausgefertigt, aber wenn der Herzog sich an breitere Kreise wandte – so in einer 1516 in Rostock gedruckten Polizeiordnung und in fürstlichen Mandaten –, blieb ihm nur das Niederdeutsche.

Vor allem wurde das weitere Vordringen des Hochdeutschen durch die Reformation aufgehalten, die vorübergehend die Stellung des Niederdeutschen wesentlich stärkte. Das wird besonders durch die erhöhte Produktion niederdeutscher Drucke deutlich, galt es nun doch, nicht nur ein gebildetes Lesepublikum zu erreichen, sondern auch breitere Volksschichten anzusprechen, denen man, falls sie nicht lesen konnten, die Texte vorlas. So stieg die Zahl der niederdeutschen Drucke erheblich an, wie die folgende Tabelle zeigt.

| 1511-1515 | 89 Drucke | 1526-1530 | 222 Drucke |
| 1516-1520 | 107 Drucke | 1531-1535 | 179 Drucke |
| 1521-1525 | 180 Drucke | 1536-1540 | 107 Drucke |

In diesem Zeitraum bildeten sich führende Druckorte aus, und zwar Köln (212 Drucke), Magdeburg (178 Drucke) und Rostock (146 Drucke) (Zahlen nach Borchling-Claussen 1931-1936). Schwerpunkte dieser Drucke waren polemisch-agitatorische Flugschriften, Schriften zu religiösen Grundfragen sowie Bibel-(teil-)drucke. In Rostock war es vor allem die Offizin von Ludwig Dietz, in der zunächst sowohl lutherfeindliche als auch lutherfreundliche Schriften gedruckt wurden, bis Dietz sich seit den dreißiger Jahren ganz auf die Seite Luthers stellte und so zu einer Stütze der Reformation wurde.[3]

Aber gerade diese dreißiger und die folgenden Jahre leiteten eine Entwicklung ein, die zu einer weiteren Verdrängung des Niederdeutschen durch das Hochdeutsche führte (wie übrigens die Tabelle der zurück-gehenden Zahl der niederdeutschen Drucke oben schon andeutet). Einerseits wurden die Fürsten immer mehr zu Förderern der lutherischen Reformation und gründeten Staatskirchen mit ernannten Konsistorien an ihrer Spitze, wobei sie ihre Sprachpolitik zugunsten des Hochdeutschen fortsetzten. So erschien zwar die pommersche Kirchenordnung 1535 noch auf niederdeutsch, die mecklenburgische 1552 aber auf hochdeutsch. Andererseits verloren die Hansestädte – sowohl durch innerstädtische Auseinandersetzungen als auch durch die Konkurrenz der Holländer im Handel und das Erstarken der skandinavischen Staaten – zunehmend Einfluß, ja sie – die wichtigsten Stützen der „mittelniederdeutschen Schriftsprache" – wurden gezwungen, bei den notwendig gewordenen Verbindungen zum hochdeutschen Sprachraum das Hochdeutsche zu verwenden. Die Folge war, daß auch die hansestädtischen Kanzleien zum Hochdeutschen übergingen. So wurde es – wie E. S. Dahl nachgewiesen hat (Dahl 1960) – für das Personal der Rostocker Ratskanzlei seit der zweiten Hälfte des Jahrhunderts nötig, das Hochdeutsche zu beherrschen und es mehr und mehr zu verwenden; aber es dauerte noch bis 1598, bis sich hier das Hochdeutsche ganz durchgesetzt hatte. Ungefähr ebenso lange zögerten die anderen Hansestädte diesen Schritt hinaus. Jedoch auch sie kamen nicht darum herum, die neue Sprachsituation anzuerkennen. So wurde in Lübeck im Jahre 1586 das lübische Recht, das ja auch in vielen anderen Städten galt, ins Hochdeutsche übertragen. Wenn in Lübeck trotzdem noch bis 1809 das offizielle Stadtbuch nur niederdeutsch geführt wurde, so war das ein leeres Festhalten an einer Tradition und an der Illusion, durch die Sprache der Vergangenheit könnte ihre Größe bewahrt werden. Ganz allgemein kann man sagen, daß im amtlichen Schriftverkehr das Niederdeutsche Ende des 16. Jahrhunderts durch das Hochdeutsche abgelöst wurde.

Aber damit war der allgemeine Sprachübergang bei weitem noch nicht abgeschlossen, denn im mündlichen Verkehr herrschte weiterhin das Niederdeutsche, so daß es zu vielen Kompromissen und Auseinandersetzungen kam. So mußte die hochdeutsche mecklenburgische Kirchenordnung von 1552 ins Niederdeutsche umgesetzt werden, weil sie nur ungenügend verstanden und deshalb kaum durchgesetzt werden konnte. Aber die vom Herzog beherrschte Kirchenleitung blieb fest an ihrer Linie. So erschien eine neue mecklenburgische Kirchenordnung 1570 wieder auf hochdeutsch. Charakteristisch ist auch folgender Vorfall. Im Jahre 1607 erhielt Plau einen neuen Prediger, der nur hochdeutsch sprach und predigte. Da die Plauer Bürger ihn nicht verstanden, wandte sich ihr Bürgermeister schriftlich an den Schweriner Herzog und bat ihn, diesen Prediger abzulösen, da sie sein „ausländisches Idioma", seine „hohe Sprache" nicht verständen. Der Herzog lehnte diese Bitte jedoch brüsk ab und befahl den Plauern, sich gefälligst diese neue Sprachform anzueignen und zu verwenden. Auch in den Schulen läßt sich ähnliches beobachten. Der Rostocker Universitätsprofessor (seit 1555) und Gründungsrektor der Großen Stadtschule (seit 1580) Nathan Chytraeus war, obwohl er aus Schwaben stammte, ein großer Freund des Niederdeutschen. So veröffentlichte er 1582 einen „Nomenclator latino-saxonicus", d.h. ein lateinisch-niederdeutsches Lexikon, das vielfach verbreitet und benutzt wurde. Außerdem verfaßte er für die Schulen eine „Grammatica latina", deren deutschsprachige Teile niederdeutsch waren. Nach seinem Tode 1598 wurden in einer Neuauflage von 1603 die niederdeutschen Passagen ins Hochdeutsche umgesetzt.

Ein Exemplar ist in Lübeck erhalten (Gabrielsson 1932/33). Es gehörte einem Adolf Langnickel, der in das Buch 1611 nicht nur seinen Namen, sondern über die für ihn offensichtlich unverständlichen hochdeutschen Texte jeweils auch eine Übertragung ins Niederdeutsche eintrug. Das heißt, daß zwar am Anfang des 17. Jahrhunderts in den Lateinschulen das Hochdeutsche als maßgebliche Sprachform galt, daß aber die Schüler (zumindest zeitweise) es noch nicht beherrschten und es sich ins Niederdeutsche umsetzen mußten. Allerdings änderte sich das bald. Denn 1633 erschien eine weitere Auflage des „Chytraeus", von der auch in Lübeck ein Exemplar mit Schülereintragungen erhalten ist, dieses Mal aber in reinem Hochdeutsch.

Zusammenfassend kann man feststellen, daß sich mit der Wende zum 17. Jahrhundert die Grundlagen der heutigen Sprachsituation herausgebildet haben. Sie wird bestimmt durch zwei Grundformen, zwischen denen es allerdings umgangssprachliche Übergangsformen gibt. Die eine Grundform ist die hochdeutsche Hoch- und Schriftsprache, die allgemein beherrscht wird und die geeignet ist, in Wort und Schrift den Kommunikationsbedürfnissen in allen Lebensbereichen voll zu genügen. Die zweite Grundform ist die niederdeutsche Mundart, die in Mecklenburg und Vorpommern relativ einheitlich ist, aber bei der die durch die Besiedlung entstandenen wenigen Mundartgrenzen noch erkennbar sind. Sie ist nicht in der Lage, alle Kommunikationsbedürfnisse, zum Beispiel die der Wissenschaft, zu befriedigen, bewahrt aber wertvolle Volkstraditionen und wird im mündlichen Verkehr (und zum Teil auch literarisch) wegen ihrer kontaktfördernden Wirkung von vielen oft und gerne verwandt, sie ist deshalb ein schätzenswertes Erbe.

Anmerkungen

1) Das deutsche Sprachgebiet teilt sich seit altersher in zwei Teile, das südliche Hochdeutsch und das nördliche Niederdeutsch; getrennt werden beide durch die sogenannte ich-ik-Linie, die etwa nördlich von Aachen und Kassel, dann südlich von Magdeburg nach Frankfurt an der Oder verläuft. Das Hochdeutsche wird weiter in Oberdeutsch sowie in West- und Ostmitteldeutsch unterteilt. Zeitlich teilt sich das Hochdeutsche in Althochdeutsch (bis ca. 1050), Mittelhochdeutsch (bis ca. 1350), Frühneuhochdeutsch (bis ca. 1650) und Neuhochdeutsch, das Niederdeutsche in Altniederdeutsch oder Altsächsisch (bis ca. 1200), Mittelniederdeutsch (bis ca. 1650) und Neuniederdeutsch oder Plattdeutsch.

2) Der früher oft verwandte Terminus „mittelniederdeutsche Schriftsprache" wird heute nur mit Einschränkung verwandt, da er den falschen Eindruck erweckt, als habe es in dieser Sprachform eine durchgehende Normierung der sprachlichen Teilsysteme gegeben.

3) Lutherfeindlich sind vor allem Dietzens Drucke der Papstbulle gegen Luther 1522 (lateinisch) sowie das Mandat Karls V. gegen die „Irrtümer" Luthers von 1525 (niederdeutsch). Lutherfreundlich ist dagegen der Druck von Joachim Slüters „Niederdeutschem Gesangbuch" 1525 sowie die 1539 mit einer protestantischen „Glosse" verbundene Neuauflage des 1498 in Lübeck erstmals gedruckten „Reinke de vos", durch die dieses Werk in ganz Deutschland bekannt wurde.

Literatur

Borchling-Claussen 1941-1936    Borchling, Conrad, Bruno Claussen, Niederdeutsche Bibliographie. 2. Bände. Neumünster 1931-1936.

Dahl 1960    Dahl, Eva-Sophie, Das Eindringen des Neuhochdeutschen in die Rostocker Ratskanzlei. Berlin 1960.

Foerste 1954    Geschichte der niederdeutschen Mundarten, in: Deutsche Philologie im Aufriß. 2. Bd., Sp. 1905-2062. Bielefeld und Berlin 1954.

Gabrielsson 1932/33    Gabrielsson, Das Eindringen der hochdeutschen Sprache in Schulen Niederdeutschlands. In: Niederdeutsches Jahrbuch. Bd. 58 und 59. Neumünster 1932-1933.

Steinmann 1936 und 1937    Steinmann, Paul, Volksdialekt und Schriftsprache in Mecklenburg, in: Jahrbücher des Vereins für mecklenburgische Geschichte und Altertumskunde. Bd. 100 199-248; Bd. 101 157-238. 1936 und 1937.

Teuchert 1957/58    Teuchert, Hermann, Entwurf einer mecklenburgischen Sprachgeschichte, in: Wissenschaftliche Zeitschrift der Universität Rostock. G-Reihe, 7. Jahrgang, 1957/58 197 ff.

*Ernst Münch*

# ZUR GENESIS DES RITTERSCHAFTLICHEN ADELS IN MECKLENBURG UND VORPOMMERN

Die Geschichte des heutigen Bundeslandes Mecklenburg-Vorpommern ist über Jahrhunderte nicht nur durch die Dominanz der Agrarverhältnisse geprägt worden, sondern hinsichtlich der Herrschaftsverhältnisse insbesondere auf dem platten Lande auch durch den (groß)grundbesitzenden ritterschaftlichen Adel (Endres 1993 110). Da dieser im Rahmen der Ständeverfassung auch entscheidenden Einfluß auf die Landespolitik erlangen konnte, ist mitunter der plastische Begriff der norddeutschen „Adelsrepubliken" (Kaak 1991 122) – gerade auch für den mecklenburgisch-vorpommerschen Raum – in Anwendung gekommen. Hiermit verband sich selbstverständlich auch die Zuweisung von entscheidender Verantwortung an die Ritterschaft und ihre Vertreter für Licht und Schatten – wobei letzterer häufig überwog (Steinmann 1960) – im Verlaufe der Landesgeschichte. Diese Frage ist bis in unsere Tage hinein aktuell geblieben und oftmals nicht nur akademisch diskutiert worden (Sobotka 1993).

Verteufelung des Adels einerseits und seine Apologetik andererseits kennzeichnen die sich diametral gegenüberstehenden extremen Positionen dieser Diskussionen. Rasch verbinden sich hiermit andere Grundfragen der mecklenburgischen und (vor)pommerschen Landesgeschichte, wie etwa das deutsch-slawische Verhältnis, die Ostbewegung, -siedlung bzw. -expansion, der Stellenwert des slawischen Fürstenhauses, die Bedeutung von Machteliten und ihrer Modernisierungspotenzen, Ursachen und Grad der Stagnation bzw. der Regression in der Landesgeschichte u.a.m.

Die Behandlung der Geschichte des Adels in unserem Raum wird überdies zusätzlich erschwert durch vielfach fehlende neuere Untersuchungen gerade für Mecklenburg (Weltzien 1989/92, Endres 1993), die weitgehend fehlende Schriftlichkeit der Überlieferung für die slawische Epoche mecklenburgischer und pommerscher Geschichte bis in das 12./13. Jahrhundert hinein sowie durch die Umwälzungen im Zusammenhang mit der deutschen bzw. westlichen Siedlung bzw. Eroberung auf dem Höhepunkt des europäischen Mittelalters.

So beginnen die Schwierigkeiten der Erörterung der Adelsgeschichte im Bereich Mecklenburgs und Pommerns schon mit den Fragen nach dem Zeitpunkt seiner Entstehung und seiner ethnischen Herkunft. Für die erstgenannte Frage kann man sicherlich darauf verweisen, daß ein eigentlich mecklenburgischer bzw. pommerscher Adel erst die Entstehung und Konsolidierung der entsprechenden Territorialstaaten und Landesherrschaften sowie ihr Zusammenwachsen aus einzelnen Teilherrschaften zur Voraussetzung hatte, vorher also besser vom Adel im späteren Mecklenburg oder Pommern zu sprechen sein dürfte. Damit ist aber bereits die zweite Frage angesprochen, die nach der ursprünglich slawischen, also obotritischen, lutizischen, pomeranischen, rügenslawischen und/oder deutschen Herkunft des werdenden mecklenburgischen und pommerschen Adels.

Auch diese Frage wurde in der Vergangenheit und zum Teil noch in der Gegenwart häufig kontrovers diskutiert. Ihre Beantwortung stand zumeist in Zusammenhang mit der unterschiedlichen Beurteilung der Slawenzeit vom 6./7. bis 12./13. Jahrhundert in Mecklenburg und Pommern, die zwischen Geringschätzung bzw. Abwertung und hoher Wertschätzung schwankte (Münch/Seemann 1990 17ff.).

Vertreter des mecklenburgischen Adels betonten oft die tatsächliche bzw. vermeintliche slawische Herkunft ihrer Familien mit ähnlichem Stolz wie das slawische Fürsten-, Herzogs- und Großherzogshaus. Neben dem nicht nur, aber besonders für den Adel typischen Bestreben, eine möglichst lange, traditionsreiche und geschichtsträchtige Ahnenreihe nachzuweisen, sollten mit der Slawizität der Herkunft das Uralter der jeweiligen Adelsfamilie und ihr tiefes Verwurzeltsein in der Geschichte des Landes begründet werden. Zugleich konnte man von hierher auch gegenüber dem slawischen Fürstenhaus besonders in Zeiten der Konfrontation von Landesherren und Ständen, namentlich der Ritterschaft, einen gewissen Kontrapunkt schaffen, den die Nachfahren Niklots und Pribislaws durch die Konstruktion einer ursprünglich königlichen bzw. königgleichen Herkunft wettzumachen suchten (Schmidt 1990 71ff.).

Eine zweite Traditions- bzw. Herkunftslinie des später nordostdeutschen Adels betonte den ursprünglich deutschen Charakter vieler Adelsfamilien, die auf die Einwanderung als Vorkämpfer des Christentums und westlicher europäischer Kultur ins „Land der Wenden" zur Zeit Herzog Heinrichs des Löwen oder –

sehr unwahrscheinlich – gar schon Kaiser Karls des Großen verwiesen.

Durch Extrempositionen und Überspitzungen ist die Frage nach den ethnischen Ursprüngen des mecklenburgischen und pommerschen Adels sowie nach dem Verhältnis von slawischen und deutschen Komponenten in der jeweiligen Bevölkerungs-, „Neustamm"- und Landesgeschichte namentlich im Ausgang des 19. und in der ersten Hälfte des 20. Jahrhunderts im Sinne der weitgehend völligen Leugnung einer der beiden Komponenten verzerrt worden. Ein bezeichnendes Schlaglicht auf die damalige Situation in der deutschen Geschichtswissenschaft warf ein Nachfahre eines der ältesten mecklenburgischen Adelsgeschlechter slawischer Herkunft, F. L. von Gamm, als er 1926 dem führenden Periodikum der mecklenburgischen Landesgeschichtsforschung, den Mecklenburgischen Jahrbüchern, einen – wohl auch nicht zufällig ungedruckt gebliebenen – Beitrag anbot mit dem Titel: „Der Untergang des mecklenburgischen Wendenvolkes in Wahrheit und geschichtlicher Überlieferung" (MLHA Verein für mecklenburgische Geschichte und Altertumskunde 165). Sein Appell an die Mecklenburger, auf ihre wendischen Voreltern mit Stolz zurückzublicken, blieb damals die mehr oder weniger verhallende Stimme eines Predigers in der Wüste.

In unseren Tagen herrscht eine ausgewogenere Behandlung der Problematik vor. Wenn auch wegen des Mangels an schriftlichen Quellen quantifizierende Aussagen und die materiellen Grundlagen adliger Lebensqualität unterhalb der fürstlichen Oberherrschaft in Gestalt der schon oder noch nicht existierenden privaten Grundherrschaften unsicher und strittig sind, steht doch außer Zweifel, daß ein vermutlich nicht unerheblicher Teil des werdenden mecklenburgischen und pommerschen Adels slawischer adliger Herkunft war. Dem entsprach auf anderen Ebenen die Erhaltung der slawischen Fürstenhäuser in Mecklenburg, Pommern und Rügen, die Mitwirkung slawischer Bevölkerung am Aufschwung der ländlichen und – wohl schwächer – städtischen Siedlungen und der Anknüpfung an Resultate der Slawenzeit hinsichtlich der Verwaltungsorganisation auf weltlicher und geistlicher Ebene (Karge 1993 25ff.).

Die Interpretation einer Adelsfamilie als ursprünglich slawisch oder deutsch wird zusätzlich erschwert (Wehrmann 1919 109) durch die anfangs (bis weit ins 13. Jahrhundert hinein) oft fehlenden Familiennamen, ihre teilweise Ableitung von Ortsnamen, die wiederum slawischer oder deutscher Herkunft sein konnten, sowie das rasche Beliebtwerden christlicher Vornamen. Anschauliches Beispiel für diese Probleme ist das berühmte Ratzeburger Zehntlehnregister von 1230 (MUB 375, Biereye 1933 3ff., Enders 1993 72ff.).

OERTZEN

GAMM.

HAHN (GRAF)

FLOTOW.

PRITZBUER.

*(Vorlagen: Mecklenburgisches Landeshauptarchiv)*

Slawischer Adel scheint sich besonders in Gebieten gehalten zu haben, die von den Kämpfen mit den westlichen oder südlichen Eroberern und der folgenden westlichen Siedlungsbewegung weniger stark berührt wurden, wie etwa das Innere Mecklenburgs (später Herrschaft Werle/Fürstentum Wenden) oder die Insel Rügen und Hinterpommern. Besonders früh sind seit dem Ausgang des 12. Jahrhunderts urkundliche Belege für die Oertzen, Gamm, Hahn, Flotow und Pritzbuer in Mecklenburg sowie die Borcke und Putbus in Pommern bzw. auf Rügen (MUB, PUB) Mit der westlichen Eroberung bzw. Siedlung gewann auch der Anteil des werdenden Adels Mecklenburgs und Pommerns an Bedeutung, der deutscher Herkunft war. Als urkundlich früh belegt (an der Wende vom 12. zum 13. Jahrhundert) können hier die Malzahn, Schwerin, Behr, Bülow, von der Lühe, von der Osten und Plessen genannt werden. Daß hierbei etwa die Malzahn

und Bülow mitunter auch als Angehörige des slawischen Uradels angesehen wurden (Weltzien 1992 22, Bülow 1993 89), zeigt exemplarisch die Unsicherheiten der genealogischen Forschungen für die Frühzeit des mecklenburgischen Adels. Da es aber je länger, je weniger eine Abgrenzung des ehedem slawischen und deutschen Adels gab, wurde die Frage nach der ursprünglichen ethnischen Herkunft (nicht die nach dem Alter der Ansässigkeit in Mecklenburg!) rasch sekundär. Kamen die Adligen bzw. werdenden Adligen deutscher Herkunft zunächst selbstverständlich aus den westlichen und südwestlichen Nachbargebieten, so ergab sich bald auch innerhalb Mecklenburgs und Pommerns eine nicht unbedeutende Mobilität, etwa aus Westmecklenburg in Richtung Ostmecklenburg und Pommern oder von Ostmecklenburg nach Vor- und Hinterpommern, wie wir sie z.B. aus den Familiengeschichten der Schwerin, Malzahn und Blücher ablesen können (Blücher 1993 19ff.). Auch in den folgenden Jahrhunderten sollten die Adligen Mecklenburgs und Pommerns mit ihren Standesgenossen in den Nachbarländern in lebhafter Verbindung bleiben, so daß sowohl mecklenburgische und pommersche Adlige im „Ausland" als auch ursprünglich nichtmecklenburgische bzw. nichtpommersche „landfremde" Adlige in unserem Raum weiterhin Bedeutung behielten bzw. gewannen. Daher ist die Unterscheidung in ursprünglich mecklenburgische, pommersche, holsteinische, lauenburgische oder märkische Adelsfamilien oft ebenso kompliziert und zum Teil auch von ähnlich sekundärer Bedeutung wie die in ursprünglich deutsche oder slawische Adelsfamilien.

Besonders in Mecklenburg scheint auch die innere rechtliche und standesmäßige Differenzierung des Adels stärker nivelliert worden zu sein als in benachbarten Territorien, etwa der Mark Brandenburg aber auch Pommern, wo sich innerhalb des Adels eine Oberschicht in Gestalt von Dynasten mit landesherrlichen Befugnissen bzw. Nobiles und Schloßgesessene deutlicher von der Masse des niederen Adels abhob (Dollen 1993 29f., Wernicke 1991 60ff., Weltzien 1991 21, Enders 1992 55ff.). In Mecklenburg trat anfangs für besonders angesehene Adlige mitunter der Titel Dominus auf, den aber auch Landesherren oder Ratsherren führten. Nobiles wurden spätestens seit dem 16. Jahrhundert auch in Mecklenburg Adlige schlechthin genannt. Im Verlaufe des 13. und 14. Jahrhunderts wurde der werdende mecklenburgische Adel unter dem Dach der landesherrlichen Oberlehnshoheit als Lehnsleute, als Vasallen, als Mannschaft vereint, unabhängig von ihrer ursprünglichen Herkunft als Deutsche oder Slawen oder als Ministeriale, Hochadlige oder aus anderen Rechtsstellungen. Dieser Nivellierung entsprach im besagten Zeitraum auch die Zurückdrängung gräflicher Gewalten mit landesherrlichem Status in Gestalt der Grafen von Ratze-burg, Dannenburg, Schwerin und – episodenhaft – Fürstenberg durch die mecklenburgischen Fürsten bzw. Herzöge. So wurden die niederadligen Ritter (milites) und Knappen (famuli) zum Prototyp des nordostdeutschen Adels in unserem Raum, wobei die angesehene Ritterwürde nicht das zwangsläufige Ergebnis einer Lebenslaufbahn der Knappen darstellte. Im Gegenteil, gegen Ende des Mittelalters wurde der Rittertitel immer seltener, so daß spätestens seit dem 16. Jahrhundert als Bezeichnung für viele Angehörige der sich neben der Landschaft (den Städten) und den Prälaten (bis zur Reformation) konstituierenden und konsolidierenden Landstandschaft der Ritterschaft die Bezeichnung Junker als neuer Prototyp einbürgerte.

Dennoch waren die im Mittelalter nach vielen Hunderten zählenden mecklenburgischen Adelsfamilien und Geschlechter auch in ihrer Frühzeit keine undifferenzierte Masse. Umfang des Grundbesitzes und Funktionen im Auftrag bzw. in der Nähe der Landesherren waren entscheidende Aspekte, die auf den Grad des Aufstiegs einzelner Adelsfamilien und ihrer Vertreter Einfluß ausübten. Nicht nur slawische Adlige, die die Transformation in den deutsch geprägten Lehnstaat erfolgreich meisterten, bildeten die Träger der sich ausbildenden bzw. ausweitenden adligen Grundherrschaften, auch die sich hauptsächlich aus der Position von Ministerialen emanzipierenden Teile des werdenden mecklenburgischen und pommerschen Adels deutscher Herkunft wurden seit Beginn der ländlichen Siedlungsbewegung und der mit ihr verbundenen Umgestaltung der agrarischen Verhältnisse in unserem Raum zu Trägern grundherrlicher Macht. Die Grundbesitzagglomeration einzelner Geschlechter (nicht unbedingt einzelner Personen!) erreichte mitunter bereits im Mittelalter erhebliche Ausmaße, so daß für einige Familien ursprünglich sowohl slawischer wie nichtslawischer Herkunft mitunter der Begriff Magnaten (Weltzien 1989/92) nicht ganz zu Unrecht Verwendung fand. Frühe Beispiele für diese Besitzagglomeration waren die Barnekow, Bellin, Carlow, Cramon, Bülow, Kahlen, Lützow, Moltke, Negendanck, Nortmann, Peccatel, Plessen, Preen, Pritzbuer, Retzow, Stralendorff, Zernin und Züle.

Bei weitem nicht alle dieser Geschlechter vermochten diese Positionen über lange Zeit zu bewahren. Dies hing nicht zuletzt von der Stellung zu den Landesherren bzw. Teilherrschaften ab, in die Mecklenburg und Pommern längere Zeit zerfielen. Die Positionen und Funktionen als Burgmannen in landesherrlichen Befestigungen bzw. werdenden Städten, als Räte, Vögte, Hauptmänner, Pfandinhaber konnten die Grundlage für erfolgreichen Aufstieg und adlige Machtkonsolidierung darstellen. Der Zusammenhang zu den Schwerpunkten des jeweiligen Grundbesitzes wurde u.a. dar-

aus ersichtlich, daß die hauptsächlichen Mannen, Getreuen und Räte der Landesherren in den Teilherrschaften (Hamann 1962 11ff., 1968 106ff.), in den jeweiligen Regionen regelmäßig besonders begütert worden waren, so z.B. in der Teilherrschaft Mecklenburg (ursprünglich nur Nordwestmecklenburg) die Barsse, Bülow, Halberstadt, Kardorff, Lützow, Plessen, Stralendorff, Züle und Zülow, in der Herrschaft Werle/Wenden die Brüsehaver, Flotow, Hahn, Kamptz, Knuth, Kölln, Levetzow, Linstow, Marihn, Retzow, Smeker und Woosten, in der Herrschaft Stargard die Bertikow, Dewitz, Lübberstorf, Manteuffel, Rieben und Warburg. Selbstverständlich nahm – entsprechend auch den klassischen Ursprüngen des Lehns- und Gefolgschaftswesens – die militärische Funktion hierbei ursprünglich einen besonderen Stellenwert ein. Hierher gehört auch die Überlieferung, daß mit dem Niklotsohn Wertislaw vor der Burg Malchow 1164 ein Pritzbuer und ein Gamm ihr Leben ließen ebenso wie angeblich 12 Moltkes für den mecklenburgischen Herzog und König von Schweden Albrecht III. in der Schlacht bei Falköping 1389 (Schlie 1896 325, 1902 392, Weltzien 1989/92 195). Der Überlieferung nach wurde überdies der mecklenburgischen Ritterschaft später für die Geld- und Schmuckopfer der adligen Frauen und Töchter zur Auslösung Albrechts III. aus der Gefangenschaft der Königin Margarete als landes- und lehnsherrlicher Dank das Erbjungfernrecht verliehen (Lindeberg 1596 2/12).

Mit dem Aufkommen der Landstände (Hamann 1968 329ff.) seit dem ausgehenden 13. Jahrhundert nahm die Verbindung von Landesherren und ihrer adligen Lehnsleute noch festere Gestalt an, obwohl der ritterschaftliche Adel zugleich in vielerlei Hinsicht in Opposition zu den landesherrlichen Bestrebungen stand. Diese Entwicklung, die anfänglich in unserem Raum sich nicht anders darstellte als in vielen anderen Territorien des römisch-deutschen Reiches, verlor aber durch den Machtverlust der mecklenburgischen Herzöge und anderer Fürsten in Teilherrschaften sowie der pommerschen Herzöge seit dem Spätmittelalter ihre relative Ausgewogenheit und begann sich immer mehr zugunsten der Ritterschaft (auch im Verhältnis zu den anderen Landständen) zu verändern. Für die einzelnen Adelsfamilien und ihre Vertreter konnte dies Festigung und Ausbau ihrer Position als Grund-, Gerichts- und zum Teil auch Kirchenpatronatsherr bedeuten. Zugleich kam es aber zu einem inneren Umschichtungs- und Konzentrationsprozeß des Adels. Von den nach mehreren Hunderten zählenden Adelsfamilien des 12. bis 14. Jahrhunderts blieben bis zum Ende des Mittelalters in Mecklenburg – zuzüglich einiger ehedem „Landfremder" – nur weniger als 200 übrig, die dann im 16. Jahrhundert teilnahmen an entscheidenden Etappen der Herausbildung der landständischen Verfassung und dem damit verbundenen weiteren Aufstieg der Ritterschaft (Kamptz 1864, Neuschäffer 1990 9, Weltzien 1989 19). Sie zählten dann zum sogenannten eingeborenen Adel.

Nicht wenige ehedem wichtige Familien hatten das Ende des Mittelalters schon nicht mehr erlebt oder lange überdauert. Zu ihnen zählten etwa die Axekow, Bellin, Bertikow, Carlow, Nortmann und Zernin.

Auch in ihre Fußstapfen traten bezeichenderweise zumeist jene alten Adelsfamilien Mecklenburgs und Vorpommerns, die sich bis zum Ausgang des Mittelalters als dominierend durchgesetzt hatten und häufig auch in der frühen Neuzeit diese Position lange bewahren sollten. Zu nennen sind hier u.a. die Barner, Bassewitz, Behr, Bernstorff, Blücher, Bülow, Dewitz, Flotow, Hahn, Halberstadt, Hobe, Kardorff, Levetzow, von der Lühe, Lützow, Malzahn, Manteuffel, Moltke, Negendanck, Oertzen, von der Osten, Parkentin, Peckatel, Pentz, Platen, Plessen, Preen, Putbus, Restorff, Rieben, Schwerin, Sprengel, Stralendorff, Vieregge, Warburg und Zülow.

Aus diesem Kreis rekrutierten sich zumeist auch jene Adelsfamilien, die, seit dem 16. Jahrhundert beginnend, in der frühen Neuzeit noch zur Würde eines Ritters gelangten (im Vergleich zur Masse der „Junker") bzw. mit der Freiherren-, Grafen oder gar Fürstenwürde ausgestattet wurden.

Doch überschreitet diese Entwicklung bereits den zeitlichen Rahmen dieser Ausführungen. Dennoch war schon im ausgehenden Mittelalter eine deutliche Festigung der ritterschaftlichen Position in unserem Raum unverkennbar. Nicht für alle adligen Familien, aber doch für ihren entscheidend werdenden und längere Zeit bleibenden Kern (zahlenmäßig sicherlich nur eine Minderheit der großen hoch- und spätmittelalterlichen Gesamtzahl), bildeten spätmittelalterliche Agrarkrise, Verschuldung und der vermeintliche Ausweg ins Raubrittertum nur eine vorübergehende Beeinträchtigung ihrer Position in den zur territorialen Integrität strebenden Herzogtümern Mecklenburg und Pommern. So wie einerseits der ritterschaftliche Adel wesentlich zur Einheit dieser Territorien und ihrer weitgehenden Unabhängigkeit – in Mecklenburg perspektivisch erfolgreicher als in Pommern – beitrug, so unterzog er sich andererseits der Transformation vom mittelalterlichen Grundherrn zum frühneuzeitlichen Gutsherrn (Münch 1993 2ff.). An die Stelle der spätestens seit dem 14. Jahrhundert wie Pilze aus der Erde schießenden befestigten Rittersitze (Schwarz 1987, Dollen 1993, Konczak 1993) mit zumeist wenigen eigenbewirtschafteten Ritterhufen in der Nähe traten seit der frühen Neuzeit die um wüstgewordenes und/oder gelegtes Bauernland erweiterten ritterschaftlichen Eigenwirtschaften, die allmählich den Charakter von Gütern annahmen und sich um die neuentstehenden Guts- und Herrenhäuser auf den Fundamenten der alten Rittersitze oder doch in ihrer Nähe gruppierten. Zumindest in seinen sozialökonomischen Auswirkungen verdunkelte sich das Bild des Adels in Mecklenburg und Pommern damit merklich.

Literatur

Biereye 1933            Wilhelm Biereye, Über die Personen im Ratzeburger Zehntenlehenregister von 1230, in: Mecklenburg – Strelitzer Geschichtsblätter 9. Jg. Neustrelitz 1933.

Blücher 1993            Viggo G. von Blücher, Die Blüchersippe im epochalen Wandlungsprozeß der Gesellschaft, in: Gebhard Leberecht von Blücher – Ein großer Sohn der Stadt Rostock. Lebenswerk, Vermächtnis und Erbe. Rostock 1993 19 ff.

Bülow 1993             Niklot und Detlev Werner von Bülow, Die Familie von Bülow in ihrem Stammland Mecklenburg, in: Burgen, Schlösser, Gutshäuser in Mecklenburg-Vorpommern, hrsg. von Bruno J. Sobotka. Stuttgart 1993 89.

Dollen 1993            Busso von der Dollen, Wehr- und Wohnbauten des niederen Adels in Mecklenburg-Vorpommern – Zur bau- und siedlungsgeschichtlichen Wirksamkeit eines sozialen Standes, in: Burgen, Schlösser, Gutshäuser in Mecklenburg-Vorpommern, hrsg. von Bruno J. Sobotka. Stuttgart 1993 89.

Enders 1992            Lieselott Enders, Die Uckermark. Geschichte einer kurmärkischen Landschaft vom 12. bis zum 18. Jahrhundert. Weimar 1992.

Enders 1993            Lieselott Enders, Märkischer Adel im Spätmittelalter. Prignitz und Uckermark im Vergleich, in: Der Herold Bd. 14, H. 3/1993 72 ff.

Endres 1993            Rudolf Endres, Adel in der frühen Neuzeit. Enzyklopädie Deutscher Geschichte, Bd. 18. München 1993.

Hamann 1962            Manfred Hamann, Das staatliche Werden Mecklenburgs. Köln – Graz 1962.

| | |
|---|---|
| Hamann 1968 | Manfred Hamann, Mecklenburgische Geschichte. Köln – Graz 1968. |
| Kaak 1991 | Heinrich Kaak, Die Gutsherrschaft. Theoriegeschichtliche Untersuchungen zum Agrarwesen im ostelbischen Raum. Berlin – New York 1991. |
| Kamptz 1864 | Immanuel von Kamptz, Resultate aus Gustav von Lehstens Der Adel in Mecklenburg seit 1755. Schwerin 1864. |
| Karge 1993 | Wolf Karge/Ernst Münch/Hartmut Schmied, Die Geschichte Mecklenburgs. Rostock 1993. |
| Konczak 1993 | Reiner Konczak, Frühdeutsche Befestigungsanlagen als archäologische Bodendenkmäler im Landkreis Güstrow. Güstrow 1993. |
| Lindeberg 1596 | Peter Linde(n)berg, Chronicon Rostochiense. Rostock 1596. |
| Münch 1993 | Ernst Münch, Vom befestigten Rittersitz zum Gutshaus in Mecklenburg, in: Agrargeschichte in Mecklenburg-Vorpommern aus europäischer Sicht. Europa Zentrum Rostock, H. 4/1993. |
| Münch/Seemann 1990 | Ernst Münch, Jürgen Seemann, Aus der Geschichte der Erforschung der mittelalterlichen und frühneuzeitlichen mecklenburgischen Agrarverhältnisse, in: Agrargeschichte H. 21. Rostock 1990. |
| Neuschäffer 1990 | Hubertus Neuschäffer, Mecklenburgs Schlösser und Herrenhäuser. Husum 1990. |
| Schlie 1896ff. | Friedrich Schlie, Kunst- und Geschichtsdenkmäler des Großherzogtums Mecklenburg – Schwerin, Bd. 1 Schwerin 1896, Bd. 5. Schwerin 1902. |
| Schmidt 1990 | Roderich Schmidt, Zur mecklenburgischen Reimchronik des Ernst von Kirchberg, in: Gedenkschrift für Reinhold Olesch, hrsg. von Hans Rothe, Roderich Schmidt, Dieter Stellmacher. Köln – Wien 1990. |
| Schwarz 1987 | Uwe Schwarz, Die niederadligen Befestigungen des 13. und 16. Jahrhunderts im Bezirk Schwerin. Berlin 1987. |
| Sobotka 1993 | Burgen, Schlösser, Gutshäuser in Mecklenburg-Vorpommern, hrsg. von Bruno J. Sobotka. Stuttgart 1993. |
| Steinmann 1960 | Paul Steinmann, Bauer und Ritter in Mecklenburg. Schwerin 1960. |
| Wehrmann 1919 | Martin Wehrmann, Geschichte von Pommern Bd. 1. Gotha 1919. |
| Weltzien 1989/92 | Wolf L. von Weltzien, Familien aus Mecklenburg und Vorpommern. Genealogien erloschener und lebender Geschlechter, 3 Bde. Nagold 1989/92. |
| Wernicke 1991 | Horst Wernicke, Rügisch-pommerscher Adel im Spannungsfeld von Herzogtum und Stadt während des Spätmittelalters, in: Pommern. Geschichte – Kultur – Wissenschaft. Greifswald 1991. |

## *Ernst Münch*
# BAUER UND HERRSCHAFT

## Zu den Anfängen und zur Entwicklung der Grundherrschaft in Mecklenburg und Vorpommern

Das Gebiet des heutigen Mecklenburg-Vorpommern ist jahrhunderte-, ja, jahrtausendelang in ganz besonderer Weise durch Landwirtschaft und Agrarverhältnisse geprägt worden. Vielfach wird darin – in Parallele zur ländlichen Lebenskultur generell – eine wesentliche Ursache für die vermeintliche bzw. tatsächliche Zurückgebliebenheit dieses Landes in mehr oder weniger umfänglichen Zeitabschnitten seiner Geschichte gesehen. Zugleich verbindet sich damit rasch das Bild eines weitgehend gleichförmigen und gleichbleibenden historischen Zustandes oder eigentlich der Geschichtslosigkeit.

Das Unberechtigte einer derart pauschalisierenden Vorstellung ergibt sich bereits bei grober, oberflächlicher Betrachtung der Entwicklung der mecklenburgischen und vorpommerschen Agrarverhältnisse selbst.[1] In Parallele zur Entwicklung der mittelalterlichen Landesherrschaften in Mecklenburg und Pommern über die spätmittelalterlich – frühneuzeitlichen Ständestaaten bis hin zu jenen Gebilden, die mitunter als norddeutsche „Adelsrepubliken"[2] bezeichnet wurden, erlebten die betreffenden Territorien eine landesgeschichtlich höchst bedeutsame Transformation von einem mittelalterlichen „Bauernland" zum frühneuzeitlichen Eldorado des ritterschaftlichen Großgrundbesitzes, wobei als begriffsgeschichtlicher Prototyp an die Stelle des mittelalterlichen „Ritters" seit dem 16. Jahrhundert immer stärker der „Junker" trat. So klagte beispielsweise 1572 anläßlich von Streitigkeiten mit den Tribseern der Rat der Stadt Sülze, daß „ihnen weder ihre gnädige Landesfürsten und Herren noch ihre Junker die von der Lühe nicht mit einem Pfennig zu Hilfe kommen sind" (MLHA Landesgrenzen 23). Doch auch diese, in der Tendenz der Entwicklung sicherlich zutreffende, verknappte Gegenüberstellung – hier mittelalterliches Bauernland, dort frühneuzeitliches Land des ritterschaftlichen Großgrundbesitzes, der Gutswirtschaft und der Güter – hat ihrerseits ihre Tücken und Unstimmigkeiten. Denn weder war das heutige Mecklenburg-Vorpommern im Mittelalter nur ein Bauernland, schon gar kein reines Bauernland, noch verschwand in den folgenden neuzeitlichen Jahrhunderten die Bauernschaft – ungeachtet enormer Einbußen – vollständig. Zutreffender ließe sich die diesbezügliche historische Entwicklung als Übergang von der mittelalterlichen Grundherrschaft zur frühneu-

zeitlichen Gutsherrschaft charakterisieren, obgleich beide Ausprägungsformen der Agrarverfassung weder absolut voneinander unterschieden waren noch dieser Übergang lückenlos bzw. mit letzter Konsequenz erfolgte. Mit Herrschaft aber – und das dürfte ein wichtiger Aspekt dieser Auffassung sein – hatte es die ländliche, besonders auch die bäuerliche Bevölkerung sowohl im Mittelalter als auch in der frühen Neuzeit zu tun.

In der Slawenzeit der werdenden mecklenburgischen Geschichte (6./7.-12. Jahrhundert) trat – zumindest in den in dieser Hinsicht spröden Quellen – insbesondere die allgemeine, in gewisser Weise nivellierende fürstliche Gewalt als Herrschaftsqualität in Erscheinung. Ob oder bis zu welchem Maße neben dieser quasi öffentlich-rechtlichen Herrschaft eher private Grundherrschaften im eigentlichen Sinne der westlichen Nachbarn bereits existierten, ist eine bis heute umstrittene Frage.[3] Hier könnte zumindest eine der Wurzeln für die spätere Assimilation von Teilen des slawischen Adels nach der deutschen Eroberung bzw. Siedlung liegen. Denn mit letzterer ging auch möglicherweise die Ausbildung, jedenfalls aber die volle Ausprägung grundherrschaftlicher Verhältnisse einher. Aus der Sicht der Herrschaft war dies die Verfügungsgewalt über Land und Leute, aus der Sicht der Beherrschten deren besitz- und/oder persönlich-rechtliche Einschränkung ihrer wirtschaftlich relativ selbständigen zumeist bäuerlichen Existenz. Das umreißt darüber hinaus Weite und Enge der bäuerlichen Position. Im Rahmen sich ausbildender und verfestigender grundherrschaftlicher Abhängigkeit konnte ein weitgehendes Maß bäuerlicher Freiheit(en) realisiert werden, ohne den genannten grundherrschaftlichen Rahmen insgesamt zu sprengen. Eingebettet war diese Entwicklung, die die slawische Bevölkerung sowohl in ihrer Oberschicht als auch auf bäuerlicher Ebene durchaus mit einbezog, in jenen umfassenden Prozeß, der nicht zu Unrecht als Agrarreformen[4] des hohen und späten Mittelalters im nordostdeutschen Raum bezeichnet worden ist. Ihre Hauptaspekte, die zur Annäherung auch Mecklenburgs und Pommerns an das damalige west- und mitteleuropäische Entwicklungsniveau führten, waren folgende: Bäuerliche Siedlung und Landesausbau, Einführung der Hufenverfassung, volle Ausprägung privater bäuerlicher Besitzverhältnisse und Gehöftstrukturen, Vervollkommnung der Bauernhausformen, Bedeutungsrückgang strenger persönlicher Abhängigkeitsverhältnisse (u.a. der Leibeigenschaft), die Tendenz zu festeren bäuerlichen Besitzrechten (besonders dem Erbrecht), relativ gemäßigte Abgaben und geringfügige Dienstleistungen an die Herrschaftsträger, volle Ausprägung der Dorfgemeindestrukturen, Einführung und Ausbildung neuer, planmäßiger Siedlungsformen und produktionstechnischer Verbesserungen (Dreifelderwirtschaft, eiserner Bodenwendepflug, Pferdeanschirrung für den Bodenbau, Wind- und Wassermühlen, eiserne Egge, Sense für die Grasmahd etc.).

Mir Armen Bauer Wirdts Grabensauer

*Mecklenburgischer Bauer um 1720 (Mecklenburgisches Volkskundemuseum Schwerin-Mueß)*

Deutsche und slawische Bauern in Mecklenburg und Vorpommern hatten auf diesem Wege Anteil am hoch- und spätmittelalterlichen Aufschwung der europäischen Agrarverhältnisse. Die Partizipation[5] der slawischen Bevölkerung war hierbei neben ihrer Christianisierung wesentliche Voraussetzung für ihre rasche Assimilation in den sich bildenden Territorien mit ihren „Neustämmen" der Mecklenburger und Pommern. Bezeichnenderweise erlischt die ausdrückliche Kennzeichnung eines slawischen Rechtes (ius slavicale) spätestens Anfang des 14. Jahrhunderts. Ungeachtet der spezifischen Leistung der Landesherren, des Adels, der Geistlichkeit und namentlich der aufstre-

benden Städtebürger ruhte ihrer aller Existenz auf der Tätigkeit der bäuerlichen Bevölkerung, die im ersten Zeitraum nach der Begründung der neuen Landesherrschaften und ihrer Territorien im Vergleich mit den genannten anderen, privilegierten sozialen Schichten und Gruppen noch einigermaßen Schritt halten konnte. Bauern galten durchaus als handlungsfähige Rechtssubjekte. Als Mitglieder der dörflichen Gemeinden fand für sie der ansonsten und besonders später dem städtisch-bürgerlichen Rechtsbereich vorbehaltene Begriff der cives Anwendung[6] (Münch 1986 Tabelle 17.).

Dennoch waren die Bauern nicht einfach nur Nachbarn ihrer Herrschaften, wie das besonders für den ländlichen Adel, die Ritter und Knappen der mittelalterlichen Urkunden, mitunter behauptet worden ist. Die bäuerliche Bevölkerung stand den Herrschaftsträgern zwar nicht rechtlos gegenüber; eine deutliche soziale Trennlinie war jedoch in vielerlei Hinsicht unverkennbar. Das zeigte sich insbesondere, als neben die Landesherrschaften und ihren unmittelbaren grundherrschaftlichen Bereich, das spätere Domanium, grundherrschaftliche Verhältnisse auf drei weiteren Ebenen mehr und mehr in Erscheinung traten: Die Geistlichkeit, die Städte und – perspektivisch für die Geschichte Mecklenburgs und Vorpommerns besonders wichtig – der ländliche Adel verkörperten diese von den Landesherrschaften unterschiedenen Ausprägungen der Herrschaftsqualität im grundherrlichen Bereich. Die Ausprägung und der Aufstieg dieser drei Grundherrschaftsformen unterhalb der Landesherrschaft vollzog sich im Mittelalter auf Kosten letzterer und häufig von ihr selbst begünstigt.

*Rostocker Bauernpaar. Ausschnitt aus der Rostocker Stadtansicht von Franz Hogenberg 1597*

Alle vier genannten Formen der Grundherrschaften erwiesen sich nicht nur voneinander bis zu einem gewissen Grade unterschieden, sondern zeigten auch in sich nach Qualität, Quantität und Träger Differenzierungen. Auf der Ebene der Landesherren traten nicht nur die mecklenburgischen, pommerschen und rügenschen Herzöge bzw. Fürsten als Gesamt- und Teilherrscher in Erscheinung, sondern auch die Inhaber von Grafschaften und Stiftsländern. Bei den geistlichen Grundherrschaften spielten neben denen der Bischöfe und Domkapitel besonders die der Klöster und Stifte eine Rolle.

Im städtischen Bereich, am ausgeprägtesten wohl in Rostock, Stralsund und Parchim, existierten neben den Stadt- bzw. Kämmereidörfern namentlich die Grundherrschaften von Hospitälern und einzelner Bürger.

Im Bereich des ländlichen Adels und seiner Grundherrschaften gab es neben kleinen Besitzungen Tendenzen der Konzentration bei einzelnen Familien bis hin zu quasi landesherrlichen Dimensionen, wie etwa bei den Putbus auf Rügen.

Generell entsprachen das Entwicklungsniveau und die Strukturen der Grundherrschaft des hohen und späten Mittelalters in unserem Raum der Situation in weiten Teilen West- und Mitteleuropas. Es handelt sich um die Form der Abgabengrundherrschaft (Münch 1985 9 ff.), die – wie die Bezeichnung bereits andeutet – charakterisiert war durch die Dominanz von Natural- und Geldabgaben bei relativ geringer Bedeutung von Dienstleistungen, was auf der Ebene des persönlichen Rechtsstatus der bäuerlichen Bevölkerung eine relative Freizügigkeit beinhaltete. Bezüglich des bäuerlichen Besitzrechtes entsprach dieser relativ günstigen persönlich-rechtlichen Situation offenbar die Dominanz des Erbrechts: Wie die mittelalterlichen Urkunden die Bauern in ihrer Eigenschaft als Mitglieder der Dorfgemeinde häufig als cives bezeichneten, so hinsichtlich ihres Besitzrechts am Grund und Boden oft als heredes (Münch 1986 Tabelle 11). Mit der relativ soliden persönlich- und besitzrechtlichen Position der mecklenburgisch-vorpommerschen Bauern im Mittelalter korrelierte auch eine solide wirtschaftliche Ausstattung sowohl den Umfang des Grund und Bodens als auch der Viehhaltung betreffend. Der Betrieb der in Westmecklenburg verbreiteten Einhufenwirtschaften sowie der in den östlicheren Regionen typischer werdenden Doppelhufenwirtschaften umfaßte nicht selten vermutlich 20 ha und mehr. Aus Schadensregistern der Doberaner Klosterdörfer zu Beginn des 14. Jahrhunderts gehen zumindest für die Hagenhufendörfer im Hägerort zwischen Doberan und Rostock erstaunlich hohe Zahlen an Großvieheinheiten pro bäuerlicher Wirtschaft hervor (Bentzien 1984 69 ff.). Selbst die mit Recht ob ihrer Kultur- und Wirtschafts-

leistungen berühmten Zisterzienserklöster stützten sich in Mecklenburg und Vorpommern nicht zuletzt auf den Besitz bzw. die Anlage von Bauerndörfer. Ihre oft genannten Klosterhöfe (Grangien), durch Laienbrüder (conversi) selbst bewirtschaftete Eigenbetriebe, fanden sich nur in den Kernbereichen ihrer Abteien etwa in Doberan, Dargun, Eldena und Neuenkamp. Auch die für den gesellschaftlichen Stellenwert der Bauern wichtige Verbindung zur Landesherrschaft war auf dem Höhepunkt der Siedlungsbewegung und der Agrarreformen im hohen Mittelalter noch intakt. Die Landesherren zogen die Bauern zu allgemeinen und besonderen Steuern heran, zur Landesverteidigung, zu Burgen- und Brückenbau. Vielfach waren und blieben die Landesherren auch Inhaber des Kirchenpatronats in den ländlichen Pfarrkirchen. Das Hufensystem unterlag anfangs einer ebenfalls landesherrlichen Nachmessung. Auch die höhere und Hochgerichtsbarkeit stand zunächst den Landesherren zu. Allerdings setzte in den meisten dieser Bereiche seit dem Spätmittelalter ein Erosionsprozeß zuungunsten der Landesherren und der bäuerlichen Bevölkerung und zugunsten der privaten Grundherrschaften ein.

Seit der Begründung von Landesherrschaften auf dem Boden des werdenden Mecklenburg, Pommern und Rügen im Rahmen des römisch-deutschen Reiches im Verlaufe des 12. Jahrhunderts stand die Entwicklung differenzierter grundherrschaftlicher Herrschaftsträger und -qualitäten in unmittelbarem Zusammenhang mit den anderen Hauptaspekten der deutschen Ostbewegung und -expansion, insbesondere der Christianisierung und der ländlichen und städtischen Siedlungsbewegung.

Mit der Ausstattung der Bischöfe, Domkapitel und großen Feldklöster seit der zweiten Hälfte des 12. Jahrhunderts trat in wachsendem Maße die geistliche Grundherrschaft als wichtiger Herrschaftsträger neben die Landesherrschaften, zum Teil ja selbst diese Qualität erreichend. Der eigentliche Siegeszug und die eigentliche Ausprägung und Ausbreitung der Grundherrschaft fielen dann aber in das 13. Jahrhundert, welches bezeichenderweise zugleich das Jahrhundert der entscheidenden Stadt- und Klostergründungen sowie des Ausbaus bzw. Aufbaus des ländlichen Siedlungsnetzes im behandelten Raum darstellte. Nicht nur das Netz von zum Teil umfänglichen Klostergrundherrschaften (Doberan, Dargun, Eldena, Neuenkamp, Neukloster) wurde dichter, seit der Mitte der 13. Jahrhunderts drang auch der städtische Bereich als grundherrschaftliche Kraft im Gefolge seiner Erwerbungen an Grund und Boden in den ländlichen Raum vor. Parallel hierzu konsolidierten sich die werdenden weltlichen ländlichen Adligen nicht nur als Mitglieder des sich ausbildenden allgemeinen Lehnsverbandes der unterschiedlichen Landes- und zugleich Lehnsherren, sondern auch als Träger anfänglich zumeist bescheidener adliger Grundherrschaften.

Waren auf diese Weise Herrschaft und bäuerliche Siedlung sehr eng miteinander verknüpft, so blieb doch zunächst die relativ selbständige bäuerliche Tätigkeit einerseits in der bäuerlichen Familie, andererseits in dorfgemeindlichen und herrschaftlichen Einbindungen die entscheidende wirtschaftliche Grundlage der werdenden Territorien. Die Masse des landwirtschaftlich genutzten Grund und Bodens befand sich ohne Zweifel noch mehrere Jahrhunderte in bäuerlicher Bewirtschaftung und in bäuerlichem Besitz im Rahmen grundherrschaftlicher Verhältnisse. Die Dominanz der Grundherrschaft in ihrer Ausprägung als Abgabengrundherrschaft schloß zwar herrschaftliche Eigenwirtschaften nicht aus. Sie fielen dann aber, falls sie zahlreich waren, sehr klein aus oder waren, falls sie umfänglicher ausfielen, relativ selten.

Quellenmäßig sehr schlecht belegt sind die Eigenwirtschaften der adligen Grundherrschaften im Mittelalter. Die Urkunden überliefern zwar eine große Zahl von Orten mit Sitzen der Ritter und Knappen, allerdings

*Mecklenburgischer Ritter in einer Darstellung aus dem 19. Jh. im Doberaner Münster*
*(Mecklenburgisches Volkskundemuseum Schwerin-Mueß)*

kaum etwas über deren wirtschaftliche Ausstattung. Die wenigen vorhandenen allgemeinen bzw. einzelnen Aussagen geben den Umfang der einzelnen adligen Hofwirtschaften mit jeweils wenigen Hufen an. In der Regel umfassen sie aber das Mehrfache der einzelnen bäuerlichen Wirtschaft.

Wesentlich größer fiel demgegenüber der Umfang einzelner eigenbewirtschafteter Klosterhöfe, insbesondere der Grangien der Zisterzienser, aus. Sie konnten den Umfang ganzer Dörfer erreichen, wie wir aus Hinweisen über die Legung von Bauerndörfern zu Grangien bzw. – zumeist später – deren Rückumwandlung in Bauerndörfer erfahren. Dennoch darf man die zisterziensischen Eigenwirtschaften zumindest quantitativ nicht überschätzen: selbst die größten mecklenburgischen und vorpommerschen Klöster wiesen wenig mehr als ein Dutzend Grangien in mittelalterlicher Zeit auf. Von Anfang ihres Wirkens in Mecklenburg – Vorpommern an lebten auch die Zisterzienser – wenigstens bis zu einem bestimmten Grade – ähnlich wie die anderen geistlichen und weltlichen Herrschaftsträger auf der Grundlage der wirtschaftlichen Tätigkeit bäuerlicher Bevölkerung und ihrer Abgaben. Im städtischen Bereich machte sich hier und da ein wirtschaftlicherer Geist bemerkbar, indem etwa das Wismarer Heiliggeisthospital seine Höfe vor der Stadt in Teil- und Zeitpacht an offenbar wirtschaftlich potente Pächter ausgab (Kleiminger 1962).

Die Eigenwirtschaften der Grundherrschaften, so klein bzw. in ihrer Zahl unbedeutend sie auch im Mittelalter sein mochten, perspektivisch boten sie den Grundherren sowohl im landesherrlichen und adligen als auch im städtischen Bereich zumindest bescheidene Anknüpfungsmöglichkeiten bzw. Ausgangspunkte für spätere gutswirtschaftliche und gutsherrschaftliche Tendenzen. So wurden in der Regel ehemalige klösterliche Bauhöfe oder die Ritterhufen an den Sitzen des weltlichen ländlichen Adels die Keimzellen für die Erweiterung der herrschaftlichen Eigenwirtschaften insbesondere seit dem 16. Jahrhundert.

Eine geradezu paradox anmutende Eigentümlichkeit der mecklenburgischen und vorpommerschen Agrargeschichte bestand nun aber darin, daß den langen Schatten der frühneuzeitlichen Gutsherrschaft hoch- und spätmittelalterliche Jahrhunderte vorausgingen, die demgegenüber streckenweise eine Art Blütezeit des bäuerlichen Lebens und Wirtschaftens beinhalteten. Deutlich läßt sich dies an der Einführung, Ausbreitung und inneren Entwicklung des Hufensystems nachvollziehen. Seine Anfänge in Mecklenburg und Pommern zeigten offenkundige Parallelen zum Gang der Christianisierung und der bäuerlichen sowie städtischen Siedlung, die einerseits tendenziell von West nach Ost voranstritt und andererseits für Pommern im werdenden Bistum Cammin einen frühen Ausgangspunkt hatte. So ist es auch nicht verwunderlich, daß seit dem Ausgang des 12. Jahrhunderts in Westmecklenburg und im Camminer Raum die ersten urkundlichen Hufenerwähnungen für Mecklenburg und Pommern auftraten. Frühe Hufenerwähnungen, die zunächst meist pauschalen Charakter trugen und erst allmählich immer stärker Einzelhufen bzw. Teilhufen beinhalteten, fanden sich besonders im Bereich der sich konsolidierenden Bistumszentren, der geistlichen Einrichtungen generell (Klöster, Pfarrkirchen) und der städtischen Feldmarken (Acker- und Weideland).

Wie weit die Entwicklung in Westmecklenburg – einem frühen Zentrum der bäuerlichen Siedlung und der damit verbundenen Agrarreformen – bereits in der ersten Hälfte des 13. Jahrhunderts gediehen war, zeigt eindrucksvoll das berühmte Ratzeburger Zehntlehnregister von 1230 (MUB 375; Kaack/Wurms 1983): Die Masse der mehreren hundert Dörfer weist damals bereits Hufenverfassung auf. Zugleich kann man der Tatsache, daß für die wenigen ausdrücklich als von Slawen bewohnten Dörfer regelmäßig keine Hufenabgaben enthalten sind, entnehmen, daß die Hufenverfassung offenbar erst ein Ergebnis der aus dem Westen kommenden Siedlungsbewegung darstellte. Daß die Slawen auf die Dauer nicht von der Hufenverfassung ausgeschlossen blieben, belegt eindringlich die durchgängige Existenz der Hufenverfassung in den Dörfern Rügens nach 1300 (Münch 1991 81 ff.) einem Gebiet, das sicherlich mit einigem Recht als ausgesprochenes slawisches Rückzugsgebiet gelten kann. Allerdings dominierte dort im späten Mittelalter nicht die Landhufe (mansus) primär der deutschen Siedler, sondern die an das slawische hölzerne hauptsächliche Bodenbearbeitungsgerät gemahnende Hakenhufe (uncus). Aus einem Vergleich der Hufenzahlen für Rügens Dörfer aus dem 14. Jahrhundert (in unci angegeben) und dem 16. Jahrhundert (zumeist in Landhufen angegeben) können wir die Landhufe als etwa doppelt so groß im Vergleich zur Hakenhufe entnehmen. Dieses Größenverhältnis wird auch durch frühneuzeitliche Angaben zu den unterschiedlichen Hufentypen oftmals bestätigt, obwohl die Rückprojizierung frühneuzeitlicher Hufenmaße auf mittelalterliche Verhältnisse erhebliche Probleme bereitet, da konkrete mittelalterliche Größenangaben zumeist fehlen oder ihrerseits nicht eindeutig sind (etwa die Morgengröße).

Außerdem fehlt für das Mittelalter in Mecklenburg und im vorpommerschen Festland eine solche Differenzierung „slawischer" und „deutscher" Hufen in den schriftlichen Quellen weitgehend. Wenn hier damals Unterscheidungen zwischen Hufentypen vorgenommen wurden, dann eher zwischen den normalen (Zins-)Hufen, den Freihufen insbesondere von Rittern, Pfarrern und Schulzen sowie den Hagenhufen. Letzte-

re mit einem vermutlich größeren Umfang gegenüber den (Land-)Hufen wegen der enthaltenen Anteile an Wald. Demgegenüber wurde den normalen (Land-)Hufen Anteil an der Allmende (insbesondere die Holz- und Weidenutzung im Wald) gemäß der Hufenzahl zugebilligt.

Aber auch die Kossäten hatten hieran entsprechende Anteile.

Wir kommen damit zur inneren Differenzierung und zu Strukturierungen der mittelalterlichen Landbewohner, insbesondere der Bauernschaft. Für den Zeitraum relativ günstiger bäuerlicher Verhältnisse im Ergebnis der hochmittelalterlichen Agrarreformen im Zuge der bäuerlichen Siedlungsbewegung war nicht mehr die Differenzierung zwischen Slawen und Deutschen als unterscheidendes Kriterium die primäre Größe. Vielmehr wies die Struktur der Bauernschaft in den behandelten ostelbischen Gebieten nunmehr weitgehende Analogien zur Situation in großen Teilen West- und Mitteleuropas auf (Münch 1993 117 ff.).

Die im Vergleich zur frühmittelalterlichen Villikations- oder Fronhofsverfassung, die ja im ostelbischen Raum fehlte, und zur frühneuzeitlichen Gutsherrschaft, die in Ostelbien ihre klassische Ausprägung finden sollte, lockere Struktur der hoch- und mittelalterlichen Abgabengrundherrschaft ebnete einerseits die persönlichkeitsrechtlichen und ethnischen Unterschiede der bäuerlichen Bevölkerung ein, schuf andererseits aber neue, wirtschaftliche Differenzierungen. Diese Art Differenzierungen wurde verstärkt durch die sich parallel ausweitenden Ware – Geld – und Marktbeziehungen, insbesondere in Auswirkung der Entfaltung des städtischen Sektors und seiner Ausstrahlung auf den ländlichen Raum (Fritze 1976). Waren Mecklenburg und Vorpommern diesbezüglich auch durch die relativ dünne Besiedlung und die Weitmaschigkeit des Städtenetzes gekennzeichnet, so zeigten sich die genannten Entwicklungen zumindest doch in der Tendenz.

In den mittelalterlichen urkundlichen Quellen werden drei charakteristische Schichten der produktiven Dorfbevölkerung faßbar, die im wesentlichen der Bauernschaft zuzurechnen sind, während unterbäuerliche, insbesondere wirtschaftlich unselbständige Landbewohner zumeist im Dunkel der Quellenüberlieferung bleiben, wohl aber auch generell im hohen und späten Mittelalter keine nennenswerte Rolle für den behandelten Raum spielten – im Unterschied zu bevölkerungsstärkeren und stärker „verstädterten" Regionen Europas und des römisch-deutschen Reiches (Rösener 1991).

Die angesprochenen drei Schichten waren folgende:
1. die bäuerliche Oberschicht (Mehrhufenbauern);
2. die bäuerliche Mittelschicht (Ein- bis Zweihufenbauern) als Kern der Bauernschaft und der Landbevölkerung generell;

3. die bäuerliche Unterschicht (Teilhufenbauern einschließlich eines erheblichen Teils der Kossäten).

Die bäuerliche Mittelschicht bildete sowohl quantitativ wie qualitativ den Kern der Landbevölkerung. Die bäuerliche Oberschicht rekrutierte sich hauptsächlich aus den Häuptern der dörflichen Gemeinden, den sowohl genossenschaftliche als auch herrschaftliche Funktionen ausübenden Schulzen, prefecti, villici, Bauer- und Hagenmeistern.

Bezüglich ihres Besitzumfanges konnte diese bäuerliche Oberschicht durchaus an die Ausmaße niederadliger herrschaftlicher Eigenwirtschaften im Mittelalter heranreichen.

Die bäuerliche Unterschicht ihrerseits wies Übergänge zur unterbäuerlichen Landbevölkerung auf, insbesondere wohl bei der Unterschreitung einer Teilhufengröße von einer Viertelhufe. Wegen der oft schon fehlenden Bezüge zur (vollen) Hufenausstattung wurden die bäuerlichen und unterbäuerlichen Kleinstellenbesitzer oft nach der Art ihrer Behausungen oder – in Mecklenburg–Vorpommern allerdings seltener – nach ihrem wenig umfänglichen Bodenbesitz als Kätner/Kossäten oder Gärtner bezeichnet. Neben bäuerlichen Produzenten waren unter ihnen auch Landhandwerker zu finden. An den Ufern der Ostsee und größerer Binnenseen gab es bereits seit dem Mittelalter ein gehäuftes Vorkommen von Kossäten als Fischer, die möglicherweise ursprünglich primär slawischer Herkunft waren. Ansonsten ist die Unterscheidung zwischen Hufenbauern und Kossäten in erster Linie wirtschaftlich und nicht ethnisch (etwa zwischen Deutschen und Slawen) bedingt. Ähnlich wie in West- und Mitteleuropa bildeten die bäuerlichen Kleinstellen ein Ergebnis wirtschaftlicher Differenzierungsprozesse. Dafür spricht auch in Mecklenburg–Vorpommern ihre Häufung in größeren Siedlungen (Flecken und Kirchdörfer) (Münch 1994 29 ff.) und in Stadtnähe sowie ihr gegenüber den Anfängen der Hufenverfassung später beginnendes Auftreten. Das veränderte sich erst im Übergang zur Gutsherrschaft, worauf noch zurückzukommen sein wird.

Unter den gewerblichen Produzenten auf dem Lande kam neben Müllern und Schmieden insbesondere den Krügern eine erhebliche Bedeutung zu. Sie fanden sich namentlich in den Pfarrdörfern, die regelmäßig zu den größeren Dörfern zählten, wozu im behandelten Raum bereits Hufenzahlen über 20 gehörten.

Im Übergang vom späten Mittelalter zur frühen Neuzeit begann sich die Situation für die Bauernschaft Mecklenburg – Vorpommerns mit negativer Tendenz zu wandeln, eng verknüpft mit der Modifizierung der hoch- und spätmittelalterlichen Abgabengrundherrschaft zur frühneuzeitlichen Grundherrschaft mit wachsendem Stellenwert der herrschaftlichen Eigenwirtschaft, bäuerlicher Ackerfrondienste und Leibei-

genschaftsverhältnissen. Zum Abschluß dieses Beitrages sollen knapp einige Chrakteristika und Grundlagen dieses Prozesses behandelt werden, der nicht zuletzt wegen des für das 15. Jahrhundert noch ungedruckten urkundlichen Materials noch viele Fragen offenläßt (Cordshagen 1966). Die Bauernschaft unseres Raumes wurde sowohl von der spätmittelalterlichen Agrarkrise als auch der Agrarkonjunktur der beginnenden frühen Neuzeit ungünstig getroffen. Zwar hielten sich bis Ende des 14. Jahrhunderts urkundliche Hinweise auf wüste Stellen innerhalb der ländlichen Siedlungen ungeachtet einer gewissen Häufung zum Ende des besagten Jahrhunderts noch in Grenzen, doch seit dem Beginn des 16. Jahrhunderts tauchten derartige wüste Stellen in den Landbede- und anderen Steuerverzeichnissen sehr regelmäßig auf. Auch die nunmehr anlaufende Agrarkonjunktur, d.h. insbesondere der ostelbische Getreideanbau nicht zuletzt für den westeuropäischen Markt, führte dann nicht zu einer erneuten weitgehend vollständigen Besetzung vordem wüstgewordener Bauernstellen, sondern zum tendenziellen Ausbau und zur Erweiterung der herrschaftlichen Eigenwirtschaften, den Kernpunkten der werdenden frühneuzeitlichen Güter in Mecklenburg-Vorpommern. Besonders seit dem 16. Jahrhundert treffen wir in den Steuerregistern (MLHA Landbederegister des 16. Jahrhunderts) nämlich häufig auf die Bemerkung, daß einzelne ehedem bäuerliche Stellen durch die jeweiligen Grundherrschaften, d.h. die nunmehr werdenden Gutsherrschaften selbst bewirtschaftet werden. Reichten die wüstgefallenen Bauernstellen und deren Land hierfür nicht aus, griff man auch zum Mittel des Bauernlegens, d.h der bewußten Abstiftung bäuerlicher Wirte von ihren Hufenbetrieben. Diese Tendenzen galten für alle Herrschaftsträger der sich zu frühneuzeitlichen Gutsherrschaften wandelnden Grundherrschaften, ihre landesherrliche, städtische oder ritterschaftliche Ausprägung, während die geistlichen Herrschaften durch die Reformation wesentlich zurückgedrängt wurden. Dennoch fand die Transformation von der spätmittelalterlichen Gutsherrschaft zur frühneuzeitlichen Gutsherrschaft auch im behandelten Raum nicht überall gleichmäßig und mit gleichen Resultaten statt.

Besonders früh und deutlich traten die gutsherrschaftlichen Tendenzen offenbar im ritterschaftlichen Bereich auf. Aber auch hier waren nicht sämtliche Teile der Bauernschaft in ihren Dörfern in gleicher Weise betroffen. Gefährlich war die Situation für die Dorfbevölkerung namentlich in Siedlungen mit alten Rittersitzen, deren Hofhufen nun zum Ausgangspunkt der Gutsbildung wurden (Münch Rittersitz 1993 2 ff.). Hier konzentrierten sich frühe Tendenzen der Erweiterung des herrschaftlichen Hoflandes, der Nutzung wüster oder gelegter Bauernstellen und des wachsenden Stellenwertes der Kossäten. Viele sogenannte Kossätendörfer des 16. Jahrhunderts sind daher nicht etwa Relikte slawischer Agrarverhältnisse, sondern Resultat früher gutsherrschaftlicher Tendenzen im Übergang zur frühen Neuzeit. Die einzelnen Dörfer mit Adelssitzen zugeordneten benachbarten Dörfer, die sogenannten Pertinenzien, waren demgegenüber von der Gutsbildung weniger stark oder doch in anderer Weise betroffen. Auf sie kamen eher die wachsenden bäuerlichen Spann- und Handdienste für die Gutsherrschaft zu. Diese Dienste bildeten somit eine Voraussetzung für den sogenannten Teilbetriebscharakter[7] vieler Gutsherrschaften in Mecklenburg und Pommern. Hand in Hand mit dieser wirtschafts- und sozialgeschichtlichen Entwicklung vor dem Hintergrund steigender politischer Macht der Landstände (insbesondere der Ritterschaft) gegenüber der herzoglichen Gewalt ging in Mecklenburg und Pommern die Tendenz einer Verschlechterung des bäuerlichen Besitz- und Personenrechts. Lange vor der Sanktionierung von Leibeigenschaft/Bauernlegen in der Gesetzgebung des 17. Jahrhunderts – oft zu stark als Folge des Dreißigjährigen Krieges interpretiert – reklamierten Vertreter der Ritterschaft in der zweiten Hälfte des 16. Jahrhunderts entsprechende bauernfeindliche Absichten als gutes altes Herkommen (MLHA Lehnakten Kronskamp, Levin Moltke auf Klein Belitz an Herzog Ulrich am 4.5.1594) in unserem Raum sowie mit dem Hinweis darauf, daß es anderswo, z.B. in Livland, noch viel bauernfeindlicher zugehe (AHR 1.3.2.16 Ratsprotokolle 1580-82, 20.8.1580). Städte wie Rostock rechtfertigten ihre gutsherrlichen Attacken gegen die „armen Luden" oder „Pflugdienste", wie die Bauern nunmehr bezeichenderweise hießen, mit einem ähnlichen Vorgehen der Landesherren bzw. des Adels (AHR 1.3.2.20 Ratsprotokolle 1586-95 22.7.1587).

Dennoch hielten sich im domanialen (unmittelbar landesherrlichen) und städtischen Bereich gutsherrschaftliche Tendenzen in Grenzen, während sich im ritterschaftlichen Bereich (und damit fast der Hälfte des Landes) der Siegeszug der Gutsherrschaft in den auf das 16. Jahrhundert folgenden Zeiträumen nahezu flächendeckend gestaltete. Daran war insbesondere auch der alte, sogenannte eingeborene Adel beteiligt, der bereits im 16. Jahrhundert seit längerer Zeit im Lande ansässig gewesen war und viele ehemals landesherrliche Rechte (Gerichtsbarkeit, Kirchenpatronat) erworben hatte. Grundherrschaftliche „Inseln" bzw. noch größere Gebiete mit besseren Bedingungen für die Bauernschaft erhielten sich beispielsweise im Südwesten Mecklenburgs (Ralf 1993) mit starker Dominanz der domanialen Herrschaft, im späteren Fürstentum Ratzeburg um Schönberg, (Bertheau 1914 71 ff.) wo bereits im Mittelalter der adlige Grundbesitz verdrängt bzw. ausgekauft worden war, oder in der vorderen und hinteren Sandpropstei (Richter 1987 223 ff.) des von diesen Außenposten weit entfernten Zentrums des Klosteramtes Dobbertin.

Generell aber dämmerte mit dem 17. Jahrhundert für die Bauernschaft Mecklenburg-Vorpommerns nicht nur wegen der direkten verheerenden Auswirkungen des Dreißigjährigen Krieges ein überaus düsteres Säkulum.

Anmerkungen

1   Wegen ihrer Materialfülle noch immer grundlegend: Friedrich Mager, Geschichte des Bauerntums und der Bodenkultur im Lande Mecklenburg, Berlin 1955; Paul Steinmann, Bauer und Ritter in Mecklenburg. Wandlungen der gutsherrschaftlichen Verhältnisse vom 12./13. Jahrhundert bis zur Bodenreform 1945. Schwerin 1960.

2   Zuletzt Heinrich Kaak, Die Gutsherrschaft. Theoriegeschichtliche Untersuchungen zum Agrarwesen im ostelbischen Raum, Berlin – New York 1991 122.

3   Vgl. z.B. Rudolf Benl, Die Gestaltung der Bodenrechtsverhältnisse in Pommern vom 12. bis zum 14. Jahrhundert, Köln – Wien 1986, S. 11ff.; Kazimierz Slaski, Agrarverhältnisse in Pommern am Beginn der deutsch-rechtlichen Kolonisation im Lichte neuester Forschungen, in: Derselbe, Beiträge zur Geschichte Pommerns und Pommerellens, Dortmund 1987 36 ff.

4   Vgl. Wolfgang H. Fritze, Die Agrar- und Verwaltungsreform auf der Insel Rügen um 1300, in: Germania Slavica, Bd. 2, Berlin 1981 143 ff.

5   Demnächst Ernst Münch, Zum Problem der slawischen „Relikte" in den Agrarverhältnissen an der südwestlichen Ostseeküste im Mittelalter und in der frühen Neuzeit (Druck in Vorbereitung)

6   Ernst Münch, Studien zur Agrargeschichte Mecklenburgs im 12.–14. Jahrhundert (Diss. B), Rostock 1986 (MS), Tabelle 17. Diese Arbeit bildet die Grundlage des vorliegenden Beitrages generell.

7   Vgl. besonders die Arbeiten von Gerhard Heitz, generell hierzu: Deutsche Agrargeschichte des Spätfeudalismus, hrsg. von Hartmut Harnisch und Gehard Heitz, Berlin 1986.

Literatur

| | |
|---|---|
| Agrargeschichte | Deutsche Agrargeschichte des Spätfeudalismus, hrsg. von Hartmut Harnisch und Gehard Heitz, Berlin 1986. |
| Bentzien 1984 | Ulrich Bentzien, Bäuerliche Viehhaltung und Gerätekultur im Mittelalter. Quellenkundliche Versuche und Überlegungen aus volkskundlicher Sicht, in: Bäuerliche Sachkultur des Spätmittelalters. Wien 1984 69 ff. |
| Bertenau 1914 | Friedrich Bertheau, Die geschichtliche Entwicklung der ländlichen Verhältnisse im Fürstentum Ratzeburg, in: Mecklenburgische Jahrbücher, 79. Jg., Schwerin 1914 71 ff. |
| Cordshagen 1966 | Christa Cordshagen, Amt Neustadt. Untersuchungen zur Agrargeschichte Mecklenburgs im 15. und 16. Jahrhundert, (Diss.) Rostock 1966 (MS). |
| Fritze 1976 | Konrad Fritze, Bürger und Bauern zur Hansezeit. Studien zu den Stadt–Land–Beziehungen an der südwestlichen Ostseeküste vom 13. bis zum 16. Jahrhundert, Weimar 1976. |
| Kaack/Wurms 1983 | Hans-Georg Kaack/Hans Wurms, Slaven und Deutsche im Lande Lauenburg. Schwarzenbeck 1983. |
| Kleiminger 1962 | Rudolf Kleiminger, Das Heiligengeisthospital von Wismar in sieben Jahrhunderten. Ein Beitrag zur Wirtschaftsgeschichte der Stadt, ihre Höfe und Dörfer. Weimar 1962. |
| Münch 1991 | Ernst Münch, Hufen, Katen, Ritterhöfe. Grundprobleme der pommerschen Agrargeschichte im Mittelalter, in: Pommern. Geschichte – Kultur – Wissenschaft. Greifswald 1991 81 ff. |
| Münch 1885 | Ernst Münch, Charakteristika der hochmittelalterlichen Abgabengrundherrschaft: das Beispiel Mecklenburg, in: Probleme der Agrargeschichte des Feudalismus und des Kapitalismus, H. 16, Rostock 1985. |
| Münch Rittersitz 1993 | Ernst Münch, Vom befestigten Rittersitz zum Gutshaus in Mecklenburg, in: Agrargeschichte in Mecklenburg-Vorpommern aus europäischer Sicht, hrsg. vom Europa Zentrum Rostock, H. 4, Rostock 1993 2 ff. |
| Münch 1993 | Ernst Münch Zur Struktur der Bauernschaft im hohen und späten Mittelalter in ost- und westelbischen Territorien (Mecklenburg, Pommern, Bayern), in: Blätter für deutsche Landesgeschichte, Bd. 129/1993 117 ff. |
| Münch 1994 | Ernst Münch, Das Pfarr- und Kirchdorf in Mecklenburg und Lauenburg. Vom Ratzeburger Zehntlehnregister bis zu den Kirchenvisitationen der frühen Neuzeit. Anmerkungen zu den Besonderheiten eines ländlichen Siedlungstyps, in: Die Kirche im Herzogtum Lauenburg, hrsg. von Kurt Jürgensen, Neumünster 1994 29 ff. |
| Münch 1986 | Ernst Münch, Studien zur Agrargeschichte Mecklenburgs im 12.–14. Jahrhundert (Diss. B), Rostock 1986 (MS). |
| Ralf 1993 | Horst Ralf, Drawehn und Jabelheide – ein Beitrag zur Geschichte der Elbwenden. Flensburg 1993 (MS). |
| Richter 1987 | Jochen Richter, Wesen und Funktion der spätfeudalen Landgemeinde. Erläutert an den Dörfern der Sandpropstei des Klosteramtes Dobbertin, in: Jahrbuch für Geschichte des Feudalismus, Bd. 11, Berlin 1987 223 ff. |
| Rösener 1993 | Werner Rösener, Der Bauer in der europäischen Geschichte, München 1993 64 ff. |
| Rösener 1991 | Werner Rösener, Grundherrschaft im Wandel. Untersuchungen zur Entwicklung geistlicher Grundherrschaften im südwestdeutschen Raum vom 9. bis 14. Jahrhundert. Göttingen 1991. |

## Heidelore Böcker

# KLEINSTADT UND LANDESHERR IM MITTELALTERLICHEN VORPOMMERN/RÜGEN

Neueren Forschungsergebnissen zufolge existierten in den westlich der Oder gelegenen Teilen des Herzogtums Pommern, d.h. also in Vorpommern/Rügen, während des 15. Jahrhunderts 21 mit Stadtrecht bewidmete Orte, in denen insgesamt etwa 42.000 Menschen lebten. Hiervon entfielen über 60 % (rd. 27.000 Personen) auf die Einwohnerschaft der drei größten Städte: Stralsund, Greifswald und Stettin. Die übrigen 18 Städte hätten demnach nur eine durchschnittliche Bevölkerungszahl von 840 Personen gehabt, wobei eingeräumt wird, daß die Realität von diesem errechneten Durchschnitt wohl beträchtlich abwich, und zwar bei der Mehrzahl der Orte nach unten. Städtchen wie Garz auf Rügen, Jarmen, Gützkow oder Penkun hätten in dieser Zeit wohl kaum mehr als 250 bis 350 Einwohner gehabt (Fritze 1984).

Sichere Schlüsse darüber lassen die Quellen ohnehin nicht zu, und rasch erhebt sich zunächst einmal die Frage, ob es sich dabei denn überhaupt schon um Städte gehandelt hat. – Als charakteristisches Merkmal einer Stadt galten lange Zeit als bestimmend das Vorhandensein eines Stadtrechts, eines Stadtrates mit Kompetenzen in Verwaltung und Gerichtsbarkeit sowie die Stadtbefestigung. Anfang der 20er Jahre unseres Jahrhunderts ging dann eine gewisse Neuorientierung von den Arbeiten Max Webers aus. Weber definierte: „Jede Stadt hat einen Lokalmarkt als ökonomischen Mittelpunkt der Ansiedlung, auf welchem – infolge einer bestehenden ökonomischen Produktionsspezialisierung – auch die nichtstädtische Bevölkerung ihren Bedarf an gewerblichen Erzeugnissen oder Handelsartikeln deckt." (Weber 1920/21) Seit etlicher Zeit spricht man nun von einem „kombinierten Stadtbegriff", der – unter Beachtung, daß in verschiedenen Epochen ohnehin von verschiedenen Stadtbegriffen auszugehen sei – variabel zu handhaben sei (Dilcher 1973, Heit 1978, Haase 1958, Stoob 1970, Hall 1978, Städteatlas 1973).

Die deutschrechtliche Gründungsstadt, die Bürgerstadt, sei zwar wirtschaftlich durch den täglichen Markt und Wochenmärkte, die Nahmarktfunktion für das agrarische Umland, das gewerbliche Handwerk und den Kaufmannshandel bestimmt gewesen. Sie habe rechtlich eine sich selbst verwaltende Gemeinde persönlich freier Bürger mit Ratsverfassung, Stadtrechtsprivilegien und Autonomie dargestellt, topogra-

phisch im Stadtgrundriß eine als Ganzes nach einem Plan angelegte und gestaltete Stadtanlage aufgewiesen (Müller-Mertens 1984 19f.). Seien aber nur topographische und funktionelle Kriterien erfüllt worden, so sei die Existenz einer Stadt eben im siedlungs- und wirtschaftsgeschichtlichen Sinne zu konstatieren. Habe die Ansiedlung jedoch auch über einen rechtlich-administrativen Status, der sie deutlich von ihrer ländlichen Umgebung abgehoben habe, verfügt, dann habe sie die Qualität einer vollentwickelten Rechtsstadt gewonnen. Diese genannten Abstufungen seien Phasen einer Entwicklung gewesen, die fast alle Städte, die überhaupt eine längere Lebensdauer erreichten, durchlaufen hätten (Fritze 1986 9-18).

Den genannten Einwohnerzahlen nach, die ohnehin nur auf Schätzungen beruhen können, aber erscheinen aus heutiger Sicht alle Städte, um die es hier gehen soll, als klein. Welcher Methoden bedient sich also die Mittelalterforschung, um zum einen die aus den schriftlichen Quellen kaum exakt hervorgehenden Einwohnerzahlen durchschaubarer zu machen, zum anderen um zu einer auf das Mittelalter zugeschnittenen Stadttypologie zu gelangen? – Die Fläche der Stadt ist es, die in diesem Zusammenhang als ein legitimes Kriterium zur Größenbestimmung empfohlen wird, sofern dies nicht isoliert geschieht. Städte mit einer Fläche von über 40 ha werden als große Städte abgehoben von mittleren Städten mit 15 bis 40 ha, kleinen Städten mit 5 bis 15 ha und Zwergstädten mit unter 5 ha (Stoob 1956, 1961, 1985).

Östlich der Elbe (in Mecklenburg, Brandenburg, Pommern, den Lausitzen, Schlesien und Oppeln) ist der mittelalterliche Stadtgrundriß in vielen Fällen noch ziemlich genau abzugrenzen. Folgt man dabei der genannten Einteilung, ist auf diese Weise für das 14. bis 17. Jahrhundert auszugehen von (Lewerenz 1976, Samsonowicz 1979, Blotevogel 1979):

| | Groß-städte | Mittel-städte | Klein- und Zwergstädte |
|---|---|---|---|
| Mecklenburg | 6,6 % | 21,7 % | 71,7 % |
| Brandenburg | 4,2 % | 36,4 % | 60,4 % |
| Pommern | 0 % | 35,9 % | 65,0 % |

Kleinstädte und Städtchen waren danach im Spätmittelalter der das Feld vorwiegend beherrschende Stadttyp. In Brandenburg und Pommern (vor allem Hinterpommern) war zwar im Vergleich zu Mecklenburg der Anteil an Mittelstädten etwas höher, speziell in Pommern aber fehlten danach sowohl Großstädte als auch Zwergstädte völlig.

In den Quellen (Urkunden, Briefen, Stadtbüchern, Chroniken) als civitas oder oppidum (Stadt bzw. Städtchen) bezeichnet, lassen auch die kleineren unter ihnen durch wirtschaftliche und/oder politisch-rechtliche Funktionen zentrale Bedeutung zumindest in ihrem Umland vermuten. Die Betrachtung ihrer verkehrsgeographischen Einbindung, Verankerung im Städtenetz sowie zwischenstädtischer Beziehungen hilft, punktuell zum Teil leider empfindlich spürbaren Quellenmangel zu kompensieren.

Dem bisherigen Forschungsstand für Vorpommern/ Rügen nach, kann auf diese Weise sowie unter Einbeziehung interdisziplinär ermittelter Befunde, so vor allem der Mittelalterarchäologie, der Schluß gezogen werden:

– Auffassungen, nach denen das südliche Ostseeküstengebiet im 12. Jahrhundert noch ein städteloses Territorium gewesen sei, erfuhren erhebliche Korrekturen.

– Stadtentstehung und Stadtentwicklung müssen als ein längerer Prozeß gesehen werden, der oft – aber nicht immer – in direkter Kontinuität von Vor- und Frühformen städtischer Siedlungen bis hin zur vollentfalteten Rechtsstadt verlief.

– Unter den Faktoren, die zur Gründung einer neuen Stadt führten, konnte die Tatsache, daß an der gleichen Stelle oder in deren unmittelbarer Nähe bereits eine Niederlassung von Menschen bestand – welche Funktion und welchen Charakter diese auch immer gehabt haben mochte – durchaus eine erhebliche Rolle spielen, die sich auf die Ausprägung von Besonderheiten der Entwicklung der neuen Stadt wesentlich auswirkte.

Nach Ansicht Konrad Fritzes waren bei der Entstehung und Entwicklung des mittelalterlichen Städtewesens im Ostseeraum also sowohl endogene als auch exogene Triebkräfte wirksam, denen im konkreten Einzelfall zwar unterschiedliche, insgesamt aber doch wohl eine ziemlich gleichwertige Gewichtigkeit zuerkannt werden müsse (Fritze 1983).

Gewiß gab es auch bei den Stadtgründungen unterschiedliche Prioritäten oder Dominanzen seitens der mit Notwendigkeit beteiligten Kräfte- der landesherrlichen Gewalten, der Lokatoren, der Ansiedler, künftigen Bürger und Einwohner –, unterschiedliche Initiativen und Prioritäten im Zusammenspiel von landesherrlich-territorialpolitischen, fiskalischen, bürgerlich-unternehmerischen und lokalgewerblichen Interessen. Die aus westelbischen Territorien herrührende Einwanderung brachte eine schnelle Entfaltung des Lokal- und vor allem des Fernhandels mit sich (Mül-

ler-Mertens 1982, Rörig 1927, 1934). Dennoch war auch der Anteil der Fürsten an der Genesis einer Vielzahl von Städten, die Bedeutung des politisch-administrativen Faktors für die Stadtentstehung von einigem Gewicht (Fritze 1987).

Im Streben nach Ausbau der Landesherrschaften wurde die Anlage von Zentren der mit der christlichen Religion neu eingeführten Kirchenorganisation und die eine Entfaltung der Wirtschaftsbeziehungen fördernde Anwendung deutscher Stadtrechte genutzt. Der Stadtherr oder sein Vertreter übernahmen die Sicherung des Marktfriedens und erhoben dafür Schutzgebühren von den Marktbesuchern ebenso wie von den Bewohnern des Ortes, über die sie die Gerichtsbarkeit ausübten. Ein blühender Marktort bildete für ihn eine einträgliche Aufbesserung seiner finanziellen Lage, denn er zog aus der Gerichtsbarkeit und dem Handel in Form von Schutz- und Gerichtsgebühren, Zöllen und Geleitsgeldern, Erbschaftsgebühren und – wenn eine Münzstätte am Ort war – aus dem „Schlagschatz" erhebliche Einkünfte. Dazu kam die vielfach anzutreffende Verpflichtung der Bewohner zur Arbeitsleitung bei der Instandhaltung von Wegen und Brücken, zum Befestigungsbau und zum Wehrdienst.

Merkmale durchdachter Städtepolitik in der in beiden Territorien sich etwa über den selben Zeitraum erstreckenden Phase der Förderung oder Initiierung städtischer Entwicklung durch Verleihung von Stadtrecht (viertes Jahrzehnt des 13. Jahrhunderts bis zweites Jahrzehnt des 14. Jahrhunderts) waren: Orientierung zuerst auf grenznahe Zonen, Stimulierung durch artentsprechendes Stadtrecht, Beachtung ökonomischer Entwicklungsvoraussetzungen (zwischenstädtische Entfernungen ca. 30 km, Anschluß an ausgebildete Verkehrswege). Für bewußte Entwicklung qualitativ unterschiedlicher Städteschichten sprechen: von der Norm abweichende Städtedichte, geringere Ausstattung mit städtischer Feldmark, spezifische Terminologie (civitas – oppidum), Verleihung andersartigen Stadtrechts, Überlassen an niederen weltlichen Adel oder geistliche Institutionen.

Aus gezielt voneinander abgehobenen Städten resultierten Funktionalzonen, in deren Wirkungsgrad sich real angelegte Herrschaftskonzeptionen widerspiegeln: an besonders begünstigten Verkehrswegen a) Fernhandelsstädte, b) Städte mit stadtnahen Burgen des Landesherrn; in untergeordneten Gebieten des Landesinneren a) Nahmarktzentren mit Vogteisitzen, b) Mediatstädte; in Grenzsäumen zur benachbarten Landesherrschaft Immediatstädte.

Merkmale unterschiedlicher Entwicklungsmöglichkeiten zeigten sich zwischen Mediatstädten (und Städten mit gravierendem Einfluß niederen weltlichen Adels): zu Zwergstädten tendierende Kümmerformen (unbefestigt, mit meist kleinem Stadtgrundriß); Immediat-

(Mecklenburgisches
Volkskundemuseum
Schwerin-Mueß)

Triebsees.

städten: topographisch, ökonomisch und politisch-rechtlich zu Mittelstädten (mindestens) tendierende Entwicklung in territorial wichtigen Positionen (Fernhandelszentren, Kontrollpunkte des Fernhandels, Grenzgebiete zur Markgrafschaft Brandenburg).

Damit verbunden waren dementsprechend unterschiedlich ausgeprägte Potenzen für Organisation und Schutz städtischen Warenhandels und Wahrnehmung des aus außenpolitischen Konfliktsituationen seit dem Ende des 13. bis Anfang des 14. Jahrhunderts resultierenden Bündnisrechts. Gezielt gedrosselte Privilegierung verhinderte jedoch landesherrlicher Gewalt entgleitende Emanzipation zu gehobener Entwicklung befähigter Stützpunkte.

Die auch in Vorpommern und Rügen in der Mehrzahl vorhandenen Kleinstädte dienten somit von vornherein den territorialen Herrschaftsstrukturen, für den Ausbau ihrer vom Königtum unabhängigen Landesherrschaften. Obwohl ökonomisch-fiskalische, militärische und später verwaltungsorganisatorische Interessen zur Förderung städtischer Entwicklung bewogen, setzten sie die Stadt im allgemeinen doch bewußt als wichtiges Mittel ihrer Territorialpolitik ein und förderten damit den ökonomischen Fortschritt.

Insgesamt gesehen aber ergab sich die Bedeutung von Städten im Siedlungsnetz auch in Vorpommern und Rügen aus der geographischen Lage, ihrer Funktion in der Herrschaftskonzeption der Landesherren und der Entwicklung anderer Zentren im gleichen bzw. den benachbarten Territorien.

Für die meisten Städte ist zu konstatieren, daß sie schon bald nach der Bewidmung mit Stadtrecht begonnen hatten, um weitere, für die wirtschaftliche Entfaltung notwendige Rechte zu kämpfen, um Markt-, Stapel- und Niederlagsrechte, Münz-, Zoll- und Geleitsprivilegien. Intensität und Erfolg, aber auch Gegenmaßnahmen anderer Städte werfen ein Licht auf die ökonomische Struktur der Städte.

Marktpolizeiliche Anordnungen der Stadtobrigkeit führender Fernhandelszentren gewährleisteten schließlich den Vorteil der einheimischen Bürger gegenüber allen Fremden. Einfluß auf Ein- und Ausfuhrbestimmungen brachte jedoch eine auch für die Entwicklung weniger erfolgreicher Städte im eigenen Territorium belastende Vorrangstellung mit sich, die sich in ihrer Konzentration auf landwirtschaftliche Produkte (Getreide, Bier) für wirtschaftlich vorrangig auf deren Be- und Verarbeitung orientierte Städte besonders gravierend auswirken mußte.

Sozialen Aufstieg versprechende Abwanderung von der kleineren in die größere Stadt wurde seit der Mitte des 14. Jahrhunderts durch entsprechende Zunftsatzungen erschwert. Anzeichen gezielter Gegenbewegung (Übernahme städtischer Ämter in kleineren Städten durch Angehörige der sozialen Oberschicht städtischer Zentren) sollte weiter nachgegangen werden.

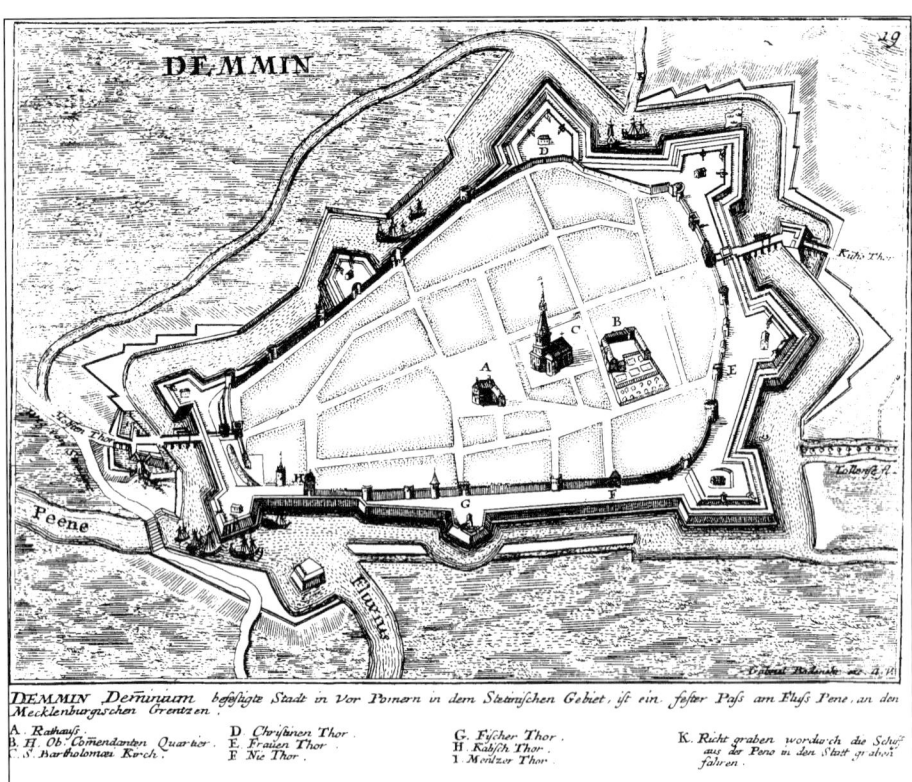

(Mecklenburgisches
Volkskundemuseum
Schwerin-Mueß)

DEMMIN

DEMMIN Dersunam besestigte Stadt in Vor Pomern in dem Stetinschen Gebiet, ist ein fester Paß am Fluß Pene, an den Mecklenburgischen Grentzen.
A. Rathauß.
B. H. Ob. Comendanten Quartier.
S. Bartholomæi Kirch.
D. Christinen Thor.
E. Frauen Thor.
F. Nie Thor.
G. Fischer Thor.
H. Kabisch Thor.
I. Meritzer Thor.
K. Richt graben wordurch die Schiff aus der Pene in die Stadt graben fahren.

Städte mit hohem Grad an Autonomie (wie Stralsund, auch Greifswald) schalteten sich im Sinne der Friedenswahrung auch während des 15. Jahrhunderts in außenpolitische Konflikte ein. Den Versuchen, wachsende finanzielle Schwierigkeiten mittels Raub und Gewalt auszugleichen, begegneten sie mit Rückhalt in der Hanse regional verbündet (so mit Anklam, auch mit Demmin) energisch. Innerstädtische Auseinandersetzungen in den Fernhandelsstädten, Zwietracht durch das Streben nach Handelsübervorteilung zwischen ihnen, drastische Zurückweisung kleinerer Städte zur Unterbindung jedweder Handelskonkurrenz, schärfere Formen in den Diskrepanzen mit der Ritterschaft durch Fehden und Raub blockierten jedoch mögliche Bündnispartner.

Maßnahmen benachbarter Landesherren zur Zurückdrängung der städtischen Opposition seit Beginn des 15. Jahrhunderts wirkten stimulierend, erneute Expansionsabsichten der Markgrafen von Brandenburg beschleunigend und die Überwindung der Landesteilung im Inneren bekräftigend, verlorene Machtstützen zurückzugewinnen und die Festigung der Landesherrschaft zu betreiben. Die Herzöge von Pommern, zugleich Fürsten von Rügen, erteilten deshalb weiterhin partielle, im Sinne des Herrschaftsziels jedoch wohl differenzierte Privilegien. Sie schürten Zerwürfnisse durch gezielte Parteinahme auf seiten kleinerer Städte und erhielten sich somit Stützen ihrer Macht.

Während die ohnehin sehr begrenzte Autonomie der kleinsten Städte durch ökonomische Maßnahmen (Einlösung verpfändeter Bede, Erhebung von Sondersteuern, Neuordnung des Münz- und Zollwesens) faktisch entwertet wurde, konnte die Autonomie der gegenüber dem Landesherrn noch immer weitgehend vereint auftretenden Fernhandelsstädte nicht „gebrochen" werden. Wichtiger Faktor bei der dennoch zu konstatierenden Festigung der Landesherrschaft, namentlich unter der Herrschaft des seit 1478 das gesamte Herzogtum Pommern, einschließlich Rügen, allein regierenden Herzogs Bogislaw X., und dem Ausbau zum Territorialstaat waren die gehobeneren Kleinstädte (wie z.B. Wolgast und Barth, Pasewalk und Gartz/O), die – von den städtischen Zentren (und damit für die Hanse) als „Schutzorte" genutzt und teilweise auch unterstützt, wirtschaftlich jedoch zurückgewiesen – Stützen des Landesfürsten blieben, insgesamt ab er, von ihrer Bedeutung her, gegenüber solchen Städten wie Stralsund, Greifswald oder Stettin kleiner, Kleinstädte waren (Böcker 1989, 1987, 1988).

Literatur

| | |
|---|---|
| Blotevogel 1979 | Hans-Heinrich Blotevogel, Methodische Probleme der Erfassung städtischer Funktionen und funktionaler Städtetypen anhand quantitativer Analysen, in: Voraussetzungen und Methoden geschichtlicher Städteforschung. Köln-Wien 1979 217-269 ( = Städteforschung Reihe A, Bd. 7). |
| Böcker 1987 | Heidelore Böcker, Kleinstädte und Stadtherr im Fürstentum Rügen, in: Wissenschaftliche Zeitschrift der Ernst-Moritz-Arndt-Universität Greifswald, Gesellschaftswissenschaftliche Reihe 36(1987) 3-4, 101-104. |
| Böcker 1988 | Heidelore Böcker, Städte in der Territorialkonzeption rügen-vorpommerscher Landesherren, in: Jahrbuch für Regionalgeschichte 15/II(1988) 23-31. |
| Böcker 1989 | Heidelore Böcker, Hanse und kleine Städte in Vorpommern und Rügen von der Mitte des 13. Jh. bis zum Beginn des 16. Jh., Voraussetzungen – Aufgaben – Bedeutung. Habil. Greifswald 1989. |
| Dilcher 1973 | Gerhard dilcher, Rechtshistorische Aspekte des Stadtbegriffs, in: Vor- und Frühformen, hrsg. von Herbert Jahnkun u.a., T. 1, Göttingen 1973. |
| Fritze 1983 | Konrad Fritze, Frühphasen der Entwicklung Rostocks und Stralsunds, in: Lübecker Schriften zur Archäologie und Kulturgeschichte, Bd. 7(1983) 119-124. |
| Fritze 1984 | Konrad Fritze, Anatomie von Mittel- und Kleinstädten, in: Anatomie, Wirtschaft und Kultur der Hansestädte, hrsg. von Konrad Fritze, Eckhard Müller-Mertens und Walter Stark ( = Abhandlungen zur Handels- und Sozialgeschichte 23/Hansische Studien VI). Weimar 1984 76-83. |
| Fritze 1986 | Konrad Fritze, Zur Entwicklung des Städtewesens im Ostseeraum vom 12. bis zum 15. Jh., in: Abhandlungen zur Handels- und Sozialgeschichte 25/Hansische Studien VII. Weimar 1986 9-18. |
| Fritze 1987 | Konrad Fritze, Fürsten und Städtegründungen im Ostseeraum, in: Wissenschaftliche Zeitschrift der Ernst-Moritz-Arndt-Universität Greifswald, Gesellschaftswissenschaftliche Reihe 36(1987) 3-4, 79-82. |
| Haase 1958 | Carl Haase, Stadtbegriff und Stadtentstehungsschichten in westfalen, in: Westfälische Forschungen Bd. 11 (1958) 16-32. |
| Hall 1978 | Thomas Hall, Mittelalterliche stadtgrundrisse. Stockholm 1978. |
| Heit 1978 | Alfred Heit, Die mittelalterliche Stadt als begriffliches und definitorisches Problem, in: Die alte Stadt, 5. Jg. (1978) 350-408. |
| Lewerenz 1967 | Thomas Lewerenz, Die Größenentwicklung der Kleinstädte in Ost- und Westpreußen bis zum Ende des 18. Jahrhunderts. Marburg/Lahn 1976 ( = Wissenschaftliche Beiträge zur Geschichte und Landeskunde Ostmitteleuropas 101). |
| Müller-Mertens 1984 | Eckhard Müller-Mertens, Stadtgründungen und neue Städte 1180 bis 1800 im Raum der heutigen DDR zwischen unterer Elbe, Fläming und Oder, in: Jahrbuch für Geschichte des Feudalismus 8(1984). |
| Müller Mertens 1984 | Eckhard Müller-Mertens, Zum Verhältnis von Struktur und Dynamik in der mittelalterlichen Feudalentwicklung, in: Jahrbuch für Geschichte des Feudalismus 8(1984). |
| Rörig 1927 | Fritz Rörig, Die Grundungsunternehmerstädte des 12. Jh., in: Hansische Beiträge zur deutschen Wirtschaftsgeschichte. Breslau 1927 243-262. |
| Rörig 1934 | Fritz Rörig, Territorialwirtschaft und Stadtwirtschaft, in: Historische Zeitschrift Bd. 150(1934) 457-484. |
| Samsonowicz 1979 | Henryk Samsonowicz, Zahl und Größe spätmittelalterlicher Städte in Polen, in: Kwartalnik Historii Kultury Materialnej 4(1979) 917-931. |
| Spangenberg 1932 | Hans Spangenberg, Territorialwirtschaft und Stadtwirtschaft. Ein Beitrag zur Kritik der Wirtschaftstheorie. München-Berlin 1932 ( = Historische Zeitschrift, Beiheft 24). |
| Stoob 1956 | Heinz Stoob, Kartographische Möglichkeiten zur Darstellung der Stadtentstehung, in: Historische Raumforschung Bd. 1, hrsg. von K. Brüning. Bremen 1956 21-76. |
| Stoob 1961 | Heinz Stoob, Die Ausbreitung der abendländischen Stadt im östlichen Mitteleuropa, in: Zeitschrift für Ostforschung 1(1961). |
| Stoob 1966 | Heinz Stoob, Über frühneuzietliche Städtetypen, in: Dauer und Wandel der Geschichte. Münster 1966. |
| Stoob 1970 | Heinz Stoob, Forschungen zum Städtewesen in Europa, Bd. 1. Köln-Wien 1970 73-128. |
| Stoob 1973 ff. | Heinz Stoob, Deutscher Städteatlas. Dortmund 1973ff. |
| Stoob 1985 | Heinz Stoob, Stadtformen und städtisches Leben im späten Mittelalter, in: Die Stadt, hrsg. von Heinz Stoob. Köln-Wien 1985 151-190. |
| Weber 1920/21 | Max Weber, Die Stadt. Begriff und Kategorien, in: Archiv für Sozialgwissenschaft und Sozialpolitik 47(1920/21) 621-772. |

*Uwe Heck/Gerhard Heitz*

# DIE UNION DER STÄNDE VON 1523
# EREIGNIS UND FOLGEN

Die Problematik der Stände fand bei den Landeshistorikern im letzten halben Jahrhundert keine gebührende Aufmerksamkeit. Zwar finden sich Bezüge in den allgemeinen Darstellungen (Hamann 1962, Hamann 1968, Bei der Wieden 1986), aber weder sie noch der neueste Band zur mittelalterlichen Ständegeschichte (Boockmann 1992) konnten Impulse auslösen. So blieb es bei dem älteren Ansatz (Hegel 1856) bzw. bei den grundlegenden Arbeiten der zwanziger Jahre des 20. Jahrhunderts (Steinmann 1924, Krause 1927). Die fehlende Erforschung ist umso erstaunlicher, als die Geschichte der Stände in Mecklenburg eines der merkwürdigsten Phänomene der deutschen Landesgeschichte darstellt. Immerhin ging der einzige Versuch, die Ständegeschichte in der DDR zu etablieren, dank Heinrich Sproemberg von Rostock aus (WZ 1968). Der Beginn der Ständegeschichte fällt mit dem seit etwa 1200 einsetzenden Landesausbau zusammen. Mit der Herrschaft deutscher Fürsten und der Durchdringung ihrer slawischen Länder mit deutschen Siedlern wurde die Voraussetzung für die Agrarverfassung westeuropäischer Provenienz geschaffen, der sich wenig später auch die obodritischen Fürsten nicht verschlossen. Die slawischen Großen wurden seit der ersten Hälfte des 13. Jahrhunderts nach und nach in das Lehnswesen integriert, das von der großen Zahl einwandernder Deutscher ins Obodritenreich eingeführt wurde (Münch 1987).

Das breite Zelt, unter dem Slawen wie Deutsche ihren Platz fanden, war die christliche Kirche. Große geistliche Orden verschafften sich mit der Verbreitung der christlichen Heilslehre ebenfalls viel Grundbesitz, auf dem die reichen Klöster Mecklenburgs entstanden. Hier siedelten sie in gleicher Weise wie Fürsten und Adlige deutsche Bauern an und ließen so weite Landstriche urbar machen. Die Einführung des Christentums hatte die Adaption des kanonischen Rechts in allen gesellschaftlichen Bereichen zur Folge.

Erst durch Landesausbau und Missionierung, mit der die Negierung aller bisherigen Rechtsnormen einherging, wurden die Grundlagen des europäischen Ständestaates geschaffen (Hintze 1970). Die Basis des Systems bildete der Bauernstand. Darüber standen zwei Bevölkerungsgruppen, die sich allmählich zwischen Fürst und Bauern schieben konnten – Klerus und Adel. Zu diesen gesellten sich schnell die Städte als dritte Gruppe. Der Fürst war die beherrschende Institution. Geistlichkeit, Adel und Städte wurden die privilegierten Stände, die Bauern sanken als vierter Stand bald herab zu bloßen Steuerzahlern und Dienstverpflichteten (Münch 1987 7f.). Ihre Rechte nahmen diejenigen wahr, auf deren Besitz sie arbeiteten, also entweder der Fürst selbst oder die drei Stände. Es genügte deswegen, wenn sich Geistlichkeit (Prälaten), Adel und Städte für das „Land" hielten. Für sie findet sich daher häufig die Bezeichnung „Landstände", also die Stände, die das Land ausmachten. Dazu gehörten die Bauern in Mecklenburg nicht. Es sind also nicht die Territorien, sondern die Stände, unter ihnen wiederum dominierend die Adligen, die als das Land bezeichnet wurden. Der Fürst war der Herr des Landes, der Landesherr.

Land und Herrschaft bildeten fortan eine unabdingbare Einheit. Das war im großen wie im kleinen so. Das Territorium Mecklenburgs war Mitte des 13. Jahrhunderts in einzelne Herrschaften geteilt. Da der Landesausbau von jedem der Fürsten gefördert wurde, konnten Einnahmen und militärische Stärke qualitativ und quantitativ fortwährend vermehrt werden. Eine weitere Ausdehnung ihrer Herrschaft war aufgrund der Ebenmäßigkeit der Verhältnisse in Zukunft nur auf Kosten langwieriger Fehden mit den Nachbarn möglich. Zu ihrer Finanzierung warf das Lehnswesen allein keine ausreichenden Geldgewinne ab. Sich dem wachsenden Einfluß der Ware-Geld-Beziehungen anzupassen bereitete den Fürsten jedoch erhebliche Schwierigkeiten. Zur Überwindung finanzieller Krisen verfielen sie folglich auf die Veräußerung ihrer spezifischen „Waren": landesherrliche Güter und Privilegien. Die Hergabe von Privilegien war also eine Notwendigkeit, die in erster Linie auf den chronischen, in Krisenzeiten sich akut verstärkenden Geldmangel der Fürsten zurückzuführen war. Der Verlust der Privilegien vollzog sich als Vergabe derselben an einzelne Stände, Ständevertreter oder Gruppen von Ständen.

Zu den folgenreichsten Erwerbungen gehörten Gerichts- und Bedeprivilegien. Gerichtsrechte waren deswegen interessant für Prälaten, Adel und Städte, da sie mit finanziellen Einnahmen aus den Strafen verbunden waren. Daneben bot sich die Möglichkeit, das Gericht direkt und anstelle des Fürsten auszuüben. Geistliche und ritterlichen Vasallen etwa konnten

Hochgerichtsrechte über ihre Bauern erwerben (Maybaum 1926 54-71) und Städte wie Rostock 1358, Wismar 1373, Malchin 1302, Parchim 1375 und Waren 1404 den fürstlichen Stadtvogt aus dem städtischen Leben verbannen (MUB 2796, 8533, 10508, 10757, Urk.Hahn II A, 80). Interessant für die Ständegeschichte ist die Tatsache, daß die Gerichtsprivilegien von einem Vogteibezirk zum nächsten zunächst denkbar unterschiedlich (MUB 2610, 3306), innerhalb einer Vogtei aber relativ einheitlich vergeben waren (MUB 527, 543, 2610). Die sogenannten Bedeverträge weisen ebenso Gerichtsprivilegien für Vasallen einer Vogtei aus. Nur wenige einzelne Vasallen vermochten weitergehende Privilegien zu erwerben. Der Zustand Anfang des 16. Jahrhunderts zeigt, daß nach der starken Herrschaft Magnus II. noch in einer beträchtlichen Anzahl ritterschaftlicher Dörfer das Hochgericht dem Landesherrn zufiel (Maybaum 1926 72 und die dortigen Anlagen I und III, Spalte 9). Im weiteren Verlauf des 16. Jahrhunderts konnte sich allerdings die volle Gerichtsgewalt der Adligen in den Rittergütern weitgehend durchsetzen. Es bildeten sich in Mecklenburg weiträumige Gerichtsexklaven aus. Unter diesen sind die von besonderem Interesse, in denen eine Adelsfamilie ununterbrochen seit dem 14. Jahrhundert und ohne fürstliche Restriktion die Blut- und Hochgerichtsbarkeit ausübte (Münch 1990).

Es soll nicht unterschlagen werden, daß es viele flankierende Privilegienerteilungen wie Kirchenpatronate, dauernde Pfandschaften über andere Einkünfte, am Gut haftende Ämter (z.B. Landmarschall) usw. waren, die einen maßgeblichen Anteil an der Unumkehrbarkeit des Gesamtprozesses hatten, so daß sich allmählich zwei grundsätzlich verschiedene Gerichtskomplexe im Territorium gegenüberstanden: die landesherrlichen und die ritterschaftlichen Amtsbezirke.

Neben großen Teilen der Gerichtsbarkeit entzogen die Fürsten sich eine der wichtigsten Finanzquellen, die Bede. Die ordentliche Bede ("exactio", „precaria", „petitio") war eine jährlich von den lehnsmäßigen Grundherren durch ihre Hintersassen an den Lehns- und Landesherrn bzw. von den Bürgern an ihren fürstlichen Stadtherrn zu entrichtende steuerliche Abgabe.

Es bestand ein Recht auf Erhebung von Bede durch den Landesherrn, quasi ein Besteuerungsrecht. Aber bereits bei der Basisprivilegierung der Stände wurde auf Bedegerechtsame verzichtet, nämlich dort, wo Ländereien nicht verliehen sondern zu eigen gegeben waren. Daher sind es gerade die Eigengüter der geistlichen Stiftungen und die Eigenwirtschaften (Hofhufen) der Adligen, die befreit waren von der Bede. Im Laufe des Spätmittelalters kam die Befreiung ihrer Hintersassen hinzu. So konnten sie die Steuerlast von ihrem Gesamtbesitz erheblich senken. Wiederum gab

es auch Kommunen, die die städtische Steuer, die Orbör, durch Pfand oder Kauf nach und nach senken, aber nicht ganz ablösen konnten, wie z. B. Güstrow (MUB 1015, 2171, 10895, MLHA Regestensammlung 15.II./ 17.IV. 1418).

Es verwundert nicht, daß die regelmäßige ordentliche Bede in steigendem Maße nicht mehr ausreichte, um Finanzlöcher der Landesherrschaft – meist abzutragende Schulden – zu stopfen. In Zeiten solcher oder ähnlicher Landesnot konnte es daher zur Forderung einer außerordentlichen Bede (Landbede) kommen. Im Gegensatz zur regelmäßigen Bede war sie eine Abgabe, die aus der Verpflichtung der Lehnsleute zur Hilfe gegenüber ihrem Lehnsherrn erwuchs, aus dem Treueverhältnis zwischen Herrschaft und Untertanen. Eben dieses Verhältnis begründet für den Fürsten die Notwendigkeit, an die Treue zu appellieren und um eine Landbede anzusuchen. Die Landbede war daher ganz sicher von einer Bewilligung der Geforderten abhängig (Brunner 1965 271f., 278, 292f.). Gerade Einschränkungen des Bederegals sind für die Ständegeschichte von Wichtigkeit geworden. Zur Leistung von Landbeden geschlossene Verträge zwischen Landesherr und Ständen, die sogenannten Bedeverträge, spielten dabei eine herausragende Rolle. 1276 baten die Herren von Werle die adligen und geistlichen Vasallen in den Vogteien Gnoien und Güstrow um Hilfe (MUB 1413f.), 1279 kamen die Grafen von Schwerin mit den adligen Vasallen der Vogteien Wittenburg und Boizenburg überein (MUB 1504 A/B) und 1285 halfen die Vasallen der Vogteien Röbel, Malchow und Wredenhagen den Herren von Werle (MUB 1781). Die Stände der betreffenden Vogteien sollten gegen eine Erteilung und Versicherung ihrer Privilegien ein Bündel von Leistungen erbringen. In diesem Leistungsbündel stand eine außerordentliche Zuwendung an die Herrschaft an erster Stelle. Als wichtigstes Privileg erhielten dafür die Vogteistände die Befreiung von jeder Bede, sowohl von der ordentlichen als auch von der Landbede. Nur in sogenannten Reservatfällen (Lösegeld für den gefangenen Landesherrn, Heirat der Prinzen und Prinzessinnen, Landesnot u. ä.) konnten sie, wie in den Verträgen vereinbart, der Erhebung einer außerordentlichen Bede in ihrer Vogtei zustimmen. Es war nur eine Frage der Zeit, bis dieses objektiv erreichte Bewilligungsrecht für Landbeden zum Schlüsselprivileg der Stände werden sollte. Seit der zweiten Hälfte des 15. Jahrhunderts kommt die Verweigerung der Landbeden durch Vogteistände vor (MLHA Bederegister).

Die Folge derartiger Rechtsverluste war eine massive Schwächung der ökonomisch-finanziellen Basis der Landesherrschaft und die Stärkung der wirtschaftlichen und herrschaftlichen Macht der Stände. Dies mußte in letzter Konsequenz zu deren politischer Bedeutungszunahme und endlich zu einer Teilhabe an der politischen Macht führen. Sie dokumentiert sich auf zwei Feldern, die mit den Ergebnissen des Privilegiengewinns korrespondieren: fürstlicher Rat und Ständeversammlungen.

Einzelne, die sich durch ihre wirtschaftlich-jurisdiktive Macht aus der Masse heraushoben, waren prädestiniert für das fürstliche Ratsgremium. In slawischer Zeit war es vor allem der Hochadel, auf den sich die Macht der Fürsten stützte, die *„maiores"* oder *„seniores terrae",* wie es in Urkunden der frühdeutschen Zeit heißt (MUB 244, 446, 458, Boll 1848 92ff.). Im feudalen Gemeinwesen konnte sich der Landesherr mit gutem Recht auf die Hilfe seiner adligen Vasallen stützen, die bei gewöhnlichen Entscheidungen aus dem Ratgeben bestand. Zu Rate gezogen wurden die Einflußreichsten in der Vogtei, Herrschaftsbeamte und in zunehmendem Maße auch ständig am Hof dienende Vasallen. Immer öfter tauchen sie noch vor der Mitte des 13. Jahrhunderts in Urkunden als diejenigen auf, mit deren Rat und Zustimmung (*"consilio et consensu"*, *„med rade unde vulbort")* Entscheidungen gefällt werden. Aus ihnen setzte sich seit der Jahrhundertmitte ein fester Teilnehmerkreis zusammen (*"consiliarii"*, *„redere")*, das *„consilium"* oder der *„rad"* (Steinmann 1924 55).

War die Herrschaft stark, so war der Einfluß der Räte naturgemäß gering. Seit dem Beginn des Spätmittelalters, als der Verfall feudaler Strukturen auch in Mecklenburg einsetzte, stieg ihr Einfluß jedoch sprunghaft, der Rat wurde immer öfter institutionalisiert. Grund war die wachsende Kompliziertheit der Herrschaftsausübung, Anlaß boten die bei Abwesenheit der Herren und frühem Tod vorgesehenen Vormundschaften. In Mecklenburg läßt sich der Qualitätsgewinn des Rates bei Vormundschaften sehr gut nachvollziehen. Als Heinrich I. von Mecklenburg sich 1272 auf eine Pilgerfahrt begab, wurde er in Ägypten gefangengenommen und mußte 27 Jahr fern der Heimat zubringen. Die Vasallen Mecklenburgs wählten 1275 nach einer monatelangen Fehde den Bruder des Pilgers zum Vormund des jungen Heinrich II. und bestimmten einen Beirat aus sechs Rittern (MUB 1382). Als Heinrich II. 1329 im Sterben lag, unterstellte er seinen Sohn Albrecht II. bereits einem Vormundschaftsrat, dem der verwandte Graf von Schwerin nur noch zur Seite stand. Neu war auch, daß im Rat nicht nur 16 Ritter, sondern auch die beiden Städte Rostock und Wismar vertreten waren (Kirchbergchronik Sp. 779f.). Endpunkt der Entwicklung war die völlige Zurückdrängung äußerer Einflüsse und die Übertragung der Herrschaft auf das Land. Die Witwe Herzog Johanns V., die tatkräftige Katharina, schuf 1424 einen Vormundschaftsrat mit einem fest umrissenen Aufgabenkreis. Einflußreiche Ritter wurden für zwölf Jahre *„um*

*unse unde unse Kinder lande beste willen"* mit der Pflege von insgesamt acht Bezirken betraut, beide Hansestädte waren wieder als Rat tätig (Sachsse 1900 152ff.).

Der gleichartigen Privilegierung der Stände innerhalb der Vogteien entsprach die Tatsache, daß die Vasallen und mit ihnen die Städte des Vogteibezirks mehr und mehr als homogene Körperschaft zueinanderfanden. Die Stände einer oder mehrerer Vogteien, allen voran die Ritterschaft, zeigten sich schon bei den Bedeverträgen als relativ geschlossene und handlungsfähige Einheit. Gegen Ende des 14. Jahrhunderts griffen sie verstärkt in territorialpolitische Angelegenheiten ein. Auch hier war es in erster Linie Landesnot, die sie zur Hilfe verpflichtete. Die Stände wurden dann zu sogenannten *„Tagen"* gerufen. Ein Anlaß bot das fehlgeschlagene Engagement der Mecklenburger Herzöge in Schweden. Als König Albrecht III. in die Gefangenschaft der Dänen geraten war, verstand es die Familie des Königs – es waren zu dieser Zeit die Herzöge von Stargard, die Prinzen von Schwerin und Bischof Rudolf von Schwerin – die Mecklenburger im Kampf um dessen Befreiung zusammenzuschweißen. Auf einem beispiellosen Umritt verbanden sie sich im Mai 1391 mit Adel, Städten und Einwohnern mecklenburg-schwerinscher Vogteien (Gadebusch, Grevesmühlen, Schwerin, Marnitz) und diese wiederum mit den Ständen des Bischofs, nämlich mit Stadt und Land Bützow, und stellvertretend für die Stände des Herzogtums Stargard mit Sternberg. Die Städte Rostock und Wismar waren bei jedem *„Tag"* in Sonderheit dabei (MUB 12290, 12293-12298).

Ein Friedensvertrag mit Dänemark wurde im Juni 1395 besiegelt, indem die gesamten Stände Mecklenburg-Schwerins (fast 100 Adlige und alle 11 Städte) vor der schonischen Burg Lindholm, in der der König gefangen war, zusammenkamen. Erst drei Monate später wurde Albrecht freigelassen. *„Tage"* wurden also, wenn Maßnahmen der Herrschaft nicht nur einzelne Vogteien betrafen, sondern das gesamte Land, entsprechend ausgedehnt. Anlässe waren seit der Mitte des 14. Jahrhunderts die Beurkundungen von Landfriedensbündnissen. Darüber hinausgehende Land-"Tage" sind besonders früh bei den Herren von Werle überliefert (MUB 7771, Urk.Maltzan III, 402-405), die angesichts zahlreicher Herrschaftteilungen und latenter Bedrohung durch stärkere Nachbarn permanent auf ständische Hilfe angewiesen waren.

Ein Vertrag zwischen den Fürsten aller drei mecklenburgischen Herrschaften vom Oktober 1418 beschleunigte die Ausformung ständischer Verbände auf Landesebene. Eine Erbverbrüderung der Fürstenhäuser sollte für den Fall des Aussterbens einer Linie den Übergang der Herrschaft an die andere gewährleisten. Entweder fiel also Werle (= Wenden) an die beiden

Herzogtümer Mecklenburg oder umgekehrt Mecklenburg an Werle. Die Stände der einen Herrschaft leisteten, damit die Erbverbrüderung rechtskräftig wird, vor den jeweils anderen Fürsten eine Eventualhuldigung, wobei die Fürsten den Ständen die Erhaltung ihrer Privilegien versprachen. Alle Mecklenburg-Schweriner Stände huldigten 1419 in Rostock den Fürsten von Wenden, deren Stände 1421 in Güstrow den Herzögen beider Mecklenburg und schließlich die Stargarder Stände 1423 in Neubrandenburg gleichfalls den Fürsten von Wenden (Sachsse 1900, 146-151). Als 1436 die Linie Werle erlosch, trat der Erbvertrag inkraft. Noch im selben Jahr begaben sich die Schweriner und Stargarder Herzöge nach Güstrow, um die Huldigung des Landes entgegenzunehmen (Sachsse 1900 155ff.).

Die ständische Einungsbewegung erreichte ihren vorläufigen Höhepunkt durch ein Ereignis, daß mit dem Ende des Hauses Werle zusammenhing. Der Markgraf von Brandenburg sah sich durch einen bis dahin unbekannten Geheimvertrag mit Fürst Balthasar von Wenden ebenfalls als erbberechtigt an. Als er die Sache vor den Kaiser brachte und dieser den wendischen Ständen ein Ultimatum für die Huldigung stellte, schlossen diese sich 1437 in Parchim zusammen. Sie beschworen Kaiser Sigismund, sie bei Mecklenburg zu lassen, mit deren Einwohnern sie blutsverwandt seien. Jahre gingen mit Verhandlungen ins Land, bevor Hohenzollern und Mecklenburger handelseinig waren. Friedrich II. von Brandenburg verzichtete 1442 im Vertrag von Wittstock zwar vollständig auf das Fürstentum Wenden, ließ sich aber im Gegenzug den eventuellen Anfall Gesamtmecklenburgs versprechen. Zur Bekräftigung huldigten alle Stände der Länder Mecklenburg, Wenden, Stargard, Rostock und Schwerin dem Kurfürsten. Die Huldigung mußten die Herzöge selbst entgegennehmen und in Perleberg dem Hohenzollern den Vollzug beurkunden (Sachsse 1900 159-169).

Mit dem gemeinsamen Auftritt aller mecklenburgischen Stände war zwar der Beginn gegeben für eine gesamtmecklenburgische Ständebewegung, doch war diese erst kontinuierlich möglich, als auch die beiden Herzogtümer Schwerin und Stargard unter einer Fürstenkrone vereint waren. Dieses Glück fiel 1471 Herzog Heinrich IV. in den Schoß, als der letzte Stargarder Herzog hinschied. Wie 1436 huldigten jetzt die Stände der erloschenen Herrschaft dem neuen Landesherrn (Sachsse 1900 90ff.). Bis zu Heinrichs Tod jedoch bestand scheinbar keine weitere außerordentliche Situation, um, wie 1442, die Stände aus allen Ländern zu versammeln. Bei der mittelalterlichen Beschränktheit ständischer Kompetenzen war dies offensichtlich nicht notwendig, so daß weiterhin regionale Tage anstehende Fragen klärten.

Das sollte sich mit dem Herrschaftsantritt Magnus II. (1477-1503) ändern. Er verkörperte eine neuzeitliche Staatsidee, die eine Lösung vom Lehnswesen und eine Konsolidierung der Wirtschaft sowie eine Zentralisierung der Verwaltung anstrebte. Mit Hilfe des römischen Rechts sollten alle Einwohner des Landes zu Untertanen herabgedrückt werden, die allein vor das herzogliche Gericht gezogen werden konnten. Immense Schwierigkeiten waren zu überwinden. Das Land war praktisch völlig verpfändet, das Domanium warf kaum noch Erträge ab und vom Reich kamen zur selben Zeit nie dagewesene Steuerforderungen. Das komplizierte Nebeneinander von zerfallenden mittelalterlichen Bindungen und hoheitlichen Ansprüchen führte unweigerlich zu Konflikten zwischen dem Herzog und Teilen der Stände. So machte Magnus den vergeblichen Versuch, die Stadt Rostock in der Domfehde 1487/91 (Sauer 1971, Schildhauer 1987, Hergemöller 1988) und den widerborstigen Ritter Bernd Maltzan zu unterwerfen, die Bischöfe von Schwerin und Ratzeburg sollten seine Schutzherrschaft anerkennen (Weißbach 1910 35-40).

Um die Anforderungen der Übergangzeit meistern und frühabsolutistische Ansprüche verwirklichen zu können, galt es, auch die Stände in den neuen Mechanismus einzubinden. Der Herzog berief erstmals die Gesamtstände zu Versammlungen, die sich vor allem durch ihre häufige Einberufung und Zweckgebundenheit von den vorherigen Tagen unterschieden. Als erster ständischer Landtag gilt die Ständeversammlung von 1484 in Schwerin, auf dem Herzog Magnus für die Einrichtung eines Domstifts in Rostock warb. Für das Datum spricht vor allem, daß viele der Teilnehmer bekannt sind. Es waren nicht nur die vornehmsten Ritter ihrer Zeit anwesend, sondern auch der Komtur von Mirow und die Sendboten der späteren Vorderstädte Parchim, Güstrow und Neubrandenburg sowie von Wismar und Malchin und andere Räte, Mannen und Städte der Länder Mecklenburg, Wenden und Stargard (Hegel 1856 103f., Spangenberg 1924 7). Rostock blieb aus Protest fern. Die regionalen Tage lebten zwar auch künftig fort, doch war die Zusammenfügung nicht mehr rückgängig zu machen, vor allem nicht von den Ständen, die an ihrer neue Rolle als Beteiligte an der Lösung von staatlichen Problemen Interesse fanden. Dies verdeutlicht nicht zuletzt die erste Policey-Ordnung 1516, an deren Zustandekommen besonders die Landstädte mitwirkten (Groth 1892). Den Ständen ist gerade in den letzten Jahren unter Magnus II. und in den ersten unter Heinrich V. (1503-1552) also ein wachsendes Verantwortungsbewußtsein um das „gemeine Beste" nicht abzusprechen.

Doch kam es bereits wenige Jahre nach Magnus Tod zu lähmenden Auseinandersetzungen zwischen den

Söhnen Heinrich V. und Albrecht VII., die eine konsequente Vollendung der Reformen verhinderten. Mit einer Gesamtherrschaft Heinrichs wollte sich der jüngere Albrecht nicht abfinden (Behncke 1927). Die Frage war, wie lange die soeben hergestellte Einheit des Territoriums noch andauern würde. Tatsächlich kam es nach zwei Abkommen 1520 zu einem Hausvertrag (Sachsse 1900 206ff.), wonach alle Schlösser und Dörfer real geteilt wurden. Die Prälaten, Ritter und zwölf wichtigsten Städte entgingen nur auf eigene Initiative der Teilung und blieben gemeinsam. Zum ersten Mal wurde hier ein Zusammenbleiben der Stände gegen eine Herrschaftsteilung durchgesetzt, die Einheit des Landes also gewahrt.

Kurz nach Abschluß des Hausvertrages protestierte Albrecht aber bereits dagegen und begann Prozesse beim Reichsgericht. Um einer eventuellen Gesamtteilung entgegenzuwirken, wurde daraufhin am 1. August 1523 in Rostock die Union der mecklenburgischen Stände beschlossen (Sachsse 1900 214-217). Es ist das erste für sich verfaßte und zugleich das wichtigste Dokument der Stände. Sie bekannten in dieser *„voreynninge"*, daß sie jederzeit gegenüber ihren Landesherren das tun würden, was Schuld und Pflicht gebührte, auf daß diese sie bei ihren Rechten und Freiheiten lassen wollten. Würden aber die Privilegien *„durch irgend jemanden"* verletzt, so wollten sie dem Geschädigten helfen und alles tun, damit er zu seinem Recht kommt. Es wurde ein ständiger Ausschuß aus zwei Prälaten, je vier Rittern aus Mecklenburg, Wenden und Stargard sowie vier Städten gebildet. An ihn sollten alle Beschwerden herangetragen werden, damit der Ausschuß sich um eine Lösung bemühte. Unter der Urkunde finden sich die Namen von 5 Prälaten, 23 Adligen und 6 Städten. 280 weitere Adlige und 4 Städte stimmten in einer Ergänzungsurkunde den Beschlüssen zu.

Die Emanzipation der Stände hatte mit dieser Einung ihren Abschluß gefunden. Prälaten, Ritterschaft und Städte zeigten sich als Verfechter territorialer Interessen gegenüber unzeitgemäßen Teilungsgelüsten der Landesherren. Das Land trat aus der passiven mittelalterlichen Rolle über in eine aktive. Es bildete erstmals einen ständigen Ausschuß und damit ein Repräsentativorgan aus. Die Union der Stände ist zwar in erster Linie eine Machtdemonstration gegenüber den Landesherren gewesen, um die Einheit der Stände – und damit des Landes – beizubehalten (Karge 1993 39). Mit ihrer Aussage, daß *„sick nu tor tydt im hilgen ryke vele uproer und besweringe begeven unde thokumpstlick dagelicks mer tho besorgende"*, ging sie substanziell zudem auf die religiösen, sozialen und politischen Bewegungen der Reformation in Deutschland ein, die auch nach Mecklenburg hin ausstrahlten. Blieb die Union kurzfristig nur eine tagespolitische Ur-

kunde, so schärfte sich mit den Jahrzehnten jedoch das Bewußtsein, das Fundament für eigene Machtansprüche gelegt zu haben. Damit war die Union perspektivisch gesehen die Geburtsurkunde der Jahrhunderte während neuzeitlichen Ständeverfassung.

In den Jahrzehnten nach 1523 wurde die Entwicklung in Mecklenburg wesentlich durch die Auseinandersetzungen zwischen den beiden Herzögen bestimmt. Im Mittelpunkt des Streits standen die sich häufenden landesherrlichen Schulden und das gespannte Verhältnis zu den Ständen. Der durch brandenburgische Vermittlung geschlossene Wismarische Gemeinschaftsvertrag (Sachsse 1900 230) brachte eine Lösung. Ohne formelle Landesteilung übernahmen Ulrich III. (1552-1603) den Güstrower und Johann Albrecht I. (1547-1576) den Schweriner Landesteil. Die Regelung der Schuldenfrage erfolgte 1555, indem die Stände sich bereit erklärten, die vor allem aus den kriegerischen Unternehmungen Albrechts VII. und Johann Albrechts entstandenen Schulden in Höhe von fast 500.000 Gulden zu übernehmen. Als Gegenleistung der Fürsten erfolgte die Bestätigung aller Privilegien, vor allem aber das freie Steuerbewilligungsrecht. Die Stände setzten einen Schuldentilgungsausschuß ein, mit dem sie ihren Einfluß verstärken konnten. Auf der Grundlage der Sternberger Reversalen (Sachsse 1900 267) übernahmen die Stände 1572 die Verwaltung der Klosterämter Ribnitz, Malchow und Dobbertin. Dadurch gelangte vor allem der Adel in den Genuß wichtiger Rechte und beachtlicher Einnahmen. Als Gegenleistung übernahmen die Stände erneut landesherrliche Schulden.

Im Zusammenhang mit der zweiten Hauptlandesteilung von 1621 konnten die Stände ihren Einfluß weiter ausbauen (Sachsse 1900 326). Sie stimmten der von den beiden zur Regierung gelangten Herzögen, Adolf Friedrich I. (1608-1658) und Johann Albrecht II. (1611-1636), angestrebten realen Landesteilung in die Herzogtümer Mecklenburg-Schwerin und Mecklenburg-Güstrow nach zähen Verhandlungen zu, erklärten ihre Bereitschaft zur Schuldenregelung und setzten dafür ihre Forderungen durch. Die ständische Union wurde bekräftigt. Von der Landesteilung wurden die lutherische Landeskirche und das Konsistorium ausgenommen, auch Stadt und Universität Rostock sowie das Hof- und Landgericht sollten gemeinsam erhalten bleiben. Das wichtigste Ergebnis für die mecklenburgische Verfassungsgeschichte war jedoch die Bildung des Engeren Ausschusses. Mit den Verträgen von 1621 hatten die Stände die rechtlichen Grundlagen ihrer Macht stabilisiert. Daran änderte auch die kurze Regierungszeit Wallensteins nichts, da die von diesem zur Beschränkung des ständischen Einflusses ergriffenen Maßnahmen nach der Heimkehr der Herzöge rückgängig gemacht wurden. Nach dem Dreißigjährigen Krieg war es vor allem Christian Ludwig I. (1658-1692), der durch Stärkung der landesfürstlichen Souveränität den Einfluß der Stände zu beschränken suchte. Seine Bemühungen blieben jedoch erfolglos.

Im Ringen zwischen Ständen und Fürsten beriefen sich die Stände stets auf die im Laufe des 16. Jahrhunderts und vor allem 1621 getroffenen Vereinbarungen. Zu den auf dieser Grundlage geführten landesherrlich-ständischen Auseinandersetzungen traten dynastische Erbstreitigkeiten, die nach langen Verhandlungen im *Hamburger Vertrag* 1701 (Sachsse 1900 408ff.) beigelegt wurden. Es entstand das Herzogtum Mecklenburg-Strelitz, dessen Territorium aus der Herrschaft Stargard und dem Bistum Ratzeburg gebildet wurde (Endler 1935 11ff.). Die Union der Landstände wurde bestätigt, die Berufung des Landtags erfolgte durch den Schweriner Herzog, und die bisher gemeinsamen Einrichtungen bzw. Zuständigkeiten blieben bestehen. Nur die Stadt Rostock legte man zum Herzogtum Mecklenburg-Schwerin. Das war die Ausgangsposition für die nacheinander regierenden Brüder Friedrich Wilhelm (1692-1713), Karl Leopold (1713-1728) und Christian Ludwig (1728-1756). Nachdem Karl Leopold mit seinem Versuch gescheitert war, eine absolutistische Herrschaft zu errichten, blieb Christian Ludwig nur der Weg jahrelanger Verhandlungen, als deren Ergebnis im Jahre 1755 der *Landesgrundgesetzliche Erbvergleich* zustandekam.

Der Erbvergleich (Sachsse 1900 466ff.) besteht aus 25 Artikeln mit insgesamt 530 Paragraphen. Das umfangreiche Dokument regelte die zwischen Ständen und Landesherren strittigen Fragen der Steuer. Detailliert wurden die Union der Landstände, das Verfahren auf den Landtagen, die Organe der Stände sowie das Verhältnis zwischen Fürst und Ständen behandelt. Der Vergleich enthielt Bestimmungen über die Landesklöster, über Polizei, Justiz und Lehenwesen sowie über Kirchensachen; er regelte wirtschaftliche Fragen, wie das Münzwesen, Jagd- und Holzsachen, Zölle und die ländlichen Gewerbe. Das Gesetzgebungsrecht der Fürsten wurde hinsichtlich der ritterschaftlichen Landesteile weitgehend eingeschränkt. In 12 Paragraphen wurden die feudalen Abhängigkeitsverhältnisse behandelt. Die Leibeigenschaft der Untertanen wurde bekräftigt und das Besitzrecht der Bauern nur anerkannt, wenn es schriftlich nachgewiesen werden konnte.

Der Landesgrundgesetzliche Erbvergleich bestätigte die im Laufe einer jahrhundertelangen Entwicklung gewachsenen ständischen Privilegien und war Ausdruck des Sieges der Ritterschaft über die Landesherrschaft. Als Grundgesetz der landständischen Verfassung Mecklenburgs bildete der Vergleich den

Rahmen der gesellschaftlichen, politischen, wirtschaftlichen und kulturellen Entwicklung bis zur Novemberrevolution 1918. In der Strelitzer Accessionsakte und in einem Erläuterungsvertrag regelten die Herzöge die Beziehungen zum Landtag sowie die Zuständigkeiten der Gerichte und des Konsistoriums. Mecklenburg-Strelitz trat dem Erbvergleich formell bei.

Mit dem Landesgrundgesetzlichen Erbvergleich war das System der landständischen Verfassung weitgehend abgeschlossen. Der Vergleich hat dieses System nicht begründet, er hat die in langen Auseinandersetzungen und zahllosen Vereinbarungen entstandenen Rahmenbedingungen zusammengefaßt und die Grundlagen für das politische Verhältnis von Fürsten und Ständen formuliert. Nach dem Ausscheiden der Prälaten als Folge der Reformation bildeten die Ritterschaft (der Adel) und die Landschaft (die Städte) als *„Ritter- und Landschaft"* die mecklenburgische Ständeversammlung, den Landtag.

Das Recht zur Teilnahme an den Landtagen, die Landstandschaft, stand in Mecklenburg jedem Inhaber eines Rittergutes zu. Häufiger Besitzwechsel, vor allem seit dem letzten Drittel des 18. Jahrhunderts, führte daher zu Veränderungen in der sozialen Zusammensetzung der Ritterschaft, weil der Anteil bürgerlicher Gutsbesitzer stieg. Die Einladung zur Teilnahme erging an jeden landtagsberechtigten Grund- bzw. Gutsherrn, von denen jedoch immer nur eine begrenzte Anzahl tatsächlich auf dem Landtag erschien. Von den in der Landschaft zusammenwirkenden Städten nahmen die Bürgermeister bzw. Vertreter der Magistrate am Landtag teil. Wer der Ständeversammlung fernblieb, begab sich seines Stimmrechts und mußte die Beschlüsse akzeptieren.

Die Ausschreiben zu den jährlich im Herbst abwechselnd in Sternberg bzw. Malchin stattfindenden Landtagen ergingen an alle Landtagsberechtigen. Bei der feierlichen Eröffnung des Landtags wurden die Hauptpropositionen der Landesherren durch deren Vertreter an die Landmarschälle übergeben. In die folgenden Debatten konnten auch einzelne Ständemitglieder Anträge einbringen und Erklärungen abgeben. Die Vertreter der Landesherrn durften an den Beratungen der Stände nicht teilnehmen, standen aber am Tagungsort für Verhandlungen zur Verfügung. Neben den Landtagen gab es *Konvokationstage*, zu denen die Landesherren lediglich die Stände eines Landesteils einluden. Zusammenkünfte, die von den Ständen selbst einberufen wurden, hießen *Konvente*. Sie fanden als allgemeine Landeskonvente, als ritterschaftliche oder städtische Konvente bzw. als Konvente der Kreise oder der Ämter statt.

In der Ständeversammlung waren also die mittelalterlichen Grundlagen deutlich zu erkennen, da die ursprünglichen Fürstentümer bzw. Herrschaften als

Mecklenburgischer, Wendischer und Stargardischer Kreis den Rahmen für die landständische Organisation der Ritterschaft und Landschaft bildeten. Die Interessen der Landschaft wurden im Laufe der Zeit durch die Vorderstädte wahrgenommen, durch Parchim für den Mecklenburgischen, durch Güstrow für den Wendischen und durch Neubrandenburg für den Stargardischen Kreis. Ständische Meinungsbildung erfolgte sowohl in der Kreisebene wie im Landtag durch getrennte oder gemeinsame Beratungen. Der vom Fürsten eingeladene Landtag wurde durch ein Direktorium geleitet, das aus acht Landräten bestand, von denen je vier aus dem Herzogtum Mecklenburg-Schwerin bzw. aus dem Herzogtum Mecklenburg-Güstrow vorgeschlagen und vom Schweriner Herzog ernannt wurden. Einer dieser Landräte wurde von den stargardischen Ständen vorgeschlagen und vom Herzog von Mecklenburg-Strelitz ernannt. Dies erhellt, wie die alte ständische Struktur der Herrschaften und die durch dynastische Teilung entstandenen Territorien sich überlagerten. Einen Sitz im Landtagsdirektorium hatte Rostock.

So bildete sich im Laufe des 16. und 17. Jahrhunderts der „Engere Ausschuß von Ritter- und Landschaft" her-

aus, und konstituierte sich im Zusammenhang mit der Landesteilung von 1621. Der Engere Ausschuß führte zwischen den Landtagen die Geschäfte und vertrat die Interessen der Stände. Dem Ausschuß gehörten je ein Landrat aus dem Herzogtum Schwerin bzw. Güstrow, drei ritterschaftliche Deputierte aus den drei Kreisen und vier landschaftliche Deputierte aus Rostock, Parchim, Güstrow und Neubrandenburg an. Auf den Landtagen wie auch zwischen diesen war der Vorrang der Ritterschaft deutlich. Eine besondere Stellung im Ständestaat nahm Rostock ein. Die größte Stadt des Landes hatte im zähen Ringen mit den Fürsten beachtliche Privilegien behauptet und in Rostock hatte der Engere Ausschuß seinen Sitz.

Mit dem Landesgrundgesetzlichen Erbvergleich von 1755 waren die wesentlichen ökonomischen, politischen und juristischen Rahmenbedingungen für die weitere Entwicklung der beiden mecklenburgischen Herzogtümer festgeschrieben. Landesherrliche Versuche, Veränderungen durchzusetzen, werden vor allem erkennbar, nachdem durch das Ende des Alten Reiches und den Beitritt zum Rheinbund (1806) die Gelegenheit zur Stärkung der fürstlichen Souveränität gegeben schien. Die Stände von Mecklenburg-Schwe-

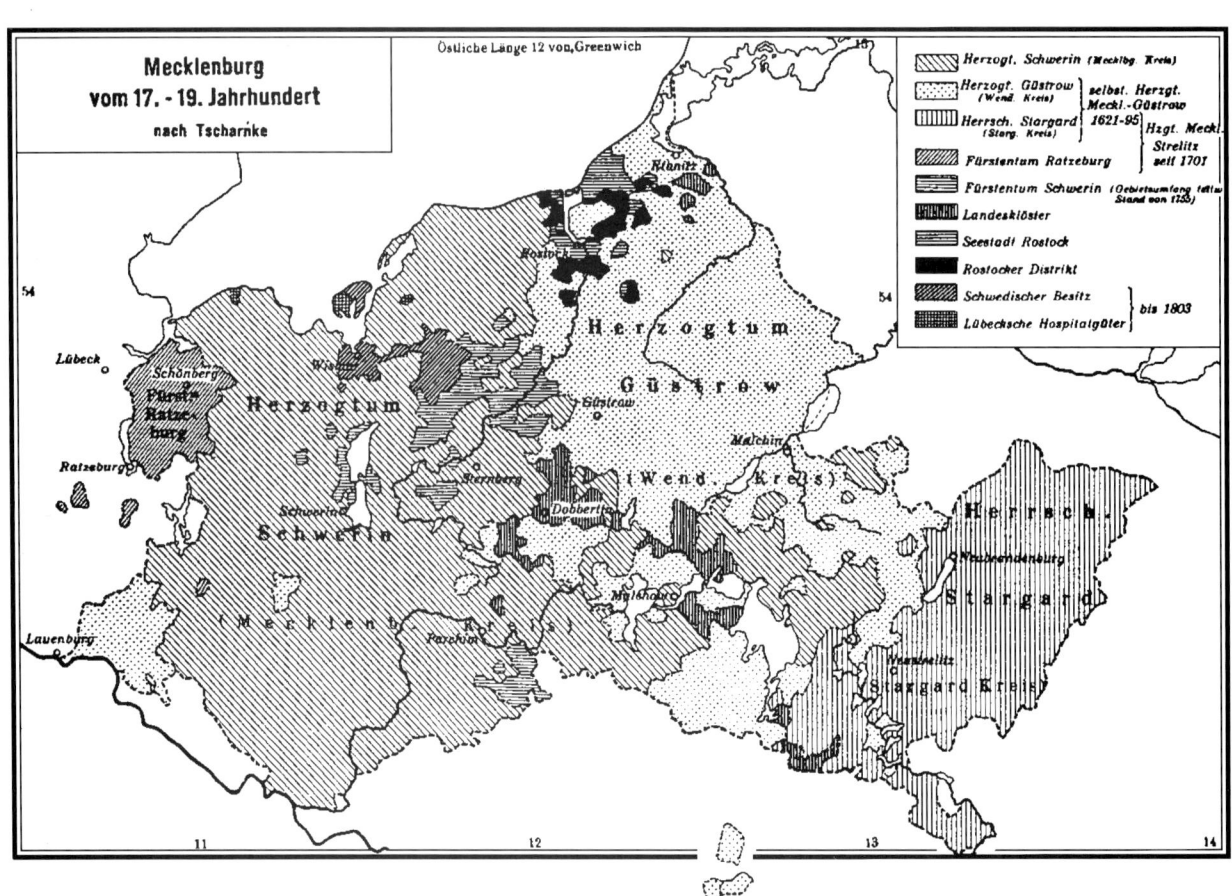

*(Aus: Mecklenburg. Werden und Sein eines Gaues. Bielefeld/Leipzig 1938)*

rin lehnten jedoch auf dem Rostocker Konvokationstag (1808) jede grundlegende Veränderung ab, und auch im Strelitzer Herzogtum scheiterten entsprechende Versuche. Der Beitritt zum Deutschen Bund (1815) war mit der ausdrücklichen Garantie der landständischen Verfassung verbunden, und mit der Einsetzung eines Schiedsgerichts zur Lösung von Konflikten zwischen den Großherzögen und den Ständen (1817) war eine weitere Forderung des Deutschen Bundes erfüllt.

Mit dem Beginn der bürgerlich-demokratischen Revolution 1848/49 ergaben sich günstige Möglichkeiten für eine neue Verfassung. Unter dem Druck der revolutionären Kräfte beschloß der von Großherzog Friedrich Franz II. (1842-1883) zum 26. April 1848 einberufene außerordentliche Landtag seine Auflösung, Wahlen zu einer Abgeordnetenkammer und die Ausarbeitung einer Verfassung. Diese Verfassung trat am 10. Oktober 1849 in Kraft, wurde jedoch auf Einspruch der Ritterschaft durch den *Freienwalder Schiedsspruch* bereits 1850 für ungültig erklärt. Die Stände wurden in ihre alten Rechte eingesetzt.

Mitte der 1860er Jahre wurden die Stände mit einer völlig neuen Situation konfrontiert. Mit dem Beitritt der mecklenburgischen Großherzogtümer zum Norddeutschen Bund und der Gründung des Deutschen Reichs waren auch für Mecklenburg allgemeine Wahlen zum Reichstag verbunden. Damit entwickelte sich eine Parallelität zwischen dem gewählten Reichstag und der weiterhin auf dem Landesgrundgesetzlichen Erbvergleich fußenden, in ihrer Zusammensetzung unveränderten Ständeversammlung. Angesichts der daraus erwachsenden Widersprüche versuchten die liberalen Kräfte im Reichstag mehrfach, eine Veränderung der mecklenburgischen Verfassungsverhältnisse zu erreichen, scheiterten jedoch stets am Bundesrat.

Versuche zu einer Verfassungsreform gingen auch von den Großherzögen und ihren Ministern aus (Balck 1917 11ff.) Sie zielten lediglich auf eine Modifikation der Ständeverfassung und enthielten unterschiedliche Ansätze zur Wahl jeweils eines Teils der Abgeordneten. Ein vom Großherzog noch im Oktober 1918 bestätigter Verfassungsentwurf sah vor, 50 Vertreter der bisherigen Stände, des Domaniums und der Berufsverbände in eine Ständekammer und weitere 50 Vertreter auf Grund des allgemeinen Wahlrechts in eine Abgeordnetenkammer zu wählen (Langfeld 1930 288f.).

Die Novemberrevolution (Koch 1988 219ff.) entzog diesen Überlegungen die Grundlage, beseitigte die landständische Verfassung und löste ihre Organe auf. In beiden mecklenburgischen Freistaaten wurden verfassunggebende Versammlungen in allgemeinen, freien, geheimen und direkten Wahlen gewählt und Verfassungen beschlossen.

Literatur

Balck 1917    Karl Wilhelm August Balck, Verfassungsverhältnisse in Mecklenburg-Schwerin. Schwerin 1917.

Behncke 1927    Werner Behncke, Der Erbteilungsstreit der Herzöge Heinrich V. und Albrecht VII. von Mecklenburg 1518-1525 und die Entstehung der Union der mecklenburgischen Landstände 1523, in: Festschrift für Hermann Reincke-Bloch. Breslau 1927 60-158.

Bei der Wieden 1986    Helge bei der Wieden, Mecklenburgische Geschichte im Überblick ( = Lüneburger Vorträge zur Geschichte Ostdeutschlands und der Deutschen in Osteuropa 10). Lüneburg 1986.

Boll 1855/56    Ernst Boll, Geschichte Mecklenburgs mit besonderer Berücksichtigung der Culturgeschichte, 2 Teile. Neubrandenburg 1855/56.

Boll 1848    Franz Boll, Meklenburgs deutsche Colonisation im 12. und 13. Jahrhundert, in: Jahrbücher für Meklenburgische Geschichte und Alterthumskunde Jg. 13. Schwerin 1848 57-115.

Boockmann 1992    Hartmut Boockmann (Hrsg.), Die Anfänge der ständischen Vertretungen in Preußen und seinen Nachbarländern. München 1992.

Brunner 1965    Otto Brunner, Land und Herrschaft. Grundfragen der territorialen Verfassungsgeschichte Österreichs im Mittelalter, 5. Aufl. Wien 1965.

Endler 1935    Carl Adolf Endler, Die Geschichte des Landes Mecklenburg-Strelitz (1701-1933). Hamburg 1935.

Groth 1892    Paul Groth, Die Entstehung der meklenburgischen Polizeiordnung vom Jahre 1516, in: Jahrbücher für meklenburgische Geschichte und Alterthumskunde Jg. 57. Schwerin 1892 151-321.

Hamann 1962    Manfred Hamann, Das staatliche Werden Mecklenburgs. Köln und Graz 1962.

Hamann 1968          Manfred Hamann, Mecklenburgische Geschichte. Köln und Graz 1968.

Hegel 1856           Carl von Hegel, Geschichte der mecklenburgischen Landstände bis zum Jahr 1555. Rostock 1856.

Hergemöller 1988     Bernd-Ulrich Hergemöller, „Pfaffenkriege" im spätmittelalterlichen Hanseraum. Quellen und Studien zu Braunschweig, Osnabrück, Lüneburg und Rostock (= Städteforschung C/2). 2 Bde., Köln und Wien 1988.

Hintze 1970          Otto Hintze, Weltgeschichtliche Bedingungen der Repräsentativverfassung, in: Gerhard Oestreich (Hrsg.), Gesammelte Abhandlungen Bd. 1, 3. erw. Aufl. Göttingen 1970 140-185.

Koch1988             Heinz Koch, Die staatsrechtlichen Veränderungen in Mecklenburg-Schwerin durch die Novemberrevolution 1918 und die Verwaltung des Landes während der Weimarer Republik, in: Jahrbuch für Regionalgeschichte 15/II. Weimar 1988 219-229.

Karge1993            Wolf Karge/Ernst Münch/Hartmut Schmied: Die Geschichte Mecklenburgs. Rostock 1993.

Kirchbergchronik     Ernst von Kirchberg, Chronicon Mecklenburgicum, in: Ernst Joachim von Westphalen (Hrsg.), Monumenta inedita IV. Leipzig 1745 Sp.593-840.

Krause 1927          Hermann Krause, System der landständischen Verfassung Mecklenburgs in der zweiten Hälfte des 16. Jahrhunderts. Rostock 1927.

Langfeld 1930        Mein Leben. Erinnerungen des mecklenburg-schwerinschen Staatsministers. Schwerin 1930.

Maybaum 1926         Heinz Maybaum, Die Entstehung der Gutsherrschaft im nordwestlichen Mecklenburg (Amt Gadebusch und Amt Grevesmühlen) (= Vierteljahresschrift für Sozial- und Wirtschaftsgeschichte. Beihefte 6). Stuttgart 1926.

Münch1987            Ernst Münch, Volle Entfaltung des Feudalismus in Mecklenburg. Überlegungen zu Gemeinsamkeiten und Unterschieden im Vergleich zur nationalgeschichtlichen Entwicklung, in: Wissenschaftliche Zeitschrift der Universität Rostock, Gesellschafts- und sprachwissenschaftliche Reihe, H. 10. Rostock 1987 5-11.

Münch1990            Ernst Münch, Ritterschaft zwischen Mittelalter und Neuzeit. Zur Kontinuität des adligen Grundbesitzes in Mecklenburg, in: Zeitschrift für Geschichtswissenschaften H.10. Berlin 1990 888-906.

Sachsse 1900         Hugo Sachsse, Mecklenburgische Urkunden und Daten. Rostock 1900.

Sachsse 1907         Hugo Sachsse, Die landständische Verfassung Mecklenburgs. Rostock 1907.

Sauer 1970           Hans Sauer, Hansestädte und Landesfürsten. Die wendischen Hansestädte in der Auseinandersetzung mit den Fürstenhäusern Oldenburg und Mecklenburg während der 2. Hälfte des 15. Jahrhunderts. Köln und Wien 1971.

Schildhauer 1987     Johannes Schildhauer, Die Rostocker Domfehde als Ausdruck des Ringens zwischen Fürstenstaat und Stadt im ausgehenden 15. Jahrhundert, in: Wissenschaftliche Zeitschrift der Ernst-Moritz-Arndt-Universität Greifswald Gesellschaftswissenschaftliche Reihe, H.3/4, Greifswald 1987 108ff.

Steinmann 1924       Paul Steinmann, Die Geschichte der mecklenburgischen Landessteuern und der Landstände bis zu der Neuordnung des Jahres 1555. Teil 1 [mehr nicht erschienen], in: Jahrbücher für mecklenburgische Geschichte und Altertumskunde Bd. 88. Schwerin 1924 1-58.

Urk.Hahn             Georg Christian Friedrich Lisch, Geschichte und Urkunden des Geschlechts Hahn Bd. II. Schwerin 1849.

Urk.Maltzan          Georg Christian Friedrich Lisch, Urkundensammlung zur Geschichte des Geschlechts von Maltzan Bd. III. Schwerin 1852.

Weißbach 1910        Johannes Weißbach, Staat und Kirche in Mecklenburg in den letzten Jahrzehnten vor der Reformation, in: Jahrbücher für mecklenburgische Geschichte und Altertumskunde Bd.75. Schwerin 1910 29-130.

WZ 1968              Wissenschaftliche Zeitschrift der Universität Rostock Gesellschafts- und sprachwissenschaftliche Reihe, H.1. Rostock, 1966 (= Liber Memorialis Heinrich Sproemberg).

# Hartmut Schmied

# VERLAUF UND AUSWIRKUNGEN DES DREISSIGJÄHRIGEN KRIEGES IN MECKLENBURG

Der Hundertjährige Krieg zwischen England und Frankreich währte 116 Jahre, die direkten Kriegshandlungen des Dreißigjährigen Krieges dauerten in Mecklenburg nur 17 Jahre. Und doch ist es der Krieg, der im Verlaufe der gesamten Geschichte Mecklenburgs bis in die heutige Zeit und trotz immer modernerer Waffen die meisten Menschenopfer verlangte und die nachhaltigsten politischen Auswirkungen zeigte.

Die militärischen Handlungen auf mecklenburgischem Boden begannen im Jahre 1627 und endeten im Sommer 1644 mit den Kämpfen der Brandenburger gegen die Schweden. Das politische Ende des Krieges war mit der Unterzeichnung des Westfälischen Friedensvertrages vom 24. Oktober 1648, der am 9. Januar 1649 in Mecklenburg publiziert wurde, erreicht. Die gesamtgesellschaftlichen Folgen reichten über das 18. Jahrhundert hinaus.

In Böhmen begannen im Jahre 1618 die kriegerischen Auseinandersetzungen und pflanzten sich nur langsam nach Norden fort. Man war sich über die möglichen Auswirkungen des weit entfernten Krieges auf den Norden innerhalb des niedersächsischen Kreises (mit den Herzogtümern Holstein, Braunschweig und Mecklenburg) uneinig. Zwei meist als konfessionelle Gegner dargestellte Seiten standen sich gegenüber: die *katholisch* geprägte Seite mit *Österreich, Polen, italienischen Fürsten*, dem *Papst* und der kaiserlichen Liga (1609-1635) und die *protestantisch-nordische Seite* mit *Schweden, Dänemark, Frankreich* und den *deutschen Reichsfürsten der Union* (1608-1621). Mecklenburg hätte sich nach Gebietslage und Konfession Dänemark anschließen müssen. Eine offene Absage an den Kaiser ließen die starken Widersprüche zwischen mecklenburgischen Herzögen, Ständen und Hansestädten nicht zu. So wurde offiziell von beiden Herzögen eine neutrale Position eingenommen und gleichzeitig mit beiden Seiten verhandelt. Als die 1620 abgeflauten Kriegshandlungen 1622/23 in der Pfalz wieder aufflammten, beschlossen die Stände im Februar 1623 auf dem Landtag in Malchin die Aufstellung und Ausrüstung eigener Truppen für eine mögliche Verteidigung des Landes.

Norddeutschland wurde jedoch erst mit dem Kampf König *Christians IV.* von Dänemark (1577-1648) auf der Unionsseite mit dem Kriege konfrontiert. Nach der verlorenen Schlacht bei Lutter am Barenberge im Jahre 1626 zog sich der von Tilly besiegte Dänenkönig nach Mecklenburg zurück. Tausende von Dänen lagerten monatelang im Südwesten des Landes, besonders bei Boizenburg, Parchim, Wittenburg und Bützow. Gefangene mecklenburgische Soldaten aus den Reihen des dänischen Heeres waren für den Kaiser Anlaß genug, den Herzögen Neutralitätsbruch vorzuwerfen. Neutralität war von seiten Mecklenburgs tatsächlich nicht mehr zu wahren. Die Zerstrittenheit der führenden Schichten des Landes ließ aber eine klare Entscheidung für eine Seite nicht zu.

Politik und Krieg kamen von außen in das Land. Ein Ultimatum des Kaisers und das Einrücken *Tillys* in Mecklenburg über Boizenburg zwangen den Herzögen Entscheidungen auf. Am 28. Juli 1627 überschritten die Truppen der Liga die Elbe. Plündernd wichen die Dänen nach Poel und Bützow aus, Adolf Friedrich zog sich nach Wismar zurück. Die Herzöge gaben nach und sagten Tilly die Vertreibung der Dänen und die Öffnung ihrer eigenen Festungen zu. Offene Kämpfe brachen aus, weil die Bevölkerung teilweise auf der Seite der Dänen stand.

*Wallenstein* (1583-1643) sollte von nun an ab 1627 bis 1631 zunächst in das militärische Geschehen und

*Albrecht Wenzel Eusebius Wallenstein (1583-1634)*

dann in die große Politik Mecklenburgs eingreifen. Im Juli/August 1627 gelangte die Vorhut Wallensteins unter Oberst Arnim kampflos in die Stadt Neubrandenburg. Wallensteins und von Arnims Truppen vereinigten sich Ende August vor Dömitz und übernahmen die Festung vom Kommandanten. Die Dänen wurden in Richtung Holstein verfolgt und wallensteinsche Truppen in den Städten des Landes einquartiert. So lagerten im Oktober schon 1.000 Soldaten in Wismar, nach Schwerin kamen 400 im Dezember. 70.000 Soldaten hatte Wallenstein insgesamt in den Norden geführt. Durch Freikauf war Ende 1627 Rostock die einzige mecklenburgische Stadt ohne wallensteinsche Garnison.

Seinen militärischen Konkurrenten Tilly wie auch die Dänen hatte Wallenstein in kurzer Zeit aus dem Lande gedrängt und es besetzt. Stände und Herzöge wurden entmachtet, so daß Wallenstein Mecklenburg als Lehen vom Kaiser beanspruchte. Im Januar 1628 wurden ihm beide Herzogtümer, das Bistum Schwerin und alle geistlichen Güter des Landes von Kaiser Ferdinand II. als Entschädigung für die entstandenen Kriegskosten übertragen. Ein kaiserliches Edikt befreite alle Untertanen von ihrem Eid gegenüber dem Herzog und forderte Gehorsam gegenüber dem neuen Landesherrn. Die Herzöge flohen aus dem Land.

Wallenstein baute seine politischen und militärischen Stellungen aus. Vor allem in Wismar, Poel und Warnemünde wurden die Festungsarbeiten vorangetrieben. Im Oktober 1628 erschien Wallenstein vor Rostock und zwang die Stadt zur Kapitulation. 1.000 Soldaten wurden einquartiert. Um jedoch die Belastungen für die Bevölkerung in seinem jüngsten Herzog- und baldigen Eigentum möglichst gering zu lassen, blieben nur 6.000 Mann zu Fuß und 600 Reiter zur Sicherung im Lande. Wallensteins Interesse galt einer absolutistischen Politik unter weitestgehender Ausschaltung der Stände bei prinzipieller Beibehaltung der landständischen Verfassung. Auch die Beschlagnahme adliger Güter drohte er im Falle von Ungehorsam an.

Unklar blieb die rechtliche Stellung der Stände während seiner direkten zweijährigen Herrschaft in Mecklenburg. Zur Durchsetzung seiner ehrgeizigen Ziele ordnete Wallenstein die Verwaltung völlig neu. Das Kabinett, seine kleine Landesregierung, setzte sich aus dem Statthalter, dem Kanzler, dem Kabinettssekretär und dem Kammerregenten zusammen. All diese Vertrauten waren keine Mecklenburger. Der Statthalter war der unmittelbare Vertreter Wallensteins vor allem nach außen. Der Kanzler war für innere Verwaltungsangelegenheiten, der Kammerregent für die Steuereinnahmen und der Kabinettssekretär für die persönlichen Belange Wallensteins verantwortlich. Die sechs Männer des geheimen Rates stellten die oberste Gerichtsbarkeit des Landes dar und kontrol-

lierten die Durchführung der Kabinettsbeschlüsse. Wallenstein war ein toleranter Herrscher. Als diplomatischer Katholik respektierte er den protestantischen Glauben auch in den Amtsstuben. Reformen begann er in nahezu allen öffentlichen Bereichen. Das Wegenetz wurde ausgebaut für Wirtschafts-, Truppen- und Nachrichtentransporte. Neue Bau- und Brauverordnungen wurden erstellt. Eine neue Armenordnung verlangte den Bau und die Unterhaltung eines Armenhauses von jeder Gemeinde. Verordnungen gegen Wildern und Straßenraub sollten Ruhe in das geplagte Land bringen, das schon einen Großteil seiner Einwohner verloren hatte. Eine Vereinheitlichung der Maße und das Projekt eines Wasserweges zwischen Elbe und Ostsee konnte er nicht mehr verwirklichen.

Wallenstein wirkte ausgleichend zwischen unterschiedlichen sozialen, religiösen und wirtschaftlichen Interessengruppen. Seine zwei direkten und vier indirekten Herrschaftsjahre in Mecklenburg wurden von Zeitgenossen oft als die mildesten und erträglichsten des Dreißigjährigen Krieges eingeschätzt. Einen Monat vor seinem endgültigen Abzug erhielt Wallenstein das Land Mecklenburg, seinen bisherigen Pfandbesitz, vom Kaiser am 26. Juni 1629 als erbliches Lehen. Dann zog er weiter und überließ seinem Statthalter die Verteidigung des Landes gegen die eingedrungenen Schweden. Bis zu seiner Ermordung 1634 kämpfte Wallenstein nur noch im deutschen Süden.

Auch nach der Absetzung Wallensteins als Oberbefehlshaber der kaiserlichen Truppen im Sommer 1630 zeigte der Kaiser kein Interesse an der Wiedereinsetzung der beiden Herzöge. Dänemark durfte sich seit dem Lübecker Frieden von 1629 nicht mehr in die deutsche Politik einmischen. Die Schweden landeten zum Zeitpunkt der Absetzung Wallensteins im Juli 1630 unter König Gustav Adolf mit etwa 15.000 Soldaten zunächst auf der Insel Usedom. Vom Kaiser verlangte der Schwede ultimativ die Wiedereinsetzung der mecklenburgischen Herzöge, die Räumung der Ostseehäfen sowie ganz Pommerns, Ober- und Niedersachsens. Diese Provokation mußte der Kaiser ablehnen, auch kannte er diesen Gegner noch nicht so genau. Nach der Eroberung Pommerns rückte die schwedische Armee in Mecklenburg ein – die Herzöge gingen aber immer noch nicht auf die schwedische Seite über.

Im Februar 1631 begann ein jahrelanges Hin und Her zwischen den schwedischen und kaiserlichen Soldaten, die die wallensteinsche „Ruhe" schnell verdrängten. 9.000 schwedische Soldaten nahmen Neubrandenburg ein. Nach tagelanger, erbitterter Verteidigung erstürmte Tilly im März mit 20.000 Mann die Stadt. Das Zusammengehen der Neubrandenburger mit den Schweden wurde von den Kaiserlichen mit einem fürchterlichen Gemetzel an den Verteidigern brutal bestraft. Gegenseitige Racheakte erfolgten bei weiteren Einnahmen von Städten auch außerhalb Mecklenburgs.

Die ständigen Raubzüge der Schweden und Kaiserlichen aber auch die Versprechen des Schwedenkönigs auf finanzielle und militärische Hilfe überzeugten letztendlich die beiden mecklenburgischen Herzöge – im Mai 1631 traten Adolf Friedrich I. und Johann Albrecht II. auf die Seite Schwedens und kehrten im Juli in ihr Land zurück. Schwerin und Güstrow wurden wieder von den Herzögen als Residenzen genutzt. Wochenlang belagerten die Schweden und beide Herzöge Rostock, bevor sie die Stadt am 16. Oktober einnahmen. Die Festung Dömitz fiel im gleichen Monat. Als Wismar sich im Januar 1632 ergab, war das Land frei von kaiserlichen Truppen. Alles was an den Widersacher Wallenstein erinnerte, wie Verordnungen oder Baulichkeiten, ließen die Herzöge demontieren und stellten sich damit selbst ein Bein für eine mögliche absolutistische Herrschaftsausübung. Verwaltung und Gerichtswesen wurden auf „Vorkriegsstand" gebracht. Die Abhängigkeit Mecklenburgs von Schweden wurde im *schwedisch-mecklenburgischen Bündnis* vom 13. März 1632 verankert. Wismar und Warnemünde gingen an Schweden, Mecklenburg hatte monatliche Kriegskosten zu zahlen, schwedisches Geld wurde eingeführt und das Protektorat Gustav Adolfs über Mecklenburg eingeführt. Im November starb der König in der Schlacht bei Lützen. Die schwedische Politik setzte sein Kanzler mit dem vorzüglich zu Mecklenburg passenden Namen Oxenstierna (1583-1654) fort. Vor allem die Brandenburger und Sachsen bedrängten in den Folgejahren immer wieder die schwedische Herrschaft in Mecklenburg.

Im Frühjahr 1637 zogen die Schweden aus Südmecklenburg ab, um zu verhindern, daß Pommern durch einen alten Vertrag nach dem Tode des letzten pommerschen Herzogs an Brandenburg fiel. Die kaiserlichen Truppen besetzten sofort das freigezogene Land. Nur Wismar und Rostock blieben schwedisch. Ein Jahr darauf marschierte der schwedische General Baner (1596-1641) mit 20.000 Soldaten aus Richtung Osten in Mecklenburg ein. Über zwei Jahre andauernde Gefechte setzten wieder ein, bis im Juni 1640 nur noch Dömitz in brandenburgischer Hand blieb.

Seit 1641 wurden die Friedensverhandlungen forciert. Im Sommer 1643 begannen dann die Verhandlungen in Osnabrück und Münster. Der Krieg aber ging weiter. Ab 1642 trat Dänemark in den Krieg gegen Schweden ein. Für Mecklenburg sollte im Sommer 1644 mit der Verlagerung des Kriegsschauplatzes der Brandenburger und Schweden nach Süden der große Krieg zu Ende sein. Umherziehende feindliche Trupps ließen für die mecklenburgische Landbevölkerung jedoch jahrelang noch keinen Frieden einkehren.

Unterdessen blieben die Friedensverhandlungen schwierig, da Schweden von Mecklenburg Wismar, Poel und Warnemünde als Kriegsentschädigung forderte. Für Warnemünde ging letztlich das Amt Neukloster mit an Schweden. Mit der Friedensakte vom 24. Oktober 1648 gingen diese Gebiete „auf ewig" als unmittelbares Reichslehen gemeinsam mit den Zöllen der mecklenburgischen und pommerschen Küste an Schweden. Gerade Exklaven, wie diese schwedischen, sind empfindlich für Gebietsveränderungen. Sie sind ein Beispiel für anscheinend „ewige" Grenzlösungen nach Kriegen aber auch für die Langzeitwirkungen des Dreißigjährigen Krieges. Eine gesunde mecklenburgische Finanzpolitik gestattete mit dem Malmöer Vertrag von 1803 die Zurückgewinnung der seit 1648 in schwedischem Besitz befindlichen Gebiete. Die Hansestadt Wismar selbst wurde nur als Pfand erworben – ein Rückkauf durch Schweden bis zum Jahre 2003 sollte danach möglich sein. Erst 1903 verzichtete Schweden auf das Wiedereinlösungsrecht, die Stadt wurde wieder mit allen Rechten mecklenburgisch.

Von den Gebietsverlusten war vor allem der Schweriner Herzog Adolf Friedrich I. betroffen. Zum Ausgleich bekam er die Bistümer Schwerin und Ratzeburg zugesprochen. Als einzige positive Entscheidung auf wirtschaftlichem Gebiet wurden der Dömitzer und Boizenburger Elbzoll kaiserlich bestätigt und teilweise von der Steuer befreit. Zwar war der Frieden offiziell wieder hergestellt, Mecklenburg zählte jedoch als ständiges Durchmarschgebiet der Truppen neben der Pfalz und Württemberg zu den vom Kriege am schwersten betroffenen Gebieten.

Durch die geschwächten, von den Ständen immer abhängiger werdenden Landesherrn und die permanente Bevölkerungs- und damit Arbeitskräftearmut entstand ein in wirtschaftlicher, rechtlicher und sozialer Hinsicht neu strukturietes Land. Bei der Beschreibung der großen Menschenverluste gehen die Schätzungen auseinander. Von etwa 300.000 Mecklenburgern hatten „nicht einmal ein Viertel" den Krieg „überdauert" (Vitense 1920 222). Nach Franz (Franz 1979 25ff., 101ff.) blieben etwa 60% der Einwohner im Lande. Auch von einem Sechstel Restbevölkerung ist die Rede. Allein die Bauernstellen gingen im gesamten Mecklenburg gegenüber dem Vorkriegsstand um etwa zwei Drittel zurück.

Die östlichen Ämter Mecklenburgs waren von den Kriegswirren stärker betroffen als der Westen. So sollen nach Kriegsende von den 5.000 Einwohnern des Amtes Stavenhagen nur noch 300 dort gelebt haben, 30 Dörfer waren wüst. Dreimal hatte das Land unter der Pest zu leiden, letztmalig 1637. Die Felder wurden jahrelang kaum bearbeitet, Zugvieh war gerade im Ostteil des Landes knapp geworden. Korn und Vieh

*Titelblatt der Gesindeordnung von 1654*

kosteten 1649 das Zwanzigfache des Vorkriegsstandes. Viele Bauern hatten weder das Geld noch durch fehlendes Personal die Kraft, ihre Höfe neu aufzubauen. Sie dienten notgedrungen auf den Rittergütern. Das Bauernlegen setzte ein. Große Rittergüter entstanden durch das Nieder- und Zusammenlegen von Bauernstellen. Der Landzuwachs bei den domanialen Pachtgütern war hauptsächlich auf die Angliederung der säkularisierten Schweriner und Ratzeburger Stiftsländereien zurückzuführen.

Den Gütern stand zwar nach Kriegsende viel Land zur Verfügung, aber wie überall fehlte es an Menschen und Vieh für eine sinnvolle Nutzung. Eine Notlösung der Gutsbesitzer, um vom großen Weideangebot bei fehlendenTieren zu profitieren, war die Hälfteschäferei, die auf das halbe Jahrhundert nach Kriegsende in Mecklenburg beschränkt blieb (Schmied 1988 75f.). Einzelnen, ökonomisch stärkeren Schäfern wurden die herrschaftlichen Schäferei- und Triftrechte überlassen. Für die Nutzung der grundherrlichen Schäferei mit ihren Hofanlagen, Weiden und Gerechtigkeiten hatte der Hälfteschäfer die Hälfte der Lämmer und Wolle aus der Schafherde, die sein Eigentum war, seinem Vertragspartner zu überlassen. Das große Interesse der Gutsherren bestand an den Lämmern zum Aufbau eigener Schafherden, die in Mecklenburg vor allem zur notwendigen Düngung der Getreidefelder eingesetzt wurden. Anfang des 18. Jahrhunderts verlor sich das herrschaftliche Interesse an den Schafen in der Zunahme der Pachtschäferei.

Die starke Position der Ritterschaft erzwang vom Landesherrn über die notwendigen Steuerbewilligungen weitere rechtliche Zugeständnisse, die besonders der Arbeitskräftenot geschuldet waren. Nach der bereits 1645 in Kraft gesetzten Gesindeordnung wurde am 14. November 1654 die erneuerte „Gesinde-Tagelöhner-Baur-Schäffer-Tax- und Victualordnung" verabschiedet, die erstmalig die Leibeigenschaft und Erbuntertänigkeit der Landbevölkerung schriftlich fixierte. In der Gesindeordnung von 1654 heißt es: „Nachdem die tägliche Erfahrung bezeugt, daß die Bauersleute und Untertanen, Mannes und Weibes Personen, ... dieser unsrer Lande und Fürstentümer kundbarem Gebrauch nach mit Knecht- und Leibeigenschaft samt ihren Weib und Kindern verwandt und daher ihrer Personen selbst nicht mächtig ... sollen sich ohne ihrer Herren Bewilligung ihnen zu entziehen und zu verloben nicht befüget sein." (Gesindeordnung 1654, §1). Die Bauern, die bis dahin die stärkste soziale Position unter der nicht herrschaftlichen Landbevölkerung hatten, wurden persönlich und wirtschaftlich unfrei. Sie waren an ihren Hof gebunden und konnten mit diesem von ihrem Herrn verkauft werden. Bei Verlobung und Heirat war die Genehmigung des Gutsherrn notwendig, dem auch die Gerichtsbarkeit und eine Schutzpflicht bei Alter und Krankheit seiner „Untertanen" oblag.

Den weniger bodenständigen Schäfern war schwerer durch ständig neue Restriktionen beizukommen. So wurde ihnen in den Gesindeordnungen von 1645 und 1654 das heimliche Hinaustreiben der eigenen Schäferschafe, ihr einziges Kapital, ins Ausland bei Verlust aller Tiere verboten. Das entsprach einem Auszugsverbot der Schäfer selbst. Bis in die 1680er Jahre sind weitere solcher Verbote in Mecklenburg nachweisbar. Die Schäfer machten sich die große Nachfrage nach ihrem Berufsstand zunutze und wechselten häufig nach einem Jahr in einen günstigeren Vertrag. Ihre Mobilität und Landlosigkeit waren der entscheidende Grund, warum die Leibeigenschaft, die eng an den Boden geknüpft war, sich bei den Schäfern und ihrem Gesinde nicht durchsetzen ließ. Eine Vielzahl von weiteren Kriegen in allen weiteren Jahrzehnten des 17. Jahrhunderts und auch der Nordische Krieg (1700-1721) begünstigten die Durchsetzung der Leibeigenschaft vor allem in den ritterschaftlichen Ämtern. Domanialbauern blieben immer etwas besser gestellter als die gutsherrlichen.

Die kaiserlichen Privilegien stärkten mit dem Westfälischen Frieden von 1648 generell die deutschen Landesherren. Selbst gegen die Landstände durften sie sich ausdrücklich verbünden. In den meisten deutschen Ländern setzte sich im 17. Jahrhundert der Absolutismus durch. Die Möglichkeit einer unumschränkten Herrschaft nach dem Tode Wallensteins und der Wiederkehr der Herzöge wurde durch die Zugeständnisse an die Stände und Erbstreitigkeiten vertan. Als es am 8. März 1701 zum Hamburger Vergleich kam (Aufteilung in Mecklenburg-Schwerin und Mecklenburg-Strelitz mit Ratzeburg) und die Erstgeburtsfolge gesetzlich verankert wurde, waren die Stände so stark, daß dieses Land ein Ständestaat bleiben sollte. Der Schweriner Herzog Karl Leopold (1678-1747) machte den untauglichen Versuch, in seinen Herrschaftsjahren von 1713 bis 1747 den Absolutismus einzuführen.

Als nach dem Tode Karl Leopolds sein Bruder, Widersacher und bis dahin kaiserlicher Kommissar auf der Seite der Stände, Christian Ludwig II. im Dezember 1747 Herzog von Mecklenburg-Schwerin wurde, versuchte nun dieser die Stände beider mecklenburgischen Länder zu teilen. Landtage, Hofgericht und Landkasten sollten getrennt abgehalten werden. Zum sofortigen Protest der Ritterschaft kam ab 1752 nach dem Tode des Strelitzer Landesherrn ein Vormundschaftsstreit, in den der Kaiser schlichtend eingriff. Bei den Verhandlungen zum mecklenburgischen Grundgesetz mit den Ständen im Herbst 1754 wurde Christian Ludwig dann kompromißbereiter. Am 18. April 1755 wurde der *Landesgrundgesetzliche*

*Erbvergleich* mit 25 Artikeln und 530 Paragraphen (Karge 1993 91ff.) angenommen. Das Papier war Landesgrundgesetz und juristischer Vergleich vor allem zwischen Ritterschaft, aber auch den Städten, und den Herzögen über das bisher „ererbte" sowie das zukünftige Recht. Anlaß für den Vergleich waren die ständigen Kontributionsstreitigkeiten zwischen Herzögen und Ständen. Da es vornehmlich um Geld ging, wird das Dokument auch als Finanzgesetz bezeichnet. Die wirtschaftliche und damit politische Stärke der Ritterschaft setzte sich im Gesetz durch. Die Gutsherren konnten für die Steuerzahlungen ab 1755 die jahrhundertealte, gewohnheitsrechtliche Steuerfreiheit ihrer Ritterhufen durchsetzen und brauchten nur für die nach dem Dreißigjährigen Krieg hinzuerworbenen, die als zur Hälfte bestehend angenommen wurden, aufkommen. Allein hieran wird deutlich, welchen wirtschaftlichen und damit auch politischen Aufschwung die Ritterschaft durch die etwaige Verdopplung ihres Grundbesitzes nach dem Kriege erzielt hatte. Im Gegenzug dazu mußte der Herzog für seine nach 1748 hinzugekommenen Ländereien Steuern entrichten. Am Ende des 18. Jahrhunderts pegelte sich der Flächenanteil des Domaniums wie auch der Ritterschaft auf jeweils etwas mehr als 40 % und der Anteil der Städte auf über 10 % für die nachfolgenden Jahrzehnte ein.

Als Beilagen des Grundgesetzes von 1755 wurden die Union von 1523 und die Reversalen von 1572 und 1621 abgedruckt. Mit diesen älteren Dokumenten befand sich Mecklenburg schon weit vor 1755 auf dem Weg zu einem Ständestaat. Die Schwächung und neue Leibeigenschaft der Bauern nach dem Kriege, die wirtschaftlich erstarkte Position der Ritterschaft, eine durch herzogliche Vergleiche erreichte, höhere Selbständigkeit der Städte sowie Erbstreitigkeiten des Herzoghauses trugen dazu bei, daß der Dreißigjährige Krieg die Machtverhältnisse bis zum Ende der Großherzogtümer Mecklenburg im Jahre 1918 und darüber hinaus entschied.

Literatur

Franz 1979            G. Franz, Der Dreißigjährige Krieg und das deutsche Volk – Untersuchungen zur Bevölkerungs- und Agrargeschichte, Bd. 7, Hrsg. W. Abel/ G.Franz, 4., neubearbeitete und vermehrte Aufl. Stuttgart/ New York 1979.

Karge 1993            W. Karge/ E. Münch/ H. Schmied, Die Geschichte Mecklenburgs. Rostock 1993.

Gesindeordnung        Renovirte Gesinde-, Tagelöhner-, Baur-, Schäffer-, Tax- und Victualordnung. Rostock 1654.

Schmied 1988          H. Schmied, Die Schäfer im spätfeudalen Mecklenburg – eine sozialgeschichtliche Studie, Phil. Diss., Rostock 1988.

Vitense 1920          Otto Vitense, Geschichte von Mecklenburg. Gotha 1920.

## Ralf Wendt

# LÄNDLICHE UND STÄDTISCHE VOLKSKULTUR UND LEBENSWEISE IN MECKLENBURG IM 17. UND 18. JAHRHUNDERT

Ungeachtet einer relativ stabilen territorialen Einheitlichkeit des Landes und einer gewissen Abgeschiedenheit von den großen mitteleuropäischen Handelsstraßen ist Mecklenburg wiederholt in kriegerische Auseinandersetzungen von fast europäischen Dimensionen hineingezogen worden – man denke an die furchtbaren Verwüstungen des Dreißigjährigen Krieges 1618-1648 oder die des Nordischen Krieges zum Beginn des 18. Jahrhunderts. Die Entwicklung der See- und Hansestädte Wismar und Rostock verlief anders als die des Landes und hatte wiederum kaum größeren Einfluß auf die sozialökonomische Entwicklung des Binnenlandes. Mecklenburg war von deutschen Kolonisten neu besiedelt worden, nachdem seit der Völkerwanderung im 4. und 5. Jahrhundert slawische Stämme jahrhundertelang hier siedelten und mit der Neubesiedlung die katholische Kirche mit Macht und offiziellem Druck ihre Glaubenslehre gegenüber dem „Heidentum" der Slawen durchsetzte. Das Land hatte unterschiedliche territoriale Siedlungsströme zu verzeichnen, die z.B. in der Rostocker Gegend mit den Hagendörfern im Bereich des Doberaner Klosters und der Küste ein anderes Siedlungsbild hatte als in der weitgehend agrarisch strukturierten Kontaktzone des Waren-Neubrandenburger Gebietes zum Brandenburgischen hin. Die weitgehend Ackerbau treibenden kleinen Städte – um 1780 gab es 49 davon im Lande – fristeten jahrhundertelang ein bescheidenes Dasein, da sie wirtschaftlich schwach strukturiert waren und demzufolge sich im wesentlichen nur auf die Belieferung des Binnenlandes orientieren konnten.

Das alles prägte in Mecklenburg das Bild einer Volkskultur, das zu Beginn des 17. Jahrhunderts noch weitgehend vom Mittelalter und seinen rechtlichen Normen und Gepflogenheiten gezeichnet war. Im Verlauf der folgenden beiden Jahrhunderte wandelte es sich wiederholt, ohne jedoch jene prägenden Merkmale ganz zu verlieren, die in der feudalen Verfasssung des Landes und seiner agrarisch bestimmten sozialökonomischen Struktur verankert waren.

Werfen wir zunächst einen Blick auf das mecklenburgische *Bauernhaus* und seine *Wohnkultur*:

Die frühe Aufbauperiode des Landes war von unerhört harter und intensiver Arbeit gekennzeichnet. Obwohl das Land reich an Wäldern und damit Holz war, übernahmen die Siedler nicht die von Slawen geübte Blockbauweise, sondern bauten ihre Häuser in der von ihnen bereits aus der Heimat bekannten germanischen Fachwerkbauweise. Sie tradierten hierher als Haustyp das als niedersächsisches Hallenhaus bekannte Bauernhaus in seinen zahlreichen landschaftlichen Varianten.

Bauernhäuser aus der Zeit um 1600 sind in Mecklenburg nur in kümmerlichen Resten auf die Gegenwart überkommen und überwiegend in musealen Freilichtanlagen erhalten. Dazu gehören das um 1600 erbaute Schulzenhaus zu Bechelsdorf – in den Jahren 1962/65 nach Schönberg transloziert – und der Pingelhof in Alt

*Husaren überfallen einen Bauernhof und führen Vieh sowie Vorräte an Getreide, Mehl und Heu weg. Zugleich nehmen sie mehrere Männer gewaltsam zum Militärdienst fort.*
*Anonyme Federzeichnung, vermutlich aus der Zeit des Siebenjährigen Krieges.*
*(Mecklenburgisches Volkskundemuseum Schwerin-Mueß)*

Damerow nordwestlich von Parchim, dessen Balken über dem Einfahrtstor zwar die Inschrift „ANNO 1607 den 11. MA JVS" trägt, vom Gefüge her aber mehrere Jahrzehnte später errichtet wurde. Die ältesten Bauernhäuser befinden sich mit mancherlei Mischformen im nordwestlichen Mecklenburg.

Das Bauernhaus in seinen Frühformen war in Mecklenburg generell ein Einraumhaus, d.h. es bestand von Giebel zu Giebel nur aus einem großen, kaum unterteilten Raum. Es war in seinen Ausmaßen verhältnismäßig groß, da es eine dreifache Funktion als Wohnhaus, Stall und Scheune hatte, mit Stroh gedeckt, schornsteinlos und mit winzigen Fenstern ausgestattet war. Umgeben von hohen „Gewitterbäumen", die den Blitz abhielten, war es mit dem tief herabgezogenen Dach, der Kopfsteinpflasterung vor dem Einfahrtstor und dem davor gelegenen Misthaufen wenig ansehnlich.

Gegliedert war der Einraum durch zwei Reihen starker Eichenständer, die das Dach hielten, in drei „Längsschiffe". Von ihnen war das Mittelschiff, die Diele, das weitaus größte. Vom Bauern ursprünglich sowohl als Wohn- als auch Arbeitsraum genutzt, diente sie später nur noch wirtschaftlichen Aufgaben. Auf diesem zentral gelegenen Raum hielten die Erntewagen, um das geerntete Gut in den Dachraum und den Raum über dem niedrigen Seitenschiff (die „Abseiten") abzugeben. Von hier wurde es im Winter wieder heruntergeworfen, um gedroschen oder als Heu an das aus den beiden Abseiten mit den Köpfen in die Diele hineinreichende Vieh verfüttert zu werden.

Die Wohnstube in diesem Einraumhaus entwickelte sich erst mit den steigenden Wohnansprüchen des Bauern und dem Aufkommen des Ofens. Im vorderen Teil des Hauses befanden sich zu beiden Seiten der Diele die Stallungen, das hintere – kleinere – Ende des Hauses war dem Wohnen vorbehalten.

Das Leben der Bauernfamilie spielte sich im 17. und 18. Jahrhundert um den niedrigen, aus Steinen errichteten Herd im hinteren Teil der Diele ab; ersterer war zur Decke hin mit einem Funken- und Feuerfang versehen. Sein Rauch – es wurde nur mit Holz gefeuert, erst im 19. Jahrhundert kam infolge Holzknappheit sporadisch Torf als Feuerung auf – durchzog das ganze Gebäude und trocknete dabei auch das vielfach infolge der Gemengelage feucht eingebrachte Erntegut. War es trocken, so fand es ausreichend Platz unter offenen „Bergen", deren Dächer an mehreren Pfosten je nach Bedarf in der Höhe verstellbar war.

Der Fußboden im Bauernhaus bestand aus gestampftem Lehm, bei den Ställen aus kleinem Kopfsteinpflaster zur Jaucherinne. Der Wohnteil war von dem Stellraum durch eine mannshohe Flechtwand abgetrennt. Wenn Mensch und Tier schlafen gingen, konnten sie sich sehen und auch hören. Auch bei harten Wintern war die Raumtemperatur im Hause durch die Wär-

meausstrahlung von Tier und Mensch erträglich, was durch das Strohdach unterstützt wurde: es war im Sommer kühl, im Winter relativ warm. Eine wärmeisolierende Wirkung hatten auch die vollgepackten Abseiten und Dachräume. Bei ärmeren Landbewohnern, deren Gereideanbau vorwiegend der Selbstversorgung diente, konnte der Blick vielfach frei bis in den First des Hauses gehen, da dem Gerüst keine geschlossenen Decke aus Bohlen oder Rundhölzern zur Bergung der Ernte aufgelegt war. Auch die Stalldecke dürfte im 17. Jahrhundert vielfach stellenweise offen gewesen sein, da dieser erst mit dem zunehmenden Anbau von Getreide zur Versorgung der Städte und der wachsenden Bevölkerung voll genutzt werden mußte. Die ursprünglich schmale Diele weitete sich auch zur Dreschdiele, bedingt durch den Umstand, daß der Bauer für die Getreidemahd nicht mehr die Sichel, sondern die Sense verwandte. Wo der Bauer aufgrund steigender Dienste und Abgaben verstärkt Vieh und Gespann halten mußte – und das war vielfach im 18. Jahrhundert der Fall – kam es zum Bau von „Durchgangsscheunen", wo auch gedroschen werden konnte. Ein Teil der Scheune, die Banse, diente als Stapelraum für Getreide und Heu. Die Diele im Bauernhaus wurde verkleinert, um Stallungen für das Vieh oder Kammern für das Reparieren von Acker- und Hausgeräten, das Einlagern von Kartoffeln oder im 19. Jahrhundert – einen Aufenthaltsraum für das Gesinde zu erhalten.

Das Haus war bei ärmeren Familien vielfach in Pfostenbauweise errichtet, d.h. die äußeren Ständer ruhten nicht auf einem Kranz von umlaufenden grobbehauenen Eichenbalken, sondern waren einfach etwa einen halben Meter tief in der Erde verankert. Die Gefache bestanden aus mit Lehm verstrichenen Flechtwerk.

Diese Bauweise wurde im 17. und 18. Jahrhundert weitgehend von den zahlreichen Glashüttenarbeitern im Lande und von Bauhandwerkern angewandt, um Kosten und Material zu sparen. In diesen einfachen kleinen Wohnbauten, deren Mobiliar sehr bescheiden war, fanden zeitweilig Einlieger, ein Schmied, grundherrliche Jäger, Holzwärter oder gelegte und verkleinerte Bauern ein Unterkommen. Die Begriffe „Hütte" oder „Katen" dominieren in den Archivalien als Bezeichnung für diese Bauten.

Mit steigendem Wohlstand mehrte sich die Zahl der Wohnräume und Kammern, die entweder in den alten Einraum hineingebaut wurden oder für die zusätzlicher Raum durch Erweiterung des Hauses nach rückwärts, durch Anbau eines „Kammerfachs", gewonnen wurde. Das mecklenburgische Bauernhaus entwickelte sich im Verlauf von Jahrhunderten unter wandelnden Wohn-, Wirtschafts- und Lebensverhältnissen. Es war sehr wohl fähig, sich den Ansprüchen verfeinerter Wohnkultur anzupassen.

Das Land brachte keinen eigenen Bauernhaustyp hervor; es variierte aber den übernommenen in vielfältiger Weise. So wurden Kleinbauernhäuser für Büdner, sogar Häuslereien im südwestlichen Mecklenburg und für die zahlreichen Glashüttenmeister nach den landesüblichen Normen überwiegend durch einheimische Handwerker errichtet, wobei sich auch auswärtige den tradierten Formen anpaßten. Erst 1850 klang der Bau des niederdeutschen Hallenhauses in Mecklenburg aus. In diesem Jahr wurde der Hof Lenschow in Köchelsdorf bei Gadebusch als Massivbau, aber in traditioneller Hallenhausform errichtet (Baumgarten 1965 und 1987).

*Ein in spätmittelalterlicher Bautradition errichtetes Hinterhofgebäude aus dem 17. Jahrhundert im Abrißgebiet des Großen Moor in Schwerin um 1975. (Mecklenburgisches Volkskundemuseum Schwerin)*

Die ländliche Kultur nahm von der vorherrschenden städtischen und höfischen Kultur wichtige Elemente auf und formte diese unter den sie tangierenden und auch bedrückenden Bedingungen entsprechend ihren Einsichten und Notwendigkeiten um. Das geschah unbewußt, aber konkret und in Wechselwirkung.

Unter den vielen Sachbereichen ländlicher Kultur soll das *Fenster* und *Fensterglas* als Beispiel herausgegriffen werden: Während in den Städten bereits früh die im Glaseramt zusammengeschlossenen Glaser das Verglasen von Fenstern besorgten, wurde dies auf dem Lande erst zu Beginn des 17. Jahrhunderts üblich. Allgemein gab es bis dahin unverglaste Lichtöffnungen, die mit hölzernen bzw. eisernen Gittern oder einem verschiebbaren Brett ("Schaubfenster") versehen, oder „hölzerne Fenster", die mit Glasfenstern kombiniert waren.

So heißt es 1601 in einer Beschreibung des Wohnhauses von Klein Walmstorf im Ritterschaftlichen Amt Grevesmühlen: „... *vor diesem wonhause ist eine starcke*

*eichene gedobbelte thuer mit einem gueten schloß, Vber der thuer drei glase vnd drey holtzern fenster... Vorn alß man in dieß hauß kompt Zur rechten handt ist eine Stuben. Darein Zwölff glasefenster, Item ... ein höltzern schaubfenster, gehet Zur Küchen ein. Noch ein holtzern Schaubfenster bei der Stubenthuer, siehet auf die Haußdehl ... In dem Vorderen giebel, welcher gemaurett, sein uff diesem boden Zwo höltzern fenster mit eisern hängen."* (MLHA Lehnakten Lütten-Walmstorf) Solche Fenster, die Holzluken zuunterst, die Glasscheiben darüber, fanden anhand von Zeichnungen Vicke Schorlers Ende des 16. Jahrhunderts in den Bauernhäusern der Rostocker Umgebung Verwendung.

Bereits wenige Jahrzehnte später, etwa um 1630, dominierten jedoch in ländlichen Wohnbauten eindeutig gläserne Fensterscheiben. So besaß 1629 das Wohnhaus des Hofes von Lützow in seinen Räumen 4, 5, 10, bis 27 „Tafell Glasefenster" und nur einige wenige hölzerne Schiebefenster. Da Fenster auch in späteren Inventaren genau vermerkt werden, unterstreicht das ihre Wertschätzung (MLHA Lehnakten Lützow).

Einblick in die Fensterausstattung mecklenburgischer Bauernhäuser – und damit deren Wohnkultur – vermittelt das von Karl Baumgarten und Ulrich Bentzien 1963 edierte Ribnitzer Kloster-Inventar von 1620. Die zum größten Teil spezifizierten Angaben von Fensteröffnungen in den Gebäuden lassen bemerkenswerte Feststellungen zu den Veränderungen zu, die sich an den ländlichen Bauten von der Wende des 16. zum 17. Jahrhundert vollzogen. Danach waren vor allem die Stube, die Lucht (eine breite, zur Diele hin offene Abseitennische der Hallenhäuser, die als Wohnraum diente) und auch zum Teil die Kammern im Bauernhaus mit Lichtöffnungen versehen. Ihre unterschiedliche Ausführung wird im Inventar mit den Termini „fenster", „glasefenster" und „tafel fenster" bzw. „tafel glasefenster" vermerkt (Baumgarten 1963).

Nach unseren Feststellungen und im Vergleich mit anderen Inventaren entspricht „1 fenster" einer Lichtöffnung, die mit einem lichtdurchlässigen Stoff (Leinwand, Pergament, Fischblase u.a.) bespannt war oder aus in Blei eingefaßten runden oder abgerundeten Glasscheiben – „Butzen- oder Ochsenaugen". „Glasefenster" entsprechen einer Lichtöffnung, die mit einer durchsichtigen, aus einem Stück gearbeiteten Glasscheibe verschlossen war. „Tafel Fenster" oder „tafel glasefenster" waren aus mehreren solcher Stücke zusammengesetzte Fenster von allgemein 6 Scheiben.

Beziehen wir unsere Feststellungen auf das Inventar, so ist bei den Bauernhäusern bereits deutlich das Überwiegen von Glasfenstern gegenüber den im späten Mittelalter dominierenden Butzenscheiben festzustellen. Besonders deutlich wird dieser Fortschritt bei den Bauhöfen, den Wirtschaftshöfen der Grundherrschaft, deren Fenster bereits überwiegend aus Glasscheiben bestanden und damit moderner orientiert waren als die Bauerndörfer, die im Vergleich dazu vielfach noch alte Butzenfenster in ihren Gebäuden besaßen. Allerdings sind die Bedingungen im Ribnitzer Klosterbereich nicht für Mecklenburg zu verallgemeinern. 1620 gab es bereits territorial starke Unterschiede.

Immerhin weisen Anzahl und Anordnung der Fensterscheiben und -öffnungen nicht nur auf die geringe Entwicklung des Glasgewerbes zu jener Zeit hin, sondern dokumentieren auch mittelbar das Aufkommen fest eingebauter Stuben und Kammern im Bauernhaus.

Eine besondere Rolle dürfte hierbei die Lucht gespielt haben. Nach dem Ribnitzer Inventar war diese allgemein fenstermäßig weit besser ausgestattet als die Stube und damit auch heller, was wohl nachdrücklich ihre Bedeutung als Arbeits- und Wohnraum im Bauernhaus vor der später aufgekommenen Stube unterstreicht. Auf die Funktion der Lucht als Lichtöffnung weist nicht nur der in zahlreichen Inventaren verwandte Ausdruck „Fensterlucht" hin. Er war früher auch ein fester Ausdruck im ländlichen Baugewerbe und wird als solcher auch von Behrens in seiner „Mecklenburgischen Landbaukunst" im 18. Jahrhundert ausdrücklich definiert. Mit dem Aufkommen von Stube und Kammer verlor sie an Bedeutung. Dieses Beispiel zeigt, daß die Frage der Fenster- und Lichtöffnungen im Bauernhaus wichtige Rückschlüsse auf die Anordnung und Funktion von Räumen in diesem gestattet.

Auch das Glas und seine Verwendung in den ländlichen und kleinstädtischen Haushalten gibt bemerkenswerte und gesicherte Aufschlüsse zur Entwicklung der Volkskultur.

Allgemein üblich war im 17. Jahrhundert das Aufkommen von undurchsichtigen Glasfenstern und „höltzern Finster". Das Ansteigen der Wohnbedürfnisse im 18. und vielfach erst 19. Jahrhundert wird sichtbar im Herstellen von besserem Fensterglas, dem Aufkommen von Fensterrahmen und Fensterkitt und die Vergrößerung der Fensterfläche. Gewöhnlich hatten die aus grünlichem bzw. grauem Glas bestehenden Tafeln aus den Glashütten keine geraden Flächen. Sie wurden im 17. und 18. Jahrhundert in der Regel in verbleite Fensterrauten eingefaßt, mitunter aber auch ohne Rahemn, wie bei den Katen, in die Lehmwand eingearbeitet oder bei mehrhischigen Tagelöhnerkaten ohne Fensterfutter in Ständer und Riegel eingefalzt. Dieser feste Einbau bedeutete, daß die Fenster nicht geöffnet werden konnten. Auch im Bauernhaus waren nur wenige Fenster zu öffnen – und das noch im 19. Jahrhundert.

Das Verglasen der Fenster übernahmen in der Stadt ansässige Glaser, z.T. aber auch Wanderglaser. Städtische Bauten und besondere auf dem Lande (Gutshäuser) wurden nicht mit grünem, sondern mit böhmischem, englischem oder französischem Glas verglast. Dieses überzog sich jedoch im Laufe der Zeit – besonders an der Sonnenseite – mit einer Haut, die es zum Schluß ganz undurchsichtig machte und die Oberfläche zersetzte.

Im Vergleich zum Tafelglas bürgerte sich das *Hohlglas* als Gebrauchsgegenstand in den ländlichen und kleinstädtischen Haushalten erst zu Beginn des 19. Jahrhunderts ein, in den Landstädten etwas eher und in den großen Seestädten Wismar und Rostock bereits um 1700 und davor (Wendt 1968).

Die in den letzten Jahrzehnten in den Altstadtkernen erfolgten Grabungen erbrachten neue Kenntnisse zum Gebrauch von Hohlgläsern in der städtischen Bevölkerung – vor allem bei den wohlhabenderen Schichten. Aufgrund der umfangreichen Handelsbeziehungen und eines gewissen Wohlstandes ist nicht nur von einer stärkeren Einfuhr von Glas, sondern zugleich von seiner stärkeren Nutzung im nachhansischen Haushalt als Trink- und Voratsgefäß auszugehen. Wie weit daran auch die plebejischen Schichten partizipierten, ist unklar. In hohem Maße waren bei ihnen, wie generell das ganze Mittelalter hindurch in allen Bevölkerungsschichten, hölzerner Hausrat und hölzernes Geschirr im Bereich von Vorratskammer, Küche und Tafel bzw. Tisch üblich. Dazu gehörten Erzeugnisse des Böttcherhandwerks, der Holzdrechsler und Schüsseldreher.

Unter den *Hausgeräten aus Holz* überrascht die Menge an Schalen und Bechern, die aus einzelnen Wandungsstücken, Dauben, zusammengesetzt sind. Den Standboden bildet eine flache Scheibe, die Dauben werden von außen durch ein bis zwei Bindungen aus Weiden- oder Haselnußruten zusammengeschnürt (Gralow 1990). Hier ist bereits eine weitgehende Spezialisierung des städtischen Handwerks erkennbar. Noch aus dem ausgehenden 18. Jahrhundert sind hölzerne Becher aus Rostock bekannt. Sie wurden nach feierlichem Umtrunk durch die Ratsherren in die Menge geworfen. Zu den Holzgeräten gehören auch gedrechselte Dosen für medizinische und Apothekenzwecke sowie Löffel und Kellen.

Wenn auch in den bürgerlichen und adligen Haushalten Inventare ein stärkeres Aufkommen von Metallgeschirr (Zinn, Kupfer, Silber) im 17. Jahrhundert signalisieren, dem im 18. Jahrhundert Porzellan- auch Fayence- und Steingutgeschirr folgten, so blieb für die Landbevölkerung Holz von dominierender Bedeutung zur Herstellung fast aller in der Wirtschaft und im Haushalt benötigten Geräte. Der in feudaler Abhängigkeit lebende pauperisierte Bauer hatte keine anderen Möglichkeiten, da er selbst zwar über landwirtschaftliche Produkte, aber wenig über bares Geld verfügte. Er war mit seiner Frau und den bei ihm lebenden Knechten und Mägden gezwungen, an den Winterabenden Löffel und Kellen zu schnitzen, Bänke, Borde und Knaggen anzufertigen und Ackergerät zu reparieren. Jeder tüchtige Bauer und auch Tagelöhner hielt darauf, selber einen hölzernen Haken herzustellen. Die wenigen Eisenteile fertigte der Schmied. Das bedingte nicht nur ein regional ausgeprägtes Hausgewerbe, sondern beförderte nachhaltig eine große Geschicklichkeit, die sich bis auf den heutigen Tag erhalten hat. Schon in der „Gesinde-, Tagelöhner-, Baur-, Schäfer-, Tax- und Victualordnung" vom 14.11.1654 wurde dieses honoriert, indem ein Großknecht, „der Pflügen, Haken, Säen, Meyen (Mähen) und das Wagen-, Pflug- und Haken-Zeug verfertigen kann", 18 Florin oder 12 Florin und zwei Paar Schuhe, zwei Hemden und zwei Leinenhosen gegeben werden sollten, „einem andern Knechte, so solche Arbeiten zu thun nicht düchtig", hingegen nur 12 bzw. 7 Florin nebst zwei Paar Schuhen, zwei Hemden und zwei Hosen (Gesetzsammlung). Das gesamte Leben war in dieser Zeit reglementiert. Es sind Verordnungen, die das Tragen von Kleidung regelten, „damit zwischen Adel und Unadel, Geistlich und Layen, bürger und Bauern, Herrn und Knechte, Jungfrauen und Mägden ein Unterschied seyn möge" (Interimspolizeiordnung vom 8.10.1661); traditionelle Volksfeste streng verboten, indem „die Pfingst- und Fastelabends-Gilden, wie auch andere unchristliche Sauff-Gelagen und Excesse nicht mehr geduldet, sondern gäntzlich abgeschaffet werden" (Schulzen- und Bauernordnung vom 1.7.1702); auf Hochzeiten und Kindtaufen die Anzahl der Speisengänge und den Umfang der Getränke sowie die Anzahl der Gevattern genau vorschrieben (Verordnung zur Abstellung des übermäßigen Aufwands bei feierlichen Anlässen vom 13.12.1701); wiederholt in den Ablauf von Arbeitsprozessen eingriffen, indem diese an Sonn- und kirchlichen Feiertagen streng untersagt wurden, obwohl viele Bauern und Tagelöhner gar nicht umhin konnten, in ihrer knapp bemessenen Freizeit Arbeiten für sich auszuführen. Das führte wiederholt zu harten Strafandrohungen (Arrest und Haft, Geld- und Gefängnisstrafen). Gleichzeitig wurde den „Handelsleuten und Handwerckern" in den Städten an Sonn- und kirchlichen Feiertagen jegliche „Handthier- und Handlung" untersagt; wurden „die Thore verschlossen und niemand ausgelassen" (Vorschriften wegen der Sabbatsfeier vom 18.1.1660). Gegen untere Amtsbehörden, Vögte, Verwalter und Gerichtsdiener, die „hierunter sich nachlässig bezeigen, oder durch die Finger sehen würden" – was an der Tagesordnung war – wurden verschärfte Geldstrafen verhängt.

Von 1660 bis zum Ende des 18. Jahrhunderts wurden etwa 20 Verordnungen erlassen, die sich zwar äußerlich mit Pflege und Einhaltung kirchlicher Gepflogen-

heiten und -feiern beschäftigten, in Wirklichkeit aber Lebensfreude, Bräuche und Tanzlust des Volkes, ja auch ihre Sprache, nachhaltig zu zügeln und zu verändern suchten. Das bezog sich auf „Fastnachtsthorheiten" (1661) mit Umzügen, Essen und Trinken „allerhand heidnische Mißbräuche und hochärgerliches Wesen mit umblauffen, sauffen und dergleichen ärgerlichen dingen"; auf die Weihnachtszeit mit Heischegängen verkleideter Kinder 1682 („allerhand vermummte Personen, unter dem Nahme des Christ-Kindeleins, Nicolai und Martini, auf den Gassen umbher lauffen, in die Häuser entweder willig eingeruffen werden, oder auch in dieselbe sich eindringen"); auf die Zeit der „Zwölften" (zwischen dem 24.12. und 6.1.), in der früher niemand den Namen des Wolfes nennen durfte, aus Furcht, daß er dann erscheinen könne (Abstellung des abergläubischen Wesens in den Zwölften vom 14.12.1683); auf das Verbot von Pfingstgilden und -gelagen in mehreren Verordnungen von 1681, 1688 und 1698 („hinfüro keine dergleichen unzuleßige Zusammenkünffte, Freß- und Sauff-Gelage und andere wollüstige Ueppigkeiten in den Heil. Pfingst-Ferien, so woll in den Städten als auf dem Lande ... verstaten" – Verbot der Gelage und Ueppigkeiten um Pfingsten vom 15.5.1688).

Herzog Friedrich Franz I. verbot 1788 erneut Musik und Tanz an kirchlichen Feiertagen und beklagte zugleich, „daß diese, der äußerlichen Gottes-Verehrung gewidmeten Tage von Gesellschaften beyderlei Geschlechts durch Tanzen, Schwärmen, Schreyen und Fastnachtslustbarkeiten und Pfingstbiere, zu wilder Fröhlichkeit, und der ausgelaßensten Sittenlosigkeit gemißbrauchet werden" (Verbot vom 2.2.1788). Zugleich gestattete er das Abhalten von Hochzeiten und Erntefeiern auf dem Lande mit Tanz und Musik ("der Musik zum Vergnügen sich zu bedienen, und mit Tanzen auf eine anständige Art sich zu belustigen").

Im „Verbot der Sabbatschänderei sowie des sonstigen Unfugs bei der Ernte" vom 1.7.1699 wird verhältnismäßig früh der Brauch des Bindens und Freikaufens durch Getränke und Speisen erwähnt: „die Brod-Herren von ihren Knechten und Gesinden zur Reichung überflüssigen Getränckes und Speisen genöthiget, oder diesen den Knechten darunter von ihren Herrn in Fressen und Sauffen böse Exempel gegeben"; den Schnittern der Mund bei Reden auf dem Felde und Anrufen vorbeikommender Personen untersagt: „Das Ruffen und Schelten der Schnitter und Meyer wird hiemit gäntzlich verboten und aufgehoben, und haben solche Leute mit Scheltworten oder verdrießlichen Nachruffen keineswegs zu incommodiren". In derselben Ordnung werden „denen gemeinen Knechten und Landleuten" auch Vorschriften über den Umfang ihrer Getränke und Speisen zur Erntezeit gemacht, damit das „eingerissene übermäßige, und fast Viehische Gefräß- und

Gesöffe" aufhöre bzw. diesem vorgebuegt werde. Zugleich wird darin deutlich, daß die Schnitter Schikanen oder Gängeleien durch ihre Diensttherren sich nicht immer gefallen ließen und gegen diese ihre Sensen erhoben: *„einige Meyer oder Knechte zu der Extremität kommen, und ihren Obern und Herrn dieser oder anderer Ursachen halber, bedrohlich fallen, denselben entgegen die Sensen aufheben".*

Polizeiliche Bestimmungen, in großer Zahl regelten auch das Privatleben, angefangen von Taufe über Kommunion, die Ehe bis zu den Begräbnissachen und Vorschriften, wie lange beim Tod eines Kindes, eines Ehegatten, der Geschwister und sonstiger Verwandter zu trauern und was dabei für Kleidung anzulegen sei (Trauerordnung vom 12.9.1749). Zwischen 1661 und 1804 wurden rund 90 derartige Ordnungen erlassen, darunter 23 „Ehesachen".

Nichtbefolgung zog die „Beschränkung des übermäßigen Aufwandes bei feierlichen Anlässen" vom 30. 12. 1769 nach sich. Danach durften bei den Domanial-Angehörigen bei Hochzeiten nicht mehr als 14 Gäste zum Essen geladen werden, den Prediger und Küster ausgeschlossen. Weder bei Verlöbnissen noch Hochzeiten, „noch bei anderen fröhlichen begebenheiten" durften Spielleute und Musikanten herbeigerufen werden. Das Ernte-Bier durfte nicht in natura gefeiert, sondern der Betrag dafür in Geld gegeben werden. Auch Freileute, d.h. keine Leibeigenen, durften bei Hochzeiten und anderen feierlichen Anlässen keine Musik spielen oder spielen lassen.

Da sich kaum jemand daran hielt, mußte die Ordnung 1774 erneuert werden. Später wurde sie gemildert.

Allen diesen Ordnungen ist eigen, daß die werktätige Bevölkerung in Stadt und Land in ihrer Kultur, Lebensweise und sonstigen Äußerungen bevormundet und gegängelt wurde.

Jahrhunderte während obrigkeitliche Pressuren und Enttäuschungen im Umgang mit den Herrschenden, das Wissen um ein Leben in vorgezeichneten Linien, geringe schulische Bildung bei gutem Wissen in praktischen Dingen und die reiche Erfahrung eigener Lebensqualität und Sprache bei harter entbehrungsreicher Arbeit schufen einen Menschenschlag, dem man Behäbigkeit, Konservatismus, einen gewissen Schalk und Bauernschläue nachsagt. Und wenn die seelische und materielle Not zu arg wurde, dann entlud sich die Wut explosionsartig.

*"Dann entbrannte wohl jäh die Leidenschaft in diesen anscheinend so ruhigen Sklavengemütern; es kam zu drohenden Zusammenrottungen der Arbeiterhaufen, zu wilden Verzweiflungstaten einzelner. Wagenrungen, Hacken und Spaten vollendeten rasch ihr schauriges Werk. Und mancher fürwitzige Schreiber, der an der Pein der Geplagten sein Mütchen zu kühlen dachte, ist mit eingeschlagenem Schädel auf dem Felde liegenge-*

*blieben. Dann blieb den Unglücklichen, die sich zu solcher Verzweiflungstat hatten fortreißen lassen, nur noch die Flucht über die Grenze. Sie war ja lange dem niederen Volke das einzige vertraute Heilmittel so vieler namenloser Leiden geworden ... Viele entwichen in das Gebiet der Hansestädte und anderer Nachbarterritorien"* (Witte 1911 17).

Besonders im ritterschaftlichen Bereich Mecklenburgs gewann die Flucht ein solches Ausmaß, daß die Ritterschaft den Herzog um Maßnahmen angehen mußte, da *„besonders junges lediges Dienst-Volk, so wohl an Knechten als Mägden, sogar mit Hindansetzung ihrer Eide und Pflichten gegen Uns und ihre Guts- und Brodt-Herren ... in grosser anzahl aus Unseren Landen sich ... entfernen"* (Präambel zum Verbot des Auswanderns und der Verleitung dazu vom 2.8.1760).

Aber diese Verordnung hatte nicht den gewünschten Erfolg. *„Nicht nur lediglose, sondern auch sogar ganz leibeigene Familien, die doch nach Unseren Landesrechten ihrer Leiber nicht mächtig sind, selbst mit der ihnen nicht zuständigen Hofwehr sich ihren Herrschaften entzögen, und heimlich entwichen, mithin ... eine Entvölkerung Unserer ohnehin von Menschen sehr entblößten Lande, und die Zugrunderichtung aller Landbegüterten zu besorgen wäre"* (erneuerte Verordnung vom 22.6.1763). Weitere Verordnungen folgten 1766, 1770 und 1792.

Sie kennzeichnen die obrigkeitliche Einstellung zu den „Untertanen".

In diesem feudalen Spannungsfeld entwickelten sich eine besondere, lebendige und interessante Volkskultur, Schöpferkraft und Lebenshaltung.

Eine dieser Besonderheiten ist die plattdeutsche Sprache als Teil des Niederdeutschen. Ab der zweiten Hälfte des 17. Jahrhunderts weicht sie von der neuhochdeutschen Sprache immer mehr zurück. Deutlich wurde das u.a. im Erscheinen plattdeutscher Druckwerke: waren es in der ersten Hälfte des 16. Jahrhunderts noch 350, gingen sie im gesamten 17. Jahrhundert auf 60 zurück und sanken im 18. Jahrhundert noch mehr. Es blieb nach dem Dreißigjährigen Krieg nur die Mundart und die Dichtung. Die Oberschichten der Bevölkerung wandten sich nach 1650 fremdländischen, besonders französischen Produkten, Sitten und auch Sprachen zu. Die Verwendung der heimischen Woll- und Leinenstoffe zur Bekleidung wie auch die plattdeutsche Sprache beschränkte sich allmählich auf die Mittelschichten und das Landvolk. In dieser Sprache erzählten sie sich in den Zwölften Sagen und Spukgeschichten vom Alp und der Klagemutter, verbannten Geistern, dem wilden Jäger mit seinem Heer in Gestalt von feurigen Hunden, mit denen er durch den Wald jagte, oder dem Kobold, der als Poltergeist für Herberge und Pflege Hausdienste verrichtete und harmlose Späße ausübte. Plattdeutsch war aber auch die Sprache des gemeinen Mannes auf dem Markt, mit seinen Nachbarn, zu Hause, bei der Arbeit, beim neckischen Spiel der Liebenden, der Bezeichnung von Kräutern, Tieren und Sachen. Zur Gelehrtensprache und im öffentlichen Leben war sie untauglich geworden. Nur Wenige beschäftigten sich mit ihr oder sammelten Sprichwörter und Redensarten, wie der Bützower Theologe Ernst Johann Friedrich Mantzel (1699-1768) in seinen „Bützowschen Ruhestunden".

Erst Ende des 18. Jahrhunderts begann im Rahmen der Aufklärung eine langsame Wiedererweckung durch einheimische Dichter wie Diederich Georg Babst (1741-1809) oder durch Johann Heinrich Voß (1751-1826). Ihre bisherige Krönung fand sie im 19. Jahrhundert durch Fritz Reuter und John Brinckman.

1789 war zu dem Thema zu lesen: *„Seit einem halben Jahrhundert hat man in Mecklenburg angefangen, sich seiner Muttersprache, ich meine des Plattdeutschen, zu schämen. Vor 80 Jahren wurden noch Bücher darin geschrieben; vor 60 noch darin gepredigt, vor 50 ward sie noch als Konversazionssprache gebraucht. Seit der Zeit ist sie aber auch aus den Gesellschaften der oberen und mittleren Klassen verdrängt, und die hochdeutsche dagegen an ihre Stelle gesetzt. Jetzt hört man die eigentliche Landessprache nur aus dem Munde der niedrigsten Klassen von Menschen in Städten und Dörfern, und selbst Schneider, Schuster, Friseurs fangen schon an, hochdeutsch zu radbrechen, welche Ziere-rei, so wie manches andre, als Schnupftoback schnauben, Kaffeetrinken u.dgl. gleichfalls zu den verschiedenen Arten von Vornehmthuerei gehört.*

*Höchstens bedienen sich ihrer bisweilen noch zwei Freunde oder Freundinnen in einem vertraulichen Zweisprach ohne Zeugen, erröthen aber wegen der begangnen vermeintlichen Unschicklichkeit, sobald ein Dritter sie behorcht. Großentheils sind an diesem Exilio des Plattdeutschen die vielen Ausländer schuld, die nach und nach sich hier angesiedelt haben.*

*Du arme Muttersprache! Mußt dich von einer Ausländerin (dem Hochdeutschen – R.W.) so verdrängen lassen!"* (Monatsschrift 1789)

Hexen- und Aberglaube, Krankheiten und Feuersbrünste (zwischen 1651 und 1799 grassierten 72 Großfeuer) sowie das Brauchtum der Handwerker und Innungen konnten nicht Gegenstand dieser Betrachtungen sein.

Erstaunlich bleibt die auch in Notzeiten, wie den langjährigen Kriegen, stets vorhandene Lebenslust und Kraft der Menschen, Schwierigkeiten zu meistern und zu überwinden, der Wille zum Kind, das Solidaritätsgefühl untereinander, der Humor, um auch schlechten Dingen Positives abzugewinnen, das feine Gefühl für Gerechtigkeit und menschliche Werte.

Die Zeiten und Umstände waren aber nicht immer so, daß sich die Fähigkeiten und das Können voll entfalten konnten.

## Literatur

| Baumgarten 1965 | Karl Baumgarten, Das Bauernhaus in Mecklenburg. Berlin 1965. |
|---|---|
| Baumgarten 1987 | Karl Baumgarten, Landschaft und Bauernhaus in Mecklenburg. Berlin 1987. |
| Baumgarten 1963 | Karl Baumgarten, Ulrich Bentzien, Hof und Wirtschaft der Ribnitzer Bauern. Edition und Kommentar des Kloster-Inventariums von 1620. Berlin 1963. |
| Boll 1856 | Ernst Boll, Geschichte Mecklenburgs mit besonderer Berücksichtigung der Culturgeschichte. 2. Teil. Neubrandenburg 1856. |
| Folkers 1925 | J.U. Folkers, Die Wohnkultur des mecklenburgischen Bauerndorfes, in: Mecklenburgische Monatshefte 1925 41-44. |
| Gesetzsammlung | Gesetzsammlung für die Mecklenburg-Schwerinschen Lande. Erste Sammlung, von Anbeginn der Thätigkeit der Gesetzgebung bis zum Anfang des 19. Jahrhunderts, in 5 Bänden. Bd. 2. Wismar/Ludwigslust 1865, Bd. 4 und 5. Wismar/Rostock/Ludwigslust 1869 und 1872. |
| Gralow 1990 | Klaus-Dieter Gralow, Hölzerner Hausrat aus Wismarer Schwindgruben, in: Wismarer Studien zur Archäologie und Geschichte, Bd. 1. Wismar 1990 49-55. |
| Monatsschrift 1789 | Monatsschrift von und für Mecklenburg 2, 1789, Spalte 951-960. |
| Wendt 1968 | Ralf Wendt, Glashütten in Mecklenburg. Beitrag zur Sozialgeschichte und Volkskunde eines ländlichen Gewerbezweiges (1. Hälfte 17. bis Ende 19. Jahrhundert). Phil. Diss. Berlin 1968. |
| Witte 1911 | Hans Witte, Kulturbilder aus Mecklenburg. 1. Bd. Leipzig 1911. |

*Ralf Wendt*

# DIE ENTWICKLUNG VON MANUFAKTUREN IN MECKLENBURG

Die Manufaktur (lat. eigentlich „mit der Hand gemachte Arbeit") ist nach allgemeinem Sprachgebrauch eine auf innerbetrieblicher Arbeitsteilung und handwerklicher Technik beruhende Frühform des kapitalistischen Betriebes. Die technische Grundlage des Betriebes blieb das Handwerk. Als selbständige Produktionsform spielte sie vom 16. bis zum 18. Jahrhundert eine wichtige Rolle.

Das Land Mecklenburg verfügte nie über bedeutende Manufakturen. Wohl gab es Ansätze kluger Unternehmer, die in das Land kamen. Versuche, die Seidenraupenzucht in 17. Jahrhundert hier anzusiedeln, Fayence- und Weißglas-Fabriken anzulegen oder die reich anfallende Schafwolle hier zu verarbeiten scheiterten mehr oder weniger an den im Lande herrschenden Verhältnissen.

Was konnte ein Kaufmann schon unternehmen, wenn ihm Zollschranken und Stapelrecht alles Handeln über weite Strecken hin unterbanden, wenn Zünfte im engen Familiensinn auf alte und überholte Vorrechte pochten und jungen Meistern Schwierigkeiten bereiteten, wenn sie nicht aus den alten Familien stammten? Wenn das Brauchtum der Zünfte und Innungen in inhaltsleeren Zeremonien erstarrte und kleinlicher Streit um den Absatz ihrer Waren Anlaß für vielfältige Bittgesuche an den Herzog waren. Setzte sich dieser einmal gegen die ritterschaft im Lande durch und führte die Regierung gesetze des Handelns oder der Gewerbeführung freier durch, so war nach wenigen Jahren durch Festlegungen des Landtages oder durch einen neuen Thronfolger alles wieder beim Alten.

Nach dem Dreißigjährigen Krieg war Mecklenburg ein Land, das fast ausschließlich Rohstoffe ausführte und alle feineren gewerblichen Produkte von auswärts zu beziehen genötigt war. Die Verwendung der heimischen Woll- und Leinenstoffe zur Bekleidung beschränkte sich allmählich auf die bürgerlichen und ländlichen Schichten. Das nahe Hamburg wurde ein Stapelplatz für fremde Manufakturwaren und richtete eigene ein.

Auch die ungünstige Verkehrslage innerhalb der großen mitteleuropäischen und norddeutschen Handelsstraßen, durch die relativ schlechte Zugänglichkeit des Landes vom Meer hemmten die Entwicklung. Nur wenige schiffbare Flüsse durchzogen das Land.

Die von mecklenburgischen Herzögen mit finanzieller Hilfe Hamburgs und Lüneburgs eingerichtete Wasserstraße von der Elbe bei Dömitz durch einen Kanal (mit 10 Schleusen) in die Elde, dann weiter durch die Stör in den Schweriner See und vom Hohen Viecheln mit einem Kanal (mit 5 Schleusen) nach Wismar in die Ostsee zeigen den Versuch, am Salzhandel teilzunehmen. Das Netz wurde zwar 1594 in Betrieb genommen, verfiel aber bald wieder.

Weiter wurde die geringe Entwicklung des Landes durch den Mangel an Bodenschätzen bestimmt. Es finden sich zwar Braunkohlenlagerstätten und Torfmoore, Kalkvorkommen bei Diedrichshagen und im Klützer Winkel, erzhaltiger „Raseneisenstein" im Südwesten des Landes, Solen (Bad Sülze) und eisenhaltige Quellen (Bad Doberan, Goldberg, Barth, Sonnenberg bei Parchim), aber sie erlangten keine prägende wirtschaftliche Bedeutung.

Reicher ist das Land an Baustoffen aller Art, wie Sand, Kies, Lehm und hochwertigen Tonen, die die Herstellung selbst feinkeramischer Erzeugnisse gestatteten (Fayence-Manufakturen Appelstaedt-Schwerin und Groß Stieten, gegründet 1752 und 1753, aber nur von kurzer Lebensdauer). Wichtig waren Ziegeleien und Ziegelhandwerk im Lande, von denen die noch heute überlieferten Bauten beredtes Zeugnis ablegen.

Reich ist das Land an Findlingen und Steinen, die zum Bau ländlicher und städtischer Gebäude, für Kirchen, Straßen, Umfriedungen und zu technischen, insbesondere Hafenbauten genommen wurden. Ein besonderer Reichtum Mecklenburgs war der Wald.

Das 17. Jahrhundert sah in Mecklenburg weitgehend Gewerbe, das auf das Binnenland orientiert war. Das Bedürfnis nach Industrie-Artikeln war bei einem Teil der Bevölkerung gering. Der Bauer fertigte den größten Teil seiner Geräte selbst. Webarbeiten für Kleidung übernahmen seine Frau sowie das Hausgesinde und Weber in den Städten.

Im Rahmen der veränderten wirtschaftlichen Bedingungen, bei dem mit Verfall der Hanse die nordischen Länder selbständiger hervortraten und eine Reihe westeuropäischer Länder den Weg kapitalistischer Nationalstaaten beschritten, stärkte sich die Position des Landadels gegenüber dem Landesherrn. Das verstärkte sich vor allem im 18. Jahrhundert mit dem Ausbau der Gutsherrschaft und der Marktführung mit Getreide. Die Bauern wurden zu abhängigen leibeigenen Tagelöhnern, so daß sie weder einen Marktanteil mit eigenen Produkten noch für die Entwicklung nennenswerte Kaufkraft hatten.

Die Wismarer und Rostocker Kaufleute sahen sich um 1680 mit dem Rückgang des Seehandels und der Ausfuhr von Produkten des Landes wie Bier, verarbeiteter Wolle u.a. gezwungen, sich mehr auf die Vermarktung der Agrarprodukte zu konzentrieren. Eine Aufstellung der Hauptausfuhrposten aus dem Jahre 1785 zeigt den Vorrang des Agrarexports. An der Spitze standen 438.600 Zentner Getreide, daneben große Mengen an Obst und Rohwolle.

Mit dem ausschließlichen Rohstoffexport bei gleichzeitiger Einfuhr von Zucker, Kaffee, Tee und Wein sowie Manufaktur-Erzeugnissen nahmen die Kaufleute dem inländischen Gewerbe jede Entfaltungsmöglichkeit. Wichtige Kornmärkte waren in der zweiten Hälfte des 18. Jahrhunderts neben Rostock und Schwerin Boizenburg, Dömitz und Grabow, an den Grenzen des Landes Demmin, Wolgast, Lübeck und Lauenburg. Der Wismarer Kornhandel hatte um diese Zeit bereits abgenommen.

Das Korn wurde von den Gütern auf Wagen über weite Wegstrecken angefahren, was oft die Anspannung der fronleistenden Bauern zugrunde richtete.

Die Erträge, die die Junker mit dem Getreidehandel erwirtschafteten, steckten sie in den Ausbau ihrer Güter. Die Städte mußten hier mitmischen, da ihre Einnahmen ohnehin gering waren. Unter diesen Bedingungen stagnierte das Handwerk auf dem Niveau kleiner Warenproduzenten, die den Rahmen des Handwerklichen nicht überschritten. So war um 1760/80 die Decke an Gewerbetreibenden im Lande recht dünn.

Ein beredtes Zeugnis ist die Klage des Amtes der Rostocker Raschmacher (Weber leichten, ungewalkten Wollzeugs) aus dem Jahre 1764: *„Es ist dieses Amt ganz und gar ruiniert, indem der Kaufmann Brauer demselben alle Nahrung entzogen und die gesponnene Wolle außer Landes bringen lassen."*

Die Sozialstruktur der Stadt entsprach Ende des 18. Jahrhunderts noch ganz der des Mittelalters. Zum genannten Zeitpunkt hatten nur drei Gewerbebetriebe den Rahmen des rein Handwerklichen überschritten: eine Seifensiederei, eine Zuckersiederei und eine Tabakspinnerei.

Am bedeutendsten waren im Lande die Glashütten sowie die Saline in Sülze. An Papiermühlen existierten 1785 6, die allerdings die Nachfrage nach Papier nicht befriedigen konnten, da viele Lumpen ausgeführt wurden.

Wollmanufakturen spielten infolge geringer Qualität der Wolle, ihrer mangelhaften Aufbereitung, Spinnerei, Appretur und Färberei keine Rolle. Tuchmacher gab es u.a. in Plau, Malchow, Röbel, Rostock und Par-

chim. In letzterer stellten 30 Meister Friese (flauschiger Wollstoff) her, in Rostock lieferte das Gewerk die Montur für die dortige Garnison. Infolge des Fehlens von Walk- und Appretur-Betrieben mußte das in Waren erzeugte Tuch in Wittstock gewalkt werden. „Rasche" wurde in Rostock, Warin und Rehna „in ziemlicher Menge" (von Langermann 1786) erzeugt. Diese Betriebe kränkelten jedoch an mangelnder Unterstützung. Weitere Verarbeitungs- und Bearbeitungsmöglichkeiten im eigenen Lande vermochten sich nicht zu großen Manufakturen zu entwickeln. So mußte eine 1762 in Doberan errichtete Wollmanufaktur mit 24 Webstühlen und 500 Spinnern aus den umliegenden kleinen Dörfern und Städten nach wenigen Jahren wieder schließen.

Mecklenburg bezog Textilien im beträchtlichen Maße aus Wittstock, Frankfurt/Oder, aus Sachsen und Schlesien.

Geringe Bedeutung hatte die Verarbeitung von Leder im Lande. Es wurden rohe Häute aus- und fertig bearbeitete wieder eingeführt. Gute Lederbereitung erfolgte bei den Rostocker Gerbern im „Gerberbruch". Eine Lohgerberei befand sich in Röbel.

Kleine Tabakfabriken gab es an verschiedenen Orten. Sie waren jedoch im Vergleich zum dominierenden ausländischen Tabak ohne Bedeutung. Dasselbe ist von den Seifensiedereien zu sagen. Neben Fabriken in Rostock und Grabow stellte die Neubrandenburger sowohl weiße wie auch grüne Seife her.

1763 wurde in Schwerin eine Salpetersiederei angelegt. Sie scheiterte nach wenigen Jahren, da man dem Unternehmer den Absatz entzog und dieser erfahren mußte, wie schwer es *„einem Fabrikanten falle, gegen die alten Verbindungen zwischen Krämern und Kaufleuten aufzukommen"* (von Langermann 1786).

Einige Bedeutung erlangte im Südwesten Mecklenburgs die Verhüttung von Raseneisenstein, einem Sumpferz aus den Niederungen entlang der Elde, „Klump" genannt, der sich ein bis zwei Fuß unter dem Wiesengrund befand. Bereits 1592 bestanden in Neustadt Kupfer- und Messingwerke. Auch davor wird von einer Eisenschmelzhütte und einem Eisenhammer berichtet (1527). 1544 wurden ein Blechhammer und eine Papiermühle errichtet. Diese Anlagen fraßen Unmengen an Holz und damit in dieser Region ganze Wälder. Da Raseneisenstein neben sandigen und moorigen Bestandteilen sehr viel Sauerstoff und Wasserstoff und nur etwa 30% Eisen enthält, wurden zu seiner Verhüttung große Mengen Holzkohle benötigt. 1595 wurden an die Neustädter Hüttenwerke insgesamt 1.284 Faden Holz aus der Lewitz geliefert (1 meckl. Faden = 3,46 m³). Ein Überschlag ergab 1603 den jährlichen Verbrauch des Messingwerkes mit 450 Faden Holz an (vor allem Ellernholz).

1647 wurde das Neustädter Hüttenwerk wieder begründet und erzeugte zehn Jahre lang Stabeisen. 1702 brachte der Schweriner Herzog die Manufakturen in Neustadt und Umgebung wieder in Gang: das Alaunbergwerk mit der Salpetersiederei bei Eldena und dazu in Neustadt mehrere Messing- und Eisenwerke. Neben Stabeisen, Nägeln und Sensen produzierten die Eisenwerke Kanonen und Kanonenkugeln, Granaten, gußeiserne Ofenplatten, Gewichte, Grapen und

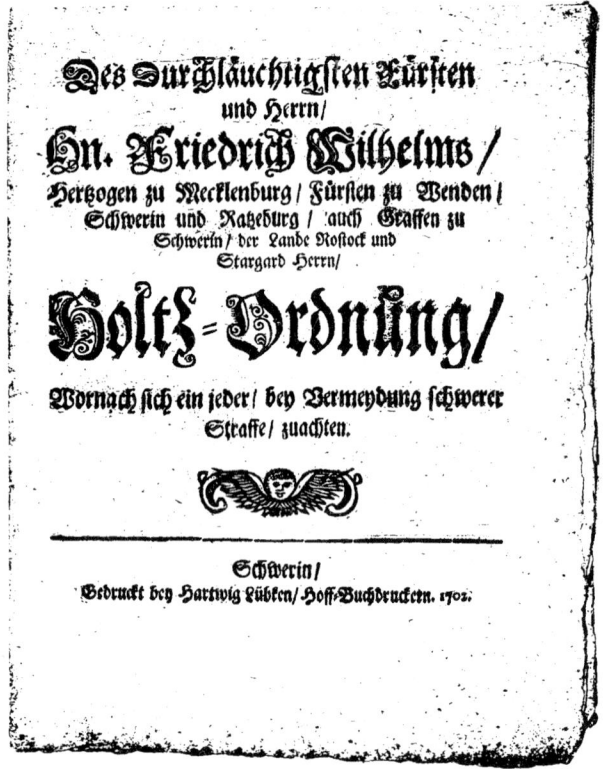

*Holzordnung von 1702, in der das Brennen der Meiler zwecks Holzschonung eingeschränkt und zugleich mit hohen Abgaben belegt wird*
*(Sammlung Dr. Ralf Wendt, Schwerin)*

Arbeitsgeräte. Zwölf Jahre florierte die Neustädter Eisenmanufaktur, kam aber 1717 zum Erliegen, da im weiten Umkreis kein Holz mehr geschlagen werden konnte. In der Nähe entstand in Wabel eine große Sensenmühle mit zwei Hämmern und einem Polierwerk. Bereits 1711 mußten die Alaunwerke die Arbeit wegen Holzmangels einstellen.

In den Jahren bis 1767 kam es zu einem weiteren Versuch, an dem Kanal, der bei Eldena aus der Elde in die Elbe führte, eine Eisenfabrik mit Pochwerk, einem hohen Schmelzofen, Guß- und Hammerwerken, mit Nagel- und Schneidezeug-Arbeitern anzulegen. Das

zu Anfang gelieferte Eisen fiel etwas spröde aus. Später kamen trotz vertraglicher Abmachungen Schwierigkeiten mit den regelmäßigen Holzlieferungen hinzu und die Fabrik fiel an die herzogliche Kammer. Als sich kein neuer Pächter meldete, hörte 1770 die Arbeit ganz auf.

An weiteren Manufakturen in der zweiten Hälfte des 18. Jahrhunderts wären zu nennen: die Ludwigsluster Pappmaché-Fabrik, die Dekore, Leuchter, Uhrgehäuse, Vasen, Konsolen, Figuren von ca. 1765 bis ca. 1820 herstellte; eine Kartenmanufaktur in Neubrandenburg, die L´hombre- und auch Tarockkarten lieferte, eine Zuckersiederei in Wismar (um 1780) mit gutem Absatz; eine Amidam- oder Puderfabrik in Rostock (1783).

Von Wichtigkeit für die oft leeren Kassen des Herzogs waren seine Privilegien aus dem Sülzer Salzhandel. Obwohl Anteile an den Sülzer Pfannen im Verlauf der Jahrhunderte an unterschiedliche Pächter vergeben wurden, blieb der fürstliche Anteil am größten. 1816 wurden sie von der großherzoglichen Kammer ganz übernommen. Für das Domanium bestand ein Zwangs-Absatz für Sülzer Salz, wonach Erb- und Zeitpächter sowie Müller, Schmiede, Ziegler, herrschaftliche Diener, Handwerker und Arbeiter bestimmte Salzquoten zu einem festen, über dem Marktpreis liegenden Betrag nehmen mußten. Das Salz hatten sie auf dem Salzwerk oder in den Salzniederlagen Wismar, Schwerin, Plau, Sternberg und Malchin zu empfangen. Das darüber hinaus produzierte Salz kam in den Handel. Die Saline lieferte um 1850 pro Jahr etwa 130.000 Scheffel, von denen etwa 42.000 Scheffel mittels Zwangsabsatz verkauft wurden. Von den wenigen Verodnungen, die sich mit gewerblichen Fragen befaßten, handelten zwischen 1669 und 1803 allein 11 vom Salzzwang. Die Verordnung vom 9. 10. 1669 verbot die Einfuhr und den Vertrieb fremden Salzes im Lande; sie wurde am 8. 10. 1703 erneuert, daß „kein ander Saltz, als was auff Unsern Saltzwerck zu Sültze gesotten, erhandelt, verkauffet und verbrauchet werden soll". 1774 wurde die prompte Abholung der Salzquoten aus den Niederlagen angemahnt, am 14. 11. 1777 der Salzzwang der Geistlichen, Küster und Schullehrer, ihren Salzbedarf nur mit Sülzer Salz zu befriedigen, verkündet. Diese Verordnung wurde aber bereits wenige Monate später zurückgenommen. Weitere Verordnungen vom 8. 9. 1777, 7. 4. 1778 und 5. 7. 1779 beschäftigten sich mit dem Salzzwang der in den domanialen Ämtern lebenden Personen – insgesamt wurden 16 Berufsgruppen aufgeführt sowie das Ersuchen, Verzeichnisse der Salzpflichtigen nebst Angabe ihrer Salzquoten anzufertigen und dieses einzureichen. Die Circular-Verordnung vom 8. 9. 1777 verpflichtete „auch Forst-, Post-, Zoll- und Accise-Bediente", ihren Salzbedarf „von Unserer Saline" zu nehmen.

„Das Wenigste für jeden Haushalt dürften jährlich drei Scheffel sein." All diese Verordnungen wurden mit einer gewissen Nachlässigkeit behandelt, so daß am 26.9.1778 von Herzog Friedrich Franz in einem „Circulare" an die Domanial-Ämter die Einfuhr und der Handel mit fremdem Salz strikt untersagt wurde. „Untertanen" hätten gegen Verordnungen vom 17. 6., 18. 12. 1767 und 10. 12. 1788 verstoßen „und mit dem Einbringen des fremden Salzes nicht allein fortgefahren", sondern dieses sogar „für eigene Rechnung eingeführt und debitirt (verkauft R.W.)". Deshalb forderte er die Sülzer Beamten auf, eine Bescheinigung auszustellen, „daß die Ladung würklich von Sülz geholt worden und soll dergleichen Bescheinigung nicht über 10 bis 12 Tage alt seyn." Am 5. 8. 1803 erfolgte ein erneutes und verschärftes „Verbot der Einfuhr und des Handels mit fremdem Salz" – ein letztes und in dieser Hinsicht wohl abschließendes Circular.

Da die Gewinnung des Salzes viel Holz zum Heizen erforderte, wurden im Laufe der Jahre auch hier ganze Wälder verfeuert. Die Holzknappheit im ausgehenden 18. Jahrhundert zwang auch die Sülzer Saline auf Torf als Brennstoff auszuweichen, was die schier unerschöpflichen Torfmoore der Umgebung für viele Jahre hergaben. Mit der Einführung der Gradierwerke, hoher Gerüste, die mit Schwarzdorn angefüllt waren, konnte eine Menge an Feuerungsmaterial eingespart werden. Von da an rieselte die Sole durch den dichten Dorn, so daß viel Wasser verdunstete und auch ein Teil des Schmutzes haften blieb. In einer Weisung des Herzogs an die Ribnitzer Beamten vom 12. 1. 1797 verbot dieser jegliche Ausrodung des Schwarzdorns, damit dieser „für Unsere Saline zu Sülze geschafft und für die gewöhnliche Bezahlung von den Unterthanen angefahren werde." Die Zahl der Menschen, die von der Gewinnung und dem Vertrieb des Salzes lebte, war groß. Viele waren Salzsieder, die durch ihre Frauen und Kinder bei der Arbeit unterstützt wurden, denn der Lohn war gering. Hinzu kamen Salzfahrer, Holzfäller, Torfstecher, Fuhrleute und Schiffer. Aber auch Zimmerer, Maurer, Schmiede und Tischler fanden durch die Saline ihr Brot.

Da jedoch ausländische Produkte in Mecklenburg bevorzugt wurden, wurde auch das Sülzer Produkt im Lande nicht so angenommen, wie es hätte möglich sein können. In erheblichem Maße wurde englisches und Hallenser Salz eingeführt und an manchen Orten preisgünstiger als das einheimische verkauft. Im westlichen Mecklenburg war das bessere Lünebürger Salz eine harte Konkurrenz. Ein schlechtes Vertriebssystem, wenige Niederlassungen und ein teurer Transport per Achse waren dem Absatz einheimischen Salzes hinderlich, obwohl das Salz gut war „und zwischen der Schärfe des Englischen und der Weiße des Hallischen das Mittel hält" (von Langermann 1786).

Eine letzte Blüte erlebte die Sülzer Saline in der Notzeit der Kontinentalsperre 1806 ff. Dann ging es langsam bergab; das maschinell und billiger produzierte englische Steinsalz überschwemmte den Markt. Da der nur schwache Salzgehalt der Saline von 5% den Betrieb wenig lohnend machte, wurde diese nach fast 700 Jahren 1907 stillgelegt. Seit 1824 bestand das Solbad Sülze.

Nur eine, am 17. 1. 1783 erlassene Ordnung führte aber in ihrem Titel das Wort „Fabrik". Sie unterstützte die „Anlegung einer Zucker- und Seifensiederei oder auch einer Amidams-Fabrique" (Puderfabrik) in Rostock.

Alle sonstigen einschlägigen Bestimmungen des 18. Jahrhunderts befaßten sich mit dem Handwerk. Von einigem Wert für das Gewerbe war der Schutz für die reformierten französischen Flüchtlinge, die sich in Bützow ansiedeln durften und um die einheimische Woll- und Tuchfabrikation sowie den Tabakbau verdient machten (Verordnungen von 1699 und 1703). Aber was vermochte diese „Kolonie", die 1701 82 Personen zählte, im ganzen Land zu bewirken? Oder die Anregung des Herzogs Christian Ludwig, die Einfuhr ausländischer Sensen und kupferner Kessel zu verbieten, um diese aus den Landesmanufakturen zu nehmen? Dem widersprachen die Stände, die sich auf den Landesgrundgesetzlichen Erbvergleich von 1755 beriefen, in dem ihnen das „freie und ungezwungene Commercium" zugestanden wurde (Erbvergleich § 252). Der Erbvergleich schränkte auch erheblich das Handwerk auf dem Lande ein. Begriffe wie Gewerbe, Gewerke, Manufakturen u.ä. finden sich in ihm nicht. Die fürstliche Zentralgewalt im Lande war nicht nur zu schwach, Manufakturen im Lande zu befördern, sie war auch selber in das feudale Gefüge eingebettet und der Großherzog der größte Grundbesitzer des Landes.

Trotzdem etablierten sich eine Reihe weiterer Gewerbebetriebe. Dazu gehörten Bierbrauereien und Schnapsbrennereien. Während der Hanse war Bier einer der Eckpfeiler des städtischen Exports und ganze Schiffsladungen mecklenburgischen Bieres gingen nach Schweden, Dänemark und Rußland. Aus vielen Landstädten wurde Bier in die umliegenden Provinzen verfahren. Nach dem Dreißigjährigen Krieg ging der Bier-Export zurück, und im ausgehenden 18. Jahrhundert wurde Mecklenburg zu einem bierimportierenden Land, das aus England, Schweden und der Mark Brandenburg Bier einführte, „mit welchem das inländische in Betracht der Güte keinen Vergleich erträgt" (von Langermann 1786).

Auch die Brennereien wurden mit dem ansteigenden Aufwand zu einem einträglichen und wichtigen Gewerbe und im mancher kleinen Stadt gab es um 1780 zwanzig große und kleine Brennereien neben einer wachsenden Zahl von Krämern und Materialhändlern. Neben Getreide hatte Grabow einen bedeutenden Handel mit Schnaps. Hier verbrauchten an die 40 Brennereien täglich das ganze Jahr über 150 Scheffel Korn, was mithin einem jährlichen Kornverbrauch von 450.000 Scheffeln entsprach. Wegen seiner vorzüglichen Güte wurde der Grabower Branntwein auch in die Nachbarländer exportiert.

Ein weiterer wichtiger Produktionszweig waren die Teeröfen und Köhlereien. Allein in der Gegend von Strelitz und Stargard bestanden um 1800 25 Öfen. Mit der benachbarten Mark und der Ueckermünder Heide wies dieses Gebiet mit den dichtesten Bestand auf. Dies stand in Verbindung mit der Verwertung der bei der Schlagwirtschaft in reichem Maße anfallenden Kienstubben durch Teerschweler, aus denen Teer, Terpentinöl und begehrte Holzkohle hergestellt wurde. Letztere wurde besonders zur Gelbgießerei, zur Herstellung von Schneidwerkzeugen, in der Goldschmiede und in den Haushalten (Plättkohle) verwandt. Das Verfahren hat sich in seiner handwerklichen Form über viele Jahrhunderte nur unwesentlich verändert. Holz wird in einem bis zu 8 Tagen dauernden Schwelprozeß zu Holzkohle und Teer umgewandelt. Dabei entspricht die Brennholzmenge in etwa der zu verkohlenden Füllung (ca. 13-15 Raummeter). Während des Schwelvorgangs sind die Schamottesteine im Innern der Öfen einer Tempreatur von 400°C ausgesetzt. Der Teerausfluß erfolgt zum Ende des Brennprozesses in einer am Boden des Ofens ausgesparten Rinne.

Das Kohlebrennen wurde in Mecklenburg bereits seit dem Mittelalter ausgeübt und war für manchen Dorfbewohner ein einträgliches Gewerbe. Laut der Neustädter Amtsbeschreibung von 1568 wurden im Dorf Strohkirchen von jedem Untertan jährlich einige Meiler gebrannt. Später wurde dieses Recht eingeschränkt. Erhebliche Mengen an Holzkohle gingen aus diesem Gebiet nach Lübeck, in den Jahren 1704-1706 allein aus Kuhstorf 43 und aus Bresegard 23 Wagen. Aber auch Wismar und Schwerin waren wichtige Abnehmer. Vom Juli 1717 bis März 1718 kamen aus Strohkirchen und Picher 125 Fuder Kohle in Schwerin an. Die Grob-, Klein- und Nagelschmiede in Schwerin beschwerten sich 1713, daß sie für jedes Fuder Kohlen 11 Reichstaler statt früher 4 bezahlen müßten (Schultz Waldbestand). Obwohl die Köhler schwer verwertbare Hölzer wie die Wurzeln der Tannen nutzten, ruinierten sie gleichzeitig große Waldgebiete. Bis in das 20. Jahrhundert arbeiteten Teerschweler in der Wooster und Nossentiner Heide bei Goldberg bzw. Malchow, in der Rostocker Heide und an anderen Orten.

Auch Kalk wurde zum großen Teil im Lande geworben, und Namen wie Kalkwerder bei Schwerin, Kalk-horst im Klützer Winkel und bei Strelitz, Kalkberg bei Rehna und „Vorderster Kalkofen" bei Neustrelitz deuten auf die Existenz vieler dieser Kleinbetriebe hin, die mit dem Aufkommen des Ziegelbaues den Mörtel lieferten. Der weiße gelöschte Kalk ist dazu ein unentbehrlicher Werkstoff. Ausgezeichneten Kalk lieferte die Brennerei in Brodhagen westlich von Doberan für den Bau des Münsters und im 19. Jahrhundert für den Schweriner Schloßbau.

Gipskalk lieferte der Lüneburger und der Segeberger Kalkberg durch mehrere Jahrhunderte; ebenso wurde der von Pflanzen in den Seen und Wiesen erzeugte „Wiesenkalk" genutzt. Der Strelitzer Staatskalender führte zwichen 1791 und 1799 regelmäßig als privilegierte Betriebe neben 19 Ziegeleien auch 8 Kalkbrennereien. Der gleichnamige Kalender für das Großherzogtum Mecklenburg-Schwerin nannte 1841 6 Kalkbrennereien, 36 Ziegeleien und vier Teeröfen.

Der ausgestochene weiche Kalk wurde in Mauersteinform gebracht und an der Luft wie Torf getrocknet. Das Brennen der Kalksteine erfolgte dann in Meilern ähnlich dem der Kohlebrennerei oder in besonders dazu gebauten festen Öfen. Diese waren besonders in Norddeutschland verbreitet.

Der unverputzte Ziegelstein, oder auch Backstein, war in Mecklenburg seit dem frühen Mittelalter üblich. Der gute Ton, diluvialer Geschiebelehm und geschichteter Ton, fand sich an vielen Orten des Landes. Nach dem Abgraben ließ man diesen noch auswintern, schlemmte ihn unter Umständen und brannte den Rohling in meilerartig gemauerten „Feldziegeleien", die sich meistens in unmittelbarer Nähe der Baustellen befanden, zu einem Handstrichstein von schönem Rot. Bei größeren Bauvorhaben, wie Kirchen und städtischen Bauten, waren ständige Ziegeleien mit gemauerten Öfen für den dauernden Betrieb eingerichtet. Auch bei diesen Betrieben kann man kaum von Manufakturen sprechen. Herstellung und Vertrieb der Ziegel waren lukrativ und lagen vorwiegend in den Händen des Landesherrn, der Kirche, der Städte und von Gutsbesitzern. Der hohe Preis der Ziegel in Mecklenburg war ein wesentlicher Grund dafür, daß diese vorwiegend für repräsentative Bauten Verwendung fanden. Auch die gleichzeitige Verwendung von gebrannten Ziegeln im Außenfachwerk und von Lehmziegeln im Innenausbau eines Gebäudes war aus Kostengründen im Lande weitgehend üblich.

Die zahlreichen Feuersbrünste im 17. und 18. Jahrhundert hatten ein Anwachsen der Ziegeleien und auch die Herausbildung fester „Ziegelhöfe" zur Folge. Gebrannt wurde vier- bis fünfmal im Jahr, als Brennmaterial Holz genutzt, ab 1800 infolge der Verknappung in steigendem Maße Torf. Ein Ziegelhof bestand aus mehreren Gebäuden: den Trockenscheunen, später den „Torfschauern", den Brennöfen, dem Wohnhaus des Zieglermeisters und Gebäuden für seine Hauswirtschaft, da der Brennlohn für seine Existenz oft nicht ausreichte.

Mecklenburg gehörte in der Vergangenheit auch zu den bedeutenden deutschen Glashüttenlandschaften, von der Massenproduktion an Waldglas ist sie wohl die bedeutendste. Hier arbeitete auch die erste urkundlich überlieferte Glashütte in Mitteleuropa, die 1268 für den Bereich des Doberaner Zisterzeinser-Klosters benannt wird. Dann setzte die Glasproduktion im Lande für einen längeren Zeitraum aus. Mit dem Zerfall des hessischen Glasmacherbundes kamen die Glasmacher über Schleswig und Holstein in das waldreiche Mecklenburg und gründeten hier neue Hütten. Die erste weltliche Glashütte des Landes wurde so 1611 in Bantin bei Hagenow errichtet. Ihr folgten eine Reihe weiterer Gründungen, die durch den Dreißigjährigen Krieg aber in ihrer Entwicklung gehemmt waren. Erst in der zweiten Hälfte des 17. Jahrhunderts setzt die eigentliche Konjunktur der mecklenburgischen Glashütten ein, die etwa 50 Jahre später ihren Höhepunkt erlebt und trotz zeitweiliger Krisen bis etwa 1750 andauert.

Danach ging das Hüttengewerbe immer mehr zurück, bis es sich um Mitte des 19. Jahrhunderts (mit der Ausnahme Alt Schwerin) auflöste.

Für die Anlage von Glashütten besaß Mecklenburg günstige geografische Voraussetzungen. Es verfügte über den zur Glaserzeugung notwendigen Sand, sowie ausgedehnte kleine Waldungen. Pottasche konnte aus dem benachbarten Lüneburg bezogen werden. Transportmöglichkeiten, um das in Stroh eingewickelte Glas in die Handelszentren zu schaffen, boten vor allem die Elbe von Boizenburg bis Hamburg und die Ostsee. Auf dem Seewege wurde es von Wismar und Rostock in die skandinavischen Länder verschifft. Um 1780 ging Kistenglas nach Riga und Petersburg und auch nach Holland. Mecklenburg war für das hier in Massen hergestellte Hohl- und Flachglas kaum aufnahmefähig.

Besseres Glas, Kristall und Spiegel, wurden aus Böhmen bezogen.

*Mecklenburgisches Glas – Bouteillen – in der Benutzung durch Rostocker Studenten. Kolorierte Zeichnung 1736/37.*
*(Nach Kohfeldt/Ahrens, Ein Rostocker Studentenstammbuch von 1736/37, Rostock 1919, Bild 11)*

*Glas-Siegel der Grambower Glashütte bei Schwerin, 1811*
*(Mecklenburgisches Landeshauptarchiv Schwerin)*

Die Entwicklung des mecklenburgischen Glashüttenwesens vollzog sich im wesentlichen unter dem Einfluß der ostelbischen Gutsherrschaft. Sie gab den Gutsbesitzern die Möglichkeit, ihre großen Holzungen zu reduzieren und das in ihren Augen forstwirtschaftlich nicht nutzbare Holz günstig zu veräußern, um dann auf den frei gewordenen Flächen eine profitable Landwirtschaft, insbesondere Getreideanbau, zu betreiben.

Von den 159 archivalisch nachweisbaren Hüttengründungen in Mecklenburg-Schwerin im 17.-19. Jahrhundert (gemeinsam mit Mecklenburg-Strelitz waren es knapp 200) entfielen auf den ritterschaftlichen Bereich 130; davon allein 72 für den Zeitraum 1701-1750. Rechnet man auf der Grundlage der Hüttenverträge die Gesamtdauer auf 808 Betriebsjahre und legt einem Hüttenjahr als jährlichen Holzverbrauch 1.000 Faden zugrunde, so wurden allein in diesen 50 Jahren 808.000 Faden oder – auf mecklenburgische Raummeter umgerechnet (x 3,46) – 2.795.680 Raummeter Holz verbraucht. Dieser rigorose Holzeinschlag führte im mecklenburgischen Landschaftsbild um 1750 zu nachhaltigen Veränderungen: an die Stelle ausgedehnter Wälder traten große landwirtschaftliche Nutzflächen.

Zwischen 1751 und 1800 kam es insgesamt nur zu 11 Hüttengründungen. Da der Holzvorrat ziemlich aufgebraucht war, wurde nun Torf als Brennmaterial benutzt, was sich aber nicht bewährte. Es zeichnete sich der anachronistische Prozeß ab, daß ein faktisch mit kapitalistischen Produktionselementen durchsetztes Gewerbe nicht der Förderung und Entwicklung von Manufakturen, sondern vielmehr der spätfeudalen Marktproduktion diente (spezialisierte freizügige Hüttenarbeiter, keine Leibeigenen; Lohnarbeit; entwickelte Arbeitsteilung und Spezialisierung der Glasmacher; Eindringen von Kaufmannskapital in das Gewerbe ab zweiter Hälfte des 17. Jahrhunderts durch Anleihen u.v.a.) Da die Hütten auch im 19. Jahrhundert technisch spätfeudal blieben, gingen sie an der starken kapitalistischen Konkurrenz außerhalb des Landes zugrunde. Das Land ging zum Glasimport über.

Damit war auch der letzte manufakturnahe Bereich eingegangen, ohne eine industrielle Nachfolge erfahren zu haben.

Literatur

Rostock 1980          Rostock. Geschichte der Stadt in Wort und Bild. Rostock 1980.

Beltz                 Hans Beltz, Wie im Agrarlande Mecklenburg Technik und Industrie aufkamen (MS unpagniert um 1955).

Borchert 1994         Friedrich-Wilhelm Borchert, Ziegeleien und Ziegelhandwerk in Mecklenburg-Schwerin, in: Stier und Greif 4. Schwerin 1994, 74-79.

Dahle 1993            Wolfgang Dahle, Ein Köhlermuseum in der Rostocker Heide, in: Stier und Greif 3. Schwerin 1993, 104-105.

Gesetzessammlung      Gesetzessammlung für die Mecklenburg-Schwerinschen Lande. Erste Sammlung, von Anbeginn der Tätigkeit der Gesetzgebung bis zum Anfang des 19. Jahrhunderts. In 5 Bänden. Bd. 2. Wismar und Ludwigslust 1865, Bd. 4 und 5 Wismar,          Rostock und Ludwigslust 1869 und 1872.

Langermann 1786       Ludwig Christoph Baron von Langermann, Versuch über die Verbesserung des Nahrungsstandes in Mecklenburg. Neubrandenburg (1786).

Pries 1919            J.F Pries, Der Ziegelbau in Mecklenburg, in: Mecklenburg 14. Schwerin 1919, 20-40.

Raabe 1857            Wilhelm Raabe, Mecklenburgische Vaterlandskunde. 1. Teil: Spezielle Ortskunde beider Großherzogthümer Meklenburg. Wismar und Ludwigslust 1857. – 3. Teil: Staatskunde der beiden Großherzogthümer. Wismar und Ludwigslust 1861.

Schultz 1940          Karl Hermann Schultz, Waldbestand und Forstwirtschaft im südwestlichen Mecklenburg vom 16.-18. Jahrhundert. Phil. Diss. Rostock 1940.

Timm 1956             Werner Timm, Solange der Holzvorrat reichte. Aus der Geschichte der altmecklenburgischen Eisenhütten, in: Uns' Kalenner. Rostock 1956, 33-36.

Wendt 1977            Ralf Wendt, Das Waldglas. Schwerin 1977.

## Wolfram Hennies

# STÄDTISCHES HANDWERK UND ZUNFTWESEN IN MECKLENBURG IM 17. UND 18. JAHRHUNDERT

Handwerk und Handel bestimmten in Südmecklenburg im 17. und 18. Jahrhundert die städtischen Strukturen. In der Stadt konzentrierten sich vielfältige Dienstleistungsbetriebe. Sie war sowohl ein Umschlagplatz für mannigfaltige Importgüter als auch ein Produktionszentrum, sie schloß auch landwirtschaftlichen Nebenerwerb durch Handwerker ein. Exportiert wurden nur wenige Handwerksprodukte, unter denen Bier, Tuche und Glas herausragten. Sieht man von den Mühlen ab, wurden die Produkte immer noch mit der Hand gefertigt, nur wenige mit Muskelkraft angetriebene Maschinen (z.B. Drechselbank) kamen zum Einsatz. Die Produktion in kleinen, dezentralen Betriebsstätten beruhte auf Handfertigkeit und individueller Werkstoffbeherrschung. Viele Innovationen gehen auf den Einfallsreichtum experimentierender Handwerker zurück. Größe und Produktivität der Betriebe war durch die Zunft im Sinne eines innerzünftigen Konkurrenzausgleichs begrenzt. Die handwerkli-

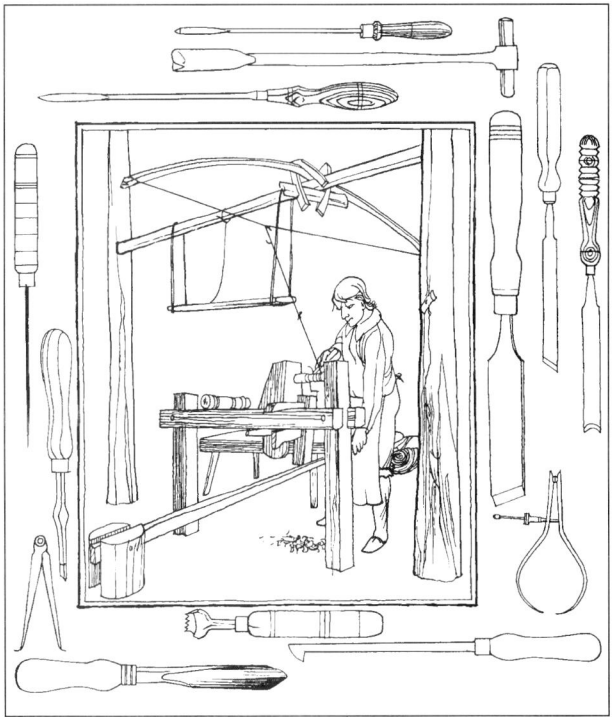

*Drechsler und Drechslerwerkzeug
(Zeichnung: Wolfgang Würfel)*

che Arbeitsteilung führte zu einer Ausfächerung der Berufe – eine Vielzahl von Handwerksberufen lassen sich hinsichtlich des verwendeten Werkzeuges und ihrer Produkte nicht immer scharf abgrenzen (Reith 1990). In Lübz gab es z.B. 1703 304 Erwachsene, 41 Kinder (über 14 Jahre) sowie 85 Gesellen und Dienstboten. Davon waren 16 Tuchmacher, 13 Schuster, 6 Schneider, 4 Leineweber, 4 Tischler, je 3 Schlachter, Bäcker, Maurer, Zimmerleute, Rademacher, Böttcher, je 2 Töpfer, Beutler, Müller, Drechsler, Schmiede, je 1 Nagel-, Gold-, Messer-, Kleinschmied, Fischer, Seiler, Ziegelmacher, Glaser, Riemer, Färber, Riggetmacher (Segel- und Takelagehersteller) (Schubert 1980 25-29).

Die Handwerker sicherten das tägliche Leben in der Stadt: das Wohnen (z.B. Zimmerleute, Maurer, Tischler, Töpfer, Glaser, Drechsler), die Nahrung (z.B. Schlachter, Müller, Bäcker, Fischer) und die Kleidung (z.B. Tuchmacher, Schneider, Schuhmacher). Sie belieferten andere Handwerker mit Werkzeugen und Rohstoffen (z.B. Schmiede, Stellmacher, Gerber) und erbrachten Leistungen für den Handel (z.B. Seiler, Stellmacher, Böttcher). Die erhalten gebliebenen Fachwerkhäuser sind noch heute sichtbare Zeichen für die handwerkliche Kooperation.

Immer wieder führte allerdings die Dacheindeckung mit Stroh, Rohr oder Holzschindeln zu verheerenden Stadtbränden, von denen kaum eine Stadt verschont blieb. Beispiele aus Südmecklenburg sind 1612 und 1711 Parchim, 1660 und 1698 Lübz, 1696 und 1756 Plau. Der Wiederaufbau war eine große Leistung der Bürger, die mit erheblichen persönlichen Belastungen der von den Brandkatastrophen betroffenen Handwerker verbunden war. Sie blieben über Jahre in ihren materiellen Möglichkeiten eingeschränkt. Noch 1725 bestätigte der Lübzer Bürgermeister dem Pantoffelmacher Johann Wollgast, *„daß er nach dem letzten Brandt eine wüste abgebrannte Städte wieder bebauet und sich in allen Krieges Troublen und schwehren ausgaben so aufgeführet, wie ein ehrlieber Bürger angestanden"* (MLHA Acta civitatem spec. Lübz 180).

1700 schrieben Hinrich Tardell und Hinrich Lemcken, *„alß wir beyde Meister des Töpfer Handwercks in Lübs im letzten Brande gäntzlich ruinieret worden."* Der Parchimer Leineweber Tobias Lire offenbarte 1717 in einem Schreiben an den Herzog sein Schicksal: *„Hab ich armer 71jähriger Mann wie daß ich anno 1711 bey der allhie in Parchim entstandenen erschrecklichen Feuers Brunst leider! totaliter ruiniret worden maßen damahlen mein Haus mit allen mobilien jämmerlich eingeäschert"* (MLHA AC Lübz 259).

Auf der einen Seite bedeuteten diese Brandereignisse Verwüstung und großes persönliches Unglück, andererseits brachten sie für die Handwerker neue Arbeit und Verdienst. 1719 schrieb der Parchimer Bäcker Johann Friedrich Hancke, daß es ihm wegen der Kosten, welche mit der militärischen Einquartierung verbunden waren (er zahlte 158 Reichstaler 17 Schillinge), und *„bey jetzigen beschwerlichen Zeiten unmöglich fället"*, das *„strohdach herunter von seinem Hauße zureißen und an staat deßen es mit Ziegeln zubelegen"*, (MLHA AC Parchim 117) wie es der Herzog gefordert hatte.

Waren einerseits Brände und Naturgewalten unvorhersehbare Einschnitte ins normale städtische Leben, so galt dies noch mehr für kriegerische Auseinandersetzungen. Die erste Hälfte des 17. Jahrhunderts wurde beherrscht von den heute nur schwer vorstellbaren Jahren des 30jährigen Krieges, in den Mecklenburg seit 1627 einbezogen war. Neben kriegerischen Zerstörungen lasteten die Soldatendurchmärsche, Einquartierungen, Kontributionen, Folterungen und Plünderungen auf der städtischen Bevölkerung. Seuchen trafen auf ausgehungerte Menschen, die scharenweise in den Jahren 1638/39 durch die Pest hinweggerafft wurden. Der Parchimer Pfarrer Michael Cordesius reflektiert in seiner 1670 erschienenen Chronik: Das *„unnütze Gesindel"*, so bezeichnete er die Soldateska, hat *„die Alten mit Schwedischen Trünken gequälet, Weiber und Jungfrauen geängstiget, die Diener Gottes geprügelt"* (Cordesius 1670).

Durch den 30jährigen Krieg brach vielerorts die aus dem Mittelalter überkommene bewährte Organisationsform der Zunft zusammen, weil zahllose Meister als Träger der Handwerkergenossenschaften umgekommen waren. Trotzdem blieben viele Traditionen lebendig. So schrieben 1661 die Schweriner Kannengießer an den Parchimer Rat, *„das sie sich gantz wol erinnerten, wie daß vor Jahren, vor den betrübten Kriegswesen ao 18 und so weiter"* gewesen wäre. Sie hätten *„die Jahr Märckte alhie allemahl bezogen"* (SA Parchim Handwerk und Gewerbe 16 a). Das bisher geordnete Leben war erschüttert und durcheinandergebracht. Eine geregelte Nachwuchsausbildung wurde vielfach unmöglich. Wohn- und Arbeitsstätten waren verwüstet, Werkzeuge gestohlen. Urkunden, auf die sich die Zunft gründete, gingen verloren, von den Zunftinsignien einmal ganz abgesehen. Die Kriegsfolgen wirkten bis weit in die 2. Hälfte des 17. Jahrhunderts nach. Nur wenige Ämter (wie die Zünfte in Mecklenburg genannt wurden) blieben trotz der Kriegswirren bestehen. Dazu zählte das Parchimer Drechsleramt.

In das Parchimer Drechslermeisterbuch aus dem Jahre 1612, sind bis 1625 vier Parchimer eingetragen, dann folgen 1628 Jacob Gültzow, Bützow; 1636 Jürgen Schwabe, Lübz; Matthias Fischer, Goldberg; Baltzer Trering, Parchim; 1640 Christian Blick; 1648 Andreas Walter, beide Bützow; Hinrich Schiefer, Schwerin; 1650 Carl Lange, Güstrow; Thomas Schwartz, Bützow (Museum der Stadt Parchim). Bei den Ortsbezeichnungen dürfte es sich nicht um die Herkunftsorte von nach Parchim zugewanderten Handwerkern handeln, vielmehr verweisen sie auf die Wohnorte der Meister. Es ist zu vermuten, daß sie, da anscheinend in ihren Heimatorten kein Drechsleramt bestand, sich an die Parchimer Zunft wenden mußten, um die Pro-

*Marktszene in Parchim um 1700 (Zeichnung: Wolfgang Würfel)*

zedur des Meisterwerdens zu absolvieren. Grund für den überurbanen Zusammenschluß ist auch in der geringen Anzahl der Drechsler in der jeweiligen Stadt zu suchen. Dies ist sicher auch der Grund, daß die Parchimer Schmiedezunft 1649 Schlosser, Uhr-, Büchsenmacher, Messer-, Nadel- und Grobschmiede vereinigte (MLHA AC Parchim 679).

Es wird für alle ein Glücksfall gewesen sein, daß die Parchimer Drechslerzunft durch alle Wirrnisse weiterbestand. Man benötigte für die Meisterprüfung mehrere Meister. Einen, in dessen Werkstatt das Prüfungsstück gefertigt wurde, sowie einen oder zwei weitere, die das Meisterstück begutachteten. Das Drechslerbuch ist ein Beleg dafür, daß trotz des Krieges das „normale" Leben irgendwie weitergehen mußte. Um so mehr verwundert, daß es mitten im Krieg zu Abgrenzungstreitereien zwischen nah verwandten Gewerken kam.

Die Parchimer Großtuchmacherzunft prozessierte seit 1630 gegen die unzünftigen Kleintuchmacher, deren handwerkliche Unterschiede nur in der Breite der hergestellten Laken bestand. Der Streit nahm 1635 mit dem herzoglichen Erlaß einer Amtsrolle für die Kleintuchmacher ein Ende (Stüdemann 1989 75 f.).

In den Berufen, wo die Zunfturkunden verlorengingen, bemühte man sich um eine schnelle Neufixierung und Bestätigung durch den Herzog. 1652 lebten in Parchim die Böttcher Gabriel Jengel, Ertmann Maus und Johann Clausen. „*Letztere berichten, sie vom Bürgermeister und Rath kein Privilegium gehabt hätten vorbenannte drei Meister die Ambts-Gewohnheit, wie es in andern Städten, In Ihrem Ambte halten wurde, von Bötticher Ambte zu Perlebergen bekommen*" (MLHA AC Parchim 122). 1693 folgte dann die Festlegung der Böttcherzunftprivilegien. Übrigens wandte sich der Parchimer Rat noch 1679 an den Magistrat des brandenburgischen Perleberg und ließ sich von dort das Gerberprivileg abschriftlich zusenden (SA Parchim 1161 a).

Bei den Parchimer Tischlern blieb die Zunftrolle von 1613 im herzoglichen Archiv in Schwerin erhalten, doch bestätigte der Herzog 1671 eine neue Amtsrolle (MLHA AC Parchim 925). Ebenso war es bei den Parchimer Bäckern. Die 1589 verliehenen und 1614 erneuerten Privilegien wurden 1670 neu geordnet (Stüdemann Handwerksämter 1989 23-25).

Ähnlich war es mit den Lübzer Schuhmachern, sie hatten bereits 1568 ein Privileg erhalten, welches 1670 erneuert wurde (MLHA AC Lübz 179). Die Amtsrolle der Parchimer Schmiede von 1610 wurde 1649 vom Herzog neu bestätigt (MLHA AC Parchim 679). Dagegen ging das Parchimer Gewerk der Zimmerleute in den Wirren des 30jährigen Krieges unter. Erst 1690 kam es zur neuerlichen Amtsbildung (Museum Parchim Rechnungsbuch des Amtes 1690–1816). Die

neu proklamierten Zunftbestimmungen manifestierten jahrhundertealte Zunfttradition, ordneten Bedingungen und legten Einfluß und Befugnisse fest. Solange die Macht der Zünfte in den Städten unangetastet blieb, waren die Entscheidungen zur Aufnahme in die Zunfthierarchie ausschließlich interne Angelegenheit. Mit dem Ende des 30jährigen Krieges waren die militärischen Belastungen der Bevölkerung nicht zu Ende. Zu Beginn des 18. Jahrhunderts wurde Mecklenburg in den Nordischen Krieg hineingezogen. 1721 bekannte der Parchimer Bäcker Johann Eckhardt, daß die „*sofort nach dem Brande eingefallnen und bis hierhin angehaltenen schwere Krieges Troublen mich dermaßen untergehalten, daß ich deshalb in tiefsten Schulden und einen miserablen Zustand gerathen*" (MLHA AC Parchim 108). 1720 klagte der Parchimer Bäcker Elias Woltersdorf, daß er „*durch die nacheinander in vielen Jahren erlebete Krieges Troublen und dabey sich gefundenen schweren ausgaben in tieffen Schulden und einen schlechten Ehtat gerahten*" (MLHA AC Parchim 109).

Mit den Ereignissen des Jahres 1733 stehen auch persönliche Schicksale von mecklenburgischen Handwerkern in Zusammenhang. Es kam zur Reichsexekution, Südmecklenburg wurde von Preußen besetzt. In Parchim, Lübz und Plau lagen preußische Soldaten in Garnison, d.h. sie waren bei den Bürgern einquartiert. Die Parchimer Tischlerwitwe Dorothea Beyer klagte 1745, daß sie „*mit die Harte Einquartierung von denen brandenburgischen Husaren so gedränget und gequälet worden, daß ich fast gantz ruiniret*" (MLHA AC Parchim 925). Noch schlimmer erging es dem Schuster Christian Simon Doll. Er war 1733 in Güstrow „*von den lüneburgischen ümb meiner geleisteten unterthänigsten Treue ergriffen und gefänglich nach Ratzeburg geschlept und alda 25 Wochen einen Elenden Arrest halten müßen nun wäre ich diese Stunde wohl noch nicht loos gegeben worden wenn mir meine brust unter wegens von denen Soldaten mit flinten stößen nicht wäre zerquetscht worden, wo von ich durch Gottes Gnade zwar wieder curiret, allein ich bin doch zeit meines lebens ein ungesunder Mensch*" (MLHA AC Lübz 180).

Brände und Kriege, aber auch Zunftschranken, bestimmten als Rahmenbedingungen das Leben der Handwerker in den Städten. Die eigenständigen Ämter wurden im 18. Jahrhundert nach und nach der herzoglichen Oberaufsicht unterworfen. Dies äußerte sich vor allem in den untereinander immer mehr angeglichenen Zunftrollen, der Reichszunftordnung von 1731 (Artikel I: Keine Zusammenkünfte ohne Vorwissen der Obrigkeit), (Sammlung 1851 18-28) der Einflußnahme der städtischen Obrigkeit auf Zunftbelange und der Einsetzung von Freimeistern durch den Herzog. Der Landesgrundgesetzliche Erbvergleich 1755 bestimmte in Artikel 374, daß „*die Zünfte in den Städten der Gestalt eingeschränket seyn, daß 1. keine überflüßige, sondern ganz leidliche, so genannte Amts-Gebühren von den angehenden, die Amts-Gerechtigkeit suchenden Meistern, welche sich durch richtige Geburts- und Lehr-Briefe, auch dreyjährige Wanderschaft, und darüber habende Kundschaften, als geschickt dazu legitimiret, gefordert, 2. solche angehende Meister mit keinen Amts-Kosten oder Schmausereyen und dergleichen unnöthigen Geld- und Zeit- verspillenden Ausrichtungen viel weniger 3. mit kostbaren, alten und unbrauchbaren Meister-Stücken beschweret, noch 4. eines Amts-Meisters-Tochter oder Witwe zu heyrathen, genöthiget*“ (Erbvergleich 1755 193 f.).

Zuvor mußten sich Jungmeister auf Jahre verschulden, um die Feierlichkeiten, die bei der Meisterwerdung von den Mitmeistern verlangt wurden, bezahlen zu können. Hierin liegt auch der Grund, weshalb junge Meister Meisterwitwen heirateten, um der Verschuldung zu entgehen. Eine andere Möglichkeit war die Heirat einer vermögenden Meistertochter. Beides war durch entsprechende Zunftparagraphen in den alten Amtsrollen von vornherein favorisiert. Eine gleiche Bevorzugung traf für Söhne von Zunftmeistern zu. In der Rolle der Müller von Lübz und Crivitz, die in einem Amt vereinigt waren, war 1717 festgelegt, daß der Meisterbewerber 4 Reichstaler ans Amt zahlen und den Zunftgenossen eine halbe Tonne Bier stellen mußte. „*Eines Ambts-Bruders Sohn aber giebt nur die Helfte, des gleichen ein Mühlen-Bursch, der eines Meisters Tochter heyrathet*“ (MLHA AC Lübz 131). In der Amtsrolle der Lübzer Tischler von 1706 steht, daß ein Fremder 15 Gulden ans Amt abführen mußte. War er ein Lübzer Meistersohn oder heiratete er eine Meisterwitwe oder -tochter, betrug die zu zahlende Summe nur die Hälfte (MLHA AC Lübz 256).

Die Zunft erfüllte berufsordnende Funktionen (Ausbildung), war preis- und marktordnend (Rohstoffeinkauf, Produktionsumfang, Qualität, Absatz, Arbeitsmarkt). Sie bildete den Mittelpunkt des geselligen Lebens und erfüllte Aufgaben im Gemeinwesen. Sie sorgte auch für die hinterbliebenen Witwen und Waisen der Zunftgenossen. An der Spitze der Zunft standen zwei „Älterleute“. Bei den regulären Zusammenkünften der Zünfte – „Morgensprachen“ genannt – wurden aufgekommene Probleme geregelt. Diese fanden in der Regel zweimal jährlich statt und waren gleichzeitig eine Art Feiertage für die jeweiligen Handwerker.

Zentrale Bedeutung kam im Handwerk der beruflichen Qualifikation zu. Wer als Lehrling aufgenommen und welcher Geselle Meister zu werden wünschte, mußte sich den strengen Zunftbestimmungen unterwerfen. Zunftrollen aus dem 17. Jahrhundert forderten, daß keiner ins Amt aufgenommen würde, der nicht „*reiner Religion und Unserer kirchen gemeine*

*Augsburgischer Confession zugethan undt verwandt*“ (MLHA AC Parchim 679) sei. Verlangt wurde vom Lehrling ein vom Pfarrer des Heimatortes ausgestellter Geburtsbrief, der belegte, daß dieser von ehrlichen Eltern abstammte, in einem „*rechten ehebette gezeuget undt gebohren*“ sei, wie dieses in der Parchimer Schmiedeamtsrolle von 1610 nachzulesen ist (MLHA AC Parchim 679). Die „Ehrbarkeit“ war ein Grundpfeiler der Zunftordnung. Söhne von Eltern mit unehrlichen Berufen (z.B. Scharfrichter) war die Aufnahme in eine Zunft verwehrt. 1754 wandten sich die Parchimer Beutler an ihre Güstrower Zunftgenossen und baten um Vermittlung in einem Streit, in den sie geraten waren, weil ein Geselle „den Scharffrichter Knecht ein vorhosen auß gewaschen“ hatte (SA P 1161 a).

Die Ein- und Ausschreibungen von Lehrlingen, Gesellen und Meistern wurde schriftlich festgehalten. Die Lehre dauerte zwischen zwei Jahren (Lübzer Schuhmacher 1724) (MLHA AC Lübz 179) und fünf Jahren (Lübzer Müller 1717) (MLHA AC Lübz 131), wobei die meisten Berufe nur drei Lehrjahre forderten. Die Parchimer Tobackspinnerrolle von 1738 legte vier Jahre fest, wenn der Lehrling „*wehrend solcher Zeit sich selbst in Kleidern und Schuen erhalten. Wenn aber der Meister für den Jungen dem Amte das lehr Geld bezahlet, lernet der Junge Sechs Jahr*“ (MLHA AC Parchim 926).

Eine Einschreibung lautete bei den Parchimer Tischlern: „*Anno 1651, den 1.october. Hat Meister Rahmelow einen Jungen bey unß einschreyben laßen mit nahmen Jürgen scheffer und lernet 3 Jahr gibt dem Amt 3 Rthlr 12 Sch*“ (Augustin 1921 28). Eine Ausschreibung bei den Parchimer Zimmerleuten wurde folgendermaßen festgehalten: „*1751 Apr 14 ist von dem Alterman Meister Hanß Cordes vor offener Lade loßgesprochen Hans Bartholdt, welcher seine zwei Jahre richtig gelernt*“ (Museum Parchim Lehrlingsrolle 1690-1867). Es folgen die Namen seiner Bürgen, die Gebühr betrug 4 Reichstaler.

Bei der Einschreibung las man dem Lehrling Verhaltensmaßregeln vor, an die er sich während seiner Lehrzeit halten mußte. Bei den Parchimer Tischlern war im 17. Jahrhundert festgelegt, daß der Lehrling zwischen 5 und 20 Uhr arbeiten sollte. Er durfte sonntags die Kirchenpredigt bei 4 Schilling Strafe nicht versäumen, mußte alles tun, „*waß ihm von Meister und Meisterin wie auch vom gesellen befohlen*“ wurde, alle anfallende Hausarbeit, auch das Schuheputzen erledigen sowie „*deß sonnabends nach Feyrahbend die Werkstäten auff reuhmen und daß werk Zeug da es hin gehört jegliches an seinen Ort stecken so fern et waß weg Kombt so sol er sich Ver Muhten sein solches den Meister Zu bezahlen.*“ Hielt der Lehrling diese Bestimmungen nicht ein, mußte er bei Übertretung 2 Reichstaler Strafe an die Zunft abführen. Hatte er kein Geld, verlängerte sich seine Lehre bei jedem Verstoß um vier Wochen (Augustin 1921 28 f.).

Die Amtsrolle der Parchimer Tobackspinner von 1738 bestimmte im Artikel 10 zum Verhalten des Lehrburschen: *„Jeder Lehr Junge soll sich in des Meisters Hause ehrbahr gehorsahm und treu verhalten, und muht willig nicht entlauffen, woferner er dieses thut, sollen die im Amte gezahlte Gelder verfallen seyn"*. Wenn aber der Meister den Jungen *„zur Ungebühr beschwerete, soll der Junge solches denen Alterleuten anzeigen und diese hinwiederumb es den Meister hinterbringen damit solches abgeschaffet und der Junge nicht zur Ungebühr tractiret und gehalten werden möge, würde der Meister es auch zu arg machen, daß der Junge nicht bey ihm aushalten könte so soll derselbe von ihm genommen und bey einem anderen Amts Meister der ihn benöthiget wieder in die Lehre gegeben werden"* (MLHA AC Parchim 926).

Bei der Lehrlingsausschreibung wurden von den Gesellen allerlei Bräuche („Ceremonien") gepflegt, die an das heute noch übliche Gautschen bei den Buchdruckern erinnern. Bei den Drechslern wurde der Junggeselle verkleidet, die anderen Gesellen machten *„allerhand Possen, lässet sich die Zähne weisen und schmeißet ihm ein Ey ins Maul, barbieren ihn mit einem hölzernen Schermesser"* (Künstler 1708 238 f.).

Ein Lehrbrief enthält alle wichtigen Mitteilungen über die Ausbildung des Lehrlings, sein Verhalten während seiner Lehre und seine erworbenen beruflichen Fähigkeiten. Nach bestandener Gesellenprüfung durfte der Lehrling auf ein Zeugnis hoffen, „ohne demselben er nicht fort kommen" konnte. Der Lehrbrief war eine grundsätzliche Voraussetzung für seine Wanderschaft, die mindestens zwei Jahre dauern mußte, da er ihn überall vorweisen mußte. Das Urteil der Zunftmeister war „glaubwürdig", so daß er andernorts *„bey einem ehrlibenden ambt wie auch brüderschafft gute beforderung"* und Unterstützung erwarten konnte, wie im Lehrbrief des in Röbel ausgebildeten Bäckers Jacob Dethloff von 1713 steht. Gleiches versprachen die Röbeler Meister wandernden Gesellen aus fremden Städten. Die ordnungsgemäße Ausfertigung des Scheines wurde mit „eigen Händiger" Unterschrift des Zunftvorstandes und „ambts gewöhnlicher" Petschaft besiegelt (MLHA AC Lübz 35).

Der Entwicklungsweg eines Handwerkers verlief in festen, von zünftigen Regeln umrissenen Bahnen. Beginnend mit dem Nachweis der „ehelichen und ehrlichen" Geburt, einem den moralischen Ansprüchen der Zunftgenossen zufriedenstellenden Lebenswandel, eine „redlich und treu" ausgestandene Lehrzeit bis hin zur glücklich absolvierten Wanderschaft mußten zahlose Hürden genommen werden, bevor der Lehrling über den Gesellen- zum Meisterstatus gelangte. Meisterstück, Bürgerrecht und Heirat waren die letzten, dicht aufeinanderfolgenden Schritte bis der Handwerker die höchste Stufe der Zunfthierarchie erreicht hatte. Als Amtsmeister garantierte ihm die Zunft gesellschaftliche Einbindung, soziales Ansehen und materielle Sicherheit. Das Wohnhaus des Meisters war zugleich Arbeitsstätte. Gesellen und Lehrlinge gehörten mit zur Familie, weshalb ein Meisterwitwer möglichst schnell wieder heiraten mußte. Kontroll-, Versorgungs- und Ausbildungsleistungen gingen ineinander über, Arbeit und Freizeit waren nicht voneinander zu trennen.

Noch 1786 forderte der Herzog von jedem Handwerksgesellen die Wanderschaft, (Sammlung 1851 55) was weniger konservatives Beharren auf traditioneller Handwerkerausbildung als vielmehr die Erfahrung war, daß der Geselle nur auf diesem Wege *„in seiner Profession alle guten Kenntnisse bestmöglich zu erwerben und zur fertigen Ausübung zu bringen, die zu einem geschickten Handwerksmann erforderlich sind."* Den wandernden Gesellen ist es zu verdanken, daß fremde Werkstatteigenheiten und Arbeitserfahrungen, technische, künstlerische sowie landschaftliche Besonderheiten in kurzer Zeit selbst in entlegenen Orten bekannt wurden, zudem erfolgte ein Arbeitskräfteausgleich. Die Wanderschaft bereicherte auch an Lebenserfahrung.

1673 erklärte der aus Bremen stammende Parchimer Tischler Henning Böken, daß er auf seiner Wanderschaft folgende Städte gesehen hatte: Stade, Hamburg, Lübeck, Leipzig, Dresden, Wien, Breslau, Liegnitz, Danzig, Thorm, Graudenz, Warschau und Krakau (MLHA AC Parchim 925). Der Parchimer Bäcker Dettloff Schulze gab 1690 an, daß er fünf Jahre gewandert, in *„Rostogck, Wismar und stetin ins dritte Jahr gearbeitet auch mich sonsten in Pommern, Caßuben und Dantzig versuchet habe"* (MLHA AC Parchim 88). Ein anderes außergewöhnliches Beispiel ist der Lübzer Bäcker Jacob Dethloff, der am 17.7.1730 dem Herzog schrieb: *„Maßgestalten ich viele geraume Jahre in und ümb Petersburg als becker gearbeitet und mit meiner Frau und Kindern nunmehro vorm Jahr, da mein Vater zu Lübz verstorben auf meiner alten Mutter vielfältiges Schreiben retourniret"*. Seine Aussage wurde einmal vom Lübzer Bürgermeister, zum anderen durch zwei russischsprachige Atteste bestätigt, daß Zar Peter II. dem Bäckermeister Dethloff, seiner Frau und drei Kindern die Ausreise aus Rußland über dem Seewege nach Lübeck am 18.7.1729 gestattete (MLHA AC Lübz 35).

Der ankommende Geselle meldete sich bei dem Altermann bzw. in der Herberge, von wo aus er zu einem Meister vermittelt wurde. So waren z.B. in Parchim 1725 bei 5 Zimmermeistern 14 Gesellen und 1730 bei 6 Zimmermeistern 36 Gesellen beschäftigt (Museum Parchim Rechnungsbuch des Amtes). Wollte der

Meister den Wandergesellen nicht nehmen, mußte er diesem ein „zunftgemäßes Zehrgeld" geben, die Übernachtung war kostenlos. Lehnte allerdings der Geselle die Arbeit bei dem Meister ab, „*so soll kein Meister ihm arbeit geben*". Die Gesellen schliefen in Herbergen, die von den Zünften für die Wandernden eingerichtet wurden. Ein Zunftschild in Form eines Auslegers machte den Wanderburschen darauf aufmerksam. Im 18. Jahrhundert war die Herberge, in der auch die Gewerksversammlungen abgehalten wurden und es bei Bier neben der Klärung von Zunftangelegenheiten auch gesellige Unterhaltung gab, im Haus des Altermanns: „*1703 Wie das Schild bey den ältesten Meister Jürgen Glismann ausgehangen, sind von diesen 7 Rthlr 23 Sch noch abgenommen 1 Rthlr für die Musicanten, Noch zu Bier und andern Unkosten 1 Rthlr 18 Sch.*" Und: „*Anno 1753 den 1 Oct ist das Löbl. Handwerck der Zimmerleute, nachdem sie ihren Krug, so biß her bei Jacob Schultzen Witwe gewesen, bey dem Alterman Meister Hans Cordes verleget, und nach deßen Wohnung Amts Lade und Schild mit gewöhnlicher Solemnität (Feierlichkeit) gebracht*" (Museum Parchim Rechnungsbuch des Amtes).

Die Lade besaß für den Handwerker zentrale Bedeutung. Vor „geöffneter Lade" wurden alle wichtigen Angelegenheiten der Zunft besprochen, in ihr alle wichtigen Papiere der Zunftgenossen bewahrt. Der verschließbare Holzkasten stand im Hause des jeweiligen Zunftvorstandes. 1750 befand sich folgender Inhalt in der Lade der Parchimer Nadler: 13 Reichstaler 14 Schillinge an baren Geld, das Amtssiegel aus Messing, das Amtsprivileg vom 10.10.1712, vier Geburtsbriefe, „*ein convulut allerhand alter briefe und schrifften von keiner sonderlichen wichtigkeit, ein Treib-Buch (?), ein Quartal-Buch, ein Gesellen-Buch*" (SA Parchim 16 a). Die Gelder stammten nicht nur von den Ausbildungsgebühren. Die Lübzer Tischleramtsrolle von 1706 legte z.B. fest, daß jeder Meister im Quartal 1 Schilling und jeder Geselle „1 Sechsling" in die Lade zahlen mußte, „*damit denen armen wandernden Gesellen oder da einer mit Krankheit befallen, möchte hülfreiche Hand geleistet werden*" könne (MLHA AC Lübz 256). Die Zunft gewährte den Meistern aus der Zunftlade auch Kredite. Am 22.6.1700 erschienen 8 Parchimer Tischlermeister vor Gericht, „*weil Zwischen denen sämbtlichen Ambts Meistern wegen ausgeliehener Ambts auch restirender Meistergelder Verschiedene irrungen und Differentien entstanden*". Der Altermann verlangte „*in presenz des H. Stadtvoigt Daniel Dethloffen, Herrn Johannes Schmitten und Herrn Joachim Hinrich Balecken gerichts Assessores*" von jedem der Meister, sich zu erklären, „*wan er daßelbe (die ausstehenden Schulden) auff Zinßen gegen Sufficante caution und üblich Zinßen behalten, oder auch baar abführen wolte*" (Augustin 1921 30).

Die Arbeitszeit der Handwerker war lang. Sie dauerte bei den Zimmerleuten im Sommer von morgens 4 Uhr bis abends 18 Uhr. Im Winter „*sobald es taget auf die arbeit und des abends nach der Sonne untergang*". Ruhestunden gab es im Sommer von 8 – 9 Uhr und von 12 – 13 Uhr. Im Winter war von 11 – 12 Uhr Pause. 1710 betrug der Tageslohn zwischen April und September für Zimmermeister und -gesellen 9 Schillinge (SA Parchim 715 a). Vor diesem langen Arbeitstag ist das Streben der Gesellen nach einem zweiten arbeitsfreien Tag in der Woche, dem sogenannten „blauen Montag", zu sehen. Deshalb enthielten die Zunftrollen Bestimmungen, die das „Abhalten des Blauen Montags" unter Strafe stellten. In der Parchimer Zimmermannsamtsrolle von 1710 heißt es: „*der gute montag, welchen sich die Gesellen zeithero aus Böser gewohnheit gemacht bey einem thaler Straffe in die Lade gantz abgeschaffet sein soll*" (SA Parchim 715 a). Am 6.10.1732 wurde das gesamte Parchimer Zimmergewerk zusammengerufen: „*ist den Meistern und gesellen (in gegenwart des Rahts Debutihrte J.H. Bahlk) Vor gelehsen Von ihro kayserliche Maysteht und Reichsteende Verbeßerte Ortnung wehgen der abstellung derr Miß breüchen bey den Handte wercken*" (Museum Parchim Rechnungsbuch des Amtes).

Die meisten Handwerker verkauften ihre Produkte auf dem heimischen Markt und auf Jahrmärkten anderer Städte. Bäcker und Fleischer hatten sog. „Scharren" (feste Verkaufsstände) und Läden in ihrem Wohnhaus. Natürlich konnte ein Kaufwilliger auch die Werkstatt aufsuchen. Die Handwerker produzierten sowohl auf Bestellung als auch auf Vorrat. Mit Wagen, Karren oder zu Fuß wurden die jeweiligen Jahrmarktorte aufgesucht. 1695 berichtete der Parchimer Buchdrucker Johann Kruse, daß er mit seinem Gesellen „*beyde etwas an Bücherwahren, jeder im Sack auf der Schultern*" nach Lübz getragen habe (MLHA AC Parchim 126). Handwerker waren auf die Märkte angewiesen. Noch 1728 stellten die Lübzer Töpfer fest, daß „*die Töpffer aus denen nahe stoßenden Brandenburgischen Landen, deren Jahr Märckte Wir nicht bediehnen, auf die Jahr Märckte in unserer Stadt Lübtz beständig kommen und auff denenselben ihre Wahre verkauffen und uns also in unserer Nahrung großen Eintrag thun*" (MLHA AC Lübz 259). Gleiches über die unliebsame preußische Konkurrenz berichteten die Parchimer Tischler schon 1673 (MLHA AC Parchim 925). Die Parchimer Töpfer forderten übrigens vom Herzog, daß sie ebenso wie die Güstrower „*zum wenigsten ein Marckt im Jahr vor sich allein, darin Ihnen niemand sowenig von Ein- als ausländischen kommen darff*" (MLHA AC Parchim 927). Letztere Bemerkung ist ein Beleg dafür, daß die Zünfte sich mit der herzoglichen Aufsicht abgefunden hatten und sie sogar für ihre Belange nutzen wollten.

Als Instrument gegen die Zünfte mit ihren Amtsmeistern setzte der Herzog sogenannte „Freimeister" ein. Mit diesen unzünftigen Handwerkern sollte nachhaltiger Druck auf die in ihrer Meisterzahl beschränkten Zünfte ausgeübt werden, um deren Forderungen abzuweisen. Die Freimeister übten kraft eines herzoglichen Privilegs ihr Handwerk aus, das besonders nach Kriegszeiten und Stadtbränden erteilt wurde, um die Versorgung der Bevölkerung durch zuziehende Handwerker sicherzustellen.

Der Parchimer Buchbindergeselle Johann Kruse ersuchte den Herzog 1692 um ein Freimeisterprivileg. Er habe bisher bei einer Meisterwitwe gearbeitet, *„weil den die selbe albereits einen anders gesellen verschrieben, welchen sie auch mit ersten erwartet, alß dan ich bey ihr nich länger verbleiben werde"* (MLHA AC Parchim 126). Der aus Bremen stammende Kleinschmied Johann Köster bat im Januar 1699 den Herzog um die 1693 priviligierte Freimeisterstelle des am 18.4.1698 verstorbenen Parchimers Johann Kopf.

Der Stadtvogt reagierte auf eine entsprechende Anfrage aus Schwerin, daß der Verstorbene *„ein neu woll erbautes Hauß mit einer woll aufgereumten werckstädte in der (Parchimer) Neustadt"* und *„eine junge Witwe mit 3 gantz kleinen Kindern mit wenig Brod, weil er sich mit dem bawen sehr verschwächert"* hinterlassen habe (MLHA AC Parchim 679). Auch als Freimeister war es also von Vorteil, wenn ein Geselle ein Freimeisterwitwe heiratete. So erhielt Köster sein Privileg am 17.6.1699. Aus dem Kirchenbuch geht hervor, daß Johann Köster am 27.2.1699 diese Witwe namens Maria Schlößers ehelichte (Mecklenburgisches Kirchenbuchamt Schwerin: Kirchenbuch St.Marien zu Parchim).

In einem Freimeisterprivileg war festgelegt, daß dieser unbehelligt von den Amtsmeistern seine Profession treiben, einen Gesellen halten, jeweils nur einen Lehrling ausbilden und seine Produkte auf allen Jahrmärkten „frey und ungehindert feil haben" durfte. Mit der letzten Bestimmung gab es allerdings häufig Schwierigkeiten außerhalb des Wohnortes, da die Amtsmeister in den anderen mecklenburgischen Städten diese Bestimmung anzweifelten. Der Parchimer Freibäcker Hans Piltz wollte am 17.6.1650 auf dem Jahrmarkt in Grabow Brot verkaufen, hatte aber sein Freimeisterprivileg nicht bei sich. Die dortigen Amtsbäcker nahmen ihm daraufhin seine Backwaren weg, verkauften diese und teilten das Geld untereinander auf. Erst nachdem Piltz mit Hilfe von Zeugen und einem Notar den Herzog bemühte, waren die Grabower zu einem Kompromiß bereit: Piltz versprach, gelegentlich sein Privileg in Grabow vorzuzeigen, daraufhin erhielt er den Verkaufserlös ausgezahlt (MLHA AC Parchim 71).

Die zahlreiche Etablierung von Freimeistern neben den Amtsmeistern der Zunft um 1700 belegt, daß trotz schwieriger Rahmenbedingungen anscheinend eine genügende Auftragslage bestand, die allen Meistern ihre berufliche Existenz garantierte. So schloß am 8.11.1747 das Parchimer Tischleramt mit den fünf Tischlerfreimeistern einen gerichtlichen Vergleich: die bisherigen Freimeister zahlten 5 Reichstaler und wurden als Amtsmeister ins Amt aufgenommen (Augustin 2.Teil 1921 44).

Im Landesgrundgesetzlichen Erbvergleich von 1755 wurden folgende finanzielle Belastungen für die Handwerker festgeschrieben: Jährliche Kontribution für einen Handwerker ohne Gesellen 1 Reichstaler, mit einem Gesellen 2 Reichstaler, mit drei Gesellen 3 Reichstaler, mit vier und mehr Gesellen 4 Reichstaler. Die Haussteuer betrug jährlich 1 Reichstaler, bei einem halben Haus 24 Schillinge, von einer Bude 12 Schillinge (Erbvergleich 1755 32-36).

Hatten die Zunfthandwerker bislang ihr Selbstwertgefühl auf den langjährigen Ausbildungsweg und ihre speziellen Fertigkeiten für die Herstellung eines Erzeugnisses gestützt, so wurde der Wert ihrer Qualifikation durch das vermehrte Auftreten von unzünftig und somit illegal arbeitenden Personen angegriffen, obwohl deren „Schwarzarbeit" wohl mehr als moralische, denn als tatsächliche Konkurrenz aufzufassen ist.

Nach dem Ehrgefühl der Zunfthandwerker durfte es einfach nicht möglich sein, ohne Ausbildung und dem mühevollen Absolvieren der durch die Zunftordnung festgelegten Stufenleiter eine handwerkliche Tätigkeit auszuüben. Das Geschick von Personen ohne Ausbildung bzw. ohne Zunftzugehörigkeit unterlief ihre Autorität, weshalb sie auf ihrem lokalen Monopol als Anbieter bestimmter Produkte und Leistungen bestanden. 1671 bestätigte der Herzog die Parchimer Tischleramtsrolle, *„damit sie für die Stöhrer und Pfuscher gesichert sein und durch dieselben Ihnen Ihr teglich brot ferner nicht entraubet"* werden (MLHA AC Parchim 925). Den „Pfuschern" drohte der Verlust ihres Werkzeugs und der angefertigten Erzeugnisse.

Ende des 18. Jahrhunderts präsentierte sich die Zunft nur nach außen hin noch als gesicherter Rahmen für die Handwerker.

Noch 1771 verlieh der Herzog den bisher zu Parchim gehörenden Lübzer Maurermeistern eine eigene Amtsrolle (SA Parchim 703a). Die etablierten Meister wollten an den bestehenden Verhältnissen festhalten, die neue Handwerkergeneration strebte eine Veränderung der starren Verhältnisse an, da sie ihnen kaum individuelle Entwicklungsperspektiven ermöglichten. Dieser Interessenkonflikt ließ sich nur durch die Gewerbefreiheit lösen, die allerdings im Gegensatz zu Preußen (1810) in Mecklenburg erst 1869 in Kraft trat. Erst dann wurde das Prinzip der „Ehrbarkeit", dem sich die Zunftmeister verpflichtet fühlten, durch das Prinzip der „Tüchtigkeit" ersetzt. Das Kernstück der alten Zunftverfassung – den obligatorisch zu erbringenden Befähigungsnachweis vor den etablierten Meistern – blieb allerdings bis in die Gegenwart erhalten.

Literatur

| | |
|---|---|
| Augustin 1921 | K. Augustin, Aus alten Innungsakten. Teil 1 und 2. In: Mecklenburg, 1/1921. |
| Cordesius 1670 | M. Cordesius, Chronikon Parchimense. Parchim 1670. |
| Hennies 1989 | Wolfram Hennies, Lübz in der Zeit vom Dreißigjährigen Krieg bis 1800, in: Lübz, Beiträge zur Geschichte der Stadt. Lübz 1989 28-33. |
| Hennies 1991 | Wolfram Hennies, Parchimer Zimmerleute zwischen Dreißigjährigem Krieg und Industrialisierung. In: Mecklenburgische Jahrbücher 108. Jg. 1991 107-118. |
| Hennies 1992 | Wolfram Hennies, Parchimer Böttcher, in: Heimathefte für Mecklenburg-Vorpommern 4/1992 47-49. |
| Hennies 1993 | Wolfram Hennies, Parchimer Tischler im 17. und 18. Jh, in: Stier und Greif. Schwerin 1993 41-45. |
| Hennies 1994 | Wolfram Hennies, Der Lübzer Bäckermeister Jacob Dethloff, in: Heimathefte für Mecklenburg und Vorpommern, 1 + 2/1994 44-48. |
| Künstler 1708 | Der vornehmsten Künstler und Handwercker Ceremonial-Politica, Erster Theil. Leipzig 1708. |
| Erbvergleich 1755 | Landesgrundgesetzlicher Erbvergleich. Rostock 1755. |
| Reith 1990 | R. Reith, Lexikon des alten Handwerks. München 1990. |
| Sammlung 1851 | Sammlung aller für das Großherzogthum Mecklenburg-Schwerin gültigen Landes-Gesetze von den ältesten Zeiten bis zum Ende des Jahres 1834, 6.Bd. Schwerin 1851. |
| Schubert 1980 | F. Schubert, Anno 1704, 300 Mecklenburgische Pastoren berichten. Göttingen 1980 25 -29. |
| Stüdemann 1989 | K. Stüdemann, Wollenweber und Wollenweberei in Mecklenburg. Bonn 1989 75 f. |
| Stüdemann 1989 | K. Stüdemann, Von den Handwerksämtern der Bäcker, Los- und Fastbäcker in Parchim, in: Mecklenburgische Jahrbücher 107. Jg. 1989 23-25. |

## Klaus-Dieter Hoppe

# DIE SCHWEDISCHEN FESTUNGEN IN MECKLENBURG UND VORPOMMERN

Als endlich Anfang August des Jahres 1648 im westfälischen Münster das „Instrumentum pacis Caesareo – Suecium" als Teilvertrag des Westfälischen Friedens zwischen dem Kaiser und dem Königreich Schweden ausgehandelt worden war, wurde unter anderem nur rechtskräftig, was de facto bereits einige Zeit Bestand hatte. Schweden, das Dänemark als Großmacht ausgeschaltet und dem jungen brandenburgischen Kurfürsten Friedrich Wilhelm trotz des Separatfriedens vom Sommer 1641 lediglich den östlichen Teil des mit dem Tod Bogislavs XIV. seit 1637 ledigen Herzogtums Pommern überlassen mußte, war der Sieger im lange Zeit mit äußerster Erbitterung geführten Kampf um das „Dominum maris Baltici" geblieben. Als Pommernherzog war der Schwedenkönig Inhaber eines Reichslehen geworden und besaß damit auch Sitz und Stimme auf den Obersächsischen Kreistagen, im Reichstag und im Reichsfürstenrat. Mit dem Erwerb der Stifte Bremen und Verden, ganz Vorpommerns mit der Insel Rügen sowie Gebieten rechts der Oder inklusive der Insel Wollin hatte er sich neben dem politischen Einfluß als Garantiemacht des Westfälischen Friedens auch die wirtschaftliche Kontrolle an den Mündungen von Weser, Elbe und Oder gesichert und verfügte durch die Einführung der Lizenten über die gesamten Zolleinnahmen aus dem hier ablaufenden Handel. Mit der Stadt und Herrschaft Wismar, großen Teilen der Insel Poel sowie der Herrschaft Neukloster und nicht zuletzt mit dem Warnemünder Zoll kontrollierte man darüber hinaus den gesamten Handel des politisch bedeutungslosen Herzogtums Mecklenburg und hatte neben der Vereinnahmung der alten Hansestädte Stettin, Greifswald, Stralsund und Wismar letztendlich auch die Hand auf Rostock gelegt. Dies alles galt es aber zu sichern, denn es war absehbar, daß gerade Kurbrandenburg und Dänemark dem alten Rivalen im Kampf um die Ostseeherrschaft die Beute nicht kampflos überlassen würden, was sich dann in der Folgezeit in den Kriegen der Großmachtzeit Schwedens bestätigen sollte.

Die schwedischen Besitzungen auf deutschem Reichsterritorium lagen indes nicht nur relativ weit vom Kernland entfernt, sondern bildeten auch untereinander keineswegs ein homogenes Gebilde. Hinzu kam, daß das bevölkerungsarme Schweden immer wieder unter permanentem Truppenmangel litt, so daß die Si-

cherung eroberter Gebiete bereits im Dreißigjährigen Krieg durch die Anlage von Befestigungen, die dann auch durch relativ schwache Garnisonen gehalten werden konnten, in Angriff genommen worden war. Schwedisch Vorpommern galt es besonders nach Süden und Osten zu schützen. Wismar, das schon Albrecht Wallenstein in seiner Zeit als Herzog von Mecklenburg als Flottenstützpunkt ausersehen hatte, war mit seinem guten, geschützten Hafen ein äußerst wichtiges Verbindungsglied zwischen den westlichen Besitzungen an Weser und Elbe einerseits sowie Vorpommern andererseits. Letzteres bot von seinen naturräumlichen Gegebenheiten her fast ideale Bedingungen zur Absicherung des Raumes in der Tiefe. Das, was der Pommernherzog aufgrund des Widerstandes der Stände am Vorabend des Großen Krieges nicht durchsetzen konnte, realisierte jetzt das schwedische Ingenieurkorps. Durch die geschickte Ausnutzung der die zahlreich vorhandenen Flußläufe begleitenden Sumpfniederungen und großen Moore, die nur beschränkte Übergangsmöglichkeiten boten, gelang es, hier regelrechte Festungsgürtel anzulegen. Damit war „Schwedisch-Vorpommern ... während des 30jährigen Krieges aus einem in Bezug auf Festungen vernachlässigten Landstrich zur stärksten befestigten Gegend Deutschlands umgestaltet" (Menne 1942 6).

Hauptziel dieser Vorgehensweise war es, das Wirtschaftszentrum Stralsund und dessen Versorgungsbasis Rügen – beide verkehrspolitisch von entscheidender Bedeutung – weiträumig abzusichern, aber auch mit diesen Anlagen eine permanente Bedrohung Mecklenburgs und Brandenburgs zu schaffen. Darüber hinaus erwies es sich auch als vorteilhaft, daß bei dem ewigen Mangel an Truppen vorgeschobene Fortifikationen im Interesse des Zentrums aufgegeben werden konnten. Daß alles letztendlich immer auf den Schutz von Stralsund hinauslaufen sollte, zeigt sich dann im Nordischen Krieg. So wurde im Jahr 1711 Demmin aus Mangel an Truppen und Anklam freiwillig geräumt. Nachdem Damgarten am 28.8.1711 von 100 Schweden gegen die übermächtigen Dänen nicht gehalten werden konnte, übergaben lediglich 60 Schweden Peenemünde kampflos (vgl. Menne 1942 Tab. XIV).

Wie sah dieses Fortifikationssssystem nun im Detail aus?[1] Im äußersten Osten der Provinz, an der Oder und deren nördliche Verlängerung, der Dievenow, lagen von Süden nach Norden die befestigten Plätze: Altdamm, Stettin, Wollin und Dievenow. Gleichsam die zweite Linie bildeten die Üker und die Swine mit den Werken in Ückermünde, Neuwarp und Swinemünde. Im weiten Halbrund wurde das Zentrum von der Trebel-Peene-Linie geschützt. Hier befanden sich im Westen und Südwesten die Festungen Damgarten und Tribsees, im Süden Demmin und Loitz, weiter im Südosten und als dritte östliche Verteidigungslinie: Anklam, die Anklamer Fährschanze, Wolgast, Peenemünde und Ruden. Einen weiteren, eigenständigen Abschnitt an der Niederung zwischen Tribsees und Greifswalder Bodden bildete Greifswald und die Wiecker Schanze. Auf der Insel Rügen sind es Rethewisch, Neufähr (mit Brandshagen auf der Festlandseite) sowie Gustow und Altefähr, welche die Schiffahrtsroute zum und im Strelasund sichern sollten. Berücksichtigt man darüber hinaus, daß bis auf Loitz alle Schanzwerke in der neuen bastionierten Art errichtet worden waren, so kann man davon ausgehen, daß ein wirksamer Schutz der schwedischen Flottenbasis Rügen-Stralsund gegeben war.

Daß die Stadt Stralsund der Belagerung durch die Wallensteinschen Truppen vom 13. Mai bis 29. Juli des Jahres 1628 so erfolgreich widerstehen konnte und der Friedländer letztendlich wieder unverrichteter Dinge abziehen mußte, lag wohl nicht in erster Linie an der viel gepriesenen „Uneinnehmbarkeit" der künstlichen Befestigungen der Stadt, sondern an der tatkräftigen Hilfe dänischer und dann vor allem schwedischer Kontingente. Die Verteidigungsanlagen waren zu diesem Zeitpunkt keineswegs besonders hergerichtet. Obwohl Teile der alten Stadtbefestigung bereits um 1618 niederländisch bastioniert waren (Menne 1942 29), und der Rat in den Jahren 1626-27 auch schon einmal Verbesserungen am Knieper- und Frankentor hatte vornehmen lassen, lag die Hauptstärke der Festung Stralsund ursächlich in ihrer natürlichen „... fast inselartigen Lage zwischen Meer und Teichen, nur durch die von den Stadttoren auslaufenden Dämme mit dem Festland verbunden ..." (Petersohn 1958 118). Mit der Ratifizierung des Allianzvertrages durch König Gustav II. Adolph am 22. Juli 1628 hatte sich Schweden mit der Stadt Stralsund nicht nur einen Stützpunkt auf dem Reichsterritorium geschaffen, sondern sich auch den Weg geöffnet, „... die militärische und politische Unterordnung Stralsunds unter die schwedische Krone anzubahnen ..." (Langer 1985 164). Von jetzt an sind ständig schwedische Truppen in der Stadt präsent. Die äußere Sicherheit, das heißt, die Organisation der Instandhaltung und der Reparatur sowie des weiteren Ausbaus der Befestigungsanlagen, sind von nun an nicht mehr Ratsangelegenheiten. Es ist das schwedische Fortifikationspersonal, das

die weitere Planung betreffs der Außenwerke betreibt und die Weiterführung der Schanz- und Bauarbeiten an den Befestigungen sowie deren Überwachung übernimmt. Nach Bau- und Vermessungsplänen, die recht zahlreich im Königlichen Kriegsarchiv Stockholm, aber auch im dortigen Reichsarchiv erhalten geblieben sind (Petersohn 1958 96 ff., 118), wurden noch im Verlauf des Dreißigjährigen Krieges durch die Schweden zahlreiche Projekte gestartet, um die Sicherheit ihres Stützpunktes zu verbessern. So entstand vor dem Frankentor ein Kronwerk und vor dem Kniepertor ein Hornwerk. Rings um die Stadt werden Erdschanzen aufgeführt sowie neue Palisadierungen vorgenommen, aber auch die Erddämme und der Hafenbereich verstärkt. Der vom Feldmesser Johann Staude im Jahr 1647 angefertigte große, isometrische Stadtplan, jetzt im Stockholmer Kriegsarchiv, (Hacker 1985 175 Abb. 88) vermittelt ein anschauliches Bild über den bis dahin erreichten Fortschritt bei den Fortifikationsarbeiten. Jetzt war die Stadt von einem regelrechten Kranz von Bollwerken umgeben. Dieses recht geschlossen wirkende System mit seinen in die Teiche und den Strelasund hineinragenden Schanzen ermöglichte es nun auch, ein wirkungsvolles flankierendes Feuer auf Angreifer, die es versuchen sollten, sich über die Wasserfläche bzw. über das Eis zu nähern, zu eröffnen. Auch wurde die vorgelagerte Insel Dänholm befestigt. Wie es aussieht, gaben sich die Schweden im großen und ganzen jetzt mit der Art und Stärke der Stralsunder Befestigungen zufrieden, denn 1664 hat sich nach einem Bestandsplan des Ingenieurkapitäns Heinrich Crausse nichts wesentliches geändert. Crausse war es auch, der im Jahr 1663 an anderer Stelle notierte, daß dank der Natur mit den morastigen Teichen und durch die schon fertiggestellten Werke die Stadt ausreichend geschützt sei und man nur noch ein Augenmerk auf die Instandhaltungsarbeiten – besonders nach Hochwasser – legen müsse (vgl. Petersohn 1958 119).

Es ist müßig, darüber zu spekulieren, ob diese Befestigungen Stralsunds stark genug gewesen wären, einer starken, lang andauernden Beschießung und einem eventuellen Sturm durch die Armee des Großen Kurfürsten standzuhalten. Ein bis dahin in der Kriegsgeschichte in seiner Intensität nicht dagewesenes und wohl als gezielter Terror gegen die Zivilbevölkerung gedachtes Bombardement der Stralsunder Innenstadt am 10. und 11. Oktober 1678 durch den Brandenburger legte einen Großteil der Bebauung in Schutt und Asche. Die Bürger waren die Leidtragenden und sie waren es auch, die letztendlich gegen den Willen des schwedischen Generalgouverneurs Graf Königsmark die Übergabe der Stadt durchsetzten. Aber bereits am 9. Juni 1679, durch den Frieden von Staint Germain, kam die Festung wieder an Schweden zurück (vgl.

Hacker 1985 188). Diese gingen sogleich daran, eine umfangreiche Neubefestigung ins Auge zu fassen. Ursprüngliche Pläne des später als Person noch ausführlicher zu behandelnden Erik Dahlberg, welche die Verstärkung der Knieper-, Franken- und Hafenfront vorsahen, kamen jedoch nicht zur Ausführung. Statt dessen brachte Königsmark den französischen Festungsbauer Roger ins Spiel, der am Kniepertor eine ausgedehnte Anlage als Kronwerk aufführen lassen wollte. Es ist zu vermuten, daß Roger die Angelegenheiten nicht sehr kontinuierlich betrieb, denn 1688 ging es wieder hauptsächlich nach Entwürfen Dahlbergs weiter. Er erreichte es, daß auf der Rogerschen

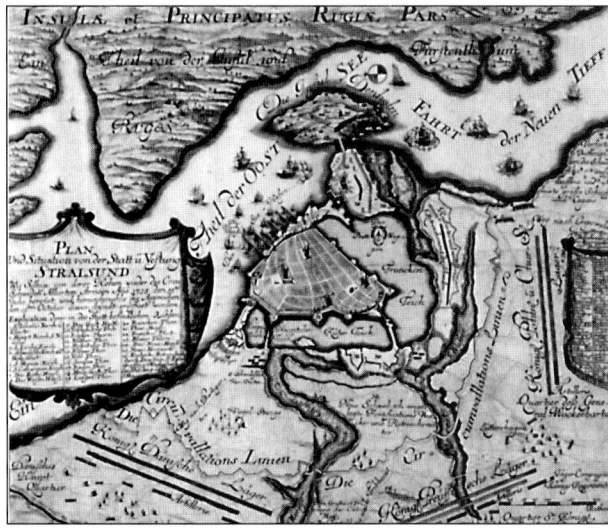

*Plan der Belagerung der Festung Stralsund im Jahre 1715, Autor unbekannt, colorierter Kupferstich (Repro: Kulturhistorisches Museum Stralsund)*

Anlage ein Hornwerk errichtet wurde und vor allem die Landfronten mit tiefen spitzwinkligen Bastionen versehen wurden, die über lange bogenförmige und doppelt angelegte Flanken, weit vorgezogene Ravelins vor kurzen Kurtinen, breite Gräben und Feldwälle mit Waffenplätzen verfügten. Im Vergleich wurde die Festung Stralsund am Vorabend des Nordischen Krieges jedoch mit „... einem erstaunlich bescheidenen Betrag versehen ..." (Kartaschew 1992 162). Man vertraute immer noch – und das sicher nicht zu unrecht – auf die hervorragenden natürlichen Gegebenheiten, die bisher einen Sturm verhindert hatten. Ganz anders sah es dagegen in Wismar aus.

Im Sommer des Jahres 1627 zogen sich die geschlagenen Dänen mit Billigung und Unterstützung der mecklenburgischen Herzöge zur Einschiffung ihrer Truppen auf die Insel Poel zurück. Versuche, in der Stadt Wismar Fuß zu fassen, scheiterten, wie auch der

Wismarer Rat dem Ansinnen seines Landesherrn zur Öffnung der Stadt negativ gegenüber stand. Man hatte hier sehr schnell begriffen, daß dieser, als Verbündeter des dänischen Königs und als „Reichsfeind", mehr Schaden als Nutzen für die Interessen Wismars bringen konnte. Als dann der die Dänen verfolgende Wallensteinsche General Hans Georg von Arnim vor Wismar erschien und die Öffnung der Tore sowie die Aufnahme einer Garnison forderte, wurde ihm dieses gewährt. Am 10. Oktober 1627 schloß der Rat mit Arnim einen Vertrag und am selben Tag erfolgte der Einzug der festgelegten Besatzung. Damit hatte die alte Hansestadt, die jahrhundertelang erfolgreich jeden Angriff auf ihre Autonomie abgewiesen hatte, aufgehört „... Herr ihrer Entschlüsse zu sein" (Techen 1929 190). Eine ernsthafte Verteidigung wäre, abgesehen vom derzeitigen Kräfteverhältnis der kriegsführenden Parteien, auch wegen des Zustandes der Stadtbefestigung wohl gar nicht in Frage gekommen. Zwar war vom Herbst 1626 bis zum Sommer 1627 vom Rat endlich etwas zur Verstärkung der alten Wehranlagen unternommen und beispielsweise einige Wälle und Brustwehren verstärkt, die Gräben gesäubert und Zugbrücken angelegt wie auch etwas zur Verstärkung der kommunalen Artillerie getan worden (Wiegandt 1918 8 f.), doch hätte dieses bei weitem nicht ausgereicht, einer Belagerung oder gar einem entschlossen stürmenden Gegner lange Widerstand leisten zu können.

Wir sind in der glücklichen Lage, über zwei frühe Pläne der Stadt Wismar zu verfügen, die keine Planungen beinhalten, sondern einen realen Stand wiedergeben. Bei dem älteren handelt es sich um die Vermessung der Stadtbefestigung vom Altwismartor bis zum Lübschen Tor, der wohl im Juni des Jahres 1627 im Auftrag des Herzogs Adolf Friedrich durch Gerhard Evert Pilot aufgenommen worden ist (Wiegandt 1918 9 und 64 f.). Er befindet sich heute im Mecklenburgischen Landeshauptarchiv. Der zweite Plan stammt aus dem Jahr 1631, also auch noch aus der Zeit der kaiserlichen Besetzung Wismars, und gehört jetzt zum Bestand des Kriegsarchivs Stockholm.[2] Er verzeichnet nicht nur die alte Ringmauer und deren unmittelbares Vorgelände, sondern vermittelt auch ein Bild der näheren Umgebung. Vom Hafen zum südlichen Teil der Stadt am Mecklenburger Tor zieht sich ein Sumpfgebiet. Gleiches unwegsames Gelände erstreckt sich in Richtung auf den Mühlenteich zwischen Poeler Tor und Altwismartor. Zwischen Hafen und Poeler Tor ist eine kompakte Landmasse erkennbar. Vor der Mauer sind zwar nasse Gräben eingezeichnet, doch ist ersichtlich, daß die natürlichen Gegebenheiten hier nicht gerade günstig sind. Der eindeutige Schwachpunkt für die Stadtverteidigung aber liegt im Südosten zwischen Altwismartor und Mecklenburger Tor auf der Höhe des Dominikanerklosters. Hier erstreckt sich ein weitläufiger Höhenzug, was auch der unbekannte Autor unseres Planes erkannte und deshalb dieses Gebiet folgendermaßen beschriftet hat: „*allhier ist es sehr hoch. Lieget der Stadt sehr schetlich ...*". Vergleicht man nun beide Pläne, soweit es für den Mauerverlauf möglich ist, da der aus dem Jahr 1627 diesen nicht vollständig aufzeigt, so ist eine nicht unerhebliche Verstärkung der Festungsanlagen erkennbar. Das ist nicht verwunderlich, denn Wallenstein persönlich war es, der für seine geplante Flottenbasis einen gut befestigten Hafen benötigte und angesichts der militärischen Entwicklung alles zur Verwirklichung dieser Pläne unternahm. Bereits am 15. November 1627 richtet er folgendes Schreiben an Arnim: „*Rostock und Wismar sehe der Herr, das sie auf solche Weis fortificiret werden, auf das sie mitt wenig Volck können vor Feindts Einfellen versichert undt, wenn der Pewel oder sonsten böse Leit in der Statt tumultieren wolten, im Zaum gehalten. Undt das muß ein citadella sein ...*" (Wiegandt 1918 64 f.). So entstanden 1627/28 am Wassertor Verstärkungen der vorhandenen Anlage, der Wall vor dem Poeler Tor erhielt eine neue Brustwehr, die Rondells wurden ausgebessert. An der beschriebenen Schwachstelle links vom Mecklenburger Tor ist ein starkes Rondell entstanden sowie in Richtung Altwismartor ein langer Laufgraben ausgehoben worden. Die wichtigsten Pläne hatte man jedoch im Bereich des Dominikanerklosters, wo eine große Zitadelle gedacht war, um die Achillesferse der Festung wirksam schützen zu können. Hier wurde in den Jahren 1630/31 mit großer Intensität gearbeitet.

Am 22. August 1631 hatten schwedische Truppen Wismar vollständig eingeschlossen. Die Befestigungen hielten im großen und ganzen bei einer Reihe von Angriffen und Scharmützeln. Letztendlich mußte die abgeschnittene kaiserliche Besatzung die Festung aber übergeben. Nach dem Einmarsch der Schweden setzten diese dann fast nahtlos die Befestigungsarbeiten dort weiter fort, wo die Kaiserlichen sie hatten abbrechen müssen. Wallensteins ehrgeizige Pläne hatten gleichsam das Fundament dafür geliefert, worauf die Schweden weiter aufbauen konnten, um einen sicheren Stützpunkt in Mecklenburg zu erhalten.

Was das Ergebnis dieses Bemühens dann war, veranschaulicht sehr plastisch die, vergleicht man sie mit zwei Plänen aus dem Kriegsarchiv Stockholm von 1639 und 1651 (Wismar Nr. 2, 3), doch sehr realistische Vogelschau der Stadt und Festung Wismar aus dem Jahr 1653 in Merians Topographie.[3] Durch enorme Erdbewegungen ist es den Festungsbauern gelungen, sämtliche vor der alten Ringmauer gelegene Anlagen zur Feldseite hin mit nassen Gräben zu versehen. Die Zitadelle, auch das Neue Werk genannt, auf dem Weberkamp beim Dominikanerkloster errichtet, war nun eine ausgefeilte, in sich geschlossene Fortifi-

kation. Der Hafen und die Lastadie waren nach Norden zu durch mehrere ins Vorgelände gestaffelte Werke geschützt. Durch mit Kurtinen verbundenen Bastionen wurde von hier aus der Abschnitt bis zum Altwismartor befestigt. Im Bereich zwischen Lübschem Tor und Mecklenburger Tor, die für Schiffbau und Schifffahrt so wichtige Reiferbahn regelrecht flankierend, sind mehrere Bastionen entstanden. Das Umfeld der einzelnen Stadttore wurde mit gedeckten Wegen versehen. Im Vorgelände dieser Anlagen ist jedes Fleckchen festen Untergrundes ausgebaut. Aber trotz des ingenieurtechnischen Könnens der schwedischen Fortifikationsfachleute, der imposanten Arbeitsleistung und der damit verbundenen Belastung der Stadt und deren Bürger,[4] hatte die Festung Wismar aber auch jetzt noch ihre Schwachstelle, wie sich bald herausstellen sollte.

Nach mehrmaligem Parteienwechsel beteiligte sich ab 1674 der brandenburgische Kurfürst Friedrich Wilhelm am Reichskrieg gegen Frankreich. Der schwedische König Karl XI., als Pommernherzog ein Reichsfürst, beteiligte sich an der Seite Frankreichs am Krieg gegen das Reich. Dänemark stand an der Seite Hollands gegen Frankreich und Schweden. Nachdem die Schweden am 18. Juni des Jahres 1675 in der Schlacht von Fehrbellin dem Brandenburger unterlegen waren, rückte dieser nach Mecklenburg hinein. Am 15. September vereinbarten Friedrich Wilhelm und der König Christian IV. von Dänemark, daß Wismar in dänischen Besitz übergehen sollte. Die Belagerung der Festung begann. Die schwedische Besatzung bestand zu diesem Zeitpunkt aus knapp 2.000 Mann. Diese Garnison schmolz rapide zusammen als Ende November die Ruhr in der Stadt ausbrach. Trotz des Einsatzes der Bürger zum Wachdienst und vor allem zum Offenhalten der Wassergräben, die immer wieder zufroren, reichte die Besatzung zu keiner Zeit aus. So konnte der Gouverneur Wismars, Feldmarschalleutnant Gustav Wrangel, das Neue Werk, das eine Mannschaft von etwa 1.000 Mann benötigte, lediglich mit 120 Leuten besetzen. Für fünf Geschütze stand ihm jeweils nur ein Artillerist als Bedienung zur Verfügung (Techen 1929 222). Obwohl die Stadt an mehreren Stellen gleichzeitig angegriffen und vor den Toren intensiv geschanzt wurde, richteten die Dänen doch von vornherein ihr Hauptaugenmerk auf genau die Stelle, die zwar mit einem ungeheuren Aufwand seit Wallensteins Forderung nach einem „citadella" ausgebaut worden, aber eben immer noch der Schwachpunkt der Festung Wismar war. Der oben, bereits bei der Vermessung von 1631 genannte Höhenzug, der sich auch noch weiter vor dem nun hier angelegten Werk hinzog, wurde der Anlage zum Verhängnis. Durch den starken Frost begünstigt, gelang es den Angreifern, einen Damm in Richtung der schwedischen

Wälle zu schütten, so daß sie am 13. Dezember 1675 stürmen konnten. Die schwache Besatzung hatte keine Chance. Die Bürger, welche die inneren Ringmauern verteidigen sollten, standen nun unterhalb der Feinde und gaben auf.

Am 5. Dezember 1679 schlossen Kaiser und Reich mit Frankreich und Schweden Frieden. Dänemark und Brandenburg, trotz ihrer Erfolge gegen die Schweden von Frankreich nicht gefragt, sahen sich genötigt, nun auch mit Schweden in Verhandlungen zu treten. Von Juni bis September des gleichen Jahres kamen in St. Germain en Leye, Fontainebleau und Lund entsprechende Abkommen zustande. Schweden verlor hierbei lediglich Teile von Bremen und Verden sowie die pommerschen Gebiete rechts der Oder. Nachdem die Dänen sich auf die eine und andere Weise in Wismar noch einmal kräftig bedient hatten, räumten sie dann im November 1680 endgültig die Stadt.

Bereits im Sommer des darauffolgenden Jahres begannen nicht nur die Reparaturarbeiten an den Festungswerken, sondern man ging umgehend an eine Neuprojektierung. Leiter dieser Planungen war der Generalquartiermeister Oberst Dahlberg. Wenn man sich mit der Geschichte der schwedischen Festungsbaukunst befaßt, so ist es unerläßlich, einen Blick auf das Leben dieses Mannes zu werfen.

Erik Dahlberg wurde am 10. Oktober 1625 in Stockholm geboren. Er stammte aus einfachen Verhältnissen. Nach seiner eigenen Aussage war es der königliche Beamte Rehnsköld, bei dem er in die Buchhalterlehre in Stettin ging, der nicht nur das Interesse, sondern auch die außerordentlichen Fähigkeiten Dahlbergs im Zeichnen bemerkte. Rehnsköld ist es zu verdanken, daß der junge Mann dann ab März 1647 Dienst beim Kommandanten von Demmin, Conrad Mardefelt, tun konnte. Dieser verfügte über einen großen Erfahrungsschatz in Festungsangelegenheiten, denn er war zu diesem Zeitpunkt der Generalinspekteur der schwedischen Festungen auch in Pommern und Mecklenburg. Hier erhielt Dahlberg seine grundlegende Ingenieurausbildung, konnte die erworbene Fähigkeit mit Mardefelt in der Praxis erproben. Im Jahr 1648 durfte dann Dahlberg in Anwesenheit des späteren Königs Karl X. eine erste Probe seines Könnens ablegen. Er sprengte erfolgreich einen alten Verteidigungsturm vor der Festung Demmin (Kartaschew 1992 148). Zwischen 1650 und 1653 wurde es ihm ermöglicht, in Frankfurt am Main seine Kenntnisse im Fortifikationswesen zu vertiefen. Bei dem Ingenieur und Künstler Andreas Böckler studierte er Mathematik, Geometrie, Perspektive und Architektur. Hier bei Böckler dürfte sich auch die Fähigkeit Dahlbergs herausgebildet haben, Theorie und Praxis stets zu verbinden, hier hat er aber wohl auch seine künstlerischen Talente entdeckt. Böckler ist es auch, der

1659 unter dem Titel *„Manuale Architecturae militaris"* ein Werk herausgab, das sich von vielen Abhandlungen dieser Zeit stark unterschied, weil es vordergründig auf die Praxis ausgerichtet und wegen seines kleinen Formates jederzeit verfügbar war. In den Jahren 1655 und 1656 finden wir Dahlberg in Italien. Hier beschäftigte er sich intensiv mit Aktzeichnen und dem Studium antiker Bauwerke. Parallel dazu besichtigte er aber alle sich ihm bietenden Festungsanlagen und konnte so etwa 70 Werke vom Mittelalter bis hin zu den neuesten Anlagen seiner Zeit studieren. Auf einer dritten Reise nach Holland, Frankreich und England im Jahr 1667 konnte er sich mit den dortigen Fortifikationen beschäftigen, so daß er bald als ein außerordentlicher Kenner der Festungsbaukunst galt und selbst vom englischen König das Angebot einer Anstellung erhielt (Kartaschew 1992 149). Im Feldzug Karls X. gegen Dänemark über das Eis des Großen und Kleinen Belts im Jahr 1658 hatte sich Dahlberg große Verdienste erworben. Von nun an war sein Aufstieg unaufhaltsam. Bereits 1676 ist er der Chef des Geniecorps, in dem er 1647 als einfacher Kondukteur bei Mardefelt in Demmin begonnen hatte. Er wird in den Grafenstand erhoben und im Jahr 1693 der Würde eines königlichen Rates und Feldmarschalls teilhaftig.

Der Festungsbaukunst seines Landes verlieh Dahlberg enorme Impulse. Er erfand zwar kein neues System, doch kamen ihm seine enormen Kenntnisse fast aller wichtigen europäischen Anlagen immer wieder zugute. So verstand er es, angepaßt an die naturräumlichen Gegebenheiten und aufbauend auf vorhandene Anlagen, durch die Verbindung verschiedener Systeme – vorrangig die der Franzosen und Holländer – etwas Neues zu entwickeln. Seine Ideen und Entwürfe fanden so ihren Niederschlag in fast 50 Festungsanlagen Schwedens und aller seiner Provinzen. Besonders hervorgehoben werden sollen hier nur Malmö, Kolmar, Göteborg und natürlich Karlskrona. Dabei kam er oft zu recht unkonventionellen Lösungen, wie die der beiden Geschütztürme vor Göteborg, die dann auch im Walfischfort bei Wismar ihr Gegenstück fanden.

Neben seinen Entwürfen für neue Stadtplanungen, zusammenhängende Fortifikationen oder auch nur Teilbereiche von solchen, hat sich Dahlberg auch mit Architekturentwürfen beschäftigt. Dies waren öffentliche Gebäude und Kirchen, aber vor allem militärische Zweckbauten. Für Wismar entwarf er das große Zeughaus, „... das monumentalste seiner Art" (Eimer 1992 172). Ursprünglich (1686) als zweigeschossiges, zweiflügliges Provianthaus mit Doppeldach zu elf Achsen geplant, wurde der Neubau, der um 1699 nach einer Pulverturmexplosion notwendig geworden war, auf gleichem Grundriß belassen, mit nur einem Dach versehen und auf neun Achsen reduziert, was ihn noch wuchtiger erscheinen ließ. An der Hafenseite erhielt das Gebäude einen durch einen Giebel gekrönten Mittelrisalit, auf der Mittelachse der Stadtseite ein Prachtportal.

Den Höhepunkt seiner künstlerischen Tätigkeit stellt aber ohne Zweifel das umfangreiche zeichnerische Werk dar, das er hinterließ. Wohl durch Merians Topographie angeregt, befaßte sich Dahlberg mit einer ähnlichen Edition für das Königreich Schweden. Im Jahr 1661 erhielt er hierfür von der Regierung den Auftrag. Die meisten der Zeichnungen stammen von seiner Hand und fallen durch ihre meisterhafte Beherrschung der Mittel, Kupferstichen gleichender Zartheit und vielgestaltige Staffage ins Auge. Mit ihren insgesamt 313 Tafeln, auf denen Städte und Schlösser, Schlachtfelder und moderne Gebäude aller Art, aber auch historische Denkmäler aller Art abgebildet sind, ist Dahlbergs geographisches historisches Abbildungswerk, das „Suecia antiqua et hodierna"[5] nicht nur eine phantastische kunsthistorische Quelle, sondern auch eine der herausragendsten künstlerischen Leistungen dieser Epoche. Von ähnlicher Qualität sind seine Illustrationen zu Pufendorfs „Geschichte Karls X.", die 1696 in Nürnberg erschien. Erik Dahlberg starb am 16. Januar 1703 in Stockholm.

Für Wismar nun schlug der führende schwedische Festungsbaumeister in seiner ersten „Geometrischen Delination" von 1681 (Kriegsarchiv Nr. 11) nach den Erfahrungen von 1675 eine vollständige Bastionärbefestigung vor. Grundlage hierfür war einerseits die Verstärkung der vorhandenen Anlagen, zum anderen sollte nun aber endgültig der altbekannte Schwachpunkt der Wismarer Festung beseitigt werden. Erreicht werden sollte dieses durch das Ausdehnen der Werke ins Vorgelände und vor allem durch die Niederlegung der alten Zitadelle. An ihrer Stelle war eine tief gestaffelte Verteidigung vorgesehen, deren Krönung zwei Zitadellen werden sollten. Was nun in den fast zwanzig Jahren – mit Unterbrechungen – bis zum Ausbruch des Nordischen Krieges an den Wismarer Festungswerken geschaffen wurde, ist enorm. Eine Bestandsaufnahme aus dem Jahr 1716 gibt ein anschauliches Bild dieses gewaltigen Komplexes: Die Stadt war von einem Kranz ungleich starker Bastionen umfaßt. Insgesamt waren es 18 solcher Anlagen. Die Einfahrt in den inneren Hafen und die Lastadie schützten nach Nordwesten und Norden die Bastionen Graf Königsmark, Graf Steenbock und Graf Wrangel. Unmittelbar dahinter, rechts des Wassertores in Richtung Poeler Tor lagen die Bastion König David und St. Erich. Rechts vom Poeler Tor schlossen sich die Bastionen Scipio, Alarius und Vespasian an. Dem Poeler Tor vorgelagert, als Deckung für die dortige Zugbrücke, wurde ein Ravelin mit Namen Torstersohn an-

gelegt. Vor Vespasian, als Deckung für den Mühlenteichausfluß, sowohl für die Wasserversorgung der Stadt als auch für die nassen Festungsgräben wichtig, lag weit ins Vorgelände geschoben die Schanze Grothusen, unmittelbar dahinter eine Defensionslinie. Hinter dieser wiederum befand sich das Ravelin Horn, welches die Bereiche am Altwismartor deckte. Rechts dieses Tores in Richtung Schwarzes Kloster und Mecklenburger Tor schlossen sich als Bastionen an: Gustav Adolf, Alexander Magnus, Carolus, Chevalier und Julius Caesar. Diesen flankierend vorgelagert lagen weitere vier Ravelins. Das Kernstück der Verteidigung am Dominikanerkloster, auf dem oben mehrmals beschriebenen Höhenrücken, bildete die Zitadelle Dahlberg, nordöstlich flankiert von der Tenaille Plater Camp und südwestlich gedeckt durch das Ravelin

*Bestandsaufnahme der Wismarer Festungsanlagen im Jahr 1716, Autor unbekannt, kolorierte Handzeichnung, Stadtgeschichtliches Museum Wismar (Repro: Stadtgeschichtliches Museum Wismar, Kurt Stein)*

Prinz Carl. Den wirksamsten Flankenschutz erhielt der Dahlberg an dieser Seite jedoch durch eine zweite Zitadelle namens Güldenstern. Diese wiederum bildete das Hauptbollwerk der Verteidigung vor dem Mecklenburger Tor mit der bereits genannten Bastion Julius Caesar und der dahinter liegenden namens Chevalier. Durch die wechselseitige Flankierung der beiden Zitadellen untereinander und mit den anderen Werken wurde hier eine tief gestaffelte Verteidigung geschaffen, die jeden Angreifer vor große Probleme stellen würde. Um den Ring zu schließen, seien nun noch die im Südwesten und Westen anschließenden fünf Bastionen genannt: Sie trugen die Bezeichnungen Carl Gustav, Augustus, Hannibal, Cyras und Gustav I. Vorgelagert wiederum drei Ravelins. Ordnet man nun das oben ausgeführte, so ergibt sich für die Festung Wismar, wie sie im Jahr 1716 bestand und wie sie im Kern auf Dahlberg zurückgeht, folgendes Prinzip: Der alten Ringmauer, die bis auf wenige Veränderungen in ihrem Verlauf im großen und ganzen noch Bestand hat, vorgelagert lag ein relativ regelmäßiger Kranz von durch Kurtinen verbundenen Bastionen. Hierbei handelt es sich um genau 14 solcher Anlagen, wobei am Mecklenburger Tor eine gestaffelte Doppelbastionierung vorhanden war. Diesen vorgelagert waren neun Ravelins. Dort, wo es besondere Anlagen, wie den Hafen und die Wasserversorgung, zu decken galt, sind zusätzliche Bastionen bzw. Schanzen installiert worden. Der frühere Schwachpunkt der Festung Wismar war nunmehr durch ein tief gestaffeltes, ausgeklügeltes System geschützt, dessen Kernpunkt die beiden sich gegenseitig deckenden Zitadellen bildeten, deren eine auch den Namen des Projektanten der Gesamtanlage trug.

Nach der Devise, daß eine Festung immer nur so stark sein kann wie der schwächste Punkt im gesamten Verteidigungssystem – in diesem Fall sollen die inneren Zustände wie Garnisonsstärke, Verproviantierung, Munitionsbevorratung und das Verhältnis Garnison – Bürgerschaft unberücksichtigt bleiben – haben wir uns bisher immer nur mit Wismars Landseite befaßt. Das ist auch richtig, denn die Wismarbucht reicht bis an die alte Stadtmauer lediglich mit einem schmalen Ausläufer, so daß man von einer „Seeseite" in diesem Fall eigentlich gar nicht sprechen kann. Der gut geschützte Hafen war der Vorteil, die relativ schmale Hafenzufahrt mit der Möglichkeit, sie von beiden Seiten zu sperren und mit einem Kreuzfeuer belegen zu können, kein unwesentlicher Nachteil. Dies erkennend, begannen die Kaiserlichen im 30jährigen Krieg auch sofort mit der Befestigung einer kleinen Insel inmitten der Wismarbucht. Sie hieß ursprünglich Aderholm oder auch einfach nur Holm. Von den Soldaten der Wismarer Garnison, die bereits 1628 mit Unterstützung der Bürger an den Bau einer Schanze gingen, bekam sie den neuen Namen Walfisch. Ursache wird wohl die langgestreckte Gestalt des Eilandes mit dem gekrümmten „Schwanz" gewesen sein, auf dessen „Kopf" nun das Festungswerk entstand (vgl. Hoppe 1993 30).

Auch hier kam Dahlberg nach der Rückkehr Wismars in schwedische Hände aus der Summe der Erfahrungen der vorangegangenen Belagerung zu dem Schluß, daß etwas völlig Neues gebraucht wurde, denn die Insel war von den Dänen 1675 bei Niedrigwasser eingenommen worden. Es wurde bereits angedeutet: So wie bei Göteborg die der Stadt äußerst gefährlichen Höhen durch ihrerseits wieder befestigte Geschütztürme gesichert worden war, legte Dahlberg zum Schutz

der Wismarbucht den Plan eines in sich geschlossenen Festungswerkes, eines Seekastells, vor. Im Jahr 1682 liefert er den Entwurf dieser äußerst interessanten Anlage,[6] der auch vom König bestätigt wurde. Das Fort sollte aus einer aufgemauerten viereckigen Redoute mit Platz für vier Eckbastionen bestehen. Die

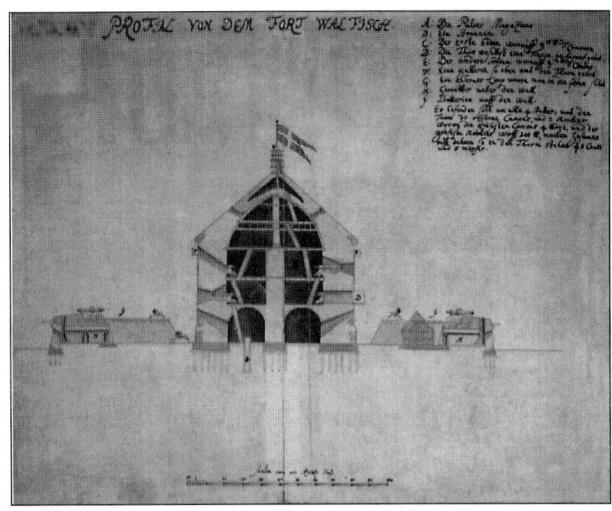

*Bestandsaufnahme der Walfischfestung in der Wismarbucht nach der Besetzung durch die Dänen im Jahr 1716, kollorierte Handzeichnung, Stadtarchiv Wismar (Repro: Stadtgeschichtliches Museum Wismar, Kurt Stein)*

Außenmauer sollte kassemattiert und außerdem von einem Graben mit Contrescarpe umgeben werden, um einen mittelbaren Angriff aus Booten bzw. das Erreichen der Mauer bei Niedrigwasser ausschließen zu können. Im Zentrum der Anlage war der schon erwähnte Geschützturm geplant, der dreistöckig ausgelegt, mit einer feuerfesten Dachhaube versehen und Platz für zwei Geschützgalerien bieten sollte. Die Vorgängeranlage, eine Sternschanze, sollte vollständig beseitigt werden. Die Gründung der Walfischfestung erfolgte durch Rammpfähle und einem darauf aufgelegten Balkenrost, sowohl für die Außenmauern als auch für den Turm. Daß diese Pläne, von der Gründung bis zur Brustwehr, wohl mit Ausnahme des zusätzlichen Schutzes der Redoute durch einen Graben, in einer Bauzeit von etwa zehn Jahren realisiert wurden, zeigt uns einmal der archäologische Befund (Hoppe 1993 34 f.), zum anderen der Plan der Bestandsaufnahme durch die Dänen im Jahr 1716. Die Bestückung der Festung bestand insgesamt aus 53 Geschützen. Davon entfielen neun Achtzehnpfünder sowie neun Zwölfpfünder auf den Turm. Die Bastionen verfügten in vier Batterien über 30 Kanonen unterschiedlichen Kalibers. Dort und im Innenraum, der auch die Zweckgebäude für die Garnison enthielt, befanden sich zusätzlich fünf Mörser. Insgesamt gesehen hatte Erik Dahlberg mit dem Walfischfort ein „architektonisch und festungsbaumäßiges Schmuckstück ..." (Kartaschew 1992 162) erdacht, projektiert und ausführen lassen.

Im Verlauf des Nordischen Krieges erschienen im Ostseeraum zwei neue politische Machtfaktoren: Brandenburg-Preußen und Rußland. Die Großmachtpolitik Karls XII. brachte Schweden an den Rand des Ruins. Die beiden Hauptfestungen in Mecklenburg und Vorpommern, Wismar und Stralsund, überstanden zwar 1711 bzw. 1712 jeweils zwei Blockaden, doch dann mußte Stralsund am 23.12.1715 wegen Sturmgefahr aufgeben. Die Festung Wismar war am 19.4.1716 nach fast zehnmonatiger Blockade ausgehungert und mußte ebenfalls übergeben werden (Menne 1942 Tab. XIV f.). Die Sieger diktierten die Bedingungen. Bremen und Verden sowie die pommerschen Gebiete südlich der Peene gingen Schweden verloren. Wismar blieb zwar erhalten, doch wurden die Festungswerke vollständig durch die Alliierten geschleift. Inhalt des Friedensschlusses von Frederiksborg vom 3. Juli 1720 zwischen Dänemark und Schweden war aber auch, daß Wismar nie wieder befestigt werden sollte. Für Schweden war es aus strategischer Sicht nun auch nicht mehr als Festung und als Schlüsselposition zu den verlorenen Gebieten an Weser und Elbe nötig. Der Schwerpunkt der Fortifikationsarbeiten wurde nun wieder auf Stralsund gelegt. „So war Stralsund ... die einzige große und damit die wichtigste Festung der Schweden auf deutschem Boden" (Petersohn 1958 120). Das ganze 18. Jahrhundert hindurch wurde kontinuierlich an der Verbesserung der Anlage gearbeitet. Im Jahre 1807 mußte sie sich noch einmal bei einer Belagerung durch die Franzosen bewähren, dann gelangte sie 1815 in die Hand der Preußen. Unter diesen hat die Festung Stralsund aber nie so eine große Bedeutung gehabt, wie in der Schwedenzeit.

Anmerkungen

1 Sehr anschaulich mit der Einzeichnung der moorigen Niederungen nach dem Wirtschafts- und Verkehrsgeographischen Atlas von Pommern aus dem Jahr 1934, die Karte Nr. 5 bei Menne 1942 im Anhang.

2 Krigsarkivet Stockholm: Stadts- och fästningsplaner Tyskland, Wismar Nr. 1. Im weiteren nur: Kriegsarchiv (Wismar Nr. ...).

3 Topographia Saxoniae Inferioris, Mattaeus Merians Erben, Franckfurt/M. 1653, S. 236 f.

4 Hierzu ausführlich Wiegand 1918, 65 ff. und Techen 1929, Kap. 13 bis 15, wie auch hier im Detail die enormen Belastungen der Stadt durch Einquartierung und Kontributionen geschildert sind.

5 Es erschienen 3 Bände mit Abbildungen 1716. Der Text kam nie über die Einleitung hinaus.

6 Krigsarkivet Stockholm: Stadts- och fästningsplaner Tyskland, Hvalfisken/Wallfisch Nr. 44.

Literatur

| | |
|---|---|
| Eimer 1961 | Gerhard Eimer, Die Stadtplanung im schwedischen Ostseebereich 1600-1725. Stockholm 1961. |
| Eimer 1992 | Gerhard Eimer, Militära nyttobyggnader av Erik Dahlbergh och hans medarbetare, in : Stormagstid. Läckö 1992 166-185. |
| Hacker 1985 | Hans-Joachim Hacker, Stralsund 1630 bis 1720, in: Geschichte der Stadt Stralsund, Hrsg. v. Herbert Ewe. Weimar 1985 168-201. |
| Hoppe 1993 | Klaus-Dieter Hoppe, Die Insel Walfisch als archäologisches Denkmal, in: Wismarer Beiträge 9 (1993) 28-35. |
| Kartaschew 1992 | Kenneth Kartaschew, Erik Dahlberg som fortifikatör, in: Stormakstid, Läckö 1992 145-165. |
| Langer 1985 | Herbert Langer, Innere Kämpfe und Bündnis mit Schweden: Ende 16. Jahrhundert bis 1630, in: Geschichte der Stadt Stralsund, Hrsg. v. Herbert Ewe, Weimar 1985 137-167. |
| Menne 1942 | Paul Menne, Die Festungen des norddeutschen Raumes. Oldenburg 1942. |
| Papke/Quaiser 1982 | Eva Papke und Rudolf Quaiser, Die Fortifikation der Hansestädte, dargestellt am Beispiel von Stralsund und Wismar, in: Militärgeschichte Nr. 5 (1982) 582-594. |
| Petersohn 1958 | Jürgen Petersohn, Stralsund als schwedische Festung, in: Baltische Studien, Neue Folge, Bd. 45 (1958) 95-124. |
| Techen 1929 | Friedrich Techen, Geschichte der Seestadt Wismar. Wismar 1929. |
| Wiegandt 1918 | Max Wiegandt, Wismar im Dreißigjährigen Kriege, in: Jahrbücher des Vereins für mecklenburgische Geschichte und Al- |

## *Herbert Ewe*
# INSEL RÜGEN

Die größte Insel Deutschlands zieht Jahr für Jahr unzählige Besucher des In- und Auslandes in ihren Bann. Das hat Gründe. Zunächst trifft man auf dem 973 Quadratkilometer großen vorpommerschen Inselkreis auf einen landschaftlichen Formenreichtum, der für andere Gegenden selten sein dürfte. Mit den Bergen und Tälern, den steilaufragenden Hochufern und flachen Sandstränden, den leuchtenden Kreidefelsen und den vom Meer geglätteten Feuersteinen, den Bodden und Wieken, dunklen Buchenwaldungen und lichten Kiefernforsten wird Rügen ganz gewiß zu Recht als ein landschaftliches Kleinod gewertet. Nicht von ungefähr sind jüngst der größte Teil der Insel zu einem Naturpark, einzelne Gebiete gar zu Nationalparks erklärt und unter Schutz gestellt worden.

Mannigfache Besonderheiten zeichnen sich auch in der wechselvollen Geschichte ab. Das beginnt bereits

*Steinzeitliches Großgrab („Herzogsgrab") in der Mönchguter Forst
(Foto: Günter Ewald)*

bei der Ur- und Frühgeschichte. So übersteigt die Anzahl der Bodendenkmale die der festländischen Kreise des Landes Mecklenburg-Vorpommern bei weitem. Dies gilt vor allem für die urgeschichtlichen Bestattungsformen, im Volksmund Hünengräber genannt, die im dritten vorchristlichen Jahrtausend entstanden. Der bedeutende Gelehrte Friedrich von Hagenow (1797-1865) vermochte zu Beginn des vorigen Jahr-

hunderts auf seiner Spezialkarte (veröffentlicht 1829) noch 236 steinzeitliche Grabstätten zu vermerken. Dem Straßen- und Häuserbau, sicher auch der Neugier Unkundiger fiel ein Grab nach dem anderen zum Opfer, so daß gegenwärtig lediglich 54 gezählt werden (Schuldt 1971). Zur Zeit der Entstehung dieser Gräber mußte die Insel bereits dicht besiedelt gewesen sein. Lange vorher schon hatte der Mensch Rügen betreten. Als seine ersten Spuren können einige Funde von großem Seltenheitswert betrachtet werden: steinerne Stichel und Rengeweihstangen, die beim Räumen eines Grabens im Garzer Moor ans Tageslicht kamen. Sie dürften noch dem 9. Jahrtausend v. Chr. und damit dem *Paläolithikum (Altsteinzeit)* angehören. Verhältnismäßig spärlich sind auch die Funde der folgenden Epoche, dem *Mesolithikum* oder der *Mittleren Steinzeit*. Aber sie lassen immerhin vermuten, daß sich die Menschen neben dem Sammeln von wilden Früchten und Wurzeln von der Jagd und Fischerei ernährten.

Das Bild ändert sich hinsichtlich der Funddichte jedoch völlig an der Wende von der Mittleren zur Jüngeren Steinzeit (Neolithikum), das heißt in einer Zeit, die rund 5.000 Jahre zurückliegt. Etwa 20.000 bearbeitete Steingeräte entstammen allein dem Fundgebiet von Lietzow. Dieser ungewöhnliche Tatbestand ermöglicht dem Wissenschaftler sichere Schlüsse. Zunächst deutet die Lietzow-Kultur, wie man diesen Zeitabschnitt aufgrund der erwähnten Fundmassen zu bezeichnen pflegt, auf einen Wandel in der Lebensweise der damaligen menschlichen Gesellschaft hin, nämlich auf den Übergang von der Stufe des wandernden Jägers zum seßhaften Ackerbauern (Petzsch 1928 33f.). Auch über die Herkunft der insularen Steinzeitmenschen dürfen nun Vermutungen gewagt werden. So bestanden enge Verbindungen zu Dänemark. Dann weist die Art der Funde auch gegen Süden, bis in den donauländischen Bereich hinein.

Die Insel bot als Siedlungsgebiet beste Voraussetzungen. Hier fand man einen Rohstoff, der sich vortrefflich zur Herstellung von notwendigen Arbeitsgeräten und Waffen eignete: den Feuerstein. Er stand am Rande der Wittower und Jasmunder Kreide in der gewünschten Größe ausreichend zur Verfügung und brauchte nur aufgelesen zu werden. Nach dem Ergebnis neuerer Forschung diente er nicht nur zur Deckung des eigenen Bedarfs, sondern zugleich als Tauschobjekt eines frühen Handels. Geräte, aus rügenschem Gestein gefertigt, fanden sich sowohl in der festländischen Umgebung als auch in entfernten südlichen Gegenden. Man nimmt an, daß die Insel in dieser Beziehung gleichsam Rohstofflieferant für Mitteleuropa gewesen ist.

Wenn sich die „Lietzow-Leute" noch mit roh zurechtgeschlagenen Geräten begnügten, lernte man in der Jungsteinzeit (2500-1700 v. Chr.) allmählich den Feuerstein schleifen. Beile, Äxte, Lanzenspitzen und Dolche in den Schausammlungen des Kulturhistorischen Museums Stralsund vermitteln eine Vorstellung von dem technischen Fortschritt jener Zeit. Das gleiche trifft für die Keramik zu. Schon den Menschen der Lietzow-Kultur war die Töpferei bekannt. Während ihre einfachen Tongefäße jedoch kaum Verzierungen zeigen, entwickelten sich jetzt auf Rügen Formen, deren Schönheit man bewundern kann. Der Sitte, Töpfe mit Opfergaben im Moor zu versenken, verdanken wir den Fund von Gingst, bei dem Reste von 50 reichverzierten Keramikgefäßen zutage gefördert wurden. Bei diesen Prachtgefäßen erkennt man erneut Kultureinflüsse anderer Landschaften. Auch bei den älteren Grabstätten lassen sich Beziehungen zu entsprechenden Anlagen des Nordens und Südens erkennen. Man beobachtet auf Rügen verschiedene steinzeitliche Gräber. Von der einfachen Steinkiste (Gemarkung Altensien) führt die Entwicklung über Steinkammern mit wenigen Decksteinen (Dolmen von Lauterbach und Hünengrab von Silvitz) zu den Hünenbetten (Herzogsgrab von Mönchgut, Anlagen von Nobbin, Pastitz und Lonvitz) (Berlekamp 1958 4f.). Gegen Ende der Steinzeit trat an die Stelle der Großgräber, in die Geschlecht um Geschlecht ihre Toten gebracht hatte, die Einzelbestattung. Sie bleibt auch für die nun folgende Metallepoche, für die um 1700 v. Chr. beginnende Bronzezeit, kennzeichnend. Wieder sieht man Rügen in weiten Wirtschafts-, Handels- und Kulturverbindungen. Die Bestandteile der Bronze, Kupfer und Zinn, mußten von fernher importiert werden – aus Spanien, Ungarn, Vorderasien und den Britischen Inseln. In jener Zeit entwickelte sich auf der Insel auch das Gewerbe der Erzgießer. Funde von Gußformen und zerbrochenem Altmaterial bestätigen es. Unter der Fülle von steinernen Werkzeugen bleiben die Funde der Bronzezeit freilich erheblich zurück. Man wird jedoch zur Vorsicht gemahnt, daraus voreilige Schlüsse auf die ehemalige Besiedlung zu ziehen. Jedes überflüssige Steinbeil – beiseitegelegt oder weggeworfen – blieb im Inselboden erhalten. Das kostbare Metall hingegen schmolz man bestenfalls ein, wenn ein Schmuck „unmodern" oder ein Dolch zerbrochen war. Die Insel nimmt dennoch im Fundbild Vorpommerns mit Abstand den ersten Platz ein. So konnten allein für die ältere Bronzezeit 228 rügensche Fundstellen ausgemacht werden. Im benachbarten Festlandkreis ließen sich hingegen

lediglich 30 Funde ermitteln (Eggers 1861 21). Berücksichtigen wir ferner die bronzezeitlichen Grabstätten, so halten die festländischen Kreise auch nicht annähernd einem Vergleich mit Rügen stand. Man begegnet diesen Denkmalen, Hügeln, zumeist mit kleinen Baumgruppen bedeckt, vielerorts.

In der jüngeren Bronzezeit (1100-500 v. Chr.) ging man zur Leichenverbrennung und zur Bestattung der Asche in Tongefäßen über. Die Sitte der Urnenbestattung wurde auch noch in der um 500 v. Chr. beginnenden Eisenzeit beibehalten. Die Vorzüge des neuen Metalls lagen für die nunmehr germanische Bevölkerung auf der Hand. Das Eisen brauchte im Gegensatz zur Bronze nicht mehr eingeführt zu werden. Es stand hier als Raseneisenstein zur Verfügung und erwies sich für die Herstellung von Arbeitsgeräten und Waffen als ungleich günstiger. Der Handelsverkehr mit Landschaften des Südens scheint während dieser Zeit nicht völlig unterbrochen gewesen zu sein. So fanden sich Erzeugnisse des römischen Kunsthandwerks auf Begräbnisplätzen reicher Personen. Die kostbaren Beigaben des auf Hiddensee entdeckten Grabes einer Germanenfrau aus dem 2. Jahrhundert n.Chr. sind ein Beispiel dafür (Ewe 1984 109). Die sogenannte Kaiserzeit (um die Zeitenwende bis 375 n.Chr.), in der man bei der rügenschen Keramik starke Einflüsse der wandalischen und burgundischen Kulturen wahrnimmt, und die Völkerwanderungszeit leiten um 600 n. Chr. in die Slawen- oder Wendenzeit über. An sie erinnern nicht nur Teile frühgeschichtlicher Siedlungen und die aus dem Boden zutage geförderten Zeugnisse der materiellen Kultur, wie Keramikgefäße, Arbeitsgeräte, Waffen und Schmuckgegenstände, sondern ebenfalls sehr zahlreiche Orts- und Flurnamen mit den Endungen -ow, -in, -itz und -gast.

Die Spezialforschung versuchte, hier auch vorslawische Namen zu ermitteln. So soll die Bezeichnung Arkona auf das germanische arko–n = Wall, Damm zurückzuführen sein (Jungandreas 1930 313). Sicher sind Erklärungen des Namens der Rügen vorgelagerten Insel Hiddensee. Als „Hedinsey" in der Edda, als Hithinsö (= Insel des Hithin) bei Saxo Grammaticus aus dem 12. Jahrhundert überliefert, gehört der Name als bemerkenswertes Sprachdenkmal zugleich zu den ältesten Belegen dieser Art von Norddeutschland (Baetke 1933 130).

Für die slawische Epoche, die bis ins 13. Jahrhundert andauerte, verdienen Reste von ehemals bedeutenden Burgwallanlagen besondere Beachtung – Arkona, das Nordkap der Insel, der Rugard bei Bergen, die Herthaburg in der Stubnitz sowie die Burgwälle von Garz, Groß Kniepow, von Gobbin, Venz, Werder und Zudar. Sie dienten den Slawen, und zwar den Ranen, die zum größeren Verband der Lutizen gehörten, als Markt- und Tempelplätze und auch als Zufluchtsstätten in unruhigen, von Kriegslärm erfüllten Zeiten (Herrmann 1982 293 ff.).

Um die letzte Jahrtausendwende setzt die *schriftliche Überlieferung* ein, so mit Äußerungen Thietmars von Merseburg (975-1019), Adams von Bremen (gest. um 1076) und Helmolds von Bosau (gest. nach 1177). Nach deren Berichten richteten die Ranen ihre Waffen gegen Dänen, Deutsche und Polen, unternahmen Raubzüge auf das Festland und Plünderungen auf dänischen Inseln. Unter den zeitgenössischen Geschichts-

*Slawischer Burgwall auf Arkona*
*(Foto: Günter Ewald)*

schreibern muß der Däne Saxo Grammaticus (geb. um 1140/1150, gest. Anfang des 13. Jh.) erwähnt werden. Seiner meisterhaften Schilderung verdanken wir Einzelheiten der Tempelfeste Arkona mit Ereignissen des Jahres 1168, als die Dänen unter König Waldemar I. und Bischof Absalon von Roskilde die Burg erstürmten und das von den Inselbewohnern verehrte Standbild der Gottheit Swantewit vernichteten. Durch den unmittelbar danach erfolgten siegreichen Eroberungszug über die Insel wurde das Ende der von den Slawen oft heldenhaft verteidigten Freiheit besiegelt.

Um diese Zeit hatte sich bei der einheimischen Bevölkerung bereits eine starke soziale Differenzierung abgezeichnet. Einer geringen bevorzugten Oberschicht stand die Masse der abhängigen Bauern und Fischer gegenüber. Sie war gezwungen, die gewaltigen Burgen zu bauen, Kriegs- und harte Frondienste zu leisten und hohe Abgaben zu entrichten. Wenn indes nach Wesenszügen der Ranen gefragt wird, sind die Berichte der genannten Chronisten mit Vorbehalt auf-

zunehmen. Für sie waren die Slawen ein barbarisches Volk, das ein schreckliches Land bewohnte, das ein *„Herd der Irrlehren und ein Sitz des Götzendienstes gewesen sei"* (Wehrmann 1922). Bekannt ist vielmehr auch, daß sie Ackerbau und Viehhaltung, Fischerei, Jagd und Waldbienenzucht betrieben, die Weberei, Töpferei u.a.m. pflegten. Und wer sich ihnen mit friedlichen Absichten näherte, erfuhr zumeist eine beispielhafte Gastfreundschaft. Die Jugend erwies den Eltern die schuldige Ehre. Vorsorge für Alte und Kranke galten bei ihnen als erste Tugenden.

Mit der Unterwerfung der einheimischen Bevölkerung unter *dänische Oberhoheit* und der damit verbundenen Christianisierung hatte ein neuer Geschichtsabschnitt für die Insel begonnen. In kirchlicher Hinsicht unterstand Rügen zunächst dem Bischof von Roskilde, der seinen Probst auf die Insel entsandte und in Ralswiek ansiedelte, genau dort, wo Wissenschaftler unserer Tage Reste slawischer Wohnstätten ausgruben, mehrere etwa 1000 Jahre alte Boote freilegten und einen sehr beachtlichen Silberschatz von über 2.000 arabischen Münzen (Dirhams) entdeckten (Herfert 1972/73 7ff.).

Mittelalterliche Chronisten wußten zu berichten, daß gleich nach der Zerstörung des slawischen Heiligtums Arkona (1168) mit dem Bau von zwölf christlichen Gotteshäusern begonnen worden wäre. Man weiß über deren Aussehen nichts. Das älteste gegenwärtig noch erhaltene Gebäude Rügens ist St. Marien zu Bergen. Im Jahre 1193 beurkundete Fürst Jaromar, einer der profiliertesten slawischen Herrscher, die Gründung des Nonnenklosters und nahm an der Weihe der Klosterkirche teil. Architekturelemente des Gotteshauses weisen nach Dänemark. Von dort sind wahrscheinlich auch die ersten Bauleute gekommen. Sie brachten zugleich die Technik des Backsteinbaues auf die Insel. Von dem großzügig angelegten romanischen Bauwerk wurde nur der Ostteil fertiggestellt. Der Bau der Kirche im ganzen wurde während des 14. Jahrhunderts vollendet (Ohle 1963 f). Um 1200 erfolgte auch der erste Spatenstich zum Bau der rügenschen Dorfkirchen. Und die nächsten zwei Jahrhunderte sahen die Errichtung zahlreicher sakraler Bauten auf allen Teilen der Insel, von denen gegenwärtig noch 28 spätromanische und gotische Kirchen oder Kapellen vorhanden sind.

Im 13. Jahrhundert waren deutsche Bauern und Handwerker auf die Insel gekommen. Ihre Ansiedlung wurde von den slawischen Fürsten gefördert. In Garz verlieh Wizlaw I. am 31. Oktober 1234 Stralsund das lübische Stadtrecht. Die Sundstadt übte einen wesentlichen Einfluß auf Rügen aus. Schon um 1300 erwarben Stralsunder Bürger Inselhöfe. Später gelangten zahlreiche Dörfer in den Besitz und damit in die Abhängigkeit *Stralsunds*.

Das einheimische Fürstengeschlecht starb mit Wizlaw

III., der als einziger Minnesänger Norddeutschlands bekannt ist, aus. Rügen kam fortan unter die *Herrschaft der pommerschen Herzöge*. Durch diesen „Machtwechsel" wurden die gesellschaftlichen Verhältnisse keineswegs zum Vorteil der Inselbewohner verändert. Im Gegenteil, der Adel, der sich schon während der slawischen Epoche herausgebildet hatte, vermochte seine Positionen zunehmend zu stärken.

Ein Städtewesen hat sich auf Rügen kaum entwickeln können. Die älteste Inselstadt Garz (erste Erwähnung von Bürgermeister und Ratmannen 1319) verlor ihren dörflichen Charakter nie. Sehr viel später (1613) erhielt Bergen das Stadtrecht. Um diese Zeit hatte längst ein Prozeß eingesetzt, der zur völligen Entrechtung und Unterdrückung des Bauerntums führte (Mager 1955 80ff.). Der grundbesitzende Adel, die sogenannte Ritterschaft, hatte es vermocht, sich mit klingender Münze ein Privileg nach dem anderen vom Landesherren zu verschaffen und die volle Gerichtsbarkeit über die Bauern zu erlangen. Dies gab ihm die Gelegenheit, sein Hofland durch ein Dazu-„*legen*" der bäuerlichen Flächen erheblich zu vergrößern. Dabei kam es zu einem Zustand, der als *Leibeigenschaft* jahrhundertelang andauerte. Die schlimmen Folgen sind allgemein bekannt. Das Bauernlegen beschränke sich auf Rügen nicht nur auf den ritterschaftlichen Bereich, sondern griff auch auf die landesherrlichen, geistlichen und städtischen Territorien über. Durch die im Jahre 1616 veröffentlichte „*Baur- und Schäferordnung*" fand die Leibeigenschaft für die Insel gesetzliche Anerkennung. Bald danach zogen dunkle Wolken des *Dreißigjährigen Krieges* für die Bewohner auf. Die Insel wurde mehrmals belagert. Soldaten Wallensteins, der Schweden und andere fielen brandschatzend, mordend und plündernd über sie her. Bei den Verwüstungen waren auch die Besitzungen des Adels betroffen, der jetzt seine Rechte wahrnahm und ein „*Legen*" großen Stils durchführte. Ganze Dörfer wurden zur Ausweitung des Gutslandes beseitigt und die Bauern zu hörigen Tagelöhnern degradiert. Dieser Vorgang dauerte noch im 18. Jahrhundert unvermindert an.

In der zweiten Hälfte jenes Jahrhunderts mehrten sich in Kreisen des liberalen Bürgertums Stimmen, die diese unhaltbaren Zustände schonungslos anprangerten. Am meisten Aufmerksamkeit erweckte der als Sohn eines ehemaligen Leibeigenen am 26. Dezember 1769 in dem Inselort Schoritz geborene Ernst Moritz Arndt mit seinem Buch „Versuch einer Geschichte der Leibeigenschaft in Pommern und Rügen" (erschienen Berlin 1803). Der Autor kannte den Gegenstand seiner Anklageschrift aus eigener Anschauung und wußte zu berichten, daß die Leibeigenen „*wie wahre Inventariumsstücke behandelt, die zum Gute gehören, bei dem Kauf und Verkauf desselben gerech-*

*net, gezählt, taxiert und nach Jahren und Kennung wie Ochsen und Pferde ausgezeichnet werden*" (Mager 1955 216). Von den 21.254 im Jahre 1783 auf Rügen lebenden Einwohnern waren nur 6.254 frei, 15.028 dagegen leibeigen.

Die landesherrliche Regierung sah diesen trostlosen Verhältnissen zumeist tatenlos zu. Weder die pommerschen Herzöge, denen die Insel bis zum Aussterben des Herzoghauses im Jahre 1637 unterstand, noch die nordeuropäische Macht Schweden, zu der die Ostsee-Insel mit Teilen des pommerschen Festlandes von 1648 bis 1815 gehörte, bemühten sich, einen Wandel zum Besseren herbeizuführen. Erst im Jahre 1806 hob der schwedische König Gustav IV. Adolf die Leibeigenschaft auf. Während der Zeit der Gutsherrschaft entstanden zahlreiche Herrenhäuser als bemerkenswerter Teil der Insellandschaft, so in Boldevitz, Gramtitz, Granskevitz, Venz, Üselitz und anderswo. Deren Bausubstanz wurde während der letzten vierzig Jahre bedauerlicherweise sträflich vernachlässigt. Nur wenige bilden dabei Ausnahmen wie die Schlösser Spycker, Ralswiek und das Jagdschloß Granitz. Das Putbusser Schloß, einst der bedeutendste Profanbau Rügens, wurde 1962 abgebrochen.

Im 19. Jahrhundert nahm der *Großgrundbesitz* noch 77 Prozent der landwirtschaftlich genutzten Gesamtfläche Rügens ein. Nach der letzten Jahrhundertwende erfolgte da und dort eine Aufsiedlung von Gutsländereien, entstanden leistungsfähige Bauernhöfe.

Der *Zweite Weltkrieg* verschonte die Insel nicht. Am 5. März 1945 wurden in Saßnitz Wohnhäuser, Hafen- und Bahnanlagen zerstört und die lange Mole erheblich beschädigt. Unter dem Hagel amerikanischer und britischer Bomben fanden viele Menschen, die auf Seeschiffen als Flüchtlinge aus den Ostgebieten angekommen waren, darunter Verwundete auf Lazarett-

*Kreideküste der Halbinsel Jasmund
(Historische Darstellung 19. Jh. (Foto: Günter Ewald)*

schiffen, den Tod. In den ersten Maitagen des Jahres 1945 nahmen sowjetische Truppen die Insel kampflos ein.

In jenem Jahr sollte sich die Wirtschafts- und Sozialstruktur Rügens grundlegend verändern. Durch die *Bodenreform* wurden Gutsfelder, -wiesen und -waldungen in einem Umfang von 61.600 Hektar aufgeteilt und 5.398 *Neubauernstellen* geschaffen. Menschen, die aus ihrer Heimat im Osten und Südosten vertrieben worden waren, erhielten auf diese Weise Unterkunft und eine bescheidene Erwerbsmöglichkeit. Doch das Ergebnis der damals von vielen begrüßten Maßnahme war nicht von langer Dauer. Im Jahre 1952 schon begann mit Gründung der ersten Landwirtschaftlichen Produktionsgenossenschaften die *Kollektivierung* der Landwirtschaft, die 1960 durch die Beseitigung der letzten privatbäuerlichen Betriebe ihren Abschluß fand.

Die von den meisten herbeigesehnte *Wende* des Jahres 1989 leitete auch für die insularen Landbewohner einen neuen Lebensabschnitt ein. Bei den gravierenden Veränderungen in den sozialen und wirtschaftlichen Verhältnissen ergaben sich für sie freilich Probleme über Probleme, von denen die Sorge um einen gesicherten Arbeitsplatz wohl noch lange die größten sein dürften. Zögernd noch, wie es scheint, bewirtschaften einzelne Bauern als sogenannte „Wiedereinrichter" erneut eigenen Grund und Boden. In den Dörfern sieht man neben den Zeugnissen der früheren Agrarindustrie, neben den „Altlasten" in Gestalt der großen Ställe und Silos, bereits Neues und für die Insel auch Ungewöhnliches. Die weithin sichtbaren Windkraftanlagen zur Erzeugung von Elektroenergie gehören dazu.

Im ökonomischen Gefüge der Insel rangiert nach wie vor die Landwirtschaft an erster Stelle. Die fruchtbaren Böden Nord-, West- und Südrügens bieten dazu gute Voraussetzungen. Daneben aber spielt seit alters der *Fischfang* eine wichtige Rolle (Ewe 1994 139ff.). Er läßt sich bis weit ins Mittelalter zurückverfolgen. An mehreren Stellen entwickelten sich Fischhandelsplätze, sogenannte Vitten, wo der von auswärtigen Händlern begehrte Hering eingesalzen, verpackt und verladen wurde. Der Name des kleinen, unterhalb Arkonas gelegene Ort Vitt erinnert noch heute daran. Der Fischfang auf den ergiebigen Gründen konnte kaum von einzelnen betrieben werden. Das Ausfahren, Setzen und Einholen von Netzen und Reusen, die Bedienung des Bootes und die kostspielige Beschaffung und Unterhaltung des Gerätes zwang schon vor Jahrhunderten zur Gruppenbildung und Gemeinschaftsleistung, führte zu den „Commünen" oder Kompanien. Die Fänge reichten früher oft nicht als Existenzgrundlage der Bevölkerung aus. Bereits in den ältesten schriftlichen Aufzeichnungen erscheint der Typ des „Fischerbauern", eben jenes Rügeners, der sich sowohl von der Fischerei als auch von der Landwirtschaft ernährte. Im Siedlungsbild hoben sich die reinen Fischersiedlungen, deren Bewohner vom Fischfang als der einzigen Erwerbsquelle lebten, von den Fischerbauerndörfern ab, die vor allem auf der südöstlichen Halbinsel Mönchgut anzutreffen waren.

Nach dem Zweiten Weltkrieg verschwanden die für Rügen traditionellen Commünen und Reusengemeinschaften. An ihre Stelle traten die Fischereiproduktionsgenossenschaften, denen bald auch die Einzelfischer anzugehören hatten. Außerdem entstand das Fischkombinat Saßnitz, das mit mehr als 100 Kuttern und Trawlern auch weitabgelegene Fangplätze befischte. In Fischverarbeitungswerken von Saßnitz und Lauterbach wurden „Fertigwaren" in großen Mengen hergestellt. Kurz nach der Wende des Jahres 1989 sind die rügenschen Großbetriebe der Fischwirtschaft aufgelöst worden. Wie in der Landwirtschaft, so gilt es in dem erheblichen Umwandlungsprozeß der Verhältnisse, auch für die Inselfischer, neue Wege zu beschreiten. Sie versorgen zunächst in bester Weise den heimischen Markt mit Frischfleisch und Räucherware. Und dem Rügen-Fisch werden ungeachtet der ausländischen Konkurrenz, wie es heißt, gute Chancen eingeräumt.

Von einem weiteren Wirtschaftszweig der Inselbewohner, von der Kreidegewinnung, ist seit dem 19. Jahrhundert zu sprechen. Schon vorher ist auf Rügen Kreide gebrochen und gebrannt worden. Nach zeitgenössischen Berichten wußte man damals jedoch nicht allzuviel mit dem Erzeugnis anzufangen, ...„das im Land wenig benutzt..., zwar gut zur Tünche, aber nicht genug bindend als Mauerspeise sey" (Grümbke 1819 92, 119). Die Unterschätzung sollte indes ihr Ende finden, als die ersten Schlämmereien ihren Betrieb aufnahmen. Im Sommer 1847 verließen 200 Tonnen Schlämmkreide eine „Fabrik" in Quoltitz auf der Halbinsel Jasmund. Zum Zentrum der Kreidefabrikation entwickelte sich um die Mitte des vorigen Jahrhunderts der Ort Saßnitz mit seinen günstigen Abbaumöglichkeiten. Wunschträume, mit der rügenschen Kreide „das große Geschäft" machen und mühelos Reichtum erlangen zu können, erfüllten sich freilich nicht. Dem stand vor allem die Technik der Schlämmkreidegewinnung gegenüber. Sie beruhte in hohem Maße auf dem Handbetrieb und erforderte einen außerordentlich starken Einsatz der Kreidewerker. Der zügigen Schlämmkreidegewinnung waren bei diesem Verfahren verständlicherweise Grenzen gesetzt. Nach der letzten Jahrhundertwende existierten auf Rügen schon über 20 Kreidebetriebe, in denen vier- bis fünfhundert Familien ihr Brot verdienten. Das Ende des Zweiten Weltkriegs brachte die Kreideindustrie vorübergehend zum Erliegen. Die Wirtschaft aber konnte auf das Mineral nicht verzichten, und die Kreidewerker der Insel setzten ihren Betrieb instand, griffen zur Pickhacke und schlugen an den Abbruchwänden wieder die Loren voll. Unverändert blieben indes die alten Produktionseinrichtungen und damit die schwere körperliche Arbeit. Dies änderte sich erst, als 1963 das vollmechanisierte Werk Klementelvitz bei Saßnitz mit der Schlämmkreideherstellung begann. Während die frühere manuelle Kreidegewinnung und -aufbereitung einen Produktionszyklus von 80 Tagen erforderte, dauert die Schlämmkreidegewinnung im Klementelvitzer Werk nur wenige Stunden.

Das weiße Gestein ist nicht nur der Bauwirtschaft sehr willkommen. Es erlangt überdies für zahlreiche Industrieunternehmen Bedeutung. Schon arbeiten annähernd 30 Industrie- und Handwerkszweige mit dem Produkt des jahrmillionenalten Sedimentgesteins, das in Deutschland nur an einer Stelle, nämlich auf Rügen ansteht.

Wenn heutzutage von Rügen die Rede ist, denkt wohl jeder zunächst an Ferien auf der Insel. Und in der Tat: das Erholungswesen und der *Tourismus* sind ein Wirtschaftsfaktor von Rang, den es künftig auch im Hinblick auf die Verkehrssituation weiter zu entwickeln gilt. Das rügensche Badewesen nahm gegen Ende des 18. Jahrhunderts mit Eröffnung der „Brunnen-, Bade- und Vergnügungsanstalt" in Sagard seinen Anfang. In der ersten Hälfte des vorigen Jahrhunderts begründete Fürst Malte I. das Bad Putbus, ließ den Ort zu einer ansehnlichen Residenz ausbauen, Gästehäuser, Kursäle, ein Theater, das Badehaus an der Goor bei Lauterbach errichten und den Park eindrucksvoll gestalten. In der zweiten Jahrhunderthälfte richteten zahlreiche in- und ausländische Gäste ihre Aufmerksamkeit auf das Dorf Saßnitz, das sich sozusagen zu einem „Modebad" entfaltete. Noch vor 1900 begann die Entwicklung der weithin bekannten Seebäder Binz, Sellin, Baabe und Göhren. Andere wie Thießow, Lohme, Breege und Juliusruh kamen hinzu. Während der dreißiger Jahre unseres Jahrhunderts bemühten sich die Nationalsozialisten, das bombastische „Bad der Zwanzigtausend" an der Proraer Wiek in Mukran zu schaffen. Die Arbeiten an dem riesigen Gebäudekomplex mit einer Häuserfront von mehr als fünf Kilometer Länge sind mit Beginn des Zweiten Weltkrieges unterbrochen worden. Zur Zeit der DDR wurde das gesamte Gelände von der Nationalen Volksarmee belegt und für Außenstehende rigoros abgegrenzt. Gegenwärtig werden für eine sinnvolle Nutzung der Anlage Überlegungen getroffen, wobei es darauf ankommt, die Eigenart der unvergleichlich schönen Landschaft möglichst zu erhalten. Das gleiche trifft auch für andere Inselteile zu. Und dabei darf der Begriff „sanfter Tourismus" für Rügen kein leeres Schlagwort bleiben.

Literatur

Schuldt 1971            Ewald Schuldt, Steinzeitliche Grabmonumente der Insel Rügen. Schwerin 1971.

Petzsch 1928            Wilhelm Petzsch, Die Steinzeit Rügens. Greifswald 1928.

Berlekamp 1958          Hansdieter Berlekamp, Die Großsteingräber Rügens, in: Ausgrabungen und Funde, 1958, 4-5.

Eggers 1961             Hans-Jürgen Eggers, Die Bedeutung Rügens für die ältere Bronzezeit, in: Greifswald-Stralsunder Jahrbuch, Bd. 1, 1961.

Ewe 1984                Herbert Ewe, Hiddensee, Rostock 1984.

Jungandreas 1930        W. Jungandreas, Zur Hildesage, in: Beiträge zur Geschichte der deutschen Sprache und Literatur, Bd. 54, 1930.

Baetke 1933             Walter Baetke, Hiddensee als Zeugnis germanischer Heldensage, in: Unser Pommerland, Jg. 18, 1933.

Herrmann 1982           Joachim Herrmann, Wikinger und Slawen. Berlin 1982.

Wehrmann 1922           Martin Wehrmann, Geschichte der Insel Rügen. Greifswald 1922.

Herfert 1972/73         Peter Herfert, Ralswiek ein frühgeschichtlicher Seehandelsplatz auf der Insel Rügen, in: Greifswald-Stralsunder Jahrbuch Bd. 10, 1972/73.

Ohle 1963               Walter Ohle u. Gerd Baier, Die Kunstdenkmale der Insel Rügen. Leipzig 1963.

Mager 1955              Friedrich Mager, Geschichte des Bauerntums und der Bodenkultur in Mecklenburg. Berlin 1955.

Ewe 1994                Herbert Ewe, Rügen. Rostock 1994.

Grümbke 1819            Johann Jacob Grümbke, Neue und genaue geographisch-statistisch historische Darstellungen von der Insel und dem Fürstenthume Rügen. Berlin 1819.

## *Reno Stutz*

# DAS LAND RATZEBURG – EIN HISTORISCHER ABRISS

Seit etwa 10.000 Jahren ist das im Westen Mecklenburgs gelegene Ratzeburger Land besiedelt. Um 2.000 v.u.Z. lebten in diesem Raum Indogermanen, unsere ersten nachweisbaren Vorfahren. Sie ernährten sich durch die Jagd und den Fischfang oder sammelten eßbare Früchte. Im Laufe der Jahrtausende gelang ihnen die Zähmung von Wildtieren, aber auch der Anbau von Feldfrüchten. Der Werkstoff Stein wurde langsam durch die Bronze verdrängt und später durch das Eisen ersetzt.

Im Zuge der römischen Expansionspolitik gerieten auch die in Holstein und Nordwestmecklenburg siedelnden germanischen Stämme der Langobarden, Kimbern und Reudinger in den kulturellen und politischen Einflußbereich Roms. Erstere, links und rechts der Elbe ansässig, wurden um 5 u.Z. durch die Römer hinter die Elbe gedrängt. Kurzzeitig bildete die Elbe die römisch-germanische Grenze. Nach der Niederlage Roms im Teuteburger Wald kehrten die *Langobarden* wieder ins Niedersächsische zurück. Bevölkerungswachstum, Klimaveränderungen und die Kunde von reichen südlichen Ländern führten bis zum 5./6. Jahrhundert zur Abwanderungen der hiesigen Stämme.

Die verbliebene germanische Bevölkerung Nordwestmecklenburgs geriet erstmals nachweisbar um 540 u.Z. in Kämpfe mit den aus dem Osten kommenden Slawen. In den nachfolgenden Jahren wurden die nur noch dünn besiedelten Gebiete Holsteins und Mecklenburgs vom *Stammesverband der Obodriten* in Besitz genommen. Dieser bestand aus vier Teilstämmen, den Wagriern, Polaben, Warnowern und den namengebenden Obodriten. Im Ratzeburger Land siedelten die zwischen Elbe und Trave seßhaft gewordenen Polaben (Slawen 1985 7 ff.).

Die kommenden Jahrhunderte waren durch zahllose Kämpfe mit den slawischen, dänischen und sächsischen Nachbarn gekennzeichnet. Im Zuge der *deutschen Ostexpansion* wurden die Polaben nach fast 200jährigen erbitterten Abwehrkämpfen im 12. Jahrhundert endgültig durch Heinrich den Löwen unterworfen.

Die Wendenmission, d.h., die systematische militärische Eroberung und Christianisierung der Slawen, begann in der Mitte des 10. Jahrhunderts unter den sächsischen Kaisern. Um 948 erfolgte in Oldenburg

(Holstein) die Gründung des ersten Wendenbistums unseres Raumes. Der christliche Glaube faßte erstmals zaghaft unter den Polaben Fuß. Ein großer Slawenaufstand um 983 unterbrach jedoch die Entwicklung. Oldenburg wurde zerstört, das Bistum aufgegeben.

Mitte des 11. Jahrhunderts setzte die *zweite Christianisierungsphase* ein. Von Vorteil war dabei, daß sich im obodritischen Gebiet größere Herrschaftsbereiche unter christlichen Stammesfürsten herausbildeten. So stand bis 1042/43 der Christ Fürst Ratibor an der Spitze der Polaben. Sein Sitz war die Ratzeburg. Nach seinem gewaltsamen Tod gelang es dem obodritischen Fürstensohn Gottschalk mit dänischer und sächsischer Unterstützung, die Herrschaft zu übernehmen. Dem Christentum zugetan, förderte er die Errichtung von Klöstern und Kirchen. Laut Adam von Bremen und Helmold von Bosau soll er selbst in slawischer Sprache gepredigt haben. Um 1044 entstand auf dem St. Georgsberg ein Benediktinerkloster unter Leitung des Abtes Ansverus. Die Diözese Oldenburg wurde wiedererrichtet, aber auf Grund des nach Osten erweiterten Missionsgebietes in die Bistümer Oldenburg, Ratzeburg und Mecklenburg aufgeteilt. Wann das in Polabien entstandene Bistum Ratzeburg gegründet wurde, steht nicht exakt fest. Allerdings läßt eine Urkunde des deutschen Königs Heinrich IV. aus dem Jahre 1062, welche die Schenkung der Burg Ratzeburg an den Sachsenherzog Ordulf vorsah, erkennen,

*Ratzeburger Dom um 1850*

daß es noch nicht vorhanden war, seine Gründung jedoch kurz bevorstand. Wenige Jahre später erfolgte die Berufung des Griechen Aristo zum Ratzeburger Bischof (Groß 1978 10 f., Jordan 1954, Kaack 1987, Wriedt 1977).

Trotz dieser Erfolge war das Christentum unter den Stämmen der Obodriten keineswegs fest verwurzelt. 1066 fegte der zweite große Slawenaufstand alles hinweg. Gottschalk selbst wurde erschlagen, die im Land errichteten Kirchen verbrannt. Der Ratzeburger Abt Ansverus und seine 18 Brüder starben bei Einhaus, gesteinigt von den Polaben. Die Missionierung der Slawen war ein zweites Mal gescheitert.

1090 kehrte der 1066 nach Dänemark geflohene Sohn Gottschalks, Heinrich, zurück. Unterstützt durch dänische und sächsische Truppen gelang es ihm, die einheimische Opposition 1093 in einer Schlacht bei dem südlich von Ratzeburg gelegenen Schmilau zu vernichten. Obwohl sich Heinrich zum Christentum bekannte und es auch förderte, befand sich 1126 nur in seiner Residenz Alt-Lübeck eine Kirche. 1127 starb Heinrich. Sein Sohn und Nachfolger wurde bereits zwei Jahre später ermordet. Dasselbe Schicksal ereilte seinen Enkel.

Unter Führung des Herzogs Heinrich des Löwen begann im zweiten Viertel des 12. Jahrhunderts die endgültige Christianisierung und Germanisierung der obodritischen Stämme. 1143 belehnte er seinen Vasallen Heinrich von Badewide mit der „terra Polaborum", dem Lande Ratzeburg. Die neugeschaffene Grafschaft umfaßte die Länder Ratzeburg, Boitin, Gadebusch, Wittenburg und Boizenburg. Das Siedlungsgebiet der Polaben mit Ratzeburg als Kern war damit fester Bestandteil des deutschen Reiches geworden.

Nach der militärischen Unterjochung ergoß sich ein Strom von Rittern und Bauern aus den Altländern ins Land. Die Kolonisation des Slawenlandes begann. Einerseits trat Heinrich von Badewide dabei selbst als Kolonisator auf, indem er den Landesausbau auf eigene Kosten übernahm. Andererseits erfolgte die Besiedlung über Lokatoren, sogenannte Mittelsmänner. Daneben entstanden die ersten deutschen Kirchen wie das in Ratzeburg wiedererrichtete Kloster auf dem St. Georgsberg. Der Bau des Doms begann in den 1160er Jahren (Kaack 1987 10).

Damit waren alle Voraussetzungen gegeben, um das 1066 untergegangene Bistum Ratzeburg erneut zu errichten. Heinrich der Löwe, mit dem königlichen Recht der Investitur ausgestattet, berief daraufhin 1154 den Propst des Magdeburger Prämonstratenserstifts St. Marien, Evermod, zum Bischof. Ihm zur Seite stand ein Domkapitel, bestehend aus 12 Domherren und einem Propst.

Um den Bau eines Gotteshauses und von Wohnstätten zu ermöglichen, überließ Graf Heinrich dem Bischof die im Ratzeburger See gelegene Insel. Außerdem erhielt er zur Unterhaltung des Bistums vom Sachsenherzog 300 Hufen aus dem Lehnsbesitz seines Ratzeburger Vasallen. Davon lagen 250 Hufen zusammenhängend im Lande Boitin, die übrigen 50 bestanden aus mehreren verstreut gelegenen Dörfern, wie Ziethen, Römnitz, Farchau usw. Neben dem Grundbesitz übertrug Heinrich der Löwe dem Bischof auch die Zehnten des Landes. Die Lehensabhängigkeit vom Herzog verpflichtete den Ratzeburger Bischof zur Hof- und Heerfahrt, aber auch zum Besuch der herzoglichen Landtage. Außerdem waren er und seine Untertanen angehalten, Marktthings, d.h. Gerichtstage, aufzusuchen. Die hohe Gerichtsbarkeit wurde von der weltlichen Macht, dem Grafen, ausgeübt (Jordan 1993 77 ff., Wriedt 1994 20, Groß 1978 21).

Kirchenpolitisch reichte das Bistum Ratzeburg von Bergedorf im Westen bis Wismar im Osten und in seiner Nord-Südausdehnung von der Trave bis ins Boizenburgische.

Die rechtliche Stellung Heinrich des Löwen gegenüber dem Ratzeburger Bischof und Grafen ermöglichte die zügige Kolonisierung und Christianisierung des Polabenlandes. Hand in Hand arbeitete Bischof Evermod mit dem Grafen Heinrich, als dieser 1164 starb, mit seinem Sohn Bernhard I. bei der Ansiedlung von Kolonisten zusammen. Mit der Besiedlung einher ging der Aufbau der Pfarrorganisation und -kirchen (Jordan 1954 16, Prange 1994 25, Wriedt 1977 10).

Die territorial- und machtpolitischen Ambitionen Heinrichs des Löwen zogen den Ratzeburger Grafen Bernhard I. immer wieder in dessen Kämpfe mit anderen Feudalherren hinein. Über den des Hochverrats angeklagten Heinrich verhängte Kaiser Friedrich I. 1179 die Acht. Die Güter des Sachsenherzogs u.a. auch die Grafschaft Ratzeburg wurden eingezogen und neu verteilt. Da sich Heinrich widersetzte, rief der Kaiser gegen ihn zur Reichsheerfahrt auf. Mehrjährige wechselvolle Kämpfe verwüsteten die Grafschaft. Ratzeburg wurde mehrfach belagert und erobert.

1194 oder 1195 starb Graf Bernhard I. von Ratzeburg, Lehnsträger Heinrichs des Löwen. Kurze Zeit später folgte ihm sein Sohn Bernhard II. Mit dem Tod Bernhard III. erlosch Ende des 13. Jahrhunderts das Ratzeburger Grafengeschlecht.

Der Tod Heinrichs des Löwen und des deutschen Königs Heinrich VI., vor allem aber ein Bürgerkrieg, hervorgerufen durch die verhängnisvolle Doppelwahl des Staufers Philipp von Schwaben und des Welfen Otto IV. zu deutschen Königen, erzeugte in Norddeutschland ein Machtvakum, in das der dänischen König Knud VI. stieß. Um 1200 eroberte er die Grafschaften Holstein und Ratzeburg. Statthalter der besetzten Gebiete wurde Graf Albrecht von Orlamünde. Graf Gunzelin von Schwerin und Nikolaus von Mecklenburg erhielten als Lohn für ihre Hilfe Teile der Grafschaft Ratzeburg. An Gunzelin gingen die Länder Wittenburg und Boizenburg, während Nikolaus das Land Gadebusch bekam (Jordan 1993 197 ff., Kaack 1987 29 ff.).

Drei Jahrzehnte später brach die dänische Vorherrschaft in Norddeutschland zusammen. In der *Schlacht von Mölln* 1225 und *Bornhöved* 1227 besiegten die vereinigten holsteinischen, schwerinschen und mecklenburgischen Truppen die Dänen. Die Reste des Landes Ratzeburg bildeten künftig mit dem Land Sadelbande das Herzogtum Sachsen/Niedersachsen/Sachsen-Lauenburg. Auf das Land Boitin hatten die territorialpolitischen Veränderungen zu jener Zeit keinen Einfluß. 1194 erfolgte hier allerdings eine Gütertrennung zwischen dem Bischof und seinem Domkapitel.

Nach der Entmachtung Heinrichs des Löwen gelang es den Bischöfen von Ratzeburg, ihre grundherrliche Stellung Schritt für Schritt auszubauen. Dazu zählte u.a. der Erwerb der Reichsunmittelbarkeit und die damit verbundene Zugehörigkeit zum Reichsfürstenstand durch Bischof Isfried Ende des 12. Jahrhunderts. Die Ratzeburger Bischöfe unterstanden somit nicht mehr der Lehnshoheit des Herzogs von Sachsen, sondern direkt dem König. Allerdings besaßen die Sachsenherzöge als Erben der Ratzeburger Grafen im Lande Boitin weiterhin wichtige landesherrliche Rechte, wie z.B. die hohe Gerichtsbarkeit, Steuern, Landwehr und Burgwerk. 1261 kaufte jedoch Bischof Ulrich diese Rechte der Herzogin Helena von Sachsen ab.

Bereits in diesen Jahren begannen die Bischöfe und das Domkapitel ihren Grundbesitz systematisch auszubauen, indem sie vor allem Dörfer und die dazugehörenden Ländereien von den umliegenden Adligen aufkauften. Diese, seit dem 14. Jahrhundert in ständigen Geldnöten, veräußerten ihren Besitz Stück für Stück. Zu den Verkäufern zählten vor allem die Herren von Grönau, von Karlow und von Bülow. So verkaufte allein der Ritter Dankward von Bülow die Dörfer Rodenberg, Rüschenbeck, Menzendorf, Blüssen, Lübseerhagen und Grieben samt Mühle für 4.300 Mark. Um die volle Verfügungsgewalt über die angekauften Dörfer zu erlangen, erwarben Domkapitel und Bischöfe die fehlenden landesherrlichen Rechte von dem jeweiligen Landesherrn des Ritters, entweder vom lauenburgischen oder vom mecklenburg-schwerinschen Herzog.

Verwaltet wurde das bischöfliche Territorium durch einen Vogt, einen auf Zeit berufenen und jederzeit wieder absetzbaren Beamten. Dessen Aufgabenbereich umfaßte zahlreiche administrative, militärische und richterliche Funktionen. Dazu zählten u.a. die hohe Gerichtsbarkeit im ganzen Ratzeburger Land, die niedere in den bischöflichen Dörfern, die Überwachung der zu leistenden Dienste und die Steuereinnahme (Prange 1992 20, Stoppel 1927 15f., 44, 65ff.).

Anfangs bestand der kleine Besitz des Bischofs nur aus einem Verwaltungsbezirk. Ende des 14. Jahrhunderts erforderte jedoch der Ankauf neuer Dörfer die Bildung der zweiten Vogtei Stove. Beide Vogteien unterstanden der Zentralverwaltung am Hofe des Bischofs.

Ständige Streitigkeiten und Übergriffe von seiten der lauenburgischen Fürsten veranlaßten die Ratzeburger Bischöfe, ihren Wohnsitz von Farchau nach Dodow zu verlegen. Doch auch hier konnten sie sich nicht dem Zugriff der unberechenbaren Lauenburger entziehen. Daraufhin ließ Bischof Ulrich um 1270 auf einem durch Wasser und Sumpf geschützten Platz bei Schönberg ein festes Haus errichten. Seine Nachfolger bauten es dann zur Wasserburg aus.

Die rasch voranschreitenden Befestigungsarbeiten brachten jedoch um 1324/25 die mächtige Hansestadt Lübeck auf den Plan. Diese berief sich auf ein Privileg des deutschen Kaisers Friedrich I. aus dem Jahre 1181. Danach mußte Lübeck den Bau von Befestigungen, die innerhalb einer Zweimeilenzone beiderseits der Trave entstehen, nicht gestatten. Die Verhandlungen zogen sich jedoch in die Länge und verliefen nach sechs Jahren im Sande. 1328 verlegte der ratzeburgische Bischof Marquard seinen Sitz endgültig nach Schönberg (Freytag 1954 25, Buddin 1924, Buddin 1937 87).

Seit jenen Jahren hatte das Dorf Schönberg die Funktionen einer Stadt inne. Sie war Bischofssitz, Verwaltungs- und Wirtschaftszentrum des Ratzeburger Landes.

Über Jahrhunderte hinweg betrieben die Bischöfe und das Domkapitel eine kluge Agrarpolitik. Ihr Hauptaugenmerk legten sie auf die Herausbildung und Stärkung eines wohlhabenden und damit finanzkräftigen Bauernstandes, deren Geld- und Naturalabgaben die wichtigste Einnahmequelle war. Ohnehin hatten die kirchlichen Grundherren an der Errichtung großer kapitalistisch eingestellter, d.h. für den Markt produzierender Landwirtschaftsbetriebe, kein Interesse. Die Naturalien dienten vor allem der Eigenversorgung. Nur der Überschuß ging auf den Markt nach Lübeck (Folkers 1925 16, Berthau 1914 155f.).

Die günstige wirtschaftliche und rechtliche Lage der Ratzeburger Bauern änderte sich auch nicht, als der letzte Bischof Christoph von der Schulenburg das Bistum im Zuge der Reformation 1551 für 10.000 Taler an Albrecht von Mecklenburg abtrat. Das Bistum blieb bis 1648 bestehen, wurde jedoch seit 1554 durch verschiedene herzogliche Administratoren aus Mecklenburg und Braunschweig verwaltet.

In der ersten Hälfte des 17. Jahrhunderts fegte der

*Schönberger Tracht*

Dreißigjährige Krieg über das Ratzeburger Land hinweg. Plünderungen, Brandschatzungen und Einquartierungen saugten die Bauern aus. Krankheiten und Seuchen vermehrten das Leid. So raffte alleine die Pest des Jahres 1630 von den ca. 400 Einwohnern Schönbergs 328 hinweg.

Durch die Bestimmungen des 1648 geschlossenen *Westfälischen Friedens* wurde das Bistum Ratzeburg säkularisiert und Adolf Friedrich von Mecklenburg-Schwerin als Ersatz für die an Schweden abgetretene Stadt Wismar und die Insel Poel übertragen. Damit verschwand nach fast 500jährigem Bestehen das Bistum Ratzeburg, dessen Bischöfe durch ihre Agrarpolitik die Entwicklung eines freien und wohlhabenden Bauernstandes ermöglicht hatten. Es waren Bedingungen entstanden, die den Ratzeburger Bauern vor der sich seit dem 17. Jahrhundert ausbreitenden Leibeigenschaft schützten. Für mehr als 50 Jahre kam das kleine Fürstentum zum Herzogtum Mecklenburg-Schwerin. Schönberg verlor seine Würde als Residenzstadt. Die Verwaltung des Ratzeburger Landes wurde auf den Domhof von Ratzeburg verlegt.

Infolge des Aussterbens der Linie Mecklenburg-Güstrow im Jahre 1695 gelangte ganz Mecklenburg in die Hand des Schweriner Herzogs Friedrich Wilhelm. Dessen Onkel Adolf Friedrich II. machte ihm jedoch die Erbschaft streitig. Sechs Jahre später, 1701, einigte man sich dann im *Hamburger Vergleich*. Friedrich Wilhelm verzichtete auf die Länder Stargard und Rat-

zeburg. Das Herzogtum Mecklenburg-Strelitz entstand. Die Ratzeburger Stimme auf den Reichs- und Kreistagen ging somit auf die strelitzschen Herzöge über (Kaack 1987 151 ff., Bei der Wieden 1994 59f., Vitense 22).

1814 löste Herzog Karl die Verwaltungsorgane auf dem Domhof in Ratzeburg auf. Statt ihrer wurde in Schönberg eine Landvogtei mit Justiz- und Domänenamt eingerichtet. Acht Jahre später erhielt Schönberg das Stadtrecht. Ihren bäuerlichen Charakter konnte die Stadt aber bis ins 20. Jahrhundert nicht ablegen, da die meisten Schönberger eng mit der Landwirtschaft verbunden blieben. Dennoch entwickelte sich Schönberg zu einer Stadt des produzierenden Handwerks mit einer monopolartigen Umlandfunktion, zumal viele Gewerke auf dem Lande durch die mittelalterliche Zunftgesetzgebung verboten waren.

Der Ratzeburger Bauer erfuhr auch unter den Herzögen Förderung und Unterstützung. So z.B. 1776, als eine Verordnung die Unteilbarkeit der Höfe bestätigte und das Erbrecht in einem bauernfreundlichen Sinne regelte. Die 1801 eingeleitete Separation zwecks Abschaffung der Gemengelage und des Flurzwangs brachte wirtschaftliche Erleichterungen. An Stelle der aufgehobenen Abgaben trat ein fester Grundzins. Über sein Land konnte der hiesige Landwirt nahezu unbeschränkt verfügen (Berthau 1914 157, Folkers 1925 16, Mager 1955 253, 377, Endler 1931 21).

Schwere Belastungen brachten jedoch die zahlreichen Kriege mit sich. Insbesondere die Einquartierungen und Geldforderungen im Nordischen (1700-1721) und im Siebenjährigen Krieg (1756-1763) trieben zahllose Ratzeburger Bauern an den Rand des Ruins. Wenige Jahrzehnte später, 1806, wälzte sich eine französische Armee, das Korps Blüchers verfolgend, durch das Fürstentum. Es folgte eine bis 1813/14 andauernde Besetzung durch die Franzosen.

Von den großen Bewegungen der Revolutionsjahre 1830 und 1848/49 wurde das Land kaum berührt. 1869 erhielt das Fürstentum eine ständische Verfassung und einen Landtag. Da dieser aber nur eingeschränkte Rechte besaß, beschickten ihn die Ratzeburger Bauern nicht mit ihren Vertretern, so daß er bis 1906 beschlußunfähig blieb.

Im Zuge der *Novemberrevolution* wurde das Großherzogtum Mecklenburg-Strelitz Freistaat. Das Fürstentum Ratzeburg, nunmehr als *Land Ratzeburg* bezeichnet, behielt weitestgehend die bisherige Selbstverwaltung. Diese ging jedoch 1933/34 verloren, als die Nationalsozialisten Mecklenburg-Schwerin und Mecklenburg-Strelitz vereinigten und aus den Kreisen Grevesmühlen und Schönberg der *Kreis Schönberg* gebildet wurde.

Nur drei Jahre später, 1937, brachte das *Groß-Hamburg-Gesetz* erneut territorial-politische Veränderun-

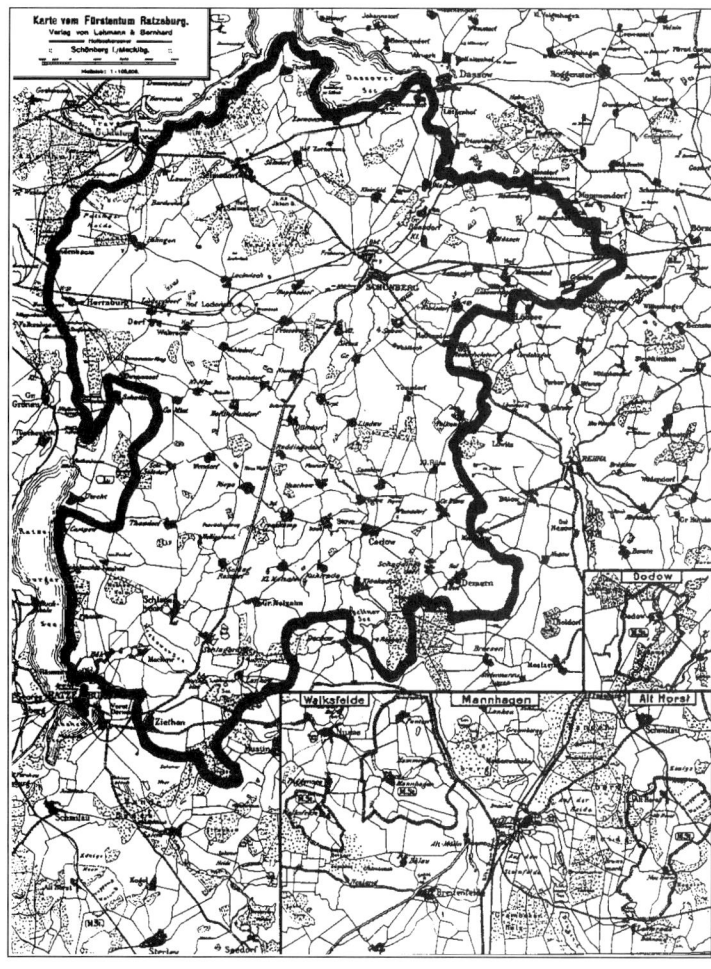

gen. Die mecklenburgischen Dörfer Hammer, Mann-
hagen, Panten, Horst, Walksfelde und der Domhof zu
Ratzeburg gingen an das Kreisherzogtum Lauenburg,
während die lübischen Orte Schattin und Utecht zum
Kreis Schönberg kamen (Bei der Wieden 1992 114f.).
Der wirtschaftliche Aufschwung und die sinkenden
Arbeitslosenzahlen nach den schweren Jahren der
Weltwirtschaftskrise verblendete wie überall auch im
Ratzeburger Land viele Menschen und ließ sie zu
Symphatisanten der Hitlerfaschisten werden. Erst das
eigene Kennenlernen von Krieg, von notdürftig im Ratzeburgischen untergebrachten Ausgebombten Lü-
beckern und Hamburgern sowie des 1944 einsetzenden Flüchtlingsstromes aus dem Osten öffnete den
meisten die Augen.
Am 3. Mai 1945 besetzten amerikanische Truppen
das Ratzeburger Land. Englische Einheiten lösten sie
am 1. Juni ab. Auf Grund der Verträge von Jalta zogen
sie sich jedoch  bis zum 1. Juli wieder zurück, und
Truppen der Roten Armee besetzten das Land. Schönberg wurde Sitz der Kreiskommandantur.
Im Herbst 1945 erfolgte im Rahmen eines Abkom-
mens zwischen den englischen und sowjetischen Ge-

neralen Barber und Lyaschenko ein Gebietsaustausch. Die ratzeburgischen Gemeinden Ziethen,
Römnitz, Bäk und Mechow kamen an die englische
Besatzungszone. Als Ausgleich gerieten nördlich und
östlich des Schaalsees gelegene lauenburgische Gebiete in den sowjetischen Besatzungsbereich.
Die im Oktober 1945 einsetzende Bodenreform ent-
eignete alle landwirtschaftlichen Betriebe über 100
ha. Zahlreiche Umsiedlerfamilien erhielten eine neue
Existenzgrundlage. Wenige Jahre später erfolgte jedoch durch die Genossenschaftsgründungen die vollständige Beseitigung der Einzelwirtschaften.
1949 wurde Schönberg durch Grevesmühlen als Kreis-
stadt ab- und 1952 als Kreis aufgelöst. Fortan gehörte
der südliche Teil des Ratzeburger Landes zum Kreis
Gadebusch und damit zum Bezirk Schwerin, während
man den nördlichen dem Kreis Grevesmühlen und
somit dem Bezirk Rostock zuordnete (Schönberg 1994
83ff., Jürgensen 1992 119ff.). Die Teilung Deutschlands machte große Teile des Landes Ratzeburg zum
unmittelbaren Grenzgebiet und unterbrach bis 1989/90
die über Jahrhunderte gewachsenen traditionellen Verbindungen ins Lauenburgische und Lübische.

Literatur

| | |
|---|---|
| Bei der Wieden 1992 | Helge Bei der Wieden, Das Groß-Hamburg-Gesetz (Januar 1937) als Problem der Reichsreform und seine Auswirkung auf die Territorialentwicklung im Raume Lauenburg, Mecklenburg und Lübeck, in: Die Grenz- und Territorialentwicklung im Raume Lauenburg-Mecklenburg-Lübeck. Neumünster 1992. |
| Bei der Wieden 1994 | Helge Bei der Wieden, Das Nachleben der Bistümer Lübeck, Ratzeburg und Schwerin, in: Die Kirche im Herzogtum Lauenburg. Neumünster 1994. |
| Berthau 1914 | Friedrich Bertau, Die geschichtliche Entwicklung der ländlichen Verhältnisse im Fürstentum Ratzeburg, in: Jahrbücher des Vereins für mecklenburgische Geschichte und Altertumskunde, Jg. 79, Schwerin 1914. |
| Buddin 1924 | Fritz Buddin, Scherenschnitte aus der Geschichte des Ratzeburger Landes, in: Heimatkalender für das Fürstentum Ratzeburg 1925. Schönberg 1924. |
| Buddin 1937 | Fritz Buddin, Der Amtsplatz in Schönberg, in: Heimatkalender für den Kreis Schönberg 1938. Schönberg 1937. |
| Endler 1931 | Carl August Endler, Die Ratzeburger Bauern von 1618 bis zur Gegenwart, in: Volk und Rasse, Jg. 6, H. 1, München 1931. |
| Folkers 1925 | Johannes Ulrich Folkers, Aus der Geschichte des ratzeburgischen Bauernstandes, in: Quellen der Heimat für Schule und Haus, H. 5, Reihe D, o.O. 1925. |
| Freytag 1954 | Hans-Joachim Freytag, Die Bischöfe von Ratzeburg als Landesherren im Mittelalter, in: Der Dom zu Ratzeburg. Acht Jahrhunderte. Ratzeburg 1954. |
| Groß 1978 | Heinz-Dietrich Groß, Evermod und die Anfänge des Bistums Ratzeburg, in: Lauenburgische Heimat, H. 91, Ratzeburg 1978. |
| Jordan 1954 | Karl Jordan, Die Anfänge des Bistums Ratzeburg, in: Der Dom zu Ratzeburg. Acht Jahrhunderte. Ratzeburg 1954. |
| Jordan 1993 | Karl Jordan, Heinrich der Löwe, München 1993. |
| Jürgensen 1992 | Kurt Jürgensen, Der Gebietsaustausch zwischen Mecklenburg und Lauenburg auf der Grundlage des Barber-Lyaschenko-Abkommens vom November 1945, in: Die Grenz- und Territorialentwicklung im Raume Lauenburg-Mecklenburg-Lübeck. Neumünster 1992. |
| Kaack 1987 | Hans-Georg Kaack, Ratzeburg. Geschichte einer Inselstadt. Neumünster 1987. |
| Mager 1955 | Friedrich Mager, Geschichte des Bauerntums und der Bodenkultur im Lande Mecklenburg. Berlin 1955. |
| Prange 1994 | Wolfgang Prange, Der Aufbau der Kirchen- und Pfarrorganisation im Herzogtum Lauenburg, in: Die Kirche im Herzogtum Lauenburg. Neumünster 1994. |
| Prange 1992 | Wolfgang Prange, Die Entwicklung der Grenzen zwischen Lauenburg und Mecklenburg vom 12. bis ins 19. Jahrhundert, in: Die Grenz- und Territorialentwicklung im Raume Lauenburg-Mecklenburg-Lübeck. Neumünster 1992. |
| Schönberg 1994 | Schönberg 1219-1994. Chronik einer Stadt in Mecklenburg. Schwerin 1994. |
| Slawen 1985 | Die Slawen in Deutschland. Berlin 1985. |
| Stoppel 1927 | Johann Stoppel, Die Entwicklung der Landesherrlichkeit der Bischöfe von Ratzeburg bis zum Ausgang des 14. Jahrhunderts, Inaug-Diss., Neustrelitz 1927. |
| Wriedt 1977 | Klaus Wriedt, Kirche und Missionierung in der mittelalterlichen Ostkolonisation. Das Bistum Ratzeburg, in: Lauenburgische Heimat, H. 90, Ratzeburg 1977. |
| Vitense | Heidemarie Vitense, Geschichte der Stadt Schönberg. o.O. o.J. |
| Wriedt 1994 | Klaus Wriedt, Die drei Missionsbistümer Lübeck, Ratzeburg, Schwerin, in: Die Kirche im Herzogtum Lauenburg. Neumünster 1994. |

# Peter Maubach

# SUCHE NACH WURZELN

## Prillwitzer Idole – eine Geschichtsfälschung des 18. Jahrhunderts

Die Beschäftigung mit Geschichte, die Suche nach historischen Wurzeln war im 18. Jahrhundert besonders stark. Auch Mecklenburg, das vor allem unter dem 30jährigen Krieg gelitten hatte, suchte nach seinem Ursprung, nach seiner Identität.

1737 erschien Klüvers „Beschreibung des Hertzogthums Mecklenburg", 1745 gab Westphalen seine „Monumenta" heraus, 1753 stellte Buchholtz seinen „Versuch in der Geschichte des Herzogthums Meklenburg" und Franke sein „Alt- und Neues Mecklenburg" vor.

Die slawischen Ursprünge des Mecklenburger Herrscherhauses wurden dokumentiert, ihr Übergang zum Christentum und ihre älteren Rechte gegenüber den deutschen Kolonisatoren. Die Landesteilung von 1701 hatte ebenfalls das Interesse an der Geschichte des Landes befördert. Selbst in England war durch Thomas Nugent eine Geschichte Mecklenburgs publiziert worden, nachdem Sophie Charlotte aus dem Hause Mecklenburg-Strelitz englische Königin geworden war. Eben jener Thomas Nugent unternahm 1766 eine Reise durch Mecklenburg, um die Verbindung zu Mecklenburger Gelehrten aufzunehmen. Es sollte ein zweiter Teil seiner Geschichte entstehen. Anfang Oktober kam er in Neubrandenburg an, und sein erster Besuch galt J. G. Pistorius, von dem er schon viel gehört hatte. „In der Geschichte seines Vaterlandes, ist er vollkommen bewandert und mit der größten Bereitwilligkeit theilt er auch anderen seine Kentnisse mit ... Von meiner wendischen Geschichte hatte er schon gehört, allein er bedauerte, daß er nicht soviel englisch verstünde, um es im Original lesen zu können. Er sagte mir, daß er selbst in diesem Fache gearbeitet hätte, und es würde ihm angenehm seyn, wenn er im Stande wäre, mir etwas Beträchtliches mittheilen zu können. Während unserer Unterredung fand ich auch würklich, daß er in der Geschichte seines Vaterlandes vollkommen zu Hause war, auch theilte er mir allerley Nachrichten mit, die ich bey meinem zweyten Theil nutzen werde" (Nugent 1781 244f.).

Natürlich erfuhr Nugent auch von der Legende, daß Rethra, die berühmte Stadt und das Heiligtum der Wenden am Tollensesee gelegen haben soll, denn schon B. Latomus hatte dazu seine Hypothese entwickelt. Weitere Besuche führten Nugent zu G. B. Genzmer und A. G. Masch.

Über Rethra hatten im 11. Jahrhundert der Bischof Thietmar von Merseburg und der Chronist Adam von Bremen berichtet. Von furchterregenden Götzen war die Rede, die das Heiligtum der Redarier zierten. Nach Helmold von Bosau soll dieser Tempel im Jahre 1151 zerstört worden sein. Die Suche nach den Überresten beschäftigte seit dem 17. Jahrhundert Generationen bis in die Gegenwart. Das war der Boden, auf dem die Geschichte der „Prillwitzer Idole" wuchs.

*Gideon Nathanael Sponholz (1745-1807), Pastell 1803 (Repro: Regionalmuseum Neubrandenburg/Gabriele Hahn)*

Die im 18. Jahrhundert in Neubrandenburg lebende Familie Sponholz, Mutter und drei Söhne, besaß einen nicht gerade guten Leumund. Ihre relative Wohlhabenheit begründete sich auf Geld- und Pfandleihgeschäften, weniger auf der Ausübung ihrer Profession. Der älteste Sohn, Jacob Ernst (1734 – 1809), war, wie sein Vater, Goldschmied, aber in seinem Beruf nicht sehr geschickt. Er beschäftigte Lehrlinge und Gesellen. Der mittlere, Jonathan Benjamin (1740 – 1811), hatte ebenfalls den Beruf eines Goldschmiedes erlernt, aber er hatte sich vorzeitig von der Familie getrennt, und nach seiner Hochzeit übte er die Profession eines Brenners und Brauers aus und betrieb eine kleine Gastwirtschaft. Der jüngste Sohn, Gideon Nathanael (1745-1807), ging keinem Berufe nach. Er half seiner Mutter bei ihren Geschäften. Außerdem begann er, sich früh für Naturalien und „Kuriositäten" zu interessieren und diese zu sammeln.

Der Doctor medicanae Hempel war der Hausarzt der Familie Sponholz. Auch er war als Sammler von Versteinerungen, Conchilien und Altertümern bekannt. Zu Beginn des Jahres 1768 entdeckte er bei einem Hausbesuch eine löwenähnliche Figur, die mit merkwürdigen Zeichen versehen war. Jacob Sponholz erklärte, daß diese Figur und andere durch Erbschaft an die Familie überkommen seien. Da Jacob Sponholz einem Verkauf der Figur nicht abgeneigt schien, wollte sich Hempel erst des Wertes derselben versichern.

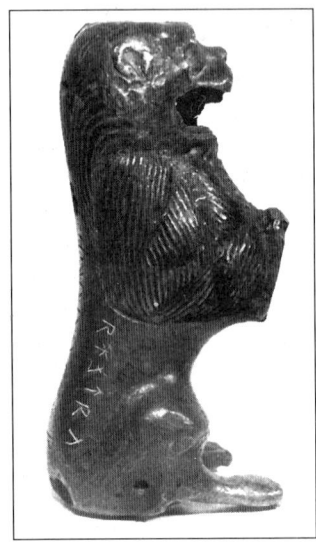

*Erstes von Sponholz gefertigtes Idol (Repro: Regionalmuseum Neubrandenburg/G. Hahn; Original: Volkskundemuseum Schwerin-Mueß)*

Er begab sich damit zu J. G. Pistorius, der ebenfalls mit der Familie Sponholz als ihr Rechtsberater Kontakt hatte. Pistorius „erkannte" die Bedeutung des Fundes und riet Hempel, selbige zu erwerben. Nun wurden weitere Fachleute hinzugezogen. Der Stargarder Präpositus G. B. Genzmer, den eine feste Freundschaft mit S. Buchholtz und mit dem Kunstwissenschaftler Winckelmann verband und der nach dem Besuch der Universität Halle der Erzieher des jetzt regierenden Herzogs Adolf Friedrich IV. war, begeisterte sich an den Figuren, und nach einer genaueren Untersuchung der „Runenschrift" wurden mehrfach der Name „Rhetra" und die Namen von slawischen Göttern entdeckt. Hempel hatte in der Zwischenzeit 35 Figuren und andere Gegenstände von J. Sponholz erworben.

Am 13. Februar 1768 erschien im „Hamburgischen unparteiischen Correspondenten" die erste Notiz über den überraschenden Fund. „Man kann zur Aufklärung der Historie, und anderer dahin einschlagenden Umstände, dem Publico folgende Nachricht nicht unangezeigt lassen: Bisher sind die Geschichtsschreiber so-

wohl wegen der Lage der ehemaligen Stadt Rhetra, als wegen der daselbst vorhandenen Götzen Radegast uneinig gewesen. Nunmehr aber lassen sich diese Verschiedenheiten deutlich bestimmen. Auf einem in Mecklenburg-Strelitzschen, hart an dem großen See Tollensesee belegenen Guthe, ist auf einem hohen mit alten Graben versehenen Berge ein kupferner Grapen gefunden, und dem dortigen Geistlichen zugestellt worden" (Correspontenten).

Noch war der Fund nicht beschrieben und auch die Fundlegende recht vage. Erst im „Altonaschen Merkur" nahm Genzmer eine ausführliche Beschreibung von 33 Figuren und Gegenständen vor. In einem zweiten Beitrag folgten 10 weitere, die Hempel in der Zwischenzeit noch von Gideon Sponholz erworben hatte.

Im Februar 1769 entschloß sich H. J. Taddel, der mit Pistorius befreundet war, in seinen „Gemeinnützigen Aufsätzen zu den Rostockschen Nachrichten" das Mecklenburger Publikum mit dem bedeutenden Fund bekanntzumachen. Damit war die Diskussion im Lande angeregt.

Noch nahm die Fachwelt von diesem Ereignis relativ wenig Kenntnis, aber der Pastor Sense aus Warlin meldete in den „Nützlichen Beiträgen zu den Neuen Strelitzischen Anzeigen" Widerspruch an. Er bezog sich auf die Quellen Thietmar von Merseburg und Adam von Bremen und bemerkte, daß diese „Püppchen" keinesfalls die Götzen der Wenden aus dem Heiligtum der Redarier gewesen sein könnten. Genzmer und Pistorius konnten diese Angriffe mit Hilfe von Taddel abwehren. Bei dieser Gelegenheit wurde auch die Fundlegende präzisiert. Nun hatte der Pastor Sponholz die in zwei Grapen, die mit zahlreichen Runen verziert waren, verpackten Götzenbilder und anderen Gegenstände beim Pflanzen eines Birnenbaumes im Pfarrgarten entdeckt. Die Grapen waren nicht mehr erhalten, da sie zum Guß einer Glocke für die Neubrandenburger Marienkirche gespendet wurden. Spätere Nachfragen beim Pastor Samuel Alban konnten diese Legende aber nicht bestätigen, da sich weder an den Glocken noch in den Kirchenunterlagen dafür Hinweise fanden.

Zu diesem Zeitpunkt begann sich auch der Bruder des regierenden Herzogs, Prinz Carl von Mecklenburg-Strelitz, für die „Idole" zu interessieren. Er beauftragte den Hofmaler Daniel Woge, die „obotritischen Alterthümer" abzubilden, was dieser in Ölfarbe besorgte. Einen Kommentar dazu sollte Pistorius verfassen. Auch ein anderer Gelehrter der Zeit zeigte reges Interesse: der Neustrelitzer Superintendent A. G. Masch. Er war ein Vertreter der These von Latomus, daß das Tollensebecken ein Haffarm der Ostsee gewesen sei, der bei Prillwitz endete. Außerdem verfocht er die These von Klüver, daß sich die Wenden „runischer Schriftzeichen" bedient hätten (Klüver hat sogar das Runenalphabet abgedruckt). Masch erwarb die „Altertümer" von Hempel, und es gelang ihm nach langen Verhandlungen, weitere 22 Stücke von Jacob Sponholz zu bekommen. Finanziert wurde das Ganze mit Mitteln des Ratzeburger Domes.

Nachdem die Ölgemälde von Woge in Kupfer gestochen waren, erschien 1771 das Werk „Die gottesdienstlichen Alterthümer der Obotriten aus dem Tempel zu Rhetra, am Tollenzer-See ..." in Berlin für 3 Thaler 12 Groschen Gold beim „Budrucker" Rellstab (der Druckfehler ist symptomatisch). Interessant ist die Subscribentenliste – allein 27 Bestellungen (von 166) kamen aus London. Auch die Widmung ist nicht uninteressant:

"Monarchin, Die mit scharfen Blicken
Die Dunkelheit des Alterthums erhell't,
Und Die von überblieb'nen Stücken
Der alten Kunst ein richtig's Urtheil fällt;
Hier naht ein Buch sich deinen Augen,
Das Ueberbleibsel alter Welt
In richt'gen Bildern dargestellt.
O möcht es Dir doch zu gefallen taugen!"
(Masch 1771 Vorsatz).

Einer Vorrede von Masch, die sich durch eine unglaubliche Naivität auszeichnet: „Finden sich hie und da Fehler, und Irrthümer; so wird man es mir zu Gute halten, da ich der Erste bin, der sich in ein noch ganz ungebautes Feld gewaget" (Masch 1771 22), folgten in 293 Paragraphen die Fundlegende und die Beschreibung der 66 Gegenstände, die inzwischen die Sammlung ausmachten. Die Figuren wurden gedeutet, die Namen der Götter bestimmt und die Funktion der anderen Gegenstände erläutert.

Nach dem Erscheinen des Buches kam sofort Widerspruch aus Halle von Prof. J. Thunmann, und auch der „Märker" Buchholtz meldete Zweifel an. Es wurden die Thesen von der „Ostseelage" Prillwitz' und die der „Tempelgötter Rethras" widerlegt. Jedoch gab es von beiden Seiten keinen Widerspruch, was das Alter der „Fundstücke" betrifft. Den späteren Befragungen Sponholzscher Angestellter nach hatte sich der jüngste Sohn, Gideon, in dieser Zeit nicht mit dem Handel der „Prillwitzer Idole" befaßt; lediglich die 10 an Hempel gelieferten Exemplare hatte er gegen eine Conchiliensammlung desselben eingetauscht. Da aber durch das Auftauchen der „Erbstücke" die Beziehungen zu den Gelehrten Pistorius und Genzmer gefördert wurden, nahm sein Interesse an diesen Dingen rasch zu. Von Adolf Friedrich IV. hatte er die Genehmigung zum „Urnenstechen", wie es im damaligen Sprachgebrauch hieß, erhalten, was er reichlich nutzte. Nachdem Adolf Friedrich IV. mitsamt Hofstaat seine Sammlung besichtigt hatte, war sein Ehrgeiz besonders angestachelt. 1779 grub er in Anwesenheit von Masch auf einem Grundstück der Familie am Ihlen-Pol (östli-

che Gemarkung Neubrandenburgs), und es fand sich eine weitere Sensation. Neben Urnen und verschiedenen Bronzegegenständen fanden sich „Runensteine", d. h. Natursteine, die mit Runen und Abbildungen versehen waren. Es war sogar das mecklenburgische Wappentier, der Stierkopf in den Steinen eingegraben. Diese Funde erweiterten den Ruf des Gideon Sponholz als bedeutendem Sammler und Altertumskenner. Der Ruf seiner Sammlung verbreitete sich immer mehr, in der sich außer den neuausgegrabenen Stücken auch immer noch Stücke aus dem „Erbteil" befanden.

Der polnische Graf und Weltenbummler, Johann Potocki, der die Geschichte der „slawischen Nation" zum Lieblingsstudium gewählt hatte und mehrere Bücher dazu verfaßte, kannte die Publikation von Masch/Woge und hatte auch von der inzwischen Maschschen Sammlung vernommen, die im Ratzeburger Dom aufbewahrt wurde. Er unternahm 1794 eine Reise nach Mecklenburg, um seine Studien vor Ort fortzusetzen. Gideon Sponholz hatte ihm weitere rund 100 Stücke an „slawischen Götzen, Amuletten, Runensteinen und Gerätschaften" aus dem Erbteil und den Grabungen vorgestellt, die den Grafen in wahre Euphorie verfallen ließen. Schon ein Jahr nach seinem Besuch erschien das Ergebnis: „Voyage dans quelques parties de la Basse-Saxe pour la recherche des antiques Slaves ou Vendes, fait en 1794 par le comte Jean Potocki, Hambourg 1795". Dieser Teil der Sammlung unterschied sich wesentlich von der Maschschen, die bei den Figuren im wesentlichen aus Hohlgüssen bestand. Die nun neu vorgeführten Idole waren Vollgüsse, von der Gußtechnik her verbessert und mit starker Patina versehen. Im gleichen Jahr, in dem Potocki Mecklenburg besuchte, starb Adolf Friedrich IV., und sein Bruder Carl übernahm die Regentschaft. Sein Interesse an den „Obotritischen Alterthümern" war immer noch vorhanden, und er erwarb die „Ratzeburger Sammlung", die er nach Hohenzieritz bringen ließ. Die von Potocki beschriebenen Stücke, die er ebenfalls kaufen wollte, verblieben noch im Sponholzschen Besitz. Erst als die Brüder Jacob und Gideon Sponholz durch Fehlspekulationen in wirtschaftliche Not gerieten, gaben sie die „Sammlung" 1804 gegen eine Leibrente an den Herzog ab.

Nun regte Carl, dem die Zweifel an den „Idolen" bekannt waren, eine Expertise an, die Prof. Rühs aus Greifswald übernahm. Das Ergebnis derselben war jedoch relativ unkonkret, denn Rühs hielt sich in seiner Wertung des Für und Wider der Echtheit sehr zurück. Franzosenzeit und Befreiungskriege setzten der Diskussion um die „Sponholzschen Alterthümer" erst einmal ein Ende. 1807 starb Gideon Sponholz, und sein Bruder Jacob folgte ihm 1809. Schon zu Lebzeiten war über das Vermögen der Sponholzbrüder der Konkurs beantragt. Nummer 1 in der Konkursliste war

„ein hölzerner Tempel zu Rhetra, nach Anleitung des Herrn Superint. Masch, mit seinen Götzen, Heiligthümern und Verzierungen" (Diese waren aus Ton angefertigt.). Für 16 Schilling erhielt ein Unbekannter den Zuschlag (Boll 1854 80).

Als Jacob Grimm Ende des Jahres 1815 in einer Rezension folgenden Satz schrieb: „Aus glaubwürdigem Munde hat Recensent (und Rostocker Gelehrte sollen mehr davon wissen), das im vorigen Jahrhunderte ein Mecklenburgischer Goldschmiedt kleine Götzenbilder erfunden und gearbeitet habe," (Anzeigen 1815 513) wurde die Diskussion wieder in Gang gesetzt. Rühs meldete jetzt in seiner Geschichte des Mittelalters große Zweifel an der Echtheit der „merkwürdigen Alterthümer" an.

Nun beauftragte der Großherzog Georg, der seinem Vater Carl in der Regentschaft gefolgt war, den Berliner Prof. K. Levezow mit der Untersuchung der „Obotritischen Runendenkmaeler". Anfänglich von der Echtheit der Stücke überzeugt, nahm er jedoch Einsprüche aus Rostock ernst und regte eine Untersuchung an, die noch lebende Zeugen aus dem Umfeld der Familie Sponholz einbezog. Im September 1827 begannen die Befragungen der Goldschmiede Butter-

*Zwei Radegastfiguren (Potockische Sammlung). Radegast als zerstörend-umschaffender und tötend-belebender Gott. (Repro: Regionalmuseum Neubrandenburg/G. Hahn; Original: Volkskundemuseum Schwerin-Mueß)*

mann, Neumann und Völcher sowie der Bürger Boye und Wurm. Levezow hatte einen Fragenkatalog mit 83 Fragen erarbeitet, die nun von einer Großherzoglichen Kommission den Zeugen gestellt wurden.

Die ersten Befragungen ergaben sehr wenig, da die Zeit fünfzig bis sechzig Jahre zurücklag und auch das Alter der Befragten ein sehr hohes war. Nur die Aussage von Neumann konnte einiges Licht in die Angelegenheit bringen, denn er war 6 Jahre als Lehrling und 17 Jahre als Geselle bei Jacob Sponholz. Die erste Befragung desselben machte zwar deutlich, daß Gideon Sponholz, angestachelt durch seine Sammlerleidenschaft, großes Interesse an der Beschaffung von Altertümern hatte, aber noch hielt sich Neumann mit konkreten Aussagen zurück. Erst die weiteren Vernehmungen 1828/29 brachten die Hinweise, daß Neumann nach Tonmodellen des Töpfers Pohl Figuren und Gegenstände abgegossen habe und daß er auf die verschiedensten Sammlungsgegenstände auch Runen punzen mußte. Er bezog sich jedoch nur auf den Teil der Sammlung, die Potocki besichtigt hatte. Aus der Maschschen Sammlung erkannte er keine Gegenstände.

Im „Schlußbericht der Untersuchungs-Commission" hieß es: „Von Anfang an der Bekanntwerdung der hier bei der Großherzogl. Bibliothek jetzt aufbewahrten obotritischen Alterthümer, scheint ein Geist des Widerspruchs über solche gewaltet zu haben. Ruhte er auch eine Zeitlang, so regte er sich doch von Zeit zu Zeit wieder, wovon sich die Spuren bis in die neueste Zeit gezeigt haben" (Boll 1854 113). Die Kommission stellte am Ende fest, daß der zweite Teil der Sammlung unecht sei, daß aber zur Freude der Vaterlandsfreunde die Maschsche Sammlung echt wäre und damit der bedeutende Wert der Sammlung zwar geschmälert, aber nicht verloren sei.

Im Juli 1834 hielt Prof. Levezow in der Königlichen Akademie der Wissenschaften zu Berlin einen Vortrag, in dem er das endgültige Urteil über die „Prillwitzer Idole" abgab. Nachdem Levezow das gesamte Material seiner Untersuchungen an den Mecklenburger Verein für Altertumskunde übergeben hatte (MLHA Nachlaß Levezow), faßte Lisch das Ergebnis noch einmal zusammen: Man müsse, um der Wahrheit die Ehre zu geben, die Echtheit der angeblich in Prillwitz gefundenen Idole, wenn auch mit Schmerz, aufgeben (Lisch 1851 5).

Damit wäre eigentlich das Kapitel „Prillwitzer Idole" abgeschlossen. Jedoch 1850 wurde in der Neustrelitzer Zeitung bekanntgegeben, daß Prof. Kollar aus Wien den Auftrag erhalten habe, die Idole erneut zu untersuchen. Kollar kam nach Neustrelitz, erklärte alle Altertümer für echt und die Aussage Neumanns als „Faseleien eines schwachsinnigen Greises". In drei Teilen sollte sein bedeutendstes Werk über die Geschichte der Slawen entstehen. Mit einem Vorschuß bedacht, begab er sich nach Wien und ging an die Arbeit. Die ersten Ergebnisse seiner Untersuchungen waren die Beschreibungen von 155 Figuren, die in 19 Bogen zwar gedruckt, aber ob der Unvollständigkeit nie veröffentlicht wurden. 1852 starb Kollar, ohne sein Werk beendet zu haben. Das restliche Manuskript, das nach seinem Tode nach Neustrelitz kam, war so beschaffen, daß man die Herausgabe des Gesamtwerkes unterließ, zumal es unvollständig war. Damit endete der letzte Versuch einer „Ehrenrettung der Idole". Nach der Auflösung der Mecklenburg-Strelitzer Landesbibliothek, in der die Idole gelagert waren, kamen sie 1950 nach Schwerin, wo sie sich heute noch befinden. Sicher gibt es auch heute noch Menschen, die mit Hilfe neuer technischer Möglichkeiten wieder einmal diese Idole untersuchen würden; vielleicht gäbe es dann eine neue Situation für die Forschung. Der Wille, Geschichte zu erforschen, hatte in der Zeit der „Entdeckung" manchen Gelehrten blind werden lassen. Hier spielen Wunschvorstellungen von Geschichte eine Rolle. So gelang es, daß Fälschungen – plumpe Voll- und Hohlgüsse, die in ihrer Primitivität, ihrer mangelnden handwerklichen Qualität und ihrem Mangel an Ästhetik kaum zu überbieten waren – aber auch echte Figuren, die allerdings nicht von den Slawen stammten und schon gar nicht im Tempel zu Rethra angebetet wurden, als „wendische Alterthümer" Anerkennung fanden.

## Literatur

| | |
|---|---|
| Anzeigen | Göttinger gelehrte Anzeigen, 52. Stück, 1815, 513. |
| Boll 1854 | Franz Boll, Kritische Geschichte der sogenannten Prillwitzer Idole; Sonderdruck aus dem Jahrbuch des Vereins für mecklenburgische Geschichte und Alterthumskunde, 19. Jg. Schwerin 1854. |
| Buchholtz 1774 | Samuel Buchholtz, Auszug Sendschreiben: Rhetra und dessen Götzen, in: Beyträge zur Erläuterung der Obotritischen Alterthümer, Hrsg. A. G. Masch. Schwerin/Güstrow 1774. |
| Buchholtz 1753 | Samuel Buchholtz, Versuch in der Geschichte des Herzogthums Meklenburg. Rostock 1753. |
| Correspondenten | Hamburger unparteiische Correspondenten Nr. 26, 13.2.1768. |
| Franck 1753 | David Franck, Alt- und Neues Mecklenburg, Güstrow/Leipzig 1753. |
| Hagenow 1826 | Friedrich von Hagenow, Beschreibung der auf der Großherzoglichen Bibliothek zu Neustrelitz befindlichen Runensteine ... Greifswald 1826. |
| Klüver 1737 | Hans Henrich Klüver, Beschreibung des Hertzogthums Mecklenburg und dazu gehöriger Länder und Oerter, verbesserte Auflage, erster Theil. Hamburg 1737. |
| Kollar | Johann Kollar, Bruchstück eines Manuskripts mit dem Titel „Die Götter von Rethra", o.O., o.J. Levezow 1835 Konrad Levezow, Über die Ächtheit der sogenannten Obotritischen Runendenkmäler zu Neustrelitz. Berlin 1835. |
| Lisch 1851 | G. C. Friedrich Lisch, Über die Entwicklung und den Stand der heimischen Alterthumskunde des deutschen und skandinavischen Nordens, in: Sitzungsberichte der philos.-hist. Classe der kaiserlichen Akademie der Wissenschaften, Juni 1801. |
| Masch 1774 | Andreas Gottlieb Masch, Beyträge zur Erläuterung der Obotritischen Alterthümer. Schwerin/Güstrow 1774. |
| Masch 1771 | Andreas Gottlieb Masch, Die gottesdienstlichen Alterthümer der Obotriten, aus dem Tempel zu Rhetra, am Tollenzer-See; Hrsg. Daniel Woge. Berlin 1771. |
| Nugent 1781 | Thomas Nugent, Reisen durch Deutschland, und vorzüglich durch Mecklenburg, Berlin/Stettin 1781. |
| Potocki 1795 | Jean Potocki, Voyage dans quelques parties de la Basse-Saxe pour la recherche des antiques Slaves ou Vendes. Hambourg 1795. |
| Thunmann 1774 | Johann Thunmann, Über die gottesdienstlichen Alterthümer der Obotriten, in: Beyträge zur Erläuterung der Obotritischen Alterthümer, Hrsg. A. G. Masch. Schwerin/Güstrow 1774. |
| Westphalen 1745 | Ernest Joachim von Westphalen, Monumenta inedita rerum Germanicarum praecipue Cimbricarum et Megapolensium, Bd. 4. Leipzig 1745. |

*Hela Baudis*

# HÖFISCHE KUNST UND KULTUR IM 18. JAHRHUNDERT IM HERZOGTUM MECKLENBURG-SCHWERIN

Bedeutende Kunstmetropolen konnte Deutschland im 18. Jahrhundert nicht vorzeigen, die Zersplitterung der politischen Macht und ein Mangel an Tradition wußten das zu verhindern. Andererseits bewirkte die Vielzahl der vorhandenen fürstlichen Residenzen mit ihrem wetteifernden Streben nach Repräsentation gerade durch die Künste und deren Verbreitung über das ganze Land eine Mobilisierung aller verfügbaren Talente. Dabei konnte mitunter eine einzige besonders starke Begabung auf dem Gebiet von Malerei, Plastik oder Architektur das Niveau eines Ortes wesentlich prägen. Denke man nur im Bereich der Malerei z.B. an die Leistungen Johann Wilhelm Tischbeins (1751-1829) in Kassel oder von Antoine Pesne (1683-1757) am preußischen Hof in Berlin. So prononciert läßt sich für Schwerin zumindest im 18. Jahrhundert kaum ein Name nennen. Die vergleichsweise äußerst rückständigen ökonomischen, sozialen und politischen Zustände im Herzogtum Mecklenburg-Schwerin bildeten wahrlich keinen besonders gedeihlichen Nährboden für die Entfaltung von Kunst und Kultur. Europäisches Format erreichten die Landestalente nicht. Um große Kunstwerke und berühmte Künstler in das Land zu holen, bedurfte es gefüllter Landeskassen.

Mecklenburg litt Anfang des Jahrhunderts unter kriegerischen Zerwürfnissen und machtpolitischen Kämpfen. Mit wenig politischem Geschick regierte seit 1692 Herzog Friedrich Wilhelm (1675-1713). Auf kulturellem Gebiet bewies er mehr Engagement, u.a. für den Ausbau der Residenz und die Gründung der Schweriner Schelfstadt, zeigte Interesse an dem Bau eines Theaters und der Gestaltung des „Alten Gartens" vor dem Schloß. Von Friedrich Wilhelm ist außerdem überliefert, daß er – ein Freund der Jagd – für sein Jagdhaus in Friedrichsmoor seine bediensteten „alten Jäger in Lebensgröße abconterfeien" (MLHA, Kab. II Vol. 8a) ließ und auf diese Weise gewissermaßen eine erste Kollektion von Gemälden zusammentrug. Außerdem stellte er 1703 als ersten Hofmaler Balthasar Mahsius ein (Schumann 1963 I).

Die fraglos zentrale und dominante Persönlichkeit, die im 18. Jahrhundert in Mecklenburg wesentlich und nachhaltig auf die Entwicklung einer künstlerischen Kultur Einfluß nahm, war Herzog Christian Ludwig II. (1683-1756). Als jüngster Bruder des regierenden

Herzogs Friedrich Wilhelm mangelte es ihm jedoch an Machtbefugnis und Geld, um die Residenz maßgeblich aus geistiger Enge herauszuführen. Und als 1713 Bruder Karl Leopold die Erbfolge antrat, sollten sich für Christian Ludwig die Handlungsspielräume seiner kulturellen Bestrebungen weit mehr verringern. Die kriegerischen Ambitionen Karl Leopolds bluteten das Land und die Staatskassen aus. Sein absolutistisches Herrschaftsstreben, seine Streitsucht wie überzogener Eigensinn führten u.a. dazu, daß er Christian Ludwig zeitweilig die Apanage verweigerte. Doch dieser, von völlig andersartigem Charakter und eher ausgeglichenem Wesen, suchte aus seiner Situation das Beste zu machen und den eigenen Interessen zu folgen. Schon 1704, auf der Grand Tour nach England, begann er, sich für die schönen Künste zu begeistern. In London mußte ihn der dort ansässige schwedische Maler Michael Dahl (1653-1743) porträtieren.[1] In Holland tätigte er erste Kunstankäufe. Eine vom 22. September 1704 bezahlte Rechnung über „etliche holländische Kupfer"stiche ist erhalten. Sie steht quasi am Beginn der von Christian Ludwig angestrebten fürstlichen Kunstsammlung, die bereits 1725 auf 120 Gemälde und große Graphikkonvolute angewachsen war. Besondere Vorliebe besaß der Herzog für die realistischen Bildwerke des holländischen und flämischen Barock, das entsprach dem Zeitgeschmack, was die Herausbildung niederländischer Gemäldesammlungen an anderen deutschen Höfen wie Kassel oder Braunschweig belegt. Zweifellos wirkte das Beispiel fremder Residenzen inspirierend. Europäische Kunstleistungen nach Mecklenburg zu holen, muß Christian Ludwig zwingendes Bedürfnis gewesen sein. Solchen Sammelwünschen standen natürlich die äußerst engen finanziellen Möglichkeiten im Wege. Selbst die Mitgift aus der Heirat mit Gustave Caroline, Tochter des Herzogs Adolf Friedrich II. von Mecklenburg-Strelitz, füllte die Kassen nicht wesentlich. Und als am 3. Juli 1725 das Schloß Grabow, wo sich der Kunstbesitz befand, niederbrannte, traf das Christian Ludwig besonders hart. Doch zu diesem Zeitpunkt war er bereits ein so leidenschaftlicher Sammler, daß ihn dieser Vorfall nicht hinderte, erneut und noch intensiver an den Aufbau einer Kunstgalerie zu denken. Immer wieder begab er sich selbst auf Reisen oder schickte Bedienstete zu Kunstauktionen, suchte den persönlichen

Kontakt zu Künstlern und erwirkte bei ihnen durch sein aufrichtiges Interesse an Kunstprozessen Vertrauen. Einzig auf den ausgeprägten Kunstsinn und das bemerkenswert händlerische Geschick des Herzogs ist das rasche Anwachsen der Kunstkammern im Schweriner Schloß, wo Christian Ludwig seit 1735 residierte, zurückzuführen. Hier häuften sich zusehends Kostbarkeiten aller Art. Gold-, Silber-, Elfenbein-, Onyx-, Achat-, Jaspis- und Korallenarbeiten existierten neben den schönsten europäischen Porzellanen, neben Münzen und Medaillen, neben seltenen Uhren und Kalendarien und dem bestaunten Perpetuum mobile. Das wertvollste Gut, die Gemälde und Grafiken, fand in dem 1746 eigens erbauten Galeriegebäude unmittelbar am Schloß ein würdiges Domizil. In dem fast lebenslang währenden machtpolitischen Streit mit dem regierenden Bruder Karl Leopold fand Christian Ludwig, seit 1733 kaiserlicher Kommissar, immer wieder während der Jagd und beim Erleben von Kunst den notwendigen Ausgleich. Kunst verstand er trotz persönlicher Vorlieben im umfassendsten Sinne. Und gleichermaßen erhielten daher Maler wie Musiker, Sänger oder Schauspieler Förderung, sofern ihre Leistungen zu begeistern vermochten. Beispielsweise sorgte Christian Ludwig mäzenatenhaft dafür, daß die Schauspieltruppe um Johann Friedrich Schönemann (1704-1782), die seit 1740 durch Mecklenburg zog, ein festes Engagement in Schwerin erhielt und ab 1751 eine Gage von zwei- bis viertausend Talern im Jahr. Mit dieser ungewöhnlich sozialen Entscheidung stimulierte er die Theaterkunst in Mecklenburg, was zwei Jahre später zur Gründung der ersten deutschen Schauspielakademie in der Residenzstadt[2] unter der Leitung von Konrad Ekhof (1720-1778), dem Vater der deutschen Schauspielkunst, führte.

1747 war Herzog Karl Leopold in Dömitz verstorben. Bereits 64jährig, kam endlich sein Bruder auf den Thron. Das Land jedoch war entkräftet, die Hofkassen schwach gefüllt, und Christian Ludwig II. Wunsch, eine prunkvolle und zugleich kulturvolle Hofhaltung zu installieren, wie sie in Frankreich vorgelebt wurde, blieb zwangsläufig Utopie. Dennoch strebte er wie andere deutsche Fürsten unvermindert nach Glanz und Ruhm à la Versaille. Versaille blieb die strikte Herausforderung, sich in vergleichbarer Weise darzustellen und zu spiegeln. Den Untertanen preßten die Landesherren dafür alle nur denkbaren Abgaben ab. Wie sehr sich auch Christian Ludwig II. in der großen Pose des Landesvaters gefiel, zeigt sein äußerst repräsentatives Porträt, welches er bei dem französischen Maler Charles Maucourt (1718-1768) in Auftrag gab, der dafür 1752 nach Schwerin kam (Thieme-Becker Bd. XXIV 270).

Als Freund der schönen Künste hat er nachweislich den Grundstock zur qualitätvollen Schweriner Gemäldegalerie gelegt und die Entwicklung einer brillant musizierenden Hofkapelle gefördert. In Mecklenburg existierte sie gewissermaßen seit dem 16. Jahrhundert zum Amüsement der Hofgesellschaft, und der erste Hofkapellmeister David Köler ist bereits 1563 aktenkundig benannt.

Erwähnt werden muß aber auch, daß es Herzog Christian (Louis) I. war, der bereits 1664 sechs französische Musiker nach Schwerin holte und daß Herzog Friedrich Wilhelm 1701 schließlich die „Gründung einer wirklichen Mecklenburg-Schweriner Hofkapelle" mit 12 Mitgliedern betrieb. Die Hofmusiker erhielten feste Verträge, mit den Jahren stiegen ihre Gagen, und sie standen in der höfischen Rangordnung noch vor den Hofmalern an 16.-18. Position. 1714 allerdings fand die Entwicklung der Schweriner Hofkapelle ein jähes Ende. Der kriegerische Karl Leopold erteilte allen Hofmusikern Demission und hielt sich nur noch einige Militärmusiker für das notwendige höfische Zeremoniell. Das wiederum mißfiel seiner Frau, Katharina Iwanowna, Nichte des Zaren Peter des Großen. Sie engagierte kurzerhand sechs russische stimmgewaltige Sänger, sorgte damit für Aufsehen am Schweriner Hof und erweiterte dennoch den kulturellen Radius der Residenz kurzzeitig (Staatskapelle 1988 28).

Bei der Übernahme der Regierung durch Christian Ludwig II. wurde die einstige Hofkapelle erneut installiert, und sie gewann bald an musikalischem Format, vor allem unter der Leitung des begabten sowie exzentrischen Kapellmeisters Adolph Carl Kuntzen (1727-1789). Kuntzen baute einen leistungsstarken Klangkörper auf, der zugleich der Herausbildung des örtlichen Musiktheaters dienlich wurde.

Neben der Konsolidierung der Musikszene galt Christian Ludwig II. Aufmerksamkeit unablässig den bildkünstlerischen Talenten unter seinen Landeskindern. Schließlich erwies sich der Erwerb von Kunst internationalen Ranges zunehmend kostspieliger, da mußten die Begabungen vor Ort gefragt und genutzt werden. Aus Lauenburg kam um 1742 der Tischlergeselle Johann Dietrich Findorff (1722-1772)[3] nach Schwerin, wo er bei dem am Hof tätigen Maler Lehmann in der Malerei ausgebildet werden sollte. Doch der konnte dem talentierten Schüler nichts beibringen. Lehmann hatte in gewisser Hinsicht die Aufgabe, eine Hofmalerschule zu begründen, aber seine Mittelmäßigkeit verhinderte das. Findorff fühlte sich durch Lehmanns Methoden abgeschreckt. Um so mehr stimmte er freudig zu, als Christian Ludwig II. ihn aufgrund seiner beachtlich guten Zeichnungen aus Lehmanns Umfeld entließ und fest in Dienst nahm. Damit gab er ihm die Chance, nach Originalen der Schweriner Galerie kopieren zu dürfen. Seine Kopien fielen so gut und überzeugend aus, daß der Landesherr den jungen Maler 1747 nach Dresden auf die Malerakademie schickte.

Diese Delegierung an die Elbestadt war zweifellos eine Geste aufgeklärter Geisteshaltung, nie zuvor gab es Ausbildungsversuche außerhalb der mecklenburgischen Landesgrenzen. Nach fast vierjährigem Dresdenaufenthalt kehrte Findorff 1751 nach Schwerin zurück mit dem „Zeugnis" seines Meisters in der Tasche : „Den Menschen können wir nichts mehr lehren" (MLHA Kabinett I Vol. 835).

In Dresden ist Findorff den Malern Johann Alexander Thiele (1685-1752) und Christian Wilhelm Ernst Dietrich (1712-1774) begegnet. Beide arbeiteten damals auch im Auftrage des Schweriner Hofes. Thieles Prospektmalerei interessierte Christian Ludwig II. sehr. Schon seit 1738 korrespondierte er mit dem Maler, lud ihn mehrfach nach Schwerin ein, doch vergeblich. Da reiste er 1748 inkognito selbst nach Dresden, gab bei Thiele seine Wünsche in Auftrag und kaufte für die eigene Sammlung sogleich zwei große Prospektgemälde. Gerne hätte der Herzog Künstler vom Range Thieles an seinen Hof gebunden. Selbst der Rostocker Bildnismaler Balthasar Denner (1685-1749), besonders begehrt an mehreren europäischen Höfen, konnte nicht auf die Dauer nach Schwerin bestellt werden. Denner übernahm es, die gesamte Hofgesellschaft zu

*Jean Babtiste Oudry (1685-1755)*
*Erbprinz Friedrich zu Mecklenburg 1739*
*Öl auf Leinwand, 80,5 x 66,0 cm*
*(Staatliches Museum Schwerin)*

porträtieren. Der Auftrag blieb unvollendet, noch heute werden 68 Werke im Schweriner Museum von ihm bewahrt.

Lange blieb Findorff der verläßlichste Maler, der sich auch an Kopien nach Werken des berühmten französischen Malers Jean Baptiste Oudry (1686-1755) versuchte, dessen Tier- und Jagdstücke Christian Ludwig so überaus schätzte. Seit 1732 hatte er kontinuierlich Gemälde von ihm angekauft und gewissermaßen dafür gesorgt, daß in Schwerin im Staatlichen Museum heute die größte Oudry-Sammlung der Welt existiert (Jürß 1986 6). Dazu gehört auch ein monströses lebensgroßes Rhinozeros in den Abmessungen 3,10 x 4,56 m[4], Findorff hat es ganz manierlich verkleinert kopiert und damit Ehre eingelegt.[5] Man ernannte ihn zum Kammerdiener mit erhöhtem Gehalt. Diese Beförderung allerdings betrachtete der Maler realistisch und schätzte nüchtern ein: „Lakaien und Kammerdiener können große Herren sich alle Tage aus jedem Subjekt machen, denn dazu bedürfe es keiner Talente; aber die Gabe zum Gelehrten oder Künstler könne nur der liebe Gott bescheren" (Meyer-Bothling 1990 12). Untertanengeist war Findorff nicht eigen. Er war sich durchaus seiner besonderen Rolle bewußt, denn außer ihm und Lehmann gab es zu diesem Zeitpunkt keine weiteren Maler am Schweriner Hof.

Christian Ludwig II., der die Kunst und die Jagd wohl zu gleichen Teilen liebte, hielt sich in den letzten Regierungsjahren immer häufiger in der von ihm bevorzugten waldreichen Gegend um das Bauerndorf Klenow auf. Dort hatte er sich, mehrfach unterbrochen durch die Intrigen seines Bruders, 1724 nach Entwürfen des Schweriner Hofbaudirektors Künnecke ein kleines Jagdschloß bauen lassen, sein „Ludwigs Lust". Nach des Vaters Tod verlegte Herzog Friedrich, als neuer Landesfürst, 1756 die Residenz von Schwerin in das einfache Jagdschloß. Den sich langsam entwickelnden Ort nannte er bald in Erinnerung an den Vater Ludwigslust. Der Regierungsapparat verblieb jedoch in Schwerin. Friedrich folgte damit eigentlich nur dem Beispiel vieler Fürsten des 18. Jahrhunderts, die Residenz und Landeshauptstadt voneinander getrennt hielten.

Mit vorgefundenen kulturellen Traditionen ging Friedrich differenziert um. Sein Handeln, geprägt durch höfische Bildungswege und das besondere Kunstinteresse des Vaters, war von eigenwilliger Art. Das Spektrum subjektiver Neigungen reichte von den Naturwissenschaften, zu Wirtschaft, Politik und besonders zur Kunst. 1735 hatte Christian Ludwig II. den jungen Prinzen erstmalig nach Holland geschickt, von wo er mit einer Kollektion Kupferstiche zurückkehrte. Zwei Jahre später ging Friedrich in Begleitung des königlich-preußischen Hofmalers David Matthieu auf die pflichtgemäße Grand Tour. Stationen der Reise wurden: Holland, Frankreich, England, Dresden, Berlin. Die Briefe an den Vater und Reisetagebuchnotizen zwischen 1735-39 vermitteln das Bild eines den Freuden des Lebens zugetanen Menschen. Wie zu erfahren, besuchte Friedrich häufig die französische Komödie, hörte gern Musik, lehnte selbst den Tanz nicht ab, vergnügte sich bei Atelierbesuchen und auf Kunstauktionen. Immer wieder interessierte es ihn, Künstler persönlich kennenzulernen. Und mit großer Begeisterung suchte er in Paris den Maler Oudry auf. Mit ihm entstand, vermittelt durch den Vater, ein intensiver Kontakt. Oudry schätzte den aufgeklärten Fürstensohn. Er gab ihm Zeichenunterricht, begleitete ihn in den Louvre, zu anderen Künstlern und Sammlern, beschenkte ihn großzügig mit eigenen Zeichnungen und schuf ein prächtiges Bildnis von Friedrich, obwohl Porträtmalerei durchaus nicht Oudrys bevorzugtes Genre war. Das gute Verhältnis zwischen beiden trug dazu bei, die Sammlung Christian Ludwig II. um wesentliche Stücke Oudrys zu ergänzen.

Wie kam es, daß der den schönen Künsten zugetane Friedrich, später der Fromme genannt, mit Beginn seiner Regentschaft das Theaterspielen in Schwerin und Ludwigslust sogar verbot und die Schönemannsche Truppe 1756 des Landes verwies? Friedrich, der zeitweilig eine sehr pietistische Erziehung durch seine Tante Herzogin Augusta auf Schloß Dargun (1674-1756) erfahren hatte, fühlte sich später immer mehr zu Gottesdiensten, zu geistlicher Musik und stiller geistiger Tätigkeit hingezogen. Alles Laute, Derbe wurde ihm verhaßt, schien unsittlich und verderblich. Das verhängte Theaterverbot und die Eingrenzung der Musikunterhaltung mißfielen Friedrichs lebenslustiger Gemahlin Luise Friederike und seiner Schwester Ulrike Sophie. Beide liebten Dramen von Gottsched und Gellert, von Racine oder Molière. Sie mußten sich jedoch mit Friedrichs Bestrebungen, den Verfall der Religion im Zeitalter der Aufklärung im eigenen Lande aufzuhalten, in Einklang bringen. 1767 hatte der Herzog die Hofkapelle nach Ludwigslust befohlen und Carl Friedrich August Westenholz anfangs zum Konzert- später zum Kapellmeister bestimmt. Der bereits unter Christian Ludwig II. 1754 zum Hof- und Kapellkomponisten ernannte Johann Wilhelm Hertel (1727-1789) blieb mit Aufträgen für Choräle und Kantaten in Schwerin und nahm dort direktesten Anteil an der von Prinz Ludwig geführten kleinen Hofmusikgruppe und deren Konzerten. Hertels Choräle begründeten eine Ludwigsluster Musiktradition und reihten den Hof ein in die berühmtesten fürstlichen Stätten religiöser Musik in Deutschland. Friedrich vergab an namhafte Musiker wie Johann Abraham Peter Schulz, Johann Gottlieb Naumann, Friedrich Ludwig Benda Aufträge für Kirchenmusiken. Umfangreiche oratorienhafte Kantaten nach Texten des mecklenburgischen Hofpredigers Heinrich Julius Tode (1733-1797) schrieb in erster Linie Johann Wilhelm Hertel mit großem Erfolg. Hertels Kantaten und anderer im Auftrag Friedrich des Frommen arbeitender Komponisten wurden bereits im 18. Jahrhundert als deutsche Oratorien hoch geschätzt. Daß diese geistliche Musik nicht jedermann gefiel, mag eine zeitgenössische Information des englischen Reiseschriftstellers Thomas Nugent belegen. Er erfuhr u.a. von der Jugend bei Hofe, daß Ludwigslust ein „Tempel der Langeweile" sei (Nugent 1781 263).

Langeweile mag auch zuweilen der inzwischen als Hofporträtist angestellte Georg David Matthieu (1737-1773) empfunden haben. Porträtist der Hofgesellschaft zu sein, bedeutete vor allem den Repräsenta-

*Georg David Matthieu (1737-1778)*
*Hofbaurat Joahnn Joachim Busch um 1770*
*Öl auf Leinwand, 71 x 60 cm*
*(Staatliches Museum Schwerin)*

tionsbedürfnissen zu entsprechen. Matthieu, Sohn des erwähnten Hofmalers David Matthieu und von ihm sowie seiner talentierten Stiefmutter Anna Rosina Lisiewska in der Malerei gründlich ausgebildet, stand durch seinen Anstellungsvertrag in der höfischen Rangordnung an 13. Stelle zugleich mit den Professoren und Ratsherren der Stadt Rostock. Das bedeutete auch freie Kost und Logis und Teilnahme am Kammertisch, zudem billigte man ihm zu, „wenn er nichts für seine Herzogliche Durchlaucht zu tun hätte, dann und wann nach Schwerin reisen und für sich arbeiten zu können.“[6] Matthieu malte für eine feste Gage von 250 Talern und bekam zuzüglich für Kopien noch 3 holländische Dukaten im Gegensatz zu Findorff, dem nur ein Dukat gewährt wurde. Für ein Kniestück in Lebensgröße zahlte man dem Hofporträtmaler sogar 50 Dukaten und honorierte somit anerkannte Qualität. Matthieus Malerei in später Rokokomanier reihte sich ein in die Rokoko-Kultur des 18. Jahrhunderts, die für die europäische Aristokratie einen letzten Glanzpunkt bedeutete.

Da Friedrich der Fromme es sich nicht leisten konnte, französische Maler nach Ludwigslust zu ziehen, hatte Matthieu nach französischem Vorbild die Hofgesellschaft permanent in repräsentativer Haltung zu verewigen. Der Maler stellte sich mit den Bildnissen, auf denen die Dargestellten dekorativ-utilitaristische Züge tragen, bewußt in den Dienst des mächtigen Auftraggebers, konzentrierte sich auf schmeichelhafte Attribute und verweilte bei der minutiösen Ausführung von Gewändern und dem Glanz der Stoffe, bei luxuriösen Edelsteinen und Schmuck, nicht aber bei der Charakterisierung einer Persönlichkeit. Trefflich verstand er Details zu präsentieren, er stimmte die Farbe eines Kleides mit den Schmucksteinen oder künstlichen Blumen im Haar der Hofdamen ab. Seine Farbpalette besaß vorwiegend pastellartige Töne. Farbigkeit galt im Rokoko als Teil des innenarchitektonischen Lebensraumes, mußte bis hin zur ästhetischen Funktion eines Bilderrahmens Beachtung finden. Gerne pries man Matthieu als Maler der Farbharmonien, doch sein Dasein kannte Größe und Tragik, ein Schicksal, das er mit anderen Rokokokünstlern teilte.

Nur wenig literarische Talente sind in Mecklenburg wirksam geworden. Kurzzeitig Löwen.[7] Der Dichter Johann Friedrich Löwen (1727-1771), ein Freund Conrad Ekhofs, Lessings und Matthieus (Zenker 1987 3), charakterisierte 1756 die persönliche Situation des Hofmalers mit den Zeilen: „Dein Tuch bezaubert und dein Pinsel spricht. Doch könntest Du zu Falten im Gesicht des Herzens Falten malen, dann junger Künstler! wärst Du nicht mit Millionen zu bezahlen! Doch riet ich's Deinem Pinsel nicht; kein Prinz, kein Hofmann ließ sich malen!“ (Steinmann/Witte 1911 30).

Bekanntermaßen konnte Herzog Friedrich von Mecklenburg-Schwerin keine nennenswerten Entscheidungen ohne das Einverständnis der Stände treffen, dennoch ließ er sich gern als Souverän feiern. In allen wichtigen Amtsstuben des Herzogtums hatte möglichst sein Porträt zu hängen, auch präsentierte man es gerne den Untergebenen als Geschenk. Obgleich Friedrich der Fromme sich keine monumentalen Denkmale errichten ließ, verpflichtete er Matthieu

doch zu serienmäßigen Bildnisproduktionen. Er achtete darauf, daß er selbst seinen Untertanen als Herrscher mit umfassenden Interessen an Wissenschaft, Technik und Kunst also mit Instrumentarien wie Globen, Bauplänen, Kupferstichen vorgestellt wurde. Matthieu blieb daher ohne Frage ein Opfer seiner Umgebung, jener generellen geistigen Kleinheit am Hofe, die künstlerische Kreativität nur nach Bedarf einforderte. Daß dieser Maler zu hohen Leistungen fähig war, deutet sich in Bürgerporträts an, wie dem des wohl bedeutendsten norddeutschen Architekten des 18. Jahrhunderts, Johann Joachim Busch (1720-1802). Dieses Bildnis des späteren Hofbaurates ist eine sehr würdevolle und wahre Darstellung, ein Beweis dafür, daß Mathieu den Schritt vom Rokoko zum bürgerlichen Klassizismus mühelos gegangen wäre, ähnlich wie sein Malerfreund Philipp Hackert (1737-1807). Hackert war durch Goethe mit klassizistischen Kunsttheorien vertraut geworden, aber Matthieu blieben sie im Ludwigsluster Engagement verschlossen. Zweifelsfrei ist Georg David Matthieu der namhafteste mecklenburgische Maler des 18. Jahrhunderts, gleichrangig mit anderen guten Malern des Rokoko in Deutschland. Findorff und Matthieu genossen durch ihren Kammerdienerstatus Anerkennung und soziale Absicherung, blieben aber in der individuellen Freiheit lebenslang eingeschränkt. Ihr Titel entließ sie weder aus den Pflichten der Hofangestellten, noch aus fürstlicher Willkür und Laune.

Jährlich band Herzog Friedrich neue Künstler an seinen kleinen Hof, überzeugte durch eigenes aktives Mitplanen beim Ausbau der Residenz als besonders kreativer Landesvater.[8] Er begriff deutlich die Notwendigkeit des Zusammenwirkens von Malern, Architekten, Stukkateuren, Skulpteuren, Dekorateuren, um sein „Klein-Versailles“ als ästhetisch-künstlerische Einheit im Sinne des im 18. Jahrhundert angestrebten Gesamtkunstwerkes zu präsentieren. So war ihm bis an das Ende der Regierungszeit eine gewisse Mäzenatenrolle eigen. Für die von ihm erträumte Parkanlage mit prachtvollen Wasserspielen rief Friedrich nach dem Franzosen Jean-Laurent Legeay, den Christian Ludwig II. 1743 als Baumeister mit Anstellungsvertrag nach Mecklenburg verpflichtet hatte. Er lieferte damals u.a. den Entwurf für die herrliche großzügige barocke Schloßparkanlage und durfte, ab 1752 Hofbaumeister, sogar „in Zwischenzeiten auch malen und stuccatieren“ (Thieme-Becker Bd. XXII 564). Seit 1756 in Berlin tätig, zeigte Legeay nur mäßiges Interesse an Mecklenburg und Friedrichs Plänen, lieferte schließlich 1766 doch Entwürfe zu Schloß und Park, die aber keinen Beifall fanden. Der Herzog entschied sich für den jungen agilen Schweriner Architekten Johann Joachim Busch, der einige Zeit neben Legeay gearbeitet hatte, lernte ihn schätzen und ernannte ihn

1758 zum Hofbaumeister. Tatsächlich gaben Buschs kluge architektonische Ideen der Ludwigsluster Stadtanlage langfristig ein ganz besonderes Gepräge. Und zweifellos haben seine Park-, Kirchen- und Schloßbauentwürfe sowie die roten Häuserzeilen am Bassin – erste Beispiele des norddeutschen Backsteinbarock – überzeugend zum reizvollen Flair des kleinen Fürstenhofes beigetragen.

Mit der Ausführung eines Altargemäldes für die zwischen 1765 und 1770 errichtete klassizistische Kirche, direkt in der Achse zum Schloß, beauftragte der Fürst Dietrich Findorff. Er schuf einen überdimensionalen Altarprospekt, eine barocke illusionistische Dekoration, die die Südwand des tonnenartigen Kirchengewölbes völlig ausspannt. Vis à vis zur mit Ludwigsluster Carton (Hegner 1981 4) verzierten fürstlichen Kirchenloge stellt Findorffs Gemälde „Verkündigung an die Hirten", das bei des Malers Tod unvollendet blieb, eine unvergleichliche Seltenheit im norddeutschen Raum dar. Erst 30 Jahre später erhielt Johann Heinrich Suhrlandt (1742-1827), ein Schüler Findorffs, die Genehmigung, das Bild vollenden zu dürfen. Überblickt man Findorffs Gesamtschaffen, mit Gemälden und den kuriosen Übermalungen nackter Figuren auf holländischen Bildern im Auftrag des pietistischen Herrschers, so sind darin die graphischen Arbeiten von besonderer Qualität und die Folge akkurat ausgeführter Kupferstiche nach Motiven des Ludwigsluster Parks ein großartiger eigenständiger Beitrag zur mecklenburgischen Kultur- und Kunstgeschichte.[9]

Nach des Künstlers Tod wirkten am Hofe noch die Maler Lehmann, Matthieu und Suhrlandt. Letzteren überschüttete Herzog Friedrich mit Aufträgen aller Art: Entwürfe für Wappen, Fahnen, Stoffe, Tapeten, Siegeleinfassungen, Möbelintarsien, Supraporten u.a.m. Im Status eines Kabinettmalers bis 1784 gehalten, befand sich der vielseitige Künstler mit 100 Taler Jahresgehalt in mißlicher sozialer Lage. Es mangelte an Geld und ordentlicher Behausung. Wie sollte er „an einem Tag und einer Nacht 5 kleinere Tierbilder anfertigen, wenn sein Malzimmer kalt und dunkel und er nicht in Wohnräume ausweichen kann, weil diese in katastrophalem Zustande sind" (Baudis 1990 14).

Am Ende des 18. Jahrhunderts waren Mecklenburgs Künstler nach wie vor unfrei, standen in komplizierter Abhängigkeit zum Hof. Noch gab es keinen Kunstmarkt, wo sie sich als kleine Warenproduzenten ihre Existenz hätten sichern können. Es galt daher als Glücksumstand, wenn J. H. Suhrlandt durch Privatverkäufe seiner im hollandisierenden Stil gemalten Stilleben z.B. an Ludwigsluster, Schweriner oder Lübecker Bürger die eigene Gage aufbessern konnte. Finanziell standen sich die mecklenburgischen Hofkünstler gegenüber denen, die aus anderen Residenzen herbeigerufen wurden, immer schlechter. Und das, obwohl

Friedrich ihnen eigentlich mehr vertraute; er weihte Suhrlandt z.B. gern und früh in seine Gedanken und Baupläne ein. Noch bevor der bekannte böhmische Bildhauer Rudolf Kaplunger (1746-1795) mit dem Fürsten 1775 wegen einer Anstellung Verbindung aufnahm, hatte dieser seinen Hofbildhauer Eckstein und Suhrlandt sein allegorisches Bildungsprogramm in Gestalt einer umfangreichen Gruppe von Attikafiguren offeriert und sich dazu von Suhrlandt Entwürfe zeichnen lassen.[10] Doch im Gefolge der Produktion des „sandsteinernen Hofstaates" auf dem Schloßdach kam es zu Auseinandersetzungen mit Eckstein (Kramer 1993 21 ff), so daß dieser Ludwigslust verließ. Vom preußischen Hof reiste der erfahrene Kaplunger an und fertigte wunschgemäß nach herzoglicher Diktion 35 Tonmodelle zur Bekrönung des Prachtbaus, dabei die eigene böhmisch barocke Intention nicht verleugnend.

Die Arbeit am repräsentativen Schloßbau in spätbarocken Formen und mit frühklassizistischen Stilelementen ging 1776 dem Ende entgegen. 1777 bezog Friedrich ungeduldig das ersehnte Palais. Ihm blieben noch acht Jahre, in diesem neuen Domizil zu residieren. Schon 1767 hatte er die bis dahin in Schwerin musizierende Hofkapelle nach Ludwigslust befohlen. Das Vergnügen an den zweimal wöchentlich unter Westenholz gegebenen „Concerts spirituels" oder „italienisch concerts" mit Arien und Instrumentalmusik gewährte Friedrich jedem, „ganz ohne Unterschied des Standes" (Meyer 1913 86). Fraglos betraf das „Angebot" dennoch nur einen auserlesenen Kreis und war für den Landmann kein Äquivalent zu der von Herzog Friedrich verbotenen Tanzmusik. 1750 kam es in Ludwigslust sogar zur vollständigen Aufführung von Händels „Messias", auch Joseph Haydens Musik stand hoch im Kurs. Matthieu hat Bilder der aktiven herzoglichen Kapelle überliefert (Baudis 1992 96), die zeitweilig durch namhafte Solisten, wie den hervorragenden italienischen Eligio Celestino unterstützt wurde, der von 1778 bis 1802 in Ludwigslust weilte und später die Rolle eines Konzertmeisters übernahm. Der Festsaal des Schlosses war zu Friedrichs Regierungszeit häufig erfüllt von geistlicher Musik erster Güte. Und in den im Schloß befindlichen Galerieräumen konzentrierte der Herzog die Stücke seiner Sammlungstätigkeit, die er im Sinne des Vaters fortsetzte; „Die Gemäldesammlung in diesem Schloß ist zwar nicht sehr zahlreich, enthält aber doch verschiedene vortreffliche Stücke und Hendrik Terbrugghes 'Befreiung Petri' zählt 'als das schönste Stück der Gallerie'" (Wundemann 1803 279).

Im Jahre 1778 starb Georg Matthieu, ihm folgte ins Ludwigsluster Amt sein begabter Neffe Christian Friedrich Reinhold Lisiewsky (1725-1794), Bruder der berühmten Malerin Anna Dorothea Therbusch (1721-

1782). Lisiewsky wurde mit Dekorationsmalerei beschäftigt, seine Fähigkeit in der Porträtkunst stellte er mit dem Bildnis des Hofbildhauers Kaplunger unter Beweis. Doch die Ludwigsluster Zeit stand unter keinen guten Zeichen, stark verschuldet starb er 1794. Matthieus Lehrling Ludwig Seehas (1753-1802), von dem ein großartiges Porträt des Komponisten Joseph Haydn überliefert ist, trat Lisiewskys Nachfolge in Ludwigslust an. Seehas hatte das besondere Privileg genossen, als erster Maler des Hofes nach einer Ausbildungszeit in Dresden auch ins Ausland zu Studienzwecken reisen zu dürfen. Nach Wien weilte er vier Jahre in Rom und kehrte mit vielfältigen ästhetisch-schöpferischen Impulsen nach Mecklenburg zurück. Aber die höfische Enge inspirierte ihn wenig, nur mittelmäßige Werke brachte er noch fertig. Auch ihn überfielen Schulden und Armut. Nach seinem Tode mußte sein Hausrat öffentlich versteigert werden (Baudis 1990 15).

Zum Ausgang des 18. Jahrhunderts, nach dem Ableben von Friedrich dem Frommen, präsentierte sich in der spätfeudalen Ludwigsluster Residenz eine künstlerische Kultur, die partiell durchaus achtenswerte Leistungen hervorrief, dennoch ganz den Geist des herrschenden Fürsten trug. Der schöpferische Anteil des kleinen Herzogtums an den einzelnen Kunstgattungen des 18. Jahrhunderts in Deutschland ist höchst ungleichmäßig: Gute Leistungen auf dem Gebiet von Malerei und Grafik, beachtliche Qualität in der Bildhauerei mit Eckstein und Kaplunger, Großartiges in der Architektur mit Busch und Barca und durchaus Außergewöhnliches im Bereich der geistlichen Musik. Wenig dagegen haben die mecklenburgischen Literaten von sich reden gemacht. Einer allerdings, der Lieder- und Idylldichter, der Übersetzer, Philologe und Publizist Johann Heinrich Voss, geboren 1751 in Waren, ist nach Auffassung Heinrich Heines „vielleicht nach Lessing, der größte Bürger in der deutschen Literatur" (Höpcke 1989 3) gewesen. Mit dem Ludwigsluster höfischen Leben hatte der Enkel eines Leibeigenen keine Berührungen, erlebte jedoch als Hofmeister des Klosterhauptmanns von Oertzen in Ankershagen zutiefst demütigende „Geisteigenschaft". Voss verfocht das Anliegen der Aufklärung als Dichter des „Göttinger Hain-Bundes" unerschütterlich, trug die bürgerlich-demokratischen Ideen weiter, bereicherte sie und gehörte zur literarischen Avantgarde seines Jahrhunderts.

Eingebunden in ungünstige politische und ökonomische Rahmenbedingungen konnte Mecklenburg zur bedeutendsten geistig-kulturellen Strömung des 18. Jahrhunderts, der bürgerlichen Aufklärung, wenig Eigenständiges beitragen (Werner 1989 89). Sieht man von Voss' Leistung ab, vermochten Wissenschaftler des Landes, wie der Orientalist Olaus Gerhard von Tychsen (1734-1815), der Jurist Johann Christian Quistorp (1737-1795) oder der aufgeklärte Schriftsteller Johann Jakob Engel (1741-1802) aus Parchim (Schneikart 1989 19), nur wenig zur „Fürstenerziehung" beizutragen. Herzog Friedrichs Leistungen und Entscheidungen, erinnert sei an die durch ihn realisierte Abschaffung der Folter, die Entwicklung von Manufakturen, die Schaffung von Ausbildungsstätten für Schullehrer, die seltsame erfolglose Gründung einer zweiten Universität 1759 im Lande in Bützow u.a.m., vermitteln, neben der Beförderung der erwähnten künstlerischen Leistungen, das Bild eines insgesamt jovialen Fürsten, der seine Herrschaft nicht mit zusätzlichem Druck auf die niederen Stände ausreizte.

Als 1785 Friedrich starb, folgte ihm sein Neffe Friedrich Franz I. (1756-1837) auf dem Thron. Pietistisches Gedankengut war ihm fremd, mit inzwischen 29 Jahren suchte er das Land nach seinem Duktus zu regieren. Er tat es von Ludwigslust aus, begann im politischen und ökonomischen Bereich zu verändern. Kulturell bedeutete das: Bälle statt geistlicher Musik, Opernaufführungen, Geselligkeit statt Einsamkeit, Pferderennen und Campilluminationen in Doberan und Badekuren mit vielfältigen Vergnügungen im Seebad Heiligendamm. Im ganzen Herzogtum schien allmählich ein kulturelles Aufatmen spürbar zu werden, zu lange hatte Friedrichs pietistische Strenge regiert. In Güstrow nahm man sich wieder des Recht, Theater zu spielen, Stücke von Shakespeare bis Beaumarchais gehörten dazu, sogar Kindertheater gab es, die „Güstrower Musikalische Gesellschaft" wurde aktiv und ein „Güstrower Wochenblatt" erschien (Neumann 1989, 80). In Wismar konnte die Wochenschrift „Der Wißbegierige" angeboten werden, eine von aufklärerischem Geist getragene Publikation (Seidel 1989 71), und in Schwerin erschien 1788 die „Monatsschrift von und für Mecklenburger", eine Zeitschrift, herausgegeben von dem herzoglichen Buchdrucker Wilhelm Bärensprung, die sich ebenfalls dem Geist der Aufklärung nicht verschloß (Wendt 1989 67).

Die Ludwigsluster Hofmusiker und Hofmalergilde wurde zwar finanziell nach wie vor knapp gehalten, dennoch sorgte Friedrich Franz für Stipendien bei erbetenen Auslandsaufenthalten. Rudolf Suhrlandt (1781-1862) erhielt die Möglichkeit, für viele Jahre in Wien, Neapel und Rom zu arbeiten, wo er als Porträtist und Historienmaler zu beachtlichem Erfolg kam. Noch 1810 in Italien weilend, verlieh ihm der Herzog als erstem mecklenburgischen Künstler den Professorentitel (Baudis 1987 3).

Mit Rudolf Suhrlandt, Gaston Lenthe (1805-1860) und Theodor Schloepcke (1812-1878), dem Baumeister Johann Barca (1781-1826), dem Konzertmeister Louis Massonneu, dem Komponisten Johann Matthias Sperger (1750-1812) und Franz Anton Rösler, genannt Ro-

*Wilhelm Barth (1779-1852)*
*Schwerin von Südosten*
*1806*
*Gouache, 46,1 x 64,0 cm*
*(Staatliches Museum Schwerin)*

setti (1750-1792), wirkte im Herzogtum Mecklenburg-Schwerin eine neue Künstlergeneration. Sie trug wesentlich zur Bereicherung der höfischen Kunst und Kultur bei, fühlte sich aber bereits am Beginn eines neuen Jahrhunderts nicht mehr ausschließlich dem Hofe, sondern dem aufstrebenden Bürgertum verpflichtet. Für die mecklenburgische Kunstgeschichte bleiben die künstlerischen Leistungen des 18. und be-

ginnenden 19. Jahrhunderts markante Zeichensetzungen in einer Periode, die kulturgeschichtlich gern als Zeitalter der Empfindsamkeit bezeichnet und kunsthistorisch zwischen Rokoko und Romantik angesiedelt wird. So bieten die verschiedensten höfischen Kunstäußerungen Mecklenburgs in ihrer Gesamtheit keine Fülle an Gipfelblicken, wohl aber eine beachtliche Reihe nennenswerter Verweilpunkte.

Anmerkungen

1 Christian Ludwig ließ sich zweimal von Dahl porträtieren. 1714 schuf Dahl ein Porträt von des Herzogs Gemahlin. Alle Bilder sind im Besitz des Staatlichen Museums Schwerin.

2 Conrad Ekhof gründete am 5. Mai 1753 in Schwerin die „Akademie der Schönemannschen Gesellschaft". Kurz darauf kam es zur Auflösung der Akademie. Von 1767-1769 entstand in Hamburg eine fruchtbare Zusammenarbeit zwischen Ekhof und Lessing und in deren Resultat die „Hamburgische Dramaturgie".

3 Die Schreibweise des Namens variiert in den Kirchenbüchern: Vindorf – Findorf – Finndorf – Findorff, vgl. dazu Meyer-Bothling.

4 Das Gemälde von 1749, im Besitz des Staatlichen Museums Schwerin, 1750 angekauft, ist nach der Natur gemalt, im Wald von Saint-Germain, eine Vorzeichnung dazu besitzt das Britische Museum London.

5 Findorffs Kopie hat die Maße: 1,12 x 1,40 m, Besitz: Staatliches Museum Schwerin

6 Der Anstellungsvertrag enthielt noch weitere Vergünstigungen, vgl. MLHA Kab. I, Vol. 825

7 Johann Gottfried Löwen, verheiratet mit der Tochter des Prinzipalen der Schönemannschen Truppe, wurde in Hamburg Förderer Lessings. Zehn Jahre besaß er eine Anstellung als Sekretär am Schweriner Hof, später war er Theaterkritiker, 1767 Direktor des ersten Nationaltheaters in Hamburg.

8 Friedrichs besonderes Interesse an Mechanik und Hydrodynamik zeigt sich in den von ihm angeregten Attikafiguren: Hydrostatik, Katoptrik, Dioptrik u.a.

9 Die Kupferstiche werden mit insgesamt 50 weiteren druckgraphischen Arbeiten von Findorff im Kupferstichkabinett des Staatlichen Museums Schwerin bewahrt.

10 Ein über 64 Jahre lang benutztes Skizzenbuch von Johann Heinrich Suhrlandt befindet sich im Schweriner Kupferstichkabinett.

## Literatur

| | |
|---|---|
| Baudis 1984 | Hela Baudis, Von der fürstlichen Kunstkammer zum Landesmuseum in: Hans Strutz, Museums-Kompendium, Staatliches Museum Schwerin. Leipzig 1984. |
| Baudis 1987 | Hela Baudis, Rudolf Suhrlandt 1781-1862, Flbl. SMS, Schwerin 1987. |
| Baudis 1990 | Hela Baudis, Kunst und Kultur in der spätfeudalen Ludwigsluster Residenz, in: Wissenschaftliche Zeitschrift der Universität Rostock, G-Reihe 39 (1990)1. |
| Brun 1987 | Hartmut Brun, Heinrich Julius Tode, in: Merk-Würdigkeiten in Mecklenburg, Rostock 1987. |
| Höpcke 1989 | Klaus Höpcke, Johann Heinrich Voss. in: Kiek in. Schwerin 1989. |
| Jürß 1986 | Lisa Jürß, Jean-Baptiste Oudry 1686-1755, Katalog. Schwerin 1986. |
| Kramer 1993 | Heike Kramer, Schloß Ludwigslust. Berlin 1993. |
| Krüger 1976 | Renate Krüger, Ludwigslust. Schwerin 1976. |
| Meyer 1913 | Clemens Meyer, Die Geschichte der Mecklenburg-Schwerinschen Staatskapelle. Schwerin 1913. |
| Meyer-Bothling | H.-P. Meyer-Bothling, Johann Dietrich Findorff 1990 1722-1772. Bad Bevensen 1990. |
| Neumann 1989 | Erwin Neumann, Güstrow 1750 bis 1800, in: Kiek in. Schwerin 1989. |
| Nugent 1781 | Thomas Nugent, Reisen durch Deutschland und vorzüglich durch Mecklenburg, Erster Teil. Berlin und Stettin 1781. |
| Schneikart 1989 | Monika Schneikart, Johann Jakob Engel in: Kiek in. Schwerin 1989. |
| Schumann 1963 | Waltraud Schumann, Die Hofmaler des 18. und 19. Jahrhunderts in Mecklenburg-Schwerin und ihr letzter Vertreter Theodor Schloepcke, Diss. Halle 1963 (MS). |
| Schwibbe 1978 | Ingeburg Schwibbe, Georg David Matthieu,Katalog. Schwerin 1978. |
| Seidel 1989 | Jürgen Seidel, Der Wißbegierige in: Kiek in. Schwerin 1989. |
| Staatskapelle | 425 Jahre Mecklenburgische Staatskapelle 1988 Schwerin. Schwerin 1988. |
| Steinmann 1911 | Ernst Steinmann, Hans Witte, Georg David Matthieu – Ein deutscher Maler des Rokoko. Leipzig 1911. |
| Thieme-Becker | Künstlerlexikon Bd. XXIV. Leipzig 1930. |
| Wendt 1989 | Ralf Wendt, Monatsschrift von und für Mecklenburger 1788-1801, in: Kiek in. Schwerin 1989. |
| Werner 1989 | Lutz Werner, Hauptlinien mecklenburgischer Geschichte, in: Geschichte Mecklenburgs, Universität Rostock. Rostock 1989. |
| Wundemann 1803 | J. Chr. Fr. Wundemann, Mecklenburg in Hinsicht auf Kultur, Kunst und Geschmack, Teil 2. Schwerin/Wismar 1803. |
| Zenker 1987 | Hartmut Zenker, Johann Friedrich Löwen, in: Merk-Würdigkeiten in Mecklenburg. Rostock 1987. |

*Michael Lissok*

# KIRCHENBAU UND KIRCHENKUNST DES BAROCK UND KLASSIZISMUS IN MECKLENBURG

Die schrecklichen Verheerungen des Dreißigjährigen Krieges (1618-1648), an dessen schlimmen Folgen Land und Leute bis weit ins 18. Jahrhundert hinein schwer zu tragen hatten, ließen das Baugeschehen in Mecklenburg bis ca. 1700 weitgehend stagnieren. Im Bereich des Kirchenbaus beschränkte man sich im wesentlichen auf den mehr oder weniger anspruchslosen Wiederaufbau zerstörter Gotteshäuser, bzw. auf die notwendigsten Reparaturen und Renovierungen, um die Kirchen wieder in einen möglichst würdigen Zustand zu versetzen und sie für die Gemeinden nutzbar zu machen. Erst mit Errichtung der Pfarrkirche für die landesherrliche Gründung der „Schelfstadt" ("Neustadt auf der Schelfe") unmittelbar vor den Toren

*Schelfkirche (Nikolaikirche) Schwerin. Radierung von Frieda Plew um 1950*
*(Volskundemuseum Schwerin-Mueß)*

Schwerins in den Jahren 1708-1713 entstand nach rund 130 Jahren wieder ein sakraler Großbau auf mecklenburgischem Boden. Die Geschichte der neuzeitlichen, nachreformatorischen Kirchenarchitektur in Mecklenburg nimmt hiermit ihren Anfang. Zugleich ist die Schelfkirche der bedeutendste Sakralbau des Barock im Lande. In Typus und Gestaltung entsprach das Gebäude auf ideale Weise damaligen höheren konfessionellen und liturgischen Anforderungen einer streng lutherisch-orthodox ausgerichteten Landeskirche, wie sie die mecklenburgische seit offizieller Einführung der Reformation 1549 war. Auch die repräsentativen Ansprüche vom obersten Kirchenherrn (summus episcopus), Initiator und Träger des städtischen Neugründungsprojekts wie des damit verbundenen Kirchenneubaus, Herzog Friedrich Wilhelm von Mecklenburg-Schwerin (1692-1713), kamen mit dem Bau dezidiert zur Geltung. In herzoglichem Auftrag hatte der Ingenieurkapitän Jacob Reutz den Entwurf für die Schelfkirche geschaffen und auch bis zu seinem Tode 1710 die Bauleitung innegehabt. Die Kirche ist ein Zentralbau auf dem Grundriß eines griechischen Kreuzes. Während drei um die quadratische Vierung gruppierte gleichlange Kreuzarme in fünf Seiten eines Achtecks abschließen, ist im Westen dem Quadrat ein schmalrechteckiges Joch angesetzt, vor dem sich ein quadratischer, dreigeschossiger Turm erhebt mit welscher Haube und hoher Spitze. Die Außenwände tragen das Rot unverputzten Backsteinmauerwerks. Nur die Portale und einige weitere architektonische Details sind aus Sandstein. Die Gliederung der Kreuzarmfassaden bestimmen kolossale, gequaderte Pilaster mit Akanthuskapitellen, die der drei Turmgeschosse gekoppelte Pilaster. Analog zu diesem Gliederungsschema treten vor die Wände im Kircheninnern marmorierte Komposit-Pilaster, die ein umlaufendes Gebälk tragen. Die ursprüngliche barocke Ausstattung wurde 1858 fast gänzlich entfernt. Diese ist insofern wichtig, als sie von einem damals führenden deutschsprachigen Architekturtheoretiker, Leonard Christoph Sturm (1669-1719), konzipiert wurde (1711-1719 herzoglicher Baudirektor in Mecklenburg-Schwerin). Thema Sturms systematischer Studien war auch der Kirchenbau, wobei er sich gegen den um 1700 bereits weit verbreiteten Typ des Zentralbaus auf kreuzförmigem Grundriß aussprach. Entsprechend waren die Sturmschen Dispositionen zur Einrichtung der Schelfkirche mit Altar, Kanzel, Emporen und Gestühl darauf orientiert, diesen nach seiner Ansicht schweren Fehler so weit wie möglich zu korrigieren. Die Überlegungen und gestalterischen Maßnahmen dazu faßte der „Architekturprofessor" Sturm 1712 in einer Schrift zusammen. Durch die Publikation Sturms gewann die Schelfkirche noch zusätzlich an Bedeutung als allgemeines Exempel und Muster im öffentlichen Diskurs um die Normativen im evangelischen Kirchenbau. Mit Errichtung der Schelfkirche 1708-1713 bekam Mecklenburg wieder Anschluß zu aktuellen Architekturströmungen in Europa, insbesondere zur schon vorangeschrittenen bzw. ausgeprägten Sakralarchitektur des Barock in Holland, Dänemark/ Nordelbingen und Preußen. Von dort mögen auch vielerlei Impulse und Anregungen für den Bau gekommen sein; aber mit ihrer formalen Schlichtheit, konstruktiven Strenge und Klarheit sowie Backsteinsichtigkeit basiert die Schelfkirche ebenso auf Bautraditionen Mecklenburgs, und ihre Architektur wirkt derart gemäß der damaligen ökonomischen Situation des Landes, der konfessionellen Grundhaltung und Mentalität seiner Bewohner, daß auch darum dieses Bauwerk als eine eigenschöpferische, „bodenständige" Leistung erscheint.

Der Schelfkirche folgte im Herzogtum Mecklenburg-Schwerin für rund fünf Jahrzehnte kein weiterer großer Kirchenneubau. Hierzu gab es in den Städten auch insofern keinen Anlaß, als bei stagnierender bzw. nur wenig anwachsender Population die Anzahl und das Fassungsvermögen der mittelalterlichen Kirchengebäude für den Gottesdienst völlig ausreichten. Bedeutendere Baumaßnahmen wurden nur in den notwendigsten Fällen ausgeführt, etwa bei der Pfarrkirche von Boizenburg von 1709-1717, nachdem sie bei einem Stadtbrand schwer beschädigt wurde. So konzentrierte man sich z.Z. des Barock und Rokoko in den städtischen Gemeinden auf die Um- und Neugestaltung der Kirchenräume. Mit z.T. hohem materiellem und künstlerischem Aufwand wurden neue Hauptausstattungsstücke für die Gotteshäuser geschaffen, Altäre, Kanzeln, Orgeln und Gestühle. Es entstanden mehrgeschossige, gewaltige Altaraufsätze, die als Schauwände von monumentaler Präsenz und szenographischer Wirkung den gesamten Chorraum der gotischen Hallenkirchen und Basiliken einnahmen. Für die Schaffung dieser Altarwände wurden alle künstlerischen Hauptgattungen aufgeboten. Architektonisch sind die rahmenden, tragenden und untergliedernden Teile der Altarkompositionen in der Form übereck gestellter, gebündelter oder gekoppelter Kolossalsäulen und -pilaster, verkröpfter Gebälke, gesprengter Giebel und Voluten kennzeichnend. Hinzu kommen als plastische Bildwerke Vollfiguren des Salvators, der Evan-

gelisten, von Propheten und christlichen Tugendallegorien. Engels- und Puttigestalten sowie mannigfalte dekorative Schnitzereien, Fruchtgehänge, Festons, Kartuschen, Ziervasen u.a.m. Predellen und Mittelfelder der Altargeschosse blieben hingegen der Malerei vorbehalten, mit großformatigen Gemälden, hauptsächlich Darstellungen des Abendmahls, der Kreuzigung, Grablege und Auferstehung Christi. Der Bereich vor dem Altartisch, dort wo der Geistliche agiert, wurde mit einer Brüstung (Schranke) abgegrenzt. Die hölzernen architektonischen und plastischen Stücke der Altarwände erhielten eine Farbfassung, die wertvolle Materialien imitierte, etwa Marmor, Edelmetalle und -hölzer. Zu den herausragendsten Altarwerken des Barock und Rokoko im Mecklenburgischen zählen die der Rostocker Kirchen St. Petri (1717, 1942 zerstört), St. Marien (1720/21) und St. Jakobi (1781/83, bereits mit frühklassizistischen Anklängen, 1942 zerstört), in Wismar von St. Marien (1742, 1945 zerstört) und St. Nikolai (1772/74, mit Gemälde von 1653) und der Sternberger Kirche (1747). Auffällig ist, daß bei Schaffung vieler großer Altarwerke der Anteil auswärtiger Maler und Skulpteure recht hoch ist. Zu den wenigen namhaften Bildhauern Mecklenburgs in der Barockzeit zählen vor allem Johann Friedrich Wilde und Heinrich Johann Bülle, in deren Werkstätten eine ganze Reihe qualitätvoller Ausstattungsstücke entstanden, z.B. durch Wilde die Altaraufsätze der Dorfkirchen von Börzow (1704), Friedrichshagen (Grevesmühlener Land, 1708), Kalkhorst (1708), Gägelow (1718) und von Bülle die Altäre in Jesentorf (1714), Drönnewitz (1725/28), Zarrentin (1733), Karin (1736) und Hohenkirchen (1749, Kanzel 1739). Der bei Ausstattung evangelischer Gotteshäuser seit dem späten 17. Jahrhundert immer häufiger auftretende Kanzelaltar, eine Zusammenführung der beiden liturgischen Hauptstücke Altar und Kanzel in Reaktion auf die zentrale Bedeutung der Predigt, fand in den Kirchen Mecklenburg-Schwerins nur begrenzt Verbreitung. Barocke Kanzelaltäre haben sich u.a. in den Dorfkirchen Mühlen Eichsen (1711), Hohen Luckow (1712), Damshagen (1724), Karin (1736) und Bibow (1745) erhalten. Im 18. Jahrhundert gab es eine Blütezeit des Orgelbaus in Mecklenburg, als gleich in mehreren Städten Orgelbauwerkstätten tätig waren, wobei die des Rostockers Paul Schmidt eine der führendsten und produktivsten gewesen ist. Allein sie fertigte zwischen 1747 und 1790 25 Orgeln an. Die architektonisch, bildplastisch und malerisch gestalteten Orgelprospekte, bildeten gemeinsam mit den mehrgeschossigen Altarwänden die absoluten Prunk- und Schaustücke barocker Interieurs. Nur noch wenige originale Prospekte haben bis heute die Zeiten überdauert, z.B. in den Dorfkirchen von Recknitz (1703/8), Neukirchen (1772), den Stadtpfarrkirchen

Güstrow (1764), Malchin (1780) und in St. Marien zu Rostock (1766/69). Die in konkaven und konvexen Schwingungen geführten Orgel- und Sängeremporen unter den Prospekten trugen genauso wie die Barockaltäre mit ihren stark bewegten, ausgreifenden Kompositionen eine dynamisierende Komponente in die weiten Kirchenräume der mittelalterlichen Sakralbauten. Typisch für die Kirchenkunst des 18. Jahrhunderts sind die damals in den Gotteshäusern angebrachten frei schwebenden Taufengel mit Weihwasserschalen, die zur Sakramentserteilung an Seilen heruntergelassen wurden (Beispiele für solch hölzerne Engelsfiguren in den Dorfkirchen von Hohen Luckow, Heiligenhagen und Rerik). Für das Gesamtbild der Kirchenräume des Barock weiterhin bestimmend sind umlaufende Emporen, separate, geschlossene und oft auch erhöhte Patronatslogen, die mit einigen Bequemlichkeiten ausgestattet wurden (z.B. schließbaren, verglasten Fenstern, kleinen Öfen) sowie im Chorbereich Beichtstühle und Sakristeien in der Form hölzerner Verschläge, manchmal unmittelbar an den Altar gefügt.

Im 1701 gegründeten Herzogtum Mecklenburg-Strelitz begann der Kirchenbau 1724 mit Grundsteinlegung des evangelischen Gotteshauses von (Alt-)Strelitz (heute Ortsteil von Neustrelitz, die Kirche 1945 zerstört). Für die 1730 eingeweihte Stadtkirche lieferte der in herzoglichen Diensten stehende Kunstgärtner Carl Julius Löwe den Entwurf. Es entstand ein Fachwerkbau auf gestreckt rechteckigem Grundriß mit dreiseitigem Chorschluß und Turm im Westen. Die Kirche war dreischiffig, wobei die gegenüber dem Mittelschiff viel schmaleren und niedrigeren Seitenschiffe Emporen aufnahmen, welche sich zwischen zwei die Schiffe unterteilende Pfeilerarkaturen spannten. Das Mittelschiff wurde von einem Spiegelgewölbe überfangen. Mit der Strelitzer Kirche war trotz ihrer Dreischiffigkeit auf gelungene Weise das Konzept einer rechteckigen Saalkirche umgesetzt worden. Konsequent wurde es bei Errichtung der Pfarrkirche von Neustrelitz 1768-1778 verwirklicht, indem hier ein reiner Rechtecksaal entstand mit umlaufenden zweigeschossigen Emporen und Flachdecke. Auch dieser Bau wurde von einem Nichtarchitekten, dem herzoglichen Leibmedikus Verpoorten, projektiert. Der Kirchenbau war Teil einer urbanistischen Gesamtkonzeption, die von 1733 an realisiert wurde mit Errichtung einer neuen Haupt- und Residenzstadt für das Herzogtum nach streng zentralisiertem, geometrischem Schema, wobei ein quadratischer Marktplatz den Mittelpunkt bildet, von dem acht Straßen sternförmig ausgehen. Auf diese Planung nimmt die Architektur der Neustrelitzer Kirche Bezug. Am Ostrand des Marktplatzes aufgeführt, erhielt sie einen Turm an der zum Platz gewandten Längsseite (erst 1828/31 aufgeführt) und an den anderen drei Fronten risalitartige Treppenhäuser mit Dreiecksgiebeln. Die Putzfassaden des massiv in Backstein erbauten Kirchengebäudes sind pilastergegliedert.

Die umfassendste Neugestaltung großer mittelalterlicher Sakralbauten im Lande Mecklenburg-Strelitz erfolgte z.Z. des Barock in Friedland bei den Kirchen St. Marien und St. Nikolai, nachdem sie ein Stadtbrand 1703 schwer beschädigt hatte. Bezeichnend für die damals herrschenden wirtschaftlichen Verhältnisse ist, daß sich Reparaturen und Neuausstattung über fast vier Jahrzehnte hinzogen. Von hohem handwerklichem und z.T. künstlerischem Niveau sind Orgelempore (1725) und -prospekt (1746) sowie Altaraufsatz (1716, 1863 verändert), Kanzel (1716) und Gestühle der Marienkirche. Ebenfalls nach einem Brand wurde die Kirche der ehemaligen Johanniterkomturei Mirow wieder aufgebaut und einheitlich neu ausgestattet. Die Qualität einzelner Stücke, besonders der Emporen (1742/44) und Kanzel (1747), und ihre Gestaltung im reichen, verfeinerten Rokoko-Stil sprechen für die Bedeutung des Mirower Gotteshauses als Schloßkirche einer Nebenresidenz und Grablege des Mecklenburg-Strelitzer Herrscherhauses. Leider ging die schöne Ausstattung mit Zerstörung der Kirche im Frühjahr 1945 verloren. In Mecklenburg-Strelitz ist die Zentralbauidee in kleineren Kirchen und Kapellen realisiert worden. Den Anfang machte als „Behelfsbau" für die (Alt-)Strelitzer Gemeinde eine Kapelle in Fachwerk, welche auf dem alten Friedhof des Ortes über den Grundriß eines länglichen Achtecks errichtet wurde (1715/24, 1904 abgebrochen). Hier kam es zur Synthese des modernen Zentralbaugedankens in Form des Oktogons mit dem schon tradierten Muster des Rechtecksaals. Als regelmäßiges Oktogon hingegen wurde 1747-1749 im Dorf Weisdin eine der schönsten ländlichen Barockkirchen erbaut. Ihre geputzten Außenwände sind sparsam gegliedert mit Rustikalisenen an den Ecken, giebel- und pilastergerahmtem Portal. Höchst originell ist der Bau in seiner äußeren Erscheinung dadurch, daß sich auf dem achtseitigen Zeltdach eine hohe Laterne mit drei konkav geschwungenen Hauben erhebt. An fernöstliche Pagoden erinnernd, haben wir hier ein seltenes Beispiel für die Anwendung von Formen der China-Mode (Chinoiserie) im Sakralbau. Das einheitliche Interieur der Weisdiner Kirche hat seinen besonderen Wert als eine sehr charaktervolle, vitale Schöpfung des ländlich-handwerklichen Barock/Rokoko im Mecklenburgischen. Der Raum erhält sein festliches Gepräge auch durch die polychrome Fassung und dekorativen Malereien am Gestühl, den Emporen und Patronatslogen, die den Kanzelaltar flankieren. Von der mit Stuckornamentik verzierten Decke hängt ein holzgeschnitzter Taufengel herab.

In Wittenhagen steht ein weiterer oktogonaler Kirchenbau, 1758 massiv in Feldstein aufgeführt, schlicht gehalten, mit flacher Holzdecke und Kanzelaltar. Wiederum in Fachwerk wurde als Achteckbau die 1785 eingeweihte Kapelle des Alten Friedhofs in Neustrelitz errichtet (später abgetragen). Den Endpunkt in der Gruppe von Sakralbauten mit zentralem bzw. zentralisierendem Grundriß setzt die 1821 errichtete Dorfkirche Dannenwalde, ein gestrecktes Oktogon oder – in anderer Interpretation – ein Rechteckbau mit abgeschrägten Ecken. In Beziehung zu den Mecklenburg-Strelitzer Zentralbauten steht wohl die seit langem profanisierte barocke Gutskapelle von Remplin (Fachwerk), deren Grundriß ein Quadrat bildet, während ein achteckiger, mehrgeschossiger Emporenaufbau den Innenraum umschließt. Ein Großteil der Dorfkirchen des 18. Jahrhunderts sind schlichte rechteckige Saalbauten in Fachwerk, z.B. in Lörz (1724), Zirtow (1755), Strasen (1782/83) und Kratzeburg (1786). Zu erwähnen wären noch die bemerkenswerten Barock/Rokoko-Ausstattungen, sämtlich mit Kanzel-Altären, in den Dorfkirchen von Rühlow (1735), Jatzke (1720 und 1732) und Galenbeck (um 1755), wo bei letzteren besonders der gestalterische Zusammenhang von Altar mit den Patronats- und Pastorengestühlen auffällt, die architektonisch monumentalisierte, säulengegliederte Wände haben. Betrachtet man die Kirchenkunst des 18. Jahrhunderts in Mecklenburg-Strelitz etwas genauer, fällt auf, daß bei den Ausstattungen der Kanzelaltar mehr favorisiert wurde als im anderen mecklenburgischen Herzogtum.

Die Stadtkirche von Ludwigslust wurde 1765-1770 errichtet. Nach der Schelfkirche ist sie der zweite große Bau neuzeitlicher Sakralarchitektur im Herzogtum Mecklenburg-Schwerin. Auch ihre Erbauung war ein

*Ludwigslust, evangelische Stadtkirche, 1765-1770. Die Hauptfassade von Nordwesten mit der Säulenvorhalle. (Foto: M. Lissok)*

fürstliches Prestigeprojekt im Komplex mit einer Ortsgründung feudalabsolutistischer Prägung, nachdem Herzog Friedrich I. (1756-1785) die Hauptresidenz von Schwerin nach Ludwigslust verlegt hatte. Die Ludwigsluster Kirche gehört zweifellos zu den herausragendsten und eigenwilligsten Schöpfungen unter den Sakralbauten Mecklenburgs. Die singuläre Erscheinung dieses Bauwerks resultiert aus seiner hervorgehobenen wie integrierten Stellung innerhalb des Ensembles einer Residenzanlage. Der Repräsentationswille des herzoglichen Bauherrn, dessen persönliche Identifikation mit dem Bau, seine Mitplanung, haben die Gestaltung der Kirche bestimmt. Das Gotteshaus steht als Pendant des Schlosses genau in der Zentralachse der Residenzanlage. Der Bau unterteilt sich deutlich in zwei Hauptteile, einem Langhaus auf rechteckigem Grundriß mit dreiseitigem Abschluß im Süden, dem im Norden eine Vorhalle von gewaltigen, kolossalischen Verhältnissen vorgelegt ist. Dem Muster antiker Tempelfassaden folgend, hat die Vorhalle 6 dorisch-toskanische Säulen, die ein Gebälk tragen, darüber einen Mittelgiebel und eine Attika, auf der vier monumentale Evangelistenfiguren stehen, Arbeiten des Bildhauers Johann Eckstein. Ein Stufenbau mit aufgesetztem Christusmonogramm bekrönt die imposante Tempelkulisse. Das in Frontalsicht von Norden durch die viel breitere Vorhalle verdeckte Langhaus ist außen schlicht gegliedert mit Putzlisenen. Im Innern überfängt ein mächtiges Tonnengewölbe mit Scheinkassetierung den Saalraum. Es liegt auf einem Gebälk mit schmaler Galerie. Als Stützen stehen vor den Längsseiten je 8 kolossale Säulen in dorisch-toskanischer Ordnung auf hohen Postamenten, denen an den Wänden Pilaster antworten. Der Altarplatz ist erhöht und erreichbar über eine zweiläufige, elegant geschwungene Treppe. Taufe, Kanzel und Altar sind zwischen dem Treppenlauf angeordnet. Unter dem Altarpodest befindet sich die Fürstengruft. An der gesamten südlichen Schmalfront hinter dem Altar öffnet sich auf illusionistische Weise der Raum mit einem riesigen Gemäldeprospekt, auf dem die „Anbetung des Christuskindes durch die Hirten" von den Hofmalern Dietrich Findorff (1722-1772) und Johann H. Suhrlandt (1742-1827) zwischen 1772-1803 effektvoll-theatralisch in Szene gesetzt wurde. Hinter der Gemäldewand verbirgt sich die Orgel. An der nördlichen Schmalfront, der Portalseite, erhebt sich die zweigeschossige, reichdekorierte Fürstenloge. Damals hochaktuelle Auffassungen, die besonders in den großen Kunstzentren Europas, in Rom und Paris, von einer ideal gesinnten Architektenelite entwickelt und vertreten wurden, sind beim Kirchenbau in Ludwigslust umgesetzt worden. Es ist das Konzept der Tempel-Kirche klassizistisch-antikisierender Provenienz, von denkmalhafter, monumentaler Wirkung und pathetisch-erhabenem Ausdruck, dem Johann Joachim Busch (1720-1802) hier folgte, der Baumeister des Gotteshauses von Ludwigslust. Aber auch Gestaltungskonzeptionen des barocken Kirchenbaus, wie sie auch in Mecklenburg zu dieser Zeit bereits normativ waren, treten hier auf durch Bildung des Langhauses als Rechtecksaal mit polygonalem Chorschluß, dessen Fassadengliederung und Mansardbedachung. Die Ausstattung trägt in den plastisch-dekorativen Details rokokohafte Züge; hinzu kommen aber auch Formen des Zopfklassizismus, bei denen sich stilistisch Spätbarock und Frühklassizismus durchdringen.

Herzog Friedrich I., Begründer der Residenz Ludwigslust, war von streng pietistischer Gesinnung und um Reformen bemüht. Sein Bestreben ging auch dahin, daß die Regierung sich stärker als bisher für eine Verbesserung des Zustands der rund 200 Kirchen einsetzte, die unter landesherrlichem Patronat standen. Letztendlich wurden sogar einige Kirchen neu gebaut. Der hierfür verantwortliche Architekt war meist J. J. Busch. Seit 1758 herzoglicher Hofbaumeister, wurden ihm bis zu seiner Pensionierung 1796 viele öffentliche Bauvorhaben im Lande übertragen, wobei sich Busch als fähiger Bauplaner und -leiter erwies. Nach Ludwigslust entstand mit der 1782 eingeweihten Stadtpfarrkirche von Stavenhagen ein weiterer Sakralneubau größerer Dimension. Errichtet wurde die Kirche als kreuzförmiger Backsteinbau mit dreiseitigem Ostschluß und quadratischem Turm im Westen. Die differenzierte, mehrschichtige, aber flache Gliederung der Außenwände durch Pilaster, Lisenen, Gesims, Dreiecks- und Segmentgiebel zeugt in virtuoser Weise von den gestalterischen Möglichkeiten des Backsteins und spricht vom hohen Niveau, das die Ziegelarchitektur in Mecklenburg-Schwerin wieder erreicht hatte. Den Kirchenraum überfängt eine von mächtigen Holzsäulen getragene Flachdecke. Die obligatorische Emporenanlage in der Kirche, ansonsten zweigeschossig, ist im östlichen Kreuzarm eingeschossig, da hier der Altaraufbau seinen Platz hat mit einem Auferstehungsgemälde von J. H. Suhrlandt. Umfangreiche Bauarbeiten zusammen mit Einbringung einer neuen Ausstattung wurden nach Bränden bei den Stadtpfarrkirchen von Krakow (1762) und Ribnitz (1765/89) vorgenommen. Unter Beibehaltung der älteren Stücke des Altars und der Kanzel (beide von 1705) erhielt die Krakower Kirche das Gepräge eines spätbarocken Predigtsaals. Bei Instandsetzung der Marienkirche von Ribnitz blieb deren mittelalterliches Raumgefüge als dreischiffige Halle gewahrt durch Aufführung verputzter Fachwerkpfeiler (!), auf denen eine hölzerne Halbkreistonne im Mittelschiff und flache Bretterdecken in den Seitenschiffen ruhen. Die Kanzel und der Altaraufsatz mit Rokoko-Dekor sind von 1781. Das Altargemälde, eine Beweinung Christi nach A. Caracci, stammt von Suhrlandt. Von Busch kamen die Entwürfe zur umfassenden Erneuerung der Marienkirche in Waren 1789-1792. Dabei entstand ein Interieur in Formen des späten Rokoko und Zopfklassizismus. Besondere Aufmerksamkeit verdient die außergewöhnliche Konstruktion des Kanzelaltars: Ein tiefer, hölzerner Nischenaufbau nahm Kanzelkorb und Altartisch auf (1909 verändert). Die 1792 vollendete obere Turmpartie der Marienkirche ist von origineller Ausführung mit Dreiecksgiebeln, achtseitigem Aufsatz, glockenartiger, hochgezogener Haube und Laterne. Buschs Schöpfung gehört als zeitlich letzte zu einer ganzen Reihe von Kirchturmaufsätzen, die während des 18. Jahrhunderts entstanden und als eine Sonderleistung des Kirchenbaus dieser Zeit gelten können. Durch deren Kegel- und Zwiebeldächer, geschweifte Hauben, offene Laternen und hohe, schlanke Spitzen bekamen die Silhouetten so mancher Städte eine charakteristische Höhendominante und wurden im Landschaftsbild reizvolle Akzente gesetzt (erhaltene Beispiele attraktiver, bzw. für das Barock und Rokoko typischer Turmabschlüsse bei den Stadtpfarrkirchen von Dargun, Güstrow, Malchin, Stavenhagen, den Dorfkirchen von Boddin, Ganzkow, Kladrum, Kotelow, Schloen, Schwandt).

Unter dem Einfluß der Aufklärung wuchs auch bei der Landesherrschaft Mecklenburgs die Bereitschaft, religiöse Toleranz in einem noch größeren Umfang zu gewähren. Deutlicher Ausdruck dafür war, daß Reformierte und Katholiken ihre ersten eigenen Gotteshäuser errichten konnten. In Bützow, wo es zwei größere reformierte Gemeinden gab (eine hugenottische, bestehend aus französischen Einwanderern und eine deutsche), wurde für diese 1765-1771 nach dem Plan des Landbaumeisters Horst eine Kirche erbaut. Auf das Bewußtsein der Auftraggeber, eine geduldete konfessionelle Minderheit im Lande zu sein, läßt sich wohl eine gewisse Zurückhaltung bei Gestaltung des Baus zurückführen. Er bekam weder Turm noch Dachreiter, auch nicht eine autonome, hervorgehobene Position innerhalb der Stadtanlage. Die Kirche fügt sich vielmehr ein in die Hausbebauung einer Straße Bützows ("am Ellenbruch"). Der rechteckige Saalbau trägt ein Walmdach. Die zur Straße gewandte Längsfront ist als Hauptfassade geputzt und gegliedert in zwei Geschosse. Durch leichte Hervorziehung der mittleren von insgesamt fünf Fensterachsen entstand ein schmaler Mittelrisalit, der durch zwei Pilaster und einen Dreiecksgiebel hervorgehoben ist. Das Gebäude wirkt äußerlich mehr wie ein vornehmes Wohnhaus als eine Kirche.

In Schwerin wurde schon 1709 eine katholische Missionspfarrei eingerichtet, die auf einem 1735 erworbenen Grundstück in der Schloßstraße ihre kleine Kapelle bauen konnte. 1791-1795 wurde dann nach Entwurf des Hofmaurermeisters Johann Cornelius Barca die Propsteikirche St. Annen errichtet (1985 nach Osten erweitert). Ein Rechtecksaal, ist das Gebäude, wie die Kirche der Reformierten in Bützow, in die Straßenbebauung eingepaßt, hat keinen Turm, sondern eine Laterne auf dem Walmdach. Die straßenseitige Hauptfassade ist zwar schlicht gehalten, zeigt aber doch durch hohe Fenster- und Kolossalpilaster die besondere, die kultische Funktion des Baues an. Zur Raumgestaltung im zopfig-frühklassizistischen Stil gehörte einst eine Ausmalung des aus Glatz stammenden Künstlers Cajetan Bartsch.

Die im Herzogtum Mecklenburg-Schwerin von etwa der Mitte bis zum Ausgang des 18. Jahrhunderts neu errichteten Dorfkirchen sind fast sämtlich nach dem simplen, altbewährten Schema des rechteckigen Saalraums gebaut worden. Der Zentralbaugedanke konnte sich hier nicht durchsetzen, bis auf wenige realisierte Ausnahmen, etwa die Gutskapelle von Remplin, die kleine oktogonale Fachwerkkapelle in Tarnow und die Dorfkirche zu Zislow (Fachwerk 1749) mit ihrem Grundriß, der einem gestreckten Achteck ähnelt. Beachtenswerte Kirchen des Spätbarock/Rokoko stehen in den Dörfern Schwandt (um 1750), Warlitz (1763/68), Schwarz (1767), Groß Vielen (Fachwerk 1774), Balow (1774) und Rumpshagen (1779). Umfassend und aufwendig sind die Dorfkirchen von Reez (1772) und Weitendorf (bei Laage) neu gestaltet worden. All diesen Kirchen ist das Grundschema des Rechtecksaals gemeinsam, und überwiegend haben sie einen dreiseitigen Ostschluß. Einmal abgesehen von den unterschiedlichen Dimensionen, stellen sie aber in ihrem Aufbau, einschließlich des verwendeten Materials, keineswegs eine homogene Gruppe dar. Dies machen schon die verschiedenen Turmlösungen deutlich: Während die stattlichen Kirchen in Warlitz und Weitendorf über massive, zweigeschossige Westtürme verfügen, haben die in Schwandt und Groß Vielen sogenannte Dachtürme, die im Westen aus den Satteldächern der Kirchenschiffe herausragen. In Reez sitzt lediglich eine hölzerne Laterne auf dem Westgiebel, und in Balow steht ein Fachwerk-Glockenturm vor der Kirche. Balow bietet auch ein schönes Beispiel für die backsteinsichtige Architektur in dieser Zeit. Die Kircheninterieurs in Reez und Balow sind exemplarisch für die Ausstattungen im Rokoko-Stil, der bereits einen klassizistischen Akzent hat, welcher bei Balow in der zurückhaltenden, kühleren Farbgebung zum Ausdruck kommt. Eine Weißtönung ist dabei dominierend. Sie wird von dezenten Goldauflagen und einigen Details, die in Rot und Grün gehalten sind, aufgelockert, eine Farbkomposition, die generell typisch ist für die Polychromie von Kirchenräumen aus dem letzten Drittel des 18. Jahrhunderts.

Relativ kurz ist die Phase des Kirchenbaus rein klassizistischer Ausprägung in Mecklenburg-Strelitz, brach-

te aber einige sehr gelungene, charakteristische Schöpfungen hervor. Eine Voraussetzung dafür war, daß um 1800 neben der streng lutherisch-orthodoxen Lehre eine mehr aufklärerisch-philosophisch determinierte Religionsauffassung an Boden gewonnen hatte, besonders dadurch, daß der Herzog selbst, Carl I. (1794-1816), als Prinz ein engagierter Freimaurer, zeitweilig diesen Glaubensvorstellungen sehr nahe stand. Die Absicht, einer Vernunftsreligion auch im Kirchenbau Ausdruck zu verleihen, führte in der Architektur zu neuen Ansätzen. Die entschiedenen Impulse und Konzeptionen kamen hierfür von der Berliner Bauschule des Frühklassizismus und der preußischen Landbaukunst. Die eindeutige Orientierung von Mecklenburg-Strelitz im architektonischen und künstlerischen Bereich auf Berlin/Preußen war nur eine Konsequenz aus den engen dynastischen und politischen Beziehungen, die zwischen dem Neustrelitzer Fürstenhaus und der preußischen Krone bestanden. Friedrich Wilhelm Dunkelberg (1773-1844), seit 1801 in herzoglichen Diensten, 1806 zum Landbaumeister

*Hohenzieritz, Dorfkirche, 1806. (Foto: E. Fischer)*

bestallt, schuf die Entwürfe sämtlicher fünf Dorfkirchen, die der Beitrag von Mecklenburg-Strelitz zur klassizistischen Sakralarchitektur sind. Dunkelbergs Schaffen war geprägt von seiner preußischen Herkunft und Ausbildung in Berlin. Dementsprechend zeichnen sich seine Werke durch eine puristische Formensprache aus, in der das Bemühen um monumentale Einfachheit deutlich wird durch Verwendung kubisch schlichter Baukörper und antik-gräzisierender Gestaltungselemente. Dunkelbergs erster Kirchenbau ist die Kirche von Hohenzieritz (1806). An ihrer Erbauung nahm der Herzog besonderen Anteil, da Hohenzieritz sein Lieblingsdomizil war. Der Zentralbaugedanke gelangte hier zur Umsetzung mit einer Kuppelkirche auf kreisrundem Grundriß, hinter dem als großes architektonisches Leitbild das antike Pantheon in Rom steht. Im Eingangsbereich sind dem Bauzylinder vier dorische, Giebel und Gebälk tragende Dreiviertelsäulen vorgelegt, eine flache, wandgebundene Abwandlung des Portikus-Motivs. Im Innern besticht die Kirche durch eine imposante Raumwirkung, die sich hier trotz der bescheidenen Größe des Baus entfaltet. Die hölzerne Kuppelschale ist mit gemalten Kassetten versehen. Eine Empore umläuft den Raum. Mit ihr ist der Kanzelkorb verbunden, unter dem sich der Altaraufbau erhebt. Als vereinfachte Varianten des Hohenzieritzer Kirchenbaus wurden die verputzten Rundkirchen der Dörfer Dolgen (1805/7) und Gramelow (1805/6) von Dunkelberg errichtet. Bei Entwurf der Dorfkirche in Rödlin (1808/13) nahm Dunkelberg das Thema des querorientierten Saalbaus auf, eines Typs, der in Preußen bereits seit dem Barock vielfach gebaut worden war, in Mecklenburg hingegen überhaupt nicht. Die Rödliner Kirche hat einen Turm, welcher mittig an einer der Längsfronten des rechteckigen Schiffes steht. Er nimmt das von zwei dorischen Säulen flankierte Portal auf und einen Vorraum im Untergeschoß. Vor der Längswand, gerade gegenüber Turm und Eingangszone, ist der Kanzelaltar aufgestellt. Dieser Orientierung auf eine Mittelachse quer zur Längsrichtung des Kirchenraums folgt auch die Einrichtung des Gestühls und der Empore. Der letzte Sakralbau Dunkelbergs in Schillersdorf (1816/17, 1891 mit Turm versehen, 1954 völliger Neubau), war sehr bescheiden gehalten. Ein kleiner, massiv aufgeführter Rechtecksaal mit Putzfassade, glich die Kirche äußerlich völlig jenen ländlichen oder kleinstädtischen Wohnhäusern, die Dunkelberg in mehreren Orten im Auftrag der herzoglichen Kammer errichtet hatte. Die Kuppelschalen der drei Rundkirchen, Turmhaube und Dach des Sakralbaus in Rödlin wurden in der materialsparenden Bohlensparrenkonstruktion gefertigt, die besonders in Preußen Verbreitung fand und für deren Anwendung sich vorrangig der bekannte kgl.-preußische Oberbaurat David Gilly vehement eingesetzt hatte.

In Mecklenburg-Schwerin beschränkt sich die Sakralarchitektur des Klassizismus in dem, was wirklich gebaut wurde, auf nur wenige Werke. Dies lag natürlich auch daran, daß in den Jahren während und nach Napoleonischer Besatzung und dem Krieg von 1813/14 kaum ausreichend Mittel für größere Neubauten zur Verfügung standen. Eine solitäre Stellung in der Archi-

tektur dieser Zeit nimmt die 1803-1809 im Park der Residenz Ludwigslust errichtete katholische Kirche St. Helena ein nach Entwurf des Majors Johann Christian Heinrich v. Seydewitz (1748-1824, herzoglicher Hof- und Landbaumeister). Mit ihr entstand das erste Sakralbauwerk der Neogotik in Mecklenburg. Einsam, inmitten der Parklandschaft erhebt sich die Kirche auf einer künstlichen Insel, ein Backsteinbau, dreischiffig und dreijochig mit dreiseitigem Chorschluß. Hohe, schlanke Achteckpfeiler mit eigentümlichen Blattkapitellen und Blattkonsolen an den Wänden tragen im Innern das Sternengewölbe. Die reich gebildete Hauptfassade wird oben von einem Blendgiebel abgeschlossen. Etwas abseits von der Kirche wurde 1817-1819 durch den Architekten Johann Georg Barca (1781-1826) ein backsteinerner Glockenturm aufgeführt. Teile der Ausstattung sind originale spätgotische Stücke, etwa Glasmalereien aus dem Hamburger Dom. Ein Altargemälde stammt vom Hofmaler Rudolf Suhrlandt (1781-1862). Die Helenenkirche ist eine Schöpfung, die aus dem Geiste des Sentimentalismus und frühromantischer Mittelalter-Begeisterung heraus entstanden ist, darum auch in der gestalteten Natur eines Landschaftsparks ihren Platz erhielt und wohl mit der ursprünglichen Absicht errichtet wurde, Grab- und Memorialbau der 1803 verstorbenen Herzogin Helena zu sein. Die Gotik-Rezeption erfolgte hier noch nach klassizistischen Gestaltungsnormen und Gliederungsstrukturen. Typisch für einen Bau in der Frühphase der Neogotik ist bei der Kirche die Kombination von Formen, die phantasievolle Neufindungen im „Mittelalter-Stil" sind, mit solchen, welche getreulich kopiert wurden, wobei die Bezugnahme auf die heimische Backsteingotik höchst bemerkenswert ist. Der Helenenkirche, als einem frühromantisch-klassizistischen, sehr eigenwillig anmutenden Werk der Gotik-Rezeption, kann in Mecklenburg nur noch die Kapelle im Park von Burg Schlitz (1818/24) zur Seite gestellt werden.

Der erst 1822 zum Marktflecken erhobene Ort Lübtheen erhielt 1817-1820 ein Gotteshaus in rein klassizistischem Stil, für dessen Planung der Hofarchitekt J. G. Barca oder Landbaumeister Carl Heinrich Wünsch in Frage kommen. Der querorientierte, verputzte Saalbau ist gestaltet mit dem lapidar strengen Formenvokabular des Frühklassizismus, dessen Protagonist in Mecklenburg-Strelitz Dunkelberg war. Der dreigeschossige Turm mit einer originell gebildeten, „denkmalhaften" Dachpyramide steht entgegen dem Quersaal-Konzept an einer Schmalseite der Kirche in bezug auf das baulich-planerische Gesamtgefüge der Ortschaft. Im Kirchensaal ist die Empore an den Schmalseiten zweigeschossig, der Kanzelaltar als architektonischer Prospekt und raumgreifendes Ensemble gebildet mit einem Gemälde von R. Suhrlandt

(Emmausszene, 1823). Gegenüber dem Altar befindet sich die originale Orgel von 1820.

In Zickhusen wurde 1827-1830 eine der wenigen klassizistischen Dorfkirchen erbaut durch Landbaumeister August Bartning, ein Putzbau auf rechteckigem Grundriß mit abgerundeter Ortpartie und dreigeschossigem Westturm. Sämtliche Tür- und Fensteröffnungen sind rundbogig. Die Errichtung des stattlichen Kirchenbaus ist dem Patronat des Großherzogs zu verdanken. Wiederum war es R. Suhrlandt, der das Altarbild malte (Christus am Ölberg).

Eine der letzten Fachwerkkirchen, mit der die frühneuzeitliche Tradition des Fachwerkbaus ausklingt, ist noch um 1820 in Neuhaus aufgeführt worden, als Rechtecksaal mit Westturm. Zu ihrer Ausstattung gehörte ein Gemälde von R. Suhrlandt (Jesus und die Jünger in Emmaus). Die 1828 begonnene neogotische Umgestaltung der mittelalterlichen Kirche des ehemaligen Benediktinerinnen-Klosters Dobbertin (seit 1572 adeliges Fräuleinstift), anfänglich nach Plänen von Karl Friedrich Schinkel, läßt bereits als Perspektive den Historismus anklingen.

In Mecklenburg-Strelitz laufen beim Bau der Dorfkirche Dannenwalde 1821 nochmal neue mit längst tradierten Gestaltungsweisen und Formen zusammen. In kontinuierlicher Fortführung nahm hier letztmalig ein Kirchen-Muster Gestalt an, das sich bereits kurz nach 1700 herausgebildet hatte. Die Kirche ist ein zentralisierter Putzbau, errichtet über einem gestreckt achteckigen Grundriß. Den Saalraum umschließt eine Empore mit eingebauter Kanzel und Patronatsgestühl. Die Portale und Fenster sind bereits „modern", d.h. neogotisch in Spitzbogenform ausgeführt, wozu noch ein Spitzbogenfries in der Traufenzone und ein gotisierendes Dachtürmchen kommen. Beim Interieur treffen wir ebenso auf neogotisches Dekor, aber auch noch auf solches in klassizistischer Stilistik. Die Dorfkirchen in Conow (1825/26) und Wulkenzien (1832) sind dann die ersten neogotischen Backsteinbauten in Mecklenburg-Strelitz, die nach Entwürfen von Friedrich Wilhelm Buttel (1796-1869) gebaut wurden. Buttel, in Berlin ausgebildet und durch K. Fr. Schinkel stark beeinflußt, sollte für über vier Jahrzehnte der erste Architekt im Großherzogtum sein. Im Kirchenbau orientierte sich Buttel eindeutig auf die Übernahme und freischöpferische Neuinterpretation mittelalterlichen Formenguts.

So kündigt sich während der 1820er Jahre auch in der Kirchenarchitektur und Kirchenkunst Mecklenburgs ein Wandel an, der etwa um 1840 vollzogen war mit Eintritt in die Epoche des Historismus. Diese Epoche dauerte bis zum Beginn des 20. Jahrhunderts und wurde durch die Gotik-Rezeption in unterschiedlichster Weise bestimmt.

Literatur

| Kirchenbau 1893 | Der Kirchenbau des Protestantismus von der Reformation bis zur Gegenwart, hrsg. von der Vereinigung Berliner Architekten, Berlin 1893. |
| --- | --- |
| Ende 1985 | Horst Ende, Die Stadtkirchen in Mecklenburg. Berlin 1986. |
| Ende 1985 | Die Dorfkirchen in Mecklenburg. Berlin 1985. |
| Ende 1989 | Kirchen in Schwerin und Umgebung. Berlin 1989. |
| Schmaltz 1952 | Karl Schmaltz, Kirchengeschichte Mecklenburgs, 3. Band, Berlin 1952. |
|  | Karl Schmaltz, Die Kirchenbauten Mecklenburgs. Schwerin 1927. |
| Wiesenhütter 1936 | Alfred Wiesenhütter, Protestantischer Kirchenbau des deutschen Ostens. Leipzig 1936. |
| Schlie 1896ff. | Die Kunst- und Geschichts-Denkmäler des Großherzogthums Mecklenburg-Schwerin, bearbeitet von Friedrich Schlie, Bände I-V, Schwerin 1896-1902. |
| Krüger 1921ff. | Kunst- und Geschichts-Denkmäler des Freistaates Mecklenburg-Strelitz, bearbeitet von Georg Krüger, Bände I-II, Neubrandenburg 1921-1934. |
| Baudenkmale 1986 | Die Bau- und Kunstdenkmale in der DDR. Der Bezirk Neubrandenburg, hrsg. vom Institut für Denkmalpflege. Berlin 1986. |
| Baudenkmale 1990 | Die Bau- und Kunstdenkmale in der DDR. Mecklenburgische Küstenregion, hrsg. vom Institut für Denkmalpflege. Berlin 1990. |
| Dehio | Georg Dehio, Handbuch der deutschen Kunstdenkmäler. Die Bezirke Neubrandenburg, Rostock, Schwerin. Berlin 1980. |

## Klaus-Ulrich Keubke

# DAS MILITÄR VON MECKLENBURG-SCHWERIN UND MECKLENBURG-STRELITZ IN DEN NAPOLEONISCHEN KRIEGEN (1806-1815)

Als fast letzte deutsche Staaten (Oldenburg beugte sich erst am 14. Oktober 1808) mußten Mecklenburg-Strelitz und Mecklenburg-Schwerin am 18. Februar und 22. März des Jahres 1808 dem im Juli 1806 von Kaiser Napoleon I. von Frankreich geschaffenen Rheinbund beitreten. Zu den vielen sich für beide Mecklenburg daraus ergebenden Verpflichtungen gehörten die Teilnahme an der gegen Großbritannien gerichteten Kontinentalsperre und eine Bereitstellung von Kontingenttruppen und somit die Neuerrichtung von Militär.

## Neuaufstellung von Militär als Kontingent des Rheinbundes

Gänzlich dem französischen Vorbild verpflichtet, wurde in Mecklenburg-Schwerin 1808 eine Brigade aus vier Bataillonen Infanterie aufgestellt. Ein derartiges Bataillon gliederte sich in je eine Grenadier- und Voltigeurkompanie sowie vier Musketierkompanien. Diese Brigade, zu der auch eine Artilleriekompanie gehörte, befehligte Oberst Diedrich v. Holstein.

Das 1. und 2. Bataillon formierte sich aus Offizieren, Unteroffizieren und Soldaten des früheren Leib-Grenadier-Regiments und das 3. Bataillon aus denen des ehemaligen Infanterie-Regiments Erbprinz. Diese ersten drei Bataillone lagen in Schwerin, Wismar und Rostock in Garnison. Jede ihrer Kompanien zählte einen Kapitain, Premierleutnant, Sekondeleutnant und Feldscher sowie acht Unteroffiziere, drei Spielleute und 83 Gemeine. Desweiteren hatte die Brigade einen Regimentstambour, drei Bataillonstamboure, 12 Hautboisten und einen Profoß.

Vom 4. Bataillon in Ludwigslust kam nur die Grenadierkompanie mit 8 Unteroffizieren, 3 Spielleuten und 64 Gemeinen sowie einem Profoß zusammen. Ebenfalls unvollständig blieb die Artilleriekompanie, die erst in Grabow und dann in Rostock lag. Geführt von Kapitain J. A. Saint-Germain de Colleville, einem ehemaligen Offizier der französischen Marine, erreichte sie zwar eine Stärke von vier Offizieren, sechs Unteroffizieren und 43 Kanonieren (eingeschlossen Tamboure, Bombardiere und Konstabler), verfügte jedoch nicht sofort über die Geschütze.

In das neue Militär kamen die 1807 entlassenen Offiziere und wohl die Mehrzahl der Unteroffiziere zurück. Auch manche alte Soldaten fanden sich wieder ein – wo sollten sie auch hin. Trotzdem konnte die durch den Rheinbund-Vertrag vorgesehene Stärke von 1.900 Mann nicht erreicht werden. Werbung und erzwungener Eintritt der Söhne herzoglicher Domanialbauern genügten nicht, deshalb gelangte das französische Konskriptionssystem zur Anwendung – eine Art Wehrpflicht. Herzog Friedrich Franz I. erließ am 25. Februar 1809 in Schwerin die „Patent-Verordnung wegen der Recruten-Aushebung" und ein dazu gehörendes „Landesherrliches provisorisches Regulativ Behuf der gegenwärtig nöthigen Completierung des Militair-Contingents aus Einländern in den Herzoglich-Mecklenburg-Schwerinschen Landen, mit Einschluß des Fürstentums Schwerin und der Stadt und Herrschaft Wismar".

Ein kleiner Vorgriff ist angebracht, denn schon bald, nämlich am 20. Dezember 1810, mußten diese Bestimmungen durch „Verordnung und Recrutierungs-Reglement" verändert werden. Danach erfaßte die Konskription alle Männer vom 20. bis zum 25. Lebensjahr. Der Hauptmangel der ersten Verordnung blieb jedoch erhalten: es war keine Wehrpflicht, die alle erfaßte.

So waren hier in Mecklenburg-Schwerin die Ausnahmen vom Militärdienst dermaßen umfangreich, daß nur die ohnehin hart bedrückte, schwer arbeitende, weitgehend rechtlose und arme Landbevölkerung betroffen blieb. Zudem gestattete die sogenannte Stellvertretung den vermögenden Schichten eine Freistellung vom Militärdienst. Ein schwacher Trost: die in den sechs Jahren Dienst jährlich zu zahlenden Gelder von bis zu 10 Taler kamen der Invalidenkasse zugute. Zu den Ausnahmen von der Dienstpflicht gehörten die Söhne der Adelsfamilien, andere Guts- und Grundbesitzer, Beamte, Akademiker, Kaufleute, aber auch Handwerksmeister, schon angeheuerte Seeleute, dann Lehrlinge, Schüler und Studenten in der Ausbildung. Einen deutlich sozialen Hintergrund im positiven Sinne besaß die Freistellung der Söhne einer jeden Familie vom Militärdienst, die dort bereits zwei Söhne hatte bzw. die Freistellung jedes allein übrigbleibenden Sohnes in der Familie, die einen unter den Fahnen verloren hatte und eine solche auch da, wo zwei Söhne gefallen waren. Ein Bruch mit dem Bisherigen vollzog sich auch im Mecklenburg-Strelitzer Militär. Hier war ein Kontingent von 400 Mann Infanterie bereitzustellen. Im Ergebnis zäher Verhandlungen mit den Ständen, denn es ging wieder einmal um Geld und Leute, gab es ab Juni 1808 ein Infanterie-Bataillon und eine Invaliden-Kompagnie. Für den Polizeidienst bestanden die Distrikthusaren fort. Das Mecklenburg-Strelitzer Militärwesen orientierte sich am preußischen. Kommandeur des Infanterie-Bataillons wurde Oberst v. Bonin.

Als im Jahre 1809 ein neuer Krieg zwischen Großbritannien und europäischen Feudalmächten gegen Napoleons Frankreich ausbrach, hatten auch mecklenburgische Truppen teilzunehmen. Sie erhielten Anfang März Befehl, Schwedisch-Pommern zu besetzen. Für die Mecklenburg-Schweriner Truppen war dieser Einsatz zunächst mit einer Strukturveränderung verbunden. Sie wurden zu einem Kontingent-Regiment mit zwei Bataillonen formiert. Es sollte 1.800 Mann – jede Kompanie 147 Mann – zählen. Dies wurde nicht erreicht. Meist gehörten knapp 100 Mann zu einer Kompanie, zudem schlecht bewaffnet, ausgerüstet und uniformiert. Da der Oberst v. Holstein am 12. März einen Schlaganfall erlitten hatte, führte Major Helmuth v. Moltke den Truppenteil. Das 4. Bataillon blieb weiterhin unvollständig als 3. Bataillon bestehen.

Das Regiment rückte also nach Stralsund. Direkt wurden Teile von ihm am 24. Mai 1809 bei Damgarten in ein Gefecht mit den Aufständischen Ferdinand v. Schills verwickelt. Die mecklenburgischen Soldaten – unter ihnen noch viele geworbene Ausländer, auch Preußen – traten stumpf ergeben oder in der Mehrzahl und, von den Offizieren geduldet, mit unverhohlener Sympathie den angreifenden Freischärlern entgegen. Nur mit wenig Patronen versehen, war auch kaum Widerstand möglich. Viele wurden gefangen oder liefen sogar über. Nur einigen gelang die Flucht. Unter diesen befand sich der Premierleutnant v. Tarnow, der auch die Fahne rettete.

Das Charakteristische dieses Tages trifft wohl eine von Fritz Reuter erzählte Anekdote über einen Husaren Schills, der eine Korporalschaft von mecklenburgischen Grenadieren mit diesem Wortwechsel gefangennahm: „Kinner", rep hei ehr tau, „sid ji all gefangen?" „Ne", säd de brave Kapperal, „uns hätt nums wat seggt!" „Na, denn kamt man mit!" Un sei gungen mit... (Bock 1969 204).

Auch drei Offiziere, die Premierleutnants v. Flotow und v. Lowtzow sowie Sekondeleutnant v. Suckow, traten ins Korps Schill ein. Nach der Niederschlagung des Aufstandes erhielten sie vom Herzog drei Monate Arrest und wurden entlassen. Flotow schied 1861 in Bayern im Charakter eines Generals der Kavallerie aus. Lowtzow kämpfte 1813 als Stabsrittmeister im Mecklenburg-Schweriner Freiwilligen-Jäger-Regiment zu Pferde, und Suckow beteiligte sich Jahre später am

Aufstand in Griechenland. Die Unteroffiziere und Mannschaften konnten in bezug auf ihre Teilnahme an der Unternehmung Schills zumeist anführen, in das Freikorps gezwungen worden zu sein. Einige bekannten sich auch offen zu ihrer Haltung. Erstere wurden wieder ins Militär aufgenommen; letztere erhielten Zuchthausstrafen.

Nach dem Friedensschluß zwischen Frankreich und Schweden rückten die Mecklenburger beider Herzogtümer in ihre Heimatgarnisonen zurück. Ab 17. August 1810 handelten die Mecklenburg-Schweriner wieder bei der Küstensicherung im Rahmen der Kontinentalsperre gegen Großbritannien. Das Kontingent-Regiment hatte schon am 6. Juni 1809 mit Oberst Joseph v. Fallois einen neuen Chef erhalten. Er war ehemals Major und Bataillonskommandeur im preußischen Infanterie-Regiment Nr. 56 gewesen und wurde am 18. Juli 1810 Generalmajor.

Im selben Jahr ließ Herzog Friedrich Franz I. unabhängig vom Kontingent-Regiment mit dem Grenadier-Garde-Bataillon einen Truppenteil zusätzlich aufstellen, über den nur er verfügte. In diesem Zusammenhang sei festgestellt: das spätere Grenadier-Regiment Nr. 89 mit Garnison in Schwerin und Neustrelitz führte die Tradition des Grenadier-Garde-Bataillons und des 1. Bataillons (I. und III. Bataillon) und der Strelitzer (II. Bataillon) fort sowie das Füsilier-Regiment Nr. 90 mit Garnison in Wismar und Rostock die des 2. Bataillons des Kontingent-Regiments.

Der Befehl zur Errichtung des Grenadier-Garde-Bataillons war am 25. März 1810 an Oberst Adolf v. Moltke, einen Bruder des zuvor genannten Majors, ergangen. Zur Aufstellung dieses Bataillons dienten die bisherige Leibgarde zu Pferde (ohnehin schon ohne jene) und die tauglichen Kräfte des nicht vollständigen 3. Bataillons. Diese Grenadier-Garde zählte 11 Offiziere, einen Bataillonstambour und 12 Spielleute sowie in ihren drei Kompanien noch je 10 Unteroffiziere, einen Feldscher, 4 Tamboure und 120 Grenadiere.

Chef des Bataillons wurde der am 1. Mai 1810 zum Generalmajor ernannte Adolf v. Moltke, der jedoch schon 1811 starb. Ihm folgte bald Major Carl v. Both im Kommando. Ihnen beiden blieben die geringe Artillerie sowie die zwei Depotkompanien unterstellt. Am 18. Juli 1810 erhielt das Gardebataillon am Morgen um 10 Uhr auf dem Schweriner Alten Garten jene Fahne, die später, im Aussehen unverändert, bis 1918 vom I. Bataillon des Grenadier-Regiments Nr. 89 geführt wurde.

Als noch bedeutsamer erwies sich aber das „Mecklenburgische Militärgesetzbuch vom 10. November 1810". Das trat am 1. Dezember des Jahres in Kraft und wurde zu Beginn des Befreiungskampfes 1813 unverändert neu gedruckt.

Vor allem zwei Gesichtspunkte veranschaulichen den

vom bürgerlichen Militärwesen in Frankreich ausgehenden grundlegenden Wandel der Militärverhältnisse auch im Land Mecklenburg-Schwerin: Schon 1808 waren hier die öffentlich verhängten Körperstrafen abgeschafft worden. Nunmehr fanden in dem 3. Kapitel dieses Gesetzeswerkes bei den Strafbestimmungen solche Veränderungen statt, welche die menschliche Würde der Soldaten beachteten. Im Artikel 17 hieß es, daß „die Bestrafung durch Fuchtel und Gassenlaufen ganz wegfallen soll und die Bestrafung durch Schläge mit kleinen Stöcken und Röhrchen nur ausnahmsweise bey solchen Individuen angewendet werden darf, die durch Arrest-Strafen nicht zu bessern gewesen sind".

Ansonsten gab es gelinden, mittleren und strengen Arrest, nunmehr Arbeitsverrichtungen außer der Reihe für die kleinen Dienst- und Exerzierfehler, jedoch auch weiter die schweren, durch Kriegsgerichte verhängten Strafen wie Kugelschleppen, Todesurteile usw. Auf verbliebenes Denken des 18. Jahrhunderts wies die weiterbestehende Einbindung der Soldatenfrauen in das Militärrecht hin. So galt da: „Die Eheweiber sind gleichfalls verpflichtet, sobald sie das Desertionsvorhaben ihrer Männer erfahren, solches dem Compagnie-Chef baldmöglichst anzuzeigen. Werden sie in der Folge überführt, um die Desertion ihrer Männer gewußt zu haben, so wird ihr Vermögen zum Besten der Militairkasse confiscirt."

Auf den Geist der neuen, bürgerlichen Zeit deutet aber der Artikel 3 des 1. Kapitels hin. Danach konnten jetzt solche Persönlichkeiten Offizier werden, welche die Fertigkeit besaßen, „über militärische Gegenstände mit Präzision richtig und gut geschriebene Aufsätze entwerfen zu können". Des weiteren wurden Kenntnisse in Französisch, in den Anfangsgründen der Mathematik, in der Aufnahme von Situationskarten und Operationsplänen, in Geographie und Statistik sowie in Weltgeschichte und vaterländischer Geschichte verlangt. Tapferkeit und Dienstkenntnis, wie früher allein gefordert, genügten nicht mehr. Damit hatte bürgerliche Bildung Eingang in das Mecklenburg-Schweriner Militär gefunden.

Übrigens, im Zusammenhang damit sei auch auf die Tatsache hingewiesen, daß es damals einen Elementarunterricht für die Soldaten durch Schullehrer in mehreren Garnisonen des Landes gegeben hatte.

Noch vor dem Inkrafttreten der Festlegungen im Militärgesetzbuch über den Weg zum Offizier begann recht zaghaft eine Institution in Mecklenburg-Schwerin zu deren Heranbildung zu entstehen. Friedrich Franz I. befahl am 4. April 1809, in Rostock eine „Militär-Bildungs- und Unterrichtsanstalt für junge Militärs" zu errichten. Diese Schule hatte nur 12 Zöglinge. Für den Winter 1809/1810 ist Unterricht in Mathematik, Geographie, Französisch, Deutsch, Infanterie-Reglement,

militärisches Zeichen sowie Befestigungskunde überliefert. Als in Vorbereitung auf eine Teilnahme Mecklenburgs am Feldzug in Rußland Anfang 1812 das Kontingent-Regiment personell aufzufüllen war, mußte die Schule geschlossen werden, und die Jungen traten ins Regiment.

Noch während der Vorbereitungen auf den Rußland-Feldzug erfolgte in Mecklenburg-Schwerin die Errichtung einer Gendarmerie nach französischem bzw. westfälischem Beispiel. Am 23. März 1812 übertrug Herzog Friedrich Franz I. seinem Adjutanten, dem Major Johann Kaspar v. Boddien, die Führung des Husarenkorps und zugleich dessen Umwandlung zu der Gendarmerie. Major v. Boddien setzte deren Effektivbestand auf jeweils einen Auditeur, Chirurgus, Roßarzt, Quartiermeister und Wachtmeister sowie 8 Brigadiers und 50 Gendarmen fest.

## Der Untergang in Rußland 1812

In diesem Jahr 1812 wurden die Menschen der beiden mecklenburgischen Länder erneut und jetzt in einem bisher nicht gekannten Ausmaß in die Schrecknisse eines Krieges gestürzt. Der schon seit 1810 schwelende Konflikt zwischen dem feudalen Rußland und dem großbürgerlichen Frankreich, das in heftiger Konkurrenz mit Großbritannien stand, weitete sich derart aus, daß es zum Kampf kam. Bis Mai 1812 hatte Kaiser Napoleon seine für den Überfall auf Rußland vorgesehene Armee an der russischen Grenze versammelt. Am 6. Juni überquerte sie den Njemen.

In dieser gewaltigen, aber letztlich doch nicht ausreichenden Streitmacht nahezu aller europäischen Nationen mußten ebenso mecklenburgische Soldaten dienen. Im Mecklenburg-Schweriner Kontingent-Regiment waren es 48 Offiziere und Militärbeamte sowie 1.652 Unteroffiziere und Mannschaften. Bis zum 5. Januar 1813 wurden noch zwei Offiziere und 221 Mann dem Regiment nachgeführt. An Abgängen waren zwei Offiziere und 207 Mann zu verzeichnen, darunter 180 Deserteure. Von jenen, die den Feldzug die ganze Zeit mitmachten, kehrten 26 Offiziere und 128 Mann, davon 17 Offiziere und 25 Mann mit den Fahnen, zurück. Mecklenburg-Strelitz entsandte sein Infanterie-Bataillon mit 15 Offizieren und 403 Mann. Zwei Kompanien gelangten bis Moskau. Unmittelbar kehrten aus Rußland Anfang Februar 1813 zunächst 12 Offiziere und 62 Mann zurück. Es sollen im ganzen dann 136 Mann gewesen sein. Ihr Führer, Oberst v. Bonin, starb am 14. Februar 1813 an den Folgen der großen Anstrengungen des Feldzuges. Der Chef des Schweriner Regiments, Generalmajor v. Fallois, entfernte sich dagegen mit fadenscheinigen Gründen von seinen Soldaten; ein Bataillonskommandeur nahm Urlaub. Einzig

Major Helmuth v. Moltke, Onkel und Pate des späteren preußischen Generalfeldmarschalls, teilte alle Leiden seiner Untergebenen, bis er am 18. Dezember 1812 nahe Gumbinnen an Entkräftung und Erfrierungen starb.

Während die Strelitzer insgesamt recht gut und zweckmäßig ausgerüstet waren, erwies sich der Zustand der Schweriner als dürftig. Besonders fehlte es an Schuhwerk und Mänteln. Diese sich später so tragisch auswirkenden Mängel konnten auch in der Folge nicht ausreichend beseitigt werden. Im Herzogtum kamen hier außer knappen Finanzen noch Inkompetenz der Militärbehörden und der Irrtum hinzu, nur zur Besatzung von Stettin herangezogen zu werden.

Eine chronologische und umfassende Beschreibung der Handlungen und Erlebnisse der Mecklenburger im Jahre 1812 können nicht gegeben werden. Jedoch einige Auszüge aus Tagebüchern Mecklenburg-Schweriner Offiziere sollen Stimmungen wiedergeben.

Beim Premierleutnant v. Maltzahn heißt es Ende Juni: „Alle begrüßten den Befehl zum Abmarsch nach Wilna mit Freuden... Das Unangenehmste war die durch Hunderte von gestürzten Pferden verpestete Luft. Man hatte nämlich aus Futtermangel das noch nicht reife Korn angeschnitten und verwendet, oder, um selbst dieser Mühe enthoben zu sein, die Tiere geradezu auf den Feldern weiden lassen. Diese Unvorsichtigkeit bezahlte man mit dem Verlust der Pferde, deren Verwesung sowohl das gefressene grüne Korn, als auch die große Hitze in einem Maße beförderten, daß wir den Weg nach Wilna mehr liefen, als marschierten, um dem schrecklichen Geruch zu entgehen, der so arg war, daß viele unserer Leute ohnmächtig liegen blieben." (Behm 1912 42 f.)

Übergriffe der Truppen der Großen Armee wie Plünderungen und Schlimmeres waren von Beginn an nicht zu verhindern. Am 11. August bekam die 2. Musketierkompanie des 1. Bataillons den Befehl, zwei Franzosen und zwei Portugiesen wegen Raubmordes zu erschießen. Sekondeleutnant v. Raven schildert dies: „Die ganze Garnison von Wilna rückte am 11. August aus und wurde auf der Ebene östlich von der Stadt in einem offenen Karree aufgestellt, dann führte man drei der Delinquenten (der vierte hatte sich im Schornstein des Gefängnisses versteckt und wurde erst nachmittags füsiliert) an die offene Seite des Karrees, wo sie durch eine Abteilung unter dem Kommando des Premierleutnant von Langermann erschossen wurden. Sämtliche Truppen marschierten hernach an den Leichnamen vorbei und hatten den widerlichen Anblick der aus den Leibern noch dampfenden Patronenhülsen." (Behm 1912 48)

Auf dem Rückzug nahmen die Schweriner auf taktischer Ebene an Gefechten teil, eskortierten Transporte, begleiteten Verwundete und bewachten auch Gefangene. Schließlich, am 4. November, wurden sie der Nachhut unter Marschall Ney zugeteilt. Zuerst noch 300 Mann stark, erfüllten sie mit menschlichem Anstand die Aufgabe, so viele Soldaten und Zivilisten wie möglich aus der Katastrophe herauszubringen. Der Premierleutnant v. Stein schrieb dazu: „Bei dieser Arriergarde habe ich es oft recht erkannt, was der Mecklenburger, wenn er sich erst in den Militärdienst gefunden, für ein braver Soldat ist. Oft war es der Fall, daß aus Mangel an Leuten die Posten nicht alle Stunden abgelöst werden konnten; nie habe ich es erlebt, daß dennoch die Posten verlassen wurden, was bei anderen Korps oft der Fall war, sondern fand ich zum öfteren auf der Stelle, wo der Posten aufgeführt war, den Mann tot, das Gewehr im Arm" (Behm 1912 75).

An der Beresina waren die Mecklenburger mit zur Sicherung des Brückenkopfes bei Barisow eingesetzt. Sie verloren hier noch einmal etwa 80 bis 90 Mann. Dann konnten sie den Fluß ebenfalls überschreiten. Dabei führten zwei Unteroffiziere die Fahnen ihrer Bataillone mit.

Der Sekondeleutnant v. Raven erlebte selbst den Beresina-Übergang am 27. November auf diese Weise: „Endlich, als der Tag schon anfing sich zu neigen, kam die Reihe auch an uns. Ich führte die Vorhut der Kolonne, bestehend aus dem Unteroffizier Berend und 30 Musketieren, denen einigermaßen geschlossen die Gefangenen folgten, geleitet von dem Rest der Abteilung. Das Erreichen der Brücken war bei dem Gewirre und dem Gedränge äußerst schwierig; geschoben und gestoßen mußten wir uns den Weg mit gezogenen Degen, mit Kolben und Bajonett über gestürzte Pferde, Leichen und umgefallene Wagen mit unendlicher Mühe bahnen: Viele stürzten von der Brücke herab, die etwa 150 Meter lang, äußerst schmal und ohne Geländer war; zwar versuchten einzelne dieser Unglücklichen, an den Böcken wieder emporzuklimmen, aber vergebens, sie wurden unbarmherzig von den fortwährend Nachdrängenden zertreten" (Behm 1912 92).

Die Leiden auch der Mecklenburger verschlimmerten sich noch. In Wilna spielten sich erschütternde Szenen ab. Für den 9. Dezember erwähnt v. Raven eine solche: „Wir sahen uns in unseren Erwartungen gänzlich getäuscht. An hiesige Winterquartiere glaubte niemand mehr, und bei der heute auf 24 Grad gestiegenen Kälte dachte jeder nur mit Zagen an den bevorstehenden Marsch nach Kowno, bis wohin im Sommer schon alles eine Einöde geworden war. Täglich mehrte sich die Zahl der Toten in den vielen langen Gängen des Klosters, das sich mit Leidenden aller Art füllte. Auch unsere Tür öffnete sich, und herein trat ein Vermummter, der seine beiden gänzlich erfrorenen Hände vor sich hinstreckte. Kennst Du mich nicht mehr? fragte die Gestalt. Da begriff ich erst, daß es Strübing war, einst so fröhlich, jetzt so hilflos!" (Behm

1912 107). Moritz Strübing war erst am 20. August 1812 Sekondeleutnant geworden. Ihm mußten beide Hände amputiert werden, und er starb im Februar 1813 im Hospital zu Wilna.

Von etwa 420.000 Mann, die in der sogenannten Großen Armee im Juni 1812 die Grenze zu Rußland überschritten hatten, und von den 150.000 Mann, die später aus Europa folgen mußten, kehrten Ende Dezember gleichen Jahres nur 30.000 Mann in kleinen, zerstreuten Gruppen, gebrochen und geschlagen, zurück. Ungefähr 100.000 Mann befanden sich in der Gefangenschaft. Sehr, sehr viele Familien waren von den Folgen napoleonischen Eroberungswahns und der harten Bedrückung durch seine Okkupationstruppen betroffen. Die Verluste der beiden mecklenburgischen Kontingente waren ja bereits aufgeführt.

## Auf der richtigen Seite.
## Die Mecklenburger im Befreiungskampf 1813 bis 1815

Kaum noch überschaubar zeigt sich hier die Fülle der geschichtlichen und militärgeschichtlichen Schriften in allen Genres. Auch über den Anteil jener Mecklenburger existieren viele zeitgenössische und spätere Arbeiten.

Interessant für künftige Forschungen zur Landesgeschichte bleiben vor allem solche Fragen wie diese: Was waren es für Menschen, die gegen die napoleonische Fremdherrschaft kämpften? Welche Beweggründe und Ziele vertraten sie? Welche Mittel brachten sie auf? Was vermochten sie in den Feldzügen zu leisten? Was erreichten sie letztlich? Ein wenig soll versucht werden, auf diese Fragen einzugehen.

Als sich das Schicksal der Großen Armee Napoleons Ende 1812 in Rußland endgültig besiegelt hatte und dies auch den unterdrückten Menschen bewußt wurde, galt es zu handeln.

Preußen, vorwärtsgestoßen durch Generalleutnant v. Yorcks mutiges Neutralitätsabkommen am 30. Dezember 1812 bei Tauroggen mit dem russischen General v. Diebitsch und durch die von ihm betriebene Volksbewaffnung der ostpreußischen Bevölkerung, machte den Anfang. Er schloß am 28. Februar 1813 in Kalisch den Bündnisvertrag mit Rußland und mobilisierte seine Armee. König Friedrich Wilhelm III. überwand seine Angst, erließ endlich am 17. März 1813 den Aufruf „An mein Volk" und löste mit den Forderungen an „Preußen und Deutsche" zum Kampf für ehrenvollen Frieden oder ruhmreichen Untergang die für den Freiheitskampf notwendige Massenstimmung über Preussen hinweg aus. Seine Kriegserklärung am 16. März 1813 an Frankreich, auf dessen Seite noch die Rheinbundstaaten standen, eröffnete den nationalen Unabhängigkeitskrieg. Nacheinander, vor allem aber sehr schnell, traten beide mecklenburgischen Länder Preußen zur Seite.

Das rasche Vordringen russischer Truppen – Kosaken unter Tettenborn trafen am 13. März in Ludwigslust ein – beschleunigte dies. Als erster deutscher Fürst trennte sich Herzog Friedrich Franz I. am 14. März 1813 vom Rheinbund. Die verschiedenen Maßnahmen im Land, um ein neues Truppenkontingent aufzustellen, geschahen in schneller Folge. Sie stießen bei den Mecklenburgern in der Mehrzahl auf Zustimmung.

Bereits am 17. März 1813 bitten „sämtlich zu Rostock Studirende" ihren Herzog, „alle Jünglinge Mecklenburgs zur Vertheidigung des Vaterlandes aufzurufen, daß wir vereint in einem Corps, in Verbindung mit anderen gebildeten Jünglingen, für unsern geliebten Fürsten und das Vaterland kämpfen dürfen" (Behm 1913 25f.). Natürlich zustimmend ging Friedrich Franz I. am 20. März auf das Anerbieten ein. Bemerkenswert bleibt aber eine zeitbedingte Distanz dieser vaterländisch-patriotisch empfindenden jungen Männer aus begüterten Familien zu den unteren Volksschichten.

Nach Abstimmung mit den Landständen erließ der Herzog am 25. März in Schwerin den Aufruf zur Errichtung eines „Korps regulärer Infanterie" und eines „Korps Jäger". Den Freiwilligen der Infanterie wurden Bekleidung und Bewaffnung sowie Sold zugebilligt. Sie hatten sich bis zum 15. April in Rostock bei dem Generalmajor v. Fallois einzufinden. Dann noch fehlende Mannschaften – letztlich nur wenige – sollten durch Konskription gewonnen werden.

Diesen Freiwilligen sprach Herzog Friedrich Franz I. das Recht zu, bei Kriegsende den Abschied nehmen zu können, des weiteren künftige Konskriptionsfreiheit und eine bevorzugte Berücksichtigung bei Vergabe ziviler Stellen.

Vor allem wünschte der Herzog jedoch, „wenigstens einige 100 gelernte Jäger zu haben" (Behm 1913 24 f.). Eine detaillierte Verordnung zur Aufstellung des Jägerkorps zu Pferde und eines Korps zu Fuß von jeweils 500 Mann erging am 27. März 1813. Die Jäger zu Pferde unter dem Rittmeister (ab 6. April Oberst) v. Müller und die Jäger zu Fuß unter dem Leutnant (ab 7. April Oberst) v. d. Osten-Sacken versammelten sich in Güstrow. Dort erhielten sie auch ihre Ausbildung.

Schließlich stellte Herzog Friedrich Franz I. am 8. April 1813 die allgemeine Volksbewaffnung, d.h. Landwehr und Landsturm, in Aussicht. Einen Tag später erging dazu bereits der Befehl. Noch am 26. März hatte er die Bevölkerung zur Unterstützung bei der Beschaffung von Ausrüstung und Bewaffnung seiner Truppen aufgerufen.

Die Reaktion der Menschen auf alle diese Aufrufe war doch überwältigend. Es meldeten sich viele Freiwillige zum Militärdienst. In den folgenden eineinhalb Jahren standen nun insgesamt über 10.000 Mann unter Waffen. Sie erfüllten wirklich zuverlässig und tapfer ihre Pflicht. Vom Freiwilligen-Jäger-Regiment zu Fuß, das in dieser Zeit etwa 830 Mann aufwies, mußten nur 21 Leute „ohne Abschied weggejagt" werden. Zum anderen kamen auch die zur Unterhaltung der Truppen mehr als 340.000 Reichstaler zusammen. Hier sind noch nicht einmal die Kosten eingerechnet, die für die Verpflegung und die Versorgung der fremden, in Mecklenburg-Schwerin handelnden Truppen entstanden waren. Allein die Stadt Rostock brachte fast 31.000 Reichstaler auf. Mit diesem Geld wurden 59 reitende Jäger und 55 Fußjäger ausgerüstet, denn für sie galt, daß sie sich auf eigene Kosten auszurüsten und zu bewaffnen hatten. Noch ein kleines Beispiel sei genannt: die Rostocker Dienstmädchen überreichten am 20. April 1813 dem Generalmajor v. Fallois für das Infanterie-Regiment einen Tambourstab nebst Bandelier und versilberten Trommelstöcken.

Mecklenburg-Schwerin: Artillerie-Kompanie, Premierleutnant und Kanonier, 1813; (Voltigeur-) Kompanie, Grenadier-Garde-Bataillon, Hauptmann, 1813. (Aquarell von Erna Keubke)

Die Stärken der Mecklenburg-Schweriner Truppen veränderten sich natürlich in den Kriegsjahren 1813, 1814 und 1815. Auch die Strukturen wechselten.
Als erster, schon weitgehend kampffähiger Truppenteil rückte Ende März 1813 das Grenadier-Garde-Bataillon in den Krieg. Unter Major v. Both marschierte es nach Hamburg. Mit einer neuaufgestellten 4. (Voltigeur-)Kompanie und weiteren Rekrutentransporten

zählte es Ende April insgesamt 13 Offiziere, 48 Unteroffiziere und 36 Spielleute sowie 400 Grenadiere, also knapp 500 Mann.

Mecklenburg-Schwerin: Freiwilliges-Jäger-Regiment zu Pferde und Freiwilliges-Jäger-Regiment zu Fuß, Jäger, 1813. Mecklenburg-Strelitz, Landsturmmann, 1813. (Aquarell von Erna Keubke)

Das Infanterie-Regiment konnte am 1. Mai 1813 Rostock ins Feld verlassen. Chef des nach wie vor aus zwei Bataillonen, aber mit nur noch je vier Kompanien, bestehenden Truppenkörpers blieb Generalmajor v. Fallois. Er kommandierte auch bis Anfang Februar 1814 die noch formierte Brigade, wurde dann durch den Erbprinzen Friedrich Ludwig abgelöst. Auch geringe Artillerie, eine Batterie unter Premierleutnant v. Rhein, mit zuerst zwei, dann vier Geschützen, war diesem Regiment zugeteilt.
Die Freiwilligen-Jäger-Regimenter mit je vier Eskadronen bzw. Kompanien wurden schon nach dem ersten Pariser Frieden 1814 aufgelöst.
Der erwähnte Landsturm teilte sich in zwei Klassen: in die eigentliche Landwehr, also „alle Männer von 18 bis zu 35 Jahren" als erste Klasse, und in einen Landsturm, also „alle streitbaren Mannschaften... bis zum 60. Jahre" als zweite Klasse (Behm 1913 50 f.). Der letztere trat nie, jedoch die Landwehr im August 1813 unter Erbprinz Friedrich Ludwig zusammen. Die sechs Bataillone Parchim, Schwerin, Wismar, Warne, Rostock und Güstrow bildeten zusammen eine Brigade. Sie kamen auf ungefähr 4.000 Mann.
Im Feldzug von 1815 wies das Mecklenburg-Schweriner Militär eine andere Gliederung auf. Es war nur in

eine Brigade formiert, die sich aus dem Grenadier-Garde-Bataillon, dem 1. und 2. Musketier-Bataillon und dem 1., 2., und 3. Landwehr-Bataillon sowie Artillerie und Bagage zusammensetzte. Diese Brigade zählte 113 Offiziere und 3.122 Mann in ihren Reihen.

Mit einer ähnlichen Begeisterung seiner Menschen stellte auch Mecklenburg-Strelitz eine kleine Streitmacht auf, nachdem sich Herzog Carl II. am 30. März 1813 vom Rheinbund lossagte. Nur mit den zu Strelitz gehörenden Bewohnern Ratzeburgs gab es erhebliche Probleme – sie verweigerten hartnäckig Menschen, Geld und Material.

Der Schwerpunkt des neuen Strelitzer Militärs lag auf der Aufstellung eines aus Freiwilligen bestehenden Husaren-Regiments genau nach preußischem Muster. Das bisherige Infanterie-Bataillon mußte aus seinen Resten und dem Depot auf zwei Füsilierkompanien vermindert werden, die in Neustrelitz und Alt-Strelitz blieben.

*Mecklenburg-Strelitz: Husaren-Regiment, Freiwillige Jäger in Feld- und Paradeuniform sowie Leutnant in Litewka, 1813/1814. (Aquarell von Erna Keubke)*

Am 2. April 1813 hatte Herzog Carl II. alle waffenfähigen Männer seines Landes im Alter von 17 bis 30 Jahren zum Militärdienst aufgerufen. Am 31. Mai konnte das Husaren-Regiment durch seinen Kommandeur, den Oberstleutnant v. Warburg, ehemaliger Major im preußischen Husaren-Regiment Nr. 2, auf dem bei Alt-Strelitz liegenden Exerzierplatz vereidigt werden. Dabei kam es zu einem recht komischen Zwischenfall. Der Oberstleutnant v. Warburg erläuterte, er werde die einzelnen Sätze des Eides vorsprechen, und jeder solle sie ihm mit Nennung seines Namens wiederholen. Er begann: „Ich, Friedrich Wilhelm von Warburg", und laut scholl es ihm aus den Reihen seiner zirka 500

Husaren entgegen: „Ich, Friedrich Wilhelm von Warburg!" – Es dauerte etwas, bis der notwendige Ernst wieder eingetreten war (Milarch 1854 24).

Im Juni 1813 umfaßte das Regiment 24 Offiziere und für jede der vier Eskadronen einen Wachtmeister, einen Quartiermeister, neun Unteroffizire, drei Trompeter und 100 Husaren. Hinzu kamen noch im Regiment vier Chirurgen, ein Schreiber, ein Sattler, vier Fahnenschmiede und ein Büchsenmeister sowie 33 Knechte. Die Gesamtstärke belief sich damit auf 523 Mann ohne das Depot mit einem Wachtmeister, einem Quartiermeister, zwei Unteroffizieren und 50 Husaren. Wie auch in Preußen üblich, gehörte diesem Regiment ein Detachement begüterter Freiwilliger als Reitendes Jägerkorps an. Seine Stärke wird mit 60 Mann angegeben.

Unter den Offizieren des Regiments befand sich auch der Major Leopold v. Bismarck, ein Onkel des späteren Reichskanzlers. Mit dem eisernen Kreuz I. Klasse ausgezeichnet, wurde er am 16. Oktober 1813 bei Möckern in der Völkerschlacht von Leipzig so schwer verwundet, daß er kurze Zeit darauf starb. Prinz Karl von Mecklenburg-Strelitz kommandierte jene Brigade im preußischen Korps Yorck, der die Strelitzer Husaren angehörten. Auch er wurde hier schwer verwundet.

Außer dem aktiven Husarentruppenteil wurde in Mecklenburg-Strelitz im April 1813 ebenfalls ein Landsturm organisiert. Hier hatte jeder Mann vom vollendeten 17. bis zum erreichten 60. Lebensjahre einzutreten. In 7 Bezirken des Herzogtums entstanden die entsprechenden Bataillone mit jeweils vier Kompanien. Den Befehl über den Landsturm führte ab dem 2. Oktober 1813 Erbprinz Georg. Zum Einsatz gelangte dieser Landsturm aber nicht.

Zum Schluß soll die Kampftätigkeit der Soldaten aus beiden Mecklenburg skizziert werden. Zunächst wieder die Schweriner: Von ihnen sind keine spektakulären militärischen Aktionen zu berichten. Sie nahmen wie 1812 nicht an den großen Schlachten teil, sondern ihre Einsätze beschränkten sich auf die Nebenkriegsschauplätze und vollzogen sich stets auf taktischer Ebene in Gefechten von Einheiten und Truppenteilen. Erwähnt ist bereits, daß zuerst die Grenadier-Garde ins Feld rückte. Sie kam gerade noch in Hamburg zurecht, um dort die Einwohner und die Russen Tettenborns in der Verteidigung der Stadt zu unterstützen. Später, im Mai, folgten die Freiwilligen Jäger und das Infanterie-Regiment in den Raum Hamburg-Boizenburg-Dömitz.

Die Grenadier-Garde unter Major Carl v. Both, einem außerordentlich befähigten Offizier und späteren Generalleutnant, zeichnete sich in den immer sehr schwierigen Nachtgefechten am 8./9. Mai sowie 11./12. Mai 1813 gegen zahlenmäßig überlegene französische Truppen auf der Insel Wilhelmsburg bei Hamburg aus.

Sie erlitten aber auch schmerzliche Verluste an insgesamt 10 Toten, 30 Verwundeten und einem Vermißten.

Über das Gefecht am 8./9. Mai 1813 berichtete ein Hamburger so: „Den größten Anteil an dem glücklichen Ausgange hatten unstreitig die Mecklenburger. Man sah aber auch an diesem Tage, wie sehr es darauf ankommt, wenn wohl diszipliniertes Militär einem neu errichteten Trupp mit gutem Beispiel vorangeht. Die Hanseaten, erst seit 6 Wochen errichtet, die bei dem Angriffe in der Frühe in so großer Unordnung zurückgetrieben waren, gingen jetzt neben den Mecklenburgern mit Mut und Ordnung auf den Feind los" (Behm 1913 69). Trotzdem mußte Hamburg am 28. Mai geräumt werden, als die bisher neutralen Dänen erneut auf die Seite Napoleons wechselten.

Am 4. Juni 1813 schlossen die Verbündeten einen Waffenstillstand mit Frankreich, der bis zum 20. Juli des Jahres währte. In der Pause wurden die Mecklenburg-Schweriner Truppenteile zu einer Brigade zusammengefaßt und in die schwedische Division des Generals v. Vegesack eingegliedert, welche wiederum zum Korps des russischen Generals v. Wallmoden gehörte. Dieses Korps vermochte die französischen Truppen unter Marschall Davout nicht aufzuhalten. Schwerin und Wismar mußten nochmals eine kurze Zeit die französische Besetzung erdulden. Erst die Niederlage der französischen Berlin-Armee von Marschall Oudinot am 23. August 1813 bei Großbeeren insbesondere durch die Preußen unter dem General v. Bülow schuf die veränderte strategische Lage, in der die Franzosen Mecklenburg zu räumen hatten.

Militärgeschichtlich interessant ist immer wieder die Untersuchung von Feldzügen wie jene von 1813 bis 1815, die von Koalitionen geführt wurden. So kommandierte Erbprinz Friedrich Ludwig von Mecklenburg-Schwerin im Feldzug 1814 ja eine Division aus Schweden und seinen Landsleuten.

Die verbündeten Truppen in Norddeutschland, also auch die Mecklenburger, setzten beständig nach und führten einige Gefechte. Ein siegreiches unter Beteiligung der Fußjäger fand am 28. August 1813 bei Retschow, etwas südlich von Doberan, statt. Im Herbst des Jahres kam es zu einem weiteren Gefecht der Jäger bei Schlagbrügge am 6. Oktober, in dem sie jedoch der Übermacht weichen mußten. Der Dezember sah die Mecklenburger mit in Richtung auf Kiel vormarschieren. Aber im Gefecht bei Sehestedt am 10. des Monats unterlag General Wallmoden mit seinen Truppen den Dänen. Die beiden mecklenburgischen Freiwilligen-Jäger-Regimenter vermochten sich aber im Kampf derart auszuzeichnen, daß am nächsten Tag für das ganze Korps als Parole die Worte „Brave Mecklenburgische Jäger" ausgegeben wurden. Jedoch brachten diese Jäger auch hohe Opfer. Es waren 29 Tote, 54 Verwundete und 24 Gefangene. Unter den Verletzten befand sich der Major Prinz Gustav von Mecklenburg-Schwerin, der Chef der 2. Eskadron im Freiwilligen-Jäger-Regiment zu Pferde. Er hatte an der linken Hand zwei Finger verloren, sein Pferd war ihm erschossen worden, und er fiel in Gefangenschaft.

Im Winter 1813/1814 kam es zu keinen weiteren Kampfhandlungen mehr. Aber es blieb für die Soldaten, Unteroffiziere und Offiziere schwer. Allein das Infanterie-Regiment zählte Mitte Dezember 1813 einen Ausfall von 160 Kranken.

Ab Januar 1814 marschierten die Mecklenburg-Schweriner Truppen unter Führung ihres Erbprinzen Friedrich Ludwig von Kiel über Lübeck, Boizenburg, Hannover, Münster, Düsseldorf, Aachen nach Jülich, um dort Ende März das Lützower Freikorps bei der Blockade der Festung abzulösen. Sie wiesen noch während ihrer Ablösung am 4. April durch eine schwedische Brigade bei Verlust von zwei Toten und sechs Verwundeten einen Ausfall von knapp 700 Franzosen erfolgreich zurück.

Am 11. Juli 1814 rückte die Mecklenburg-Schweriner Brigade im Ergebnis des ersten Pariser Friedens feierlich in die Stadt Schwerin ein.

Im Jahre 1815 kehrte Napoleon noch einmal von der Insel Elba nach Frankreich zurück. Auch die Mecklenburg-Schweriner Truppen zogen als Brigade unter Erbgroßherzog Friedrich Ludwig wieder ins Feld. Sie kamen gerade zur Belagerung und Beobachtung – zum Teil in Berührung mit den Strelitzer Landsleuten und Waffengefährten – der Festungen Montmedy, Longwy, Metz und Thionville zurecht. Dieser Feldzug und damit vollständig der Befreiungskampf gegen Napoleon endete mit einem Sieg britischer und preußischer Truppen sowie letztlich des Mecklenburgers im preußischen Militär, Generalfeldmarschall Gebhard Leberecht v. Blücher, in der Schlacht von Waterloo.

Die Mecklenburg-Strelitzer Husaren kämpften im Unterschied zu den Schwerinern immer in den großen Schlachten der Befreiungskriege, so an der Katzbach am 26. August, bei Wartenburg am 3. Oktober und besonders bei Möckern, dem ersten Tag der Leiziger Völkerschlacht, am 16. Oktober 1813. Am 2. Januar 1814 überquerten sie den Rhein bei Kaub. Dann folgten die Schlachten von Laon am 9. und noch vor Paris am 30. März 1814. Nach der zwischenzeitlichen Heimkehr im Frühjahr 1815 beendete die Beteiligung an der Belagerung der Festung Montmedy die Kampfhandlungen dieses so ausgezeichneten Truppenteils. Die hervorragendste Einzelleistung im Regiment stellte zweifellos die Wegnahme eines französischen Gardeadlers bei Möckern durch den Husaren Joachim Christian Timm dar.

Für seinen insgesamt aufopferungsvollen und erfolgreichen Kampf in den Reihen der preußischen Armee verlieh der König Friedrich Wilhelm III. noch am 5. November 1815 dem Regiment in Luxemburg eine Standarte mit eingesticktem Eisernen Kreuz als Auszeichnung. Diese rein militärischen Leistungen beider mecklenburgischen Länder abschließend betrachtet zeigen, daß sich ihre Menschen und vor allem ihre Soldaten im Rahmen der ihnen gegebenen Möglichkeiten sehr gut in das gesamte Bild der Anstrengungen der Menschen in den deutschen Staaten zur Befreiung von napoleonischer Fremdherrschaft einfügten.

Literatur

| | |
|---|---|
| Behm 1912 | Werner Behm, Die Mecklenburger 1812 im russischen Feldzuge. Hamburg 1912. |
| Behm 1913 | Werner Behm. Die Mecklenburger 1813 bis 15 in den Befreiungskriegen. Hamburg 1913. |
| Bock 1969 | Helmut Bock, Schill – Rebellenzug 1809. Berlin 1969. |
| Boddien 1863 | Hugo v. Boddien, Die Mecklenburgischen Freiwilligen-Jäger-Regimenter. Denkwürdigkeiten aus den Jahren 1813 und 1814. Ludwigslust 1863. |
| Fiebig 1942 | Ewald Fiebig, Die Flügeladjutanten der Großherzöge von Mecklenburg-Strelitz, in: Zeitschrift für Heereskunde, Hamburg 118-119/1942 16ff. |
| Fiebig 1943 | Ewald Fiebig, Die Flügeladjutanten der Großherzöge von Mecklenburg-Schwerin, in: Zeitschrift für Heereskunde, Hamburg 122-123/1943 7 ff. |
| Francke 1835 | Heinrich Francke, Mecklenburgs Noth und Kampf vor und in dem Befreiungskriege. Wismar 1835. |
| v. Langermann 1895 | v. Langermann und Erlencamp/v. Voigts-Rhetz, Geschichte des Großherzoglich Mecklenburgischen Grenadier-Regiments Nr. 89. Schwerin 1895. |
| Milarch 1854 | August Milarch, Denkwürdigkeiten des Mecklenburg-Strelitzischen Husaren-Regiments in den Jahren des Befreiungskampfes 1813 bis 1815. Neubrandenburg 1854. |
| Ondarza 1913 | H. v. Ondarza, 1813-1913. Geschichte der Großherzoglich Mecklenburgischen Artillerie. Leipzig-Dresden 1913. |
| Poten 1891 | Bernhardt Poten, Geschichte des Militär-Erziehungs- und Bildungswesens in den Landen deutscher Zunge Band 2. Berlin 1891. |
| v. Puttkamer | v. Puttkamer, Kurze Geschichte des II. Bataillons Großherzoglich-Mecklenburgischen Grenadier-Regiments 89. Neustrelitz o. J. |
| Schäfer 1915 | Ernst Schäfer, Mecklenburgs Militärwesen vor und in den Freiheitskriegen, in: Jahrbücher des Vereins für mecklenburgische Geschichte und Altertumskunde, 80. Jg., Schwerin 1915 98 ff. |
| Steinmann 1900 | Paul Steinmann, Die Mecklenburg-Strelitzsche Landgendarmerie, ihre Vorgeschichte, ihre Gründung im Jahre 1798 und ihre weitere Entwicklung. Ein Beitrag zur Mecklenburgischen Kultur- und Ständegeschichte. Schönberg o.J. (um 1900). |
| Tagebuch | Tagebuch des Erbprinzen Friedrich Ludwig von Mecklenburg-Schwerin aus den Jahren 1811 bis 1813. Hrsg. von Dr. Carl. |
| Tarnow 1934/35 | Gerhard Tarnow, Die Aufstellung des Mecklenburg-Strelitzer Rheinbund-Kontingents und des Vaterländischen Husaren-Regiments 1807-17, in: Mecklenburg-Strelitzer Geschichtsblätter 19/11, 1934/35 141 ff. |
| Witte 1911 | Hans Witte, Kulturbilder aus Alt-Mecklenburg, 2 Bände. Leipzig 1911. |
| Wrochem 1888 | Paul v. Wrochem, Oskar Haevernick, Geschichte des Großherzoglich Mecklenburgischen Füsilier-Regiments Nr. 90. 1788-1888. Berlin 1888. |

## Georg Moll

# DER WEG DER MECKLENBURGISCHEN BAUERN AUS FEUDALER ABHÄNGIGKEIT

Die Überwindung des seit der Epochenwende von 1789 definitiv anachronistischen Ancien Régime und die Etablierung der bürgerlichen Gesellschaft erforderten auch und namentlich in Mecklenburg die Entfeudalisierung der Landwirtschaft und die Schaffung kapitalistischer Agrarverhältnisse.

Kernstück dieser nun unausweichlichen – auf welchem Wege auch immer zu vollziehenden – Umgestaltung mußten auch hier die Auflösung des feudal geprägten gutsherrlich–bäuerlichen Verhältnisses und mithin die Beseitigung der feudalen Fesseln der Bauernschaft sein.

In der nationalen Geschichtsschreibung wird dieser historische Prozeß, den im 19. Jahrhundert auf unterschiedliche Weise alle deutschen Territorialstaaten durchlaufen haben, trotz gewisser Vorbehalte zumeist unter dem von Georg Friedrich Knapp in seinem bahnbrechenden Werk über die preußischen Agrarreformen geprägten Begriff „Bauernbefreiung" (Knapp 1887) subsumiert.

Eine Analyse der wichtigsten Schritte auf dem Wege der mecklenburgischen Bauern aus feudaler Abhängigkeit wird eine begründete Antwort auf die Frage erlauben, ob und inwieweit dieser Terminus der Entwicklung in Mecklenburg adäquat ist.

In Mecklenburg hat der Feudalismus seine Herrschaft in Wirtschaft und Gesellschaft besonders lange behaupten können. Hier brach das bürgerliche Zeitalter später an als in den meisten deutschen Einzelstaaten. Exemplarisch dafür steht die Aufhebung der Leibeigenschaft.

Diesem unerläßlichen ersten bedeutenden Schritt über die Schwelle zur modernen Gesellschaft hatte sich die Ritterschaft selbst noch angesichts des auch von leibeigenen Mecklenburgern erfochtenen Sieges über Napoleon widersetzt. Erst als sie ihren Widerstand auf dem Landtag zu Sternberg 1819 endlich aufgeben mußte, war der Weg frei für eine alle Landesteile beider Mecklenburg einschließende gesetzliche Regelung: Am 18. Januar 1820 unterzeichnete Großherzog Friedrich Franz I. die „Patent-Verordnung wegen Aufhebung der Leib-Eigenschaft" in Mecklenburg-Schwerin (GS M.-Sch., 2. Folge, Bd. 2, 1188); wenige Wochen später, am 22. Februar, setzte Großherzog Georg seine Unterschrift unter eine gleichlautende Verordnung für Mecklenburg-Strelitz (GS M.-St., Bd- 2, 8).

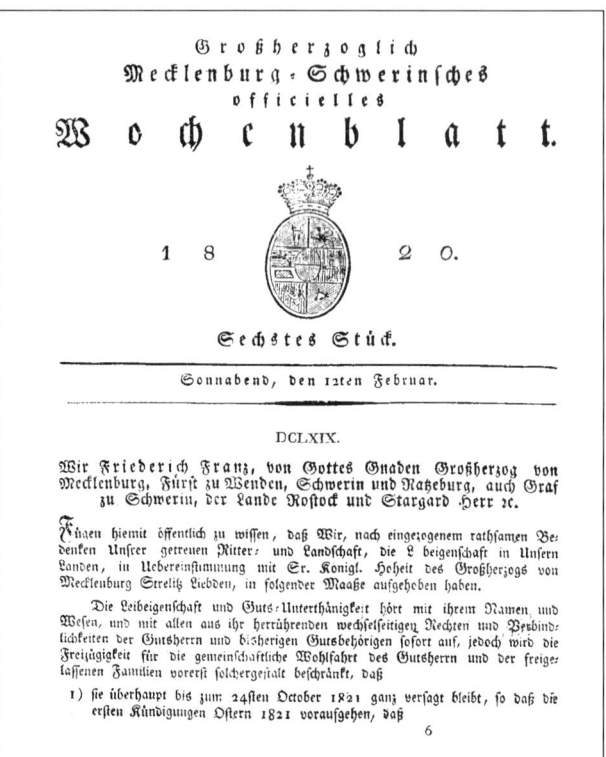

Verordnung zur Aufhebung der Leibeigenschaft vom 12. Februar 1820.
(Mecklenburgisches Volkskundemuseum Schwerin-Mueß)

Diese Verordnungen hoben die Leibeigenschaft und sämtliche ihr entspringenden Rechte wie Verpflichtungen der Gutsherren bzw. der Gutsuntertanen mit sofortiger Wirkung auf. Die Freizügigkeit der bis dato Leibeigenen jedoch wurde wie folgt beschränkt: Sie begann erst am 24. Oktober 1821, und von diesem Zeitpunkt an durfte jährlich jeweils nur der vierte Teil der ehemals leibeigenen Tagelöhner jeden Gutes abziehen bzw. gekündigt werden.

Das Kündigungsrecht besaß nicht allein der Gutsuntertan, sondern auch der Gutsherr, und es betraf nicht allein das Arbeitsverhältnis, sondern auch das Wohnrecht. Mit der Leibeigenschaft wurde in Mecklenburg also zugleich das Heimatrecht der bislang Leibeigenen aufgehoben. Dadurch trug die Gewährung der persönlichen Freiheit hier ausgesprochen ambivalente

Züge. Diese Freiheit – so schrieb Samuel Sugenheim in seiner vergleichenden Untersuchung über die Aufhebung der Leibeigenschaft in Europa – bestand in Mecklenburg darin *„zu gehen –* und *zu hungern"* (Sugenheim 1861 434).

Dennoch: Mit der Leibeigenschaft war einer der Eckpfeiler der alten Ordnung aus dem Wege geräumt worden.

Auf der Tagesordnung standen nun vor allem die Beseitigung der feudalen Dienste und Abgaben, die Schaffung bürgerlichen Eigentums der Bauern an den von ihnen bewirtschafteten Ländereien und in diesem Zusammenhang die Separation des zumeist in Gemengelage befindlichen Grund und Bodens sowie die Aufteilung der Gemeinheiten.

Auch für Mecklenburg gilt es dabei hauptsächlich, zwischen der Reform der Verhältnisse der ritterschaftlichen Bauern einerseits und der Domanialbauern andererseits zu unterscheiden.

Die Umgestaltung im Domanium kann im Rahmen dieses knappen Überblicks nur am Rande behandelt werden; die bäuerlichen Verhältnisse im Bereich der Städte wie der Landesklöster müssen völlig unberücksichtigt bleiben.

Kernpunkt der Veränderungen – der sogenannten Regulierungen – war hier wie dort die Vererbpachtung: Aus dem feudalabhängigen mecklenburgischen Bauern wurde im Zuge der Agrarreform des 19. Jahrhunderts im Unterschied zur Entwicklung in allen anderen deutschen Staaten zumeist kein Eigentümer von Grund und Boden, sondern nur ein Erbpächter.

Dessen Status freilich war wesentlich besser als der des normalen (Zeit-) Pächters. Von diesem unterschied sich der Erbpachtbauer vor allem durch das im jeweiligen Erbpachtkontrakt verankerte erbliche Pachtrecht und durch die Festschreibung der Höhe der zu entrichtenden (Erb-) Pacht, die nach Quantität und Qualität der Ländereien bemessen wurde.

Diese Fixierung war von grundlegender Bedeutung für die Zukunft der bäuerlichen Wirtschaft. Deren Ergebnisse konnten dem Erbpachtbauern vom Gutsherrn, dem nunmehrigen Vererbpächter, damit nicht mehr streitig gemacht werden. Dadurch war ein – wenngleich eng begrenzter – Spielraum für die bäuerliche Landwirtschaft entstanden, die sich nun frei von Kommunionswirtschaft und Flurzwang auf der Grundlage einer modernen Schlagwirtschaft entwickeln konnte.

Die *ritterschaftlichen Bauern* beider Mecklenburg mußten für die Regulierung der gutsherrlich-bäuerlichen Verhältnisse einen extrem hohen Preis zahlen. Nicht durch Land *oder* Rente wie in Preußen, wo die Reform der ostelbischen deutschen Landwirtschaft ihre klassische Ausprägung erfuhr, ließen sich die mecklenburgischen Rittergutsbesitzer für die Aufgabe ihrer feudalen Rechte entschädigen. – Ein dem preußischen Mo-

dell folgender Vorschlag, den der bürgerliche Gutsherr Paepke-Lütgenhof auf dem Malchiner Landtag im Jahre 1821 unterbreitet hatte (MLHA Landständ. Archiv 19.334.1271 /2/), wurde sogleich ad acta gelegt. – In Mecklenburg mußten die ritterschaftlichen Bauern Land abtreten *und* Rente zahlen, um dafür eben nicht (analog der preußischen Lösung) das Eigentumsrecht einzutauschen, sondern nur ein Erbpachtrecht zu erhalten und realisieren zu können.

In *Mecklenburg-Strelitz* kam es am 10. Dezember 1824 zu einer gesetzlichen Regelung der gutsherrlich-bäuerlichen Verhältnisse im Lande Stargard. Auf ihrer Grundlage sind von den hier zu diesem Zeitpunkt in 18 Dörfern noch bestehenden 78 Bauernwirtschaften in dem folgenden Jahrzehnten 42 vererbpachtet worden; die übrigen 36 Stellen fielen dem neuerlichen Bauernlegen seitens der Strelitzer Ritterschaft zum Opfer.

Im 13. Jahrhundert hatten im Lande Stargard etwa 1500 bäuerliche Stellen existiert; 1780 waren es noch 223, 1801 noch 140 Stellen gewesen – „eine wahrhaft erschreckende Bilanz", wie Paul Steinmann im Ergebnis der Mikroanalyse dieses Kapitels bäuerlicher Geschichte in seinem Buch „Bauer und Ritter in Mecklenburg" (Steinmann 1960 222) resümierte.

In *Mecklenburg-Schwerin* gelang es der Ritterschaft bis zu Beginn der sechziger Jahre, eine sie bindende juristische Regelung zu verhindern. Doch blieb hier in den gutsherrlich-bäuerlichen Verhältnissen unterdessen keineswegs alles beim alten. Der lernfähige Teil der Gutsherren war vielmehr bereits seit Anfang des 19. Jahrhunderts darangegangen, diese Verhältnisse in eigener Machtvollkommenheit soweit zu verändern, daß sie nicht mit den Erfordernissen einer zeitgemäßen kapitalistischen Gutswirtschaft kollidierten.

Da über die im Laufe des vorigen Jahrhunderts erfolgten konkreten Regulierungsvorgänge nur wenige Belege überliefert sind, ist ihre Geschichte nicht mehr detailliert nachzuzeichnen. Deren Grundzüge aber lassen sich vor allem aus drei im Mecklenburgischen Landeshauptarchiv Schwerin erschlossenen Quellen rekonstruieren, die diesbezügliche Daten für eine größere Auswahl von Dörfern innerhalb längerer, jeweils unterschiedlich begrenzter Zeiträume enthalten.

Die erste dieser repräsentativen Überlieferungen stammt aus dem Jahre 1821. Dabei handelt es sich um quasi vertrauliche Berichte („Nachrichten"), die nach Aufforderung des Engeren Ausschusses der Ritter- und Landschaft von etwa 50 Gutsherren aus zahlreichen Ämtern „über die Bauernverhältnisse" auf ihren Gütern an eben diesen „E. A.", die Interessenvertretung der Stände, eingesandt worden sind (MLHA Landständ. Archiv 19.335.3).

Sie offenbaren zum einem, daß die Auflösung der feudalen Bande zwischen Guts- und Bauernwirtschaft in bemerkenswertem Umfang bereits in den beiden ersten Jahrzehnten des 19. Jahrhunderts begonnen hat. Zum anderem dokumentieren sie, daß die Regulierungen auch in dieser Phase fast ausnahmslos mit einer erheblichen Verringerung der Zahl der Bauern und einer beträchtlichen Verkleinerung des Areals auch der als Erbpachtstellen überlebenden bäuerlichen Wirtschaften verbunden waren.

Die zweite in diesem Kontext bedeutsame Quelle ist überliefert in Gestalt des Resümees einer „Aufstellung über die in Mecklenburg-Schwerin nach 1820 auf ritterschaftlichen Gütern niedergelegten Bauern", die 1851 vom Geheimen Kanzleirat F. C. F. Müller im Auftrage der Regierung angefertigt worden ist (MLHA MdI 13347).

Für diese drei Jahrzehnte ergibt sich aus den Recherchen F. C. F. Müllers, der von 1826 bis 1862 als großherzoglicher Regierungs- und Lehnsfiskal mit Bauernlegungsangelegenheiten befaßt war und sich unermüdlich – auch gegen aktenkundigen Widerstand adliger Seilschaften (MLHA Md I 13359 a) – für die Rechte der Bauern engagierte, folgendes Bild:

- von in 68 Gütern vor den Regulierungen existierenden 507 Bauern wurden 122 gelegt, d. h. fast jede vierte Bauernwirtschaft wurde komplett liquidiert;
- vom bäuerlichen Areal in 46 dieser 68 Güter (7,13 Millionen Quadratruten) wurde im Zuge der Regulierungen nahezu die Hälfte (3,36 Millionen QR) zum Hofland geschlagen;
- in diesen 46 Gütern gab es vor den Regulierungen 336 Bauern, die durchschnittlich je 21.222 QR (ca. 46 ha) bewirtschafteten; danach existierten hier noch 283 Bauern mit durchschnittlich je 13.304 QR (ca. 29 ha);
- in weiteren 60 Gütern sind im obengenannten Zeitraum offenbar keine Veränderungen hinsichtlich der Zahl der Bauern und der Größe des bäuerlichen Areals vorgenommen worden; hier sind bis dato Regulierungen wahrscheinlich (noch) nicht erfolgt.

Die 1821 wie 1851 quellenmäßig fixierte ausgeprägte Tendenz, die Regulierungen seitens der Gutsherren nochmals zu Bauernlegen und Einziehung bäuerlichen Landes zu nutzen, wird erhärtet durch die dritte hier hervorzuhebende – unter vielfältigen sozialgeschichtlichen Aspekten überaus wertvolle – Quelle, eine umfangreiche Zusammenstellung des Ministerialrats von Nettelbladt von 1857/59 über die Entwicklung der Verhältnisse der ritterschaftlichen Bauern seit Abschluß des Landesgrundgesetzlichen Erbvergleichs von 1755 in weit über 600 Dörfern (MLHA Lehnakten/Acta feud. Gen. 195), deren systematische Auswertung jedoch noch aussteht.

Einer gesetzlichen Regelung der Reform der gutsherrlich-bäuerlichen Verhältnisse setzte die Ritterschaft in den Jahrzehnten nach Aufhebung der Leibeigenschaft unvermindert zähen Widerstand entgegen. Ihre Repräsentanten befürchteten, wie ein Bericht des schon erwähnten einflußreichen Engeren Ausschusses vom 16. September 1847 verrät, ein Regulierungsgesetz werde „die Disposition der Grundherren über die Bauernländereien" (MLHA Landständ. Archiv, 19.334.127² 286 16), wie sie im Landesgrundgesetz von 1755 verankert worden war, beschränken oder gar aufheben.

Nur eine kleine Gruppe liberaler Kräfte innerhalb der Ritterschaft machte gegen diesen anachronistischen Kurs Front: In der Debatte um den von der Schweriner Regierung vorgelegten Entwurf eines Regulierungsgesetzes auf dem Sternberger Landtag im November/Dezember 1861 votierten *vier* bürgerliche Gutsbesitzer – Pogge-Jaebitz, Hand-Wotrum, Manecke-Duggenkoppel und Hillmann-Scharstorf – gegen die abermalige Legalisierung des Bauernlegens und für die Schaffung freien bäuerlichen Eigentums (MLHA Landständ. Archiv 19.334.1273 /51/). Vergeblich. Die Befürchtungen der stockkonservativen Mehrheit der Ritterschaft erwiesen sich letzten Endes als unbegründet. Die schließlich am 13. Januar 1862 vom Schweriner Großherzog Friedrich Franz II. unterzeichnete „Verordnung betreffend die Regulierung der bäuerlichen Verhältnisse in den Gütern der Ritter- und Landschaft" (GS M.-Sch. 3. Folge Bd. 4 2975) enthielt nämlich keinerlei bäuerlichen Rechtsanspruch auf Regulierung bzw. keine Verpflichtung der Gutsherren zur Vererbpachtung. Sie räumte vielmehr ausdrücklich die Möglichkeit ein, das überkommene gutsherrlich-bäuerliche Verhältnis „ganz unangetastet" (§ 14) zu erhalten und sanktionierte das Recht zum Bauernlegen insoweit, als allen Gutsherren, in deren Dörfern noch mehr als drei (nicht bereits regulierte) Bauern existierten, gestattet wurde, „die Hälfte davon bei einer geraden Anzahl, und bei einer ungeraden Anzahl noch einen mehr niederzulegen..." (§ 1).

Die Höhe der jährlichen Erbpacht wurde auf nicht weniger als zwei Drittel des zum Zeitpunkt der Regulierung taxierten Geldertrages der bäuerlichen Ländereien festgesetzt (§ 8).

Im Ergebnis dieser weitgehend von der Ritterschaft diktierten Reform konnte sie ihre erdrückende wirtschaftliche Vormachtstellung beim Übergang zu kapitalistischen Agrarverhältnissen noch weiter ausbauen. Gegen Ende des 19. Jahrhunderts (1895) wurden im ritterschaftlichen Mecklenburg fast 88% der landwirtschaftlichen Nutzfläche von Gutsbetrieben (über 100 ha) bewirtschaftet. Dieser Grad der Konzentration des Großgrundbesitzes war einmalig in der Landwirtschaft aller deutschen Territorien; allein der pommersche Regierungsbezirk Stralsund blieb nicht dahinter zurück.

Demgegenüber standen den Großbauern (über 20

ha) knapp 8%, den Klein- und Mittelbauern weniger als 3% der Nutzfläche zur Verfügung (Dehns 1908 218).

Diesen Betriebsgrößenverhältnissen entsprechen die statistischen Angaben hinsichtlich der Zahl der Bauernstellen: Neben den 123 Eigentümern bäuerlicher Wirtschaften in den 6 sogenannten ritterschaftlichen Bauernschaften (Brinker 1940) gab es zu diesem Zeitpunkt im ritterschaftlichen Mecklenburg 875 Erbpachtstellen sowie 553 Hauswirt- und 13 Hüfnerstellen, die sich in zeitpachtähnlichen Verhältnissen befanden (Dehns 1908 221).

Im *Domanium* hingegen ist die Agrarreform insofern anders verlaufen, als dieser Prozeß dort grundsätzlich nicht mit Bauernlegungen und in der Regel auch nicht mit substantiellen Landverlusten verbunden war. Doch auch im landesherrlichen Bereich ging die Reform – jedenfalls zunächst – nur bis zur Vererbpachtung, die in Mecklenburg-Schwerin aber (seit 1867) durchgängig und vollständig erfolgt ist.

Anno 1895 wurden nicht mehr als 5.401 – zumeist größere – bäuerliche Erbpachthufen gezählt (Dehns 1908 220). Im Domanium von Mecklenburg-Schwerin blieb so ein zahlenmäßiges Übergewicht des mittel- und vor allem des großbäuerlichen Grundbesitzes gegenüber den großen Höfen erhalten.

Trotz der mit der Vererbpachtung verbundenen hohen Belastung in Gestalt von Erbstands- sowie Kaufgeldern und insbesondere des jährlichen Kanons wurde die wirtschaftliche Existenz der Masse der Domanialbauern durch die Reform nicht in Frage gestellt.

Vielmehr gelang es der Bauernschaft im Domanium auf der Grundlage der vergleichsweise günstigeren Bedingungen durch Fleiß und Können von Generationen, ihren Platz in der mecklenburgischen Landwirtschaft neben den kapitalitischen Großbetrieben zu behaupten.

Abschließend bleibt die Frage zu beantworten, ob die mecklenburgische Variante der Entfeudalisierung der Agrarverhältnisse im 19. Jahrhundert als „Bauernbefreiung" zu charakterisieren ist. – Die unter dem programmatischen Titel „Die Bauernbefreiung in Mecklenburg" veröffentlichte Dissertation (Vogdt 1937) übrigens bietet dazu keine ins Gewicht fallenden Argumente, da sie auf die Untersuchung eines Randproblems der Reform der ritterschaftlich-bäuerlichen Verhältnisse beschränkt bleibt (Moll 1988 137f.).

Ob die Vererbpachtung der mecklenburgischen Domanialbauern (wie auch der Klosterbauern) als Befreiung schlechthin gelten kann, ist zu bezweifeln, mag aber unterschiedlich beurteilt werden.

Den Begriff „Bauernbefreiung" für die Regulierung der ritterschaftlichen Bauern in Mecklenburg zu vereinnahmen aber hieße angesichts der geschichtsnotorischen Fakten, ihn ad absurdum zu führen.

## Literatur

| Brinker 1940 | Fritz Brinker, Die Entstehung der „ritterschaftlichen Bauernschaften" in Mecklenburg (Steder-Niendorf, Wendisch-Priborn, heute Freienhagen, Buchholz, Grabow, Zielow und Rossow), Phil. Diss. Rostock, Rostock 1940. |
|---|---|
| Dehns 1908 | (Otto) Dehns, Zur inneren Kolonisation in Mecklenburg-Schwerin, in: Landarbeit und Kleinbesitz, hrsg. von Richard Ehrenberg, Heft 4. Rostock 1908 217-278. |
| GS M.-Sch. | Gesetzsammlung für die Mecklenburg-Schwerinschen Lande. Zweite Folge, umfassend den Zeitraum vom Anfang dieses Jahrhunderts bis zum Jahre 1846, hrsg. von H. F. W. Raabe, Bd. 2, 2. Aufl., Wismar – Ludwigslust 1852. |
| GS M.-S. | Gesetzsammlung für die Mecklenburg-Schwerinschen Lande. Dritte Folge, umfassend den Zeitraum 1857 bis zur Gegenwart, hrsg. von H. Raspe, Bd. 4, Wismar 1896. |
| GS M.-St. | Gesetzsammlung für die Mecklenburg-Strelitzschen Lande (mit Ausschluß des Fürstenthums Ratzeburg), redigirt von Th. Scharenberg und F. Genzken, Bd. 2, Neustrelitz 1859. |
| Knapp 1887 | Georg Friedrich Knapp, Die Bauernbefreiung und der Ursprung der Landarbeiter in den älteren Teilen Preußens, 2 Teile. Leipzig 1887. |
| Moll 1988 | Georg Moll. „Preußischer Weg" und bürgerliche Umwälzung in Deutschland. Weimar 1988. |
| Steinmann 1960 | Paul Steinmann, Bauer und Ritter in Mecklenburg. Wandlungen der gutsherrlich-bäuerlichen Verhältnisse im Westen und Osten Mecklenburgs vom 12./13. Jahrhundert bis zur Bodenreform 1945. Schwerin 1960. |
| Sugenheim 1861 | Samuel Sugenheim, Geschichte der Aufhebung der Leibeigenschaft und Hörigkeit in Europa bis um die Mitte des neunzehnten Jahrhunderts. St. Petersburg 1861. |
| Vogdt 1937 | Gerhard Vogdt, Die Bauernbefreiung in Mecklenburg. Würzburg 1937. |

## Gerd-Helge Vogel
# VOM ROKOKO ZUM REALISMUS.

Zur Situation der Malkunst in Mecklenburg und Vorpommern um 1800

*Historisches*

Obwohl in dem Sekulum zwischen 1750 und 1850 politisch dreigeteilt, bildeten die beiden Großherzogtümer Mecklenburg-Schwerin, Mecklenburg-Strelitz und Schwedisch-Pommern, das 1815 preußisch wurde, weitgehend eine kulturelle Einheit, die sich aus den Tatsachen der Geschichte, aus der Ähnlichkeit der sozialökonomischen Verhältnisse und aus der Mentalität ihrer Bevölkerung erklärt. Nach Perioden kultureller Blütezeiten – etwa im späten Mittelalter in den prosperierenden bürgerlichen Hansestädten des Wendischen Quartiers oder in der frühen Neuzeit unter den frühabsolutistischen Bestrebungen der mecklenburgischen und pommerschen Herzogshäuser – brachten Dreißigjähriger, Nordischer und Siebenjähriger Krieg katastrophale Verheerungen und Entvölkerung, mit der Folge allgemeinen wirtschaftlichen, politischen und vor allem kulturellen Verfalls. Nur langsam gelang eine Erholung, die Mittel freisetzte, um auch in den Künsten und Wissenschaften wieder Anschluß an die Entwicklung in Deutschland und Europa herzustellen, denn den ausgepowerten Ländern fehlte ein reiches Handels- und Manufakturbürgertum, das neben den beiden mecklenburgischen Höfen und dem ostelbischen Landadel ebenfalls als ernstzunehmender Träger des Kulturprozesses in Erscheinung hätte treten können. Bei Dominanz der Agrarwirtschaft und der allgemeinen Durchsetzung der Leibeigenschaft, wo ein übermächtiger Einfluß des grundbesitzenden Adels politisch den herzoglichen Absolutismus und wirtschaftlich die industrielle Entwicklung des Landes behinderten, waren nur wenige Spielräume geblieben für die Entfaltung und Verbreitung neuer Ideen und Ideale. Trotz dieser objektiven Hindernisse strömten vor allem nach dem Ende des Siebenjährigen Krieges auch in den beiden Mecklenburgs und in das seit 1720 nur noch auf das nördlich der Peene reduzierte Schwedisch-Pommern modernes Gedankengut der Aufklärung ins Land, so daß sich im Zuge dieses Prozesses auch in den relativ zurückgebliebenen südbaltischen Ländern Deutschlands ein allmählicher Wandel der künstlerisch-kulturellen Auffassungen abzeichnete. Einen Wendepunkt stellte in Mecklenburg-Schwerin die Durchsetzung des Landesgrundgesetzlichen Erbvergleichs vom 18. April 1755 dar, mit dem Herzog Christian Ludwig versuchte, die vorausgehenden Streitigkeiten zwischen Hof und Ständen zu überwinden und zugleich seine Machtpositionen im Sinne absolutistischer Bestrebungen zu stärken. Diesem Vergleich schloß sich auch Adolf Friedrich IV. von Mecklenburg-Strelitz durch die Agnationsakte vom 30. September desselben Jahres an, so daß sich die beiden mecklenburgischen Höfe gegenüber den Landständen größere machtpolitische Kompetenzen erhofften als bisher, was wiederum zu positiven Rückwirkungen auf die Rolle der Herzöge als Förderer der Künste führte. Mehr und mehr konnten so an die Höfe von Ludwigslust, später Schwerin bzw. Neustrelitz Künstler gezogen werden, in deren Umfeld neben feudalherrlicher Repräsentation zunehmend auch Elemente des aufgeklärten Absolutismus wirksam wurden. Komplizierter war die Situation der künstlerischen Entfaltung innerhalb der Bürgerschaft, die sich vor allem aus Handwerkern, kleinen Händlern, Beamten und Vertretern der Intelligenz rekrutierte und nur in wenigen Städten – etwa in Güstrow, Rostock und in den Residenzen – ihre Konzentrationspunkte besaß. Als potentielle Käufer und Auftraggeber von Kunstwerken trat sie nur im bescheidensten Maßstab – und das meist auch erst nach der Jahrhundertwende – in Erscheinung. Ein vergleichbarer sozialökonomischer Hintergrund findet sich in dieser Zeit auch im schwedisch verbliebenen Landesteil Vorpommerns. Zwar fehlte der herzogliche Hof, der durch die schwedische Kommandantur in Stralsund nicht ersetzt werden konnte, doch sorgten die engen politischen Bindungen nach Stockholm dafür, daß auch hier ein ausreichendes Maß an höfischen Einflüssen spürbar wurde. Allerdings trugen diese dank der regen kulturellen Kontakte Schwedens zu Frankreich zugleich auch mit dazu bei, daß von dort, aber auch von England und aus entwickelteren Landesteilen Deutschlands, Vorstellungen des aufgeklärten Absolutismus nach Vorpommern einströmten. Obgleich sich das künstlerisch-kulturelle Potential jener Jahre fast ausschließlich auf die Universitätsstadt Greifswald und auf das Verwaltungszentrum Stralsund beschränkte, Städte, in denen das Bürgertum hauptsächlich in Gestalt von Beamten, Akademikern, Händlern und kleinen Gewerbetreibenden in Erscheinung trat, bildeten sie zusammen nur eine Einwohnerschaft von kaum 20.000 Menschen. Angesichts dieser im Umfang nur unbedeutenden bürgerlichen Population sind in unseren Betrachtungen zugleich deren geringe politische, wirtschaftliche und kulturelle Kraft in Anschlag zu bringen.

Ungeachtet dessen läßt sich aber dennoch während der zweiten Hälfte des 18. Jahrhunderts in beiden vorpommerschen Städten ein allmählicher Aufschwung beobachten, der das kulturelle Klima günstig beeinflussen sollte: die Beschäftigung mit den Wissenschaften und Künsten erfaßte nun immer breitere Kreise, obwohl die wichtigsten Aktivitäten im Umkreis der Intellektuellen der Universität zu finden sind. Positive Auswirkungen zeigte das auch auf die Entwicklung der Malkunst, dank der Einrichtung eines akademischen Zeichensaals an der Greifswalder Universität im Jahre 1788, wo offensichtlich den Idealen der Aufklärungsästhetik der Boden bereitet wurde. Gleichzeitig ließen sich sowohl in Stralsund als auch Greifswald – zumindest zeitweilig – Künstlerpersönlichkeiten nieder, die bereit waren, sich den modernen Bestrebungen des akademischen Klassizismus anzuschließen.

Andererseits hatten die ungünstigen historischen Voraussetzungen dazu geführt, daß sich weder in Mecklenburg, noch in Vorpommern eine eigenständige Maltradition hat entwickeln können und so waren es vor allem Meister, die aus anderen deutschen Gebieten hierherkamen, um eine befruchtende künstlerische Tätigkeit zu entfalten. Zwar traten auch bald einheimische Kräfte hinzu, doch aufgrund fehlender Traditionen waren sie allesamt gezwungen, ihre Ausbildung zunächst außerhalb der Heimat – zumeist an den nahegelegenen Akademien von Kopenhagen, Berlin oder Dresden – zu suchen. Das damit verbundene Element kulturellen Austauschs, das wegen der langfristigen Studienaufenthalte der norddeutschen Eleven in den Kunstmetropolen Rom, Paris, Wien, München oder Düsseldorf zustande kam, trug dazu bei, daß auch den nordostdeutschen Provinzen – ungeachtet ihrer geographischen Randlage in Deutschland und den schlechten Verkehrsanbindungen – der Anschluß an die zeitgenössischen europäischen Kunstströmungen gelang, zumal zusätzliche Impulse auch von einwandernden Meistern freigesetzt wurden.

Grundsätzlich lassen sich in Mecklenburg und Vorpommern um 1800 in der Malerei zwei unterschiedliche Entwick-lungslinien beobachten, die allerdings nicht scharf voneinander abgegrenzt sind und sich zuweilen sogar gegenseitig durchdringen: der eine Weg wird markiert von den Höfen in Ludwigslust/Schwerin und Neustrelitz und ist in seinem Repräsentationsanspruch auf Verherrlichung der Herrscherdynastie bedacht, den anderen kennzeichnet ein bürgerlicher, ja kleinbürgerlicher Hintergrund vor allem in den Universitätsstädten Greifswald und Rostock bzw. in den Handels- und Verwaltungszentren Stralsund, Wismar und Güstrow, wo Vernunftdenken und Realitätssinn

den Maßstab bildeten. Obgleich die Provinzialität, in der sich Mecklenburg und Vorpommern um 1800 zweifellos befanden, keine Idealbedingungen für die Ausprägung einer eigenständigen künstlerischen Blüte bot, fand sich hier doch genügend kulturelles Potential, auf dessen Basis das Aufkeimen einer völlig neuen Kunstströmung – der Frühromantik – möglich wurde. Bürgerliche Rechtschaffenheit, protestantische Glaubenstiefe, pantheistische Natursicht, aber auch schwermütige Gefühlsgeladenheit und poetisierende Weltbetrachtung waren charakteristische Geisteshaltungen, denen wir in den damaligen kulturellen Äußerungen der Mecklenburger und Vorpommern immer wieder begegnen und auf deren Grundlage die einmalige Kunst eines Caspar David Friedrich (1774-184O), Phillipp Otto Runge (1777-1810) und Georg Friedrich Kersting (1785-1847) erwachsen konnte. Über die Werke dieser drei Meister gelangte erstmals die norddeutsche Malkunst in die Führungsposition der nationalen Kunstentwicklung. Dabei ist natürlich zu beachten, daß die Spezifik des soziokulturellen Umfelds Vorpommerns und Mecklenburgs wohl die Möglichkeit zur Herausbildung der protestantischen norddeutschen Frühromantik bot, aber nicht die materielle Basis, die es erlaubte, diese Künstler auf Dauer an die Heimat zu binden. Entsprechend waren sie gezwungen, den Hauptteil ihres Wirkens nach Sachsen bzw. Hamburg zu verlagern. Dessen ungeachtet ließen sie aber alle drei lebenslang ihre Verbindungen in die Heimat nicht abreißen, schon weil sie von dort ihre wichtigsten schöpferischen Inspirationen bezogen. Letztlich ordnet sich aber ihr Schaffen in die kunsthistorische Entwicklung ihrer jeweiligen Wahlheimat ein.

Das jedoch, was in den Jahrzehnten vor und nach 1800 von anderen Malern auf dem Boden Mecklenburgs und Vorpommerns entstand, ist in der Regel wesentlich konventioneller geblieben als jene frühromantischen Hauptwerke von der Hand der drei überragenden norddeutschen Meister. So blieb das Hauptbetätigungsfeld der meisten der hier schaffenden Künstler nicht die Landschaft oder das Interieur, sondern die Porträt- und Historienmalerei. An Werken anderer Kunstgattungen bestand verhältnismäßig nur geringer Bedarf. Stilleben, Architekturstücke, Sittenbild und Landschaft wurden bis in die erste Hälfte des 19. Jahrhunderts hinein nur von einigen wenigen Spezialisten betrieben, die ohnehin bei noch unzureichend entwickeltem Kunstmarkt häufig Probleme der Existenzsicherung hatten, weil die Sammelleidenschaft der Herzöge begrenzt und die finanziellen Spielräume des Bürgertums für umfangreiche Kunstankäufe noch viel zu gering waren.

## Die bürgerlichen Kunstzentren Vorpommerns und Mecklenburgs

### Stralsund

Stralsund, die alte Hafen- und Handelsstadt, verkehrsgünstig am Strelasund gelegen, war 1720 Sitz der Regierung in Schwedisch-Pommern geworden, was nicht ohne Folgen für die Entwicklung des wirtschaftlichen und geistigen Lebens blieb. Als politisch-administrativer Hauptort der schwedisch-pommerschen Küstenregion erlebte die Stadt in der zweiten Hälfte des 18. Jahrhunderts einen merklichen Aufschwung, der sich vor allem in Versuchen zeigt, eine frühindustrielle Produktion in Gang zu setzen. Schon 1755 hatte der Kammerrat Joachim Ulrich Giese eine Fayancemanufaktur begründet, der allerdings ebenso wie der damals errichteten Wollmanufaktur auf Dauer kein Erfolg beschieden war. Lediglich die 1765 etablierte Spielkartenmanufaktur konnte sich langfristig am Leben erhalten. Ungeachtet dessen wurde das bescheidene Aufblühen der Stadt in der zweiten Hälfte des 18. Jahrhunderts immer mehr von einer sozial stark differenzierten Bürgerschaft getragen, die sich außer aus Beamten, Händlern und Handwerkern auch aus Unternehmern und Intellektuellen zusammensetzte. In dieser Hinsicht spielte vor allem der einer bürgerlichen Gelehrtenfamilie entstammende Adolf Friedrich von Olthoff – seit 1752 geadelt – als schwedischer Landsyndikus eine herausragende Rolle, da über seine engen Verbindungen zu Vertretern der Berliner Aufklärung modernes Gedankengut und neue ästhetische Ideale ins Land einzudringen vermochten. Befreundet mit Johann Georg Sulzer (1720-1779), dem Schweizer Professor für Ästhetik und dem Bankier, Kaufmann und Unternehmer Joachim Giese stellten sich Kontakte zu mehreren bildenden Künstlern her: beispielsweise zu Sulzers Schwiegersohn Anton Graff (1736-1825) und zu Johann Heinrich Füßli (1741-1825); besonders aber zu dessen beiden Schützlingen Georg David Matthieu (1737-1778) und Jacob Philipp Hackert (1737-1807). Ein relativ großes Vermögen gestattete es den Freunden von v. Olthoff und Giese, in den folgenden Jahren ein bescheidenes Mäzenatentum zur Pflege der Künste in die Wege zu leiten. Auf Sulzers Empfehlung reiste 1762 der einer französischen Refugierfamilie entstammende Porträtist und Kupferstecher Georg David Matthieu aus Berlin und der aus Prenzlau stammende Landschaftsmaler Jacob Philipp Hackert zum Philosophen und Moraltheologen Johann Joachim Spalding (1714-1804) nach Barth und danach zu v. Olthoff und Giese nach Stralsund, wo ihnen verhältnismäßig lukrative Aufträge zuteil wurden. In der Darstellung von Mitgliedern der Familien v. Olthoff und Giese, aber auch in der Gestaltung mehrerer Historienbilder fand Matthieu in den folgenden beiden Jahren ein reiches Betä-

tigungsfeld. Die damals entstandenen Bildnisse sind in ihrer sensualistisch verfeinerten Pinselführung noch ganz dem Geiste des französischen Rokoko verpflichtet, wo sich die Note des Repräsentativen mit der Forderung nach einem Höchstmaß an natürlichem Ausdruck verbindet. Soziale Kennzeichnung und Individualität halten sich in den lebendig geschilderten Milieuporträts und Bruststücken gemäß den Grundsätzen bürgerlichen Empfindens bereits die Waage. Hackert vermochte im Dienste v. Olthoff ebenfalls mit künstlerischen Neuerungen aufzuwarten. Die für dessen Besitzungen gefertigten Wanddekorationen in Stralsund und Boldevitz lassen gleichfalls eine starke Hinwendung zu realistischen Positionen spürbar werden. Zwar trug Hackert in diesen Landschaftsbildern noch idealen Kompositionsmustern Rechnung, doch im Detail zeigte sich bereits die Hinwendung zu topographisch exakt bestimmbaren Naturausschnitten. Offensichtlich hatte es ihm der Abwechslungsreichtum der Rügenlandschaften angetan, die in ihrem Ausdruck gleichermaßen idyllisch-heitere wie ergreifend-erhabene Partien aufwiesen und deshalb zum unmittelbaren Vorbild für viele seiner damals entstandenen Darstellungen wurden; sowohl für die aufwendigen Wanddekorationen als auch für bescheidenere Kupferstiche. Hackert legte mit diesen Rügenveduten den Grundstein zur weiteren künstlerischen Entdeckung dieser eindrucksvollen Ostseeinsel, von der sich nachfolgende Malergenerationen immer wieder angezogen fühlten. Doch 1764 brach das verheißungsvolle Vorspiel der Entwicklung einer städtebürgerlichen Malkunst in Stralsund schon wieder ab, nachdem Matthieu der Berufung Herzog Friedrichs von Mecklenburg-Schwerin nach Ludwigslust ins Amt eines Hofmalers folgte und Hackert nach Frankreich zog, um in Paris und der Normandie seine Studien fortzusetzen. Offenbar reichte die Kraft des Olthoffschen Mäzenatentums nicht aus, um beide Künstler dauerhaft an sich zu binden und andere potente Auftraggeber waren in der alten Handelsstadt vorerst noch nicht in Sicht, die ihnen die Existenz hätten sichern können. Erst mit fortschreitender Industrialisierung, dann schon in preußischer Zeit, konnten sich dank eines inzwischen gestärkten Bürgertums einige Maler fest etablieren, doch reichte deren Bedeutung ausnahmslos kaum über die lokalen Grenzen der Stadt hinaus. Für den in Dresden, Wien und Rom geschulten Wilhelm Titel (1784-1862) traf dies noch am wenigsten zu. 1819 war er nach langjährigem Italienaufenthalt wieder in seine pommersche Heimat zurückgekehrt, um zunächst von 1822 bis 1826 mit Porträtmalerei in der alten Stadt am Sund Fuß zu fassen. Anschließend trat er die Nachfolge von J.G. Quistorp als akademischer Zeichenlehrer der Greifswalder Universität an, wo er mit der Serie der Professorenbildnisse noch heute unsere Aufmerksamkeit erregt. Verhältnismäßig komplizierter gestaltete sich die wirtschaftliche Lage der übrigen Stralsunder Bildnismaler, die sich seit den zwanziger Jahren des 19. Jahrhunderts in der Stadt niedergelassen und bei geringer Einwohnerzahl hart zu konkurrieren hatten. So verdienten sich Christian Heinrich Hanson (1790-1863) aus Altona, Jakob Christoph Ringk (1793-1840) und der in Stralsund geborene Ferdinand Emanuel Witte mit ihrer handwerksmäßig betriebenen Porträtistentätigkeit nur einen bescheidenen Lebensunterhalt. Ein festes Einkommen bezog damals lediglich der aus Göttingen stammende Johann Wilhelm Büggemann (1785-nach 1859), der nach seinem Studium der Landschaftsmalerei an der Kasseler Akademie schon 1807 bzw. 1812 eine Anstellung als Zeichenlehrer fand und nebenher mit Marine- und Landschaftsschilderungen ein Zubrot durch die Ankäufe der ersten Rügentouristen verdiente. Schließlich sei noch der frühverstorbene Simon Wagner (1799-1829) vermerkt, der nach seiner Ausbildung in Dresden und einer Studienreise durch Tirol hauptsächlich im Sittenbild sein Betätigungsfeld fand, da er besondere Vorliebe für Trachtengestaltungen zeigte.

*Greifswald*

Fruchtbarer noch als in Stralsund war das künstlerische Umfeld zweifellos in der alten Universitätsstadt Greifswald. Die Konzentration von Wissenschaftlern bewirkte hier eine generell größere Aufmerksamkeit für die bildenden Künste als andernorts in Vorpommern. Schon 1767 fand hier mit Joachim Albrecht Holzerland ein Akademischer Zeichenlehrer Erwähnung, obwohl zu diesem Zeitpunkt von einer regelmäßigen Ausbildung im Zeichnen und Malen noch keine Rede sein kann. Holtzerland fand zusammen mit seinem Bruder wohl in erster Linie als Dekorationsmaler sein Auskommen. Eine Probe ihres Könnens finden wir noch heute im kleinen Ratssitzungszimmer des Greifswalder Rathauses, wo sich die 1749 gemalten Wandbespannungen in dekorativer Rokokomanier erhalten haben, die in moralisierend gemeinten Szenen Motive aus J.L.Gottfrieds "Historische Chronik" illustrieren. Erst 1788, mit der Berufung des Baumeisters, Stechers und Malers Johann Gottfried Quistorp (1755-1835) aus Rostock zum Akademischen Zeichenmeister konnte sich in der Universitätsstadt eine feste Tradition der Kunstausbildung herausformen. Geschult durch den Mathematiker A. Meyer, die Architekten Ch.F. Exner und F.A. Krubsacius sowie den Bildnismaler A. Graff repräsentierte Quistorp den universell interessierten und ausgebildeten Bildungsbürger der Aufklärungszeit. Obwohl aus seiner bildkünstlerischen Hinterlassenschaft nur bescheidene Buchillustrationen und einige tüchtige Porträts in der realistischen

Graff-Manier überliefert wurden, liegt Quistorps Bedeutung vor allem in seinem Wirken als Kunstpädagoge. Befreundet und verschwägert mit dem Dichter und Pastor Ludwig Theobul Kosegarten (1758-1818) unternahmen die beiden schon 1777 eine erste gemeinsame Rügenwanderung, deren Erlebnis Schlüsselwirkung für ihr Verhältnis zur Natur gewinnen sollte, denn sie kamen in dieser Zeit einer empfindsamen, pantheistisch-präromantischen Natursicht nahe, deren Überzeugung sie den ihnen anvertrauten Schülern fruchtbringend weitervermittelten. Beispielsweise hatte Kosegarten den Standpunkt vertreten, daß das Abbild der Natur nur ein Abbild der inneren Gefühlswelt des Künstlers sei und so ebnete er damit den Weg zur frühromantischen Kunstanschauung eines Caspar David Friedrich (1774-1840). Quistorp übernahm diese Vorstellungen des Freundes und verpflanzte sie während gemeinsamer Studien in der Natur in seine zahlreichen Schüler. Fortan verdichtete sich deren ursprünglich akademisch-klassizistische Zeichenweise in Richtung frühromantischer Empfindsamkeit. Neben Friedrich, der, durch Quistorp und Kosegarten angeregt, seit 1801 wiederholt zu intensiv erlebten Rügenwanderungen veranlaßt wurde und in deren Ergebnis zu den bedeutungsschweren Landschaftsbildern seiner frühromantischen Weltsicht gelangte, gehörten Philipp Otto Runge (1777-1810), der spätere Bildnis- und Historienmaler aus Wolgast, aber auch dessen Freund Friedrich August von Klinkowström (1778-1835) sowie Christian Johann Gottlieb Giese (1787-1838), Johann Christian Finelius (1787-1846), Anton Heinrich Gladrow (1785-1855), Wilhelm Titel (1784-1862) und Johann Friedrich Boeck (1811-1873) zu jener Schar vorpommerscher Künstler, die Impulse von Quistorp und Kosegarten in ihrem Wirken verarbeitet hatten. Runge schuf sogar im direkten Auftrag für Kosegartens Kapelle zu Vitt das unvollendet gebliebene Altarbild "Petrus auf dem Meer", das beziehungsreich das biblische Ereignis im Sinne einer immerwährenden, elementaren Situation des Menschen romantisch auszudeuten suchte. In erster Linie verstanden sich alle Greifswalder Quistorpschüler als Landschaftsmaler, nur selten wechselten sie, wie Finelius oder Titel, auch ins Porträtfach bzw. widmeten sich, wie von Klinkowström oder Giese, unter später verstärktem nazarenischen Einfluß der religiösen Historienmalerei. Manch einer von ihnen wurde jedoch ganz zum Epigonen des großen Vorbilds C.D. Friedrich: während A.H. Gladrow sich durch beständiges Naturstudium einigermaßen wieder von Friedrichs Bildwelt zu lösen vermochte, erlag Boeck beinahe vollkommen den romantischen Mondscheinszenerien seines dennoch unerreichten Vorbilds. Insofern grenzt sich der Greifswalder Quistorpkreis stilistisch und inhaltlich von der noch altertümlich-dekorativen Gestaltungsweise Johann Martin Giehrs (1763-1848) ab, deren kulissenartiger Schematismus auch weiterhin rokokohaften Bildmustern folgte.

*Wismar, Rostock, Güstrow*

Die im Mecklenburgischen liegenden Bürgerstädte – das erst seit 1803 von Schweden an das norddeutsche Herzogtum verpfändete Wismar, die alte Universitätsstadt Rostock und die ehemalige Residenz Güstrow – erwiesen sich um 1800 im Vergleich zu den beiden vorpommerschen Kunstzentren von wesentlich geringerer Anziehungskraft für bildende Künstler. Die alte Kaufmannsstadt Wismar, die unter schwedischer Herrschaft in jeder Hinsicht kleinstädtisch geblieben war, zählte um 1830 nur etwa 10.000 Einwohner. Maler, die sich hier niederließen, blieben in der Regel nur kurze Zeit, nachdem sie meist vor oder im Anschluß an herzogliche Aufträge künstlerische Betätigung in Ludwigslust oder Schwerin gefunden hatten. Zu ihnen zählte im 18. Jahrhundert Joachim Heinrich Krüger, dessen eher nur handwerkliche Fähigkeiten meist nur als Faßmaler oder Kopist in Anspruch genommen

*Johann Ludwig Gideon Voigt.*
*Bildnis des Wismarer Bürgermeisters Haupt, 1822.*
*(Stadtgeschichtliches Museum Wismar)*

wurden. Höhere künstlerische Ambitionen verbinden sich dagegen mit dem seit Beginn des 19. Jahrhunderts hier tätigen Porträtisten Johann Ludwig Gideon Voigt (gest. 1825), einem Bildnismaler aus Neubran-

denburg, dem u.a. um 1822/23 der Auftrag dreier Bürgermeisterbildnisse zuteil wurde. Seit den dreißiger Jahren folgte ihm der einheimische, allerdings in München und Rom geschulte, Carl Joachim Düberg (1801-1849) gleichfalls mit einem Bürgermeisterporträt. Außer mit der Bildniskunst beschäftigte sich Düberg noch mit religiöser und profaner Historienmalerei, die im stilistischen und gedanklichen Umkreis des Spätnazarenertums entwickelt worden war. Doch der bedeutendste Vertreter der Wismarer Bildniskunst in dieser Zeit war eine Frau: Friederike Juliane Lisiewska (1772-1856), die Schülerin ihres Vaters, des mecklenburgisch-schwerinischen Hofmalers G.F.R. Lisiewski, die sich nach einem langjährigen Aufenthalt in Grevesmühlen 1838 in Wismar niederließ, um Porträtaufträge entgegenzunehmen. Obwohl ihr hauptsächlich in schlichten Brustbildern in Öl oder Pastell die realistische Erfassung des jeweiligen Modells am Herzen lag, sah sie sich vor allem in ihrer Frühzeit noch stark dem weichtonigen Sensualismus der Berliner Tradition des Spätrokoko verbunden, wie sie ihn während ihrer Ausbildung unter dem Akademiedirektor B. Rode kennengelernt und seither stilistisch kaum weiterentwickelt hatte.

Eine ähnlich geringe künstlerische Bedeutung wie Wismar besaß um 1800 auch Rostock. Von 1750 bis 1789 wurde ein Teil der altehrwürdigen, schon 1418 gegründeten Universität, wegen "Mißhelligkeiten" mit dem Herzog, nach Bützow verlegt, was sich für das geistige Leben in der Stadt nachteilig auswirkte. Wenige Künstler, über die sich kaum urkundliche Berichte finden, wurden in diesen drei Jahrzehnten in Rostock erwähnt, so daß wir nur einen unvollkommenen Eindruck von der Entwicklung der Malerei in dieser Zeit gewinnen können. Abgesehen von dem 1767 erwähnten J.C. Brohmann, dem 1781 registrierten Johann Hoffgard finden sich aus dieser Zeit nur Hinweise über den Porträtisten Georg Friedrich Herzog, der im Jahrzehnt von 1769 bis 1779 Bildnisse Rostocker Bürger schuf. Etwas günstiger gestalten sich die Rostocker Kunstnachrichten aus der nachfolgenden Periode, aus der uns Berichte und Bildwerke von dem aus Hamburg gebürtigen August Albrecht Christian Tischbein (1768-1848) überliefert sind. Nach diesen Angaben studierte Tischbein zunächst bei seinem Schwager Petersen in Lübeck und danach, von 1786 bis 1788, bei seinem Onkel Johann Heinrich Tischbein in Kassel. Im Anschluß an eine zehnjährige Malertätigkeit in Lübeck ließ sich Tischbein 1804 in Rostock nieder, wo er eine thematisch vielseitige Entwicklung entfaltete, die von der Porträtkunst über historische Darstellungen und Genrestücke bis zu Landschaften und Architekturveduten reichte. Seit 1829 fand er Anstellung als Akademischer Zeichenlehrer an der Universität. Auch Johann Ludwig Hornemann, über den sonst nichts in Erfahrung zu bringen war, wird zwischen 1810 und 1826 als Zeichenlehrer – wohl an einem Gymnasium – erwähnt. Das Milieu der Hafenstadt brachte es mit sich, daß sich in den ersten Dekaden des 19. Jahrhunderts auch die Schiffsmalerei zu einem beliebten Kunstzweig entwickelte. Ihre Hauptvertreter waren in den dreißiger und vierziger Jahren E. E. Schacht und Heinrich Jenssen, während der Hamburger Franz Heesche (1806-1876) seinerzeit nur gelegentlich seinen heimatlichen Wohnsitz mit Rostock vertauschte, um dort und in Bützow Porträtaufträge entgegenzunehmen. Temporäre Berührung mit der Stadt an der Warnow läßt sich auch für den aus Güstrow stammenden Friedrich Brockmann (1809-1870) feststellen, der besonders mit religiösen Historien aufwartete. Eine Episode blieb letztlich auch das nur kurzzeitige Wirken des bedeutendsten Malers dieser Zeit, Georg Friedrich Kersting (1785-1847), der zwischen 1808 und 1810 wiederholt bei mütterlichen Verwandten in Rostock weilte, die ihn in seiner Kunst förderten. So entstanden hier mehrere Porträts dieser Familienmitglieder, die eine Auseinandersetzung mit den Erfahrungen der gleichzeitigen dänischen Bildniskunst erkennen lassen und in ihrer klaren Formensprache klassizistische Ausdruckswerte zeigen. Von solch klar strukturierter Übersichtlichkeit erweist sich die damals entstandene Vedute mit der Rostocker Stadtsilhouette aus der Perspektive vom Gertrudenplatz aus, deren Liebreiz vor allem aus der lichtdurchfluteten Atmosphäre resultiert. Ein Vertreter des biedermeierlichen Rostock war Paul Tischbein (1820-1874), der nach dem Besuch der Akademien in Berlin und Dresden zunächst seinen Lebensunterhalt als Privatlehrer bestritt. Neben dem Bildnis widmete er sich der Landschafts- und Genremalerei, wo er es liebte, in kleinfigurigen Darstellungen das Leben der Kleinbürger, Soldaten und trachtentragenden Bauern und Fischer – oft mit humorvollem Unterton – zum Besten zu geben. Noch unbedeutender als in Wismar und Rostock war das künstlerische Leben um 1800 in Güstrow, denn der hier gebürtige Hauptmeister der mecklenburgischen Romantik und des Biedermeiers, Georg Friedrich Kersting, wurde in seiner Vaterstadt künstlerisch kaum wirksam, sieht man von seinen kindlichen Mal- und Zeichenversuchen einmal ab, die ohnehin zum größten Teil verschollen sind. Obwohl durch seinen Beitritt zur Güstrower Freimaurerloge der Kontakt in die Heimat nie abriß, fand er hier weder Voraussetzungen einer weiteren künstlerischen Entwicklung, noch die Möglichkeit einer gesicherten Existenz. Trotzdem bezog er, ähnlich wie Friedrich und Runge, aus diesem Umfeld der Heimat ein Großteil seiner geistigen Kraft, die ihn einst geformt hatte und der er sich stets verbunden fühlte. Sein 1822 geliefertes Bild für das Güstrower Logenhaus bezeugt diesen Umstand. Kersting hatte sich die ersten Kenntnisse und Fähigkeiten in der Malkunst bei Johann Jacob Beutell erworben, einen zwischen 1793 und 1822 in der Stadt tätigen Dekorationsmaler, über dessen künstlerische Fähigkeiten wir ebensowenig unterrichtet sind wie über zwei andere Güstrower Meister jener Jahre: den 1780 erwähnten Johann Koch und den 1789 genannten Historienmaler Dribhagen. Ähnlich verhält es sich mit den anderen Porträtisten, die größtenteils erst nach 1800 in Erscheinung traten. Während sich mit dem Porträt- und Figurenmaler Heinrich Abel Seyffert (1768-1834) noch präzise Lebensdaten und diverse Kunstwerke eines äußerst bescheidenen Talents verbinden, bleiben Vita und Oeuvre anderer Meister im Bildnisfach, etwa der aus Livland stammende Otto von Tarnow (gest. 1814), mehr aber noch die 1822, 1834 bzw. 1836 erwähnten Porträtisten Wilde, Riebe, Carl Richter und Ludwig Hückstädt weitgehend in kenntnisloses Dunkel gehüllt.

*Die höfischen Kunstzentren Mecklenburgs*

*Ludwigslust*
Erst 1756 verlegte Herzog Friedrich (1756-1785) die Residenz von Schwerin nach Ludwigslust, an den Ort eines ehemaligen Jagdhauses, wo sich nach festem Plan bald eine neue Stadt mit Neuem Schloß und großzügiger Parkanlage entwickelte. So blieb Ludwigslust bis 1837, dem Zeitpunkt der Rückverlegung der Hauptresidenz nach Schwerin, der Mittelpunkt des höfischen Lebens in Mecklenburg-Schwerin. Obwohl das Land arm war und unter den Folgen des Siebenjährigen Krieges stark zu leiden hatte, war mit dem repräsentativen Ausbau der Residenz auch die Bestallung diverser Hofkünstler verbunden. Dafür bot sich der junge Georg David Matthieu (1737-1778) an, der Sproß einer angesehenen Berliner Künstlerfamilie, zu der das Herzoghaus schon längere Zeit Kontakte unterhielt. 1764 kam er nach Ludwigslust, um hier die höfische Gesellschaft in zahlreichen Porträts unterschiedlichster Art zu verewigen. Es ist bemerkenswert, mit welch lebendigem Einfühlungsvermögen Matthieu seine adeligen Modelle – trotz Betonung repräsentativer Äußerlichkeiten – in ihren menschlichen Qualitäten darzustellen wußte. Neben Matthieu wirkte in dieser Zeit auch seine Tante, Julie Lisiewska (um 1723-1772) mit Porträtaufträgen für den Ludwigsluster Hof und 1779 trat noch deren Bruder, Christian Friedrich Reinhold Lisiewski (1725-1794), hinzu, der die Nachfolge als herzoglicher Hofmaler für seinen früh verstorbenen Neffen Matthieu antrat. Gegenüber der lebendigen Frische und den sinnlichen Reizen, die der Neffe dem Ausdruck seiner Modelle verlieh, bevorzugte der Onkel eine nüchterne Realistik, der trotz aller Detailgenauigkeit beim Charakterisieren noch die Steifheit

der Hofetikette anhaftet. Seit 1791 arbeitete auch Christian Ludwig Seehas (1753-1802) aus Schwerin für den mecklenburgischen Hof. Hinter ihm lag eine langjährige Ausbildung zunächst bei Matthieu in Ludwigslust, anschließend an den Akademien von Dresden, Wien und Berlin sowie ein viermonatiger Romaufenthalt. Neben Porträts und Radierungen schuf er gelegentlich auch dekorative römische Ruinenlandschaften als Wandbekleidungen, denn außer an Bildnismalern bestand am neuen Hofe auch Bedarf an Landschaften, Stilleben, Genre- und Historienbildern: sei es für die Ergänzung der herzoglichen Sammlung, sei es für die Ausgestaltung der Schloßräume oder aber auch für den religiösen Gebrauch. In dieser Hinsicht bot sich die Kunst des vielseitigen Johann Dietrich Findorff (1722-1772) an, der schon länger in mecklenburgischen Diensten stand und bereits vom Herzog Cristian Ludwig (1747-1756) Förderung erfuhr. Als Schüler Dietrichs in Dresden hatte er sich vor allem an den holländischen Kleinmeistern des 17. Jahrhunderts geschult und dabei jene Universalität angeeignet, dank der er in allen Malgattungen zu beachtlichen Ergebnissen gelangte. Zweifellos ist das Riesengemälde hinter dem Altar der Ludwigsluster Kirche mit der Darstellung der "Verkündigung an die Hirten" als sein Hauptwerk zu betrachten, das das Gotteshaus, wie der Rundhorizont einer Bühne, illusionistisch abschließt. Vollendet wurde dieses letzte Kolossalgemälde des Barocks in Mecklenburg aber erst von Findorffs Neffen und Schüler, Johann Heinrich Suhrlandt (1742-1827), der ähnlich universell begabt war wie sein Lehrer. Abgesehen von zahlreichen dekorativen Raum- und Festgestaltungen schuf dieser bevorzugt Stilleben und Altarbilder für mecklenburgische Kirchen. Nach 1800 bereicherte Friedrich Christoph Lenthe (1774-1851) das Ludwigsluster Kunstleben. Seit 1812 war er der Direktor der Gemäldegalerie und 1815 erfolgte seine Berufung zum großherzoglichen Hofmaler. Außer diversen Bildnissen schuf er mehrere Altargemälde, die Großherzog Friedrich Franz I. (1785-1837) zur Ausstattung mecklenburgischer Kirchen in Auftrag gegeben hatte. Die bedeutendste Künstlerpersönlichkeit war jedoch im 19. Jahrhundert in Ludwigslust Rudolph Suhrlandt (1781-1862), Schüler seines Vaters sowie der Dresdener und Wiener Akademie. Nach langjährigem Aufenthalt in Rom und Neapel kehrte er erst im Sommer 1816 in die Heimat zurück, um endlich in seiner Hofmalerfunktion wirksam zu werden, in die er schon 1810 berufen worden war. Obgleich Suhrlandt auch mit diversen Historienbildern in Erscheinung trat, lag doch der Schwerpunkt seines künstlerischen Schaffens auf dem Gebiet der Porträtmalerei. Über die obligaten Bildnisse mecklenburgischer Fürstlichkeiten hinaus, schuf er ebenso ungezählte Porträts von Bürgern, die er während seiner mehrmonatigen Reisen, die er alle zwei Jahre durch die verschiedensten Gebiete Europas unternahm, zum Auftrag erhielt. All diese Darstellungen entsprechen dem Stil und Geschmack der Zeit und weisen entsprechend eine gediegene handwerkliche Detailgenauigkeit auf, die schon fast fotographische Treue anstrebt.

*Schwerin*

Während der Regierungszeit von Friedrich Franz I. (1785-1837) blieb Schwerin mit weit unter 5.000 Einwohnern eine bedeutungslose Nebenresidenz, an der sich kaum künstlerisches Leben entfalten konnte. Einzig Johann Carl Wilck (1772-1819), der sich als Schüler von Seehas nach dessen Tode Hoffnungen auf die Nachfolge in der Stellung des Hofmalers gemacht hatte, betätigte sich nach seiner Ausbildung an der Dresdener Akademie in der Heimatstadt, bevor er sich um 1809 eine endgültige Verdienstmöglichkeit in Frankfurt/M. und Nürnberg suchte. Aus seinem kleinen Oeuvre setzt vor allem das lebensgroße Ganzfigurenstück des Barons Rohrscheidt in Erstaunen; ein meisterhaftes, lebendiges Werk aus seiner Dresdener Periode. In den Schweriner Jahren hatte er sich dann mit Stadtveduten beschäftigt, wie es zum Beispiel die "Ansicht der Schweriner Schloßinsel" verdeutlicht. Architekturansichten waren ebenfalls die Spezialität des Theatermalers Friedrich Schnelle (1797-1848), dessen exakte Perspektivbeherrschung bei perfektioniertem Farbauftrag und feinem Gespür für die atmosphärische Wirkung des Lichts die Auseinandersetzung mit den holländischen Meistern des 17. Jahrhunderts erkennen läßt. Die Freude an illusionistischen Effekten war es wohl, die auch bürgerliche Käufer an derartigen Darstellungen schätzten. Louis Fischer-Poisson (1784-1845) – ein französischer Offizier, den nach den Napoleonischen Kriege das Schicksal nach Mecklenburg verschlagen hatte – fand 1815 Anstellung als Zeichenlehrer im Schweriner Pageninstitut. Von seinem Wirken haben sich mehrere Stilleben bewahrt; eine Gattung der Malerei, die sich im 19. Jahrhundert als bevorzugte "Wohnstubenbilder" allgemeiner Beliebtheit erfreute. Um 1821 muß auch der Porträtist und Miniaturmaler Friedrich August Lehmann vorübergehend in Schwerin sein Auskommen gefunden haben, denn aus dieser Zeit wird berichtet, daß er um die Erlaubnis der Verlosung von Porträtminiaturen ersucht hatte. Offensichtlich waren im dritten Jahrzehnt des 19. Jahrhunderts die finanziellen Möglichkeiten potentieller bürgerlicher Käufer noch so gering, daß hier ansässig werdende Künstler bald wieder nach lukrativeren Märkten Ausschau halten mußten. Möglicherweise ist diesem Kreise der "Wanderkünstler" auch der aus Dänemark stammende Julius Peters zuzurechnen; ein Porträtist, Tier- und Stillebenmaler, von dessen Tätigkeit in Schwerin Nachrichten aus der

*Michael Dahl (1656-1743).*
*Porträt Christian Ludwig II.,*
*Herzog von Mecklenburg-Schwerin, Öl auf Holz*
*(Staatliches Museum Schwerin)*

Mitte der dreißiger Jahre Auskunft geben. Eine neue Qualität im Schweriner Kunstleben zog um 1830 mit der Niederlassung der beiden Historien- und Bildnismaler Carl Georg Cristian Schumacher (1797-1869) und Gaston Lenthe (1805-1860) ein. Beide hatten sich auf der Dresdener Akademie gebildet und gelegentlich wirkten sie sogar gemeinsam an einem Werk, wie beispielsweise an den bereits 1865 verbrannten Fresken im Kollegiengebäude. Durch die Begegnung mit der nazarenischen Kunstrichtung, die Schumacher sogar durch einen Italienaufenthalt vertiefen konnte, nahmen Darstellungen zur biblischen Geschichte meist in Gestalt von Altarbildern in ihrem Schaffen einen großen Raum ein. Während der 1838 zum Hofmaler ernannte Lenthe bis in die sechziger Jahre hinein zahlreiche Aufträge zur Ausgestaltung mecklenburgischer Kirchen mit Altären entgegennahm, finden sich im Schaffen Schumachers auch verschiedene profane Historien, die Episoden der mecklenburgischen Geschichte im märchenhaften Fluidum der Spätromantik verherrlichen. Insgesamt wird spürbar, daß mit der Rückverlegung des mecklenburgischen Hofes nach Schwerin im Jahre 1837 auch fruchtbare Impulse für die Weiterentwicklung der bildenden Künste in

dieser Stadt verbunden waren, denn seither beanspruchte sie die führende Rolle auf allen künstlerisch-kulturellen Ebenen im Lande, so daß sich hier neben dem Hofe auch zunehmend die bürgerlichen Kräfte ihrer Verantwortung für die Förderung der Künste bewußt wurden.

*Neustrelitz*
Neustrelitz, die Hauptstadt des 1701 neugebildeten Herzogtums Mecklenburg-Strelitz, war eine junge Stadt, die erst 1733 neu angelegt wurde und am Beginn des 19. Jahrhunderts kaum mehr als 4.000 Einwohner zählte. Hier blieb das wirtschaftliche und kulturelle Leben ganz auf die Bedürfnisse des Hofes und seiner Behörden zugeschnitten. Entsprechend leistete sich Herzog Adolf Friedrich IV. (1752-1794) seit seinem Regierungsantritt mit Daniel Woge (1717-1797) einen Hofmaler, dem er in dieser Funktion hauptsächlich die Erstellung der Staats- und Standesporträts überantwortete. Woge stammte genau wie Matthieu aus Berlin und war dort Schüler des Antoine Pesne gewesen, so daß er sich in der Gestaltung höfischer Bildwerke bestens auskannte. Das Bildnis des Herzogs Adolf Friedrich IV. zeigt dementsprechend deutlich, wie stark noch die französische Porträtkunst des spätbarocken Absolutismus gültige Richtschnur geblieben war. Obgleich neben Woge um 1786 und 1788 auch der sonst in Ludwigslust tätige Lisiewski im Amt eines Strelitzer Hofmalers fungierte, blieb diese Anstellung mehr oder minder nur vorübergehende Episode. Erst nach Woges Tod kam 1797 mit Franz Anton Zeller (1760-1837) ein neuer Hofmaler an die Residenz, der in den darauffolgenden Jahren maßgeblich die Kunst in diesem Ländchen bestimmen sollte. Der aus Scherzingen in Baden stammende und vermutlich in München ausgebildete Künstler entfaltete an seiner neuen Wirkungsstätte eine umfangreiche Porträtistentätigkeit, die nicht nur die mecklenburgischen Fürsten einschloß, sondern auch das verwandte preußische Königshaus. Zu Zeller gesellte sich als weiterer Hofmaler noch Johann Ludwig Weber (um 1760-um 1810), von dessen Tätigkeit sich allerdings kaum noch Spuren finden lassen. Nachdem Prinzessin Marie von Hessen-Kassel im Jahre 1817 die Ehe mit Großherzog Georg von Mecklenburg-Strelitz (1816-1860) eingegangen war, brachte sie sich auch ihren alten Zeichenlehrer Christian Wilhelm Jacob Unger (1775-1855) von der Kasseler Akademie an ihren neuen Wohnort mit. Unger, in erster Linie Porträtist, betätigte sich gelegentlich auch als Historienmaler und Landschafter, wie es sein 1837 gefertigtes Skizzenbuch mit der Darstellung mecklenburgisch-strelitzscher Städtebilder oder das Altargemälde von Wulkenzien bezeugen. Ebenfalls im Umkreis des Neustrelitzer Hofes übte bereits seit 1816 Adolf Scharenberg – ein Bild-

nismaler aus Berlin – sein Handwerk aus, nachdem er in den vorausgegangenen Jahren sowohl in Güstrow als auch in Doberan vorübergehend Broterwerb gefunden hatte. Inwieweit der in Neustrelitz geborene Bildnis- und Historienmaler Wilhelm Ternite (1786-1871) vor seinem schon 1810 erfolgten Wegzug nach Berlin, und später nach Paris und Italien, noch in der Heimatstadt künstlerisch wirksam geworden ist, blieb bislang ungeklärt. Höchstwahrscheinlich muß das Bildnis Carl I. von Mecklenburg-Strelitz noch dieser frühen Schaffensperiode zugeordnet werden. Auch Johann Carl Eggers (1787-1863) erblickte in Neustrelitz das Licht der Welt. Von 1809 bis 1812 absolvierte er in Dresden bei dem Bildnis- und Historienmaler Johann Friedrich Matthäi sein Studium und ließ sich von ihm in der gleichen Richtung ausbilden. Schon im Frühjahr 1813 zog er nach Italien, wo er schnell Anschluß an die Nazarener um J. Friedrich Overbeck und Philipp Veit fand. Bald verstand er es, sich die alte Technik des Freskos anzueignen und sie für den nazarenischen Kunstkreis fruchtbar zu machen. Auch später, in der Heimat, nutzte er diese Technik für seine künstlerischen Ziele, nachdem er 1832 endgültig Rom verlassen hatte, um in Berlin und Neustrelitz sein Schaffen zu beschließen. Ferdinand Ruscheweyh (1785-1846), ebenfalls in Neustrelitz geboren und danach in Wien und Rom (1803-1832) weitergebildet, verdiente sich hauptsächlich als Reproduktionsstecher seinen Unterhalt und erlangte eine gewisse Berühmtheit durch die vielen Stiche nach Werken von Michelangelo, Raffael, aber auch nach Peter Cornelius' Illustrationen zu Goethes Faust. Der vierte Meister schließlich, dessen Wiege um 1800 in Neustrelitz stand, war Georg Kannengießer (1814-1900), der an der Berliner Akademie Schüler von Ternite und Blechen wurde. Vielseitig veranlagt, widmete er sich nach zusätzlicher Ausbildung in Düsseldorf und München der Historien- und Genremalerei, aber auch dem Porträt und der Landschaft. Eine mehrjährige Reise führte ihn dann nach Rom, Neapel und Griechenland. Nach seiner Rückkehr wurde er Lehrer der Großherzogin von Mecklenburg-Strelitz und genoß höfische Protektion, die ihm die Gunst zahlreicher Aufträge einbrachte. Kannengießers Schaffen gehört jedoch schon einer neuen Kunstepoche an, die bereits den Bogen vom Realismus der Düsseldorfer Spätromantik bis zum bürgerlichen Naturalismus des späten 19. Jahrhunderts schlägt.

## Jürgen Grambow

# FRITZ REUTER UND ANDERE LITERATEN UND MECKLENBURG.

## Eine Erörterung.

"Jetzt, mein liebes Vaterland, mein liebes Mecklenburg, muß ich dich apostrophieren!" In der Adelssatire „Ein hochgräflicher Geburtstag" gibt Reuter den spöttisch-ironischen Ton doch einen Moment auf zugunsten der feierlichen Ansprache. „Wir haben zwar manche poetischen Produkte in die Welt gesetzt; aber diese undankbare Welt, die wir durch selbige zu beglükken meinten, ist der Ansicht, wir produzierten bei weitem nicht so schöne Gedichte wie Weizen." (Reuter 1960 64) Der die Angriffe galten, Tochter des „Theater"reichsgrafen Karl Friedrich von Hahn, Ida Hahn-Hahn, war eine vielgelesene Autorin in ihrem Jahrhundert und bis zu ihrem Übertritt zum Katholizismus eine freigeistige emanzipierte Frau, fast eine deutsche George Sand. Gemeinhin nähert man sich einem Stück Literatur von zwei Seiten: Man versucht dem Text gerecht zu werden und urteilt doch aus der eigenen Situation heraus, aus dem aktuellen Lesebedürfnis. Das Bild der verschroben Spleenigen indes geht auf Reuters Sicht zurück; es ist einseitig. Ida von Hahn stammte aus Tressow im Mecklenburgischen; eine mecklenburgische Autorin muß sie deshalb noch nicht sein. Aber was ist das, Mecklenburger Literatur, stammt sie aus, handelt sie von der Region? Muß es sich um Schöngeistiges handeln oder lediglich Gedrucktes allgemein?

## I.

Die Mädiavistik ist sich ziemlich sicher, der Mönch Peter Kalff soll in der Außenstelle des Doberaner Klosters bei Groß Stove 1464 das „Redentiner Osterspiel" niedergeschrieben haben, daher der Name. Verweise auf Hiddensee und Poel und Lübeck, als habe Kalff die Schiffe vorbeiziehen sehen am Horizont vorm Stover Wirtschaftshof, machen die Zuordnung wahrscheinlich. Tüchtige Drucker von Dietz bis Tiedemann, Zeichner und Karthographen vom einmaligen Vicke Schorler bis zu Lubin, Polyhistoren wie Moorhof oder Lauremberg, der Doktor Pomeranus genannte Reformator Bugenhagen, Schlüters Biograph Nicolaus Gryse und der Rostocker Disputant Bernhard Raupach, das alles sind Namen von bibliophilem oder literarhistorischem Interesse, deren zu besonderem Anlaß erinnert wird, sofern sie nicht im Hörsaal fallen. Babsts „Schnaaksche Verse tom Tietverdriew" hat bekanntlich sogar Goethe lobend erwähnt. Nun mangelt es einem Land mit zwei so ehrwürdigen Universitäten wie Rostock (1419) und Greifswald (1456) von vornherein nicht an bedeutenden Namen, und wie diese sich, einer Stafette gleich, durch die Jahrhunderte ziehen, so verband der fruchtbare Weltmoment der antinapoleonischen Bewegung den Landstrich räumlich von Osten, man denke an Schoritz, bis nach Wöbbelin im Westen. Die Namen Arndt, Schill, Jahn, Körner, denen ja auch eine ideengeschichtliche Komponente innewohnt, sind abrufbar und werden abgerufen, wenn ihre Zeit gekommen ist. Was man jedesmal mitdenkt, sind Mecklenburg, Vorpommern. Was aber interessiert Fremde, wenn sie Mecklenburg sagen (oder Vorpommern), was erwarten sie, was zieht sie in das Land? Wald, Wasser und gewellte Ackerflächen, die Beschaulichkeit der Kleinstädte, der Kirchen, Stadttore, Bürgerhäuser, Backsteingotik, oder auch Geistiges? Die Hanse als allumfassende, aber auch als kulturstiftende Bewegung? Und Kultur im engeren Sinne, Kunst? Als Literatur? Was wissen, wen kennen die Fremden? Reuter, von dem Otto Vitense sagte, „wohl keiner der deutschen Volksstämme" könne „einen so volkstümlichen Heimatdichter sein eigen nennen" (Vitense 1920 515),

*Fritz Reuter auf einer Lithographie von 1868. (Mecklenburgisches Volkskundemuseum Schwerin-Mueß)*

und dessen Ruhm Rezitatoren bis ins Bayrische trugen. Reuter ist der Idealfall; gebürtiger Mecklenburger, wichtige Lebensstationen im Mecklenburgischen, die „empirisch realistische ... Beschreibung konkreter Sozialverhältnisse", die „ländlich kleinstädtischen Typen" in seinem Werk (Batt 1967/1974 165). „Seine Bildung, seine Erlebnisse, sein Talent wiesen ihn nicht in die Richtung des intellektuell-distanzierenden Problemromans, sondern, konträr, auf den volkstümlich-humoristischen Figurenroman" (Batt 1967/1974 134). Was der räumlichen Gliederung durch überwiegend Ackerbürgerstädte entsprach. Drastisch-komisch, kritisch-pathetisch in „Läuschen" und Versepen der Anfangsjahre, gewann der Romanautor Reuter, bei allen Abstrichen, in seiner gemütvoll-humorigen Darstellungsweise archetypische Gültigkeit. Reuters „Läuschen" fanden über Generationen Nachahmer, ohne Krampf konnte die Publikationsreihe „Literarische Merkwürdigkeiten aus Mecklenburg" zwischen 1978 und 1992 160 einst ansässige Poeten wiederentdecken, von Bayer bis Wuthenow, von Elisabeth Albrecht bis Wilhelm Zierow, und die Mehrzahl der Wiederaufgefundenen hatte Läuschen geschrieben. Reuter also kennt man mit Bestimmtheit. Fallada, der als Rudolf Ditzen in Greifswald zur Welt kam und sich in Carwitz niederließ, zwischen den Seen, desgleichen. Und Ehm Welk. Und, als Ortsdurchfahrt, das Kummerow zwischen Ribnitz-Damgarten und Stralsund, das Welks Heidennest nicht ist. Welks genius loci lag an der Oder, er stammte aus Biesenbrow bei Angermünde; aber sein letzter Wohnsitz befand sich in Bad Doberan, am Ortsausgang, wo die grandiose Allee nach Heiligendamm ihren Anfang nimmt. Das sattrote Siedlungshaus aus hartgebrannten Klinkern, typisch für die Bauweise der dreißiger Jahre, dient heute als eines der wenigen Memorials, über die Mecklenburg verfügt. Der zugewanderte Barlach ist Besuchern ein Begriff, der norddeutsche Holzschneider, der auch Dramatiker war und Erzähler und nicht zuletzt ein bemerkenswerter Epistelograph. 28 Jahre hielt ihn die Stadt an Nebel und Inselsee fest. Überhaupt Güstrow mit einem aus dem Dreigestirn neuniederdeutscher Klassiker, John Brinckman; Güstrow mit dem Barlach-Verweser Friedrich Schult, der ein eigenständiger Kleinmeister schreibend wie bildnerisch war. Johnson und Güstrow. Nebelow bei Brinckman, Wendisch-Burg bei Johnson. Wenn Uwe Johnson nach Öffnung der Grenzen auf Leser in den neuen Bundesländern, denen sein Werk dreißig Jahre vorenthalten wurde, mit der Vehemenz elementarer Gewalt zukam, dann vielleicht, weil sie in der „Ingrid Babendererde" und vor allem in den „Jahrestagen" Mecklenburg als sehr komplexes Gebilde finden, mit einer Geschichte, die oftmals Sonderwege einschlug und dennoch deutsches Schicksal teilte; Beharrungsvermögen in äußeren Dingen wie in

*Kasper-Ohm up den Voßwallach.*
*(Illustration: Adolf Jöhnssen)*

Mentalität, das Bismarck zu dem Bonmot von der fünfzigjährigen Verspätung anregte und Reuter zu dem galligen Paragraphen Eins der Landesverfassung in seinem „Urgeschicht"-Fragment: „Allens bliwwt bi'n Ollen" (Reuter 1904 58). Fontane gar habe über Mecklenburg als komische Figur in Europa gewitzelt, hört man bisweilen. Kürzer als diese drei kann man das Problematische eines Landes in Randlage kaum ausdrücken.

"Zu den Regionaleigenschaften 'des Mecklenburgers' rechneten nach eigener Anschauung und auswärtigem Urteil ... der Sinn für deftige Speisen und Getränke, eine Behäbigkeit ohne Vornehmtuerei, plattdeutscher Humor, laut geäußertes Selbstbewußtsein", schrieb der Volkskundler Ulrich Bentzien (Bentzien 1988 62).

Johnson, genaugenommen Pommer, kannte auch den als schwierig verschrieenen Charakter der Volksgruppe, die „mecklenburgischen Umständlichkeiten" (Johnson 1971 869), für die man sich Zeit nehmen muß, die Dickköpfigkeit: Marie Cresspahl, Gesines Tochter in den „Jahrestagen", „sitzt da und macht den mecklenburgischen Ossenkopp, beide Fäuste gegen die Schläfen" (Johnson 1983 1643). Ich erwähne das insofern: man liest von einer Region ja auch wegen derlei Auskünften. Wortkarg mögen die Mecklenburger sein, sie gelten als stur und linkisch, sobald sie aber ins Erzählen geraten, werden sie weitschweifig. Ausladend.

Uwe Johnson mit seinem unbestechlichen Sinn für Gerechtigkeit und einem phänomenalen Gedächtnis hat die Randzone Mecklenburg in die großen geschichtlichen Zusammenhänge unseres Jahrhunderts eingebunden und den zwei unheilbringenden totalitären Regimes nachgefragt. Die DDR wird, am Beispiel Mecklenburgs, im Gedächtnis bleiben, „wie Uwe Johnson sie dargestellt hat" (Drescher 1992 162). Man weiß, Naturschwärmerei macht noch keinen Roman, wer könnte den verschiedentlich erwähnten und unterschiedlich bewerteten Altenkirchener Probst Kosegarten heut noch lesen? Selbst die liebenswürdigere vielbändige Chronik des Rostocker Mittelstands aus der Schreibmaschine des Reedersohns Walter Kempowski ist, alle Behaglichkeit zugestanden, bei genauem Hinsehen eine Abrechnung. Und Theodor Jakobs Rostocker Abiturientengeschichte „Zwischen sieben Toren", die in Nachschlagewerken pietätvoll unterschlagen wird, sagt, wie es kam zur Kriegsbegeisterung 1914.

Was vor sich geht in Buchwelten, die einem Landstrich gerecht zu werden versuchen und der inneren Logik des Schreibens, der erzählten Geschichte also gleichermaßen, läßt sich in Romanen und Erzählungen Christa Wolfs verfolgen, die, anders als Kempowski, ein Flüchtlingsschicksal mit Mecklenburg verband. Und in späteren Jahren der Nebenwohnsitz Alt Meteln. „Nachdenken über Christa T." und „Kindheitsmuster", die „Kassandra"-Vorlesungen, „Störfall" und „Sommerstück" lassen, im Nebeneffekt, distanzierte Musterung, verhaltene Annäherung an den Landstrich erkennen, ein spätes Gefühl von Heimischwerden und endlich erneutes Abrücken, wo die Idylle zu vereinnahmen droht. Christa Wolf wollte den Landstrich nicht als Kulisse oder Milieu. „Ich möchte auch die Umgebung, alles das, was räumlich zu den Personen gehört, ihnen aneignen", bekannte sie früh (Wolf 1987 312). Besonders aufschlußreich ist ein Vergleich von „Sommerstück" und Sarah Kirschs kleinem Roman „Allerlei-Rauh", da beide auf dasselbe Jahr zurückgreifen, dieselben Handelnden und Erlebnisse, denselben Ort. „Eine Art Mecklenburg kann ich aller Tage hier im Norddeutschen finden, plattes Tellerland mit dem Geestrand, kleine, runde, lächerliche Berglein, das Moor und die Wiesen, die siebenundneunzig Prozent Himmel darüber, die verschiedenen Wolken, wie sie ihn gerade befahren, die gläserne Luft." (Kirsch 1988 45) Die Absage an das Land, das sie verlassen mußte, fällt bei Sarah Kirsch so radikal aus, daß die einstige Wahlberlinerin gleich auch noch das Refugium in Meteln verwirft. Die Zurückgelassenen mögen sich damit trösten, die Vokabeln Geestrand und Moor weisen aus, die Poetesse habe wenig begriffen von mecklen-

burgischen Charakteristika, der Landstrich in seinen komplexen Besonderheiten geht nicht in ein allgemeines norddeutsches Landschaftbild auf. Oder die Zurückgestoßenen halten mit Martin Niebuhr aus den „Jahrestagen" dagegen: „Sagn Sie ruhig Baege. Wenn das auch mecklenburgische Baege sünd. Es sünd Baege!" (Johnson 1973 975)

Macht es einen Unterschied, wenn jemand, als Kriegsfolge beispielsweise, in eine Gegend verschlagen wird, ob er sich endgültig dort ansiedelt und versucht, sich „eine Heimat zu erwerben", wie Johnson wiederholt sagte (Johnson 1980 152), oder ob er nur zeitweilig irgendwo ansässig wird; schließlich, ob er eine Region durch seinen Zweitsitz favorisiert? Nimmt der vorsätzlich sich Umtuende nicht sogar genauer auf?

II.

Mecklenburg und die Fremden, das wäre überhaupt ein Thema für sich. Geburtsort und Land des Aufwachsens haben bei gar nicht wenigen tüchtigen Autoren, die man Einheimische nennen müßte, kaum merkliche Spuren hinterlassen; Adolf Wilbrandt und Max Dreyer, auch Hans Franck waren als Journalisten oder Theaterleute wenigstens eine Zeitlang Großstadtmenschen und lebten im geistigen Klima Berlins, Münchens, Wiens oder Düsseldorfs. Und so der späte Wahlrostocker Johannes Trojan. Das Regionale kommt dann nur als Reminiszens oder als respektvolle Referenz vor, mehr nicht. Dagegen das Lob, die Sachkenntnis durch Fremde, die sich um Annäherung und Aufnahme bemühen: in Benno Pludras Kinderbüchern steckt in einem Halbsatz, in Erich Arendts Gedichten in manchem Vers mehr authentisches Hiddensee als in einer ganzen Legion von Landschaftsbeschreibungen. „Vergessen stehn / der Wälder / schwarze dünne Fahnen" (Arendt 1966 157). Manchmal kam einer, der die Gegend durch Anwesenheit adelte, wie Hauptmann das Länneken. Einer wie der Binnenländer Hanns Cibulka brachte sein Leben damit zu, den Inseln Hiddensee und Rügen ihre Geheimnisse abzulauschen. Und dann Fühmann. Rekurrierend auf ein Shakespeare-Motiv ("Wintermärchen"), erzählt er von einer Fremden, die fremd bleibt in „Böhmen am Meer". Vergessen wir aber auch nicht, daß das Heimatbuch im engeren Sinne dem freieren Gebrauch im Umgang mit landschaftlichen Besonderheiten vorarbeitete und zuarbeitete, eine Abfolge von Generationen wäre hier aufzuzählen, Namen, für die Johann Jakob Grümbke, Gerhard Ringeling, Käthe Miethe, Fritz Meyer-Scharffenberg stehen sollen. Herbert Ewe. Horst Prignitz. Heimatliteratur ist sich ihrer selbst sicher. Es ist ein Sprechen aus der Region heraus, und für sie. Doch selbst in dieser Beziehung zählt wiederum auch die Leistung von Fremden, der fremde Blick: Durchreisenden verdanken wir unschätzbare Aufschlüsse. Zu

Zeiten empfindsamer Reisebriefe war es geradezu Mode geworden, Vandalia aufzusuchen, Wendenland, den Landstrich an der Baltischen See, der Teil gewesen sein mag des ominösen Nebellandes, das die Antike die Welt der Hyperboräer nannte. Der umgetriebene Wilhelm von Humboldt, der englische Lexikograph und Reiseschriftsteller Thomas Nugent und seine Landsleute Charles James Apperley und Geil Scott Forester sowie Sarah Scott, Xavier Marmier aus Frankreich, der Däne Marcus Christian Bech und der Pole Jan Potocki sind zu nennen. Den Alten gelang noch die Einheit von Faktischem und subjektiver Befindlichkeit; sie erzählten von erfahrenen Gewißheiten. Alle diese schriftlich überlieferten Kunden gipfeln in Ricarda Huchs genauem Blick, der gründliche Kenntnis und Außensicht zusammenzieht im zutreffenden Urteil. Wismar, beispielsweise, attestierte Ricarda Huch „Schwermut" der „Erscheinung", und entsprechende Stimmungsbilder fand sie für die Stadtsilhouetten von Stralsund und Rostock.

Rostock war Curt Goetz' Ort ersten Bühnenengagements und Beginn seiner Karriere. Und ein spätes Erinnerungsbuch wert, die „Memoiren des Peterhans von Binningen"; Tucholsky und Kästner wurde Warnemünde Durchgangsstation auf dem Weg von Berlin nach Skandinavien. Und so Rügen Strindberg, in umgekehrter Himmelsrichtung.

Das wirkt nun ein bißchen wie namedropping, es klingt nach einem Namens- und Titelkarussel, ist es aber nicht. Soll es nicht sein. Im Gegenteil, dies hier stellt die Zusammenfassung von Einzeluntersuchungen dar (Grambow 1990 1994), das kann man nachlesen. Die Aufzählung muß zu einem Abschluß gebracht werden. Günter Grass, der von dem Maler Philipp Otto Runge ein Sujet geerbt hat und in seinem Jahrtausendgang „Der Butt" (und in seinem erzählerischen Abgesang „Die Rättin") auch Rügen streift, durchstreift, umschifft, beredet, gehört dazu und ist latent anwesend.

III.

Der Böhme in Preußen, wie Fühmann von sich gelegentlich mit Selbstspott sprach, dieser Mann jäher Brüche und schroffer Verlagswechsel, unstet und unbehaust, hatte durch seinen Stammverlag Hinstorff so etwas wie einen ruhenden Pol im Norden gefunden. Die Werft als Studienobjekt Bitterfelder Bemühungen, Barlachstudien, die mehr als Brotarbeit darstellten, die anrührende Novelle von der fremd bleibenden Binnenländerin an der Küste, Gehlsdorf als Ort der Heilung von Alkoholproblemen; alles das hatte dazu geführt, daß Fühmann dem Verlagshaus auch nach Batts Tod und Reichs Abschied die Jubiläumsrede zum 150jährigen Bestehen im Rostocker Rathaus hielt, eine kenntnisreiche Rede voller Witz und An-

spielungen und Erinnerungen. Da berührt es denn eigenartig, wenn derselbe Franz Fühmann in seinen Briefen eine so ganz andere Sicht auf Mecklenburg und damit quasi ein zweites Gesicht offenbart.

Freilich hatte er sich schon in dem philosophisch-konzeptionellen Briefstreit mit Kurt Batt an einer Formulierung seines Lektors festgehakt und gekontert, statt Abwartehaltung schlage er, Batt, etwas Schlimmeres vor, „nämlich Rekurs auf die Provinz." In übertreibender Verdeutlichung polemisierte er, absichtlich mißverstehend: „Ich stehe lieber im Winkel und lese dort Flaubert als mit stolzer Miene vor der Front und Sakowski in der Hand" (Fühmann 1994 137).

In Briefen an eine Lyrikerin im Schwäbischen brandmarkt er dann das Unechte wiederbelebter Volkskunsttraditionen, indem er von „Meckelenbörg" spricht (Fühmann 1994 235). Dieses wohlfeil zu Imitierende ärgert durch die vorgebliche bärige Gemütlichkeit, wie man sie aus Fernsehunterhaltungen kannte und, das scheint gesellschaftsunabhängig, kennt. Fühmanns Zorn auf das bodenständig Biedermännische hat einen sehr realen Grund, und der hängt mit dem Umgang der Macht mit den Schriftstellern, mit allem Geistigen zusammen. Das kulminierte lediglich in Biermanns Ausbürgerung 1976 und den vielen Ausreisen danach. Lieber seien ihm die Praktiken ungeschminkter Konfrontation gewesen, schreibt er. „Da hieß es: Die S. Kirsch schreibt traurig und melancholisch, kreuzigt sie. Das war dann noch ehrlich. Jetzt heißts: Große Dichterin, ja, sehr groß. Und es scheint, als schriebe sie traurig, ist ja aber gar nicht wahr. Höchstens bißchen Stimmung bei, na ja, darf sie doch, nöch? So büschen, so lütten büschen, nöch? Aber sonst so herzig, ganz rosenrot, eben büschen traurig manchmal bei, nöch, aber bloß büschen. Und sehr große Dichterin, ja, sind wir ja alle für, fürs Rosenrote, nöch, das meint die nämlich. Muß man nur genau hingucken, ja, das andere ist so poetische Freiheit oder wie das heißt, nur nicht jedes Wort mit der Goldwaage messen und auf die strenge Elle legen, nöch!" (Fühmann 1994 161). In abgrundtiefer Verachtung spricht Fühmann von „Provinzialliteraturverwaltung" (Fühmann 1994 136).

Nun läßt es sich nicht leicht entscheiden, was für einen Schriftsteller schwerer zu ertragen ist, Zuwendung oder Verkennung. Von Förderung ganz zu schweigen, schon Verständnis, halbwegs adäquat den schriftstellerischen Besonderheiten, ist schwer zu erlangen. Brinckmans Biograph Otto Weltzien schrieb resignierend: „Als Dichter freilich hat ihm [Brinckman] Güstrow nicht allzuviel Ehren gebracht. Aber das ist, wenn man von dem einen wunderbaren Fall Reuter absieht, überall und immer so in Mecklenburg" (Weltzien 1914 42).

Fritz Meyer-Scharffenberg wurde bei einer Lesung

von einem örtlichen Funktionär als „unser beliebter Kreisdichter" (Meyer-Scharffenberg 1977 28) angekündigt, eine Formulierung, bei der man vor Scham in die Erde versinken könnte.

Rudolf Walter Leonhardt sprach erst jüngst, bezogen auf traditionsbezogenes Schriftgut einer anderen ostelbischen Region, von den „opportunistischen Trivialitäten" einer Heimatliteratur, die „im Gewesenen sucht nach dem von oben Gewünschten" (Leonhard 1994). Den mittleren Begabungen mußte sich nach der Wende der Eindruck aufdrängen, es gehe gar nicht um staatsnah oder autark, sondern um geringere oder gesicherte Talente, um Auftreten, um Charisma oder fehlende Ausstrahlung außerhalb des Geschriebenen. Mecklenburg taugt da so gut wie jedes andere auf Stammesursprünge zurückgehende, also halbwegs homogene Bundesland, den Zusammenhang von regionaler und Nationalliteratur, die sich wiederum zur Weltliteratur ins Verhältnis setzen muß, zu beleuchten.

## IV.

Wer Erzählen und Region zusammenbringen will, befindet sich grundsätzlich in einem Dilemma. Das gewandelte Verhältnis der Linken zum Partikularen macht das am signifikantesten. Der mit Verachtung bedachte, in den 60er Jahren gängige Begriff der „Provinz" wurde im Verlauf der 70er Jahre, als die SED Regierungsgewalt übernahm und die APO ihre Bedeutung eingebüßt hatte, durch das wertneutralere Wort von der „Region" ersetzt.

Als 1992 in der „Regionalbibliothek Lüneburger Heide" in Soltau Hochschulgermanisten und Heimatforscher das Thema Dialekt- und Regionalliteratur erörterten, sprach der Göttinger Germanist Dieter Stellmacher vom „kollektiven Differenzbewußtsein ... gegenüber dem Gesamtstaat" (Soltauer Schriften 1 1992 29), und er wagte so etwas wie eine definitorische Einkreisung des Begriffs, die hier teilweise wiedergegeben sein soll. Es handele sich bei Regionalliteratur um „die Literatur, die eine Region stofflich, thematisch, sprachlich in den Mittelpunkt rückt; Regionalliteratur muß im Lokalen verwurzelt und vom Regionalen veranlaßt sein". Das „Verhältnis von Regionalliterarur und Dialektliteratur vollzieht sich im Spannungsfeld von konkreter ... Gegenständlichkeit ... und im Verzicht auf überregionale Wirkung." Schon das Wort sei „ein ästhetisch-qualitativer Begriff, und zwar im Gegensatz zur Hochliteratur (vgl. die Absurdität, Christian August Vulpius und Goethe als weimarische Autoren zusammenzustellen); deshalb muß Regionalliteratur alles Literarische aufgreifen, nicht nur das Ambitionierte, das Hochliterarische". Abgesehen von dem Fehlgriff mit den beiden Namen mag sich das so verhalten, aber ist die Frage nicht vielmehr, ob sich das Schriftgut einer Region auch das ambitionierte Hochliterarische einverleiben darf?

Wieder stimmiger wird es, wenn man sich den Aufgaben einer Regionalliteraturforschung zuwendet. Nach dem Kölner Johnson-Forscher Norbert Mecklenburg sei nämlich nicht das literarische Werk allein, sondern das literarische Leben des betreffenden Gebietes vorrangiges Thema (Mecklenburg 1982 180-302, 1991 345).

## V.

Erzählen, ganz allgemein, das hat sich herumgesprochen, braucht Abstand, benötigt zeitliche oder räumliche Distanz; auf den katholischen Süden Deutschlands mag Fallada so gut norddeutsch wirken wie Fontane. „Auch ich ließe einen Kriminalroman nicht in Stralsund spielen, schriebe ich je einen", bekannte Fritz Rudolf Fries in den „Seestücken" (Fries 1973 91). Manchmal taugt Mecklenburg wenigstens für einen Vergleich, wenn denn schon nicht als Schauplatz. In seinem Stück Reiseprosa „Aus einem römischen Winter" kommt Andersch ein merkwürdiges literarisches Bild in den Sinn: „Zu Füßen des südlichen Kaps wanderten wir durch vollkommen einsame Wälder aus Eichen und Eukalypten, ruderten wir auf dem Paola-See, dessen Ufer uns mit Weizenfeldern und Laubhainen an Mecklenburg erinnerte". Merkwürdig ist der Bezug, der Vergleich, nur insofern, als Andersch zwar ein mecklenburgisches Fischerdorf, Rerik, zum Handlungsraum seines Romans „Sansibar oder Der letzte Grund" gemacht hat, aber ob er je die Schauplätze seines ersten Romans aufgesucht hat, läßt sich mit Bestimmtheit nicht sagen (der Regisseur Bernhard Wicki hat, er drehte in Wismar).

Das Wort „fabelhaft" ist doppelsinnig, Rügen, Vorpommern verflüchtigen sich zum bloßen Gerücht, wenn der Franzose Marcel Proust den Arzt Gottard in seinem berühmten Roman im Hause Verdurin parlieren läßt: „Ich behandle zur Zeit eine Baronin, eine Baronin Putbus: die Putbus waren doch schon bei den Kreuzzügen mit dabei, nicht wahr? In Pommern haben sie einen See, der zehnmal so groß ist wie die Place de la Concorde." (Proust 1974 369) Im Mecklenburgischen waren die Träumer, als die Dichter gemeinhin gelten, nicht selten handfeste Leute. Sie mußten wohl auch paktisch veranlagt sein und nüchternen Sinns, um aus den unterentwickelten Verhältnissen von Herkunft und Land herauszukommen. Nicht nur in abschätzigen Redensarten über Schulmeister, Advokaten, Behörden, über Städter ganz allgemein, in der Mundart- und Volksliteratur wird das auf das Derbste sichtbar. Nennt man Johann Heinrich Voß, den Homerübersetzer, oder den Ausgräber von Troja und Mykene, Heinrich Schliemann, der in bürgerlichem Beruf Kaufmann war, ist das zu spüren;

selbst bei Erwähnung des Erzählers Heinrich Seidel wurde immer auch dem gelernten Maschinenbauer und Konstrukteur der Kuppelkonstruktion des riesigen Anhalter Bahnhofs von Berlin Respekt gezollt. Man kann die Geburtsstätten aufsuchen, Ankershagen und Perlin.

## VI.

Gedichte, schön wie Weizen. Ein entstehendes Verbundeuropa weckt Hoffnungen auf zunehmende Bedeutung der Regionen als Gegengewicht und Ausgleich. Bei Greifswald, in Kanzow, hat ein den bildenden Künsten Verbundener eine Koppel für Plain Airs geöffnet. Im Sommer 1994 wollte er die Kulisse aus arrangiertem Findlingsgestein, behauenem Holz und Metall beleben durch ein Dichterfest. Barden, die ihre Verse aus dem Kopf hersagen können und über das entsprechende Stimmvolumen verfügen, gegen Pommerns ewige Winde und die Weite der Wiese anzukommen, eigenartige Doppelbegabungen, sind entsprechend rar. Nun war an die Einladung nach Kanzow noch eine zweite Bedingung geknüpft, die Verse sollten modern sein, was immer man unter „modern" versteht. Wen empfehlen? Wer kann in Mecklenburg von Poesie leben, wer dichtet herausfordernd avantgardistisch, überhaupt innovativ? Ein Bert Papenfuß-Gorek mag dreist in Stavenhagen geboren sein, mit seinem Namen assoziiert der Leser die Szene vom Prenzlauer Berg, nicht Mecklenburg. Am Ende lasen in Kanzow die Verfasserinnen von Kriminalromanen, davon leben einige wenigstens in Hamburg. Was haben diejenigen, die einer bestimmten Provinz Tribut zollen oder ihr ganz und gar verhaftet sind, im Medienverbund eines auf Vorurteile (Mecklenburger haben so und so zu sein) und Spitzenleistungen oder wenigstens Kurzweil orientierten Publikums noch Lesern schon wenige Kilometer jenseits der Grenzen zu sagen? Man läßt Schiffe mit Dichtern die Häfen aller Ostseeanrainer anlaufen, aber die Mitfahrenden treten auf als Abgesandte, nicht als durch Literatur Legitimierte. Was kann das Land tun, das geistige Klima zu verbessern? Wird nicht, kraß heraus gesagt, zunehmend dafür Geld bezahlt, daß Autoren einer Region von Veröffentlichungen absehen? Fragen, immer nur Fragen.

## VII.

Einen übergeht man leicht, wenn von Vorpommern die Rede ist, weil er in Großstädten seine Lebenszeit zubrachte, in Paris und Berlin und in München, wo auch der gebürtige Greifswalder Wolfgang Koeppen sich niederließ. Und man übergeht ihn, weil er von den Herrschenden in seinem Herkunftsland vorsätzlich der Vergessenheit anheimgegeben war, obwohl seine Art zu erzählen selbst einem dogmatischen Realismus-Konzept wenig Anstößiges böte. Aber er hatte die Eigenart, neben Büchern Karten zu schreiben und zu verschicken und auf diesen einzuladen zu den Jahrestagungen der langlebigsten literarischen Gruppierung Nachkriegsdeutschlands. Der aufmüpfigen „Gruppe 47". Sie verstand sich als nonkonformistisch, wenigstens das. Der Mann mit der norddeutschen Satzintonation und einem dickschädelig behaupteten Willen stammte aus Berlins einstiger und wiedererstehender Badewanne Bansin; Usedom. Er heißt Hans Werner Richter. Über „Deutschland, deine Pommern" ließ er wissen: „Die Vorpommern leben oder lebten bekanntlich westlich, die Hinterpommern aber östlich der Oder. Die Bezeichnung Vor- oder Hinterpommern ist in Deutschland einmalig. Das 'Vorn' und 'Hinten' hängt ja von dem jeweiligen Blickpunkt ab. Sehe ich es von Osten, so sind die Hinterpommern die Vorderen und die Vorpommern die Hinteren, und sehe ich es von Westen, so ist es umgekehrt. Jene also, die ganz Pommern in Vorn und Hinten einteilen, müssen es immer nur von Westen her gesehen haben." (Richter 1990 31)

Ein Genauigkeitsfanatiker wie Johnson, ein Sophist, ein Schelm? Richters Sätze beziehen sich auf Vorväterzeiten und wurden 1970 geschrieben, doch klingen sie eigenartig aktuell. Aber dieser Blickpunkt nur von Westen her läßt sich ja ändern, glücklicherweise. Man kann vor Ort und mittenhinein und seinen eigenen Roman erleben.

Genaueres läßt sich über Stätten für Literatur und die Vorbilder literarischer Landschaften in der Wirklichkeit nicht sagen, Kummerow und Orplid, das Welk von fernher leuchtete, Thule, Vandalia und Vineta tragen viele Namen. Nebelow und Jerichow, neuerdings. Der spielerische Umgang mit dem Vertrauten – manche sprechen von Klischee –, die jähe Wendung des sattsam Bekannten ins Unerwartete und die Entdeckung von völlig Anderem, Neuem, ergeben zusammen erst, in der Kombination, Literatur. Der Bruch aller Regeln also, auf den man sich, als einziges, verlassen kann.

Literatur

| Andersch 1979 | Alfred Andersch, Aus einem römischen Winter und andere Reisebilder. Berlin 1979. |
| Arendt 1966 | Erich Arendt, Unter den Hufen des Winds. Ausgewählte Gedichte 1926-1965. Hrsg. von Volker Klotz. Reinbek 1966. |
| Batt 1967 | Kurt Batt, Fritz Reuter. Leben und Werk. Rostock 1967. |
| Bentzien 1988 | Ulrich Bentzien Mecklenburgische Volkskunde. Rostock 1988. |
| Drescher 1992 | Horst Drescher, Meissnische Dankrede, in: Sinn und Form Berlin, 1/1992. |
| Fries 1973 | Fritz Rudolf Fries, Seestücke. Rostock 1973. |
| Fühmann 1994 | Franz Fühmann, Briefe. Rostock 1994. |
| Grambow 1990 | Jürgen Grambow, Literaturbriefe aus Rostock. Frankfurt am Main 1990. |
| Grambow 1994 | Jürgen Grambow, Gezeiten der Literatur östlich der Elbe. Hamburg 1994. |
| Johnson 1971/73/83 | Uwe Johnson, Jahrestage. Aus dem Leben der Gesine Cresspahl. Bd. 2, 3 und 4, 1970, 1971, 1973. |
| Johnson 1980 | Uwe Johnson, Begleitumstände. Frankfurter Vorlesungen 1980. |
| Kirsch 1988 | Sarah Kirsch, Allerlei-Rauh. Stuttgart 1988. |
| Leonhardt 1994 | Rudolf Walter Leonhardt, Über de Bruyn als Nachfolger Fontanes, in: Die Zeit, Hamburg, 25. März 1994. |
| Mecklenburg 1982 | Norbert Mecklenburg, Erzählte Provinz. Regionalismus und Moderne im Roman. Königstein/Ts. 1982 180-302. |
| Mecklenburg 1991 | Norbert Mecklenburg, Verfremdete Nähe – Aspekte des Problemfeldes "Literatur und Region", in: Diskussion Deutsch 22, 1991. |
| Meyer-Scharfenberg 1977 | Fritz Meyer-Scharffenberg, Unter dem Poetenhut. Berlin 1977. |
| Proust 1974 | Marcel Proust, Auf der Suche nach der verlorenen Zeit, in: Swanns Welt (Bd. 1). Berlin 1974. |
| Reuter 1904 | Fritz Reuters sämtliche Werke. Vollständige, kritisch durchgesehene Ausgabe in 18 Bänden. Hrsg. von Carl Friedrich Müller, Leipzig 1904, Bd. 17. |
| Reuter 1960 | Fritz Reuter, Memoiren eines alten Fliegenschimmels. Rostock 1960. |
| Richter 1990 | Hans Werner Richter, Deutschland deine Pommern. Wahrheit, Lügen und schlitzohriges Gerede. Rostock 1990. |
| Soltauer Schriften 1992 | Soltauer Schriften. Schriftenreihe der Freudenthal-Gesellschaft, Soltau 1, 1992 29-32. |
| Vitense 1920 | Otto Vitense, Geschichte von Mecklenburg. Gotha 1920. Hier nach: Reprint, Würzburg 1985. |
| Weltzien 1914 | Otto Weltzien, John Brinckmans Leben und Schaffen. Hamburg 1914. |
| Wolf 1987 | Christa Wolf, Unruhe und Betroffenheit. Gespräch mit Joachim Walter, in: Die Dimension des Autors II. Berlin und Frankfurt am Main 1987 312. |

# Antjekathrin Graßmann

# MECKLENBURG UND SEINE NACHBARN:
# DER BAU DER SCHWERIN-LÜBECKISCHEN CHAUSSEE

*Mir ist nicht bange, daß Deutschland nicht eins werde; unsere guten Chausseen und künftigen Eisenbahnen werden schon das ihrige tun (Goethe zu Eckermann 1828).*

Eine Rückschau auf tausend Jahre Mecklenburg verlangt auch einen Blick auf das Verhältnis zu seinen Nachbarn. Man kann demographisch vorgehen oder den kulturellen Austausch betrachten oder auch die wirtschaftlichen Beziehungen prüfen. Dann würde ganz von selbst ein Bild des Umgangs miteinander und der politischen Aktionen und Reaktionen deutlich werden. Und schließlich könnte man vielleicht dann die Eigentümlichkeit Mecklenburgs, gespiegelt in der Beziehung zu seinen Nachbarländern, plastisch hervortreten sehen, wie sie sich äußerte, aber auch wie sie durch diese Nachbarn im Laufe der Geschichte geformt wurde. Um Vollständigkeit und Treffsicherheit eines abgewogenen Urteils zu erreichen, müßten jedoch nicht nur die Kontakte und Reibungspunkte mit den Nachbarn – zeitweise waren dies ja sogar Mächte jenseits der Ostsee, Schweden und Dänemark, – gewertet und gewichtet werden, sondern in erster Linie kämen natürlich die Beziehungen zu den direkten territorialen Nachbarn, wie Pommern, Brandenburg, Sachsen-Lauenburg und nicht zuletzt der Reichsstadt Lübeck, in Frage. Alle diese Anrainer unterlagen freilich auch dem Zwang ihrer eigenen politischen, wirtschaftlichen und geographischen Gegebenheiten, wodurch ihr Umgang mit Mecklenburg bestimmt wurde. Konkurrenzen, aber auch Gleichartigkeiten ließen Probleme schwerer lösbar erscheinen oder auch relativ unfühlbar werden. Insgesamt lagen die besprochenen Räume mehr am Rande der europäischen Geschichte und wurden seltener in den Sog der großen Politik hineingezogen.

Diese mehr allgemeinen Betrachtungen müßten durch vergleichende Einzeluntersuchungen illustriert werden, was sicher lohnen würde und zu einer Art Mentalitätengeschichte der deutschen Territorien beitragen und damit vielleicht der Erklärung des allgemeinen deutschen Geschichtsverlaufs dienen könnte.

Aber bleiben wir beim Einzelfall und wenden uns dem Konkreten zu! Zum Unterschied zu den Flächenstaaten um Mecklenburg herum bildet Lübeck als städti-

sches Individuum andere wirtschaftliche und demographische Wirkungskräfte aus, bringt eine besondere Art von „Magnetismus" ins Spiel. Es seien nur die Stichworte für Lübeck genannt: überregionaler Handel, zeitweise von europäischer Bedeutung, Anziehungspunkt für Menschen und Waren, – einfach die wirtschaftliche Attraktion für Westmecklenburg, dadurch die Konkurrenz zu Wismar und Rostock, aber auch Orientierungspunkt für deren Politik. Denken wir z.B. an die frühneuzeitlichen Aufstände, deren Funke von Lübeck auf Rostock und Wismar übersprang. Vereinfacht gesagt: Gegenüber Territorien, deren geschichtliche Ausstrahlung nicht verkannt wird und deren dynastische Veränderungen und Verbindungen die deutsche Landkarte irreversibel geprägt haben, ist eine Stadt ein lebendiges Kraftzentrum für ihre Umgebung, läßt sie nicht unbeeinflußt. Dieses Phänomens in allen seinen Äußerungen, Verästelungen und Wirkungen hat sich die Forschung schon ausführlich angenommen (Schulze 1985). Selbstverständlich ist dieser „Magnetismus" im Laufe der Zeit stärker oder weniger stark und hat auch unterschiedlichen Charakter. So hat die Stadt zwar ihren politischen Einfluß verloren, ist aber nach und nach mehr zum sozialen und wirtschaftlichen Phänomen in allen seinen Auswirkungen für ihr Umfeld geworden.

Lange zurück lag es daher, daß den mecklenburgischen Herzögen die Hansestadt Lübeck als politischer Machtfaktor erschienen war, als man sich zu Anfang des 19. Jahrhunderts in ganz Deutschland, ja in ganz Europa, mit neuen wirtschaftlichen Entwicklungen konfrontiert sah, die unabweisliche Entscheidungen verlangten, welche im Grunde bis heute fortwirken. Ich denke an die Notwendigkeit, sich dem neuen verkehrstechnischen Fortschritt zu öffnen. „Gute und sichere Straßen sind die erste Bedingung eines lebhaften Verkehrs im Innern der Länder... Überfluß kann dahin geführt werden, wo Mangel ist" (v. Rotteck 1848 520). Etwa seit der napoleonischen Zeit entwickelte sich, zuerst in Frankreich, dann auch in England, das Bewußtsein von der Notwendigkeit, den inneren wirtschaftlichen Kreislauf des Landes durch den Ausbau der bis dahin unzureichenden Fernwege zu fördern. Auch dies veränderte die politische Vorzugsposition der Stadt, die insbesondere die Reichsstädte bis zur

Zeit des Merkantilismus innegehabt hatten. In Deutschland trat zuerst Baden in diese Entwicklung ein, und ein eigenes Kapitel ist die zentralistische preußische Verkehrspolitik (Voigt 1965 433ff.).

Bis dahin waren auch die großen Straßen Landwege gewesen, selten gepflastert, nur durch Steine, Zweige ausgebessert, mit grundlosem Sand oder bei Regen durch Schlamm fast unbefahrbar. Zahlreich sind die Klagen. „Den linken Arm trage ich in einer Binde, und ich wäre glücklich, wenn ich den Kopf auch in einer tragen könnte, so zerschlagen ist mir. Ich habe binnen acht Tagen kein vernünftiges Wort denken können, wer weiß, ob ich es jemals wieder lerne". So Johann Fürchtegott Gellert nach einer Postkutschenreise (Voigt 1965 426). „Besonders berüchtigt waren die jetzt chaussierten Landstraßen von Wismar und Schwerin nach Lübeck", und „auf solchen Strecken zerbrochene Wagen, krepirte Pferde, auf Vorspann wartende Pferde anzutreffen, war eben nichts seltenes" (Raabe 1863 155). Dabei gehörte Mecklenburg schon seit den Anfängen Lübecks zu dessen wirtschaftlichem Hinterland, auch wenn R. Keibel 1926 behauptet, daß eben bis ins 19. Jh. fast kein nennenswerter Hinterlandverkehr hierher bestanden habe (Keibel 1926 70). Schon im Reichsfreiheitsbrief Kaiser Friedrichs II. von 1226 für Lübeck wird nämlich die Handelsbeziehung nach Mecklenburg mit dem Hinweis insbesondere auf die Orte Wittenburg und Schwerin festgeschrieben. Umständlichkeit, Schwerfälligkeit, lange Reisedauer und Unfälle charakterisierten den Überlandverkehr, ja in älteren Zeiten auch Raubüberfälle. So stellen die Erwähnungen solcher Verbrechen an reisenden Kaufleuten für uns die wichtigsten Informationen über den Straßenverlauf hansischer Straßen im Mittelalter dar (Bruns 1962 169ff).

Es war ja auch noch nicht lange her, als man Straßensteuer als Einnahmequelle angesehen und die Furcht, durch gute Straßenverbindungen auch dem Feind den Einmarsch in das eigene Territorium zu erleichtern, jede straßenfördernde Aktivität behindert hatte. Auch das Verlustiggehen der Ruhe, der Abfluß von Kapital waren Argumente gegen die Verbesserung der Straßen gewesen, ebenso wie die Einsicht, daß der häufige Zwang zum Haltmachen das Gastwirt- und Stellmachergewerbe fördere. Dabei sind die Straßen – ich lasse hier die Funktion und Qualität der Wasserstrassen beiseite – d i e Kommunikationsadern, – eine Erkenntnis, die nicht nur Friedrich List bei seinen Visionen einer wirtschaftlichen Einigung Deutschlands vorschwebte: „Einer der größten Hebel des Nationalwohlstandes und der Zivilisation nach allen ihren Verzweigungen" (Wendt 1920 10) ist das „Nationaltransportsystem" und damit die Verbesserung der Straßen. So waren die Jahre von ca. 1825-1845 die große Zeit des Chausseebaus, als die Eisenbahn die Straßenver-

bindung noch nicht in den Schatten stellte und sie sich dienstbar machte. Sowohl Mecklenburg als auch Lübeck erbauten seit 1827 ihre ersten Chausseen. Mecklenburg zuerst die Strecke Grabow-Boizenburg im Rahmen der Verbindung Hamburg-Berlin (Wagner 1922, Paeper 1931, Thimme 1931, Archiv 1854 477ff., Archiv 1856 275 ff., Voigt 1965 430 ff., Behrens 1839 2 354f.) Vielerlei Überlegungen, welche Verbindungen in erster Linie zu realisieren wären, stellte man an, – nicht immer nach verkehrs- und wirtschaftsgeographischen Grundsätzen, sondern man dachte häufig kleinstaalich. Politische Gegensätze, nach dem Wiener Kongreß festgeschrieben, hatten die Schaffung künstlicher Wirtschaftseinheiten zur Folge (Timme 1931 89). Noch heute hat man darunter zu leiden, wenn Straßen- oder auch Eisenbahnverlauf anscheinend wider die Vernunft und wider alle topographischen Gegebenheiten gestaltet ist. Hier soll nun am Beispiel der Chaussee Schwerin-Lübeck betrachtet werden: 1. wie dachten Lübeck und Mecklenburg über den sie beide verbindenden Chausseebau, 2. inwiefern war diese Denkweise typisch für beide, und 3. wie fügte sich diese Verbindung ein?

„Zunächst nach der Verbesserung der Communication mit Hamburg dürfte wohl die Chaussierung der Straße nach Schwerin hiesiger Seits am meisten und dringendsten gewünscht werden, da sie nach einer bevölkerten und aufblühenden Hauptstadt führte, die bei leichterer Zugänglichkeit, für sich und die reiche Umgebung einen noch größeren Teil an Wein, Colonial-Waaren und anderen Gegenständen von hier beziehen würde als es bis jetzt schon der Fall ist," so schrieben im Mai 1838 „einige nach Mecklenburg Handelnde und Reisende" in Lübeck. Sie haben auch, so erwähnen sie, schon im vorigen Jahr, „sich durch ihre Unterschrift zu einem bedeutenden Beitrag des Baus einer Chaussee nach Schwerin" bereiterklärt. Die Idee einer Modernisierung der Verbindung nach Schwerin ist aber älter. Nachdem die Verbindung von Berlin nach Hamburg auch durch mecklenburgisches Territorium fertiggestellt war (1827) wurde 1834 „der Sinn rege" (AHL ASA, Interna, Wege 21), (Übrigens wird hier schon eine künftige Eisenbahnverbindung geplant!) für Verbesserung unserer (d.h. der Lübekker) „Kommunikationswege" mit näher oder ferner liegenden Nachbarstaaten. Damals wurde erkannt, daß zur Erreichung der Resultate, wie sie andere Länder vorzuweisen hatten, Lübeck etwas tun mußte. Die Vorteile seiner geographischen Lage (Hafen!) ließen sich nur durch gute Verbindungsstraßen ins Innere Deutschlands realisieren. Allerdings hatten die Verhandlungen damals noch nicht viel Erfolg gehabt, da die Nachbarstaaten nicht immer die eigenen Vorteile in den Vorschlägen erkannten. Zudem verhinderte der Mangel an Geldmitteln eine nachdrückliche Verfolgung der Pläne. So sieht es auch der Verfasser von „Betrachtungen über die Chausseen in Mecklenburg-Schwerin" 1856 im Rückblick: „Während noch vor 30 Jahren die Erbauung kostbarer Chausseen für eine Landes-Calamität gehalten wurde und man wohl noch die Aeußerung vernahm, daß schlechte Landstraßen, als Beweis der Freiheit im Lande, zu loben wären, sind dennoch, seitdem schon 140 Meilen der solidesten und besten Chausseen erbauet." 1846 haben von den 40 mecklenburgischen Städten 25 Anschluß an eine Kunststraße. 1856 gab es 139 1/2 Meilen Chausseen (Archiv 1856 27f 275). So war es der Landdrost von Wrisberg aus Schönberg, der sich im März 1831 an Lübeck wandte (AHL ASA 22/1) und eine Verbindung Lübeck-Schwerin vorschlug, aus der ein „anerkannter Nutzen für Mecklenburg" entstehen würde. Sie sollte über Rehna und Gadebusch führen, da diese Städte einen Vereinigungspunkt für die umliegende Landschaft bildeten, obwohl eine etwas größere Entfernung in Betracht gezogen werden müßte. Für die frühen Chausseeverbindungen ist der Charakter des gleichzeitigen Nah- und Fernverkehrsmittels typisch. Die Vorteile für das diesseitige Publico (d.h. also die Mecklenburger) seien der vorteilhaftere Absatz aller Produkte auf einem nahegelegenen bedeutenden Handelsplatze und die Verbindung zwischen Lübeck und Schwerin und Ludwigslust, damit der Kunststraße Hamburg-Berlin. Dies würde auch die Verbindung zwischen Ostsee und Elbe fördern. Voraussetzungen wären die Chaussierung auf Lübecker Gebiet bis zur Grenze hinter Schlutup, die unentgeltliche Verabfolgung von Material und die Unterstützung beim Handelsstand zur Aktienzeichnung. Bekanntlich hatten Gesetze, z.B. 1822 in Preußen, zur Bildung von Aktiengesellschaften die „Gemeinschaftsaufgabe" Kunststraßenbau gefördert (Kellenbenz 1981 109, Wagner 1922 66). Aus Lübeck antwortete man im Oktober ausweichend, meinte aber (AHL ASA 22/1), daß wohl die von Wrisberg vorgeschlagene Trasse besser sei, als wenn nur Dassow berührt würde. Lübeck werde demnächst bis Schlutup chaussieren. Man sah allerdings Probleme in der unentgeltlichen Lieferung von Material, glaubte aber, daß der Nutzen für den Handelsstand so groß sein wird, daß er Aktien zeichnen werde. Der Briefwechsel scheint dann zwei Jahre geruht zu haben, bis – die Fertigstellung der Schlutuper Chaussee war herangerückt – die Lübecker 1833 ein Vorschlag von Justizrat Paepke auf Lütgenhof erreichte, der die Verbindung von Lübeck nach Schwerin über Dassow (damit gleichzeitig Nutzung einer Verbindung nach Wismar) und über Zickhusen am Nordende des Schweriner Sees (dabei auf die 1834 fertige Kunststraße Schwerin-Wismar treffend) empfahl (AHL ASA 22/1).

Im Januar 1834 unternahm die Lübecker Krämerkom-panie durch ein Promemoria einen erneuten Vorstoß (AHL ASA 21, 22/1). Auch die Macht der Hansestädte hätte auf dem Flor von Handel und Schiffahrt beruht. Hansezeiten seien zwar vorüber, aber der Landhandel mit Mecklenburg sei sehr bedeutend, drückende Einfuhrverbote bestünden nicht, besonders der Getreidehandel sei zu fördern und daher solle die Chaussee geschaffen werden, insbesondere um Hamburg und Bremen auszuschalten. Die Großherzoglich-mecklenburgische Landvogtei des Fürstentums Ratzeburg betonte im Januar 1834 (AHL ASA 22/1), daß eine Chaussee auf alle Fälle bis nach Schönberg gebaut werden solle, so daß für eine Chaussierung von Schlutup nach Dassow vorerst keine Erlaubnis erteilt werden würde. Im März legte die Lübecker Wegebaudeputation dem Senat (AHL ASA 22) weit ausholend unter dem Motto dar: „Es scheint unseren Zeiten vorbehalten zu seyn, so weit als möglich durch die Kunst das zu ersetzen, was die Natur uns versagt hat. Wir müssen uns eine leichte und sichere Kommunikation mit dem Innern Deutschlands eröffnen", um so mehr da die Eisenbahn noch in weiter Ferne ist. Sehr wichtig sei die Chaussee von Lübeck nach Schwerin, da Gefahr bestünde, daß durch guten Kunststraßenbau die mecklenburgischen Häfen Aufschwung nehmen und auch eine Elde-Wasserstraßenverbindung geplant ist, die Elbe und Ostsee verbinden würde.

1830 hatte der mecklenburgische Landtag allgemeine Grundsätze für die Wegebauarbeiten festgelegt. Sie sollten nicht zu Staatsunternehmen werden; es gab also keine zentralistische Straßenbaupolitik. Regierung und Stände entschieden, ob gebaut werden soll. Die Obrigkeit behielt sich nur die Genehmigung und die technische Bauaufsicht vor. Die Mittel mußten privat aufgebracht werden, der Staat gab nur 10.000 Reichstaler für jede fertige Meile – sie kostete ca. 30.000 Reichstaler – in die Kasse des Unternehmens. Die Finanzierung des Schuldendienstes sollte durch Chausseegeldeinnahmen erreicht werden.

Auf alle Fälle – meinte man in Lübeck – sollte man die Verbindung nach Zickhusen nicht fördern. Sie ermögliche späterhin durch den Eldekanal den Zustrom böhmischer Waren in die Ostseegebiete. Lübeck dürfte dieses Projekt daher am besten gar nicht zur Ausführung kommen lassen. Grundsätzlich wolle man erst einmal privat weiterverhandeln und die Regierungen außen vor lassen. Bei den Privatverhandlungen, so die Lübecker Bürgerschaft am 28.3. 1834, soll man aber durchblicken lassen, daß man zu angemessenen Opfern bereit wäre (AHL ASA 21), meinte jedoch, die Stadt allein könne eine so große Summe als Aktionärin nicht aufbringen.

Gelegentlich einer Besprechung (AHL ASA 21) in Schönberg im Januar 1835 mit dem Landdrosten v. Wrisberg aus Gadebusch, Herrn v. Leers auf Schönfeld, Bürgermeister Daniels aus Rehna und dem Vertreter der Lübecker Wegebaudeputation wurde betont, daß man (Lübeck) die Straße nicht gern über Zickhusen lenken wolle und (Mecklenburg) eine Anleihe über 60.000 Reichstaler am liebsten sähe. Die Chaussee solle nach der Macadamschen Methode (Birk 1934 381) angelegt werden, d.h. ein kunstgerechtes Planum, darauf eine Steinschüttung von mindestens 8 Zoll, eine Breite (Birk 1934 401) von 20 Fuß, mit Banketten von 6 Fuß oder ein Seitenweg von 8 Fuß und 2 Banketten von 6 und 2 Fuß und die Steinverschüttung von 10 Fuß Breite. Der nächste Schritt waren Überlegungen zur Beschaffung der Mittel. Für die Trasse über Gadebusch und Rehna war Lübeck im März 1835 bereit, 300 Aktien, d.h. 30.000 Reichstaler, einzuschießen, für die Trasse über Zickhusen dagegen nur ein Drittel des Betrages. Im Spätherbst des Jahres hatte der Großherzog auch schon Herrn v. Leers auf Schönfeld zum Kommissar für die Chaussee Lübeck-Schwerin ernannt.

Im November d. J. trafen sich v. Wrisberg, v. Rohrdantz (damals Landdrost in Schönberg), die Bürgermeister von Rehna und Gadebusch sowie der Lübecker Vertreter in der letztgenannten Stadt (AHL ASA 22/1) und zogen, abgesehen von der Linie Schwerin-Lübeck über Gadebusch, auch Linien Schwerin-Hamburg über Gadebusch, Wismar-Gadebusch usw. ins Kalkül. Man sprach zum ersten Mal ganz modern von einem „Chauseenetz" (Archiv 1856 278). Von Wrisberg wurde auch der Gedanke einer Verbindung Wismar-Gadebusch-Wittenburg-Vellahn und der Anschluß an die Hamburg-Berliner Strecke vertreten. Ostsee und Elbe seien dann durch eine Kunststraße verbunden. Für Lübeck sei der Verkehr mit Wittenburg und Boizenburg vereinfacht sowie der Warenaustausch mit hannoverschen Landen, ja sogar eine Teilhabe an der geplanten künftigen Dampfschiffahrt auf der Elbe ermöglicht.

„Ersprießliche Folgen für das Wohl Mecklenburgs und dessen Bewohner" wurden erwartet, da „die Verbindung mit zwei großen Handelsplätzen gleichzeitig erreicht würde."

Im März 1836 unternahm die Lübecker Krämerkompanie eine weitere Eingabe (AHL ASA 22/1) zur Förderung der Angelegenheit: Der Kaufmann möchte trotz widriger politischer Verhältnisse Handel und Verkehr Möglichkeiten eröffnen. „Ganz besonders aber ist die Gegenwart von der Notwendigkeit durchdrungen, den Verkehr nach dem Innern Deutschlands durch Vermehrung oder Verbesserung der Communicationswege zu heben..., da sich die Emanzipation der Ostseeländer ungünstig auf das Propregeschäft auswirke". Die Verbindung nach Hamburg genüge nicht, eine Verbindung nach Deutschland, namentlich nach Mecklenburg, „welches ganz vorzüglich noch

dem Versand offensteht", darf nicht „so stiefmütterlich" behandelt werden. Chausseen Hamburg-Kiel, Schwerin-Berlin und Wismar-Schwerin hätten zur Folge, daß Lübeck gleichsam eine Insel bliebe. Die Verbindung mit Mecklenburg sei „für Lübeck segenbringend seit jeher". Der Name des Lübecker Kaufmanns genieße dort Achtung. Man müsse „eine direkte Kunststraße auf Schwerin unterstützen".

Schwierigkeiten bestanden im Sommer des Jahres durch unterschiedliche Meinungen über das Maß der Landesbeihilfen. Zwar war ein Landtagsbeschluß vorhanden. Aber Strelitz erkannte ihn für das Fürstentum Ratzeburg nicht an. Wenn dieses sich gegen die Durchquerung seines Territoriums von der Straße weigere, könnte dieses evtl. jahrelange Verzögerungen zur Folge haben. Landdrost Drenckhahn aus Schönberg hob hervor, daß nur Lübeck Vorteile von einer Kunststraße haben werde und daher einen besonders hohen Zuschuß geben müsse. Lübeck konterte, Geld würde der Stadt entzogen und käme nur der arbeitenden Klasse Mecklenburgs zugute. Man würde höchstens 5.000 Reichstaler geben, wogegen v. Drenckhahn das Doppelte ohne Rückzahlung verlangte. Hierzu erklärte man sich dann auch im September 1836 bereit, allerdings gegen Rückzahlung. Lübeck sollte der Chausseekasse im Fürstentum Ratzeburg 10.000 Reichstaler zuweisen mit einer jährlichen Verzinsung von 1 1/2 %, Rückzahlung 10 Jahre nach der ersten Zahlung, die jährlich zu Johannis zu je einem Drittel geschehen sollte (AHL Fin. dpt. 95/7). Als Sicherheit sollten die Einkünfte der Chausseebaukasse des Fürstentums dienen. Im Dezember 1836 setzte man sich sodann mit den Landtagsbeschlüssen in technischen Fragen auseinander. Sie bestimmten: kleingeschlagene Schüttsteine ohne Unterbau, die Steinbahn 20 Fuß rhein. breit, kein Sommerweg, gepflastert nur in den Vorstädten und in engen Dorfstraßen sowie bei den Chausseehäusern. An diesen sollte man möglichst sparen. Das Komitee empfahl als Kronenbreite 30 Fuß, keinen Sommerweg, außer bei leichten Böden, dann nur 10 Fuß, die Steinschüttung evtl. mit Packlage wenigstens bis 8 Zoll. Das Chausseebaudirektorium wünschte 18 Fuß Steinbahn, Kronenbreite 32 Fuß (wie auch bis dahin die mecklenburgischen Chausseen). Parallel dazu waren die Bemühungen um Gewinnung von Aktionären gelaufen. War zwar die Trasse nach Zickhusen nicht mehr im Gespräch, so gab es dennoch Einzelfragen zu lösen (AHL ASA 22/1). Z.B. ob man der Chaussee zwischen Gadebusch und Rehna eine Biegung in Richtung Wismar geben sollte, die allerdings eine Verlängerung der Chaussee verursachen würde, d.h. ob man von Gadebusch rechts oder links der Radegast gehen wollte. Wrisberg zog die gerade Richtung vor, betonte aber die Verbindung über Lützow und damit Anschluß an die Hamburg-Berliner Straße bei Vellahn.

Bei einem Treffen in Gadebusch am 9.5.1837 (AHL ASA 23/2) standen die Trassen der Chaussee nach Schwerin über Rosenow, über Lützow, links der Radegast über Holldorf und rechts über Botelsdorff zu Debatte. Man entschied sich für die an zweiter und dritter Stelle genannte Verbindung (AHL ASA 23/1). Bei der am 22. d. M. anberaumten Versammlung präsumptiver Aktionäre erwartete man 100, es erschienen jedoch nur 18 Personen. Man führte das abgeschwächte Interesse auf Strömungen zurück, die finanziellen Kräfte für eine projektierte Chausseeverbindung nach Hamburg beisammenzuhalten. Das ganze Projekt könne leicht hinfällig werden, fürchtete man.

Damals legte man aber dennoch den Aktienplan (AHL ASA 21, 23/2) vor, in dem die in dem mecklenburgischen Lande zu erwartenden mannigfachen Vorteile aufgeführt wurden. Die Kosten sollten aufgebracht werden durch die Landeshilfe (von inzwischen) 15.000 Reichstaler pro Meile und Aktien zu je 100, wovon allein Lübeck 300, also 30.000 Reichstaler (so am 12. 5.1835 schon zugesichert) übernehmen würde. Gezahlt könnten die Aktien werden durch Bargeld, durch Arbeit, durch Materiallieferung oder durch Heranschaffung von Material. Sobald eine Meile vollendet sei, werde sie befahren und könne Chausseegeld eingenommen werden. Sollte ein Überschuß entstehen, sei dieser für Reparaturen, für die Anlage eines Reservefonds, für die Verzinsung und Abtragung vorzusehen. Vom Rest sollten Dividende an die Aktionäre gezahlt werden. Sie haben das Recht zur Chausseegelderhebung, müssen aber auch dafür die Straße in Ordnung halten. Steindämme und Steinbrücken erhält die Aktiengesellschaft zur unentgeltlichen Nutzung.

Unter dem 3. Februar 1839 wurde dann auch ein Kostenvoranschlag (AHL ASA 23/1) erstellt, der von einer Linie Schwerin nach Lübeck ausgeht, die bei Sülsdorf auf den Weg von Lübeck nach Wismar treffen sollte. Die Kosten beliefen sich insgesamt auf 196.956 Reichstaler. Insgesamt wurden Aktien in Höhe von 61.781 Reichstaler gezeichnet (z.T. auch durch Materiallieferungen oder -transport). Die Lübecker Privatiers zeichneten davon Aktien von insgesamt 16.000 Reichstaler, wobei die Schonenfahrer, Novgorodfahrer, Bergenfahrer und die Kaufleuteschützengesellschaft insgesamt 60 Aktien zu je 100 Reichstaler übernahmen, die Stadt Lübeck, wie gesagt, 300 Aktien.

Das Reskript des Großherzogs vom 2.4.1838 hatte die Pflichten der Aktionäre genauer festgelegt (AHL ASA 23/1). Sie sollen a) das Terrain zur Chausseeanlage und die Lagerplätze, b) das Baumaterial, c) die Chausseehäuser und Wärterwohnungen, d) die Barrieren, e) die Baumpflanzungen übernehmen und liefern. Wenn

die beiden erstgenannten Punkte erfüllt seien, werde der Bau auf alle Fälle bis zum Ende durchgeführt. Zum Direktorium des Schwerin-Lübecker Chausseebauunternehmen gehören Landdrost von Wrisberg aus Gadebusch, Landdrost von Drenckhahn, Schönberg, beide sind zugleich Kommissarien der beiden großherzoglich mecklenburgischen Regierungen, weiter Major Behr auf Lützow, Kammerherr v. Lützow auf Groß-Brütz, Bürgermeister Koch aus Gadebusch, Bürgermeister Daniel aus Rehna und Dr. Böse aus Lübeck. Der oben genannte Kostenvoranschlag forderte Kritik heraus (AHL ASA 23/1). Um die Kosten zu senken, sollte an den Nutzungsentschädigungen gespart, die Belegung der Kanten der Chaussee mit Rasen unterlassen werden ("da Grassamen auf jedem guten Boden gedeiht"). Steindämme aus geschlagenen Steinen würden wohl nicht für die ganze Wegbreite erforderlich sein. Auch die Meilensteine sollten billiger sein, niedriger und nicht auf allen Seiten behauen. Könnte auch auf Wärterwohnungen an jeder Chausseegeldeinnahmestelle verzichtet werden? Weniger Barrieren könnten errichtet werden. Könnte nicht die Bepflanzung ganz oder teilweise unterlassen werden? Schwierig war die Entschädigung der Großgrundbesitzer für das Terrain, unentgeltlich standen nur Flächen auf der Stadtfeldmark von Schwerin zur Verfügung sowie in den Dominialfeldmarken in Lankow, Friedrichsthal und Herrensteinfeld, den ritterschaftlichen Feldmarken in Gottmannsförde, Brüsewitz, Groß Brütz, Lützow und Käselow. Am 28. Februar 1839 (AHL ASA 23/1) teilte Mecklenburg-Schwerin dem Chausseebaudirektorium mit, der Bau solle beginnen unter Leitung des Kammerrats von Brock und ausgeführt unter der Aufsicht von Oberbaurat Wünsch und dem Bauleiter Weir. Mühevoll war die Anlieferung von Material (Findlinge, Steine von Äckern) (Birk 1934 329f). Die Voraussetzung dafür war, daß die Chaussee vorerst abgesteckt wurde und die Termine angegeben wurden. Ostern 1839 sollte mit dem Bau begonnen werden, zuerst mit den Erdarbeiten zwischen Gadebusch und Schwerin. Der Bau war in Sektionen eingeteilt: I Schwerin-Gadebusch, II Gadebusch-Rehna, III Rehna-Schönberg, IV Schönberg-Lübeckische Grenze. Noch immer machte die Aktienzeichnung wenig Fortschritte (eine Erhöhung um 16 Reichstaler pro Aktie lehnte der Lübecker Rat ab). Schwierig war die Terrainübernahme. Terrain, das nur gegen Zahlung übernommen werden konnte, sollte durch eine zu ernennende Taxkommission eingeschätzt werden.

Am 4. April (AHL ASA 23/1) berichtete Dr. Böse an Senator Müller, der für die Lübecker Wegebaudeputation zuständig war, daß die mecklenburgische Regierung den Aktionären 94.859 Reichstaler zur Zahlung auferlegen wollte. Dazu kamen noch die Baukosten von Sülsdorf bis zur lübeckischen Grenze mit 3.452 Reichstaler, also insgesamt 98.311 Reichstaler. Dagegen hatten die Aktionäre bis zu diesem Zeitpunkt an Bargeld, Material und Leistung insgesamt 67.533 Reichstaler (AHL ASA 23/1) aufgebracht. Die fehlenden über 30.000 Reichstaler konnten nicht mehr durch Aktien zusammengetragen werden. Man einigte sich auf ein Resterfordernis von 16.000 Reichstaler, wovon die Hälfte etwa auf die Aktionäre abgewälzt werden sollte.

Noch im Mai 1839 (AHL ASA 23/1) klagte man gelegentlich eines Treffens in Gadebusch über die Stellung des Direktoriums des Schwerin-Lübecker Chausseebauunternehmens, die „eine sehr schwierige zu nennen ist", was die Verhandlungen über Abtretung des Terrains und der Wunsch nach definitiver Absteckung der Route im Fürstentum Ratzeburg beträfe. „So groß", lt. Bericht Senator Müllers vom 11. 6. 1839 (AHL ASA 23/1), „das Vertrauen in die Regierung Mecklenburgs auch ist und so groß das Lübecker Interesse auch ist", dennoch sei Vorsicht geboten. Es schien, daß „Zweifel hervorgesucht" würden und damit der Beginn der Arbeiten torpediert werden könnte. Man wollte aber nur zahlen, wenn das Unternehmen gesichert war. Lübeck werde nur seine 30.000 Reichstaler, die man lt. Aktienplan übernommen hatte, geben. Die großherzogliche Chausseebaukommission versicherte aber, auch wenn das Geld noch nicht zusammengebracht sei, würde mit dem Bau begonnen werden, sobald die 30.000 Reichstaler gezahlt seien. Böse sollte darauf achten, daß nicht über die Zahlungen hinaus Gelder für die Erhaltung der Kunststraße gefordert würden und daß die Arbeiten von beiden Endpunkten gleichzeitig beginnen. Der Senat genehmigte sodann die Zahlung.

Ende Juli d. J. fiel die Entscheidung gegen Sülsdorf als Gabelungspunkt der (geplanten) Wismarer und der Schweriner Chaussee. Die Verbindung nach Wismar schien um diese Zeit aus Mangel an Mitteln ohnehin in weite Ferne gerückt. Der Verlauf der Trasse in Selmsdorf sei günstiger und mache weniger Enteignungen nötig. Zu Anfang des Jahres 1840 leistete die Hansestadt Lübeck die erste Zahlung ihrer Obligationen, ein Vierteljahr später berichtete Wrisberg Böse über den Stand (AHL ASA 23/1): Das Planum von Schwerin bis Gadebusch sei gelegt. Von Schwerin bis Friedrichsthal sei schon eine Meile beschüttet. Bis Rosenberg seien die Steine geschlagen. Das Planum Rehna bis Schönberg sei gelegt mit Ausnahme der Wiesen vor Schönberg. Mit dem Planum Rehna-Schönberg werde nach Ostern begonnen. Schönberg-Schlutup werde nach Ostern abgesteckt. Hierbei sollen Krümmungen ausgeglichen und bei örtlichen Hindernissen auch die alte Landstraße verlassen werden, wenn es nicht teurer werde. Im wesentlichen, so wurde am 17. Mai be-

richtet, behielte man beim Abstecken der Chaussee von Schlutup nach Schönberg die Richtung der bisherigen Straße bei. Nur bei Selmsdorf verläuft sie etwas anders.

Während nun die Bauarbeiten vonstatten gingen, fand man sich in Abständen in Gadebusch zu Besprechungen der Aktiengesellschaft zusammen. Man diskutierte jetzt schon die Anlage der Chausseegeldhebestellen, z.B. in Lankow, wo die große Fracht- und Landstraße von Rehna und Grevesmühlen sich mit der Chaussee vereinigt, zu Lützow, wo die Chaussee nach Wittenburg hinzutritt, zu Holldorf, wo zwei frequentierte Kornstraßen sich mit der Chaussee vereinen, in Roduchelsdorf, an der Grenze zwischen Mecklenburg-Schwerin und dem Fürstentum Ratzeburg, unweit Schönbergs und an der Lübecker Grenze bei Hohemeile; vielleicht ließe sich diese mit der Schlutuper Hebestelle vereinigen. Jedesmal sollte etwa gleichviel Chausseegeld erhoben werden. Die Einnehmer des Geldes sollten von der Behörde ernannt werden, und ihre Instruktion gedachte man, an der Lübecker und der Neubrandenburger Chausseegeldordnung zu orientieren. Bei Chausseewärtern und Chausseegeldeinnehmern müsse es sich um unbescholtene Männer handeln.

Einen Monat später, im Mai, war die Kunststraße schon weiter gediehen: für Schwerin-Gadebusch seien die Terrainentschädigungen nicht nur ermittelt, sondern auch bezahlt. Das Planum sei gelegt, Akkorde für die Steinlieferung geschlossen und die Steine herbeigeschafft. Zwischen Gadebusch und Rehna seien die geringfügigen Entschädigungen ermittelt. Das Planum werde gelegt, Steine allerdings werden noch wenig herangeschafft. Zwischen Rehna und Schönberg sei das Terrain akquiriert, taxiert und z.T. bezahlt und das Planum, außer direkt bei Schönberg, gelegt. Zwischen Schönberg und Schlutup seien Schwierigkeiten der Linienführung beseitigt.

Im September waren die Steine auf der Strecke Schwerin-Gadebusch bis auf 80 Ruten angefahren, zum großen Teil geschlagen und zum Aufschütten bereit. Zwischen Gadebusch und Rehna wurde das Planum schon befahren. Zwischen Rehna und Schönberg kamen die Steine in diesem Monat an. Man hoffte, daß die Strecke bis zum Winter fertig wäre. Schönberg-Schlutup: Die Arbeiter zur Anlegung des Planums waren angestellt, eine bedeutende Anzahl Steine auf dem Hof Lauerfelde vorhanden und angefahren. Die Zahlung des letzten Drittels der Lübecker Obligationen wurde zum 1.10.1840 erbeten, wobei man erwähnte, daß die Planung für die Wismarer Chaussee sehr schwierig sei. Die Verbindung Ratzeburg-Hamburg stände noch lange aus, und die Chaussee von Gadebusch nach Ratzeburg werde nur durch zwei Großgrundbesitzer gefördert. Schwierigkeiten zeigten sich im Oktober, als die Heranschaffung des Materials nicht funktionierte und die Chausseehäuser teurer wurden als angenommen.

Der Bau ging jedoch anscheinend relativ reibungslos weiter. Denn Ende August 1841 konnte berichtet werden, daß zwischen Lübeck und Tannenkrug, d.h. der Grenze, das Planum in Arbeit sei, allerdings noch nicht genug Steine angefahren worden seien. Von Tannenkrug bis Selmsdorf war das Planum ebenfalls noch nicht fertig, ebenso nicht in Selmsdorf selbst. Dagegen von dort bis Schönberg, außer dem Weg zur Brükke, war es fertig. Ein Notweg war angelegt, der sich allerdings in allerschlechtestem Zustand befand. Bei Schönberg waren sechs Mann mit Aufschütten beschäftigt, bei Roduchelsdorf wurde neu aufgeschüttet, und 44 Mann (Knoll 1913 ff.) waren mit Steinschlagen befaßt, 10 Mann arbeiteten an der Chaussee. Zwischen Rehna und Gadebusch war das Planum fertig, an einzelnen Stellen auch beschüttet. Gegenwärtig werde aber kaum gearbeitet. Gadebusch-Schwerin war fertig und Chausseegeld werde erhoben. Die Strelitzer betrieben allerdings den Bau nach Ratzeburg mit Eifer (100 Arbeiter!). Lübeck mahnte daraufhin die beiden mecklenburgischen Regierungen zur Beschleunigung der Arbeiten. Worauf Mecklenburg-Schwerin meldete, daß die Strecke zwischen Gadebusch, Schönberg und Selmsdorf für den Verkehr noch in diesem Jahr eröffnet werde, Lübeck-Selmsdorf dann im nächsten Jahr. Man hat sich – so Lübeck – beschwert, da die Klagen der Reisenden in der Tat jeden Begriff übersteigen und Unglücksfälle auf der Tagesordnung stehen. Die Antwort der Mecklenburg-Strelitzischen Landvogtei in Ratzeburg lautete, daß die Chaussee eben von Mecklenburg-Schwerin erbaut werde und daß auch die eigenen Einwohner leiden.

Daraufhin fand eine gründliche Besichtigung zwischen dem 14. und 15. November 1841 statt, über die Böse ausführlich berichtete (AHL ASA 23): Von der Lübecker Grenze bis Selmsdorf ist eine Strecke von 120 Ruten fertig, das übrige ist bis zum Planum gediehen. Stellenweise ist Steinmaterial neben der Chaussee aufgefahren und z.T. bereits zerschlagen. Die Brücke über den Torfmoorgraben ist in Arbeit. Zwischen Selmsdorf und Schönberg ist das Planum mit Steinschlag beschüttet, allerdings z.T. erst in der unteren Lage. Das notwendige Material zur Vollendung ist vollständig vorhanden. Von der Lübecker Grenze bis Schönberg sind 80 Arbeiter beschäftigt. Die Eröffnung der Strecke ist binnen drei bis vier Wochen zu erwarten.

Schönberg-Rehna: Vom Marktplatz in Schönberg geht die Chaussee eine neu angelegte Straße hinab über die neue Brücke. Der Weg zu ihr ist noch nicht fertig. Eine Steinschüttung wird bis zum nächsten Frühjahr angestrebt. Von Roduchelsdorf in Richtung Rehna wird die Chaussee schon befahren und Chausseegeld erhoben. Die Strecke Rehna-Gadebusch ist in zwei bis drei Wochen völlig befahrbar. Gadebusch-Schwerin ist seit mehreren Monaten fertig, zu Rosenberg und zu Friedrichsthal wird Chausseegeld erhoben. Von der Lübecker Grenze bis Selmsdorf ist der Boden sandig und daher bei nassem Wetter befahrbar. Nur noch unbedeutende Strecken bei Schönberg und bei Gadebusch sind noch ausgenommen. Man kann also zum Ende des Jahres 1842 mit der Fertigstellung rechnen.

Von Interesse sind auch die recht genauen technischen Schilderungen Böses über den mecklenburgischen Chausseebau. Es wird zur Beschüttung des mit Kantsteinen eingefaßten Planums nur zerschlagenes Steinmaterial verwendet. Dieses wird zuerst 6-8 Zoll aufgebracht und dann durch eine große, mit 8 Pferden bespannte Walze eingeebnet. Darauf folgt die zweite Beschüttung und nochmalige Walzung. Hierauf wird Sand als Bindungsmittel übergestreut und zuletzt eine Schicht Grandsand aufgetragen und nochmals die Walze darübergefahren. Dann stellt sich ein vollkommen ebener Boden dar, auf dem sofort und äußerst angenehm zu fahren ist. Es ist die mächtige Einwirkung der Walze auf den guten Verband der Steine gar nicht zu verkennen und sichtbar, freilich das Mittel auch ein sehr kostspieliges. Der erwähnte Grandsand enthält, wohl je nachdem wie die Umgebung ihn darbietet, bald mehr oder weniger Sand. Die Oberfläche der seit längerer Zeit fertigen Chausseestrecken war bei dem fortdauernden Regen auch nicht naß, gänzlich ohne Schlamm und keine Spur von abgekratztem Schlamm bemerkbar. Es wurde behauptet, daß jene Beschüttung mit Grandsand, abgesehen davon, daß sie das Fahren sofort möglich und angenehm mache, auch der Chaussee nützlich sei, indem sie das Wasser abhalte und die Abnutzung der Steindecke verhindere, welch letztere den aus Steinteilen bestehenden Schlamm erzeuge. Die Prellsteine waren noch nicht gesetzt. Bäume (Birk 1934 326) werden und wurden auf je 5 Ruten rhein. Entfernung gesetzt und, wo hoher Auftrag stattgefunden, auch je 2 1/2 Ruten. Die Banketts sind eine halbe Meile von Gadebusch nach Schwerin zu und eine halbe Meile vor Schwerin erhöht. Auf den übrigen Strecken sind sie teilweise noch nicht fertig oder noch nicht gepflegt. Das eine ist für Fußgänger, das andere für Reiter bestimmt. Materiallagerplätze liegen außerhalb der Chausseelinie, gleich jenseits des Chausseegrabens, so daß es auf übergelegte Laufdielen im Schubkarren herübergefahren werden kann. Die Entfernungen sind bezeichnet durch kleine, alle 10 Ruten rhein. an der Grabenborte gesetzte Steine, auf denen mit Ölfarbe auf weißen Schildern mit Zahlen von 1-200 für jede Meile angegeben sind, dann durch Meilensteine als Bezeichnung der ganzen und halben Meilen. Die Meilensteine sind von

Granit vierseitig nach oben spitzzulaufend, fallen jedoch wegen der geringen Höhe wenig ins Auge. Die für dieselben bestimmten gußeisernen Inschrifttafeln fehlen noch. Überall wo abgetragen ist, sind die Seitenwände terrassenförmig adossiert. Dies ist sehr empfehlenswert, verbietet auch das Einstürzen der Dossierung und erleichtert die Grasbenarbung und gewährt ein gefälliges Aussehen. Alle Abfahrten sind abgerundet und z.T. mit Abweisern besetzt. Steinpflaster gibt es nicht, auch in Selmsdorf nicht, wo doch die Lokalität sehr dazu aufzufordern scheint, auch nicht in Schönberg, wo die Chaussee eine Straße der Stadt bildet und Häuser an ihr gebaut werden sollen. Chausseegeldhebestellen gibt es bis jetzt in Roduchelsdorf, Rosenberg, Friedrichsthal, demnächst auch in Schönberg. Sie bestehen aus Schlagbäumen und hölzernen Buden, in welchen, da die Hebungsstellen nur provisorisch bestimmt sind, die Einnehmer auch wohnen. Einnahmen bei Rosenberg, wo sie für eine Meile erhoben werden, haben im ersten Monat 30, im zweiten 68, im dritten 100 Reichstaler ergeben.

Im März 1842 war die Strecke zwischen Selmsdorf und Schlutup als einzige immer noch nicht fertig. Dennoch wandte man sich nun schon der Abwicklung im einzelnen zu: Wann wird die Chaussee von der Aktiengesellschaft übernommen? Wann werden die letzten Aktienzahlungen geleistet? Wohin soll das übrigbleibende Material geschafft werden? Und wo soll die Chausseegelderhebung sein? Wie sollen die Chausseehäuser gebaut sein? Noch waren Terrainentschädigungsansprüche bei Selmsdorf offen (15.000 Reichstaler). Die Aktiengesellschaft mußte jedoch ihre Insolvenz erklären. Im Februar 1844 trat das Direktorium daher noch einmal zusammen und rekapitulierte (AHL ASA 21, 23/1): Während die mecklenburg-schwerinsche Regierung zuerst nur die Chausseeverbindung mit Hamburg im Auge gehabt hatte, wünschte die Strelitzische Regierung, daß die Verbindung mit Lübeck gesucht werde, woraufhin sich auch Mecklenburg-Schwerin anschloß. Geld stand allerdings nicht zur Verfügung. Eine Aktiengesellschaft sollte hier einspringen, wobei Bau und Art der Chaussee von der Landesregierung entschieden werden. Im Februar 1838 wurden die Aktien gezeichnet (61.781 Reichstaler) und im April die Bedingungen zur Übernahme des Baues durch die Regierung festgelegt. Unter diesen Bedingungen wäre das Unternehmen jedoch in Frage gestellt worden. Durch allerhöchstes Reskript vom 28.2.1838 wurde jedoch bestimmt, daß der Bau beginnen solle. Im März meldete die Aktiengesellschaftskonferenz, daß die Mittel nicht ausreichten, jedoch Hoffnung zu deren Erhöhung bestünde, falls die Regierung den Bau sofort beginne. Im Mai wurde noch einmal die Unzureichlichkeit der Mittel zur Erfüllung der Bedingungen dargestellt, worauf die Baukommission aber bestimmte, die Regierung habe den Bau beschlossen und das Unternehmen sei damit auch gesichert. Wiederholt wurde in der Folgezeit auf die Finanzierungslücke hingewiesen, worauf nichts geschah und der Direktionalausschuß die vorhandenen Mittel ausgeben ließ, während der Einfluß auf die Bauarbeiten selbst durch das Direktorium ja sehr gering war. Deuteten sich schon Schwierigkeiten bei der Ermittlung der Orte für die Chausseegelderhebung an, so wurde es erst kompliziert bei der Befriedigung der Entschädigungsansprüche. Worauf dann nach mehreren Berichten um die Mitte des Jahres 1844 die Aktiengesellschaft ihre Insolvenz erklärte. Die Rechnungslegung am 31. März 1844 ergab 155.947 Reichstaler Baukosten (AHL ASA 23/1). Auch wenn das Chausseegeld erhöht würde, schlösse sich die Deckungslücke nicht. Daher würde die Aktiengesellschaft die Chaussee nicht übernehmen. Hier werde deutlich, daß der Chausseebau privatwirtschaftlich nicht rentabel war, sondern nur volkswirtschaftlich zu Buche schlug.

Von Lübeck wurde noch einmal betont (AHL ASA 23/1), daß sein Interesse bei weitem das vorherrschende gewesen sei und daher Senat und Private auch wenig Wert auf Verzinsung und Rückzahlung der Aktien gelegt haben, da ihnen die Erlangung einer guten Kommunikation mit Schwerin das Hauptmotiv gewesen wäre. Man wolle aber nun auch nicht so ohne weiteres der Schweriner Regierung ein Geschenk von 46.000 Reichstalern machen! Die Privataktionäre würden sich herausziehen, so wäre Lübeck nur noch allein in der Verhandlung. Die Mecklenburger Aktionäre hätten schon, außer Rehna mit 1.600 Reichstalern, da noch Arbeiten an der Chaussee zu leisten seien, auf ihre Ansprüche verzichtet. Andererseits wolle man auch nicht diese 7 1/2 Meilen lange Chaussee im fremden Lande mit den daraufhaftenden Schulden übernehmen. Die Regierung hat den Überschuß der Chausseegeldeinnahmen gegen die Unterhaltungskosten von ca. 1.100 Reichstalern an sich genommen, wogegen Lübeck meinte, hiervon müßten erst einmal die Selmsdorfer Terrainentschädigungsansprüche befriedigt werden. Das Jahr 1845 erbrachte keine Lösung. Allerdings zeichnete sich eine neue Entwicklung, der Plan einer Schwerin-Lübecker Eisenbahnverbindung, ab, wodurch die Antwort auf die Chausseefrage vielleicht etwas beschleunigt wurde.

Um es kurz zu machen: man einigte sich im Dezember 1846 auf die Zahlung einer Aversionalsumme von 4.580 Reichstaler an alle Lübecker Aktionäre. Dieser Lösung stimmten sie am 16.2.1847 zu (AHL ASA 21, 23/1, 23/2). Zwischen 1854 und 1864 wurde in jährlichen Raten der einst genehmigte Zuschuß in Höhe von 10.000 Reichstalern vom Fürstentum Ratzeburg zurückgezahlt (AHL ASA 12, Fin.dept. 95/7). Die Verwaltung der Chaussee lag in der Hand der mecklenburg-schwerinschen Regierung und wurde erst im Jahr 1863 im ratzeburgischen Gebiet von Mecklenburg-Strelitz übernommen. Die Hebestellen wurden verringert; Chausseegeld war nur noch an den Landesgrenzen zu zahlen (Voigt 1965 435). Um diese Zeit ist auch die erste Epoche des Kunststraßenbaus abgeschlossen. Die Eisenbahn überholt die Landtransportwege im wahrsten Sinne des Wortes, eine dem Eisenbahnnetz subsidiäre Straßenbaupolitik wird aktuell, die sich erst im Rollentausch des Straßen- und Schienenverkehrs des 20. Jahrhunderts wieder neu orientiert.

Die rege Handelsstadt und die beiden benachbarten Flächenstaaten standen einander im Grunde in der Erkenntnis der Zeichen der Zeit nicht nach, auch wenn die Verhandlungen im Sinne altmodischer Kabinettspolitik vonstatten gingen. Man lernte in größeren Zusammenhängen zu denken und benutzte den modernen Begriff Chausseenetz für die erst zaghaften Anfänge der überregionalen Straßenverbindungen. Ganz typisch für diese fast nur 20 Jahre während Epoche der Straßenbauplanung war der private Impuls und die fast vollständige private Finanzierung. Im vorliegenden Fall ist überdies nicht klar ersichtlich, ob man von seiten der mecklenburgischen Regierung bewußt ein wenig die Augen vor der nicht völlig gesicherten Finanzierung verschlossen gehalten hat. Jedenfalls ist die Chaussee Lübeck-Schwerin sozusagen mit Hängen und Würgen zustandegekommen. Ihre technische Qualität scheint aber über jeden Zweifel erhaben. Noch heute freuen wir uns an den Alleen. Die Fahrbahnbreite ist noch heute ausreichend. Eine stillschweigende Überlegung scheint auch gewesen zu sein, die Finanzkraft der Hansestadt zu nutzen und zu belasten, wogegen andererseits die Aktionäre zu einem wagemutigen Einsatz bereit waren. Das wichtige Absatzgebiet Westmecklenburg, die kleinen auf ihre Weise Zentrumsfunktion ausübenden Flecken und Städtchen Selmsdorf, Schönberg, Rehna und Gadebusch und die bedeutende Residenzstadt Schwerin schienen den Einsatz zu lohnen, umsomehr als man in Lübeck immer fürchtete, eine „Insel" zu werden

und von den Verkehrsströmen ausgeschlossen zu sein. Das mecklenburgische Aktionärsinteresse war weitaus geringer als das lübeckische. Es ist hier wohl einerseits nicht zu verkennen, daß man sich wohl der Verbesserung der Absatzmöglichkeiten von agrarischen Produkten Mecklenburgs, insbesondere des Korns, über die Hansestadt bewußt war, andererseits aber wohl auch – wie von den Chausseegegnern argumentiert wurde, die Konkurrenz für das Gewerbe in den Städten fürchtete. Die beiden mecklenburgischen Großherzogtümer scheinen auch nicht immer an einem Strang gezogen zu haben. Trotzdem gehört die Verbindung Schwerin-Lübeck zu den frühen Kunststraßenverbindungen sowohl Mecklenburgs als auch Lübecks, – ein Zeichen für die wirtschaftliche und verkehrsmäßige Bedeutung dieser Verbindung im Gefolge der Hamburg-Berliner Chausseeverbindung und ein Zeichen zugleich für die langsam in den Köpfen der ausschlaggebenden Leute sich festigende weitblickende Vorstellung einer – wie wiederholt betont wurde – Verbindung zwischen Ostsee und Elbe bis Böhmen, eben der Verbindung dieser nördlichen Gebiete mit dem übrigen Deutschland. Kurze Zeit später wurde auch die Lübeck-Wismarer Chaussee erbaut, allerdings mit größeren Schwierigkeiten, da nicht nur die Finanzierung – auch hier hat Lübeck den Löwenanteil bezahlt, sondern auch die „Jalousie" der Wismarer den Fortgang der entscheidenden Verhandlungen behinderte (AHL ASA 22/1). Vor allem hat die verbesserte Verkehrsverbindung aber – um auf den Anfangsgedanken dieser kleinen Darstellung zurückzukommen – ein Näherrücken der beiden Nachbarn zur Folge gehabt, das, wenn es auch in erster Linie auf kommerzielle und damit wirtschaftliche Ursachen zurückgeht, dennoch auch ein wenig den in anderem Zusammenhang geäußerten Grundgedanken des Lübecker Syndikus Gütschows von 1815 mit Leben erfüllt hat, nämlich: „Wie auch künftig Deutschland gestaltet werden mag, so werden doch schwerlich jemals den schwächeren Staaten die guten nachbarlichen Verhältnisse gleichgültig bleiben dürfen" (AHL ASA Externa Mecklenburg).

## Literatur

Archiv 1854      Einige Worte über die Chausseen in Mecklenburg unter Berücksichtigung der Frage wegen ihrer Beaufsichtigung und Erhaltung, in: Archiv für Landeskunde in den Großherzogtümern Mecklenburg und Revüe der Landwirtschaft 1854 477-484.

Archiv 1856      Betrachtungen über die Chausseen in Mecklenburg-Schwerin, in: Archiv für Landeskunde in den Großherzogtümern Mecklenburg und Revüe der Landwirtschaft 1856 275-284.

Behrens 1839      G. Behrens, Topographie und Statistik von Lübeck und dem mit Hamburg gemeinschaftlichen Amte Bergedorf. Lübeck 1839 2. Teil.

Birk 1934      Alfred Birk, Die Straße. Ihre verkehrs- und bautechnische Entwicklung im Rahmen der Menschheitsgeschichte. Karlsbad 1934.

Bruns 1962          Friedrich Bruns, Hugo Weczerka, Hansische Handelsstraßen. Köln/Graz 1962 1. Bd.

Keibel 1926          Rudolf Keibel, Wirtschaftliche Entwicklung Lübecks seit dem Beginn des 19. Jh.s, in: Lübecker Heimatbuch. Lübeck 1926.

Kellenbenz 1981          Hermann Kellenbenz, Deutsche Wirtschaftsgeschichte. München 1981 2. Bd.

Knoll 1913ff.          Alexander Knoll, Geschichte der Straße und ihrer Arbeiter. Geschichte der Steinsetzerbewegung Bd. 1-3. Leipzig 1913-1929.

Paeper 1931          Joachim-Hans Paeper, Die Entwicklung und Struktur des Verkehrswesens in Mecklenburg-Schwerin. Diss. Gütersloh 1931.

Raabe 1863          Wilhelm Raabe, Mecklenburg Vaterlandskunde. Wismar und Ludwigslust 1863.

Rotteck 1848          Carl von Rotteck, Carl Welcker, Staatslexikon 12. Bd. Altona 1848.

Schulze 1985          Hans K. Schulze, (Hrsg.), Städtisches Um- und Hinterland in vorindustrieller Zeit. Köln/Wien/Graz 1985.

Timme 1931          Paul Timme, Straßenbau und Straßenpolitik in Deutschland zur Zeit der Gründung des Zollvereins 1825-1835. Stuttgart 1931.

Voigt 1965          Fritz Voigt, Verkehr. Berlin 1965 Bd. 2,1.

Wagner 1922          Friedrich Wagner, Die Entwicklung des Straßenwesens in Mecklenburg-Schwerin in verkehrswirtschaftlicher Betrachtung. Diss. Rostock 1922.

Wendt 1920          Kurt Wendt, Das Verkehrswesen als Gegenstand öffentlicher Wirtschaft. Tübingen 1920.

## Klaus Baudis

# DIE REVOLUTION 1848/49 IN MECKLENBURG UND DER FREIENWALDER SCHIEDSSPRUCH 1850

Das Entstehen einer Opposition im Vormärz unter Führung liberal gesinnter bürgerlicher Gutsbesitzer war Ausdruck der sich zuspitzenden gesellschaftlichen Widersprüche in Mecklenburg. In dem durch einen Herrschaftsdualismus von Fürsten und Ständen gekennzeichneten anarchronistischen politischen System der beiden mecklenburgischen Großherzogtümer wurden der von der Geschichte auf die Tagesordnung gesetzten bürgerlichen Umwälzung die größten Widerstände entgegengesetzt. Das Volk war vom politischen Leben ausgeschlossen. Zahlreiche feudale Relikte beengten seine Lebenssphäre. Die Ablehnung der Vorschläge des bürgerlich-liberalen Rittergutsbesitzers Johann Pogge vom 27. November 1847 auf dem Landtag zu Sternberg für eine Reform der Stände, die im Volke großen Widerhall gefunden hatten, zeigte die Reformunwilligkeit der aristrokatischen Kräfte. So trieben die Ereignisse auch in Mecklenburg auf den Ausbruch einer bürgerlichen Revolution zu. Zwar kam der Anstoß für die Revolution durch die Pariser Ereignisse Ende Februar und die sich verschärfenden politischen Auseinandersetzungen in Südwestdeutschland von außen, aber hier im Lande war alles „bereits emporgescheucht, ehe der Hahnenruf aus dem Westen herübertönte" (Soltau 1851 24). Mit Schrecken war am Schweriner Hof die Nachricht vom Sieg der Revolution und vom Sturz der Monarchie aufgenommen worden. Man wollte Entschlossenheit zeigen, nur den unumgänglichsten Forderungen der in den folgenden Tagen einsetzenden Volksbewegung zu genügen und, soweit es irgend ging, hart zu bleiben oder eine hinhaltende Taktik einzuschlagen. Der 25jährige Friedrich Franz II. suchte bei seinem mächtigeren Nachbarn, dem preußischen König, seinem Onkel, Schutz und Rat (Hirschfeld 1891 237).

Die lange Jahre aufgespeicherte Empörung über die Zustände im Lande machte sich zunächst Luft in einer Flut von Petitionen an den Schweriner Großherzog und einer Serie spontaner Tumulte in vielen mecklenburgischen Städten. Die Petitionen hatten vor allem Forderungen nach Einführung einer Repräsentativverfassung, Schaffung eines gemeinsamen deutschen Parlaments und Gewährung bürgerlicher Freiheitsrechte zum Inhalt. Die Tumulte waren zumeist gegen unliebsame Personen der jeweiligen Magistrate gerichtet. Mit preußischer Rückendeckung gedachte

Friedrich Franz II., die altständische Verfassung gegenüber der andrängenden Volksbewegung um jeden Preis zu retten (Vitense 1920 453). Er lehnte es kategorisch ab, sich in seinen Entscheidungen von den Zeitereignissen bestimmen zu lassen (Wiggers 1850 6). Noch am 14. März verbat er sich jedes weitere Petitionieren und verweigerte den Empfang von Deputationen (Wochenblatt 1848 57). Doch nach dem Bekanntwerden der Wiener Ereignisse vom 13. März und der Berliner Barrikadenkämpfe vom 18./19. März ließen sich echte Zugeständnisse nicht mehr umgehen. In Mecklenburg sprach nun niemand mehr von dem Poggeschen Reformprojekt. Ganz andere Forderungen galt es jetzt nach den ersten Erfolgen der revolutionären Volksmassen in anderen Teilen Deutschlands hier im Norden durchzusetzen, wie sehr sich auch Mecklenburgs Großherzöge dagegen sträuben mochten. Auch im domanialen Landesteil begann die Bevölkerung, mit eigenen Forderungen hervorzutreten. Selbst aus der Regierung und den Reihen der Stände wurden Vorschläge an den Großherzog von Mecklenburg-Schwerin gerichtet, im Sinne einer Reform von oben einzulenken. Vor dem Hintergrund dieser Ereignisse kam es dann mit der Aufhebung der Zensur und Einführung der Pressefreiheit am 16. März zu ersten wirklichen Reformmaßnahmen (Wochenblatt 1848 59). Zwei Tage später wurde die Berufung eines außerordentlichen Landtages für Mai in Aussicht gestellt, und am 23. März erließ Friedrich Franz II. die Proklamation „An Meine Mecklenburger", die eine Verfassungsreform nach den Grundsätzen des Repräsentativsystems versprach (Wochenblatt 1848, Beilage zu Nr. 11 sowie Nr. 12 63). Das Bürgertum frohlockte. Eine drohende Revolution schien abgewendet. Die erstrebten Ziele schienen auf völlig gesetzlichem Weg der Verwirklichung entgegenzureifen. Die Wende, die damit in Mecklenburg eingetreten war – darüber herrschte in breitesten Kreisen Übereinstimmung –, hatte man in erster Linie dem Ausgang der Kämpfe in Wien und Berlin zu verdanken. Doch das Verfassungsversprechen Friedrich Franz II., dem sich Tage später auch Großherzog Georg von Mecklenburg-Strelitz angeschlossen hatte, mußte erst eingelöst werden. Dazu stand noch ein langes, zähes Kräfteringen bevor. Die Volksbewegung in Mecklenburg hatte im März 1848 ihren Höhepunkt keineswegs erreicht, sondern

## Obrigkeitliche Bekanntmachung.

In Folge der gestern Abend stattgehabten Störung der öffentlichen Sicherheit wird hiedurch bis auf Weiteres angeordnet:

1) die Meister haben ihre Gesellen und Lehrlinge zu Hause zu halten und sind dafür verantwortlich, daß diese von Abends 6 Uhr an weder auf der Straße umherstehen, noch ohne dringende Veranlassung ausgehen;

2) alle Aeltern haben ihre Kinder von 6 Uhr Abends an zu Hause zu halten;

3) von Abends 6 Uhr an haben Gastwirthe und Kaufleute keine geistige Getränke auszuschenken, und sind alle Herbergen und Schenkwirthschaften zu schließen;

4) das Zusammenstehen von mehr als drei Personen auf den Straßen und öffentlichen Plätzen ist verboten;

5) alles Umherstehen vor den Hausthüren von Beginn der Dunkelheit an wird hiedurch untersagt, und vertrauen wir der Ordnungsliebe der Einwohnerschaft, daß jeder an seinem Theil Alles vermeidet, was zur Ruhestörung Anlaß geben kann, weßhalb namentlich alle Dienstboten von Beginn der Dunkelheit an ohne Noth nicht auszuschicken sind.

Schwerin, den 14. März 1848.

### Der Magistrat.

*(Mecklenburgisches Landeshauptarchiv Schwerin)*

war gerade erst in Gang gekommen. Die entscheidenden Auseinandersetzungen waren aufgeschoben, aber nicht aufgehoben. Die politischen Kräfte mußten sich in dem bald einsetzenden Ringen um das Wahlverfahren, die Grundprinzipien einer künftigen Verfassung und die verschiedensten bürgerlich-demokratischen und sozialen Forderungen eindeutiger differenzieren. Die von der Volksbewegung den Großherzögen abgetrotzten Rechte und Freiheiten waren dafür die unentbehrliche Voraussetzung. Im Verlaufe dieses Differenzierungsprozesses schieden sich die gemäßigten bürgerlich-liberalen Kräfte von den entschieden demokratischen Elementen des am Beginn der Revolution weitgehend geschlossen aufgetretenen antifeudalen Oppositionsblocks. Die aus den Volksversammlungen der Märztage hervorgegangenen Reformvereine waren aber auch noch über die nachfolgenden Monate hinweg das Sammelbecken für die politisch aktivsten Teile des gemäßigten Bürgertums, des überwiegend demokratisch orientierten Kleinbürgertums und der heranwachsenden Arbeiterklasse. „Der Name 'Reformer' umfaßte noch beinahe überall die Parteien, ja selbst die Extreme" (Soltau 1851 30). Von Rostock war am 23. März der Anstoß zum organisierten Zusammenschluß aller mecklenburgischen „Reformer" ausgegangen, indem sämtliche übrigen Städte aufgerufen worden waren, zum 2. April Deputierte nach Güstrow zu einem allgemeinen Reformtag zu entsenden. Die Leitung des Rostocker Vereins legte dem von 173 Abgesandten aus 46 Städten und 8 Domanialämtern besuchten Reformtag 17 Propositionen zur Beratung und Beschlußfassung vor. Die Annahme dieser Vorlagen zeigte, daß die mecklenburgischen Reformvereine von Anfang an der demokratischen Richtung zuneigten. Das vom ersten gesamtmecklenburgischen Reformtag beschlossene Programm der Bewegung (Protocoll 1848 15, Anlage B) wurde im ganzen Lande populär. Ein weiteres Hauptresultat war die Begründung einer ganz Mecklenburg umspannenden Organisation der Reformvereine. Die einzelnen Vereine konstituierten sich formell überwiegend nach dem Vorbild der Statuten des Rostocker Vereins. Die Leitung des Rostocker Reformvereins wurde durch die Deputierten zur „Zentralkommitte" berufen. Die von Prof. Karl Türk in Rostock herausgegebenen „Meklenburgischen Blätter" wurden zum Zentralorgan der Vereine bestimmt. Zum ersten Mal wurden in Mecklenburg am 19./22. April in freien, aber indirekten und nicht allgemeinen Wahlen zur Frankfurter Nationalversammlung Repräsentanten der Bevölkerung gewählt. Obwohl die mecklenburgischen Wahlgesetze die Wahlbestimmungen des Frankfurter Vorparlaments verschlechterten, waren die Wahlen der Abgeordneten zum Paulskirchenparlament ein wichtiger Schritt (Werner 1907 72). Über das Wahlverfahren zu der in Aussicht gestellten neuen Landesvertretung sowie über Stellung und Aufgaben dieser Vertretung flammten die Meinungsverschiedenheiten innerhalb der Reformvereine um so heftiger auf, je näher die Eröffnung des außerordentlichen ständischen Landtags rückte, die auf den 26. April vorverlegt worden war. Viele Debatten um die Gestaltung einer Landesvertretung waren diktiert von der Furcht großer Teile des Bürgertums vor einem zu starken Einfluß der städtischen Arbeiterschaft und der Tagelöhner des platten Landes auf die Wahlhandlungen. Die gemäßigten Liberalen traten deshalb für die Schaffung einer neuständischen Landesvertretung ein und bekämpften das Prinzip des reinen Repräsentationssystems, auf das sich die Mehrheit der Reformvereine in Güstrow geeinigt hatte, oder versuchten zumindestens, ständische und repräsentative Verfassungselemente miteinander zu verbinden (Schröder 1961 171ff). Nach dreiwöchigen Verhandlungen, während derer die Geduld des Volkes auf eine harte Probe gestellt worden war und die beiden Stände erbittert um ihre Sonderinteressen und Vertretungsanrechte gekämpft hatten, erhielt der außerordentliche Landtag am 17. Mai, einen Tag vor Eröffnung der Frankfurter Nationalversammlung, mit der Festlegung indirekter Wahlen nach Kopfzahl ohne Zensus für die neue Landesvertretung endlich seinen Abschied (Landtagsbote 1848 Nr. 23 4f.). Er hatte in den letzten Tagen unter dem massiven Druck der demokratischen Reformvereine gestanden, die auf ihrem zweiten Reformtag in Güstrow am 17. April beschlossen hatten, die Landtagsverhandlungen durch die Tätigkeit einer zwölfköpfigen Überwachungskommission kritisch zu begleiten (Stammer 1980 61). Zeitgleich mit den Wahlen der Abgeordneten zur Nationalversammlung und den Verhandlungen des außerordentlichen Landtags war es zu einer starken sozialen Bewegung der Tagelöhner auf Gütern in der Umgebung von Waren und Malchin gekommen, die sich ab Ende Mai zu einer Aufstandsbewegung gegen die Rittergutsbesitzer ausweitete und trotz Warnungen der Schweriner Regierung vor dem „ungestümen Andringen bei den Ortsbehörden im Lande" und „selbst erzwungenen Zugeständnissen" (Wochenblatt 1848 127f.) und einer „Verordnung gegen Aufruhr und vereinigte Gewalt" (Wochenblatt 1848 Beilage zu Nr. 21) sowie eines Publikandums des Schweriner Großherzogs vom 24. Mai 1848 angesichts gewalttätiger Ausschreitungen von Landarbeitern in Torgelow (MLHA MdI 21104) nicht beschwichtigt werden konnte. Die Schweriner Regierung konnte die Unruhen unter den Tagelöhnern nur durch monatelangen Einsatz von Truppenteilen und Stationierung eines Sonderbevollmächtigten eindämmen (Herferth 1961 83ff.). Der Landtag hatte seine Verhandlungen kaum beendet, da traten die Gegensätze in den Reformvereinen mit um so größerer Heftigkeit hervor. Immer mehr rückte jetzt in den Reformvereinen die Auseinandersetzung um die Stellung der zu wählenden Abgeordnetenversammlung in den Vordergrund. Liberale „Vereinbarer" traten den demokratischen Anhängern einer verfassungsgebenden Rolle der Abgeordnetenversammlung gegenüber. Allerdings versanken die meisten Reformvereine zunächst für einige Wochen „in Untätigkeit und Schlaffheit" (J. Wiggers 1850 32). Die Hauptursachen für diese Erschlaffung lagen primär in der zunehmenden Sorge des Bürgertums vor einem Hinauswachsen der Revolution über den konstitutionell-liberalen Rahmen begründet, den man durch die Versprechen der Großherzöge und den nach dem außerordentlichen Landtag scheinbar endgültig gebrochenen Widerstand der alten Aristokratie fest abgesteckt wähnte. Diese Furcht zog sich bis weit in das Kleinbürgertum hinein. Sie wurde genährt durch die radikale Haltung einiger kleinerer Reformvereine, vor allem aber durch das entschiedene, teils gewaltsame Vorgehen der ländlichen Tagelöhner in verschiedenen Teilen Mecklenburgs (Mahlert 1961 65ff.). Große

Unzufriedenheit begann sich in den Reformvereinskreisen allmählich wegen des langen Schweigens der Regierungen in der Angelegenheit der Wahlen für eine Landesvertretung auszubreiten. Die Sorge um die Wahlfrage verschaffte den Reformvereinen nach Wochen der Flaute wieder neuen Auftrieb. Friedrich Franz II. wurde um baldige Veröffentlichung des Wahlgesetzes gebeten. Die Rostocker Zentralkommitte wurde durch die anderen Vereine aufgefordert, die Schweriner Regierung auf ihre Pflichten gegenüber dem Volk aufmerksam zu machen. Pressepolemiken in den Reformblättern griffen die Haltung der Regierung an, die nach der öffentlichen Meinung einen Schneckengang eingelegt hatte, weil sie die Auswirkungen des Juni-Aufstands des Pariser Proletariats, das Verhalten Rußlands, die Ergebnisse der preußischen Verfassungsberatungen und das Verfassungswerk der Deutschen Nationalversammlung abwarten wollte, um nach diesen Vorbildern ein eigenes Staatsgrundgesetz zu konzipieren.

*Porträt von Moritz Wiggers (1816-1894), dem ersten Präsidenten der mecklenburgischen konstituierenden Abgeordnetenversammlung und späteren Präsidenten der Abgeordnetenkammer von 1850 (Mecklenburgisches Landeshauptarchiv Schwerin)*

Der Streit innerhalb der Reformvereine um den Charakter der zu wählenden Abgeordnetenversammlung spitzte sich zu. Während Demokraten wie Moritz Wiggers die konstituierende Eigenschaft der künftigen Landesvertretung postulierten und dies analog der Rolle der Frankfurter Nationalversammlung mit dem Prinzip der Volkssouveränität begründeten, verfochten gemäßigte Liberale wie der Rostocker Professor Karl Hegel den Vereinbarungsgedanken (Rostocker Zeitung 1848 Nr. 129 1, Nr. 133 1). Die gemäßigten Elemente im Rostocker Reformverein wurden zurückgedrängt, Moritz Wiggers zum neuen Präsidenten des Vereins gewählt. Hegel isolierte sich durch seine Haltung im Verein so sehr, daß er sich schließlich mit der Begründung aus ihm zurückzog, der Reformverein habe sich auf eine schlechthin revolutionäre Basis gestellt (J. Wiggers 1850 35). Hegel forderte öffentlich zur Spaltung der Reformvereine auf. Gegen die hier dominierende radikale Richtung sollten sich alle Andersdenkenden in eigenen Vereinen zusammenschließen (Rostocker Zeitung Nr. 144 1). Der heftige Streit wogte weiter: „Konstituierend oder vereinbarend war jetzt die Losung, nach welcher die Parteien sich zu sondern begannen" (J. Wiggers 1850 36). Die Organisierung der nichtdemokratischen Kräfte in den „Konstitutionellen Vereinen" erfolgte dann aber doch erst ab Ende August 1848. Das Wahlgesetz wurde am 13. Juli endlich veröffentlicht, aber nicht als Entwurf, worum die Rostocker Zentralkommitte im Interesse einer Möglichkeit zur Stellungnahme für die Öffentlichkeit am 6. Juli in einer Petition an den Schweriner Großherzog gebeten hatte. Es forderte den Widerspruch der Reformvereine geradezu heraus, weil es den Vereinbarungsgrundsatz für die Schaffung des Verfassungswerks in der Präambel fixierte und durch eine ausgeklügelte Wahlbezirksgeometrie die Großgrundbesitzer begünstigte. Mit der Diskussion um das Wahlgesetz herrschte überall wieder regeres Leben in den Reformvereinen. Man erwartete von Wahlen nach diesen Bestimmungen einen ungefährdeten Sieg der reaktionärsten Kräfte. Das Wahlgesetz war in vieler Beziehung ein Schritt zurück hinter die Wahlbestimmungen für die Frankfurter Nationalversammlung. Den Termin für Wahlen wollte die Regierung erst später bekanntgeben. Das oktroyierte Wahlgesetz nötigte die Reformvereine zur beschleunigten Ansetzung eines ohnehin zur Beratung der Stellung der zukünftigen Landesvertretung und anderer Streitfragen schon vorgesehenen neuen Reformtags in Güstrow am 21./22. Juli. Auf dieser dritten Generalversammlung der mecklenburgischen Reformvereine sprachen sich die 60 Deputierten der 27 vertretenen Reformvereine mit großer Mehrheit für die verfassungsgebende Eigenschaft der Abgeordnetenversammlung aus. Bei der Beratung über die Wahlen entschied man sich einhellig gegen die kleinen Wahlabteilungen des Wahlgesetzes und für die

großen Wahlkreise wie bei den Wahlen zur Nationalversammlung, für die Gewährung des Wahlrechts auch an die Nichtsteuerzahler und die Verleihung des aktiven Wahlrechts an alle männlichen Personen über 21 Jahre. Ein wichtiger Beschluß der Deputierten forderte die Entlassung der Minister und Regierungsräte. Sie wurde mit der Empfehlung an die Großherzöge verbunden, eine Regierung aus Männern einzusetzen, die „keine Binde vor den Augen haben, welche mit klarem hellem Blick die Zeit durchschauen, mit Männern, die ein Herz haben für das Volk" (Stenographischer Bericht 1848 30). Der bürgerliche Rittergutsbesitzer Theodor Ernst Stever auf Wustrow war in den Augen der Deputierten solchen Vertrauens wert, da er sich neben Dr. Samuel Schnelle auf Buchholz und Johann Pogge auf Roggow als einer der Führer des bürgerlichen Teils der Ritterschaft in den Streitigkeiten mit dem Adel bereits vor der Revolution Popularität erworben hatte. Deputationen sollten beiden Großherzögen empfehlen, volksverbundene Männer mit der Bildung neuer Staatsministerien zu beauftragen. Die Reformpartei in Mecklenburg wollte verspätet erzwingen, was in Gestalt der „Märzministerien" in anderen deutschen Staaten von den Fürsten zur Aufspaltung der revolutionären Volksbewegung und Sicherung ihrer Throne an Regierungsumbildung Monate früher vorgenommen worden war. Sie wiegte sich dabei in der Illusion, daß eine durch bloßen Druck der öffentlichen Meinung erfolgte Aufnahme liberaler Repräsentanten in die Regierung die Machtposition der feudalaristrokratischen Kräfte entscheidend schwächen könnte. Das wichtigste Ergebnis der Beratungen bestand in der Einigung über ein gemeinsames Programm, das „Güstrower Bekenntnis", dessen Anerkennung in Zukunft die Voraussetzung für die Mitgliedschaft im Reformverein bilden sollte. Es verlangte: „die Volks- und Staatseinheit Deutschlands; gleiche politische Berechtigung aller Staatsbürger ohne Rücksicht auf das religiöse Bekenntnis; Aufhebung aller Feudal- und Adelsrechte; Schutz der persönlichen Freiheit durch ein Gesetz, die Habeas-Corpus-Akte; Sicherheit des Eigentums; Gleichheit aller vor dem Gesetz; Freiheit der Presse, Öffentlichkeit der Gerichte, der Landtage, der Gemeindeverhandlungen und aller Verhandlungen und Staatseinrichtungen, die ihrem Wesen nach der Öffentlichkeit angehören; das Vereinsrecht; allgemeine Wehrhaftigkeit und Wehrpflichtigkeit; Organisation der Volkswehr; für Stadt- und Landgemeinden freie Verfassung, nach welcher sie sich selbst regieren; Trennung der Kirchen vom Staat; Rückgabe der Kirchengewalt an die Gemeinden; ein wohlgeordnetes Volksschulwesen und Befreiung der Schule von der Bevormundung durch die Kirche; Sicherung des geistigen und leiblichen Wohls der arbeitenden Klasse. Wir wollen endlich: daß der Volkswille als das höchste Gesetz des Staats gilt" (Stenographischer Bericht 1848

59 f.). Der Kampf für diese Forderungen wurde ausdrücklich auf die „gesetzlichen Waffen" beschränkt. Das „Güstrower Bekenntnis" präzisierte und erweiterte einige Forderungen des ersten Reformtags, klammerte aber Probleme wie die Agrarfrage aus. Andererseits sollte die Aufnahme der Forderung nach der „Sicherung des geistigen und leiblichen Wohls der arbeitenden Klasse" ein Zugeständnis an die städtischen und ländlichen Arbeiter sein, die als soziale Stütze für die Reformvereine eine immer größere Bedeutung erlangten und deren Forderungen nach Verbesserung ihrer Lage nicht mehr einfach ignoriert werden konnten. Der dritte Güstrower Reformtag stand im Zeichen der offenen Trennung der demokratischen Elemente von denen des gemäßigten Liberalismus. Er führte zur Spaltung der „bis dahin äußerlich zu einer Partei verbundenen Reformer" (Soltau 1851 46) und damit zur organisatorischen Verselbständigung der kleinbürgerlich-demokratischen Parteirichtung in Mecklenburg, deren Anhänger in den reorganisierten Reformvereinen weiterhin ihr wichtigstes Sammelbecken hatten. Eine möglichst klare Trennung dieser politischen Strömungen war vor allem im Hinblick auf die erwarteten Wahlen zur mecklenburgischen Abgeordnetenversammlung von höchster Dringlichkeit geworden. Das „Bekenntnis" war die ideologische Plattform für die Parteibildung der Demokraten. Der komplizierte Differenzierungsprozeß, in dessen Ergebnis feste bürgerliche Parteilager in Mecklenburg entstanden, hatte mit dem Güstrower Juli-Reformtag einen vorläufigen Abschluß erfahren. In diesem Prozeß hatte sich erwiesen, daß republikanische Ideen im mecklenburgischen Bürger- und Kleinbürgertum keinen Nährboden fanden. Die wenigen Republikaner, die auch hier die Überwindung der Monarchie propagierten, bildeten den schwachen linken Flügel der demokratischen Bewegung. Die Standpunkte der Liberalen und Demokraten unterschieden sich in Mecklenburg deshalb weniger in der grundsätzlichen Einstellung zum monarchistischen System, sondern hauptsächlich in der Haltung gegenüber der zu wählenden Vertretungskörperschaft, insbesondere zum Wahlverfahren sowie zum Charakter der Abgeordnetenversammlung. Die Scheidegrenze zwischen beiden Parteien bildete die Anerkennung des Prinzips der Volkssouveränität. Moritz Wiggers, der immer mehr in die Rolle des anerkannten Hauptes der mecklenburgischen Demokraten hineinwuchs, brachte die Vorstellungen der Mehrheit der Reformer über die zukünftige Staatsform in die Formel: „eine auf demokratischen Grundlagen zu errichtende erbliche Monarchie" (Rostocker Zeitung 1848 Nr. 165/166). Die republikanische Staatsform setzte nach seiner Meinung republikanische Tugenden und eine gereifte Bildung voraus, die er in Mecklenburg noch vermißte. Das Güstrower Programm gab den Reformvereinen eine bestimmtere Richtung und

führte zu einer Belebung. Im Anschluß an die Generalversammlung „begann eine vollkommene Regeneration der Vereine" (Soltau 1851 47). Die gemäßigten Liberalen verließen im allgemeinen die Reformvereine. Das waren insbesondere Vertreter der Beamtenschaft. Die Bildung eigener Organisationen gelang ihnen aber nicht vor Ende August (Stammer 1980 92). Nach einer Vorberatung am 31. August 1948 wurde in Schwerin am 5. September der erste konstitutionelle Verein gegründet. Von da an standen sich die demokratisch orientierten Reformvereine und die gemäßigt-liberalen konstitutionellen Vereine in erbitterter Feindschaft gegenüber. In den Vordergrund der politischen Auseinandersetzung trat verstärkt – ganz im Sinne der Güstrower Beschlüsse – der Kampf um den „Ministerwechsel" und um die Veränderung des Wahlgesetzes. Die vom Reformtag gewählten Deputierten wurden von den beiden mecklenburgischen Großherzögen zwar empfangen, erreichten aber nicht das geringste. Als regierungsseitig die Wahlen auf den 26. und 30. September angesetzt wurden und die Wahlkreiseinteilung begann, bereitete die Rostocker Zentralkommitte nicht nur eine neue Petitionsbewegung aller Reformvereine vor, die auf Vergrößerung der Wahlbezirke und Wahlkreise hinzielte, sondern rief am 1. September alle Vereine zur Entsendung von Deputationen am 7. September nach Schwerin und Neustrelitz auf (J. Wiggers 1850 41f.). An der Petitionsbewegung beteiligten sich zum ersten Mal auffällig viele Arbeiter und Handwerksgesellen. Die gewachsene politische Aktivität in den Reihen der mecklenburgischen Arbeiter äußerte sich am sichtbarsten in der Schweriner Petition vom 6.9.1848, die bei insgesamt etwa 860 Unterschriften von mindestens 430 Proletariern unterschrieben war und wie alle anderen Petitionen aus diesen Tagen eine Abänderung des Wahlgesetzes forderte (MLHA Staatsministerium 419). Die Schweriner Petition ist nicht nur aufschlußreich für das Verhältnis der Arbeiter zu den Zielen der Reformvereine. Sie ist zugleich ein Spiegelbild der Organisierung der Arbeiter in der Residenzstadt und ein Ausdruck des politischen Reifeprozesses, den die Arbeiter im Spätsommer und Herbst 1848 durchliefen. An der Spitze der Unterzeichner stand der Name von Polentz neben denen anderer Führer des Reformvereins. Der junge Literat Julius Polentz hatte Mitte August 1848 in Schwerin den ersten mecklenburgischen Arbeiterverein gegründet (Baudis 1965 55). Dieser Verein begann bald als Kristallisationspunkt für die Bestrebungen der ersten nationalen deutschen Arbeiterorganisation, der „Allgemeinen deutschen Arbeiterverbrüderung" in Mecklenburg zu wirken (Baudis 1972 371ff.). Gewichtiger als alle Petitionen waren aber die Ereignisse vom 7. September vor dem Schloß in Neustrelitz: 80 Deputierte der Reformvereine überbrachten dem Strelitzer Großherzog ihre mit 4.000 Unterschriften bedeckten Petitionen (J. Wiggers 1850 42). Ihr Sprecher, der Strelitzer Stadtrichter Petermann, erhielt von Großherzog Georg nur eine ausweichende Antwort, als er die Forderungen begründete. Ein zweiter Versuch am Nachmittag blieb gleichfalls ohne Ergebnis. Der Großherzog war für die Deputierten nicht zu sprechen; es wurde ihnen nur ein schriftlicher Bescheid versprochen. Gleichzeitig fand in Altstrelitz eine große Volksversammlung statt, deren Teilnehmer auf das Ergebnis der Verhandlungen warteten und durch das Ausbleiben ihrer Deputierten beunruhigt wurden. Die Versammelten brachen deshalb zum Neustrelitzer Schloß auf, wo sie demonstrativ Aufstellung nahmen und vom Großherzog eine klare Antwort auf ihre Petitionen begehrten (Grobbecker 1926 124ff.). Sie hatten sich teilweise mit Knüppeln bewaffnet. Unter ihnen waren Arbeiter und Gesellen zahlreich vertreten. Es entstanden Unruhen, als die 1.500-2.000 Demonstranten den Bescheid erhielten, der Großherzog wäre ausgefahren. Das Schloß wurde mit Steinen beworfen. Man versuchte, in das Schloß einzudringen. Gegen die erregte Volksmenge wurde die Neustrelitzer Bürgerwehr eingesetzt. Eine Beruhigung trat erst ein, als der Großherzog mit dem Stadtrichter Petermann auf dem Balkon des Schlosses erschien und den Demonstranten die Erfüllung ihrer Forderungen zusicherte. Am anderen Tag wurde Staatsminister von Dewitz entlassen, und noch im Verlauf des September nahmen Regierungsrat Graf von Bassewitz sowie Kammerdirektor von Kamptz und andere leitende Beamte ihren Abschied. Die Abänderung der Wahlbezirkseinteilung wurde in Aussicht gestellt und der Wahltermin vertagt (Grobbecker 1926 126f.). Vertreter des liberalen Bürgertums wurden in die Regierung berufen. Der Großherzog versprach, das Prinzip der Ministerverantwortlichkeit gegenüber der Volksvertretung anerkennen zu wollen. Trotzdem spielten sich auch am nächsten Tag noch stürmische Szenen auf den Straßen ab. Erst die Volksmassen in Neustrelitz hatten mit ihrem entschlossenen Auftreten die Erfüllung der beiden wichtigsten Forderungen seit dem Güstrower Reformtag vom 21./22. Juli erkämpft: Ministerentlassung und Änderung des Wahlgesetzes. Denn die 60 Personen starke Deputation aus 23 Städten und 18 Ortschaften, die dem Schweriner Großherzog am 7. September ihre Petitionen überbrachte, fand bei Friedrich Franz II. kein Entgegenkommen. Er entließ eiligst die Deputierten und warnte sie davor, gegen das Wahlgesetz zu agitieren, das doch nicht geändert werden könnte (Bürgerfreund 1848 10 1). Doch als die Ereignisse von Neustrelitz in Schwerin bekannt wurden und die Rostocker Zentralkommitte die Ausschreibung einer allgemeinen mecklenburgischen Volksversammlung durchblicken ließ, änderte auch Friedrich Franz II. schlagartig seine Haltung (J. Wiggers 1850 44). Die Anhänger der alten ständischen Verfassung in der Regierung, der Minister und Kammerpräsident von Levetzow sowie der Regierungsdirektor von Oertzen wurden entlassen. Als neue Männer wurden der von den Reformvereinen empfohlene liberale bürgerliche Rittergutsbesitzer Stever, der gemäßigte Rostocker Reformer Kippe und der Landsyndikus Groth in der Stellung von Kommissaren in die Regierung berufen, wo sie aber ohne exekutive Vollmachten blieben, während die eigentlichen Regierungsgeschäfte weiterhin unter der Leitung des Ministers und Geheimen Ratspräsidenten von Lützow fortgeführt wurden. Es trat daher keine völlige Umbildung der Regierung ein, sondern es wurden nur die Verfassungsangelegenheiten von der eigentlichen Regierungstätigkeit abgetrennt und den „neuen Männern" als Regierungskommissaren zugewiesen. Die Leitung dieser Kommission aber war von Lützow als viertem Kommissar übertragen. Für die Reformvereine war an den Bedingungen der Einsetzung einer Ministerialkommission wichtig, daß die Ablösung des alten Regierungssystems vorgesehen war und dem Großherzog bei der Ausarbeitung der Verfassung nur ein suspensives Veto zukommen sollte (Schröder 1961 397f.). Nach der Berufung der Regierungskommissare gelang es aber noch, die Zusicherung zur Abänderung einiger Bestimmungen des Wahlgesetzes zu erreichen (J. Wiggers 1850 45). Der weitere Verlauf des Monats September stand im Zeichen der Vorbereitung der politischen Kräftegruppierungen auf die Wahl der Abgeordnetenversammlung. Insbesondere die Reformvereine entfalteten eine breite Kampagne. Ihre liberal-konstitutionellen Widersacher traten mit erheblichem Tempoverlust in die Wahlbewegung ein, weil ihre Organisation noch in den Anfängen steckte. Ihr wichtigstes Propagandaorgan wurde die „Mecklenburgische Zeitung", die vom 1. Oktober an in Schwerin durch Karl Hegel mit Regierungsunterstützung herausgegeben wurde. Die Reformpartei war mit Energie darum bemüht, die Massen der Landbevölkerung unter ihren Einfluß zu bekommen, da von deren Verhalten entscheidend der Ausgang der Wahlen abhing (Schröder 1961 410f.). Schon im ersten Akt des Verfahrens, bei den Wahlen der Wahlmanner am 26./27. September, kündigte sich ein Erfolg der Reformvereine an. Besonders nachhaltig erwies sich der Einfluß der Reformpartei in den größeren Städten, vor allem in Rostock und Schwerin (J. Wiggers 1850 51). Den Konstitutionellen fehlte es an „Einfluß auf die Volksmassen. Die Tagelöhner auf dem Lande und die Arbeiter in den Städten standen unter dem Banne der Verheißungen der Demokraten" (Hegel 1900 144). Die eigentliche Wahl (Mecklenburg-Schwerin am 3., Mecklenburg-Strelitz am 9., Nachwahlen am 20. Oktober) befestigte die überlegene Stellung der Reformvereine. Gestützt auf die unteren Volksklassen errangen die von den Reformvereinen aufgestellten Kandidaten fast zwei Drittel der Mandate (J. Wiggers 1850 52). Von den 103 Abgeordneten aus beiden Großherzogtümern einschließlich Fürstentum Ratzeburg stammten nur 38 vom Lande. Unter diesen befanden sich zwei Tagelöhner. 65 Abgeordnete kamen aus den Städten, darunter war nur ein Arbeiter. Am 31. Oktober 1848 wurde die Abgeordnetenversammlung im Schweriner Dom durch Großherzog Friedrich Franz II. feierlich eröffnet. Schon nach wenigen Wochen stellte sich heraus, daß die aus den Reformvereinen hervorgegangenen Abgeordneten der Linken trotz ihrer Einschwörung auf das „Güstrower Bekenntnis" längst keine politisch homogene Gruppierung darstellten. Gemäßigte Reformer traten nach und nach aus der Fraktion aus, und noch im November hatte die Linke die anfangs für so gewiß gehaltene Majorität eingebüßt, wie sie sich auch dem Umstand anpassen mußte, daß die Abgeordnetenversammlung im Widerspruch zu der Grundforderung der Reformvereine keine eigentliche konstituierende Eigenschaft besaß (J. Wiggers 1850 62). So bedeutend der Umstand für Mecklenburg auch war, daß zum ersten Mal in seiner Geschichte eine vom Volk gewählte Repräsentativkörperschaft zusammentrat, so sehr muß der späte Zeitpunkt der Eröffnung der Abgeordnetenversammlung als Erfolg der reaktionären Kräfte gewertet werden. Infolge einer Phasenverschiebung im Revolutionsgeschehen hatten die fortschrittlichen Kräfte in Mecklenburg noch das Übergewicht, während die

Revolution in Österreich und Preußen bereits ihrer Niederlage entgegentrieb. Die Reaktion in Mecklenburg übte sich deshalb in Geduld.

Hinsichtlich der Arbeit der Abgeordnetenversammlung setzte sie ihre Hoffnungen auf die Kompromißbereitschaft der Vertreter des liberalen Bürgertums und die schwankende Haltung von Abgeordneten aus den kleinbürgerlichen Schichten. Diese Erwartungen sollten sich bald erfüllen. Die anfängliche Majorität der Linken gestattete zunächst, die Besetzung der Vorstandsämter (Präsident und Vizepräsident) und Ausschüsse sowie die Gestaltung der Geschäftsordnung entscheidend zu beeinflussen. Moritz Wiggers wurde zum Präsidenten der Abgeordnetenversammlung gewählt. Doch in dem Maße, wie sich gemäßigte Linke von der Fraktion der Linken absonderten und zu einem „linken Zentrum" zusammenschlossen, verringerten sich die politischen Gestaltungsmöglichkeiten der zunächst stärksten Fraktion. Das „linke Zentrum" stellte im Grunde den linken Flügel der liberal-konstitutionellen Bewegung in Mecklenburg dar. Seine Herausbildung verkörperte den letzten Akt der Scheidung und Verselbständigung von Liberalen und Demokraten in Mecklenburg. Es bildete fortan bei allen Abstimmungen das „Zünglein an der Waage". Beabsichtigte es anfangs, überwiegend mit der Linken zu stimmen, so wurde es mit der Zeit seines „Ursprungs aus dem Schoße der Linken und, weiter zurück, der Reformvereine gänzlich uneingedenk" (J.Wiggers 1850 69). Der Kern der Linken setzte sich

*„Das linke Zentrum in Wahlängsten". Karikatur auf die schwankende Haltung einer Gruppierung liberaler Abgeordneter in der mecklenburgischen Abgeordnetenversammlung von 1848/49 (Mecklenburgisches Landeshauptarchiv Schwerin)*

aus gemäßigten und radikalen Demokraten zusammen. Neben der Linken und dem „linken Zentrum" bildete sich ein „rechtes Zentrum" von beachtlicher Stärke und eine kleine Fraktion der „äußersten Rechten" heraus. Damit hatte sich in der Mecklenburgischen Abgeordnetenversammlung eine ähnliche Parteibildung vollzogen wie in der Deutschen Nationalversammlung, allerdings mit dem Unterschied, daß die Linke in Schwerin zunächst wesentlich stärker war. Wie das Paulskirchenparlament war auch die in Schwerin tagende Abgeordnetenversammlung nicht gewillt, sich konsequent auf den Boden der Volkssouveränität zu stellen und ihren Beschlüssen durch Mobilisierung der Volksmassen Nachdruck zu verschaffen. Die Versammlung ging vielmehr auf die Hinhaltetaktik der beiden Großherzöge und ihrer Regierungen ein. Sie schuf keine eigenen Machtorgane, verlegte sich auf endlose Verfassungsverhandlungen und ermüdende Ausschußberatungen, wagte aber nicht, den Willen der Wähler entschlossen durchzusetzen. Dazu hätte es einer erneuten Revolutionierung der Volksmassen bedurft, von deren spontanen Aktionen sich jedoch die meisten Führer der Demokraten bereits im Frühjahr und Sommer 1848 heftig distanziert hatten. Die besorgten und von der Reformbereitschaft zumindest des Schweriner Großherzogs überzeugten Exponenten der bürgerlichen Schichten hingen vielmehr der Vorstellung an, ihre politischen Ziele unter den für besonders günstig gehaltenen mecklenburgischen Bedingungen auf völlig friedlichem Wege, ohne das Auslösen einer zweiten revolutionären Welle durchsetzen zu können. Diese Illusion wurde noch dadurch genährt, daß die Abgeordnetenversammlung zur Ausübung legislativer Funktionen überging, die ihr von den beiden großherzoglichen Regierungen auch nicht streitig gemacht wurden. Diese waren sogar auf die Bereitschaft der Versammlung angewiesen, über von ihnen für unaufschiebbar gehaltene Gesetzesakte zu beschließen, weil eine absolutistische Gesetzgebung den Zeitverhältnissen kraß zuwidergelaufen wäre und die Tätigkeit der alten Stände ruhte. So kamen der Abgeordnetenversammlung bereits kammerähnliche Eigenschaften, d.h. quasi die Rechte einer gesetzgebenden Landesvertretung zu, die eigentlich erst durch die Verfassung staatsrechtlich zu begründen waren. Eine Ausnahme bildete das Recht der Steuerbewilligung (J. Wiggers 1850 73f.). Wichtigstes Ergebnis dieser Seite der Tätigkeit der Versammlung war nach langen, harten Auseinandersetzungen, die sich in der Kammer von Dezember 1848 bis Juli 1849 hinzogen, die Mitte August 1849 verkündete „Verordnung betreffend die Legung der Bauernstellen" (Wochenblatt 1849 165). Diese Verordnung, die „auf Antrag" der Abgeordnetenversammlung für beide Großherzogtümer wirksam wurde, untersagte die Fortsetzung des Legens bäuerlicher Stellen und sollte ein Vorgriff auf ein späteres allgemeines Gesetz über die bäuerlichen Verhältnisse sein. Sie „kann fast als das einzige goldene Korn unter den vielen vergeblichen und wenig dankbaren Versuchen des Ausschusses [gemeint ist der volkswirtschaftliche Ausschuß – K.B.] angesehen werden" (Soltau 1851 89). Zur Lösung anderer dringender Probleme wie z. B. der Ablösung der bäuerlichen Lasten und der Schaffung freien bäuerlichen Grundeigentums vermochte der Ausschuß, auf den die Bearbeitung von zwei Drittel der an die Abgeordnetenversammlung gerichteten Gesuche entfiel, keine Wege zu weisen. Weitere Gesetzentwürfe, die der größten Not der Hoftagelöhner sowie der Handwerker und Arbeiter auf dem Lande entgegenwirken sollten, wurden durch die Kammer verwässert und selbst in dieser Fassung dann von den großherzoglichen Kommissaren zurückgewiesen (Soltau 1851 92f.). Die geplanten Maßnahmen ordneten sich nicht zu einem geschlossenen System und waren nur darauf berechnet, für den Moment durch Provisorien und geringfügige Zugeständnisse eine gewisse Linderung der Not der untersten Bevölkerungsschichten zu erreichen. Auf eine grundlegende bürgerliche Erneuerung der gesellschaftlichen Verhältnisse durch Überwindung des feudalen Grundeigentums und Beschränkung des Großgrundbesitzes liefen sie keinesweg hinaus. Kein Wunder, daß die Landbevölkerung von der Tätigkeit der Abgeordnetenversammlung mehr und mehr enttäuscht war. Die Versammlung erwies sich als ohnmächtig, die Entwicklung der Landwirtschaft und der bäuerlichen Verhältnisse in Mecklenburg in eine progressive Richtung zu lenken. Die Verhandlungen über die Beschaffenheit der Verfassung sowie die Art und Weise ihrer Vereinbarung zogen sich von der 52. bis zur 151. Sitzung der Abgeordnetenversammlung hin, ehe sie am 22. August 1849 mit der Auflösung der Abgeordnetenversammlung und der Vollziehung des Staatsgrundgesetzes durch Friedrich Franz II. am 23. August zu Ende gingen. Zwischenzeitlich war die Konterrevolution in Deutschland von Sieg zu Sieg geeilt, hatte die Niederschlagung der Kämpfe für die Durchsetzung der von der Frankfurter Nationalversammlung am 29. März 1849 beschlossenen Reichsverfassung durch die vereinte Fürstenmacht unter preußischer Führung im Frühjahr 1849 den Ausgang der deutschen Revolution endgültig besiegelt. Stationen dieses Vormarsches waren in Mecklenburg u.a. der Rückzug der Repräsentanten des Großgrundbesitzes aus den konstitutionellen Vereinen durch die Bildung eines „Allgemeinen politischen Vereins für Mecklenburg" Ende November 1848 als Konzentrationspunkt aller Konservativen im Land, die weitere Schwächung der Linken in der Abgeordnetenversammlung durch die Abwahl von Moritz Wiggers als Präsident Ende Januar 1849, der Einmarsch von zwei Schwadronen preußischer Kürassiere Mitte März nach Mecklenburg-Strelitz infolge eines Hilfersuchens von Großherzog Georg, der Abschluß von Militärkonventionen mit Preußen im Frühjahr 1849 durch beide Großherzöge hinter dem Rücken der Abgeordnetenversammlung, das Entsenden von Truppenteilen aus Mecklenburg-Schwerin zur Unterstützung des preußischen Militärs bei der Niederschlagung der Kampfer für die Reichsverfassung in Südwestdeutschland, der Beitritt beider mecklenburgischer Staaten zu dem von Preußen geschmiedeten „Dreikönigsbündnis" Anfang Juni 1849. Die Hoffnungen der fortschrittlichen Volkskräfte, das im August 1849 vom Schweriner Großherzog mit der Abgeordnetenversammlung vereinbarte und am 23. August feierlich beschworene Staatsgrundgesetz (Wochenblatt 1849 169) gegen den Druck der Konterrevolution verteidigen und erhalten zu können, erfüllten sich nicht. Noch vor der Vereinbarung des Verfassungswerks hatte Friedrich Franz II. in einer Botschaft vom 18. August an die „zur Vereinbarung der Verfassung berufene Versammlung der Abgeordneten" seine Bereitschaft zur Sanktionierung der Verfassung von der Erfüllung einer Reihe schwerwiegender Bedingungen abhängig gemacht, zu denen auch die vorläufige Aussetzung der Verfassungswirksamkeit der „Grundrechte des deutschen Volkes" bis zu ihrer Neufestsetzung in einer künftigen deutschen Reichsverfassung gehörte (Rakow 1981 105f.).

Das am 10. Oktober 1849 endlich verkündete Staatsgrundgesetz (Wochenblatt 1849 Beilage zu Nr. 38) beruhte auf dem Einkammersystem und gehörte zu den letzten Verfassungen, die im Verlaufe der 48er Revolution in Deutschland zustande gekommen waren. Trotz ihres Kompromißcharakters und dem Zurückbleiben hinter den wesentlich liberaleren Positionen der von der Deutschen Nationalversammlung verabschiedeten Reichsverfassung „bedeutete sie im Vergleich zu dem Verfassungszustand, den sie ablöste, einen entscheidenden gesellschaftlichen Fortschritt" (Rakow 1981 113). Ihr Ursprung wurzelte in dem revolutionären Volkskampf, ohne den sie nicht möglich gewesen wäre. Sie war das wichtigste Resultat in beiden mecklenburgischen Staaten während der Revolution von 1848/49 und sanktionierte die Aufhebung des spätfeudalen Ständestaates durch ein am gleichen Tag mit dem Staatsgrundgesetz verkündetes und in Übereinstimmung mit der Abgeordnetenversammlung erlassenes „Gesetz betreffend die Aufhebung der landständischen Verfassung" (Wochenblatt 1849 206f.). Da Großherzog Georg von Mecklenburg-Strelitz unter dem 11. August 1849 einseitig die weitere Mitarbeit am Verfassungswerk aufgekündigt hatte (Grobbecker 1926 160), konnte das Staatsgrundgesetz nur in einem Landesteil in Kraft gesetzt werden. Dadurch gewann nur Mecklenburg-Schwerin vorübergehend Anschluß an die moderne Verfassungsentwicklung. Die

„Union" der Landesteile war obsolet geworden. Gegen das Staatsgrundgesetz, die Aufhebung der Stände und die Bestrebungen zur Aufhebung der „Union" formierte die Grundaristokratie eine regelrechte Adelsfronde gegen den Schweriner Großherzog. Sie fand in Großherzog Georg von Mecklenburg-Strelitz einen einflußreichen Verbündeten und in dem bereits im Juli 1849 durch die politischen Exponenten der Ritterschaft gegründeten „Norddeutschen Korrespondenten" ein angriffsfreudiges Parteiblatt. Nach der Verkündung des Staatsgrundgesetzes wurden zwar Anfang Februar 1850 noch Wahlen zu der in der Verfassung vorgesehenen Abgeordnetenkammer durchgeführt, bei denen die Vertreter der Reformvereine überraschend günstig abschnitten. Dieses erste frei, wenn auch auf der Grundlage eines verschlechterten Wahlgesetzes gewählte mecklenburgische Legislativorgan trat noch am letzten Tag desselben Monats zusammen, wurde jedoch bereits am 4. April nach der 20. Sitzung durch landesherrliche Verordnung auf drei Monate vertagt. Gleichzeitig trat die rechtsliberale Regierung von Lützow zurück, und Großherzog Friedrich Franz II. berief wenige Tage später, am 15. April, auf Drängen des preußischen Königs und seiner Kamarilla ein erzreaktionäres Ministerium mit dem aus preußischen Diensten übernommenen Grafen von Bülow an der Spitze. Moritz Wiggers setzte sich als Präsident der Kammer mit aller Energie dafür ein, die Abgeordnetensitzungen trotz des Vertagungsdekrets fortzuführen (Demokratische Zeitung 1850 Nr. 79 4), scheiterte jedoch in seinem Bemühen an der kleinmütigen Haltung einiger Abgeordneter aus dem „Zentrum", die für eine Beschlußfähigkeit der Kammer den Ausschlag gaben. All diese und die nachfolgenden Vorgänge zeigten an, daß die noch taufrische Landesverfassung bereits im Todeskampf lag. Am Tage der Ernennung des Ministeriums von Bülow erklärte Friedrich Franz II. in einer Proklamation, daß und warum er sich mit der Einsetzung einer Schiedsinstanz einverstanden erklärte, die den Streit mit der Ritterschaft um die Verfassungsfrage beilegen sollte (Hirschfeld 1891 367/369f.). Dabei gab er vor, an dem in der Proklamation vom 23. März 1848 vorgezeichneten Weg festhalten zu wollen (Regierungsblatt 1850 83f.). Das auf Druck des Großherzogs von Mecklenburg-Strelitz, der frondierenden Ritterschaft und der preußischen Krone eingesetzte Schiedsgericht bestand aus je einem Vertreter der Könige von Preußen, Hannover und Sachsen. Bei dem Kräfteverhältnis, das durch zunehmende Schwäche des Bürgertums und die sich immer mehr entfaltende Stärke der Grundaristokratie gekennzeichnet war, sowie unter Berücksichtigung der Verhältnisse in den anderen Teilen Deutschlands konnte über den Ausgang des Schiedsverfahrens keine Ungewißheit mehr herrschen. Die demokratische Partei, zunehmend unter Ausnahmegesetz gestellt, war nicht mehr in der Lage, eine Volksbewegung zur Verteidigung des Staatsgrundgesetzes von 1849 auszulösen. Sie verließ sich allzu sehr auf die „Macht der öffentlichen Meinung" und nutzte deshalb nach Kräften das Forum der Presse. Doch wurde mit dem Erlaß der „Verordnung zum Schutze wider den Mißbrauch der Presse" vom 26. April 1850 die Pressefreiheit stark beschnitten. Auch die Tribüne des Parlaments hoffte die demokratische Partei nochmals ersteigen zu können, um von hier aus der Konterrevolution den Sieg so schwer als möglich zu machen. Aber die zunächst nur vertagte Kammer wurde am 1. Juli 1850 aufgelöst. Zur „Beruhigung der Gemüter" wurden gleichzeitig zum 26. August Neuwahlen ausgeschrieben. Durch Regierungsverordnung vom 22. August wurden dann die Neuwahlen mit der Begründung abgesetzt, daß der Schiedsspruch über den Rechtsbestand der am 10. Oktober 1849 publizierten Verfassung nahe bevorstände (Regierungsblatt 1850 181f.). Am 12. September 1850 wurde in Freienwalde an der Oder durch die "Kompromißinstanz" der berüchtigte Schiedsspruch gefällt, der die knapp ein Jahr alte Repräsentativverfassung für unrechtmäßig erklärte. Am 14. September erließ daraufhin Friedrich Franz II. bei gleichzeitiger Bekanntmachung des Schiedsgerichtsurteils eine Verordnung, durch die das Staatsgrundgesetz aufgehoben und das Gesetz über die Aufhebung der landständischen Verfassung außer Kraft gesetzt wurden. Dafür wurde der Landesgrundgesetzliche Erbvergleich von 1755 mit seiner landständischen Verfassung wieder rechtswirksam (Raabe 1863 1181f.). Der Schweriner Großherzog war dadurch verpflichtet, für den Herbst 1850 den alten ständischen Landtag wieder einzuberufen. Der Versuch von 26 Abgeordneten der Linken, sich der Auflösung der Landesvertretung durch Zusammentritt aus eigener Initiative in Schwerin in der Zeit vom 22./24. September zu widersetzen, wurde vereitelt (Schweriner Zeitung 1850 Nr. 224 1). Am 24. September wurden die Abgeordneten gewaltsam am Zusammentreten in Ostorf bei Schwerin gehindert, nachdem sich die Durchführung einer Sitzung in Schwerin als unmöglich erwiesen hatte (Schweriner Zeitung 1850 Nr. 225 3). Die Erklärung der Linken, „... daß wir das Staatsgrundgesetz vom 10. Oktober 1849 für rechtlich aufgehoben nicht erkennen", war ein mutiger, aber wirkungsloser Protest. Mit der Feststellung: „Der Gewalt hatten wir nichts entgegenzusetzen als unser Recht", charakterisierte die demokratische Partei ihre eigene Schwäche (Schweriner Zeitung 1850 Nr. 224 1). Nach Wiedereinführung des alten Herrschaftssystems begann für Mecklenburg eine lange Zeit finsterster politischer Reaktion. Die Reform-, Arbeiter- und Handwerkervereine wurden verboten, das Versammlungsrecht erfuhr starke Einschränkungen, die prominentesten Führer der demokratischen Bewegung in Mecklenburg harten Verfolgungen ausgesetzt. 1852 wurde die Prügelstrafe wieder zugelassen, 1862 den Grundbesitzern erneut das Bauerlegen gestattet.

Trotz der Hoffnungen, die alle progressiven Kräfte in Mecklenburg später auf die Gesetzgebung des Norddeutschen Bundes bzw. des Deutschen Reiches setzten, um für das Land eine zeitgemäße Ausgestaltung seiner Verfassungsverhältnisse zu erreichen, blieb die landständische Verfassung als ein Kuriosum in Deutschland bis 1918 erhalten und mit ihr auch die große Macht der Stände.

Literatur

Baudis 1965          Klaus Baudis, Julius Polentz; Dichter und Publizist. Rostock 1965.

Baudis 1972          Klaus Baudis, Zur Rolle des städtischen Proletariats in Mecklenburg während der Revolution von 1848/49. Der Charakter der ersten mecklenburgischen Arbeitervereine; in: Jahrbuch für Geschichte 7, Berlin 1972, 371 ff.

Bürgerfreund 1848    Meklenburgscher Bürgerfreund. Schwerin, Jg. 1848.

Demokratische Zeitung    Demokratische Zeitung. Schwerin, Jg. 1850.

Grobbecker 1926      Hans Grobbecker, Mecklenburg-Strelitz in den Jahren 1848-1851, in: Mecklenburg-Strelitzer Geschichtsblätter 2, 1926, 124 ff.

Herferth 1961        Wilhelm Herferth, Wetterleuchten in Mecklenburg. Berlin 1961.

Hegel 1900           Karl Hegel, Leben und Erinnerungen. Leipzig 1900.

Hirschfeld 1891      Ludwig von Hirschfeld, Friedrich Franz II., Großherzog von Mecklenburg-Schwerin und seine Vorgänger. Bd. 1, Leipzig 1891.

| | |
|---|---|
| Landtagsbote 1848 | Der Mecklenburgische Landtagsbote. Blätter für Reform. Erster Jahrgang. (Schwerin) 1848. |
| Mahlert 1961 | Karl-Heinz Mahlert, Die soziale und ökonomische Lage der mecklenburgischen Landarbeiter nach der Aufhebung der Leibeigenschaft und ihr Kampf in der Revolution von 1848-1849. Phil. Diss. Potsdam 1961 (Ms.). |
| Protocoll 1848 | Protocoll, gehalten in der öffentlichen Versammlung der Deputirten Mecklenburgischer Reform-Freunde zu Güstrow am 2. April 1848. Güstrow (1848). |
| Raabe 1863 | Meklenburgische Vaterlandskunde, hrsg. von W. Raabe. Zweiter Teil: Specielle Landes- und Volkskunde beider Großherzogtümer. Wismar und Ludwiglust 1863. |
| Rakow 1981 | Peter-Joachim Rakow, Staat, Verfassung und Regierung von Mecklenburg-Schwerin im Spannungsfeld von Revolution und Konterrevolution. Phil. Diss. Rostock 1981 (Ms.). |
| Regierungsblatt 1850 | Regierungsblatt für das Großherzogtum Mecklenburg-Schwerin, Jg. 1850. |
| Rostocker Zeitung | Rostocker Zeitung. Rostock, Jgg. 1848 und 1849. |
| Schröder 1961 | Hans Schröder, Die Revolution von 1848/49 in Mecklenburg-Schwerin. Phil. Habil. Greifswald 1961 (Ms.). |
| Schweriner Zeitung | Schweriner Zeitung. Organ der Volkspartei. Schwerin, Jg. 1850. |
| Soltau 1851 | Friedrich Soltau, Neueste Zustände und Ereignisse in Mecklenburg... Erster Teil: Die Zeit der revolutionären Bewegung und ihre Vorgeschichte, 1843-1850. Schwerin 1851. |
| Stammer 1980 | Martin Stammer, Die Anfänge des mecklenburgischen Liberalismus bis zum Jahre 1848. Köln und Wien 1980 ( = Schriften zur mecklenburgischen Geschichte, Kultur und Landeskunde 3.- Zuerst Phil. Diss. Rostock 1922) |
| Stenographischer Bericht | Stenographischer Bericht über die Verhandlungen der Deputirten der Mecklenburgischen Reform-Vereine in Güstrow am 21. und 22. Juli 1848. Rostock 1848. |
| Vitense 1920 | Otto Vitense, Geschichte von Mecklenburg. Gotha 1920. |
| Werner 1907 | Adolf Werner, Die politischen Bewegungen in Mecklenburg und der außerordentliche Landtag im Frühjahr 1848. Leipzig 1907. |
| J. Wiggers 1850 | Julius Wiggers, Die Mecklenburgische constituirende Versammlung und die voraufgegangene Reformbewegung. Eine geschichtliche Darstellung. Rostock 1850. |
| M. Wiggers 1848 | Moritz Wiggers, Die Vereinbarenden, in: Rostocker Zeitung, Jg. 1848, Nr. 165 u. 1966. |
| Wochenblatt | Großherzoglich Mecklenburg-Schwerinsches officielles Wochenblatt. Schwerin Jgg. 1848 u. 1849 (ab Jg. 1850: Regierungsblatt). |

*Rainer Mühle*

# ZUR GESCHICHTE DER AUSWANDERUNGEN AUS POMMERN IM 19. JAHRHUNDERT

*Auswanderer in Bremer-Hafen. Lithographie von Johannes Gehrts (Mecklenburgisches Volkskundemuseum Schwerin-Mueß)*

In der einschlägigen Literatur wird insonderheit für die ostelbischen Territorien der preußischen Monarchie auch für die Jahre unmittelbar nach den antinapoleonischen Befreiungskriegen noch das Bild einer weitgehend immobilen Bevölkerung gezeichnet. Ganz diesem Paradigma verpflichtet, behauptet beispielsweise Mönckmeier, daß „in den östlichen und nördlichen Gebieten Preußens ... bei der damals noch herrschenden Agrarverfassung, der Gebundenheit der landwirtschaftlichen Bevölkerung und beim Fehlen aller Verkehrsmittel eine Auswanderung im größeren Umfang noch nicht möglich (war)." (Mönckmeier 1912 73) Ganz auf die transatlantischen Massenauswanderungen fixiert, übersah nicht allein Mönckmeier, daß es zeitgleich zum – in der neueren migrationshistorischen Literatur vielfach gewürdigten – spektakulären Wanderungsgeschehen in Südwestdeutschland (Moltmann 1989, von Hippel 1984, Faltin 1987) in den Jahren von 1816 bis 1820 auch in verschiedenen mittleren und östlichen Gebieten Preußens eine beachtenswerte Welle von Auswanderungen nach Rußland und dem Königreich Polen gab. Vor allem betroffen von diesem nur kurzen, jedoch unerwartet heftig aufflackern-

den „Auswanderungsfieber" waren Ost- und Westpreußen, der Regierungsbezirk Bromberg, Oberschlesien und die Provinz Brandenburg (Reich 1992 26-58, Mühle 1992 39-45, Lubinski 1992 72).

Jedoch auch die Regierungsbezirke Köslin und Stettin in der Provinz Pommern blieben von der Auswanderungswelle, die sich vor allem nach dem Königreich Polen richtete, nicht unberührt. Die Regierung in Köslin bemerkte dazu, „daß sich die Neigung der Einsassen des hiesigen Departements aus der niedern Volksklasse zur Auswanderung nach Polen zu Ende des Jahres 1816 und im Anfang des Jahres 1817 gezeigt hat, und besonders in einer kleinen Stadt unseres Verwaltungs-Bezirks, die größtentheils von Tuchmachern bewohnt wird, .. allgemein geworden war, ... . Die Sache hat sich bald gelegt, eines Theils dadurch, daß einige Individuen, welche, ohne mit einem Auswanderungs-Consens versehen zu seyn, sich bis an die Grenze durchgeschlichen hatten, dort angehalten und zurück befördert wurden, anderes Theils durch gemachte Erfahrung anderer, daß die geträumte Glückseeligkeit in Polen und Rußland sich in der Wirklichkeit anders verhalte. – Seitdem und über Jahresfrist hört man hier nichts von

Emigrationen nach Rußland und Polen und deren Beabsichtigung" (Brandenburgisches LHA Potsdam – im folgenden zitiert als BLHA – Pr. Br. Rep. 2A Regierung Potsdam I St 61 Bl. 291.). Die Regierung in Stettin konnte noch im Sommer 1818 hörbar befriedigt ob der eigenen Leistung mitteilen, daß vermittels des Amtsblattes die Bewohner des eigenen Departements vor dergleichen Auswanderungen gewarnt worden und folglich Anträge auf Erteilung von Emigrationskonsensen bei ihr überhaupt nicht eingegangen seien (BLHA Pr. Br. Rep. 2A Regierung Potsdam I St 61 Bl. 204). Doch bereits im Frühjahr 1819 hatten sich die diesbezüglichen Verhältnisse auch im Stettiner Regierungsbezirk spürbar verändert. Demzufolge sah sich die dortige Regierung unterm 12. März 1819 dazu veranlaßt, eine weitere Bekanntmachung Auswanderungen betreffend zu veröffentlichen, worin u. a. folgendes Eingeständnis zu lesen ist: „Unerwartet ist es uns, jetzt an mehreren Orten unseren Departements die Lust zu Auswanderungen von neuem aufleben zu sehen und mehrere Anträge auf Erteilung der Erlaubnis zur Auswanderung nach dem Russischen Pohlen zu vernehmen" (Archiwum Panstwowe w Szczecinie – im folgenden APS – Magistrat zu Stargard 872 Bl. 23). Derartige Anträge stellten im März 1819 u. a. auch der Einlieger Johann David Maske aus Kietzig sowie die Einlieger Martin Dewitz und Johann David Küsel aus Hansfelde beim Magistrat zu Stargard. Diese drei Antragsteller wohnten in Kämmereidörfern Stargards, hatten lange und entbehrungsreiche Jahre preußischen Militärdienstes hinter sich und sahen sich nunmehr außerstande, sich und ihre Familien durch ihrer Hände Arbeit zu ernähren. Aus diesem Grunde baten sie unisono den Magistrat um die Erteilung von Auswanderungspässen nach Russisch-Polen und daran anknüpfend um die Gewährung von etwas Reisegeld (APS Magistrat zu Stargard Bl. 13-15). Diesen – wie vielen anderen behördlicherseits protokollarisch aufgenommenen – Gesuchen verabschiedeter preußischer Soldaten aus jenen Jahren ist ein spezifischer Grundton eigen, der aus einem Gemisch von Stolz, Verzweiflung und Enttäuschung besteht. Mit einem unüberhörbaren Stolz heben diese Kriegsveteranen ihre treue militärische Pflichterfüllung in den Befreiungskriegen hervor und weisen dabei insonderheit auf erlittene Blessuren ebenso hin wie auf die Teilnahme an herausragenden Kriegsereignissen. Unmittelbar daran anknüpfend, machen sie jedoch auf ihre verzweifelte wirtschaftliche Lage aufmerksam, in die sie nach der Entlassung aus dem Militärdienst gerieten, und bekunden schließlich Enttäuschung über den preußischen Staat, der – anders als in der friderizianischen Zeit – seiner Fürsorgepflicht ihnen gegenüber durch entsprechende Hilfen bei der Schaffung einer zivilen Existenz – beispielsweise durch die Ansetzung von Kriegsveteranen auf kleinen Kolonistenstellen – nicht

nachkomme und sie folglich zur Auswanderung zwinge. Im August 1819 wandten sich schließlich noch der Tischler Friedrich Wilhelm Howe und der Holzschläger Christian Sass aus dem Kämmereidorf Bruchhausen an den Magistrat zu Stargard und baten um Pässe zur Reise nach Warschau, wo sie für sich und ihre vielöpfigen Familien Kolonistenstellen in Polen erbitten wollten (APS Magistrat zu Stargard Bl. 27). Der letzte derartige Antrag erreichte den Magistrat zu Stargard am 4. August 1819. Zu Protokoll gegeben wurde er von dem Arbeitsmann Johann Ewaldt. Ewaldt tat dies in so bestimmt fordernder Haltung und mit derart nachdrücklichen Mitteln, daß er wegen „tumultuarischen Betragens" zur Haft in die Hauptwache seiner Heimatstadt gebracht wurde. Auf neuerliches Befragen blieb Ewaldt jedoch auch am Folgetag bei seinem Entschluß, „daß er, sobald er seinen Paß habe, nach Warschau gehen werde" (APS Magistrat zu Stargard Bl. 37). Darüber hinaus gab der Ewaldt lediglich noch an, daß er sich mit seiner Ehefrau bereits im Frühling gleichen Jahres „erzürnt" habe und selbige seit dieser Zeit bei dem Fischhändler Fuhrmann als dessen Ehefrau lebe (APS Magistrat zu Stargard Bl. 37). Zum Ende der 1820er Jahre machte sich in Hinterpommern neuerlich eine Neigung zur Auswanderung nach dem Königreich Polen bemerkbar. Unmittelbar davon betroffen waren die Kreise Rummelsburg, Neustettin, Schlawe, Belgard und Kammin. Allein im Kreis Belgard meldeten sich im Januar 1827 immerhin 387 Familien, vorwiegend von Tagelöhnern, die aus wirtschaftlichen Gründen nach Polen auswandern wollten. Nicht zuletzt durch die umsichtige Handlungsweise der Regierung in Köslin konnte eine massenhafte Auswanderung nach Kongreß-Polen in diesem Jahre verhindert werden. Durch einschlägige Quellen belegt ist lediglich die Auswanderung von etwa 20 Familien aus dem Landkreis Neustettin in die Gegend von Lublin, wo sie auf den von Preßelschen Gütern angesiedelt wurden (Stock 1934 67). Zu Auswanderungen aus Pommern nach Polen von bemerkenswertem Umfange kam es dann letztmalig in der Mitte der 1840er Jahre. Aus dem Regierungsbezirk Stettin wanderten in den Jahren 1843 und 1844 insgesamt 665 Personen „des besseren Fortkommens wegen" nach Polen aus. Diese Auswanderer kamen mehrheitlich aus den Kreisen Kammin und Naugard. Nur ein knappes Hundert von ihnen stammte aus den Landkreisen Regenwalde, Greifenberg und Usedom-Wollin. Aus dem Regierungsbezirk Köslin zogen in ebendiesen beiden Jahren 21 Familien mit insgesamt 107 Personen aus dem Kreis Fürstentum nach Russisch-Polen (APS Oberpräsidium der Provinz Pommern 3600). Die bevorzugten Wanderungsziele lagen erneut in den Umgegend von Lublin. Andere wanderten nach Radisky im Departement Suwalki. Jedoch standen diese Auswanderungen unter keinem glücklichen Stern. Die den Auswanderern gemachten Versprechungen auf Zuteilung von Ackerland und die ihrerseits daran geknüpften Hoffnungen auf Verbesserung ihrer wirtschaftlichen Lage erfüllten sich nicht (Stock 1934 70). Demzufolge wanderte die Mehrheit der nach Polen ausgewanderten Pommern noch im Jahre 1844 zurück in ihre alte Heimat und bat dort um Wiederaufnahme in den preußischen Untertanenverband, die ihnen auch nicht verweigert worden ist (APS Oberpräsidium der Provinz Pommern 3600).

Neben den Auswanderungen nach dem Königreich Polen kam es in den Jahren unmittelbar nach dem Wiener Kongreß im Zusammenhang mit der Inkorporation Schwedisch-Pommerns in den preußischen Staat zu einer durchaus beachtlichen Zahl von Emigrationen insbesondere aus dem neu konstituierten Regierungsbezirk Stralsund nach Schweden (Stock 1934 66). In einem Schreiben vom 1. August 1821 wandte sich der Regierungssekretär Ludwig Gall aus Trier an den damaligen Oberpräsidenten der Provinz Pommern Johann August Sack. Darin bat Gall den Oberpräsidenten um die Beförderung des Subskriptionsverfahrens für sein im Frühjahr 1822 erscheinendes Buch über seine eigene Auswanderung nach Nordamerika. Der Titel des Buches lautet: „Meine Auswanderung nach den Vereinigten Freistaaten von Nordamerika im Frühling 1819 und meine Rückkehr nach der Heimath im Winter 1820. Ein gutgemeinter Rath, nicht nach Nordamerika auszuwandern, zugleich aber ein unentbehrliches Handbuch für diejenigen, welche zur Auswanderung dahin fest entschlossen sind."

Johann August Sack antwortete darauf am 18. Oktober des gleichen Jahres wie folgt: „Es ist mir angenehm gewesen, aus Ihrem … Schreiben … ersehen zu haben, daß Sie sich meiner noch aus unseren früheren, mir stets werth bleibenden näheren Verhältnissen erinnern und ich würde auch mit Vergnügen eine Ankündigung ihres herauszugebenden Werkes durch die öffentlichen Blätter mit einer Empfehlung desselben veranlassen, wenn ich eine solche nicht für unangemessen hielte, da in der meiner Oberaufsicht und Leitung anvertrauten Provinz Pommern niemals Auswanderungen nach den fremden Weltheile statt gefunden haben und diejenigen, welche etwa Lust bezeigen mochten, der unbedeutenden, nach dem Russischen Pohlen ausgewanderten Anzahl Individuen zu folgen, hinlänglich durch die vortrefflichen Schriften des Herrn Ministers von Gagern und des Landamtmannes Müller von Friedberg abgeschreckt sind und eingesehen haben, daß der Mensch wie die Pflanze nur im heimischen Boden kräftig gedeiht. Ich kann bey dieser Gelegenheit die Bemerkung nicht unterdrücken, daß hier in Pommern das Sprichwort „ubi bene ibi patria" nicht gilt, sondern überall „ubi patri ibi bene" ausgesprochen wird" (APS Oberpräsidium der Provinz Pommern 3595). Doch hierin irrte der Oberpräsident, der sich durch seine unermüdliche Tätigkeit so große Verdienste um das Erblühen der Provinz erworben hat (Wehrmann 1906 259, 265, 266, 269-274, 276). Sowohl hinsichtlich ihres Umfanges als auch mit Blick auf ihre Bedeutung für die pommersche Landes- wie die Weltgeschichte unterscheiden sich die beiden hier genannten kontinentalen Auswanderungsbewegungen gravierend von den in der zweiten Hälfte der 1820er Jahre einsetzenden transatlantischen Auswanderungen aus Pommern.

Bereits im Frühjahr 1827 wanderte der Tabagist Johann Gottrau Budendorff mit seiner Ehefrau und drei Kindern aus Stettin nach Nordamerika aus. Nach Lage der einschlägigen Akten war Budendorff mithin der erste Amerikaauswanderer aus Pommern (APS Regierung Stettin 9679). Ihm folgte in dieser Reihe der unverheiratete Obersteuermann Friedrich Wilhelm Drewitz aus Stettin, der Ende Mai 1829 einen Emigrationskonsens nach Hallewell in den USA erhielt (APS Regierung Stettin 9679). Schließlich sei mit dem Stadtphysikus Dr. med. Joseph Victor Gottschalck aus Pyritz noch das Trio der ersten drei pommerschen Auswanderer nach Nordamerika komplettiert. Gottschalck wollte im Sommer 1836 mit Ehefrau und fünf Kindern sowie einem Vermögen von ungefähr 6.000 Talern nach New Orleans reisen und gab außerdem noch an, daß dort bereits drei seiner Brüder wohnen. Die Reiseroute sollte von Pyritz über Stettin, Swinemünde, Travemünde, Hamburg, Liverpool nach New York und von dort schließlich nach New Orleans gehen (APS Regierung Stettin 9679). Doch hinsichtlich ihrer Wirkung auf spätere Wanderungen aus Pommern nach Nordamerika blieben die drei genannten Fälle ohne erkennbare Bedeutung.

Dahingegen kommt den seit 1837 aus Pommern auswandernden altlutherischer Dissidenten eine Pionierrolle beim Ingangsetzen der großen transatlantischen Wanderungen zu, die späterhin zweifelsohne auch in Pommern massenhaften Charakter annahmen. Zwischen 1837 und 1854 verließen pommersche Altlutheraner im mehreren Gruppen unterschiedlichen Umfangs und mit dem behördlichen Vermerk, daß sie „um des Glaubens willen" auswandern, die preußische Monarchie in Richtung Nordamerika. Von 1837 bis 1845 gingen insgesamt 1.881 Altlutheraner aus Pommern diesen Weg, wobei in den Jahren 1839 und 1843 die größten Gruppen auswanderten. Die Kreise Kammin und Randow bildeten die Schwerpunkte der altlutherischen Auswanderung aus Pommern (APS Oberpräsidium der Provinz Pommern 3600). Maßgebliche Gründe für diese religiös bedingten Auswanderungen finden sich in der Kirchengeschichte der preußischen Monarchie. Nachdem König Friedrich Wilhelm III. im Jahre 1817 die Vereinigung der lutherischen und der deutsch-reformierten Landeskirchen zu einer Unierten Evangelischen Kirche proklamiert hatte, kam es zu heftigen Auseinandersetzungen insbesondere mit Lutheranern, die an ihren Glaubensgrundsätzen ebenso festhalten wollten wie an der althergebrachten Lithurgie. Seit Anfang der 1830er Jahre bildeten sich zunächst in Schlesien, später auch in Pommern oppositionelle lutherische Gemeinden, die von etwa 1845 an allgemein „altlutherisch" genannt wurden. Sie sahen im Anschluß an die Evangelische Landeskirche eine Abweichung vom wahren lutherischen Glauben und bestanden auf eigenen Pastoren, Lehrern und liturgischen Formen. Der preußische Staat reagierte darauf übertrieben hart mit strafrechtlicher Verfolgung altlutherischer Prediger und Gemeindeglieder. Dies führte u. a. dazu, daß in den altlutherischen Gemeinden die Frage der Auswanderung intensiv und strittig diskutiert wurde. 1835 wanderten dann die ersten altlutherischen Dissidenten aus der Nähe von Breslau nach Nordamerika und siedelten sich in der Gegend von Buffalo im Staate New York an. Doch zogen viele der pommerschen Auswanderer – insonderheit die 1839 und 1843 Ausgewanderten – von dort aus weiter gen Westen und gründeten im Staate Wisconsin nahe Milwaukee eine ganze Reihe pommerscher Gemeinden (Iwan 1943 241, Stock 1934 71-73, Clemens 1976).

Aus dem Kreise Randow waren 1843 zusammen mit einer großen Gruppe von Glaubensgenossen aus der Uckermark und dem Oderbruch 183 Altlutheraner nach den USA ausgewandert. Die Mehrzahl der Vorpommern kam aus den Dörfern Plöwen, Boock, Mewegen und Dewitzhagen, die alle in nordöstlicher Richtung und unweit von Löcknitz liegen. Da die Gruppe aus dem Randower Kreis nach jener aus dem Kreise Kammin die zweitgrößte in Pommern war und zudem das Auswanderungsunternehmen große Beachtung in der Öffentlichkeit gefunden hatte, wurde der zuständige Landrat von der Regierung in Stettin Anfang März 1844 beauftragt, gründlich zu untersuchen, ob Nachrichten von den Ausgewanderten in ihren pommerschen Heimatgemeinden eingegangen seien und ob sie eventuell wegen nicht zu bewältigender Schwierigkeiten in den USA nach Pommern zurückkehren wollten. Der Landrat von Puttkammer ließ den Gendarmen Mienow aus Löcknitz in dieser Sache Nachforschungen anstellen. Unter dem 12. April 1844 berichtete der Gendarm, „daß die aus meinem Bezirk nach Nordamerika ausgewanderten Lutheraner fast sämtlich an ihre hier hinterlassenen Angehörigen geschrieben haben. Aus allen ihren Schreiben ersieht man nur, daß es ihnen in Amerika sehr gut gefällt und keiner zurückzukehren wünscht, wohl aber wünschen sie, daß ihnen noch welche nachkommen möchten" (APS Landratsamt Stettin 371). Der Bericht, den der von Puttkammer auf der Basis derartiger polizeilicher und ei-

gener gründlicher Recherchen am 17. April 1844 für die Regierung Stettin abfaßte, legt eindrucksvoll Zeugnis davon ab, daß königstreue preußische Landräte durchaus in der Lage waren, über den Rand ihrer konservativen Tageszeitung hinaus die Verhältnisse in ihrer kleinen und auch der großen Welt wohlbegründet und unvoreingenommen zu analysieren. Folglich können wir in besagtem Schreiben lesen, „daß zwar fast alle Ausgewanderte(n) an ihre zurückgebliebenen Freunde und Verwandten geschrieben haben, aber nur um sie aufzufordern, ihnen bald nachzukommen, indem sie sich dort sehr glücklich fühlten und in einem gesegneten Lande lebten, was auch nach andern unparteiischen Berichten der Fall sein soll. Wenn nun hierzu die große bürgerliche und religiöse Freiheit tritt, deren die Bewohner der vereinigten Staaten sich erfreuen, ferner die geringen Abgaben, so ist es kein Wunder, daß unsere Auswanderer sich nicht hierher zurücksehen, daß vielmehr mehre(re), wie es der Fall ist, Lust zur Auswanderung bekommen. ... Die wohlhabenden Glieder der lutherischen Gemeine, welche voriges Jahr auswanderten, haben den Armen auf ihre Kosten Häuser bauen lassen und Eigenthum verliehen, wahrlich ein wunderbares Zeichen von Gemeinsinn und Liebe" (APS Landratsamt Stettin 371).

Für das Zustandekommen von Kettenwanderungen nach Übersee stellen Auswandererbriefe eine unabdingbare Voraussetzung dar (Rößler 1992 150-157). Ungefähr 280 Millionen Briefe wurden in den Jahren zwischen 1820 und 1914 aus den USA nach Deutschland geschickt. Schätzungen besagen, daß darunter etwa 100 Millionen Privatbriefe gewesen sein dürften (Helbich 1988 31-32). Die massenhafte transatlantische Auswanderung aus Deutschland fand mithin in dieser wahren Flut beschrifteten Papiers ihren postalischen Niederschlag. Die Briefe der Ausgewanderten bildeten nicht nur ein Band, das die Familien über den Atlantik hinweg zusammenhielt; sie stellen auch eine wertvolle historische Quelle für die Erforschung insbesondere der Alltagsgeschichte der Auswanderungen dar. Gerade in ihren Briefen offenbart sich viel von den Ängsten und Hoffnungen, den Wertvorstellungen und Interessen der Auswanderer u. a. auch in der Art und Weise, wie Amerika von ihnen verstanden und geschildert wurde.

Doch obwohl spätestens seit dem letzten Drittel des 19. Jahrhunderts die Mehrzahl der deutschen Auswanderer aus ostelbischen Gebieten kam, sind Briefe, die von Migranten beispielsweise aus Pommern oder Mecklenburg geschrieben wurden, in den bislang veröffentlichten derartigen Briefsammlungen selten zu finden (Helbich 1988 285-302). Daß aber Auswanderer z. B. aus Mecklenburg ihren Weggefährten aus der Pfalz, Württemberg und Hessen auch im Briefeschreiben um nichts nachstanden, belegen exemplarisch die vielen Briefe, die Jürnjakob Swehn seinem alten Lehrer aus Amerika sandte und die Johannes Gillhoff so meisterhaft in seinen Briefroman hat einfließen lassen (Gillhoff 1918).

Zweifellos ist es ein Glücksall, daß in der gelungensten wissenschaftlichen Sammlung von Auswandererbriefen, auch eine Serie von Briefen des Johann Carl Wilhelm Pritzlaff aus dem Dorfe Triglaff im Kreis Greifenberg in Hinterpommern enthalten ist. Dieser 19jährige Schäferknecht wanderte im Juni 1839 mit einer Gruppe seiner altlutherischen Glaubensgenossen nach Amerika aus. Diese Gruppe umfaßte 1.239 Personen, wovon 570 aus Pommern, vor allem aus den Kreisen Kammin und Greifenberg stammten. Über die Reise nach sowie die erste Zeit in Amerika setzen uns die Briefe Johann Pritzlaffs recht anschaulich ins Bild. In einem Brief, den er am 23. April 1842 aus Milwaukee/Wisconsin schrieb, können wir dazu folgendes lesen: „Ihr wißt, daß ich den 16. Mai 1839 mit vielen Tränen und unter schmerzlichen Gefühlen der Wehmut aus Eurer Mitte Abschied nahm und die Auswanderung nach Amerika antrat. Nun, nachdem wir ... binnen 14 Tagen Hamburg glücklich erreicht hatten, warteten wir daselbst einen vollen Monat auf unsere zurückgebliebenen Landsleute und Glaubensgenossen, welche in Stettin wegen der Pässe verweilen mußten ... . Am 31. Juni zogen wir ... auf einem Dampfschiff von Hamburg aus nach England, und landeten nach 3 1/2 Tagen in New Castle. Am dritten Tag nach unserer Ankunft daselbst fuhren wir von dort auf einer Eisenbahn nach Carlisle und von dort wieder auf einem Dampfschiff nach Liverpool. Am 11. Juli schritten wir von hier aus auf einem dreimastigen großen Segelschiff in See und erreichten nach vielen ausgestandenen Beschwerlichkeiten unter Gottes gnädigem Beistand den 6. September New York in Amerika ... . Nachdem wir von New York aus auf einem Dampfschiffe bis Albany und von dort aus, teils auf Eisenbahn, teils auf Kanalbooten, welche von Pferden gezogen wurden, endlich in Buffalo anlangten, so war die Kasse ziemlich erschöpft, und für so viele Menschen als unser hier mit einem Male angekommen waren, nicht genug Arbeit vorhanden. Wir mußten uns daher trennen. Die Wohlhabenden unter uns zogen auf einem Dampfschiffe noch 1.100 engl. Meilen weiter nach Milwaukee und Umgegend, im Territory Wisconsin, und die Armen waren genötigt in und um Buffalo herum Arbeit zu suchen; viele von uns gingen am 15. d.M. von Buffalo ab auf Kanalarbeit. Hier ging es uns, wie vielen Einwanderern, die der englischen Sprache nicht mächtig sind, anfänglich zu gehen pflegt, nicht vom Besten. Am Kanal verdienten wir uns in kurzer Zeit bald so viel, daß wir von einem Platz zum andern reisen konnten, wovon ich auch ein großer Liebhaber war und jetzt noch bin" (Helbich 1988 290-291). Auch teilte er seinen Familienangehörigen in Pommern noch mit, daß er nach zwei Jahren des Herumziehens auf der Suche nach einträglicher Arbeit im September 1841 ebenfalls nach Milwaukee gezogen wäre. Dort angekommen, hätte er feststellen können, daß viele seiner Landsleute bereits Land gekauft und eine regelrechte deutsche Siedlung gebildet hätten. Schließlich bat Pritzlaff seine Mutter und Geschwister, ebenfalls auszuwandern, und sagte ihnen zu, daß er sich um die Reisefinanzierung kümmern wolle (Helbich 1988 291-294). In Milwaukee wurde Johann Pritzlaff schließlich seßhaft, nachdem er als Holzhacker, Land- und Kanalarbeiter sowie als Koch auf einem Dampfschiff auf den großen Seen seinen Lebensunterhalt verdient hatte. Im Frühjahr 1843 begann er, in einem Eisenwarenladen in Milwaukee als Gehilfe zu arbeiten. Die nächsten sieben Jahre blieb er in diesem Geschäft. Im Frühjahr 1850 machte er sich dann selbständig und eröffnete in Milwaukee seinen eigenen Laden. Bei der Volkszählung von 1850 gab Pritzlaff noch keinen Grundbesitz an. Bei jener im Jahre 1860 nannte er bereits Immobilien im Werte von 6.000 und ein bares Vermögen von 4.000 Dollar sein Eigen. Sein geschäftlicher Erfolg scheint ebenso groß wie stabil gewesen zu sein. Gegen Ende des 19. Jahrhunderts war die „John Pritzlaff Hardware Co." ein deutsch-amerikanisches Familienunternehmen, das nicht nur die größte Eisenwarenhandlung in Milwaukee, sondern auch eine der bedeutendsten im ganzen Westen der USA darstellte und deren Jahresumsatz viele Hunderttausend Dollar betrug (Helbich 1988 285-302).

Um die außerordentlich große Bedeutung von Kettenwanderungen für das gesamte nach Übersee gerichtete Wanderungsgeschehen auch im Randower Kreis und deren Funktionsweise noch etwas näher zu beleuchten, möchte ich noch zwei Beispiele aus dem Jahre 1871 anführen, wo zwei junge Männer, indem sie sich gegen den obrigkeitlicherseits erhobenen Verdacht zur Wehr setzen mußten, daß sie sich mit ihrer Auswanderung nach den USA dem Militärdienst zu entziehen suchen, veranlaßt sahen, genaue Informationen über das Netzwerk familiärer Beziehungen zu geben, das als maßgebliche Voraussetzung für das Funktionieren derartiger Kettenwanderungen anzusehen ist. Ferner soll an einem Beispiel auch auf den Stellenwert von Auswandererbriefen bei der Inspiration zu und der Organisation von transozeanischen Wanderungen eingegangen werden.

Bald nach dem Ende des Deutsch-Französischen Krieges 1870/71 stellte der Knecht August Bütsch aus Glasow – einem Dorf südöstlich von Löcknitz – den Antrag auf Entlassung aus dem preußischen Untertanenverband auf dem Landratsamt in Stettin. Am 26. Juli 1871 wurde er von seiner Dienstherrschaft in Hohenholz insbesondere wegen des Verdachtes der Flucht vor dem Militärdienst in Preußen vernommen. Aus dem Verhandlungsprotokoll geht neben der Tatsache, daß Bütsch zum Zeitpunkt der Antragstellung 18 Jahre alt und mithin im militärpflichtigen Alter war, auch folgendes hervor: „Schon seit einigen Jahren war ich fest entschlossen, nach Amerika zu gehen. Früher nur wollte mich mein Vater nicht reisen lassen, da ich, wie er meinte, zum Alleinstehen in der Fremde noch zu unerfahren sei. Jetzt dagegen, da ich einen Onkel dort habe, der mich wiederholentlich gebeten, zu kommen, und versprochen, mir in jeder Beziehung tätig zur Seite zu sein, hat mein Vater seine Einwilligung dazu gegeben. Nicht also, um mich der Dienstpflicht im stehenden Heere zu entziehen, habe ich meine Entlassung aus dem preußischen Staatsverbande nachgesucht, sondern um meinen lange gehegten Wunsch in Ausführung zu bringen" (APS Landratsamt Stettin 476). Tatsächlich gelang es August Bütsch, die Bedenken, die sowohl auf dem Landratsamt als auch bei der Regierung in Stettin gegen seine Amerikaauswanderung gehegt wurden, auszuräumen. Unter dem 18. August 1871 erhielt er dann die beantragte Entlassungsurkunde und konnte mit behördlicher Genehmigung nach Übersee auswandern (APS Landratsamt Stettin 476).

Anfang August 1871 beantragten der 21jährige Knecht Johann August Stark und seine Schwester aus dem Dorfe Tantow – östlich von Penkun gelegen – auf dem Landratsamt in Stettin die Erteilung einer Entlassungsurkunde zur Auswanderung nach Amerika. Die Geschwister Stark gaben bei der Gelegenheit an, daß sie die Mittel zur Reise nach Amerika geschickt bekommen hätten. Da die landrätliche Behörde Bedenken gegen die Auswanderung des Johann August Stark wegen dessen militärpflichtigen Alters hegte, wurden die Geschwister Stark sowie deren Vater, der Arbeiter Johann Stark am 13. August von der Dienstherrschaft in Tantow befragt. Dabei äußerten die Geschwister Stark u.a. folgendes: „Vor zwei Jahren wanderten mit Konsens aus Krakow – ein Kirchdorf nördlich von Penkun gelegen – unsere Schwester Louise Stark und der Knecht Friedrich Borchert nach Amerika und heirateten sich dort. Sie wohnen als Arbeitsleute in Cleveland/Ohio und haben als sie danun hörten, daß wir auch nach Amerika wollten, uns Freifahrtscheine von Bremen nach New York gesendet, ... . Auch die Eisenbahnfahrt von New York nach Cleveland haben Schwager und Schwester dort bereits besorgt, so daß wir bei Ankunft in New York die Fahrkarten erhalten können. Auch haben wir soviel Ersparnisse, um diese Fahrkarten zu bezahlen" (APS Landratsamt Stettin 476). Im Anschluß hieran sagte der Johann August Stark noch: „Aber die Aussichten, die mir durch gedachte Verwandte aus Cleveland gemacht sind, haben den Wunsch in mir so bestimmt erregt, daß ich beschloß, ebenfalls

nach dort auszuwandern. Die freien Fahrten von Pommern ab, beweisen dies zur Genüge, und scheint jenem andern Wunsch der Dienstentziehung zu begegnen. Ich meine auch, daß mein sonstiges Gesamtverhalten nicht der Art war, daß ich so unpatriotischer Handlung fähig wäre. Ich werde vielmehr auch in Amerika nur meinem Vaterlande zu dienen bestrebt sein, wie hier" (APS Landratsamt Stettin 476). Auf Grund dieser Erklärung wurde die Auswanderung der Geschwister Stark aus Tantow behördlicherseits genehmigt. Zusammen mit ihnen wanderte auch der Schäferknecht Ernst Schünemann aus Damitzow, einem Tantow benachbarten Vorwerk nach Amerika aus. Schünemann erklärte dazu lakonisch: „Als Grund meiner Auswanderung kann ich nur angeben, daß meine dortigen Verwandten und Bekannten fortwährend schreiben, daß dort ein bedeutend größerer Lohn gezahlt (wird), überhaupt mehr zu verdienen sei" (APS Landratsamt Stettin 476).

Welchergestalt waren nun aber Briefe von derart mobilisierenderWirkung? Mit einem Brief, den Gottlieb Schröder aus Cleveland/Ohio am 15. Januar 1889 an seinen Sohn in einem von mir leider nicht näher bestimmbaren Dorf im Kreis Schivelbein schickte, soll hier beispielhaft ein Eindruck von diesen so effektvollen und in ihrer Bedeutung für das Wanderungsgeschehen kaum zu überschätzenden Briefen vermittelt werden. Vater Schröder schrieb seinem Sohn u.a. folgendes: „Dein Schreiben, was du an mir geschrieben hast, habe ich richtig erhalten und daraus ersehen, daß Du noch recht gesund bist. Was mir anbetrifft, bin ich auch noch recht gesund und hoffe es auch noch weiter zu sein. Lieber Sohn, Du hast mir geschrieben, daß Du gerne bei mir sein möchtest. Das wäre wohl sehr schön. Ich würde mich sehr freuen, wenn Du könntest loskommen. Die Freifahrt werde ich Dich schicken. Aber das braucht Vorsicht. Du mußt das nicht so sehr laut werden lassen. Lieber Sohn, Du mußt Dich mit Deinem Bruder August und dessen Schwiegervater besprechen. Wenn sie ziehen über Bremen oder Hamburg oder sonst wo, dann schließt Du Dich mit in die Familie an und reist zum Besuch zu Deinem Vater. Dann kommst Du am ersten durch. Wenn Du man erst auf dem Wasser bist, dann hält Dich keiner mehr an und mit Deinen Wirt, wo Du dienst, da mußt Du Dich mit einigen, daß alles im Guten geht. Und wenn Du alles so weit hast, daß Du mitkommst, dann darfst Du aber keine Zeit versäumen, so bald wie möglich wieder zu schreiben. Dann schicke ich die Freikarte gleich heraus. So lieber Sohn, nun weißt Du Dich danach zu richten. Ich wollte Friedrich zum Frühjahr holen. Aber das geht noch nicht, ich habe noch nicht so viel Verdienst. Bei uns ist das so, wer eine Freikarte herausschicken will, der muß sein eigen Geld haben und wenn man was borgen will, das muß schon ein ganz guter Freund sein. So wie die Leute in Deutschland sagen, daß man die Freikarte kaufen kann vom ersten besten Mann, das glaube man nicht. Wer kein Geld hat, kann auch keinen kommen lassen. Friedrich hol ich dies Jahr auch noch. Aber ich muß noch ein paar Monat schaffen, dann hab ich auch so viel. Lieber Sohn, Du mußt mir doch schreiben, ob Emilie noch dient oder ob sie schon einen Mann hat? Bei uns verdienen die Mädchens ein gutes Lohn, wenn sie erst ausgelernt sind auf die Woch 3 Thaler auch 4 Thaler. Liebe Kinder, mir war das erste Jahr sehr bange nach Euch. Ich hatte nicht Tag und auch nicht Nacht Ruhe, solange ich bei dem Weib war, da wurde es mir immer so heiß um den Kopf, wenn ich nach Hause kam. Aber jetzt leb ich besser. Ich hab ein schönes Quartier bei alten Leuten auch aus unserer Gegend. Da lebe ich schön. Gutes Essen und ein gutes Bett, wo ich drin schlaf. Nun ist mir geholfen. Jetzt muß ich schließen. Ich grüße Euch alle vieltausendmal und bleibe Euer treuer Vater bis in den Tod. Auf ein baldiges Wiedersehen" (APS Landratsamt Schivelbein 76).

Nach meiner Schätzung, die sich für die Jahre von 1844 bis 1870 auf die Zahlen der preußischen Statistik der Ein- und Auswanderungen sowie für den Zeitraum von 1871 bis 1914 auf jene der Auswanderungsstatistik des Deutschen Reiches gründet, wanderten ungefähr 350.000 Pommern aus. Für den Regierungsbezirk Stettin läßt sich feststellen, daß im Zeitraum von 1862 bis 1871 immerhin 78,2% der behördlich registrierten Auswanderer aus lediglich fünf von insgesamt 13 Kreisen kamen. Diese fünf Kreise waren Demmin, Regenwalde, Naugard, Greifenberg und Pyritz. Mit 34,8% von der gesamten Auswanderung aus dem Stettiner Regierungsbezirk jener Jahre nahm der vorpommersche Kreis Demmin eine Spitzenposition ein (Preußische Statistik Bd. 26 1874 214-225).

Das Hauptwanderungsziel bildeten die USA. Daneben gab es aber auch Auswanderungen aus Pommern nach Rußland, Australien, Südafrika, Brasilien und nicht zuletzt auch nach Kanada.

Für das Gebiet des Kreises Randow im Regierungsbezirk Stettin läßt sich erstmals für das Jahr 1861 zweifelsfrei eine Auswanderung nach Kanada nachweisen. Am 3. Juni 1861 ging das Schiff von Hamburg ab, daß die sechsköpfige Familie des Zimmergesellen August Tornow aus dem Dorfe Mewegen – nordöstlich von Löcknitz gelegen – nach Quebec in Kanada transportieren sollte. Aus den einschlägigen Akten des Staatsarchivs in Stettin geht für diesen Auswanderungsfall neben einer Vielzahl von Personaldaten fernerhin hervor, daß besagte Familie Tornow am 4. Mai 1861 von der Regierung in Stettin eine Entlassungsurkunde aus dem preußischen Untertanenverband und einen Reisepaß erhielt sowie, daß die Schiffspassage nach Quebec von dem Berliner Agenten Eisenstein vermittelt

wurde (APS Landratsamt Stettin 475). Im gleichen Jahre wanderten noch weitere zwei Familien aus dem Randower Kreis nach Kanada aus. Es waren dies die Familie des Tagelöhners Heinrich Dressler mit Ehefrau und zwei Kindern sowie jene des Webers Karl Moll mit Frau und vier Kindern aus dem Nachbardorf Boock, zu dessen Kirchsprengel auch Mewegen gehörte. Zudem sagen die Akten, daß die beiden letztgenannten Familien zusammen mit den Tornows aus Mewegen die Antlantikpassage auf demselben Schiff in Angriff nahmen. Besagtes Auswandererschiff sollte am 3. Juni 1861 von Hamburg nach Quebec abgehen (APS Landratsamt Stettin 475).

Im Frühjahr des folgenden Jahres setzte sich die Auswanderung aus der Gegend um Löcknitz nach Kanada fort. Allein aus dem Kirchdorf Boock – nordöstlich von Löcknitz – wanderten im Mai und Juni 1862 drei Familien via Hamburg nach Quebec aus. Das Schiff der vierköpfigen Tagelöhnerfamilie Bartelt und der dreiköpfigen Weberfamilie Möller ging am 4. Mai, jenes der fünfköpfigen Tagelöhnerfamilie Münster am 16. Juni 1862 in See. Auf Befragen gaben die Familienoberhäupter auf dem zuständigen Landratsamt in Stettin u.a. zu Protokoll, daß sie gemeinsam nach Kanada gingen, weil sie dort bereits Verwandte wohnen hätten. Ihnen schlossen sich noch die Familie des Tischlers Karl Behm mit Ehefrau und drei Kindern aus Dorotheenwalde – nördlich von Löcknitz – (am 4. Mai 1862 via Hamburg nach Quebec) und der Gärtnergehilfe August Ellmann aus Rothenklempenow – nördlich von Löcknitz – an (APS Landratsamt Stettin 475). Sowohl Dorotheenwalde als auch Rothenklempenow sind Nachbarorte von Boock und gehörten damals auch zum Kirchsprengel von Boock. Schließlich schiffte sich noch der Seilergeselle Karl Wilhelm Gensch aus dem Städtchen Garz – südlich von Stettin – am 16. Juni 1862 in Hamburg nach Quebec ein (APS Landratsamt Stettin 475).

Im Frühjahr des Folgejahres wanderte neben dem Arbeiter Ferdinand Meier und zwei Familien (Fleischermeister Ernst Münter mit Ehefrau und vier Kindern, Schuhmachermeister August Berndt mit Frau und drei Kindern) aus Löcknitz auch die Familie des Webers Karl Harms aus dem Dorfe Bismark – östlich von Löcknitz – nach Kanada (vermutlich am 4. April 1863 von Hamburg nach Quebec) aus. Die Auswandererfamilie Harms bestand aus drei Personen (Karl H. geb. am 5.12.1825; dessen Ehefrau Maria Dorothea H. geb. Bose geb. am 29.4.1816; deren Stieftochter Karoline Ernestine Wilhelmine Ellmann geb. am 27.12.1838). Das Vermögen der Familie Harms betrug zum Zeitpunkt der Auswanderung ca. 250 Reichstaler (APS Landratsamt Stettin 475). Auf dem Schiff, das am 4. April 1863 von Hamburg nach Quebec auslief, waren außerdem noch drei Familien (Gärtner Christian Friedrich August Rusch mit Frau und fünf Kindern, Gerber Wilhelm Kotzer mit Frau und drei Kindern, Müller August Heinrich Funk mit Frau, zwei Kindern sowie Bruder Ernst und Vater August Funk) aus Bredow – nördlich von Stettin, die mit Pässen des Landratsamtes in Stettin ausgestattet waren, und ebenfalls nach Kanada auswandern wollten (APS Landratsamt Stettin 475).

Im April 1864 wanderten schließlich noch zwei Familien (die sechsköpfige Familie des Büdners Christian Mallrath und die fünfköpfige Familie des Tagelöhners Ferdinand Ludwig Rochus Streebe) aus dem Kirchdorfe Glasow – südöstlich von Löcknitz – und die Familie des Arbeiters Christian Friedrich Wolf aus Battinsthal nach Kanada aus. Wolf gab in diesem Zusammenhang auf dem Landratsamt in Stettin an, daß die Reisekosten von Hamburg nach Amerika von bereits in Übersee lebenden Verwandten bestritten würden, d.h. Wolf besaß ein prepaid ticket für die Atlantikpassage (APS Landratsamt Stettin 475). Dies ist sicher als ein unübersehbarer Hinweis auf die Existenz von Kettenwanderungen anzusehen. Im Mai 1868 erteilte die Regierung in Stettin dem Gutsinspektor Ernst Ferdinand Mohr aus Wartin – südwestlich von Penkun – die Entlassungsurkunde zur Auswanderung nach Kanada. Vermittelt durch den Agenten Eisenstein wählte Mohr ein Schiff, das am 15. Juni 1868 von Hamburg mit Bestimmungshafen Quebec in See stach. Einen Monat später wanderte der Kutscher Friedrich Bleck aus Nassenheide – einem Nachbardorf von Boock und Mewegen – ebenfalls nach Kanada aus. Am 15.Juli 1868 ging ein Auswandererschiff mit Familie Bleck und Zielhafen Quebec in Hamburg ab. Die Vermittlung der Atlantikpassage hat auch in diesem Falle der Berliner Agent Eisenstein besorgt (APS Landratsamt Stettin 476). Mit den zuletzt genannten zwei Auswanderungsfällen fand die aktennotorische Auswanderung aus dem Landkreis Randow nach Kanada ihr Ende.

Mitte Mai 1871 kehrten der Weber Karl Harms und seine Ehefrau zurück in ihre pommersche Heimat. Im Zusammenhang mit dem Renaturalisationsverfahren wurde Karl Harms am 8. Juni 1871 auf das Landratsamt nach Stettin bestellt und dort angehört. Harms gab dabei u.a. folgendes zu Protokoll: „Ich bin nach der Entlassungsurkunde vom 13.3.1863 und dem Auslandsreisepasse von demselben Tage aus meinem damaligen Wohnorte Bismark nach Kanada ausgewandert mit meiner Ehefrau Marie Dorothea geborene Bose und meiner Stieftochter. Wir ließen uns in Kanada nieder, wanderten dann weiter nach dem Staate Minnesota in Nordamerika und wohnten dort bis zum 19. April dieses Jahres, wo ich und meine Frau uns aufmachten zur Rückkehr in unsere alte Heimat. Meine Stieftochter ist in Minnesota verheiratet und zurückgeblieben. Ich und meine Frau sind kinderlos, vor drei Wochen in Bismark angekommen, haben in Löcknitz ein Büdnergrund-

stück gekauft, das Kaufgeld mit 900 Reichstalern bar bezahlt, wollen in Löcknitz wohnen bleiben und bitte ich um Wiederaufnahme in den Preußschen Untertanenverband für mich und meine Ehefrau, welche gleich mir völlig gesund und erwerbsfähig ist. Der Grund unserer Rückkehr ist, daß uns die Lebensweise in Amerika nicht gefiel" (APS Landratsamt Stettin 477).

Bei dem Versuch, Merkmale der Auswanderung nach Kanada in den1860er Jahren näher zu bestimmen und sie gleichzeitig in dasWanderungsgeschehen im Kreis Randow einzubetten, fällt u.a. folgendes auf:

1. Zu unmittelbaren Auswanderungen nach Kanada aus dem vorpommerschen Landkreis Randow kam es lediglich in den Jahren von 1861 bis 1864 und außerdem noch 1868. Bei einer Gesamtauswanderung von 728 Personen aus dem Randower Kreis in den betreffenden fünf Jahren kommt die Kanadaauswanderung mit 83 Migranten auf einen Anteil von nur 11,4 Prozent. Mit lediglich einer Ausnahme kamen alle Auswanderer nach Kanada aus 10 Dörfern, die fast alle in der Gegend von Löcknitz lagen. Die Familienoberhäupter waren mehrheitlich in handwerklichen Berufen tätig. Auch die Auswanderung nach Kanada aus dem Kreis Randow war in der überwiegenden Zahl der Fälle Migration im Familienverband und vollzog sich zudem häufig in Gemeinschaft mit anderen verwandten oder befreundeten Familien zumeist aus einem oder mehreren benachbarten Dörfern.

2. Auch die Auswanderung nach Kanada realisierte sich in Form von Kettenwanderungen, d.h. bereits nach Amerika ausgewanderte nahe Verwandte, Freunde und Bekannte sorgten auf brieflichem Wege für Informationen über die Verhältnisse in Kanada und/oder den USA, inspirierten damit zur Auswanderung und gaben auch Hinweise zur Organisation der transatlantischen Schiffspassage und der Weiterreise ins Landesinnere. Auch durch die Übersendung von prepaid tickets für die Schiffspassage wurde der Entschluß zum Verlassen der pommerschen Heimat maßgeblich befördert.

3. Ein Blick auf das Auswanderungsgeschehen im Kreis Randow in den 1850er und 1860er Jahre läßt erkennen, daß sich bis zum April 1858 die Auswanderungen fast ausnahmslos nach den USA richteten. Im Mai 1858 gab ein Auswanderer aus dem Städtchen Penkun als erster Migrant nicht die USA als Ziel seiner Auswanderung an, sondern Brasilien. In dem darauf folgenden Jahr nahm die bislang im Kreis Randow eindeutig dominierende Auswanderung in die USA tendenziell gegenüber der Emigration nach Brasilien, Südafrika, Australien, Rußland und eben auch Kanada ab. Vom Mai 1859 bis zum Anfang Oktober 1865 wanderten bei einem gleichbleibend hohen Niveau der Auswanderungsbereitschaft nur drei Familien in die USA aus. Erst Mitte Oktober 1865 kehrt sich diese

Tendenz relativ rasch wieder zugunsten der USA als bevorzugtem Auswanderungsziel um.

Diese bemerkenswerte Entwicklung stand im engen Zusammenhang mit der konjunkturellen Talfahrt der US-amerikanischen Wirtschaft nach der Panik von 1857, wobei die damit eingeläutete zyklische Wirtschaftskrise gerade auch die Weizenproduzenten besonders hart traf, und dem Bürgerkrieg in den USA von 1861 bis 1865. Unter den Bedingungen des Bürgerkrieges verloren die USA ihre Attraktivität als Einwanderungsland auch in Pommern zumindest für die Dauer der kriegerischen Auseinandersetzungen. Dies betraf insonderheit die traditionellen Einwanderungshäfen an der Ostküste, wo es im Laufe des Bürgerkrieges über die kriegsbedingte allgemeine Destabilisierung der Verhältnisse hinaus mehrfach auch zur zwangsweisen Rekrutierung von Einwanderern gekommen war. Offenbar waren Auswanderungswillige auch im Kreis Randow insbesondere vermittels der brieflichen Informationen, die von bereits in Nordamerika lebenden Verwandten und Bekannten zahlreich und regelmäßig auch in Pommern eingingen, nicht nur über Unwägbarkeiten und Gefahren einer Einwanderung in die USA in diesen Jahren bestens informiert, sondern möglicherweise auch mit Verhaltensvorschlägen ausgestattet worden, die einem Ausweichmanöver vor allem vor den kriegsbedingten Gefahren von 1861 bis 1865

dienlich waren. Die Wahl des kanadischen Quebec als Einwanderungshafen konnte derartigen auf Sicherheit bedachten Verhaltensmustern ebenso dienen wie eine vorläufige Ansiedelung in Kanada und eine erst nach dem Ende des Bürgerkrieges erfolgende Übersiedlung in US-amerikanische Nachbarterritorien. Der Fall der Weberfamilie Harms aus Bismark scheint für diese Option zu sprechen. Dies wird umso wahrscheinlicher, wenn man den großen Attraktivitätszuwachs der USA mit in Rechnung stellt, der sich aus der Perspektive auch pommerscher Einwanderer durch die Mitte der 1860er Jahre geschaffene Möglichkeit (Homestead act) ergab, Regierungsland billig zu erwerben.

Als eventuelle Drehorte möchte ich in diesem Zusammenhang die Dörfer Boock, Mewegen und Rothenklempenow – nördlich von Löcknitz – empfehlen. Die drei genannten Dörfer gehörten zum Besitz der Familie von Eickstedt, den größten Landbesitzern in dieser Gegend. In Rothenklempenow befand sich der Familiensitz (Schloß) derer von Eickstedt. Die drei Orte sind benachbart und gehörten zum Kirchsprengel von Boock (= mater; Mewegen = filia; Rothenklempenow = filia). Aus diesen Dörfern wanderten in der ersten Hälfte der 1860er Jahre nicht nur einige Familien nach Kanada aus, sondern sie waren seit 1843 im überdurchschnittlichen Maße an der überseeischen Auswanderung aus dem Landkreis Randow beteiligt.

## Literatur

Clemens 1976    Lieselotte Clemens, Die Auswanderung der pommerschen Altlutheraner in die USA. Ablauf und Motivation. O.O. (1976).

Faltin 1987    Sigrid Faltin, Die Auswanderung aus der Pfalz nach Nordamerika: unter besonderer Berücksichtigung des Landkommissariates Bergzabern. Frankfurt a.M./Bern/New York (1987).

Gillhoff 1918    Johannes Gillhoff, Jürnjakob Swehn der Amerikafahrer. Berlin 1918.

Helbich 1988    Wolfgang Helbich, Walter D. Kamphoefner, Ulrike Sommer (Hrsg.), Briefe aus Amerika. Deutsche Auswanderer schreiben aus der Neuen Welt 1830-1930. München (1988).

Hippel 1984    Wolfgang von Hippel, Auswanderung aus Südwestdeutschland. Studien zur württembergischen Auswanderung und Auswanderungspolitik im 18. und 19. Jahrhundert. (Stuttgart 1984).

Iwan 1943    Wilhelm Iwan, Die altlutherische Auswanderung um die Mitte des 19. Jahrhunderts, Bd. 2. Ludwigsburg 1943.

Mönckmeier 1912    Wilhelm Mönckmeier, Die deutsche überseeische Auswanderung. Ein Beitrag zur deutschen Wanderungsgeschichte. Jena 1912.

Moltmann 1989    Günter Moltmann (Hrsg.), Aufbruch nach Amerika. Die Auswanderungswelle von 1816/17. Stuttgart (1989).

Rößler 1992    Horst Rößler, Massenexodus: die Neue Welt des 19. Jahrhunderts, in: Klaus J. Bade (Hrsg.), Deutsche im Ausland – Fremde in Deutschland. Migration in Geschichte und Gegenwart. München (1992).

Stock 1934    Otto Stock, Die Auswanderungen aus Pommern bis zum Jahre 1871, in: Monatsblätter der Gesellschaft für pommersche Geschichte und Altertumskunde (1934) H. 5.

Wehrmann 1906    Martin Wehrmann, Geschichte von Pommern, Bd. 2. Gotha 1906.

## *Lisa Jürß*
# LANDSCHAFTSMALEREI IN MECKLENBURG

Von den verschiedenen Richtungen innerhalb der europäischen Malerei erlangte die Landschaftsdarstellung mit und nach der Renaissance zunehmend Interesse. Weshalb sie so große Beliebtheit und Zugang in die unmittelbare Lebensumwelt breitester Bevölkerungsschichten fand, hat bis heute eine Reihe von Kunstwissenschaftlern, Künstlern oder Philosophen beschäftigt. Ursachen mögen in der Sehnsucht des Menschen nach unzerstörter Natur, einem Ausgleich zum hektischen Alltagsleben, Selbstbesinnung, innerer Bindung zu allem Kreatürlichen oder einem bestimmten Landstrich sein. Die vor allem von menschlicher Hand geformte und gestaltete Landschaft in Verbindung zu natürlichen Gegebenheiten wie Gewässern, Gebirgen oder Ebenen – sei es als Nutzland mit Wäldern, Wiesen oder Feldern, sei es als Park und Garten – ist unser eigentlicher Lebensraum. Darin einbezogen wurden Städte, Dörfer und Einzelsiedlungen mit mehr oder weniger aufwendigen Gebäuden. Oft entsprechen künstlerisch gestaltete Ensembles mehr den Illusionen und Träumen der Menschen nach höchster Vollendung des Natureindruckes als die Natur selbst. Wohl daher rührt die Wirkung historischer Parks mit alten Alleen, exotischen Pflanzen, weiten Rasenflächen sowie Blumenrabatten, plastischer Auszier und Wasserspielen im Zusammenklang mit repräsentativer oder intimer Architektur. Hoffnung und Resignation, aber vor allem innere Zuwendung haben Landschafter motiviert. Ihre Darstellungen können Abbild von Erscheinungen bis hin zu bewußt überhöhten bzw. abstrahierenden Kompositionen bestimmter Landschaftsausschnitte, sogar Zusammenstellungen verschiedener Gegenden oder reine Erfindungen sein. Wie jede Kunstäußerung unterliegt die Landschaft gestalterischen Prinzipien. Mit ihnen entsteht nicht schlechthin die geschaute, sondern eine neue Wirklichkeit, die durch subjektive Sichten oder auch gesellschaftliche Bedingtheiten geprägt sein kann. So kennen wir naturalistische, realistische, romantische, impressionistische, expressionistische oder formale Darstellungen.

Die Landschaftsmalerei in Mecklenburg reflektiert jene großen Entwicklungslinien und kann sich sowohl in künstlerischer Qualität als auch thematischem Reichtum durchaus mit anderen Regionen messen, obgleich es in Mecklenburg weder Kunstzentren noch Kunsthochschulen gab. Es ist vor allem der Sinn für die besondere Schönheit des nördlichen Landstriches mit seinen eiszeitlichen Formationen, der die einheimische Maler auszeichnet und ihre Werke prägte. Die hügeligen Weiten mit Seen, Wäldern und Feldern unter dunstigem oder leicht bewölktem Himmel boten unerschöpfliche Motive. Das Land am Meer mit seinen witterungsbedingten langen Wintermonaten, die nur geringe Zeit klirrenden Frost, dafür eher schwere Feuchtigkeit bringen, relativ wenige Sonnentage, mehr Regen und Wind als brütende Wärme, formten auch die hier lebenden Menschen. Diese Region ist verhältnismäßig dünn besiedelt, hat keine wirklichen Großstädte und bis auf Werften fast nur Klein- und Mittelbetriebe entwickelt, war vor allem ein Agrarland. Wohl deshalb sind die Bindungen zur heimatlichen Landschaft seit Jahrhunderten eng. Wir finden also kaum die Heiterkeit südlicher Atmosphäre, sondern eine dem Landstrich gemäße vor allem herbe Malerei in differenzierten Grau- oder Braunabstufungen. Es sind zumeist großzügige Kompositionen, die durch innere Schlichtheit der Auffassung überzeugen.

Wie in anderen Regionen auch entwickelte sich die realitätsbezogene Landschaftsdarstellung in Mecklenburg vor allem aus der höfischen Malerei. So hatte bereits der kunstliebende Herzog Christian II. Ludwig (1683-1756) lange Jahre um den Dresdener Prospektmaler Johann Alexander Thiele (Erfurt 1685-1752 Dresden) geworben und ihn mit mehreren Stadtansichten beauftragt. Sie waren bei aller malerischen Qualität und Exaktheit der Wiedergabe topographischer Besonderheiten des jeweiligen Ortes noch größtenteils mit Hilfe illusionistischer Staffagen komponiert. Dennoch sind die mecklenburgischen Stadtansichten Thieles früheste Zeugnisse reiner Landschaftsmalerei mit Motiven unseres Territoriums. Ohnehin wundert es nicht, daß am mecklenburgischen Hof Interesse an Landschaftsmalerei bestand, waren doch mit der hervorragenden Sammlung holländischer Gemälde des 17. Jahrhunderts auch auf diesem Gebiet zahlreiche Meister vertreten, denen nachzueifern sich lohnte. Mit besonderem Geschick betätigte sich hier Dietrich Findorff (Lauenburg 1722-1772 Ludwigslust). Sein Talent wurde von Herzog Christian II. Ludwig entdeckt, der ihn in Dresden bei Christian Wilhelm Ernst Dietrich (Weimar 17112-1774 Dresden) ausbilden ließ, einem Künstler, der sich besonderer Gunst des mecklenburgischen Hofes erfreute. Findorff malte mit beachtlicher Qualität neben einheimischen Landschaften volkstümliche Szenen, Porträts und Stilleben. Am eigenständigsten und großzügigsten scheint er als Radierer gewesen zu sein. Von ihm wurden u.a. eine Reihe zauberhafter Blätter aus dem Schloßpark in Ludwigslust geschaffen.

Außer Findorff war kein hiesiger Hofmaler des 18. Jahrhunderts mit reinen Landschaftsdarstellungen befaßt. Der ausgezeichnete Georg David Matthieu (Berlin 1737-1778 Ludwigslust) schuf ausschließlich Bildnisse, allerdings zumeist mit reizvollen landschaftlichen Hintergründen aus der Umgebung des Ludwigsluster Schlosses.

Mit der französischen Aufklärung entwickelte sich in ganz Europa zunehmend auch die bürgerliche Kunst. Sie konzentrierte sich aber vorerst dort, wo ein progressives Umfeld bestand, so daß sich die Maler zumeist an Kunstschulen oder im Kreise Gleichgesinnter wie die „Nazarener" in Rom niederließen und weniger in ihren Heimatorten tätig waren. Porträt und Historienbild blieben als Auftragskunst bestimmend, aber allmählich gewann die Landschaft als Ausdruck nationaler Bindungen ebenfalls Bedeutung.

Das Malen vor der Natur war auch jetzt noch nicht üblich. Es wurden Studien oder Zeichnungen gefertigt, die aber fast ausschließlich als Gedankenstütze ohne eigene Wertigkeit für das im Atelier ausgeführte Gemälde dienten. Auf diese Weise konnten Wünsche der Auftraggeber erfüllt, die jeweilige Landschaft dem Zeitgeschmack entsprechend gestaltet werden. So sind pathetische Überhöhungen, idealisierende Verschönerungen, subjektive Akzente, beliebige Staffagen oder bestimmte Kompositionsschemata möglich. Mit Hilfe der Zentralperspektive wurden Räume in Zweidimensionalität übertragen und die Farben den Sehgewohnheiten des Auges angepaßt. Auf diese Weise waren Illusion und Augentäuschung perfekt.

Dennoch sind es vor allem deutsche Romantiker, die die europäische Landschaftsmalerei neu belebten und ihre Motive aus einer tiefen emotional erlebten Natur zu innerer Größe steigerten. Daß es gerade mit Caspar David Friedrich (Greifswald 1774-1840 Dresden), Philipp Otto Runge (Wolgast 1777-1810 Hamburg) und Georg Friedrich Kersting (Güstrow 1785-1845 Meißen) gleich drei norddeutsche Künstler waren, die jene romantische Naturauffassung zu unvergleichlicher Wirkung bis heute entwickelten, spricht vielleicht für die zuvor erwähnte enge Bindung zur heimischen Landschaft und den hier lebenden Menschen. Mecklenburger war unter ihnen der vor allem durch seine bescheidenen Innenraumdarstellungen bekannt gewordene Georg Friedrich Kersting. Er war kurzzeitig von 1808 bis 1810 in Güstrow und Rostock tätig, bevor es ihn in die patriotischen Kreise der Dresdener Künstlerschaft zog. Im Jahre 1809 entstanden realistische Stadt-

ansichten beider Städte. Derartige Gemälde verdeutlichen das erwachende Interesse bürgerlicher Kreise an Naturdarstellungen, und es wundert nicht, daß sich mit Erfindung der Lithografie als ältestes Flachdruckverfahren (1798) vor allem nach 1825 zunehmend Landschaftsmotive durchsetzen, da die neue Technik wegen hoher Auflagen den Erwerb der Blätter durch breitere Bevölkerungsschichten als bisher ermöglichte. Außerdem fanden Landschaftsaquarelle regen Zuspruch. Dem wachsenden Selbstbewußtsein der Bürger entsprachen u.a. Vereinsgründungen. 1830 wurde beispielsweise die „Sonntagsschule" in Schwerin eingerichtet, an der auch Hofmaler Theodor Schloepke (Schwerin 1812-1878 Schwerin) teilnahm. Jener ist nicht nur Porträtist, Historien- oder Pferdemaler gewesen, sondern ebenso exzellenter Zeichner und hinterließ ein umfangreiches Oeuvre auch auf diesem Gebiet. Darunter befinden sich zahlreiche Naturstudien. Eigentlicher Landschafter war Schloepke nicht, obwohl er sich gleichermaßen hier als Könner auswies und wesentlich zur Herausbildung einer relativ eigenständigen realistischen Landschaftsmalerei in Mecklenburg beitrug.

Zeitgleich mit ihm wirkten um die Mitte des Jahrhunderts Künstler wie Carl Canow (Wismar 1814-1870 Wismar), Eduard Ehrke (Ludwigslust 1837-1884 Barth), Otto Dörr (Ludwigslust 1831-1868 Dresden) oder Gustav Pflugrath (Franzensberg 1829-1900 Berlin), die neben anderen Themen auch Landschaften schufen.

Erste reine Landschafter in Mecklenburg waren Carl Malchin (Kröpelin 1838-1923 Schwerin), Theodor Martens (Wismar 1822-1884 Portici) und Friedrich Sturm (Rostock 1834-1906 Berlin). Letzterer wurde vor allem durch seine an der holländischen Malerei des 17. Jahrhunderts orientierten Marinebilder bekannt. Sie sind von feiner malerischer Durchbildung und tonigem Colorit. Des Künstlers Bindungen zur Düsseldorfer Schule sind unverkennbar.

Besondere Beachtung verdient das Werk des Wismarers Theodor Martens. Trotz bewegten Lebens blieb er in seiner Motivwahl der mecklenburgischen Heimat treu. Seine zahlreichen Landschaften und Architekturstücke sind von lockerem Pinselstrich, wobei Martens feinste Detailausfertigung bis hin zu pastosem Farbauftrag zu steigern vermochte. Er war ein genauer Beobachter der Natur, die er bei tonigen bis lichten Valeurs in großzügigen Kompositionen gestaltete. Seine Werke sind nicht wie bei Sturm an realistische traditionelle Sichten europäischer Kunst gebunden, sondern von den Meistern der Schule von Barbizon beeinflußt. Martens mag bei seinem Parisaufenthalt diesen Ort besucht haben, wo sich gleichgesinnte Maler um 1830 zusammengefunden hatten, um frei von akademischen Zwängen aus eigener Anschauung, die Natur zu studieren. Ihre stimmungsvollen individuell nachempfundenen Darstellungen waren wegweisend

*Carl Malchin. Windmühle von Ahrenshop, 1891*
*(Staatliches Museum Schwerin)*

für die europäische Landschaftsmalerei des 19. Jahrhunderts. Obwohl die Werke jener französischen Maler rasch bekannt wurden, vergingen noch Jahrzehnte bis sich in Deutschland ähnliche Gemeinschaften bildeten. Die neue Natursicht fand zuerst ansatzweise Widerhall in Kunstzentren wie München Karlsruhe, Dresden, Düsseldorf und Berlin. 1860 wurde die Weimarer Malerschule gegründet. Sie sollte sich besonders unter Theodor Hagen (Düsseldorf 1842-1919 Weimar) nach 1871 zu einer führenden Ausbildungsstätte für Landschaftsmalerei entwickeln und hatte für Mecklenburg eine weitgreifende Bedeutung, erhielten doch eine Reihe hiesiger Maler von Rang dort ihre Ausbildung. Zu ihnen zählt neben Carl Leopold Rettich (Rosenhagen 1841-1904 Lübeck), Franz Bunke (Schwaan 1857-1939 Weimar), Friedrich Wachenhusen (Schwerin 1859-1925 Schwerin) besonders Carl Malchin.

Sein Name ist fast zu einem Symbol für mecklenburgische Malerei, sein vielgestaltiges Werk Vorbild für die weitere Entwicklung der einheimischen Landschaftsmalerei geworden. Nach Ausbildung am Technikum in München arbeitete Malchin anfänglich als Landvermesser in Schwerin. Durch Vermittlung Theodor Schloepkes erhielt er von Großherzog Friedrich Franz II. ein Stipendium, das dem begabten jungen Mann von 1873-1879 ein Studium an der Weimarer Malerschule ermöglichte. Allerdings war er bei Beginn seiner Studien kein Anfänger im üblichen Sinn. Altersmäßig der Generation seiner Lehrer zugehörig, teilte er deren realistische Sicht über die Darstellung der Umwelt im Kunstwerk und erwarb sich eigentlich vor allem zusätzliche Fertigkeiten. Aus unmittelbarer Anschauung entstanden lebendige Zeichnungen und reizvolle Ölstudien, zumeist auf Deckeln seiner Zigarrenkisten, die Grundlage für später im Atelier ausgeführte Gemälde wurden. Carl Malchin bekannte sich auch nach seiner Rückkehr nach Schwerin im Jahre 1879 nie ganz zur Freilichtmalerei und behielt das in Weimar gefundene methodische Konzept für größere Kompositionen bei. Er bevorzugte tonige Farbwerte, die den eiszeitlichen Landschaftsformationen Mecklenburgs und der Nähe zum Meer adäquat sind. Jede Jahreszeit hatte für ihn besondere Reize, die er eindrucksvoll den Betrachter nachempfinden läßt. Arbeitsdarstellungen oder Erntebilder gehören ebenfalls dazu.

Malchin hat noch vor Gründung der Künstlerkolonie in Ahrenshoop (um 1892) dieses Dorf und seine interessante Umgebung entdeckt. Nachweislich arbeitete er dort bereits seit 1881, besuchte Ahrenshoop in den Folgejahren häufig und hinterließ zahlreiche Arbeiten vom Fischland. Mit genauer Beobachtungsgabe schuf der unermüdliche Maler ein umfangreiches Werk von hoher Qualität, wobei er seinen künstlerischen Weg schon um 1870 gefunden hatte. Diese Tatsache ist besonders erwähnenswert, da die realistische Darstellung der Umwelt bei Malchin bereits 20 Jahre vor Gründung der meisten deutschen Künstlergemeinschaften ausgeprägt war, eher zeitlich übereinstimmend mit den Bestrebungen progressiver Kunsthochschulen gegen die überwiegend starre lebensfremde Akademiekunst. Malchins beispielhafte Leistungen für Mecklenburg lassen sich nur in diesem Zusammenhang würdigen.

Stand Malchin an der Schwelle zur Freilichtmalerei, setzte sich diese um 1890 vor allem in den Künstlerkolonien durch. Der gebürtige Schwaaner Franz Bunke erhielt ab 1878 fast zeitgleich mit Malchin bei Theodor Hagen eine Ausbildung und hatte in Weimar später ein Lehramt als Professor für Landschaftsmalerei inne. Mit seinem Namen ist die Schwaaner Künstlerkolonie engstens verbunden, war er doch deren Gründer und zentrale Persönlichkeit. Vom frühen Sommer bis Herbst arbeitete er die gesamte unterrichtsfreie Zeit in seiner Heimatstadt Schwaan. Ihn begleiteten anfänglich einige Malerkollegen aus Weimar, so erstmals 1882 der bekannte Landschafter Paul Baum (Meißen 1859-1932 Santa Lucia). Das kleine Ackerbürgerstädtchen, im Winkel zwischen Warnow- und Beketal unweit von Rostock gelegen, bot mit seiner vielgestaltigen Landschaft den Malern unzählige Motive. Mit reichem Material kehrten sie nach Weimar zurück. Ab 1892 brachte Franz Bunke jedes Jahr eine Anzahl von Studenten, vorwiegend Malschülerinnen, mit nach Schwaan. Er erteilte nicht nur ihnen, sondern ebenso mehreren interessierten Einheimischen Unterricht. Seinem Rat folgend, studierten die begabten Schwaaner Peter Paul Draewing (Schwaan 1876-1940 Eisenach) und Rudolf Bartels (Schwaan 1872-1943 Rostock) ebenfalls in Weimar. Bartels sollte sich zum bedeutendsten Maler Mecklenburgs in der ersten Hälfte unseres Jahrhunderts entwickeln. Er war nicht wie alle anderen Schwaaner Maler ausschließlich Landschafter, sondern darüber hinaus Porträtist sowie Stillebenmaler. Sein Werk zeichnet eine bis an die Grenzen der gegenständlichen Malerei reichende vereinfachende Formgebung bei farbiger Steigerung des Natureindruckes aus. Dennoch geht der Bezug zur geschauten und erlebten Realität nie ganz verloren, wobei er mit kraftvollem Pinselstrich Wesenhaftes ohne jegliche Kleinteiligkeit zu erfassen wußte. Seine großzügigen Kompositionen sind ganz Farbe, scheinen mit Vehemenz und innerer Zwanghaftigkeit auf die Bildfläche gebannt. Zu Lebzeiten zumeist unverstanden, starb Bartels völlig mittellos und vereinsamt in Rostock. Es gibt keinen einheimischen Künstler, dessen Werk sich so mühelos in die besten Leistungen deutscher Avantgarde des 20. Jahrhunderts einreihen ließe wie das des Schwaaners Rudolf Bartels. Von Franz Bunkes Schülern sollten die später in Schwerin ansässigen Maler Wilhelm Facklam (Upahl 1893-1963 Winkelhaid) und Erich Venzmer (Rostock 1893-1975 Mainz) Bedeutung für die Landschaftsmalerei Mecklenburgs erlangen. Mit Ihrem Meister verband beide Künstler die Bescheidenheit des Sujets und der Sinn für die innere Größe der Natur. Wie er waren sie sensibel in der Farbgebung und ausgesprochene Ästheten. Während Venzmer sich fast zu einem Romantiker entwickelte, dessen Natureindrücke berührende Stille assoziieren, manchmal sogar melancholisch wirken, ist Facklams Realismus mehr optimistischen Naturells.

Franz Bunke hatte zweifelsohne persönliche Kontakte zur Künstlerkolonie Ahrenshoop, besonders zu Paul Müller-Kaempff (Oldenburg 1861-1941 Berlin) und Friedrich Wachenhusen (Schwerin 1859-1925 Schwerin). Fast zeitgleich mit Schwaan entstand hier ab 1892 eine Künstlerkolonie gleich neben der Grenze zu Mecklenburg. Paul Müller-Kaempff zog Künstler wie Oskar Frenzel (Berlin 1855-1915 Berlin), Friedrich Wachenhusen, Elisabeth von Eicken (Mühlheim a.d.R. 1862-1940 Ahrenshoop), Anna Gerresheim (Ribnitz 1852-1921 Ahrenshoop), Fritz Grebe (Heisebeck 1850-1920) Hugo Richter Lefensdorf (Lefensdorf 1854-1904 Berlin) nach und richtete eine Malschule vor allem für junge Mädchen ein, denen eine Ausbildung an Kunsthochschulen verwehrt war. Während

*Paul Müller – Kaempff. Fischerhaus in den Dünen, um 1895 (Kulturhistorisches Museum)*

die Schwaaner Künstlerkolonie praktisch nur bis zum 1. Weltkrieg existierte, siedelten sich in den folgenden Jahren in Ahrenshoop weiterhin Maler, Grafiker, Kunsthandwerker und Literaten an, so daß der Chrakter eines Künstlerortes bei allem Verlust an Homogenität der Anfangsjahre dennoch erhalten blieb. Zu den wichtigsten Malern, die in Ahrenshoop neben den bereits genannten wirkten, zählen: Louis Douzette (Berlin 1834-1924), Heinrich Schlotermann (1859-1922), Theobald Schorn (1866-1915), Franz Triebsch (Berlin 1870-1956 Berlin), Hedwig Woermann (Hamburg 1879-1960), Dora Koch-Stetter (Bayreuth 1881-1968), Thuro Balzer (Weißhof 1882-1967 Ahlem), Hans Emil Oberländer (Rostock 1885-1945 in einem schlesischen Lazarett verstorben), Erich Theodor Holtz (Storkow 1885-1956), Bruno Gimpel (Rostock 1886-1943 Niederpoyritz bei Dresden), Alfred Partikel (Goldap/Ostpreußen 1888-1945 Niehagen/Mecklenburg), Hedwig Holtz-Sommer (1901-1970).

Erlangten in Schwaan mit Franz Bunke, Rudolf Bartels und Peter Paul Draewing gebürtige Einheimische Bedeutung, so zog es nach Ahrenshoop zeitgleich mit zunehmendem Bäderbetrieb vor allem Künstler aus dem Berliner Raum. Neben dem Fischland wurden auch Hiddensee, Rügen und Usedom interessant. Maler wie Cesar Klein (1876-1954), Alexej von Jawlensky (1864-1941), Marianne von Werefkin (1860-1938) oder Erich Heckel (1883-1907) waren hier kurzzeitig tätig und befruchteten wie eine Reihe weitere Künstler das einheimische Schaffen.

Wenngleich die realistische Landschaftsmalerei besonders in den Künstlergemeinschaften zu anerkennenswerter Qualität reifte, so sind darüber hinaus einige Maler zu nennen, deren Werke ebenfalls Beachtung verdienen. Besonders hervorzuheben ist Maria Hager (Dargun 1872-1947 Stargard), deren großzügige Land-

*Rudolf Bartels Frühling*
*(Kulturhistorisches Museum Rostock)*

schaften, Städte- und Hafenbilder durch lockere Pinselführung bei Verwendung zumeist leuchtender Farbigkeit faszinieren. Ebenfalls von kräftiger Palette und pastoser Malweise ist das Werk Paul Wallats (Rostock 1879-1964 Sonderburg) geprägt. Neben figürlichen Kompositionen kennen wir von ihm vehemente Darstellungen der Nordseeküste. Obwohl kein reiner Landschafter, ist an dieser Stelle der gleichaltrige Ernst Lübbert (Warin 1879-1915 bei Grodno gefallen) zu nennen, dessen ländliche, häufig humorige Szenen in warmer Farbigkeit malerisches Können veranschaulichen.

Viele Jahre wirkte der als Birkenmaler bekannt gewordene Hermann Koenemann (Bonn 1871-1934 Wiesbaden) in Schwerin. Seine feinempfundenen Naturansichten überzeugen durch ausgewogene Farbkultur ähnlich den gefühlsbetonten Landschaften Karl Hennemanns (Waren 1884-1972 Schwerin). Beide Maler waren genaue Beobachter der Natur im Wechsel des Jahres, wobei Hennemann auch als Grafiker zu hohem Ansehen gelangte. Seine hervorragend ausgeführten Holzstiche berühren durch Wahrhaftigkeit der Wiedergabe des Natureindruckes. Er hat die ihm eigene Sicht der Umwelt nach dem Ersten Weltkrieg bis ins hohe Alter nicht verändert und arbeitete zeitgleich nach 1945 sowohl mit den „Usedomer Malern" Otto Niemeyer-Holstein (Kiel 1896-1984 Lüttenort), Herbert Wegehaupt (Crone 1905-1959 Greifswald) und Otto Manigk (Breslau 1902-1972 Ückeritz) als auch mit Erich Venzmer, Wilhelm Facklam, Hermann Schepler (Neukarstädt 1911-1993 Ludwigslust), Vera Kopetz (geb. St.Petersburg 1910), Heinz Dubois (Schnirgsten 1914-19 Wismar) oder Carl Hinrichs (Nürnberg 1903-1990 Schwerin).

Die traditionelle realistische Landschaftsmalerei, beginnend mit Theodor Martens oder Carl Malchin, endet offensichtlich bei Carl Hinrichs und Hermann Schepler. Dennoch gibt es auch heute zahlreiche Künstler, denen die einmalige Landschaft an der Küste Anregung und Inspiration bedeutet.

Literatur

Bernitt 1985            Johann Joachim Bernitt, Malerei aus den Künstlerkolonien Ahrenshoop und Schwaan, Kulturhistorisches Museum Rostock, Begleitheft 5, Rostock 1987.

Bohn 1990               Barbara Bohn, Vera Bombor, Wolf Karge, Ahrenshoop – Eine Künstlerkolonie an der Ostsee. Fischerhude 1990.

Glander 1963            Hermann Glander, Erich Venzmer, Ahrenshoop. Schwerin 1963.

Jürß 1991               Lisa Jürß, Carl Malchin – Ein mecklenburgischer Maler. Fischerhude 1991.

Jürß 1992               Lisa Jürß, Schwaan – Eine mecklenburgische Künstlerkolonie. Fischerhude 1992

Jürß 1994               Lisa Jürß, Maler, Bildhauer und Zeichner, in: Mecklenburg. 1000 Jahre und mehr, Hrsg. Wolf Karge. Rostock 1994.

Scheidig 1971           Walter Scheidig, Die Geschichte der Weimarer Malerschule 1860-1900. Weimar 1971.

## Wolf Karge

# DAS BISMARCK-REICH UND DAS INDUSTRIELLE ZEITALTER IN MECKLENBURG

Als in der ersten Hälfte des 19. Jahrhunderts Ernst Alban seine Maschinen in Mecklenburg herstellen wollte, benötigte er eine großherzogliche Sondergenehmigung; als die Werft Tischbein & Zeltz in Rostock 1850 den ersten eisernen Schraubendampfer Deutschlands baute, liefen Schmiedemeister Sturm dagegen, doch die Jahrhundertwende sah bereits in Mecklenburg die modernsten Zuckerfabriken Europas, und die Mecklenburger waren immer noch auf den Weltmeeren zu finden. Trotzdem blieb das Land agrarisch dominiert. Was hat zu diesem industriellen Aufschwung geführt?

Die Situation 1871 traf Mecklenburg nicht unvorbereitet, da durch den Eintritt in den Zollverein und in den Norddeutschen Bund bereits wesentliche Voraussetzungen für die weitere wirtschaftliche Entwicklung getroffen waren.

Die allgemeine Stellung der industriellen Unternehmer als aufstrebende Schicht war bis 1871 in Mecklenburg im Gegensatz zum benachbarten Preußen noch nicht gefestigt, ihre innere Differenzierung noch nicht abgeschlossen und ausgeprägt. Das widerspiegelt sich auch in ihrer Konstituierung als politische Kraft, die verschiedene Phasen durchlief. In Mecklenburg trat das Bürgertum in der Revolution von 1848/49 erstmals aktiv als politische Kraft auf den Plan (Rakow 1973). Nach dem jeden Fortschritt erstickenden Sieg der Adelsreaktion in diesem Territorium traten erst mit Beginn der 1860er Jahre wieder hiesige bürgerliche Kräfte im Nationalverein auf, und es wurde 1866 eine liberale Partei in Mecklenburg gegründet, in der das liberale Bildungsbürgertum der Revolution von 1848/49 den Ton angab. Industrielle Unternehmer versuchten, teilweise mit Erfolg, in diese Oppositionspartei gegen die Stände einzudringen, aber erst Ende der 1870er Jahre gelang es ihnen, verstärkt Einfluß zu gewinnen. Zu der Zeit war die Blüte der Partei als Opposition gegen die Ständeherrschaft bereits überschritten, und die bis 1878 in Mecklenburg vollständig von den Liberalen behaupteten Reichstagsmandate gingen teilweise an die Konservativen verloren (Karge 1988). 1869 hatte Bismarck den mecklenburgischen Liberalen im Reichstag noch Hoffnungen vermittelt, indem er zum Verfassungsproblem äußerte, „daß die Mecklenburger von allen Seiten es nicht bestreiten werden, und auch die mecklenburgische Regierung nicht, daß die wünschenswerte Homogenität noch nicht durchgängig hergestellt ist" (Berichte 1869 946). 1878 war in diesen Fragen längst eine Desillusionierung eingetreten. Hatte bis dahin die mecklenburgische Verfassungsfrage als Hauptprogrammpunkt der liberalen Partei gestanden und Reichstag wie Bundesrat nahezu in Permanenz beschäftigt, trat diese Forderung nun als unrealistisch in den Hintergrund (Karge 1987). In der Führungsspitze der Partei trat ein Wechsel ein, der dem wirtschaftlich orientierten Flügel größeren Spielraum bot.

Die industriellen Unternehmer konzentrierten sich bereits auf den Ausbau ihrer ökonomischen Macht und engagierten sich politisch überwiegend im kommunalen Bereich. Der Beitritt zum Zollverein 1868 hatte in seinen Auswirkungen noch einen Proteststurm der Großhändler hervorgerufen. Die Gewerbeordnung von 1869 und schließlich das Reichszivilstandsgesetz von 1873 bildeten dann entscheidende Voraussetzungen für eine industrielle Entwicklung, waren doch damit die Zunftschranken aufgehoben und die Freizügigkeit durchgesetzt. Für die führenden Unternehmer wurde mit den 1880er Jahren das Streben nach einem Kompromiß mit der Aristokratie und den Großagrariern deutlich, wie sich das besonders im gehobenen gemeinsamen Vereinsleben dokumentiert. In treuer Ergebenheit zum Fürstenhaus, die besonders deutlich bei der Vergabe von Titeln wie Kommerzienrat und Kommissionsrat zum Ausdruck kam, suchten die Unternehmer auch den gesellschaftlichen Anschluß an den Adel. Eine familiäre Liaison konnte für den behandelten Zeitraum nicht nachgewiesen werden. Angefangen aber von gemeinsamen ökonomischen Interessen als Aktionäre der Mecklenburgischen Hypotheken- und Wechselbank AG (seit 1871) und paritätischer Vertretung im Landeseisenbahnrat (seit 1891) reicht die Palette der Verflechtungen bis zu politischen und sozialen Gemeinsamkeiten in den Societäten (besonders seit 1877), in der landesoffenen Rostocker Club-Gesellschaft (seit 1869), im Flottenverein (Mecklenburgischer Landesausschuß seit 1899) und nicht zuletzt im Mecklenburgischen Yacht-Club (seit 1904) (Karge 1989). Mit der Aufhebung des Sozialistengesetzes 1890 verstärkte sich diese Entwicklung und mündete schließlich Anfang des 20. Jahrhunderts in das allgemeine Erscheinungsbild der deutschen Unternehmerschaft. Bis zu diesem Zeitpunkt ist aber eine weitgehende Eigendynamik der Mecklenburger zu beobachten.

Mecklenburg gehörte 1871 nicht zu den industriell führenden Regionen des mit „Blut und Eisen" gezimmerten Deutschen Reiches. Das Land war ohne eindeutigen Monopolisierungscharakter bis zum ersten Weltkrieg und entspricht damit durchaus einer Reihe anderer deutscher Länder. So wurde dem „mecklenburgischen Bürgertum die Verwandlung zur Bourgeoisie durch die Gesamtheit der politischen und ökonomischen Verhältnisse stark erschwert ..." (Schultz 1984 130). Helga Schultz ging bei dieser Einschätzung von den Bedingungen des Landesgrundgesetzlichen Erbvergleichs von 1755 aus und analysierte die Sonderstellung Rostocks Mitte des 19. Jahrhunderts, die „als einzige mecklenburgische Stadt noch in den überregionalen Fernhandel einbezogen" (Schultz 1984 127) war. Mit dem letzten Drittel des 19. Jahrhunderts ist diese Einschätzung aber auch auf Wismar zutreffend. In beiden Städten entwickelte sich auf der Basis des Exportes von land- und forstwirtschaftlichen Produkten eine dominierende handelskapitalistische Oberschicht, die teilweise auch in der industriellen Produktion aktiv war und die auf dem ökonomischen Einvernehmen mit der Ritterschaft beruhte. Diese Oberschicht, die mehr oder weniger ausgeprägt auch in einer Reihe anderer mecklenburgischer Städte existierte, bildete die entscheidende personelle Quelle der industriellen Unternehmer und hatte bis in das 20. Jahrhundert hinein eine führende Position in dieser Gruppe.

Das Handwerk als zweite Quelle war in Mecklenburg von geringerer Bedeutung, da in diesem Bereich nicht das notwendige Investitionskapital akkumuliert war. So konnten bei einer Analyse für die Jahre 1905/06 in Rostock nur 5 Handwerker mit einer steuerpflichtigen Jahreseinnahme zwischen 10-20.000 Mark, dagegen aber 51 Kaufleute mit gleichen und 21 mit noch höheren Einnahmen ermittelt werden (AHR Rat 159a).

Die Industrialisierung erfolgte in einzelnen Bereichen qualitativ und quantitativ sehr unterschiedlich.

Die Ausgangsposition für eine industrielle Entwicklung wird auch an den Betriebsgrößen in der größten Stadt des Landes deutlich.

Rostocker Betriebe mit über 10 Beschäftigten 1858-1874 (Groenke 1982)

| Beschäftigte | 1858 | 1865 | 1874 |
|---|---|---|---|
| 10-20 | 8 | 11 | 6 |
| 21-50 | 5 | 2 | 2 |
| über 50 | 1 | 1 | 1 |

Die Gründung bzw. der Ausbau von Betrieben vor allem in den Gruppen der metallverarbeitenden, der Bau- und der Nahrungsgüterindustrie lagen in Mecklenburg in der zweiten Hälfte des 19. Jahrhunderts (Raabe

1894). Auffällig ist, daß viele Gründer und Besitzer aus dem Handel kamen und auch weiter im merkantilen Bereich tätig blieben.

In die folgende Betrachtung wurden lediglich die Betriebe einbezogen, die über 5 Beschäftigte zwischen 1872 und 1914 hatten, wobei die wachsende Betriebsgröße nur eine Tendenz zur Industrialisierung bedeutet und im Einzelfall auch noch Manufakturniveau darstellt, wie im Einzelfall belegt wird. Die genannten Haupt-gruppen stellen die damals in der offiziellen Statistik des Deutschen Reiches üblichen Bezeichnungen dar.

Eine *Montanindustrie* fehlte im Lande fast völlig. Die ausgewiesenen Betriebe dokumentieren überwiegend Torfabbau. Die Kalisalzwerke Jessenitz AG hatte jahrelang mit technischen Schwierigkeiten zu kämpfen und wurde schließlich 1912 nach einem Wassereinbruch stillgelegt (Geschäftsbericht 1895 3). Die 1906 gegründete Bergbau-Gewerkschaft „Friedrich Franz" in Lübtheen ging 1916 wieder ein, und die 1913 entstandene Gewerkschaft Conow (an beiden war das Fürstenhaus beteiligt) war von untergeordneter Bedeutung. Die Blüte dieses Industriezweiges lag im Jahre 1907, wo 1.036 Beschäftigte 343.327 t Kalisalz förderten. Bis 1914 sank die Belegschaft auf 351 und die Leistung auf 69.225 t ab. Während diese Menge 1907 noch 6% der im Deutschen Reich geförderten betrug, war es 1914 nur noch 1% (MLHA MdI 12077-78). Kaum von Bedeutung in diesem Bereich war auch die 1883 gegründete Mallißer Ziegelei- und Bergwerksgesellschaft AG, die 1895 in ihrem Braunkohlenbergwerk lediglich 35 Beschäftigte hatte (MLHA MdI 12123).

Den größten Anteil in der Gruppe *„Industrie der Steine und Erden"* nahmen die Ziegeleien ein. Allein 1885 waren von den 138 genannten Unternehmen über 100 in diesem Bereich tätig. Durch das rasch zunehmende Bauwesen war auch in der Ziegelproduktion ein schnelles Wachstum in Verbindung mit einer Konzentration der Produktion zu verzeichnen. Zu etwa 30% befanden sich die Ziegeleien im Besitz von Gutsherren (Karge 1986). Zu den mittelständischen Betrieben in diesem Bereich gehörten die Ziegeleien des Rostocker Bauinspektors Friedrich Saniter auf seinem Gut in Wahrstorf mit 70 Arbeitern, die Ziegelei des Erbhofpächters Wilhelm Nizze in Blankenburg mit 121 Arbeitern und die Zementfabrik von Hermann Stehmann in Wikkendorf bei Schwerin mit etwa 100 Beschäftigten. Die „Ofenfabrik Lübcke und Hornemann" in Wismar, die allerdings 1912 in Konkurs ging und die letzte mecklenburgische Glashütte in Alt Schwerin, die 1901 schloß, die beide je über 50 Beschäftigte hatten, müssen als größere Manufakturen betrachtet werden. 1888 wurde in Rostock die Dachpappen- und Asphaltfabrik o.H.G. A. Schraep gegründet, die 1895 allein 60 Beschäftigte in der Granitschleiferei hatte, noch 80 Arbeiter in Schweden beschäftigte und ihre Produkte bis Holland und

Anzahl der Industriebetriebe in Mecklenburg-Schwerin nach Beschäftigungsgrößen

| | 1882 | | | 1895 | | | 1907 | | |
|---|---|---|---|---|---|---|---|---|---|
| Beschäftigte | 6-10 | 11-50 | 51-200 | 6-10 | 11-50 | 51-200 | 6-10 | 11-50 | 51-200 |
| **Industriegruppen** | | | | | | | | | |
| Bergbau, Hütten, Salinen, Torfabbau | 6 | 8 | - | 26 | 35 | 5 | 26 | 26 | 1 |
| Industrie der Steine und Erden | 72 | 31 | 5 | 72 | 60 | 6 | 60 | 93 | 12 |
| Metallverarbeitung | 21 | 5 | 1 | 51 | 31 | 1 | 68 | 24 | 5 |
| Maschinen-, Instrumente u. Apparatebau | 22 | 10 | 4 | 31 | 35 | 6 | 38 | 50 | 8 |
| chemische Industrie | 8 | 4 | - | 8 | 6 | 2 | 6 | 5 | 11 |
| forstwirtschaftliche Nebenprodukte | 8 | 5 | 1 | 5 | 9 | - | 11 | 9 | 2 |
| Textilindustrie | 12 | 10 | - | 20 | 8 | - | 12 | 11 | - |
| Papierindustrie | 8 | 4 | 1 | 4 | 9 | 2 | 9 | 6 | 3 |
| Lederindustrie | 13 | 1 | - | 11 | 6 | - | 15 | 10 | 1 |
| Industrie der Holz- und Schnitzstoffe | 43 | 22 | 1 | 89 | 59 | 6 | 101 | 90 | 10 |
| Industrie der Nahrungs- und Genußmittel | 181 | 56 | 2 | 213 | 72 | 4 | 225 | 87 | 11 |
| Bekleidungs- und Reinigungsindustrie | 77 | 15 | - | 126 | 27 | - | 129 | 29 | 4 |
| Bauindustrie | 111 | 154 | 31 | 112 | 210 | 31 | 149 | 262 | 43 |
| polygrafische Industrie | 9 | 6 | 2 | 21 | 8 | 3 | 24 | 13 | 7 |

(Karge 1986 38)

England exportierte (Raabe 1894).
Die *metallverarbeitende Industrie* hatte in Mecklenburg wenig Traditionen. In den statistischen Angaben war der Anteil kleiner Produzenten mit 6 - 10 Arbeitern, bei denen der handwerkliche Teil noch prägend gewesen ist, erheblich höher als der Anteil mit größeren Beschäftigtenzahlen. Für die industrielle Entwicklung dürften lediglich 5 Gießereien, 3 Drahtwarenfabriken und eine „Mechanische Werkstätte" interessant sein. Dabei sind die Gießereien in der Regel in Verbindung mit Maschinenfabriken tätig gewesen.
Für die Entwicklung einer Industrie in einem rohstoff-

armen Land hatte dagegen der *Maschinen-, Instrumente- und Apparatebau* einen wichtigen Platz. Als nennenswerter Betrieb bestand in der ersten Hälfte des 19. Jahrhunderts lediglich die Eisengießerei und Maschinenfabrik von Ernst Alban in Güstrow bzw. in Plau (Maubach 1991). Für 1895 ließen sich spezifizieren:

Betriebe mit 6-10 und 11-50 Arbeitern im Maschinen-, Instrumente- und Apparatebau in Mecklenburg-Schwerin 1895.

|  | 6-10 | 11-50 | 51-200 | über 200 |
|---|---|---|---|---|
| **Zweig** | | | | |
| Landmaschinenbau | 12 | 14 | – | – |
| Maschinen- und Apparate | 4 | 11 | 5 | 1 |
| Mühlenbau | 5 | 1 | 1 | – |
| Wagen-, Rad-, Stellmacher | 5 | – | – | – |
| Waggonbau | 1 | 3 | 1 | 1 |
| Schiffbau | 2 | 5 | 1 | 1 |
| Klavier- und Orgelbau | – | 1 | – | – |
| elektrische Anlagen | 1 | – | – | – |
| Elektroerzeugung | 1 | – | – | – |

(Beiträge Bd. 13)

Hieraus wird deutlich, daß der Schiffbau zwar wesentlich, aber strukturbestimmend auch der Landmaschinen- und allgemeine Maschinenbau waren. Eine deutliche Konzentration der Produktion und ein erhebliches Wachstum der größeren Unternehmen belegen das. Der größte Industriebetrieb des Landes war die 1890 gegründete „Neptun-Schiffswerft und Maschinenfabrik AG". Sie hatte 1895 515 und 1907 703 Arbeiter. In den Jahren dazwischen lagen die Zahlen wie z.B. 1902 bei 1.595. Das belegt die schwankende Konjunktur dieses Unternehmens. Interessant ist auch die starke Beteiligung mecklenburgischer und Rostocker Unternehmer als Aktionäre an dem Betrieb im Gegensatz zu den anderen Aktiengesellschaften des Landes. Als weiterer Großbetrieb mit über 200 Beschäftigten ging 1872 aus der 1860 gegründeten „Eisengießerei und Maschinenfabrik Güstrow" die „Mecklenburgische Maschinen- und Wagenbau AG" hervor, die 1898 in eine Gußfabrik „Güstrower Hütte" umgewandelt wurde und 1914 als „van Tongelsche Stahlwerke GmbH" firmierte. Auch die Maschinenwerkstätten der staatlichen Friedrich-Franz-Eisenbahn in Schwerin und Malchin, die 1895 bereits 180 bzw. 186 Beschäftigte hatten, wuchsen sich bis 1907 zu Großbetrieben aus. Die „Maschinen- und Feldbahnfabrik Richard Dolberg" in

Rostock hatte 1895 154 Beschäftigte, wurde 1907 als Aktiengesellschaft weitergeführt und 1912 unter Führung Hamburger Aktionäre noch einmal umstrukturiert und erweitert. Weitere größere Betriebe waren um 1895 die Waggonfabrik Crull & Co in Wismar mit 75, die Rostocker Mühlenbaufabrik Hofwoldt mit 59, die Boizenburger Schiffswerft Lemm mit 72, die Eisengießerei Beckhaus am gleichen Ort mit 36, die Rostocker Maschinenfabrik Spiering mit 53 oder die Maschinenfabrik W. Müller in Teterow in Verbindung mit einem Holzhandel mit 63 Beschäftigten. Eine Ausnahme in dieser Branche stellte die „Pianofortefabrik Gebr. Perzina" in Schwerin dar, die um 1895 erheblich modernisiert wurde. In den Kinderschuhen steckten noch die wenigen Fabriken zur Elektroerzeugung, wie das Städtische Elektrizitätswerk Rostock, mit 7 Beschäftigten 1895 das größte des Landes, belegt.

Die *chemische Industrie* war nur gering, aber außerordentlich effizient vertreten. Größter Betrieb vor dem Ersten Weltkrieg war die „Sprengstoffwerke R. Nahnsen AG" in Dömitz, die 1892 die Konzession erhielt und über ein Aktienkapital von 3,5 Mio Mark verfügte. 1895 wurden 138 Beschäftigte ausgewiesen, die bis 1907 auf 300 anwuchsen. 1909 verfügte die Firma über ein Aktienkapital von fast 12 Mio Mark, das fast ausschließlich unter Hamburger Kontrolle stand. Das zweite nennenswerte Unternehmen dieser Branche war die „Chemische Fabrik Friedrich Witte" in Rostock, die seit der Entdeckung und industriellen Herstellung von Koffein, Pepsin, Pepton, Labpulver und Pankreatin durch den Firmenbesitzer einen unangefochtenen Platz auf dem Weltmarkt hatte. Bis 1906 erhöhte sich die Beschäftigtenzahl auf 54. Friedrich Witte gehörte gemeinsam mit dem Seifenfabrikanten Rudolf Brunnengräber in Schwerin und dem Wagenfettfabrikanten Wilhelm Scheel in Rostock zu den wenigen einheimischen industriellen Unternehmern seiner Zeit, die aktiv am politischen Leben teilnahmen und sogar Reichstagsmandate errangen.

Unter der *Industrie der forstwirtschaftlichen Nebenprodukte, Leuchtstoffe, Seifen, Fette und Firnisse*, wie sie offiziell in der Reichsstatistik geführt wurde, waren auch die für die Industrialisierung im Lande wichtigen Gaswerke enthalten. 1895 wurden davon 6 registriert. *Textil- und Lederindustrie* verblieben bis zum Ersten Weltkrieg im Lande im handwerklichen Bereich. Einzige Ausnahme bildete die 1906 gegründete Schuhfabrik „Emsa-Werke AG" in Rostock.

Die *Papierindustrie* hatte dagegen Ausstrahlung über die Landesgrenzen hinaus. Der größte Betrieb in diesem Bereich war die Papierfabrik „Felix Schöller & Bausch" in Neu Kaliss, die 1873 als Filiale der Firma Felix Heinrich Schöller in Düren, mit 150 Arbeitern begann und damals zugleich das größte industrielle Unternehmen des Landes überhaupt war. Der Vertrieb wurde zunächst durch den Rostocker Dachpappenfabrikanten Dietrich Riedel besorgt. 1895 wurden 181 Arbeiter in einem Betrieb mit 8 dampf- und 3 wassergetriebenen Maschinen mit insgesamt 741 PS beschäftigt. Diese technische Ausstattung wurde in Mecklenburg nur von den Zuckerfabriken übertroffen. 1899 trennte sich der Mecklenburger Theodor Bausch von Schöller und fügte 1904 dem Unternehmen in Neu Kaliss eine Filiale bei Neustadt/Dosse an und rückte zu den Großunternehmern auf. In beiden Betrieben waren 1912 etwa 500 Arbeiter tätig. Auch die Papierfabriken „Rasenack & Söhne" in Parchim mit etwa 100 Beschäftigten, zu der auch eine Zellulosefabrik gehörte, von Gustav Marsmann in Wismar und die beiden Fabriken von Bleeck und Gebert in Bützow waren zu den bedeutenden Unternehmen zu zählen.

Ein wesentlicher Sektor der Industrialisierung entwickelte sich in der *Industrie der „Holz- und Schnitzstoffe"*. Aus dem Bereich des traditionellen Handwerks entstand seit 1864 mit 10 Gesellen die „Neue Mobilienhalle" von Adolf Strobelberger in Rostock, die sich bis 1895 schon auf über 80 Arbeiter ausweitete. Ähnlich entwickelte sich die Tischlerei Peo in Schwerin mit 54 Arbeitern zum gleichen Zeitpunkt. Den größten Anteil in dieser Branche an der Industrialisierung hatten aber die Sägewerke, die mit dem Bauboom expandierten.

Wachstum und Konzentration der Produktion lassen Parallelen zum Maschinenbau erkennen. Alle 74 im Jahre 1895 erfaßten Sägemühlen und -werke mit je 12 Arbeitern durchschnittlich waren mit Dampfmaschinen ausgestattet. Ein Exot in dieser Gruppe blieb die 1849 gegründete Firma „Korkfabrik Lammers & Söhne" in Schwerin mit durchschnittlich 120 Arbeitern um die Jahrhundertwende, die über ein in- und ausländisches Absatzgebiet bis nach Südamerika verfügte, allerdings im Manufakturbetrieb tätig war.

Auch in der Gruppe der *Nahrungs- und Genußmittel* war der Übergang zwischen handwerklicher und industrieller Produktion fließend. Außerdem gab es hier eine Reihe von Überschneidungen mit dem agrarischen Sektor. Den größten Zweig bildeten 1895 nach der Anzahl der Betriebe die 84 Butter- und Käsefabriken bzw. Molkereien, von denen aber nur 8 über 10 Arbeiter hatten. Sie waren alle als Genossenschaften Gründungen der agrarischen Produzenten in der zweiten Hälfte der 1880er Jahre, die alle mit Dampfmaschinen arbeiteten. Von den Brennereien waren ebenfalls über die Hälfte im agrarischen Sektor angesiedelt. Beide Bereiche trugen auf diese Weise erheblich zur Industrialisierung auf dem Lande bei. Es folgten in der Anzahl 46 Getreide-, Mahl- und Schälmühlen, die sich alle in Städten oder ihrer unmittelbaren Umge-

*Malzfabrik Grevesmühlen 1899*
*(Mecklenburgisches Volkskundemuseum Schwerin-Mueß)*

*Spittasche Brauerei
Schwerin um 1890
(Mecklenburgisches
Volkskundemuseum
Schwerin-Mueß)*

bung befanden. Darüber hinaus ist quantitativ die Zahl von 37 Brauereien interessant. Mit der „Mahn & Ohlerich Bierbrauerei AG" in Rostock ist auch gleichzeitig der bedeutendste Betrieb in der Nahrungs- und Genußmittelindustrie genannt. Die Firma entstand 1878 und wurde 1884 um die „Aktienbrauerei vorm. Const. Steinbeck" erweitert. Die Gesellschaft hatte eine Aktieneinlage von 2 Mio Mark, an der auch Unternehmer aus Hannover und Nürnberg beteiligt waren. 1895 waren hier 150 Menschen tätig und das pasteurisierte Bier wurde in bedeutendem Umfang exportiert. Die nächstgrößte „Brauerei Spitta" mit 43 Beschäftigten befand sich in Schwerin.

Eine Sonderrolle spielte die in Aktiengesellschaften organisierte Zuckerindustrie. Vom Standort her städtisch, war sie aber durch eine Anbauverpflichtung beim Aktienerwerb ausschließlich agrarisch dominiert. Die Beschäftigtenzahlen lagen pro Betrieb zwischen 141 in Lübz und 376 in Malchin. Der Besatz an Dampfmaschinen lag zwischen 8 und 14 Stück und nicht unter 140 PS pro Fabrik. Alle 9 waren um 1890 gegründet worden und nach europäischem Höchststandard ausgerüstet.

Andere wichtige Industriebetriebe im Bereich der Nahrungs- und Genußmittelindustrie sind die bereits 1805 gegründete „Zichorienfabrik Hoffmann" in Parchim mit etwa 70 Arbeitern 1895, die Stärkesirupfabrik Plau mit 76 Arbeitern, die seit Anfang der 1890er Jahre erweitert als Genossenschaft betrieben wurde, oder die Firma „Engell & Co Brauerei und Essigfabrik" in Wismar mit durchschnittlich 70 Beschäftigten.

Eine Sonderrolle nahm die *Bauindustrie* mit einem sehr stark handwerklich geprägten Arbeitsstil ein. Obwohl sich dieser Zweig auch in der Konzentration am

deutlichsten entwickelte und quantitativ die Führung hatte, war er eher Folgeerscheinung der Industrialisierung im Lande, da die technische Ausstattung bis zum Ersten Weltkrieg traditionell blieb und kaum innovative Tendenzen zeigte.

Ganz im Gegenteil eher wieder dem Trend der chemischen Industrie und dem Maschinenbau zuzuordnen sind die Druckereien. Die größten unter ihnen können durchaus in den Bereich der *polygrafischen Industrie* gerechnet werden. In der Regel verfügten sie über lange Traditionen. Die beiden größten mit über 50 Beschäftigten waren „Adlers Erben, Rats- und Universitätsbuchdruckerei" Rostock und die Druckerei „Sandmeyer" in Schwerin, die beide je eine große Tageszeitung des Landes herausgaben. Diese wurden gefolgt von der „Carl Boldt'schen Hofbuchdruckerei" in Rostock und der „Buchdruckerei Bärensprung" in Schwerin.

Die größten privatkapitalistischen Unternehmen des Landes entwickelten sich aber als Mischformen verschiedener Betriebe unter einer Leitung. Sie konzentrierten sich überwiegend in den größeren Städten des Landes. Zu diesen Unternehmen gehörte z.B. die Firma Josephi in Rostock, die neben der Beteiligung an verschiedenen Gesellschaften eine Zichorienkaffeefabrik, eine Ölmühle, Getride- und Warengroßhandel betrieb. Eine andere Firma „Albt. Jürß & Crotogino" betrieb in vermutlich noch umfangreicherem Stil Holz- und Baumaterialhandel, eine Dampfsägerei mit Hobelwerk, Holzbearbeitungs- und Kistenfabrik, eine Zementgießerei mit künstlicher Sandsteinfabrik und Steinhauerei. In diesen Unternehmen waren ca. 200 Arbeiter beschäftigt. Albert Clement, ebenfalls Rostock, betrieb neben seiner „Carlshöfer Knochenmehl- und

Superphosphatdüngerfabrik" einen umfangreichen Samen- und Getreidegroßhandel (Karge 1986). Das größte Familienunternehmen des Landes vor dem Ersten Weltkrieg entwickelte sich aber nicht in Rostock, wo die Dichte der Konkurrenz zu groß war, sondern in Wismar mit der Firma „H. Podeus". 1870 begann der ehemalige Warnemünder Kapitän mit der Gründung einer Kohlehandelsfirma. Bis 1890 war das Geschäft auf den Holzhandel erweitert worden, verfügte über 9 eigene Dampfer und Segelschiffe. Mit der Bildung von Handelsfilialen 1887 in Schwerin und Rostock verursachte Podeus einen Präzedenzfall für das Land. Daneben kaufte er 1879 die Eisengießerei und Maschinenfabrik „Crull & Co", zu der auch eine Waggonfabrik gehörte, ließ das Unternehmen erweitern und modernisieren u.a. mit elektrischer Beleuchtung. Der Betrieb mit etwa 500 Arbeitern wurde nach seinem Tod 1905 zunächst in eine GmbH und 1911 in eine Aktiengesellschaft umgewandelt. 1888 kaufte Podeus die „C. Voigt Eisengießerei und Maschinenfabrik" in Schwerin mit durchschnittlich 50 Arbeitern. Um 1890 kam noch ein Hobel- und Sägewerk hinzu, das Fußbodendielen und Kehlleisten herstellte, mit ebenfalls 50 Beschäftigten. 1901 wurde der Betrieb zu einer Aktiengesellschaft umgewandelt. Schließlich gehörte zur Firma auch noch ein Speditionsgeschäft. Damit waren in seinen Unternehmen um 1895 etwa 800 bis 900 Arbeiter tätig. Das war mit Abstand die größte Konzentration wirtschaftlicher Potenz in Privathand im Lande (Karge Podeus 1989).

Rostock blieb die größte Industrie- und Handelsstadt des Landes. Doch auch Wismar, Schwerin, Neubrandenburg und Güstrow bauten vorhandene Potenzen aus. Kaum erfaßt von der industriellen Entwicklung in Mecklenburg wurden die ländlichen Gebiete. Selbst Bereiche wie die Zuckerindustrie (Sonke 1988) und die holzverarbeitende Industrie entstanden ausschließlich in den Städten. Ausnahmen blieben die Ziegelindustrie und die Molkereien (MLHA MdI 12123).

Bis auf die Textilindustrie war für Mecklenburg im behandelten Zeitraum eine steigende Entwicklung der Betriebe mit über 5 Beschäftigten zu verzeichnen.
Im privaten Sektor zeigten alle Stabilität und wurden vom Gründerkrach offensichtlich nicht erfaßt.
Wirtschaftliche Probleme gab es zuweilen im Bereich der Aktiengesellschaften. Genannt wurden die Bergwerke. Schwierigkeiten hatte auch die „Maschinenfabrik und Eisengießerei Johann-Albrechts-Werke AG" in Neustadt-Glewe, die 1901 zeitweilig den Betrieb einstellen mußte und über 400 Beschäftigte entließ (MLHA MdI 13159). Die „Eisengießerei, Maschinenfabrik und Eisenbahnwagenbau AG Güstrow" wurde mehrfach umstrukturiert und im Ersten Weltkrieg ganz auf Rüstungsproduktion umgestellt, unterlag aber schließlich doch der Konkurrenz (MLHA Kabinett III 1308). Diese Großunternehmen, aber andere auch florierende Aktiengesellschaften wurden überwiegend von preußischen und Hamburger Unternehmern gelenkt. Das gleiche Bild zeigte sich bei den als Aktiengesellschaften betriebenen Banken in Schwerin (Handbuch 1896/97). Die aktive Einflußnahme von Hamburger und preußischem Kapital auf die Wirtschaft des Landes begann mit der Gründung der „Mecklenburgischen Hypotheken- und Wechselbank AG" 1871 unter Regie der Deutschen Bank und persönlicher Initiative Georg von Siemens als größter Bank des Landes (Karge 1991).
Trotzdem gab es eine eigenständige Entwicklung der Industrie vor allem im Bauwesen, im Schiffbau, im Land- und allgemeinen Maschinenbau, in der Nahrungs- und Genußmittelindustrie und Holzverarbeitung.
Eine besondere Art korporativer Unternehmen bildeten die Schiffahrtsaktiengesellschaften, die als Fortführung der traditionellen Partenreederei in kaum veränderter Form zu betrachten sind.
Die Beteiligung mecklenburgischer Unternehmen im Ausland war selten. Noch im Oktober 1906 verneinte das Schweriner Ministerium des Innern eine Existenz von Industriefilialen. Die Mecklenburgische Hypothe-

*Lastkraftwagen der Firma Podeus Wismar 1908 (Mecklenburgisches Volkskundemuseum Schwerin-Mueß)*

ken- und Wechselbank war aber bereits seit 1903 in den USA, Schweden und Preußen engagiert (Bericht 1903 6). Auch der Besitzer der „Papierfabrik Schöller und Bausch, Neu Kalliß" hatte schon 1904 seine Filiale erworben (MLHA Kabinett III 1365). Die Rostocker Bank AG, ein ausschließlich Rostocker Unternehmen, hätte sich 1911 in Pommern beinahe ruiniert. Die „R. Dolberg Maschinen- und Feldbahnfabrik AG Rostock/ Hamburg" errichtete 1912 in Dortmund eine Filiale und 1913 ein Londoner Geschäft (Geschäftsbericht R. Dolberg). Die „Sprengstoffwerke Dr. R. Nahnsen & Co AG Dömitz/Hamburg" betrieb Ende 1906 drei weitere Fabriken außerhalb Mecklenburgs (MLHA MdI 13149).

In einer zeitgenössischen Darstellung zur Industrie und der dort Beschäftigten für die größeren deutschen Hafenstädte im Jahre 1900 steht Rostock mit 57 Betrieben und 3.194 Arbeitern erst an 8. Stelle hinter Hamburg (1.310 Betriebe mit 43.539 Arbeitern), Bremen (896 Betriebe mit 17.147 Arbeitern), Stettin (346 Betriebe mit 24.565 Arbeitern), Danzig (321 Betriebe mit 17.107 Arbeitern), Kiel (141 Betriebe mit 16.020 Arbeitern), Lübeck (148 Betriebe mit 5.157 Arbeitern) und Flensburg (64 Betriebe mit 4.296 Arbeitern). Wismar folgt hier mit 39 Betrieben und 1.341 Arbeitern erst an 11. Stelle (Siewert 1902 2).

Mecklenburgs *Groß- und Fernhandel* veränderte sein Profil nicht. Exportiert wurden Getreide, Vieh, Kartoffeln, Holz, Wolle, Zucker und Butter, wobei der Hauptanteil bei Getreide lag. Importiert wurden Steinkohle, Eisen, Bausteine und Nahrungsmittel wie Kaffe, Wein, Tabak, Salz, Heringe, Käse usw. Der größte Teil dieses Handels wurde über den Seeweg abgewickelt, wodurch Rostock und Wismar als Hafenstandorte ihre Bedeutung für das Land weiter ausbauten. Durch den Bau und den verstärkten Einsatz von Eisenschiffen ging die Flotte der beiden Städte von 417 im Jahre 1871 auf 347 1885 und 164 1894 zurück (Baumann 1893 5, Peters 1905 77/201f.). 1907 wurde der Tiefststand mit nur noch 14 Segelschiffen und 50 Dampfern erreicht (Staatskalender 1908 II 370).

Der Großhandel erfolgte im Lande aber nicht ausschließlich über die Reeder. Sie waren zwar die potenteste Gruppe, stellten aber quantitativ lediglich 10%. Deutlich blieb die Konzentration der Großhändler in Rostock, aber auch kleinere Zentren wie Schwerin und Wismar und eine vereinzelte Streuung über das ganze Land sind sichtbar (Adreßbuch 1880). Der Detailhandel begann sich erst um die Jahrhundertwende zu spezialisieren. Gleichzeitig breitete sich der Kaufhauskonzern des gebürtigen Grevesmühleners und Ex-Wismaraners Rudolph Karstadt v.a. in mecklenburgischen Kleinstädten aus (Albrecht 1931 80f.).

Schnellen Zuwachs erhielt das *Hotel- und Gaststättengewerbe* im Zusammenhang mit der Entwicklung des Fremdenverkehrs an der Ostseeküste besonders in War-nemünde, Heiligendamm, Arendsee, Brunshaupten, Wustrow, Graal und Müritz (Mecklenburg 1913). Die Zahl der Badegäste stieg zwischen 1900 und 1910 von 21.340 auf 62.616, wovon auf Warnemünde allein 14.381 bzw. 20.452 entfielen (Ostseebäder 1911). Verdienste um diese Entwicklung hatte der 1911 gegründete Mecklenburgische Verkehrsverband, dem 1910 die Gründung eines Verkehrsvereins Rostock e.V. vorausgegangen war (MLHA AG Rostock St 129).

Das Straßennetz war in Mecklenburg in den entscheidenden Teilen fertiggestellt. Kompliziert war der Ausbau des *Eisenbahnnetzes*. Zwischen 1850 und 1880 ging dieser nur schleppend voran und umfaßte in Mecklenburg-Schwerin lediglich 398 km. Bis 1890 erfolgte dann die entscheidende Erweiterung auf 1.015 km, denen bis 1908 nur noch 205 km hinzugefügt wurden (Handbuch 1910 221). Eine Folge war das Anwachsen der privaten Industrie im metallverarbeitenden Bereich und im Waggonbau. 1870 wurden die privaten Bahnen durch den Großherzog aufgekauft, um bereits 1873 an ein Konsortium aus preußischen Bankhäusern überzugehen. Seit 1878 erfolgte der Ausbau durch 9 verschiedene Gesellschaften, die aber keine gemeinsame Planung hatten. Zwischen 1889 und 1893 wurde schließlich die gesamte Eisenbahn sukzessiv durch das Land angekauft (Paeper 1936). Geleitet wurde das Staatsunternehmen von der „Generaldirektion der Großherzoglichen Friedrich-Franz-Eisenbahn". Neben dieser Generaldirektion, die direkt dem Staatsminister unterstand, existierten im Ministerium des Innern ein Eisenbahnkommissariat als Aufsichtsbehörde und seit 1891 ein Landeseisenbahnrat zur „beiräthlichen Mitwirkung in Eisenbahnfragen". Er bestand aus drei Gruppen. Zu den Mitgliedern gehörten in der ersten Gruppe 8 von den Ständen gewählte Vertreter mit 4 Gutsbesitzern und 4 Bürgermeistern kleinerer Städte. Die zweite Gruppe bildeten zwei Vertreter der Generaldirektion. Die dritte Gruppe bestand aus den „vom Großherzoglichen Ministerium des Innern berufene(n) Mitglieder(n) aus den Kreisen der Land- und Forstwirtschaft, der Industrie oder des Handelsstandes". Die Land- und Forstwirtschaft fand dann aber in der Berufungspraxis keine Berücksichtigung, da sie durch Gutsbesitzer hinreichend repräsentiert war. So kamen alle Mitglieder der zweiten Gruppe aus dem Kreis des bedeutenden Industrie- und Handelsbürgertums des Landes. Die Funktion behielten sie bis ans Lebensende. Inhaltlich standen meist Tarif- und Fahrplanangelegenheiten zur Debatte. 1906 erhielten Albert Clement aus Rostock und Heinrich Podeus jun. aus Wismar als Vertreter der Mecklenburgischen Handelskammer das von ihnen geforderte Recht, auch an den Verhandlungen der Bezirkseisenbahnräte Altona und Berlin teilzunehmen. Der mecklenburgische Landeseisenbahnrat war bis zum Ende der Monarchie das einzige staatliche Organ, in dem das hiesige Industrie- und Handelsbürgertum gleichberechtigt neben der Hocharistokratie und höchsten Beamtenschaft Sitz und Stimme hatte (Karge 1986 134f.).

Umfangreiche Kanalprojekte gelangten nicht bzw. nur rudimentär zur Ausführung.

Als wirtschaftslenkendes Instrument und Interessenvertretung von Großhandel und Industrie entstand 1868 der „Allgemeine Mecklenburgische Handelsverein", wobei alle Produzenten in jener Zeit auch in das Handelsregister eingetragen waren. Erster Vorsitzender wurde Dr. Friedrich Witte aus Rostock. Nach seinem Tod 1893 übernahmen Wilhelm Scheel aus Rostock und Rudolph Brunnengräber aus Schwerin paritätisch den Vorsitz. 1902 schließlich wurde etwa 40 Jahre später als in den anderen deutschen Staaten

durch großherzogliche Verordnung die „Mecklenburgische Handelskammer" gegründet. Präsident wurde der Großhändler und Industrielle Albert Clement aus Rostock. Ziel und Aufgaben bestanden in der „Wahrnehmung der Gesamtinteressen des Handels, der Industrie und der Schiffahrt des Landes" sowie in der „Unterstützung der Behörden durch Mitteilungen, Anträge, Gutachten" (MLHA MdI 12076). Beteiligung von mecklenburgischen Unternehmern an gesamtdeutschen Unternehmerverbänden war erst in den letzten Jahren vor dem Ersten Weltkrieg zu verzeichnen.

Damit hatte sich bis Ausbruch des Krieges eine Industrie in unterschiedlicher Qualität und Konzentration der Produktion entwickelt, die hauptsächlich in den größeren Städten und besonders in Rostock angesiedelt war.

Literatur

| Adreßbuch 1880 | Mercantilisches Adreßbuch für die Großherzogtümer Mecklenburg-Schwerin und - Strelitz. Ludwigslust 1880. |
| --- | --- |
| Albrecht 1931 | Klaus Albrecht, Rudolph Karstadt. Ein Kaufmann aus Mecklenburg, in: Mecklenburgische Monatshefte 7/1931, 80-81. |
| Baumann 1893 | Friedrich Baumann, Mecklenburgische Landes-Gewerbe- und Industrieausstellung Rostock 1892. Rostock 1893. |
| Beiträge Bd.13 | Beiträge zur Statistik, Bd. 13, Heft 3, Abteilung 1. Schwerin 1899. |
| Bericht 1903 | Bericht der Direktion der Mecklenburgischen Hypotheken- und Wechselbank an die Aktionäre 1903. Schwerin o.J. |
| Berichte 1869 | Stenografische Berichte des Reichstages des Norddeutschen Bundes, I. Legislaturperiode, 3. Session, 40. Sitzung am 12.5.1869. |
| Geschäftsbericht 1895 | Geschäftsbericht der Mecklenburgischen Hypotheken- und Wechselbank Schwerin für das Jahr 1895. O.O. o.J. |
| Geschäftsbericht R. Dolberg | Geschäftsbericht der R. Dolberg Maschinen- und Feldbahnfabrik AG Hamburg 1912/13. O.O. o.J. |
| Handbuch 1910 | Statistisches Handbuch für das Großherzogtum Mecklenburg-Schwerin. Schwerin 1910. |
| Handbuch 1996/97 | Handbuch der Deutschen Aktiengesellschaften 1896/97. Leipzig o.J. |
| Karge 1986 | Wolf Karge, Entwicklung der vertikalen und horizontalen Struktur und der Organisationen der Industrie-, Handels- und Bankbourgeoisie in Mecklenburg-Schwerin 1871-1914. Diss. A. Rostock 1986. |
| Karge 1987 | Wolf Karge, Der Kampf der mecklenburgischen Liberalen um eine konstitutionelle Landesverfassung zwischen Reichsgründung und sozialistengesetz. In: Wissenschaftliche Zeitschrift der Wilhelm-Pieck-Universität Rostock, Gesellschaftswissenschaftliche Reihe, Heft 10. Rostock 1987, 29-35. |
| Karge 1988 | Wolf Karge, Rostock als Zentrum der mecklenburgischen liberalen Partei 1859-1871, in: Beiträge zur Geschichte der Stadt Rostock. Neue Folge Heft 9. Rostock 1988, 3-16. |
| Karge 1989 | Wolf Karge, Organisationen der mecklenburgischen Industrie-, Handels- und Bankbourgeoisie zwischen Reichsgründung und Erstem Weltkrieg. In: Jahrbuch für Regionalgeschichte 16, I. Teil. Weimar 1989, 116-126. |
| Karge Podeus 1989 | Wolf Karge, Heinrich Podeus – ein mecklenburgischer Kapitän, Großkaufmann und Industrieller. In: Wissenschaftliche Zeitschrift der Wilhelm-Pieck-Universität Rostock, Gesellschaftswissenschaftliche Reihe 38 (1989), 47-50. |

Karge 1991     Wolf Karge, Das Großbürgertum in Industrie, Handel und Banken im Großherzogtum Mecklenburg-Schwerin 1871-1914. In: Mecklenburgische Jahrbücher 108/1991, 129-165.

Maubach 1991    Peter Maubach, Dr. Ernst Alban. Der Lebensweg eines Neubrandenburgers vom bekannten Starstecher zum ersten Maschinenbauer Mecklenburgs. Neubrandenburg 1991.

Mecklenburg 1913   Mecklenburg. Führer durch Mecklenburgs Städte, Ostseebäder und Sommerfrischen. (Rostock) 1913/14.

Ostseebäder 1911   Die deutschen Ostseebäder am Anfange des zwanzigsten Jahrhunderts. Kolberg 1911.

Paeper 1936    Joachim Hans Paeper, Die Entwicklung und Struktur des Verkehrswesens in Mecklenburg-Schwerin. Rostock 1936.

Peters 1905    Max Peters, Die Entwicklung der deutschen Reederei seit Beginn des 19. Jahrhunderts bis zur Gründung des Deutschen Reiches, Bd. 2. Jena 1905.

Raabe 1894    Wilhelm Raabe, Mecklenburg Vaterlandskunde, zweite verbesserte Auflage von Gustav Quade, Bd. 1. Wismar 1894.

Rakow 1973    Peter-Joachim Rakow, Märzrevolution, Verfassungsfrage und feudale Regierungsbürokratie in Mecklenburg. Ein Beitrag zur Problematik der Machtfrage in der bürgerlich-demokratischen Revolution von 1848, in: Wissenschaftliche Zeitschrift der Universität Rostock, Gesellschafts- und sprachwissenschaftliche Reihe, Heft 6. Rostock 1973, 521-526.

Schultz 1984    Helga Schultz, Landhandwerk im Übergang vom Feudalismus zum Kapitalismus. Vergleichender Überblick und Fallstudie Mecklenburg-Schwerin. Berlin 1984.

Siewert 1902    Franz Siewert, Die Entwicklung der Industrie in den deutschen Seestädten. Denkschrift im Auftrage des Lübecker Industrievereins untersucht und festgestellt. Lübeck 1902.

Sonke 1988    Monika Sonke, Studien zur industriellen Entwicklung im Großherzogtum Mecklenburg-Schwerin von der Mitte des 19. Jahrhunderts bis zum Vorabend des ersten Weltkrieges. Diss. A. Rostock 1988.

Staatskalender 1908   Großherzoglich Mecklenburg-Schwerinscher Staatskalender 1908, Teil II. Schwerin o.J.

# OSTSEEBÄDER IN MECKLENBURG UND VORPOMMERN VOR DEM ERSTEN WELTKRIEG

Baden in der offenen See sollte mit seiner Wiederentdeckung Ende des 18. Jahrhunderts nicht in erster Linie der Freude, sondern der Gesundheit dienen. Die Anregung dazu kam aus England. In Deutschland machte zuerst Johann Christoph Lichtenberg (1742-1799) auf diese thalassotherapeutische Möglichkeit aufmerksam, die von Wilhelm Hufeland (1762-1836) verteidigt wurde. Erst Ende des 19. Jahrhunderts wurden auch die Klimafaktoren in die therapeutischen Überlegungen einbezogen und gewannen seitdem immer mehr an Gewicht. Doch nicht an der Nordsee oder an der preußischen Ostseeküste, sondern am Heiligen Damm, in der Nähe des mecklenburgischen Fleckens Doberan, entstand dann 1793 das erste deutsche Seebad. Geistiger Vater war der Rostocker Universitätsprofessor Samuel Gottlieb Vogel (1750-1837), der es verstand, Herzog Friedrich Franz I. von Mecklenburg-Schwerin zu diesem Schritt zu ermuntern. Die ersten Bauten am Damm sind nicht überliefert. Erst 1796 wurde Carl Theodor Severin (1764-1836) mit dem weiteren Ausbau beauftragt. Der junge Baumeister vertrat die moderne klassizistische Berliner Schule und seine Bauten entstanden in strenger antikisierender Form. Gebadet wurde in der ersten Hälfte des 19. Jahrhunderts nackt überwiegend in Badekarren getrennt nach Geschlechtern. Die wichtigsten Baderegeln Vogels dazu lauteten: *„1) Man muß nie bald nach Tische und mit vollem Magen baden. ... 2) Sich durch irgend eine Ursache erhitzt oder sich vollends im Schweiße zu baden, kann die gefährlichsten Folgen haben. ... 6) Nach dem Bade setzt man sich abermals in Bewegung durch Gehen, Reiten. ... 7) Je froher und furchtfreyer man ins Bad steigt, desto besser. ... 14) Überhaupt Niemand, der wirklich krank ist, oder zu gewissen Krankheiten Neigung hat, kalt baden muß, ohne Rath und Leitung eines Arztes. ... 16) Badehemder, Beinkleider, im Bade sind nicht zu rathen, und mindern den Nutzen desselben"* (Karge 1993 21). Die Wirtschaftlichkeit des Doberander Seebades wurde bis 1867 durch Zuschüsse aus den Erträgen einer Spielbank am Ort ausgeglichen, die seit 1809 das Monopol im Lande hatte. Doberan wurde ebenfalls durch Severin zur fürstlichen Sommerresidenz ausgebaut. Salongebäude, fürstliches Sommerpalais, Theater und anspruchsvolle private Villen entstanden um eine dreieckige Kampanlage zu einem harmonischen Ensemble, das auf dem umschlossenen Platz noch zwei chinoise Pavillons in einer Art Postrokoko erhielt.

Im 18. Jahrhundert jedoch blieb Heiligendamm-Doberan zunächst noch das einzige Bad an der Ostseeküste. Die Zahl der Gäste betrug mit Eröffnung der ersten Saison 1794 308 und stieg bis auf 1.304 im Jahre 1806. Durch die „Franzosentid" begann die Zahl zu schwanken, erreichte 1813 einen Tiefpunkt, lag 1816 bereits wieder bei 1.106 und stieg 1819 auf 1.819. Die Gästelisten weisen klangvolle Namen des europäischen Hochadels und der vornehmen städtischen Bürgerschaft des Landes aus. Ein reichhaltiges kulturelles Leben und die Existenz eines Theaters zogen auch hervorragende Künstler der Zeit nach Doberan. Bäder nahmen tatsächlich etwa nur ein Fünftel der Gäste.

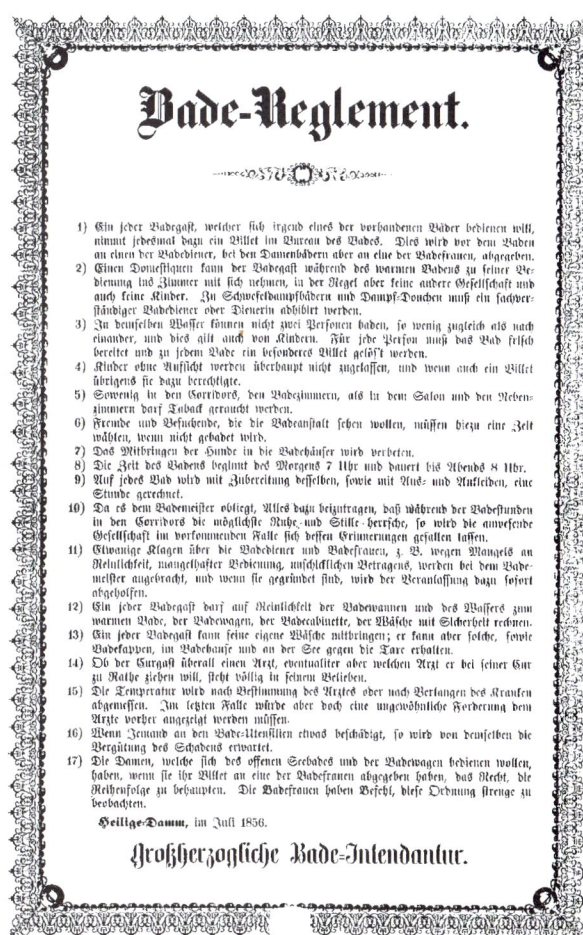

*Postkarte von 1907*

Seit 1823 wurde eine weitere Attraktion mit europäischer Anziehungskraft geschaffen – die Doberander Pferderennen. (Karge 1993)

1816 ließ der Generalmajor und letzte schwedisch-vorpommersche Generalgouverneur, Fürst Malte von Putbus, nach dem mecklenburgischen Vorbild in Lauterbach, ebenfalls 6 Kilometer von seiner Residenz Putbus entfernt, ein exklusives Bad in spätklassizistischer Ausführung anlegen. Zwei Jahre nach dem „Salongebäude" in Heiligendamm wurde das Badehaus in Lauterbach an der Goor fertiggestellt. Theater, Orangerie, Kursaal und Gästehäuser vereinigten sich zu einem strahlenförmig angelegten Platz in Putbus. „Allerhöchste Herrschaften, Könige und Prinzen, es waren ferner Reichsgrafen, Rittergutsbesitzer und hohe Militärs" bildeten auch hier die Klientel. Die Zahl der jährlichen Badegäste hielt sich in Grenzen und lag in der ersten Hälfte des 19. Jahrhunderts nicht über 1.000 (Ewe 1985 44). Außerdem war die Zählung in den Anfangsjahren mit Vorsicht zu betrachten, wie ein Zeitgenosse 1823 in Putbus feststellte: „Ich konnte keine gedruckte Badeliste erhalten, erfuhr aber mündlich, daß bis dahin nur 90 und einige Personen auf der geschrieben ständen. Da man indeß ... auch die Reisenden mit aufsetzte, welche bloß einen Tag sich hier aufhalten und ... nur einmal im Freien baden, so ist die Liste in der Regel etwas länger, als sie gemacht werden" dürfte (Reise 1823 110). Die Finanzierung des Bades erfolgte durch die Einnahmen aus den umfangreichen Besitzungen des Fürsten, dem mehr als die Hälfte der Insel Rügen gehörte.

Diese beiden fürstlichen Ostseebäder waren aber wenig geeignet, das einfache Bildungsbürgertum und andere Menschen anzulocken, wenn auch gerade in Doberan unter der Regentschaft von Friedrich Franz I. die Standesunterschiede nicht nach dem sonst üblichen höfischen Reglement berücksichtigt wurden.

Bereits ein Jahr vor Putbus-Lauterbach wurde schon Swinemünde (heute Polen) mit tatkräftiger Unterstützung des preußischen Königs Friedrich Wilhelm III. eingerichtet. Allerdings scheint die Entwicklung dann doch etwas schleppend vorangegangen zu sein, denn noch 1823 klagte ein Gast: „Es fehlt indeß noch sehr vieles, um Swinemünde als Badeort zu heben, denn bisher ist dazu ... eigentlich noch gar nichts geschehen" (Reise 1823 52).

Forstmeister und Pfarrer gelten als Begründer des bürgerlichen Badelebens an der Ostseeküste in der ersten Hälfte des 19. Jahrhunderts. Getragen von einer allgemeinen Besinnung auf körperliche Ertüchtigung in Verbindung mit nationalen Idealen, wie sie besonders durch Friedrich Ludwig Jahn populär wurde, erhielt auch das Badeleben seine Impulse.

Auf das Jahr 1817 wird der Anfang in Warnemünde datiert. Aus jenem Jahr ist überliefert, daß sich „Forstinspektor Becker aus Rövershagen mit seinen Angehörigen, sicher aber auch noch andere Familien mehrere Wochen lang während des Sommers in Warnemünde aufgehalten haben, um zu baden" (Barnewanz 1925). 1822 wurden bereits über 100 Gäste gezählt. 1854 waren es 1.500. Wie in Lauterbach und Heiligendamm wurden Damen- und Herrenbäder eingerichtet und seit 1834 gab es auch in Warnemünde eine Warmbadeanstalt mit Meerwasser. Im selben Jahr wurde der Linienverkehr mit dem Dampfer „Rostock-Packet" nach und von Rostock aufgenommen. Das größte Problem in Warnemünde blieb, daß im Gegensatz zu den anderen und auch in der zweiten Hälfte des 19. Jahrhunderts entstehenden Seebädern, der Ort ohne Wälder kahl und nackt zwischen Dünen und Moorwiesen lag. Eine Aufforstung gelang nach vielen Mühen erst zur Jahrhundertwende (Witt 1992 11).

Der preußische Oberforstmeister Georg Bernhard von Bülow gilt als der Begründer des kaiserlichen Badeortes Heringsdorf. Er ließ hier ein Logierhaus erbauen, das später als „Weißes Schloß" benannt wurde. Der Name des Ortes ist eine Schöpfung des damaligen Kronprinzen Friedrich Wilhelm im Jahre 1820. Als er dann 1846, bereits als König Friedrich Wilhelm IV., wieder diesen Ort besuchte, ließ er sich durch Bülow zum Bau einer Kirche überzeugen und beauftragte damit den Berliner Baumeister Persius. Damals hatte „Heringsdorf sich längst zu einem bevorzugten Sommeraufenthalt für die Aristokratie und die Finanzwelt entwickelt" (Richter 1991 8). In jener Zeit besuchten etwa 500 Gäste jährlich das Bad.

1830 entdeckte der Wismarer Pfarrer Joachim Hartwig Meyer (1807-1884) das Fischerdorf Boltenhagen. Unermüdlich wirkte er seitdem für den Ausbau als Familienbad, in „welchem anspruchslose Pastoren und vielgeplagte Schulmänner oder dergleichen Leute ... das finden, was sie suchen, nämlich Ruhe und Erholung nach jahrelanger, mühevoller Arbeit, Erheiterung nach mannigfacher Sorge, Kraft und Freudigkeit zum neuen, unverdrossenen Wirken" (Prignitz 1993 67). Dabei standen ihm gerade die fürstlichen Bäder eher als Abschreckung vor Augen. 1862, unter dem Druck der immer stärkeren Vermarktung des Badebetriebes, forderte er rückblickend für Boltenhagen, „daß aller sinnenbetörender Luxus immerdar aus deinen Grenzen verbannt bleiben möge, und von dir ferngehalten werde auch alles geniegelte und gestriegelte Wesen, nicht minder auch das alle gute Sitte verderbende, den Frieden der Seele mordende und die Gesundheit untergrabende Spiel." Boltenhagen sei vielmehr „der harmlose, stille, friedliche Badeort, wo Leib und Seele genesen, (geeignet für) Leute, die viel Stärkung und Kraft bedürfen, aber in der Regel wenig Geld besitzen" (Bunners 1984 105).

Episode blieb der Badebeginn in Müritz um 1825 durch einige adlige Damen und Herren (Prignitz 1993 69).

Damit war die Reihe der Ostseebäder an der Küste Mecklenburgs und Vorpommerns bis 1850 bereits erschöpft. In einigen weiteren Orten sollen in jener Zeit wie in Wustrow, Ahrenshoop oder Saßnitz auch schon hin und wieder Badegäste gesehen worden sein, ohne daß sie aber bereits eine Entwicklung zum Seebad hervorgerufen hätten. Für Saßnitz berichtete Ernst Boll um 1850, daß „die Häuser mit ihren Ställen und Dunghöfen sehr zusammengedrängt liegen, wodurch die Frische der Luft sehr beeinträchtigt wird... In den einfachen Wohnungen der Leute finden die Badegäste Aufnahme" (Ewe 1985 45).

Bis zur Mitte des 19. Jahrhunderts blieb die Reise in einen Badeort äußerst beschwerlich. Die Landstraßen waren unbefestigt und Eisenbahn existierte noch nicht. Schon die Reise von Berlin nach Rostock wurde so zu einem mehrtägigen Unternehmen. Ein geregelter Urlaub war nur den wenigsten Menschen vergönnt und Urlaubsreisen für Lehrer, Handwerker, kleine Beamte oder Angestellte, ganz zu schweigen von Land- und Fabrikarbeitern, noch nicht normal. Reisen war ein Luxus und teilweise noch in der Gestalt des „gelehrten Reisenden" üblich. Einer der letzten Vertreter dieser Gattung mag Theodor Fontane gewesen sein.

Mit dem Eintritt in die zweite Hälfte des 19. Jahrhunderts enstanden den aristokratischen Bädern die unterschiedlichsten Schwierigkeiten.

Putbus-Lauterbach verlor durch die Entstehung neuer Seebäder ständig an Anziehungskraft. 1863 brannte das Schloß aus und damit verlor der Ort noch mehr an Reiz (Ewe 1985 44).

Schweren Schaden in allen Ostseebädern richtete die Sturmflut von 1872 an. Zahlreiche Badeanlagen, die durchgängig als Holz errichtet waren, fielen dem

„Logierhaus in Alt-Boltenhagen" nach der Sturmflut 1872. Lithographie (Mecklenburgisches Volkskundemuseum Schwerin-Mueß)

Sturm zum Opfer. Für Heiligendamm, das durch die Schließung der Spielbank unrentabel geworden war, war es der letzte Anlaß zum Verkauf an eine Aktiengesellschaft (Karge 1993 53). Bereits 1871 hatten Hugo und Adelbert Delbrück Heringsdorf erworben und dazu eine „Aktiengesellschaft Seebad Heringsdorf" gebildet. Der König verlieh dem Ort allerdings erst 1879 offiziell den Namen „Seebad Heringsdorf" (Richter 1991 12). Beide Bäder behielten ihren gehobenen gesellschaftlichen Status und wurden in einem postklassizistischen Villenstil entsprechend ausgebaut.

Bis zur Jahrhundertwende entstanden an der gesamten deutschen Ostseeküste ca. 40 weitere Bäder, davon etwa 25 auf dem Gebiet des heutigen Mecklenburg-Vorpommern, von denen wiederum über 20 erst nach 1880 genannt werden.

Ein Gründungsjahr ist nicht in allen Fällen exakt auszumachen und in der Literatur mitunter verschieden angegeben. Oftmals wurde der erste Badegast, der im Ort Logis nahm und an den man sich erinnern konnte, später zum Gründungsfakt erhoben. Seltener war es, wie in den alten aristokratischen Bädern, der erste Bau eines Bade- oder Logierhauses oder ein entsprechender Verwaltungsakt wie in Zinnowitz. Für diesen Ort wurde am 3. Mai 1851 ein Konsens der königlichen Regierung zur Errichtung eines Seebades erteilt. 600 Badegäste 25 Jahre später zeigen aber, daß sich auch hier die quantitative Entwicklung in Grenzen hielt (Ostseebäder 1911 140).

Gründung von Ostseebädern in Mecklenburg und Vorpommern 1850-1900

| Zinnowitz | 1851 | Lohme | 1884 |
| Saßnitz | 1860 | Baabe | 1885 (1898) |
| Prerow | 1876 | Breege | 1887 |
| Zingst | 1876 | Sellin | 1887 |
| Müritz | 1880 | Thiessow | 1887 |
| Wustrow | 1880 | Graal | 1888 |
| Brunshaupten | 1882 | Sellin | 1889 |
| Binz | 1882 | Bansin | 1897 |
| Göhren | 1882 | | |
| Ahrenshoop | 1882 | | |

(zusammengestellt nach der angegebenen Literatur)

Bis um 1880 blieben Ostseebäder noch Besonderheiten und erreichten höchstens lokale wirtschaftliche Dimensionen. Mit dem Niedergang der Segelschiffahrt, der Gründung des Deutschen Reiches 1871 und einer bürgerlichen Umstrukturierung der Gesellschaft nahm einerseits das Interesse der Dorfbevölkerung nach neuen Einnahmemöglichkeiten und andererseits das Reisebedürfnis einer neuen Mittelschicht zu. Zwischen Fischland und Zingst kam noch die Schließung des Stroms 1872 und damit des Hafenbetriebs im Bodden hinzu. Deshalb begann in Prerow und Zingst

der Badebetrieb bereits 1876 (Prignitz 1993 69). Der Ausbau eines befestigten Straßen- und eines Eisenbahnnetzes seit Mitte des 19. Jahrhunderts haben ebenfalls diese Entwicklung befördert. 1850 eröffnete die Bahnlinie Rostock–Bützow–Kleinen–Schwerin–Hagenow mit Anschlüssen nach Berlin und Hamburg (Witt 1992 11). 1876 erhielt Swinemünde Bahnanschluß, der 1894 bis Heringsdorf weitergeführt wurde (Prignitz 1993 71). 1863 erfolgte der Bau der vorpommerschen Eisenbahn Angermünde-Stettin-Pasewalk-Stralsund und 1883 wurde die Eisenbahnlinie von Stralsund auf die Insel Rügen nach Bergen verlängert. In der Folge entstanden zwei Schmalspurbahnen in erster Linie zum Transport der Badegäste. Nach einer längeren Anlaufzeit wurde 1895 die Strecke Putbus-Sellin eröffnet, die später bis Göhren führte. Gebaut wurde die Bahn von der Firma Lenz & Co Stettin (Kleinbahnen 1989 8). Die selbe Firma hatte bereits 1886 die Bahn Doberan-Heiligendamm in Betrieb nehmen können, die in den Folgejahren bis Brunshaupten und Arendsee verlängert wurde (Karge 1993 61). Im gleichen Zuge begannen auch erhebliche Spekulationen mit dem sprunghaft teurer werdenden Boden in den Badeorten, wobei in Mecklenburg eine Verzögerung von etwa 20 Jahren sichtbar ist, die sich aus einer etwas anders gelagerten Gesetzgebung ergab.

Nur wenige Badeorte erreichten bis zum Ende des 19. Jahrhunderts Gästezahlen über 2.000. 1901 waren das für das untersuchte Gebiet von den erfaßten 30 lediglich 10. Über 10.000 besuchten Warnemünde, Ahlbeck und Heringsdorf, während auf der Insel Rügen Saßnitz erst mit 9.634 folgte (Ostseebäder 1911). Einen außergewöhnlich erfolgreichen Weg nahm Heringsdorf. Die Delbrücks verstanden es, Geschäftstüchtigkeit mit einem elitären Anspruch zu verbinden. Erheblich dazu beigetragen hat die jährliche Anwesenheit des deutschen Kaiserpaares seit 1888. Eine weitere Attraktion wurde die 1891 gebaute Kaiser-Wilhelm-Seebrücke, die nicht die erste aber schönste ihrer Art war. Eine Pferderennbahn erhielt Heringsdorf aber erst 1904 (Richter 1991 18). Auch Ahlbeck, Saßnitz, Heiligendamm und andere Badeorte wurden Ende des 19. Jahrhunderts mit Seebrücken geschmückt und erhielten dadurch auch Anlegemöglichkeiten für Ausflugsdampfer und Fähren. Üblich waren in jener Zeit Restaurants und Läden auf den Brücken, wodurch sie zum Mittelpunkt des Ortes wurden.

Bis zum Eintritt in das 20. Jahrhundert etablierten sich in den Seebädern, die einen „Verband Deutscher Ostseebäder e.V." gegründet hatten und jährliche Tagungen abhielten, Badeverwaltungen und Badedirektionen. Kurtaxe wurde erhoben und Verschönerungs- oder Gemeinnützige Vereine kümmerten sich um die Strände, Wege und Parkanlagen. Kegelbahnen, Tennisanlagen, Bootsverleih, organisierte Ausflüge, Familienbadeanstalten, Theater, Bibliotheken und Konzerte gehörten zum Standardangebot. Taubenschießen, Reiten oder Golf waren den exklusiveren Bädern vorbehalten (Ostseebäder 1911). Während besonders in den vorpommerschen Ostseebädern auf Rügen und Usedom eine „Pensionsarchitektur" in Gestalt zwei- und dreigeschossiger Bauten mit Balkons oder Veranden vor jeder Gästewohnung den Orten das Gesicht gab, blieb Warnemünde im Kern in seiner alten Struktur erhalten und erhielt lediglich vor den Fischerhäusern sogenannte „Glaskästen". Heiligendamm und Lauterbach stagnierten in der Gästezahl um 2.000 und damit auch im weiteren Ausbau. Orte auf der Insel Rügen wie Saßnitz, Binz, Göhren und Sellin oder wie Ahlbeck und Zinnowitz auf der Insel Usedom hatten wenigstens doppelt soviel Gäste.

Eigentlich warben alle Badeorte auf die gleiche Art. Der Unterschied bestand lediglich darin, ob der schlichte oder der vornehme Charakter hervorgehoben wurde. Einige versuchten es mit beiden Varianten: „Im allgemeinen zeichnet sich Zinnowitz von jeher neben seiner landschaftlichen Schönheit durch jene Behaglichkeit der Lebensweise aus, die sich ebenso fern hält von dem Prunk eines Ostende, Norderney, Heringsdorf, wie vor der Dürftigkeit so manches Strandbadedorfes" (Ostseebäder 1911 144). Für Saßnitz wurden „von den einfachsten Logierzimmern bis zu den hochelegantesten Wohnungen" alle Möglichkeiten empfohlen und in Ahlbeck versprach man, daß „von fürstlichen Persönlichkeiten bis zur armen Nähterin herab, in gleich ansprechender Weise Rechnung getragen werden kann" (Ostseebäder 1911).

Von der Jahrhundertwende bis zum ersten Weltkrieg wuchs die Zahl der Ostseebäder an der Küste des heutigen Mecklenburg-Vorpommern auf über 40 an. Daran hatte Mecklenburg mit einem Sprung von 5 auf 13 den größten Anteil. Die Zahl der Badegäste stieg hier ebenfalls erheblich. 1901 wurden 96.728 gemeldet. 1910 waren es bereits 214.304. Das Wachstum verlief aber sehr differenziert nach Regionen und auch nach einzelnen Orten.

Badegäste in Mecklenburg, auf Rügen und Usedom 1901 und 1910

|  | 1901 | 1910 |
| --- | --- | --- |
| Mecklenburg | 21.340 | 62.816 |
| Rügen | 34.857 | 81.050 |
| Usedom | 37.019 | 60.266 |
| Heiligendamm | 1.740 | 2.418 |
| Putbus | – | 1.000 |
| Warnemünde | 14.381 | 20.452 |
| Binz | 9.871 | 22.404 |
| Saßnitz | 9.634 | 22.842 |
| Ahlbeck | 13.806 | 20.376 |
| Heringsdorf | 13.006 | 15.030 |

(Ostseebäder 1911)

Zum mit Abstand größten Ostseebad hatte sich 1910 Swinemünde (heute Polen) mit fast 40.000 Gästen entwickelt, gefolgt von Kolberg mit 28.700 und dann bereits von den in der Tabelle Genannten.

Erst seit der Jahrhundertwende kann vom Fremdenverkehr an der Küste als einem wirtschaftlichen Faktor gesprochen werden, der die gesamte Region Mecklenburg und Vorpommern beeinflußte. Hinzu kam auch im geringeren Maße ein Binnentourismus. Ausdruck

*Die Kaiser-Wilhelms-Brücke in Heringsdorf um 1900 (Mecklenburgisches Volkskundemuseum Schwerin-Mueß)*

dessen ist z.B. die Gründung des „Mecklenburgischen Verkehrsverbandes" 1911, dem 1910 die Gründung eines „Verkehrsvereins Rostock e.V." vorausgegangen war (MLHA AG Rostock St 129).Bis zum Ausbruch des ersten Weltkrieges blieben die Badeorte Saisonunternehmen, die auf eine relativ kurze Zeit im Sommer beschränkt waren.

Der Verband Deutscher Ostseebäder analysierte für 1910 auch die Herkunft der Badegäste geordnet nach regionalen Reisezielen. Daraus wird sichtbar, daß der binnenländische Tourismus ein bedeutender Faktor geworden war. Den entscheidenden Anteil der Besucher in Mecklenburg und Vorpommern stellten die Berliner, gefolgt von den Brandenburgern und Sachsen. Beachtlich ist der Anteil österreichischer Gäste, während das übrige Ausland sich eher zurückhaltend zeigte und nur 4% der Gesamtzahl ausmachte.

Gäste in den Ostseebädern 1910

| in:<br>aus: | Mecklenburg | Rügen | Vorpommern |
|---|---|---|---|
| Mecklenburg | 8.725 | 1.021 | 935 |
| Pommern | 907 | 5.046 | 13.769 |
| Berlin | 17.166 | 28.730 | 61.063 |
| Brandenburg | 3.284 | 7.091 | 14.478 |
| Sachsen | 3.999 | 8.314 | 11.006 |
| Österreich | 1.162 | 3.227 | 5.139 |

(Ostseebäder 1911)

Mit dem Badeleben begann sich auch eine Freizeitkultur speziell für diesen Bereich zu entwickeln. Körperlichen wie geistigen Bedürfnissen wurde Rechnung getragen. Die genannten Sportanlagen, Bibliotheken und Theateraufführungen sind Beweis dafür. Eine besondere Stelle nahmen die Konzerte ein. Dem Geist der Zeit besonders nach der Jahrhundertwende geschuldet waren Unterhaltungen militärischer Art. Inwieweit sich auch die Schattenseiten der Freizeit wie Hasardspiel und Prostitution in den Badeorten etablierten, ist bisher nur unzureichend untersucht, in Einzelfällen aber überliefert.

Das Strandleben besonders an der Ostsee zeigte sich immer noch „hochgeschlossen". Auch Sonnenbäder waren nur in den dafür vorgeschriebenen und umzäunten Bereichen erlaubt.

Eine Erfindung des Rostocker Korbmachers Wilhelm Bartelmann aus dem Jahre 1882, die das Bild des sommerlichen Strandes bis heute prägt, war der Strandkorb. 1897 stellte der Korbmacher Johann Falck in Müritz die ersten Körbe auf (Priegnitz 1993 60). Als „Einsitzer", „Halblieger" und „Zweisitzer" wurde er schließlich 1910 zum Liegekorb, der in wenig abgewandelter Form noch üblich ist (Witt 1992 13).

Ein interessanter Nebenaspekt ist, daß sich durch diese neue Entwicklung zu Badeorten und dem damit verbundenen wirtschaftlichen Aufschwung zum Ende des 19. Jahrhunderts in vielen Kommunen auch Kirchenneubauten verwirklichen ließen, wie z.B. in Warnemünde 1871, in Boltenhagen 1873, in Wustrow 1873, in Heiligendamm 1904 (etwa 20 Jahre zuvor war bereits eine katholische Kapelle eingerichtetet worden) und Müritz 1908.

Literatur

Barnewanz 1925      Friedrich Barnewanz, Geschichte des Hafenortes Warnemünde. Rostock 1925.

Bunners 1984      Michael Bunners, Die Entstehung der Ostseebäder Boltenhagen und Graal-Müritz und die Errichtung ihrer Kirchen, in: Territorialkirchengeschichte. Entwicklung-Aufgaben-Beispiele. Greifswald 1984, 104-112.

Ewe 1985      Herbert Ewe, Rügen. Rostock 1985.

Karge 1993      Wolf Karge, Heiligendamm. Erstes deutsches Seebad. Schwerin 1993.

Prignitz 1993      Horst Prignitz, Paradiese der Badelust. Rostock 1993.

Reise 1823      Reise eines Gesunden in die Seebäder Swinemünde, Putbus und Dobberan. Berlin 1823.

Richter 1991      Egon Richter, Angelika Heim, Heringsdorf. Innenansichten. Rostock 1991.

# *Kornelia Röder*
# KÜNSTLER DER MODERNE IN MECKLENBURG UND VORPOMMERN

Parallel zur Wiederentdeckung des reichhaltigen Schaffens von mecklenburgischen Künstlern, die Ende des 19. Jahrhunderts, ganz im Sinne des Zeitgeistes, auch in Ahrenshoop und Schwaan Künstlerkolonien gründeten, treten Maler, die sich nur zeitweilig, zumeist in den Sommermonaten, vor allem an der Ostseeküste aufhielten, in den Mittelpunkt des Interesses, zumal wenn es sich um Wegbereiter der Moderne handelt.

Der bisherige Forschungsstand zum Thema ist differenziert. Neben bemerkenswert aufgearbeiteten Werkkomplexen verweisen spärliche Daten in Biographien oder einzelne Werke von Künstlern auf einen Aufenthalt in Mecklenburg oder Vorpommern, die noch näher untersucht werden müssen. Ein Thema also, dessen weiterführende Bearbeitung sicherlich noch interessante Erkenntnisse liefern wird.

Künstler, deren Namen sich eng mit der Moderne verbinden, wie Lovis Corinth, Lyonel Feininger, Edvard Munch, die Expressionisten Erich Heckel, Karl Schmidt-Rottluff, Künstler des Blauen Reiters wie Marianne Werefkin und Alexej von Jawlensky und selbst Vertreter der abstrakten Kunst wie Sophie Taeuber-Arp und viele andere weilten in Mecklenburg-Vorpommern und wurden von der herben, flachen Landschaft, den Inseln Hiddensee, Rügen und Usedom, dem Meer mit dem weiten Horizont zu Kunstwerken angeregt, die heute zur Weltkunst zählen. Auch wenn ihre Arbeiten in den Museen des Landes nur vereinzelt zu finden sind, tragen sie mit dazu bei, eine Region, die nie zu den kulturellen oder wirtschaftlichen Zentren Deutschlands zählte, international bekanntzumachen. Und Oscar Gehrig bemerkte 1928 ganz treffend: „Die Sprache der Kunst ist vernehmbarer und nachhaltiger in ihrer Wirkung, als rechnender Sinn bestimmen kann" (Gehrig 1928 539).

Seit der Romantik ist die Ostsee immer wieder Ziel von Künstlern gewesen. Vor dem Hintergrund der fortschreitenden Industrialisierung in den sich entwickelnden Großstädten zu Beginn des 20. Jahrhunderts begaben sich wieder verstärkt Künstler auf die Suche nach Landschaften, die ihre elementare Ursprünglichkeit noch nicht verloren hatten und wo das Einssein des Menschen mit der Natur noch gewährleistet schien. Mecklenburg wurde erstrebtes Reiseziel. So ist es auch nicht erstaunlich, daß Vertreter aller künstleri-

scher Strömungen anzutreffen sind. Der Stilpluralismus der Zeit charakterisiert auch die zumeist exemplarisch aufgeführten Kunstwerke.

Der in Weimar lebende Alexander Olbricht (1876-1942) (Baudis), der eigentlich in seinem Leben kaum auf Reisen ging, kam durch seine Frau Margarete Olbricht, die in Retgendorf bei Schwerin geboren wurde, nach Mecklenburg. In den Jahren 1908, 1918 und 1927 führte ihn sein Weg über Felder, an gelb blühendem Raps vorbei, entlang des Schweriner Sees. Seine Aquarelle zeigen u.a. Fachwerkhäuser, den Hafen von Wismar. Auch ihn zog das Meer an, der Strand von Boltenhagen wurde Olbricht zum Motiv ebenso die Steilküste von Alt Gaarz. Den Reformgeist von Henry van de Velde, der 1902 in Weimar das kunstgewerbliche Seminar gründete, konnte der Künstler zwar nicht für sich annehmen, aber er folgte auch nicht der stimmungsvollen realistischen Landschaftsmalerei seines Lehrers Theodor Hagen, sondern entwickelte einen großflächig angelegten, zur Abstraktion und Reduzierung tendierenden Zeichenstil, der sich in frischen Farben vor allem in seinen in Mecklenburg entstandenen Aquarellen offenbart, die, ob gewollt oder ungewollt, Merkmale des Jugendstils aufweisen.

Auch den bereits zu Lebzeiten anerkannten Maler Lovis Corinth (1858-1925) zog es in den Sommermonaten nach Mecklenburg. Er gab der Gegend um Doberan den Vorzug und nicht der ansonsten so beliebten Insel Hiddensee oder dem Fischland. Bereits 1903 verweilte er in Brunshaupten, einem Ortsteil von Kühlungsborn. Das Bild "Am Ostseestrand" (1903) entstand während dieses Aufenthalts.

Durch Rudolf Sieger, einen seiner ersten Schüler, der von 1908 bis 1918 in Doberan lebte, kam Corinth seit 1909 oft in diese nördlich gelegene Kleinstadt, und er besuchte auch Nienhagen an der Ostseeküste. Die Frau von Rudolf Sieger äußerte sich zu Corinths Besuchen in Doberan: *„Bei uns sind verschiedene Gemälde und Zeichnungen entstanden, so die 'Dorfstraße', Corinths erste Blumenstilleben, verschiedene Zeichnungen zum Buch Judith und allerlei anderes"* (Sieger 1928 541).

Gemälde wie „Die Eiche" (Doberan 1909), „Novembertag bei Doberan" (1911) (Behrend-Corinth 1992) und die 1913 entstandene „Landschaft bei Doberan", „Blick aufs Meer" und „Küste bei Doberan" sind mit ihrem kräftigen Pinselstrich zwar unverwechselbare

Corinths, sprechen aber zugleich von der herben Schönheit und Poesie der mecklenburgischen Landschaft. Einige Jahre später suchte er Waren/Müritz auf. Das Bild „Am Müritzsee" verweist auf diese Sommerreise. Seit 1911, nach dem Schlaganfall, vollzog sich bei Corinth ein sichtbarer Wandel vom Impressionismus zum Expressionismus mit starker Tendenz zur Abstraktion. Ebenfalls auf Einladung von einem Schüler mit dem Namen A. Wuttke kam Corinth erneut nach Mecklenburg. Er besuchte den Ort Klein-Niendorf und war Gast auf dem Gut von Herrn Glantz, den der Künstler auch porträtierte[1] (Berend-Corinth 1992).

Ebenso wie Corinth in München zählte Lesser Ury (1862-1931) in Berlin zu den Sezessionisten. Die Sezessionen konstituierten sich, um dem konservativen Geschmack und der allem Neuen ablehnend gegenüberstehenden Ausstellungspolitik des Wilhelminischen Kaiserreiches entgegen zu treten und dem Impressionismus in Deutschland zum Durchbruch zu verhelfen. Aufgrund des Motivs kann das Pastell „Küste von Rügen" (Bartmann/Ulferts 1990 450) von Lesser Ury auf 1892 datiert werden, da sich der Künstler zu dieser Zeit auf der Insel aufhielt. Ohne auf feine koloristische Nuancierungen zu verzichten, betont er die Fläche stark, womit er über Stilkriterien des Impressionismus hinausweist. Zumal die Vereinfachung der Komposition bis zur Stilisierung geführt wird. Trotzdem schildert Lesser Ury die Natur, Licht und Luft in atmosphärischer Dichte. Gerade die großformatigen Landschaftspastelle zählen zu den Höhepunkten im Œuvre des Künstlers.

In Berlin wurde Edvard Munch (1863-1944), der Norweger, durch seine Ausstellung 1892, die einen Skandal hervorrief, über Nacht in Deutschland bekannt. Durch seine Freundschaft mit Gustav Schiefler, der in Hamburg lebte und sich für das künstlerische Werk von Munch begeisterte, kam der Künstler in den Norden Deutschlands. Auch Schiefler war es, der dem nervlich angegriffenen Munch Warnemünde als erholsamen Aufenthaltsort empfahl. Der Warnemünder Badeanzeiger gab Anfang 1907 in seiner Gästeliste die Ankunft des „Kunstmalers" aus Norwegen bekannt. Munch mietete sich in einem alten Fischerhaus am Alten Strom 53 bei dem ehemaligen Lotsen Carl Nielsen ein. Der Künstler erholte sich bald und führte sein Arbeit am Fries, den Max Reinhardt für die Berliner Kammerspiele in Auftrag gegeben hatte, fort. Desweiteren arbeitete er an Szenenentwürfen für die Inszenierung des Dramas „Gespenster" von Ibsen. Neben diesen Auftragswerken fand der Künstler mit „Männer am Strand" (Schneede/Hansen 1994 225) zu einem neuen Thema, mit dem sich auch Max Liebermann und Max Beckmann auseinandersetzten. Bei der Entstehung dieses Bildes überschritt Munch die Grenzen der herrschenden Moral. Den Maler, sein Modell und

den Bade- und Kurmeister nackt vor der Leinwand posierend zu sehen, rief im kleinen Kurort Empörung hervor. Bereits im März 1908 kehrte Munch von Berlin erneut nach Warnemünde zurück. Obwohl er wegen seiner symbolhaltigen Motive, die später im Lebensfries münden, besonders geschätzt wurde, malte er nun Alltagsszenen aus dem Fischerdorf. „Alter Mann in Warnemünde" von 1907 steht neben „Maurer und Mechaniker" (Schneede/Hansen 1994 226) exemplarisch für diese neue Bildwelt. Jedoch das Gemälde „Der ertrunkene Junge, Warnemünde" (Schneede/Hansen 1994 228) von 1908 zeigt das schicksalhaft-tragische Moment im menschlichen Leben, das Munch als Künstler besonders anregte. Er vermochte, wie kaum ein anderer Maler, die Seelenwelt der Menschen zu ergründen und darzustellen. Anhand von fotografischen Selbstporträts, mit denen Munch auch in Warnemünde experimentierte, konnte das Bild „Begierde" (Schneede/Hansen 1994 216) identifiziert werden. Dieses gehört zum Zyklus „Das grüne Zimmer", von dem 6 Bilder in Warnemünde entstanden (Schnede/Hansen 1994 216). Munch wandte sich in diesen Arbeiten wieder seinem zentralen Thema, dem Geschlechterkonflikt, zu. Sein Gesundheitszustand verschlechterte sich erneut, so daß er im Oktober 1908 nach Kopenhagen abreiste. Der Brief seines Vermieters vom 6. Februar 1909 ist im Munch-Museet in Oslo erhalten, aus dem zu entnehmen ist: *„So leben Sie denn recht wohl, geehrter Herr Munch ... Warnemünde verliert durch Sie einen zahlungskräftigen Einwohner und wir einen ehrenhaften Mieter, doch dennoch gönnen wir Ihnen von Herzen das Allerbeste ..."* (Voss 1909).

Nur zwei Jahre später wurde der Badeort Prerow von zwei Künstlern aufgesucht, die zu den Mitbegründern des Blauen Reiters zählen. Der Nachweis ihres Aufenthalts hat sich in der Fremdenliste von 1911 erhal-

*Marianne Werefkin (1860-1938). Steilküste von Ahrenshoop 1911. Tempera auf Pappe (Museo Communale D'Arte Moderna Ascona)*

ten: „Frl. Exzell. v. Werefkin, Marianne, Rußland, Herr v. Jawlensky, Alex, Stabskapitän a. D., Rußland, Nesnakomoff, Helene und Sohn, Rußland" (Fäthke 1988 123).

Welche Beweggründe Marianne von Werefkin und Alexej von Jawlensky nach Prerow und Ahrenshoop geführt haben, konnte bisher noch nicht belegt werden. Interessant ist die Hypothese von Fäthke, daß sie von der Künstlerkolonie Ahrenshoop gehört hatten, deren Mitglieder ja auch in München ausstellten, und Kontakt zu den dort ansässigen Künstlern suchten (Fäthke 1988 123). Ob dieses auch tatsächlich geschah, konnte bisher noch nicht nachgewiesen werden. Die Künstler wählten Motive aus der näheren Umgebung: den Bahnhof von Prerow, die Steilküste von Ahrenshoop, eine kleine Kirche in der Nähe von Prerow und immer wieder das Meer (Fäthke 1988 123ff.).

Alexej von Jawlensky resümierte in seinen Lebenserinnerungen: *„Dieser Sommer bedeutete für mich eine große Entwicklung in meiner Kunst. Ich malte dort meine besten Landschaften und große figurale Arbeiten in sehr starken, glühenden Farben, absolut nicht naturalistisch und stofflich. Ich habe sehr viel Rot genommen, Blau, Orange, Kadmiumgelb, Chromoxydgrün. Die Formen waren sehr stark konturiert in Preußischblau und gewaltig aus einer inneren Ekstase heraus ... Dies war eine Wendung in meiner Kunst"* (Weiler 1970 112). Es entstanden auch farbintensive Bildnisköpfe, bevorzugt im quadratischen Format. In seinen „Lebenserinnerungen" erwähnte Jawlensky dabei die Bilder „Violetter Turban" (Zweite 1983 186), „Der Buckel", ein „Selbstporträt" und einen „Fantasiekopf" ausdrücklich. Die neu gewonnene Expressivität zeigt sich in der „Landschaft" (an der Ostsee) (Zweite 1983 194) besonders deutlich, obgleich trotz der Intensität der Farben und der Dynamik des Pinselstrichs das Bemühen erkennbar wird, ein Ordnungsprinzip zu erarbeiten. Das Flächengefüge der stark empfundenen Landschaft wird bereits einem abstrakten Muster unterlegt, das für die späten Werke Jawlenskys zum bestimmenden Kompositionsprinzip wird und in den „Meditationen" mündet. Von so tiefgreifenden Veränderungen in der Bildauffassung, ausgelöst auch durch die Intensität der Landschaftseindrücke, verbunden mit dem Streben, sich von der Naturnachahmung zu lösen und Kunst als Schöpfung autonomer Bildorganismen zu verstehen, ist auch das Werk von Lyonel Feininger (1871-1956) gekennzeichnet. „Erlebnis und Vision – Die Reise an die Ostsee" (Timm 1992) lautet der Titel einer Publikation, die maßstabsetzend ist. Für Feiningers Ostseeaufenthalte war nicht ausschließlich die Suche nach einem Arkadien, welches das Einssein des Menschen mit der Natur noch gewährleistet, entscheidend, „sondern die Fahrt an die Ostsee ist für Feininger gleichzeitig eine Reise in die Vergangenheit, verbunden mit

der ihm so wichtigen 'Erinnerung' sucht er 'das Alte' vor allem in der gotischen Backsteinarchitektur der Küstenstädte und in alten Dörfern" (Timm 1992 7). Darstellungen, die an der Ostseeküste entstanden, bilden in Umfang und Bedeutung einen großen Werkkomplex innerhalb seines Œuvres. Das Spektrum umfaßt erste „Notizen", unmittelbar vor dem Naturvorbild entstanden, bis zu Aquarellen und Gemälden, Lithographien, Radierungen und Holzschnitten, wobei die künstlerische Entwicklung Feiningers vom ersten festgehaltenen Eindruck bis hin zur abstrahierten Vision eindrucksvoll nachvollzogen werden kann.

Ruinöse Windmühlen, Brücken, Schiffe, alte Dörfer, Kirchen, Städte, Dome, Tore und Türme wurden ihm zum Motiv. In den Dörfern, die Feininger sowohl in Mecklenburg als auch in Pommern aufsuchte, fand er die Objekte mit der Aura, die er als mystisch empfand und die ihn zu Hunderten von Zeichnungen inspirierten. *„Es gibt Kirchtürme in gottverlassenen Nestern, die mit das Mystischste sind, was ich von sogenannten Kulturmenschen kenne"* (Timm 1992 9), schrieb Feininger an Alfred Kubin.

Im Prozeß seines Ringens um eine neue Formensprache, die seine Visionen zum Ausdruck bringt und sich von der reinen Gegenstandswiedergabe löst, wurde ihm der Parisaufenthalt 1911 und die Begegnung mit dem Kubismus wesentlicher Impuls. Aber auch die Aufenthalte an der Ostsee gewannen für seine künstlerische Entwicklung an Bedeutung. Die Küstenregion war ideal für das Erleben einer urwüchsigen Landschaft, die den Gewalten der Natur ausgeliefert ist, in den mittelalterlichen Städten mit ihrer Backsteinarchitektur fand er die Spuren der Vergangenheit, die er suchte. In den Jahren von 1892 bis 1907 hielt er sich im Sommer auf Rügen auf, wählte die Halbinsel Mönchgut zum Aufenthaltsort, machte Ausflüge bis Stubbenkammer und Lancken.

Die leicht bergig-hüglige bewegte Landschaft Mönchguts mit dem freien Blick auf die See hatte schon den großen Romantiker Caspar David Friedrich angezogen und zum Zeichnen angeregt. Im Jahre 1905 reiste Feininger nach Graal, einem Ostseebad östlich von Warnemünde. Neben Bauernhäusern und der Graaler Windmühle empfand er den Hochwald interessant, den „Sehnsuchtswalde", wie er eine Zeichnung betitelte.

Den Torturm von Ribnitz in seiner Würde als markantes Bauwerk der Kleinstadt zeigen Arbeiten in unterschiedlichen Techniken, in verschiedenen Jahren entstanden, an denen stilistische Veränderungen besonders erkennbar werden. Die Klarissenkirche von Ribnitz 1927 (Timm 1992 49) ist bereits in der für Feininger so charakteristischen kristallinen Struktur ausgeführt. Das Ostseebad Heringsdorf (1908-1912) inspirierte den Künstler zu figürlichen Strandszenen, die durch das grotesk-skurrile Gebaren der Badegäste den Karikaturisten besonders ansprachen. Die in diesen Jahren erreichte Stilisierung, der konsequent durchgestandene Abstraktionsprozeß setzt sich als Bildprinzip weiter fort.

Neben dem Dorf Neppermin (1909-1910) besuchte Feininger von 1908-1920 Zirchow. Die sich in diesem Dorf befindende Kirche inspirierte ihn zu herausragenden Gemälden.

Die Stadtbefestigung und die zahlreichen Tore von Neubrandenburg faszinierten ihn ebenso.

Im Jahre 1928 weilte Feininger in Greifswald und Wismar. In diesen Städten sind es wieder die Kirchen z.B. St. Georgen und die Marienkirche in Wismar, die er zeichnete. Kornspeicher, Baumgruppen, Straßenschluchten, Dachreiter auf den Giebeln von Häusern traten als Motive hinzu, – wie Tagebuchaufzeichnungen wirken diese Arbeiten.

Immer weiter östlich zog es ihn. Den meisten Werken Feiningers, die an der Küste entstanden, liegt die elementare Verbindung von Erde, Wasser und Luft zugrunde, wobei die Sonne als atmosphärische Erscheinung hinzukommt. Himmelserscheinungen spielen eine entscheidende Rolle, die das Gefühl der Einsamkeit und Sehnsucht aufkommen lassen. Erinnerungen an das Bild „Kleiner Mönch am Meer" von Caspar David Friedrich werden wach.

Abschied von der Ostsee nimmt Feininger als die Nationalsozialisten die Macht ergriffen und ihre Symbole und ihre Propaganda nicht einmal die abgelegenen Küstenorte verschonten. 1936 entschloß sich der Künstler, in die USA zu emigrieren, wo er bis zu seinem Tod 1956 lebte. „Doch in der Erinnerung, in den 'Baltic Memories' blieb das in vier Jahrzehnten an der Ostsee Erlebte bis an sein Lebensende gegenwärtig und zahlreiche der dann jenseits des Atlantik in den USA entstandenen Werke verdanken ihre Inspiration den Reisen an die Ostsee" (Timm 1992 187).

In Dresden hatte sich 1905 die Künstler-Gemeinschaft „Brücke" gegründet. Nach Jahren der gemeinsamen intensiven künstlerischen Arbeit, die den Expressionismus in Deutschland hervorbrachte, fiel diese Gemeinschaft 1911 mit dem Umzug nach Berlin allmählich auseinander. Die Künstler Kirchner, Heckel, Nolde, Schmidt-Rottluff, Pechstein gingen ihre eigenen Wege. In der Dresdner Zeit hielten sich die Mitglieder der „Brücke", die als programmatisches Ziel ihrer Kunst die unverfälschte Wiedergabe all dessen, was sie zum Schaffen drängt, erklärt hatten, im Sommer an den Moritzburger Seen auf und in Dangast, um zu zeichnen und zu malen. Die Aktdarstellung wurde für sie zum Ausdruck des ungezwungenen Daseins des Menschen in der Natur. Nun suchten sie nach neuen, anderen Orten, die noch von den Erscheinungen der Zivilisation verschont geblieben waren.

Kirchner (1880-1938) hielt sich auf der Insel Fehmarn auf. Für Erich Heckel (1883-1970) wurden 1911/12 Prerow, Stralsund und die Insel Hiddensee die Orte, in denen er die Atmosphäre vorfand, die er für seine künstlerische Arbeit benötigte. Im gleichen Sommer also, als auch Marianne von Werefkin und Alexej von Jawlensky in Prerow weilten. Ob sie miteinander in Kontakt standen, ist bisher nicht belegt. Erich Heckel soll sich jedoch von den Künstlern der Ahrenshooper Künstlerkolonie ebenso ferngehalten haben wie zuvor von den Worpsweder Malern, die er hätte von Dangast leicht erreichen können (Wietek 1971 231).

Heckel fand in der Landschaft Prerows und im Stralsunder Hafen Motive für seine Bilder. Diese sind durch starke Konturen gekennzeichnet, die das zeichnerische, lineare Moment stärker als bisher betonen. Daraus schließt Gerhard Wietek, daß die Zeichnung in dieser Zeit für Heckel von großer Bedeutung war, wobei die in Prerow entstandenen sich durch besondere Leichtigkeit, Frische und Unbeschwertheit auszeichnen (Wietek 1971 231). Obwohl, wie aus einer Postkarte an seine Freundin Sidi Riha vom 26.6.1911 hervorgeht, der Aufenthalt in Prerow nicht ohne Zwischenfälle abgelaufen sein kann, denn Heckel schreibt: „Hier: Prerowstrom. Heute leider mit der Dünenpolizei zusammengeraten. Nun geht die Hitze auf mich wieder los ..." (Kat. Heckel 1973 Kat.-Nr. 73, 59).

Den folgenden Sommer verbrachte er auf Hiddensee. Die dort entstandenen Zeichnungen weisen einen Wandel in der künstlerischen Ausdrucksweise auf.

Ursache dafür könnte die Begegnung mit Werken des Kubismus und das Lösen von der engen Verbindung zur „Brücke"-Gemeinschaft sein und vielleicht auch die Selbstbesinnung während seiner Ostseeaufenthalte. Jedenfalls findet Heckel in diesen Jahren zu dem für ihn so unverwechselbaren Stil.

Ebenso wie Erich Heckel hielt sich auch Karl Schmidt-Rottluff (1884-1976) 1912 in Stralsund auf. Der im Kulturhistorischen Museum Rostock aufbewahrte Holzschnitt „Stralsunder Türme" ist in dieser Zeit entstanden. Beide Künstler reisten nach Fehmarn weiter, um Ludwig Kirchner zu besuchen.

Otto Mueller, auch ein Mitglied der „Brücke", weilte ebenfalls auf Hiddensee, nachweislich 1901. Die Mutter des Künstlers war von der Familie Carl und Gerhart Hauptmann adoptiert worden, so daß familiäre Verbindungen exstierten (Galerie 1988 91).

Gerhart Hauptmann (1862-1946), der bekannte Schriftsteller, entdeckte bereits 1885 die Insel und kam mit Unterbrechungen bis 1943 immer wieder an diesen Ort.

Ob Otto Mueller in dieser Zeit häufig Gast bei den Hauptmanns war und ob sich diese Aufenthalte auch in seiner Malerei oder in Zeichnungen widerspiegeln, müßte noch recherchiert werden.

Hiddensee zog zu Beginn des 20. Jahrhunderts bis

zum Ausbruch des 2. Weltkrieges immer mehr Künstler an, vor allem solche, die sich in den etablierten Badeorten, die an der Ostseeküste zahlreich entstanden, nicht wohlfühlten. Noch 1880 wurde Hiddensee in einem in Berlin veröffentlichten „Führer für Badegäste und Touristen" als „elende Insel" (Baade/Stock o.J. 14) bezeichnet. Unberührt vom aufkommenden Massentourismus wurde sie idealer Ort für Schriftsteller, Maler und Schauspieler, die Natur und menschliches Leben in ursprünglicher Form suchten und erleben wollten. Unter dem von Jacques Rousseau entwickelten Gedanken „Zurück zur Natur" kamen sie jedes Jahr im Sommer auf die Insel, einige von ihnen blieben für immer.

Die Intensität der Natureindrücke prägte im besonderen die Kunstwerke, die auf der Insel entstanden. Eindrucksvoll gibt Ludwig von Hofmanns (1861-1945) Bild „Abendstimmung auf Hiddensee", um 1915 entstanden, die Atmosphäre nach dem Sonnenuntergang mit der einbrechenden Dunkelheit wieder. Sein Schüler Moritz Melzer (1877-1966), der 1911 mit seinem Bild „Fischerboote am Strand" ein expressionistisches Meisterwerk schuf, beteiligte sich bei der Sezessionsausstellung in Berlin (1911) mit drei Ölbildern, die Motive aus Neuendorf (Ortsteil von Hiddensee) zeigen.

Auch Otto Lange (1879-1944), ein Expressionist der zweiten Generation, hielt sich von 1911 bis 1913 auf Hiddensee und im Norden der Insel Rügen auf, wo Landschaftsbilder im vorexpressionistischen Stil entstanden, die bisher noch nicht aufgefunden wurden.

Neben Emil Orlik (1870-1932) weilten auch George Grosz (1893-1959), Max Kaus (1891-1977), Walter Gramatté (1897-1929), Constantin von Mischke-Collande (1884-1956) auf Hiddensee, Conrad Felixmüller (1897-1977) folgte einer Empfehlung des Dichters Theodor Däubler (1876-1934) und kam 1917 auf die Insel. Desweiteren belegen drei Gemälde Aufenthalte in Mecklenburg. Im Jahre 1918 entstand das Bild „Mann am Meer" und 1934 malte der Künstler eine Dorfschmiede in Stuer und ein Jahr später die „Seilerbahn in Plau am See" (Rathke 1990/1991 Kat.-Nr. 6, 48, 49).

Äußerst produktiv war die jährliche Sommerreise auf die Insel Hiddensee für die Künstlerin Käthe Loewenthal (1877-1942)[2], deren Schwester 1912 in Vitte ein Fischerhaus erworben hatte. In den etwa 50 im Nachlaß erhaltenen Hiddensee-Pastellen und -Aquarellen aus den 20er Jahren konzentrierte sich die Malerin auf die Wiedergabe spezifischer Landschaftszüge, in denen nur selten Menschen in die Einsamkeit der Natur treten.

Das Meer wurde für sie von besonderer Anziehungskraft, wahrscheinlich auch weil Käthe Loewenthal in der Berglandschaft der Schweiz aufwuchs. Wie viele ihrer Künstlerkollegen begeisterte sie sich für die landschaftliche Vielfalt der Insel: für den langen weißen

*Käthe Loewenthal (1877-1942). Am Meer: Küste von Hiddensee. Mitte der 20er Jahre. Öl (Privatbesitz)*

Ostseestrand, die Küstenlinie des Boddens, die bewachsenen Dünen des Dornbuschs, die Steilküste und die flache Heide mit den Moorweiden. Hier fand sie ihre Motive wie z.B. „Die Mühle auf Hiddensee", „Gewitterstimmung", „Baum vor blauen Bergen", „Vom Meer", „Steilküste", „Leuchtturm auf Hiddensee" und „Blick vom Dornbusch auf Hiddensee" (Neumann 1992). Der linienbetonte Zeichenstil von Käthe Loewenthal fand in einer großflächigen Stilisierung seine Weiterführung und in den späten Arbeiten wird eine pantheistische Landschaftsauffassung spürbar im Sinne von Ferdinand Hodler (1853-1918), bei dem sie ihre Studien begann. Es entstehen visionäre Seebilder, die auch durch düsteren Stimmungsausdruck gekennzeichnet sind, als wäre in ihnen die Vorahnung des Kommenden bereits gegenwärtig.

Neben dem künstlerischen Klima war es auch die geistige Atmosphäre, die auf unterschiedlichste Weise anregend auf die Malerin wirkte. Ob sie auch zu den Gästen der allabendlich stattfindenden Gesprächsrunden im Haus von Gerhart Hauptmann zählte, ist nicht nachweisbar, aber daß sie persönlich mit Henni Lehmann (1867-1937), eine der Mitbegründerin des „Hiddenseer Künstlerinnenbundes", der sein Domizil in der sogenannten „Blauen Scheune" hatte, bekannt war, läßt sich belegen.

Käthe Loewenthal konnte sicherlich als Mitglied des „Württembergischen Malerinnenvereins e.V." in Stuttgart wertvolle Erfahrungen einbringen. Regelmäßig stellte sie ihre Arbeiten in der „Blauen Scheune" aus. Unterstützt wurden die Malerinnen des „Künstlerinnenbundes" vermutlich auch von Käthe Kollwitz (1867-1945), die in den 20er Jahren des öfteren auf der Insel weilte (Baade/Stock o.J. 112).

Nicht nur für Käthe Loewenthal wurde das Jahr 1933

von schicksalhafter Bedeutung. Sie mußte wie viele andere jüdische Sommergäste für immer von der Insel Abschied nehmen. Die „Blaue Scheune" wurde beschlagnahmt, der Künstlerinnenbund aufgelöst.

Ebenso wie Käthe Loewenthal wird auch der Maler Julo Levin (1901-1943), der 1920 die Insel besuchte, in einem Konzentrationslager sein Leben verlieren. Julo Levin, ein Schüler von Heinrich Campendonk (1889-1957) und Heinrich Nauen (1880-1940), wurde bereits 1928 von Clement Morre in der Pariser Zeitschrift „La Revue Moderne" als Wegbereiter der Moderne bezeichnet. Max Osborn skizzierte noch 1937 das Naturell des Malers, der „in der Malweise Erich Heckel näher als seinem Lehrer Heinrich Nauen (stand), denn seine Bilder wirken ebenso vital wie versonnen, ebenso realistisch wie expressiv. Ihm gelang ein introvertierter, zurückgenommener Expressionismus" (Huber 1975).

Auf seinen zahlreichen Reisen durch Italien, Frankreich, Jugoslawien entdeckte Oskar Zügel (1892-1968)[3] in den 20er Jahren auch die Insel Hiddensee. Da ihn das Thema der Landschaftsmalerei in dieser Zeit besonders interessierte, spiegeln sich vor allem seine Landschaftserlebnisse in Bildern und Zeichnungen wider. Auf Hiddensee entstand 1926/27 ein Gemälde (Baade/Stock o.J. 73) in stark abstrahierter Bildsprache, worin der Bruch des Künstlers mit der illusionistischen Malerei deutlich wird. Das Bild zeigt den Blick von Vitte aus zum Dornbusch gesehen. Die Örtlichkeit läßt sich noch lokalisieren, obwohl die großzügig gestalteten Farbflächen das Gemälde als autonom gestaltetes Gebilde ausweisen.

Abstrakte Ausdrucksformen lassen sich bei Ewald Mataré bereits vor seinen Hiddenseeaufenthalten 1929/30 und 1931/32 finden. Auf der Insel entstanden einige Graphiken, die an den bereits erreichten Abstraktionsgrad früherer Arbeiten anknüpfen und diesen weiterentwickeln. Auf dem Holzschnitt „Strandkörbe I" (Peters 1957 Kat.Nr. 139) sind Gegenstände kaum noch erkennbar. Verschiedene Fassungen zu einzelnen Motiven wurden erarbeitet, wobei die Harmonie der Kompositionen stets durch ein Gleichgewicht von formalen Gegenbewegungen erzielt wurde. Mataré arbeitete in dieser Zeit auch an seinen, für ihn typischen, stark vereinfachten Tierdarstellungen, wie die erste Fassung der „Nächtlichen Weiden" (Peters 1957 Kat.Nr. 170) belegt.

Im Gegensatz zu den abstrakten Holzschnitten von Ewald Mataré prägte Willy Jaeckel (1888-1944) in seinen Landschaftsbildern der 20er und 30er Jahren einen Naturidealismus und -lyrismus aus. Seine Bilder „Regenbogen über Hiddensee" von 1925 und „Dünen auf Hiddensee" von 1930 (Baade/Stock o.J. 74f.) kennzeichnen eine beunruhigende Stimmung. Die menschenleere Weite der Landschaft erweckt das Gefühl der Verlassenheit, wäre nicht noch der Regenbogen als Verbindung zwischen Himmel und Erde bzw. die rotleuchtende Sonne am Himmel sichtbar. Für Willy Jaeckel wird die Insel Hiddensee zum Ort seiner inneren Emigration. Stark verinnerlichte, durch subjektiv geprägte Symbolik gekennzeichnete Landschaften entstanden in dieser Zeit. Als „entarteter" Künstler klassifiziert, dessen Bilder aus den Ausstellungen entfernt wurden, findet er auf Hiddensee seinen seelischen Überlebensort.

Alexander Kanoldt (1881-1939), ein Vertreter der nach dem 1. Weltkrieg sich herauskristallisierenden Kunstströmung der Neuen Sachlichkeit, weilte 1927 auf der Insel. Als Künstler, der fasziniert von der in Italien entstandenen Pittura metafisica war, die den Gegenstand in präziser Wiedergabe seiner Stofflichkeit und auch dessen ganz spezifische Aura ins Bild brachte, faßte er die Landschaft Hiddensees in ganz anderer Form auf als z.B. Willy Jaeckel. Die drei nachweislich entstandenen Lithografien (Kanoldt 1987 Kat.Nr. 92-94) zeichnen sich durch die Betonung der Linie aus. Sie wurde ausschließlich gestaltgebendes Element. Eine Besonderheit unter den Hiddensee-Blättern stellt die Graphik mit einer weiblichen Aktfigur in der Landschaft dar, die im Profil wiedergegeben, so in eine verfestigte Kontur eingebunden wurde, daß auch die Menschendarstellung die statische Qualität und damit die Entrücktheit der Landschaftswiedergabe annimmt. Nüchternheit und Schärfe der Darstellung implizieren eine möglichst emotionslose Sehweise.

Im Œuvre von Carl Grossberg (1894-1940)[4], auch ein Vertreter der Neuen Sachlichkeit, dominieren Themen der modernen Industriegesellschaft, riesige Industriegebäude, technisch leistungsfähige Maschinen. In seinem Frühwerk setzte er sich intensiv mit Architekturdarstellungen auseinander. Sein Studium begann Carl Grossberg bei Walther Klemm (1883-1957), der von der Kunst des japanischen Holzschnitts stark beeindruckt war. Als das Bauhaus in Weimar gegründet wurde, wechselte er zu Lyonel Feininger. Aber Grossberg gab die kristalline Formauffassung seines Lehrers nach einigen Versuchen wieder auf. Die Aquarelle (Kunstblätter 5), die im Sommer 1920 in Stralsund entstanden, weisen bereits wieder eine detaillierte mit feiner Feder gesetzte Binnenzeichnung auf. Obwohl die Architektur wie aus einem Baukasten zusammengesetzt wirkt, lassen sich auf dem einen Aquarell der Stralsunder Markt mit den Giebelhäusern, dem Rathaus und der dahinterliegenden Kirche als prägnante Wahrzeichen der Stadt identifizieren. Das andere Aquarell zeigt eine Straßenszene, die jegliches Lokalkolorit entbehrt. Auch die Farbgebung läßt nicht auf eine durch Backsteinarchitektur geprägte norddeutsche Stadt schließen. Nicht ohne Grund plante Carl Grossberg, 1921 nach Italien zu gehen, um dort die ihn interessierenden Anregungen der Pittura metafisica aufnehmen zu können. Aber im Unterschied zu Kanoldt kam Grossberg nur bis ins Fränkische. Er ließ sich in Sommerhausen bei Würzburg nieder.

Der bisher erreichte Stand der Aufarbeitung der Kunstlandschaft auf der Insel Hiddensee läßt sich noch nicht auf andere Regionen übertragen. Sicherlich war diese Insel von besonderer Faszination. Aber auch die Naturschönheiten der Insel Rügen zogen Künstler an. So verbrachten 1923 Vertreter der Dada-Szene wie Sophie Taeuber-Arp (1889-1943), Hans Arp (1887-1966), Kurt Schwitters (1887-1948) und Familie sowie Hannah Höch (1889-1978) den Sommer in Sellin. Eindrücke des Strandlebens und der Badefreuden auf Rügen ließ Sophie Taeuber-Arp in ihren rechteckigen Farbfeldern, die das Meer bzw. den Sand symbolisieren, in spannungsvolle Vertikal- und Horizontal-Kompositionen einfließen. Hans Arp hingegen sammelte am Strand von Sellin Schwemmholz und setzt diese Fundstücke zu zwei Reliefs zusammen. „Bei dieser Assemblage von gefundenen Objekten hat vielleicht Schwitters Pate gestanden" (Künstlerpaare 1988/89 45f.).

Viele Fragen bleiben trotz des umfangreichen Materials noch unbeantwortet. Interessant wäre sicherlich auch, den bisher spärlichen Hinweisen nachzugehen, ob es Beziehungen oder Kontakte, Anregungen zwischen den Künstlern, die nur zeitweilig in Mecklenburg-Vorpommern arbeiteten, und der einheimischen Kunstszene gegeben hat. Denn es scheint unwahrscheinlich, daß die in unserer Region lebenden Maler nicht erfahren haben sollen, daß sich zum Teil so berühmte und zur damaligen Zeit bereits anerkannte Künstler in ihrer unmittelbaren Umgebung aufgehalten haben.

ANMERKUNGEN

1 Weitere nachweisbare Gemälde, die in Niendorf entstanden sind: Reiter, 1913 (WVZ 589 143), Pferdestall, 1913 (WVZ 590 143), Schweinestall, 1913 (WVZ 588 143)

2 Für die Hinweise zur Künstlerin Käthe Loewenthal danke ich Frau Dr. Leuchs, München, Nachlaßverwalterin des Œuvres der Künstlerin.

3 Mein Dank gilt Frau Katia Zügel, Stuttgart, für ihre Hinweise zum Werk von Oskar Zügel.

4 Den Hinweis auf Carl Grossberg verdanke ich Herrn Frank Brabant, Wiesbaden.

LITERATUR

| Baade/Stock | Michael Baade, Wolf-Dietmar Stock, Hiddensee, Insel der Fischer, Maler und Poeten, Fischerhude o.J. |
| Baudis Hela | Baudis, Alexander Olbricht in Mecklenburg 1908, 1918, 1927. Fischerhude o.J. |
| Bartmann/Ulferts 1990 | Dominik Bartmann, Gert-Dieter Ulferts, Von Chodowiecki bis Liebermann, Katalog der Zeichnungen, Aquarelle und Pastelle und Gouachen des 18. und 19. Jahrhunderts. Berlin 1990. |
| Berend-Corinth 1992 | Charlotte Berend-Corinth, neu bearbeitet von Béatrice Hernad, Lovis Corinth, Die Gemälde Werkverzeichnis. München 1992. |
| Birnbaum 1994 | Brigitte Birnbaum, Die Steilküste von Ahrenshoop am Ufer des Lago Maggiore, in: Schweriner Volkszeitung, Mecklenburg-Magazin 14/1994 2. |
| Fäthke 1988 | Bernd Fäthke, Marianne Werefkin, Leben und Werk 1860-1938. München 1988. |
| Gehrig 1928 | Oscar Gehrig, Corinth in Mecklenburg, in: Mecklenburgische Monatshefte 1928 535-539. |
| Galerie 1988 | Galerie der klassischen Moderne, Malerei des 19. und 20. Jahrhunderts, Expressionismus von Paul Gauguin bis Oskar Kokoschka. Herrsching 1988. |
| Huber 1975 | Walter Huber, Katalog zur Gedächtnisausstellung Julo Levin, Franz Monjau, Kulturamt Neukölln, Rathaus-Galerie, 31.1.-16.3.1975. |
| Kanoldt 1987 | Katalog Alexander Kanoldt 1881-1939, Gemälde, Zeichnungen, Lithographien. Freiburg/Br. 1987. |
| kunstblätter | kunstblätter der Galerie Nierendorf Berlin, 817 Werke von 80 Künstlern des zwanzigsten Jahrhunderts, Herbst 1994-Sommer 1995, Nr. 57. |
| Künstlerpaare | Katalog Sophie Taeuber – Hans Arp Künstlerpaare Künstlerfreunde. Bern, Rolandseck, Wuppertal 1988/1989. |
| Heckel 1973 | Katalog Erich Heckel 1883-1970, Gemälde, Aquarelle, Graphik, Jahresblätter, gemalte Postkarten und Briefe aus dem Besitz des Altonaer Museum. Hamburg 1973. |
| Neumann 1992 | Edith Neumann, Vom Meer, in: Katalog Käthe Loewenthal, Landschaften. Stadtmuseum München. Deggendorf 1992. |
| Peters 1957 | Heinz Peters, Ewald Mataré. Das graphische Werk. Köln 1957. |
| Rathke 1990/1991 | Christian Rathke, Conrad Felixmüller. Gemälde, Aquarelle, Zeichnungen, Druckgraphik, Skulpturen. Schloß Gottorf 1990/1991. |
| Sieger 1928 | Emmie Sieger, Lovis Corinth bei uns zu Hause, in: Mecklenburgische Monatshefte 1928 540-541. |
| Timm | 1992 Werner Timm (Hrsg.), Lyonel Feininger, Erlebnis und Vision, Die Reisen an die Ostsee 1892-1908. Regensburg 1992. |
| Schneede/Hansen 1994 | Uwe M. Schneede, Dorothee Hansen, Munch und Deutschland. Hamburg 1994. |
| Wietek 1971 | Gerhard Wietek, Erich Heckel 1883-1970. Hamburg 1971. |
| Weiler 1907 | Clemens Weiler, Köpfe, Geschichte, Meditationen. Hanau 1970. |
| Zweite 1970 | Armin Zweite (Hrsg.), Alexej Jawlensky 1864-1941. München 1983. |

## Kerstin Urbschat
# MECKLENBURG IM ERSTEN WELTKRIEG (1914-1918)

Als der Krieg am 1. August 1914 zur Realität wurde, fiel auch Mecklenburg unter den Belagerungszustand. Die vollziehende Gewalt ging an das Militär über und beide Länder, Mecklenburg-Schwerin und Mecklenburg-Strelitz, unterstanden fortan dem stellvertretenden Generalkommando des IX. Armeekorps mit Sitz in Altona. Die offizielle Anordnung – *„Mobilmachung befohlen! Dieser Befehl ist sofort ortsüblich bekannt zu machen!"* (Donath 1990 5) – verkündete vielerorts die Nachricht von der Generalmobilmachung, die im Verlauf des 1. August 1914 aus Berlin in Mecklenburg eingetroffen war. Der erste Mobilmachungstag fiel demnach auf den 2. August 1914, und schon am Abend begann der Abtransport erster mecklenburgischer Truppen zum Fronteinsatz in Richtung Westen. Parallel dazu liefen die Einberufungen auf Hochtouren. Die Zahl von Kriegsfreiwilligen, insbesondere unter der Jugend, war erheblich. Schon in den ersten Kriegstagen schien das normale Leben der Menschen aus den gewohnten Bahnen zu geraten. Nahezu überall machte sich Hektik breit. Zahlreiche Städte glichen Garnisonen. Der zivile Eisenbahnverkehr brach faktisch zusammen, und die aus den Ostseebädern überstürzt einsetzende Rückreise von Urlaubern geriet ins Stokken. Rückblickend wurde diese Situation in dem 1918 von der Mecklenburgischen Zeitung in Schwerin herausgegebenen Band „Mecklenburg im Kriege" u.a. so geschildert, daß *„nur wer persönlich das plötzliche Leerwerden der noch vor Stunden überfüllten Seebäder miterlebt hat, wer sah, wie die Kleinbahnen, Eil- und D-Züge den Ansturm der Reisenden bei weitem nicht bewältigen konnten, wie sich nicht Berge, nein Gebirge von Gepäck auf den Bahnhöfen und Bahnsteigen ansammelten, dem wird die Reisepanik des Kriegssommers 1914 in denkbar unangenehmer Weise in Erinnerung sein und bleiben"* (Mecklenburg 1918 168, Höpfner 1993 3ff., AHR Witte 1.1.24 125). Auch die Kirchen registrierten in den ersten Augusttagen einen ungewohnt großen Andrang. Hier fanden neben den Kriegsgottesdiensten, nicht selten bis spät in die Nacht, Not- bzw. Kriegstrauungen statt. Mit 677 Eheschließungen stand der Monat August 1914 in Mecklenburg-Schwerin an der Spitze in der Statistik des ersten und aller nachfolgenden Kriegsjahre (Staatskalender 1916 334, Handbuch 1931 17 und 22, Rostock 90). Später wurden dann in den Schulen u.a. solche Aufsatzthemen wie *„Kriegsgetraut, ob man sich wiederschaut?"* (Langer 29) erörtert, die das oft tragische Schicksal dieser Ehen heroisch verklärten. Vorerst jedoch beherrschten Euphorie und Begeisterung auch in Mecklenburg die allgemeine Stimmung. Gefühle wie Sorgen und Ängste um einberufene Ehemänner, Väter und Söhne wurden dabei unter dem Eindruck der Ereignisse weitgehend verdrängt. Wie in ganz Deutschland so fanden auch in Mecklenburg die Argumente von der Vaterlandsverteidigung und vom Burgfrieden breite Zustimmung unter allen sozialen Schichten und politischen Gruppierungen. Der Krieg, schließlich zum Maßstab aller Dinge geworden, schloß die Reihen auch in Mecklenburg unter dem Vorzeichen von Nationalismus und Patriotismus sowie unabhängig von den jeweiligen sozialen und politischen Stellungen fester zusammen. Grundsätzliche Differenzen wie die beispielsweise seit Jahren geführte Auseinandersetzung um die Reformierung der rückständigen mecklenburgischen Verfassungsverhältnisse traten so für die Dauer des Krieges in den Hintergrund (Langfeld 1930 282ff.). Selbst die mecklenburgische Sozialdemokratie, bislang heftigster Kritiker des Ständestaates und oft mit dem Vorwurf, vaterlandslose Gesellen zu sein, konfrontiert, war der allgemeinen Euphorie erlegen. Auch sie ging mit den vorherrschenden Ansichten konform, wenn sie am 7. August 1914 in ihrer Parteipresse, der Mecklenburgischen Volkszeitung, schrieb: *„Wir lassen in der Stunde der Gefahr das Vaterland nicht im Stich! Zu vielen Tausenden stehen unsere Mecklenburger im Felde. Ohne Unterschied der Gesinnung werden sie tapfer kämpfen"* (Mecklenburgische Volkszeitung 7.8.1914). Dieser anfänglichen Euphorie folgte jedoch schon bald die Ernüchterung durch den entbehrungsreichen Kriegsalltag. So erwies sich die zunächst allgemein verbreitete Auffassung von einem schnellen Kriegsende als ein folgenschwerer Trugschluß. Die wachsenden Anforderungen – bei der Versorgung von Militär und Zivilbevölkerung, hinsichtlich des Rohstoffbedarfs zur Produktion von Kriegsmaterial, zur Sicherung eines entsprechenden Arbeitskräftepotentials sowie hinsichtlich der Finanzierung – ergaben zwangsläufig Probleme, mit denen die herkömmlichen Verwaltungs- und Wirtschaftsstrukturen in Deutschland bei weitem überfordert waren. In Abhängigkeit zum Kriegsverlauf machte sich die Organisation einer Kriegswirtschaft

*(Mecklenburgisches Volkskundemuseum Schwerin-Mueß)*

zwangsläufig notwendig. Diese vollzog sich schrittweise über mehrere Stufen und in den einzelnen Territorien unter den jeweiligen Bedingungen der wirtschaftlichen Gegebenheiten. Nach anfänglichen Schwierigkeiten zu Kriegsbeginn folgte etwa seit Jahresanfang 1915 eine Phase, in der sich die zentralistische Kriegsorganisation in Deutschland bis Herbst 1916 institutionell und personell weitgehend konstituierte. Sie ermöglichte daraufhin durch staatliche Regulierung und Kontrolle eine zunehmend umfassende Reglementierung der gesamten Wirtschaft und des öffentlichen Lebens im Reich (Mai 1987 90fd.). Für Mecklenburg-Schwerin und Mecklenburg-Strelitz galten in diesem Zusammenhang die Landesbehörden für Volksernährung in Schwerin und Neustrelitz als die Institutionen, welche sich im Verlauf des Krieges zur wichtigsten Schaltstelle der Kriegsorganisation entwickelten. Die betreffenden Einrichtungen waren der zuständigen Militärbehörde, dem Stellvertretenden Generalkommando des IX. Armeekorps in Altona, direkt unterstellt, d. h. weisungsgebunden und rechenschaftspflichtig. Die Gründung dieser Gremien, die in Mecklenburg zugleich auch dem jeweiligen Ministerium des Innern zugeordnet waren, ging auf einen entsprechenden Erlaß vom 26. Januar 1915 zur Ausführung der Bundesratsverordnung über die Regelung des Verkehrs mit Brotgetreide vom 25. Januar 1915 zurück. Ihre Konstituierung gelangte Mitte 1915 mit der personellen Besetzung durch die Staatsminsterien zu einem ersten Ergebnis. Im Falle Mecklenburg-Schwerins erfolgte dies in Ergänzung weiterer Verordnungen zum 1. Juli 1915. Die Leitung der Behörde wurde zunächst dem geheimen Kammerrat Kleffel übertragen, der jedoch den Vorsitz am 4. Oktober 1916 an Ministerialrat Dr. Friedrich Stratmann abgab. Parallel zur Personalbesetzung wurden mit dem 1.7.1915 12 Kreisbe-

hörden eingerichtet, welche als lokale Unterinstanzen der Landesbehörde für Volksernährung die Verwaltung sowie Organisation in 12 Kommunalverbänden wahrnehmen sollten. Die Verbände selbst entsprachen den 12 bestehenden Aushebungsbezirken Doberan, Grevesmühlen, Güstrow, Hagenow, Ludwigslust, Malchin, Parchim, Ribnitz, Rostock, Schwerin, Waren und Wismar (MLHA MdI 17369). Demgegenüber bildete Mecklenburg-Strelitz für das gesamte Großherzogtum lediglich einen Kommunalverband (Vitense 1920 570). War für die Landesbehörde zunächst nur die Überwachung und Regelung des Umgangs mit Brotgetreide und Mehl vorgesehen, so erweiterten sich ihre Kompetenzen im Verlauf der ersten Kriegsjahre erheblich. Im Agrargebiet Mecklenburg wurde das Tätigkeitsfeld der Landesbehörde für Volksernährung primär und zunehmend umfassend auf die Landwirtschaft als kriegswirtschaftlich wichtigen Zweig ausgerichtet. Schrittweise entstanden Unterinstanzen und -abteilungen, die die Produktion, Verteilung und den Austausch landwirtschaftlicher Erzeugnisse für die Versorgung von Militär und Zivilbevölkerung inner- und außerhalb Mecklenburgs überwachten und koordinierten. Im Verlauf des Jahres 1916 wurden in Mecklenburg-Schwerin mit der Landeskartoffelstelle (18.1. 1916), der Landesfleischstelle (29.1.1916), der Landesfettstelle (30.6.1916), der Landeseierstelle (12.9. 1916) sowie der Landesverteilungsstelle für Lebensmittel wichtige Eckpfeiler der Landesbehörde für Volksernährung und somit hinsichtlich der Kriegsorganisation begründet. Die bitteren Erfahrungen des Kohlrübenwinters 1916/17 ließen darüber hinaus auch die Zwangsbewirtschaftung der überaus knapp bemessenen Kohlenvorräte erforderlich werden. Die Realisierung dieses Problems übernahm ab März 1917 eine Landeskohlenstelle. Neben der Landes- und den Kreis-

*(Mecklenburgisches Volkskundemuseum Schwerin-Mueß)*

| 1 | 2 | 3 | 4 | 5 | 6 | 7 | 8 | 9 | 10 |
|---|---|---|---|---|---|---|---|---|---|
| 11 | 12 | 13 | 14 | 15 | 16 | 17 | 18 | 19 | |
| 20 | 21 | | | | | | | 31 | 30 |
| 22 | 23 | | | | | | | 29 | 28 |
| 24 | 25 | | | | | | | 27 | 26 |
| 26 | 27 | | | | | | | 25 | 24 |
| 28 | 29 | | | | | | | 23 | 22 |
| 30 | | | | | | | | 21 | 20 |
| 11 | 12 | 13 | 14 | 15 | 16 | 17 | 18 | 19 | |
| 1 | 2 | 3 | 4 | 5 | 6 | 7 | 8 | 9 | 10 |

**Vollmilchkarte**
(Großherzogt. Mecklbg.=Schwerin)
**Lübz.**
Die Milch ist vor dem Gebrauch auf=zukochen.
**1 Liter täglich.**
gültig f. März u. April 1918.
Name: ...............
Nicht übertragbar.          Nr. 9.

*(Mecklenburgisches Volkskundemuseum Schwerin-Mueß)*

behörden für Volksernährung wurden in Mecklenburg-Schwerin weitere kriegswirtschaftliche Institutionen geschaffen. So hatte seit dem 26. November 1915 das Landesfuttermittelamt seinen Sitz in Bützow (MLHA MdI 17369). Des weiteren arbeitete in Schwerin bereits seit dem 23. Dezember 1914 eine Spezialkommission zur Beschaffung der Landlieferungen im Krieg. Diese Kommission, die schon seit dem 13. Juni 1873 existierte und ausschließlich für den Kriegsfall vorgesehen war, sicherte u.a. die Beschaffung von Getreide und Futtermitteln für Heereszwecke (Harsdorf 1993 36f.). Krieg und Kriegsorganisation beeinflußten die Wirtschaft Mecklenburgs maßgeblich. Die Auswirkungen erwiesen sich jedoch in ihrer Mehrheit als negativ. Wie u.a. aus den monatlichen Berichten der am 15. Mai 1916 gegründeten Landwirtschaftskammer Mecklenburg-Schwerin an die Landesbehörde für Volksernährung hervorgeht, hatte auch die Landwirtschaft mit zahlreichen Problemen zu kämpfen, die sich mit zunehmender Dauer des Krieges weiter verschärften und einen normalen Betrieb in herkömmlichem Sinne kaum mehr ermöglichten. Die Effizienz des für Mecklenburg bestimmenden Wirtschaftszweiges ging systematisch zurück. So zeichneten sich schon bald neben permanentem Arbeitskräftemangel erhebliche Defizite in der Bespannung ab, welche vor allem aus den Pferdemusterungen resultierten. In Aussicht gestellte Hilfe wie die Bereitstellung von Motorpflügen brachte in Ermangelung der nur in begrenzter Zahl zur Verfügung stehenden Maschinen sowie bei einer immer akuter werdenden Treib- und Schmierstoffknappheit schließlich keinen nennenswerten Ausgleich. Gleiches galt

für die leihweise Bereitstellung bzw. für den Verkauf von heeresuntauglichen Pferden an mecklenburgische Landwirte durch die Militärverwaltung in den Jahren 1916/17. Darüber hinaus schränkte die sich zuspitzende Futtermittelsituation eine effektive Auslastung noch vorhandener Zugviehbestände auf Dauer ein. Auch führten die infolge von Versorgungsengpässen stetig ansteigenden, aber ökonomisch unvertretbaren Schlachtquoten, Jung- und Zuchttiere eingeschlossen, zu einer Situation, die die Viehbestände der Landwirte empfindlich dezimierten und deren natürliche Reproduktion erheblich gefährdeten. An dieser Tatsache konnte letztlich auch die zahlenmäßig begrenzte Einfuhr von Tieren aus militärisch besetzten und kriegsneutralen Gebieten nichts wesentliches ändern. Eine ähnlich fatale Wirkung muß darüber hinaus die 1915 von der Reichsregierung angeordnete Massenschlachtung von Schweinen, der sogenannte „Schweinemord", gehabt haben, der die Schweine (Kartoffelverwerter) als angeblichen Hauptnahrungskonkurrenten des Menschen in ihren Beständen entscheidend reduzierte. Des weiteren bedingte der latente Mangel an Düngemitteln, verursacht durch ausbleibende Importe und Verwendung von entsprechenden Chemikalien für die Sprengstoffproduktion, zwangsläufig Ertragsrückgänge. Hinzu kam, daß während der Kriegsjahre durch ungünstige Witterungsverhältnisse wiederholt spürbare Ernteausfälle bei Getreide, Obst und Gemüse zu registrieren waren, die infolge der allgemeinen Lebensmittelknappheit doppelt ins Gewicht fielen (MLHA MdI 17349, 13329). Auch hinsichtlich der Arbeitskräftesituation hatte die Landwirtschaft infolge umfangreicher Einberufungen mit Kriegsdauer einen zunehmend schweren Stand. Mittels entsprechender Initiativen und Anordnungen versuchten die Behörden der Großherzogtümer die Lage durch die Einbeziehung von Frauen und Jugendlichen sowie über den Einsatz von Kriegsgefangenen und ausländischen Arbeitskräften zu entspannen. Um beispielsweise der mecklenburgischen Landwirtschaft die ausländischen Saisonarbeitskräfte im Krieg zu erhalten, erließen die Ministerien des Innern auf der Grundlage von Reichsverfügungen unmittelbar nach Kriegsausbruch Bestimmungen, die die Freizügigkeit von Ausländern eingrenzten. Diese Verordnungen, die während des Krieges ständig weiter präzisiert wurden, untersagten u.a. die Heimreise nach Ablauf der Saison. Darüber hinaus war seit Anfang 1915 die Einbehaltung eines Lohnanteils als Kaution durch die Gutsbesitzer vorgesehen, um eventuellen Fluchtabsichten vorzubeugen. Die genannten Einschränkungen betrafen zu Kriegsbeginn in Mecklenburg 32.329 ausländische Saisonarbeitskräfte, vornehmlich polnischer und russischer Nationalität (Stutz 1992). Als schließlich eine Reichsverfügung im Dezember 1915 anordnete, alle in der Landwirtschaft eingesetzten, aber berufsmäßig aus der Industrie stammenden ausländischen Arbeitskräfte, für den Einsatz in der Industrie abzustellen, waren die Proteste unter mecklenburgischen Gutsbesitzern unüberhörbar. Auch die nach der Proklamierung des Königreichs Polen am 5.11.1916 in Aussicht genommenen Lockerung der Freizügigkeitsbeschränkungen für polnische Landarbeiter stieß bei den Gutsbesitzern wiederum auf breite und einmütige Ablehnung. Wie ein Schreiben des Landwirtschaftlichen Hauptvereins Mecklenburg-Strelitz vom 21.11. 1917 dokumentiert, vertrat man in Gutsbesitzerkreisen dazu folgende Auffassung: *„Ein Urlaub der polnischen Schnitter aus landwirtschaftlichen Betrieben, auch selbst in den Wintermonaten, erscheint uns überaus gefährlich, nicht nur im Interesse unserer heimischen Landwirtschaft sondern ganz besonders im Interesse der der allgemeinen Volksernährung. Es wird keinerlei Gewähr geboten, dass die beurlaubten Schnitter wieder zurückkommen. Unsere Landwirtschaft ist aber derartig von Arbeitern entblösst, dass sie die polnischen Schnitter nicht einen Tag entbehren kann"* (Frank 1982 44). Insgesamt blieb die Arbeitskräftesituation eines der gravierendsten Probleme.

Auch auf andere Bereiche der Wirtschaft blieb der Krieg nicht ohne Wirkungen. So waren in Mecklenburg Handwerks- und gewerbliche Unternehmen in erheblichem Maße betroffen. Beispielsweise wurden bis zum 1. Oktober 1915 in Mecklenburg-Schwerin 3.864 selbständige Handwerker zum Heeresdienst eingezogen, wodurch oft schon der Fortbestand eines Unternehmens in Frage stand. Hinzu kam in der Regel die Einberufung von weiteren Arbeitskräften und im ungünstigsten Fall die Nichteinbeziehung in die kriegswirtschaftliche Produktion, was bis zum Frühjahr 1916 zur Schließung von insgesamt 2.464 handwerklichen Betrieben führte (MLHA Kabinett III 1275). Das waren 12,96 % der bei Kriegsausbruch registrierten 19.006 Handwerksbetriebe (Mecklenburg 1918 143) im Großherzogtum Mecklenburg-Schwerin überhaupt. Bis zum Jahresende 1916 stieg die Zahl um weitere 1.242 Stillegungen auf insgesamt 3.706 Betriebsschließungen an, was nunmehr einem Anteil von einem Fünftel der Handwerksfirmen entsprach. Zu diesem Zeitpunkt waren bereits 5.796 selbständige Handwerker zum Kriegsdienst einberufen worden (Mecklenburg 1918 140). Eine weitere Verschärfung der Situation trat dann wenig später im Zusammenhang mit dem Gesetz zum Vaterländischen Hilfsdienst vom 5. Dezember 1916 ein, das zur Realisierung des Hindenburg-Programms die totale Mobilmachung aller physischen und materiellen Kräfte fixierte. Mit dem Programm der 3. Obersten Heeresleitung und dem Vaterländischen Hilfsdienst trat die Kriegswirtschaftsorganisation in Abhängigkeit vom Kriegsverlauf in ein neues Stadium. Was das Gesetz zum Vaterländischen Hilfsdienst im einzelnen betraf, so sah es im Rahmen der totalen Kriegsführung eine umfassende Rekrutierung aller wehrfähigen Männer vor. Ihr Ersatz als Arbeitskraft erfolgte durch die Verpflichtung von Jugendlichen und Männern im Alter zwischen 17 und 60 Jahren. Auch für die Handwerks- und Gewerbeunternehmen hatte dieses Gesetz unter Umständen weitgehende Folgen. Bestand ein Betrieb die Prüfung und damit die Einstufung als kriegswirtschaftlich wichtig nicht, so wurden das Unternehmen geschlossen und noch vorhandene Arbeitskräfte in entsprechende Betriebe umgesetzt. In Mecklenburg-Schwerin fand bereits am 9. Januar 1917 eine diesbezügliche Gewerbeinspektion statt. Die Durchführung oblag den eigens zur Realisierung des Hilfsdienstgesetzes gebildeten Ausschüssen, die sich in Mecklenburg unter Aufsicht der Kriegsamtsstelle des stellvertretenden Generalkommandos des IX. Armeekorps Altona in den militärischen Grenzen der Bezirkskommandos Neustrelitz, Rostock, Schwerin, Waren und Wismar von Dezember 1916 bis Anfang 1917 konstituiert hatten. Ihnen gehörten Militärs, Staatsbeamte, Mitglieder der Handwerks- und Handelskammer als Arbeitgeber sowie Arbeitnehmervertreter an. Ihre Berufung bzw. Bestätigung erfolgte seitens der Kriegsamtsstelle des Stellvertretenden Generalkommandos des IX. Armeekorps sowie durch die Landesbehörde für Volksernährung. Die so in lokalen Feststellungsausschüssen mitarbeitenden Handwerks- und Gewerbekammern konnten der sich abzeichnenden Entwicklung allerdings in ungünstigen Fällen kaum entgegenwirken. Die Realität hatte schließlich auch in Mecklenburg gezeigt, daß die vom Deutschen Handwerks- und Gewerbekammertag in einem an die Länder gerichteten Schreiben vom 30. November 1916 hinsichtlich des Vaterländischen Hilfsdienstes geäußerten Befürchtungen eingetroffen waren (MLHA MdI 17292). So bestand in weiten Kreisen des Handwerks und des Gewerbes bereits zu diesem Zeitpunkt offensichtlich der Eindruck, *„als könnte die Durchführung des Gesetzes zu einer Stillegung vieler Tausender von Handwerksbetrieben führen, insofern die selbständigen Handwerker etwa zunächst durch Wegnahme der noch vorhandenen Hilfskräfte zugunsten der Waffen- und Munitionsindustrie zur Stillegung ihrer Betriebe gezwungen und dann veranlaßt werden würden, Arbeit in Staatsbetrieben oder in Betrieben der Kriegsindustrie zu nehmen"* (MLHA MdI 17292). Die aus dem Hilfsdienstgesetz resultierenden Eingriffe in die Struktur des mecklenburgischen Handwerks hingen wie in ganz Deutschland ursächlich mit einem durch den Krieg eingeschränkten, aber klar fixierten Markt zusammen. Dies bedeutete andererseits, daß es parallel zu dieser das Handwerk schädigenden Tendenz jedoch auch in Mecklenburg natürlich eine Reihe kleinerer Unternehmungen gab, welche sich infolge ihres Profils relativ rasch in die Kriegswirtschaft integrieren ließen. Als im besonderem Maße anpassungsfähig erwiesen sich in diesem Zusammenhang Firmen aus der Nahrungsmittel- und Bekleidungsbranche sowie aus dem Bereich Bau- und Ausstattungsgewerbe. So wurden zentral vom Deutschen Handwerks- und Gewerbekammertag zugewiesene Auftragskontingente durch die mecklenburgische Handwerkskammer an kriegswirtschaftlich geeignete Handwerksunternehmen vergeben. Auf diesem Wege gelangten bis Oktober 1917 kriegsgebundene Aufträge in Höhe von 3,5 Millionen Mark an mecklenburgische Handwerksbetriebe (Mecklenburg 1918 139ff.).

Unter den größeren Industriebetrieben Mecklenburgs waren es in erster Linie die wenigen rüstungswirtschaftlichen Unternehmen, die am Krieg partizipierten. Ausdruck dessen waren u.a. stetig steigende Dividenden. Firmen, die so eine direkte Einbindung in die Rüstungsindustrie erfuhren, hatten während des Krieges Priorität und wurden im Gegensatz zu anderen Unternehmen vorrangig mit Rohstoffen und Arbeitskräften versorgt. So resultierten aus dem verstärkten Einsatz von Arbeitnehmern – Frauen, Jugendliche, Kriegsinvaliden und Pensionäre eingeschlossen – sowie aus der zu ungunsten kleinerer Betriebe erfolgten Umsetzung von Arbeitskräften in Rüstungsfabriken Belegschaftsstärken, die ein bis dahin für Mecklenburg ungewöhnliches Ausmaß erreichten. Besonders augenfällig war in diesem Zusammenhang auch hier der steigende Frauenanteil. Schließlich führten die Anforderungen des Hindenburg-Programms – Verdopplung bzw. Verdreifachung von Munitions- und Waffenproduktion – im Verbund mit dem Vaterländischen Hilfsdienst auch im industriell schwächer entwickelten Mecklenburg punktuell und zeitweise zu einer kriegsbedingten Arbeitnehmerkonzentration, die sich allerdings im Zuge der Demobilmachung nach Kriegsende wieder rasch aufhob. Anders als später in den 1930er Jahren gingen von der Rüstungsproduktion in Mecklenburg zu diesem Zeitpunkt noch keine dauerhaften Impulse hinsichtlich einer weiteren industriellen und Bevölkerungsentwicklung aus.

Zu den rüstungswichtigen Firmen zählten in Mecklenburg während des Ersten Weltkrieges u.a. die Neptun-Werft in Rostock, die Fokker-Flugzeugwerke in Schwerin, die Sprengstoffwerke Dömitz, die Wismarer Automobil- und Maschinenfabrik Podeus sowie die ebenfalls in Wismar angesiedelte Eisenbahn-Verkehrsmittelaktiengesellschaft, Abteilung Wagenbau (Waggonfabrik).

Unter den genannten war das Sprengstoffwerk in Dömitz eines der Unternehmen, das während des Krieges weiter expandieren und erhebliche Gewinne abschöpfen konnte. So wurde auf direkte Veranlassung

der Heeresverwaltung neben den beiden bereits bestehenden Betriebsteilen, der Dynamit- und Pulverfabrik sowie dem Sprengstoffkapselwerk, mit der Prikrinsäurefabrik eine weitere Produktionsstätte während des Krieges errichtet. Das Produktionsspektrum und -volumen der zum Unternehmen gehörenden Betriebe umfaßte danach die Herstellung von täglich bis zu 25.000 Kilogramm Pulverrohmasse, die Produktion von Prikrinsäure sowie die Fertigung von bis zu 50.000 Zündungen pro Tag. Die Sprengstoffwerke Dömitz, schon seit Herbst 1914 unmittelbar in die Kriegslieferungen einbezogen, beschäftigten 1916 in den beiden traditionellen Betriebsteilen rund 800 Arbeiter, 700 Arbeiterinnen, 56 Meister und Angestellte sowie 8 Chemiker und Ingenieure. Für die Jahre 1917/18 lag diese Zahl, nicht zuletzt infolge des Hindenburg-Programms und des Hilfsdienstgesetzes, sogar bei ca. 3.000 Arbeitskräften, was im Vergleich zu den bei Kriegsausbruch etwa 300 Beschäftigten einer Verzehnfachung des Arbeitskräftepotentials gleichkam. Daß die z. T. veröffentlichen Zahlen für die letzten Kriegsjahre weitgehend der Realität entsprachen, bestätigen Meldungen der Sprengstoffwerke, wonach im Januar/Februar 1918 durchschnittlich täglich bis zu 2.500 Arbeitskräfte von der werkseigenen Betriebsküche verpflegt wurden. In Zusammenhang mit dem erheblichen Arbeitskräftezuwachs und dem prozentual hohen Frauenanteil war zugleich zu registrieren, daß der Betrieb neben Arbeitskräften aus Dömitz und Umgebung ganz offensichtlich auch männliche und weibliche Arbeitnehmer aus anderen Gebieten Mecklenburgs und Deutschlands anzog (Harsdorf 1993 39ff.). So hatte die Gesellschaft laut Firmenbericht *„in Dömitz 7 Wohnhäuser für Beamte und eine besondere Kolonie für Arbeiter erbaut. Weiter sind mehrere Häuser errichtet zur Unterbringung und Verpflegung von 300 Arbeiterinnen in Massenquartieren. Es mußten auch 4 große Baracken aufgestellt werden für die vielen Arbeiter, welche infolge der durch den Krieg gebotenen schleunigen Vergrößerung des Betriebes herangezogen werden mußten. Außerdem sind in der Stadt 200 Arbeiterinnen in Massenquartieren untergebracht"* (MLHA Kabinett III 1300).

Eine ähnliche Entwicklung wie die Dömitzer Sprengstoffabriken nahmen auch die Wismarer Podeuswerke, die u.a. durch die Herstellung von Zugmaschinen als Geschützschlepper, Lastkraftwagen und Schiffshilfsmaschinen für die Marine wichtiges Kriegsgerät produzierten. Die gute Auftragslage während des Krieges sicherte den Aktionären des Unternehmens zwischen 1915 und 1917 jährliche Dividenden um die 15 %. So belief sich der Jahresumsatz 1917 auf insgesamt 12 Millionen Mark. Zur Bewältigung der Kriegsanforderungen wurde die Arbeitnehmerschaft während des Krieges mehr als verdoppelt und stieg von ursprünglich 450 auf 980 Arbeitskräfte an (Harsdorf 1993 40). Ebenfalls von Bedeutung waren im Bereich Rüstung die Fokker-Flugzeugwerke Schwerin. Ihr Inhaber, Anthonie Fokker, der mit dem Flugbetrieb und der Flugzeugfertigung erst seit Frühjahr bzw. Herbst 1913 schrittweise von Johannisthal bei Berlin nach Mecklenburg übergesiedelt war, produzierte mit den Einsitzerkampfflugzeugen die ersten deutschen Jagdflugzeuge und entwickelte eine eigens dafür bestimmte Maschinengewehrzentralsteuerung, die als technische Neuerung einen breiten Einsatz während des Krieges fand. Die Flugzeuge, von denen schätzungsweise zwischen 400 und 500 Stück in Serie gebaut wurden, waren wegen der neuen und überlegenen Maschinengewehrtechnik als sogenannte „Fokkergeißeln" gefürchtet (Groehler 1981 33f.).

Neben den genannten Unternehmen gehörte auch die Neptun-Werft in Rostock zu den in Mecklenburg rüstungswichtigen Unternehmen. Die Schiffswerft, der 1913 mit 1.960 Arbeitskräften traditionell größte Industriebetrieb in der Region, war zwischen 1914 und 1918 durch die Ausrüstung von Hilfskreuzern, die Reparatur und den Bau von Torpedo- und Minensuchbooten in die Rüstungsproduktion eingebunden. Die Aufträge der Kriegsmarine sicherten auch diesem Unternehmen Gewinne. So stiegen die Dividenden zwischen 1914 und 1918 von 6 auf 10 Prozent (Chronik 1979 14f.).

Anders als den genannten Betrieben erging es Firmen, die mit den Aufträgen der Heeresverwaltung überfordert waren. Eines dieser Unternehmen waren die Van Tongelschen Stahlwerke in Güstrow, die die mit der Heeresverwaltung 1915 vereinbarten Vorgaben zur Herstellung von 6.000 Stahlgußgranaten pro Monat ab Oktober 1915 nicht realisieren konnten. Die Nichterfüllung dieses Pensums und ein offensichtlich zu hoher Rohstoffverbrauch veranlaßten die Heeresverwaltung schon nach einem Jahr zum Entzug diesbezüglicher Aufträge. Bei Verzug bereits geplanter Lieferungen behielt man sich des weiteren vor, dem Unternehmen auch die seit Dezember 1915 laufende Herstellung von Haubitzengranaten aufzukündigen (Harsdorf 1993 40f.).

In direkter Beziehung und Folge zum Hindenburg-Programm, unter das schließlich ebenfalls die mecklenburgischen Rüstungsbetriebe fielen, bestand zwangsläufig auch ein deutlich erhöhter Bedarf an metallischen Rohstoffen. Infolgedessen wurde seit 1917 in ganz Deutschland eine umfangreiche Erfassung und Beschlagnahme von Metallreserven eingeleitet. Unzählige und kaum überschaubare Verordnungen verfügten die Ablieferung von unterschiedlichsten Gegenständen aus Zinn, Kupfer und Kupferlegierungen, wie Messing und Bronze. Betroffen waren verschiedenste Dinge aus dem Bereich des öffentlichen und privaten

Lebens. Obgleich auf diesem Wege letztlich nur ein Bruchteil des tatsächlichen Bedarfs an Metall abgedeckt werden konnte, erstreckte sich die Erfassung auf Haushaltsgerätschaften, Apparaturen und Maschinen bis hin zu kulturhistorisch wertvollen Gegenständen einschließlich Innungsschildern, Kanonen, Orgelpfeifen, Kupferdächern, Kirchenglocken usw. Als im besonderem Maße tragisch erwies sich auch für Mecklenburg die Bekanntmachung vom 1. März 1917, wonach die Beschlagnahme und Ablieferung von Kirchenglocken aus Bronze verfügt wurde. Dieser Anordnung wurde trotz verschiedentlich auftretender Bedenken weitgehend widerstandslos Folge geleistet. Das Verfahren zur Erfassung und Beschlagnahme sah eine Eingruppierung aller vorhandenen Kirchenglocken in die Kategorien A bis C vor. Danach fielen unter die Gruppe A alle Glocken, die infolge eines nicht erkennbaren Kunstwertes sofort zur Einschmelze freizugeben waren. Demgegenüber wurden der Kategorie B Glocken zugeordnet, die vorläufig zurückzuhalten waren, sofern eine gewisse kunsthistorischer Bedeutung bestand, die betreffende Glocke die Funktion einer Läuteglocke für die Bedürfnisse des Gottesdienstes erfüllte bzw. deren Ausbaukosten sich als zu hoch erwiesen. Zur letzten Gruppe, die der Kategorie C entsprach, zählten die wegen besonderem kunsthistorischen Wert dauernd zu erhaltenden Glocken. In Mecklenburg sah die Praxis von Erfassung, Eingruppierung, Beschlagnahme und Ablieferung ähnlich wie in anderen Ländern aus. War es im Herzogtum Braunschweig beispielsweise ein vom herzoglichen Baurat herausgegebenes Merkblatt an Geistliche und Kirchenvorstände, so war es in Mecklenburg der Schweriner Museumsdirektor Dr. Walter Josephi, der als Gutachter binnen zweier Monate mehr als 1.000 Kirchenglocken nach ihrem Wert zu begutachten hatte. Die Gutachtertätigkeit Josephis, die sich auf das Werk von Friedrich Schlie zu den Kunst- und Geschichtsdenkmälern im Großherzogtum Mecklenburg-Schwerin sowie auf eigenen Sachverstand stützte, war es schließlich zu verdanken, daß 300 Glocken zunächst vor einer unwiderbringlichen Vernichtung bewahrt blieben, was schließlich größeren Schaden begrenzte (MLHA MdI 17289/1, Pries 1917 75ff., Wendt 1994 29ff.). Dies waren in erster Linie Bronzeglocken der Kategorie C, in die Josephi „alle beschrifteten Glocken bis etwa zum Jahre 1600, unbeschriftete nur dann, wenn sie eine für die Glockengeschichte bedeutungsvolle Form" hatten, eingruppierte. Darüber hinaus gehörten nach Josephi in diese Kategorie auch „alle über den Durchschnitt ragende verzierte Glocken von 1600 ab sowie alle mit wertvollen Inschriften" (Pries 1917 76). Trotz dieser Bemühungen waren willkürliche Entscheidungen seitens anderer Behörden in einigen Fällen nicht vermeidbar. So befand sich beispielsweise die Stundenglocke der St. Nikolai Kirche in Röbel bereits seit dem 28. Juli 1917 auf dem Transport zur Einschmelze nach Hamburg, als man am 29. Juli 1917 den tatsächlichen kulturhistorischen Wert der 225 Kilogramm schweren und aus dem Jahre 1519 stammenden Glocke feststellte. Obgleich die zuständige Kriegsmetall AG Berlin die Glocke nach entsprechender Intervention von der Einschmelze zurückstellte, sah sich der Kirchenrat von Röbel infolge eines fast dreimonatigen Briefwechsels, einer aufwendigen Prozedur der Rückführung sowie auf Drängen der Kriegsmetall Aktiengesellschaft schließlich am 6. Oktober 1917 zum endgültigen Verzicht auf die Glocke veranlaßt. Am 13. November 1917, also gut einen Monat später, erhielt der Kirchenvorstand einen finanziellen `Wertausgleich` über 4.000 Mark (MLHA MdI 17289/1). Die Röbeler Geschehnisse waren  mit Sicherheit kein Einzelfall. Zum Thema Kirchenglocken schrieb beispielsweise der Ratzeburger Dompropst Ernst Ahlers für die Woche vom 4. bis 10. März 1917 in sein Tagebuch: *„Ja! Wann wird die Zeit der Restitution kommen, daß die Schwerter wieder in Pflugscharen und die Kanonen wieder in Kirchenglocken verwandelt werden?"* (Höpfner 1993 136). Wie im Tagebuch des Propstes lassen sich insbesondere für das Jahr 1917 eine Reihe von Einzelbeispielen anführen, die auch in Mecklenburg infolge zunehmender Entbehrungen von wachsender Kriegsmüdigkeit zeugten. Als belastend wurde vor allem die sich weiter zuspitzende Versorgungslage empfunden, die 1916/17 auf einen neuen Höhepunkt zusteuerte. So verweisen die monatlichen Berichterstattungen der Landesbehörde für Volksernährung an das stellvertretende Generalkommando auf einen akuten Mangel in der Versorgung der Bevölkerung mit Lebensmitteln und Brennstoffen. Vermerkt wurden in diesem Zusammenhang auch der wachsende Schleichhandel sowie eine deutlich zunehmende Frequentierung der in zahlreichen Städten existierenden Kriegs- und Betriebsküchen. Insbesondere 1917 verschlechterte sich die Stimmung zusehens. So kam es im Juli 1917 u.a. in Güstrow, Penzlin, Rostock, Schwerin und Wismar zur Stürmung von Lebensmittelgeschäften. Dazu berichtete die Landesbehörde für Volksernährung am 24. Juli 1917: *„Die Stimmung der Bevölkerung ist namentlich in den Städten, aber auch auf dem Lande, eine recht unzufriedene und gedrückte. In vielen Städten ist es mehrfach zu Unruhen gekommen, die teilweise durch den in den letzten Monaten vor der Ernte besonders fühlbaren Mangel an Lebensmitteln, vor allem aber durch die Verhetzung verursacht sind. Auch die unverständliche Haltung der Reichstagmehrheit in der Friedensfrage erregt die ländliche Bevölke-*

*rung"* (MLHA MdI 17349). Ende Sommer kam es dann auch in Rüstungsbetrieben zu ersten Streikaktionen. Nahezu gleichzeitig konstituierte sich in Mecklenburg-Schwerin am 17. September 1917 ein Landesausschuß für Volksaufklärung, in dem der Leiter der Landesbehörde für Volksernährung Ministerialrat Dr. Friedrich Stratmann den Vorstand führte. Entsprechende Initiativen seitens des Kriegsministeriums, *„bei der langen Dauer des Krieges ... im Lande und an der Front eine zuversichtliche Stimmung zu erhalten und anzuregen"* ((MLHA MdI 17181/1), gab es bereits seit Frühjahr 1916. Ein erster konkreter Schritt in diese Richtung war die Einrichtung von Abteilungen für Volksaufklärung bei den Landesbehörden. In Mecklenburg-Schwerin wurde die Institutionalisierung der Volksaufklärung mit der Gründung eines solchen Gremiums im September 1917 eingeleitet. Im Rahmen des daraufhin entstehenden Landesausschusses konstituierten sich in Städten und Dörfern ca. 250 lokale Ausschüsse. Vor allem Pastoren, Lehrer und Kommunalbeamte stellten sich in den Dienst der Durchhaltepropaganda, die in öffentlichen Diskussionsrunden, im Rahmen der Kirche und in den Schulen des Landes, die Fortführung des Krieges rechtfertigen und für entsprechenden Optimismus unter der Bevölkerung sorgen sollten. So fanden zwischen September 1917 und Anfang Juni 1918 in Mecklenburg-Schwerin 385 solcher Veranstaltungen statt. Unter dem Vorzeichen der Aufklärung gelangten im gleichen Zeitraum beispielsweise 24.710 Plakate zur Verteilung.

Trotz erheblicher Bemühungen blieb die Stimmung unter der Bevölkerung weiterhin schlecht (MLHA MdI 17181/1).

Infolge der sich 1918 zuspitzenden Lage und der Entwicklungen auf Reichsebene in Richtung Parlamentarisierung der Monarchie begann auch in Mecklenburg die Verfassungsdiskussion wieder an Bedeutung zu gewinnen. Trotz erheblicher Widerstände gegen eine Reformierung der Verhältnisse seitens der Stände sah sich der Großherzog von Mecklenburg-Schwerin unter dem Eindruck der aus Kiel eintreffenden Nachrichten zu einem folgenschweren Schritt veranlaßt. So ließ er am 4. November 1918 in einer Pressemitteilung öffentlich werden, daß er beabsichtige, den ständischen Landtag in zwei Kammern zu teilen, wobei sich die zweite Kammer auf der Grundlage des Reichstagswahlrechtes konstituieren sollte. Eine geplante Diskussion dieser Vorschläge, die den Intentionen der Reichspolitik folgten, aber hinter dieser zurückblieben, fand nicht mehr statt. Die Ereignisse der Novemberrevolution kamen dieser Absicht zuvor (Koch 1991 11ff.).

# Literatur

| | |
|---|---|
| Chronik 1979 | Chronik der Schiffswerft Neptun. Rostock 1979. |
| Donath 1990 | Gerhard Donath, Lützows wilde verwegene Jagd. Das mecklenburgische Grenadierregiment 89 in den Weltkriegen. Osnabrück 1990. |
| Frank 1982 | Cornelia Frank, Die Ausländerpolitik der herrschenden Klasse in Mecklenburg-Strelitz während des ersten Weltkrieges, Diplomarbeit, Universität Rostock, Rostock 1982. |
| Groehler 1981 | Olaf Groehler, Geschichte des Luftkrieges 1910 bis 1980. Berlin 1981. |
| Handbuch 1931 | Statistisches Handbuch für das Land Mecklenburg-Schwerin. Schwerin 1931. |
| Harsdorf 1993 | Roland Harsdorf, Zur Tätigkeit der Mecklenburg-Schwerinschen Kriegs- und Sozialministerien im Ersten Weltkrieg, Staatsexamensarbeit, Universität Rostock, Rostock 1993. |
| Höpfner 1993 | Herbert Höpfner, Aus den Tagebüchern des Ratzeburger Dompropstes Ernst Ahlers während des Ersten Weltkrieges, in: Lauenburgische Heimat, Zeitschrift des Heimatbundes und Geschichtsvereins Herzogtum Lauenburg, Neue Folge, H. 134. Ratzeburg 1993. |
| Koch 1991 | Heinz Koch, Die parlamentarische Demokratie in Mecklenburg-Schwerin (1918 bis 1933), in: Studien zur Geschichte Mecklenburgs in der ersten Hälfte des 20. Jahrhunderts. Hamburg 1991 11-28. |
| Langer | Hermann Langer, „Stolz, ein Deutscher zu sein", Manuskript. |
| Langfeld | Adolf Langfeld, Mein Leben. Erinnerungen des mecklenburg-schwerinschen Staatsministers i.R. Schwerin 1930. |
| Mai 1987 | Gunther Mai, Das Ende des Kaiserreiches. Politik und Kriegführung im Ersten Weltkrieg. München 1987. |
| Mecklenburg 1918 | Mecklenburg im Kriege. Der Heimat und ihren Kämpfern gewidmet, Mecklenburgische Zeitung Schwerin. Schwerin 1918. |
| Pries 1917 A. | Pries, Die Enteignung der Kirchenglocken, in: Mecklenburg. Zeitschrift des Heimatbundes Mecklenburg, Schwerin 1917, H. 3 75ff. |
| Rostock | Das evangelische Rostock. Rostock o.J. |
| Staatskalender 1916 | Mecklenburg-Schwerinscher Staatskalender 1916. Schwerin 1916. |
| Stutz 1992 | Reno Stutz, Mecklenburg-Magazin, Regionalbeilage der SVZ und der NNN, Schwerin 1992, 26.6.1992. |
| Vitense 1920 | Otto Vitense, Geschichte von Mecklenburg. Gotha 1920. |
| Wendt 1994 | Ralf Wendt, Vernichtung von Kulturgut in zwei Weltkriegen, in: Stier und Greif. Blätter zur Heimatgeschichte in Mecklenburg-Vorpommern, Schwerin 1994 29ff. |

*Heinz Koch*

# POLITIK IN MECKLENBURG WÄHREND DER WEIMARER REPUBLIK (1918-1933)

## DER ZUSAMMENBRUCH DER STÄNDISCHEN MONARCHIE IM NOVEMBER 1918

Montagmorgen, 4. November 1918. Friedrich Franz IV., Großherzog von Mecklenburg-Schwerin emfing seinen Staatsminister Dr. Adolf Langfeld im Schloß. Es war der gewöhnliche Termin zur Besprechung von Regierungsgeschäften der laufenden Woche. An diesem Morgen aber sah das Gesicht des Großherzogs nicht nur wegen der ihn plagenden Erkältung oder wegen der doppelten Verantwortung seit dem Selbstmord seines strelitzschen Cousins Adolf Friedrich VI. von Mecklenburg-Strelitz abgespannt aus. Die Telegramme vom vorangegangenen Wochenende bereiteten ihm Sorgen. Es schien, als habe das Flottenkommando in Kiel die Situation nicht mehr unter Kontrolle. Der Großherzog äußerte dem Staatsminister gegenüber, er habe zwar noch kein völlig klares Bild von den Ereignissen, aber man müsse davon ausgehen, daß die Lage sehr ernst sei. Beide kannten die schlechte Stimmung unter den Soldaten und in der Bevölkerung. Für sehr viele waren die Leiden und Entbehrungen der Kriegsjahre unerträglich geworden. Der Großherzog und sein Staatsminister Langfeld wollten deshalb versuchen, mit einer politischen Geste beruhigend auf die Bevölkerung einzuwirken. So übergab Langfeld nach ihrer Zusammenkunft der Presse die Erklärung des Großherzogs, daß er nunmehr gewillt sei, den ständischen Landtag in zwei Kammern zu teilen. Die zweite Kammer sollte durch Wahlen nach dem Reichstagswahlrecht zustandekommen. Dieser Entschluß kam aber 50 Jahre zu spät. Die „Mecklenburgische Volks-Zeitung" schrieb dazu, daß sich das mecklenburgische Volk das nicht gefallen lassen werde, es brauche keinen Aufpasser in Gestalt der ersten Kammer vor der Nase (MVZ 6.11.1918).
Am Dienstagabend erfuhren Friedrich Franz IV. und Adolf Langfeld, daß die ganze Flotte von einem Aufstand erfaßt worden war und Kieler Matrosen unter roten Fahnen Kurs auf alle deutschen Nord- und Ostseehäfen genommen hatten. Aber sie wollten abwarten, wie sich die Situation weiterentwickeln würde. Sie konnten nicht wissen, daß nur wenige Schritte vom Schloß entfernt in der Schloßgartenallee von 180 Soldaten in dieser Nacht der Untergang der mecklenburgischen ständischen Monarchie eingeleitet wurde. Die

hier in der „Seevilla" internierten Landsturmmänner hatten sich in den vergangenen Tagen über schlechtes Essen, schlechte Behandlung und zu wenig Urlaub beschwert. Wegen dieser Aufsässigkeit waren sie zum Fronteinsatz abkommandiert worden, doch sie wollten nicht mehr. Als gegen 3.00 Uhr eine Gruppe Infanteristen anrückte, um die Männer zum Bahnhof zu bringen, kam es zu heftigen Disputen. Schließlich hatten die Landsturmmänner die Infanteristen von der Sinnlosigkeit der weiteren Kriegsführung überzeugt. Zusammen zogen sie 4.30 Uhr zur Infanteriekaserne. Nach einer Stunde war die Kaserne in der Hand der Soldaten. Die Offiziere wurden inhaftiert. Die Soldaten wählten einen Kommandeur und teilten Waffen aus.
In Mecklenburg hatte die Revolution begonnen. Sie breitete sich auf alle Städte und auf Mecklenburg-Strelitz aus. Arbeiter- und Soldatenräte wurden gewählt. Staatsminister Adolf Langfeld schätzte für den 6.Oktober 1918 ein: *„Die Staatsgewalt war tatsächlich suspendiert"* (Langfeld 1930 384). Am 8. November trat der zentrale Schweriner Arbeiter- und Soldatenrat als legislatives Organ des Landes in Erscheinung. Auf seine Veranlassung hin entließ der Großherzog die bisherigen Minister und setzte eine neue Regierung ein. Sie war eine breite Koalition aus Mitgliedern der Sozialdemokratischen Partei Deutschlands (SPD), der Deutschen Demokratischen Partei (DDP), bis zur Aufhebung der Monarchie der Nationalliberalen Partei und bis zum Januar 1919 der Unabhängigen Sozialdemo-kratischen Partei Deutschlands (USPD). Ministerpräsident wurde der Reichstagsabgeordnete Dr. Hugo Wendorff (DDP), ein ehemaliger Gutsbesitzer aus Vorpommern, der sein Gut abgegeben hatte, um sich der Politik zu widmen.
Großherzog Friedrich Franz IV. unternahm von sich aus keine Schritte, um abzudanken. Er wollte vielmehr die Wahlen und die konstituierende Versammlung mit vorbereiten. Die mecklenburgischen Arbeiter- und Soldatenräte befaßten sich auch erst in der Nacht vom 13. auf den 14. November mit der Frage Monarchie oder Freistaat (der damalige Begriff für Republik). Um 3.00 Uhr schließlich wurde der Beschluß gefaßt, den Freistaat auszurufen. Der Großherzog fügte sich dem Beschluß, weil er eine Ablehnung auch selbst als zwecklos empfand. Er ging vorübergehend nach Dänemark ins Exil. Ende November gab er von

*Dr. Hugo Wendorff (DDP)*
*Ministerpräsident 9.11. 1918-27.7.1920*
*(Repro: Mecklenburgisches Landeshauptarchiv)*
*Links: (Mecklenburgisches Volkskundemuseum*
*Schwerin-Mueß)*

dort aus an seinen Oberhofmarschall die Weisung, dieser solle die finanziellen Verhältnisse des großherzoglichen Hauses unter der Berücksichtigung dauerhafter republikanischer Verhältnisse ordnen, er habe nicht den Eindruck, daß die republikanische Idee in absehbarer Zeit zu „bannen" sei.

Die aufbegehrenden Soldaten und Arbeiter hatten keinen Widerstand vorgefunden. Ohne zur Gegenwehr fähig zu sein, brach die alte Macht zusammen. Der wichtigste Ordnungsfaktor im Lande wurden die Arbeiter- und Soldatenräte. Sie nahmen im Zusammenwirken mit der Regierung wesentliche Funktionen der Staatsverwaltung vom ersten Tag an bis zum Zusammentritt der Landtage wahr. Dazu gehörten die Aufrechterhaltung der öffentlichen Ordnung, die Kontrolle der Behörden und öffentlichen Einrichtungen, um deren reibungslose Tätigkeit zu gewährleisten, die Sicherung der Versorgung der Bevölkerung mit Lebensmitteln durch ausgedehnte Kontrollen der Gutsbetriebe und ihrer Lebensmittelablieferungen.

Im Wirken der Arbeiter und Soldaten drückte sich sowohl ihre elementare Hoffnung aus, mit dem Sturz der Monarchie gesellschaftliche Veränderungen größeren Ausmaßes eingeleitet zu haben, als auch der Wille, für die neue Ordnung aufopferungsvoll zu arbeiten. Für die sozialdemokratische, liberal-demokratische Koalitionsregierung um Hugo Wendorff schuf dies günstige Voraussetzungen zur Umsetzung ihres demokratischen Reformprogramms. Dessen Ziel war vor allem

die Ablösung der ständischen Verfassung und Staatsverwaltung durch eine bürgerlich-demokratische und die Einschränkung der den Gutsbesitzern durch die ständischen Verfassungsverhältnisse verliehenen politischen Übermacht.

Die Auseinandersetzungen um den mit der Revolution einzuleitenden Veränderungsprozeß, die Anfang Januar 1919 auch in Schwerin in militärischen Aktionen kulminierten, machten aber deutlich, daß die Vorstellungen über die einzuschlagenden Wege auseinanderklafften. Die Parteien waren kaum bereit, bei der Durchsetzung ihres Programms Kompromisse einzugehen, sie scheuten aber nicht davor zurück, Gewalt bei der Durchsetzung oder Sicherung ihrer Ziele anzuwenden. So lag über der Weimarer Demokratie von Anfang an der Schatten von enttäuschten Hoffnungen, gegenseitigem Haß und von Intoleranz. Die einen konnten oder wollten sich nicht mit dem Untergang der geordneten Welt der Monarchen abfinden, den anderen war das Erreichte zu wenig, sie sahen sich auf unterschiedliche Weise getäuscht, und die dritten schließlich wollten die Demokratie nicht, sondern einen Monarchenersatz als Leitfigur. Demokraten blieben selten.

## DIE PARLAMENTARISCH-DEMOKRATISCHE VERWALTUNGSREFORM

Mecklenburg-Schwerin und Mecklenburg-Strelitz begannen wie die anderen deutschen Länder unmittelbar nach Ausbruch der Revolution an neuen Verfassungen zu arbeiten. Für die beiden Mecklenburg kam es im Unterschied zu den anderen deutschen Bundesstaaten darauf an, die ständischen Verfassungs- und Verwaltungsverhältnisse umfassend durch moderne Verwaltungsstrukturen abzulösen.

Im Unterschied zu Mecklenburg-Strelitz begleitete in Mecklenburg-Schwerin die Verfassungsdiskussion 1919/20 den beginnenden Prozeß der Umgestaltung der ständischen in die republikanischen Verhältnisse. Als landesspezifischer Hintergrund für die Erarbeitung einer neuen Landesverfassung, die durch die historische Verbindung auch für Mecklenburg-Strelitz neue Verhältnisse mitschuf, heben sich vor allem drei Komplexe ab: die Weiterführung der mit der Thronenthebung begonnenen Aufhebung der Landesherrschaft durch die Aussonderung des Privatvermögens des Großherzogs aus dem Landesvermögen; die Aufhebung der Stände; die Einführung des allgemeinen Wahlrechts.

Am 22. November 1919 löste die Regierung die Oberste Behörde des großherzoglichen Haushalts auf, beurlaubte deren Chef und unterstellte den Haushalt der Abteilung Domänen und Forsten des Finanzministeriums. Abgesehen von den enteigneten unmittelbar zum Hofstaat gehörenden Bauten und Grundstücken wurde damit der ehemalige Großherzog auch als Grundbesitzer zunächst total expropriiert. Mit dem 1920 abgeschlossenen „Vertrag zwischen dem Freistaat Mecklenburg-Schwerin und dem ehemaligen Landesherrn betreffend die Auseinandersetzung über die vermögensrechtlichen Verhältnisse" erhielt der Großherzog einen Teil der Besitzungen zurück. Das waren 10.633 ha, davon 4.552 ha landwirtschaftlicher Nutzfläche und 5.573 ha Forsten. So gehörte er auch weiterhin zur Gruppe der größten Grundbesitzer in Mecklenburg.

Die Aufhebung der Stände, die wie die Ablösung der Landesherrschaft ganz Mecklenburg betraf, war ein Paket von Maßnahmen und zog sich längere Zeit hin. Von ausschlaggebender Bedeutung war dabei aber, daß sich die Aufhebung der Stände unter den Einwirkungen der Revolution und vor dem Hintergrund von Widersprüchen und heftigen Auseinandersetzungen zwischen der Gruppe der konservativ orientierten Gutsbesitzer und den liberal-demokratischen und sozialdemokratischen Kräften im Lande vollzog. Am 13. November 1918 erklärten die Minister Heinrich Dethloff (SPD) und Franz Starosson (SPD) im Rostocker Ständehaus, dem Sitz des Engeren Ausschusses von Ritter- und Landschaft Mecklenburgs, gegenüber dem dirigierenden Landrat Wilhelm von Maltzan (Moltzow) die Stände für aufgelöst und die Arbeit des Engeren Ausschusses für beendet. Die Verwaltung des Ständehauses wurde unter Regierungskontrolle gestellt. Ein Doppelposten der Soldaten vor dem Eingang symbolisierte diesen für Mecklenburg historischen Akt. Nachdem die mecklenburgischen Stände seit Jahrhunderten, insbesondere aber seit der Landständischen Union vom 1. August 1523, auf die Geschicke Mecklenburgs entscheidenden Einfluß ausgeübt hatten, waren sie nunmehr bedeutungslos geworden. Rechtlich untermauerte die Regierung Wendorff diesen Schritt durch die Verordnung über die Aufhebung der Stände vom 3. Dezember 1918. Mit ihr wurden die Stände als Körperschaften des öffentlichen Rechts aufgelöst. Das bedeutete, daß sie fortan keine politischen, staatlichen oder sonstigen öffentlich-rechtlichen Befugnisse mehr hatten. Auch das Landesgrundgesetz von Mecklenburg-Strelitz formulierte das in dieser Eindeutigkeit im § 5: „*Die bisherigen Stände sind als Körperschaften des öffentlichen Rechts beseitigt. Die von ihnen zu Behörden und Anstalten erwählten Deputierten usw. scheiden aus*" (MSAA 1919 Nr.20 147ff.).

Im Verfassunggebenden Landtag erklärte Wendorff am 17. Juni 1919 zum DNVP-Antrag, den Ständen doch den Charakter öffentlich-rechtlicher Einrichtungen zu belassen, daß die Stände „*Körperschaften ohne jegliche Bedeutung (sind), ihre Rechte haben aufgehört*" (VGL 1920 Sp. 875).

Politischen Einfluß konnten die Gutsbesitzer im parlamentarischen System fortan nur noch über Parteien und Verbände mit Massencharakter erzielen. Rechtlich wurden dadurch alle Bürger Mecklenburgs gleichgestellt. Die aus der landständischen Verfassung resultierenden Privilegien landtagsfähiger Gutsbesitzer zur Einflußnahme auf die Landesverwaltung hatten damit aufgehört zu existieren. Die Aufhebung der Polizeigewalt der ritterschaftlichen Gutsobrigkeit durch eine Verordnung vom 18. November 1918 setzte diesen Prozeß auf der kommunalen Ebene für das zu einem großen Teil autonom ständisch regierte ritterschaftliche Gebiet fort.

Die überkommene komplizierte ständische Verwaltungsstruktur stellte Landtage und Regierungen vor die Aufgabe, nicht nur einen neuen Verfassungstext zu erarbeiten, sondern eine umfassende Verwaltungsreform in Angriff zu nehmen. Deshalb gehören als Einheit zur Landesverfassung besonders Amtsordnung und Landgemeindeordnung, beide sind wie die Landesverfassung Fundamente der Verwaltungsreform. Die Städteordnung liegt auf einer anderen Ebene, sie verfaßte die bestehenden städtischen Körperschaften neu, Amtsordnung und Landgemeindeordnung schufen dagegen jeweils landeseinheitlich die Ämter (Landkreise) und Landgemeinden als Verwaltungseinheiten qualitativ völlig neu.

Die Einführung des allgemeinen Wahlrechts hatte für Mecklenburg ebenfalls eine besondere Bedeutung, weil es bis zu diesem Zeitpunkt hier im Unterschied zu den anderen deutschen Ländern auch kein Landeswahlrecht und außerhalb der Städte auch kein kommunalen Wahlrecht gab. Nachdem das Wahlrecht lange im Zentrum liberal- und sozialdemokratischer Politik gestanden hatte, wollte man nun das *„demokratischste Wahlrecht, das man sich nur denken und wünschen kann"* (MVZ 13.11.1918) einführen. In einer Bekanntmachung am 15. November 1918 verkündete das neue Staatsministerium von Mecklenburg-Schwerin die grundlegenden Richtlinien für solche Wahlen und ihre Absicht, ohne Verzug bald allgemeine Wahlen für eine verfassunggebende Versammlung durchführen zu wollen. Die Wahl sollte ursprünglich sowohl in Mecklenburg-Schwerin als auch in Mecklenburg-Strelitz am 15. Dezember 1918 stattfinden. In Mecklenburg-Schwerin verschob man sie am 20. November, weil organisatorisch-technische Probleme auftraten und es allgemeiner Wunsch war, auch den *„aus dem Felde Heimkehrenden...die Ausübung des Wahlrechts zu sichern"* (MVZ 20.11.1918). In Mecklenburg-Strelitz wurde dennoch am 15. Dezember 1918 gewählt und ohne lange Debatten am 29. Januar 1919 eine neue Verfassung in Kraft gesetzt. Anlaß der Eile und ein Schwerpunkt der Verfassung waren die Loslösung und die Unabhängigkeit des kleinen Landes von allen Verbindungen mit Mecklenburg-Schwerin. Dahinter standen vielschichtige Gründe. Vielleicht sollte verhindert werden, daß die Auflösung der Neustrelitzer Staatsverwaltung Beamte brotlos macht, daß durch eine Vereinigung mit Schwerin das aus florierender Holzwirtschaft resultierende Staatsvermögen in Schwerins bodenlosen Kassen verschwindet oder daß möglicherweise höhere Steuern der Preis für die Vereinigung sein könnten. Das sind die Gründe, die Adolf Langfeld später vermutete (Langfeld 1930 371). Wie auch immer, es gelang Mecklenburg-Strelitz noch einmal, eine Wiedervereinigung mit Mecklenburg-Schwerin durch schnelles Handeln zu vereiteln. Dennoch blieb die Auflösung der Hinterlassenschaft der ständischen Regierungsform ein gesamtmecklenburgisches Problem. Die ständische Verfassung kannte nur ein Mecklenburg, dafür war das Bistum Ratzeburg (der heutige Nordwesten von Mecklenburg-Vorpommern) aber für die ständische Verfassung „Ausland".

In Mecklenburg-Schwerin legte die Regierung am 7. Dezember 1918 die Wahlen zum verfassunggebenden Landtag auf den 26. Januar 1919. Die Wahlrichtlinien vom 15. November 1918 wurden zu einem vorläufigen Landtagswahlgesetz ausgeweitet. Danach fanden die Landtagswahlen in den Reichstagswahlkreisen und in Stimmbezirken statt. Das hatte aber zur Folge – und hier wird die Kompliziertheit der Übergangsphase deutlich –, daß in den ritterschaftlichen Stimmbezirken von den Wahlkommissaren in der Regel die Gutsbesitzer, die bis zum Inkrafttreten der Landgemeindeordnung 1921 noch staatsobrigkeitliche Funktionen ausübten, zu Wahlvorstehern der Stimmbezirke berufen wurden. Das betraf besonders die Wahlkreise IV (Malchin-Waren) und VI (Güstrow-Ribnitz). Im Wahlkreis IV erzielte die Deutschnationale Volkspartei (DNVP), die nunmehr Oppositionspartei wurde, ihre höchste Stimmenzahl, zugleich vermerkt aber das Abschlußprotokoll 33 Bedenken gegen den Wahlablauf, da z.B. Gegenlisten aufgetaucht waren, für ungültig erklärte Stimmzettel verschwunden waren, ungültige Stimmzettel für gültig erklärt wurden u.ä.m. (MLHA MdI 9484). Die Einführung des allgemeinen Landeswahlrechts brachte den Sozialdemokraten in beiden Mecklenburg nicht den überwältigenden Sieg, den sie erhofft hatten. Zwar gewann bei den Reichstagswahlen die SPD 3 von 6 Sitzen, konnte sich also gegenüber 1912 um zwei steigern, aber nur ein Sitz davon ging den Konservativen verloren (bei denen sich der spätere Führer der deutschvölkischen Partei, Albrecht von Graefe, in seinem Wahlkreis VI/Ribnitz-Güstrow wieder durchsetzen konnte), den anderen mußten die Liberalen abgeben.

Vergleicht man pauschal die Stimmanteile, dann wird deutlich, daß die Revolution das Wahlverhalten nur geringfügig beeinflußt hatte. Zählt man z.B. in Mecklenburg-Schwerin die Stimmzahlen der Koalitionspartner SPD und DDP des verfassunggebenden Landtages als die konsequenten Träger der demokratisch-parlamentarischen Staatsidee zusammen, so hatte sich ihr Stimmenanteil bei den Wählern gegenüber 1912 mit 75,2 % (gegenüber 69,9 %) lediglich um 5,3 % erhöht. Er war dennoch ein solides Fundament für den verfassunggebenden Landtag. Die Koalition von SPD und DDP in beiden Mecklenburg verschaffte den erstrebten Veränderungen zunächst erst einmal eine breite Basis.

Mit der Aufhebung der Landesherrschaft sowie der Stände und mit der Einführung des allgemeinen Wahlrechts erfolgte in den verfassungsrechtlich bis dahin rückständigsten deutschen Staaten der Übergang zum modernen Parlamentarismus.

## DIE STELLUNG DER OPPOSITIONELLEN PARTEIEN ZUM DEMOKRATISCH-PARLAMENTARISCHEN STAAT

Der Landtag in Mecklenburg-Schwerin beschloß am 20. Mai 1920 eine neue, eine parlamentarisch-demokratische Verfassung, von der Ministerpräsident Hugo

*Johannes Stelling (SPD)*
*Ministerpräsident 14.1.1921-7.4.1921,*
*8.4.1921-8.3.1924*
*(Mecklenburgisches Landeshauptarchiv Schwerin)*

Wendorff hoffte, daß sie über Jahrhunderte ein festes Fundament für das Leben in Mecklenburg zu geben vermochte. Sie selbst stellt eine politische Kulturtat ersten Ranges dar. Aber zu wenige waren bereit, sich hinter sie zu stellen. Tiefe politische Risse gingen quer durch die sozialen Schichten bzw. Klassen. Unterschiedliche soziale Interessen und Hoffnungen wollte man mit jeweils anderen Formen des Regierens durchsetzen. Letztlich artikulierten sich aber darin unterschiedliche Haltungen zur parlamentarischen Demokratie.

Die SPD fand in der Kommunistischen Partei Deutschlands (KPD), die in Mecklenburg-Schwerin Ende 1920 durch die Vereinigung mit dem linken Flügel der USPD auch Landtagspartei wurde, einen ihrer schärfsten Kritiker. Die KPD suchte in den Jahren der Nachkriegskrise den Ausweg aus den sozialen Widersprüchen in der Errichtung einer Diktatur des Proletariats und nicht in der parlamentarischen Arbeit. Nicht durch den Stimmzettel, sondern nur durch eine revolutionäre Erhebung war ihrer Meinung nach die Lage zu ver-

bessern. Für sie befand sich Deutschland mitten in einem Bürgerkrieg, sie warf der SPD vor, dies nicht wahrhaben zu wollen (1.OL 1921 Sp. 1131).

Für die SPD war die Politik der Linken in der USPD bzw. dann der KPD abenteuerlich. Es gab für sie grundsätzlich kein Zusammengehen mit der USPD oder KPD, auch keinerlei Versuche dazu wurden unternommen und alle Angebote seitens der KPD ohne Prüfung abgelehnt. Das schloß zwar punktuelle Übereinstimmungen beim Abstimmungsverhalten im Landtag nicht aus, aber diese resultierten nicht aus gemeinsamen Strategien. Die politischen Auseinandersetzungen zwischen SPD und KPD innerhalb des Landtages nahmen z.T. scharfe Formen an und veranlaßten vor allem in der ersten Hälfte der zwanziger Jahre den Landtagspräsidenten wiederholt zu Ordnungsrufen und Ordnungsstrafen, so z.B. im Juni 1924 als Hans Wenzel (KPD) den Zwischenruf des SPD-Fraktionsvorsitzenden Carl Moltmann „Hampelmänner" damit qittierte, diesem ein Glas Wasser über den Anzug zu schütten, worauf es laut Protokoll *„zu einem Handgemenge zwischen beiden kommt, bis sie durch ihre Parteigenossen auseinandergebracht werden"* (3.OL 1924 Sp.559).

Ebenso ging der Riß durch das städtische Bürgertum und durch den Großgrundbesitz. Die politischen Gegensätze wurden ebenfalls in verschiedenen Formen auch öffentlich ausgetragen. Ein frühes Beispiel ist die Versammlung des Mecklenburgischen Patriotischen Vereins am 2. Juni 1919 in Güstrow. Vorsitzender des Vereins war Wilhelm von Maltzan (Moltzow), bis zur Revolution dirigierender Landrat des Engeren Ausschusses, zugleich auch, bis 1919, Vorsitzender des Landbundes, also ein führender Repräsentant der bisherigen ständischen Verwaltung. Er eröffnete die Versammlung, an der Ministerpräsident Dr. Wendorff auf Einladung teilnahm, begrüßte die Vereinsmitglieder und die Vertreter der Stadt Güstrow und führte dann aus, daß man auch das Ministerium eingeladen habe, es sei auch „jemand" da, das sei gut, man könne die vielen Beschwerden dann hier gleich mündlich erledigen. Wendorff faßte das als Aufforderung auf, *„den Gast anzupöbeln, eine Aufforderung, die man sehr wohl verstand und der man prompt nachgekommen ist"* (VGL 1920 Sp. 875). Die Gelegenheit dazu ergab sich, als von Maltzan ein Schreiben von Herzog Johann Albrecht (Onkel des letzten Großherzogs) verlas, dem er Ausführungen zum Protektor des Vereins, Friedrich Franz IV., und einen Hochruf auf diesen anschloß. Alle bis auf den Ministerpräsidenten standen unter Beifall und Hochrufen auf. Von den nachfolgenden Rednern mußte sich Wendorff dann anhören, es sei ein Skandal, bei einem Hochruf auf den Großherzog sitzen zu bleiben. Schließlich verließ er demonstrativ die Veranstaltung, *„zu spät"*, wie er meinte.

Im Rahmen der zweiten Lesung des Verfassungsentwurfes kam es zu einer Debatte darüber im Landtag, in der die DNVP-Fraktion die Demonstration für den ehemaligen Großherzog zu rechtfertigen versuchte. In seiner Erwiderung betonte Wendorff, daß diese Ausführungen *„schlagend bewiesen (haben), daß zwischen uns eine Kluft besteht, die nicht zu überbrücken ist"* (VGL 1920 Sp. 776). Auf Beschwörungen, einheitlich zusammenzustehen, die auch der Rostocker Universitätsprofessor und Historiker Hermann Reincke-Bloch (DVP) unterstützte, ging die DNVP nicht ein, was den Rostocker Chemiefabrikanten Friedrich Carl Witte (DDP) zu der Bemerkung veranlaßte, daß im Unterschied zu anderen Ländern hier in Mecklenburg-Schwerin die DDP „Schulter an Schulter mit den Mehrheitssozialisten (steht), gegen die Deutschnationale Volkspartei, die weder deutsch noch national, noch eine Volkspartei ist" (VGL 1920, Sp. 784).

Die häufigen prinzipiellen politischen Debatten im Landtag machten immer wieder die Interessengegensätze deutlich, überbrückt wurden sie nicht. Sie begünstigten stattdessen politische Krisen, die die Lösung wirtschaftlicher Entwicklungsprobleme behinderten.

Die Haltung für und wider die parlamentarische Demokratie war einer der Hintergründe dieser Gegensätze. Im blutigen Aufeinanderprall der Gegensätze während des Kapp-Putsches und des Generalstreiks zur Verteidigung der Republik im März 1920 begann die liberale Mitte des Bürgertums zu zerfallen. Die Entwicklung der wirtschaftlichen und politischen Krise bis hin zur Inflation und dem bewaffneten Aufstand der KPD im Herbst 1923 in Hamburg trieb die Polarisierung voran. Der Wahlerfolg der DNVP und der frühfaschistischen Deutschvölkischen Freiheitspartei (DVFP) am 17. Februar 1924 als erklärte antiparlamentarische Parteien demonstrierten das in Mecklenburg-Schwerin offenkundig. In diesen Wahlen verlor die SPD gegenüber 1921 die Hälfte ihrer Wähler, die DDP wurde zur Splitterpartei, während KPD, DNVP und die gerade erst angetretene DVFP Zulauf erhielten. Das Ergebnis war eine Regierung, in der der Vorsitzende des Landbundes, Joachim Freiherr von Brandenstein (Niendorf), Ministerpräsident wurde. Auch wenn diese Regierung 1926 an den von der DVFP den landwirtschaftlichen Pächtern gemachten und nicht einlösbar gewesenen Versprechungen scheiterte, zeigte sich doch, daß eine breite Grundlage für eine stabile parlamentarische Demokratie, also auch für politische Rechte und soziale Absicherungen vor allem der Arbeiter und Angestellten, nicht da war. Selbst die der DVP nahestehende Presse zog publizistisch mehr gegen die „Clownerie des Parlamentarismus" zu Felde, (MZ 31.1.1924) als die Positionen jener auch in den eigenen Reihen zu stärken, die wie Hermann Reincke-

Bloch (DVP/Ministerpräsident 1920-1921) aus Vernunft die krassen Gegensätze abbauen wollten und dazu die republikanische Staatsform als geeigneten Rahmen dafür schließlich anerkannten. Diese scheiterten dann ebenso wie die Demokraten um Hugo Wendorff.

## DAS RINGEN UM DIE LÖSUNG DER WIRTSCHAFTLICHEN PROBLEME

Eine große Rolle bei der Ausprägung und Entwicklung der öffentlichen Meinung spielte die Suche nach Lösungen zur Überwindung der wirtschaftlichen Krisen, die bis 1923 und nach 1929 viele ins Elend stürzten. Konservativen und faschistischen Parteien gelang es ebenso wie der KPD – das belegt das Wahlergebnis 1924 (etwas ähnliches, aber nicht gleiches wiederholte sich dann 1932) – die wirtschaftlichen Folgen des ersten Weltkrieges und der Revolution allein der DDP/SPD-Koalition anzulasten. Für die DNVP-nahen „Mecklenburger Nachrichten" war das „rote Mißwirtschaft" (MN 25.7.1920) und die „völlig vertrottelten politischen Idioten" würden die Landwirtschaft Mecklenburgs zugrunde richten, ließe man sie gewähren (MN 30.1.1924). In den öffentlichen Debatten gab es über die Ursachen der wirtschaftlichen und sozialen Schwierigkeiten, über die sozialen Nöte besonders der Arbeiter und kleinen Angestellten, über die Arbeitslosigkeit, den Wohnungsmangel und den Hunger in der Presse und in den Sitzungen des Landtages z.T. sehr heftige Auseinandersetzungen zwischen DNVP, DVP, Wirtschaftsbund (eine Verbindung aus Wirtschaftspartei und Dorfbund) auf der einen und SPD, DDP sowie KPD auf der anderen Seite, aber auch zwischen den Parteien dieser Flügel.

*Joachim Freiherr von Brandenstein (DNVP) Ministerpräsident 18.3.1924-7.7.1926 (Mecklenburgisches Landeshauptarchiv Schwerin)*

Die gering ausgeprägte Sachorientierung der parlamentarischen Arbeit machte den gemeinsamen Nenner übereinstimmender Positionen sehr klein, da die einzelnen Parteien und Gruppierungen eher daran interessiert waren, sich auf Kosten des politischen Gegners zu profilieren. Es gelang dennoch, einige wirtschaftliche Fragen voranzubringen. Das waren vor allem der Wohnungsbau, der Klinikbau in Rostock, das ländliche Siedlungswesen und in gewissem Umfange der (allgemein ausgedrückt) Maschinen- und Anlagenbau. Aber trotz Flugzeubau, Schiffbau, Waggonbau und Nahrungsmittelverarbeitung blieb die industrielle Entwicklung bescheiden. Die kaum zersiedelten und fruchtbaren Gebiete der beiden Mecklenburg blieben der Landwirtschaft vorbehalten. Es wurden eine Reihe von Gütern durch Bauern aufgesiedelt. Mecklenburg war aber trotz der Aufsiedlung in der Agrarkrise auch weiterhin großagrarisch orientiert und lieferte mit seinen überwiegend effektiv produzierenden Gütern Nahrungsmittel in die industriellen Ballungsgebiete Deutschlands. Zugleich entwickelte sich an der Küste und in der Mecklenburgischen Seenplatte verstärkt der Fremdenverkehr.

Beide Mecklenburg blieben durch die alles in allem aber verhaltene wirtschaftliche Entwicklung und ihre dünne Besiedlung steuerschwache und finanzarme Länder. Im ersten Halbjahr 1929 wurde deshalb von verschiedenen Seiten die Aufrechterhaltung der Selbständigkeit sogar beider Mecklenburg angezweifelt, beide verbrauchten für die Verwaltung dreieinhalbmal mehr Mittel, als sie durch die Einkommenssteuer aufbrachten. Der Reichssparkommissar stellte 1930 in seinem Gutachten fest, daß die wirtschaftliche Selbständigkeit Mecklenburg-Schwerins „in Frage gestellt ist", wenn es nicht gelingt, Ausgaben zu kürzen und empfahl außer Verwaltungskosten auch Ausgaben im Justizwesen und im Schulwesen einzusparen (Reichssparkommissar 1930 4).

Die ernsten wirtschaftlichen Probleme, die durch die schon Mitte der zwanziger Jahre einsetzende Agrarkrise noch schwieriger wurden, begünstigten Intoleranz und Kompromißunfähigkeit in allen Parteien, weil jeder die Probleme auf eine andere Weise lösen wollte.

In der Wirtschaft des Landes dominierten nach wie vor die Gutsbesitzer, so konnten sie weiterhin viel Einfluß auf dem platten Lande und in den kleinen Landstädten ausüben. Deswegen mußte es sich auf die Dauer verhängnisvoll auswirken, wenn bei den Großgrundbesitzern antiparlamentarische Auffassungen verbreitet waren. Nach dem Scheitern des Kappschen Militärputsches wurde zwar die parlamentarische Demokratie vielfach als gegeben hingenommen, aber strategisch blieb das Ziel, sie wieder abzuschaffen.

## DAS ENDE DER DEMOKRATIE IN MECKLENBURG

Es war einer der vielen Zufälle, die es in der Geschichte gibt, daß über Schwerin in den Nachmittagstunden des 13. Juli 1932 wie ein böses Omen ein schweres Gewitter genau zu dem Zeitpunkt tobte, da der Siebente Ordentliche Landtag mit seiner absoluten Mehrheit an NSDAP-Landtagsmandaten zusammentrat. Kein Zufall aber war der Zulauf, den die NSDAP 1931/32 erhalten hatte. Sie erntete, was andere gesät hatten. Joachim Freiherr von Brandenstein (Ministerpräsident 1924-1926) sah diese Entwicklung mit Sorge und äußerte gegenüber Friedrich Franz IV. seinen Unmut über den „üblichen Streit unter den rechten Parteien, wie zu Zeiten der seligen Völkischen." Er bemängelte, daß der mecklenburgische Führer der NSDAP, Friedrich Hildebrandt, da wo er auftrete, „nur gegen rechts" auftrete, und er fragte den ehemaligen Großherzog, ob dieser nicht „über Graf Waldeck auf München einwirken könne" (MLHA GHV 521). Unübersehbar war der Groll den Völkischen gegenüber, deren doppelzüngige Politik die Brandensteinsche Regierung 1926 stolpern ließ. Damals war Hildebrandt auch schon dabei. Vor allem aber weist von Brandenstein darauf hin, daß die NSDAP im Wählerpotential der rechten Parteien Anhänger sammelte und gerade diese liefen ihr auch zu, wie der Blick auf die Tendenzen der Wählerbewegung zeigt.

Vergleicht man Gewinn und Verlust der einzelnen Parteien und greift noch einmal auf die Wahlergebnisse von 1924 mit dem völkischen Wahlerfolg zurück (weil DVFP und NSDAP in Mecklenburg artverwandt waren), zeigt sich bezogen auf alle Wahlberechtigten das folgende Bild:

|  | 1932 |  | 1924 |
|---|---|---|---|
| NSDAP | 39% | DVFP | 15% |
| andere bürgerliche Parteien | 11% |  | 36% |
| Arbeiterparteien | 30% |  | 30% |
| Nichtwähler | 20% |  | 18% |

Während das Potential von SPD, USPD und KPD nahezu konstant blieb, hatte die NSDAP die Verluste der bürgerlichen Parteien aufgefangen.

Wie bei früheren Wahlen übten aber wahrscheinlich auch Wahlfälschungen vereinzelt einen geringen Einfluß auf das Ergebnis aus. 3.455 der abgegebenen Stimmen (1%!) waren für ungültig erklärt worden. Das war ein Rekord in all den Jahren. Die NSDAP lehnte mit ihrer einen Stimme Landtagsmehrheit eine Wahlprüfung ab, das war ebenfalls ein Novum. Die Gründe liegen fast auf der Hand: Der KPD fehlten 109 Stimmen zum 5. Mandat und der DNVP 119 Stimmen zum 6. Mandat. Das hätte die NSDAP die absolute Mehrheit gekostet und die DNVP wäre zum parlamentarischen Zünglein an der Waage geworden. Mit ihrer einen Stimme Mehrheit machten die Nazis das Parlament zum Anhängsel der NSDAP-Regierung. Die neue Geschäftsordnung hebelte die Rechte der Opposition aus und verkehrte das Ziel der Verfassungsschöpfer, einen starken Landtag zu schaffen, ins Gegenteil um.

Im April 1933 wurde ein neuer, der sogenannte Achte Ordentliche Landtag nach den Ergebnissen der Reichstagswahlen vom 5. März zusammengestellt, allerdings unter Streichung der 4 Mandate der KPD, die Mandate der SPD wurden im Juni annulliert. Es ist bezeichnend, daß die NSDAP-Regierung mit einem ihrer ersten Schritte zwei der großen mecklenburgischen Errungenschaften, die parlamentarische Verfassung und das Landeswahlrecht, wieder beseitigte. Der neuartige Landtag trat lediglich zweimal zu Demonstrationszwecken zusammen. Am 1. Juni 1933 tagte er 48 Minuten, um nach einer Rede des Gauleiters Friedrich Hildebrandt, ohne Aussprache – die SPD-Abgeordneten ließ man gar nicht zu Wort kommen – dem Ermächtigungsgesetz zuzustimmen. Am 13. Oktober 1933 trat er noch einmal für sechs Minuten zusammen und stimmte dem Zusammenschluß beider Mecklenburg zu. Damit hörten nach 233 Jahren seit der letzten Hauptteilung Mecklenburgs die beiden Länder auf, eigenständig zu existieren. Gleichzeitig mit diesem letzten Akt des Landtages wurde auch der Länderparlamentarismus beseitigt. Deutschland entwickelte sich zu einer zentralgeführten faschistischen Diktatur.

Zu dem Nährboden auf dem sie gewachsen war, gehörte auch in Mecklenburg als Substrat das Zerwürfnis von SPD und KPD, das Ersetzen praktischer Lösungen durch politische Profilierungssucht bei allen politischen Parteien und das Bestreben einiger industrieller und agrarischer Kreise, die parlamentarische Demokratie auszuhebeln, um das Deutsche Reich zu einem weltpolitischen Machtfaktor zu machen.

Literatur

| MSAA | Mecklenburg-Strelitzscher Amtlicher Anzeiger 1920. |
| Reichssparkommissar | Gutachten des Reichssparkommissars über die Landesverwaltung Mecklenburg-Schwerins. Berlin 1930. |
| 1918 | Das revolutionäre Jahr 1918 in Mecklenburg. Schwerin 1968. |
| Langfeld 1930 | Adolf Langfeld, Mein Leben. Schwerin 1930. |
| MN | Mecklenburger Nachrichten, Rostock. |
| VGL | Verhandlungen des Mecklenburg-Schwerinschen Landtages. Verfassunggebender Landtag. Schwerin 1920. |
| 1. OL | Verhandlungen des Mecklenburg-Schwerinschen Landtages. Erster Ordentlicher Landtag. Schwerin 1921. |
| 3. OL | Verhandlungen des Mecklenburg-Schwerinschen Landtages. Dritter Ordentlicher Landtag. Schwerin 1926. |
| MVZ | Mecklenburgische Volks-Zeitung, Rostock. |
| MZ | Mecklenburgische Zeitung, Schwerin. |

## *Wolfram Hennies*
# AUSLÄNDISCHE ARBEITER IN DER MECKLENBURGI-SCHEN LANDWIRTSCHAFT IN DER WEIMARER REPUBLIK

Seit den 90er Jahren des 19. Jahrhunderts war eine zunehmende Masseneinwanderung ausländischer Arbeiter nach Deutschland zu verzeichnen, da es durch die steigende Landflucht zur „Leutenot" in der Landwirtschaft kam. Die Industrie zog die Arbeitskräfte in die Städte und löste eine große Binnenwanderung aus. Die Mechanisierung der landwirtschaftlichen Produktion hatte zunächst den Hackfruchtbau ausgeschlossen, hier herrschte weiterhin Handarbeit vor (Elsner/ Lehmann 1988 18). Zwischen 1880 und 1893 waren noch 1,8 Mill. Deutsche nach Übersee ausgewandert, dann kam der Umbruch zur Arbeitseinfuhr: Das kaiserliche Deutschland wurde nach den USA zum zweitgrößten Arbeitskräfteimporteur der Welt (Hennies 1987). 1910 hielten sich in Mecklenburg-Schwerin 12.974 ausländische Arbeiter auf, in Mecklenburg-Strelitz 2.931. 1925 erhöhte sich der ausländische Bevölkerungsanteil in Mecklenburg-Schwerin auf 25. 489, in Mecklenburg-Strelitz auf 4.571. Damit lagen die beiden mecklenburgischen Länder mit ihrem Ausländeranteil an der Wohnbevölkerung an der Spitze in Deutschland. Von je 1.000 Personen waren in Strelitz 41,5 und in Schwerin 37,8 Ausländer. Die Masse der Ausländer stammte aus Polen. In Mecklenburg-Schwe-rin waren 1925 unter den Ausländern 22.384 und in Mecklenburg-Strelitz 3.824 Polen (Statistik 1930).
Vor dem 1. Weltkrieg waren die ausländischen Wanderarbeiter vorrangig aus Russisch-Polen und der Österreichisch-Ungarischen Ukraine (Ruthenien) gekommen. Hinzu kamen Polen aus Preußisch-Polen als inländische Wanderarbeiter. Im Krieg waren zudem Kriegsgefangene, vor allem aus Rußland, in der mecklenburgischen Landwirtschaft eingesetzt. Der Rückkehrzwang (Karenzzwang) (Nichtweiß 1958 138ff.) – zwischen dem 15.12. und 15.2. mußten die Ausländer Deutschland verlassen, um deren Seßhaftwerden zu verhindern – war während des Krieges und in den ersten Jahren der Weimarer Republik wegen der Inflation ausgesetzt worden, so daß sich die Tendenz der Seßhaftigkeit verstärkte. Am 10.12.1923 bestimmte ein Erlaß in Mecklenburg-Schwerin, daß diejenigen Schnitter, die sich selbst Arbeitsgelegenheit im Lande beschafften, in Mecklenburg verbleiben durften (Regierungsblatt 1923 909).
In den 20er und 30er Jahren beantragten und erhiel-

ten viele dieser polnischen Landarbeiter und ihre in Deutschland geborenen Kinder die deutsche Staatsbürgerschaft. Noch heute finden sich polnische Familiennamen in vielen mecklenburgischen Dörfern, wie z.B. für Raduhn belegt ist (Raduhn 1964 115ff.).
Während im Kaiserreich jeder Arbeitgeber soviel Ausländer beschäftigen durfte, wie er wollte, kam es in der Weimarer Republik zu staatlichen Reglementierungen. Die deutsche Regierung verkündete am 9.3.1920 folgende Grundsätze der Ausländerbeschäftigung:
– ausländische Arbeiter sind nur dort zu beschäftigen, wo deutsche Arbeitskräfte fehlen (Inländerprimat)
– gleiche Tarifbedingungen und Arbeitszeit (Gleichstellung)
– Erörterung der Bedürfnisfrage mit Vertretern von Unternehmern und Arbeitervertretern des jeweiligen Bezirkes (Genehmigungsverfahren mit sich anschließender Kontingentierung).
Schon am 28.12.1920 bestimmte das Mecklenburg-Schwerinsche Ministerium für Landwirtschaft, Domänen und Forsten, Abteilung für Sozialpolitik, daß die Anträge der Arbeitgeber auf Zuweisung ausländischer Arbeiter von einem paritätisch zusammengesetzten Sonderausschuß geprüft werden müssen. (MLHA MdI 16195). Die staatlichen Reglementierungen hielten so die Ausländerbeschäftigung in den Grenzen des Ersatz- und Zusatzbedarfes auf dem Arbeitsmarkt (Bade 1980 169).
Die Anwerbung und Vermittlung der ausländischen Arbeiter übernahm die Deutsche Arbeiterzentrale (DAZ) (Regierungsblatt 1922 756), die eine Dienststelle in Güstrow betrieb und grüne Legitimationskarten für einen Arbeitsaufenthalt, der auf ein Jahr bis zum 15. Dezember bei einem festgelegten Arbeitgeber begrenzt war, ausstellte (Regierungsblatt 1926 85). Diese Karte galt als Paßersatz. Dem Legitimationszwang unterlagen alle in Deutschland beschäftigten ausländischen Arbeiter (Regierungsblatt 1922 63ff.). Derjenige ausländische Landarbeiter, der seit dem 1.1.1913 ununterbrochen in Deutschland gearbeitet hatte, erhielt laut § 2 der Verordnung über die Einstellung und Beschäftigung ausländischer Arbeiter vom 2.1.1923 einen Befreiungsschein, der einen zeitlich unbegrenzten Aufenthalt in Deutschland ermöglichte (Reichsarbeitsblatt 1923 43). Durch die Verbindung von Legitimationszwang und Ausweisungskompetenz ohne ge-

*Schnitterkaserne Alt Schwerin*
*(Foto: Mecklenburgisches Volkskundemuseum*
*Schwerin-Mueß)*

setzliche Grundlage waren Strafbestimmungen gegen Kontraktbruch geschaffen worden (Dohse 1981 10), so daß der ausländische Landarbeiter faktisch an seine Arbeitsstelle gebunden war. Die ausländischen Arbeiter verkauften ihre Arbeitskraft auch zu den drückendsten Lohnbedingungen, da sie in ihrer Heimat gar keine Arbeit fanden (Hennies 1988 66ff.). Dieses Leben zogen sie immer noch dem Hungertode in ihrem Heimatlande vor, waren aber dadurch der Willkür der Unternehmer ausgesetzt. Besonders traf dies auf sich illegal in Deutschland aufhaltende und illegal beschäftigte Schnitter zu. Zeitgenossen berichten: *„Die Armut der Schnitter ist durchweg außerordentlich groß, ihre Habe schleppen sie auf den Reisetransporten mit sich, Kleidungsstücke zum Wechseln besitzen sie nur wenig, es kommt vor, daß sie nur eine einzige Bekleidungsgarnitur besitzen"* (Siebert 1930 28). *„Die Wohnungen der ausländischen Arbeiter auf den Gütern waren früher direkt grauenerregend. Frauen und Kinder wurden in Ställen, Scheunen und auch auf Bodenräumen einquartiert und schliefen durcheinander wie das Vieh auf Stroh, das einfach auf die Erde ausgebreitet war"* (Müller 1929 25). Da sich die ausländischen Arbeiter mit primitiven Wohnverhältnissen zufriedengaben, kamen sie den Gutsbesitzern trotz gleichem Lohn billiger als deutsche Landarbeiter (v. Schulz 1939 3f.).

Nur wenige Gutsbesitzer, wie H. Schlutius in Karow und Alt-Schwerin, ließen vor dem ersten Weltkrieg moderne „Schnitterkasernen" errichten, in denen bis zu 100 Saisonarbeiter untergebracht werden konnten. Entgegen der volkstümlichen Bezeichnung „Schnitter" wurden die Ausländer nicht in der Getreideernte sondern im Hackfruchtanbau (Rüben und Kartoffeln) eingesetzt, wobei von einer wöchentlichen Arbeitzeit von 60 Stunden ausgegangen werden muß. 1927 betrug das Verhältnis 22 % Männer, 7 % Burschen, 71 % Frauen, woraus ersichtlich ist, daß vor allem ausländische

Frauen und Mädchen Hackfruchtpflege und -ernte übernahmen (Zentrales Staatsarchiv Merseburg Rep. 87 B 123).

1923 legte die Reichsarbeitsverwaltung fest, daß Betriebe, die weniger als 50 Morgen Rüben oder Kartoffeln anbauten, keine ausländischen Arbeiter erhalten. Als Richtlinie für 1924 galt pro Schnitter 4-5 Morgen Zuckerrüben bzw. 7-8 Morgen Futterüben bzw. 10 Morgen Kartoffeln (MLHA MdI 16195). Schnittergruppen unter fünf Personen wurden nicht genehmigt, so daß die Ausländer nur auf größeren Landwirtschaftsbetrieben eingesetzt wurden. Das Landesamt für Arbeitsvermittlung Mecklenburg-Lübeck stellte am 11.1. 1924 zum Genehmigungsverfahren allerdings fest: *„Sodann konnten nur noch Wirtschaften mit größeren sonstigen Hackfruchtflächen und solche mit besonderen Verhältnissen (schlechte Unterkunftmöglichkeiten und Lage) die Genehmigung zur Beschäftigung einer geringen Anzahl ausländischer Arbeiter erteilt werden."* So bekam die Gutsverwaltung Sorgenlos (Gr. Gievitz, Klein Plasten bei Waren), die keinen Zuckerrübenbau betrieb, elf Schnitter genehmigt (MLHA MdI 16196). Dagegen wurde am 1.6.1923 der Ackerbürger Herrmann Fretwurst vom Rat der Stadt Ribnitz aufgefordert, den von ihm seit 1917 beschäftigten ehemaligen russischen Kriegsgefangenen Iwan Ustinow binnen 14 Tagen aus der Arbeit zu entlassen. Ustinow wollte in Deutschland bleiben, deshalb bat er das Landesamt für Arbeitsvermittlung, ihm eine andere Arbeitsstelle nachzuweisen. Die Stadt Ribnitz befürwortete diesen Antrag, doch die Zentralauskunftstelle für den Arbeitsmarkt antwortete abschlägig (MLHA MdI 16195).

Schwierig gestalteten sich zunächst die Beziehungen zur Republik Polen, da wegen der unterschiedlichen Positionen keine Einigung in Sicht schien. Die polnische Seite wollte die Arbeit ihrer Staatsangehörigen in Deutschland ohne bilateralen Migrationsvertrag verhindern. Die mecklenburgische Regierungsposition zu den Vertragsverhandlungen mit Polen war folgende: Mecklenburg habe großes Interesse an einer Verhandlungsregelung mit Polen, da deutsche Arbeitslose nur mit wechselndem Erfolg aufs Land vermittelt werden konnten. Städtische Arbeitslose seien für den Zuckerrübenbau ungeeignet, deutsche Landarbeiter nur in geringem Maße verwendbar. Ausländische Arbeiter seien am besten und darum für die mecklenburgische Landwirtschaft unentbehrlich (MLHA MdI 16195). Während ein vorübergehend eingestellter deutscher Erwerbsloser nur 2 Morgen Rüben rodete, schaffte eine ständige deutsche weibliche Arbeitskraft 3,6 Morgen, ein ausländischer Wanderarbeiter aber 5,8 Morgen, wie der Hauptgeschäftsführer der landwirtschaftlichen Arbeitgeberverbände der Magdeburger Börde feststellte (ZSTA Merseburg Rep. 87 B 231). So gerieten die Schnitter in die Kollisionszone von politischen und ökonomischen Interessen, hinzu sind die Schwierigkeiten mit Einheimischen zu zählen, welche die Ausländer als Konkurrenz betrachteten und als Ventil für ihre eigene unbefriedigende soziale Lage nutzen. Wenngleich die meisten der polnischen Landarbeiter die deutsche Sprache beherrschten, was ihre Integration ins tägliche Leben erleichterte, gab es doch erhebliche kulturelle Unterschiede zur deutschen Bevölkerung, die immer wieder zu Reibungspunkten führten. Dazu ist an erster Stelle die Religion zu nennen. Im evangelischen Mecklenburg verstärkte der Katholizismus der Polen deren Minderheitenstatus. Hinzu kamen die anderen kulturellen Sitten. Nicht zuletzt ist die in jeder Hinsicht auffallende Anspruchslosigkeit zu nennen.

Am 28.12.1923 richtete die Landeskommission der freien Gewerkschaften Mecklenburgs eine Eingabe an die Regierung: *„Mit Rücksicht darauf, daß die Erwerbslosenzahl in Mecklenburg ganz enorm gestiegen ist, bitten wir, daß die ausländischen Arbeiter auf dem schnellsten Wege aus Mecklenburg ausgewiesen werden."* Die Abteilung für Sozialpolitik im Landwirtschaftsministerium antwortete am 11.1.1924: *„Zu einer allgemeinen Ausweisung der Ausländer aus Mecklenburg-Schwerin ist das unterzeichnete Ministerium nicht in der Lage. Es hat sich zunächst bemüht, die ausländischen Landarbeiter aus Mecklenburg-Schwerin für eine Übergangszeit zu entfernen, ist aber schon dabei auf den Widerstand der polnischen Regierung gestoßen, der bis zur Androhung von Repressalien gegangen ist, die im Interesse des Deutschtums in Polen vermieden werden müssen"* (MLHA MdI 16196). Außerdem war sich die Ministerialbürokratie einig: *„Die ausländischen Arbeiter hat der Arbeitgeber sicher, die einheimischen Erwerbslosen nicht"*, wie bei einer Besprechung im Mecklenburg-Schwerinschen Innenministerium vom Vorsitzenden des Landesarbeitsamtes Karsten festgestellt wurde (MLHA MdI 16196).

Ausländerbeschäftigung war nicht nur ein finanziell lukratives Geschäft für den Gutsbesitzer: *„Die Rostocker Gauleitung (des Landarbeiterverbandes) meint, daß von einem Arbeitermangel nur auf den allerwenigsten Gütern etwas zu merken ist. Es handelt sich dabei meistens um Betriebe, bei denen die Leute durch die außerordentlich rückständigen Arbeitsbedingungen und die Behandlungsmethode immer wieder vertrieben werden"* (Der Landarbeiter Nr. 21 vom 1.11.1927).

Die deutsch-polnischen Verhandlungen kamen 1925 stärker in Fluß, weil deutscherseits massiver Druck ausgeübt wurde. So wies die Mecklenburg-Schwerinsche Regierung in einer streng vertraulichen Anweisung an die Amtshauptleute und Räte der Städte vom 10.12.1925 an, möglichst viele polnische Landarbeiter zur Rückkehr nach Polen zu bewegen und diese zur Grenze zu transportieren: *„Eine Entlassung der Ar-*

*beiter, ohne daß der Arbeitgeber dafür Sorge trägt, daß sie an die Grenze kommen, würde vaterländische Interessen aufs Spiel setzen".* Auch sollte dem Verlangen des polnischen Konsulats auf *„Ausfüllung von Fragebogen zwecks Erlangung von Ausreisedokumenten für die polnischen Wanderarbeiter"* nicht entsprochen werden (MLHA MdI 16198). Ohne Pässe hatte die polnische Regierung keine Übersicht über die Zahl ihrer in Deutschland arbeitenden Staatsbürger. Am 24.11.1927 wurde dann ein Vertragswerk unterzeichnet, das den vor dem 1.1.1919 nach Deutschland gekommenen Wanderarbeitern das Recht gab zu bleiben. Die danach Gekommenen wurden wieder in die Wanderbewegung eingereiht (RABl. II 8.Jg. 1).

Seit 1925 war die Zahl der ausländischen Arbeiter kontingentiert, wobei es zu ständigen Differenzen zwischen geforderter und bewilligter Zahl kam. Das mecklenburgische Innenministerium hatte 1924 nur 12.000 Ausländer, dagegen der Landbund 25.000 vorgeschlagen. Mit Zustimmung des Präsidenten der Reichsarbeitsverwaltung wurden dann 16.221 ausländische Landarbeiter legitimiert, obwohl es in Mecklenburg-Schwerin 1924 etwa 10.000 Erwerbslose gab (MLHA MdI 16196). Der Landbund in Mecklenburg-Schwerin gab Anfang 1926 einen Bericht an das mecklenburgische MdI über die mit einheimischen Arbeitskräften gemachten Erfahrungen. Diese zeigten geringe Arbeitsleistungen und wanderten auch zum Straßen- und Bahnbau ab wegen des besseren Verdienstes (MLHA MdI 16198). Am 24.12.1925 protestierte der Baltische Zweigverein der Deutschen Zuckerindustrie beim Mecklenburg-Schwerinschen MdI gegen die beabsichtigte Kontingentkürzung (MLHA MdI 16198).

Ein Beispiel für die Praxis der Nachbewilligung liefert das Gut Schlieven/Bergrade (Mecklenburg-Schwerin). Dem Gutsbesitzer Hans Ehlers waren vom Landesarbeitsamt 15 Schnitter bewilligt worden. Am 26.3.1925 schrieb er dorthin: *„Es ist mir unmöglich, mit den mir zur Verfügung stehenden Leuten die Wirtschaft ordnungsgemäß aufrechtzuerhalten."* Im Antwortschreiben des Landesarbeitsamtes vom 8.4.1925 wird dem Gutsbesitzer mitgeteilt, daß ihm 41 ausländische Landarbeiter genehmigt wurden, hinzu kommen noch drei weitere, die ihm nachbewilligt wurden. Zwei langjährig bei ihm beschäftigte Polen erhielten einen Befreiungsschein und unterlagen damit nicht mehr dem Karenzzwang (MLHA MdI 16197).

Ein Beispiel für die laxe Handhabung der rechtlichen Bestimmungen den Gutsbesitzern gegenüber liefert Hans Graf Wilamowitz-Möllendorf, der auf seinem Gut Hohen Niendorf bei Wismar 12 Ausländer unerlaubt beschäftigte. Der Graf weigerte sich, Gebühren an das Landesarbeitsamt Schwerin für die Beschaffung ausländischer Arbeiter zu zahlen. Die Zuckerfabrik Wismar erbot sich, 33,60 RM (die Reisekosten für zwei abgeschobene Polen) zu zahlen. Im Ergebnis erhielt der Graf nachträglich 30 Ausländer durch den Amtshauptmann in Bad Doberan legitimiert und mußte nur 30 RM Strafe zahlen, so daß die Strafe geringer ausfiel als die offiziellen Beschaffungskosten (MLHA MdI 16197). Die Beschaffung eines ausländischen Arbeiters durch die DAZ kostete 1931 den Arbeitgeber ohne die Fahrkosten von der deutschen Grenze zur Arbeitsstelle 14 Reichsmark (davon 1 Einschreib-, 6 Verwaltungs-, 4 Legitimationsgebühr und 3 Reichsmark Auslandsunkosten) (ZSTA Merseburg Rep. 87 B 239).

Zu folgenden Bedingungen wurden im September 1922 in Mecklenburg polnische Landarbeiter beschäftigt, wobei die unterschiedliche Deputatleistung ins Auge fällt. Als Lohn waren festgelegt 9 Mark pro Stunde für Männer, 8 Mark für Frauen und Jungen (die hohe Summe hat ihre Ursache in der Inflation). Alt-Vorwerk, Kreis Dargun: wöchentliches Deputat pro Person: 7 Pfund Brot, 1/2 Pfund Schmalz, 30 Pfund Kartoffeln, 1 Pfund Roggenmehl, 1 Pfund Erbsen, 1/2 Pfund Salz, täglich 3/4 Liter Milch. Vorwerk Schwarzenhof, Kreis Waren: 8 Pfund Brot, 1/2 Pfund Speck, 200 g Butter, 30 Pfund Kartoffeln, 2 Pfund Mehl, 1 Pfund Grütze, 1 Pfund Salz, 1/2 Liter süße und 1/2 Liter saure Milch (ZStA Merseburg Rep. 87 B 226). Auffällig ist das Fehlen von Fleisch.

1930 wurde durch Schiedsspruch in Pommern folgende Bezahlung für ausländische Wanderarbeiter festgelegt: Barlohn 23 Pfennig, Wochendeputat: 23 Pfund Kartoffeln, 7 Pfund Brot, 1 Pfund Roggenmehl, 2 Pfund Graupen, 1/2 Pfund Schmalz, 1/2 Pfund Salz, 3 1/2 Liter Milch, Wohnung und Feuerung. Diese Leistung wurde vom Landarbeiterverband mit 6,55 Reichsmark bewertet. Bei einer Wochenarbeitszeit von 60 Stunden sind dies 11 Pfennig pro Stunde, gesamt also 34 Pfennig. Im Kreis Angermünde bekam ein deutscher Landarbeiter 41,44 Pfennig, in Prenzlau 48 Pfennig, in Templin 42,39 Pfennig. Ein Ausländer erhielt überall nur 33 Pfennig (Abend 352 vom 30.7.1930).

Das Landesarbeitsamt Mecklenburg-Lübeck schrieb am 9.9.1925 an die Reichsarbeitsverwaltung: *„Will man den berechtigten Wünschen der Landwirtschaft nach möglichst freier Wirtschaft entsprechen, so wird es nicht zu umgehen sein, das Genehmigungsverfahren insofern zu lockern, als nicht unbedingt an der kontingentierten Höchstzahl festgehalten werden muß"* (MLHA MdI 16198).

Befürchtungen der „polnischen Überfremdung", die nationalistische Kreise, vor allem die DNVP, vehement vertraten, wurden von der SPD und DDP als Propaganda entlarvt. Dazu erklärte Ernst Lemmer (DDP) 1928 im Reichstag: *„Die vielgepriesene Vaterlandsliebe mancher Grundbesitzer hört eben dort auf, wo der heißbegehrte polnische Arbeiter, der 'billig' und 'willig' ist, anfängt."* (Verhandlungen) *„Es arbeitet sich ja auch zu bequem mit den polnischen Arbeitern, die in kultureller und sozialer Hinsicht so gut wie keine Ansprüche stellen, die sich mit einer dürftigen Massenunterkunft in einer Baracke zufrieden geben, wo sie vielfach auf langen Pritschen in Reih und Glied die Nächte zubringen und auf ihre Art den 'Zauber' des Wanderarbeiterdaseins genießen; die bei Wind und Wetter ihr Tagewerk ohne Murren verrichten, ein hör- und fühlbares Aufmuntern zur Arbeit selten tragisch nehmen und die man bei gegebenem Anlaß auch fortschicken kann, die froh und dankbar sind, wenn sie auch den Winter hindurch bei dem üblichen Deputat und 12-15 Pf. Stundenlohn dableiben dürfen. Es sind bedürfnislose und darum 'prächtige' Menschen, sie sind entschieden 'besser' und 'beliebter' als die deutschen Arbeiter"* (Flemke 1926).

In der Weltwirtschaftskrise sank die Zahl der in Mecklenburg beschäftigten ausländischen Landarbeiter stark ab. 1933 wurden nur noch 13.539 gezählt, (Statistik Bd. 451, Heft 4, 1936 12, 52ff.) was eine Verringerung von 56,7 % gegenüber 1925 bedeutet.

Erst nach 1937 stiegen diese Zahlen wieder erheblich an, um durch den Zwangsarbeiter- und Kriegsgefangeneneinsatz während des zweiten Weltkrieges unter unmenschlichen Bedingungen Massenausmaß anzunehmen.

Literatur

| Bade 1980 | K. Bade, Arbeitsmarkt, Bevölkerung und Wanderung in der Weimarer Republik, in: Die Weimarer Republik, hrsg. von M. Stürmer, Königstein/Ts. 1980. |
| Dohse 1981 | K. Dohse, Ausländische Arbeiter und bürgerlicher Staat. Königstein/Ts. 1981. |
| Elsner/Lehmann 1988 | Lothar Elsner, Jochen Lehmann, Ausländische Arbeiter unter dem deutschen Imperialismus. Berlin 1988. |
| Flemke 1926 | H. Flemke, Die Ausländerbeschäftigung in der ostelbischen Landwirtschaft, in: Arbeit und Beruf, Nr. 6 vom 25.3.1926. |
| Hennies 1987 | Wolfram Hennies, Die Ausländerpolitik in der Weimarer Republik, Phil. Diss. Rostock 1987. |
| Hennies 1988 | Wolfram Hennies, Zur sozialen Lage ausländischer Arbeiter in der Weimarer Republik, in: Fremdarbeiterpolitik des Imperialismus, Heft 19, Rostock 1988. |
| Müller 1929 | A. Müller, Die soziale Lage der ausländischen Arbeiter im deutschen Wirtschaftsleben. Staatswiss. Diss. Würzburg 1929. |
| Nichtweiß 1958 | J. Nichtweiß, Die ausländischen Saisonarbeiter in der Landwirtschaft der östlichen und mittleren Gebiete des Deu schen Reiches 1890-1914. Berlin 1958. |
| Raduhn 1964 | 700 Jahre Raduhn. Raduhn 1964. |
| Regierungsblatt | Regierungsblatt für Mecklenburg-Schwerin, Jg. 1922, 1923 und 1926. |
| v. Schulz 1939 | F.-J. von Schulz, Die rechtliche Stellung der ausländischen Landarbeiter in Deutschland, Jur. Diss. Köln 1939. |
| Reichsarbeitsblatt | Reichsarbeitsblatt (RABl) 1923. |
| Siebert 1930 | K. Siebert, Sozialhygienische Verhältnisse bei ländlichen Saisonarbeitern. Med. Diss. Greifswald 1930. |
| Statistik | Statistik des Deutschen Reiches. |
| Verhandlungen | Verhandlungen des Reichstages Bd. 395, Berlin 1928, 382.Sitzung, 15.12.1928. |

## Kathrin Möller

# VON FOKKER BIS HEINKEL – DIE MECKLENBURGISCHE FLUGZEUGINDUSTRIE VON IHREN ANFÄNGEN BIS 1945

In der ersten Hälfte des 20. Jahrhunderts war Mecklenburg ein Agrarland, in dem die Industrie eine geringere Rolle spielte. Interessanterweise gaben dieser Industrie weniger die in den 1930er Jahren expandierenden Flugzeugwerke das Gepräge, als vielmehr die kleineren Betriebe, die Erzeugnisse des einheimischen Bodens weiterverarbeiteten. Wenn Mecklenburg durch die nationalsozialistische Propaganda trotzdem zum "Land der Flieger und Flugzeugbauer" hochstilisiert wurde, liegt das u.a. an einer zweifellos bemerkenswert rasanten Entwicklung der Luftfahrtindustrie an der Ostseeküste, aber auch an der Faszination, die jene High-Technologie auf die Zeitgenossen ausübte. Die aus heutiger Sicht beeindruckende, vor allem aber nachdenkenswerte Geschichte des Flugwesens in Mecklenburg begann wenige Jahre vor Ausbruch des Krieges.

20 Jahre waren seit den ersten "Luftsprüngen" des Anklamers Otto Lilienthal vergangen, als der erste deutsche Wasserflugmaschinenwettbewerb in Heiligendamm stattfand. Ende August 1912 versammelten sich dort "tollkühne" Männer, die von vielen noch als Tüftler und Phantasten belächelt, erste Luftsprünge versuchten. Durchaus ernsthaft hingegen verfolgte die Reichsmarine diesen Wettbewerb, den sie finanziell maßgeblich unterstützte (Stutz 1992). Dabei hatten führende deutsche Militärs der Entwicklung des Flugzeugs anfangs sehr skeptisch gegenübergestanden und den Bau von Luftschiffen favorisiert. Daß sich diese Einstellung ab 1910 änderte, war der Sorge geschuldet, Frankreich, das schon frühzeitig die militärische Bedeutung der Flugmaschinen erkannte und darum förderte, auf diesem Gebiet nicht mehr einholen zu können (Groehler 1981 14). Das Flugzeug war im Gegensatz zum Luftschiff für eine zivile Nutzung noch nicht reif. So hing die Existenz der jungen Flugzeugindustrie weitgehend von Heeresaufträgen ab.

Militärische Gesichtspunkte spielten auch bei den im Herbst 1913 beginnenden Arbeiten zur Errichtung des Flugplatzes in Warnemünde eine große Rolle. Dort sollte im Sommer 1914 der zweite Segelflugwettbewerb stattfinden, der jedoch, noch bevor er richtig startete, abgebrochen wurde. Der Erste Weltkrieg hatte begonnen. Die in Warnemünde zum Wettbewerb vorbereiteten Flugzeuge wurden sofort eingezogen (Koos 1990 13).

Von dem nun einsetzenden Boom der Luftfahrtindustrie, die den unersättlichen Bedarf des Militärs kaum decken konnte, profitierte u.a. auch Antonie Fokker. Ernst Heinkel notierte über ihn, daß er aus den Anfangsjahren der Fliegerei nur wenige Gestalten in Erinnerung hätte, vor allem aber einen: Fokker (Heinkel 1953 38). Der damals erst 23jährige galt als unerschrockener Pilot, genialer Konstrukteur und Unternehmer. Im Sommer 1913 empfahl die Generaldirektion des Militärwesens dem jungen Holländer, er solle seinen Betrieb von Johannisthal bei Berlin – dort waren mehrere Flugzeugunternehmen konzentriert – nach Schwerin-Görries verlegen. Zu Beginn des Krieges beschäftigte Fokker rund 250 Arbeitskräfte, mit denen er 80 Maschinen baute. Vier Jahre später zählte der Betrieb bereits ca. 2.000 Beschäftigte (Remmel 1990).

Das Schweriner Werk, das mit handwerklichen Produktionsmethoden mehr als 3.000 Flugzeuge für die Front gefertigt haben soll (Koos 1993 18), gehörte – obwohl mit seinen leichten Holzbaracken und Hilfsbauten eher wie eine provisorische Werkstatt wirkend – zu den größten Betrieben des Landes. Hier wurde u.a. der Dreidecker "Fokker-Dr-I" entwickelt, mit dem der Jagdflieger Manfred von Richthofen den Mythos vom "ritterlichen Töten" erfand.

Nach Kriegsende, dem der Versailler Vertrag und das Verbot des Flugzeugbaus in Deutschland folgten, verschwand Fokker aus Schwerin. In einer "Nacht-und-Nebel-Aktion" schmuggelte er Flugzeuge, Maschinen und Material an den deutschen Behörden vorbei in die Niederlande, wo er mit Schweriner Fachpersonal die "Fokker-Vliegtuigenfabrik" gründete (Koos 1993 20). So plötzlich das Unternehmen entstanden war, so plötzlich entschwand es. Das Schweriner Werk erlebte zwar eine rasante Entwicklung und schwindelnden technischen Fortschritt, prägte die industrielle Entwicklung dieser Region aber kaum.

Anders in Rostock. Das wirtschaftliche Leben der größten Stadt Mecklenburgs wurde im wesentlichen durch seine geografische Lage bestimmt. Kleinere Bootswerften, vor allem aber die Neptunwerft – bis zum Ende der 1920er Jahre der größte Betrieb des Landes – etablierten sich hier aufgrund der Ostseelage. Der Umstand, daß die Stadt inmitten einer agrarisch bestimmten Region lag, prägte den hiesigen Großhandel, die Handelsschiffahrt sowie die verarbei-

*Antonie Fokker auf einer Postkarte um 1915
(Mecklenburgisches Volkskundemuseum
Schwerin-Mueß)*

tende Industrie. Kurzzeitig gewann auch der Luftverkehr an Bedeutung. In den 1920er Jahren starteten Passagierflugzeuge von Warnemünde aus nach Dänemark und Schweden (Weber 1927 60f.). Die "Deutsche Luft-Reederei" richtete 1919 eine Flugstrecke Berlin – Warnemünde ein (Eschenburg 1929 305). Zur gleichen Zeit wuchsen die Flugzeugunternehmen, deren Grundstein in Rostock-Warnemünde lagen.

Auf dem dortigen "Neuen Lande" hatte sich während des Krieges ein Zweigbetrieb der Flugzeugbau Friedrichshafen GmbH angesiedelt und Seeflugzeuge produziert. Nach dem Waffenstillstand Ende 1918 mußte mit dem Bau von Kleinschiffen und Möbeln begonnen werden. Die dortigen Anlagen sowie der Facharbeiterstamm blieben erhalten. Bis 1925 wurde die Flugzeugproduktion eingestellt. In jenem Jahr wechselte die Werft, die zwischenzeitlich dem Stinneskonzern angegliedert worden war, erneut den Besitzer. Sie gehörte nun zur Arado-Handels GmbH und wandte sich erneut dem Bau und Vertrieb von Flugzeugen zu. Noch im selben Jahr wurde das erste Modell entwickelt (Jaeckel 1938 289; Bünger 1931 357).

Der Flugzeugbau war zur damaligen Zeit eine empirische Angelegenheit und verlief recht unbürokratisch. Bei den ersten Maschinen waren Rumpf, Leitwerk und Tragflächen aus Holz gefertigt, mit Sperrholz beplankt und stoffbespannt. Diese Bauweise war billig und erforderte nur einfache Werkstätten. Aus Gründen der Sicherheit ging man zur Gemischtbauweise über. Die Pläne des neuen Typs befanden sich im wesentlichen nur im Kopf des Chefkonstrukteurs; nur wenige Einzelteile wurden am Reißbrett gezeichnet. So baute die Belegschaft hauptsächlich nach seinen mündlichen Angaben. "Richtig über den Daumen gepeilt," so lautete damals das Geheimnis aller Konstrukteure.

Derjenige, der in Rostock am erfolgreichsten "peilte" und die Entwicklung des Flugzeugs mehr und mehr zu einer wissenschaftlichen Angelegenheit machte, war der Schwabe Ernst Heinkel.

Der aus Grundbach bei Stuttgart stammende Heinkel arbeitete, bevor er nach Rostock kam, u.a. als erfolgreicher Konstrukteur bei den Albatros-Werken in Berlin-Johannisthal und den Caspar-Flugzeugwerken in Travemünde. Als die Entente 1922 das absolute Bauverbot für Flugzeuge in Deutschland aufhob, entschloß sich Heinkel, sich von Caspar zu trennen und ein eigenes Werk in Warnemünde zu gründen. Damals dachte wohl noch niemand daran, daß sich dieser 15-Mann-Betrieb einige Jahre später zu einem Großbetrieb mausern und die Entwicklung der Stadt Rostock entscheidend prägen würde. Von wesentlicher Bedeutung waren dabei die Arbeitsmaximen Heinkels, der, um sein Werk halten und ausbauen zu können, jeden Auftrag annahm. Dabei war es egal, ob es sich um den Bau verbotener Militärmaschinen oder ziviler Maschinen handelte. Demzufolge gehörte nicht nur die Reichs-wehr zu den Auftraggebern, sondern auch die USA, Japan und Schweden. Ein weiteres Erfolgsrezept Heinkels bestand darin, Spitzenkonstrukteure an sich zu binden, ohne die ein leistungs- und konkurrenzfähiger Flugzeugbau nicht möglich war. Der Manager Heinkel, der den Anstoß für neue Entwicklungen gab, der Konstrukteuer Karl Schwärzler und die Projektingenieure Siegfried und Walter Günther bildeten ein äußerst erfolgreiches Viergestirn. Dieser Teamarbeit entsprang u.a. die He 70, ein nach aerodynamischen Gesichtspunkten gebautes Schnellverkehrsflugzeug (Köhler 1983).

Der "Heinkel-Blitz", wie die He 70 auch genannt wurde, entstand im Auftrag der Deutschen Lufthansa. Da sich die Flugsicherheit beträchtlich erhöht hatte, erlebte die Verkehrsluftfahrt in den 1920er Jahren einen ersten Aufschwung. Im Wettbewerb mit den Bodenverkehrsmitteln konnte das Flugzeug aber nur gewinnen, wenn es gelänge, die damals durch die Bahn bedeutend gesteigerte Reisegeschwindigkeit zu überbieten. Die Ernst-Heinkel-Flugzeugwerke erfüllten diese Anforderung meisterlich. Ihr Flugzeug übertraf die Leistungen der bis dahin schnellsten Maschine, der amerikanischen Lockheed "Orion", deutlich (Gablenz 1937 55f.).

Dank der erfolgreichen Entwicklungsarbeit in den Heinkelwerken, die einen stetigen Absatz sicherte, gehörte dieser Betrieb zu den wenigen wirtschaftlich stabilen Flugzeugfirmen in Deutschland (Koos 1987 26) – und das mitten in den Jahren der Weltwirtschaftskrise. 1932 zählte das Unternehmen mit rund 1.000 Betriebsangehörigen zu den größten des Landes (Heinkel 1953 259).

Weniger erfolgreich arbeiteten hingegen die Arado-Flugzeugwerke. Insbesondere in den Jahren der Weltwirtschaftskrise kämpfte die Firma um das Überleben. Obwohl jährlich ein neuer Flugzeugtyp entwickelt wurde, blieb der erhoffte Absatz aus. Frühere Arbeiten, wie der Bootsbau und die Möbelproduktion mußten wieder aufgenommen werden.

Diese Situation wandelte sich jedoch im Jahre 1933 grundlegend.

Mit der Machtübernahme durch die Nazis am 30. Januar 1933 veränderte sich die deutsche Luftfahrtpolitik schlagartig. Zur Koordinierung der Luftrüstung erfolgte im April 1933 die Bildung des Reichsluftfahrtministeriums (RLM) unter Führung Hermann Görings. 1935 proklamierte Hitler die "Wiedererlangung der Wehrfreiheit" und durchbrach damit offen den Versailler Vertrag. Schon zu diesem Zeitpunkt verfügte die enttarnte Luftwaffe über 2.500 Flugzeuge (Wellblech 1989 30). Binnen kurzem erlebte die Flugzeugindustrie einen ungeheuren Arbeitskräftezuwachs. Von etwa 4.000 Beschäftigten im Jahre 1933 stieg die Zahl auf 30.000 im April 1934 und schließlich auf mehr als 290.000 im Oktober 1938 (Groehler 1981 206). Damit entwickelte sich dieser Wirtschaftszweig binnen weniger Jahre zu einer mächtigen Branche der deutschen Industrie. Die Fliegerei war gleichermaßen Gradmesser des technischen Fortschritts und Symbol des nationalen Wiederaufstiegs.

Bis Kriegsbeginn wuchs die Zahl der Flugzeugfirmen in Mecklenburg auf vier: die Ernst-Heinkel-Flugzeugwerke, Arado-Flugzeugwerke, Norddeutsche Dornierwerke und Walther-Bachmann-Werke.

## DORNIERWERKE WISMAR

Mit den steigenden Rüstungsaufträgen wuchs auch die Dornier-Metallbau GmbH in Friedrichshafen am Bodensee. 1934 reichten die Kapazitäten des Stammwerkes nicht mehr aus. Ein weiterer Standort mußte gefunden werden, der nicht nur Flugplätze und Eisenbahnanschlüsse bot, sondern auch eine ausreichende Anzahl an Arbeitern der Metallbranche zur Verfügung stellte. Wismar erfüllte diese Bedingungen (Stutz/Möller 1991). Der Landflugplatz wurde am Torney (Poeler Weide/Haffeld) errichtet, ein Seeflugplatz entstand in Wendorf-Seeblick. Die benötigten Werkhallen fand Dornier auf dem Gelände der ehemaligen Firma Podeus in der Kanalstraße.

Fast alle der in Wismar produzierten Maschinen, u.a. gehörten die Do 11, Do 23, der berüchtigte Bomber He 111, die Ju We 33 und die Fw 190 dazu, wurden auf den werkseigenen Flugplätzen erprobt.

Dem großzügigen Entgegenkommen der Stadt begegnete Dornier mit der Bereitschaft, 90% der Belegschaft aus dem dortigen Arbeitslosenheer zu rekrutieren. Laut Betriebsordnung sollte die Einstellung nach fachlicher und persönlicher Eignung erfolgen. Der Einzustellende sollte "unbescholten, arischer Abstammung (und) Deutscher sein" (Betriebsordnung 1939 §6, Absatz 1). Die Mitgliedschaft in der Deutschen Arbeitsfront (DAF) wurde vorausgesetzt.

Die Belegschaft war von 1.905 Anfang 1936 auf 3.364 im Jahre 1939 angestiegen und wuchs bis Juli 1944 auf einen Höchststand von 4.437 Arbeitern und Angestellten (AHW Kabinett III 1316).

## BACHMANN FLUGZEUGWERKE RIBNITZ

Die Vorgeschichte dieses Betriebes beginnt in Warnemünde. Dort gründete Walther Bachmann 1923 die erste Land- und Seeflugschule Deutschlands unter dem Namen "Aero-Sport GmbH" (Bachmann 1925 297f.). Als drei Jahre später das Flugzeugbauverbot für Deutschland mit den Pariser Verträgen weiter gelockert wurde, entschloß sich Bachmann, die Fliegerausbildung zu Gunsten des Flugzeugbaus zurückzustellen. Nunmehr ließ der ehemalige Frontflieger Land- und Seeflugzeuge in seinem Betrieb bauen und reparieren. Nach 1933 übernahm die Wehrmacht den Flugplatz in Warnemünde, so daß der Produktionsstandort der "Aero-Sport GmbH" vakant wurde und Bachmann nach Ribnitz umziehen mußte. Dort erwarb er 1934 von der Stadtverwaltung das notwendige Gelände. Wenig später, im Januar 1935, nahm der erste Teilbetrieb seine Arbeit auf, in dem v.a. Heinkelflugzeuge repariert wurden (Krambeer 1938 582f.). Viele Ribnitzer und Bewohner des Umlandes waren froh, nach den Jahren der Arbeitslosigkeit endlich Beschäftigung gefunden zu haben. Mit den Aufträgen, die insbesondere nach Entfesselung des Zweiten Weltkrieges sprunghaft zunahmen, wuchs die Zahl der Betriebsangehörigen bis Ende 1942 auf 2.375.

## HEINKEL- UND ARADOWERKE IN ROSTOCK

Auch die Rostocker Flugzeugfirmen profitierten von der Wiederaufrüstung in Deutschland. Zu den bereits im ersten Halbjahr 1933 mit Millionenkrediten geför-

*Prospekt der He 70*

derten Unternehmen gehörten neben den Heinkelwerken, denen der größte Teil der Mittel zugute gekommen war, ebenso die Arado-Flugzeugwerke in Warnemünde.

Dieser Betrieb erweiterte mit den stetig wachsenden Rüstungsaufträgen die Produktionsstätten und -anlagen sowie die Belegschaft. Arbeiteten vor 1933 nur etwa 100 in den Aradowerken, waren es 1939 bereits mehr als 3.000 und Ende 1942 ca. 4.000 bis 5.000 (Wendt 1989 5).

Im damals größten mecklenburgischen Unternehmen, den Heinkelwerken, stieg die Arbeitskräftezahl sogar von etwa 1.000 des Jahres 1932 auf ca. 9.000 im Jahre 1939 (Koos 1987 28).

Die Flugzeugindustrie Rostocks sog immer größere Arbeitermassen auf. Damit trug sie maßgeblich zur Beseitigung der Arbeitslosigkeit bei, die in Rostock bzw. Mecklenburg schneller sank als anderswo. Aufgrund der steigenden Arbeitskräftezahlen in der Rüstungsindustrie war Rostock Mitte der 1930er Jahre

zur Großstadt geworden. Mecklenburgs Entwicklung und maßgeblich die Herausbildung der Flugzeugindustrie ließ tausende oft gut ausgebildete Metallarbeiter, Techniker und Ingenieure den Weg aus Hamburg, Sachsen, dem Rheinland usw. ins Agrarland finden.

Zu Beginn der 1930er Jahre war die Ganzmetallbauweise überall im Vordringen. Aus Leichtmetall konnten äußerst wetterfeste Flugzeuge mit langer Lebensdauer hergestellt werden. Die Produktion dieser Maschinen erforderte gut eingerichtete Werkstätten mit besonderen Vorrichtungen und Spezialmaschinen. Das Denken in großbetrieblichen Dimensionen war nunmehr unerläßlich. In die neuen Hallen der Heinkelwerke in Rostock-Marienehe, wohin das einstige Warnemünder Unternehmen 1934 ausweichen mußte, hielten moderne Herstellungsverfahren Einzug, neueste fertigungstechnische Standards wurden berücksichtigt. Die recht primitiven Werkstätten der Anfangszeit verwandelten sich in einen hochmodernen Industriebetrieb. Erstmals wurde seit 1935 in Rostocker Werkstätten das Fließ- und Taktverfahren eingeführt. Damit hielt die wissenschaftliche Arbeitsorganisation in den Heinkelwerken Einzug. In vielen Unternehmen, so auch in den Flugzeugfirmen, ist zu dieser Zeit die fertigungstechnische und arbeitsorganisatorische Rationalisierungsbewegung, die bisher nur kleine Bereiche der deutschen Industrie erfaßt hatte, forciert aufgenommen worden (Hachtmann 1989 302). Der damit verbundenen Möglichkeit, Flugzeuge in Serie herzustellen, brachten die Machthaber großes Interesse entgegen. Denn nur so konnte innerhalb kurzer Zeit eine schlagkräftige Luftkriegsflotte geschaffen werden.

Allerdings wurden die Rationalisierungsbestrebungen des NS-Regimes von einer unangemessenen Forschungs- und Wissenschaftspolitik begleitet. Das fand seinen Ausdruck u.a. in einer deutlich sinkenden Investitionsrate (Hachtmann 1989 75). So wurde beispielsweise die revolutionierende Entwicklung des Strahltriebwerks in den Rostocker Heinkelwerken nicht gefördert. Dieses unter der Leitung des Physikers Papst von Ohain geschaffene Triebwerk läutete eine neue Ära der Luftfahrt ein und eröffnete den Sprung ins Jet-Zeitalter. Am 27. August 1939 startete in Rostock erstmals ein Flugzeug mit Strahltriebwerk (Heinkel 1953 393/475).

Die Arbeiterpolitik der in Mecklenburg ansässigen Flugzeugbetriebe besaß Vorbildcharakter. Die großzügige Förderung dieser Betriebe ermöglichte eine deutlich verbesserte Sozialpolitik. So wurden vor allem den Stammarbeitern Wohnungen zur Verfügung gestellt, konnte eine verbesserte Versorgung während der Arbeitszeit garantiert werden, sind Höchstlöhne bezahlt worden. Der insbesondere in den Rostocker Heinkelwerken beobachtete Zusammenhalt der "Werkgemeinschaft" beruhte auf Faktoren, wie z.B. Technikbegeisterung und unternehmerische Sozialfürsorge. Das entstandene Berufsethos der Flugzeugbauer erleichterte die Bindung der Belegschaft an den Betrieb und möglicherweise auch ihre Einbindung in das "Dritte Reich" (Möller 1991).

Mit dem Beginn des Zweiten Weltkrieges verschlechterten sich die Arbeitsbedingungen in den Flugzeugfirmen. Anfang der 1940er Jahre wurden die Produktionsanlagen dezentralisiert, so daß fernab von den durch Bombenangriffe gefährdeten Zentren Zweigbetriebe entstanden. Ein Teil der Belegschaft hatte Einberufungsbefehlen zu folgen. Das Beschäftigtenmanko ist z.T. durch die Einstellung von Frauen ausgeglichen worden, in der Hauptsache jedoch durch Arbeitskräfte der überfallenen Staaten. Mit dem Einsatz tausender Zwangsarbeiter und Kriegsgefangener verbindet sich ein besonders dunkles Kapitel in der Geschichte des mecklenburgischen Flugzeugbaus. Ausländeralltag bedeutete vor allem harte Arbeit, schlechte Versorgung und oft schikanöse Behandlung. Auf der untersten Stufe der Zwangsbeschäftigung standen die KZ-Häftlinge, die beispielsweise in einem Zweigbetrieb der Heinkelwerke in Barth unmittelbar der "Vernichtung durch Arbeit" ausgesetzt waren. Der Umfang des Ausländereinsatzes läßt sich nicht genau bestimmen. In den Rostocker Heinkelwerken arbeiteten 1942 mehr als 5.000 Zwangsarbeiter und Kriegsgefangene (Archiv Heinkelwerke Stuttgart). Es ist zu vermuten, daß die hohen Arbeitskräftezahlen aller Flugzeugfirmen während des Krieges dem hohen Einsatz ausländischer Beschäftigter geschuldet sind. Insofern muß der oft mit Staunen registrierte Umstand, daß in diesen Betrieben trotz umfangreicher Bombenschäden 1944 der höchste Produktionsausstoß erzielt wurde, vor allem der Arbeitszeitverlängerung der deutschen Beschäftigten und eben der tausendfachen Ausbeutung ausländischer Arbeitskräfte zugeschrieben werden.

Mit dem Einmarsch der Roten Armee im Mai 1945 endet die Geschichte der mecklenburgischen Flugzeugwerke. Die durch zahlreiche Bombardierungen teilweise beschädigten Werke wurden in den folgenden Monaten vollständig demontiert. Tausende gut ausgebildete Facharbeiter, Techniker und Ingenieure fanden später in der entstehenden Werftindustrie eine neue Beschäftigungsmöglichkeit.

Literatur

| Bachmann 1925 | Walther Bachmann, Mecklenburgische Fliegerschule, in: Mecklenburgische Monatshefte 1925 297f. |
| Betriebsordnung 1939 | Betriebsordnung für Dornierbetriebe. Wismar 1939. |
| Bünger 1931 | P. Bünger, Flieger in Warnemünde, in: Mecklenburgische Monatshefte 1931 357. |
| Eschenburg 1929 | Karl Eschenburg, Unser Anteil am zehnjährigen Luftverkehr, in: Mecklenburgische Monatshefte 1929 305. |
| Gablenz 1937 | Carl August Freiherr von Gablenz, Die Bedeutung der He 70 für die Entwicklung der Europäischen Handelsluftfahrt, in: Kameradschaft der Luft. Festschrift anläßlich des 50. Geburtstags von Ernst Heinkel. Berlin 1935. |
| Groehler 1981 | Olaf Groehler, Geschichte des Luftkrieges 1910 bis 1980. Berlin 1981. |
| Hachtmann 1989 | Rüdiger Hachtmann, Industriearbeit im Dritten Reich. Göttingen 1989. |
| Heinkel 1953 | Ernst Heinkel, Stürmisches Leben. Stuttgart 1953. |
| Jaeckel 1938 | Gerhardt Jaeckel, Mecklenburg. Ein Land der Flieger und Flugzeugbauer, in: Mecklenburg. Ein Land im Wandel der Zeit. Rostock 1938. |
| Köhler 1983 | H. Dieter Köhler, Ernst Heinkel – Pionier der Schnellflugzeuge. Koblenz 1983. |
| Koos 1987 | Volker Koos, Zur Geschichte der Luftfahrt und der Flugzeugindustrie in Rostock, in: Beiträge zur Geschichte der Stadt Rostock, Neue Folge. Rostock 1987. |
| Koos 1990 | Volker Koos, Luftfahrt zwischen Ostsee und Breitling. Berlin 1990. |
| Koos 1993 | Volker Koos, Die Fokker-Flugzeugwerke in Schwerin. Schwerin 1993. |
| Krambeer 1938 | Karl Krambeer, Stadt Ribnitz in Vergangenheit und Gegenwart. Ribnitz 1938. |
| Möller 1991 | Kathrin Möller, Zur sozialen Lage der Arbeitskräfte in den Rostocker Ernst-Heinkel-Flugzeugwerken zwischen 1933 und 1945. Diplomarbeit. Rostock 1991. |
| Remmel 1990 | Herbert Remmel, Von den Anfängen des Flugwesens in Mecklenburg, in: Mecklenburg-Magazin vom 5.10.1990. Schwerin. |
| Stutz 1992 | Reno Stutz, Die tollkühnen Männer in ihren fliegenden Kisten in Heiligendamm, in: Mecklenburg-Magazin vom 16.10.1992. Schwerin. |
| Stutz/Möller 1991 | Reno Stutz, Kathrin Möller, Wismars Dornierwerke. Segen und Fluch einer Stadt, in: Mecklenburg-Magazin vom 13.12.1991. |
| Weber 1927 | H.L. Weber, Vom Wirtschaftsleben Rostocks, in: Deutschlands Städtebau. Berlin 1927. |
| Wellblech 1989 | Wellblech und Windkanal. Arbeit und Geschäfte im Bremer Flugzeugbau von den Anfängen bis heute. Bremen 1989. |
| Wendt 1989 | Inge Wendt, Zur Entwicklung der Stadt Rostock im Zweiten Weltkrieg 1939 bis 1945, Diss. A. Rostock 1989. |

## Kerstin Urbschat

# ZUM AUFSTIEG DES NATIONALSOZIALISMUS IN MECKLENBURG (1930-1933)

Am Ausgang der Weimarer Republik gehörte Mecklenburg neben Braunschweig und Oldenburg zu den Regionen Deutschlands, in denen die Nationalsozialisten schon vor ihrem reichsweiten Machtantritt am 30. Januar 1933 über eine politisch dominierende Stellung verfügten. So amtierte im Land Mecklenburg-Schwerin seit Mitte Juli 1932 eine nationalsozialistische Landesregierung und auch im benachbarten Mecklenburg-Strelitz nahm die NSDAP bereits ab Anfang April 1932 als Koalitionspartner der DNVP Regierungsverantwortung wahr.

Dem war in Mecklenburg eine Entwicklung vorausgegegangen, die – durch zahlreiche Faktoren bedingt – von einem stetig anhaltenden und rasanten Aufstieg der Nationalsozialisten begleitet wurde. Schon die Reichstagswahlen vom 14. September 1930 hatten ein erstes deutliches Achtungszeichen gesetzt. Der Reichstagswahlkreis 35, der die Gebiete Mecklenburg-Schwerin, -Strelitz und Lübeck umfaßte, zählte zu den 16 Wahlkreisen, in denen auf die NSDAP bereits über 20 Prozent Stimmen entfielen (Falter 1986 72). Hinter den im Land Mecklenburg-Schwerin erreichten 20,1 % standen insgesamt 72.033 Wähler (Handbuch 1931 133), welche sich mehrheitlich aus den ländlichen Bevölkerungsschichten der Gemeinden und Landstädte rekrutierten. Markant war auch der erhebliche Zuwachs im Vergleich zu den Landtagswahlen vom Vorjahr. Dieser belief sich auf immer-

hin beachtliche 59.312 Stimmen (Handbuch 1931 134). Nicht weniger spektakulär war aus der Sicht vieler Zeitgenossen, daß die NSDAP in Mecklenburg-Schwerin nach der SPD binnen eines Jahres zur zweitstärksten Wählerpartei aufgestiegen und zu einem gewichtigen politischen Faktor geworden war. Auch die seit 1929 unter Führung des Deutschnationalen Karl Eschenburg stehende Regierung konnte sich dieser Tatsache nur schwerlich entziehen. So bemerkte der Gauleiter Friedrich Hildebrandt in einem Schreiben vom 10. Juni 1931 an die Reichsleitung der NSDAP, daß „die Landesregierung sowie maßgebende politische und Wirtschaftskreise" ihre Ansicht, „daß der Nationalsozialismus hier im Lande genauso wie die völkische Bewegung einen Höhepunkt erreichen und dann in sich zusammenbrechen würde", korrigiert und eingestanden hätten, „daß man sich doch geirrt hat" (BA Koblenz NS 22 1059). Diese Positionierung bildete schließlich auch die Basis einer vertraulichen Besprechung, die am 3. Juni 1931 zwischen Vertretern der Landesregierung und Friedrich Hildebrandt als Landtagsabgeordnetem der NSDAP stattfand. Vereinbart wurde ein gemeinsames Vorgehen von Ministerium und Nationalsozialisten gegen linke Parteien und Organisationen, wobei der Innenminister Dr. Erich Schlesinger der NSDAP Entgegenkommen und Nachsicht bei der Anwendung von Notverordnungsparagraphen zusagte (BA Koblenz NS 22 1059). Die Folgen der Übereinkunft waren eindeutig und unverkennbar. So verlagerte sich die politische Auseinandersetzung in der zweiten Jahreshälfte 1931 zunehmend auf die Straße. Dabei erwies sich das Gewaltpotential der Nationalsozialisten als ein folgenschweres Gegengewicht zur Arbeiterbewegung. So war das Klima unmittelbar vor den Amtsvertreterwahlen vom 1. November 1931 wesentlich von einem bis dahin in Mecklenburg-Schwerin nicht gekannten Ausmaß nationalsozialistischer Gewaltakte belastet. Die Bilanz: drei Tote und zahlreiche Verletzte im Ergebnis sich häufender Konfrontationen zwischen Vertretern linker und rechter Gruppierungen. Mit dem Tod der Doberaner Kommunisten Wilhelm Bohm und Heinrich Klöcking am 31. Oktober 1931 und dem Mordanschlag auf den KPD-Ortsvorsitzenden Willi Braun aus Bad Sülze am 1. November 1931 erreichte der nationalsozialistische Terror unmittelbar vor den Amtsvertreterwahlen einen

*Adolf Hitler und Gauleiter Friedrich Hildebrandt auf der Wahlkundgebung der NSDAP am 29. Mai 1932 in Rostock*

vorläufigen Höhepunkt (Doberan 1980 48, Braun 32 und 39). Die Vereinbarung zwischen Regierung und NSDAP hatte damit seine beabsichtigte Wirkung nicht verfehlt. Jedoch war das Konzept der Landesregierung nicht vollständig aufgegangen. Die Hoffnung, die NSDAP würde sich in der Öffentlichkeit durch ihr militantes und terroristisches Auftreten, dessen man sich gezielt bediente, diskreditieren und dadurch die eigene, erheblich geschwächte, Position aufwerten, erfüllte sich nicht. Im Gegenteil, die Nationalsozialisten konnten bei den Amtsvertreterwahlen vom 1. November 1931 einen eindeutigen Wahlsieg verbuchen, welcher u.a. auf beträchtliche Zugewinne unter der bürgerlich-konservativen Wählerschaft zurückging. Mit 91.896 Stimmen erzielte die NSDAP das höchste Ergebnis aller Parteien und Listenverbindungen, was letzlich auch die Tendenz ihres raschen Vormarsches in Mecklenburg-Schwerin bestätigte. Da die Wahlen zu den Amtsvertretungen nur die Gemeinden sowie die weniger großen amtsangehörigen Städte – nicht aber die selbständigen Stadtbezirke Güstrow, Rostock, Schwerin und Wismar – betrafen, ist bei entsprechender Wahlanalyse eindeutig davon auszugehen, daß die Nationalsozialisten in dieser Phase ihres Aufstiegs unter Wählern der Landgemeinden den größten Zuwachs erzielten. Berücksichtigt man, daß am 1. November 1931 37.438 Amtseinwohner mehr für die NSDAP votierten als noch ein Jahr zuvor anläßlich der Septemberwahlen 1930, bei der sich insgesamt 54.458 Wähler in den Ämtern für die Nationalsozialisten entschieden hatten, so wurde deutlich, daß die NSDAP in den Landgemeinden und ländlich geprägten Städten Mecklenburg-Schwerins ihren Einfluß beträchtlich ausbauen und hier ihre größte Basis finden konnte (Urbschat 1993 94f., Urbschat 1989 1 76ff.). Mit dem Wahlsieg der Nationalsozialisten war zugleich auch ein nahezu vollständiger Wechsel in den Amtsverwaltungen verbunden. Ab Frühjahr 1932, als die Vorsteherwahlen stattfanden, stellte die NSDAP in sieben von zehn Amtskreisen den Amtshauptmann und besetzte damit entscheidende Schlüsselpositionen der mittleren Verwaltungsebene in Mecklenburg-Schwerin (BA Koblenz NS 22 1959, BA Potsdam 61 Re 1063, MLHA MdI 948, 959, Wieden 1976 187ff.). Die Ursachen für den nunmehr seit 1930 anhaltenden Aufstieg des Nationalsozialismus waren komplexer Natur. So konnte die von Regierungsverantwortung noch unbelastete und äußerst dynamisch agierende NSDAP gerade unter Krisenbedingungen von den Schwächen der etablierten politischen Kräfte erheblich profitieren. Beispielsweise hatte die seit 1929 amtierende Regierung, hinter der die in der sogenannten „Einheitsliste nationaler Mecklenburger" vereinten konservativen Parteien standen, ihren ohnehin geringen Kredit bereits im Jahre 1931 aufgebraucht. Unzu-

reichenden Konzepten bei der Bewältigung dringendster sozialer und wirtschaftlicher Probleme – wie u.a. steigender Arbeitslosigkeit, Sozialabbau, zunehmender Ruin von landwirtschaftlichen Betrieben sowie vergeblichen Bemühungen zur Einbeziehung Mecklenburg-Schwerins in die Osthilfe (BA Koblenz R 43 I 2276, 2277, Handbuch 1931 83ff.) – folgte eine Absetzbewegung von immer größeren Teilen der zunehmend enttäuschten konservativen Wählerschaft in Richtung NSDAP. Andererseits war nicht zu übersehen, daß sich die Nationalsozialisten nach den Reichstagswahlen vom September 1930 zunehmend professioneller den aktuellen Problemen der Krise sowie den Belangen unterschiedlicher Bevölkerungsschichten zuwandten, was ursächlich und entscheidend mit der fortschreitenden Etablierung der NS-Bewegung und daraus resultierenden Möglichkeiten zusammenhing. Dies traf sowohl für das rein quantitative Wachstum der Partei und ihrer Organisationen als auch auf die breitere inhaltliche Profilierung zu. So stieg die Mitgliederzahl der NSDAP von 1.826 am 14. September 1930 rasch auf 6.777 Mitglieder zum 1. Oktober 1931 (BA Koblenz NS 26 239, NS 22 1059) an und erreichte entsprechend der offiziellen NSDAP-Statistik von 1935 am 30. Januar 1933 den Stand von 16.366 Parteiangehörigen (BA Koblenz NS 26 239) im Gau Mecklenburg-Lübeck. Der Gau, der dem Reichstagswahlkreis 35 gleich, die Gebiete Mecklenburg-Schwerin, -Strelitz und Lübeck umfaßte, gliederte sich in insgesamt 13 Bezirke. In Anlehnung an den stetigen Mitgliederzuwachs wurden im Herbst 1931 Unterbezirke (Kreise) eingerichtet, welche die Betreuung der nunmehr 144 Ortsgruppen und 14 Stützpunkte übernahmen. Auch die Struktur der Gauleitung ließ deutlich werden, daß die Nationalsozialisten wie in anderen Gauen ein zunehmend breiteres Spektrum politischer Tätigkeit abdecken konnten. Von maßgeblicher Bedeutung waren hier die sogenannten Gaufachberater, deren Arbeit sich auf wichtige Teilbereiche konzentrierte. So waren 1931 u.a. Gaufachreferenten für Agrarpolitik, Wirtschaft und Finanzen, für Wehr-, Kultur-, Sozial- sowie Kommunalfragen zuständig. Darüber hinaus gab es auch Gaubeauftragte, die sich einzelnen Berufsständen wie der Ärzte- und der Lehrerschaft sowie sozialen Gruppen, beispielsweise den Frauen und der Jugend, zuwandten (BA Koblenz NS 22 1059). Neben sachbezogener Tätigkeit waren die Gaufachreferenten 1931 insbesondere mit dem Aufbau eines Fachberaternetzes in den unteren Parteiebenen beschäftigt. Dieses System, welches eine effizientere Arbeitsweise als bisher zuließ, bot darüber hinaus die Möglichkeit, das im agrarischen Mecklenburg recht dünnmaschige Netz von sozialen und politischen Interessenvertretungen und Integrationsformen aufzufüllen. Letztlich ließ sich auf diesem Wege auch der Zugang zum differenzierten ländlichen Milieu wesentlich besser realisieren. So kam im Agrargebiet Mecklenburg dem Gaufachberater für Agrarfragen eine immense Bedeutung zu. Mit Walter Granzow verpflichtete die Gauleitung ab Mitte 1931 einen Berufspolitiker, der durch ein Studium am Landwirtschaftlichen Institut der Universität Halle und als Gutsbesitzer in der Ostprignitz in nationalsozialistischen Kreisen als ausgewiesener Agrarexperte galt. Die Empfehlung kam von Darré, der schon am 8. September 1931 berichtete: „Der dortige landw. Gaufachberater ... ist erstklassig, die Art seiner Zusammenarbeit mit der Gauleitung ist ausgezeichnet und die ihm durch den Gauleiter Pg. Hildebrandt gewährte Unterstützung vorbildlich. Mein Eindruck über die ... geleistete Arbeit war ausgezeichnet. Der Gauleiter hat die Bedeutung des agrarpolitischen Apparates voll erfaßt und fördert seinen Ausbau mit Liebe zur Sache und Energie" (BA Koblenz NS 22 449). Auch Hildebrandt, der bereits am 14. Juli 1931 an die Reichsleitung der NSDAP meldete, daß in allen 13 Parteibezirken des Gaus Fachreferenten für Agrarfragen tätig waren, fühlte sich vor allem diesem Tätigkeitsfeld sehr verbunden (BA Koblenz NS 22 1059). Neben sachlichen Zwängen wie der agrarischen Struktur Mecklenburgs spielte insbesondere Hildebrandts soziale Herkunft sowie sein bisheriges Engagement in der Landarbeiterfrage eine entscheidende Rolle. So sorgte die von ihm 1930 im Münchener Eher-Verlag (NSDAP) veröffentlichte Schrift zur Problematik von Nationalsozialismus und Landarbeiterschaft in NS-Kreisen reichsweit für Aufsehen und Beachtung (Hildebrandt 1930).

Hildebrandt, der die Entwicklung der NSDAP im Raum Mecklenburg-Lübeck von Beginn an maßgeblich prägte, wurde am 19. September 1898 als Sohn des Landarbeiters Friedrich Hildebrandt im Dorf Kiekindemark bei Parchim geboren. Dem Volksschulabschluß und der Tätigkeit als Land- und Eisenbahnarbeiter folgte 1916 der Kriegseinsatz. Nach seiner Rückkehr aus dem Baltikum, wo er dem Freikorps von Brandis angehörte, trat er 1920 in Halle in den Polizeidienst, aus dem er noch im selben Jahr wieder ausschied. Sein politischer Werdegang führte ihn von der DNVP und dem Reichslandbund über die Deutschvölkische Freiheitspartei schließlich zur NSDAP. Friedrich Hildebrandt, entscheidender Exponent der NS-Bewegung im Raum Mecklenburg-Lübeck, wurde bereits 1925 von Hitler wegen seiner Verdienste um die Sammlung nationalsozialistischer Kräfte zum Gauleiter ernannt, und behielt die Geschicke der NSDAP bis 1945 fest in seiner Hand (Höffkes 1986 139f., Jahnke 1990 57f., Niederdeutscher Beobachter 27.5.1933). Sowohl die Dauer seines Parteiamtes als auch seine soziale Herkunft unterschieden ihn deutlich von den meisten anderen Gauleitern. Obgleich wegen seines Landarbei-

terstatus auch späterhin nicht selten von elitären Kreisen in und außerhalb der NSDAP argwöhnisch betrachtet, verzeichnete die maßgeblich von Hildebrandt getragene Sammlungsbewegung in Mecklenburg nach den Septemberwahlen von 1930 zunehmende Fortschritte. Eine nicht unwesentliche Rolle kam dabei dem „Niederdeutschen Beobachter" zu, der, von Friedrich Hildebrandt 1925 begründet, zunächst einmal wöchentlich erschien. Mit dem Übergang zur Tageszeitung ab 1. Dezember 1930 erhielt die Parteipresse in Abhängigkeit zu den ansteigenden Mitglieder- und Wählerzahlen einen völlig neuen Stellenwert. Informationsdichte und -breite ermöglichten nun eine weitaus größere Einflußnahme sowie eine ernsthafte Konkurrenz zu anderen in Mecklenburg erscheinenden Partei- und Lokalzeitungen. Bereits der Dezember 1930 brachte der NSDAP etwa 6.000 neue Abonnenten, was die Auflagenhöhe rasch in die Höhe trieb. Belief sich die Höhe der täglichen Auflage im Januar 1932 auf 9.056 Exemplaren, so waren es im Dezember desselben Jahres bereits 14.448 Zeitungen (BA Koblenz NS 26 1072, Bernhard 1989 186ff.).

So hatte sich die NSDAP bis 1931/32 im Raum Mecklenburg zu einer gewichtigen politischen Größe entwickelt, die unter den Bedingungen der Krise und unter Berücksichtigung der mecklenburgischen Verhältnisse äußerst flexibel agierte. Allerdings wurden im Vergleich beider Mecklenburg Unterschiede sichtbar. Während der Nationalsozialismus in Mecklenburg-Schwerin rasant an Boden gewann, schritt der Aufstieg im benachbarten Mecklenburg-Strelitz deutlich langsamer voran. Hinsichtlich der Parteiorganisation ging es der NSDAP ähnlich wie anderen Parteien in Mecklenburg. So hatte es wie im Falle von SPD und KPD auch bei der NSDAP den Anschein, als würde das Strelitzer Gebiet von den in Schwerin befindlichen Parteizentralen lediglich unter dem Gesichtspunkt der Parteistruktur nicht aber unter der Maßgabe der politischen und staatlichen Eigenständigkeit einbezogen. Eine Folge dieser Unterschätzung war, daß auch im Falle der NSDAP lokale Führungs- und Integrationspersönlichkeiten in Mecklenburg-Strelitz fehlten. Hildebrandt selbst beschrieb die Situation folgendermaßen: „In Mecklenburg-Strelitz sind leider keine Pgg. vorhanden, die in der Lage wären, Dr. von Michael, dem Spitzenkandidat der Deutschnationalen, auch nur annähernd entgegengestellt werden zu können. Überhaupt fehlt es uns an geeigneten Pgg., die in der Lage sind, im Landtag den Deutschnationalen und vor allen Dingen den SPD-Leuten wirksam entgegenzutreten" (BA Koblenz NS 22 1059). Erst 1931 wurde diese Lücke durch landesfremde Funktionäre aus Lübeck und Mecklenburg-Schwerin bedingt geschlossen. Auch die Aktivitäten der Nationalsozialisten waren hier im Vergleich zum Schweriner Gebiet weniger massiv und konzentriert. Von dieser Situation profitierten nicht zuletzt die in Strelitz weiter erstarkende DNVP und der auf dem Lande über erheblichen Einfluß verfügende Reichslandbund, was die Landtagswahlen vom 13. März 1932 deutlich dokumentierten. So entfielen in Mecklenburg-Strelitz auf die Deutschnationale Volkspartei 31 % der Stimmen. Gefolgt von der SPD mit 26,9 rangierte die NSDAP bei 23,9 % erst auf Platz drei der Wählergunst (Falter 1986 99). Die von der DNVP ab dem 29.3.1932 geführten Koalitionsverhandlungen ermöglichten der NSDAP dann ab Frühjahr 1932 eine Regierungsbeteiligung. Dr. Fritz Stichtenoth, ein aus Mecklenburg-Schwerin importierter Nationalsozialist, wurde für die NSDAP am 7. April 1932 Staatsrat an der Seite des Ministerpräsidenten Dr. Heinrich von Michael von der DNVP (BA Koblenz NS 22 1059). Wesentlich günstiger gestaltete sich demgegenüber die Situation für die Nationalsozialisten in Mecklenburg-Schwerin. Auch hier fanden am 5. Juni 1932 Landtagswahlen statt. Die Reichsführung der NSDAP, die für die Nationalsozialisten in Mecklenburg-Schwerin ähnlich reale Chancen wie in Braunschweig und Oldenburg sah, unterstützte die Wahlvorbereitungen sowohl finanziell als auch personell.

Selbst Adolf Hitler, der ansonsten selten nach Mecklenburg kam, sprach zwischen dem 31. Mai und dem 4. Juni 1932 auf öffentlichen Wahlveranstaltungen der NSDAP in Rostock, Schwerin, Waren und Wismar. Während des auf Hochtouren laufenden Wahlkampfes präsentierten die Nationalsozialisten ein Programm, das sich an den Interessen der am heftigsten von der Krise betroffenen Schichten orientierte. Im Mittelpunkt der von Friedrich Hildebrandt am 11. Mai 1932 herausgegeben Richtlinien standen insbesondere Fragen, die unmittelbar die ländlichen und kleinstädtischen Bevölkerungsschichten betrafen. Kernpunkte des Programms waren u.a. die Veränderung des Siedlungswesens und des bäuerlichen Besitzrechts. Gesondert angesprochen wurden in diesem Zusammenhang die Perspektiven von Landarbeitern, Bauernsöhnen und städtischen Ackerbürgern unter den Gegebenheiten einer zukünftigen NS-Landesregierung. Mit einem staatlich gelenkten Siedlungsprogramm verband die NSDAP zugleich auch eine Belebung der mecklenburgischen Bauwirtschaft und des Handwerks. Diese und weitere Forderungen, die die NSDAP in zahlreichen Wahlveranstaltungen propagandistisch geschickt und populär verpackt entwickelte, trafen den Nerv vieler Menschen. Ähnliche Resonanz fanden die Forderungen, die eine umfassende Veränderung der Staatsverwaltung und des Schulwesens vorsahen (BA Koblenz NS 22 1959). Der Ausgang der Landtagswahl vom 5. Juni 1932 bestätigte dann, daß die NSDAP ihr beabsichtigtes Ziel, in Mecklenburg-Schwerin wählerstärkste Partei zu werden, erreicht hatte. So votierten für

die Nationalsozialisten insgesamt 177.076 Wähler, was einem Anteil von 49 % der abgegebenen gültigen Stimmen entsprach. Auch für den 5. Juni 1932 traf zu, daß die NSDAP in den Landgemeinden und 29 kleinen Städten mit weniger als 5.000 Einwohnern über ihren größten Rückhalt verfügte (MLHA MdI 9505/1, Handbuch 1933 5, 133). Aus diesem dörflichen und kleinstädtischen Mileu kamen 111.999 Stimmen und damit 63,2 % der NSDAP-Wählerschaft überhaupt. Was die weitere Basis betraf, so entfielen auf die sieben Städte mit einer Bevölkerung von 5.000 bis 10.000 Einwohnern 7,2 % und auf die sechs Städte mit mehr als 10.000 Menschen – Güstrow, Parchim, Rostock, Schwerin, Waren und Wismar – 29,6 % der für die NSDAP am 5. Juni in Mecklenburg-Schwerin abgegebenen Stimmen. Auffallend waren in diesem Zusammenhang weitere Einbußen für die bürgerlichen Parteien. Ebenso sichtbar wurde, daß periphere Teile der ansonsten weitgehend resistenten SPD-Wählerschaft ins Lager der NSDAP wechselten. Immerhin hatten die Sozialdemokraten seit den Reichstagswahlen vom September 1930 mit 16.561 Stimmen einen nicht unwesentlichen Wählerverlust zu verzeichnen. Das Wahlergebnis vom 5. Juni 1932 sicherte der NSDAP die Bildung der Landesregierung in Mecklenburg-Schwerin. Diese konstituierte sich am 13. Juli 1932, während der ersten Sitzung des neuen Landtages. Ihr gehörten ausnahmslos Nationalsozialisten an. Zum Ministerpräsidenten wurde der als Gaufachberater tätige Gutsbesitzer Walter Granzow berufen. Hinter ihm stand eine NSDAP-Fraktion, die über 30 von insgesamt 59 Landtagsmandaten verfügte und damit die absolute Mehrheit im Parlament repräsentierte. Die Zusammensetzung der nationalsozialistischen Abgeordnetenschaft widerspiegelte dabei deutlich die soziale Strukturierung der NSDAP und wohl auch ihrer Wählerschaft, wenn die Mehrheit der 30 Mandatsträger aus den mittelständischen Schichten stammte. So gaben zehn Abgeordnete und damit 33,3 % eine Tätigkeit an, die dem Bereich der freien Berufe, der Beamten- und Angestelltenschaft zuzuordnen war. Zur Kategorie Selbständige – Handwerker, Kaufleute sowie Gewerbetreibende – zählten 9 Abgeordnete, was einem Anteil von 30 % entsprach. Acht Fraktionsmitglieder der NSDAP, nämlich 26,7 %, gaben als Beruf Landwirt an. Demgegenüber mit 10 % sichtbar unterrepräsentiert war die Arbeiterschaft mit nur drei Vertretern. Auch hinsichtlich der Altersstruktur erwies sich die NSDAP als eine im Vergleich zu anderen junge Partei. So lag das Durchschnittsalter der nationalsozialistischen Abgeordneten bei 36,5 Jahren. Im Verhältnis zur SPD mit ihren 18 routinierten, vorwiegend aus der Partei- und Gewerkschaftsbürokratie stammenden Parlamentariern, von denen 88,8 % zu den Altersgruppen von 35 bis 60 Jahren gehörten, waren bei den NSDAP-Abgeordneten 56,6 % zwischen 20 und 35 Jahre alt (MLHA Landtag 56).

Nach den Landtagswahlen vom 5. Juni 1932 standen die Nationalsozialisten in Mecklenburg-Schwerin mit dem Übergang von der Oppositions- zur Regierungspartei vor einer für sie völlig neuen und nicht unproblematischen Situation. Die Zeit, in der die Nationalsozialisten gegenüber anderen Parteien wesentlich von

*Der „Führer" in Pose auf der Seebrücke von Heiligendamm 1935 (Sammlung Gerhard Weber)*

ihrer Propaganda profitieren konnten, war vorbei. Die Wähler erwarteten Sachpolitik mit meßbaren Fortschritten. Beispielsweise verfügte die NSDAP zu diesem Zeitpunkt weder über praktikable Konzepte sowie ausreichend Erfahrung in der Staatsverwaltung noch über genügend Fachleute mit entsprechendem Parteibuch. So mußte sich die NSDAP zwangsläufig auf das Potential der mecklenburgischen Ministerialbürokratie stützen, bei der mehrheitlich konservative Einstel-

lungen und eine erhebliche, aber zu diesem Zeitpunkt noch keine ausschließliche, Bereitschaft zur Anpassung vorherrschten. Darüber hinaus waren die Nationalsozialisten mit der Situation konfrontiert, sich in den Grenzen der Weimarer Verfassung bewegen und die unpopulären Maßnahmen der Notverordnungspolitik auch in Mecklenburg-Schwerin durchführen zu müssen. Damit befand sich die NSDAP gewissermaßen in einer Zwangslage, wodurch zugleich die Enttäuschung von Erwartungshaltungen vorprogrammiert war, was erhebliche Teile der NS-Wähler in Mecklenburg-Schwerin, insbesondere bei den Reichstagswahlen vom 6. November 1932, in entsprechender Weise quittierten. Hatte die NSDAP bei den Reichstagswahlen vom 31. Juli 1932 mit 181.090 Stimmen noch einen Wählerzuwachs zu verzeichnen, so offenbarte der 6. November 1932 bei 138.199 Stimmen einen herben Verlust von 23,7 % in Mecklenburg-Schwerin (Koch 1986 2 176). Selbst wenn sich ähnliche Tendenzen auch auf der Reichsebene abzeichneten, so hatte dieses doch in Mecklenburg eben einen konkreten Hintergrund. Dieser lag, wie Hildebrandt realistisch einschätzte, in den negativen Auswirkungen nationalsozialistischer Landespolitik, die unmittelbar an die Zwänge der Reichspolitik gebunden war. So sprach Friedrich Hildebrandt in einem Stimmungsbericht zur Auswertung des Reichstagswahlergebnisses an die Reichspropagandaleitung der NSDAP von einem „Enttäuschungssturm" (BA Koblenz NS 22 1) infolge der Einführung der Gewerbesteuer. Weiter führte Hildebrandt in diesem Zusammenhang aus: „Durch Quertreibereien von Ministerialbeamten gelangten Meldungen über eine angeblich geplante Schlachtsteuer in Mecklenburg, die in Wirklichkeit von der Reichsregierung verlangt wurde, an die Öffentlichkeit, und die Gegner bedienten sich dieses Arguments, um eine starke Mißstimmung bei den Gewerbetreibenden gegen die NSDAP hervorzurufen" (BA Koblenz NS 1).

Die NSDAP, die seit Jahresmitte 1932 im Raum Mecklenburg-Lübeck über den entscheidenden politischen Einfluß verfügte, mußte sich in ihrer Regierungszeit bis Jahresende 1932 folglich weitestgehend in den von den Weimarer Verhältnissen gesetzten Grenzen (einschließlich Notverordnungspolitik) bewegen. Auch nach dem reichsweiten Machtantritt der Nationalsozialisten am 30. Januar 1933 dominierten in erster Linie Reichsgesetze den Gleichschaltungsprozeß in Mecklenburg.

Literatur

| Bernhard 1989 | Kurt Bernhard, Zeitungen und Zeitschriften in Mecklenburg. Bonn 1989. |
|---|---|
| Braun | "Ich werde nie etwas tun, daß Ihr Euch meiner schämen müßt!" Willi Braun. O.O. o.J. |
| Doberan 1980 | Die Herausbildung und Entwicklung der Arbeiterbewegung im Gebiet des Kreises Bad Doberan von den Anfängen bis zur Vereinigung von KPD und SPD. Bad Doberan 1980. |
| Falter 1986 | Jürgen Falter, Thomas Lindenberger, Siegfried Schuhmann, Wahlen und Abstimmungen in der Weimarer Republik. Materialien zum Wahlverhalten 1919-1933 ( = Statistische Arbeitsbücher zur neueren deutschen Geschichte) München 1986. |
| Handbuch 1931 | Statistisches Handbuch für das Land Mecklenburg-Schwerin. Schwerin 1931ff. |
| Hildebrandt 1930 | Friedrich Hildebrandt, Nationalsozialismus und Landarbeiterschaft. München 1930. |
| Höffkes 1986 | Karl Höffkes, Hitlers politische Generale. Die Gauleiter des Dritten Reiches. Ein biographisches Nachschlagewerk. Tübingen 1986. |
| Jahnke 1990 | Karl Heinz Jahnke, Die NSDAP in Mecklenburg, in: Wissenschaftliche Zeitschrift der Universität Rostock, G.-Reihe, H. 1, Rostock 1990. |
| Koch 1986 | Heinz Koch, Funktion und Entwicklung des bürgerlichen Parlamentarismus in Mecklenburg-Schwerin 1917-1923, Diss. B, Universität Rostock, Rostock 1986 2 Bde. (MS). |
| Urbschat 1993 | Kerstin Urbschat, Mecklenburg-Schwerin in den letzten Jahren der Weimarer Republik, in: Norddeutschland im Nationalsozialismus ( = Forum Zeitgeschichte, Bd.1). Hamburg 1993. |
| Urbschat 1989 | Die Arbeiterbewegung in Mecklenburg im Kampf gegen die Errichtung einer faschistischen Diktatur in Deutschland 1931/32, phil. Diss., Universität Rostock, Rostock 1989, 2 Bde. |
| Wieden 1976 | Helge Bei der Wieden, Grundriß zur deutschen Verwaltungsgeschichte 1815-1945, Reihe B, Mitteldeutschland, Bd. 13, Mecklenburg. Marburg/Lahn 1976. |

## Ingo Koch

# VERFOLGUNG, OPPOSITION UND WIDERSTAND IM NATIONALSOZIALISMUS

Die Territorien von Mecklenburg-Strelitz und Mecklenburg-Schwerin sowie das Gebiet Vorpommerns gehörten in den 20er und 30er Jahren des 20. Jahrhunderts zu den wenig industrialisierten Gegenden Deutschlands. Das hatte entscheidenden Einfluß auf das Entstehen politischer Milieus, insbesondere auf die Entwicklung demokratischer Bewegungen. So verfügte Mecklenburg u.a. über eine nur schwach entwickelte Arbeiterbewegung.

Die Literaturlage zur Thematik ist relativ problematisch. Obwohl bereits unmittelbar nach der Zerschlagung des Nationalsozialismus mit Untersuchungen zu Verfolgung und Widerstand begonnen wurde, sind die Ergebnisse trotz des Vorliegens interessanter, materialreicher Einzeluntersuchungen und des umfassenden Bandes „Der antifaschistische Widerstandskampf unter Führung der KPD in Mecklenburg 1933 bis 1945" insgesamt bisher nicht zufriedenstellend. Auf die Literatursituation wird detailliert in verschiedenen nach 1989 erschienenen Arbeiten von Karl Heinz Jahnke eingegangen, der die Forschungen zur Geschichte von Verfolgung und Widerstand in Mecklenburg seit den 70er Jahren maßgeblich beeinflußt hat, eingegangen. Er nimmt darin auch kritisch Stellung zu den Grenzen der in der DDR geleisteten Forschungsarbeiten. Seit 1989 ist leider hinsichtlich der Untersuchung dieses Gegenstandes wenig an ernsthafter wissenschaftlicher Arbeit geleistet worden. Lediglich die nach 1989 veröffentlichten Arbeiten von Karl Heinz Jahnke enthalten neuere Forschungsergebnisse. So kann eine abrißhafte Darstellung der Thematik weitestgehend nur auf der Grundlage dieser Literatur erfolgen. Besondere Bedeutung kommt jedoch der 1995 erschienenen Veröffentlichung „Mecklenburg in der Zeit des Nationalsozialismus 1933-1945. Eine Dokumentation." zu. Es handelt sich um die bisher umfassendste Dokumentation zu dieser Thematik. Hervorzuheben ist in dieser Publikation ein umfangreicher Anhang, der Übersichten und eine Datenleiste enthält.

Mit der Bildung der Hitlerregierung am 30. Januar 1933 begann auch für beide Mecklenburg und für Vorpommern eine Zeit fortwährender Verfolgung politisch Andersdenkender sowie anderer Minderheiten.

Die wichtigste Voraussetzung für die Durchsetzung der Verfolgungspolitik der Nationalsozialisten war die Tatsache, daß die NSDAP bereits seit Anfang der 30er Jahre auf eine straffe Organisation und stabile und stetig wachsende Mitgliederbasis verweisen konnte. Der Gau Mecklenburg-Lübeck steigerte seine Mitgliederzahl allein von Januar 1931 bis Oktober 1931 von 3.662 auf 6.777 Mitglieder. Darüber hinaus verfügte die NSDAP über Betriebszellen bei den Ernst-Heinkel-Flugzeugwerken in Rostock und in den Arado-Flugzeugwerken in Rostock-Warnemünde sowie über eine starke Landarbeitergruppe bei Wismar. Außerdem existierte eine nationalsozialistische Beamtenorganisation (Jahnke u.a. 1995 30f.).

Die NSDAP war in Mecklenburg-Strelitz seit März 1932 innerhalb einer Koalitionsregierung mit der DNVP unmittelbar an der Machtausübung beteiligt. Mecklenburg-Schwerin wurde seit Juni 1932 von einer nationalsozialitischen Regierung geführt.

Unmittelbar nach der Ernennung Hitlers zum Reichskanzler verbot das Ministerium des Innern Mecklenburg-Schwerin kommunistische Veranstaltungen unter freiem Himmel. Obwohl das Verbot zunächst nur zeitweilig galt, erließ das Innenministerium noch vor Ablauf der Frist eine Verlängerung.

Im März 1933 verfügte das Mecklenburg-Schwerinsche Ministerium des Innern eine Liste mit 21 noch zu verhaftenden Funktionären der KPD. Darunter befanden sich u.a. der Landtagsabgeordnete Willi Schröder, der Reichstagsabgeordnete Hermann Schuldt sowie andere bekannte Kommunisten, wie Johannes Warnke und Bernhard Quandt. Gleichzeitig wurden in beiden Mecklenburg andere Arbeiterorganisationen aufgelöst, unter Druck gesetzt oder ihnen die ökonomische Basis entzogen, dazu gehörten auch die Sportorganisationen der Arbeiterschaft, die unter sozialdemokratischem Einfluß standen (Widerstandskampf 1985 78).

Von Beginn an beherrschte auch der Terror das Bild der politischen Auseinandersetzungen. So wurde beispielsweise am 2. März 1933 eine Wahlversammlung der SPD in Kamin bei Wismar von SA-Leuten gesprengt und die Versammlungsteilnehmer zusammengeschlagen. Unmittelbar nach dem Brand des Reichstagsgebäudes in Berlin verstärkte sich auch der Terror gegen die Kommunisten in beiden Mecklenburg. Hausdurchsuchungen waren in vielen Orten – auch in Vorpommern – an der Tagesordnung.

Von Beginn an war für Mecklenburg auch die Verfolgung der jüdischen Bevölkerung kennzeichnend. Der erste reichsweite Boykott gegen die Juden am 1. April 1933 hatte auch für die 47 jüdischen Gemeinden mit 1.002 Angehörigen in Mecklenburg einschneidende Folgen: So verschärfte sich u.a. der Druck gegen Wissenschaftler an der Rostocker Universität. Der international anerkannte Stomatologe Prof. Dr. Dr. Hans Moral erhielt nach dem 1. April 1933 vom faschistischen Reichskommissar Friedrich Hildebrandt die ultimative Aufforderung, seinen Lehrstuhl aufzugeben. Moral, der sich schon in den letzten Jahren der Weimarer Republik immer wieder antisemitischen Anfeindungen ausgesetzt sah, hielt dem andauernden Druck und dem nun eingetretenen Verlust seiner Existenz nicht

*Professor Dr. Dr. Hans Moral (Universitätsarchiv)*

länger stand und ging am 6. August 1933 in den Freitod. Bereits wenige Wochen zuvor, am 8. Juli 1933, hatte sich der Rostocker Medizinalpraktikant Dr. Gustav Posner das Leben genommen. Auch er war wegen seiner jüdischen Herkunft angefeindet und vom NSDStB zur Aufgabe seiner Stellung genötigt worden. Obwohl der Tod Hans Morals erhebliches Aufsehen erregte, war es nicht möglich, das Leben dieses hervorragenden Wissenschaftlers in angemessener Weise zu würdigen. Erst 1938 wurde in dem von Emil Julius Gumbel veröffentlichten Buch „Freie Wissenschaft. Ein Sammelbuch aus der deutschen Emigration" Moral ehrend gedacht.

Die Verfolgung weiterer Wissenschaftler der Rostokker Universität gehört mit zu den erschütterndsten Kapitel deutscher Universitätsgeschichte. So wurde der jüdische Psychologe David Katz ebenfalls aus dem Dienst entfernt. Ihm gelang mit Hilfe von Kollegen die Emigration nach Großbritannien. Der Philologe Prof. Rudolf Helm fühlte sich ungeachtet der nationalsozialistischen Wissenschaftspolitik einer freiheitlichen und demokratischen Lehre verpflichtet. Dies, und die Tatsache, daß er mit einer jüdischen Frau verheiratet war, führte dazu, daß er 1937 vorzeitig emeritiert wurde. Auch der Außerordentliche Professor für griechische Sprache, Kurt von Fritz, stellte sich den neuen Machthabern entgegen. Er wandte sich anläßlich des „Gesetzes über die Vereidigung der Beamten und der Soldaten der Wehrmacht" vom 20. August 1934 an das zuständige Landesministerium und erklärte, daß seiner Meinung nach die Eidesableistung „keine Verpflichtung enthalten kann, die mit der Pflicht des Hochschullehrers, nach besten Wissen und Gewissen die Wahrheit zu lehren, in Widerspruch" stände. Damit wandte sich von Fritz in aller Schärfe gegen die apologetischen Ziele der nationalsozialitischen Wissenschaftspolitik. Nachdem sich die mecklenburgische Landesregierung zunächst still verhalten hatte, reagierte Gauleiter Friedrich Hildebrandt sofort. Er erwirkte die Versetzung in den dauernden Ruhestand. Kurt von Fritz emigrierte in die USA und erwarb sich an der Columbia-Universität New York wissenschaftlichen Ruf.

Von christlichen Idealen geleitet, wandte sich der Professor für praktische Theologie Helmut Schreiner schon in den 20er Jahren gegen jegliche faschistische Ideologie. Insbesondere kämpfte er gegen die Rassenideologie der Nationalsozialisten. Da er auch nach 1933 an diesen Positionen festhielt, wurde auch er 1937 vorzeitig emeritiert (Koch 1989 85).

Mit der öffentlichen Bücherverbrennung auf dem Rostocker Vögenteichplatz und der Errichtung eines Schandpfahls vor dem Hauptgebäude der Rostocker Universität setzten die neuen Machthaber auch für Mecklenburg Zeichen hinsichtlich der zu erwartenden Wissenschafts- und Kulturpolitik. Bereits seit den ersten Maitagen war das Szenario systematisch vorbereitet worden. Mitglieder des Nationalsozialistischen Studentenbundes (NSDStB) hatten neben der Universitätsbibliothek die fünf Rostocker privaten Leihbüchereien und einige Buchhandlungen nach demokratischem, humanistischem und pazifistischem Schrifttum durchsucht. In der Breiten Straße stellte ein Geschäftsmann, ein NSDAP-Mitglied, „minderwertiges" Schriftgut in seinem Schaufenster aus (Schröder 1985 85). Der anhaltende Terror gegen die jüdische Bevölkerung führte dazu, daß schon im Laufe des Jahres 1933 die Zahl der Bürger jüdischen Glaubens auf 639 zurückging. Anfang 1938 lebten in Mecklenburg noch 453 jüdische Bürger, die der Israelitischen Landesgemeinde angehörten. Sie verteilten sich über 42 Orte. Größere Gemeinden bestanden in Rostock, Schwerin, Güstrow, Parchim, Neustrelitz, Neubrandenburg, Stavenhagen, Teterow, Grabow, Röbel, Strelitz und Waren.

Besonders seit dem Frühjahr 1938 verschlechterte sich auch die Lage der Juden in Mecklenburg. Das Regime erließ Maßnahmen zur „Arisierung" des wirtschaftlichen und geistigen Lebens. So wurden die Juden per Gesetz aus verschiedenen Gewerben ausgeschlossen, jüdischen Ärzten und Rechtsanwälten ihre Existenz entzogen.

Im Sommer 1938 begannen die Nazis in Mecklenburg mit dem Verkauf jüdischen Eigentums. Der Güstrower jüdische Unternehmer Max Oppen wurde gezwungen, seine Bettfedernfabrik zu verkaufen. In Parchim wurde Leo Gumbert genötigt, seine Tuchfabrik zunächst zu verpachten und dann zu verkaufen. Verstärkt wurde auch der Druck auf jene jüdischen Bürger, die über Immobilien verfügten.

Karl Heinz Jahnke berichtet auf der Grundlage umfassender Forschungen zur Verfolgung der Juden in Mecklenburg auch über Bestrebungen der Nazis, jüdische Friedhöfe einzuebnen (Jahnke 1989 58). Einen Höhepunkt der Verfolgung der Juden bildete auch in Mecklenburg das Pogrom im November 1938. In Güstrow, Neubrandenburg, Rostock, Parchim und Strelitz wurden Synagogen Opfer der Brandanschläge. In Teterow und Schwerin wurden die Synagogen abgetragen. In fast allen Städten Mecklenburgs, wo noch Juden lebten, zerstörten fanatisierte Nazis deren Wohnungen und Geschäfte. In Wismar fand am 10. Februar auf dem Marktplatz eine Großkundgebung statt, die unter den Losungen „Hinaus mit den Juden", „Juda verrecke" und „Wir wollen frei sein von den Juden" stand. Der NSDAP-Kreisleiter forderte in seiner vor 15.000 Menschen vorgetragenen Rede zum hemmungslosen Terror gegen die Juden auf. Das Gespenstische der Aktion wurde durch zwei aufgestellte Galgen unterstrichen, an denen symbolisch Stoffpuppen, die jüdische Bürger darstellten, erhängt wurden.

Bis Ende November 1938 wurden 168 männliche Bürger jüdischer Herkunft in Mecklenburg festgenommen. Zu ihnen gehörten eine Reihe Mitglieder der Landesversammlung der Israelitischen Landesgemeinde Mecklenburg, u.a.: der Vorsitzende, der Jurist Max Marcus aus Güstrow, der Rostocker Rechtsanwalt Dr. Richard Josephy, der Rostocker Fabrikbesitzer Julius Samuel, die Rostocker Kaufleute Abraham Fischel und Alfred Beyer sowie der Schweriner Kaufmann Fritz Löwenthal.

Bis zum Sommer 1939, also kurz vor Entfesselung des Zweiten Weltkrieges, gingen noch knapp die Hälfte der im April 1938 in Mecklenburg erfaßten 453

Juden außer Landes. Die Gestapo meldete im Februar 1942, daß in Mecklenburg noch 232 Juden bzw. Jüdinnen leben. 71 lebten davon in „Mischehe". Von der Forschung sind bisher nur wenige Einzelschicksale jüdischer Mitbürger erforscht. Wahrscheinlich sind die meisten der in Mecklenburg verbliebenen jüdischen Bürger zwischen 1942 und 1943 in den Konzentrationslagern Auschwitz, Maidanek und Theresienstadt umgebracht worden. Nur wenige jüdische Mitbürger aus Mecklenburg, die vor dem Kriegsausbruch Deutschland nicht verlassen konnten, überlebten die Jahre bis 1945 (Jahnke 1989 57-61).

1986 stellte eine Gruppe junger Wissenschaftler und Geschichtsstudenten das Schicksal der jüdischen Familie Lindenberg vor. 1911 war der jungverheiratete Arzt Dr. Hans Lindenberg als Assistenzarzt nach Rostock an die Universität gekommen. Im Ersten Weltkrieg hatte er als Freiwilliger gedient. Nach dem Krieg eröffnete er eine eigene Praxis. Seine Frau Edith engagierte sich nach dem Krieg in der Rostocker Ortsgruppe der Deutschen Friedensgesellschaft und in der Deutschen Demokratischen Partei. Der stadtweit bekannte Arzt Hans Lindenberg betätigte sich aktiv in der Rostocker Ortsgruppe des Reichsbanners Schwarz-Rot-Gold. Obwohl sich seit der Machtübernahme der Nazis die Zeichen für eine Verdrängung der Juden aus allen Bereichen des gesellschaftlichen Lebens mehrten, hatten die Lindenbergs Illusionen, ihre Existenz in Rostock zu erhalten. Erst durch die „Reichskristallnacht" vom 9. zum 10. November wurde auch ihnen deutlich, daß sie in Zukunft in Deutschland nicht mehr leben können. Obwohl sich der Terror gegen die Lindenbergs wegen der Popularität des Arztes in Grenzen hielt, eruierte Hans Lindenberg während einer Reise nach Großbritannien die Bedingungen des Exils. Nach seiner Rückkehr siedelte die Familie nach Berlin um. Der einzigen Tochter des Ehepaars, der damals 24jährigen Margot, gelang mit ihrem Mann Hans Rosenheim die Emigration. Hans und Edith Lindenberg warteten in Berlin jedoch vergeblich auf ein Visum. Es ist bekannt, daß Hans Lindenberg unter unmenschlichen Bedingungen in Berlin seine nunmehr begrenzten medizinischen Möglichkeiten in den Dienst seiner jüdischen Leidensgenossen stellte. Nach der Wannsee-Konferenz vom 20. Januar 1942, auf der die „Endlösung der Judenfrage" beschlossen wurde, verschleppten die Nazis das Ehepaar Lindeberg nach Theresienstadt und dann nach Auschwitz, wo sie, vermutlich 1943, in den Gaskammern ermordet wurden (Vergessen 1986 24-27).

Wenn von Verfolgung in der Zeit des nationalsozialistischen Regimes in Mecklenburg die Rede ist, müssen auch die zahlreichen Kriegsgefangenen und Zwangsarbeiter sowie die Insassen der Konzentrationslager, die sich in Mecklenburg befanden, Erwähnung finden.

1943 stellten Zwangsarbeiter und Kriegsgefangene über 50% der Beschäftigten in Industrie und Landwirtschaft. Ab 1942/43 wurden in der Rüstungsindustrie Mecklenburgs zunehmend Gefangene aus den Konzentrationslagern Buchenwald, Neuengamme, Ravensbrück und Sachsenhausen eingesetzt. KZ-Außenlager entstanden in Boizenburg, Krakow am See, Neubrandenburg, Neustadt-Glewe, bei Malchow, bei Rechlin, Rövershagen und bei Wöbbelin. Ein größeres Lager befand sich im vorpommerschen Barth. Die hier befindlichen Häftlinge arbeiteten für den Stammbetrieb der Ernst-Heinkel-Flugzeugwerke in Rostock. Aus den Reihen der Zwangsarbeiter und Kriegsgefangenen sind Aktionen des Widerstandes gegen den Krieg bekannt (Jahnke 1992 31).

Ein erhebliches Defizit stellt auch in Mecklenburg die Erforschung der Verfolgung von Homosexuellen, Sinti und Roma, der Zeugen Jehovas und anderer religiöser Kleingruppen dar. Auch hinsichtlich der Euthanasieverbrechen sind bisher kaum gesicherte Forschungsergebnisse vorhanden. Es ist bekannt, daß auch aus Mecklenburg psychisch und physisch Kranke bzw. Behinderte der nationalsozialistischen Euthanasie zum Opfer fielen.

Hinsichtlich des Widerstandes gegen das Hitlerregime ist durch die Forschung bisher nachgewiesen, daß es in Mecklenburg außerordentlich komplizierte Bedingungen gab. Auch in Mecklenburg war nur eine verschwindend geringe Zahl von Menschen an aktiven Widerstandsaktionen beteiligt. Bereits bis Mitte 1934 gelang es den Machthabern, den größten Teil des Widerstandspotentials aus der organisierten Arbeiterbewegung zu zerschlagen. Eine zentrale Rolle spielte dabei der Prozeß gegen Mitglieder der Bezirksleitung der KPD-Mecklenburg vor dem Hanseatischen Oberlandesgericht Hamburg. Trotzdem versuchten sich die Widerstandskräfte in den größeren Städten zu formieren. Dies war besonders in Rostock, Wismar, Neubrandenburg und Güstrow der Fall. Ab 1935 ist für Mecklenburg dann das Wirken kleiner, wenig organisierter Gruppen oder von Einzelpersonen bestimmend. Von einer Führungsposition der KPD oder einer anderen politischen Gruppe kann nicht die Rede sein. Obwohl der Titel des 1985 erschienenen Buches über den antifaschistischen Widerstand in Mecklenburg die Führung der KPD suggeriert, geht es von der inhaltlichen Substanz darüber hinaus. Auch nichtkommunistische Kräfte finden durchaus Beachtung. Das kann aber nicht darüber hinwegtäuschen, daß weiße Flekken in der Erforschung des Widerstandes geblieben sind.

Zweifellos haben Anhänger der Kommunistischen Partei während der Naziherrschaft die größten Opfer gebracht. Sie waren am stärksten dem Terror ausgesetzt. Jedoch waren ihre Kampfformen ebenfalls nicht dazu angetan, dem faschistische Regime ernsthaften Schaden zuzufügen.

In der Literatur werden eine Vielzahl von Einzelaktionen, Handlungen kleinerer Widerstandsgruppen, sowie Aktivitäten aus dem Kreis der evangelischen und katholischen Kirche gegen das Regime aus allen Teilen Mecklenburgs genannt.

Am 6. Dezember 1933 fand ein erster Gottesdienst der Bekennenden Kirche in Güstrow statt. Der Güstrower Dom war an diesem Tage besonders gut besucht. Ebenfalls im Dezember fanden Bekenntnisgottesdienste in Rostock, Schwerin und Gnoien statt. Vom 11. bis 15. Juni 1934 organisierte die Nazi-Justiz in Schwerin dann einen Sonderprozeß gegen Pastoren, die der Bekennenden Kirche angehörten. Obwohl am Ende des Prozesses Gefängnis- und Geldstrafen ausgesprochen wurden, mußte das Verfahren, nachdem die Verteidigung Berufung eingelegt hatte, eingestellt werden. Der Zorn der bekennenden Christen richtete sich besonders gegen die Vereinnahmung der Kirche durch das Regime. Unmittelbar nach der Wahl von Walther Schultz zum Landeskirchenführer auf der Landessynode von Mecklenburg-Schwerin am 13. September 1933 hatte sich dieser mit einem Aufruf an die Geistlichen des Landes gewandt. Darin hieß es u.a.: „Die neue Gläubigkeit ist durch das erlebte Eingreifen Gottes in das Schicksal unseres Volkes und die Erkenntnis weitgehend bestimmt, daß er uns in der Gestalt des Führers den Retter gesandt hat, der beides miteinander verband. Die Rettung des Leibes aus Not und Elend und die Rettung der Seele vor Bolschewismus und Gottlosigkeit. Adolf Hitler ist nach Gottes Willen auch der Retter unserer Kirche geworden. Ohne ihn wären wir hinweggefegt" (Zit. nach: Jahnke 1994 II 8).

1935 kam es in Eldena bei Ludwigslust zu Auseinandersetzungen zwischen dem Pastor Martin Hübener und den Nazis. Hübener bekannte sich zur Bekennenden Kirche und machte aus dieser Haltung auch in seinen Predigten keinen Hehl. Nach einer Zwangsversetzung wurde ihm wenig später die Amtsausübung gänzlich untersagt. Nach weiteren Auseinandersetzungen verhängte die Gestapo ein Aufenthaltsverbot für den Kreis Ludwigslust. Da er dieser Aufforderung nicht nachkam, wurde er zusammen mit seiner Familie am 5. November 1937 festgenommen. Die Auseinandersetzungen und das mutige Auftreten Hübeners fanden in der Bekennenden Kirche viel Widerhall. In Neubukow fertigte der Assessor Hans Schmidtsdorf eine Dokumentation über die Vorgänge an. Dafür wurde er von der Gestapo 1938 verhaftet. Der Staat griff auch in den folgenden Jahren unmittelbar in kirchliche Belange ein. Kritische Theologen wurden unter Druck gesetzt oder an der Ausübung ihrer kirchlichen Ämter gehindert. Dazu gehörten u.a. Pastor Sibrand Siegert aus Güstrow und Pastor Hermann Timm aus Boddin bei Gnoien. Auch der Rostocker Theologieprofessor Friedrich Brunstäd verlor seine Stellung als Dekan der Theologischen Fakultät. Er hatte sich für seinen bereits erwähnten Kollegen, Prof. Helmuth Schreiner, eingesetzt. Darüber hinaus war bekannt, daß er dem Regime gegenüber eine kritische Haltung einnahm (Jahnke 1994 II 15).

Auch in der katholische Kirche rührte sich Opposition. Von besonderer Bedeutung ist der Fall des Prälaten Wilhelm Leffers aus Rostock. Erstmals umfassend beschrieben wurde der Lebensweg des katholischen Geistlichen von Beate Behrens in einer Beitragsfolge in der Presse im Frühjahr 1989 (Behrens 1989).

Die katholischen Bischöfe Deutschlands hatten im März 1933 auf ihrer Fuldaer Bischofskonferenz das neue Regime anerkannt. Mit dem Reichskonkordat – der Vereinbarung zwischen dem Vatikan und der Reichsregierung über die gegenseitige Anerkennung – war auch klar geworden, daß die katholische Kirche dem Regime sich nicht entgegenstellen werde. Wilhelm Leffers machte jedoch seine Ablehnung gegen die Hitlerregierung offenkundig. So wurde er zu einer Gefahr für die von der Reichsregierung verfolgte Kirchenpolitik. Da die Nazis jedoch keine konkreten Vorwürfe gegen den Prälaten vorbringen konnten, organisierten sie eine gezielte Provokation. Da auch die Betreuung der katholischen Jugend zu Leffers Amtsbereich gehörte, wandten sich am 15. Januar drei Rostocker Studenten an den Geistlichen. Sie äußerten ihm gegenüber, daß sie sich als Katholiken nach der Lektüre des Buches von Alfred Rosenberg „Mythus des 20. Jahrhunderts" in Gewissenskonflikten befänden. Bei den Studenten handelte es sich um Mitglieder des Nationalsozialistischen Deutschen Studentenbundes, was Leffers jedoch nicht ahnte. So verurteilte er die faschistische Rassentheorie, den Blut- und Boden-Kult und artikulierte seine Ablehnung gegenüber der Politik des Regimes. So äußerte er u.a. „Wir gehen einem Kulturkampf entgegen, gegen den der im vorigen Jahrhundert nichts war. Damals hatten wir das Parlament, wo man offen kämpfen konnte. Heute ist das Parlament ausgeschaltet, wie ja auch die gesamte Presse. Man wird die Katholiken verfolgen und einsperren. Es wird für sie sicher schwer sein, aber wir Katholiken müssen an der Seite Gottes kämpfen" (Zit. nach Behrens 1989). Die Studenten erstatteten sofort Anzeige bei der Gestapo. Das Ergebnis dieses Gespräches reichte aus, um gegen Leffers gezielt vorgehen zu können. Im April 1935 fand der Sondergerichtsprozeß gegen den Rostocker Prälaten statt. Er erregte weit über die Grenzen der Stadt und des Landes hinaus Aufsehen. Die katholische Gemeinde hatte inzwischen Anstrengungen unternommen, Entlastungszeugen beizubringen. Trotz dieser Versuche wurde Leffers wegen Verstoßes gegen das „Heimtückegesetz" vom 20. Dezember 1934 zu 1 Jahr und 6 Monaten und zur Erstattung der Prozeßkosten verurteilt. Da der Prozeß als Schauprozeß angelegt war, nahm Gauleiter Hildebrandt daran teil. Er agitierte dort gegen alle oppositionellen Kräfte in den Kirchen. Obwohl Leffers bereits am 7. September 1935 aus dem Zuchthaus Dreibergen-Bützow vorzeitig entlassen werden mußte – er hatte Strafaussetzung bekommen, die Reststrafe wurde ihm im Mai 1939 erlassen – verfocht er weiter konsequent seine ablehnende Politik gegen das Regime. Nach dem Ausbruch des Zweiten Weltkrieges äußerte er auch kritische Auffassungen gegen den Krieg. Deshalb wurde er im März 1940 erneut verhaftet und zu zweieinhalb Jahren Gefängnis verurteilt. Im September 1940 bestand – hervorgerufen durch die schlechten Haftbedingungen in Dreibergen-Bützow – akute Lebensgefahr. Die Nazis wagten jedoch nicht, das Leben des bekannten Geistlichen aufs Spiel zu setzen. Er erhielt erneut Strafaussetzung und wurde dann zum Verlassen Mecklenburgs gezwungen. Er fand Unterkunft im Schwarzwald. Leffers überlebte den Krieg (Behrens 1989).

Ein weiterer katholischer Geistlicher, der sich konsequent gegen das Regime und den Krieg wandte, war Pfarrer Dr. Bernhard Schwentner aus Neustrelitz. Er wurde wegen Äußerungen gegen den Krieg am 21. Oktober 1943 verhaftet. Nach fast einjähriger Vorbereitungszeit machten die Nazis dem Geistlichen im September 1944 den Prozeß, in dessen Ergebnis am 11. September das Todesurteil ausgesprochen wurde. Die Hinrichtung fand am 30. Oktober 1944 im Zuchthaus Brandenburg-Görden statt (Fischer o.J. 106-121).

Die Todesstrafe wurde am 25. August 1943 auch gegen den Dezernenten im Rostocker Kriegsschädenamt Dr. Theodor Korselt verhängt. Am 2. September meldete der Niederdeutsche Beobachter der mecklenburgischen Bevölkerung die Hinrichtung. Korselt, so hieß es, sei wegen Wehrkraftzersetzung und Feindbegünstigung verurteilt worden: „Korselt hat durch üble defaitistische Redensarten und Gerüchteverbreitung versucht, die Kriegsmoral des deutschen Volkes zu beeinträchtigen und hat dadurch an den kämpfenden Fronten Verrat geübt. Für Volksverräter, die sich eines solchen Verbrechens schuldig machen, gibt es nur die Todesstrafe." (Niederdeutscher Beobachter 2.9.1943) Was war geschehen? Korselt, der in der Weimarer Republik der Deutschnationalen Volkspartei angehört hatte und Mitglied des militaristischen Wehrverbandes „Stahlhelm" war, blieb auch nach der Machtübernahme durch die Nazis seinen konservativen Werten treu. Korselt, der u.a. in Rostock studiert hatte, wurde 1942 von Dresden nach Rostock beordert. Nach dem Sturz der Regierung Mussolini in Italien am 25. Juli 1943 und den schweren Bombenangriffen auf Hamburg äußerte er während einer Straßenbahnfahrt, daß

# Todesstrafe für verräterischen Defaitisten

### Berlin, 1. September

Das Deutsche Nachrichten-Büro teilt mit:

Am 25. August 1943 ist der 52jährige Regierungsrat Theodor Korselt aus Rostock hingerichtet, den der Volksgerichtshof wegen Feindbegünstigung und Wehrkraftzersetzung zum Tode verurteilt hat. Korselt hat durch üble defaitistische Redensarten und Gerüchteverbreitung versucht, die Kriegsmoral des deutschen Volkes zu beeinträchtigen und hat dadurch an den kämpfenden Fronten Verrat geübt.

Für Volksverräter, die sich eines solchen Verbrechens schuldig machen, gibt es nur noch die Todesstrafe.

es wie in Italien auch in Deutschland kommen müsse. Er sagte: „Man müsse Frieden um jeden Preis schließen." Schon am nächsten Tag wurde Korselt aufgrund einer Denunziation festgenommen. Der Volksgerichtshof urteilte: „Als Mann in führender Stellung und mit besonderer Verantwortung hat er dadurch seinen Treueeid gebrochen, unsere nationalsozialistische Bereitschaft zu mannhafter Wehr beeinträchtigt und damit unserem Kriegsfeind geholfen. Er hat seine Ehre für immer eingebüßt und wird mit dem Tode bestraft" (AHR Personalakte Theodor Korselt). Es ist überliefert, daß Korselt der Prozeßführung unter Roland Freisler mit Überlegenheit beiwohnte. In seinem letzten Brief an seine Eltern schrieb der 52jährige, daß er seine Haltung nach wie vor nicht bedaure (Vergessen 1986 32).

Im Jahre 1942 war der bekannte Rostocker Rechtsanwalt Dr. Ludwig Jenss Opfer der Nazis geworden. Er war als Verteidiger von Regimegegnern in Erscheinung getreten, u.a. hatte er auch den Prälaten Wilhelm Leffers engagiert vor Gericht vertreten. Von Jenss war aber auch bekannt, daß er über die Nazigrößen des Reiches und des Landes auch in der Öffentlichkeit witzelte. 1941 hatten die Nazis einen Grund gefunden, den mißliebigen Jenss festzusetzen. Angeblich habe er von einem seiner Mandanten, einem Molkereibesitzer aus der Nähe Rostocks, ohne Abgabe von Marken Produkte bezogen. Dafür wurde er in Haft genommen. Nach kurzer Freilassung erfolgte die erneute Verhaftung am 1. Januar 1942. Am 8. Januar fand man ihn tot in seiner Zelle in der Rostocker Gestapo-Zentrale. Alle Indizien sprechen gegen einen natürlichen Tod (Vergessen 1986 14).

Mecklenburger Bürger hatten auch Beziehungen zum Kreis des 20. Juli 1944. In erster Linie muß diesbezüglich Fritz-Dietlof Graf von der Schulenburg aus Klein-Trebbow bei Schwerin genannt werden. Fritz-Dietlof, der Rechts- und Staatswissenschaften studiert hatte und 1931 Mitglied der NSDAP geworden war, wandelte sich insbesondere unter dem Eindruck seiner Erfahrungen an der Ostfront. Er pflegte Kontakt zu Menschen, die dem Regime kritisch gegenüberstanden. Während des Attentats auf Hitler am 20. Juli 1944 befand er sich in Berlin, in der Bendlerstraße.

Er gehörte zum unmittelbaren Kreis der Organisatoren des Staatsstreiches. Nach der Niederschlagung des Umsturzversuches wurde er mit zahlreichen anderen aufständischen Offizieren verhaftet. Am 10. August stand er vor den Schranken des berüchtigten Volksgerichtshofes. Im Prozeß bekannte er sich zu seinem politischen Handeln: „Wir haben diese Tat auf uns genommen, um Deutschland vor namenlosem Elend zu bewahren. Ich bin mir klar, daß ich daraufhin gehenkt werde, bereue meine Tat aber nicht und hoffe, daß sie ein anderer, in einem glücklichen Augenblick durchführen wird" (Zit. nach Finker 1989 275). Noch am Prozeßtage erfolgte seine Hinrichtung.

Verfolgung, Widerstand und Opposition oder auch nur die Verweigerung während der Nazizeit in Mecklenburg konnten nur abrißhaft und schlaglichtartig dargestellt werden. Vertiefend gibt insbesondere die neuere Literatur Auskunft. Mecklenburg gehörte zweifellos nicht zu den Zentren des Widerstandes gegen den Nationalsozialismus.

Dennoch lohnt eine weitere wissenschaftliche Durchdringung des Gegenstandes, da sich trotz der quantitativen Besonderheiten alle Erscheinungsformen des Widerstandes, der Opposition und Verweigerung auch in Mecklenburg zeigen.

Literatur

| | |
|---|---|
| Widerstand 1985 | Der antifaschistische Widerstandskampf unter Führung der KPD in Mecklenburg 1933 bis 1945. Berlin 1985. |
| Behrens 1989 | Beate Behrens, Aufruhr des Gewissens. Wilhelm Leffers, ein katholischer Pfarrer in der Auseinandersetzung mit dem Faschismus, in: Norddeutsche Neueste Nachrichten, 3./4.6.1989; 7.6.1989; 10./11.6.1989; 12.6.1989; 17./18.6.1989. |
| Behrens 1995 | Beate Behrens/Karl Heinz Jahnke/Anne Geltz/Inge Wendt, Mecklenburg in der Zeit des Nationalsozialismus 1933-1945. Eine Dokumentation. Rostock 1995. |
| Beste 1975 | Niklot Beste, Der Kirchenkampf in Mecklenburg von 1933 bis 1945. Geschichte, Dokumente, Erinnerungen. Berlin 1975. |
| Brand 1991 | Karsten Brand/Kerstin Urbschat/Karl Heinz Jahnke, Mecklenburg in der Zeit des Nationalsozialismus. Bibliographie. Hamburg 1991. |
| Finker 1989 | Kurt Finker, Stauffenberg und der 20. Juli 1944, Berlin 1989. |
| Fischer o.J. | Karl Fischer, Ein Priester wird zur Strecke gebracht – Bernhard Schwentner, in: Christlicher Widerstand gegen den Faschismus. Berlin o.J. 106-121. |
| Geschichte 1969 | Geschichte der Universität Rostock 1419-1969. Berlin 1969. |
| Jahnke 1989 | Karl Heinz Jahnke, Terror gegen die jüdische Bevölkerung in Mecklenburg 1938, in Wissenschaftliche Zeitschrift der Wilhelm-Pieck-Universität Rostock, G.-Reihe, 38 (1989) 57-62. |
| Jahnke 1994 | Karl Heinz Jahnke, Widerstand und Opposition gegen das NS-Regime aus den Kirchen in Mecklenburg 1933-1945. Rostock 1994. |
| Jahnke 1994 | Karl Heinz Jahnke, Gegen Hitler. Rostock 1994. |
| Jahnke 1992 | Karl Heinz Jahnke, Widerstand gegen den Nationalsozialismus in Mecklenburg 1933 bis 1945 – Bilanz und Aufgaben der Forschung, in: Studien zur Geschichte Mecklenburgs in der ersten Hälfte des 20. Jahrhunderts. Rostock 1992 29-39. |
| Jahnke 1992 | Karl Heinz Jahnke, Wissenschaftler und Studenten der Rostocker Universität in Konfrontation mit der Nazi-Herrschaft, in: Studien zur Geschichte Mecklenburgs in der ersten Hälfte des 20. Jahrhunderts. Rostock 1992 40-55. |
| Koch 1989 | Koch, Ingo, Wissenschaftler und Studenten der Rostocker Universität in der Auseinandersetzung mit dem Hitlerfaschismus, in: Rostocker Wissenschaftshistorische Manuskripte, Heft 17. Rostock 1989 83-88. |
| Schröder 1985 | Frank Schröder, Wer Bücher verbrennt..., in: Rostocker Miniaturen. Rostock 1985 84-86. |
| Schröder 1988 | Frank Schröder/Ingrid Ehlers, Zwischen Emanzipation und Vernichtung. Zur Geschichte der Juden in Rostock. Rostock 1988. |
| Vergessen 1986 | Dem Vergessen entrissen. Rostocker Antifaschisten und Opfer des Nazi-Terrors. Rostock 1986. |

## Damian van Melis
# ENTNAZIFIZIERUNG IN MECKLENBURG-VORPOMMERN

Am 12.10.1945 entließ Oberbürgermeister Wöhl von Güstrow den Inspektor des örtlichen Schlachthauses aufgrund seiner Zugehörigkeit zur früheren NSDAP. Am selben Tag hob er die Entlassung wieder auf, gewährte die Weiterbeschäftigung als Angestellter und kündigte an, sich „nach einer gewissen Zeit Ihrer Bewährung [zu] bemühen, Sie auch weiterhin für den Dienst bei der Stadtverwaltung beizubehalten." Da niemand des Inspektors Tätigkeit hätte übernehmen können, blieb er trotz einer eindeutigen Entlassungsverfügung der Landesverwaltung gegen alle NSDAP-Mitglieder weiter beschäftigt (MLHA MinPräs 625).

Die Entnazifizierung fand während eines politischen und sozialen Ausnahmezustands statt: nach dem Ende eines sechsjährigen Krieges mit zerstörten Verkehrs-, Kommunikations und Transportsystemen, bei Hunger und Obdachlosigkeit, mit sowjetischen Besatzungssoldaten, die der deutschen Kultur und Sprache sowie verwaltungstechnischer Arbeiten größtenteils unkundig waren, mit vielen neuen und häufig unerfahrenen deutschen Funktionsträgern wie Bürgermeistern, Landräten, Arbeitsamtsleitern etc. und vor allem mit Millionen von Displaced Persons – Vertriebenen, Flüchtlingen, Evakuierten und anderen Ortsfremden, die in Mecklenburg-Vorpommern fast die Hälfte der Gesamtbevölkerung ausmachten (MLHA MinPräs 661). Bereits früh wurde die Integration der Vertriebenen und Flüchtlinge angestrebt. Dazu diente nicht nur ihre vor allem auch durch die Bodenreform erleichterte soziale Integration, sondern auch das Verbot des Begriffs „Flüchtling". Die Mecklenburgische „Unterabteilung der Zentralverwaltung für deutsche Umsiedler bei der Landesverwaltung Mecklenburg-Vorpommern" ordnete bereits am 16.10.1945 an, „daß die Bezeichnung 'Flüchtlinge' in Zukunft fortzufallen hat und dafür die Bezeichnung 'Umsiedler' tritt" (Bundesarchiv Abteilungen Potsdam, DO1 – 10 – 8, Bl. 79f). Den politischen Nutzen dieser Sprachregelung erläuterte das Landesumsiedleramt am 27.3.1946: *„In dem Wort Flüchtlinge liegt der Begriff Flucht beschlossen und im Begriff Flucht wieder die Annahme von etwas Feindlichem, das zu dieser Flucht Veranlassung gab. Die Streitkräfte der Besatzungsarmeen, und für unseren Sektor die Rote Armee, sind aber nicht als Vertreter böser Mächte, sondern als Befreier des deutschen Volkes von nazistischer Schre-* ckensherrschaft nach Deutschland gekommen" (MLHA Rat des Kreises [RdK] Güstrow 27, Bl. 16). Dieser Entnennung entsprach später die Praxis, Flüchtlinge, Vertriebene, Evakuierte und Umgesiedelte durch den Begriff „Neubürger" zu erfassen (Schneider 1989). Obwohl die kriegsbedingten Zerstörungen in Mecklenburg-Vorpommern verhältnismäßig gering waren (MLHA MfW 294, LL KPD Mecklenburg I/8), galt die erste Sorge vorwiegend der Ingangsetzung der wirtschaftlichen Produktion und vor allem der Ernte. Zuerst ging es den meisten um die Beseitigung des sozialen Chaos, nicht um die Abrechnung mit den dafür politisch Verantwortlichen; zudem hatten viele exponierte Nazis die eigenen Orte noch vor dem Einmarsch der sowjetischen Truppen gen Westen verlassen können.

Der Schlachthausinspektor, der bereits im August 1945 die Aufnahme in die SPD beantragt hatte, blieb noch mehrere Monate nach dem Einmarsch der Roten Armee in seinem Amt, obwohl seine NSDAP-Mitgliedschaft nicht unbekannt war. In den ersten Tagen und Wochen des Mai 1945 waren in allen Städten und Gemeinden exponierte Nazis an die Besatzungsmacht gemeldet, aus hervorgehobenen beruflichen Stellungen entlassen und vielfach auch interniert worden (Klonovsky 1993, Fünfeichen 1990). Große Betriebe, landwirtschaftliche Güter über hundert Hektar und das Eigentum vieler auch weniger wohlhabender Nazis wurden unter treuhänderische Verwaltung gestellt. Dabei gingen sowjetische Soldaten und von der Besatzungsmacht als zuverlässige Antifaschisten eingeschätzte Ortsansässige gemeinsam vor. Eine gewisse landesweite Koordination dieser Aktivitäten, vor allem bei der Auswahl, Etablierung und Instruktion der neuen lokalen Funktionsträger, besorgten die Mitglieder der noch vor Kriegsende aus Moskau eingeflogenen Initiativgruppe Sobottka. Diese setzte sich aus deutschen Kommunisten zusammen, die ebenso wie viele ehemalige Kriegsgefangene in der Sowjetunion auf einen Einsatz im besetzten Deutschland vorbereitet worden waren (Voßke, Keiderling, Krüger).

Erst nach der Gründung der Landesverwaltung unter dem späteren Ministerpräsidenten Wilhelm Höcker Anfang Juli 1945 wurden Entnazifizierung und Sequestrierungen systematisiert. Zuerst wurden die machtpolitisch zentralen Stellen, vor allem die Zentralverwaltungsstellen in Schwerin, von ehemaligen NSDAP-Mitgliedern gesäubert. Von der vollständigen Entlassung aller ehemaligen NSDAPler berichtete der seit 1919 in städtischen und staatlichen Diensten in Schwerin und Mecklenburg tätige Hans Jeß bereits am 19. 7. 1945 (MLHA MdI 751 Bl. 193). Während der kurzen Zeit der angelsächsischen Besatzung Westmecklenburgs war er kurzzeitig zum Staatsminister ernannt worden und machte sich nach dem Einmarsch der Sowjets bis zu seiner Versetzung zur Schweriner Reichsbahndirektion Ende Juli 1945 für die Personalangelegenheiten der Landesverwaltung verantwortlich.

Nachdem Unklarheiten über die Verantwortung für die Entnazifizierungspolitik innerhalb der neuen Landesverwaltung beseitigt und die gesamte Personalpolitik Anfang August 1945 endgültig vom ersten Vizepräsidenten und langjährigen Kommunisten Johannes Warnke übernommen war, erließ dieser am 30. 8. 1945

Mecklenburgisches Volkskundemuseum
Schwerin-Mueß)

(MLHA MinPräs 1167) eine Entnazifizierungsverordnung, die über das Potsdamer Abkommen (17. 7. 1945 - 2. 8. 1945) und die vom ZK der KPD vorgegebenen Richtlinien hinausging, indem sie die Entlassung aller Mitglieder der NSDAP unabhängig von ihrem Eintrittsdatum und tatsächlichen Engagement anordnete. Das ZK-Mitglied Franz Dahlem hatte die Mecklenburgische KPD am 5.8.1945 über die Potsdamer Beschlüsse und die erst am 4.11.1945 veröffentlichte Entschließung der Blockparteien zur Entnazifizierung informiert (MLHA LL KPD Mecklenburg I/3 Bl. 21-40, Vollnhals 1991 45, 186-189).

Nur diejenigen, die für unentbehrliche Fachkräfte und bloß nominelle Mitglieder gehalten wurden, durften vorerst beschäftigt bleiben: bei täglicher Kündigungsfrist und ständiger politischer Überwachung durch „bewährte Antifaschisten". Bereits am 27.11.1945, zwei Wochen nach einer mündlichen Anweisung des Chefs der Sowjetischen Militäradministration in Deutschland (SMAD), Schukow, (Stiftung Archiv der Parteien und Massenorganisationen der DDR im Bundesarchiv [Sapmo-BArch] ZPA – I 3/15/35, Bl. 56) auch die für unentbehrlich gehaltenen NS-belasteten Spezialisten zu entlassen, meldete Höcker der Besatzungsmacht, daß dies „in allen mir unterstellten Verwaltungen durchgeführt" sei. Die Entnazifizierung war damit in Mecklenburg-Vorpommern vorläufig beendet (MLHA MdI 752). In den anderen Ländern der sowjetischen Besatzungszone (SBZ) wurde nicht so schnell und rigoros gehandelt (Meinicke 1983 103, Welsh 1989 48).

Ausnahmen wurden nur bei lebensnotwendigen Bereichen wie der Sicherung der medizinischen Versorgung zugelassen (MLHA MdI 761). Dadurch hatte der Schlachthausinspektor Glück, da seine Stellung für die öffentliche Hygiene und Gesundheit so bedeutsam war, daß seine Entlassung vorerst durch die grassierenden Seuchen und Infektionskrankheiten verhindert wurde (MLHA MdI 761, MLHA Min. f. Soz. 2314, Domeinski 1985).

Nach diesem umfangreichen Entlassungsschub wurde seit Ende 1945 vor allem an den Wiederaufbau gedacht und die Entnazifizierung zurückgestellt, da die Abwehr des Nationalsozialismus durch die tiefgreifenden gesellschaftlichen Veränderungen für strukturell gesichert erachtet wurde. Höcker äußerte gegenüber der Sowjetischen Militäradministration in Mecklenburg am 27.11.1945 die Hoffnung, *„daß der Aufbau unseres demokratischen Deutschlands sich nunmehr reibungslos vollziehen wird"* und daß *„gewisse Störungen, die naturgemäß bei einer so plötzlichen Entfernung zahlreicher Fachkräfte unvermeidlich sind, durch den Eifer und den Aufbauwillen der Amtsnachfolger der Entlassenen überwunden werden"* (MLHA MdI 752). Durch Bodenreform und Sequestrierungen war das private Verfügungsrecht über umfangreiches Kapital entzogen worden, und die Entlassungen und Umstrukturierungen innerhalb von Verwaltungs-, Schul- und Justizpersonal so weit vorangetrieben, daß sie mit politisch zuverlässigen Führungskräften besetzt waren. Ulbricht formulierte diesen Prozeß bereits auf dem KPD-Parteitag am 19./20.4.1946 als weitgehend abgeschlossen: „Das grundlegende Neue bestand darin, daß in der sowjetischen Besatzungszone aufgrund der Potsdamer Beschlüsse der Alliierten die antifaschistisch-demokratischen Kräfte die volle Möglichkeit zur Säuberung des Wirtschafts- und Verwaltungsapparates erhielten und den reaktionären Kräften keine legale Möglichkeit gewährt wurde, sich neu zu organisieren" (Sapmo-BArch ZPA – I 1/1/46, Bl. 23).

Nun wurde die Entnazifizierung deutlicher als bisher im Zeichen der marxistischen Faschismustheorie betrieben: Es ging weniger um die konkrete Aufarbeitung vergangener Taten und ehemaliger Verantwortlichkeiten, sondern um die Absicherung der gegenwärtigen gesellschaftlichen Umgestaltungen. In der Personalpolitik bedeutete dies die Auswahl und Förderung politisch loyaler Kräfte: Bereits Anfang 1946 verfügt Höcker, in der Landesverwaltung nur noch Personen einzustellen, die Mitglieder in einer der neuen Parteien geworden waren (MLHA MdI 759). Da der Kommunismus zum eigentlichen Gegenpol des Faschismus erklärt wurde, hatten diejenigen eine praktische Umkehr vom NS vollzogen, die bereit waren, die vor allem von Besatzungsmacht und KPD/SED bestimmte Politik zu unterstützen. Einer der beiden ersten SED-Landesvorsitzenden, Kurt Bürger, erläuterte auf einer erweiterten Sitzung des SED-Landesvorstandes am 18./19.5.1946 unter der Leitfrage „Wie gewinnen wir diese Leute für uns, damit sie nicht reaktionären Kräften in die Arme laufen?", daß ehemalige NSDAP-Mitglieder nicht durch ihr Verhalten während des NS, sondern seit dem Mai 1945 zu bewerten seien: *In den einzelnen Orten kennen wir schon eine ganze Reihe von Leuten, die im vergangenen Jahre unter Beweis gestellt haben, daß sie keine Faschisten waren. Sie waren wohl Mitglied der NSDAP, aber keine Faschisten"* (MLHA LL SED Mecklenburg IV/2/1/9 Bl. 82). Es wurde offensichtlich, daß die Entnazifizierung kein ausschließlich rückwärtsgewandter Prozeß war, sondern – in allen Zonen Deutschlands – auch dazu diente, den neuen und der jeweiligen Besatzungsmacht opportunen Eliten vorerst einen geschützten Raum zur Etablierung und Erfüllung ihrer Aufgaben zu bieten (Herbst 1986 10f.). Ähnlich dem zunehmenden Antikommunismus in den Westzonen (Kleßmann 1986 89f.) wurde auch der Blick in der SBZ zunehmend vom Kalten Krieg bestimmt; in einem KPD-Beschluß wurden beispielsweise schon am 2./3.3.1946 „die faschistisch-reaktionären Kräfte" im Westen aus-gemacht, wo sie „eifrig bemüht [sind], die Grundlagen des deutschen Imperialismus zu retten" (Geschichte 1966 403-406). Diese Großzügigkeit von SED und Besatzungsmacht gegenüber ehemaligen NSDAP-Mitgliedern, die sich nun wiederum loyaler zur gegenwärtigen hegemonialen Macht zeigten, stärkte ihr öffentliches Ansehen. Während die Entnazifizierung in der US-Zone durch die umfangreiche Fragebogenaktion so konfliktiv verlief, daß sie eine allgemeine Unzufriedenheit hervorrief (Niethammer 1982 260-332, Fritzsch 1972 15ff.), blieb die SED-Politik sicherlich nicht ohne Einfluß auf die Landtags-, Kreistags- und Gemeindewahlen im Herbst 1946. Zum gleichen Zeitpunkt, an dem die Termine für die Gemeindewahlen in der sowjetischen Zone bekanntgegeben wurden, veröffentlichte der Parteivorstand auch einen Beschluß über „SED und nominelle Parteigenossen" vom 20. 6. 1946, in dem festgestellt wurde, daß die Macht der „Kriegstreiber und aktiven Nazis" in der SBZ durch Bodenreform, Entnazifizierung und Sequestrierungen gebrochen sei, und daher der Zeitpunkt *„gekommen, das Problem der Eingliederung der Massen der ehemaligen einfachen Mitglieder und Mitläufer der Nazipartei in den demokratischen Aufbau Deut-schlands einer Lösung entgegenzuführen."* Allen bloß nominellen Nazis sei „die Möglichkeit zur Mitarbeit und zu einem neuen Leben" zu geben, indem sie als Staatsbürger anerkannt würden (Vollnhals 191 ff.). Ähnlich äußerte sich auch Pieck in einer Rede zur Gemeindewahl, die er zwischen dem 29.8.1946 und dem 14.9.1946 in 23 Orten, darunter Wismar, Schwerin, Greifswald, Wolgast, Zinnowitz, Ahlbeck und Usedom, hielt (IFGA-ZPA – NL 36/428, Bl. 89-116).

Nach den zuerst lokalen Entlassungsmaßnahmen und der darauf folgenden landesweiten Vereinheitlichung, begann die Entnazifizierung nach mehreren Monaten der Ruhe erneut im Spätsommer 1946 und orientierte sich an der vom Alliierten Kontrollrat am 12.1.1946 erlassenen Direktive Nr. 24. Die Verzögerung, mit der diese Direktive in der SBZ Anwendung fand, läßt auf das Interesse der Besatzungsmacht schließen, zuerst die eigene Entnazifizierungsvariante, die rigorose Entlassungen vor allem in Verwaltung, Schule und Justiz vorsah, zu realisieren, bevor die differenzierteren Maßstäbe des Kontrollrats angelegt wurden (Welsh 67f.). Früher als in anderen Ländern dieser Zone, wurden seit Ende August 1946 auf Stadt- und Kreisebene, und seit November auf Landesebene Entnazifizierungskommissionen eingerichtet, die nach den Kontrollrats-Vorgaben urteilten (MLHA MdI 762, Min-Präs 1624). Dadurch wurde die Entnazifizierung stark verändert: Während es in den ersten Monaten der Besatzung vor allem darum gegangen war, alle Personen zu entlassen, die wegen der Mitgliedschaft in der NSDAP oder einer ihrer Gliederungen für politisch unhaltbar erklärt wurden, ging es seit 1946 um differenziertere Urteile, für die der sehr umfangreiche Kriterienkatalog des Kontrollrats genutzt wurde. Da darin nicht nur die Entlassung von Kriegsverbrechern und Mitgliedern von NS-Organisationen, sondern auch von vielfältigen anderen Personengruppen angeordnet und empfohlen wurde, konnten viele politisch mißliebige, aber bislang von der Entnazifizierung nicht betroffene Personen wie solche, „die voraussichtlich undemokratische Traditionen verewigen würden" entlassen werden. Um sie ausfindig zu machen, wurde die Aufmerksamkeit der Kommissionen beispielsweise auf „Berufsoffiziere", aber auch Personen gerichtet, „die die preußische Junkertradition verkörpern" oder „Mitglied einer preußischen oder ostpreußischen, pommerschen, schlesischen oder mecklenburgischen Adelsfamilie sind" (Regierungsblatt 1947 197). Bereits die erste Anweisung der Landesverwaltung an Oberbürgermeister und Landräte, die den Vorsitz der lokalen Entnazifizierungskommissionen übernahmen, wies gerade auf diese und politisch ähnlich opportune Punkte der Direktive hin (MLHA MdI 762).

Obwohl einerseits der Kriterienkatalog der Entnazifizierung politisch ausgeweitet wurde, lockerte die Landesregierung andererseits das Beschäftigungsverbot für nominelle Nazis in den meisten Bereichen. Selbst in der Lehrerschaft, in der Anfang Januar 1946 fast alle NS-Parteigenossen (PGs) entlassen waren (MLHA MinPräs 1032/1 Bl. 14, Anweiler 1988 21-58, Schmidtbauer 1987), durften politisch bekehrte wieder eingestellt werden; Warnke fand Ende Januar 1947 gegenüber den Entnazifizierungskommissionsvorsitzenden eindeutige Worte: Während er vor den Lehrern warnte, die seit 1945 ohne Unterbrechung tätig geblieben seien, da sie keiner NS-Organisation angehört hatten, riet er zur großzügigen Behandlung der im NS eingestellten Junglehrer, da diese *„leichter zugänglich für die Ziele des demokratischen Aufbaues [sind] als die andere Lehrerschaft, welche stets im reaktionären Lager gestanden hat"* (MLHA MdI 762). Dies entsprach auch Grünbergs besonderen Hinweisen an Schulräte, Oberbürgermeister und Landräte auf Kontrollratsbestimmungen, die nicht die NS-Belastung, sondern ungenauere Entlassungsgründe nannten: Damit war es einfach, unliebsame Lehrer zu entlassen, indem ihnen zum Beispiel der „moralische Beistand oder materielle oder politische Beistand irgendeiner Art" (Regierungsblatt 20 4.9.1947 91) für die Nazis nachgewiesen werden konnte (MLHA MdI 762). Das vorerst vor allem lokale Interesse an der weiteren Tätigkeit NS-belasteter Fachleute, das beispielsweise die prompte Entlassung des Schlachthausinspektors von Güstrow verhindert hatte, wurde nun auch zu einem wichtigen Anliegen der Landesentnazifizierungspolitik.

Diese Linie der gesellschaftlichen Reintegration der für bloß nominelle NSDAP-Mitglieder Erachteten und des politischen Rigorismus gegen tatsächliche oder vermeintliche aktuelle politische Gegner wurde durch den SMAD-Befehl Nr. 201 vom 17.8.1947 bestätigt (Regierungsblatt 20 4.9.1947 187-191), der das Ende der Entnazifizierung anpeilte und das erste Mal eine für die gesamte SBZ einheitliche Entnazifizierungsregelung festlegte. Während in Mecklenburg weiterhin das Personalamt, das Innenminister Warnke unterstand, für die Entnazifizierung verantwortlich zeichnete, übertrug der Befehl den Zentralverwaltungen für Justiz und für Inneres die entscheidende Richtlinienkompetenz für das gesamte Zonengebiet, so daß sich die Verfahren in den fünf Ländern stark anglichen. Alle Beschränkungen der bürgerlichen und politischen Rechte, wie hinsichtlich des passiven Wahlrechts, wurden für die nominellen PGs aufgehoben.

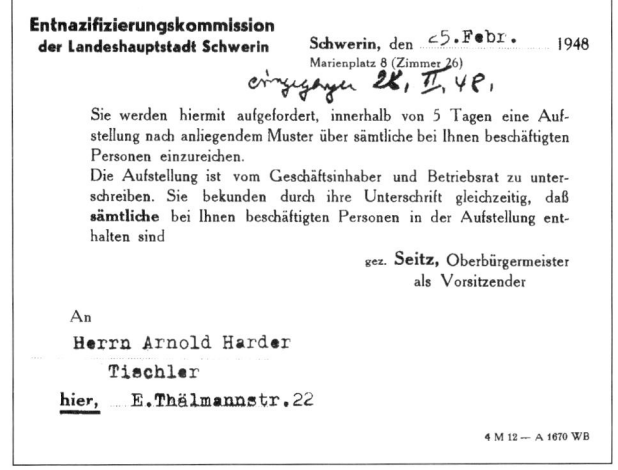

*(Mecklenburgisches Volkskundemuseum Schwerin-Mueß)*

Dazu wurden die bestehenden Entnazifizierungskommissionen aufgelöst und neue geschaffen; Verfahren gegen ehemalige Nazis, die politisch belastet waren, denen aber keine strafrechtlichen Delikte nachgewiesen werden konnten, mußten beschleunigt beendet werden. Nach einigen Verzögerungen wurde am 26. 2. 1948 im SMAD-Befehl Nr. 35 (Vollnhals 212ff.) bestimmt, daß alle Verfahren vor Entnazifizierungskommissionen bis zum März und April 1948 zu beenden seien; die trotz der angestrengten Kommissionsarbeit noch unerledigten Fälle wurden niedergeschlagen. Obgleich es weiterhin ausgrenzende Maßnahmen gegen die ehemaligen PGs gab, war die Entnazifizierung in der SBZ damit beendet. Der SMAD-Befehl Nr. 35 erklärte die Justiz, Polizei und leitende Verwaltungsposten für Ausnahmebereiche, in die ehemalige PGs auch nicht durch „loyale und ehrliche Arbeit" zurückkehren konnten.

Verfahren mit Anhaltspunkten für strafrechtlich relevante Delikte wurden den eigens dafür eingerichteten Sonder-Staatsanwaltschaften zugeordnet und von eigenen Polizeiorganen untersucht (Schwabe 1993). Verantwortlich zeichneten in den drei kleinen und der großen Strafkammern in Schwerin, Güstrow und Greifswald eigens ausgewählte und politisch besonders loyale Staatsanwälte. Diese Prozesse wurden zum Teil niedergeschlagen, zum Teil von der Justiz weitergeführt und spiegeln das hohe Politisierungsmaß der SBZ/DDR-Justiz; außerdem weisen sie auf eine Weiterführung der politischen Säuberungen in der DDR, die sich in den fünfziger Jahren im Zeichen des Stalinismus und der Parteisäuberungsverfahren zunehmend auch gegen Mitglieder der SED richteten. Obwohl auch sie im Namen des Antifaschismus realisiert wurden, waren diese weit von der politisch und moralisch berechtigten Ablösung der NS-Eliten durch die Entnazifizierung entfernt.

Die personalpolitische Ahndung der NS-Belastung wurde in Mecklenburg-Vorpommern in verschiedenen Schritten durchgeführt. Nach einem nur lokal und weitgehend spontan organisierten Anfang, erreichte die Landesverwaltung eine Vereinheitlichung, durch die fast sämtliche ehemaligen Mitglieder der NSDAP und ihrer Gliederungen bis Ende 1945 entlassen waren. Danach war die Entnazifizierung vorerst beendet. Die gesamtzonale Wiederaufnahme der Entnazifizierung im Spätsommer 1946 war vor allem durch außenpolitische Faktoren bedingt und stand im Zeichen der Absicherung der gesellschaftlichen und politischen Umwälzungen in der SBZ; eine erneute Überprüfung des vorhandenen Personals in staatlichen Dienststellen und vielen Privatbetrieben setzte ein und aktuelle politische Dissidenz konnte im Namen der Entnazifizierung sanktioniert werden. Diejenigen ehemaligen Nazis, die sich unter der Hegemonie von SED und Besatzungsmacht kooperativ zeigten und aktiv zum Neuaufbau unter den neuen politischen Verhältnissen beitrugen, gerieten zunehmend weniger ins Blickfeld der Entnazifizierung und ihre gesellschaftliche und berufliche Reintegration wurde – abgesehen von machtpolitisch zentralen Bereichen – forciert ermöglicht. Ein führendes Mitglied der Güstrower SPD bescheinigte dem Schlachthausinspektor entsprechend bereits Anfang 1946, „daß er aufrichtig demokratisch ist" und „an seiner antifaschistischen demokratischen Einstellung kein Zweifel bestehen dürfte."

Der Wandel der Landesregierung vom frühen Rigorismus gegen alle formal NS-Belasteten zu einer zunehmend großzügigeren Haltung gegen die Mehrheit der einfachen NSDAP-Mitglieder entsprach wirtschaftli-

*(Mecklenburgisches Volkskundemuseum Schwerin-Mueß)*

chen Notwendigkeiten beim Neuaufbau und dem politischen Kalkül, dem neuen gesellschaftlichen System eine populäre Zustimmung zu verschaffen. Gleichzeitig verhinderte er auch ein zeitliches und organisatorisches Ausufern der Säuberungsvorgänge, wie es vor allem in der US-Zone immer wieder drohte (Vollnhals 1964 9-24, 55-64): Das Ende der Entnazifizierung in der SBZ war nicht abrupt, sondern geregelt und die im Rahmen der regulären Entnazifizierungsverfahren Behandelten konnten mit verhältnismäßig gleichmäßigen und berechenbaren Verfahren rechnen. Dies gilt nicht für die Opfer von Internierungen, Verschleppungen in die Sowjetunion, Urteilen der Militärtribunale etc., die ebenfalls Teil der Abrechnung mit dem NS waren. Diese Vorgänge lagen ausschließlich in der Hand der Besatzungsmacht, während sich die Entnazifizierung in der SBZ auch dadurch auszeichnete, daß sie – selbstverständlich unter sowjetischer Kontrolle und Anleitung – weitgehend von Deutschen getragen wurde.

Tiefgreifende gesellschaftliche Umwälzungen waren früh in Angriff genommen und rigoros durchgeführt worden: In Mecklenburg-Vorpommern ist die Bodenreform noch vor den Sequestrierungen und dem durch die Entnazifizierung ermöglichten breiten Personalaustausch zu nennen. Nach diesen strukturellen Maßnahmen wurde die Abrechnung mit dem NS weitgehend in das vorherrschende Muster der politischen Auseinandersetzungen eingeordnet: den Kalten Krieg. Damit verlor der Bezug auf die konkrete Vergangenheit der Opfer, der Täter und der vielen Menschen, die auf ihre mutigen oder kompromittierenden Taten zurückblicken konnten, an Bedeutung. Und der Antifaschismus gerann zu einer klassenkämpferischen Kategorie, mit der außenpolitisch gegen den Westen und innenpolitisch gegen politische Dissidenz vorgegangen wurde.

Literatur

| | |
|---|---|
| Anweiler 1988 | Oskar Anweiler, Schulpolitik und Schulsystem in der DDR. Opladen 1988. |
| Domeinski 1985 | Heinz Domeinski, Zur Entnazifizierung der Ärzteschaft im Lande Thüringen, in: Achim Thom und Horst Spaar (Hg.): Medizin im Faschismus Berlin 1985 250-54. |
| Fritzsch 1972 | Robert Fritzsch, Entnazifizierung. Der fast vergessene Versuch einer politischen Säuberung nach 1945, in: aus politik und zeitgeschichte, 1972 11-30. |
| Fünfeichen | Fünfeichen 1945-1948. Briefe Betroffener und Hinterbliebener. Zusammengestellt von Dieter Krüger. Hg. vom Literaturzentrum Neubrandenburg 1990. |
| Geschichte 1966 | Geschichte der deutschen Arbeiterbewegung Bd. 6. Berlin 1966 |
| Herbst 1986 | Ludolf Herbst, Einleitung, in: ders. (Hg.): Westdeutschland 1945-1955. Unterwerfung, Kontrolle, Integration. München 1986 9-25. |
| Keiderling 1993 | Gerhard Keiderling, „Gruppe Ulricht" in Berlin April bis Juni 1945. Berlin 1993. |
| Kleßmann 1986 | Christoph Kleßmann, Die doppelte Staatsgründung. Deutsche Geschichte 1945-1955. Bonn 1986. |
| Klonovsky 1993 | Michael Klonovsky und Jan von Flocken, Stalins Lager in Deutschland. München 1993. |
| Krüger 1964 | Ernst-Joachim Krüger: Zur Arbeit der Initiativgruppe Sobottka in Mecklenburg unter besonderer Berücksichtigung ihrer Hilfe für die Kommunisten und andere Antifaschisten in Greifswald in den ersten Wochen nach der Befreiung vom faschistischen Joch (Mai 1945), in: Wissenschaftliche Zeitschrift der Uinversität Greifswald, 1964 105-114. |
| Meinicke 1983 | Wolfgang Meinicke, Zur Entnazifizierung in der sowjetischen Besatzungszone unter Berücksichtigung von Aspekten politischer und sozialer Veränderungen (1945 bis 1948), Diss. Berlin/DDR 1983. |
| Niethammer 1982 | Lutz Niethammer, Die Mitläuferfabrik. Die Entnazifizierung am Beispiel Bayerns. Berlin/Bonn 1982. |
| Regierungsblatt | Regierungsblatt für Mecklenburg Nr. 20 vom 4.9.1947. |
| Schmidtbauer 1987 | Wolfgang Schmidtbauer, Zur personellen Sicherung der Schulreform im heutigen Kreis Bützow (1945-1949), in: Wissenschaftliche Zeitschrift der Wilhelm-Pieck-Universität Rostock, 1987 74ff. |
| Schneider 1990 | Dieter Marc Schneider, Zentralverwaltung für deutsche Umsiedler, in: Martin Broszat und Hermann Weber (Hg.): SBZ-Handbuch. München 1990, 239-243. |
| Schwabe 1993 | Klaus Schwabe, Entnazifizierung in Mecklenburg-Vorpommern 1947-1949. Schwerin 1993. |
| Vollnhals 1991 | Clemens Vollnhals (Hg.), Entnazifizierung. Politische Säuberung und Rehabilitierung in den vier Besatzungszonen 1945-1949. München 1991. |
| Voßke 1964 | Heinz Voßke, Über die Initiativgruppe des ZK der KPD in Mecklenburg-Vorpommern (Mai 1945 bis Juli 1945), in: Beiträge zur Geschichte der Arbeiterbewegung 1964 424-437. |
| Welsh 1989 | Helga Welsh, Revolutionärer Wandel auf Befehl? Entnazifizierungs- und Personalpolitik in Thüringen und Sachsen (1945-1948). München 1989. |

# Klaus Schwabe

# DIE VERFASSUNG DES LANDES MECKLENBURG
# VOM 15. JANUAR 1947

*Entweder zurück zu „Weimar" oder das Ende der Demokratie*

Als sich die Sozialdemokraten Schwerins am Freitag, dem 24. August 1945 zu ihrer ersten öffentlichen Kundgebung nach dem Krieg im Capitol zusammenfanden, war für sie wie für alle Demokraten klar, daß nach den zwölf Jahren nationalsozialistischer Diktatur ein neues Kapitel deutscher Geschichte beginnen müsse. Mit bewegenden Worten schilderte Carl Moltmann die verbrecherische Politik des Faschismus und sprach von dem unermeßlichen Leid, daß den Völkern der Welt und auch dem eigenen deutschen Volk angetan wurde. Um wieder einen würdigen Platz in der Völkergemeinschaft einzunehmen und am Wiederaufbau einer besseren und gerechteren Weltordnung mitzuschaffen, müßten vor allem Erfahrungen und Lehren aus der Geschichte gezogen werden. *„Deutschland hat ein schweres Verbrechen auf sich geladen und hat die ganze Welt in einen furchtbaren Krieg gerissen. Deutschland hat diesen Krieg gegen jedes Völkerrecht, gegen jedes Kriegsrecht geführt. Es hat eigene und fremde zivile Menschen zu Hunderttausenden, ja zu Millionen gemordet. Es hat diesen Krieg ohne jede Vernunft geführt, bis selbst in Deutschland alles zerstört war."* (Moltmann Nachlaß MLHA BPA Schwerin II/2) Diese kritische Positionsbestimmung war notwendig im Interesse der eigenen Glaubwürdigkeit, es ein zweites Mal in diesem Jahrhundert mit einem Neuanfang wirklich ernst zu nehmen. Solches aus dem Mund eines Sozialdemokraten zu hören, der in Mecklenburg in den zwanziger Jahren maßgeblich die Politik mitbestimmt hatte, war gewiß nicht unwichtig.

Schon bald sollte die Bevölkerung Mecklenburgs und Vorpommerns mit Fragen über die Zukunft des Landes konfrontiert werden, über die sie erstmals bei den Wahlen 1946 mitentscheiden konnte, als es darum ging, welche politische Partei künftig die Richtung der gesellschaftlichen Entwicklung bestimmen würde. 49,5 Prozent der abgegebenen Stimmen entfielen auf die SED, die durch die Vereinigung von KPD und SPD wenige Monate vorher entstanden war, und in der es zu diesem Zeitpunkt noch mehr Sozialdemokraten als Kommunisten gab. So waren es sicher nicht wenige, die bei ihrer Wahlentscheidung davon ausgingen, daß die Sozialdemokraten in dieser neuen Partei ein ge-

wichtiges Wort mitzureden haben würden. Wichtiger als das quantitative Verhältnis zwischen Sozialdemokraten und Kommunisten war jedoch ihr politischer Einfluß in der SED. Hier hatten die Kommunisten mit Sobottka, Bürger und Quandt an der Spitze – eindeutig bevorzugt durch die Besatzungsmacht – das Übergewicht. Bevor es also zu grundsätzlichen Auseinandersetzungen im Landtag über die künftige Entwicklung kam, waren entscheidende machtpolitische Weichen gestellt, aber längst noch nicht alles entschieden. In der Beurteilung der nationalsozialistischen Vergangenheit gab es eine allgemeine Übereinstimmung zwischen den Parteien. Problematischer wurde es bei der Wertung der ersten deutschen Republik, die insbesondere für Mecklenburg durchaus beachtliche positive Ergebnisse brachte. Sozialdemokraten und bürgerliche Liberale hatten hieran entscheidend mitgewirkt, während die Kommunisten sich überwiegend destruktiv verhalten hatten.

Im Wissen darum und sicher auch aus taktischen Gründen setzten die Kommunisten deshalb lieber auf Kooperation und Zusammenarbeit und vermieden es, die Diskussion auf divergierende Positionen zu lenken. Als es am 9. November 1945 zu einer gemeinsamen Gedenkveranstaltung für die Novemberrevolution von 1918 kam, versuchte Gustav Sobottka (KPD) sich mittels eines „Taschenspielertricks" aus der Affäre zu ziehen, indem er davon ausging, daß es im eigentlichen Sinne keine Revolution war, denn Revolution bedeute, *„daß die herrschende Klasse von der nun aufsteigenden Klasse niedergeworfen und vernichtet wird, daß die nun aufsteigende Klasse ihre Herrschaft errichtet."* (Sobottka Volksstimme 14.Nov.1945).

Wenn es also keine Revolution gab, konnte es demzufolge auch keine Verräter an der Revolution geben, als was die Sozialdemokratie bislang nach Auffassung der Kommunisten anzusehen war.

Die Hoffnung, daß die Sozialdemokraten ebenfalls die Streitpunkte der Vergangenheit unberührt lassen mögen, ging zumindest für einige Zeit auf. Unter dem Einfluß von Moltmann, Höcker und Karl gelang es, diesen Kurs bis zur Selbstaufgabe sozialdemokratischen Profils durchzusetzen. Carl Moltmann, einst ein glühender Verfechter der Weimarer Demokratie, hatte sich unter dem Eindruck des Nationalsozialismus und der Fehler und Versäumnisse sozialdemokratischer

# Sitzungsbericht

### der 1. Vollsitzung vom Dienstag, dem 19. November 1946
### 15 Uhr

Politik in den zwanziger Jahren, zu einer Position durchgerungen, die keineswegs von allen Sozialdemokraten geteilt wurde. Sozialismus und Demokratie hatten für ihn nunmehr eine veränderte Bedeutung, die er wie folgt formulierte, daß: *„Genossen, die Demokratie heute in den Vordergrund stellen, die Masse der Unentschlossenen, die Masse der bürgerlichen Stimmen dazu benutzen möchten, den Sozialismus zu verhindern und einen behäbigen, kleinbürgerlichen Staat retten wollen."* Und an anderer Stelle heißt es weiter: *„Wir müssen jetzt die gewaltige sozialistische Einheit mit einem klaren Programm und mit solchem Elan durchführen, daß alle Wankelmütigen und alle Unsicheren mitgerissen werden, oder ist etwa einer unter Euch, der wieder die Koalitionspolitik von vor 1933 wünscht?!"* (MLHA Moltmann Nachlaß) Eine Neuauflage des Weimarer Modells, darin war er sich mit Sobottka einig, sollte es nicht wieder geben. Ein Sozialismus mit „klassenkämpferischer Demokratie" war nun das erstrebenswerte Ziel, was konkret bedeutete:
*„1. Bodenreform, damit nicht mehr die Junker sondern Komitees für gegenseitige Bauernhilfe auf dem Dorfe bestimmen, 2. Entfernung aller Faschisten aus der Verwaltung, 3. Übergang der Betriebe der faschistischen Kriegsinteressenten und Kriegsverlängerer in die öffentliche Hand, 4. Dauerndes Verbot aller Unternehmerverbände und 5. die Hauptbedingung als Garantie für all dies: die Vereinigung der Arbeiterparteien in kürzester Zeit. Ist aber durch die Macht der Reaktion dieser demokratische Weg nicht gangbar, dann wird die Arbeiterklasse mit revolutionären Mitteln den Weg gehen müssen"* (Dahlem Volksstimme 25.2.1946).
Die Gegner einer solchen Perspektive, wie etwa die Sozialdemokraten Willi Jesse und Albert Schulz und die bürgerlich Liberalen Paul-Friedrich Schaffer, Werner Jöhren und Hellmut Sieglerschmidt, wollten sich aber nicht kampflos unterordnen. Sie ahnten, daß unter der Befehlsgewalt der Besatzungsmacht und dem Streben der deutschen Kommunisten, die sicher niemals ernsthaft daran gedacht hatten, einen anderen Sozialismus als den der Sowjetunion zu akzeptieren, es schwer, wenn nicht gar unmöglich werden würde, an die positiven Traditionen von vor 1933 anzuknüpfen. Insofern war die Diskussion des Entwurfs einer Landesverfassung eine Gelegenheit, Gegner und Befürworter einer demokratischen Gesellschaft zum Bekenntnis zu zwingen.

*Eine Verfassung mit demokratischem Anspruch*

In nur fünf Wochen, bei acht Sitzungen des Verfassungsausschusses und drei Lesungen des Entwurfs der Verfassung im Plenum, kam es am 15. Januar 1947 mit der erforderlichen Zwei-Drittel-Mehrheit zur Annahme der dritten Verfassung in der Geschichte Mecklenburgs, die zumindest ihrem Anspruch nach die demokratischste sein sollte. Ein Drittel des Landes Mecklenburg machte Vorpommern aus. In der Verfassungsdiskussion spielte das jedoch keine Rolle. Es ist von keiner Partei überliefert, daß sie etwa gefordert hätte, es müsse eine Verfassung für Mecklenburg und Vorpommern verabschiedet werden, denn erst im März 1947 wurde Vorpommern offiziell aus dem Namen des Landes gestrichen. Damals war es sicher eine politische Randfrage, die aber symptomatisch bis zum Ende der DDR war. Vorpommern als Teil Preußens sollte es nie wieder geben.
Betont wurde sowohl die Kontinuität als auch der Bruch mit den Verfassungen „Weimars". Demokratie erfuhr einen Bedeutungswandel als „klassenkämpferische Demokratie" und diente nunmehr als „Feigenblatt", um Absichten und Ziel der SED zu kaschieren, denn die SED beabsichtigte alles zu vermeiden, was zu diesem frühen Zeitpunkt ihr Ziel, die Errichtung einer kommunistischen Diktatur, offenbart hätte. Bei diesem Vorhaben erhielt sie die volle Unterstützung der sowjetischen Besatzungsmacht, die in Erwartung auf umfangreiche Reparationsleistungen aus dem Westen Deutschlands, den antifaschistischen und demokratischen Charakter ihrer Besatzungspolitik betonte. Sie überließ es vielmehr den deutschen Kommunisten, die sozialistische Orientierung zu formulieren. Obwohl nur aus dem Kontext heraus verständlich, ist die Verfassung hierfür ein Beleg.
Auffallend war die Deklamation des Wunsches aller im Landtag vertretenen Parteien nach Übereinstimmung, obwohl in den Landtagsdebatten und vor allem bei den Beratungen des Verfassungsausschusses kontrovers und mitunter heftig gestritten wurde. Es ist zu vermuten, „daß letztlich die Zustimmung aller Parteien nicht Ergebnis eines äußeren Zwanges, sondern einer bewußten politischen Entscheidung aller Beteiligten in einer national und international schwer überschaubaren Zeit war" (SBZ-Handbuch 1990 362).
Daneben dürfte von Bedeutung gewesen sein, daß die Abgeordneten der SED noch in Worten an drei für die bürgerlichen Parteien entscheidenden Positionen festhielten: Erhaltung der Einheit Deutschlands, Befürwortung einer parlamentarischen Demokratie und Ablehnung des sowjetischen Sozialismus für die deutsche Entwicklung. Es mag zu diesem Zeitpunkt noch eine Rolle gespielt haben, daß es in der SED noch Sozialdemokraten gab, die als Gegengewicht zu den Absichten von Kommunisten, eine Politik mit demokratischer Perspektive durchsetzen wollten.
SMA und SED konnten zufrieden mit dem Ergebnis der Arbeit an der Verfassung sein. Mit ihrer Mehrheit hatten sie die rechtliche Grundlage für eine ungestörte Fortsetzung ihrer Politik geschaffen. Der wohl größte Erfolg war für die SED, daß es gelang, die Gewalten-

teilung abzulehnen und statt dessen eine weitgehend unbegrenzte Souveränität des Landtages als des „höchsten demokratischen Organs" bzw. des „höchsten demokratischen Willensträgers" durchzusetzen. Damit war die „Demokratie" der Kontrolle durch das von den Kommunisten beherrschte Parlament unterworfen. Einen Pluralismus konnte es unter solchen Umständen nicht geben. Angesichts dieser Voraussetzungen konnte man erleichtert in der Schlußsitzung der Verfassungsdiskussion feststellen: *„Und wenn wir nun hier bei den Beratungen im Ausschuß und auch in der zweiten Lesung über verschiedene Fragen verschiedener Auffassung gewesen sind, so glaube ich doch, daß wir feststellen können, daß in den Grundfragen der Demokratie doch das Haus einer Meinung sein wird"* (Goldenbaum 1. Landtag 6. Sitzung 1947 177).

Für die Abgeordneten der bürgerlichen Parteien mußten sich diese Worte recht seltsam anhören, hatten sie doch versucht, gerade in entscheidenden Fragen künftiger Entwicklung die Wahrung demokratischer Prinzipien verfassungsrechtlich zu verankern. Es hatte sich aber erwiesen, daß die Kommunisten keineswegs gewillt oder vielleicht auch unfähig waren, sich sachlich mit den Argumenten der Opposition auseinanderzusetzen. Sie demonstrierten hier bereits ihre Macht.

Als ob der Abgeordnete Dr. Scheffler (LDP) ahnte, daß den leidgeprüften Menschen Mecklenburgs und Vorpommerns eine schwere Zeit bevorstand, indem er noch einmal an die jüngste Vergangenheit erinnernd hervorhob, „da die Staatsform der Diktatur und Monarchie, wie wir sie erlebt haben, außerstande gewesen sind, dem deutschen Volk auf die Dauer Glück und Frieden zu geben, muß es jetzt im Wege einer demokratischen Verfassung zur Selbstregierung schreiten und den Willen des Volkes zum obersten Gesetz erheben, ..." Nach seiner Auffassung müsse eine Demokratie geschaffen werden, die auf dem Fundament der Gerechtigkeit errichtet und „ein Spiegelbild des Willens der Gesamtheit ist, wenn sie aufbaufähig, stark und von Dauer sein soll" (Scheffler 1. Landtag 6. Sitzung 1947 181).

Der Wunsch, daß trotz aller bedrohlichen Zeichen nicht nur die Einheit Deutschlands erhalten, sondern auch eine demokratische Gesellschaft geschaffen werden könnte, verdrängte den Zweifel an der Aufrichtigkeit der SED. Fehler der Vergangenheit sollten keine Wiederholung finden. Hier setzte die Argumentation der SED an, indem behauptet wurde, daß die Entmachtung der Großgrundbesitzer und Industriellen durch Bodenreform sowie die Enteignung der Nazi- und Kriegsverbrecher die materielle Grundlage für eine wirkliche Demokratie geschaffen habe. Damit würde das Volk die erforderliche Souveränität erhalten, die Demokratie praktisch auch zu handhaben. Nicht nur Vertreter aus den bürgerlichen Parteien,

sondern auch ehemalige Sozialdemokraten erkannten zu spät die Unmöglichkeit der Volkssouveränität auf einer Grundlage, die den Keim der Demokratiefeindlichkeit bereits in sich trug. Mit einer zur Demokratie unfähigen Partei konnte es bei vorwiegend ideologisch motivierten gegensätzlichen Meinungen zu keinem Konsens kommen, auch wenn es in der damaligen Situation so schien, daß beispielsweise Abstimmungen im Verfassungsausschuß und auch im Parlament nach demokratischen Grundsätzen durchgeführt wurden.

Insbesondere die christdemokratische Fraktion glaubte einen Sieg über die SED errungen zu haben, weil *„in der Verfassung diejenigen Bestimmungen über die Grundrechte der Bürger und den Schutz der Verfassung hineingearbeitet wurden, die wir in unserem Entwurf vorgeschlagen haben"* (Jöhren 1. Landtag 6. Sitzung 1947 183). Gemeinsam mit den Liberaldemokraten hatten sie dafür gesorgt, daß die Rechte der Bürger klar definiert in der Verfassung des Landes Eingang fanden und nicht, wie von der SED beabsichtigt, einer späteren Verfassung der deutschen Republik vorbehalten blieb. Erstens war es keineswegs klar, wann eine solche zustandekommen würde und zweitens war nach ihrer Meinung ein demokratisches Rechtssystem nur möglich, wenn die Rechte der Persönlichkeit Verfassungsgebot waren.

Das Nachgeben fiel den Kommunisten in dieser Frage nicht sonderlich schwer, weil sie mit der Position der stärksten Fraktion im Landtag relativ gelassen Versuche der bürgerlichen Parteien, für sie nicht annehmbare Aussagen in der Verfassung zu verankern, zu jeder Zeit zurückweisen konnten. Außerdem wollte sich die SED tolerant und kompromißbereit erweisen. Das zeigte beispielsweise auch die Diskussion des Artikels 24, in dem das Wahlalter auf das 20. Lebensjahr und die Wählbarkeit auf das 23. Lebensjahr festgelegt wurde, obwohl die FDJ den Landtag massiv aufgefordert hatte, den Jugendlichen mit dem 18. Lebensjahr das aktive und passive Wahlrecht zu gewähren.

Das Recht auf Arbeit für jeden Bürger wurde durch die Verfassung ebenso zum Grundrecht erhoben, wie Streikrecht, Recht auf Bildung, Gleichberechtigung der Geschlechter bis hin zur gleichen Entlohnung von Frau und Mann bei gleicher Arbeit oder das Recht auf Auswanderung. Unter den gegebenen Umständen war einiges davon zwar idealisierend, dennoch von hohem sozialen Rang. Zusammen mit dem Recht auf Arbeit, gesicherter Wohnung und der Möglichkeit einer gesicherten Ausbildung setzte diese Verfassung weit in die Zukunft reichende Akzente einer humanen Gesellschaft. Keineswegs nur der Mechanismus der Gesetzgebung durch den Landtag, sondern auch die Möglichkeit von Volksentscheiden sollte den demokratischen Charakter der Verfassung ausdrücken. *„Ein*

*Volksentscheid ist herbeizuführen, wenn ein Fünftel der Stimmberechtigten oder wenn Parteien und Organisationen, die glaubhaft machen, daß sie ein Fünftel der Stimmberechtigten vertreten, dies beantragen (Volksbegehren)"* (Verfassung Mecklenburg 1947 Art. 59). Im Sinne einer echten demokratischen Entscheidung ist der Volksentscheid jedoch niemals durchgeführt worden, sondern eher wurde er verschiedentlich zur Manipulierung und politischen Demonstration mißbraucht. Nicht einmal die Verfassung selbst wurde durch einen Volksentscheid angenommen.

Das Selbstverwaltungssystem in Kreisen und Gemeinden, wie es in der Weimarer Zeit erfolgreich durchgesetzt wurde, fand eine Fortsetzung. In der kommunalen Selbstverwaltung erfahrene, vielfach von den Nazis 1933 entlassene Angestellte und Beamte, waren erfolgreich in den komplizierten Nachkriegsjahren tätig. Ihnen ist es zu verdanken, daß dringende Fragen der Arbeitsbeschaffung, Bereitstellung von Wohnraum, Bekämpfung von Krankheit vielfach unkompliziert gelöst wurden. Weitaus stärker als in den zwanziger Jahren wurde aber die Auftragsverwaltung durch die Landesregierung praktiziert, was sich bereits 1948 durch die Forcierung der Zentralstaatlichkeit noch verstärken sollte. Entscheidend jedoch war, daß die SED sich auf allen Ebenen als staatstragende und wirtschaftsleitende Partei gab und damit von vornherein der Durchsetzung demokratischer Prinzipien enge Grenzen gesetzt wurden. Wenn die „führende Rolle" auch noch nicht als Verfassungsgrundsatz aufgenommen wurde, so zeigte sich doch bereits in der Praxis die Macht der SED in Politik, Wirtschaft und Verwaltung und besonders in der Personalpolitik: Alle entscheidenden Posten wurden entweder von Mitgliedern der SED oder Leuten ihres Vertrauens, die in der Regel aus den Blockparteien kamen, besetzt.

Besonders Abgeordnete der SED rühmten in der Schlußsitzung der Verfassungsdiskussion, daß nun erstmals in Mecklenburg wahre Volkssouveränität und Demokratie Verfassungsgrundsatz geworden seien. Es klang schon recht merkwürdig aus dem Mund eines Kommunisten, der die Weimarer Demokratie erbittert bekämpft und zu keiner Zeit etwas davon zurückgenommen hatte, wenn er nun die Demokratie beschwor: *„Wir haben die Sicherung geschaffen, daß nicht mehr, wie wir es in der Geschichte unseres Volkes und Vaterlandes seit 1848 so oft erlebt haben, des Volkes Wille eingeschränkt oder gar aufgehoben werden kann. Und wenn wir heute in der Gewißheit, in der unbedingten Zuversicht, daß die demokratische Entwicklung unseres Landes gesichert ist, daß auch die Demokratie schließlich im ganzen deutschen Vaterlande sich durchsetzen wird, wenn wir trotz dieser Überzeugung das Volk aufrufen, darüber zu wachen, daß das, was in der Verfassung steht, nicht toter Buchstabe bleibt, sondern lebendige Wirklichkeit wird und bleibt, so deshalb, weil wir in der aktiven Mitarbeit, in der aktiven Teilnahme jedes einzelnen an der Gestaltung der Geschichte unseres Volkes, die beste Voraussetzung für jede weitere Entwicklung sehen"* (Bürger 1. Landtag 6. Sitzung 185).

Die Unehrlichkeit der SED fand mit der Verabschiedung der Landesverfassung einen weiteren Höhepunkt nach der Zwangsvereinigung von KPD und SPD. Mit einer Verfassung, wie sie in den Ländern der westlichen Besatzungszonen entweder bereits verab-

*56. Sitzung des Mecklenburgischen Landtages 1947 (Mecklenburgisches Landeshauptarchiv Schwerin)*

schiedet oder sich noch in der Diskussion befand, hätte sich die sowjetische Besatzungsmacht niemals abgefunden. Bei den Sitzungen, ob in den Ausschüssen oder im Plenum, hatten die sowjetischen „Berater" entweder direkt mit ihrer Teilnahme oder indirekt durch eine gezielte Vorbereitung der SED-Abgeordneten die Möglichkeit der Einflußnahme. Nichts wurde dem Selbstlauf überlassen. Mißtrauen und ständige Kontrolle waren charakteristische Merkmale sowjetischer Besatzungspolitik. Sie achteten besonders darauf, daß der eingeleitete Prozeß der „antifaschistisch-demokratischen Umwälzung" durch die Verfassung gesetzlich verankert wurde und somit auch weiter vorangetrieben werden konnte. Die antikapitalistische Orientierung erhielt in der Verfassung ihre gesetzliche Grundlage. Im Namen der Entnazifizierung wurde die Enteignung nicht nur von Nazi- und Kriegsverbrechern gesetzlich, was für Mecklenburg-Vorpommern besonders auf die Enteignung der Großgrundbesitzer im Zuge der Bodenreform zutraf, sondern Artikel 74 bestimmte: „Alle privaten Monopolorganisationen wie Kartelle, Syndikate, Konzerne, Truste und ähnliche private monopolistische Gebilde sind verboten." Ernst Goldenbaum (VdgB), der auf Landesebene maßgeblich die Bodenreform in Mecklenburg-Vorpommern geleitet hatte, stellte in der Schlußsitzung der Verfassungsdiskussion befriedigt fest: *In dem Paragraph 77 ist unserer Forderung, der Forderung der Bauern, vollkommen Rechnung getragen worden, daß eben der Bauernboden nun für alle Ewigkeit Bauernboden bleibt und niemals mehr zum Spekulationsobjekt einer kleinen Schicht mißbraucht werden kann. Das ist das Entscheidende, was wir in dieser Verfassung sehen, wodurch eben wir glauben, daß die Rechte der Bauern nun endgültig geschützt sind* (Goldenbaum 1. Landtag 6. Sitzung 180). Einen privaten Großgrundbesitz über 100 ha sollte es künftig nicht mehr geben. „Die Neubildung privaten Großgrundbesitzes mit einer Fläche von mehr als 100 Hektar ist verboten."

Interessant ist die Aussage des Artikels 79, wonach eine Enteignung „gegen angemessene Entschädigung" erfolgen sollte. Die Praxis sah dagegen ganz anders aus. Enteignet wurde in der Regel nachdem ein „krimineller" Vorwand gefunden war. Verletzung der Pflichtablieferung von Bauern, Vergehen gegenüber dem Devisengesetz oder massenhafte Enteignungen nach dem Befehl der SMAD Nr. 201. Diese „Rechtspraxis" wurde bis zum Ende der DDR beibehalten.

Alle im Landtag vertretenen Parteien wußten, daß mit der Verfassung Prioritäten künftiger Landespolitik gesetzt wurden. Es war nur allzu verständlich, daß die bürgerlichen Kräfte nach den bisherigen Erfahrungen annehmen mußten, daß die Kommunisten trotz aller gegenteiligen Behauptungen einen sozialistischen Entwicklungsweg wollten. Alle ihre Bemühungen, der

Verfassung einen demokratischen Inhalt zu geben, sie nicht mißbrauchen zu lassen auch im Interesse der Erhaltung der Einheit Deutschlands, mußten angesichts der Besatzungspolitik erfolglos bleiben. Die Reaktionen von Seiten der SED-Abgeordneten auf ihre Initiativen wagte Scheffler (LDP) zu diesem Zeitpunkt schon nicht mehr deutlich zu benennen, aber dennoch werden Druck und Einschüchterungspolitik deutlich: *„Wir sind deshalb erstaunt gewesen, mit welcher Schärfe uns entgegengetreten worden ist, wenn wir es bei einem Teil auseinandergehender Auffassungen über grundsätzliche Fragen für die Gestaltung der Verfassung auf die Abstimmung des Landtages ankommen lassen mußten"* (Scheffler 1. Landtag 6. Sitzung 181). Dabei ist eine gewisse Kompromißbereitschaft der Abgeordneten von LDP und CDU zu berücksichtigen, da im „Block der antifaschistisch-demokratischen Parteien" bereits wichtige Vorabsprachen getroffen wurden, die in der Regel anfangs auf Konsens und später auf Unterordnung der bürgerlichen Parteien gegenüber der SED beruhten. Da eine Überlieferung von Zeugnissen des Aufbegehrens und des Widerspruchs dürftig ist, kann man aus dem wenigen, oft nur allgemein Formulierten nur folgern, daß die oppositionellen Kräfte vorsichtig sein mußten. Um so bemerkenswerter war ihr Mut in der Verfassungsdiskussion, wirkliche Demokratie sowie das Banner der Einheit des Vaterlandes gegen einen übermächtigen politischen Gegner zu verteidigen.

In vielen Einzelfragen gab es gegensätzliche Auffassungen, die in entscheidenden Positionen zu Gunsten der SED entschieden wurden. CDU und LDP hielten es für zweckmäßiger, in der Schlußabstimmung ihre Zustimmung zur Verfassung nicht zu verweigern. *„Wir glauben, von der CDU aus sagen zu können, daß wir, im ganzen gesehen, dem jetzt vorliegenden Entwurf unsere Zustimmung geben können. Wir werden ihn daher bei der folgenden Abstimmung bejahen. Diese Zustimmung wird uns um so leichter, als wir mit Genugtuung feststellen, daß sowohl in dem ersten als auch in dem letzten Artikel unserer Verfassung das klare Bekenntnis zur deutschen demokratischen Republik, also zu einem einheitlichen Deutschland der Zukunft zum Ausdruck gebracht wird"* (Jöhren 1. Landtag 6. Sitzung 182).

Für die SED hatte die Erarbeitung einer Landesverfassung wenig praktischen Wert. Sie hätte es wahrscheinlich lieber gesehen, wenn sie in Grundsatzfragen, wie bei der Enteignung geschehen, nicht zur Offenbarung gezwungen worden wäre. Ihr Ziel hatte sie bei den Wahlen im Wesentlichen erreicht. Da war eine Verfassungsdiskussion nach ihrer Auffassung überflüssig, zumal es in den eigenen Reihen Sozialdemokraten gab, die traditionell andere Vorstellungen von Demokratie hatten als die Kommunisten. Mit der Gewißheit der Überlegenheit erteilte Kurt Bürger der Demokratie eine Absage: *„Wir hätten ein solches Wahlrecht, eine solche Handhabung der Demokratie, wie wir das im Westen sehen, abgelehnt. Wir hätten uns niemals abgefunden mit einer Rolle, wie man sie heute im Westen den sogenannten Parlamenten oder Landtagen zumißt"* (Bürger 1. Landtag 6. Sitzung 186).

*Einige Kontroversen in der Verfassungsdiskussion*

Der Parteivorstand der SED hatte als Vorschlag für alle Länder der Sowjetischen Besatzungszone nach Vereinbarung des „Zentralen Blocks der antifaschistischen Parteien" einen Verfassungsentwurf vorgelegt. Damit hatte man erreicht, daß die SED wichtige Vorgaben lieferte, die zwar Gegenstand der Diskussion sein sollten, aber dennoch eine wichtige Grundorientierung darstellten. Während die Abgeordneten der LDP den Entwurf der SED „als eine brauchbare Grundlage für die Arbeit an diesem Landesgrundgesetz" betrachtete, die zwar noch verschiedener „Abänderungen in formaler, redaktioneller und auch in materieller Hinsicht" bedurfte, hatte die Fraktion der CDU, als einzige in der SBZ, entgegen zentraler Absprachen, einen eigenen Verfassungsentwurf eingebracht. Wichtigstes Motiv für sie war neben der Demonstration von Eigenständigkeit ihre Auffassung, daß den Menschenrechten ein höherer Stellenwert eingeräumt werden müsse, als wie im Entwurf der SED geschehen. Carl Koch (CDU) begründete dies wie folgt: *„Der Diktatur der verdammenswerten Welt der Vergangenheit setzen beide Entwürfe wahre und echte Demokratie gegenüber. Der Verneinung der Menschenrechte steht gegenüber die starke Bejahung derselben, der Gottlosigkeit der Gottesglaube, der Rechtlosigkeit ein unantastbares starkes Recht, der unterschiedlichen Behandlung der Rassen die Gleichberechtigung und der Schutz der Rasse. Nach der Zerstörung aller Werte baut die lebende Generation auf einem Neuland ein neues Haus und legt die Fundamente dieses stolzen Bauwerkes in dieser Verfassung nieder. Abgesehen von den aus der Natur der Sache sich ergebenden Bestimmungen weisen gewisse Teile des von der CDU eingebrachten Entwurfs neue Gedankengänge auf. Jeder Deutsche soll in Freiheit und in Verantwortung vor Gott und seinem Gewissen seinem Volk und der Menschheit dienen. Dienst am Menschen ist die Berufung des Staates"* (Koch 1. Landtag 2. Sitzung 68/69).

In der konkreten Auseinandersetzung zu einzelnen Artikeln des Verfassungsentwurfs erwies sich, wie recht sie damit hatten, Freiheit und Demokratie als unverzichtbare Maxime in die Verfassung aufzunehmen. Der einstige Sozialdemokrat Erich Gniffke, als Verstärkung aus dem Zentralvorstand der SED für den Landtag kommend, entgegnete, daß er den Eindruck hatte, *„als Herr Koch sprach, daß er nicht zu der Landesverfassung für Mecklenburg-Vorpommern, sondern zu einer Verfassung der zukünftigen deutschen Republik sprach."* Ginge es nach der SED, so würden Grundrechte und Grundpflichten der Bürger erst in einer künftigen Verfassung für die deutsche Republik ihren Ausdruck finden. Das war ein ernster Angriff auf den Föderalismus. Die Christdemokraten waren aber der Auffassung, daß eine Landesverfassung nicht auf Verwaltung reduziert werden darf. Die Befugnisse und Landeshoheiten müßten trotz augenblicklicher Beschränkung durch den Besatzungsstatus demonstriert werden. Während die Verfassungen der Länder in den westlichen Besatzungszonen in Fortsetzung der staatlichen Ordnungsstruktur der Weimarer Republik den Föderalismus als Grundlage des Staatsaufbaus betrachteten, erfüllte gerade diese Tatsache die SED mit „größter Besorgnis".

In der Frage der föderalistischen Gestaltung eines künftigen einheitlichen deutschen Staates gab es grundsätzliche Meinungsverschiedenheiten zwischen den Fraktionen der bürgerlichen Parteien und der SED. *„Wir betonen als Liberaldemokraten ganz klar, wie es neulich noch unser 1. Vorsitzender hier zum Ausdruck brachte, daß wir sture Unitaristen sind, allerdings im Sinne eines dezentralisierten Einheitsstaates"* (Sieglerschmidt 1. Landtag 2. Sitzung 73). Hier ging es nicht um den Streit in einer untergeordneten Frage, sondern um die Haltung in der Zukunftsfrage Deutschlands. Welche staatliche Ordnung sollte dieses Deutschland bekommen? Eine Ablehnung des Föderalismus mit gleichzeitiger Betonung der Zentralstaatlichkeit, wie von der SED favorisiert, mußte notwendigerweise zur Folge haben, daß eine Abgrenzung zu den Ländern der Westzonen erfolgte, die auf die Fortsetzung des Weimarer Modells setzten. Albert Schulz (SED) betonte: *„Es ist gewiß unsere Tragik, daß wir auch jetzt die staatliche Neuordnung beginnen müssen unter den Nachwirkungen eines folgenschweren Krieges"* (Schulz 1. Landtag 2. Sitzung 65). Hierzu zählte zuallererst die Aufteilung Deutschlands in Besatzungszonen und die gegensätzlichen Interessen der Besatzungsmächte. Die Sowjetunion hatte ein elementares Interesse daran, die SBZ ihrem Gesellschaftssystem gleichzuschalten, wenn auch die Modalitäten hierfür nicht von vornherein feststanden. Deshalb konzentrierte sich die gesellschaftspolitische Auseinandersetzung um den Föderalismus im Kontext auf die Frage nach der Errichtung einer demokratischen Republik oder eines Sozialismus sowjetischer Prägung. Übereinstimmend wurde von allen im Landtag vertretenen Parteien betont, daß die Chance für eine staatliche Neuordnung günstig sei und daß diese eingebettet sein müßte in die zukünftige Struktur einer einheitlichen, demokratischen Republik. Dieser Neubeginn war jedoch nur möglich bei einer kritischen Neubewertung der jüngsten Geschichte, insbesondere der Weimarer Zeit. Man kam nicht an der Feststellung vorbei, daß die Verfassung von Weimar ganz zweifellos ein erheblicher Fortschritt war, teilweise „glänzend formulierte, gute Gedanken und Verheißungen" enthielt. Es käme aber bei einer Verfassung nicht auf die Worte an, sondern ob sie wirklich Eingang findet in das Leben des Volkes. *„Und da zeigte sich nun der Mangel des Verfassungswerkes nach 1918. Neben der geschriebenen Verfassung gab es noch eine tatsächliche Verfassung, die von der geschriebenen weit entfernt war"* (Schulz 1. Landtag 2. Sitzung 65). Diese Wertung provozierte den Gedanken des Bessermachens, was die SED im Sinne ihrer klassenkämpferischen Position auch beabsichtigte.

Schulz nannte folgende Grundgedanken, die in der Verfassungsdiskussion eine Rolle spielen müßten: *„Das erste ist der Gedanke der Einheit der deutschen Republik... Der zweite tragende Gedanke unseres Gesetzentwurfs ist, daß alle politische Macht dem Parlament vorbehalten sein soll"* (1. Landtag 2. Sitzung 66/67). Da jedoch davon auszugehen sei, daß die Einheit vorerst nicht realisierbar wäre, müßte beabsichtigt werden, daß wenigstens in der Sowjetischen Besatzungszone eine möglichst große Einheitlichkeit der Länder hergestellt wird, wenn sich diese schon nicht über ganz Deutschland erreichen ließe. In dieser Frage gab es zwischen den Fraktionen des Landtages zwar keine prinzipiellen Meinungsverschiedenheiten. Dennoch hielten es die Kommunisten für erforderlich, die Abgeordneten der bürgerlichen Parteien darauf hinzuweisen, daß im Zentralausschuß eine gemeinsame Strategie für die Verfassungsdiskussion vereinbart worden sei. *„Im Interesse einer guten Zusammenarbeit in den Ausschüssen, damit nicht dort erst wieder Mißverständnisse ausgekämmt werden müssen, wäre es deshalb notwendig, wenn Sie sich in Ihrer ganzen Arbeit auf Verbesserungsanträge zu dem SED-Entwurf einstellen würden, damit aber an dem Grundsätzlichen dabei nicht gerührt wird"* (Gniffke 1. Landtag 2. Sitzung 81).

Von prinzipieller Art waren die unterschiedlichen Positionen bei den Grundrechten der Bürger, Rolle des Parlaments, Gewaltenteilung, Verwaltung und Beamtentum sowie im weitesten Sinne Machtfragen des Staates. Sie ergaben sich aus den gegensätzlichen Auffassungen von SED und bürgerlichen Parteien über eine zukünftige soziale und staatliche Ordnung. Eine demokratische Republik, nach der Grundstruktur des Weimarer Systems, war für die Kommunisten undenkbar. Ihre Argumentation basierte darauf, daß Weimar notwendigerweise scheitern mußte, weil die Verfassung nicht mit den „tatsächlichen gesellschaftlichen Machtverhältnissen" übereinstimmte. Warnke,

der zu den maßgeblichen Kräften in der SED gehörte, die Demokratie aus der Sicht des Klassenkampfes zuallererst als Machtfrage verstanden, ging davon aus, daß, bevor man an eine lebensfähige Demokratie denken kann, erst einmal die tatsächliche Macht in der Gesellschaft besitzen muß. In der Sowjetischen Besatzungszone waren nach seiner Meinung hierfür entscheidende Voraussetzungen geschaffen worden:

„1) durch die Bodenreform, die den Junkern und Großgrundbesitzern ihre Macht genommen hat.
2) durch die Enteignung der Nazis und Kriegsgewinnler und den Aufbau einer volkseigenen Wirtschaft und
3) durch den Abbau des unabhängigen Berufsbeamtentums und der Schaffung einer neuen demokratischen Verwaltung" (MLHA MdI 1945-1952 6).

In der Eigentumsfrage kam es zu einer heftigen Auseinandersetzung zwischen Liberaldemokraten und Kommunisten, die das Mißtrauen von bürgerlichen Abgeordneten gegenüber der SED, sie könnte den Prozeß der Enteignungen mit dem Ziel eines „Staatskapitalismus" fortsetzen, nachhaltig bestätigte. Scheffler (LDP) erklärte: *„Wir sind nun der Ansicht, daß die Durchführung einer Enteignung eine außerordentlich einschneidende Maßnahme in das Privatrecht eines Menschen ist und sind deswegen der Meinung, daß, wenn etwas derartiges vorgenommen werden soll, es richtiger ist, es nicht auf eine einfache Mehrheit im Landtag abzustellen, sondern dann vorzusehen, eine absolute Mehrheit, nämlich eine Zweidrittelmehrheit des Landtages"* zu erlangen (Scheffler 1. Landtag 4. Sitzung 139). Eine solche Regelung hätte zur Folge, daß die SED auch mit den Stimmen der VdgB eine solche Mehrheit nur schwerlich zustande bringen würde, denn auch die Christdemokraten waren hierin der gleichen Auffassung wie die Liberaldemokraten. Die bürgerlichen Fraktionen waren wohl mit dem Artikel 76 einverstanden, der ausdrücklich feststellte „das Eigentum wird von der Verfassung gewährleistet," vermuteten aber nach der radikalen Enteignung der Gutsbesitzer, daß die SED hier noch viel weitergehende Maßnahmen beabsichtigte. Die Machtfrage, wesentlich ökonomisch determiniert, wollten die Kommunisten mit der Beseitigung privatkapitalistischen Eigentums nach ihrer Maßgabe entscheiden. Daß sich damit Konsequenzen für den demokratischen Aufbau der Gesellschaft verbanden, war somit eine unvermeidliche Folge. Deshalb beabsichtigten LDP und CDU, neben der Zweidrittelmehrheit ein weiteres Erschwernis in die Verfassung hineinzubekommen und zwar die Enteignung gegen eine angemessene Entschädigung.

Sowohl im Verfassungsausschuß als auch im Plenum suchten die Kommunisten nach einer plausiblen Erklärung ihrer ablehnenden Haltung gegenüber den

Vorschlägen der Liberaldemokraten. Kapitalisten waren für die SED prinzipielle Gegner, denn sie standen ihren Vergesellschaftungsvorhaben entgegen. *„Danach sollen enteignet werden diejenigen, die ihren Besitz und die damit verbundene Machtstellung benutzen in einem Sinne, der den Interessen des Volkes zuwiderläuft."* Und folglich kam Glückauf (SED), auf einen Antrag von Liberal- und Christdemokraten eingehend, zu der Schlußfolgerung: *„Die Annahme eines solchen Vorschlages würde bedeuten, daß in der Tat eine entschädigungslose Enteignung so gut wie ausgeschlossen ist. Ich kann im Namen der Fraktion der Sozialistischen Einheitspartei nur erklären, daß wir mit aller Schärfe den Standpunkt von CDU und LDP ablehnen, ja noch mehr, ich erkläre daß es in dieser Frage keinerlei Kompromiß geben kann"* (Glückauf 1. Landtag 4. Sitzung 140) Nur selten ließen sich Kommunisten vor der Öffentlichkeit zu solchen Erklärungen, die an Deutlichkeit wohl nichts zu wünschen übrig ließen, hinreißen. Mehr noch, hier wurde eine deutliche Warnung an alle jene ausgesprochen, die sich ihren Zielen zu widersetzen gedachten.

Einmal mehr wurde deutlich, daß die SED sich nicht von ihrem Kurs der „Vergesellschaftung" abbringen lassen wollte. Die entschädigungslose Enteignung als eine Kernfrage auf diesem Weg mußte deshalb ohne Einschränkung in die Verfassung aufgenommen werden. Sie nutzten ihre Mehrheit sowohl im Verfassungsausschuß, wo entsprechende Anträge der Abgeordneten Sieglerschmidt (LDP) und Neubeck (CDU) mit 4:3 Stimmen abgelehnt wurden, als auch im Plenum, wo sie mit den Stimmen der VdgB über die absolute Mehrheit verfügten.

Die bürgerlichen Parteien hielten außerdem ein Landesparlament nicht für berechtigt, eine derart in die gesellschaftliche Struktur einschneidende Entscheidung zu treffen. Ginge es nach ihnen, würden Enteignungen nur auf gesamtdeutscher Grundlage erfolgen, was im Klartext nichts anderes bedeutete, als den Alleingang der Sowjets und ihrer willigen Helfer in Mecklenburg-Vorpommern und der SBZ aufzuhalten. Ihre Befürchtung, die SED würde mit der Enteignung und damit Liquidierung der kapitalistischen Industriebetriebe die Entwicklung „zu einer übertriebenen staatskapitalistischen Wirtschaft" treiben, sollte schon bald Wirklichkeit werden und ihre Warnung aus der Verfassungsdiskussion bestätigen. Da half es auch nichts, wenn Bürger (SED) zu beschwichtigen suchte, „daß niemand, erst recht nicht die SED, daran denkt, irgendwie die Industrie allgemein zu verstaatlichen." Wenig später sprach er aus, was die Abgeordneten von LDP und CDU selbst nicht zu sagen wagten: *„Es wäre vielleicht doch etwas ehrlicher gewesen, wenn man gesagt hätte, daß man Angst vor einem Sozialismus hat. Das glaube ich, ist des Pudels Kern. Aber wir*

*bringen in unserem Programm klar zum Ausdruck, daß gar nicht die Frage auf der Tagesordnung steht, ..."* (Bürger 1. Landtag 4. Sitzung 138)

Die bereits durchgeführten Enteignungen, gleichgültig, ob sie als „demokratische Bodenreform" oder „Bestrafung der Nazi- und Kriegsverbrecher" deklariert wurden, bewiesen das Gegenteil, und das Mißtrauen des Abgeordneten Scheffler hatte einen realen Hintergrund. Die NSDAP hatte ihre Macht in Mecklenburg dreizehn Jahre mißbraucht. Die absolute Mehrheit der SED ließ ähnliche Befürchtungen aufkommen, denn: *„Es kommt hinzu, daß es ganz natürlich und menschlich ist, daß eine Partei, die die stärkste Partei ist, das Bestreben hat, nur Anhänger dieser Partei in Ämter und bestimmte Posten hineinzubekommen. Der Mensch neigt nun einmal von Natur zum Mißbrauch der Gewalt"* (Scheffler 1. Landtag 4. Sitzung 121).

An der Frage des Berufsbeamtentums und der Besetzung von Ämtern spitzte sich die Auseinandersetzung über die Machtfrage weiter zu. Beide bürgerliche Parteien traten für die Beibehaltung eines Beamtentums ein. Sie wollten in der Verwaltung ein größtmögliches Maß an Objektivität und überparteilicher Staatstreue. Von jedem Beamten und Angestellten wurde nun verlangt, daß sie bewußte Antifaschisten sein müßten, eine Forderung, die von den meisten nicht erwartet werden konnte, wenn sie ehrlich sein sollten. Die SED bezweckte jedoch mit ihrer Ablehnung des Berufsbeamtentums die Herbeiführung eines Angestelltentyps, der sich primär als Funktionär im Staatsapparat verstand. Die Besetzung der Stellen in der Landesverwaltung, in den Kreisen und Gemeinden sollten künftig all jenen vorbehalten sein, die bereit waren, eine Verwaltungsarbeit im Interesse der SED zu leisten. Dabei wurden zwar erst einmal Angestellte vom Abteilungsleiter bis zum Minister angesprochen, was aber bald auf alle Angestellten ausgedehnt wurde. Gerade das war aber die Befürchtung, des Abgeordneten Jöhren (CDU) als er sagte: *„Wenn meine Fraktion diesen Antrag (Erhaltung des Berufsbeamtentums) unterstützt, dann deshalb, weil dadurch nach außen klar herausgestellt wird, daß wir keinerlei Parteibuchpolitik treiben wollen in den unteren Stellen, wo es nach Fachkräften geht, wenn sie bewußte Antifaschisten sind"* (Jöhren 1. Landtag 4. Sitzung 124).

Abgeordnete von CDU und LDP wollten es nicht riskieren, noch deutlicher ihre Befürchtungen auszusprechen. Die bisherige Praxis auf Landes- und kommunaler Ebene bestätigte, daß die SED das Vorrecht beanspruchte, die Besetzung der Verwaltungsposten nicht nur nach politischen Kriterien vorzunehmen, was schon an sich problematisch war, sondern mehrheitlich auch für sich zu beanspruchen, womit nicht die durch das Wahlergebnis zu besetzenden Spitzenpositionen in der Regierung und Landratsämter gemeint waren. Die Beteuerungen Bürgers, die SED strebe weder eine „Parteiendiktatur" noch die Besetzung ausschließlich aller verantwortlichen Stellungen in der Verwaltung an, war schon zu diesem Zeitpunkt in Mecklenburg nicht mehr als ein schwacher Versuch der Besänftigung des politischen Gegners. Die „führende Rolle" der SED war im Verwaltungsapparat hergestellt und man beabsichtigte keineswegs, sie wieder aufzugeben.

Obwohl die bürgerlichen Parteien angesichts der Mehrheitsverhältnisse im Landtag keine Möglichkeit hatten, sich in entscheidenden Fragen durchzusetzen, ließen sie dennoch keine Gelegenheit aus, es wenigstens zu versuchen. So brachte der Abgeordnete Scheffler den Antrag ein, in die Verfassung aufzunehmen, daß neben „Rassenhetze" auch „Klassenhetze" verboten sein sollte. Damit wollte er keineswegs die notwendige sachliche Auseinandersetzung beispielsweise zwischen Regierung und Opposition unterdrücken, sondern den „ideologischen Klassenkampf" verhindern, um den Gegner zu diffamieren. Die Kommunisten hatten in den Debatten des Landtages in der Weimarer Zeit zahlreiche Beispiele hierfür geliefert, und von daher war es nur allzu verständlich, wenn versucht wurde, eine Neuauflage dessen zu verhindern. Angesichts historischer Erfahrungen waren die Ausführungen des Abgeordneten Schulz (SED) wenig überzeugend, daß die sozialistischen Parteien niemals zum Klassenhaß aufgefordert hätten. Gerade die Sozialdemokraten waren in den zwanziger Jahren den Angriffen der Kommunisten ausgesetzt. Da war es schon wenig verständlich, wenn ehemalige Sozialdemokraten jetzt nichts mehr davon wissen wollten. Mit den Stimmen von SED und VdgB wurde auch dieser Antrag abgelehnt, „nicht etwa, weil wir Klassenhetze in Zukunft betreiben möchten."

Einen bedeutenden Schritt auf dem Wege zur Hegemonie machte die SED, indem gegen die Stimmen von CDU und LDP die Aufnahme des Prinzips der Gewaltenteilung, deren Einführung nach der Novemberrevolution Verfassungsgrundsatz wurde, verhinderte. Der Artikel 22 der Verfassung bestimmte: „Der Landtag ist das höchste demokratische Organ des Landes." Die Ableitung daraus war, daß nunmehr das Parlament ohne demokratische Kontrolle als wichtigster Träger der Gewalt im Land bestehen sollte. Regierung und Jurisdiktion befanden sich in einem Abhängigkeitsverhältnis zum Landtag. Ein Staatsgerichtshof als unabhängige Instanz hielt man für nicht erforderlich, da eine solche Institution dem Grundsatz der Verfassung, „Alle Staatsgewalt geht vom Volke aus", widersprach. Über die Einhaltung der Verfassung, so der Standpunkt der SED, würde das Parlament schon selbst wachen. Dazu bedürfe es weder eines Landesverfassungsrates noch eines Staatsgerichtshofes, und

als Argument brachte Gniffke, daß es diese Einrichtungen zwar in der Weimarer Zeit gegeben habe, aber den Zerfall dieses Systems nicht verhindern konnten. Die Kommunisten sprachen in diesem Zusammenhang von „Volkssouveränität", meinten aber nichts anderes als ihre eigene Souveränität als Ausdruck absoluter Herrschaftsform.

Die bürgerlichen Parteien betrachteten jedoch die Unabhängigkeit und relative Selbständigkeit der Gewalten als eine Voraussetzung und Garantie für eine wirkliche Neugestaltung des deutschen Gemeinschaftslebens mit der Schaffung eines Rechtsstandes, „in dem jeder gegen Gewalt und Unrecht geschützt ist." In dieser Frage dürfe man sich nicht zu sehr von den Verfassungsgrundsätzen entfernen, wie sie in den Ländern der westlichen Besatzungszonen diskutiert und teilweise bereits beschlossen waren. Nicht das Recht habe in der Weimarer Zeit versagt, sondern die Richter, die nicht den Mut hatten, „sich in die damalige Demokratie hineinzustellen und dementsprechend zu urteilen." Sowohl Liberale als auch Christdemokraten wollten nun an die Kraft und den Einfluß des Richters glauben, ohne dessen Einbindung in das SED-System ausreichend zu beachten. Die Grundlage für eine treu ergebene Justiz legte die SMAD mit ihrem Befehl Nr. 49 vom 4. September 1945 „Über die Neugestaltung der deutschen Gerichte in Provinzen der von Sowjettruppen besetzten Zone Deutschlands". Danach wurde veranlaßt: *3.) Im Laufe der Durchführung der Neugestaltung der deutschen Gerichte sollen sämtliche Gerichte und Staatsanwaltschaften ehemalige Mitglieder der NSDAP, sowie die Personen, welche während des Hitlerregimes die Strafvollstreckungspolitik ausgeübt haben, entfernt werden*" (MLHA Mpr. 1458). Davon waren über 80 Prozent aller Richter und Staatsanwälte betroffen. Sie wurden von Personen ersetzt, die auf Lehrgängen mit den Grundregeln der Rechtsprechung bekanntgemacht wurden, deren juristischer Kenntnisstand dementsprechend dürftig sein mußte.

Die SED wollte unter allen Umständen einen unabhängigen Richterstand verhindern. Richter sollten nicht mehr auf Lebenszeit berufen, sondern vom Parlament gewählt werden, das entsprechend den Mehrheitsverhältnissen dem Willen der Kommunisten folgte. Demokratie und Rechtstaatlichkeit mußten unter diesen Umständen auf der Strecke bleiben. Es blieb Wunsch und Hoffnung zugleich, daß Richter künftig dem Recht und der Demokratie verpflichtet sind und nicht mehr, wie in der Zeit des Nationalsozialismus politischen Interessen folgen müßten. *Ich glaube, daß wir doch wohl davon ausgehen können und voraussetzen müssen, daß die Richter, die in unserem neuen demokratischen Staat Recht sprechen, andere Richter sind, als die in der damaligen Zeit. Jedenfalls Richter, die sich mit beiden Füßen in die heutige Demokratie hineinstellen"* (Scheffler 1. Landtag 4. Sitzung 146). Zusammenfassend kann man feststellen, daß Verfassungstext und Wirklichkeit bei dieser, wie auch bei den beiden vorhergehenden Verfassungen Mecklenburgs, sich in einem unlöslichen Widerspruch zueinander befanden. Während aber die Verfassungen von 1919 (Mecklenburg–Strelitz) und 1920 (Mecklenburg–Schwerin) in erster Linie an den ungelösten politischen und wirtschaftlichen Problemen scheiterten, war es bei der von 1947 vor allem die Unfähigkeit der SED zur Demokratie. Dennoch ist festzustellen, daß diese Verfassung in ihren theoretischen Grundzügen und sozialen Ansprüchen teilweise weit über die der Weimarer Zeit hinausging. Entscheidende demokratische Grundsätze konnten jedoch nicht Gegenstand dieser Verfassung werden.

Niemals in der Geschichte Mecklenburgs hat eine Verfassung eine so geringe Rolle in der Entwicklung des Landes gespielt, wie die des Jahres 1947. Daran änderte auch der Wunsch Moltmanns nichts, daß diese Verfassung von den Menschen aufgenommen und Grundlage des staatlichen Aufbaus werden möge.

## Ortwin Pelc

# VOM LAND ZUM BUNDESLAND. DIE DREI NORDBEZIRKE DER DDR IN DEN JAHREN 1952 BIS 1990

Am 23. Juli 1952 verabschiedete die Volkskammer der Deutschen Demokratischen Republik ein Gesetz zur Auflösung der Länder und zur Neugliederung der DDR in 14 Bezirke und 217 Kreise. Nach der Vereinigung von Mecklenburg-Schwerin und Mecklenburg-Strelitz zum Land Mecklenburg 1934 und nach dessen Erweiterung um Vorpommern 1945 hörte Mecklenburg – zumindest als Verwaltungseinheit – auf zu bestehen. Am 1. August 1952 wurden die drei *Bezirke Rostock, Schwerin* und *Neubrandenburg* mit den gleichnamigen Hauptstädten geschaffen.

Die Erforschung und Darstellung der Geschichte Mecklenburgs und Vorpommerns bzw. der drei Bezirke in den letzten 40 Jahren verursacht vielschichtige Probleme. Zum einen stehen bisher nicht genügend Quellen und Informationen zu vielen Themenbereichen zur Verfügung, Archivbestände sind nicht mehr vorhanden oder noch nicht zugänglich. Zum anderen gibt es bisher kaum Untersuchungen zu dieser Region, auf denen ein historischer Überblick basieren könnte. Die regionalen Forschungen auf seiten der DDR zu diesem Zeitraum sind rar und in der Regel kaum verwertbar, da sie in oft einseitiger ideologischer Ausrichtung nur bestimmte thematische Schwerpunkte behandeln (z. B. Geschichte 1986) oder weitgehend unkritisch die positiven Entwicklungen in der DDR – z. B. in der Darstellung von Stadtgeschichten – hervorheben. Obwohl die Forschung über die DDR in der Bundesrepublik vor 1989 sehr umfangreich war, beschränkte sie sich thematisch weitgehend auf das ganze Land oder Einzelbereiche, (z. B. Außenwirtschaft, Freie Deutsche Jugend, Nationale Volksarmee), regionale Entwicklungen wurden dabei nur selten berücksichtigt. Eine Ausnahme bilden hier die Untersuchungen zum Seeverkehr, zur Hafenwirtschaft und zur Werftindustrie der DDR, die sich – geographisch bedingt – auf den Bezirk Rostock beschränken.

Ziel dieses Beitrages soll es sein, in dem vorgegebenen Rahmen einige Grundlinien der Entwicklung in den drei Nordbezirken der DDR von der Auflösung des Landes Mecklenburg 1952 bis zur Gründung des Bundeslandes Mecklenburg-Vorpommern 1990 zu skizzieren, jedoch nur so weit, wie hierzu verläßliche Informationen vorliegen. Da sich bisher vorwiegend Volkswirtschaftler und Wirtschaftsgeographen mit der Region in diesem Zeitraum befaßt haben, liegt der Schwerpunkt auf der Wirtschaftsentwicklung. Einige besonders wichtige Themen, die das Leben der Menschen entscheidend geprägt haben, können hier nicht behandelt werden, weil es darüber bisher kaum Informationen gibt: die internen Entwicklungen und Diskussionen z. B. in Organisationen, Parteien, Betrieben, Schulen und der Kirche, politische Verfolgung, Ausgrenzung, Flucht, Anpassung und Widerstand gegen das repressive System. Dazu gehören die Tätigkeit des Ministeriums für Staatssicherheit ebenso wie die Stationierung von Truppen, insbesondere in der Marine, sowohl der DDR als auch aus der Sowjetunion, um nur einige Themen anzusprechen. Der Alltag der Menschen wurde in unterschiedlichem Maße von den eingeschränkten Reisemöglichkeiten, von Berufsbeschränkungen und Versorgungsproblemen bestimmt. Erfolge in verschiedenen Bereichen von Wirtschaft, Verkehr, Bauwesen, Wissenschaft und Kultur beruhten sowohl auf solider Ausbildung als auch auf der Phantasie und dem Improvisationstalent der Menschen. Allerdings ist es ein typisches Problem jeder Untersuchung der jüngsten Geschichte, daß sie aus Mangel an Quellen und Darstellungen nur mit vorläufigen Ergebnissen aufwarten kann, ein Umstand, der sich mit dem Fortschreiten und der Intensivierung der historischen Forschung zukünftig nur verbessern kann.

Es gilt im folgenden, soweit möglich, spezifische Entwicklungen dieser Region zu untersuchen. Dabei macht es wegen der verschiedenen politischen Systeme und Wirtschaftsverfassungen keinen Sinn, z. B. den Seeverkehr des Bezirks Rostock mit dem der nordwestdeutschen Häfen zu vergleichen, vielmehr sollten die Nordbezirke zu den anderen Regionen der DDR in Vergleich gesetzt werden. Schwierig ist jedoch die Abgrenzung zur allgemeinen Entwicklung in der DDR, da in dem zentral verwalteten Staat viele politische, wirtschaftliche und kulturelle Entscheidungen mit weitreichenden Folgen für die Bezirke in der Hauptstadt Berlin getroffen wurden. Die unterschiedliche Wirksamkeit zentraler und regionaler Entscheidungsinstanzen in der DDR muß noch erforscht werden (Worms 1976).

Im Jahr 1989 lebten in den drei Nordbezirken der DDR insgesamt 2.115.778 Menschen (Jahrbuch DDR, 5-6). Im Verlauf der vorangegangenen Jahrzehnte hatte die Bevölkerungsentwicklung verschiedene Stadien durchgemacht, die die Zahl der Menschen, ihre Altersstruktur und ihre regionale Verteilung stark beeinflußten. Seit den letzten Monaten des Zweiten Weltkrieges und auch nach dem Kriegsende im Mai 1945 kamen aus den östlichen Gebieten des Deutschen Reiches zahlreiche Flüchtlinge nach Mecklenburg und Vorpommern, die sich hier niederließen und damit die Bevölkerungsverluste des Krieges weitgehend ausglichen, zugleich aber den Verlust der Heimat und den Neubeginn in einem anderen Land bewältigen mußten. Ihr Anteil an der mecklenburgischen Bevölkerung betrug 1945 etwa 27% (Heckmann 1991, 37; Eckart 1981, 36-37). Bis zur Schließung der Westgrenze der DDR im August 1961 gab es aber auch eine beträchtliche Abwanderung von Mecklenburgern in die Bundesrepublik Deutschland mit Höhepunkten in den Jahren 1952/53, 1956 und 1960/61. Unter ihnen waren vor allem relativ junge qualifizierte Arbeitskräfte, so daß sich die Altersstruktur der verbleibenden Bevölkerung entsprechend verschob. Im Gebiet der drei Bezirke sank die Zahl der Bewohner von 2.252.582 im Jahr 1950 auf 2.100.016 im Jahr 1981 und stieg dann wieder bis 1989 leicht an (Jahrbuch DDR, 5-6). In diesen Zahlen sind noch die Kreise Perleberg, Prenzlau und Templin enthalten, die bei der Neugründung der Länder 1990 an das Land Brandenburg kamen. Diese Bevölkerungsentwicklung verlief in den Bezirken und Kreisen, in den Städten und auf dem Land jedoch recht unterschiedlich. In den Bezirken Schwerin und Neubrandenburg nahm die Bevölkerung ab, allerdings stabilisierte sich die Bevölkerungszahl in Schwerin seit 1981 bei etwa 590.000; im Küstenbezirk Rostock mit der Großstadt Rostock sowie den Städten Wismar, Stralsund und Greifswald nahm die Bevölkerung dagegen zu, von rund 846.000 (1950) auf rund 910.000 (1989). Besonders deutlich wird die Abwanderung aus den ländlichen Regionen in die Städte, wenn man sich die Einwohnerzahlen der Städte Mecklenburg-Vorpommerns ansieht. Diese wuchsen zwischen 1950 und 1989 in Rostock von rund 134.000 auf 253.000, in Wismar von 48.000 auf 57.000, in Stralsund von 58.000 auf 75.000, in Greifswald von 45.000 auf 68.000, in Schwerin von 94.000 auf 129.000 und in Neubrandenburg von 23.000 auf 91.000 Einwohner. Die rapide Zunahme der Stadtbevölkerung – in Rostock fast eine Verdoppelung – hängt eng mit den besseren Arbeitsmöglichkeiten in den Städten, insbesondere in der Industrie, zusammen, auf die im folgenden noch näher eingegangen wird. Seit der Wende 1989 ist die Einwohnerzahl Mecklenburg-Vorpommerns allerdings durch die Abwanderung vor allem von Arbeitskräften nach Westdeutschland – allein 1990 rund 50.000 – und einen gleichzeitigen Geburtenrückgang rückläufig.

Die 1952 geschaffenen drei Nordbezirke bestanden aus den oben genannten sechs Stadtkreisen sowie 34 Landkreisen. Obwohl Mecklenburg und Vorpommern 22% der Fläche der DDR einnahmen, hatten sie 1989 mit nur 12% die geringste Bevölkerungszahl. Zwei Drittel der Bewohner lebten in den 93 – überwiegend kleinen – Städten. 1981 hatten ca. 90% aller Siedlungen in den Landkreisen weniger als 500 Einwohner. Am dünnsten besiedelt waren die Mecklenburgische Seenplatte und der Südwesten des Bezirkes Schwerin mit unter 25 Einwohnern pro Quadratkilometer (Landesreport 1992, 175-179, 192-197).

Die wirtschaftliche Entwicklung Mecklenburgs und Vorpommerns in den letzten 40 Jahren war sowohl von den naturräumlichen Grundbedingungen als auch – in viel stärkerem Maße – von wirtschaftspolitischen Plänen und Vorgaben der DDR-Führung abhängig, diese waren nicht zuletzt eingebunden in die Planungen des 1949 in Moskau gegründeten Rates für Gegenseitige Wirtschaftshilfe (RGW). Die Durchsetzung der SED als maßgebliche politische Entscheidungskraft führte bereits in den 1950er Jahren zum Aufbau einer Zentralverwaltungswirtschaft, in der z. T. umständlichen bürokratischen Verfahren Pläne und Entscheidungen zur Ausführung an die unteren Verwaltungsebenen weitergegeben wurden (Scherzinger/Wilkens 1979). Im agrarisch geprägten Norden entwickelte sich – verglichen mit dem Süden der DDR – eine bescheidene, vor allem verarbeitende Industrie, die dank der gestiegenen Bedeutung der Seehäfen und gezielter staatliche Maßnahmen im Binnenland gefördert wurde.

Mecklenburg-Vorpommern besitzt – abgesehen von Wasser und Windenergie – nur wenige *natürliche Ressourcen*, die wirtschaftlich verwertbar sind. Bis 1960 wurden Braunkohlevorkommen bei Malliß/Kreis Ludwigslust untertage abgebaut, geringe Erdöl- und Erdgaslager gibt es bei Grimmen und auf Usedom. In einem Pilotprojekt wurde 1984 geothermische Heizenergie bei Waren und anschließend bei Prenzlau und Neubrandenburg gewonnen (Landesreport 1992, 136). Relativ breit gestreut ist die Nutzung eiszeitlicher Ablagerungen wie Kies, Ton und Sand, in Vorpommern auch Kreide, insbesondere auf Rügen.

Eine der Voraussetzungen für eine positive wirtschaftliche Entwicklung in einem relativ dünn besiedelten Gebiet ist ein funktionierendes *Verkehrssystem*. Die Seehäfen, der Tourismus und auch die verkehrsintensive Landwirtschaft in den drei Nordbezirken benötigten ausreichende Verkehrsanbindungen. Ein Großteil des Eisenbahnnetzes sowie des Wagenparks war während des Zweiten Weltkrieges zerstört worden, der Abbau der zweiten Gleise durch die sowjetische Besatzungsmacht kam erschwerend hinzu. Durch die Zonengrenze wurde das vor allem in Ost-West-Richtung ausgerichtete Schienennetz der Bahn unterbrochen, es wurde eine Nord-Süd-Orientierung nötig. Die

Hauptstrecken im Norden der DDR verliefen nun von Stralsund über Neubrandenburg nach Berlin, von Rostock nach Berlin und von Rostock bzw. Wismar über Schwerin nach Magdeburg. Von Mecklenburg nach Schleswig-Holstein gab es nur die Grenzbahnhöfe Lübeck-Herrnburg und Büchen, über letzteren fuhren im Jahr 1956 im sogenannten Interzonenverkehr drei Zugpaare von und nach Berlin (Eckart 1981 151). Im Norden der DDR wurden die Reichsbahndirektionen Schwerin und Greifswald neu gegründet. Ihr Streckennetz erfuhr wie die Eisenbahnstrecken in allen anderen Bezirken zwischen 1956 und 1978 eine Verringerung um 120 (7,4%) bzw. 206 km (11,8%) (Eckart 1981 153). Der schlechte Zustand der Bahnanlagen sowie der gestiegene Bedarf an Bahntransporten führten aber auch zu wiederholten Transportproblemen. Eine Neuerung war die Einführung des Containerverkehrs, der den Aufwand beim Übergang von der Straße zur Bahn und zum Schiff verringerte. Am 30. Juni 1968 wurde die erste Containerverbindung zwischen Dresden–Neustadt, Berlin–Frankfurter Allee und Rostock–Überseehafen eröffnet. Bis zum Ende der 1980er Jahre wurden weitere Containerbahnhöfe in Wismar, Stralsund, Waren und Neubrandenburg eingerichtet.

Im Potsdamer Abkommen hatten die Siegermächte 1945 gefordert, daß parallel mit der Demontage der Industrie in Deutschland eine *Bodenreform* durchgeführt werden müsse, um den Großgrundbesitz zu beseitigen. Zugleich sollten damit Bauernwirtschaften für landlose Bauern, Landarbeiter, Pächter und vor allem für die Umsiedler und Flüchtlinge geschaffen werden. Diese Forderung wurde jedoch nur in der sowjetischen Besatzungszone durch Verordnungen der Länderregierungen im September 1945 umgesetzt. Alle Betriebe über 100 Hektar Größe sowie die Betriebe von Kriegsverbrechern und aktiven Nationalsozialisten wurden entschädigungslos enteignet und daraus zusammen mit dem Staatsbesitz ein Bodenfonds geschaffen, der ungefähr ein Drittel der gesamten landwirtschaftlichen Nutzfläche der späteren DDR umfaßte. In dem traditionellen Agrarland Mecklenburg mit seinen zahlreichen Gütern wurde die vergleichsweise größte Fläche enteignet: 1950 waren 54% (1.074.000 ha) der landwirtschaftlichen Nutzfläche enteignet und in den Bodenfonds überführt worden, d.h. 4.007 Betriebe (Eckart 1981 61). Der größere Teil dieses Landes wurde an Landlose und Landarme verteilt, der kleinere in gesellschaftliche Nutzung, z. B. Volkseigene Güter, übernommen. Zentrale Maschinen– und Traktoren-Stationen (MTS) sollten die effektivere Nutzung der Landmaschinen fördern. Im Kreis Schwerin gab es vor der Bodenreform auf dem überwiegenden Teil der Wirtschaftsfläche nur Guts- und Großbetriebe, nach der Bodenreform überwogen die Neubauernbetriebe. Vor der Bodenreform gehörten z. B. im Kreis

Greifswald 40,5% des Grundbesitzes Großgrundbesitzern, 28% der Universität, 13,5% dem preußischen Staat, 10% bäuerlichen Betrieben, 7% den Stadtgütern und 1% der Kirche. Mehr als die Hälfte davon wurde im Zuge der Bodenreform an 3.113 Personen verteilt (Eckart 1981 61-62, 66). Bereits am 1. März 1946 war die Parzellierung der Neubauernflurstücke in Mecklenburg fast abgeschlossen. In kurzer Zeit hatte sich damit das Bild der Fluren und etwas später der Siedlungen – sie waren nun weit verstreut – völlig verändert.

Auf ihrer 2. Parteikonferenz im Juli 1952 faßte die SED den Beschluß, den Aufbau des Sozialismus in der DDR einzuleiten. Für die Landwirtschaft bedeutete dies die allmähliche Auflösung der privaten Produktionsweise und die Zusammenfassung der einzelnen bäuerlichen Betriebe – nach sowjetischem Vorbild – in Landwirtschaftliche Produktionsgenossenschaften (LPG) mit unterschiedlichen Graden der Vergesellschaftung der Produktionsmittel. Ein geringer Teil privater Hoflandwirtschaft wurde den Bauern jedoch belassen und diente in erheblichem Maße der Selbstversorgung der Bewohner. Produktionspläne und Arbeitsnormen sollten die Effizienz des Betriebsablaufs steu-

*Einsatz auf der Rübenpflanzmaschine der LPG Goldenstaedt um 1965 (Mecklenburgisches Volkskundemuseum Schwerin-Mueß)*

ern. Unter z. T. massivem Druck der staatlichen Organe, vor allem bis zum 17. Juni 1953 und dann erneut nach dem 5. Parteitag der SED 1958, traten die Bauern den LPG bei oder flohen nach Westdeutschland. Diese Phase der Kollektivierung war 1961 abgeschlossen. Im Bezirk Rostock gab es 1960 insgesamt 1.183 LPG, im Bezirk Neubrandenburg 1.562 und im Bezirk Schwerin 1.895 (Eckart 1981 65).

Nach der Bodenreform und der *Kollektivierung* folgte dann seit der Mitte der 1960er Jahre die dritte große Umstrukturierung der Landwirtschaft, ihre *Industrialisierung*. Sie begann mit dem Zusammenschluß von LPG zu großen Kooperationsgemeinschaften mit Spezialisierungen auf die industriemäßige Pflanzen- oder Tierproduktion. Ihre Zahl stieg rasch, 1978 gab es in der Pflanzenproduktion in den drei Nordbezirken bereits 165 (Eckart 1981 90). Die Zahl der LPG und VEG betrug 1989 insgesamt in der Pflanzenproduktion 325 und in der Tierproduktion 782, ein Drittel bewirtschaftete Land zwischen 2.000 und 4.000 Hektar, ein Viertel über 6.000 Hektar und die Mehrzahl, ca. 40%, zwischen 4.000 und 6.000 Hektar (Jahrbuch DDR 1990, 212; Landesreport 1992, 48). Je nach der Bodengüte, die besonders in den Kreisen Grevesmühlen, Gadebusch und Wismar sowie Rostock, Grimmen, Malchin und Strasburg sehr gut ist, wurden Getreide, Kartoffeln, Raps, Zuckerrüben und Futterpflanzen angebaut. Im Bezirk Schwerin wurde die Ernte erstmals 1983 vollmechanisiert. In den 1980er Jahren war hier aufgrund der intensiven Rinderzucht etwa ein Viertel der landwirtschaftlichen Nutzfläche Grünland (Bezirke 1989 311). Durch die intensive landwirtschaftliche Produktion in den drei Nordbezirken erreiche diese z.B. das Doppelte der durchschnittlichen DDR-Milch- und Schlachtviehproduktion in den 1980er Jahren und diente gemäß den Wirtschaftsplänen auch der Versorgung der Großstadt Berlin sowie des Südens der DDR (Landesreport 1992 56). Die riesigen landwirtschaftlichen Betriebseinheiten verlangten spezialisierte Dienstleistungen, insbesondere der Dünger- und Schutzmittelbeschaffung, -lagerung und -anwendung, welche durch die Gründung von sogenannten Agrochemischen Zentren gewährleistet werden sollten. Das erste wurde in der DDR 1966 eingerichtet, 1978 gab es insgesamt 257, in den Nordbezirken 64, im Jahr 1989 waren es 68 (Eckart 1981 96; Jahrbuch DDR 1990 221). Der landwirtschaftlichen Forschung dienten das Institut für Kartoffelforschung in Groß Lüsewitz, das Forschungszentrum Tierproduktion Rostock-Dummerstorf und das Institut für Pflanzenzüchtung in Güstrow-Gülzow. Da sich das Verhältnis zwischen Aufwand und Ertrag in der Landwirtschaft verschlechterte und seit dem Beginn der 1980er Jahre auch ökologische Gesichtspunkte in der Landwirtschaft Berücksichtigung fanden, wurden in den LPG für Pflanzenbau wieder kleinere Einheiten geschaffen, Subventionen gekürzt und die Anwendung marktwirtschaftlicher Methoden empfohlen; da hierfür aber die politischen und wirtschaftlichen Rahmenbedingungen fehlten, führten diese Maßnahmen nur zu einem geringen Erfolg (Praxis 1993 21).

Die Technisierung und Industrialisierung der Landwirtschaft hatte zwar auch eine Verbesserung der Lebensbedingungen auf dem Land zur Folge – z.B. wurde 1956 das letzte Dorf im Bezirk Neubrandenburg an die Elektrizitätsversorgung angeschlossen – es wurden hier aber immer weniger Arbeitskräfte benötigt, so daß die Städte als Arbeitsorte aber auch durch ihre höhere Lebens- und Wohnqualität an Attraktivität gewannen. Seit 1955 verringerte sich in den Nordbezirken der Anteil der in der Landwirtschaft Beschäftigten im Vergleich zu allen Berufstätigen von 44,8 % auf 21,2 %. Verglichen mit dem Süden der DDR blieben Mecklenburg und Vorpommern zwischen 1952 und 1990 nur schwach industrialisiert, dennoch ist in diesen Jahrzehnten eine bemerkenswerte Steigerung der Industrieansiedlungen zu verzeichnen, die Zahl der hier Beschäftigten stieg von 13,2 % auf 23 % (Jahrbuch DDR 87-93). Nach den Kriegszerstörungen und vor allem der Demontage von Anlagen durch die sowjetische Besatzungsmacht in den ersten Nachkriegsjahren kam die industrielle Produktion deshalb nur langsam in Gang, zudem lag die wirtschaftliche Priorität in der Nahrungsmittelproduktion, um die Versorgung der Bevölkerung zu gewährleisten; nach dem Vorbild der Sowjetunion wurde darüber hinaus die rasche Verstaatlichung der Industrie und die Aufstellung reglementierender Wirtschaftspläne angestrebt.

Seit dem Ende des 19. Jahrhunderts spielte die *Nahrungsmittelindustrie,* die die Agrarprodukte des Landes verarbeitete, eine wichtige Rolle in Mecklenburg. Sie gewann seit den 1950er Jahren wieder an Bedeutung; dazu zählten u.a. Milchverarbeitungsbetriebe in Wismar, Bützow, Dargun, Bergen und Altentreptow, Zuckerraffinerien in Güstrow und Anklam, Brauereien in Schwerin, Lübz, Rostock, Stralsund und Greifswald, Fleischverarbeitung in Rostock und Greifswald sowie die Fischverarbeitung in Rostock, Barth, Saßnitz und Schwaan. Darüber hinaus entstanden im Binnenland chemische Industriebetriebe, Fabriken für Elektrotechnik, Lederwaren (Ribnitz-Damgarten, Schwerin, Neustadt-Glewe) und Holzverarbeitung (Möbelkombinat Ribnitz-Damgarten, Zellstoffabrik in Wittenberge). Der Maschinenbau im Binnenland (Neubrandenburg, Waren, Prenzlau, Ueckermünde, Güstrow, Schwerin) konzentrierte sich auf den Landmaschinenbau und die Zulieferung für die Schiffsindustrie. In den Küstenstädten war die Industrie auf die maritime Wirtschaft ausgerichtet, hier spielte die Entwicklung der Werften eine besondere Rolle. Die Aufträge für Schiffsneubauten und -reparaturen kamen zu einem beträchtlichen Anteil aus der Sowjetunion. Die größten Werften waren die Neptunwerft in Rostock und die 1945 in Warnemünde neu errichtete Warnowwerft. Das 1949 gegründete Rostocker Dieselmotorenwerk lieferte Schiffsdiesel. Weitere Werftstandorte waren Wismar, Stralsund und Wolgast; in der Elbewerft in Boizenburg wurden zwischen 1950 und 1989 insgesamt 560 Schiffe gebaut, davon rund 350 für die Sowjetunion, vor allem Binnenschiffe, aber auch Kutter, Küstenmotorschiffe und Spezialschiffe (Bezirke 1989 310).

Lagen die mecklenburgischen und vorpommerschen *Hafenplätze* vor 1945 im Schatten der Häfen Stettin im Osten und Lübeck/Hamburg im Westen, so wuchs ihre Bedeutung nach der Abgrenzung der DDR zu Polen und der Bundesrepublik. Über die Häfen im Bezirk Rostock war die Wirtschaft der DDR mit dem Welthandel verbunden, entsprechend war sie an einem Ausbau dieser Standorte interessiert (Luck 1961; Spindler 1986). Das wohl wichtigste und umfangreichste Projekt der DDR-Seewirtschaft war der Bau

*Überseehafen Rostock 1969 (Mecklenburgisches Volkskundemuseum Schwerin-Mueß)*

des Rostocker Überseehafens am Breitling in der Nähe der Warnowmündung, der – nach der Vertiefung und Erweiterung der Warnow – von großen Seeschiffen angelaufen werden konnte. Baubeginn war 1957, im Mai 1960 wurde der Überseehafen eröffnet. Über einen Bahnanschluß und – seit den 1970er Jahren – die Autobahn erhielt er eine direkte Verbindung zu den Industriezentren im Süden der DDR. Bis 1984 wurden hier 60.000 Schiffsankünfte registriert und 265 Millionen Tonnen Güter umgeschlagen (Bezirke 1989 292), der jährliche Güterumschlag verdoppelte

sich von 1970 bis 1989 auf 20.775.000 Tonnen (Jahrbuch Rostock 1993 131). Von den 5.746 im Jahr 1987 in den Häfen des Bezirks Rostock abgefertigten Schiffen kamen 1.466 aus der DDR, 1.381 waren in der Sowjetunion und 840 in der Bundesrepublik Deutschland beheimatet. Unter der Flagge der Deutschen Seereederei fuhren damals 170 Schiffe (Bezirke 1989 292).

Der dritte küstenspezifische Wirtschaftsbereich in Mecklenburg war die *Fischerei,* die vom Fischkombinat Rostock mit Sitz in Rostock-Marienehe und in Saßnitz betrieben wurde. Neben der Ausweitung der Fanggebiete bis in den Südatlantik und der zunehmenden Fischverarbeitung bereits auf See erlangte auch die Küsten- und Boddenfischerei Bedeutung, hier besonders auch die Anlage von Aquakulturen u.a. bei Poel und auf Rügen in den 1980er Jahren. Fischfang, -zucht und -verarbeitung waren in 26 Fischereiproduktionsgenossenschaften organisiert.

In den 1970er und 1980er Jahren wurden in den drei Nordbezirken der DDR nur noch wenige größere Industriebetriebe neu gegründet. Dazu gehörten 1984 das Düngemittelwerk in Rostock-Poppendorf, der 1986 eröffnete Fährhafen Mukran, das Pharmawerk in Neubrandenburg und das Kernkraftwerk in Greifswald/Lubmin, welches 1974 seinen Betrieb aufnahm und 1990 abgeschaltet wurde. Fehlende Investitionsmittel aber auch Standortnachteile im agrarischen, dünn besiedelten Norden der DDR könnten die Ursache für die geringe Neuansiedlung von Industrien sein.

Im Zweiten Weltkrieg wurde ein Teil der mecklenburgischen und vorpommerschen Städte stark zerstört, darunter Wismar und Rostock, in den letzten Kriegswochen noch Anklam und Neubrandenburg. Wertvolle Bausubstanz, die zum Teil noch aus dem Mittelalter stammte, war damit verloren. Mit dem allmählichen *Wiederaufbau der Innenstädte* erhielten diese ein zumeist dem architektonischen Zeitgeschmack angepaßtes, funktionales Aussehen; es wurden aber auch weiterhin wegen fehlender denkmalpflegerischer Einsicht, Mangel an Geldmitteln und politischer Absicht historische Gebäude dem Verfall preisgegeben (z.B. in Wismar St. Georgen) oder abgerissen (in Rostock St. Jakobi 1959 und das Petri-Tor 1960). Besonders betroffen waren viele kirchliche Gebäude in den Städten und in den Dörfern, darüber hinaus aber auch die zahlreichen Gutshäuser, wenn sie nicht z.B. als Altenheime genutzt werden konnten. Demgegenüber wurde z.B. die Klosterkirche in Bad Doberan seit 1963 restauriert.

Die Kriegszerstörungen boten auch die Möglichkeit zu neuen städtebaulichen Veränderungen im großen Stil, so ab 1952 in Neubrandenburg und ein Jahr später in Rostock, wo die Lange Straße als repräsentative Hauptverkehrsachse nach Moskauer Vorbild mit nord-

*Großer Dreesch I in Schwerin um 1985*
*(Mecklenburgisches Volkskundemuseum*
*Schwerin-Mueß)*

Aufgrund seiner landschaftlichen Vielfalt, insbesondere der Ostseeküste sowie der Seenplatte, waren Mecklenburg und Vorpommern die Haupttouristengebiete der DDR. Der *Tourismus* war besonders in den Sommermonaten ein wichtiger Wirtschaftszweig, nicht zuletzt für die Beherbergungs- und Gastronomiebetriebe. In den 1980er Jahren kamen jährlich rund drei Millionen Urlauber an die Küste, davon etwa 30 % nach Rügen und Hiddensee, 20 % nach Usedom und die übrigen zum Festland und nach Poel (Praxis 1993 8). Dazu besuchten ca. zehn Millionen Tagesgäste die Feriengebiete. Die größte Zahl der Urlauber wohnte auf den staatlichen Campingplätzen, in betrieblichen Ferieneinrichtungen oder in FDGB-Heimen (Landesreport 1992 167).

Die hier gemachten Ausführungen sollten nur einige Themenbereiche und Entwicklungen aufzeigen, die durch künftige historische Forschungen zu den drei Nordbezirken der DDR vertieft werden könnten. Wei-

deutschen Stilelementen das Stadtzentrum durchschnitt. Veränderungen im dortigen Stadtbild erfolgten auch durch den Bau von Hochhäusern, z.B. dem Haus der Schiffahrt 1959/62, dem Hotel „Warnow" 1964/67 oder dem weithin sichtbaren Hotel „Neptun" in Warnemünde 1970/71. Dem Mangel an Wohnraum vor allem für die in die industrialisierten Städte ziehenden Menschen wurde seit dem Beginn der 1960er Jahre durch die Anlage großer Wohngebiete in *industrieller Plattenbauweise* begegnet. Solche Wohnkomplexe für mehrere Tausend Menschen entstanden in Stralsund, Bergen, Neubrandenburg, Greifswald (Schönwalde), Schwerin (Großer Dreesch), Wismar und vor allem in Rostock. Hier wurde seit 1960 auf einem ebenen Gelände von 390 Hektar im Nordwesten Rostocks die Siedlung Lütten Klein für 36.000 Menschen geplant und nach verschiedenen Planänderungen 1964 bis 1971 errichtet. Ähnliche Großsiedlungen mit mehrgeschossigen Wohnblöcken folgten seit den 1970er Jahren in Rostock-Evershagen, Lichtenhagen, Schmarl, Groß Klein, Dierkow, Toitenwinkel und in der Südstadt (Möller 1978). Das Prinzip der Großwohnanlagen wurde zu dieser Zeit zwar in vielen Ländern favorisiert und damit der Wohnraummangel tatsächlich vermindert, gleichzeitig entstanden aber soziale Problemgebiete, wie z.B. 1992 in den gewalttätigen Ausschreitungen gegen ausländische Bewohner in Rostock-Lichtenhagen deutlich wurde. Eine feinfühligere architektonische Anpassung moderner Wohnbauten an das historische Stadtbild zeigte sich z.B. wiederum in Rostock seit dem Ende der 1970er Jahre in der nördlichen Altstadt oder im Bau des Fünfgiebelhauses an der Kröpeliner Straße, die – wie die zentralen Einkaufsstraßen anderer Städte – in eine Fußgängerstraße (1968/69) umgewandelt wurde.

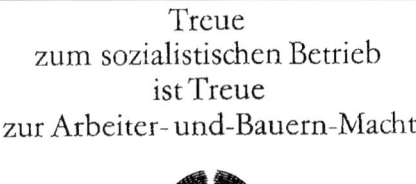

Treue
zum sozialistischen Betrieb
ist Treue
zur Arbeiter- und-Bauern-Macht

# EHREN URKUNDE

Als Anerkennung
für 20 jährige
Betriebszugehörigkeit
wird

Kollege   Franz   Schulz

diese Urkunde
verliehen

Pampow, den 30.Januar 1981
LPG (P) "X.Parteitag der SED"
P a m p o w

(Lindenblatt)
Parteisekretär

(Nieter)
Vorsitzender

*Mecklenburgisches Volkskundemuseum*
*Schwerin-Mueß*

tere Themen sind z.B. das noch zu einem großen Teil privatwirtschaftlich organisierte Handwerk, der Handel, das Dienstleistungsgewerbe, das Gesundheitswesen, der Nahverkehr und der Sport. Als Beispiel für die Entwicklung auf kulturellem Gebiet sei die Eröffnung der Kunsthalle in Rostock 1969 erwähnt, des einzigen Museumsneubaus in der DDR. Die großen Nationalparks an der Boddenküste, auf der Halbinsel Jasmund und an der Müritz trugen zum Schutz der Natur bei, die landwirtschaftlichen Großbetriebe und die Mülldeponie Schönberg belasteten sie. Der gesamte Bildungsbereich von den Schulen bis zu den Hochschulen diente auch der ideologischen Erziehung der dort Lernenden im Sinne der Staatsideologie. Wie eingangs erwähnt, sollte insbesondere die Durchsetzung des Herrschaftssystems der DDR in den Regionen erforscht werden, seine Methoden, die Widerstände dagegen und woran es letztlich scheiterte. Erste Untersuchungen zur friedlichen politischen Wende in Mecklenburg und Vorpommern 1989/90 sind bereits erschienen (Probst 1993), weitere zu den tiefgreifenden Veränderungen der letzten Jahre werden folgen.

## Literatur

| | |
|---|---|
| Bezirke 1989 | Die DDR im Spiegel ihrer Bezirke, hrsg. von Werner Ostwald, Berlin 1989. |
| Eckart 1981 | Karl Eckart, DDR (Länderprofile. Geographische Strukturen, Daten, Entwicklungen), Stuttgart 1981. |
| Geschichte 1986 | Geschichte der Landesparteiorganisation der SED Mecklenburg 1945-1952, hrsg. von der Bezirksleitung der SED Neubrandenburg, Rostock, Schwerin, Rostock 1986. |
| Heckmann 1991 | Hermann Heckmann (Hrsg.), Mecklenburg-Vorpommern (Historische Landeskunde Mitteldeutschlands), 2. Aufl., Würzburg 1991. |
| Jahrbuch DDR 1990 | Statistisches Jahrbuch der Deutschen Demokratischen Republik 1990, hrsg. vom Statistischen Amt der DDR, 35. Jg., Berlin 1990. |
| Jahrbuch Rostock 1993 | Statistisches Jahrbuch Hansestadt Rostock 1993, hrsg. von der Stadtverwaltung der Hansestadt Rostock, Amt für Stadtentwicklung, Statistik und Wahlen, Rostock 1993. |
| Landesreport 1992 | Landesreport Mecklenburg-Vorpommern, hrsg. von Albert Braun und Hans Obenaus, Berlin/München 1992. |
| Luck 1961 | Herbert Luck, Schiffbau, Seehandelsschiffahrt und Seehafenwirtschaft der Deutschen Demokratischen Republik, Berlin 1961. |
| Möller 1978 | Hans-Otto Möller u.a., Architekturführer DDR, Bezirk Rostock, Berlin 1978. |
| Praxis 1993 | Praxis Geographie, Jg. 23, H. 6, 1993. |
| Probst 1993 | Lothar Probst, Der Norden wacht auf. Zur Geschichte des politischen Umbruchs in Rostock im Herbst 1989, Bremen 1993. |
| Scherzinger/Wilkens 1979 | Regionalplanung und regionale Wirtschaftsstruktur in der Deutschen Demokratischen Republik, Berlin 1979. |
| Spindler 1986 | Bernd Spindler, Die Seeschiffahrt der DDR, in: Schiffe und Seefahrt in der südlichen Ostsee, hrsg. von Helge Bei der Wieden, Köln/Wien 1986, 265-293. |
| Wegner/Meincke 1993 | Eginhard Wegner und Rolf Meincke, Mecklenburg-Vorpommern. Kleine Landeskunde, Braunschweig 1993. |
| Wurms 1976 | Christoph Wurms, Raumordnung und Territorialplanung in der DDR, Dortmund 1976. |

# Zeittafel Mecklenburg

| | |
|---|---|
| 995 | urkundliche Ersterwähnung der „Michelenburg" |
| 1066 | Slawenaufstand gegen den Obotritenfürsten Gottschalk |
| 1142/43 | Ende der slawischen Herrschaft in Wagrien und Polabien |
| 1147 | Wendenkreuzzug |
| 1160 | Tod des Obotritenfürsten Niklot; Eroberung durch Heinrich den Löwen; Gründung Schwerins; Verlegung des Bistums von der Mecklenburg nach Schwerin |
| 1167 | Pribislaw (Sohn Niklots) wird von Heinrich dem Löwen als Fürst von der Mecklenburg belehnt |
| 1171 | Gründung des Klosters Althof (später Doberan) |
| 1179 | letzter großer Slawenaufstand in Mecklenburg |
| 1218 | Stadtrechtsbestätigung für Rostock |
| 1223 | Entführung des dänischen Königs durch den Grafen von Schwerin |
| 1229 | Erste mecklenburgische Hauptlandesteilung (Mecklenburg, Rostock, Parchim-Richenberg, Werle-Güstrow) |
| Ende des 13. Jahrhunderts | Rostock und Wismar werden wichtige Mitgliedsstädte der Hanse |
| Anfang 14. Jahrhundert | Unter Heinrich II. dem Löwen erwirbt die Teilherrschaft Mecklenburg die Länder Stargard und Rostock |
| 1348 | Karl IV. erhebt Albrecht II. und Johann I. zu Reichsfürsten und verleiht ihnen die Herzogswürde |
| 1363 | Albrecht III. wird König von Schweden |
| 1389 | Schlacht bei Falköping: Scheitern der „Nordischen" Politik der mecklenburgischen Herzöge |
| 1419 | Gründung der Universität Rostock |
| 1436 | Fürstentum Wenden (Werle) fällt an das Herzogtum Mecklenburg |
| 1442 | Erbverbrüderung mit Brandenburg |
| 1471 | Tod des letzten Stargarder Herzogs: Heinrich IV. der Dicke erwirbt Stargard |
| 1487/91 | Rostocker Domfehde |
| 1523 | Union der mecklenburgischen Landstände |
| 1520er Jahre | Wirken Joachim Slüters in Rostock: Anfänge der Reformation in Mecklenburg |
| 1549 | Sternberger Landtag: Bekenntnis zur Lutherischen Lehre |
| 1552 | Aufhebung der Mehrzahl der mecklenburgischen Klöster |
| 1563 | Neugestaltung der Universität Rostock: Formula concordiae |
| 1572 | Sternberger Reversalen |
| 1621 | Zweite mecklenburgische Hauptlandesteilung |
| 1618–1648 | Dreißigjähriger Krieg |
| 1621–1695 | Güstrow ist Residenz von Mecklenburg-Güstrow |
| 1627–1631 | Wallensteins Truppen in Mecklenburg |
| 1629 | Belehnung Wallensteins mit Mecklenburg durch den Kaiser |
| 1645 | Verabschiedung der Gesindeordnung |
| 1648 | Westfälischer Frieden: Wismar, Poel und das Amt Neukloster werden schwedisch, die Bistümer Schwerin und Ratzeburg gehen an Mecklenburg-Schwerin |
| 1654 | Gesindeordnung mit Verankerung der Leibeigenschaft |
| 1674–1675 | Brandenburgisch-schwedischer Krieg in Mecklenburg |
| 1685 | Aufhebung des Ediktes von Nantes: französische Hugenotten gehen in die Emigration und siedeln sich ab 1703 in Bützow an |
| 1692 | Herzog Christian I. (Louis) stirbt ohne männliche Nachkommen in Holland, Auslösung neuer dystatischer Kämpfe |
| 1695 | Erlöschen der Güstrower Herzogslinie mit dem Tod Herzog Gustav Adolfs |
| 1700 | Einführung der Holsteinschen Koppelwirtschaft durch Friedrich von der Lühe auf seinem Gut Panzow |
| 1700–1721 | Nordischer Krieg |
| 1701 | Dritte Hauptlandesteilung in Mecklenburg-Strelitz und Mecklenburg-Schwerin durch den Hamburger Vergleich |
| 1711 | Beginn der Verschleppungen von Mecklenburgern in die preußische Armee |
| 1733 | Aufbau von Neustrelitz als Residenz |
| 1746 | Christian Ludwig II. begründet mit dem Bau eines Galeriegebäudes die Schweriner Gemäldesammlung |
| 1753 | Gründung der ersten deutschen Schauspielerakademie in Schwerin durch Konrad Ekhof |
| 1755 | Landesgrundgesetzlicher Erbvergleich |
| 1756–1763 | Siebenjähriger Krieg |
| 1760–1789 | Mecklenburgs zweite Universität in Bützow |
| 1762 | Hamburger Frieden zwischen Preußen und Schweden unter mecklenburgischer Beteiligung |
| 1764–1837 | Ludwiglust: Residenz von Mecklenburg-Schwerin |
| 1769 | Aufhebung der Folter in Mecklenburg |
| 1771 | Einführung der Schulordnung im Domanium Mecklenburg-Schwerins |

1785 – 1837  Regentschaft von Friedrich Franz I. in Mecklenburg-Schwerin

1788  Grundgesetzlicher neuer Erbvertrag zwischen dem Landesherren und Rostock

1793  Forderung bürgerlicher Gutsbesitzer zur Gleichstellung mit dem Adel auf den Landtagen (Indigenatsstreit)

1793  Gründung von Heiligendamm als erstes deutsches Seebad

1795  Baseler Frieden zwischen Frankreich und Preußen: Befreiung Mecklenburgs von Kontingentsersatzzahlungen, Zahlung eines Schutzgeldes an Preußen

1795  Erhebung von Handwerksgesellen in Rostock und Schwerin

1800  „Butterevolution" in Rostock und Güstrow

1803  Reichsdeputationshauptschluß: Pfandvertrag mit Schweden zur Rückgabe von Wismar an Mecklenburg

1806  Flucht Blüchers durch Mecklenburg

1806–1813  Franzosenzeit

1808  Beitritt Mecklenburgs zum Rheinbund

1810  Königin Luise von Preußen verstirbt auf dem väterlichen Schloß Hohenzieritz

1813–1815  Befreiungskriege gegen Napoleon

1815  Wiener Kongreß: Mecklenburg-Schwerin und Mecklenburg-Strelitz werden Großherzogtümer

1820  Beginn der Aufhebung der Leibeigenschaft

1827  Bau der ersten Chaussee in Mecklenburg

1848/49  Revolution. Wahl einer verfassunggebenden Versammlung und Verabschiedung eines bürgerlich-demokratischen Staatsgrundgesetzes

1850  Freienwalder Schiedsspruch: Auflösung des Parlaments und Aufhebung der Verfassung

1851  Bau des ersten eisernen Schraubendampfers Deutschlands auf einer Rostocker Werft

1862  Gesetz über die Vererbpachtung der bäuerlichen Stellen in den ritterschaftlichen und landständischen Gütern Mecklenburg-Schwerins

1869  Gewerbegesetz des Norddeutschen Bundes: Aufhebung des Zunftzwangs

1871  Gründung des Deutschen Reichs

1873  Gründung des größten privatkapitalistischen Unternehmens „H. Podeus" Mecklenburgs in Wismar

1882  Fertigstellung des Museumsgebäudes am Alten Garten in Schwerin nach Plänen von Adolf Willebrand

1891–1895  Bau des Ständehauses in Rostock :Ausdruck der Machtposition der Ritter- und Landschaft

1890  Zusammenschluß verschiedener Rostocker Werften zur Neptunwerft AG

1893  Verstaatlichung der Eisenbahnen und Zusammenschluß zur „Friedrich-Franz-Eisenbahn"

1903  Ablauf des Pfandvertrages mit Schweden und vollständige Rückkehr Wismars und des Amtes Neuhaus in mecklenburgischen Besitz

1905/06  18wöchiger Streik der Neptunarbeiter für höhere Löhne

1914–1918  Erster Weltkrieg

1918  Novemberrevolution: Abdankung des Großherzogs, Gründung des Freistaates Mecklenburg-Strelitz und Wahl eines verfassunggebenden Landtages unter sozialdemokratischer Führung

1919  Gründung des Freistaates Mecklenburg-Schwerin und Vorbereitung einer demokratischen Verfassung unter sozialdemokratischer Führung

1920  Kapp-Putsch

1920–1923  Inflation: Massenentlassungen in der Industrie

1921/22  Streiks auf den Gütern unter der Leitung des Landarbeiterverbandes

1922  Gründung der Ernst-Heinkel-Werke in Warnemünde

1931  Wahlsieg der NSDAP bei den Amtsvertreterwahlen in Mecklenburg

1932  Konkurs der Neptunwerft AG

1932  Wahlsieg der NSDAP in Mecklenburg-Schwerin und Regierungsbildung. Koalitionsregierung von Deutschnationalen und NSDAP in Mecklenburg-Strelitz

1933  Aufhebung der Mandate von Kommunisten und Sozialdemokraten in den Landtagen, Ernennung von Friedrich Hildebrandt zum Reichsstatthalter für Mecklenburg

1933  erster Pogrom gegen Juden durch Geschäftsboykott

1933/34  Kirchenkampf in Mecklenburg

1933–1939  Ausbau der Flugzeugindustrie zum führenden Erwerbszweig des Landes

1935  Rostock wird Großstadt

1937  Groß-Hamburg-Gesetz: Gebietsaustausch von En- und Exklaven mit Preußen

1937  Abnahme des „Schwebenden" von Ernst Barlach im Güstrower Dom. Einweihung der Gertruden-Kapelle in Güstrow als „Tempel des Blutes"

1942  Deportation mecklenburgischer Juden nach Auschwitz und Theresienstadt

| 1942 | erste Flächenbombardierung: Rostock wird die schwerst-zerstörte Stadt Deutschlands |
|------|-----|

1942 erste Flächenbombardierung: Rostock wird die schwerst-
zerstörte Stadt Deutschlands

1945 Besetzung Mecklenburgs durch Truppen der Roten Armee
und durch britische Einheiten. Treffen von Montgomery
und Rokossowski in Wismar

1945 Rückzug der Briten hinter die mecklenburgische Grenze.
Bildung der Sowjetischen Militäradministration in Mecklenburg unter Einschluß Vorpommerns

1945 Enteignung von Industriebetrieben

1945 Bodenreform

1945 – 1948 Einrichtung des „Speziallagers 9, Fünfeichen"

1946 Schulreform

1946 Wahlen zum Landtag Mecklenburg-Vorpommerns mit
knapper Mehrheit für die SED

1946 Wiedereröffnung der Rostocker Universität

1946 – 1952 Reparationsleistungen in der Schiffbauindustrie

1947 Bauprogramm für Neubauern auf Befehl der Sowjetischen
Militäradministration in Deutschland

1950 Vertreibung des CDU-Wirtschaftsministers Siegfried Witte

1950 Wahlen nach Einheitslisten zur Volkskammer der DDR,
zum Landtag, zu den Kreisvertretungen und zu den Kom-
munalparlamenten

1952 Auflösung des Landes Mecklenburg und Bildung der Bezirke Rostock, Schwerin und Neubrandenburg

1952–1961 Umstrukturierung der Landwirtschaft in Produktionsgenossenschaften

1953 Enteignung von Pensionsinhabern an der Ostseeküste in
der „Aktion Rose"

1958–1975 Durchführung einer jährlichen „Ostseewoche" mit Ge-
werkschaftern der Ostseeanrainerstaaten, Norwegens und
Islands im Bezirk Rostock

1961 Schließung der Westgrenze und Aufbau der „Grenzbrigade
Küste"

1971–1989 Bau von Satellitenstädten in Plattenbauweise im Rahmen des Wohnungsbauprogramms

1973 Verstaatlichung der letzten privaten Industriebetriebe

1975–1985 Ausbau der wirtschaftlichen Infrastruktur durch Ansiedlung von Betrieben der Leicht- und Lebensmittelindu-
strie im Weichbild der Bezirksstädte

1989 friedliche Revolution

1990 Neugründung des Landes Mecklenburg-Vorpommern und
Wahl des Landtages

## Zeittafel Vorpommern

1046 Ersterwähnung Pommerns: „Pomeriorum Zemuzilo" erscheint vor Kaiser Heinrich III. in Merseburg

1124 erste Missionsreise Bischof Ottos von Bamberg nach Pommern, 1128 schließt sich eine zweite Reise an

1140 Papst Innozenz II. gründet das Bistum Wollin, das dem
päpstlichen Stuhl direkt untersteht. Das westliche Vorpommern untersteht dem Bistum Schwerin

1153 Benediktiner gründen das erste Kloster Pommerns in Stolpe an der Peene

1164 Die Pommernherzöge Kasimir I. und Bogislaw I. werden
Lehnsleute Heinrichs des Löwen

1168 Waldemar I. von Dänemark erobert Rügen und zerstört das
Slawenheiligtum Svantevit in Arkona

1181 Herstellung eines direkten Rechtsverhältnisses zwischen
dem Herzogtum Pommern und dem Deutschen Reich. Kaiser Friedrich I. (Barbarossa) belehnt Bogislaw I. mit Pommern

1231 Kaiser Friedrich II. spricht Brandenburg die Oberlehnshoheit über Pommern zu

1234-99 34 pommersche Städte erhalten deutsches Stadtrecht

1295 Teilung Pommerns in die Linien Stettin und Wolgast

1325 Mit Witzlaw III. stirbt das Rügische Fürstenhaus aus, im
Erbfolgekrieg zwischen Mecklenburg und Pommern fällt
Rügen 1327 an Pommern

1338 Pommern erhält auf dem Reichstag zu Franfurt/Main vom
Kaiser die Reichsstandschaft verliehen, erkennt aber die
Erbanwartschaft Brandenburgs an

1348-51 Durch die Pest wird in Pommern etwa 1/4 bis 1/3 der Bevölkerung hinweggerafft

1354 Stralsunder Friede beendet die Erbfolgekämpfe mit Mecklenburg um Rügen. Seitdem sind die Grenzen zu Mecklenburg bis 1945 nahezu unverändert

1370 Am 24. Mai schließen die Mitglieder der Kölner Konfödera-
tion, zu denen auch die mecklenburgischen und pommerschen Hansestädte zählen, im Stralsunder Rathaus mit dem
besiegten Dänenkönig Waldemar Frieden

1425 zahlreiche Erbteilungen begründen die Zeit der grössten
dynastischen Zersplitterung Pommerns

1456 Gründung der Greifswalder Universität

1478-1523 Herzog Bogislaw X. regiert allein über ganz Pommern.
In seiner Regierungszeit erreicht er die Aufhebung des
brandenburgischen Lehnsanspruchs und ordnet die Verwaltung, das Münz-, Steuer- und Finanzwesen neu

1518 Bugenhagen verfasst die „Pomerania", die erste Geschichte
Pommerns

1523-24 Die Reformation in Pommern verläuft relativ friedlich

1529 verzichten im Grimnitzer Vertrag die brandenburgischen Kurfürsten endgültig auf ihre Lehnshoheit über die pommerschen Herzöge zugunsten des Rechts der Erbnachfolge

1532 Pommern wird in die Herzogtümer Pommern-Stettin und Pommern-Wolgast geteilt

1534 Der Landtag in Treptow beschließt die Einführung der Reformation in Pommern, Bugenhagen legt die neue Kirchenordnung vor

1550 In der „Cosmographia" des Baseler Humanisten Sebastian Münster erscheint die erste Landkarte und Landesbeschreibung Pommerns

1582 Gründung der herzoglichen Druckerei zu Barth, der dritten in Pommern; hier erscheint 1588 die berühmte plattdeutsche „Barther Bibel"

1616 Die Bauernordnung sanktioniert das Bauernlegen. In der Folgezeit geraten die Bauern immer stärker in die Leibeigenschaft

1618 Der Rostocker Professor Eilhard Lubin bringt im Auftrag der pommerschen Herzöge die „Grosse Lubin`sche Karte von Pommern" in 12 Blättern heraus

1625 Mit dem Regierungsantritt Herzog Bogislaw XIV. ist Pommern wieder geeint

1627 Durch die Bestimmungen der Franzburger Kapitulation werden 8 Wallensteinsche Regimenter in Pommern einquartiert, davon ausgenommen sind die Residenzstädte Stettin, Wolgast, Köslin, Damm sowie die Domänen und die Rittergüter

1630 Schwedische Truppen landen auf Usedom und besetzen das Herzogtum

1637 Das Greifengeschlecht stirbt mit dem Tod von Herzog Bogislaw XIV. aus

1648 Im Westfälischen Friedenswerk sichert sich Schweden gegen den Erbanspruch Brandenburgs Vorpommern

1653 Der Stettiner Grenzrezeß regelt die Teilung Pommerns. Brandenburg übernimmt die Verwaltung in Hinterpommern; Eröffnung des königlichen Tribunals in Wismar, David Mevius wird erster Vizepräsident

1692-1705 Geometrische Aufnahme von Vorpommern zu Steuerzwecken, dabei entsteht die schwedische Landesmatrikel

1697 Einwanderung von Hugenotten nach Pommern

1710 Ausbruch der Pest in Pommern, die tausende Menschenleben fordert

1720 Im Frieden von Stockholm erwirbt Preußen von Schweden Alt-Vorpommern bis zur Peene mit Usedom, Wollin, Stettin und Gollnow

1727 Erstes Auftreten des Kartoffelanbaus in Torgelow

1803 Ernst Moritz Arndt veröffentlicht sein Werk „Versuch einer Geschichte der Leibeigenschaft in Pommern und Rügen"

1806 Aufhebung der pommerschen Verfassung, Einführung der schwedischen Verfassung und des schwedischen Rechts

1815 Schweden tritt Neu-Vorpommern und Rügen an Dänemark ab, das es im Austausch gegen das Herzogtum Lauenburg für 3 1/2 Millionen Taler Preußen überlässt. Pommern ist seit 1637 erstmals wieder geeint. Bildung der Regierungsbezirke Stettin, Köslin und Stralsund

1821 Beginn der regelmäßigen Fährverbindung zwischen Stralsund und Ystadt in Schweden

1823 Gesetz über die landständische Verfassung in Pommern

1824 Gründung der Gesellschaft für pommersche Geschichte und Altertumskunde anläßlich des 700. Jahrestages der Christianisierung Pommerns

1825 Kreisordnung für Pommern; die Provinz wird in 26 Kreise gegliedert

1825 Einführung der allgemeinen Schulpflicht in Neuvorpommern und Rügen

1828 Bau der ersten Badeanstalt Pommerns in Heringsdorf

1863 Bau der neuvorpommerschen Eisenbahn Angermünde–Stettin–Pasewalk–Stralsund

1873 Die provinziale Selbstverwaltung wird eingerichtet

1909 Eröffnung der Eisenbahnfährverbindung Sassnitz-Trelleborg, der „Königslinie"

1932 Auflösung des Regierungsbezirkes Stralsund und Vereinigung mit dem Stettiner Regierungsbezirk

1933-45 Pommern wird nach der Machtübernahme Hitlers gleichgeschaltet

1936 Fertigstellung und Inbetriebnahme des Rügendammes

1945 Das Potsdamer Abkommen teilt Pommern zwischen Polen und Deutschland

1947 Der Name Vorpommern wird aus der gebräuchlichen Landesbezeichnung Mecklenburg-Vorpommern durch SMAD-Befehl entfernt

1952 Mit der Verwaltungsreform in der DDR geht das Gebiet Vorpommerns in den Bezirken Rostock, Neubrandenburg und Frankfurt/Oder auf

1990 Neubildung des Landes Mecklenburg-Vorpommern und Anerkennung der Oder-Neiße-Grenze durch den Deutschen Bundestag

Autorenverzeichnis

Hela Baudis
Staatliches Museum Schwerin
Am Alten Garten 3
19055 Schwerin

Dr. Klaus Baudis
Mecklenburgisches Landeshauptarchiv
Graf-Schack-Allee 2
19055 Schwerin

Dr. Heidelore Böcker
Humboldt-Universität zu Berlin
Fachbereich Geschichte
Unter den Linden 6
10117 Berlin

Prof. Dr. Peter Donat
Förderungsgesellschaft
Wissenschaftliche Neuvorhaben mbH
Forschungsschwerpunkt Geschichte
und Kultur Ostmitteleuropas
Leipziger Straße 3-4
10117 Berlin

Prof. Dr. Dr. Herbert Ewe
Karl-Krull-Straße 58
18437 Stralsund

Prof. Dr. Hans-Joachim Gernentz
Damerower Weg 16
18059 Rostock

Dr. Manfred Gläser
Amt für Vor- und Frühgeschichte
(Bodendenkmalpflege) der Hansestadt Lübeck
Messering 8
23566 Lübeck

Dr. Anna-Therese Grabkowsky
Hofschultestr. 14
48155 Münster

Dr. Jürgen Grambow
Liskowstraße 14
18059 Rostock

Dr. Antjekathrin Graßmann
Archiv der Hansestadt Lübeck
Mühlendamm 1 - 3
23552 Lübeck

Prof. Dr. Martin Guntau
Thomas-Müntzer-Platz 30
18057 Rostock

Uwe Heck
Eschenstraße 10
18057 Rostock

Dr. Kristina Hegner
Staatliches Museum Schwerin
Alter Garten 3
19055 Schwerin

Prof. Dr. Gerhard Heitz
Lessingstraße 5
18209 Bad Doberan

Dr. Wolfram Hennies
Heinrich-Heine Str. 42 G
19348 Perleberg

Klaus-Dieter Hoppe
Stadtgeschichtliches Museum
Schweinsbrücke 8
23966 Wismar

Prof. Dr. Karl-Heinz Jügelt
Anton-Makarenko-Str. 2
18106 Rostock

Lisa Jürß
Staatliches Museum Schwerin
Am Alten Garten 3
19055 Schwerin

Dr. Wolf Karge
Fischerstraße 2
18055 Rostock

Dr. Klaus-Ulrich Keubke
Erlenhof 35
14478 Potsdam

Dr. Heinz Koch
Kolumbusring 9
18106 Rostock

Dr. Ingo Koch
Juliot-Curie-Allee 9
18106 Rostock

Dr. Michael Lissok
Ernst-Moritz-Arndt-Universität
Fachbereich Kunstgeschichte
Caspar-David-Friedrich-Institut
Arndtstraße 9
17487 Greifswald

Peter Maubach
Regionalmuseum Neubrandenburg
Treptower Straße 38
17033 Neubrandenburg

Damian van Melis
Gartenstraße 29
48147 Münster

Kathrin Möller
Universität Rostock
Fachbereich Soziologie
August-Bebel-Str.28
18055 Rostock

Prof. Dr. Georg Moll
Zum Fohlenhof 2
18147 Rostock

Dr. Rainer Mühle
Universität Rostock
Fachbereich Geschichtswissenschaft
August-Bebel-Straße 28
18055 Rostock

Dr. Ernst Münch
Universität Rostock
Fachbereich Geschichtswissenschaften
August-Bebel-Straße 28
18055 Rostock

Dr. Ortwin Pelc
Museum für Hamburgische Geschichte
Holstenwall
20355 Hamburg

Dr. Matthias Puhle
Kulturhistorisches Museum
Magdeburg
Otto-von-Guericke-Straße 68 - 73
39104 Magdeburg

Dr. Peter-Joachim Rakow
Mecklenburgisches Landeshauptarchiv
Graf-Schack-Allee 2
19055 Schwerin

Kornelia Röder
Pilaer Str. 29
19063 Schwerin

Dr. Volker Schmidt
Treptower Straße 18
17033 Neubrandenburg

Dr. Hartmut Schmied
Brahestraße 34
18059 Rostock

Dr. Ulrich Schoknecht
Landesamt für Bodendenkmalpflege
Mecklenburg-Vorpommern
Schloß Wiligrad
19069 Lübstorf

Dr. Klaus Schwabe
Mecklenburgisches Landeshauptarchiv
Graf-Schack-Allee 2
19055 Schwerin

Dr. Reno Stutz
Liskowstr. 25
18059 Rostock

Dr. Kerstin Urbschat
Universität Rostock
Fachbereich Geschichtswissenschaft
August-Bebel-Straße 28
18055 Rostock

Dr. Gerd-Helge Vogel
Ernst-Moritz-Arndt-Universität
Fachbereich Kunstgeschichte
Caspar-David-Friedrich-Institut
Arndtstraße 9
17487 Greifswald

Dr. Rolf Voß
Regionalmuseum Neubrandenburg
Treptower Straße 38
17033 Neubrandenburg

Dr. Ralf Wendt
Tappenhagen 14
19055 Schwerin

Oberkirchenbaurat Gisbert Wolf
Tannenhöfer Allee 13
19061 Schwerin